国家社科基金后期资助
中国社会科学院老年科研基金资助
中国社会科学院离退休人员学术出版资助

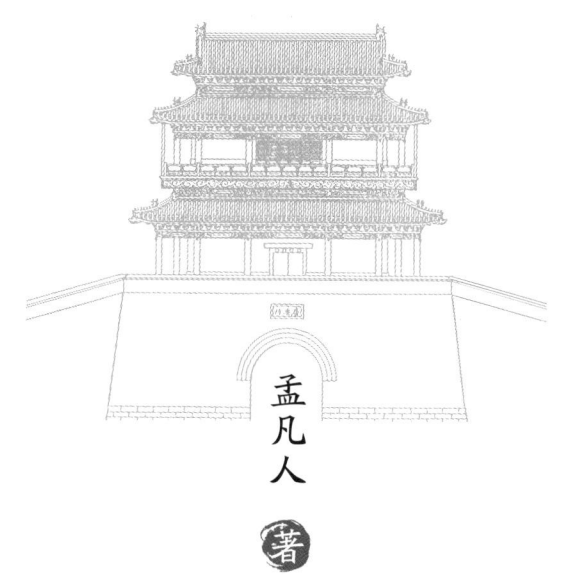

孟凡人 著

宋代至清代都城形制布局研究

中国社会科学出版社

图书在版编目(CIP)数据

宋代至清代都城形制布局研究/孟凡人著.—北京：中国社会科学出版社，2019.8（2020.6重印）

ISBN 978-7-5161-6348-1

Ⅰ.①宋… Ⅱ.①孟… Ⅲ.①都城（遗址）—研究—中国—宋代~清代 Ⅳ.①K928.64

中国版本图书馆CIP数据核字（2015）第147106号

出 版 人	赵剑英
责任编辑	郭　鹏
责任校对	张　静
责任印制	李寡寡

出　　版	中国社会科学出版社
社　　址	北京鼓楼西大街甲158号
邮　　编	100720
网　　址	http://www.csspw.cn
发 行 部	010-84083685
门 市 部	010-84029450
经　　销	新华书店及其他书店

印刷装订	北京君升印刷有限公司
版　　次	2019年8月第1版
印　　次	2020年6月第2次印刷

开　　本	889×1194　1/16
印　　张	49.5
字　　数	1165千字
定　　价	308.00元

凡购买中国社会科学出版社图书，如有质量问题请与本社营销中心联系调换
电话：010-84083683
版权所有　侵权必究

目　　录

绪论 …………………………………………………………………………………………（1）
　一　宋至明代都城建置概况及其方位特点 ……………………………………………（1）
　　（一）都城建置概况 …………………………………………………………………（1）
　　（二）都城方位的特点 ………………………………………………………………（3）
　二　宋至明代都城形制布局的类型、发展阶段与都城规划理念 ……………………（7）
　　（一）宋至明代都城形制布局的类型和发展阶段 …………………………………（7）
　　（二）宋至明代都城的规划理念 ……………………………………………………（7）
　三　宋至明代都城形制布局的总体特点 ……………………………………………（12）
　四　都城形制布局是都城考古学和都城史的基础研究 ……………………………（15）
　五　宋至明代都城遗址保存状况与考古工作的难度 ………………………………（16）
　六　本书对宋至明代都城形制布局研究之探索 ……………………………………（18）

第一章　北宋东京开封城的形制布局 …………………………………………………（21）
　第一节　外城的形制 ……………………………………………………………………（23）
　　一　沿革 ………………………………………………………………………………（23）
　　二　外城的形状与外城墙的调查和试掘 …………………………………………（26）
　　三　外城门和水门的考古调查与试掘 ……………………………………………（29）
　　　（一）西城墙的城门和水门遗址 …………………………………………………（29）
　　　（二）东城墙的城门和水门遗址 …………………………………………………（31）
　　　（三）南城墙和北城墙的城门和水门遗址 ………………………………………（31）
　第二节　内城的形制 ……………………………………………………………………（33）
　　一　沿革 ………………………………………………………………………………（33）
　　二　内城的形状与内城墙和城门的调查试掘 ……………………………………（34）
　第三节　宫城和皇城的位置、范围与形制 ……………………………………………（36）
　　一　考古调查与试掘 ………………………………………………………………（36）
　　　（一）宫城墙 ………………………………………………………………………（36）
　　　（二）门址 …………………………………………………………………………（37）
　　　（三）殿址 …………………………………………………………………………（39）
　　二　宫城和皇城的形制 ……………………………………………………………（39）
　　　（一）文献所记宫城和皇城的布局 ………………………………………………（39）
　　　（二）与皇城相关的延福宫、艮岳和上清宝箓宫 ………………………………（44）
　　　（三）宫廷广场与主要衙署的配置 ………………………………………………（47）
　　　（四）宫城皇城的构成、形制与规模 ……………………………………………（48）

第四节　街巷厢坊 ………………………………………………………………（52）
一　街巷 …………………………………………………………………（52）
　　（一）州桥的试掘 ……………………………………………………（52）
　　（二）御路 ……………………………………………………………（54）
　　（三）街和街巷 ………………………………………………………（54）
二　厢坊 …………………………………………………………………（55）
　　（一）封闭式坊制的崩溃 ……………………………………………（55）
　　（二）开封的厢坊 ……………………………………………………（56）

第五节　四河贯都 ………………………………………………………………（57）
一　蔡河 …………………………………………………………………（57）
二　汴河 …………………………………………………………………（58）
三　金水河 ………………………………………………………………（59）
四　五丈河 ………………………………………………………………（60）

第六节　东京开封城的功能分区 ………………………………………………（60）
一　功能分区突破传统模式，形成新格局 ……………………………（60）
二　功能分区与主要配置概况 …………………………………………（62）
　　（一）宫苑区 …………………………………………………………（62）
　　（二）南面御街食店和"杂嚼"夜市区 ………………………………（62）
　　（三）内城东北部综合性商业中心区和主要居民、府第区 ………（62）
　　（四）内城东南部衙署、寺观、庙市区和客店与居民、府第区 …（64）
　　（五）内城西北部军营区 ……………………………………………（66）
　　（六）内城西南部衙署、官府手工业区和铺席、居民、府第区 …（66）
　　（七）外城东部客店、仓场、作坊区和主要居民区 ………………（67）
　　（八）外城南部文教、寺观区和居民区 ……………………………（68）
　　（九）外城西部一般性官方机构、寺观和铺席、居民、府第区 …（69）
　　（十）外城北部商肆、军营、手工业作坊、寺观区和居民、府第区 …（69）

第七节　东京开封城形制特点与布局艺术 ……………………………………（70）
一　形制特点 ……………………………………………………………（70）
　　（一）总体形制特点 …………………………………………………（70）
　　（二）内、外城形制特点 ……………………………………………（71）
　　（三）宫城、皇城的形制特点 ………………………………………（74）
二　布局艺术与绿化 ……………………………………………………（75）

第二章　南宋行在临安城的形制布局 …………………………………………（79）
第一节　外城和宫城的形制 ……………………………………………………（79）
一　建置沿革与外城的平面形制 ………………………………………（79）
　　（一）建置沿革 ………………………………………………………（79）
　　（二）外城的平面形制 ………………………………………………（82）

二　宫城与德寿宫 (85)
(一)宫城的营建与沿革 (85)
(二)宫城位置与平面形制 (86)
(三)宫城配置概况 (90)
(四)皇城和宫廷广场问题 (93)
(五)德寿宫 (95)

第二节　外城四河、街道与厢坊和巷 (96)
一　外城四河与诸桥 (96)
(一)城内外河湖概况 (96)
(二)茅山河、盐桥河与桥道 (97)
(三)市河、清湖河与桥道 (98)
二　外城街道与厢坊和巷 (99)
(一)街道 (99)
(二)厢坊和巷 (100)

第三节　外城的主要配置 (105)
一　礼制建筑与衙署 (105)
(一)太庙的发掘与礼制建筑配置方位 (105)
(二)主要衙署配置的方位 (110)
二　仓、库、兵营与城防配置概况 (114)
(一)诸仓、库的方位 (114)
(二)驻军兵营的方位 (115)
(三)诸防隅的方位 (115)
三　府邸与一般居民区 (116)
(一)府邸配置概况 (116)
(二)一般居民区 (120)

第四节　临安城商业和手工业配置概况 (120)
一　商业和商业区 (120)
(一)商业 (120)
(二)商市的分布 (122)
二　手工业作坊 (127)
(一)官府手工业作坊配置概况 (127)
(二)私人手工业作坊 (128)

第五节　临安城主要配置、功能分区和形制布局的特点 (129)
一　临安城主要配置的特点 (129)
二　主要配置与相关区域的功能 (129)
三　临安城的功能分区和特点 (130)
(一)功能分区 (130)

(二)功能分区特点 …………………………………………………………… (131)
　四　形制布局特点 ……………………………………………………………… (131)
　　(一)临安外城形制布局的特点 ……………………………………………… (131)
　　(二)宫城形制的特点 ………………………………………………………… (133)
第六节　临安城与北宋东京开封府城布局的比较 ……………………………… (134)

第三章　辽代五京 …………………………………………………………………… (139)

第一节　辽上京城的形制布局 …………………………………………………… (139)
　一　契丹建辽与五京 …………………………………………………………… (139)
　二　辽上京概说 ………………………………………………………………… (139)
　三　皇城 ………………………………………………………………………… (141)
　　(一)城墙与城壕 ……………………………………………………………… (141)
　　(二)城门与街道 ……………………………………………………………… (143)
　　(三)皇城内地层堆积 ………………………………………………………… (144)
　　(四)皇城内台基遗迹性质的比定 …………………………………………… (145)
　四　大内 ………………………………………………………………………… (148)
　　(一)宫垣、道路和宫门 ……………………………………………………… (148)
　　(二)北院建筑遗迹 …………………………………………………………… (148)
　　(三)南院建筑遗迹 …………………………………………………………… (150)
　　(四)西大院 …………………………………………………………………… (150)
　五　汉城 ………………………………………………………………………… (151)
　六　辽上京城形制布局略析 …………………………………………………… (151)
　　(一)郭郛问题 ………………………………………………………………… (152)
　　(二)皇城和汉城的功能区划 ………………………………………………… (153)
　　(三)上京城形制布局的契丹特点 …………………………………………… (154)
　　(四)上京城形制布局中的汉族影响 ………………………………………… (154)
第二节　辽中京城的形制布局 …………………………………………………… (155)
　一　外城 ………………………………………………………………………… (156)
　　(一)城墙、城门和街道 ……………………………………………………… (156)
　　(二)外城的地层堆积 ………………………………………………………… (156)
　　(三)馆驿、廊舍和坊市等遗迹 ……………………………………………… (157)
　　(四)寺塔遗迹 ………………………………………………………………… (159)
　二　内城和宫城 ………………………………………………………………… (161)
　　(一)内城 ……………………………………………………………………… (161)
　　(二)宫城 ……………………………………………………………………… (162)
　三　中京城中轴线的构成、外城的主要配置与内城的性质 ………………… (163)
　四　中京城形制的渊源 ………………………………………………………… (165)
第三节　辽南京城的形制布局 …………………………………………………… (166)

一　外城平面形制与外城城墙和城门 …………………………………………………(167)
　　　　(一)外城的平面形制 ……………………………………………………………(167)
　　　　(二)北城墙和城门 ………………………………………………………………(167)
　　　　(三)西城墙和城门 ………………………………………………………………(169)
　　　　(四)南城墙和城门 ………………………………………………………………(170)
　　　　(五)东城墙和城门 ………………………………………………………………(170)
　　二　皇城和宫城的形制 …………………………………………………………………(171)
　　三　外城街、市、坊和佛寺 ………………………………………………………………(173)
　　　　(一)街道 …………………………………………………………………………(173)
　　　　(二)市 ……………………………………………………………………………(174)
　　　　(三)坊 ……………………………………………………………………………(174)
　　　　(四)佛寺 …………………………………………………………………………(175)
　　四　皇城和宫城形制布局特点及对后世的影响 ………………………………………(176)
第四节　辽东京与辽西京概况 ……………………………………………………………(177)
　　一　辽东京 ………………………………………………………………………………(177)
　　二　辽西京 ………………………………………………………………………………(177)

第四章　金上京和金中都 ……………………………………………………………………(180)
第一节　金上京城的形制布局 ……………………………………………………………(180)
　　一　金上京城概说 ………………………………………………………………………(180)
　　二　金上京的北城和南城 ………………………………………………………………(183)
　　三　皇城 …………………………………………………………………………………(183)
　　四　城外遗址和"朝日殿"遗址的发掘 …………………………………………………(185)
　　　　(一)城外宝胜寺遗址 ……………………………………………………………(185)
　　　　(二)金上京故城外"朝日殿"遗址 ………………………………………………(185)
　　五　金上京城形制特点与渊源 …………………………………………………………(186)
　　　　(一)上京城的形制特点 …………………………………………………………(186)
　　　　(二)"翠微宫"与辽的"行在" ……………………………………………………(187)
　　　　(三)金上京南北城与辽上京 ……………………………………………………(188)
　　　　(四)大内位置独特,形制受中原影响 …………………………………………(188)

第二节　金中都的形制布局 ………………………………………………………………(189)
　　一　概说 …………………………………………………………………………………(189)
　　二　外城城墙、城门和水关遗址 ………………………………………………………(192)
　　　　(一)城墙、城的周长和平面形状 ………………………………………………(192)
　　　　(二)城门 …………………………………………………………………………(196)
　　　　(三)水关遗址 ……………………………………………………………………(197)
　　三　皇城和宫城 …………………………………………………………………………(199)
　　　　(一)皇城、宫城位置,规模和范围 ………………………………………………(199)

（二）皇城的形制和主要配置 …………………………………………………………（201）
　　（三）宫城的形制布局 ……………………………………………………………………（203）
四　街、坊和市 ……………………………………………………………………………（207）
　　（一）主要街道 ……………………………………………………………………………（207）
　　（二）坊 ……………………………………………………………………………………（208）
　　（三）商市和手工业 ………………………………………………………………………（210）
五　郊坛、寺观及其他配置 ………………………………………………………………（211）
　　（一）郊坛 …………………………………………………………………………………（211）
　　（二）寺观 …………………………………………………………………………………（211）
　　（三）其他配置 ……………………………………………………………………………（211）
六　城内给水系统和漕运 …………………………………………………………………（212）
　　（一）城内给水系统 ………………………………………………………………………（212）
　　（二）漕运 …………………………………………………………………………………（212）
七　金中都形制渊源和主要特点 …………………………………………………………（214）

第五章　元上都和元中都 ………………………………………………………………（217）

第一节　元上都的形制布局 ……………………………………………………………（217）
一　概说 ……………………………………………………………………………………（217）
二　元上都的形制布局 ……………………………………………………………………（219）
　　（一）宫城 …………………………………………………………………………………（219）
　　（二）皇城 …………………………………………………………………………………（227）
　　（三）外城 …………………………………………………………………………………（229）
　　（四）关厢 …………………………………………………………………………………（230）
三　元上都形制布局略析 …………………………………………………………………（231）
　　（一）元上都形制布局的特点 ……………………………………………………………（231）
　　（二）元上都形制布局略析 ………………………………………………………………（232）

第二节　元中都形制布局 ………………………………………………………………（234）
一　元中都营建背景和营建概况及废弃后遗址之确定 …………………………………（234）
　　（一）中都位置、地理环境与重要战略地位 ……………………………………………（234）
　　（二）营建元中都的原因 …………………………………………………………………（238）
　　（三）中都的营建、废弃与中都遗址之确定 ……………………………………………（239）
二　元中都宫城皇城外城的形制与主要遗迹 ……………………………………………（241）
　　（一）宫城 …………………………………………………………………………………（241）
　　（二）皇城 …………………………………………………………………………………（243）
　　（三）外城墙的探察 ………………………………………………………………………（246）
三　宫城1号殿基址发掘揭示的形制 ……………………………………………………（246）
　　（一）1号殿址地基和台基 ………………………………………………………………（246）
　　（二）宫城1号殿基址的平面形制 ………………………………………………………（248）

四　宫城南门和皇城南门基址发掘揭示的形制 .... (252)
　　　　(一)宫城南门形制 .... (252)
　　　　(二)宫城南门内矩形庭院 .... (256)
　　　　(三)皇城南门(HNM1) .... (259)
　　五　宫城西南角台和1号排水涵洞发掘揭示的形制 .... (260)
　　　　(一)宫城西南角台 .... (260)
　　　　(二)1号排水涵洞 .... (265)
　　六　元中都形制略析
　　　　——以元中都已发掘遗址的形制与元大都的承袭关系和变化为主 .... (267)
　　　　(一)元代三都宫城、皇城、外城规模和形制间的承袭关系和变化 .... (267)
　　　　(二)1号殿址形制与元大都主要殿址的承袭关系和变化 .... (270)
　　　　(三)宫城南门、西南角台和皇城南门遗址的形制 .... (275)
　　　　(四)元中都宫城皇城形制探源 .... (277)
　　七　结语 .... (279)

第六章　元大都(上)
——大都城的形制布局 .... (281)

第一节　元大都城选址与营建概况 .... (281)
　　一　选址 .... (281)
　　二　营建概况 .... (284)

第二节　大都城的平面形制与城墙结构 .... (285)
　　一　城墙周长与城的平面形制 .... (285)
　　二　城墙结构与角楼和马面 .... (286)
　　三　城门和瓮城 .... (290)

第三节　大内 .... (293)
　　一　萧墙 .... (293)
　　二　宫城和御苑 .... (296)
　　　　(一)宫城位置、周长、平面形制和配置概况 .... (296)
　　　　(二)大明殿建筑群 .... (299)
　　　　(三)延春阁建筑群 .... (303)
　　　　(四)玉德殿建筑群 .... (304)
　　　　(五)御苑 .... (305)
　　三　西内 .... (305)
　　　　(一)隆福宫与太子宫 .... (306)
　　　　(二)兴圣宫 .... (308)
　　四　太液池、万岁山、圆坻和犀山台 .... (310)
　　五　宫廷广场 .... (313)

第四节　街、胡同和坊 .... (313)

一　街 … (313)
　　二　胡同与宅基面积问题 … (314)
　　三　坊 … (315)
第五节　主要衙署、礼制和宗教建筑及其他重要建筑的配置方位 … (320)
　　一　主要衙署 … (320)
　　　（一）中书省及其邻近的衙署 … (320)
　　　（二）枢密院及其邻近的衙署 … (321)
　　　（三）御史台 … (321)
　　　（四）太史院、司天台和礼部 … (322)
　　　（五）兵部和刑部 … (322)
　　　（六）大都路都总管府及巡警二院 … (323)
　　二　礼制和宗教建筑 … (323)
　　　（一）坛庙 … (323)
　　　（二）原庙与寺院 … (324)
　　三　其他重要建筑 … (328)
　　　（一）国子监与文庙 … (328)
　　　（二）钟鼓楼 … (329)
　　　（三）仓和库 … (329)
第六节　商业和手工业 … (330)
　　一　商业 … (330)
　　　（一）大都商业之繁荣 … (330)
　　　（二）商业区 … (331)
　　二　手工业 … (334)
第七节　大都城的河湖水系 … (335)
　　一　金水河与宫苑给水系统 … (335)
　　二　高梁河与通惠河 … (336)
　　三　排水系统 … (339)
第八节　居住遗址 … (340)
　　一　后英房居住遗址 … (340)
　　　（一）形制布局 … (340)
　　　（二）建筑技法 … (343)
　　　（三）室内门窗和木构件 … (348)
　　　（四）遗址的时代、性质和意义 … (349)
　　二　其他居住遗址 … (352)

第七章　元大都（下）
　　　　——大都城的城建规划和形制布局特点 … (356)
第一节　元大都必须制定精确城建规划的原因和主要表现 … (357)

  一 营建元大都必须制定精确城建规划的原因 ………………………………………… (357)
  二 元大都精确城建规划的主要表现 ……………………………………………………… (358)
   (一)确定宫城和北中书省的方位,"公定方隅","奠安新都之位" ……………………… (358)
   (二)以宫城宽深为模数,精确制定城建规划的标尺 …………………………………… (359)
   (三)以精准测量确定的中心点和中分线为城建规划的"准绳" ……………………… (362)
   (四)以宫城中轴线及其延长线作为"择中立宫"的标志 ……………………………… (365)
   (五)规划南北半城和中心广场 …………………………………………………………… (367)
   (六)整齐规划胡同和宅基 ………………………………………………………………… (369)
   (七)规划河湖水系 ………………………………………………………………………… (374)
 第二节 元大都城形制布局的特点 …………………………………………………………… (375)
  一 外城 ……………………………………………………………………………………… (375)
   (一)基本呈隐性存在的东西中分线是全城规划的中轴线 …………………………… (375)
   (二)完整而全面的多轴线多坐标点的布局艺术 ……………………………………… (375)
   (三)大都城形制布局汉蒙合璧并与域外影响融为一体 ……………………………… (376)
   (四)汉族意识形态寓于形制布局之中 …………………………………………………… (376)
   (五)大都城的形制布局与《周礼》"匠人营国"制度无直接关系 ……………………… (378)
   (六)城内功能分区呈自然区片化 ………………………………………………………… (380)
  二 大内 ……………………………………………………………………………………… (380)
   (一)大内总体布局以太液池为中心和纽带 …………………………………………… (380)
   (二)大内平面构图之变化寓于不变之中 ……………………………………………… (381)
   (三)宫城和西内宫殿院落形制布局基本相同,大内宫苑相结合 …………………… (381)
   (四)宫殿的构筑和外装修继承汉族传统 ……………………………………………… (381)
   (五)宫殿内装修、陈设与配置极具蒙古族特色 ……………………………………… (382)
   (六)大内建筑配置凸显蒙古族特色 …………………………………………………… (383)
   (七)刻意衬托宫城居中的布局艺术 …………………………………………………… (384)
 第三节 元大都与前代都城形制布局传统的关系 ………………………………………… (384)
  一 元上都和金中都对元大都大内的直接影响 ………………………………………… (384)
  二 元大都与前代其他都城形制布局的关系 …………………………………………… (385)
   (一)三城环套与宫城坐南朝北展开的城内总体布局 ………………………………… (385)
   (二)南、北半城制 ………………………………………………………………………… (386)
   (三)大都城依水而建和关厢的发展 …………………………………………………… (386)
   (四)中轴线 ………………………………………………………………………………… (386)
   (五)街和胡同 ……………………………………………………………………………… (387)
   (六)商市 …………………………………………………………………………………… (387)
   (七)主要配置 ……………………………………………………………………………… (387)
   (八)金水河 ………………………………………………………………………………… (388)
   (九)漕运 …………………………………………………………………………………… (388)

（十）模数 ………………………………………………………………………… (388)

第八章　明中都和明南京 ……………………………………………………… (389)
第一节　明中都的形制布局 ………………………………………………… (389)
　一　明初定都之议与"国初三都" ………………………………………… (389)
　二　明中都的营建 ………………………………………………………… (392)
　　（一）建置变化和营建班子 …………………………………………… (392)
　　（二）营建物料及所用工匠等劳动力 ………………………………… (393)
　　（三）营建概况 ………………………………………………………… (393)
　　（四）罢建中都后的概况 ……………………………………………… (394)
　三　明中都外城墙、城门、水关和外城的平面形制 …………………… (394)
　　（一）城墙、城门和水关 ……………………………………………… (394)
　　（二）中都外城周长和平面形制 ……………………………………… (398)
　四　中都外城内的主要配置 ……………………………………………… (401)
　　（一）皇城禁垣及其相关建筑 ………………………………………… (401)
　　（二）街和坊 …………………………………………………………… (401)
　　（三）鼓楼和钟楼 ……………………………………………………… (402)
　　（四）国子学和观星台 ………………………………………………… (404)
　　（五）会同馆、凤阳府治和凤阳县治 ………………………………… (404)
　　（六）庙、寺、仓、卫和高墙 ………………………………………… (405)
　五　中都城外的主要配置 ………………………………………………… (407)
　　（一）礼制建筑 ………………………………………………………… (407)
　　（二）公侯邸宅和皇陵 ………………………………………………… (409)
　六　明中都选址、营建和形制布局的特点 ……………………………… (409)
　　（一）明中都选址、营建及与之相关的特点 ………………………… (409)
　　（二）明中都形制布局的特点 ………………………………………… (411)
第二节　明南京城的形制布局 ……………………………………………… (412)
　一　明南京城所依托的山川形势 ………………………………………… (412)
　　（一）山脉 ……………………………………………………………… (413)
　　（二）长江与诸河 ……………………………………………………… (415)
　二　明南京城的营建 ……………………………………………………… (419)
　　（一）朱元璋在集庆接收的城市遗产 ………………………………… (419)
　　（二）朱元璋营建大南京城的规划与营建概况 ……………………… (421)
　三　明南京城墙的结构和设施 …………………………………………… (425)
　　（一）内外城墙概况及其围合的平面形状 …………………………… (425)
　　（二）内城墙的结构 …………………………………………………… (426)
　　（三）内城筑城砖石和黏结材料 ……………………………………… (433)
　　（四）城门、瓮城、水关和涵闸 ……………………………………… (439)

四 内城功能分区与内外城间近郊概况 (446)
(一)东城区:皇城宫城和主要中央衙署区 (446)
(二)西北城区:城防区 (448)
(三)北城区:文教和祠庙区 (448)
(四)中城区:邸宅、道观和部分衙署区 (449)
(五)南城区:工商业、居民、歌妓区和地方衙署区 (450)
(六)水陆交通线与功能分区的连接 (455)
(七)内外城间近郊概况 (457)

五 明南京城形制布局的特点 (462)
(一)明南京城形制的宏观特点 (462)
(二)明南京城形制的规划特点 (463)

第三节 明中都与明南京的宫城和皇城 (468)
一 明中都的宫城和皇城 (468)
(一)明中都宫城(明初称皇城)的形制 (469)
(二)明中都皇城(明初称禁垣)的形制 (478)

二 明南京的宫城和皇城 (481)
(一)洪武元年新宫的形制 (481)
(二)洪武十年改建后的宫城 (482)

三 明南京、明中都二都宫城在明代宫城史中的地位 (487)
(一)洪武元年新宫是明中都宫城的原型,是明代宫城的祖型 (487)
(二)明中都宫城是明代宫城发展演变过程中的里程碑 (487)
(三)改建后的明南京宫城开一代新制 (488)
(四)明南京与明中都宫城的差异 (489)

第九章 明北京城的形制布局 (490)
第一节 明北京内城墙的结构与内城的平面形制 (490)
一 明北京城在元大都基础上改建和增筑概况 (490)
二 明北京内城墙的周长与内城的平面形制 (493)
(一)徐达内缩元大都城北五里后,明北平城周长四十里 (493)
(二)永乐十七年拓南城后,文献记载内城周长合四十三里余 (494)
(三)有关北京内城周长的其他尺度 (494)

三 考古调查所见内城墙结构 (495)
(一)城墙概况 (495)
(二)城墙各部位结构概况 (498)

四 拆除北京内城墙时所见明城墙构筑概况 (501)
(一)东、西城墙 (501)
(二)北城墙 (503)
(三)南城墙 (504)

五　内城各面城墙构筑早晚关系略析 …………………………………………(505)
　　　(一)夯筑墙体的相对早晚关系 …………………………………………(505)
　　　(二)城墙外壁两层小砖早晚关系和马面出现的相对年代 ……………(506)
　　　(三)城墙内壁甃大城砖的年代 …………………………………………(506)
第二节　内城城门、瓮城、箭楼和角楼 ………………………………………(508)
　　一　城门 ……………………………………………………………………(508)
　　二　瓮城 ……………………………………………………………………(515)
　　三　箭楼 ……………………………………………………………………(516)
　　四　角楼 ……………………………………………………………………(522)
第三节　外城城墙、城门和瓮城 ………………………………………………(522)
　　一　外城墙周长、外城平面形制及内外城的总平面形制 ………………(522)
　　二　考古调查所见外城墙的结构 …………………………………………(523)
　　三　外城的城门、瓮城和角楼 ……………………………………………(525)
　　　(一)城门 …………………………………………………………………(525)
　　　(二)瓮城和角楼 …………………………………………………………(527)
第四节　城内街、坊与给水排水系统 …………………………………………(535)
　　一　城内街坊概况 …………………………………………………………(535)
　　　(一)主要大街和胡同 ……………………………………………………(535)
　　　(二)诸坊与居民状况 ……………………………………………………(537)
　　　(三)从昭回靖恭坊遗迹看元至明代的胡同与住宅配置状况 …………(539)
　　二　护城河、水门和京城的给水排水系统 ………………………………(542)
　　　(一)城内绝漕运，玉泉山水独供京师 ……………………………………(542)
　　　(二)城内给水系统 ………………………………………………………(543)
　　　(三)护城河与水门 ………………………………………………………(543)
　　　(四)城内排水系统 ………………………………………………………(544)
第五节　官署、仓库、厂场等在五城中的配置方位 …………………………(546)
　　一　在中城内的配置 ………………………………………………………(546)
　　　(一)中城东部五坊 ………………………………………………………(546)
　　　(二)中城西部四坊 ………………………………………………………(547)
　　二　在东城五坊内的配置 …………………………………………………(548)
　　三　在西城七坊内的配置 …………………………………………………(552)
　　四　在北城七坊内的配置 …………………………………………………(553)
　　五　在南城八坊内的配置 …………………………………………………(555)
第六节　邸第和园林在五城中的配置方位 ……………………………………(556)
　　一　在中城内的配置 ………………………………………………………(557)
　　二　在东城内的配置 ………………………………………………………(558)
　　三　在北城内的配置 ………………………………………………………(559)

四　在西城和南城内的配置 …………………………………………………………(560)
　第七节　坛庙、钟鼓楼和寺观的配置方位 ……………………………………………(561)
　　一　坛庙 …………………………………………………………………………………(561)
　　　(一)天坛 ………………………………………………………………………………(561)
　　　(二)其他诸坛与庙祠 …………………………………………………………………(568)
　　二　鼓楼和钟楼 …………………………………………………………………………(573)
　　三　寺观 …………………………………………………………………………………(576)
　第八节　商市和手工业作坊配置概况 …………………………………………………(580)
　　一　明代中叶之后北京商业的繁荣 ……………………………………………………(580)
　　二　商市分布概况 ………………………………………………………………………(580)
　　　(一)以棋盘街为中心的朝前市 ………………………………………………………(582)
　　　(二)东安门外的皇店、灯市和内市 …………………………………………………(583)
　　　(三)西市和安富坊商业区 ……………………………………………………………(584)
　　　(四)鼓楼下大街商业区 ………………………………………………………………(585)
　　　(五)城隍庙庙市商业区 ………………………………………………………………(585)
　　　(六)南城商业区 ………………………………………………………………………(586)
　　三　手工业作坊 …………………………………………………………………………(587)
　第九节　明北京城形制布局的特点 ……………………………………………………(588)
　　一　内城三城环套,外城南面冠套的平面形制 ………………………………………(588)
　　二　完美的中轴线布局艺术 ……………………………………………………………(588)
　　三　水面成为制约内城形制布局的关键要素之一 ……………………………………(591)
　　四　首次在皇城之外形成较完整的层级空间结构的布局模式 ………………………(592)
　　五　内城主要配置点状集中,功能区划分片聚合,小区化 ……………………………(593)
　第十节　明北京城的形制布局承前绝后,古都形制定型收结 …………………………(596)
　　一　明北京城的形制布局以元大都为基础,推陈出新 ………………………………(596)
　　　(一)明北京内城形制布局以元大都为基础的主要表现 ……………………………(596)
　　　(二)明北京内城以元大都为基础推陈出新的主要表现 ……………………………(596)
　　二　明北京城形制布局与明中都和明南京城的关系 …………………………………(598)
　　三　明北京城形制布局是中国古都的终结模式 ………………………………………(599)
第十章　明北京皇城和紫禁城 ……………………………………………………………(600)
　第一节　皇城和紫禁城的营建 …………………………………………………………(600)
　　一　燕王府和西宫的营建与位置 ………………………………………………………(600)
　　　(一)北平燕王府的营建与位置 ………………………………………………………(600)
　　　(二)北京西宫的营建及其位置 ………………………………………………………(602)
　　　(三)元宫城拆毁问题 …………………………………………………………………(602)
　　二　永乐时期奠定北京宫殿基本格局 …………………………………………………(603)
　　　(一)紫禁城始建的年代 ………………………………………………………………(603)

（二）永乐时期奠定紫禁城的基本格局……………………………………（604）
　三　永乐之后紫禁城的营建概况……………………………………………（605）
　　（一）洪熙至正德时期………………………………………………………（605）
　　（二）嘉靖时期………………………………………………………………（606）
　　（三）隆庆至崇祯时期………………………………………………………（607）
第二节　皇城的形制布局…………………………………………………………（608）
　一　皇城位置、周长、诸门和平面形制………………………………………（608）
　二　皇城主要内府诸衙等的配置方位………………………………………（611）
　三　"T"字形宫廷广场与中央衙署的配置……………………………………（611）
　　（一）"T"字形宫廷广场………………………………………………………（611）
　　（二）中央衙署的配置………………………………………………………（613）
　四　承天门与午门间的配置…………………………………………………（614）
　　（一）承天门与午门间御道两侧的配置……………………………………（614）
　　（二）承天门与午门间两侧的左祖右社……………………………………（615）
　五　万岁山、西苑和东苑……………………………………………………（619）
　　（一）万岁山…………………………………………………………………（619）
　　（二）西苑和西内……………………………………………………………（620）
　　（三）东苑、南内和皇史宬…………………………………………………（620）
第三节　紫禁城形制布局概说……………………………………………………（623）
　一　紫禁城的位置、周长和平面形制…………………………………………（623）
　　（一）位置……………………………………………………………………（623）
　　（二）周长和平面形制………………………………………………………（623）
　二　紫禁城城墙、城门、角楼与护城河………………………………………（624）
　　（一）城墙和城门……………………………………………………………（624）
　　（二）午门和角楼的形制及护城河概况……………………………………（624）
　三　紫禁城内的地基基础……………………………………………………（628）
　四　紫禁城给排水系统及防火采暖设施……………………………………（630）
　　（一）给水系统………………………………………………………………（630）
　　（二）排水系统………………………………………………………………（630）
　　（三）防火与取暖设施………………………………………………………（631）
　五　紫禁城内的主要配置……………………………………………………（632）
第四节　外朝的形制和主要配置…………………………………………………（633）
　一　外朝前庭的形制和配置…………………………………………………（633）
　二　外朝形制和主要配置概况………………………………………………（634）
　三　奉天门及其他诸门的形制………………………………………………（635）
　四　三台的形制与三大殿的形制和时代……………………………………（638）
　　（一）三台的形制……………………………………………………………（638）

（二）奉天殿的形制和时代 …………………………………………………………（638）
　　（三）华盖殿与谨身殿的形制和时代 ……………………………………………（642）
　　（四）三大殿在三台上位置关系的变化 …………………………………………（644）
　五　外朝东西翼的文华殿和武英殿建筑群 ……………………………………………（645）
第五节　内廷的形制和主要配置 ……………………………………………………………（646）
　一　后三宫的形制和配置 ………………………………………………………………（646）
　二　御花园的形制布局 …………………………………………………………………（650）
　三　东西六宫和乾东西五所 ……………………………………………………………（653）
　四　内东、西路南部宫殿 ………………………………………………………………（656）
　五　外东西路宫殿 ………………………………………………………………………（658）
第六节　明北京紫禁城规划设计理念和方法及其布局艺术 ………………………………（659）
　一　规划设计理念 ………………………………………………………………………（659）
　　（一）象天立宫的宇宙图式，是宫城规划设计理念的最高境界 ………………（660）
　　（二）礼制是宫城规划设计理念的核心和基石 …………………………………（662）
　　（三）风水格局是宫城规划设计理念的重要构成要素 …………………………（665）
　二　规划设计方法 ………………………………………………………………………（671）
　　（一）风水形势说是规划设计宫城外部空间的理论基础和重要方法 …………（671）
　　（二）规划设计模数化和方格网化 ………………………………………………（673）
　　（三）娴熟运用数学比例规划设计宫城建筑的体量和空间 ……………………（681）
　三　布局艺术 ……………………………………………………………………………（684）
　　（一）形成完美的中轴线规划设计布局艺术 ……………………………………（684）
　　（二）众多庞大院落纵横有机组合，形成严格对称配置布局艺术的典范 ……（685）
第七节　明北京紫禁城继承传统、稽古创新 ………………………………………………（686）
　一　明北京紫禁城形制布局与明南京、明中都宫城一脉相承 ………………………（686）
　　（一）明北京紫禁城形制布局以明南京宫城为范本 ……………………………（686）
　　（二）明中都宫城是明北京紫禁城形制布局的蓝本之一 ………………………（687）
　二　明北京紫禁城形制布局与元大都、金中都宫城的承袭关系 ……………………（688）
　　（一）明北京紫禁城形制布局与元大都宫城相因而变异 ………………………（688）
　　（二）明北京紫禁城主体框架因金中都宫城而变化 ……………………………（691）
　三　明紫禁城形制布局集前代宫城之大成，稽古创新 ………………………………（692）

第十一章　清代北京城和紫禁城在明代基础上的主要变化 …………………………………（695）
第一节　清北京城在明北京城基础上的主要变化 …………………………………………（695）
　一　清将明北京内城改为满城 …………………………………………………………（695）
　　（一）取消明皇城与满城八旗驻地的配置 ………………………………………（695）
　　（二）满城环布新建诸王公府第 …………………………………………………（697）
　二　清将明北京外城改为汉城 …………………………………………………………（701）
　　（一）外城五城制和户口数 ………………………………………………………（701）

（二）外城居民构成状况 …………………………………………………………（701）
　三　衙署、礼制和宗教建筑的配置 ………………………………………………（702）
　　（一）衙署 …………………………………………………………………………（702）
　　（二）礼制和宗教建筑的配置 ……………………………………………………（703）
　四　主要商业市场的分布 ……………………………………………………………（704）
　　（一）外城的商业市场 ……………………………………………………………（705）
　　（二）内城的商业市场 ……………………………………………………………（707）
　五　外城会馆与宣南文化区 …………………………………………………………（708）
　　（一）外城会馆林立 ………………………………………………………………（708）
　　（二）宣南文化区的形成、发展和终结 …………………………………………（710）
第二节　清紫禁城形制布局是明北京紫禁城的流变 ……………………………………（714）
　一　清在明北京紫禁城基础上的修缮、重建和改建概况 …………………………（715）
　二　清代在外东路添建改建概况 ……………………………………………………（722）
　　（一）营建南三所 …………………………………………………………………（722）
　　（二）宁寿宫改建后的形制布局 …………………………………………………（723）
　三　清代在外西路改建概况 …………………………………………………………（730）
　　（一）慈宁宫与慈宁宫花园 ………………………………………………………（730）
　　（二）寿康宫与寿安宫和英华殿 …………………………………………………（733）
　　（三）雨花阁建筑群 ………………………………………………………………（734）
　四　清紫禁城有别于明紫禁城的主要特色 …………………………………………（735）
　　（一）紫禁城无皇城环套 …………………………………………………………（735）
　　（二）通过改建和增筑，景山与紫禁城形成二位一体的格局 …………………（735）
　　（三）常朝理政中心移至内廷 ……………………………………………………（736）
　　（四）功能分区较明代更集中更明确 ……………………………………………（736）
　　（五）中轴线之外的建筑群注重生活化和实用性与娱乐性 ……………………（736）
　　（六）紫禁城内均衡配置多处园林 ………………………………………………（737）
　　（七）具有浓厚的书卷氛围 ………………………………………………………（737）
　　（八）增建藏传佛殿 ………………………………………………………………（737）
　　（九）紫禁城内呈现清代建筑风格 ………………………………………………（738）
　　（十）紫禁城内寝居呈现满族特色 ………………………………………………（738）
　五　清紫禁城形制布局是明北京紫禁城的流变 ……………………………………（739）
第三节　清北京西北郊"三山五园"是紫禁城外延的御园和理政中心 ………………（740）
　一　畅春园 ……………………………………………………………………………（741）
　二　静宜园 ……………………………………………………………………………（744）
　三　静明园 ……………………………………………………………………………（745）
　四　圆明三园 …………………………………………………………………………（745）
　　（一）圆明园 ………………………………………………………………………（747）

（二）长春园 …………………………………………………………………………（749）
　　（三）绮春园（万春园） ………………………………………………………………（750）
　　（四）圆明三园的造园艺术 …………………………………………………………（750）
　五　清漪园（颐和园） ……………………………………………………………………（751）
　　（一）整治城西北部水系和扩建瓮山泊 ……………………………………………（751）
　　（二）清漪园的形制布局 ……………………………………………………………（752）
　　（三）清漪园的造园艺术 ……………………………………………………………（757）
附　南苑 ………………………………………………………………………………………（758）
后记 ……………………………………………………………………………………………（760）
主要征引书目 …………………………………………………………………………………（762）

绪　　论

一　宋至明代都城建置概况及其方位特点[1]

(一) 都城建置概况

1. 北宋四京

北宋以东京开封府为都城（960～1126 年），同时以河南府为西京（今河南洛阳）[2]。宋真宗景德三年（1006 年）二月，以宋太祖后周末任归德军节度使所领之宋州（今河南商丘）为帝业肇基之地，升为应天府，大中祥符七年（1014 年）正月升为南京[3]。宋仁宗庆历二年（1042 年）五月，为防契丹入寇，吕夷简以宋真宗咸平三年（1000 年）驻跸大名府（今河北大名东北）亲征契丹，奏请大名府为北京[4]。

2. 南宋行在和行都

南宋高宗赵构建炎元年（1127 年）在南京（今河南商丘）即位后，为避金兵进逼，以巡幸为名，先后流亡至扬州、平江府（今江苏苏州）、杭州、江宁府（今江苏南京）、绍兴府（今浙江绍兴）等地，均以"行在"名之。其间建炎三年二月高宗驻跸杭州，诏以为行宫。七月，升杭州为临安府。绍兴八年（1138 年）以临安府为都城，仍称"行在"。此外，建炎三年高宗到过金陵，并改江宁府为建康府，建行都[5]。此后绍兴七年（1137 年），高宗又曾移跸行都年余。

---

[1] 由于清承明制，仍建都于北京城，城的形制同明北京城，故一般仅言宋至明代都城。
[2] 西京洛阳即隋唐东都洛阳。开宝（968～976 年）、政和（1111～1118 年）年间曾加修葺。城周围五十二里九十步，辟九门。皇城周十八里二百五十八步，辟七门。宫城九里三百步，辟六门，有太极、天兴等殿，宫室合九千九百九十余区，规模宏伟。西京园林较发达，为分司所在，是权贵豪绅和学者名流荟萃之地。1992 年对北宋西京洛阳城东城衙署庭园遗址进行了发掘，详见中国社会科学院考古研究所洛阳唐城队《洛阳宋代衙署庭园遗址发掘简报》（《考古》1996 年第 6 期）。
[3] 南京应天府，城周十五里四十步，辟六门。宫城周二里三百一十六步，二门，一殿。南京在四京中规模最小，但其以汴河东连东京，南入于淮，故在"国家根本，仰给东南"的形势下，具有沟通江淮之利，地位重要。
[4] 北京大名府，城周四十八里二百零六步，门十七。宫城周三里一百九十八步，原为真宗驻跸行宫，辟五门，有班瑞、时巡诸殿。大名府地当南北水陆交通要冲，为河北重镇。
[5] 南宋初，高宗曾接受主战派将领李纲的建议，以江宁府为东都，并曾下令修缮城池和宫殿。建行都后，将南唐宫城改为行宫，宫门前虹桥改名"天津桥"（今内桥）。曾耗资 50 万贯，用大砖百余万块营建行宫（包括 40 座左右殿堂馆阁）。并在今清凉寺后南唐避暑宫旧址建翠微亭，在今昇州路西水门上建赏心亭，在青溪上建 20 余处亭台楼阁，供官僚士大夫游览享乐。

3. 辽五京

916年契丹族建契丹国，大同元年（947年）改称大辽国（983年曾改号大契丹国，1066年后复号大辽）。神册三年（918年）城"皇都"（今内蒙古赤峰巴林左旗林东镇南二里）；天显十三年（会同元年，938年）十一月改"皇都"为上京，称临潢府。天显三年（928年）十二月，"升东平郡为南京"（今辽宁辽阳附近），天显十三年十一月改称东京辽阳府。同年升幽州为南京（又名燕京，今北京），称幽都府，开泰元年（1012年）改称析津府。统和二十五年（1007年）置中京，称大定府（今内蒙古赤峰宁城县大明镇，又称大名城）。重熙十三年（1044年）将云州升为西京大同府（今山西大同）。

4. 金上京、金中都与诸京

1115年女真族阿骨打建大金国，居"皇帝寨"，初称会宁州（今黑龙江哈尔滨东南约30公里的白城），太宗完颜晟时升为府，天眷元年（1138年）八月"以京师为上京，府曰会宁"。此外，金灭辽后，"袭辽制，建五京"，以辽中京为北京，辽东京辽阳府和辽西京大同府仍为东、西京。金夺北宋燕山府（即辽南京）后，改称燕京，复名析津府。天德五年（1153年）二月诏书说："燕京可为中都，仍改安析津府为大兴府，上京、东京、西京依旧外，汴京为南京，中京为北京。"天德五年三月（同月改元贞元），海陵王迁都于金中都[1]。贞祐二年（1214年）三月，蒙古军队围中都，金宣宗贡献求和，并迁都南京开封府。此外，宣宗迁南京后，又曾改河南府为金昌府（今河南洛阳），号中京[2]。

5. 元代三都

蒙古汗国时期，窝阔台之世建都于和林（哈喇和林，今蒙古国前杭爱省鄂尔浑河右岸呼舒柴达木南约20公里）。忽必烈建元朝后，有上都、大都和中都三都。元上都（今内蒙古锡林郭勒正蓝旗敦达浩特镇东），1256年忽必烈营建，称开平府，1260年忽必烈在此即大汗位，建元中统。中统四年（1263年）升开平府为上都（亦称上京、滦京），取代和林。至元元年（1264年）升燕京（今北京金中都故城）为中都，至元八年十一月建国号大元。至元四年在中都旧城（原金中都城）东北另选新址建大都城，至元九年二月改中都为大都。至元十一年春正月，"宫阙告成，帝始御正殿，受皇太子诸王百官朝贺"[3]。此后元上都则成为元朝皇帝夏季避暑和捺钵之所。元中都（今河北张北县西北15公里白城子），为武宗于大德十一年（1307年）六月，"甲午建行宫于旺兀察都之地，立宫阙为中都"[4]。至大四年（1311年）武宗去世，停建并撤销中都建置。

---

[1] 1121年金克辽上京，只称临潢府，1150年为临潢府路，1153年辽中京改称北京后，临潢府归北京路。金五京之制完成于海陵王贞元元年（1153年），此时海陵王迁至中都，削会宁府上京称号，增加以汴京为南京，仍为五京。后来世宗大定十三年（1173年）又复会宁府为上京。

[2] 《金史》卷一一一《撒合辇传》（为叙述方便，详细版本信息，见"主要征引书目"，全书同）。此时已至金亡前夕，虽增加一个中京，已无实际意义，与五京制无关。

[3] 《元史》卷八《世祖五》。本书第六章、第七章有专文论述。

[4] 《元史》卷二二《武宗本纪一》。本书第五章有专文论述。

6. 明代二京和中都

元至正十五年（1355年）朱元璋所部渡江攻占太平（今安徽当涂）后，定都之议遂提到日程上来。至正十六年攻占集庆（今江苏南京），即改为应天府。1368年朱元璋建元洪武，国号大明。洪武元年三月克汴梁，八月以应天府为南京，开封府为北京。洪武二年九月诏以临濠为中都（今安徽凤阳县城之西偏南），开始大规模营建中都。洪武八年罢建中都城，重点营建南京城。洪武十一年朱元璋罢北京（今河南开封），仍称开封府，南京改称京师，正式定都。洪武三十一年朱元璋崩，其后朱棣发动"靖难之役"，攻入南京夺取帝位，改元永乐（1403年）。永乐元年正月诏"以北平为北京"，称"行在"；二月"改北平（府）曰顺天府"。永乐十八年九月，"诏自明年改京师为南京，北京为京师"；十一月"以迁都北京诏天下"[1]。永乐十九年正月正式迁都北京，此后明代形成北京、南京两京制度。

清入关以后，承袭明制，仍立都于北京城，明清北京城形制布局大同小异。故关于秦汉以后的都城布局，一般只提到明北京城为止。前面所述诸城，只有北宋东京开封府、南宋行在临安府、辽上京、金上京、金中都、元上都、元大都、明南京和北京是正式都城，余者多为陪都，或虚设，或未竣工而罢（表0—1）。此外，金南京仅在金末短期内为都城。

（二）都城方位的特点

1. 都城数量多，在古都史中的地位举足轻重

宋至明代都城、陪都和诸京（包括未最后竣工，未正式投入使用者）共22座（减去金、辽相重者）[2]，超过了隋唐五代十国的都城总数。现在一般将中国古都的代表者称为七大古都（近年又加郑州为八大古都），宋至明代正式都城则占其四（今北京、开封、南京、杭州）[3]。这四大古都主宰了中国封建社会后期的历史，迄今仍发挥着十分重要的作用。其中特别是今北京城又成为中华人民共和国的首都，其作用更在中国古今都城中独占鳌头。

2. 都城位置东移，南北摆动或对峙，最终定位于北京

自北宋开始，我国主要都城首次离开隋唐及其以前的传统建都区，而东移到开封。此后的都城方位，则在南到杭州，北达内蒙古草原地区乃至松花江流域之间呈南北摆动之势。其中北宋都城和辽代都城南北对峙，南宋行在先与金代都城后和元代都城南北对峙，此时的南北都城实际上都是中国半壁江山的都城。自金代海陵王迁都于金中都，元灭金在中都之北建大都城以后，从元灭南宋，到明成祖迁都北京，直至清代，今北京一直是中国统一王朝的都城。即金、元、明、清的都城，均定位于今北京城。

3. 实行多京制和二都制

前已说明，北宋和辽金实行多京制，其中金（金南京开封府不计）、元、明前后各二

---

[1] 明南京、中都和北京城，本书第八章至第十章有专文论述。
[2] 从宋至清代都城与诸京一览表来看，其中有七座与今城市相重，余者均在今城市近旁或不远之地。
[3] 若加上宋西京河南府、金中京金昌府所在地洛阳，宋至清代都城在七大古都中则占其五。

表 0-1　　　　　　　　　北宋至清代都城与诸京城一览表

朝代	都城	诸京城	位置	建置	备注
北宋	东京开封府		今河南省开封市	宋建国即立为都城直至北宋亡	战国时魏国，五代时后梁、后晋、后汉、后周和北宋及金代末期均建都于此，故有"七朝都会"之誉
		西京河南府	今河南省洛阳市	宋建国后即立为西京	开宝、政和间曾修葺。城周52里90步，九门；皇城周18里258步；七门；宫城9里300步；六门，有太极、天兴等殿。置分司，是权贵豪绅和学者名流荟萃之地
		南京应天府	今河南省商丘市	宋真宗景德三年（1006年）升为应天府，大中祥符七年（1014年）升为南京	以宋太祖于后周末任归德军节度使领宋州（今河南商丘），为帝业肇基之地，故为南京
		北京大名府	今河北省大名县东北	宋仁宗庆历二年（1042年）以大名府为北京	以宋真宗咸平三年（1000年）驻跸大名府，故立为北京
南宋	行在临安府		今浙江省杭州市	绍兴八年（1138年）以临安府为都城，仍称"行在"	五代吴越国定都杭州。建炎三年（1129年）赵构至杭州，以杭州为行在，升为临安府，改州治为行宫。绍兴八年（1138年）才正式定都临安府
		行都建康府	今江苏省南京市	宋高宗渡江后曾以江宁府（今江苏南京）为行在，建炎三年（1129年）改江宁府为建康府，建行都	建行都后曾下令修缮城池和宫殿，将南唐宫城改为行宫
辽	上京临潢府		今内蒙古自治区赤峰市巴林左旗林东镇南	神册三年（918年）城"皇都"，天显十三年（938年）改"皇都"为上京，称临潢府	
		东京辽阳府	今辽宁省辽阳市附近	天显三年（928年）升"东平郡为南京"，天显十三年（938年）改称东京辽阳府	
		南京析津府	今北京市	天显十三年（938年）升幽州为南京，改幽州为幽都府，后改为析津府	南京又名燕京。开泰元年（1012年）改称析津府
		中京大定府	今内蒙古自治区赤峰市宁城大明镇（大名城）	统和二十五年（1007年）置中京，称大定府	
		西京大同府	今山西省大同市	重熙十三年（1044年）将云州升为西京大同府	

续表

朝代	都城	诸京城	位置	建置	备注
金	上京 会宁府		今黑龙江省哈尔滨市东南约30里白城	天眷元年（1138年），"以京师为上京，府曰会宁"	金建国居"皇帝寨"，初称会宁州，太宗完颜晟时升为府。迁中都后削上京称号，大定十三年（1173年）复号上京
		北京	同辽中京	金灭辽，以辽中京为北京	
		东京	同辽东京	金灭辽，以辽东京仍为东京	
		西京	同辽西京	金灭辽，以辽西京仍为西京	
	中都 大兴府		今北京市	贞元元年（1153年）海陵王迁都于燕京，建号中都府曰大兴	北宋宣和四年（1122年）改析津府为燕山府，金天会三年（1125年）夺北宋燕山府，改称燕京析津府。贞元元年（1153年）迁都燕京，改称中都永安府，次年改称大兴府
	南京 开封府		今河南省开封市	辽灭宋改汴京为南京。贞祐二年（1214年）金宣宗迁都南京开封府	迁都南京后，在开封建宫城，并有一些改建工程
		中京 金昌府	今河南省洛阳市	金宣宗迁都南京后，改河南府为金昌府，号中京	
元	上都 开平府		今内蒙古自治区锡林郭勒盟正蓝旗敦达浩特镇东	中统四年（1263年）升开平府为上都，取代和林	1256年忽必烈建，称开平府。1260年忽必烈在此即大汗位，建元中统。按，元代实行大都、上都两都制。迁大都后，上都则成为元朝皇帝"时巡"避暑、处理政务、发布政令、举行诸王朝会、狩猎、祭祀或新帝登基等活动的陪都
	大都 （汗八里）		今北京市	蒙古军队攻占金中都后，复称燕京，至元元年（1264年）升燕京为中都。至元八年（1271年）建国号大元，至元四年（1267年）在中都东北选新址建城，至元九年（1272年）改中都为大都。至元十一年（1274年）宫阙告成，迁都于大都	
	中都		今河北省张北县城西北15公里	武宗大德十一年（1307年）六月，"甲午建行宫于旺兀察都之地，立宫阙为中都"。至大四年（1311年）武宗去世，停建并撤销中都建置	中都未最后建成，未正式启用，后荒废

续表

朝代	都城	诸京城	位置	建置	备注
明	中都凤阳府		今安徽省凤阳县城之西偏南	洪武二年（1369年）"诏以临濠为中都"，此后始营建中都。洪武六年（1373年）改临濠府为中立府，洪武七年（1374年）改中立府为凤阳府置凤阳县。洪武八年（1375年）罢建中都城	明中都城未最后完工，未正式启用为都城。罢建后仍有续建和改建工程，并成为屯田，皇太子诸王驻凤阳讲武练兵，遣列侯还乡就第凤阳的重地
	南京应天府（京师）		今江苏省南京市	元至正十六年（1356年）朱元璋攻占集庆（今江苏南京）后改元集庆路为应天府。洪武元年（1368年）以应天府为南京，洪武十一年（1378年）南京改称京师，正式定都	1364年朱元璋自称吴王，以元江南御史台旧址为吴王府。1366年开始筑城，卜地于钟山之阳建新宫。1367年建国号吴，1368年朱元璋即帝位，国号大明，建元洪武。罢建中都后，改建宫城。洪武之末明南京城的形制布局基本完成
	北京顺天府（京师）		今北京市	永乐元年（1403年）诏以北平为北京，称"行在"，改北平府曰顺天府。永乐十八年（1420年）"诏自明年改京师为南京，北京为京师"，同年十一月"以迁都北京诏天下"。永乐十九年（1421年）正月正式迁都北京。从此明代形成北京、南京两京制度	洪武元年（1368年）克元大都后，诏改为北平府。洪武三年（1370年）朱棣封为燕王，十三年（1380年）赴北平就国。"靖难之役"朱棣攻入南京夺取帝位，改元永乐（1403年），仍都于南京，直至永乐十九（1421年）年正式迁都北京时为止
		北京开封府	今河南省开封市	洪武四年（1371年）朱元璋赴汴梁，改元汴梁路为开封府，八月下诏以应天府为南京，开封府为北京，洪武十一年（1378年）罢北京	洪武初，开封是朱元璋准备建都的候选地点之一，故立为北京。洪武十一年（1378年）正式定都南京后，遂罢北京
清	北京顺天府（京师）		今北京市	1644年清军占领明北京，遂定都北京城，仍称顺天府	清承袭明北京城和宫城的形制布局。主要变化是将内城定为满城，重新确定内城功能区划和主要配置方位，将汉人和回民等移居外城，从而促进了外城的繁荣

都，二都的方位分别为北南和南北向移动，并最终落脚在今北京城。定位于今北京后，金上京、元上都和明南京名称未变（金上京在海陵王之后又复号上京），各为金、元、明的二都之一，并在一定程度上仍发挥着较重要的作用。

4. 出现北方草原民族的都城群

伴随契丹、女真和蒙古族的崛起，在北方草原地区和东北地区，先后出现了对中国古代历史产生过重要影响，并被列入正统王朝都城范畴的辽上京、辽中京、金上京和元上都（元中都较晚，未建成）等都城群，此种现象在中国统一王朝都城序列中前所未见。

本书主要介绍北宋东京开封府、南宋行在临安府、辽上京、金上京、金中都、元大都、明南京和明清北京城等正式都城的形制布局。同时对辽中京、辽南京、辽东京、辽西京、元上都、元中都和明中都等也做详略不等的介绍。除上所述，在这个时期，以今宁夏为主要地域的西夏，以今新疆吐鲁番盆地为主要地域的高昌回鹘，以今新疆喀什为主要地区之一的黑汗王朝，以今云南大理一带为中心的大理等民族政权的都城，则不属于本书正统王朝都城序列范畴。

二 宋至明代都城形制布局的类型、发展阶段与都城规划理念

（一）宋至明代都城形制布局的类型和发展阶段

在宋至明代的八座正式都城中，其形制布局各具特色，类型有别。在此所谓的都城类型，主要是从都城形制布局间的因袭关系、影响和被影响关系，以及都城规划理念和主要配置的情况等方面作内涵式的综合考察，可大体归类之意，据此可将八座正式都城大致分为四个类型。其一，北宋开封府城、南宋临安府城和金中都。两宋都城开封和临安城的形制布局有别，然而两座宋代都城的规划理念、城内主要配置和功能分区的方式方法却一脉相承。金中都城的形制布局受北宋东京开封府城影响较深，相似之处颇多，故上述三城可归为一类。其二，辽上京和金上京均为两城制，金上京形制布局主要是在辽上京影响下形成的，二者可归为一类。其三，明北京城是在元大都城基础上北缩南扩，城内布局略作调整和改建而成，二城可归为一类。其四，明南京自为一类。

上述四个类型的都城，从形式布局与时代来看，其发展序列大体可分为三个阶段。第一阶段，宋辽金都城。北宋与辽对峙，南宋与金对峙，辽金都城和陪都的形制布局受到北宋开封府城较强的影响，故属同一发展阶段。第二阶段，元代都城。其都城形制布局明显有别于前代。第三阶段，明代都城，明代三都形制布局不同，但均建于明初，故属于同一发展阶段。其中明北京城虽然派生于元大都，但明北京城在元大都基础上北缩南扩、并增筑外城，其内城的布局，主要配置和规划理念又与元大都城有较大差异，按时代序列应属明代都城发展阶段。同时，若从都城因袭和形制布局演变关系来看，北宋东京开封府城和元大都城的形制布局，均具有继往开来的里程碑作用。据此，又可将该时期都城的形制布局，以上述两座都城为界，大体分为前后两大发展阶段。

（二）宋至明代都城的规划理念

宋至明代各个都城的形制布局，及其演变和发展，都是受当时都城规划理念制约的。即

都城的形制布局，乃是都城规划理念的物化形态。也就是说，当时的每座都城均将其都城规划理念转化为所需的客观实体空间结构和相应的形制布局。每一代都城又是在总结前代都城形制布局的基础上，逐步发展和深化其都城规划理念，进而在形制布局上推陈出新，如此往复，不断升华，就形成了宋至明代都城形制布局演变和发展的规律。当然，历代都城的形制布局都是受其都城规划理念制约的，但是宋至明代都城在这方面的表现较前代都城更加明显、突出和成熟。宋至明代有代表性的都城规划理念，主要表现在以下三个方面。

1. "营国制度"是都城规划理念的基础

《周礼·冬官·考工记》"匠人营国"条记载："匠人营国，方九里，旁三门。国中九经九纬，经涂九轨。左祖右社，面朝后市，市朝一夫"；"周人明堂，度九尺之筵。东西九筵，南北七筵，堂崇一筵。五室，凡室二筵。室中度以几，堂上度以筵，宫中度以寻，野度以步，涂度以轨。庙门容大扃七个，闱门容小扃三个，路门不容乘车之五个，应门二辙三个"；"内有九室，九嫔居之；外有九室，九卿朝焉。九分其国，以为九分，九卿治之"；"王宫门阿之制五雉，宫隅之制七雉，城隅之制九雉"；"经涂九轨，环涂七轨，野涂五轨"[1]。上述记载结合后人的解释表明"营国制度"的内涵和特征为：第一，王城环套宫城，王城平面形制和规模为方九里。第二，王城"旁三门"，"国中九经九纬"，经纬纵横交错组成王城内井干式路网。第三，宫城在王城规划中心，宫城南北中轴线是全城规划布局的主轴线。第四，宫城按前朝后寝之制规划。第五，宫城前方为外朝，后面为市（前朝

---

[1] A.《十三经注疏》四《周礼注疏·冬官考工记第六》卷第四一"匠人"条，引文参见注疏之解释。

B. 贺业钜《中国古代城市规划史》（中国建筑工业出版社 1996 版）第 204～209 页"营国制度"一节，对上述引文的解释可作参考。即"匠人营国……市朝一夫"：此段述王城规模、形制、结构。其左右前后相对规划位置"均系以宫为基准而言的"。故"宫之规划位置当在城中央，此'宫'乃指包括朝寝宗庙等宫廷筑群所构成之宫廷区，'朝'则指宫城前方之'外朝'。'朝'及'市'的规模，均为一'夫'，即占地一百亩"。"庙门……应门……"：说朝庙门制，"路门为路寝之门，亦即燕朝之门。应门为治朝之门，也是宫城的正南门。此二朝都在宫城内，故又可统称为内朝。庙，指宗庙。庙门即宗庙之总门，闱门为庙中之门。从这段话的叙述顺序，似含有暗示庙在宫城外之意"。文中指出"宫城前方为外朝，后面为市。宗庙、社稷则据主轴线对称设置在外朝之左右两侧。这便是宫、朝、市、祖、社五者的相对规划位置和其组配关系"。"内有九室……九卿治之"："此段实说明两个重要问题。首先说明宫廷规划为前朝后寝之制。文中'内''外'，系就路门而言。路门为路寝之门，故云'内有''居之'，以示宫寝在门内。门外则称'外有''朝焉'，表明门外为朝。此朝即上段所说的治朝。可见宫城内的布局，当为前朝后寝。其次，说明视城若一块田地，按井田形制，将城划为九分，以布置各种不同的分区。以中央一分充作宫城，其余八分分别安排宗庙、社稷及外朝所组合之宫前区以及官署、市、里及仓廪府库等分区。如此划分，显然与城的使用功能有关。""王宫门……九雉"："'门阿'指宫门之屋脊，此处意谓宫城城门屋脊标高为五雉（丈）。'宫隅''城隅'，均指城垣四角。既有'宫隅'，当筑有宫垣，形成一座宫城。上述之朝寝均置于宫城内。""经纬……五轨"："述王城道路制度。南北干道为经，东西干道为纬。顺城环行道为涂，城外干道为野涂"；"'轨'即车辙，二辙之间宽周制八尺，按一道三涂之制，'九经九纬'实为南北及东西干道三条，道宽为周制七丈二尺。'环涂'道宽周制五丈六尺，'野涂'道宽周制四丈。"

后市)。宗庙、社稷在外朝主轴线左右两侧。明示了宫、朝、市、祖、社的相对规划位置和组合关系。宫与外朝、祖、社构成之宫前区合而为宫廷区，是全城之中心区和全城规划结构之主体。第六，全城以井田之制划分九等分，按方位主次，配置不同分区[1]。第七，全城路网及各个分区均环绕宫城，沿主轴线对称配置。第八，《考工记·匠人》还记载："门阿之制，以为都城之制。宫隅之制，以为诸侯之城制。环涂以为诸侯经涂，野涂以为都经涂。"以此结合前述情况，可知城隅和道路同样受礼制营建制度制约；以等差级数表示级差，表明当时在营建城邑上已形成循名核实，"名位不同，礼亦异数"[2]的礼制等级制度。除上所述，《周礼·夏官司马第四》卷三〇"量人"条记载："量人掌建国之灋（同法）"，"营国城郭，营后宫，量市朝道巷门渠。造都邑亦如之"。量人专掌城邑建设测量，与匠人互相配合。以此结合《考工记》记载室、堂、宫等所度之几、筵、寻等（即以不同精密度量单位控制不同规模的建筑尺度。实际上即是后代模数之先声），表明当时营建城邑和主要建筑，已较充分地注意到测量和"模数"的重要性。

综上所述，《周礼·考工记·匠人营国》在王城的平面形制、门制、城内路网结构，宫城居中和前朝后寝的布局规制，庙、社、市的配置方位，宫城前区的构成，中轴线对称布局和城内分区的模式，井田方格网系统的规划方法（似为后代以方格网为模数规划方法之先河），"模数"的应用；在王城规划布局中，以数字"九"（九是十进制奇数中最高的阳数，称阳爻）代表王者之尊，以"九""七""五"之差形成礼制等级制度；以及采用测量方法保证城邑营建之规范性等方面，对王城营建的理论、规制和布局已经形成了全套较完整的规划体系。这套规划体系所确立的各项准则，被后世历代都城规划者视为"法典"，故学者们将其以"营国制度"名之。

上面就《周礼·考工记》"营国制度"略作分析，其在中国古代都城规划中的重要性不言而喻。但是，应当指出，《周礼》之时及其后相当长的时期内，并无一座完全按照上述模式营建的都城。隋唐以前的都城，无论从考古资料还是从文献来看，均未真正全面地体现出上述准则，到隋唐长安城时才较明确地向其部分准则靠拢。入宋以后，由于进一步确立了儒家的统治地位和理学（亦称"道学"，宋明儒家哲学思想）的发展，情况则为之一变，"营国制度"遂逐步成为此后都城规划理念的基础。这个时期的都城规划者，以当时的儒家理学观念（主要表现在下面将谈到的两点）去诠释"营国制度"，并赋予其新的含义。在此基础上，又发展了肇始于"营国制度"的方格网和"模数"规划方法，根据各自都城的具体情况，有意和用心地参照"营国制度"的模式，因时因地制宜予以变通和发展，与时俱进地规划新都，以形成所需的形制布局。如此这般，自宋以后经过不断地探索、总结和创新[3]，到明代北京城时，其规划布局则形成了既有新的时代特点，又最接近"营国制度"规制的都城。

---

[1] 贺业钜《中国古代城市规划史》（中国建筑工业出版社 1996 版）第 207 页。
[2] 《十三经注疏》七《春秋左传正义》卷第九"庄公十八年"条。
[3] 元大都城的形制布局与"营国制度"无直接关系，详见本书第七章。

2. "君权神授""皇权至上""天人合一"是都城规划理念的核心

"君权神授"即君权"受命于天",皇帝自称"天子",是神的代言人,君权神权合一,因而形成"皇权至上"之法统。"天人合一"(或称"天人交合")强调"天道"和"人道","自然"和"人为"相通、相类和统一,这种观念反映在都城规划理念之中,最终仍归结到"君权神授"和君权与神权统一之上。宋至明代的都城,正是以"皇权至上"作为都城规划理念的核心,从而将寓于"营国制度"之中的"王权至上"发展到极致。

宋至明代的都城,"皇权至上"的规划理念集中体现在宫城和皇城的规划之中,因而特别强调"择中立宫",宫城的位置较宋代以前的宫城越来越靠近都城的中心部位。为此,还不断调整宫城的中轴线,逐步使宫城、都城的中轴线合一,使都城的几何中心点和规划中心点集中到中轴线上。宫城是皇权的象征,是权力的中心。所以这个时期"皇权至上"的规划理念,均突出地表现在以宫城为权力中心结构和中心空间来主导都城规划,刻意追求儒家的"居中不偏""不正不威"和"营国制度"的都城方正,宫城居中、布局中轴对称,井干路网的意境。此外,这个时期模数规划手段也日臻成熟(包括以方格网为模数方法),最后发展到以宫城主要宫殿之长宽为规划宫城尺度的模数,以宫城之长宽为规划都城和城内主要建筑群尺度的模数。这样既可控制全城各主要空间的相互关系,使全城联结成有机的整体,又突出地表明宫城是都城的中心和核心,以示"化家为国",皇权涵盖一切、化生一切的"君临天下"之势。

"君权神授"和"天人合一",最主要表现在宫城的形制布局上。从宋到明这个理念不断发展,逐步完成了宫城的布局"象天立宫",宫城"体象乎天""方位在天",宫城之整体"象天法地",并陆续将堪舆(风水)和阴阳五行说渗透到宫城布局之中。据此则将宫城不同的空间,主要配置、主要建筑(甚至一些建筑部位)赋予各种相应的象征性含义,使宫城形成地上天宫,人神相通,"君权神授""皇权至上"的最高境界。除上所述,这个时期都城流行的三重城形制,既是典型的权力中心结构,又是"天人合一"自然观的反映。前已说明,"天人合一"含义的另一个层面是"自然"和"人为"相通,强调人与自然是不可分割的整体。在此"天"为无所不包的自然,是客体;与天地参的人,则是主体,天人合一就是主体融入客体,使人与宇宙归于一统。这种观念反映到都城总体规划之中,就是强调都城与自然地理环境(包括地形地貌、山川河流)、植被绿化、景观氛围,以及社会政治因素等之间的关系。凡此均利用规划手段,在巧于因借,因势随形之中,使都城三重城的形制结构与自然全面协调,融为一体。这是宋至明代都城规划中,重要的特色之一。突出体现出该时期都城规划强烈的自然观和既尊重传统又不拘泥传统的革新精神。

3. 礼制秩序和森严的等级制度是都城规划理念的准则

"君权神授""天人合一"将君权神化,但皇帝毕竟是人间的君主,要想使都城和宫城规划充分显示出"皇权至上""君临天下"的意境,还必须"礼序从人",以礼制秩序和森严的等级制度作为保证。所以宋至明代的都城和宫城规划,均以儒家的礼和礼制为准则,力图将封建礼制秩序和森严的等级制度转化为所需要的空间结构,更加强化了"营国制度"中的等级制度。

第一,上述的礼序和等级制度均以"皇权至上"为首,并同样主要体现在宫城方面。

如前所述，宫城按前朝后寝之制布局，宫城各不同部位和建筑在"象天立宫"和按模数规划时所显示的级差[1]，就是礼制秩序和严格的等级制度的反映。第二，在宫城或皇城之前，左祖右社、宫廷广场和中央衙署区不断协同整合，逐步走向规范和严谨，与宫城一起共同形成了都城布局最高权力的中心区，这个情况乃是在礼制和权力结构支配下进行规划的必然结果。第三，是逐步加强了中轴线在礼序、等级制度和全城规划中的地位和作用。宫城的中轴线渐渐演变成全城的中轴线，全城几何中心点和规划中心点最终移到中轴线上，中轴线不断延伸，以至纵贯全城，最终形成在中轴线上安排宫城和都城的主要建筑，这些建筑依其在中轴线上的位置、性质和功能的不同，有节奏有等差地安排其体量、形体轮廓和空间，由此中轴线既形成了具有神性而又表现人间礼序的政治礼仪轴线，进一步突出了都城中心空间和皇权至上的效果；又形成了都城中心和谐统一的线型纵深景观序列，成为都城布局的主脊。

除上所述，在前面列举的诸种规划理念的支配下，都城的结构布局还必须同时满足世俗和神圣（祭礼、礼制、宗教等）的各种需求。所以都城规划还必须以礼序和等级制度为手段，按照当时的社会需求和宗教观念，并结合当地各种环境和技术条件来规划都城布局，形成所需的客观实体空间。只有如此，都城布局才能真正成为社会和文化等诸方面内涵的载体，才能适应当时的社会基础和上层建筑的需要，都城的形制布局才能因社会关系、社会需求等方面的变化而发展。宋至明代都城流行的三重城结构，三重城各自不同的主要配置和功能分区，不同朝代三重城间各自配置和功能分区的变化，即是上述情况的反映。比如，这个时期都城的功能分区日趋明确，并逐渐发展成以宫城为中心，由内而外层层围护宫城的层级结构。这种层级结构，以及三重城内不同的配置，实际上就是以社会功能为内涵，使权力结构、礼序和等级制度从中心向外层层辐射的结果。又如前述以宫城长宽为模数规划都城内主要建筑群面积和主要空间，同样也是权力结构、礼序和等级制度使然。就社会需求与都城布局的关系来看，其表现莫过于因商品经济的发展、商业的繁荣所引发的旧里坊制和市制的崩溃，街巷制的出现，使商业街区的配置成为这个时期都城布局和功能区划的主要特点之一。宋至明代都城商业街区的配置，是有一定规律性的，比如为宫廷和达官显贵服务的商业区，主要商业综合中心区均围绕在宫城皇城的周围或在其附近，有的都城还呈现出"前期后市"之势。一般商业区分布于街巷，各种零售网点则散布于全城。由此可见，商业区的配置亦是以宫城和权力结构为中心，各种商业区的总体构成同样也是按等级制度划分的。

最后还应指出，前面谈到的某些现象，既从属于都城总体规划理念，又反映出都城规划理念发展变化的新特点。比如：第一，宋至明代三重城内主次分明的较完备的功能分区，体现出该阶段都城规划理念空间布局结构是以社会功能为基础的。第二，前述在都城主要大街上以商业街市构成商业区的情况，反映出该阶段都城规划理念中有较明显的重商思想倾向。第三，宋至明代都城的形制布局与自然环境结合较紧密，说明较强的自然观乃

---

[1] 到明代时采用模数规划宫城各建筑群，形成不同的等差，其中主要大殿刻意采用数字"九"和"五"相互配合，以"九五"之尊，代表皇权至上。其他不同等差情况，参见正文。

是该阶段都城规划理念的主要构成因素之一。也就是说，重视社会功能、重商思想和较强的自然观，也属于该阶段都城规划理念范畴。

总之，宋至明代都城的规划布局，以"营国制度"为都城规划理念的基础；以"君权神授""皇权至上""天人合一"为规划理念的核心；以礼制秩序和森严的等级制度为规划理念的准则，从而丰富和发展了"营国制度"，使这个时期都城规划布局具有较明确的导向性。因而宋至明代都城的形制布局比较严整，轴线形成纵深空间序列层次，都城空间组织序列较严密，布局逻辑较严谨；宫城、轴线和城内各主要部位，"内外有别，开合有序"，形成了较完备的礼序和等级制度，对"皇权至上"达到了顺理成章的皈依效果。这是该时期都城形制布局存在许多共性，其间的承袭演变关系较清楚的主要原因之一。此外，宋至明代各朝代的都城，由于处在上述规划理念的不同的发展阶段，以及其时代、位置和环境的不同，再加上民族的差异等，故这个时期都城规划理念乃是一个动态的不断发展的过程，在与时俱进的变化之中，各个都城所追求的心理和精神感受，对都城神韵意境的理解和都城布局的特殊需求也有较大的区别。因而各个朝代的都城，又形成了各自风格鲜明的特色。

三　宋至明代都城形制布局的总体特点

宋至明代都城的形制布局，自北宋东京开封府城承袭北周都城的形制并加以改造和变化开始，就走上了中国封建社会后期都城形制布局的发展之路。从此都城的形制布局别开生面，逐渐产生和深化了许多与隋唐都城形制布局不同的特点。这些特点沿着中国古代都城形制布局的发展轨迹，按照中国古代都城形制布局特点的演变规律，不断推陈出新，至明代的北京城则总其大成，遂呈现出中国古代都城形制布局的终结模式。其间宋、辽、金、元、明各代都城形制布局的特点，已在正文逐一论述。下面则从宏观角度，就宋至明代都城形制布局在总体上表现出来的一些特点，择其要者，略作归纳。

1. 都城平面结构三重城或两城制

北宋开封城为宫城、内城、外城三重城结构（其皇城尚未形成标准的环套宫城模式）。南宋临安城在改造旧城的基础上，受自然条件限制，平面结构为宫城（皇城同样未形成标准的环套宫城模式）和外城两重城。此后金中都、元大都均呈宫城、皇城、外城三重结构。明南京城为宫城、皇城、内城、外城四重结构，明北京城为宫城、皇城、内城、内城南加筑外城的四城结构。但是，明南京和明北京城的主体部分仍为宫城、皇城、内城三重城结构。

辽上京和金上京为南北二城毗连形制，宫城或在北城或在南城。这种形制其实是两京根据自身的特点和需要，而将东京开封府三城相套形制加以改变的结果。此后元大都城分为南半城和北半城，清北京城将内城改为满城，外城改为汉城。元大都和清北京城是变相的二城制，其与辽上京和金上京同样都是为解决本民族与汉族和其他民族分治问题。但是，元大都和清北京城并未改变其都城形制，实质上仍为三重城的结构。

2. 都城平面形制以长方形为主

北宋开封城以后，都城平面形制大都呈长方形或略呈长方形。其中辽上京和金上京两城制的南北二城，各为方形（略变形）或长方形的结合体。此外，位于长江以南的南宋临安城和明南京城由于受到山、水和自然环境的制约，其平面形制则呈曲折多边的几何形。

3. 都城形制布局与自然环境结合紧密

宋以后的都城形制布局与自然环境结合紧密，将河湖水系、给水排水系统、漕运系统和山体等纳入都城总体规划，使之与都城形制布局融为一体。多数都城，水面成为制约城内布局的关键因素之一。其中水面和山地特点较突出的都城，如南宋临安城和明南京城，城墙和主要建筑因山就水、因地制宜、因势而筑。城的平面形制不拘于直线和方正，曲而多变，形成了独特的外缘景观。

4. 都城将园林和绿化作为其总体规划的内涵之一

从北宋东京开封府城开始，就将园林和绿化纳入都城总体规划之中。历代都城在这方面各有所长，不断发展，遂使之成为该时期都城规划必不可少的构成要素之一。这种情况到清代北京城，则集此前历代宫城园林、内城园林和绿化、近郊园林之大成，发展到极致。都城营造园林和绿化与前述将山水纳入都城总体规划相辅相成，乃是宋以后都城规划自然观不断增强的必然反映。

5. "择中立宫"，宫城形制布局走向规制化

"择中立宫"，是中国古代都城的传统，然而真正较好地解决"择中立宫"问题的则是始于北宋开封府城。此后不断强化"择中立宫"理念，从金中都、元大都到明北京城，逐步基本达到了"择中立宫"的效果。

宋及其以后的都城在"择中立宫"的同时，还进一步优化宫城皇城布局。大内从宫城在北，皇城在南，发展成皇城环套宫城；皇城从主要容纳中央衙署，到进而包容苑、内府诸衙、府库和相关服务机构，功能逐渐多元化。宫城的平面形状和规模，自北宋迄明大体相近。宫城正南门从双阙演变成午门翼以两观形制，宫城四门，出现东、西华门，四隅设角楼。宫城内按前朝后寝配置，主要宫殿区从出现双轴线，而发展为分三路配置。主要宫殿多有后阁，平面呈"工"字形。宫城之前置左祖右社，再前为"T"字形宫廷广场，宋代的杈子逐步演变为千步廊，千步廊两侧置主要中央衙署。宋至明代都城的宫城和皇城虽各有特色，但基本上是按上述模式而演变和发展的。到明代三都的宫城和皇城，特别是明北京的宫城和皇城经过北宋以来的演变和发展，其形制布局已完全规范化和规制化，从而成为中国古代宫城皇城的终结模式。上述情况详见本书对各代都城的宫城和皇城的论述。

6. 新建的都城城建规划以准确测量为基础，以宫城长宽为模数

在宋至明代的都城中，根据现在的研究成果来看，只有元大都城可复原出较完整的城建规划。其城建规划以准确测量为基础，辨方正位，以宫城的长宽，作为规划都城形制布局的模数。明北京城较元大都城北缩南扩后，营建宫城和相关的改造工程之规划亦同元大都。至于其他都城城建规划的具体情况，尚在进一步的探讨之中。

7. 中轴线是都城规划布局的轴线和主脊

中国古代都城规划布局有强调中轴线作用的传统，在宋至明代都城中，中轴线的长度逐渐延伸，功能不断完善，其在都城规划布局中的地位和作用举足轻重。从发展进程来看，都城的几何中心与都城规划中轴线由分立到合而为一，都城规划中轴线和宫城中轴线

由较短到纵贯全城。最终使都城的中轴线、宫城中轴线合一，都城几何中心点移到中轴线上，成为全城规划的中轴线，中轴线上的建筑逐渐形成较完整的礼制序列，并以此为主轴和全城规划布局的主脊，将城内空间布局组织成一个有秩序的整体。除规划中轴线外，还陆续出现与规划中轴线相辅相成的辅助轴线，形成多轴线多坐标点，这些轴线和坐标点紧密结合，在统筹规划之中对都城进行对称、均衡和稳定的布局。关于这方面的情况，本书在各代都城中均有记述，其中尤以元大都城表现最为突出，迄明代北京城则发展到极致。

8. 都城城墙结构和设施突出防御功能

自北宋东京开封府城城墙出现瓮城、敌楼、角楼、马面和防城库以后，历代都城均对此不断强化和改进。南宋临安城外城墙始包砖石，至明代城墙开始内外包砖，明南京城墙为全砖石结构，出现内瓮城、闸楼和藏兵洞。总的来看，宋代以后由于火器的发展，对城墙的防御功能提出了更高的要求，所以宋及其以后历代都城城墙之高坚和各种防御设施之完备，远胜于前代。

9. 都城内出现水陆复合型路网

前已说明，宋及其以后的都城与自然环境结合紧密，并将山水纳入都城总体规划。因此，具有该特点的都城，除按常规以主干路网（多呈井干式路网）为规划布局骨架，并在此基础上划分厢坊和功能分区外，还将街道交通网络与水路交通网络以桥梁为纽带相互连接，形成水陆复合型的交通体系。北宋开封城、南宋临安城、元大都和明南京城等在这方面均各有特色。

10. 都城居住区街巷化

从北宋东京城旧的里坊制逐渐崩溃，出现街巷制以后，南宋临安城基本完成了向街巷制的转化。金中都城区新扩建部分，已完全按街巷制配置，到元大都时又演变成胡同，街巷制走向规制化。此后历经明清北京城，遂成定制。

11. 都城规划布局集政治化、军事要塞化和商业化于一体

宋及其以后都城的规划布局，第一，重点突出宫城皇城、主要衙署、礼制建筑、寺庙和达官显贵邸宅等的配置，都城高度政治化。第二，都城内外大量驻军，在城内重要地区和城防要地设兵营和城防机构，这是都城政治化在城防方面的表现形式，即都城又高度军事化、要塞化。第三，随着旧里坊制和市制的崩溃，街巷制的确立，都城各主要大街密布商业街市（包括手工业店铺），商业化是该阶段都城与前代都城在都城布局形式和内涵方面的最大差别（商业街市的配置同样从属于政治化）。可以说，宋及其以后都城的规划布局，乃是集政治化、军事要塞化和商业化于一体。其中都城商业化以两宋都城表现最为突出，是中国古代最具商业特色的都城。但是，当蒙古入主中原在今北京建立大都后，由于脱离了东南经济发达地区，又以其游牧民族的生活习俗和传统影响元大都的规划布局，因而在一定程度上延缓甚至阻断了两宋都城以来的商业化进程，所以元大都的商业街市和商业区远不如两宋都城繁荣。此后明代在这方面虽有起色，但亦难与两宋都城相比。上述现象无论在这个时期的都城史，还是都城社会史和经济史中，都是很值得进一步深入探讨的问题。

12. 都城功能区划多元化，分区较明确，配置大致有定

宋至明代都城的社会功能较前代更加完备，故其城内功能区划也呈现出多元化特征。总的来看，这个时期都城的功能区划大体可分为宫城皇城区、主要衙署区、礼制建筑区、主要商业和手工业区、文化教育区、娱乐区、寺观区、府邸区、居民区、城防区、仓库区，以及风景区等。这些功能区划在较明确的集中配置、块状分割的前提下，又呈现出散置和相互穿插配置的特点。其中的宫城皇城区大体居中；主要衙署区和庙社主要礼制建筑区配置于宫城前中轴线的两侧；为宫廷和达官显贵服务的主要商业区和综合商业中心区多在宫城皇城周围和宫城中轴线延长线的两侧。其他功能区划，不同的都城则依其本身的条件而各自配置有定，配置的方位和特点不一。

上面概述了宋至明代都城形制布局的总体特点，这些总体特点具体到每一座都城又各有特色和一定的差异性，所以有必要进而参照本书诸章各个都城与此有关的具体论述。此外，关于宋至明代都城形制布局间的承袭演变关系和布局艺术，本书各章均有论述，由于这些情况较具体，差异性较大，故绪论部分不再概述。

四　都城形制布局是都城考古学和都城史的基础研究[1]

都城考古学和都城史均以夏商周至明代的都城为研究对象，两者研究的范畴既多有重叠又有较大的区别，其研究的资料基础、研究手段和方法则完全不同。都城考古学以都城本体为具体研究对象，以都城遗迹遗物的考古调查发掘资料为研究基础，采用考古学手段和研究方法，重在研究都城的外在形制，以及寓于外在形制之中的主要布局，同时并辅以史学研究方法和参考有关史料进行相关的专题和综合研究。都城史则以与都城相关的文献资料为研究基础，以史学研究方法进行研究，重在研究都城的内涵，同时也涉及都城的形制布局，其专题和综合研究的领域较都城考古学广而宽泛。如此看来，都城考古学和都城史乃是两个不同的学科，但实际上两者却是相辅相成的，有很强的互补性。比如，两者在研究方法上有共通之处，都需要结合对方的研究资料和研究成果，以对都城进行全面的深入探讨和研究，并在此基础上构建两者共同的研究平台，即复原都城的形制布局。也就是说，都城考古学和都城史乃是都城研究中互相关联密切的两个层面，而都城形制布局则是两者共同研究的主要课题之一。

所谓都城形制布局，系指都城的外形、结构，都城全面规划情况，都城各种不同类型、不同性质建筑群或重要单体建筑配置的方位和状况等一系列与都城本体原貌有关的内容，属都城的硬件范畴。硬件是软件的基础，都城考古学和都城史内涵式的论述，均植根于都城形制布局这个学术平台。但是，由于中国古代都城除个别的在地面上仍残存部分遗迹外，大都被埋于地下，或被现代城市和建筑叠压，其本体原貌已不复存在。因而都城形制布局需要都城考古学和都城史作为主要课题进行研究和构建，以复原都城形制布局的原貌，故言都城形制布局是都城考古学和都城史研究的基础。

关于都城形制布局复原研究，从都城史来看，其仅依据有限的文献记载和少量遗存的

---

[1] 建筑史对历代都城的研究，重点也是复原都城形制布局，这个问题后文有说。

图像等资料，在无都城真实的实体概念，缺乏都城主要配置坐标和主要配置间较准确的相对位置，以及各主要配置的形制和规模等重要参考资料的情况下，是难以较准确地复原出都城形制布局的。都城考古学则不然，都城考古学是实证科学，通过对都城遗址的考古调查和发掘，在全面钻探和逐步揭露都城遗址的过程中，随着都城本体遗迹渐渐地再现，经过考古学研究（包括有根据的合理推断），可大体究明都城形制布局的基本情况。

都城考古学现阶段的要旨，即是重在阐述和研究都城的形制布局。就宋至明代都城考古学而言，目前主要着重研究或基本解决以下问题。

第一，都城具体位置和坐标，都城形制布局与当时当地自然地理环境（包括地貌、山川等）的关系。

第二，都城总体平面形制，宫城皇城、内城和外城的规模（尺度），及其准确的相对位置关系。

第三，城墙围合状况、平面形制，城门、瓮城、角楼、马面和水门等的位置、形制、尺度和结构及其构筑技法。

第四，城内主要街道和路网架构。

第五，宫城皇城位置、组合关系、平面形制；宫墙、宫门位置与形制及其结构和构筑技法。遗迹所反映出来的各种相关的尺度，宫城主要遗迹及其构筑状况。主要配置的方位和布局概况，宫廷广场的位置和形制等。

第六，城内主要居民区配置的方位，厢坊、街巷和胡同等的配置和形制概况。礼制建筑、主要衙署和重要官方建筑以及主要寺观等的配置方位和规模。各主要配置的准确方位、规模、形制及其间准确的相对位置和组合状况等。

第七，根据遗迹间的叠压和打破关系，不同建筑的用材、结构和构筑技法，并结合出土遗物，综合判断都城存在年代的上下限和都城发展的阶段，以及都城主要遗迹始建、续建、改建、补筑和增筑的情况和时代。

第八，城内外河湖水系及城内给水排水系统与漕运系统的状况，城内水路状况及与城内路网的关系。

第九，城内主要功能分区状况（有的都城还涉及城郊与城内功能区划的关系）。

第十，根据上述九个方面，在深入研究的基础上，对有条件的都城还要探讨都城城建规划问题。都城城建规划，是都城形制布局研究的升华和关键课题。

上述十个方面依各个都城遗址的情况，略有增减或另有其他变化。其中有些基本情况，如都城建置沿革、都城营建简史、都城内的布局和功能区划、宫城皇城布局、厢坊和街巷的配置情况等，还需结合相关的文献记载和图像资料进行综合研究，方可基本复原都城的形制布局。也就是说，都城形制布局复原研究，应以都城考古学为主，都城史的有关研究为辅，两者有机结合，才可能逐步完成。本书关于都城形制布局的论述，正是本着这个原则进行的。

五 宋至明代都城遗址保存状况与考古工作的难度

宋至明代都城遗址的保存状况，大致可分为两类。一是今北京、开封、南京、杭州四大古都。在此四大古都中，属宋至明代的金中都、元大都、北宋开封、明南京和南宋临安城遗址，除元大都残存部分外城墙和个别可追溯到的元代建筑，明南京内城墙保存较好和少数可追溯到明初的建筑外，余者大都被埋于地下或被后代拆改破坏，其旧都原址大都被近现代建筑群叠压，仍残留于地面的遗迹极少。其中明北京城是个例外，因明北京城被清代继续沿用，所以清北京城的形制布局较明代未大变。明代北京城的主要街道、胡同，紫禁城、中轴线和钟鼓楼，以天坛为代表的礼制建筑等标志性建筑，虽经清代改建，但仍可据此追溯到明代的原貌。二是辽上京、辽中京、金上京、元上都、元中都等北方和草原地区的都城。这些都城因位于现代城镇之外或在荒野之中，其遗址上除有少数村庄或个别单体建筑外，基本未被现代建筑群叠压。但是，这些都城遗址在荒废之后，由于自然力和人为的破坏，地面遗迹无多，已难较准确地窥其全貌。此外，明中都遗址保存状况相对较好。

鉴于上述情况，宋至明代都城考古工作的难度很大。简而言之，大约有六点。

第一，在前述四大古都中，考古调查、钻探、试掘和发掘，必须在各种建筑群的夹缝中，寻找合适的考古工作地段或场所，其机遇概率很低，主动发掘机会极少。此外，配合四大古都基建工程进行发掘，则可遇而不可求。加之此类考古工作属抢救性质，受客观情况强力制约，一般难以取得全局性的重大学术成果。

第二，由于上述情况，在四大古都中通过考古手段所获成果，除少数特例外（如拆除明代北京北城墙时，对城墙下元大都遗址的发掘），大都是一个个点的孤立资料，这些点很难连成线而显现出有关建筑的大体形制。因此在大多情况下，难以透过这些孤立现象拨开迷雾，深邃洞察，形成相关课题进行深入研究。

第三，从研究角度来看，上述四大古都所涉及的宋至明代的都城形制布局复杂，学术课题多，难度大。因此，要求考古工作者必须有良好的城市考古工作素质，具备较深厚的文献和相关学科的功底，能对有关都城的形制布局进行较全面系统的案头研究，做到胸有成竹。只有这样，才能以案头研究成果指导都城发掘工作，使案头研究成果与发掘对象有机结合，相互验证，以在更高层次上形成新的成果；只有这样，才可能找准前述一个个孤立发掘点的资料在都城本体原貌上的坐标；只有这样，才能将这些孤立点的资料在已有的研究预案上连成线形成面，大致呈现出相关遗迹的原来整体面貌；只有这样，才能发现问题，提出课题、进行深入探讨，将都城研究不断推向前进。但是，若想达到这种较高的要求，绝非易事。这也是上述都城考古研究难有突破性进展，研究水平长期徘徊的主要原因之一。

第四，辽上京、辽中京、金上京、元上都和元中都地处偏远，大都位于经济欠发达地区。都城遗址破坏严重，地面遗迹保存较少，地下遗迹保存欠佳；文献记载简略，含混或相互抵牾之处颇多，过去考古研究基础薄弱。因此，这些遗址虽然都进行过考古调查、钻探、试掘和小规模发掘，有的至今仍在发掘，但是，成果有限。看来今后只有放弃零敲碎打，改弦更张，按照考古规范，以学术课题为统帅，制定考古发掘和研究规划，有计划有目的地全面开展考古工作，才能达到逐步究明这些都城形制布局的目的。除上所述，明中都遗址的地望与上述都城不同，保存状况相对较好。但迄今只作过调查，未进行发掘，其考古工作应尽早提到日程上来。

第五，宋至明代的都城遗址，自 19 世纪末 20 世纪初以来，大都陆续进行过零星调查，资料散见于各种书刊。这些资料，一是时代早，所记许多遗迹现已无存，因而有重要参考价值；二是这些资料获取的手段多不规范，科学性较差，需要甄别者多。此外，中华人民共和国成立之后上述都城的考古资料除一些经正规发掘的之外，亦大都很零散。因此，宋至明代都城研究的难点之一，就是如何以正规发掘的资料为基础，来收集、整合这些不同时期的零散资料，使之形成较完整准确的资料系统。这是该阶段都城研究的基础工程，目前在这方面的欠缺，已成为制约宋至明代都城考古研究发展的瓶颈之一。

第六，宋至明代都城考古工作与秦汉隋唐都城考古工作相比，起步较晚，学界重视不够，从事该方面发掘和研究的学者十分有限，因而两者形成很大的反差。可以说宋至明代都城考古学，乃是中国古代都城考古学中最薄弱的环节之一。

六 本书对宋至明代都城形制布局研究之探索

1. 走相关学科有机结合，综合研究都城形制布局之路

如前所述，宋至明代都城形制布局复原研究，是以考古学资料为支撑，以考古学研究为基础的。但是，由于该阶段都城考古工作严重滞后，考古资料基础薄弱，因而制约了都城形制布局研究的进展，故研究基础同样是很薄弱的。然而，现在考古学者在论述宋至明代都城形制布局时，大都将其局限于已掌握的考古资料所直接涉及的某些问题，很少研究考古资料中蕴藏的深层次问题，更鲜见在考古资料已涵盖的范围内对都城形制布局进行可能的较全面的论述。这种研究状况，则很难说全是考古资料基础薄弱的问题。在都城史研究领域，研究范围较广，都城形制布局本应是该领域的重点课题，但目前似乎尚未被列入宋至明代都城研究的重点课题。其中涉及这个问题者，对文献资料较少的都城，有关都城形制布局的论述多较空泛；对文献资料较丰富的都城，也只是在文献资料与都城形制布局直接有关的部分论述较详并有一定深度，但很少涉及都城具体的框架结构，亦乏见对都城形制布局较全面地论述（前已说明都城史研究难以较准确地复原都城形制布局）。在建筑史领域，都城形制布局是其研究城市建筑史的主体和核心。就其所涉及的宋至明代的都城来看，建筑史学者以文献资料为主，并结合部分考古资料，从建筑学的角度分析有关都城的形制布局时，较重视都城的框架结构和具体布局形式，往往有独到之处，其中特别是对都城规划的研究多有重要参考价值。但是，由于其大都局限于建筑学范畴，故亦难以达到全面复原都城形制布局的效果。

上述情况表明，都城考古学、都城史、建筑史是与都城形制布局研究关系最密切的三个学科，三者对都城形制布局研究各有侧重，各有特色，各有所长又各有所短。所谓各有所短，在都城考古学领域研究宋至明代都城形制布局的学者，往往缺乏在都城史和建筑史方面应有的功力。在都城史领域研究宋至明代都城形制布局的学者，大都不太重视考古学和建筑史的有关研究成果，有的即使引用部分考古资料，也难以到位，更难做到有机结合。在建筑史领域研究宋至明代都城形制布局的学者，其对文献的运用和分析除与建筑直接有关的部分外，余者很难超越都城史研究的水平。而其所应用的部分考古资料及对有关考古资料的分析也欠专业化，亦难以做到与所研究的问题有机结合。由此可见，三者各有所短的部分恰是分别制约其研究的广度和深度的重要因素，使三者都很难独立完成全面复原宋至明代都城形制

布局的任务。所以我们主张，在研究宋至明代都城形制布局时，都城考古学者应努力向同阶段的都城史和建筑史方面转化；都城史和建筑史学者除应互相学习外，还应具备一定的考古学专业素质，学会正确运用考古资料，使之成为研究的有机组成部分。只有三者互相学习，取长补短，有机结合，通力协作，共同研究，才可能较好地完成复原都城形制布局的任务。因此，过去那种三者分立，各自研究，相互忽视的局面必须改变。有鉴于此，本书在以都城考古学的资料、考古学手段和方法研究宋至明代都城形制布局时，也力图走与都城史和建筑史相结合之路，并以此作为本书的立足点和探索之一。

但是，上述三者的结合，不能仅是形式上的简单拼合，而应是理性的、有机的整合，使之融为一体。这样我们就有可能将都城考古学、都城史、建筑史各自与都城形制布局有关的资料真正作为共同的研究资料；将其各自的研究成果融会贯通，基本达成共识，并以此作为进一步共同研究的基础。进而才有可能对宋至明代都城形制布局的框架结构、内涵构成要素，共同提出较准确的界定（本书前述与此有关的情况，仅是初步的一己之见）和规范化的要求，使这种研究范畴更加明晰，在宏观上和微观上更易把握，从而将宋至明代都城形制布局研究提高到一个新的发展阶段。如是，以都城形制布局主要内涵和上述诸点为纽带，则很自然地使三者的相关研究形成不可分割的整体，并从此走上各以自身为主体、各有侧重、三者相互结合、跨学科的综合研究的必由之路。这样，宋至明代都城形制布局研究就可能不断加速完善的步伐，缩短全面、完整、准确复原都城形制布局的进程，早日为都城全方位研究提供一个合格的硬件载体和学术平台。就本书宋至明代都城形制布局研究而言，其以都城考古学为主体的跨学科的综合研究，则是对此的初步尝试。它既属于都城考古学范畴，又同时具有都城史和建筑史研究的一些特点，这种三重性的有机结合乃是本书的特色之一。

2. 重视都城形制布局特点，加强研究力度

抓住都城形制布局的特点，是对其进行研究和加强研究深度的关键之一。宋至明代的都城数量多，形制布局复杂，内涵丰富，各有特色。因此，该时期不同都城本书各列专章进行个案研究，并多设专节探讨各个都城形制布局的特点，以起到画龙点睛的作用。此外，本书还较重视宋至明代都城在总体上所表现出来的主要特点。这些特点前面已经介绍，在此仅再次强调如下诸点。第一，皇城独立于宫城（隋唐皇城依附于宫城，位于宫城之南），在宫城之南形成独立的宫廷广场，都城呈皇城环套宫城、外城环套皇城的三城环套形制。第二，宫城形制布局逐渐走向规制化、礼制化和规范化。第三，都城逐步强化规划作用，都城规划理念和手段与较强的自然观主导都城形制布局。第四，随着商品经济和商业的发展，里坊制向街巷制和胡同制转化，对都城形制布局产生重要影响。第五，都城功能区划以社会功能和实际需求为基础，功能分区逐步细化，配置基本有定。第六，长江南（如临安和南京）、北，长城南、北（如辽上京、金上京）的都城，在形制布局上存在较大差异。上述两种差异，前者以地域和自然地理环境不同为主因，后者则是不同民族因素起主要作用。

除上所述，另外一种特点是多民族共同参与都城规划建设。宋代以后，占有中国半壁江山的契丹族、女真族，统一全国的蒙古族和满族，直接参与了都城的规划建设，这种现象是空前的（此前仅拓跋鲜卑的北魏阳城对中国古代都城形制布局的发展起过重要作用）。

可以说宋代以后都城形制布局的成就，乃是汉族、契丹族、女真族、蒙古族和满族等各族用心血共同培育的奇葩，是中华民族智慧的结晶。它以中华民族和文化形成与发展进程中的物化形态，而成为中华民族巨大凝聚力的丰碑和铁证。因而本书特别注意到以当时少数民族为主营建的都城，如何在汉族传统都城规划理念的框架下，融入本民族城建理念和生活习俗的特点，而创造出新的都城形制布局，以及其作为该阶段都城规划理念动态变化过程中的重要组成部分，又如何影响到这个阶段都城形制布局变化和走向，这是研究宋代及其以后都城形制布局变化发展规律及其承袭演变轨迹必须掌控的重要因素之一。

由于本书较重视各个都城形制布局的特点及其在总体上的特点，并使之成为研究的抓手，从而既加强了各个都城形制布局具体分析的力度，又可在总体上将宋至明代都城作为一个整体，进行宏观的综合研究，以为构建这个时期都城形制布局体系创造条件，这也是本书的主要探索之一。

3. 继承已有研究成果，在总结基础上创新

前已指出，本书较全面地继承了都城考古学、都城史和建筑史对宋至明代都城形制布局研究的已有成果。但是这种继承并不是全盘照搬，而是在尊重已有成果，又不拘于旧说的前提下，进行筛选、梳理、整合、概括和总结，然后将其纳入本书的研究体系之中，使之变成本书的有机组成部分。在此基础上，本书重新对宋至明代都城形制布局进行了全面、系统和综合性的再研究。

本书对宋至明代都城形制布局的研究，除常规的程序和论述之外，还特别注意以下四个问题。第一，力图较全面地勾勒出各个都城体现其都城规划理念的物化形态，较完整地呈现出各个都城形制布局的具体架构。第二，根据各都城的具体情况，分析其形制布局特点和布局艺术。第三，根据这个时期都城形制布局的共性，分析各个都城形制布局间的承袭演变关系，探讨这个时期都城形制布局的发展变化规律，以为今后构建宋至明代都城形制布局较完整的体系奠定初步的可资借鉴的基础。第四，将宋至明代都城形制布局置于中国古代都城形制布局发展演变序列之中，进行必要的比较研究。同时又将这个时期各个都城形制布局置于宋至明代都城形制布局发展演变序列中，进行比较研究。如此，不仅可以加强研究的力度，而且还可为今后构建中国古代都城形制布局体系做前期准备。基于上述诸点，使本书在宏观与微观相结合的基础上又提出了许多新见解和创见。这些新见解和创见与已有的成果融为一体，则形成了全新的研究成果，使之成为首部全面、系统阐述宋至明代都城形制布局的专著。就此而言，在一定程度上可以说本书乃是迄今为止宋至明代（清代）都城形制布局研究的初步总结。

综上所述，中国历代都城皆是当时的政治、经济、军事、交通、宗教、教育、文化艺术和科技等方面的中心，是统领当时全国各项主要事务的中枢，因而都城的形制布局和都城的状况就代表了当时城市的最高发展水平和社会实态最集中的缩影，所以都城考古学也因之成为各个时代考古学的龙头。在这种情况下，都城形制布局作为都城考古学和建筑史都城研究的骨架和核心，同时也是都城史和相关学科研究都城的载体和主要内容之一，故成为都城研究领域关键性的学术课题。因此，对都城形制布局的研究，无疑是具有重要学术价值和深远意义的。

第一章 北宋东京开封城的形制布局

北宋沿五代晋、汉、周旧制设四京，以开封府为东京、河南府（洛阳）为西京、应天府（商丘）为南京、大名府（今河北大名东北）为北京[1]，建都于东京开封府。北宋东京开封府城，承袭了后周开封城外城、内城、宫城三城环套的总体布局，并在此基础上规划新都，采取了一系列的改建和增筑措施。因而北宋开封府城既保持了城市发展的延续性，又突出了新都的特点，形成了新的布局体系。其建制沿革如下。

开封是座历史名城，战国时期的魏国，五代时期的后梁、后晋、后汉、后周，北宋和金代末期均建都于此，故有"七朝都会"之誉，并与西安、洛阳、北京、南京、杭州、安阳合称为中国七大古都。开封历史悠久，建置和城建沿革复杂，其演变情况与北宋东京城关系密切[2]。

开封位于黄河冲积平原西部边缘，地处华北平原与黄淮平原交接地带，北距黄河约9.1公里，地势平坦，平均海拔约70米。这里土层深厚，水道四达，古代时森林茂盛，盐碱不盛，自然地理条件较好，因而成为历代建城立都之所。开封城肇始的时代上限，最早有据可查者，是春秋郑庄公（前743年～前701年）时期所筑的启封城（"启拓封疆"之义），该城故址在今开封城南约25公里、开封县朱仙镇东南3公里的古城村[3]。汉初因避景帝刘启讳，改启封为开封。此外，战国时期魏惠王于公元前361年将都城从安邑（今山西夏县）迁到今开封城西北一带的大梁城（图1-1）[4]，秦灭魏在大梁置浚仪县。东魏天平元年（534年）在浚仪县置梁州，北周建德五年（576年）改梁州为汴州（临汴水）。唐延和元年（712年）开封县治移汴州城，建中二年（781年）宣武军节度使治所从商丘迁汴州。五代时期后梁开平元年（907年）改汴州为开封府，号东都；后唐灭梁又复为宣武军镇所。后晋天福三年

---

[1]《宋史》卷八五《地理一》"西京""南京""北京"条。本书对此三京不赘述。

[2] A. 丘刚《开封文物考古工作的回顾与展望》，开封市文物工作队编《开封考古发现与研究》，中州古籍出版社1998年版。

B. 刘顺安《开封历史上的别名、城（遗）址及其特征》，开封市文物工作队编《开封考古发现与研究》，中州古籍出版社1998年版。

[3] 经1986～1987年考古调查勘探后，予以确认。

[4] A. 大梁城现埋于地下10米余，情况不明。学者们根据有关线索推测，大梁城东城墙仍在今开封城北门大街向南至卧龙街口，向北至大堤外。西城墙约从东陈庄向南与前述东城墙大致平行。北城墙约在今城墙外3～5公里一线。东门称夷门，约在今北门和铁塔公园一带；西门称高门，约在今城西2.5里的东陈庄一带；其面积略大于今城，详见刘顺安《开封历史上的别名、城（遗）址及其特征》（开封市文物工作队编《开封考古发现与研究》，中州古籍出版社1998年版）。

B. 魏惠王迁都又有公元前339年及前364年诸说。

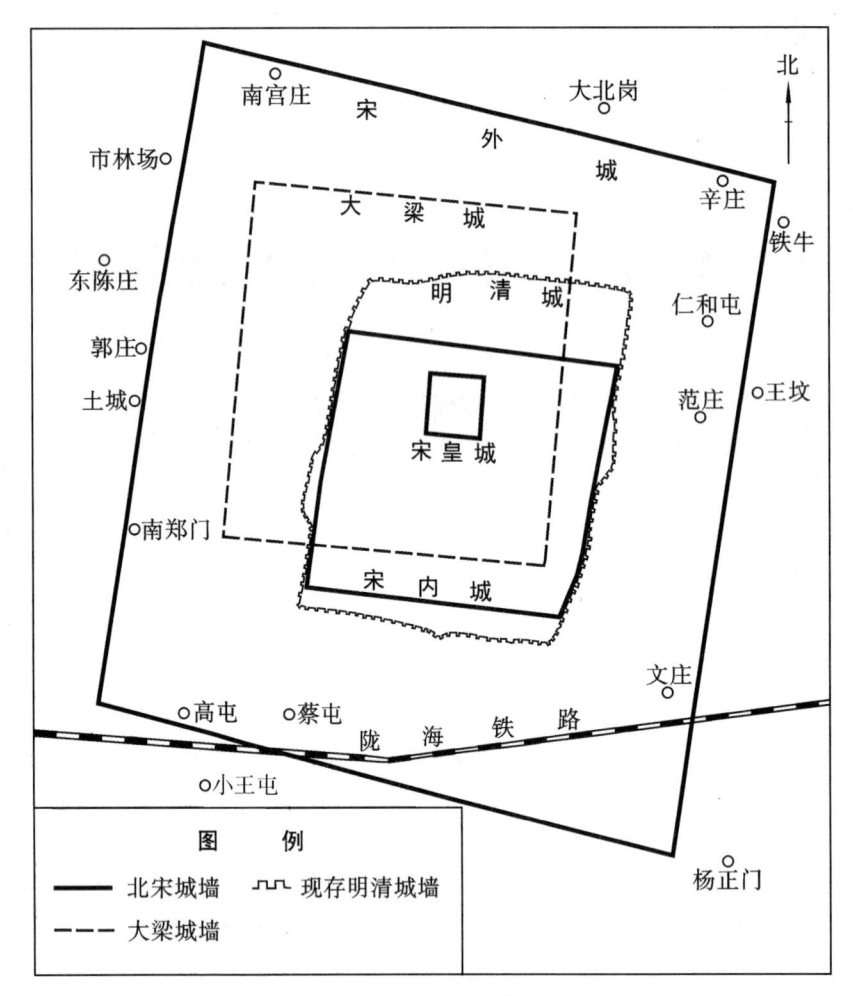

图 1-1 开封古今城垣位置示意图
(引自刘春迎《北宋东京城研究》，略有改动)

(938年) 重置开封府，始称东京 (以洛阳为西京)，后汉和后周因之。960～1126 年北宋建都开封，称东京开封府[1]。金占据开封后始称汴京，贞元元年 (1153年) 改称南京，

---

[1] 北宋以开封为都，中国统一王朝的都城位置首次东移，究其原因，大致有五。其一，五代时期几个小王朝相继在开封建都，特别是后周对开封城进行了扩建、增筑和整修，为北宋在此建都打下了良好的基础。其二，赵匡胤曾任后周殿前都点检，熟悉当地的形势、地理和民俗，利于统治。其三，赵匡胤以开封为基地发动陈桥兵变，开封是其发祥之地，也是其主要班底和实力之所在。其四，开封地控经济命脉。南北朝之后江南经济迅速发展，财富仰仗于江南。尤其是隋唐以来，南北大运河的漕运成为历代的生命线。而开封控扼汴河，正处于这条生命线的心脏地带。其五，战略地位重要。开封北据燕赵，南通江淮，西峙嵩岳，东接青济，地处水路交通要冲，"居内控外，为天下枢"。故有人说："河南古所称四战之地，当取天下之日，河南在所必争，及天下既定，而守在河南"(《读史方舆纪要》卷四六"河南一"序)。其六，统一大业之需要。北宋始建，为"平江表，破蜀都，下南越，来东吴，北定并汾，南取荆湖"(《汴京遗迹志》卷二〇《皇畿赋》)，进而统一全国，立足于开封这个战略要地更显得十分重要。鉴于上述诸种原因，开封虽然地势坦荡，无险阻绝塞凭守，却仍以"国家之固，在德不在险"为由而在此建都。为弥补无险阻绝塞的欠缺，(转后页)

*为金之陪都。金贞祐二年（1214年）为蒙古军队所迫，金将都城从燕京迁到南京。元军占领开封后设河南江北行中书省，省治开封，至元二十五年（1288年）设汴梁路。明洪武元年（1368年）攻占开封后，改汴梁路为开封府，号北京。洪武十一年朱元璋封其子朱橚为周王，开封又成为周王府治所。清代仍称开封府，1912年废府存开封县，为河南省省会。1948年置开封市，1954年省会迁郑州。

开封是国务院首批颁布的24座国家级历史文化名城之一，1988年东京开封府城遗址被定为全国重点文物保护单位。开封现有各级文物保护单位195处，其中国家级5处，省级17处，市、县级173处。但是，应当指出，北宋东京开封府城经多次兵燹、改建和黄河的淹灌，破坏严重，城内外的地形地貌变化很大，并被近现代的建筑叠压，所以考古工作十分困难。其正式的考古工作大都在1981年之后，经开封文物工作队的努力，相继调查、试掘和勘测了北宋东京外城、内城、皇城三道城墙和城门，以及古州桥、明周王府、汴河、蔡河、金明池和御街等重要遗址，取得可喜的成果。下面拟结合这些成果，对北宋东京城的形制布局略作介绍。

第一节 外城的形制

一 沿革

宋代开封外城始筑于后周，周世宗时为解决诸卫军营和官署用地不足，工商业迅速发展而坊市、邸店有限；城内屋宇交连，街道狭窄，雨雪有泥泞之苦，风旱有火灾之忧，炎热相蒸有疾病之虞等问题[2]，在显德二年（955年）四月下诏"于京城四面别筑罗城（又称外城、新城和国城）"。规定筑外城"先立标帜"，"今后凡有营葬及兴窑灶并草市，并须去标帜七里外。其标帜内，候官中劈画，定军营、街巷、仓场，诸司公廨院，务了，即任百姓营造"[3]。"其京城内街道阔五十步者，许两边人户各于五步内，取便种树掘井，修盖凉棚。其

---

* （接前页）北宋采取了两大措施，一是"以兵为险"，在都城维持庞大的禁卫军守卫京师。二是大修外城，在城墙结构上出现许多利于守卫的新变化。但是应当指出，宋太祖对开封地势坦荡，无险阻绝塞凭守并不满意，所以他曾指出"欲据山河之胜而去冗兵，循周、汉故事，以安天下"，打算迁都洛阳，因遭群臣反对而作罢。

[2] A. 《五代会要》卷二六"城郭"条载显德二年四月诏："惟王建国，实曰京师，度地居民，固有前则。东京华夷辐辏，水陆会通，时向隆平，日增繁盛。而都城因旧，制度未恢。诸卫军营，或多窄狭，百司公署，无处兴修。加以坊市之中，邸店有限，工商外至，络绎无穷。僦赁之资，增添不定，贫乏之户，供办实难。而又屋宇交连，街衢湫隘，入夏有暑湿之苦，居常多烟火之忧。将便公私，须广都邑。宜令所司于京城四面，别筑罗城……"

B. 《资治通鉴》卷二九二载："近建京都，人物喧阗，闾巷隘陋，雨雪则有泥泞之患，风旱则多火烛之忧，每遇炎热相蒸，易生疾疢。"

[3] 《五代会要》卷二六"城郭"条载显德二年四月诏书。

三十步以下至二十五步者，各与三步，其次有差"[1]。显德三年正月，发开封府及曹（今山东曹县）、滑（今河南滑县）、郑（今河南郑州）之民十余万筑罗城，逾年而成。城墙用虎牢关（今河南荥阳境内）土修筑（因开封土质松软），坚固如铁，周长48里233步[2]。显德五年五月，周世宗赐外城诸门额，东面二门称寅宾门、延春门；西面二门称迎秋门、肃政门；南面三门称朱明门、景风门、畏景门；北面三门称玄德门、长景门和爱景门[3]。

北宋时外城亦称罗城、新城和国城。相传宋太祖初修外城使城墙"曲而宛，如蚓诎焉"，"及政和间，蔡京擅国"，则"一撤而方之如矩"[4]。或说外城"状如卧牛，保利门其首，宣化门其项"，"俗呼为卧牛城"[5]。对于无险阻绝塞凭守的东京开封府来说，"高墙深池"，不断加强外城防御功能是至关重要的，故北宋屡修外城[6]。早在太祖元年（968年）就开始略修外城[7]，真宗和仁宗时增修外城各有两次（大中祥符元年、九年，天圣元年、嘉祐四年）、英宗时一次（治平元年）。到神宗熙宁八年至元丰元年（1075～1078年）间则大规模整修外城，元丰元年十月完工后，李清臣撰文刻石于南薰门上，文中说："以三岁之绩，易数百年因循之陋，崇墉迄然，周五十里一百六十五步，横度之基五丈九尺，高度之四丈，而埤堄七尺，坚若挺埴，直若引绳"[8]。此外，修城毕工，开封

---

[1] 《册府元龟》卷一一四《帝王部·都邑》。

[2] 《旧五代史》卷一一六《周书七·世宗纪第三》载：显德三年正月，"戊戌，发丁夫十万城京师罗城"。《事物纪原》（惜阴轩丛书，十卷）卷六"京城"条引《东京记》："周世宗显德二年四月，诏京城四面别筑罗城。三年正月，发京畿滑郑曹之民，命薛可言等四面督之，韩通总其事，王朴经度，凡通衢委巷广狭之间，皆朴定其制，逾年而成。"韩通时任曹州节度使，总体规划设计由开封府副留守王朴负责（参见《旧五代史》卷一二八《王朴传》）。城墙用虎牢关土，《金史》卷第一一三《赤盏合喜传》记载："父老所传周世宗筑京城，取虎牢关土为之，坚密如铁，受炮所击唯凹而已。"《汴京遗迹志》也有相同记载。外城周长，《宋会要辑稿》第一八七册，方域一之一，《宋史》卷八五《地理一》和《玉海》卷一七四，皆记为四十八里二百三十三步。此外，《事物纪原》卷六引《宋朝会要》，记为四十八里二百三十步。《东京梦华录注》引《侯鲭录》（知不足斋丛书本，八卷）卷三，记为四十八里二百二十三步。周长以前面《宋会要辑稿》《宋史》等记载为是。

[3] 《历代宅京记》卷一六《开封》"后周"条。

[4] 《桯史》卷一"汴京故城"条。

[5] A.《三朝北盟汇编》卷六六。
 B.《汴京遗迹志》卷一"宋京城"条。

[6] 孙新民《略谈北宋东京外城的兴废》（开封市文物工作队编《开封考古发现与研究》，中州古籍出版社1998年版）文末附表：北宋时期东京外城修缮一览表。终宋一代，对外城进行十余次增修。刘春迎《北宋东京城研究》（科学出版社2004年版）第100～102页亦列外城修缮一览表（表3-1）。

[7] A.《宋史》卷一《太祖一》："开宝元年春正月甲午，增治京城。"
 B.《续资治通鉴长编》卷九记载：开宝元年正月甲午，"发近甸丁夫增修京城，马步军副都头王廷义护其役"。按：此时重在修宫城，外城仅略加修整。

[8] A.《宋会要辑稿》第一八七册，方域一之一五载：熙宁八年八月二十一日诏，"都城久失修治，熙宁初虽尝设官缮完，费工以数十万计，今遣人视之，乃颓圮如故"。九月七日，重修都城，诏内臣宋用臣董之。
 B.《续资治通鉴长编》卷二九三记载：元丰元年十月丁未，诏知制诰直学士孙洙撰记，刻石于南薰门上，其记曰："……城周五十里百六十步，高四丈，广五丈九尺，外矩隍空十五步，内空（转后页）

*府请求于新城四壁内留 10 步"以墙为卫,外容车马往来"[9]。宋廷下诏,止以七步外筑墙,以所减三步,外加两步,共五步为路。可见城墙之内还有环城路。又同书卷三三六元丰元年闰六月己卯条记载,在城墙内四拐角地带内空三十步,三十步内官私房屋一律拆除。元丰年间修外城重在"增卑培薄",筑"楼橹以拟边疆"(增强防御功能,筑瓮城、敌楼、战棚、马面等,到哲宗时陆续完成)[10]。此后元丰年间又大举开濠修护龙河(护城河),直到绍圣元年(1094 年)才完工。宋徽宗时继而"度国之南展筑京城,移置官司军营"[11],但在"楼橹尚未完备"之时,金人就南下灭宋。外城经多次整修后,城墙"每百步设马面战棚,密置女头","城里牙道,各植榆柳成荫。每二百步,置一防城库,贮守御之器";"城濠曰护龙河,阔十余丈。濠之内外,皆植杨柳,粉墙朱户,禁人往来"[12]。

外城经北宋整修后有城门 12 座,水门 6 座(图 1-2)。南面三座城门,中间正门称南薰门,东为宣化门(陈州门)、西为安上门(戴楼门)。戴楼门东有蔡河上水门(广利水门),陈州门西有蔡河下水门(普济水门)。东面两座城门,南称朝阳门(新宋门),北称含辉门(新曹门)。新宋门南有汴河南北水门(北岸称通津门,南岸称上善门,又称东水门),新曹门北有东北水门(广济河水门,善利水门)。西面三门,中间称开远门(万胜门),北为金耀门(固子门),南为顺天门(新郑门)。万胜门南有汴河西水门(水门北岸有宣泽门,南岸有大通门),固子门北有金水河水门(西北水门,即咸丰水门)。北面四门,东为永泰门(陈桥门),其西依次为景阳门(新封丘门)、通天门(新酸枣门)、安肃门(卫州门,该门旁水门或称永顺门),前述括号内的陈州门等乃宋初因周时俗称,城门正门名称主要改

---

* (接前页)十步,自熙宁八年九月癸酉兴工,以内侍宋用臣董其事,役羡卒万人,创机轮以发土(《续资治通鉴长编》卷二七七记为"飞土梯,运土车"),财力皆不出于民。初度功五百七十九万有奇,至是,所省者十之三。"孙洙未完成撰记而死,由李清臣完成。《宋会要辑稿》第一八七册,方域一之二二至二三,载李清臣撰文,该文除前引者外,还有"兵不逾一万,分部者六,板幹递迁,畚锸贯序,创机轮以登土,为铁疏以固沟,肇于丙方,环于四浃"之语。

  C. 可见前说蔡京擅国"一撤而方之如矩"不确,城的形状也非卧牛状。

[9]《续资治通鉴长编》卷二九五,元丰元年十二月戊午条。

[10] A.《宋会要辑稿》第一八七册,方域一之二〇记载:徽宗时承议郎樊澥奏:"元丰初,重修外城仅五十里,增卑培薄,屹然崇埤,遗国家万世之业,顾不伟哉!"

  B.《续资治通鉴长编》卷二六八记载:熙宁八年九月丙寅,蔡承禧说:修外城筑"楼橹以拟边疆"。

  C.《宋会要辑稿》第一八七册,方域一之一八、一九记载:元丰七年六月"贾木修置京城四御门及诸瓮城门,封筑团敌马面"。

[11]《宋会要辑稿》第一八七册,方域一之二〇载。

[12] A.《东京梦华录注》卷一。

  B.《宋会要辑稿》第一九二册,方域一三之一九记载:"真宗景德二年四月,改修京新城诸门外桥并增高之,欲通外濠舟楫使人故也。"可知宋初外城有濠。

  C.《宋会要辑稿》卷一八七,方域一之一七记载,元丰五年十二月十八日诏:"在京新城四壁城濠,开阔五十步、下收四十步,深一丈五尺,地脉不及者,至泉止。"元丰七年正式开工,至绍圣元年,前后十五年才最后完工,为宋代最大工役之一,城高濠阔为当时全国诸城之冠。然城濠最终挖成,不是阔五十步,而是阔十丈余。

于太平兴国四年（979年），天圣初年又改动一次，水门皆太平兴国四年赐名[1]。城门诸俗称，大都以城门交通联系的主要地点为名。它们分别通往陈州（今河南淮阳）、宋州（今河南商丘）、曹州（今山东菏泽南）、万胜镇（今河南中牟东北）、郑州（今河南郑州）、陈桥镇（今河南封丘陈桥）、封丘（今河南封丘）、酸枣（今河南延津旧酸枣县）、卫州（今河南汲县）等。诸"城门皆瓮城三层，屈曲开门。唯南薰门、新郑门、新宋门、封丘门，皆直门两重。盖此系四正门，皆留御路故也"[2]。诸城门有严格的管理制度[3]。

北宋末金人攻开封城，"四城楼橹皆被焚烧"[4]，外城遭到极大破坏，金正大四年（1227年）疏浚了外城护城濠。此后，在金元攻守战中，外城再遭破坏。元末"尽毁天下城隍，开封城亦仅余土阜"[5]。总之，入金历元，开封"外城毁而内城存"[6]。明代时外城"仅余基址，有门不修，以土填塞，备防河患"[7]，将北宋外城作为土堤阻拦河水。明末农民起义军攻开封城，"铲土城（指外城墙）至尽"[8]。清道光二十一年（1841年）黄河决口，外城残垣俱淹没于地下。

二 外城的形状与外城墙的调查和试掘

1978年秋，开封市博物馆对开封外城进行了初步调查。1981~1983年，河南省文物研究所和开封市博物馆共同组成"开封宋城考古队"，对外城墙进行勘探和重点试掘，基本了解了外城的位置、形状和范围（图1-2、图1-3）[9]。据此可知，外城方向190度，平面呈东西略短、南北稍长的长方形，周长29180米，与文献记载宋开封外城周长"五十里一百六十五步"基本相近（一宋里约合559.872米）[10]。外城墙大体呈直线，东城墙和

---

[1] A.《东京梦华录注》第22页，卷一"东都外城"（二）城门，引周城《宋东京考》一。
　　B. 孙新民《略谈北宋东京外城的兴废》，开封市文物工作队编《开封考古发现与研究》，中州古籍出版社1998年版。
[2]《东京梦华录注》卷一"东都外城"条。
[3] 刘春迎在《北宋东京城研究》（科学出版社2004年版）第106~108页指出：城门严格控制启、闭的钥匙，按时启闭城门，严格出入城门登记制度等城门管理制度。
[4]《三朝北盟汇编》卷七〇，靖康六年闰十一月三日。
[5]《读史方舆纪要》引《城邑考》。
[6] 光绪《祥符县志》"建置"条，清光绪二十四年夏六月刻本。
[7]《如梦录》"城池纪第一"条。
[8] 清·周在浚《大梁守城记》，《大梁守城笺证》，中州书画社1983年版。
[9] 外城情况主要据以下诸文予以介绍。
　　A. 丘刚等《北宋东京外城的初步勘探与试掘》，《文物》1992年第12期。
　　B. 丘刚《北宋东京外城的城墙和城门》，《中原文物》1986年第4期。
　　C. 孙新民《略谈北宋东京外城的兴废》，开封市文物工作队编《开封考古发现与研究》，中州古籍出版社1998年版。
　　D. 丘刚《北宋东京三城的营建和发展》，《中原文物》1990年第4期。
[10] A. 丘刚等在《北宋东京外城的初步勘探与试掘》中指出："一般认为宋1里约合559.872米。"据此29180米则合52宋里。
　　B. 吴承洛的《中国度量衡史》（商务印书馆1993年版）第66页载：宋一尺合30.72厘米，是一步合153.6厘米，一里合552.96米，据此29180米约合52.7宋里。此外，考古测量外城周（转后页）

*西城墙中段稍内弧；南半部城墙保存略好，北部城墙临近黄河，越北破坏越严重。四面城墙与今开封市现存明清城墙大致平行，两者东城墙相距最近，约1.4公里，两者西城墙相距最远，约2公里。

东城墙基本呈直线，中段稍内弧。城墙南端在驻军某部院内，向北经文庄、大花园村、小巴屯村、铁牛村西，止于辛庄东北，全长7660米。全线除4处共2200米地段被现代建筑叠压或为流沙层而无法勘探外，其余地段均在地表下深约0.5～5米间探到城墙夯土，墙体宽10～20米。

南城墙大致呈直线，自东向西经药厂、烟厂、郭屯村、蔡屯村南、高屯村南，止于预制构件厂西墙外，全长约6990米。南城墙大部分被现代建筑叠压，其中除东起650～1000米，1550～1650米两处是厂区和水坑无法勘探外，余者皆在地表下1～8米间探到城墙夯土，墙体宽一般为10～20米。

北城墙多次被黄河灌淹，破坏严重，仅断续勘探约5500米。北城墙略呈直线，自东向西经大北岗村、私访院村、东官庄和南官庄，全长6940米，墙体宽15米左右。

西城墙基本呈直线，中段稍内弧。城墙南起建筑公司预制构件厂西墙外，向北经五顷四村，南郑门口村、土城村、固门村，北至市林场护城堤处，全长约7590米。西城墙除土城村偏北及前固门村偏北两段地表下4米处为流沙层外，余者皆在地表下0.2～3米间探到城墙夯土，墙体宽一般为10～20米。此外，在城西南角及开封市林场院内两段城墙宽达24米（马面？其结构待查）。西城墙在四面城墙中保存相对较好，故在西城墙南段开一条探沟（T1，东西46米、南北5～8米），以了解城墙的结构[11]。根据对探沟的解剖情况，可知城墙基宽34.2米，残高8.7米，顶部残宽4米[12]，顶部破坏严重，发现一个圆形土井和3个土坑，墙体上窄下宽剖面呈梯形。城墙以红褐色土为主，夯筑，夯层厚8～12厘米（一般厚10厘米），夯窝圆形，直径4～5厘米，深约1厘米，夯窝很少叠压。在部分夯层内发现一种半球形夯窝，直径7厘米、深3厘米，是边填土边夯打形成的。此外，在夯层间均垫一层厚2～4厘米，含灰、白、红颗粒状的灰褐黏土。墙体由三部分构成，内侧（东，主1层）宽约19米为城墙主体，夯土红褐色，黏性较大，夯层底部黏土分布不匀，夯窝较疏散。夯土中所出瓷片以粗白瓷最多，次为越窑青瓷和影青瓷。城墙主体外侧（西）为增筑部分（主2层），宽约8米余，叠压东部夯土。该部分的夯土稍泛灰色，内含少量细沙，较松散，夯窝排列整齐，夯层间均匀铺垫黏土。夯土中出越窑、临汝

---

* （接前页）长约29180米，文献记载外城周长五十里一百六十五步，约合50.4583宋里（165步÷360步＝0.4583里），是一宋里合578.29米（29180米÷50.483里）。这个结果大于上面标准，与后面内城换算结果亦有较大差距，所以下面仍用宋一里＝559.872米（宋太府尺＝31.104厘米）进行换算。

[11] 外城西城墙T1及所发现的遗迹参见下列书籍。
　　A. 刘春迎《北宋东京城研究》（科学出版社2004年版）第120～123页图。
　　B. 开封市文物工作队编《开封考古发现与研究》（中州古籍出版社1998年版）图版十三。
[12] A.《癸辛杂识》记载："汴之外城，周世宗时所筑，宋神宗又展拓之，其高际天，坚壮雄伟。"
　　B.《武经总要》前集卷一二"守城"条记载："筑城之法，每下阔一丈，上收四尺。凡城高五尺，底阔五丈，上收二丈，尤坚固矣。"按此比例估算，外城高当在3.42丈左右，约合10.63米。

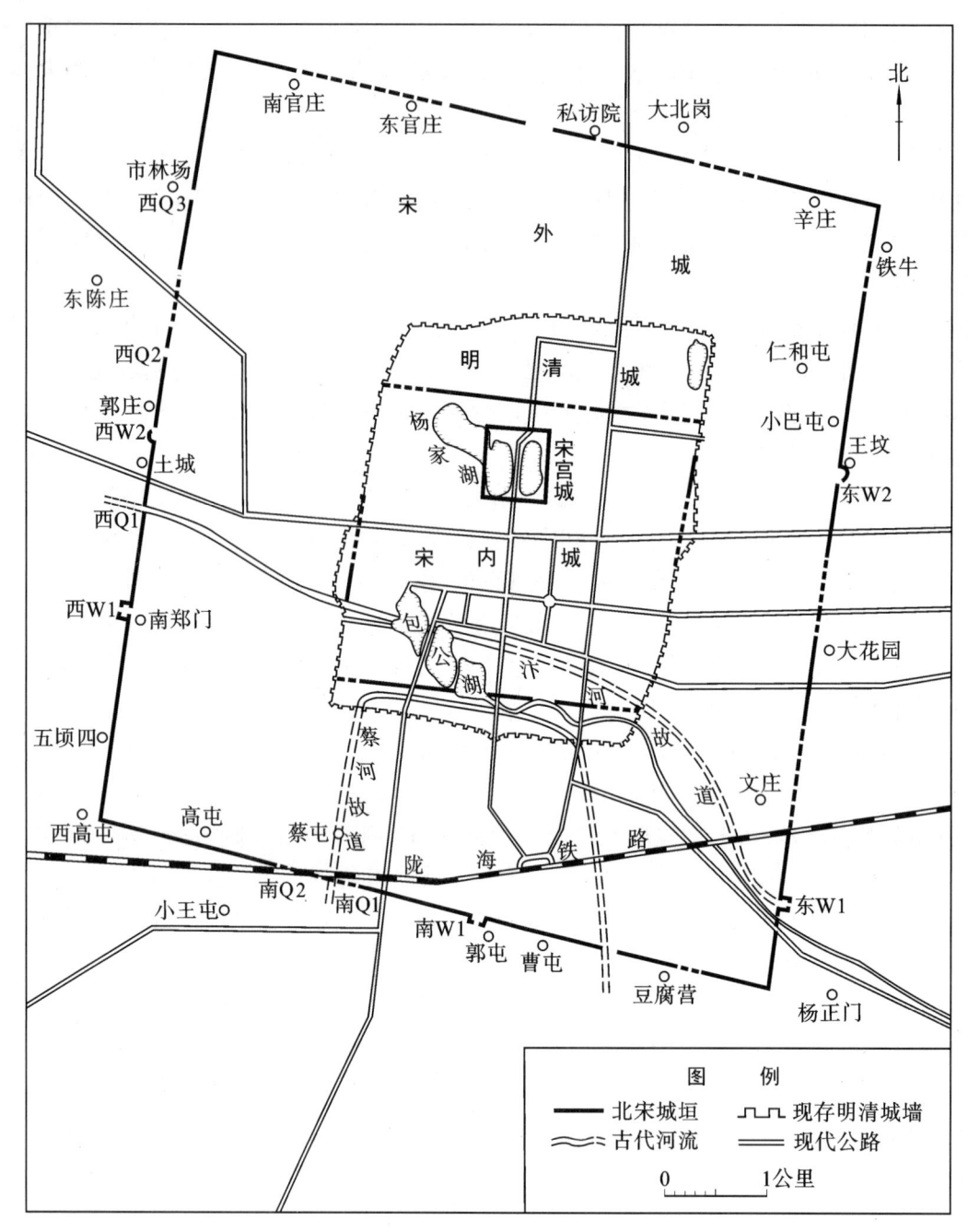

图 1-3 北宋东京开封城实测平面图
(引自刘春迎《北宋东京城研究》，略有改动)

窑、龙泉窑和影青瓷等瓷片。最外侧（最西边，主3层）为补筑部分，宽约6米，残高约2米余，夯土红褐泛黄，土质较软，夯窝稀疏，夯层间不垫黏土。夯土中出砖瓦、越窑青瓷和定窑白瓷等瓷片，并出土"天圣元宝"2枚，"治平元宝"1枚。前述三部分根据其夯土质地、夯筑方法、夯层厚度和包含物的不同，推测内侧城墙主体部分似筑于后周始建外城的显德年间；外侧贴筑于内侧墙体的增筑部分，土质与前者略有差异，夯筑方法相近，似筑于宋真宗时期（998～1022年）。最外侧补筑的夯土与前两部分差异较大，夯筑方法有别，似筑于宋神宗熙宁八年（1075年）至元丰元年（1078年）左右。城墙夯筑的红褐色土与墙基下生土相同，当取自附近，作为"黏合剂"的黏土，或如文献所记取自虎牢关。此外，在主体城墙外侧增筑部分（主2层）下端西侧，压在最外侧补筑夯土（主3层）之上有砖砌下水槽遗迹。水槽为城墙排水设施，残存上、下两段，上段残高0.6米，下段残高1.2米，宽均为0.4米，下段较上段略偏东北0.1米（或与减缓水的下冲力有关）。水槽底砖平铺，两壁侧砖稍内斜。砖为宋砖，砖35厘米×17厘米×6厘米，砖面有"X"形纹饰，砖间用泥勾缝。

探沟（T1）在城墙两侧的堆积有12、13层，厚10～13米左右。以内侧（东）堆积为例，第1层耕土，第2～6层淤积层，仅出清代钱币等个别遗物。第7～10层为明代堆积，其中第8层堆积又分为红色黏土和黄褐色沙土两层，出宋代砖瓦和明代瓷片，疑是明末水淹开封时的堆积。第9层黄色沙石层，土质较硬，出宋砖、宋钱，明代瓷片和明代钱币。但其外侧（西）第9层堆积为黄褐色土层，其下部发现23层夯土，土质较硬。从伴出有明代瓷片来看，发掘者认为应是明代依宋外城垣夯筑土堤的残留（拦阻洪水备防河患）。第11～13层为宋代堆积，内侧距地表近11米，外侧距地表深约8米时始见宋代文化层[1]。

三　外城门和水门的考古调查与试掘

（一）西城墙的城门和水门遗址

据考古调查在南郑门口村北侧有瓮城遗迹，瓮城南距西城墙南端2050米，平面呈长方形，南北长165米，东西宽120米，中间开门（门宽不明），瓮城墙宽10～20米。瓮城内的城门与瓮城门东西相对，城门宽约30米，城门遗迹距地表深0.2～2米左右，属"直门两重"类型（图1-3之西W1，图1-4之1）。为进一步了解瓮城情况，在瓮城门北端与瓮城墙之间开一条探沟（T2，南北25米，东西5米）。在地表以下4米左右发现一条东西向路面，坚硬的路土呈青灰色。在路面上发现三条车辙痕迹，车辙宽0.1米左右，车辙间距约0.75米。路土中出明代或更早些的瓷片，估计是明代路土。在该路土下有一层厚约0.8米的砖瓦堆积，砖瓦及所出瓷片均属宋和唐五代时期，似为城门倒塌后的堆积。在距地表深5.7米发现厚约1.1米的灰褐色宋代路面，路土中出宋代龙泉窑、钧窑、临汝窑、磁州窑瓷片、影青瓷片，以及少量唐五代时期的越窑瓷片。该瓮城遗址是已发现的诸门中规模最大，保存最完整的。据考证为顺天门（后周曰迎秋、太平兴国四年改名顺天，俗名新郑门）遗址。

在西城墙土城村北，南距顺天门遗址1680米发现一瓮城遗址。瓮城平面呈半圆形，南北向105米，东西向60米，门偏开朝北（"屈曲开门"），宽19米。瓮城内的城门宽约40米（图1-3之西W2，图1-4之6），距地表深4米发现路土。路土坚硬呈黑灰色，内含沙礓石、碎砖和明代瓷片（明代曾利用此门），推测为开远门（太平兴国四年赐名通远，天圣后改名开远，俗名万胜门，后周无此门）遗址。

---

[1] 外城西城墙T1及所发现遗迹，见刘春迎《北宋东京城研究》（科学出版社2004年版）第120～123页图。有关照片见开封市文物工作队编《开封考古发现与研究》（中州古籍出版社1998年版）图版十三。

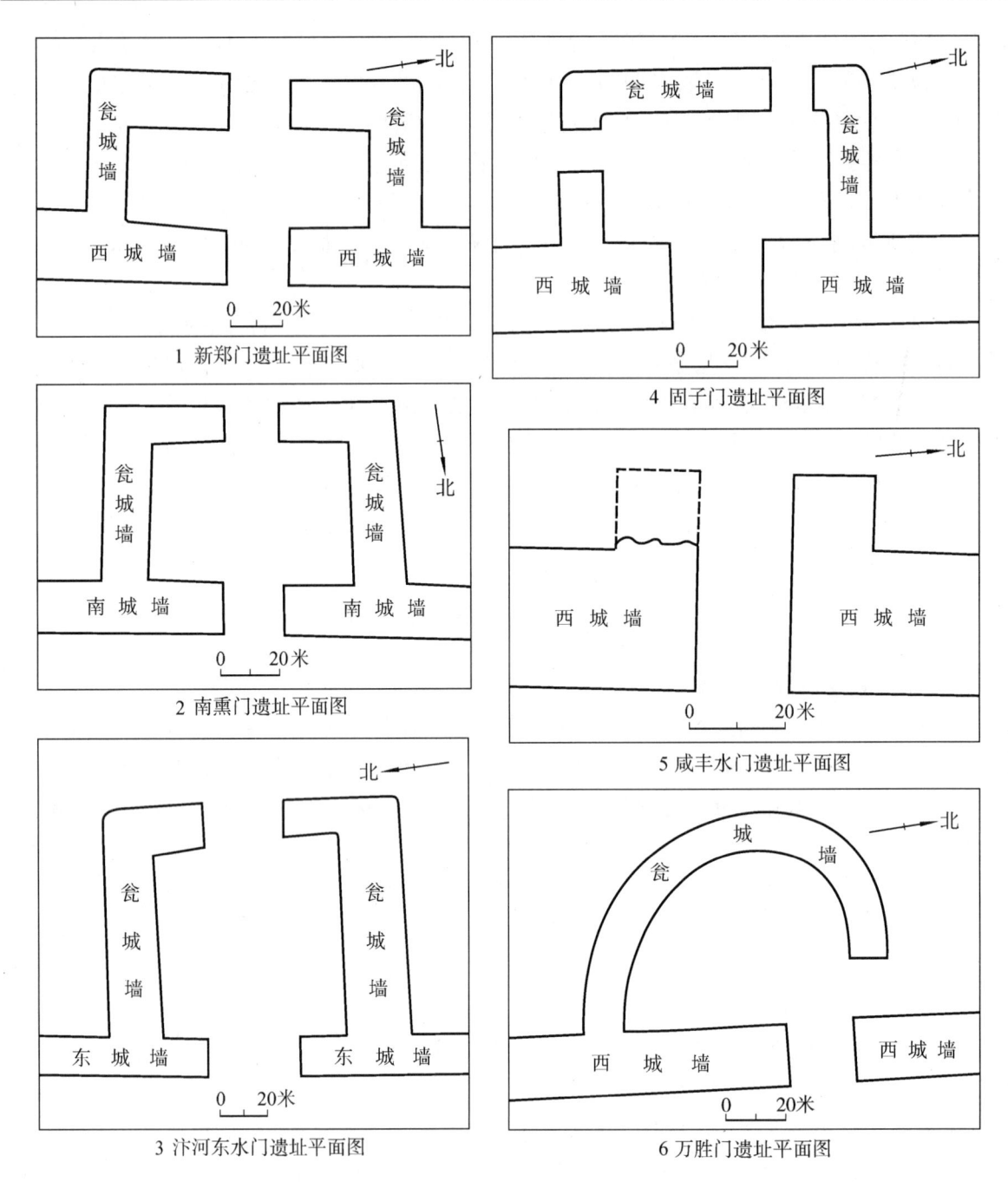

图 1-4　北宋东京开封城城门遗址平面图
（引自刘春迎《北宋东京城研究》，略有改动）

2003年3月下旬，配合河南大学新校区工程，在新校区东北部，南距新郑门遗址3340米，距万胜门遗址120米处，探明固子门遗址[1]。固子门城门缺口长方形，南北长32米，东西宽19米。城门缺口之西为瓮城，平面呈长方形，南北长79米，东西宽45米，瓮城拐角抹角。瓮城开券门两座，一座在南墙近西端处，门长方形，东西长15米，南北

---

[1] 刘春迎《北宋东京城研究》（科学出版社 2004 年版）第 139～142 页。

宽10米，另一座在西墙近北端处，门呈长方形，规模同南瓮城门（图1-3、图1-4之4）。瓮城墙体宽约9米，结构同西城墙。在瓮城内发现两条道路遗迹，路土距现地表深约11米，路土层厚约0.2~0.3米，为分别连接固子门与前达两座瓮城门的道路。又在瓮城内西南部发现一处用火遗址。此外，在固子门缺口处距现地表深8~11米的文化层中，发现大量碎砖瓦等堆积，在两瓮城缺口距现地表10~11.3米文化层中，同样发现大量碎砖瓦堆积。上述现象似乎表明墙体或已部分包砖，城门之上似有门楼建筑。固子门瓮城的形制，是一座与其他城门瓮城不同的新类型。

在土城村南，南距顺天门遗址910米发现一水门址（图1-3之西Q1），平面呈对称的曲尺形，水门缺口宽约25米。曲尺形向外突出部分的顶部残缺，上端残宽约7米，下端宽约35米，推测是汴河上水门（西水门）遗址[1]。在固门村西南，南距开远门遗址620米发现一门址（图1-3之西Q2），缺口宽约65米，因地下水位高无法勘探，其性质尚待进一步考古工作和深入研究方可断定。在开封市西郊林场内，南距金耀门遗址1520米发现一门址（图1-3之西Q3）。门址缺口宽约35米，缺口北侧有向外突出的长方形残迹，推测是金水河水门（太平兴国四年赐名咸丰水门）遗址（图1-4之5）。

（二）东城墙的城门和水门遗址

东城墙南端向北5020米，在开封市二商干校院内发现一瓮城遗址（图1-3东城墙之W2），距地表深3.7~6.7米探到瓮城夯土，瓮城平面呈半圆形，东西向50米，南北向108米，墙宽约15米，推测为含辉门（周曰寅宾，太平兴国四年改名含辉，俗名新曹门）遗址[2]。

东城墙南端向北730米（开封火葬场西侧），发现城墙缺口，南北宽35米。在其外侧今火葬场大门两侧又钻探发现一形如瓮城的遗址（图1-3东城墙之W1）。平面呈长方形，南北长130米，东西宽100米，墙厚20~28米。距地表深4.5~8米探到门址夯土，瓮城门开在中部与城墙缺口相对，两者宽均为35米左右。推测城墙缺口为汴河东水门（汴河下水门），而其外的形如瓮城者则似为捍御汴河水门的拐子城遗址（图1-4之3）[3]。

（三）南城墙和北城墙的城门和水门遗址

在距南城墙东端2900米处发现瓮城遗址（图1-3南城墙之W1），平面呈长方形，东西长130米，南北宽80米，墙厚约15米，中部开门，宽35米，门道情况不明，与瓮城门相对的外城门尚未找到。该门址与今开封市南北中轴线（中山路）相对，推测为南薰门（周曰景风，太平兴国四年改名南薰门）遗址（图1-4之2）。从南薰门遗址向西1180米发现一宽约100米的缺口（图1-3南城墙之Q1），因水位较高无法钻探，情况不明，推测为蔡河上水门遗址。该水门遗址向西620米肉联厂后门附近发现城门缺口（图1-3南城

---

[1] 刘春迎《北宋东京城研究》（科学出版社2004年版）第50页"汴河上水门实测平面图"。
[2] 刘春迎《北京东京城研究》（科学出版社2004年版）第133页"新曹门遗址实测图"。
[3] 《东京梦华录注》卷一"东都外城"：外城"东南曰东水门，乃汴河下流水门也。其门跨河有铁裹窗门，遇夜如闸垂下水面。两岸各有门，通人行路。出拐子城，夹岸百余丈"。

墙之 Q2），已探出的部分宽 95 米。缺口西部向外突出似瓮城残迹，南北长 50 米，东西宽 10 米。缺口南和东部被铁路打破和墓地叠压，无法钻探，推测为安上门（周曰畏景，太平兴国四年改名安上，俗名戴楼门）遗址。此外，在曹屯村与豆腐营村之间发现一城墙缺口，因资料有限，尚不能判明是陈州门还是蔡河下水门遗址。北城墙破坏严重，发现的城墙缺口均宽达数百米，故不能确定城门遗址的位置。

据上所述，南薰门和新郑门的瓮城遗址平面均呈长方形，瓮城门与城门相对"直门二重"；万胜门和新曹门瓮城遗址平面均呈半圆形，瓮城门均位于瓮城右侧"屈曲开门"，凡此与《东京梦华录》所记完全相同。此外，在南薰门瓮城门附近还发现大量碎砖、白灰、烧土块和木屑等，据此推测瓮城上原或有防御设施。而新郑门路土中的砖瓦堆积又表明外城门可能已经包砖。从《清明上河图》来看（图 1-5），当时的城门似已包砖，城门结构仍为过梁式木结构。关于外城的城壕，据调查大体宽约 40 米，距地表深约 11 米[1]。

图 1-5　宋·张择端《清明上河图》中的城门

---

[1] 河南省文物研究所《河南考古四十年》（河南人民出版社 1994 年版）第 386 页，记述宋一里合 559.872 米，则宋一尺合 0.31 米，宽 40 米合宋 12 丈 9 尺，与《东京梦华录》卷一所记外城护龙河（城壕）"阔十余丈"相合。深 11 米合宋 3 丈 5 尺，深于前述文献记载。但地表非宋代地表，宋代地层之上堆积很厚，故其真确深度尚须进一步核实。又刘春迎《北宋东京城研究》（科学出版社 2004 年版）第 109 页记：已探明护城壕底距地表深 11~13 米，壕宽近 30 米。

第二节　内城的形制

一　沿革[1]

北宋东京内城，宋代称里城或阙城，即唐代之汴州旧城。唐建中二年宣武军节度使重筑汴州城，周回二十里一百五十五步，城门七座。即南一门，曰尉氏；东二门，南曰宋门，北曰曹门；西二门，南曰郑门，北曰梁门；北二门，东曰酸枣，西曰封丘。诸城门名多为后代沿袭，其中宋门、曹门、大梁门至今仍用旧名。此外，汴州城始将汴河圈入城内，并在西和东城墙分别修建汴河西、东水门。可以说唐汴州城奠定了北宋内城的基础，并成为今日开封城之雏形。五代时期，仅后周时略经修缮，入宋后又多次修筑后有十座城门二座角门子（图1-2、图1-9）[2]。即南面三门，中间正门称朱雀门（唐曰尉氏，梁改名高明，晋称薰风，宋太平兴国四年改为朱雀），东为保康门（大中祥符五年建并赐名），西为崇明门（周曰兴礼，太平兴国四年改称崇明，俗名新门）；东面二门，南为丽景门（唐曰宋门，梁改观化，晋改仁和，太平兴国四年又改称丽景，俗名宋门），北为望春门（唐曰曹门，梁改建阳、晋改迎初，宋初称和政，太平兴国四年改名望春，俗名曹门）；西面二门，南为宜秋门（唐曰郑门，梁改开明，晋改金义，太平兴国四年改名宜秋，俗名郑门），北为阊阖门（唐曰梁门，梁改乾象，晋改乾明，宋初称千秋，太平兴国四年改名阊阖，俗名梁门）；北面三门，正中为景龙门（唐曰酸枣，梁改兴和，晋改玄化，太平兴国四年改名景龙，俗名酸枣），东为安远门（唐曰封丘，梁改含辉，晋改宣阳，太平兴国四年改名安远，俗名封丘），西为天波门（梁曰大安，太平兴国四年改名天波）。此外，还有两座角门子，即东面丽景门汴河南岸角门子，西面宜秋门北汴河北岸角门子。除上所述，北宋还开凿了内城的护城河，经广济河（五丈河）内、外城的护城河可以相通（内城南濠缺乏记载，故内城是否有完整的护城河尚有疑问）[3]。

金兵攻破开封，内城遭严重破坏。此后，金代末期金廷定都开封期间（1214～1233年）曾扩展内城，北宋内城基本被毁[4]。元灭金，开封更名汴梁。元末为防红巾军，塞八门，仅余五座城门（至今未变）。明初在金代开封城基础上重筑开封城，城门五

---

[1] 内城沿革，参见《旧唐书》卷一三一《李勉传》；《五代会要》卷二六"城郭"条；《宋会要辑稿》第一八七册，方域一之一、一六、二〇；《金史》卷一〇六《术虎高琪传》。

[2] 《宋会要辑稿》第一八七册，方域一之二〇记载：北宋对内城屡有贴补和增筑，但具体情况不详。仅《玉海》卷一七四记载皇祐元年（1049年）八月十三日"葺旧城"；《宋会要辑稿》第一八七册，方域一之一四记载：治平元年（1064年）十月十六日，"命内侍供奉官王希古贴筑在京新旧城墙"。

[3] 周宝珠《宋代东京研究》（河南大学出版社1992年版）第46～47页论证里城北、西、东均有城濠，"里城南濠，缺乏记载"。其结论是"里城有护城濠，但不能证明已形成一个完整的环形城濠"。后文将说明以蔡河为内城南护城河。

[4] 金迁都开封后修城，将原宋内城南、北城墙铲平向外各扩约半里，东西墙仍北宋旧墙，仅稍做加高修整而已。

座，城墙始包青砖。至明末开封城周 20 里 190 步，高 5 丈；崇祯十五年（1642 年）内城被大水淹没。清康熙元年（1662 年）在明城基础上重筑，城墙城门沿袭明代。道光二十一年（1841 年）黄河决口灌开封城，第二年又重修开封城墙，周长 28 里许（经实测今开封城周长 14.4 公里）[1]。

二　内城的形状与内城墙和城门的调查试掘[2]

根据考古勘探，宋代东京内城南城墙在今大南门北 300 米左右的东西一线，北城墙在龙亭大殿北 500 米左右的东西一线，东、西城墙被叠压在明清东西砖城墙之下。内城大致位于外城内的中间（图 1-2），方向 190 度，形制略呈方形（东西稍长），四面城墙总长约 11550 米，约合宋里 20.63 里（宋一里为 559.872 米）[3]，与文献所记 20 里 155 步大致相合（规模与唐汴州城同），规模小于现存的明清开封城。

北宋东京内城遗址埋藏深（距地表 8~10 米），地下水位高（部分地区距地表 0.8 米即见水），淤沙堆积厚（仅明清两代淤沙堆积厚就达 5~6 米），所以内城考古勘探和试掘十分困难。自 1986 年以来，仅探明内城墙的位置、范围和部分门址。其中东城墙在明清东城墙新开城门缺口处勘察，可知宋内城东城墙被压在明清东城墙下，其顶端距地表约 3.6 米，城墙夯筑、夯层清楚，土质黄褐色，坚硬细密，下部因长期水浸无法勘探。宋内城西城墙的勘探，多在明清西城墙新开的城门或其突出部位内侧进行，可知内城西城墙大部分被压在明清西城墙下，内城墙顶端距地表约 3 米，残高约 8.2 米（宽度无法测量），夯筑，夯层清楚，城墙底部基础垫 30 厘米厚的砖瓦层。2000 年 7 月在开封城墙西门北侧古马道遗址进行考古发掘，现地面上为高 8 米的今修复的城墙，地表以下 3 米见明清西城墙。地表以下 3~11 米为北宋内城西城墙，再下 11~11.4 米见唐汴州城西墙基础。地表下 3~11 米宋内城西城墙上层墙体内侧见宋代小型青砖（24 厘米×12 厘米×6 厘米）包砌，下层钻探部位仅见夯土，未见包砖，下层底部有一层厚约 20 厘米的砖瓦层。该层之下探出一层夯土，厚 10~15 厘米，其下有厚约 25~30 厘米的砖瓦层，再下即生土层，此为唐汴州城西城墙的基础部分[4]。东京内城东、西城墙长度，目前尚无法准确测定。宋东京内城南城墙在开封市三建预制厂向东经迎宾饭店、包府坑东湖、封吉府街、南泰山庙街、青龙背街至汽车发动机厂一线，已探明的地段约 2100 米。南城墙破坏严重，残墙基高 0.6~1.8 米，残宽 3~10 米，距地表一般在 8 米以下，最深达 9.8 米。宋东京内城北城墙在开封市汽车公司停车场向东经塑料公司、文昌街小学、市人民体育场南部、汽车四队、

---

[1] 1996 年 12 月，开封城墙被列为全国重点文物保护单位。

[2] 丘刚《北宋东京内城的初步勘探与测试》，《文物》1996 年第 5 期。丘刚《北宋东京三城的营建和发展》，《中原文物》1990 年第 4 期。

[3] 考古调查推算内城周长约 11550 米，文献记载内城周长二十里一百五十五步，即 20.43 宋里（155 步÷360 步=0.43 里），一宋里合 565.34 米（11550 米÷20.43 里）。此数据略小前面外城换算一宋里=578.29 米，但仍大于一宋里=559.872 米。由于 20.63 宋里与 20.43 宋里仅差 0.2 宋里，说明内城考古调查推算的周长较近似于文献所记内城周长。

[4] 刘春迎《北宋东京城研究》，科学出版社 2004 年版，第 169~170 页。

二十八中学等一线。北城墙破坏最为严重，现已探明地段长仅1400米左右。从已探明部分看，内城北城墙的部分地段与金皇宫北墙、明周王府萧墙北墙相叠压，两侧向外延伸的地段距地表深8.5~9.5米，内城墙残高0.5~1.2米，残宽不足5米。宋东京内城南、北城墙的毁坏，推测是金宣宗定都开封时向南、北扩展所致。

在调查勘探的基础上，选择内城北城墙西段开一南北向探方（内北T1，南北18.5米，东西8.85米[1]）。据此可知北宋内城北城墙上面分别筑有金皇宫北墙和明周王府萧墙北墙。明周王府萧墙北墙在探方北部第5层文化层下，距地表1.9~4.15米，墙厚2.25米。棕褐色和灰褐色两种土质夯筑，夯层厚10~20厘米，质地坚硬。夯面夯窝密布，夯窝圆形浅平底，直径3~5厘米，深0.5~1厘米。夯土包含物有明影青瓷片、白釉瓷片，宋临汝窑印花瓷片、钧窑瓷，以及布纹和绳纹陶片等。城墙底部铺砖瓦层厚约5厘米，砖层自东向西交错顺平铺四排，其间杂有绳纹、素面砖块、布纹瓦片和大量白灰。明周王府萧墙下压金皇宫北墙，金皇宫北墙距地表4.15~4.45米，厚0.3米，夯筑。夯土灰褐色，土质较松软，夯层夯窝不明显。城墙底部铺垫一层厚约5厘米的残青砖层。墙内包含物有宋白釉瓷片、临汝窑瓷片、绿釉及黑釉瓷片，唐民窑白釉瓷片、粗布纹瓦片和灰色带花陶片等。金皇宫北墙下压宋内城北城墙，宋内城北城墙距地表4.45~7.32米，厚2.87米，灰褐色土夯筑，土质较纯，坚硬细密。夯层一般厚14厘米，夯窝圆底，直径6~7厘米，深约1厘米。夯层底部垫厚约16厘米的砖瓦层（素面布纹黑板瓦、绿釉红胎布纹黑筒瓦和碎砖块等），墙内包含物均属宋或宋代之前，如宋白釉瓷片、影青瓷片、临汝窑及汝窑瓷片，唐白釉、黄釉、青釉瓷片，以及绳纹瓦片、布纹筒瓦和绿釉红胎琉璃瓦片等。此外，值得注意的是宋内城砖瓦层下还有灰褐色夯土层，探铲探至距地表9.5米深仍为夯土层（再下已无法钻探）。以此结合明清东西城墙下的宋内城东西城墙，利用钻机勘探到距地表深11.4米，其下部也是一层厚约40厘米的砖瓦层，砖瓦层下是生土层来看，宋内城北城墙砖瓦层下的夯土层有可能是唐汴州城北城墙遗迹。

北宋东京内城八座城门和二座水河，目前只有朱雀门和汴河西角门子遗址大致可定。朱雀门为内城正南门，在今开封城墙南门北约350米的中山路两侧，探明一宽约90米的城墙缺口，在缺口西南角距今地表深8.2~9.4米处探到城墙夯土遗址，此即与已探明的南薰门、州桥、宋皇宫遗址南北相对的朱雀门遗址。由于在缺口西北部距地表深7.6~8.7米处，普遍探到大量碎砖瓦、瓷片和白灰等物，推测应为朱雀门上建筑倒塌后的残迹。又在南距明清城墙西南角约920米处，探明汴河故道一段，该河道与城外由二建综合加工厂延伸过来的河道相对应，考虑到今西城墙下压宋内城西城墙，故确定其所经过的西城墙处当为宋汴河西角门子遗址的位置。除上所述，当地考古工作者，根据考古调查和文献考证，又大体界定了几座城门的位置。如西城墙北门阊阖门，在今开封西城墙大梁门处（梁门位置，千余年来基本未易）。西城墙南门宜秋门，在今开封西城墙南门（小西门）附近。内城东城墙南门丽景门，在今开封东城墙宋门附近。东墙北门望春门，在今开封东城墙曹

---

[1] A. 刘春迎《北宋东京城研究》，科学出版社2004年版，第161、162、164页。
　　B. 开封市文物工作队编《开封考古发现与研究》（中州古籍出版社1998年版）书后图版十五。

门附近。北城墙东门安远门，在今开封解放大道北段河南大学附中大门附近。南墙东门保康门，在今开封泰山庙街与前新华街相交处附近[1]。

第三节　宫城和皇城的位置、范围与形制

五代时期后梁以唐汴州宣武军节度使衙署为建昌宫，后晋更名大宁宫，周世宗又以此为宫城，然均"未暇增大"，"虽加营缮，犹未如王者之制"。北宋"建隆三年（962年），广（后周）皇城东北隅。命有司画洛阳宫殿，按图修之，皇居始壮丽矣"。此后，大中祥符五年（1012年）宫城土墙改为砖筑。金正隆三年（1158年）在宋大内废墟上营建宫城，俗称金故宫。明洪武十二年（1379年）在金故宫基址上营建周王府。明末崇祯十五年（1642年）开封被黄河水淹灌，周王府被淤埋于地下[2]。

一　考古调查与试掘

（一）宫城墙

根据考古调查勘探[3]资料，可知北宋宫城东墙南起今开封市图书馆北墙附近，自南向北经开封市曲剧团家属院、市文化局家属院、东华门街西侧、豆制品厂，止于豆制品厂北侧。西距龙亭大殿230米，全长约690米，宫墙距地表深5米以下，宫墙宽8～10米。西墙北起龙亭公园西北侧电视塔，向南经杨家湖西岸、杨家湖与杨家西湖之间断桥处，止于开封市麻刀厂西墙附近，全长约690米。宫墙距地表深5米以下，宫墙残宽约8米。南墙西起市

---

[1] 刘春迎《北宋东京城研究》，科学出版社2004年版，第50、171、172页。

[2] A. 丘刚在《北宋东京皇宫沿革考略》（《史学月刊》1989年第4期）文中引《石林燕语》卷一："京师大内，梁氏建国，止以为建昌宫，本宣武军节度使治所，未暇增大也。后唐庄宗迁洛，复废以为宣武军。晋天福中，因高祖临幸，更名为大宁宫。"引《邵氏闻见录》卷一："东京，唐汴州。梁太祖因宣武军置建昌宫，晋改为大宁宫。周世宗虽加营缮，犹未如王者之制。"

B. 《宋史》卷八五《地理一》："建隆三年，广皇城东北隅。命有司画洛阳宫殿，按图修之，皇居始壮丽矣。"

C. 《宋会要辑稿》第一八七册，方域一之一一："太祖建隆三年正月十五日，发开封、浚义民数千，广皇城东北隅。五月，命有司按西京（河南洛阳）宫室图修宫城。义成军节度使韩重赟督役。四年五月十四日诏重修大内，以铁骑都将李怀义、内班都知赵仁遂护其役。"

D. 《续资治通鉴长编》卷七七，大中祥符五年正月，下诏"以砖垒皇城"。

E. 《大金国志》卷一三《海陵炀王上》记载：贞元三年，汴京"天火焚之，宫室皆尽"。

F. 《续资治通鉴》卷一三二，金"正隆三年十二月……命左丞相张浩，参执政事敬嗣晖营建南京宫室"。

G. 明周王府的营建，见《如梦录》"周藩纪第三"。

[3] 丘刚《北宋东京皇城的初步勘探与试掘》（开封市文物工作队编《开封考古发现与研究》，中州古籍出版社1998年版）《北宋东京皇宫沿革考略》（《史学月刊》1989年第4期）《北宋东京三城的营建和发展》（《中原文物》1990年第4期）。

麻刀厂西墙附近，向东经原午朝门影剧院、午朝门、宋都御街停车场、市杂技团东院，止于市图书馆北墙附近。南墙基本位于龙亭东湖（潘家湖）和西湖（杨家湖）南岸一线，全长约570米。南墙西段距地表深约4米，其余地段距地表深4.5~5米，宫墙残宽10~12米。北墙东起市豆制品厂北部，向西经市人民检察院北侧，龙亭公园大殿后墙处，止于龙亭公园西墙附近，全长约570米。北墙距地表深约6米，宫墙残宽约12米（图1-3）。

在北宋宫城北墙东段，于西距龙亭大殿台基约38米处的公园东墙内开一探方[1]。在探方中部偏北第4~5层文化层中发现明周王府紫禁城北墙，残墙距地表深3.40~4.30米。墙顶残宽3.60~4.20米，底部残宽5.05~8.20米。城墙棕褐色土夯筑，夯层厚20~25厘米，夯窝圆形浅平底，直径3厘米，深1~1.5厘米。夯窝排列稀疏，间距约6厘米。在城墙底部内外两侧发现包砖痕迹。然后又在该墙底部两侧各开一条探沟和探方，试掘结果表明，北宋宫城北墙被叠压在明周王府紫禁城北墙之下。北宋宫城北墙距地表深约5.30~9.85米，残高4.2~4.5米。城墙构筑可分上中下三部分，上层为棕褐色夯土层，厚3.7米，夯层厚8~10厘米，一般厚9厘米。每层下半部为碎砖瓦层，上半部为夯土层。中间部分砌筑青砖层，厚0.6米，共四层，每层厚约15厘米。青砖大致为14.5厘米×18厘米×5厘米，排列整齐，砖间白灰勾缝。下部是棕褐色夯土层，厚0.4米，夯层一般厚10~20厘米，最下接生土层。城墙内包含物主要是唐宋时期的各种瓷片和瓦片等。发掘者推断，中部青砖层应是大中祥符五年"以砖垒皇城"的遗迹，青砖上面的夯土层为北宋末期或更晚的金、元时期构筑，青砖下面的夯土层是北宋早期或更早的五代和唐汴州节度使衙署北墙[2]。

（二）门址

在龙亭公园大门前石狮处，于距地表深3.5~4米发现一建筑基址。基址西距勘察所知北宋宫城西南角约250米，基址以午朝门石狮为中心，东西约70米，南北约30米。基址夯筑，杂有大量砖瓦和白灰，其下仍为夯土层。钻探至距地表深6.5米左右又出现砖瓦层，因工作条件所限，砖瓦层厚度尚未搞清楚。发掘者根据基址位置，地层深度和出土遗物判断，基址上部应是明周王府紫禁城正南门端礼门遗址，下部砖瓦层为宋代门址[3]。

在龙亭大殿台基北15米左右，东距龙亭公园东墙约70米处发现一缺口，其南与午朝门发现的门址对直。缺口宽约30米，其两侧城墙距地表深约3米，城墙残宽6~8米。勘察者根据缺口位置（北墙其余地段未发现缺口）和深度推断，缺口为明周王府紫禁城北墙承智门遗址，下部是北宋宫城墙北门拱宸门遗址[4]。

---

[1] 宫城北墙东段探方图和局部解剖图，见刘春迎《北宋东京城研究》（科学出版社2004年版）第209页。

[2] 丘刚等《北宋东京皇城的初步勘探与试掘》（开封市文物工作队编《开封考古发现与研究》，中州古籍出版社1998年版）。

[3] A. 丘刚等《北宋东京皇城的初步勘探与试掘》（开封市文物工作队编《开封考古发现与研究》，中州古籍出版社1998年版）。

    B. 《宋东京考》卷一"宫城"记载："乾元门（即宣德门）内正南门曰大庆"，"凡殿有门者，皆随殿名"。根据正文对东华门位置，及后注对紫宸殿位置的推断，似可认为午朝门下最底层之宋代门址为大庆门遗址。

[4] 丘刚等《北宋东京皇城的初步勘探与试掘》（开封市文物工作队编《开封考古发现与研究》，中州古籍出版社1998年版）。

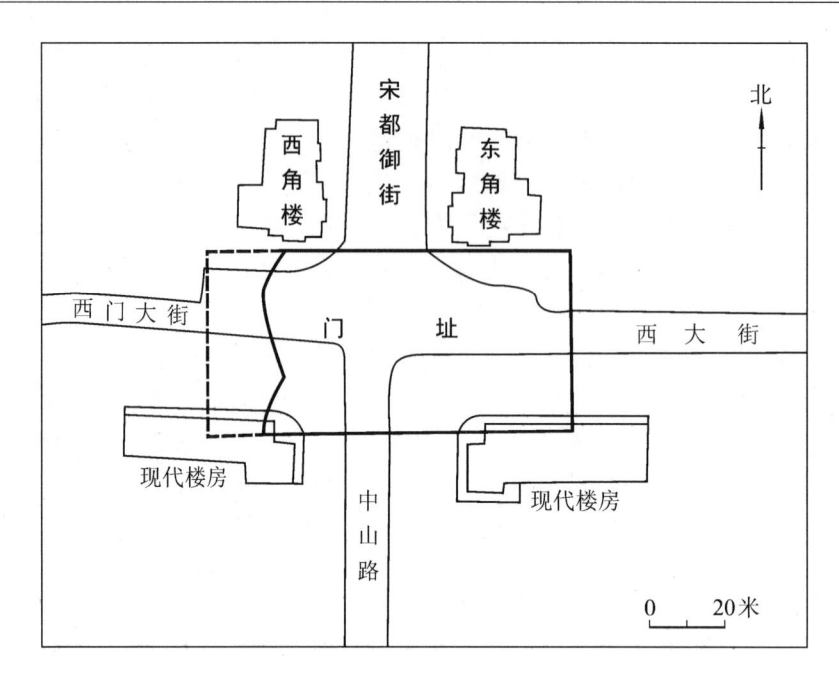

图 1-6 开封市新街口附近宋代宫城门遗迹位置图
(引自刘春迎《北宋东京城研究》，略有改动)

在龙亭东湖（潘家湖）东岸市文化局家属楼北端，即东华门街北端与东明街南端之间的东西横道附近发现一缺口。缺口距探查所知北宋宫城东南角约135米，缺口宽约15米，其两侧城墙残宽约6米，距地表深3~4米。探查者联系缺口处于东华门街，结合城墙深度推测，缺口应是明周王府紫禁城东门礼仁门遗址，其下部为北宋宫城东华门遗址[1]。

在午朝门之南约400米的新街口附近，于距地表深约4.5米发现一门址（图1-6）。门址下仍为夯土，距地表深8.3米处又发现一建筑基址，距地表深10米左右达生土层。在该门址西南角的开封师专教学楼群间勘探，距地表深4.5~6.3米间又现发前述门址残迹和明代绿釉琉璃瓦等构件。后配合拆迁工程，在前述门址东南部于距地表深4.5米、6.3米、8.2米处，普遍发现三层建筑残迹叠压现象。在距地表深4.5米处发现绿釉琉璃瓦、朽木块等遗物。综合上述现象，探查者推断，距地表深4.5米的门址为明周王府萧墙南门午门遗址，其范围约为东西70米，南北50米。明午门遗址下距地表深6.3米的遗址，是金故宫正门五门遗址，距地表深8.2米的遗迹是宋代门址[2]。

---

[1] 丘刚等《北宋东京皇城的初步勘探与试掘》（开封市文物工作队编《开封考古发现与研究》，中州古籍出版社1998年版）。

[2] 丘刚等《北宋东京皇城的初步勘探与试掘》》（开封市文物工作队编《开封考古发现与研究》，中州古籍出版社1998年版）结语部分说："在今龙亭公园大门前石狮处发现的皇城南墙中部明周王府端礼门遗址下的宋代门址。该石狮为'宋之镇门狮子也'（《如梦录》"周藩纪第三"）。据前人考证：'石狮子旧在南十字街口（今新街口），雍正十年修万寿宫于龙亭上，始移植在今所'（《如梦录》"周藩纪第三"引清·宋继郊《石行》序）。"文中认为午朝门处宋代门址，新街口处宋代门址均有是宣德门遗址的可能性。我们认为，新街口处宋代门址为宣德门遗址。详见后文和后注。

(三) 殿址

在龙亭公园的石桥与嵩呼之间探出一殿址，殿基东西宽约80米，南北最大进深60米，建筑台基"凸"字形[1]，夯筑。台基四壁均包青砖，四周环有宽约10米，长近千米的包砖夯土廊庑。探查者推断为北宋宫城大庆殿遗址（按：此说未提供证据，存疑）[2]。

二 宫城和皇城的形制

(一) 文献所记宫城和皇城的布局[3]

宋太祖修宫城时，要求"凡诸门与殿须相望，无得辄差，故垂拱、福宁、柔仪、清居四殿正重，而左右掖于升龙、银台等门皆然，惟大庆殿与端门少差尔"[4]，此后皇城正南的宣德门（端门）经改建亦与大庆殿在一条直线上[5]。宫城"正南门曰大庆，东西横门曰左、右升龙。左右掖门内各二门曰左、右长庆，左、右银台"。"东西面门曰东华、西华"，"东华门内一门曰左承天祥符，西华门内一门曰右承天。左承天门内道北门曰宣祐"。"北一门曰拱宸"[6]。宫城四隅建角楼。宫城的布局，以东、西华门间横街为界，将宫城分为外朝和内廷两大部分。东、西华门干道之北，以宣祐门和拱宸门间南北路为界，其西为内廷，其东为太子宫和内诸司等。此外，在宫城西北部又有后苑。下面据《事林广记》所载北宋东京宫城图（图1-7）以及相关的文献记载所作北宋东京宫城布局示意图（图1-8），对北宋东京宫城和皇城形制布局略作介绍。

1. 外朝

外朝的主体建筑是大庆殿和文德殿。宣德门内正南门称大庆门，两门间有左右廊，廊分置左右昇龙门。大庆门内正北中轴线上置大庆殿（宫内最高大雄伟的建筑），殿九间，东西挟各五间，殿前有龙墀、沙墀，殿后有阁（斋需殿），阁后为大庆殿后门端拱门。大庆殿庭院有左右廊各六十间，廊中间分置左右太和门[7]，殿庭设钟鼓楼。大庆殿殿庭广

---

[1] 按宋宫城内大殿平面呈"工"字形（详见后文），此言"凸"字形，似仅为发掘部分的局部形制。

[2] 丘刚《北宋东京三城的营建和发展》（《中原文物》1990年第4期）根据前面正文介绍的东华门位置，所发现的殿址在东、西华门街之北，故不可能是大庆殿遗址，而应是其北的紫宸殿遗址。详见后文和后注。

[3] A. 文献记载的北宋宫城，行文含混，主要坐标点和主要配置的方位不太明确，故后人仁智各见，看法不一。本书主要依据周宝珠《宋代东京研究》（河南大学出版社1992年版）第二章"一 宫城"；郭黛姮主编《中国古代建筑史》第三卷（中国建筑工业出版社2003年版）"宋辽金西夏建筑"第三章"第一节 北宋宫殿"，并结合《傅熹年建筑史论文集》（文物出版社1998年版）北宋东京宫城布局示意图进行简单介绍，仅供参考。

B. 宫城皇城内遗迹无存，故据文献记载略作介绍。

[4] 《石林燕语》卷一。

[5] 《宋会要辑稿》第一八七册，方域一之一一载：建隆四年改建，宋太祖命翰林学士陶谷撰碑以记述其事。

[6] 《宋史》卷八五《地理一》"东京"条。

[7] 《宋东京考》卷一"宫城"左右太和门条载："初曰日华、月华。大中祥符八年改今名。"

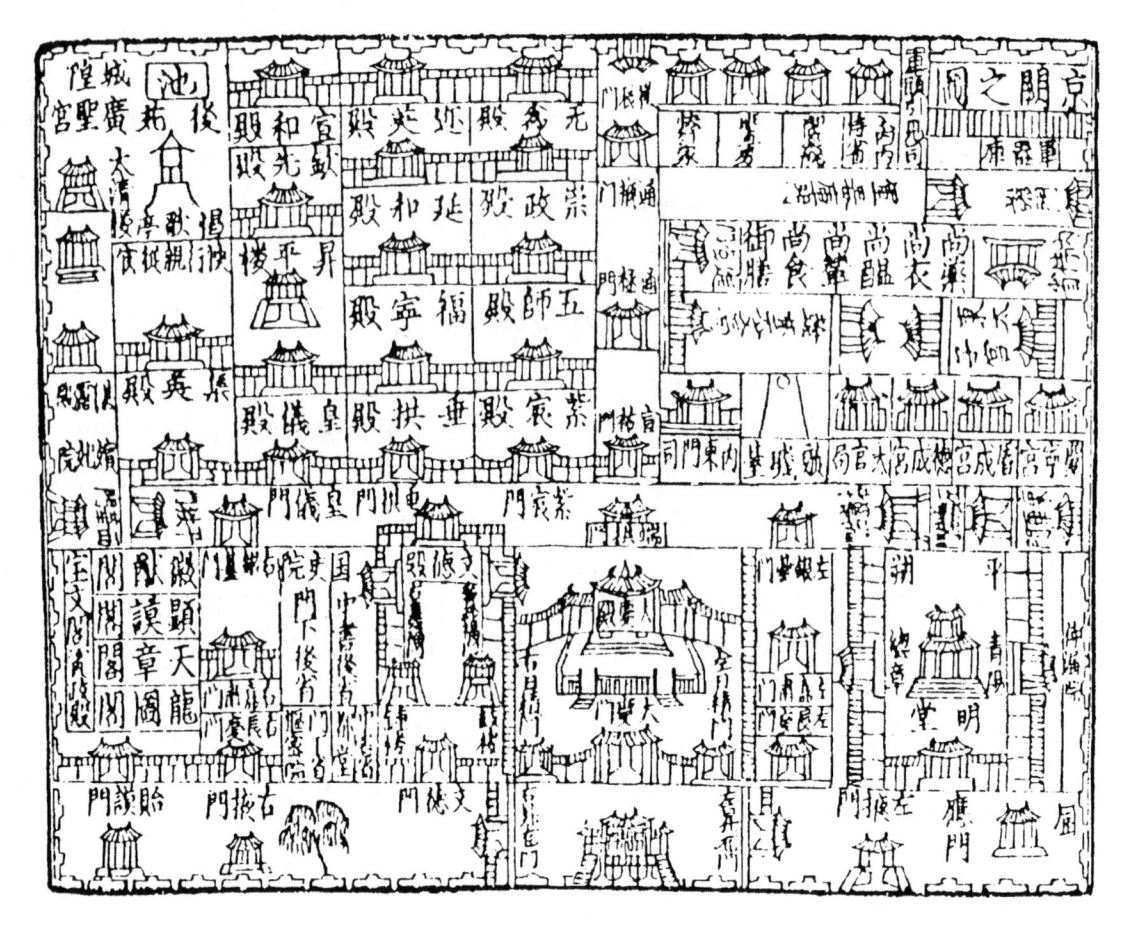

图1-7 《事林广记》北宋东京宫城图

阁,"可容数万人","每遇大礼,车驾斋宿及正朔朝会于此殿,凡朝会册尊号,飨明堂恭谢天地,于此殿行礼。郊祀,则斋宿殿之后阁"[1]。

文德殿在大庆殿之西。进宣德门经右昇龙门至端礼门("凡三门,各列戟二十四支"),入端礼门正北对文德门,二门间为朝堂。进文德门正北对文德殿,殿庭东南隅置鼓楼,西南隅置钟楼,庭院东西廊分置左右嘉福门,殿左右分置东西上阁门。殿后有阁,北临东、西华门间横街,后阁与街北垂拱殿建筑群之间有柱廊相通(为宫城南北建筑群的连接处)。文德殿为常朝正衙殿,"太祖时,元朔亦御此殿,其后常陈入阁仪如大庆殿,飨明堂,恭

---

[1] A.《东京梦华录注》卷一"大内"条。
B.《宋东京考》卷一"宫城"引《石林燕语》:"大庆殿初名乾元,太平兴国、祥符中,皆因火改为朝元、天安,景祐中(《宋史》载明道三年),改今名。有龙墀、沙墀。凡正至大朝会、册尊号则御焉。郊祀大礼,则驾宿于殿之后阁;百官为次,宿于前之两廊。皇祐初,始行明堂之礼,又以仁宗御篆'明堂'二字,飞白'明堂之门'四字,每行礼则旋揭之,事已复去。"《宋东京考》卷二"宫城"引《朝野类要》:"正旦、冬至、圣节称贺大礼,奏请致斋,则皆大庆殿。"引《归田录》:"皇祐二年、嘉祐七年季秋大享,皆以大庆殿为明堂。"

谢天地，即斋于殿之后阁。熙宁以后，月朔视朝御此殿"[1]。

前述端礼门与文德门间的朝堂，置主要中央衙署。"入（右掖门）东去街北廊乃枢密院，次中书省，次都堂、次门下省、次大庆殿"[2]，以后又建中书门下后省和国史院。都堂又称政事堂，"榜曰中书，为宰相治事之所"[3]。此外，政事堂亦称东府，管理行政；其西的枢密院又称西府，管理军政，两者对持文武二柄，"号称二府"[4]。

在枢密院之西，从右掖门向北穿右长庆门经右嘉肃门至右银台门，为文德殿建筑群西侧的南北通道，北接东西华门间横街。该南北通道之西有显谟、徽猷等阁[5]。显谟阁藏神宗御集，路东有宣徽院、学士院[6]。

大庆殿建筑之东，从左掖门向北穿左长庆门经左嘉肃门至左银台门，为一南北通道，北接东西华门间横街。该道之东有集贤、昭文、史馆等三馆，三馆北有秘阁，后改为崇文院（又称馆阁），是宫城内藏书之所。三馆火灾后，神宗时改为秘书省。徽宗政和五年（1115年）迁秘书省于宣德门外，以其地建明堂[7]。

2. 内廷西部

东、西华门间横街之北为内廷，其中宣祐门至拱宸门南北通道之西的内廷西部为视朝之殿和寝宫区。紫宸殿在大庆殿北偏西，乃皇帝"正朔视朝之前殿"（旧名崇德，明道元年改）[8]。紫宸殿之西，文德殿之北有垂拱殿，是皇帝"常日视朝之所"（旧名长春，明

---

[1] 《宋史》卷八五《地理一》：正衙殿曰文德（宋初曰文明，雍熙元年改今名。熙宁间，改南门曰端礼），两掖门曰东、西上閤。东西门曰左右嘉福（宋初曰左、右勤政，明道元年十月改今名）。《宋东京考》卷一"宫城"引《石林燕语》："文德殿在大庆殿之西少次，旧曰端明，后改文明，祥符中因火再建，易今名"；"每月视朝，则御文德，所谓过殿也。东西閤门，皆在殿后之两旁"；"文德遇受册发册、明堂宣赦亦御，而不常用。"引《画墁录》："文德殿正衙，与大庆殿排行，殿后即是横街。"引《尘史》："文德殿外为朝堂，常以殿前东庑设幕，下置连榻，冬毡夏席，谓之百官幕次。凡朝会必集于此，以待进班，然后入。近年则不然，多萃于文德殿后，以至尚衣库、紫宸、垂拱殿门外、南庑。其坐于幕次，不过数十人而已。"引《温公续诗话》："文德殿，常朝所也。宰相奏事毕，乃来押班，常至日旰。"《涑水记闻》载："本朝御文德殿，行入阁之仪。"《宋会要辑稿》第一八七册，方域一之三："太祖时，元朔亦御此殿，其后常陈入阁仪如大庆殿，飨明堂，恭谢天地，即斋于殿之后阁。熙宁以后，月朔视朝御此殿。"《宋东京考》卷二"宫城"引《退朝录》："本朝视朝之制，文德殿曰外朝，凡不釐务朝臣（添差之官，不理政事也）日赴，是谓常朝。"

[2] 《东京梦华录注》"大内"条。

[3] 《宋会要辑稿》三第五八册，职官一之一七。

[4] 《宋史》卷一六二《职官二》"枢密院"条。

[5] 周宝珠《宋代东京研究》，河南大学出版社1992年版，第32页。

[6] 郭湖生《北宋东京》，《建筑师》1992年第71期。

[7] 明堂"开局兴工，日役万人"，政和七年建成。明堂号称"布政之宫"，是宣明政教之所，凡朝会、祭祀、庆赏等大典，均在此举行。明堂未建成之前，多用大庆殿举行此类活动。此外，图1-8宫城复原图三馆位置在通道之西似值得商榷。

[8] 《宋东京考》卷一"宫城"引《枫窗小牍》。又引《石林燕语》："紫宸殿在大庆殿之后少西，其次又为垂拱殿。自大庆殿后，紫宸、垂拱之两间，有柱廊相通"；"月朔不御过殿，则御紫宸，（转后页）

*道元年改），紫宸、垂拱二殿有柱廊相通[9]。垂拱殿西有皇仪殿（开宝四年赐名滋福，明道元年十月改），咸平年间明德太后曾居此。再西集英殿（旧名广政，开宝三年曰大明，淳化间曰含光，大中祥符八年曰会庆，明道元年十月改今名），为御宴和殿试之所。集英殿后有需云殿，"宴殿也"（旧名玉华，后改琼华，熙宁初改今名）。在皇仪殿、集英殿之东北有昇平楼（旧名紫云，明道元年改），是"宫中观宴之所"[10]。

紫宸殿北偏东，内东门北有崇政一组宫殿。崇政殿（旧名简贤讲武，太平兴国二年改今名），是皇帝"阅事之所"。殿前东西分置延义、迩英二阁，殿后有柱廊通延和殿（倒座殿，便坐殿也。大中祥符七年建，称承明殿，明道元年改端明，二年改今名）。延和殿北有景福殿，殿前左右廊庑，"旧试贡举人，考官设于两廊"（《宋会要辑稿》方域一）。熙宁以后，景福宫置"内帑库物"，是宫内储藏金帛最多的地方[11]。

在垂拱殿后，有福宁一组宫殿。福宁殿在垂拱殿北，原名万岁殿，皇帝正寝殿[12]，殿前有左右昭庆门。殿后柔仪殿（初名万岁后殿，真宗时章献明肃皇太后居之），又后钦明殿。其北有坤宁殿一组建筑，坤宁殿为皇后寝殿。福宁殿东为庆寿宫，内有庆寿、萃德二殿；福宁殿西为宝慈宫，内有宝慈、妃徽二殿，以上二宫前者为太皇太后居所，后者为皇太后居所[13]。

在宝慈宫之西，有龙图阁等一组建筑群。龙图阁在昇平楼西北，大中祥符初建，内藏太宗御集御书5115卷、轴、册。阁东序有资政、崇和二殿，西序有宣德、述古二殿；又列六阁，贮经典、史传、子书、文集、天文、图画。其北为天章阁，天禧五年建，以奉真宗御集御书，阁东西序有群玉、蘂珠二殿。又北宝文阁，奉仁宗御笔御书，阁东西序分置

---

* （接前页）所谓入阁也。月朔与诞节，郊庙礼成受贺，契丹辞见，亦御紫宸殿"；"紫宸不受贺，而拜表称贺，则于东上阁门。"《宋东京考》卷二"宫城"引《丹铅总录》："紫宸，便殿也，谓之阁"。引《朝野类要》"贺祥瑞，圣寿赐宴，则紫宸殿"。

[9] A.《宋东京考》卷一引《枫窗小牍》。又引《石林燕语》："惟垂拱为日御朝之所。"卷二"宫城"引《退朝录》："垂拱殿曰内朝，宰相以下要近职事者并武班日赴，是谓常起居；每五日，文武朝臣并赴内朝，谓之百官大起居。"

B.《宋会要辑稿》第一八七册，方域三之三五："每日枢密使以下立班殿庭候传宣，不坐，即过赴垂拱殿起居，每门内东西廊设二府、亲王、三司、开封府、学士至待制、正刺史以上候班幕次。"

[10] 《宋东京考》卷一"宫城"引《枫窗小牍》。又引《石林燕语》："集英殿，旧大明殿也，明道中改今名。每春秋大燕，皆在此。太祖尝御策制科举人，故后为进士殿试之所。其东廊后，有楼曰昇平，旧紫云楼也，每大燕，则宫中登而观焉。皇仪殿旧名滋福，咸平中，太宗明德皇后居之，以为万安宫。后崩复旧，明道中改今名。故常废而不用，以为治后丧之所。"

[11] 周宝珠《宋代东京研究》（河南大学出版社1992年版）第33页论述：崇政殿东西有延义（一作羲）、迩英二阁，是"是侍臣讲读之所"（《宋史》卷八五《地理一》）。崇政殿后有柱廊通延和殿，真宗刘后曾"垂帘参决朝政于此"。此延和殿北向，"俗呼"倒座殿（《宋会要辑稿》第一八七册，方域一之七）。熙宁以后，景福殿置"内帑库物"（《云麓漫钞》卷一），是宫内储藏金帛最多的地方。

[12] 史载太祖召弟晋王赵光义入宫，在福宁殿对饮时，发生光义弑兄事件，史称"烛影斧声""烛光斧声"。

[13] 图1-8在宝慈宫后有睿思殿、宣和殿一组建筑。

嘉德、延昌二殿，"殿间以桃花文石为流杯之所"[1]。

在西华门内之北有旧延福宫、广圣宫建筑群。延福宫内有穆清、灵顾、性智三殿和奉宸五库[2]，为百司供应之所。北为广圣宫（原名长宁宫，前殿有道家天神之像，后起馆阁以奉真宗御容），是后宫祈祷的地方之一[3]。宫内有太清、玉清、冲和、集福、会祥五殿。广圣宫北接后苑。

3. 内廷东部

东华门至宣祐门以北，拱宸门至宣祐门之东为内廷东区，是"内诸司"集中之地[4]，"宣祐门南北大街西廊向东曰凝晖殿，乃通会通门入禁中矣。殿相对东廊门楼，乃殿中省六尚局御厨……殿之外皆知省、御药幕次、快行、亲从官、辇官、车子院、黄院子"[5]。按：凝晖殿会通门即内东门，它与其相对的东廊门楼之间有柱廊相通，是宫城东西两大建筑群的结合处，人员往来，物资供需皆由此。

殿中省六尚局北有资善堂、讲筵所[6]。宫城东北角有军器库、军头引见司、入内内侍省、内侍省、快行家等。谻门南廊有庆宁宫，东华门里有皇太子宫。宣祐门东廊有内东门司（宫城物资采办供应机构），再东皇城司（为皇帝耳目之探事机构）。在六尚局之南，设天文院，内有漏刻、观天台、铜浑仪[7]。

4. 后苑

后苑位于内廷西区北部（景福宫、广圣宫北），后苑之迎阳门在延和殿西北（大中祥

---

[1] A. 周宝珠《宋代东京研究》，河南大学出版社1992年版，第3页。
B.《宋会要辑稿》第一八七册，方域一。
C.《宋东京考》卷一"宫城"条；卷二"六阁"条，除前述三阁外，文中又记述了显谟阁（藏神宗御集）、徽猷阁（大观二年建，藏哲宗御集），敷文阁（藏徽宗御制）。文中引《却扫编》："国朝创立诸阁，以藏祖宗御制。"

[2] A.《宋会要辑稿》第一八七册，方域一。
B.《资治通鉴长编》卷一二八，康定元年九月记事："奉宸五库旧名宜圣殿五库，一宜圣殿内库，二穆清殿库，三崇圣殿库，四崇圣殿受纳真珠库，五崇圣殿乐器库，此时一度合为一库。"

[3]《续资治通鉴长编》卷一一六，景祐二年正月己酉。

[4] A.《东京梦华录注》卷一"内诸司"："内诸司皆在禁中。如学士院、皇城司、四方馆、客省、东西上阁门、通进司、内弓剑枪甲军器等库、翰林司（茶酒局也）、内侍省、入内内侍省、内藏库、奉宸库、景福殿库、延福宫、殿中省、六尚局、诸阁分内香药库、后苑作、翰林书艺局、医官局、天章等阁；明堂颁朔布政府。"其中绝大部分位于内廷东区。
B.《宋东京考》卷三"诸司"，对内诸司各机构职能有较详细的解释。

[5]《东京梦华录注》卷一"大内"条："宣祐门南北大街西廊向东曰凝晖殿，乃通会通门入禁中矣。殿相对东廊门楼，乃殿中省六尚局御厨，殿上常列禁卫两重，时刻提警，出入甚严，近里皆近侍中贵。殿之外皆知省、御药、幕次、快行、亲从官、辇官、车子院、黄院子。内诸司兵士，祗候宣唤，及宫禁买卖进贡，皆由此入。"

[6] 资善堂、讲筵所，原在宣祐门内东廊次北，为仁宗幼年就学之地。后迁六尚局北，为皇帝与执政大臣讲读处之一，徽宗时诸王子亦于此就读。

[7]《墨客挥犀》卷七。

符七年建，原名宣和，仁宗时改开曜，再改迎阳，俗称苑东门）。太祖时已有后苑[1]，但主要建筑成于真宗、仁宗时期。苑内建筑密集，殿台楼阁、假山池沼、异花竹木、珍禽鱼类、无所不有。其中不乏藏书之所，如太清楼，真宗景德四年三月，藏太宗御制及墨迹石本934卷、轴，四部群书33725卷。徽宗时将所得新本书，缮写几份，一份藏于太清楼。玉宸殿（旧名化成殿），乃皇帝"宴息之所"，殿之东西聚书八千余卷，此后增至11293卷，太宗御集、御书又753卷。保和殿（政和三年建），左挟阁设古今儒书，史子楮墨，右挟阁存道家金柜玉笈之书；稽古阁存汉、晋、隋、唐书画，古鼎彝器。流盃殿，"唐明皇书山水字于右，天圣初自长安辇入苑中"。苑内其他建筑略[2]。

（二）与皇城相关的延福宫、艮岳和上清宝箓宫

1. 延福五位和六位

政和三年春（1113年），新建延福宫"于大内拱宸门外。旧宫在后苑之西南（指西华门内之北归延福宫），今其地（指拱宸门外）乃百司供应之所，凡内酒坊、裁造院、油醋柴炭鞍辔等库，悉移它处。又迁两僧寺、两军营、而作新宫焉"[3]。该宫"东西配大内，南北稍劣。其东值景龙门，西抵天波门，宫东西两横门，皆视禁门法，所谓晨晖、丽泽者也，而晨晖门出入最多"[4]（图1-9）。宫之南门即宫城拱宸门，其北抵内城北城墙。该建筑群，蔡京命童贯、杨戬、贾祥、蓝从熙、何䜣五大宦官分区任宫役，此五人"因各为制度，不务沿袭，故号延福五位"[5]。宫内在延福殿、蕊珠、碧琅轩亭等左侧"复列二位"（在穆清等七殿之东西各置十五阁），右侧有宴春阁、飞华亭等建筑群，其他区域则为典型的园林建筑[6]。

北宋末年，宋徽宗又在延福宫后跨旧城建"延福第六位"（图1-9）。该建筑群"跨城之外浚濠，深者水三尺，东景龙门桥，西天波门桥，二桥之下，垒石为固，引舟相通，而桥上人物外自通行不觉也，名曰景龙江，其后又辟之，东过景龙门至封丘门。景龙江北有龙德宫。初，元符三年，以懿亲宅潜邸为之[7]，及作景龙江，江夹岸皆奇花珍木，殿宇比比对峙，中塗曰壶春堂，绝岸至龙德宫。其地岁时次第展拓，后尽都城一隅焉，名曰撷芳园，山水美秀，林麓畅茂，楼观参差，犹艮岳、延福也"[8]。"花石纲"中相当一部分，

---

[1]《宋史》卷九四《河渠四》"金水河"条记载：太祖乾德三年（965年），引金水河"贯皇城，历后苑，内庭池沼，水皆至焉"。

[2] 有关后苑的记载有：《宋会要辑稿》第一八七册，方域一之七，"东京大内条"；《挥尘录·余话》卷一，《太清楼侍燕记》《保和殿曲燕记》；《续资治通鉴长编》卷六五，景德四年三月乙巳；卷一六〇，庆历七年三月癸未；卷一〇四，天圣四年四月乙卯；卷五二〇，元符三年正月乙酉等条。

[3]《宋史》卷八五《地理一·京城》。

[4]《宋史》卷八五《地理一·京城》对延福宫有较详细的记述。

[5]《枫窗小牍》卷上。

[6] A.《宋史》卷八五《地理一·京城》。
　　B.《枫窗小牍》卷上。

[7] 懿亲王邸，即李遵勖娶公主后的宅第，原为驸马王贻永旧居，收官后转赐李家。徽宗再加建造，"穷极奢侈，为一时之壮观"。徽宗移居龙德宫后，将宣和殿的陈列物移此，这里成为宫城内外环境最佳的地方。

[8]《宋史》卷八《地理一·东京》。

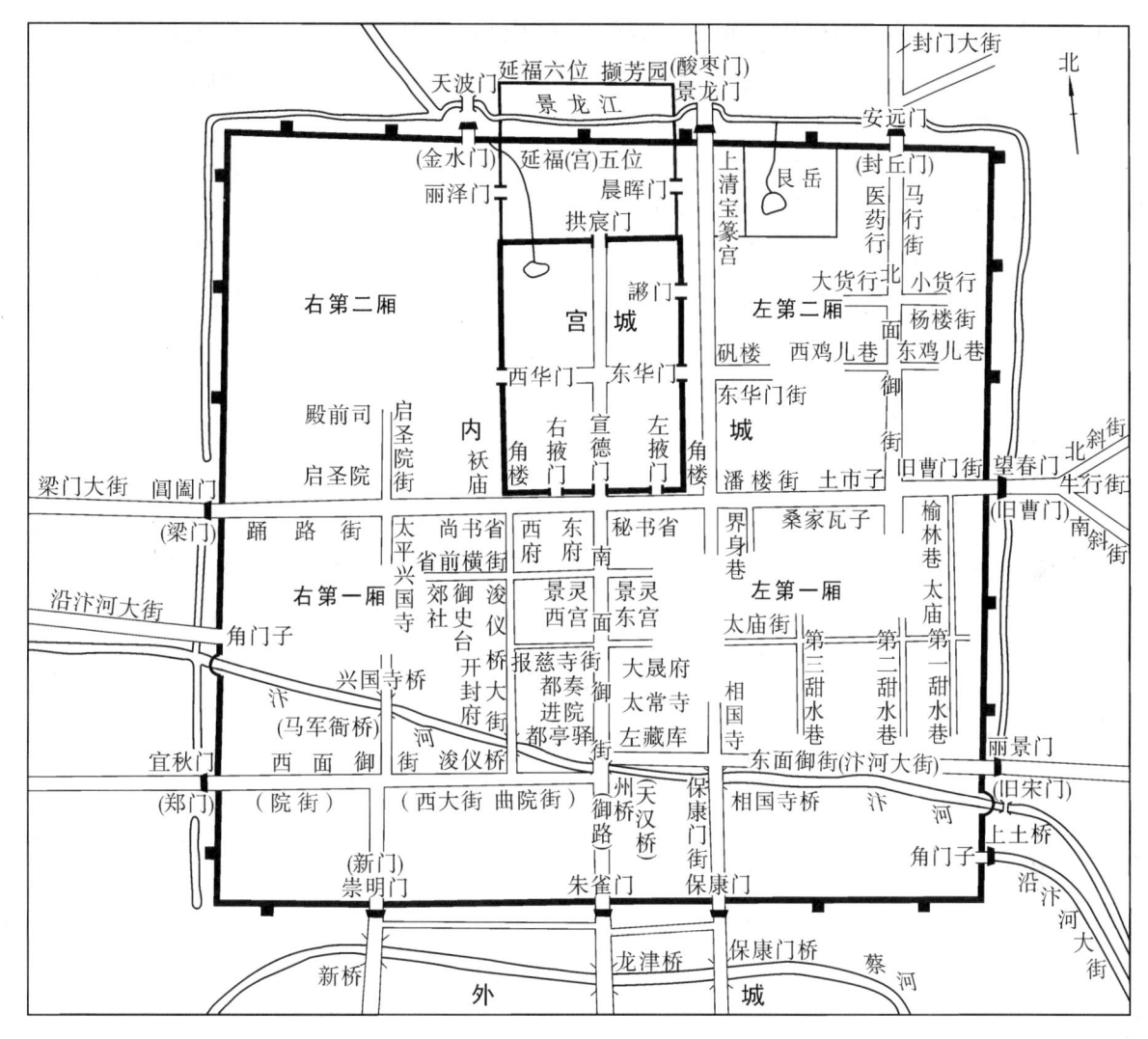

图 1-9 北宋东京开封内城主要街巷和衙署位置示意图

用于延福宫的景观布置上[1]。

2. 艮岳

政和七年（1117年），"命户部侍郎孟揆于上清宝箓宫之东筑山，像余杭（杭州）之凤凰山，号曰万岁山，既成更名曰艮岳"（图 1-9）[2]。宣和四年（1122年）建成，宣和六年以金芝产于艮岳之万寿峰，又名寿岳，因"岳之正门名曰阳华，故亦号阳华宫"。艮

---

[1] 徽宗为营建艮岳等，广事搜求江南石料和花木，设"应奉局"于平江（苏州），派朱勔主管应奉局和"花石纲"事务。"纲"是宋代水路运输货物的组织，全国各地从水路运往京都的货物均编组，一组谓之一"纲"。

[2] A. 《汴京遗迹志》。
B. 《挥尘录·后录》卷二引李质《艮岳赋》："夫艮者，八卦之列位，岳者，众山之总名。"
C. 刘春迎《北宋东京城研究》（科学出版社2004年版）第258页引徽宗《艮岳记》："山在国之艮，故名艮岳。"

岳在宫城东北，景龙门内以东之地，东以封丘门内马行街为界。据调查资料，其东西约600米，南北约500米，直线周长约2200米，约四宋里，《宋史》《汴京遗迹志》等记"艮岳周围十余里"似误[1]。

宋徽宗亲自参与建园工作，修建工程由"博雅忠荩、思精志巧、多才可属"的宦官梁师成主持。园内"左山右水"，山体从北、西、南面包围水体。北面土石筑主山"万岁山"（意在仿杭州凤凰山），主峰高九十步为全园最高点，上建介亭。山西隔溪间为侧岭"万松岭"，上建巢云亭。南面稍低次山称寿山或南山。从园西北角引景龙江水，入园后为"曲江池"（似拟名唐长安曲江池），在山体内形成"大方沼""雁池"等水面。园内以建筑点缀，结合山、水、花木成景，景观十分丰富。仅宋人李质、曹组《艮岳百咏诗》就列举了园内百余处景点题名。宋徽宗《艮岳记》和僧人祖秀《华阳宫记》等，对艮岳景物有详尽描述，其具体情况不赘述。

艮岳重在以山水"放怀适情，游心赏玩"。所运"花石纲"大都用于此。营造艮岳"按图度地，庀徒僝工"，构思独特，精心经营。园内"亭堂楼馆，不可殚记"，几乎包罗了当时的全部建筑形式。其山主宾分明，远近呼应，形成了完整的山系。其水面几乎包括了河、湖、沼、溪、涧、瀑、潭等全部形态，有完整的水系。山系与水系山嵌水抱，虚实相生互补，统一和谐，风水条件极佳。园内植物品种繁多，不同景区均以植物之景为主题，其间放养珍禽异兽众多。总之，艮岳将叠山、理水、花木、建筑完美结合，是大自然生态环境与各地山水奇景的高度概括，因而艮岳集"凡天下之美，古今之胜在焉"[2]。使之成为具有浓厚诗情画意和文人园林志趣，而少皇家气派的人工山水园。所以艮岳被视为中国古典园林成熟时期的标志，是一座具有划时代意义的园林作品（图1-10）。

3. 上清宝箓宫

上清宝箓宫在景龙门东，与晨晖门相对（图1-9）。政和五年，宋"徽宗因林灵素之言，建上清宝箓宫，密连禁署。宫中山包平地，环以佳木清流。列诸馆舍台阁，多以美材为楹栋，不施五采，有自然之胜。上下立亭宇，不可胜计。又作仁济、辅正二亭于宫前，命道士施民符药。徽宗时登皇城下视之。由是开景龙门，城上作复道，通保箓宫，以便斋醮"[3]。宝箓宫"极土木之盛，灿金碧之辉，危殿杰阁，瑶室修廊，为诸宫之冠云"[4]。

---

[1] A. 刘春迎《北宋东京城研究》，科学出版社2004年版，第259~261页。

　　B. 从李濂《汴京遗迹志》卷四"山岳"引宋徽宗《艮岳记》："北俯景龙江，长波远岸，弥十余里"来看，所谓周十余里似将艮岳、延福宫及城北景龙江景区连在一起的周长。

[2] 周宝珠《宋代东京研究》（河南大学出版社1992年版）第511页引祖秀《华阳宫记》；同页又引宋徽宗《艮岳记》载："天台、雁荡、凤凰、庐阜（山）之奇伟，二川、三峡、云梦之旷荡，四方之远且异，徒各擅其一美，未若此山并包罗列，又兼胜绝。"

[3] 《宋东京考》卷一二，引《宋史》。

[4] 《宋东京考》卷一三，引《宣靖妖化录》。

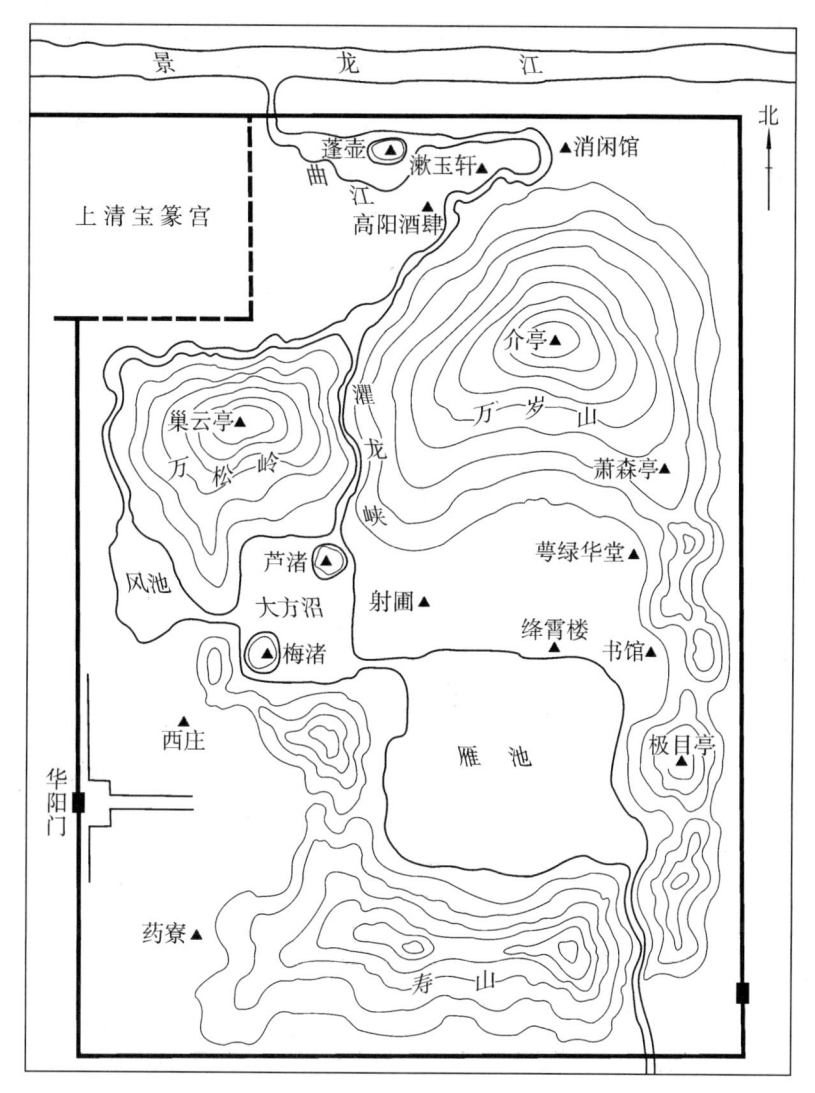

图 1-10　北宋东京开封城艮岳平面设想图

（引自郭黛姮主编《中国古代建筑史》第三卷"宋辽金西夏建筑"，略有改动）

（三）宫廷广场与主要衙署的配置

宣德楼前为宫廷广场（图 1-9）。《东京梦华录》卷二"御街"条记载："自宣德楼一直南去，约阔二百余步。两边乃御廊，旧许市人买卖于其间，自政和间官司禁止。各安立黑漆杈子，路心又按朱漆杈子两行。中心御道，不得人马行往，行人皆在廊下朱杈子之外。杈子里有砖石甃砌御沟水两道，宣和间尽植莲荷，近岸植桃李梨杏，杂花相间。"文中"约阔二百余步"非指南面御街全程而言。《东京梦华录》卷六"元宵"条记载："正月十五日元宵……开封府绞（应作结）缚山棚（所结綵山为山棚），立木正对宣德楼。游人已集御街，两廊下奇术异能……日新耳目"，"灯山上綵"，"自灯山至宣德门楼横大街，约百余丈，用棘刺围绕，谓之棘盆（'阙下灯山前为大乐场，编棘为垣，以节观者，谓之棘盆'）。内设两长竿，高数十丈，以缯綵结束。纸糊百戏人物，悬于竿上……内设乐棚，差衙前乐人作乐杂戏,并左右军百戏在其中"。据此可知,"约阔二百余步"即"自灯山至宣德门楼横大街,约百余丈(百余丈与二百步基本相同)"的"棘盆"范围。也就是宣德楼和左右掖门前横街至宣德楼前南面御街百余丈略呈"T"字形部分(从文献行文看,宣德楼前横街所涉及部分较南面御街略宽,已略呈"T"字形),这个范围即是目前所习称的宫廷广场(模仿北宋东京大内的金中都之宫廷场已呈"T"字形)。

除上所述,从宣德门至州桥这段御街两侧还是一些主要中央衙署所在地。《宋东京考》卷四"中书省"条引《石林诗话》记载:"元丰初,始建东西府于右掖门之前,每府相对为四位,俗谓之八位","东府与西阙门相近,西府正直右掖门"(宋以枢密院与中书对持文武二柄,号称二府,枢密院为西府、中书省为东府)。《东京梦华录》卷二"宣德楼前省府宫宇"条记载:宣德楼前"右廊南对右掖门(应为右南廊对……),近东则两府八位,西则尚书省。御街大内前南去,左则景灵东宫,右则西宫。近南大晟府,次曰太常寺。州桥曲转大街面南曰左藏库"。同书卷三"大内西右掖门外街巷"条记载:"大内西去,右掖门祆庙,直南浚仪桥。街西尚省书东门,至省前横街,南即御史台,西即郊社,省南门正对开封府后墙(开封府治在内城浚仪桥西北)。"《宋史》卷一一一《礼四》"明堂"条记载,"政和五年(1115年)乃徙秘书省宣德门东,以其地为明堂"。总之,在宣德楼前按传统配置左祖(太庙西对郊社,其位置后文有说)右社,部分中央衙署较集中地置于宫廷广场两侧(以西侧为主)及其延长线上。此外,还有一些官署性质的机构散置于城内他处(下文有说)。

(四) 宫城皇城的构成、形制与规模

《宋会要辑稿》第一八七册,方域一之二记载:"大内据阙城之西北,宫城周回五里。"《宋史》卷八五《地理一》记载:"宫城周回五里。南三门,中曰乾元(宣德),东曰左掖、西曰右掖,东西面门曰东华、西华,北一门曰拱宸。"此外,还有熙宁十年赐名的谅门,位于东华门北,是宫城东墙的别门[1]。由于文献未言明宫城的确切位置,"宫城周回五里"也不涉及宫城的形制,故历来猜测颇多。根据前述考古资料介绍宫城城墙的位置,可知宫城在内城北部中间偏西北,与文献所记"据阙城之西北"相当。考古勘察宫城东、西墙长约690米,南、北墙长约570米,所以其形状应呈南北长东西短的长方形。宫城各墙长度之和为2520米,约合4.5宋里(一宋里合559.872米),与文献所记"周同五里"还差半宋里。前面考古资料指明,周王府紫禁城北门承智门遗址下压的宋代门址为其宫城北门拱宸门故址;周王府紫禁城在东礼仁门遗址下压的宋代门址为其宫城东华门故址。据此再次证明,前述位于午朝门的周王府紫禁城正南门端礼门遗址下压的宋代门址似为宋宫城内大庆门故址,是有道理的。

关于北宋东京的皇城,迄今仍是不解之谜。由于记载北宋东京大内的文献,往往宫城皇城混用,概念含糊,界限不明,故导致北宋东京宫城即皇城说的流行。但是,有证据表

---

[1] A. 《宋会要辑稿》第一八七册,方域三之三五。
B. 周宝珠《宋代东京研究》(河南大学出版社1992年版)第30~31页对谅门的分析。

明北宋东京大内的确有皇城。据《五代会要》卷五"大内"条记载："周广顺元年（951年）六月，敕以薰风等门为京城门，明德门为皇城门，启运等门为宫城门，升龙等门为宫门，崇元等门为殿门。"可见早在后周时大内已有宫城皇城之别[1]。北宋在后周宫城皇城基础上营建大内，并将明德门改称宣德门，俗称端门（隋唐洛阳皇城正门亦称端门）[2]，这种承袭关系表明北宋应有皇城。又《宋会要辑稿》中《方域》一之一一，《宋史》卷八五《地理一》均言"广皇城（按指后周之皇城）东北隅"，按洛阳宫殿图"修宫城"（唐东都洛阳宫城在北，皇城在南[3]）；《宋刑统》卷七记载违反城门开启制度的处罚中规定："其皇城门减宫城门一等，京城门又减皇城门一等。"很显然，北宋东京大内也有宫城和皇城之分。这个时期皇城的主要功能在于置主要中央衙署和其他中央机构及内诸司等。前述分析表明，都堂、中书省、门下省、枢密院等置于文德殿庭院前，大庆殿庭院西，左长安门至左银台门道路之东置三馆、秘阁，后改崇文院，神宗时改秘书省。右长安至右银台门道路之西，置显谟等阁，宣徽院、学士院等。内廷宝慈宫之西置龙图阁等，西华门之北旧延福宫有奉宸五库。内廷东华门至宣祐门以北，拱宸门至宣祐门之东，置内诸司。上述情况表明，在外朝之南，外朝、内廷之东西两侧置主要中央衙署，有关的中央机构和诸库，凡此均属皇城职能范畴。即外朝内廷之南和东西两侧应为皇城范围，宣德门为皇城门，此时东西华门和拱宸门亦当是皇城门。其中宣德门，即前述新街口周王府萧墙正南门下压之宋代门址。宣德门（梁初曰建国，后改咸安；后晋初曰显德，又改明德；宋太平兴国三年改名丹凤，九年改乾元，大中祥符八年改正阳，景祐元年改宣德，政和八年改太极之楼，重和元年复名宣德），是大内最重要的城门，在宋代至少有两次改建。一次是在建隆四年，主要是修正明德门与大庆殿不在一条直线上，另一次在政和八年（1118年）[4]。据陆游《家世旧闻》卷下记载："宣德门本汴州鼓角门……制度极卑陋，至神宗时始增大之，然亦不过三门而已。蔡京本无学术，辄曰：'天子五门，今三门，非古也'……因得以借口穷极土木之工。改门曰太极楼，或谓太极非美，乃复曰宣德门……"宣德门改太极楼在政和八年，即改建落成之年，改建前下部开三个门洞，改建后开五个门洞。宋徽宗绘于政和二年的《瑞鹤图》上的宣德门开三个门洞，是改建前的情况（图1-11）。辽宁省博物馆藏北宋铜钟上汴梁宣德门图像（图1-12），门墩上开五个门洞，墩顶建平座，加勾栏，上建面阔七间单檐庑殿顶的门楼；门楼左右有斜廊，通两侧的单檐庑殿顶的朵楼；朵楼向前伸出行廊，和两阙楼相连；阙楼为三层子母阙，母阙阙楼面阔三间，子阙面阔各一间，均单檐庑殿顶；阙楼内侧城墩之下对称的各有一悬山顶小建筑，绕以短墙。其形象与《瑞鹤图》宣德门相比较，除增加门洞和阙楼改歇山顶为庑殿顶外，无大变化[5]。《东京

---

[1]《册府元龟》卷一四中记载：后周立国之初，周太祖就于"广顺元年六月以唐都长安时京城等门比定，今东京诸门，薰风等为京城门，明德门为皇城门，启运等为宫城门"。

[2]《铁围山丛谈》记载："国朝上元节烧灯，盛于前代，为彩山峻极而对峙于端门。"

[3] 中国社会科学院考古研究所《新中国考古发现和研究》，文物出版社1984年版，第577页。

[4] 徐伯勇《北宋东京宣德楼及御街建置布局考说》，《中国古都研究》第五、六合辑，北京古籍出版社1993年版。

[5]《傅熹年建筑史论文集》（文物出版社1998年版）第301页。

图 1-11　宋徽宗赵佶《瑞鹤图》宣德门摹本
（引自傅熹年《傅熹年建筑史论文集》，略有改动）

图 1-12　辽宁省博物馆藏北宋铜钟所铸汴梁宣德门图像
（引自傅熹年《傅熹年建筑史论文集》，略有改动）

梦华录》描述:"大内正门宣德门列五门,门皆金钉朱漆,壁皆砖石间甃,镌镂龙凤飞云之状,莫非雕甍画栋,峻角层榱,覆以琉璃瓦,曲尺朵楼,朱栏彩槛,下列两阙亭相对……"[1]其形制与铜钟上的宣德楼大体相合。

营建"延福五位"和"延福六位"后,二者与大内紧密相连、相通,宋徽宗又移居龙德宫,并成为宋徽宗与权臣们经常活动的主要场所。蔡京在《延福宫曲宴记》中,就描述了徽宗与权臣们在延福宫的奢靡情况[2]。所以袁褧在《枫窗小牍》中,将原宫城及延福宫统称为"汴京故宫",即"延福五位"和"延福六位"是原宫城的扩大。《新刊大宋宣和遗事》所记:徽宗"宣童贯、蔡京值好景良辰,命高俅、杨戬向九里十三步皇城,无日不歌欢作乐",乃是当时真实情况的写照。也就是说,"九里十三步皇城",应是当时大内包括的宫城、皇城、延福五位和六位全部范围之周长,而是时"延福五位""延福六位"则应属皇城范畴[3]。这样,至宋代晚

---

[1] 宋代文献中对门阙各部分的名称用得颇不统一。《东京梦华录》上的"朵楼",实指门外两侧的阙而言,"朵楼"是俗称。宋代正式文件中,将门前的二阙叫"阙"或观,而将门楼二侧斜廊、行廊转角处的方亭叫"朵楼"。此种形制应源于唐东都洛阳宫城应天门。

[2] 《挥尘录》"余话卷一"。

[3] 北宋开封宫城和皇城周长,是悬而未决的问题。为此,下面分六点进行探讨。第一,现在考古勘探报告,将宫城南墙划在午朝门东西一线,这样宫城周长就为2520米,合4.5宋里(1宋里=559.872米),较5宋里还差半宋里。第二,在午朝门之北,于石桥与嵩呼之间探出一殿基,台基东西80米,南北最宽处60米,四周环宽约10米长近千米的包砖夯土廊庑(此数据似过大,应再核查),报告认为是大庆殿遗址。按,该殿址位置距龙亭大殿较近(龙亭大殿后为宫城北墙),所占面积很大。若其为大庆殿遗址,那么在其北很难容纳其他宫殿、帝后寝殿、附属建筑和后苑等众多建筑。加之该殿址又在所发现的东华门遗址之北,故该殿址或是紫宸殿之所在,大庆殿当在其南。第三,按周王府以金宫城营建紫禁城,金宫城又是以宋宫城营建城,是周王府紫禁城四至同于北宋宫城。《古都开封》(中国旅游出版社1982年版)第28页以及《开封》(中国建筑工业出版社1993年版)所记明清时期的开封,均说午朝门是周王府的二门所在,午门是周王府的正南门。据此结合前述,可认为在午朝门发现周王府紫禁城端礼门下压之宋代门址为大庆门,在午朝门南400米新街口发现周王府萧墙南墙正南门下压之宋代门址为宣德门。田凯《北宋东京皇宫考辨》(《中原文物》1990年第4期)、李合群《北宋东京皇宫二城考略》(《中原文物》1996年第3期),均认为新街口周王府萧墙午门遗址下的宋代门址为宣德门故址。这样,午朝门至新街口两门址相距400米,加上宫城东西跨度570米,所形成的东西长方形,其周长1940米[(400米×2)+(570米×2)=1940米,约合3.5宋里]即为皇城的主要范围之一。这样,其与午朝门以北部分之总周长应为3320米(2520米+400米+400米=3320米,约合5.92宋里)。第四,前已说明政和时期修建的延福宫(五、六位)已是大内的重要组成部分。仅"延福五位"按"东西配大内,南北稍劣"之说,其南北跨度约500米(宫城北墙与内城北墙间距),东西为570米(宫城东西宽度),以此相加合计周长则为4320米[(400米+690米+500米)×2+(570米×2)],约合7.7宋里。实际上"延福五位""其东直景龙门,西抵天波门",后又"跨旧城修筑"延福六位(见正文),范围又扩大许多;7.7宋里加上这些部分,其周长达九里十三步是不成问题的。第五,据上所述,我们认为九里十三步乃是午朝门以北部分,加上午朝门至新街口宣德门部分加上延福五、六位外围周长之总和。至于文献所记宫城周长5里,只是一个概数。但文献所记周回5里含宣德门在内(《宋史》卷八五《地理一》),这样其周长当为5.9宋里,概言为五里差距较大,应概言为六里。第六,再简单谈谈周王府与宋宫城皇城关系问题。(转后页)

＊期皇城就形成了环套宫城之势（似与唐末五代洛阳出现皇城环套宫城的变化有关），从而成为金中都皇城环套宫城形制之先河。

此外，宋徽宗又建上清宝箓宫和艮岳。宝箓宫通过景龙门复道与延福宫相连，艮岳与宝箓宫相邻，和延福宫水系相通，二者同时也是宋徽宗经常活动之所。因此，这一带就成为宫城皇城之外，与之近在咫尺并隶属于皇城的最重要的皇家园林。

第四节　街巷厢坊

一　街巷

北宋东京开封府城由御路、街、巷交织成交通网络，并由此构成该城平面布局和各类配置的骨架。其中州桥是南、东和西三条御路的交会处，是城内的交通枢纽。

（一）州桥的试掘

州桥，唐代称"汴州桥"，以在州南，故俗称州桥，五代时称"汴桥"，宋代称"天汉桥"（当时视汴河为天河），又名御桥，俗名州桥。金元时期州桥未有大的变动，明初重修，明末由于黄河水患被淤埋于地下。

州桥位于开封市南门里中山路中段，开封皮鞋厂门前，南至小纸坊街东口 53 米，北距大纸坊街东口 50 米（图 1-13）。试掘时在开封皮鞋厂（今三毛时代购物广场）门前路面下 4.3 米左右见到州桥遗址，桥面青石板铺砌，石板已残缺不全。桥面石板下有厚 5～8 厘米白灰层，其下为衬砖，拱顶中部之上的衬砖东西顺砌两层，余者南北纵砌，其层数随拱券的弧度而增减。所用砖绝大部分是 0.42 米×0.21 米×0.1 米的明代青砖，少量为 0.75 米×0.27 米×0.15 米的明代特大型砖，在第一、二层衬砖之间还发现有菱形阴纹的宋代残砖。仅清理出中间桥洞（估计原为三孔），拱券砖砌，三券三伏，厚一米。拱券东西长 30 米，拱跨 5.8 米，矢高 3.7 米，矢跨比为 1.27∶2，桥洞高 6.58 米。拱券东西两端

＊（接上页）《如梦录》"周藩纪第三"明·李光壂著，孔宪易校注《如梦录》（中州古籍出版社 1984 年版）记载："周府本宋时建都宫阙旧基，坐北朝南，正对南薰门，即宋之正阳门也"，"周萧墙九里十三步"。周王府紫禁城因宋宫阙而建，已被考古勘察证明。但是，周王府萧墙，考古勘察证明，其南墙在今南京巷南口向西经西大街、新街口，前营门至开封医专西墙；东墙自南京巷向北至开封 28 中学；西墙位于大兴街向北至开封渔场一线；北墙位于开封人民体育场南部东西一线（丘刚等《北宋东京皇城的初步勘探与试掘》，开封市文物工作队编《开封考古发现与研究》，中州古籍出版社 1998 年版）。考古勘察同样证明，明周王府萧墙是在金皇城墙基础上修筑的（刘春迎《北宋东京城研究》，科学出版社 2004 年版，第 223～225 页）。其中萧墙南墙主要地段与北宋大内南墙相合，东、西墙下无叠压宋大内宫墙证据，北墙部分地段则压于金皇宫北墙和北宋内城北城墙之下。因此金故宫皇城和因金故宫而建的周王府萧墙，在北面舍弃了北宋"延福六位"，而将北墙限定在北宋内城北墙即延福五位北墙位置，同时又将其东、西墙向两侧扩展所致。但是，周王府萧墙东、西、北墙位置较宋代大内有变后，其周长仍为九里十三步，与宋代同，这个结果恐怕不是偶然的巧合。他表明周王府仍以宋代九里十三步为标准，在一定程度上似可证明宣和时大内周长九里十三步的记载不误，同时也说明九里十三步应包括延福第六位在内。

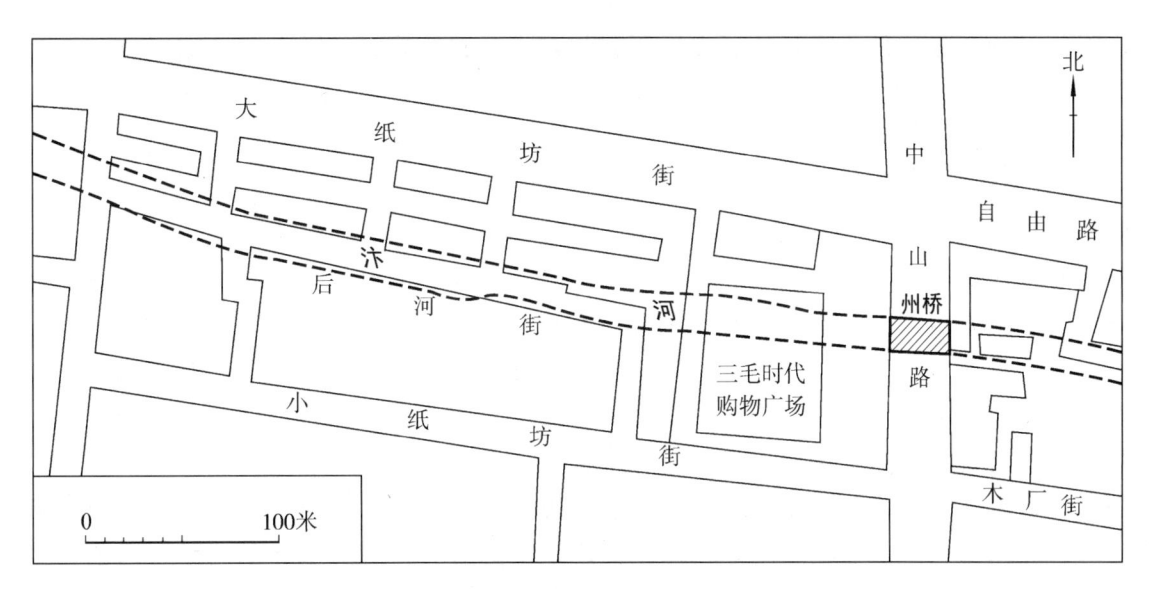

图 1-13 开封宋代州桥及今后河街附近汴河平面图
(引自刘春迎《北宋东京城研究》，略有改动)

下层各砌券脸石一道，向外突出 0.15 米。桥墩青石条东西顺砌成墙形墩，露明部分高 2.88 米。桥洞地面靠两侧墩墙各顺置二排长木（长木截面长方形），其余部分石板铺砌，石板大小不一，铺砌不甚规则。桥基采用筑筏方法，即在河底基槽内置层层纵横交错，截面呈长方形的长木，然后在基木上砌桥墩（图 1-14）。出土遗物较重要者，有金代白釉赭花鱼藻纹残瓷盆一件，元代青釉瓷碗一件，明代晚期黑釉瓷罐一件，明晚期白釉八卦纹残瓷炉一件，以及明晚期青釉和青花瓷片等。

州桥在宋神宗（1068～1085 年）时曾进行改建，改建后的州桥张知甫在《可书》中说："起州桥二楼，又改桥作石岸，以锡铁灌其缝。"《东京梦华录》卷一"河道"条记载

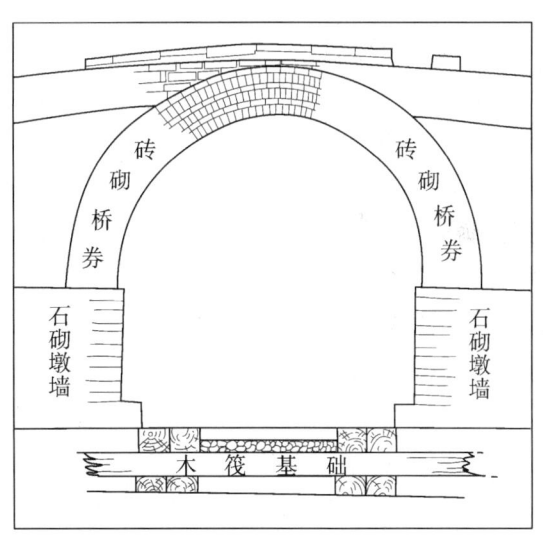

图 1-14 开封宋代州桥结构示意图
(引自《考古》1993 年第 3 期，略有改动)

北宋晚期州桥情况说：州桥"正对于大内御街，其桥与相国寺桥皆低平不通舟船，唯西河平船可过。其柱皆青石为之，石梁石笋楯栏。近桥两岸，皆石壁雕镌海马水兽飞云之状。桥下密排石柱，盖车驾御路也"；这种棚梁式石桥与试掘的砖石结构的拱形桥完全不同。根据该桥使用明砖，采用明代隔层对缝砌法，桥墩构筑形式与南京北京明代城门夯腿石墙基本相同来看，这座桥的桥面、拱券、桥墩均为明代修造。但是，其筏形基础符合宋代筑

法，明代时州桥的位置未变，从而成为研究北宋开封城的重要坐标之一[1]。

（二）御路

文献记载从开封外城南薰门、新郑门、新宋门和新封丘门通向城内的大街称御路。南面御路从宣德门南行经州桥、内城朱雀门、龙津桥直达外城南薰门，又南至郊坛[2]。这条御路亦称御街，是北宋东京城南北中轴线，位于今开封旧城区南北中轴线中山路下约8米处，表明自北宋以来该中轴线千年未变。东面御路从州桥北向东，过相国寺南面横街、出内城宋门直达外城新宋门，为从东部入城之传统官道，又称汴河大街。西面御路从州桥南投西大街出内城郑门，直达外城新郑门，又西至金明池和琼林苑，亦称西大街。东、西御路与南面的御街在州桥相会，东、西御路虽然在州桥之南北分别与南面御街呈"丁"字形相接，但因三条御路交接点相距很近又有州桥为枢纽，所以州桥成为开封城内最大的十字路口。北面御街置于宫城东侧，具体位置是从宣德门前横街向东经东角楼、潘楼街到土市子十字街口折北行始上北面御街，北面御街即从此沿南北向的马行街至内城旧封丘门直达外城新封丘门（图1-2、图1-9）[3]。

（三）街和街巷

开封城内除御路外，宣德门前东西横街是城内东西最主要的交通大动脉。宣德门前东西横街从宣德门前出发，向东经潘楼街、十字街（土市子）出内城旧曹门，经牛行街北拐达外城新曹门；从宣德门前出发西行，经西南角楼，又西经踊路街出梁门，过梁门大街，向西北拐直达外城万胜门（据前述考古调查资料，万胜门和新曹门位置偏北，故出梁门和曹门的大街不能与之直线相接）[4]。其他重要的街道除前面已提到者外，还有东华门前大街，宫城西南与南面御街并行的浚仪桥街，相国寺东门大街，保康门街（向北穿相国寺桥至汴河大桥，向南过保康门至看街亭东），北大街（梁门大街西瓮市子北至卫州门），金梁桥街（梁门大街与出郑门的西大街之间纵街）等（参见后文城内功能分区部分）。此外，其余诸城门（包括部分水门）也有通向城内的街道。街道宽度大体仍后周之旧，内城御路宽约30步，外城街道宽分别为50步、30步和25步[5]。入宋以后由于"侵街"现象日益增多，所以街道宽度比后周还要窄些。开封城的街道，由于城门不对称，四河贯都和水门及角门子的关系，街道的走向受到较大影响，形成不甚规则的方格网状。从而改变了唐代都城方格网式如棋盘，整齐划一的街道模式。北宋东京城似无纵贯南北的大街（外城南、

---

[1] 李克修等《开封古州桥勘探试掘简报》，开封市文物工作队编《开封考古发现与研究》，中州古籍出版社1998年版。

[2] 杨宽《中国古代都城制度史研究》（上海古籍出版社1993年版）第294页说：郊坛设在南薰门外南部，在郊坛东北一里许，还筑有青城和斋宫，具体位置不明。

[3] 《东京梦华录注》卷二"御街"相关条目。

[4] 《东京梦华录注》卷二"潘楼东街"条，卷三"大内西右掖门外街巷"条。

[5] 后周开封街道宽度，见《册府元龟》卷一四"帝王部·都邑"条；《五代会要》卷二六"城郭"条。

北城门间是否有大街直接贯通，尚不清楚[1]，大体横贯全城的有宣德楼前大街和东、西御路。城内除十字街外，丁字街较多，沿河还有斜街。在外城墙内侧则有环城路（图1-9）。

北宋东京城内大街，凡东西向者配置南北向的巷，南北向大街配置东西的巷。"巷"原是坊内通道（唐长安城"坊"中通道称"曲"，但东京城也有少数称"曲"，如景灵宫有南曲等。此外，《东京梦华录》仍有"坊巷"连称的记载），到北宋东京城街已不是坊间通道（唐长安城的街是坊间通道），而变为街道两侧商店和住宅的通道；巷亦随之变成两侧商店和住宅的通道。因此，这时的街成为连接许多巷的大道，巷直通于街，实际上是小街。这样"街巷"就代替了"街坊"结构，"街巷"制初步得以确立。上述变化，又引起了北宋东京城坊制的变革和商业网点配置的变化。

二 厢坊

北宋东京城基层行政管理实行厢坊两级制，这是我国城市行政管理结构的重要变化。它与北宋东京城街巷的发展和城内行政区划及功能分区等问题密切相关，故略作介绍。

（一）封闭式坊制的崩溃[2]

早在后周时期，开封"民侵街衢为舍"已较严重，封闭式的坊制度受到了严重的冲击。面对这种情况，周世宗修建外城时就不得不采取在"定街巷、军营、仓场、诸司公廨院务了，即任百姓营造"的政策。准许街道两旁居住民户，准许街道两旁民户各占街道十分之一的面积用来种树、掘井和修盖凉棚，准许京城居民环汴栽榆柳，起台榭，鼓励临街建邸店和楼阁。从而促进了北周和宋初沿街、沿河、沿桥的新"行""市"、酒楼、茶坊和铺席贸易的发展，内城的东西市已失去了原有的作用，大约到北宋中期东、西市便逐渐消失了。上述措施对加速封闭式坊制崩溃的进程，起到了重要的催化作用。

北宋初期坊制仍然存在（置坊正，坊有时也称里，置里长），太宗至道元年（995年）令将旧坊改新名，"列牌于楼上"，置冬冬鼓以警昏晓（唐以来旧制），早晚按时启闭坊门，设"巡铺"维持治安。这是北宋首次明确恢复坊制，然而由于人口急剧膨胀和商业的发展，旧坊制很难维持。文献记载，早在太平兴国五年（980年）就已经出现侵街现象，以后日益严重。到真宗咸平五年（1002年），为解决沿街建邸舍街道越来越窄的问题，遂拆毁侵街的邸舍，规定街和巷的宽度，登记造册，树立表柱，不准侵占街巷，恢复唐长安城的街鼓制度。这是北宋最后一次恢复坊制，但却无实际效果。由于街鼓只能控制坊门启闭，不能控制沿街居民的活动，加之早在乾德三年（965年）就有开封府"京城夜市至三鼓以来，不得禁止"的规定[3]，所以这种坊制很难长久维持下去。此后侵街现象仍然不断，到仁宗初年甚至在惠民河桥上"开铺贩鬻"。在这种情况下，景祐年间（1034～1038年）政府被迫让步，允许临街开邸舍。到庆历（1041～1048年），皇祐（1049～1054年）年间已不闻街鼓声，坊制开始彻底崩溃，街巷等得以确立。此后坊就变成单纯的行政管理单位的名称了。

---

[1] 图1-2所用底图，外城内侧有纵贯全城大街，此乃一家之见，仅供参考。
[2] 杨宽《中国古代都城制度史研究》（上海古籍出版社1993年版）下编三"北宋东京的新结构和新街市"。
[3] 《宋会要辑稿》第一五八册，食货六七之一。

(二) 开封的厢坊[1]

北宋东京开封府下辖两个赤县，并京畿地区 16 县（或说 17 县）。东京城以大内正中御街（天街）为界，大内和天街以东，外城东部、南部和附郭属开封县，县署在丽景门（旧宋门）内。大内和天街以西，外城西部、北部和附郭属浚仪县（后改祥符县），县署在安远门（旧封丘门）外旌孝坊西。开封府署在州桥之西的浚仪桥西偏北（今开封延庆观西北包府坑街一带）。

北宋至道元年（995 年）复坊制时始设厢，厢是坊之上的行政管理机构[2]。这时内城设四厢，即左一厢（20 坊，大体在天街之东，宣德门前横街东段之南）、左二厢（16 坊，大体在宣德门前横街东段之北，大内之东）、右一厢（8 坊，大体在天街之西，宣德门前横街西段之南）、右二厢（2 坊，在宣德门前横街西段之北，大内之西），四厢共 46 坊。外城四厢，即城东、城西、城南、城北四厢，共 74 坊。真宗大中祥符元年（1008）在外城之外的附郭置八厢，后又增为九厢，即京东第一、二、三厢，京南厢，京西第一、二、三厢，京北第一、二厢，共 15 坊。真宗天禧五年（1021 年），外城又分为城南左厢（7 坊，东南部）、城南右厢（13 坊，西南部）、城北左厢（9 坊，东北部）、城北右厢（11 坊，西北部）、城东左厢（9 坊，东部）、城西右厢（26 坊，西部），共六厢 75 坊，至此全城达 19 厢 136 坊。到神宗熙宁四年（1071 年），内、外城又各恢复四厢制。开封内、外城诸厢人口数量和密度不一。以《宋会要辑稿》兵三，"厢巡"条所记天禧五年（1021 年）各厢户数为据，经过换算可明显看出各厢和内外城的户数比例、密度，以及各相关部位之间的户数比例关系（图 1-2、图 1-9）[3]。

---

[1] A. 杨宽《中国古代都城制度史研究》，上海古籍出版社 1993 年版，第 296~298 页。
B. 周宝珠《宋代东京研究》，河南大学出版社 1992 年版，第 72~82 页。
[2] 厢的管理机构，以内城为例，厢的长官为都指挥使，主管烟火盗贼及诸公事。其下设厢典、书手、都所由、所由、街子和行官等。
[3] 《宋会要辑稿》第一七三册，兵三之三、四"厢巡"所记天禧五年各厢户数，以及据此换算各厢户数占内外城总户数的比例等情况，略述如下。内城，东南部左一厢，20 坊，8950 户，占内外城总户数 97750 户的 9.1%；东北部左二厢，16 坊，15900 户，占内外城总户数 16.3%。（以下省写内外城总户数）；西南部右一厢 8 坊，7000 户，约占 7.1%；西北部右二厢 2 坊，700 户，约占 0.7%。外城，东南部城南左厢 7 坊，8200 户，占 8.4%；东北部城北左厢 9 坊，4000 户，占 4%；东部城东左厢 9 坊，26800 户，占 27.4%；西南部城南右厢 13 坊，9800 户，占 10%；西北部城北右厢 11 坊，7900 户，占 8%；城西部城西右厢 26 坊，8500 户，占 8.7%。全城总户数 97750，以天街为界，东部总户数 63850，西部总户数 33900；内城总户数 32550，外城总户数 65200。每户以五口计，全城共约 488750 人。
据上所述，可作如下比较。第一，内外城户数比较。内城总户数约占内外城总户数 33.2%，外城总户数约占内外城总户数 66.5%，内外城总户数之比为 1:2。但是，外城面积是内城面积的 5 倍（据前述外城，内城周长数据，换算成面积），故内城的人口密度（每户按五口计）是外城的 2.7 倍。第二，内城东、西部户数比较。内城东部（左一、二厢）总户数占内外城总户数 25.4%，内城西部（右一、二厢）总户数占内外城总户数 7.8%；东部户数是西部户数的 3.2 倍。内城左二厢（转后页）

第五节 四河贯都

*开封自南而北，有蔡河、汴河、金水河与五丈河四河贯城（图1-2、图1-3、图1-9）。这四条河流不仅基本解决了都城的漕运，给水排水，近郊农业灌溉，以及为某些手工业和农业部门提供动力等问题，而且对城内的布局、交通和绿化也有较大的影响。

一 蔡河

《宋会要辑稿》卷第一百九十三册，方域一元之二二记述惠民河时说："（惠民河）与蔡河一水，即闵河也。建隆元年（960年），始命右领军卫将陈承昭督丁夫导闵水，自新郑与蔡水合，贯京师。南历陈、颍、达寿春，以通淮右，舟楫相继，商贾毕至，都下利之。于是以西南为闵河，东南为蔡河，至开宝六年（973年）三月，始改闵河为惠民河。"后来开封城内外一段，蔡河与惠民河两名互用。东引之水至开封城西10里入蔡河，经四里桥（宋代蔡河主要津渡），从南面戴楼门东广利水门入城，东北流经外城南部中央的龙津桥，又东南经陈州门西普济水门流出城外（蔡河水门旁均无人行道）。蔡河流经开封城内河段共建十三桥，《东京梦华录》卷一"河道"条记载："自陈州门里曰观桥，从北次曰宜泰桥，次曰云骑桥，次曰横桥子，次曰高桥，次曰西保康门桥，次曰龙津桥、次曰新桥、次曰太平桥、次曰粜麦桥、次曰第一座桥、次曰宜男桥，出戴楼门外曰四里桥。"蔡河是开封城内仅次于汴河的重要水路交通线、舟船如蚁，所建十三桥又是城内交通必经之处。同时蔡河还是开封城南对外的水路交通线，它将开封城南的州县连接起来，开封以南和淮河西部诸州漕运皆仰仗于此。

蔡河诸闸，元末废坏，明洪武重建。洪武二十四年（1391年）黄河南徙，蔡河及闸皆淤塞，不可复见[4]。自1989年以来，通过对开封城内蔡河故道的调查勘探，可大致勾

---

*（接前页）户数多（已超出右一、二厢户数之和），右二厢户数很少，两者不计，右一厢户数只是左一厢户数的78%。第三，外城东西部比较。外城东部（城东左厢、城南左厢、城北左厢）总户数占内外城总户数39.8%；西部（城西右厢、城南右厢、城北右厢）总户数占内外城总户数26.8%，东部户数是西部户数的1.5倍。第四，以天街为界内外城东西部户数比较。东部总户数约占内外城总户数65%强，西部总户数约占内外城总户数34.4%。东部户数是西部户数的1.8倍。

除上所述，还可看出：第一，城东部城东左厢户数最多（9坊，26800户），占内外城总户数27.4%。第二，人口密度最大的是城东北部左二厢（16坊，15900户），占内外城总户数16.2%。其户数仅次于城东左厢，因面积小，故密度最大。第三，人口数量和密度最大的是城东左厢、内城左二厢，以及内城东南部左一厢和外城东南部城南左厢。上述诸厢总户数约占内外城总户数的61%。第四，户数最少的厢是内城西北部右二厢（2坊，700户），外城户数最少的是东北部城北左厢。以上数据，对分析北宋京城的布局和配置有一定参考价值。

[4]《汴京遗迹志》卷七。

勒出蔡河故道的位置与流向[1]。即蔡河自今开封南郊蔡屯村东南部的广利水门入城，东北流经市广播电视大学院内，然后东折经东京大饭店北侧，工商局家属院，水产公司院内，营街北侧，在营街的东段穿过营街至其南侧再向东，至西太平街东口处北侧穿过中山路，至勤农街北侧，又折而东南流，至外城的普济水门出东京城。蔡河自广播电视大学院内折而东流后，其北一直与宋开封内城南城墙相距不远（电大院内最近约10米，中山路附近最远也不过百米），所以此段蔡河或可起到内城南墙护城河的作用（按，内城护城河南濠缺乏记载）。蔡河之上的水门，前已推测出广利水门遗址的位置。此外，在开封南郊曹屯与豆腐营村之间，于外城南城墙也发现一个缺口（图1-3），但尚不能确定其为陈州门还是普济水门遗址。蔡河之上诸桥，仅龙津桥可大致确定方位。龙津桥位于东京内城朱雀门外的蔡河与御街相交处，其位置大致在今西太平街东口之北20～50米之间的中山路地面以下，北距金元大厦南侧的朱雀园（即朱雀门遗址）约百米。据调查和勘探资料，宋元时期的蔡河河床距今地面深约8.6～10.5米，明代前期的蔡河河床距今地面深7.5～9米，河床宽度14～25米不等。

二　汴河

　　蔡河之北的汴河，是流穿东京最重要，也是最大的河流。战国以降开封城的发展和繁荣，宋及前代在开封立都均与汴河密切相关，宋代东京城之所以成为"八方辐辏，万国咸通"的水陆大都会，也是与汴河分不开的。汴河的前身是战国时期魏国开凿的鸿沟（将黄河水系和淮河水系连接起来），隋代称通济渠，唐代改名广济渠，早在隋唐时期就已是沟通大运河，连接南北交通和经济的主要渠道。北宋时期，"汴水横亘中国，首承大河（黄河），漕引江湖，利尽南海，半天下之财赋，并山泽之百货，悉由此路而进"；通往东京的漕运，"汴河斛斗百万石，广济河六十二万石，惠民河六十万石"，诸河漕运"唯汴河所运一色粳米，相兼小麦，此乃太仓蓄积之实"，"东京养甲兵数十万，居民百万，转漕仰给在此一渠水"，故汴河漕运"至急至重"，"乃建国之本"[2]；是北宋东京城赖以生存的生命线。北宋灭亡后，因战火、黄河水淹灌等原因，汴河淤塞，明代嘉靖年间开封城内的汴河只延庆观前小砖桥下略存故迹（俗称臭河儿），明崇祯十五年（1642年）黄河水淹开封后，汴河被淤埋于地下。

　　宋初"以孟州河阴县南为汴河首受黄河之口"（汴口），由于黄河泥沙量大，河道淤积严重。到神宗元丰二年（1097年）"导洛通汴"（又称"清汴"），使汴河与伊、洛河沟通，东西横贯今河南全省，成为当时最重要的水路交通大动脉。汴河"自西京洛口分水入京

---

[1] 刘春迎《宋东京城遗址内蔡河故道的初步勘探》，开封市文物工作队编《开封考古发现与研究》，中州古籍出版社1998年版。

[2] A.《宋史》卷九三"河渠三"条。
　　B. 宋·张方平《乐全集》卷二七"论汴河利害事"条。《影印文渊阁四库全书》第1104册，上海古籍出版社1989年版。
　　C.《续资治通鉴长编》卷三二"淳化二年"条。

城",其在东京城内汴河故道的流向,经 1981 年以来的调查勘探已大致清楚。即汴河从西北方向自今开封西郊土城村南的"西水门"入东京外城,然后东偏南流经开封大学东北角、汽车三运公司搬运总站南侧、中药厂厂区南部、针织内衣厂西分厂东北角、开封衡器厂院内、纺织器材厂北部、消防队西环路支队院内,至二建综合加工厂后沿小西门北侧的汴河"西角门子"入东京内城;又东流沿向阳路北侧、包公祠北侧、包公西湖中部、市供销社、电影公司、后河街、皮革大世界、中山路州桥遗址,再向东经鼓楼区文教局、胭脂河生活小区北部,至"宋门"南部的汴河"东角门子"出东京内城;再折向东南经东郊煤厂,至火葬场大门西侧的"东水门"出东京城外(图 1-2、图 1-3）[1]。北宋时期的汴河河床遗迹距今地表深 9～14 米。明代断流前的汴河河床遗迹距今地表深 7.5～11 米。河床宽度,州桥遗址两侧 16 米,其他地段 14～23 米不等。前面已经介绍了在汴河流经城内地段发现的汴河西水门、汴河西角门子、汴河东水门及拐子城的遗迹和线索。内城"东角门子"的位置,据勘探资料初步推测约在今开封市宋门以南不远处。《东京梦华录》卷一"河道"条记载:"（汴）河上有桥十三。从东水门外七里,曰虹桥,其桥无柱,皆以巨木虚架,饰以丹雘,宛如飞虹。其上下土桥亦如之。次曰顺成仓桥、入水门里曰便桥、次曰下土桥、次曰上土桥。投西角门子曰相国寺桥、次曰州桥……西去曰浚仪桥、次曰兴国寺桥、次曰太师府桥、次曰金梁桥、次曰西浮桥、次曰西水门便桥,门外曰横桥。"（图 1-2、图 1-9）以上诸桥除前已介绍的州桥遗址外,根据调查勘探资料可大致推断部分桥的位置。如横桥在开封西郊土城村西南部,西水门便桥在开封大学北侧,太师府桥在二建综合加工厂附近,相国寺桥在胭脂河生活小区与大相国寺之间,上土桥在宋门东南侧,东水门桥在东郊煤厂附近,顺城仓桥在火葬场东南,虹桥在今开封东郊屠府坟村与阎李寨村之间的惠济河北岸等[2]。著名的《清明上河图》中的桥,大多认为是虹桥。

三 金水河

汴河之北有金水河（又名天源),其源为荥阳黄堆山之祝龙泉,下游称京水。建隆三年（961 年）引京水过中牟达京师,在城外汴河之上架渡槽,置斗门,入浚沟,通城濠,从西北水门（固子门北）入京城,东汇于五丈河,补充了五丈河的水源。乾德三年（965 年）又引金水河入大内,"历后苑,内庭池沼水皆至焉"。开宝九年（976 年）由承天门凿渠,引金水河南注晋王第。大中祥符二年（1009 年）决金水河为渠,"自天波门至乾元门,历天街东转,绕太庙,入后庙,皆甃以礲甓,植以芳木。车马所经,又叠石为闸梁。作方井,宫寺、民舍皆得汲用。复东引,由城下水窦入于濠。京城便之"。天禧二年（1019 年）又引索水以济金水河,元丰五年（1082 年）金水河透水槽阻碍上下汴舟（即金水河入咸丰水门前,跨汴河架透水槽,金水河顺透水槽流过,"舟至启槽"),故自板桥别为一河"引水北入于汴,后卒不行,乃由副堤河入于蔡"[3]。金水河上架白虎桥、横桥和五王宫桥等（图 1-2）。

---

[1] 汴河故道实测图,见刘春迎《北宋东京城研究》,科学出版社 2004 年版,第 72 页。
[2] 开封市文物工作队《河南开封市宋东京城内汴河故道的初步勘探与试掘》,《考古》1999 年第 3 期。
[3] 《宋东京考》卷一九"金水河"条。

四　五丈河

最北为五丈河，"唐武后时，引汴水入白沟，接注湛渠，以通曹、兖之赋，因其广五丈，故名五丈河，即白沟河之下流也。唐末湮塞。周显德四年，疏汴水入五丈河。自是齐、鲁舟楫，皆达于汴。六年，浚五丈河以通漕运。建隆二年（961年）正月，遣使往定陶规度，发曹、单丁夫数万以浚之，岁漕上供米六十二万石"[1]；开宝六年（973年）改称广济河。五丈河从新曹门北东北水门（善利水门）入城，河上建小横桥、广备桥、蔡市桥、青晖桥和染院桥（图1-2）[2]。

以上四河金水河是城内主要饮用水源，此外城内居民还用井水。仁宗庆历六年（1046年）因久旱，在城内八厢凿井三百九十眼[3]。另外三河重在漕运，其中汴河与蔡河互通，又引汴入五丈河；元丰五年金水河城西透水漕废，金水河入汴河，然后在汴河北岸开口，引水入金水河下段。大体来说，四河互通，并以不同的方式与内、外城护城河相通[4]。

除上所述，由于东京地势广平，须赖沟洫以行水潦，护城河及汴河等则为泄水之处。景德三年（1006年），"督京城内外坊里，开濬沟渠"。天圣元年（1023年）八月，又"内外八厢，创置八字水口，通流雨水入渠甚利"。"凡沟洫，上广一丈，底广八尺，其深四尺，地形高处或至五六尺，以此为率"[5]，内、外城排水沟洫共253条[6]。由于"京师内外，有八水口，泄水入汴。故京师虽大雨，无复水害"[7]。

第六节　东京开封城的功能分区

一　功能分区突破传统模式，形成新格局

北宋东京城是一座政治性和军事性的城市，也是一座商业和手工业高度发达的城市，同时又是全国交通和漕运的中心，故其功能分区与这些特点密不可分。但是，其中起主要作用的则是政治和商业两个因素。

如前所述，后周世宗按照新的规划原则增筑外城时，就已经基本上打破了市坊制的桎梏。入宋以后，商品经济迅速发展，新兴行市迸发崛起，各种手工业不断涌现。这样到仁宗之时，则形成了新的遍布全城的商业网，取代了集中的市制；开放的街巷，居民按地段

---

[1]《宋东京考》卷一九"五丈河"条。
[2]《东京梦华录注》卷一"河道"条。
[3]《续资治通鉴长编》卷一五八，庆历六年六月丙寅。
[4] 周宝珠《宋代东京研究》（河南大学出版社1992年版）第188～192页记载："诸运河、护龙河在城内外的联结。"
[5]《宋东京考》卷一九"沟洫"条。
[6]《续资治通鉴长编》卷一〇四"天圣四年"条。
[7] 宋·王巩《闻见近录》，上海古籍出版社1993年版。

聚居的坊巷代替了封闭式的坊制的局面，最终导致了市坊制的崩溃。在这种情况下，北宋中期以后东京城形制布局定型期的功能分区，就彻底突破了隋唐两京按市坊进行功能分区（指宫廷之外诸功能分区）的传统模式，这是北宋东京城功能分区形成新格局的主要内在原因。

北宋东京城功能分区的新格局，主要依托于该城商业和手工业的不同配置情况。从后周到北宋，东京城商业发展的特点，是以各种行市为主形成了许多不同的行业街市。同时伴随发展起来的各种手工业、城市服务业（如茶楼、酒肆、大小食店、邸店、日用杂品店、瓦子……甚至还有妓馆等），以及定期的庙市，酒楼和茶坊的集市，瓦子集市，城门口、街头和桥头的集市、节日集市、早市和夜市等各种商业形式也都融入其中。这些包容广泛的商业内涵，相辅相成，其在不同区域和地段配置的差异性，就成为判定东京城不同功能分区（宫苑区除外）的重要标准之一。

北宋东京城的庙、社、衙署（包括各种官署的设置）、重要寺观，居民分布（数量、密度和比例关系，见前述情况）和皇戚高官富贾邸宅等的配置情况，亦与前述的不同商业区密切相关，因而也是判断不同功能区划的重要参数。此外，东京城各功能分区中的不同地段，又往往以不同的商业形式和配置情况形成各具特色又有内在联系的小区。也就是说，东京城不同的功能区划，均是各种不同小区的共同体，其综合性很强。在这种情况下，判断各功能区划的属性，只能以其主体商业街的性质和相关的主要配置为代表。

开封城的功能分区，内城以四条御街为主形成重要商业区，其延伸至外城的大街则是外城主要商业区。总的来看，城内各种用地混杂相间，各功能分区无明确的用地界定；民居遍布大街小巷与商业店铺等相混，无明确的单独居民区；权贵府邸相对集中于主要街道及其附近，亦置于闹市之中；官府手工业作坊按类集中分置于不同的商业区内，私营手工业散置于城内；官方惠民药局、瓦子、大酒楼、邸店、仓场和妓馆等大致分布有定；全城遍布商业网点。上述情况表明，开封城的功能分区缺乏严格地统一规划，其功能分区乃是根据城市政治、经济活动的需要和消费的需求逐渐形成的。这种较灵活的功能分区，反映出开封城以社会经济发展为基础，城市职能走向多样化，城市自我更新发展的能力也不断增强，因而形成与前代都城完全不同的功能分区。

除上所述，前面已经介绍了东京城行政管理单位"厢"的情况。东京城内城四厢、外城四厢，研究证明各厢管辖区域是与相应的功能分区基本相合的。因此，东京城作为行政管理单位的"厢"，实际上就是对东京城不同功能分区的界定，这是后周至北宋都城规划原则（如定"街巷"等）不断发展和完善的必然结果。有鉴于此，北宋东京城的功能分区除宫苑和南面御街各为一区外（南面御街的位置和配置情况特殊），余者大体可以内城左一、二厢，右一、二厢；外城的城东、城南、城西和城北厢为准进行分区，共分十区。由于北宋东京城的功能分区改变了隋唐两京的传统，创立了新的格局，特点突出，故成为探讨和研究北宋东京城形制布局必不可少的重要组成部分，并对后代产生了深远的影响，所以下面有必要根据《东京梦华录》等文献的有关记载，对北宋东京城各功能分区的主要配置情况和属性略作介绍。

二 功能分区与主要配置概况

(一) 宫苑区

宫苑区包括宫城、皇城、宫廷广场、延福五位和六位,以及上清宝箓宫和艮岳。其中宫廷广场即主要中央衙署和礼制建筑区(图1-9)。

(二) 南面御街食店和"杂嚼"夜市区

南面御街是全城的中轴线,北接宫廷广场,"旧许市人买卖于其间,自政和间官司禁止",此后主要商业区集中在州桥至龙津桥一带。

"州桥曲转大街面南曰左藏库,近东郑太宰宅,青鱼市内行";"过州桥两边皆居民。街东车家炭、张家酒店[1],次则王楼山洞梅花包子、李家香铺、曹婆婆肉饼、李四分茶(指大食店)[2],是较大食店的集中区。

从州桥南去至龙津桥一带,是"当街水饭",各种荤素食品、野味、"从食"(各色蒸作糕点)、糖果等40余种"杂嚼"区,这里店铺摊位密布,夜市极盛,"直至三更"[3],是"杂嚼"夜市区。

南面御街连接内城南部东、西两区,直通外城南区,是内外城的重要交通枢纽,附近两侧衙署较多,商业繁盛,来往客流很大,故在此主要形成食店和"杂嚼"夜市区夜市区(图1-2、图1-9)。

(三) 内城东北部综合性商业中心区和主要居民、府第区

该综合性商业中心区,由三个商业区构成(图1-2、图1-9)。

1. 金融、娱乐、百货集市中心区

从宣德门前大街东过宫城东南角楼至"十字街南去,姜行",又东至潘楼街,"街南曰鹰店,只下贩鹰鹘客。余皆真珠疋帛,香药铺席。南通一巷,谓之界身,并是金银䌽帛交易之所","每一交易,动即千万,骇人闻见"。往东街北是著名的潘楼酒店,楼下是"买卖衣物书画,珍玩犀玉","诸手作人上市,买卖零碎作料"及售各种"杂嚼"的潘楼市,"其下每日自五更市合",是东京城最大的分批集合的百货集市。潘楼东去,有东京著名的徐家瓠羹店,街南有东京最大的瓦子即桑家瓦子(娱乐中心),内有著名的瓦市。从潘楼街往东有十字街(又称土市子、竹竿市)和十字大街。十字大街"曰从行裹角茶坊,每五更点灯,博易买卖衣物图画花环领抹之类,至晓即散,谓之'鬼市子'。以东街北赵十万宅,街南中山正店",街北郑皇后宅(宅后有宋厨酒店)。再往东至旧曹门为旧曹门街,有北山子茶坊,"内有仙洞仙桥,仕女往往夜游吃茶于彼。又李生菜小儿药铺、仇防御药

---

[1]《东京梦华录注》卷二"饮食果子"条载:惟州桥炭张家、乳酪张家"卖"好腌藏菜蔬,"卖一色好酒"。

[2]《东京梦华录注》卷二"宣德楼前省府宫宇"条。

[3]《东京梦华录》卷二"州桥夜市"条。

铺",曹门处有蛮王家、乳酪张家正店等酒楼,并是军营集中之处[1]。

上述情况表明,东京城最大的金融交易中心、最大的分批集合百货集市、最大的娱乐中心(桑家瓦子)和著名的瓦市,均集中于潘楼街及其两侧;往东十字大街则有鬼市。在这条街上还分布一些著名的大酒店、珍珠丝绸铺席,各类药铺,以及客店、富贾皇戚邸宅、寺观(多在土市子、鬼市子附近)和军营等。这条街是左一、二厢的界街,又是连接左一、二厢商业区的枢纽,同时旧曹门外的商业街也是该商业街的延伸。因此,其位置和地位十分重要。

2. 东华门前"宫市"区

过宫城东南角楼十字街,"高头街北去,从纱行至东华门街、晨晖门、宝箓宫,直至旧酸枣门,最是铺席要闹"[2]。"东华门外市井最盛,盖禁中买卖在此。凡饮食,时新花果,鱼虾鳖蟹、鹑兔脯腊、金玉珍玩、衣着,无非天下之奇","诸阁分争以贵价取之"[3]。又东华门外景明坊的矾楼(又名白矾楼,原似矾行的酒楼,后更名丰乐楼),宣和间更修三层相高,五楼相向,是东京城最高大的酒楼,也是"京师酒肆之甲,饮徒常千余人"[4]。

3. 马行街以手工业作坊和医药行为主的商业区

马行街商业区从南向北,可大致分为四个小区。第一,妓馆区,"土市子北去乃马行街也,人烟浩闹。先至十字街,曰鹁儿市,向东曰东鸡儿巷,向西曰西鸡儿巷,皆妓馆所居"[5]。第二,马市和大酒楼区。东、西鸡儿巷"近北街曰杨楼街(有杨楼酒店),东曰庄楼,今改作和乐楼,楼下乃卖马市也。近北曰任店(著名大酒店),今改作欣乐楼,对门马铛家羹店"[6]。第三,手工业作坊和交易区。"北去杨楼以北穿马行街,东西两巷谓之大小货行,皆工作伎巧所居(为大小手工业作坊所在)。小货行通鸡儿巷妓馆,大货行通笺纸店"[7]。从此再北,"乃小货行时楼"(小货行交易之所)[8]。第四,医行、药行和大夜市区。小货行时楼附近有大骨传药铺,向北直抵旧封丘门,两侧皆"金紫医官(被皇帝册封官爵的医生)药铺,如杜金钩家、曹家独胜元(丸)、山水李家口齿咽喉药、石鱼儿班防御、银骸儿柏郎中家医小儿、大鞋任家产科。其余香药铺席、官员宅舍,不欲遍记。夜市比州桥又盛百倍,车马阗拥,不可驻足,都人谓之'里头'"[9]。这一带是医行和药行所在地,"夹道药肆,盖多国医,咸巨富"[10]。此外,官府手工业作坊绫锦院(昭

---

[1] 《东京梦华录注》卷二"东角楼街巷"条、"潘楼街东街巷"条、"酒楼"条;卷一"河道"条。
[2] 《东京梦华录注》卷二"东角楼街巷"条。
[3] 《东京梦华录注》卷一"大内"条。
[4] 《齐东野语》卷一一。
[5] 《东京梦华录》卷二"潘楼东街巷"条。
[6] 《东京梦华录》卷二"潘楼东街巷"条。
[7] 《东京梦华录》卷二"酒楼"条。
[8] 《东京梦华录》卷三"马行街北诸医铺"条。
[9] 《东京梦华录》卷二"马行街北诸医铺"条。夜市,参见卷三"马行街铺席"。
[10] 《铁围山丛谈》卷四。

庆坊）和裁造院（延康坊）也设在左二厢[1]。据文献记载东京城 70 余家正店酒楼中，近 1/3 分布在左二厢。在昭庆坊、崇仁坊和旧封丘门等处，多高官巨贾邸宅。在土市子、景龙门至旧封丘门内附近，寺观也较多[2]。

综上所述，宣德门前东大街、东华门街和马行街有金银行、彩帛行、珍珠行、马行、医行、药行、大小货行以及姜行、矾行；官府手工业作坊；宫市、马市、潘楼市、瓦市、夜市、鬼市、竹竿市、鸡儿市；各种大酒楼、食店、客店和大娱乐中心（瓦子）等，分地段形成了各具特色的不同商业街区。这些商业街区各种商肆和手工业作坊等，数量多、密度大、规格高，内在联系密切，因而上述三条大街相辅相成，共同形成了东京城最繁华的、综合性的商业和手工业中心区。此外，左二厢还是东京城的主要居民区，人口密度最大（见前述注释）；同时也是高官大贾邸宅较集中、寺观较多的区域之一。

（四）内城东南部衙署、寺观、庙市区和客店与居民、府第区

内城东南部属左一厢，其主要配置大致可分三个小区（图 1-9）。

1. 景灵宫及其附近的衙署和小商业区

景灵东宫及其附近以宫、庙、官署和寺为主，并在这一带形成小商业区。"御街大内前南去，左则景灵东宫（原庙）"；"景灵东宫南门大街以东，南则唐家金银铺，温州漆器什物铺"[3]。"自景灵宫东门大街向东，街北旧乾明寺，沿火改作五寺王（三之误）监。以东向南曰第三条甜水巷，以东熙熙楼客店，都下着数。以东街南高阳正店，向北入马行街。向东，街北曰车辂院，南曰第二甜水巷。以东审计院，以东桐树子韩家，直抵太庙前门。南往观音院，乃第一条甜水巷也。太庙北入榆林巷，通曹门大街。"[4] "自土市子南去，铁屑楼酒店、皇建院街、得胜桥郑家油饼店，动二十余炉。直南抵太庙街，高阳正店，夜市尤盛。土市北去乃马行街也"[5]。"直北出景灵宫东门前，又向北曲东税务街、高头街、姜行后巷，乃脂皮画曲妓馆。南北讲堂巷、孙殿丞药铺、靴店。出界身北巷、巷口宋家生药铺"[6]。"政和后来，景灵宫东墙下长庆楼尤盛。"[7] 据上所述，可知"自景灵宫东门大街向东"，"直抵太庙前门"的东西向大街，称作太庙街。这条街以宫（景录宫）、庙（太庙）为主，在其附近配置一些官署；官署除前面提到的之外，还有秘书省、榷货务（天平坊）和都商税院（羲和坊或作义和坊）等也距其不远。此外，在太庙街及其附近，配置有佛寺、大酒楼、客店、金银铺、药铺、漆器什物铺、夜市和妓馆等。

---

[1] 周宝珠《宋代东京研究》，河南大学出版社 1992 年版，第 222、226 页。
[2] 参见《东京梦华录》《宋代东京考》的有关记载。
[3] 《东京梦华录》卷二"宣德楼前省府宫宇"条。
[4] 《东京梦华录》卷三"寺东门街巷"条。
[5] 《东京梦华录》卷二"潘楼东街巷"条。
[6] 《东京梦华录》卷三"寺东门街巷"条。
[7] 《东京梦华录》卷二"酒楼"条。

2. 以相国寺为中心的寺区和庙市

大相国寺是东京城内最大的佛寺，在"州桥之东，临汴河大街"[1]。传说相国寺所在地是当年魏国信陵君故宅，所以这一带称为"信陵坊"。相国寺始建于北齐文宣帝大保六年（555年），名建国寺，唐睿宗延和元年（712年）赐名相国寺。宋代相国寺为"皇家寺"，帝王巡幸、生辰忌日和重大节日、祈祷活动和新进士题名刻石都在寺内举行。唐宋之际，相国寺占地五百四十余亩[2]，内外分六十四院，规模很大。此外，在相国寺附近还有些寺观，共同形成了一个大佛寺区。

相国寺的庙市非常著名，"每月朔望三八日即开，技巧百工列肆，罔有不集，四方珍异之物，悉萃其间"[3]。相国寺"僧房散处，而中庭两庑可容万人。凡商旅交易，皆萃其中，四方趋京师，以货物求售，转售他物者，必由于此"[4]。庙市"每月五次开放，百姓交易"，《东京梦华录》卷三在"相国寺内万姓交易"条中，对庙市货物交易种类，分门别类布置和庙市的盛况有详细记载，兹不赘述。

相国寺除庙市外，其周围也是一个商业区。如相国寺南相国寺桥，"桥平正如州桥，与保康门相对。桥西贾家瓠羹，孙好手馒头"[5]。"寺东门大街，皆是幞头、腰带、书籍、冠朵铺席，丁家素茶。寺南即录事巷妓馆。绣巷皆师姑绣作居住。北即小甜水巷，巷内南食店甚盛，妓馆亦多。向北李庆糟姜铺。直北出景灵宫东门前"[6]。

上述情况表明，相国寺庙市不仅是东京城内最大的唯一定期开放的百货集市，而且其周围还是东京城以绣作为代表的各种手工艺品，刻印书籍、制作笔墨之类的手工业作坊与交易的主要中心之一。此外，从相国寺南向东至旧宋门即东面御街，旧宋门里有著名的十三间楼大客店和无比酒店（东京著名酒店之一）[7]。

3. 保康门内客店、瓦子、道观区

相国寺桥南，有"保康门潘家黄耆园（丸）。延宁宫禁（又名延宁观）女道士观，人罕得入。街西保康门瓦子，东去沿城皆客店，南方官员商贾兵级皆于此安泊。近东四圣观、袜袎巷。以东城角定力院，内有朱梁高祖御容"[8]。保康门附近有李庆家酒楼[9]。

综上所述，可指出四点。第一，左一厢从北到南，太庙街、相国寺及其附近、保康门内三者的主要配置和商业分工较清楚。第二，左一厢的商业以相国寺庙市及其附近铺席为主。从商业角度看，该小区是连接南北两小区的枢纽。第三，太庙街的商业除与相国寺商

---

[1]《东京梦华录》卷三"大内前州桥东街巷"条。
[2] 宋代相国寺占地范围按今地说：东到鼓楼街中段，西到县马号街，南到自由路东段，北到寺后街。现在的相国寺是清代重建的。
[3]《宋东京考》卷一四引《尘史》。
[4]《宋东京考》卷一四引《燕翼诒谋录》。
[5]《东京梦华录》卷三"大内前州桥东街巷"条。
[6]《东京梦华录》卷三"寺东门街巷"条。
[7] 周宝珠《宋代东京研究》，河南大学出版社1992年版，第296页。
[8]《东京梦华录》卷三"大内前州桥东街巷"条。
[9]《东京梦华录》卷二"酒楼"条。

业关系密切外,还与宣德门前东大街和州桥附近街市有较多的联系。第四,左一厢是内城的主要居民区之一(20坊,8950户),其户数仅次于左二厢,厢内散布有皇戚(如信陵坊有昭宪皇后等邸宅)和高官(如崇德坊和昭德坊等)的邸宅。

(五)内城西北部军营区

宫城之西,踊路街之北属内城右二厢。宫城西角楼西去是踊路街,街"南太平兴国寺后门,北对启圣院,街以西殿前司,相对清风楼,无比客店,张戴花洗面药,国太丞、张老儿、金龟儿、丑婆婆药铺,唐家酒店,直至梁门"[1]。踊路街是右一、二厢的界街,右二厢的商业主要依托于此街,厢内有殿前司和军营,居民很少(2坊,700户)(图1-9)。

(六)内城西南部衙署、官府手工业区和铺席、居民、府第区

内城西南部指踊路街南,南面御街之西的右一厢。厢内主要配置情况,《东京梦华录》记载:"大内西去,右掖门祆庙,直南浚仪桥。街西尚书省东门,至省前横街,南即御史台,西即郊社。省南门正对开封府后墙,省西门谓之西车子曲。史家瓠羹、万家馒头,在京第一。次曰吴起庙,出巷乃大内西角楼。"[2]宣德楼前"右廊南对右掖门,近东则两府八位,西则尚书省。御街大内前南去,左则景灵东宫,右则西宫。近南大晟府,次曰太常寺";景灵西宫"南曲对即报慈寺街,都进奏院、百钟(种)圆(丸)药铺,至浚仪桥大街。西宫南皆御廊权子,至州桥投西大街,乃果子行。街北都亭驿(光化坊内),相对梁家珠子铺。余皆卖时行纸画,花果铺席。至浚仪桥之西,即开封府。御街一直南去,过州桥两边皆居民";"至朱雀门街街西,过桥即投西大街,谓之麴院街。街南遇仙正店[3],前有楼子后有台,都人谓之台上。此一店最是酒店上户,银瓶酒七十二文一角,羊羔酒八十一文一角。街北薛家分茶、羊饭、熟羊肉铺。向西去皆妓馆舍,都人谓之院街。御廊西即鹿家包子,余皆羹店、分茶、酒店、香药铺、居民"[4]。

据上所述,可归纳为四点。其一,宣德门南御街西和浚仪桥大街两侧,向南直至浚仪桥北,是中央衙署(包括郊社)和开封府所在的衙署区。该区有少量食店和药铺,其商业主要依托于北部踊路街街市和南部州桥附近的商肆。其二,杨奂《汴故宫记》说:"遵御路而北,横街也,东曰太庙,西曰郊社。"[5]由此可见,郊社及其所在的横街与太庙街和太庙是东西相对的。其三,州桥与浚仪桥之间及州桥南面之西,除都亭驿和果子行外,大都是一些消费性的铺席和"杂嚼"店等,该处应是州桥诸"杂嚼"店和夜市区的延伸,这里居民较多。其四,过州桥向西的西大街即西面御街,俗称曲院街。官府造酒作坊"都曲院"即设在曲院街敦义坊,规模较大(步磨30盘,用驴600头,役兵

---

[1]《东京梦华录》卷三"大内西右掖门外街巷"条。
[2]《东京梦华录》卷三"大内西右掖门外街巷"条。
[3] 该店或为《东京梦华录》卷四"会仙酒楼"条所记"新门里会仙正店"。
[4]《东京梦华录》卷二"宣德楼前省府宫宇"条。
[5]《元文类》卷二七。

士428人，每年磨小麦4万石[1]）。这一带分布有食店和酒楼等。又妓馆区在西大街西边，称院街。此外，官府手工业作坊东西作坊（兴同坊）、弓弩院（宣化坊）、弓弩造箭院（兴国坊），以及杂买务（常乐坊）等官署也设在右一厢（图1-9）。其中东西作坊共52作，有兵校和匠共7931人，是城内最大的作坊之一[2]。总之，该区以衙署和官府手工业作坊区为主要特色，其商业色彩远逊于内城东南部（左一厢）。由于衙署和官营手工业作坊占地面积较大，所以其居民（8坊，7000户）也少于内城左一厢。右一厢的寺观和大邸宅以宜秋门内居多。

（七）外城东部客店、仓场、作坊区和主要居民区

外城东部为城东厢（城东左厢），区内主要配置可分三大部分。

1. 旧曹门外商业区

"出旧曹门（"福田院，在旧曹门外"[3]），朱家桥瓦子。下桥，南斜街，北斜街，内有泰山庙（东岳庙），两街有妓馆。桥头人烟市井，不下州南。以东牛行街，下马刘家药铺，看牛楼酒店（牛行所在），亦有妓馆，一直抵新城。"[4] 该商业区应是宣德门前东大街中心商业街的延续（图1-2）。

2. 旧宋门外商业区

旧宋门外有著名的仁和酒楼和姜店（正店），客店较多。新宋门里街北有上清宫，"以西茆山下院"，"景德寺在上清宫背，寺前有桃花洞，皆妓馆"[5]。这条街上的大酒店、客店等与其南的漕运区有密切关系（图1-2）。

3. 沿汴河大街库场、客店、作坊和街市区

出旧宋门旁东角门子至东水门，称沿汴河大街；出东水门至虹桥则是沿汴河大街商业区的延伸（图1-2）。这里是汴河漕运物资入城的主要水、陆交通线，沿途分布不少官府的米麦仓库（如虹桥元丰仓、顺成仓、东水门里广济仓等）和大堆垛场，有许多新兴的行市（如斛斗行即米麦行，面行等）和供客商堆货、寓居与交易的客店。著名的《清明上河图》表现的就是虹桥至东水门（另一说通津门）沿河街市的盛况。此外，提点食场（汴阳坊）、抽税箔场（崇善坊）、提举修造所（显仁坊）、铸钨务（显仁坊）、东、西八作司的东司（安仁坊）等均设在城东厢。在东水门外的官营水磨加工有水磨百盘，规模很大[6]。因此，城东厢也是重要的官府手工业作坊区之一。除上所述，城东厢还是东京城居民最多之处（9坊，26800户），这是与漕运、地处水陆交通要冲密切相关的。

---

[1] 周宝珠《宋代东京研究》，河南大学出版社1992年版，第227页。
[2] 周宝珠《宋代东京研究》，河南大学出版社1992年版，第207、208页。
[3] 《东京梦华录》卷三"上清宫"条。
[4] 《东京梦华录》卷二"潘楼东街巷"条。
[5] 《东京梦华录》卷二"酒楼"条；卷三"上清宫"条。
[6] A．杨宽《中国古代都城制度史研究》，上海古籍出版社1993年版，第293页。
　　B．周宝珠《宋代东京研究》，河南大学出版社1992年版，第209、219、221页。

（八）外城南部文教、寺观区和居民区

外城南部称城南厢，城南厢一度以南面御街为界分为城南左厢和城南右厢，两厢的配置既有区别，又有内在联系。

1. 城南左厢

"出朱雀门东壁亦人家，东去大街麦秸巷、状元楼，余皆妓馆。至保康门街，其御街东朱雀门外，西通新门瓦子，以南杀猪巷亦妓馆。以南东西两教坊，余皆居民或茶坊。街心市井，至夜尤盛。过龙津桥南去，路心又设朱漆杈子如内前。东刘廉访宅，以南太学、国子监。过太学又有横街，乃太学南门。街南熟药惠民南局，以南五里许皆民居。又东去横大街，乃五岳观后门。大街约半里许，乃看街亭，寻常车驾行幸，登亭观马骑于此。东至贡院、什物库、礼部贡院、车营务、草场街、南葆真宫，直至蔡河云骑桥。御街至南薰门里，街西五岳观，最为雄壮。自西门东去观桥、宣泰桥，柳荫牙道，约五里许，内有中太一宫、佑神观。街南明丽（一作庆）殿、奉灵园，九成宫内安顿九鼎。近东即迎（凝）祥池……"[1] 又"婆台寺在陈州门里"[2]，寺在禹王台之西（宋代在台上建庙以祀二姑，故又称二姑台）。地涌寺在陈州门里南草场巷，显静寺亦在陈州门里[3]。

"出保康门外，新建三尸庙、德安公庙。南至横街，西去通御街曰麦稍巷。口以南太学东门，水柜街余家染店。以南街东法云寺，又西去横街，张驸马宅；寺南佑神观后门"（图1-2）[4]。

2. 城南右厢

"龙津桥南西壁邓枢密宅，以南武学巷内曲子张宅、武成王庙。以南张家油饼，明节皇后宅。西去大街曰大巷口，又西曰清风楼酒店，都人夏月多乘凉于此。以西老鸦巷口军器所，直接第一座桥。自大巷口南去延真观，延接四方道民于此。以南西去小巷口三学院，西去直抵宜男桥小巷。南去即南薰门，其门寻常士庶殡葬车舆皆不得经由此门而出，谓正与大内相对。唯民间所宰猪，须从此入京。每日至晚，每群万数，止数十人驱逐，无有乱行者"[5]。此外，在戴楼门有"张八家园宅正店"[6]，饼店"唯武成王庙前海州张家（或即前述之张家油饼）、皇建院前郑家最盛"（图1-2）[7]。

综上所述，可归纳六点。其一，朱雀门至龙津桥两侧（以东侧为主），应属前述州桥至龙津桥商业区。其二，龙津桥南太学南门横街东西一线之北是文教区，御街东西两边是

---

[1]《东京梦华录》卷二"朱雀门外街巷"条。
[2]《东京梦华录》卷三"上清宫"条。按：婆台即繁台（繁读Po）。后周在台上建天清寺，北宋开宝年间建慈塔，又名天清寺塔，俗称繁塔。
[3]《宋东京考》卷一四、一五"寺"条。
[4] A.《东京梦华录》卷三"大内前州桥东街巷"条"寺南佑神观"后无"后门"二字。
  B. 李士彪注《东京梦华录》（山东友谊出版社2001年版）有"后门"二字。
[5]《东京梦华录》卷二"朱雀门外街巷"条。
[6]《东京梦华录》卷二"酒楼"条。
[7]《东京梦华录》卷四"饼店"条。

居民区，西区大邸宅较多。其三，太学南门横街至南薰门和陈州门内，是观（五岳观、佑神观）、宫（葆真宫、中太一宫、九成宫）、殿（明丽殿）、园（奉灵园）、池（迎祥池）、院（贡院）、库（什物库）、营场（车营务草场）、寺（婆台寺、地涌寺、显静寺）等的集中区。其四，御街之西的大巷口、老鸦巷口一带，是军器所、三学院和延真观所住地，有少数大酒店。其五，保康门外以麦稭巷与朱雀门外相连接，佑神观后门则与前述第三点的寺观区相接。其六，活猪从南薰门入城，朱雀门外杀猪巷（肉行所在？）似与此有关。此外，外城南部还是东京城内仅次于城东厢的主要居民区。其中城南右厢居民（13坊，9800户）多于城南左厢（7坊，8200户），这个情况似与城南左厢寺观和官署较多，占去的面积较大有关。

（九）外城西部一般性官方机构、寺观和铺席、居民、府第区

外城西部属城西厢，出梁门的梁门大街是其中心商业街。"出梁门西去，街北建隆观，观内东廊于道士卖齿药，都人用之；街南蔡太师宅。西去州西瓦子，南自汴河岸，北抵梁门大街，亚其里瓦，约一里有余，过街北即旧宜城楼。近西去金梁桥街、西大街荆筐儿药铺、枣王家金银铺，近北巷口熟药惠民西局。西去瓮市子，乃开封府刑人之所也。西去盖防御药铺，大佛寺，都亭西驿，相对京城守具所。自瓮市子北去大街，班楼酒店，以北大三桥子至白虎桥，直北即卫州门。"[1]据前述考古调查试据资料，万胜门位置偏北，不与梁门直对，故上述记载未明言西去所抵之城门。此外，在梁门外寺院较多，同文馆在梁门外延秋坊之安州巷，礼宾院亦在延秋坊。

除上所述，梁门大街之南，旧郑门（宜秋门）外有"河王家、李七家正店"[2]，有瞻云馆，寺院较多，并有些大邸宅，在固子门里也有部分寺院[3]。又新郑门、西水门、万胜门每日早晨有数千担生鱼入门[4]，是鱼行之所在。大通门设有管理水磨的大通门务[5]。磁器库、都茶场、牛羊司分设在城西厢的建隆坊、顺成坊和普宁坊（图1-2）[6]。此外，在汴河西水门与内城西角门子间有沿汴河大街，配置不详。

总之，城西厢的特点是散置的一般性官方机构较多，梁门和宜秋门外附近寺观和大邸宅较多，外城门内也多有寺观。较有代表性的配置还有鱼行、州西瓦子、熟药惠民西局，并有少量大酒店。城西厢在外城中居民最少（26坊，8500户），仅是城东厢居民的1/3，城南厢居民的一半，城北厢居民的70%左右。

（十）外城北部商肆、军营、手工业作坊、寺观区和居民、府第区

外城北部属城北厢，曾一度分为城北左、右厢。外城城北厢以东部（左厢）较繁华，

---

[1]《东京梦华录》卷三"大内西右掖门外街巷"条。
[2]《东京梦华录》卷二"酒楼"条。
[3]《宋东京考》卷一二"宅、宫"条；一四"寺"条；一五"寺、祠、庙"条。
[4]《东京梦华录》卷四"鱼行"条。
[5] 周宝珠《宋代东京研究》河南大学出版社1992年版，第218页。
[6] 杨宽《中国古代都城制度史研究》，上海古籍出版社1993年版，第293页。

为马行街商业区向北之延伸。马行街北去,"旧封丘门外祆庙斜街、州北瓦子,新封丘门大街,两边民户铺席。外余诸班直军营相对,至门约十里余。其余坊巷院落,纵横万数,莫知纪极。处处拥门,各有茶坊酒店,勾肆饮食。市井经纪之家,往往只于市店旋买饮食,不置家蔬";夜市繁盛[1]。又太宗时,在"景龙门外新作四厩,名曰天驷监,左右各二",雍熙初改"天驷监为天厩坊"[2]。

此外,东西八作司西司设在城北厢安定坊,水磨务东西务分设在城北厢的永顺坊和嘉庆坊,茶汤步磨务设在城北厢崇庆坊;来远驿设在城北厢崇化坊,班荆馆设在封丘门外[3]。封丘门内外一带大邸宅较多,封丘门外夷山及其附近有以开宝寺为代表的寺观群[4]。景龙门和金水门外也散布一些寺观,五丈河沿岸仓较多[5]。(图1-2)

上述情况表明,封丘门外为寺观、府第和瓦子区。新封丘门大街与城内马行街相连,是主要居民区,商业以茶坊酒店、勾肆饮食为主,夜市繁荣并与马行街相连,同时这里又是军营区;五丈河沿岸是仓储区。城北厢其他部位具体配置不详。据前所述,城北左厢居民密度似较大,但其户数(9坊,4000户)却只是城北右厢居民(11坊,7900户)的一半。这个情况似与城北左厢大寺院、大邸宅、军营、作坊、仓储、商肆等所占面积较大有关。

第七节 东京开封城形制特点与布局艺术

北宋东京城的形制布局,是从唐、北周到北宋陆续完成的,北宋中期以后定型。在此过程中,北宋东京城的形制和布局形成许多承上启下的新特点。下面就此据前述情况,略作归纳。

一 形制特点

(一) 总体形制特点

1. 从三城环套发展为四城环套

东京城在北周时就已经形成外城、内城和宫环套的形制,入宋以后承袭了此种模式,

---

[1] A. 《东京梦华录》卷三"马行街铺席"条。该条后面所记夜市,不明指马行街,还是封丘门外情况。

 B. 周宝珠《宋代东京研究》(河南大学出版社1992年版)第255页认为:夜市包括门内马行街及门外新封丘门大街。这里的夜市通晓不绝,为都城夜市、酒楼极繁盛处。据此,"其余坊巷院落"之下,亦同指封丘门内外。

[2] 《宋东京考》卷三"诸司"条引《山堂肆考》。

[3] 周宝珠《宋代东京研究》,河南大学出版社1992年版,第209、216、219、615页。

[4] 开宝寺在旧封丘门外斜街子,北齐天保十年建,称独居寺,唐改称封禅寺,宋开宝三年改开宝寺。经宋扩建,全寺分为仁王、福胜、上方、永安等二十四个禅院,以仁王院最盛,共二百八十区。庆历四年寺内灵感塔毁于雷火,皇祐元年又重建褐色琉璃砖塔,俗称铁塔。开宝寺是宋代名刹,也是东京最大的佛寺之一。

[5] 《东京梦华录》卷一"外诸司"条:"州北夷门山,五丈河诸仓。"

并进一步予以完善。从东京三城环套演变过程来看，不仅与北魏洛阳城较相近，而且此种形制最早也只能溯源到北魏洛阳城[1]。北宋以后，除南宋临安城外，其他都城大都是三城组合。各城平面多仿东京城呈方形或近似长方形，少数呈长方形。有的都城总体平面构成形式虽有变化，但追根溯源均与北宋东京城三城相套形制有一定的渊源关系[2]。此外，北宋晚期出现皇城环套宫城之势，呈现外城、内城、皇城、宫城四城环套的形制，这是唐代以后宫城皇城形制关系的重要变化。宋代以后，皇城环套宫城遂成定制。

2. 四河贯都

东京城四河分别从城南、城中和城北部穿流而过，各河流向不一，有的河段曲度和斜度较大，因而对城内的形制布局有较大影响。可以说东京城内形制布局的特点，大多与四河入城有一定关系（后文有说）。东京城四河贯都，是与宋代以前城内河流状况，当地的自然条件和地理环境，当时经济发展的需要和科技水平密切相关的。但是，不可否认四河贯都也与前代影响有关，并对后代产生了较大的影响[3]。

3. 内、外城都有护城河

东京内、外城都有护城河，护城河与入城之四河直接或间接相通，共同形成东京城水道网。护城河除防卫功能外，还有给水排水功能。内、外城护城河的形成，乃是自唐代以来不断对该城进行改建、扩建，前后沿袭和发展的结果。

（二）内、外城形制特点

1. 外城墙有瓮城、敌楼、马面和防城库

瓮城、敌楼、团楼、战棚和马面原多见于边城，北宋东京城首次将其全面用于都城（图1-15、图1-16）[4]，凡此均为后世都城所沿袭。外城正门"皆直门两重"（图1-4之

---

[1] 孟凡人《北魏洛阳外郭城形制初探》，《中国历史博物馆馆刊》1982年第4期。
[2] 如辽上京"拟神都（指开封）之制"，金上京仿辽上京。两京根据当时的情况和自身的需求，将两个大城作南北毗连的形式。辽上京大内在北面的皇城内，金上京皇城在南面的大城内，上述形制实际上就是从开封三城相套形制演变而来的。明南京和明北京城，则又演变成另外的三城模式。
[3] 我国自汉长安城以来，历代都城都很重视漕运和都城引水问题。到北魏洛阳城时，外郭城的南部跨洛河而建，沿外城还有谷水、阳渠和长分沟。唐东都洛阳城，洛河横贯于皇城之南，洛河上多处建桥连接两岸交通；在城南还有伊水，北有瀍水，西北有谷水入城。由于开封与洛阳相距较近，开封营建过程中又有意模仿唐东都洛阳城，所以四河贯都也不排除受上述二城的影响。北宋以后，南宋临安城四河南北向入城，总体情况与开封较相近。再后，金中都和元大都城内引水和漕运问题，也都借鉴了北宋开封的经验。
[4] A.《续资治通鉴长编》卷二六八"熙宁八年九月丙寅"条记载：御史蔡承禧认为外城"土脉坚致，粗亦完好，何必高深，楼橹以拟边疆"。内地城市出现瓮城的实例，最早见于唐扬州城西门瓮城遗址。
B.《傅熹年建筑史论文集》（文物出版社1998年版）第302页指出：敌楼建于马面上，团楼建于城角，弯曲呈弧线，战棚建于瓮城上；白露屋是在这些棚、楼平屋顶上的瞭望用的小窝棚（图1-16）。

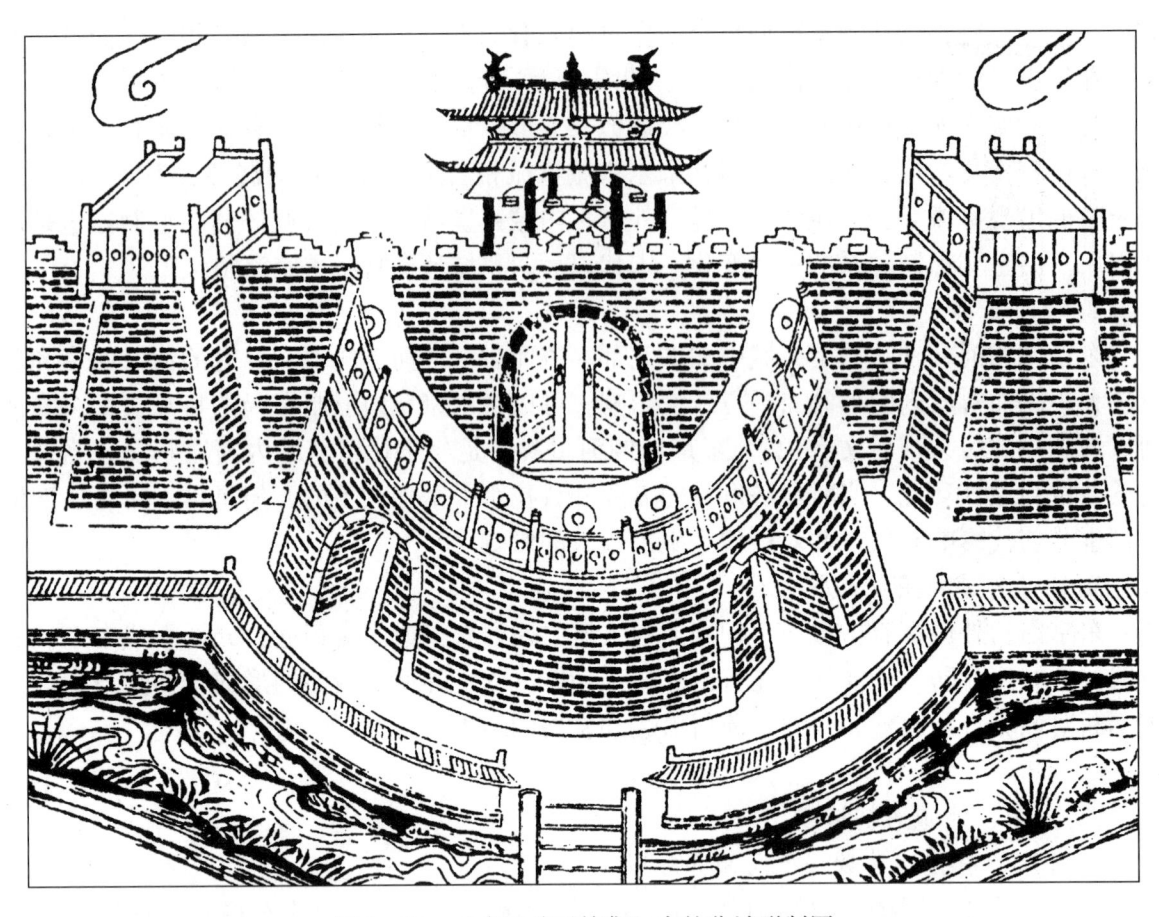

图 1-15 《武经总要前集》中的瓮城形制图

1、2），瓮城平面长方形；其余城门的瓮城"屈曲开门"，瓮城平面呈半圆形（图 1-4 之 6），两种瓮城形制共存对后世有较大影响。外城增设防城库前所未见，明南京城墙的藏兵窝铺或此发展而来。

2. 城门配置多不对称，水门多

北宋东京内外城不是同时规划设计营建的，加之四河贯都等原因，致使外城东和西、南与北城墙城门数量不一，城门间距不等，配置多不对称；内城的东西和南北向城门间也有不直对者。从而改变了城门间距大致相等，城门基本对称配置的传统。此外，由于四河贯都，使外城出现六座水门，内城有东、西两座角门子，水门数量之多超过以往的都城。

3. 城内辟四条御路

东京城内东、西、南、北各辟一条御路，此现象在中国古代都城中是个孤例。

4. 街市、街巷取代规整划一的市和坊

北宋东京城基本上实现了从封闭式的坊、市向街巷、街市和厢坊制的转化，因而改变了隋唐都城街道和坊市规整划一的格局。这是北宋东京城内布局较前期最大的变化之一，对后代产生了深远的影响，并成为元大都胡同制的先河。

5. 四河贯都对城内布局影响较大

由于四河贯都的流向不一，故各河出入城的水门和角门子位置难以规范化，所以又影

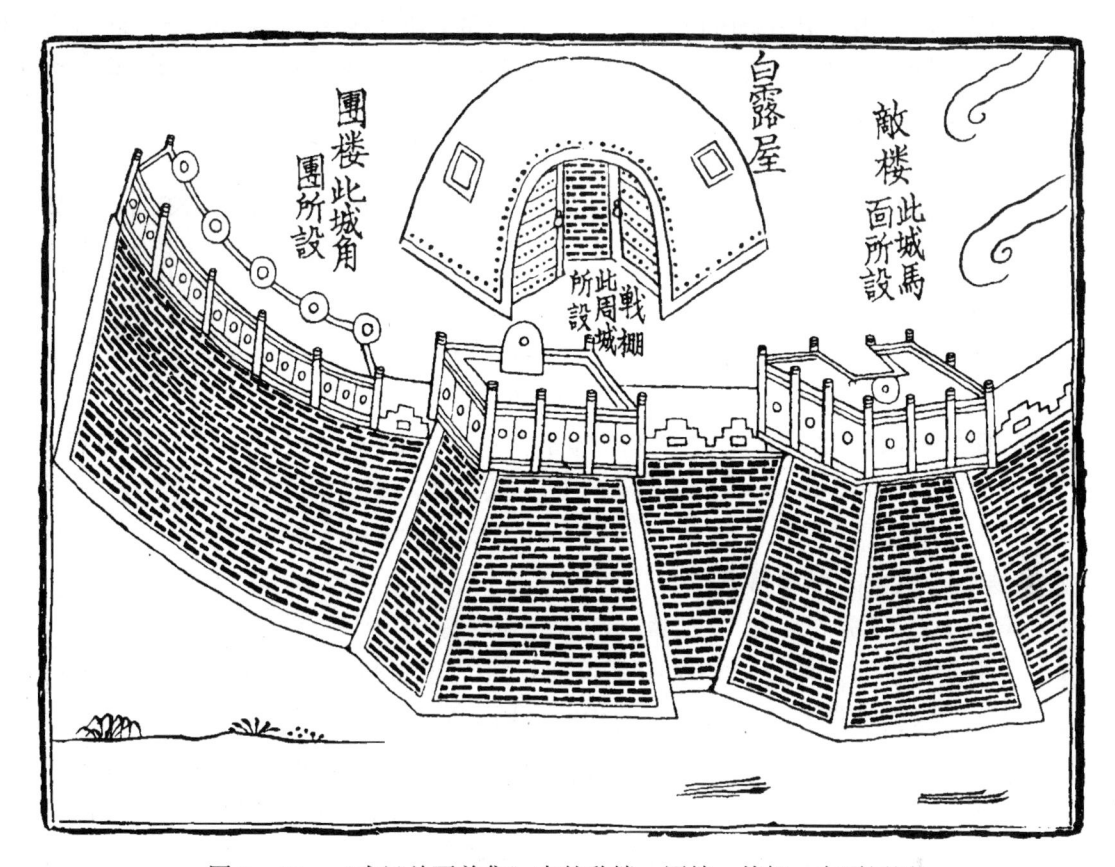

图 1-16 《武经总要前集》中的敌楼、团楼、战棚、白露屋图

响到城门的位置，使城门不能等距离对称配置。进而又间接影响到城内主要街道的走向，以及主要街道和重要建筑的规整对称配置。四河分别横向斜贯城内南、中和北部，城内被四河切割，因而直接影响到相关部位的形制布局。

6. 城内形成水陆复合型交通网络

东京城内以四条御路和其他城门通向城内的大街为主干，辅以街巷，形成陆路交通网络。此外，四河贯都不仅是中国古代都城较成功地解决漕运问题的范例，而且还在一定程度上使某些河段成为城内的水路交通线，并对陆路交通产生较大的影响。比如，城内河段曲度较大之处多出现斜街；四河之上桥很多（桥将城内被四河切割的部分连为整体），桥的位置又影响到相关街道的走向和交接点，形成较多的丁字街。东京城内似无纵贯南北的大街，宣德门前有一条横贯东西的大街，西面和东面御街以州桥为枢纽基本东西连通，以此结合前述的丁字街、斜街等，街道配置不拘一格，改变了过去都城街道规整如棋盘的格局。总之，东京城内的街道网络通过诸桥与水路相辅相成，形成了水陆复合型的城内交通网络。

7. 功能分区与城内行政区划相结合，并呈多元化的复合形式

如前所述，东京城的行政区划是内、外城各四厢，各厢所辖范围分别对应城内总体布局中的一个主要区域和主要功能分区（宫苑和南面御街除外）。前面将东京城分为十个功能区划，除宫苑和南面御街外，其余功能区划均呈多元化的复合型式。各功能区划都是由

不同地段不同的商业街及其相辅的商业网为主构成的，各功能分区大都是由商市、酒店、茶坊、食店、药铺、瓦子、妓馆、寺观、衙署、大邸宅、居民区和手工业作坊等诸多因素的不同组合而呈现出差异性。

8. 有较完整的给水排水系统

东京城内四河与内外城护城河相通，城内还大量凿井，修排水沟洫，共同组成较完整的给水排水系统。

9. 构建技术有新发展

东京城构筑城墙承袭了前代剖面呈梯形，置排水设施等传统。其发展主要是城墙夯层间加黏土（黏合剂）或垫碎砖瓦。这种构筑技法前代使用较少，自此之后则广为采用。又宋对后周时期外城墙进行了大规模的增筑和整修，其方法成为后世同类情况的典范[1]。此外，宫城墙内外包砖，城门有包砖迹象[2]也是其特色之一。

（三）宫城、皇城的形制特点

1. "择中立宫""前朝后寝"，皇城呈环套宫城之势

首先，宋代东京的宫城位于外城中部偏北，这个位置较前代更好地体现出"择中立宫"说。其次，宋代晚期又出现有别于前代的皇城呈环套宫城之势。但是，北宋东京在元丰之前，宫城在北，皇城在南，仍如唐东都洛阳之制，只是一些中央衙署散布在大庆殿与文德殿之间或近旁，此部位的皇城与宫城外朝间无明显界线，则有别于唐东都洛阳的宫城和皇城[3]。东京宫城的布局仍承袭唐东都洛阳宫城"前朝后寝"，寝后设苑的传统，然而，由于外臣活动范围直到东、西华门横街之北，却未能真正体现出"朝""寝"的明确界线。

2. 宫城有角楼和东、西华门

宫城有角楼和东、西华门，成为尔后宫城设计的通例。角楼出现较早[4]，东、西华门则是新出现的设置，对后世影响较大。

3. 主要宫殿平面呈"工"字形，殿后有阁，宫殿配置出现双轴线

主要宫殿"工"字形，大殿左右带挟殿，殿后有阁，周围有廊庑，是当时宫殿典型的布局方式。其外朝中主要宫殿配置出现双轴线，内廷宫殿呈五路配置（图1-8），此种情况似仿唐东都洛阳宫城宫殿的配置模式[5]，并成为后世宫城纵向分路配置之先河。影响

---

[1] 明北京城改筑元大都城墙的做法与宋东京城增筑整修后周外城墙的方法近似（北京市文物研究所编《北京考古四十年》第四章第一节）。

[2] 据报道，1997年宁波发现的唐明州城城墙夯土两侧包砖，其后的宋宫城墙亦包砖，墙基采用石结构。由此可见，城墙包砖似出现较早，但普遍使用则很晚。宋宫城墙包砖，当是承袭了东都洛阳宫城城墙的做法。

[3] 《中国大百科全书·考古卷》"隋唐洛阳城遗址"。

[4] 汉长安城未央宫四隅有角楼，应是而后宫城出现角楼的先声。

[5] 杨焕新《试谈唐东都洛阳宫的几座主要殿址》，《汉唐与边疆考古学研究》第一辑，科学出版社1994年版。

较大。

4. 宣德楼"列五门","曲尺朵楼","下列两阙亭相对"

"双阙"乃遵循古制,宣德楼上述之总体形制对后世影响较大,并很可能成为后代午门翼以两观形式之滥觞。

5. 有阁门和钟鼓楼

文德殿左右有东、西上阁门,为举行重要仪式的场所,这是宋代宫殿建筑的特点之一。又大庆殿、文德殿庭院置钟鼓楼,此制对后代有较大影响。

6. 出现准"T"字形宫廷广场和"千步廊"雏形

据前所述,宣德门前横街与南面御街百余丈路段略形成准"T"字形、开放式的宫廷广场,开启后世"T"字形宫廷广场之先河。南面御街安立黑漆杈子、街心安朱漆杈子,对尔后有较大影响。实际上黑漆杈子、朱漆杈子,就是后来"千步廊"的雏形。

7. 宫廷广场两侧置左祖右社和主要中央衙署

元丰改官制后,宫廷广场两侧(以西侧为主)置主要中央衙置,并按左祖右社原则分置太庙和郊社。这种配置形式上承北魏洛阳城[1],下启后世,影响深远。

8. 宫城与园林紧密结合

宫城除后苑外,后来在宫城之北建延福宫和延福第六位。这种配置关系,实际上是北魏洛阳城和隋唐两京宫城与其北部设置关系的演化[2]。唯延福宫,特别是延福第六位已园林化,再加之艮岳和后苑,可以说宫城已与园林紧密结合为一体,形成宫苑区。这个特点对后世产生了深远的影响。

9. 金水河为宫城供水系统

北宋宫城以金水河为供水系统,此后宫城供水之河渠多沿用金水河一称。

二 布局艺术与绿化

北宋东京城外城、内城、皇城、宫城四城相套,宫城皇城、宫廷广场和皇家园林(延福宫、延福第六位)位于城内中轴线上。城内以东、西、南、北四条御路和宣德门前东西大街为主干,将内、外城连接起来,并分别连通各个街巷,以干道布局艺术构成全城的骨架。四河贯都横卧于城内南、中和北部,河上镶嵌的座座大小桥梁形制各异,连接着纵横交错的大小街道,形成靓丽的景观。四河与内、外城的护城河以不同的方式相连通,又使开封城环抱于绿水之中。总之,上述情况表明东京城总体平面构图整体性较强,协调而有层次感。

东京城作为都城是一座高度政治化的城市,故城内布局必然以城市中心布局为主调,以皇权至上思想为主导而突出中轴线布局艺术。如前所述,宫城皇城大致位于外城中央偏北,内城北部中央偏西北,坐落在中轴线的北端,基本符合"择国之中而立宫"说。但是,由于宫城皇城较狭小,所以宋代采取了一系列布局手法,以凸显宫城皇城的崇高地

---

[1] 见《中国大百科全书·考古卷》"汉魏洛阳城遗址"。
[2] 见《中国大百科全书·考古卷》"隋大兴唐长安城遗址"。

位。比如：第一，采用宫廷广场和中轴线相结合布局手法，延伸宫城建筑群的影响。即在皇城之南中轴线上辟宫廷广场，中轴线两侧置左祖右社和主要中央衙署，同时将中轴线辟为城内最主要的南面御街，并向南延伸，过州桥直抵外城南薰门。第二，以辅助建筑扩大宫城建筑群的体量感、美感和鸟瞰效果。即后来在宫城之北建延福宫和延福第六位，并使之园林化；在宫城北景龙门内和旧酸枣门外附近建规模宏大的道观[1]，又在宫城东北集南北园林艺术之大成建万岁山（艮岳），景龙门内的上清宝箓宫和艮岳通过复道等与宫城连为一体，从而增大了宫城的体量感、美感（北部园林化建筑群和艮岳）和鸟瞰效果（大道观和艮岳）。第三，以干道和区划布局艺术烘托宫城的中心地位。即以宫城皇城为中心，在其南和东面分别伸展南、东、西和北四条御路，其中南面御路是东西分割全城的界标。又在宣德门前辟横贯全城的东西大街，并使之成为南北分割全城的界标。这样全城的行政区划（即前述内城四厢、外城四厢）和主要功能区划（见前述情况）均以宫城皇城位置、南面御街和宣德门前东西大街为准，使主要中央衙署和主要商业区都在宫城皇城周围。因此，宫城皇城不仅在形式上是全城的中心，而且在都城功能配置上更是全城的核心。总之，北宋东京城以"唯我独尊"，皇权至上的设计思想，采取多种布局手法，将都城中心布局艺术和中轴线布局艺术发展到一个新的高度，创出新格局。

同时，东京城又是一座高度商业化的都城，商业的发展最终促使封闭式的坊制和市制走向崩溃。因而开封除宫城皇城之外，布局一改过去整齐划一的布局模式，街、巷配置相对自由，形式多种多样。城内功能分区也向多元化方向发展，各功能分区大致有定而又富于变化。其中以四条御路街市结合漕运水路和诸桥组成较庞大的商业区，是开封城的主要特色之一。在这些商业区内，众多的居民、穿梭般的漕运、繁华的商业，各种发达的手工业，星罗棋布的酒楼、茶坊和歌馆，杂处其间的勾栏瓦子等，共同组成了一幅生机盎然的画卷。就内城来说，主要商业区的布局，都围绕在宫城皇城的东面和南面（参见前述功能分区部分）。即内城商业街区的布局，乃是以宫城皇城为中心而展开的，明显具有为皇家和达官显贵服务的性质。如此布局，是皇权至上和商业化相结合在都城布局上的反映，也是与前代都城布局的主要区别之一。除上所述，城内其他功能分区仍然是以商业街市为主线，其他因素如寺观、瓦子、大邸宅、一般性衙署和官府性质的设置、官府手工业作坊、官营药局等，大都散置于城内各功能分区，基本照顾到城内各区划配置的均衡性。

东京城另一特点是建于平川，地势缺少起伏变化。加之北宋建都之前，由于连年战乱，水利失修，土地盐碱程度高，植被破坏严重，风沙成灾（宋人形容当时东京"每风起，则尘沙扑面"，"风吹沙度满城黄"）。为改善生态环境，美化都城，又辅以多层次的城市绿化和园林建设。在内城北部，宫城空地种树木、竹子和花草。到北宋末宫城后苑、延福宫、延福第六位、艮岳与宫城浑然一体，成为城内最大最美的园林区。在城外还分布有四大皇家园林，即玉津园（又名南御园，始建于后周，在南薰门外）、宜春苑（新宋门外道南，又名东御园）、瑞圣园（又名北园，一度改名含芳，在景阳门外道东）、琼林苑与金

---

[1] 从宋真宗开始，掀起崇道高潮。于是在宫城北之两端的天波门外以东，旧酸枣门以西建玉清昭应宫（后改万寿观），在景龙门东对景晖门建上清宝箓宫，这两座宏大建筑与宫城呈鼎足之势。

图 1-17 北宋东京开封城金明池遗址位置示意图

(引自刘春迎《北宋东京城研究》，略有改动)

明池（琼林苑，俗称西青城），在新郑门外道南，金明池在道北与之相对（图1-2），两者实属一座园林（图1-17）。金明池开凿的目的是练习水战，以龙舟争标最引人注目，对此张择端《金明池争标图》有生动的描绘。此外，在外城护城河的内外，"皆植榆柳，粉墙朱户"，"夹岸皆植奇花珍木"，形成环城50里的绿化带。在流入城内的四河沿岸广植榆柳，"城里牙道，各植榆柳成荫"，五岳观西门至观桥、宣泰桥一带，"柳荫牙道，约五里许"。城内御路沿线种花卉果树，特别是南面御街渠水清澈，"翠柳荫浓绿水长"，从冬天至秋天鲜花盛开，"望之如绣"，满城风送花香。城内一般干道则广植榆柳和槐树，衙署、寺观等均植花草树木，京城居民更是绿化成风，养花蔚为大观。酒家还"以菊花缚成洞户"进行立体绿化，京城每年都举行"赛菊会"和"菊花会"。城内外高官富豪私人园林众多，如景龙门北永宁里的静渊庄、撷芳园，园林达百亩；景龙门北的景华苑，固子门里东北的芳林园，梁门外蔡京园第；以及"州东宋门外麦家园、虹桥王家园、州北李驸马园……西水门外养种园，州西北有庶人园……其他不以名著约百十，不能悉记也"[1]。"大抵都城左近，皆是园囿，百里之内，并无闲地"[2]。通过大规模的绿化，不仅有效防

---

[1]《枫窗小牍》卷下。
[2] A.《东京梦华录》卷六"收灯都人出城探春"条。
   B. 绿化一节，主要参考《东京梦华录》有关记载，参考周宝珠《宋代东京研究》（河南大学出版社1992年版）第十四章"园林与绿化"。

止了风沙的侵害，美化了环境、调节了气候，净化了空气，有助于生态平衡；而且还使建于平川的开封城，外缘景观郁郁葱葱，错落起伏，层次分明。这种将大规模的城市绿化和园林建设作为都城布局艺术的主要辅助手段的做法，是中国古代都城布局艺术的重要发展，对后世都城绿化和园林艺术的发展产生了深远的影响。

综上所述，北宋东京开封府城在吸收和借鉴前代都城规划和布局经验的基础上，结合当时当地的具体情况，对唐和后周遗留的旧城进行了逐步改建和增筑，形成了较完整的新的形制布局体系。这是中国古代都城利用改造旧都城，并在此基础上规划新都城较成功的范例之一。其创新的形制和布局对后世都城产生了深远的影响，是中国封建社会后期都城形制布局演变进程中的里程碑，因而具有划时代的重要意义。

第二章 南宋行在临安城的形制布局

第一节 外城和宫城的形制

一 建置沿革与外城的平面形制

(一) 建置沿革

南宋行在临安府城,大体相当于今杭州市的上城和下城区(图2-1)。

杭州最早的建置始于秦,公元前222年秦在灵隐山麓设钱唐县[1]。西汉时钱唐县先属扬州后归会稽郡,王莽时改称泉亭县。东汉时复名钱唐县,属吴郡[2],县治从灵隐山麓迁至宝石山之东[3],为今杭州城范围内建城之始。三国时期为吴郡督尉治所,东晋、宋、齐、梁、陈时仍属吴郡。梁太清三年(549年)钱唐一度升为临江郡,旋废。陈祯明元年(587年)置钱唐郡,属吴州。

隋开皇九年(589年)灭陈,废钱唐郡,建置杭州,州治在余杭县[4]。开皇十年移治于钱唐城,十一年迁至柳浦西(今江干一带),依山筑城,周回三十六里九十步[5]。大业六年(610年)开凿江南运河并与北运河连通,为杭州城的进一步发展创造了条件。唐灭隋因避国号之讳,改"钱唐"为"钱塘",城垣大体承隋之旧。德宗年间(780~805年)

---

[1] 秦时今杭州市区和西湖还是江海相连的浅海湾,钱唐县治具体位置不明。南朝钱唐县令刘道真约于刘宋元嘉十三年,即436年左右任县令,他在《钱唐记》(转引自《太平寰宇记》卷九三)中说:"昔一境逼近江流,而县在灵隐山下,至今基址犹存",此灵隐山非今灵隐山,这个记载只说明秦钱唐县在西湖群山之中。当时会稽郡治在今苏州。

[2] 东汉永建四年(129年)原会稽郡分为吴郡和会稽郡,吴郡郡治仍在苏州。

[3] 东汉钱唐县治具体位置仍不明。《钱唐记》记载一个传说,东汉时郡议曹华信筑防海大塘"在县东一里许",研究者或认为防海大塘在宝石山至云居山之间,从此西湖与江海隔断,为日后建城打下基础。

[4] 传说夏禹治水成功,于会稽山大会诸侯,曾在杭州地方"舍杭登陆"("杭"意为方舟),地始名杭,"禹"与"余"音近,后来就称余杭。杭州之名是从余杭派生出来的。隋代州治初设余杭县,因名杭州。

[5] 《太平寰宇记》卷九三记载:"开皇十年移州治钱唐城,十一年复移柳浦西,依山筑城"。乾道《临安志》卷二引《九域志》说:隋杭州城"周回三十六里九十步"。其范围大致是东临盐桥河(今中河),西濒西湖、南达凤凰山,北至钱唐门(今六公园附近),这是杭州历史上第一次建造的州城,大体相当于今杭州市区的范围。

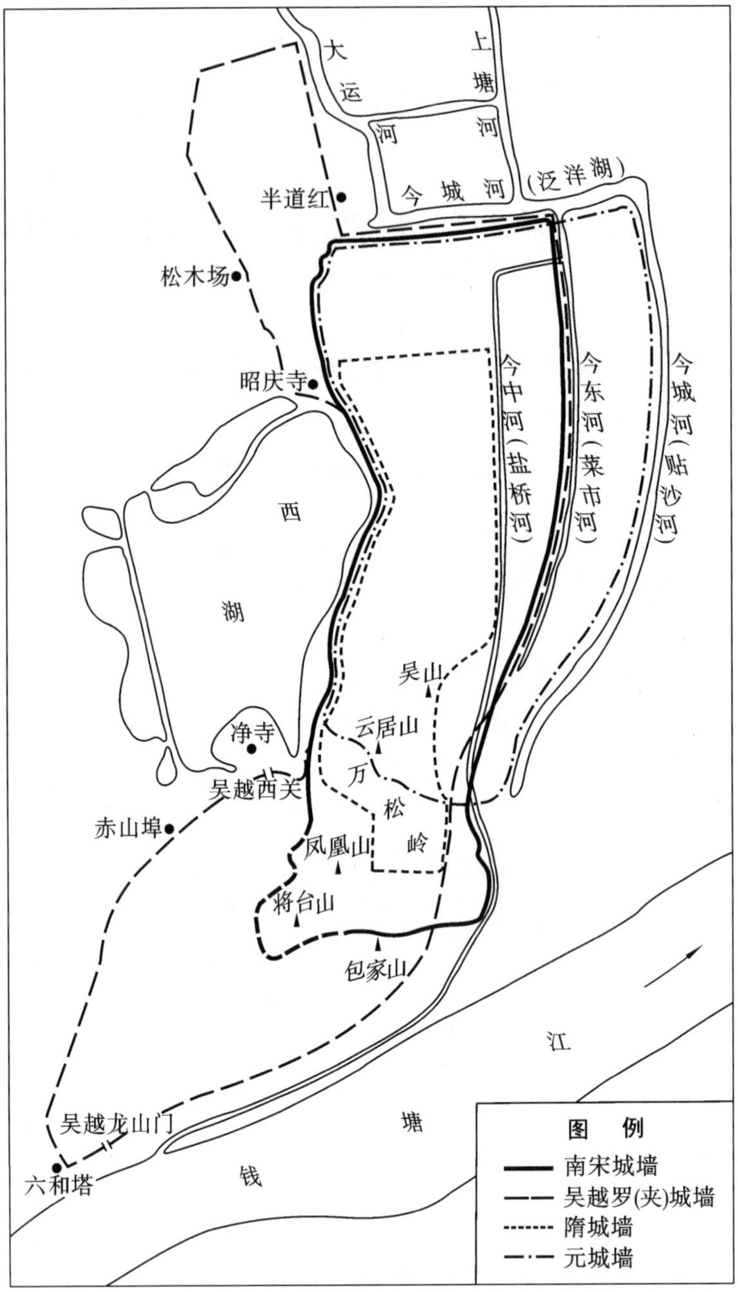

图 2-1 杭州古代城址变迁示意图

(引自郭黛姮主编《中国古代建筑史》第三卷"宋辽金西夏建筑",略有改动)

杭州刺史李泌在今涌金门至钱塘门之间开凿六井(即西井、相国井、金牛井、方井、白龟井、小方井),将西湖淡水引入城中,解决了相关地区居民因远离山麓,地苦斥卤,饮水困难的问题。六井的开凿在杭州城的发展史中占有重要地位,从此西湖成为杭州城的组成部分,两者一直共存共荣。此外,唐代还在景龙四年(710年)和咸通二年(861年)两开沙河,揭开了开拓东城的序幕。长庆二年(822年)白居易任杭州刺史后,又在钱塘门到今武林门间修长堤(白堤),解决了蓄泄湖水,溉田和保障城内用水的问题。由于六井、沙河和湖堤的开凿修筑，奠定了杭州"倚江带湖"，"三面云山一面城"的格局。

五代时钱镠拥兵割据杭州一带（钱氏原为唐镇海军节度使），后梁开平元年（907年）被封为吴越王，梁龙德三年（923年）又封为吴越国王，定都杭州，称西府或西都。钱氏对杭州的营建功绩卓著，曾三次扩建杭州城。第一次在封王之前，于唐大顺元年（890年）扩展了旧城垣的西北和西南部，"筑新夹城，环包家山，泊秦望山而回，凡五十余里，皆穿林架险而版筑焉"[1]。第二次在唐景福二年（893年），主要扩建了旧城的东北地区，"新筑罗城，自秦望山由夹城东亘江干，泊钱塘湖、霍山、范浦，凡七十里"[2]。因城垣形状呈"南北展而东西缩"之形，俗称"腰鼓城"[3]。第三次在后唐同光二年（924年），"钱镠开慈云岭，建西关城宇"[4]，再次"广杭州城"，确立了城的南界。钱氏的宫城因凤凰山东麓原唐代子城而建，早在钱镠任镇海军节度时即扩展了州厅西南隅，封王后则将原子城的厅室改建为殿堂。宫城南有通越门，北有双门（即霉门）。此外，在梁开平四年（910年）为防海潮侵袭，南自六和塔北迄艮山门筑捍海塘[5]，进一步巩固了东城的城基。同时建龙山、浙江二闸，以遏制咸潮倒灌。宝正二年（927年）疏浚西湖，设"撩浅军"（或称"撩湖兵"），专责除葑浚湖。又开涌金池引湖水入城，丰富城内水源，大量凿井以满足居民饮水之需[6]。总之，钱氏在吸取前代经验的基础上，采取控江保湖，综合治理的方针，使城市向东、北两个方向发展，确立了"南宫北城"的规划格局，为尔后南宋临安城的发展奠定了坚实的基础。

宋太平兴国三年（978年）钱氏放弃割据并于北宋，宋"即其宫为州治"。此后杭州城的北界从德胜桥夹城巷缩至武林门（时间不详），吴越国夹城被拆除，杭州城变为两重城，端拱二年（989年）北宋在杭州设市舶司。元祐元年（1086年）苏东坡任杭州知州后，修复六井，新开二井，疏浚盐桥、茅山二河各十余里。使盐桥河专受湖水以利民饮，茅山河专受江潮做到潮不入市，又重开西湖修筑长堤（即苏堤，"苏堤春晓"至今仍是湖中佳境）。从而使杭州城进一步发展和繁荣起来，并荣获"地上天宫"之誉。靖康元年（1126年）金军陷汴京，北宋亡。次年五月徽宗九子赵构在应天府（河南商

---

[1] 《吴越备史》卷一。

[2] 《吴越备史》卷一。

[3] 钱氏第二次扩建后，杭州城东临钱塘江，南濒六和塔，西至雷峰塔，北及今艮山门外范浦，城墙高三四丈，建雉堞，城墙每隔百步建敌楼一座。除俗称"腰彭城"外，又因城西北隅外形曲折多变，而称之为"九曲城"。

[4] 《咸淳临安志》卷二八"山川七·岩"。

[5] 后梁开平四年，钱氏在候潮门至通江门外，采用"石囤木桩法"修筑海塘。后又在六和塔至艮山门之间陆续兴建捍海塘，后人称为"钱氏石塘"或"钱氏捍海塘"。其遗址1982年在兴建杭州南星桥立交桥时曾被发现。又钱镠在"后梁龙德二年（922年），奏分钱塘、盐官二地置钱江县"，二县同城而治，太平兴国四年（979年），改钱江为仁和，从此二县并存到清末。

[6] 在城中广为凿井，如涌金池、吴山大井、灵鳗井等。凿井最多的是在新扩展的城北新区，有"钱王所凿九十九眼"，称"钱王百井"，其地今仍称百井坊巷。此外，钱氏三代五王笃信佛教，故大修佛寺和塔，如昭庆寺、净慈寺、开化寺、云栖寺、韬光寺、六通寺、理安寺、灵峰寺、玛瑙寺、六和塔、保俶塔、雷峰塔、白塔等，故当时杭州又有"佛国"之称。

丘）登极，改年号"建炎"。建炎三年（1129年）在金兵追逼之下，赵构奔杭州，遂以杭州为"行在所"，升为临安府，改州治为行宫。接着金兵又尾追南下，赵构则逃到绍兴、温州等地，绍兴二年（1132年）迁回杭州。此后直到绍兴八年才以临安为行在，正式定都，史称南宋。

南宋景炎元年（1276年）元兵攻陷临安，改置杭州路，杭州城墙被夷平，元在杭州设市舶司。元至正十七年（1357年）自称吴王的张士诚攻占杭州，至正十九年张士诚令改筑杭州城，为明清杭州城的规模奠定了基础。明清两代杭州城一直是浙江省城，城垣大体仍张士诚时之旧。明代废钱湖、天宗、北新三门（此三门为张士诚所设），改和宁门为凤山门，余杭门为武林门。嘉靖三十四年（1555年）为防倭寇，于清波门南城上筑带湖楼，东南城上筑定南楼，凤山门西城上筑襟江楼，艮山门东城上筑望海楼（俗称跨海楼）。清代除在湖滨划出八旗营地筑城，置将军署外，其余与明代无大变化。

南宋临安城的正式考古工作开展较晚，1983年中国社会科学院考古研究所浙江考古队、浙江省文物考古研究所、杭州市园林文物局联合组成临安城考古队，以南宋皇城为工作重点，同时对城内一些重要遗址也进行了考古调查和发掘。此项工作，迄今仍在继续进行之中。由于上述考古调查、试掘和发掘多未正式刊发考古报告，故对此只能简略介绍。2001年，临安城遗址被定为全国重点文物保护单位。

（二）外城的平面形制

南宋临安城的形制，基本承吴越国都和北宋杭州城之旧。在总体布局上有外城和宫城两重。此外，还新建德寿宫（图2-2、图2-3、图2-4）。

外城又称罗城，南宋罗城在前代基础上仅略有修缮，如绍兴二年、三十一年两次修缮外城垣，除绍兴二十八年（1158年）扩展外城东南部外[1]，少有增筑。外城的平面形制，仍呈"南北展而东西缩"的"腰鼓形"。到南宋末外城垣的北界在今武林门至艮山门一线，西濒西湖，东至菜市河，南从慈云岭沿山麓迤至馒头山划界。城墙依山就水，因势而筑。诸城墙各高三丈余，横阔丈余，基广三丈。城墙逐步包砖石[2]。城门新开嘉会门和新门，加上旧城门共13座。即北城墙之西的余杭门（俗称北关门），南城墙之东的嘉会门。东城墙七门，从北向南为艮山门（俗称坝子门）、东青门（俗称菜市门）、崇新门

---

[1]《宋史》卷六五《五行三》载："绍兴元年（1131年），行都雨，坏城三百八十丈。"《咸淳临安志》载：绍兴"二十八年增筑皇城东南之外城"。《宋会要辑稿》第一八七册，方域二之二〇、二一载：绍兴二十八年增筑皇城东南之外城，"展阔一十三丈，内二丈充城基，中间五丈充御路，两壁各三丈充民居"，增筑城墙长541丈，用工30余万，用砖1000万片。《建炎以来系年要录》卷一八、《宋史》卷六五《五行三》："隆兴元年（1163年）三月，霖雨，行都坏城三百三十余丈。"《宋史》卷三五《孝宗三》：淳熙五年（1178年）五月"修临安府城"。

[2] 杭州市文物考古研究所《南宋太庙遗址》（文物出版社2007年版）"前言"记述：1984年春配合基建工程，在江城路中学西围墙外，中山南路25号至31号地段的中河东侧，老吊桥的东北角，于地表下2～2.4米发现南宋城墙基础，发现部分残长18米，残高2.4米，残宽9.5米，南北走向，墙基用红黏土和石块分层夯筑。在城墙西段夯土层中间还发现一条由西逐渐（转后页）

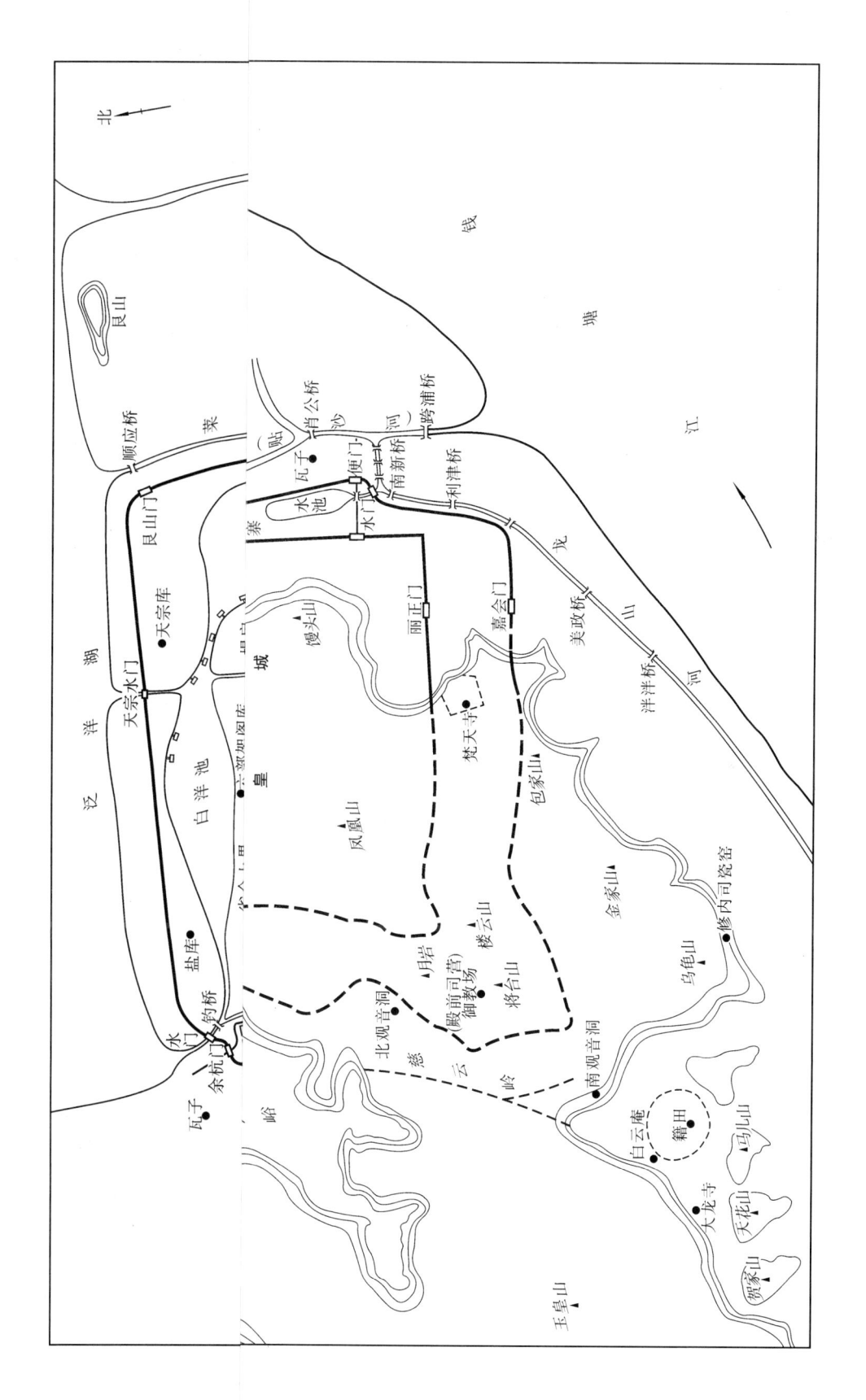

图 2-2 杭州南宋末临安城平面示意图
（引自贺业矩《中国古代城市规划史》，略有改动）

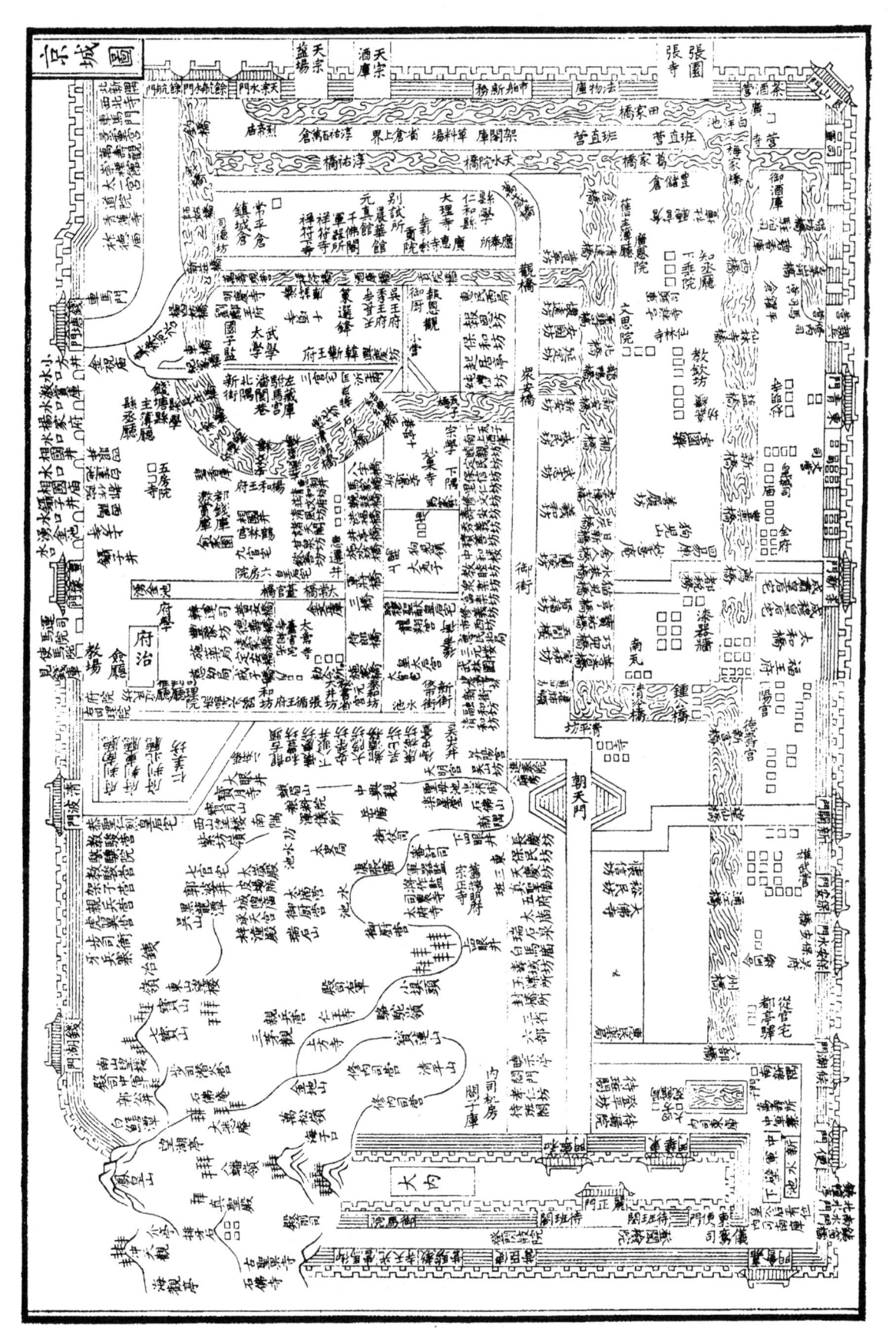

图 2-3　南宋末临安京城图载《咸淳临安志》

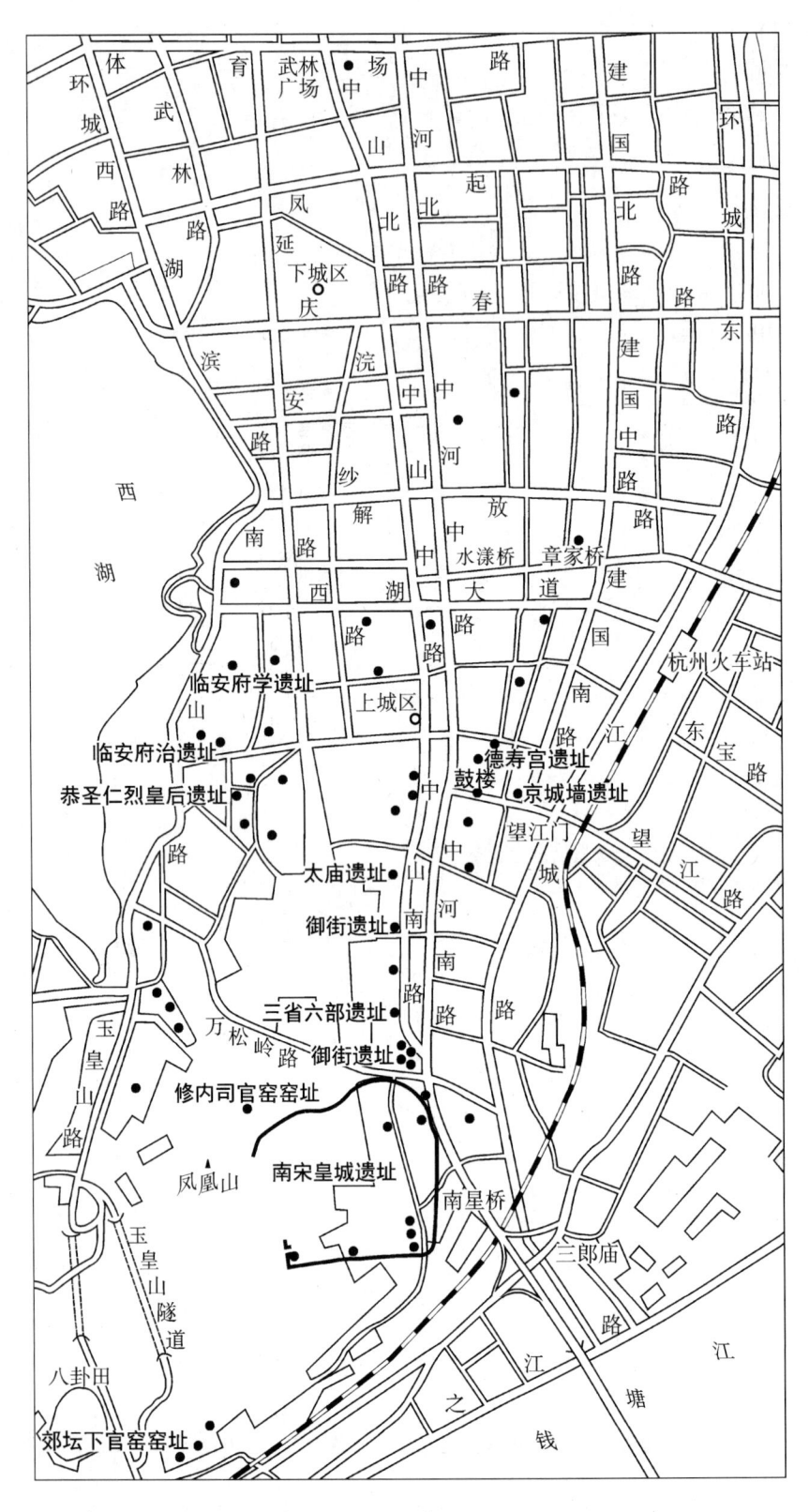

图 2-4　杭州南宋临安城遗址考古调查与发掘地点分布示意图
（引自杭州市文物考古研究所《南宋太庙遗址》，略有改动）

*（俗称荐桥门）、新门（又名新开门，俗称草桥门）、保安门（旧名小堰门）、候潮门和便门。西城墙开四门，从北向南为钱塘门、丰豫门（旧名涌金门）、清波门（又称涵水门，俗称暗门）、钱湖门（又名青平门）。此外，还有余杭、天宗、保安、北水和南水五座水门[3]。各城门均建城楼，艮山门、东青门和便门则建瓮城，水门都是平屋[4]。诸门城楼以嘉会门"城楼绚彩，为诸门冠"，皇帝南郊祭礼出入此门[5]。北面的余杭门与浙西、苏、湖、常、秀和江淮水陆相通，是城北交通要道[6]，为商贾云集和货物的集散地。东南的候潮门，则是海商船舶的泊地，为重要的对外贸易门户。丰豫门最近西湖，城内游西湖者多由该门出入。全城南北长约 7000 米，东西窄，平均约 2000 米，面积约 14 平方公里，城内平地与山地约各占一半[7]。

二　宫城与德寿宫

（一）宫城的营建与沿革

建炎三年（1129 年）二月，赵构奔杭州，诏以原北宋州治为行宫。绍兴元年（1131 年）十一月，诏守臣徐康国措置草创行宫（又称大内、皇城、南内）。初宫城草创，只求

---

* （接前页）向东倾斜的砖券排水涵洞，基本用双层条砖砌筑，长 11 米，高约 0.8 米，宽 1 米左右。2006 年 3 月，配合望江地区改造工程，在望江路与吉祥巷交界处东侧地块（原杭州家具厂），发现南宋、北宋、五代三个时期依次叠压的城墙基础遗迹。其中南宋城墙基础距地表深 2.3～2.5 米，揭露部分长 34.5 米，东西宽 15.65 米，残高 1.5～2 米。墙基主体部分宽 9.7 米，残 2 米，系用大小不一的石块和沙土填筑而成，墙基东侧用石块包砌规整，外侧再打入一排排列整齐的松木桩加固墙基。墙基东边为一宽约 6 米的护基，由大小不一的石块和黄黏土堆砌而成，护基外侧另有两排木桩加固。城砖 40.5 厘米×20 厘米×9.5 厘米，一侧模印南宋"嘉熙"（1237～1240 年）年号。以上墙基位置参见图 2-4。

[3]《梦粱录》卷七"杭州"条："曰北水门，曰南水门，盖禁中水从此流出，注铁沙河及横河桥下，其门有铁窗栅锁闭，不曾辄开"；"曰保安水门，河通跨浦桥，与江相隔耳"。

[4]《梦粱录》卷七"杭州"条：其"诸门内便门、东青、艮山、皆瓮城。水门皆平屋。其余旱门，皆造楼阁"。

[5]《梦粱录》卷七"杭州"条：嘉会门"城楼绚彩，为诸门冠，盖此门为御道，遇南郊，五辂从此幸郊台路"。

[6] A.《梦粱录》卷七"杭州"条："'余杭门'旧名'北关'是也。盖北门浙西、苏、湖、常、秀，直至江、淮诸道，水陆俱通。"

B.《梦粱录》卷七"杭州"条，傅林祥注对诸门之今地说："嘉会门，在今包家山与凤凰山相交处。便门，一作东便门，在凤山门与候潮门之间（另一说沿江城路南折至今江城路立交桥，为便门）。候潮门，在江干区候潮路与候潮路直街相接处附近（另一说沿今江城路南折至今六部桥直街，为候潮门）。因城门濒钱江，每日两次可以候潮，故名。保安门，在候潮门与望江门之间（另一说沿狮子巷折至今江城路抚宁巷，为保安门）。新开门，在望江直街竹椅子巷北。崇新门，在清泰街与城头巷相交处附近。东青门，在庆春街与东青巷相交处附近。艮山门，在建国北路北端与环城北路交接处附近。余杭门，即五代吴越国北关门。北关门，一称武林门，在今武林门环城北路与武林路交接处附近。钱塘门，今湖滨路与圣塘路交接处，即六公园一带。丰豫门，吴越国涌金门，今涌金门直街与南山路交接处一带。清波门，今清波门直街与南山路交接处一带。钱湖门，今清波门南、万松岭北的云居山一带。以上仅供参考。"

[7] 阙维民《杭州城池暨西湖历史图说》，浙江人民出版社 2000 年版，第 33 页。

"蔽风雨"，"因旧就简"，不尚华饰，"外朝止一殿"，"随事易名"[1]。绍兴十一年（1141年）与金人议和后，十二年起开始大兴土木，营建宫室，绍兴十五年主要工程大体完工，绍兴二十八年宫城基本建成，以后又陆续修葺，逐步完善[2]。

德祐二年（1276年），南宋降元，后宫城失火，焚毁过半。至元二十五年（1287年），西僧杨琏真伽（嘉木杨喇勒智）在南宋故宫遗址内置五寺，改垂拱殿为报国寺，改延和殿为仙林寺，改福宁殿为尊胜寺，改芙蓉阁为兴元寺，改和宁门侧为般若寺。元朝后期延祐、至正年间，五寺相继毁坏。明洪武二十四年（1391年）重建报国寺，并立为丛林。至明万历年间，南宋宫城内建筑尽毁。

（二）宫城位置与平面形制

1. 宫城墙的位置和四至

宫城位于临安城南端凤凰山东麓（图 2-2、图 2-4），现存宋高宗楷书"忠实"石刻题记，以及淳熙五年（1187年）王大通"凤山"和"皇宫墙"石刻题记。宫墙的位置过去依据文献记载学者多有考证，均无定论。1984年以后考古工作者对宫墙位置进行考古钻探试掘，陆续发现宫墙基址。北宫墙东段在万松岭南侧，沿万松岭南侧山坡向东略外弧延伸至馒头山东北角。北宫墙东段西端于市中药材仓库西墙外西侧，在距地表 0.2～1.4 米

---

[1]《宋史》卷八五《地理一》："行在所。建炎三年闰八月，高宗自建康如临安。以州治为行宫。宫室制度皆从简省，不尚华饰。垂拱、大庆、文德、紫宸、祥曦、集英六殿，随事易名，实一殿。"《梦粱录》卷八"大内"条：大庆殿，"遇明堂大礼，正朔大朝会，俱御之。如六参起居，百官听麻（诏书），改殿牌为文德殿；圣节上寿，改名紫宸；进士唱名，易牌集英；明禋为明堂殿"。《历代宅京记》卷一七"临安"引《舆服志》曰："皇帝之居曰殿，总曰大内，又曰南内。本杭州治也。"

[2] A.《咸淳临安志》记载："在凤凰山即杭州州治。建炎三年二月诏以为行宫（时执政奏屋宇隘窄，上犹以百官六军未得所居，不御）。绍兴元年十一月诏守臣徐康国措置草创（有旨不得华饰，仅蔽风雨足矣……时修内司迄造三百间，诏减二百）。二年九月南门成，诏名曰行宫之门。三年诏梁汝嘉创廊庑于南门之内（以百官遇雨泥行非便）。十八年名南门曰丽正，北门曰和宁（门外各有百官待漏院），东苑门曰东华。二十八年增筑皇城东南之外城，时禁中有营建。大卒因事立制，务在俭朴。列圣相承，罕所增益。"

B. 其他有关修筑皇城记载亦很简略，现将主要者辑录于后。《宋会要辑稿》第一八七册，方域二之一一记载：绍兴二年，车驾以正月十四日至临安府。绍兴二年七月，"行宫南门添置楼屋一所"，"诏令临安府书写，仍以行宫之门四字为名"。绍兴二年九月二十九日，"尚书省又言：行宫南门修盖毕工"。绍兴三年正月十六日，"中书门下省奏：勘会行宫南门里并无过廊，百官趋朝冒雨泥行。诏：令梁汝嘉同修内司官就东廊旧基营盖"。绍兴三年十二月九日，诏："宫墙底小却薄，不足以限制内外，令修内使相度邦贴砌垒"。方域二之一六记载：绍兴十二年"十一月十二日，提举修内司承受提辖王晋锡言，依已降指挥同临安府将射殿修盖两廊并南廊殿门，作崇政殿，遇朔望，权安置幕帐门，作文德、紫宸殿及将皇城司近北一带相度盖垂拱殿，今具掇，移诸司屋宇共二百四十七间，乞依画到图本修建，从之"。绍兴十二年十一月十四日，"提举修内司承受提辖王晋锡言，依已降指挥修盖射殿廊舍合用两朵殿乞一就修盖，从之。"方域二之一八六记载：绍兴十五年八月，"欲于射殿东修神御殿一座，从之"。绍兴十八年，三月十四日，"学士院撰到皇城南门名曰丽正，北门曰和宁，从之"。方域二之一九记载：绍兴二十四年，（转后页）

*处发现夯土宫墙基址，夯土紧密坚硬，残宽约 11 米（已设铁围栏保护）。自此向西称西段，宫墙始建于山坡和山脊上，从上述铁围栏保护点向西大致呈东北—西南走向，经"景栖25"高压铁塔，中山纪念林碑北侧，老虎洞官窑遗址南侧的山梁脊部，向西一直延伸至通往凤凰亭岔路附近的陡坡。西段西端南折一段，墙基终止。经试掘初步确认，北宫墙以夹杂石块的黄褐色和浅灰褐色夯土为主，墙基距地表约 0.2～0.8 米，残宽约 11 米，厚 0.7～2.7 米，夯层厚 0.1～0.24 米。此外，有迹象表明宫城墙有初建和修建夯土两部分，其内侧均有包砌石块现象。初建夯土宫墙内侧包砌石块 3～5 层，包石残存高度约 62 厘米，宽 44 厘米。修建夯土宫墙内侧包砌石块仅一层，包石边宽 40 厘米。在初建宫墙夯土中发现有南宋时期的"香糕砖"残块，北宫墙现存残长约 710 米[3]。

---

* （接前页）二月一日，"诏丽正门外东壁有修内司空地，仰殿前马步三司各差辖重军兵一千人，就用见在砖土打筑入皇城门"。绍兴二十四年，九月，礼部乞置天章等阁。绍兴二十四年，十一月三日，诏临安府修内司修盖天章等阁了毕。方域二之二二记载：绍兴二十八年，九月二十四日，"诏垂拱殿等处修改了毕"。乾道七年（1171 年）五月十三日，"诏行在宫门以西旧隔城通内军器一库增库屋十间，改筑土墙并将南库门筑合，止留旧北库门出入"。乾道九年（1173 年）正月九日，"诏后殿门系驾入出径由门户，其屋宇低小，入出妨碍，令工部委官计会，修内司照挥院合用高低丈尺相视计料，重别修盖"。方域二之二三记载：淳熙二年（1175 年）十一月二十八日，"诏殿前司、修内司、临安府、转运司修盖射殿殿门、隔门并皇太子宫门已毕工"。

《建炎以来系年要录》卷一三五：绍兴十年五月丙戌，江东制置大使兼行宫留守叶梦得奏修行宫，欲大庆、垂德、垂拱、紫宸四殿，规模稍大，上恐劳民、谕辅臣，令从简俭，止营两殿足矣。同书卷一四七记载：绍兴十二年十一月庚子，"命内侍王晋锡作崇政、垂拱二殿，时言者请复朔日视朝之礼，而行宫止一殿，故改作焉。崇政以故射殿为之，朔望则权置帐门以为文德；紫宸殿，按射则以为选德，策士则以为集英，垂拱以故内诸司地为之，在皇城司北"。同书卷一八〇记载：绍兴二十八年，九月辛酉"重修朝、射、垂拱三殿成"。

《宋史》卷三二《高宗九》：绍兴三十一年五月乙亥，增筑禁城。

此外，文献还载有绍兴二年九月，丽正门外建东西阙亭，东、西待露院。绍兴十五年建敷文阁、钦先孝思殿。绍兴二十四年建天章等六阁。绍兴二十六年建纯福殿。绍兴二十八年建福宁殿。乾道初年建选德殿，又称射殿。乾道七年建立太子宫门。淳熙十五年建焕章阁。庆元二年建华文阁。嘉泰元年建宝谟阁。宝庆二年建宝章阁。咸淳元年建显文阁等。

据上所述，皇城框架在绍兴之初已基本确立，绍兴十五年时主要工程已基本完工。

[3] A. 临安城考古工作队《杭州南宋临安城皇城考古新收获》，国家文物局编《2004 中国考古重要发现》，文物出版社 2005 年版。

B. 杭州市文物考古研究所《杭州市南宋临安城考察》（《中国考古学年鉴·1985 年》，文物出版社 1985 年版）记载：北宫墙"自万松岭路南侧的山坡向东到馒头山的东北角"。

C. 《南宋临安城遗址》（《中国考古学年鉴·1986 年》，文物出版社 1988 年版）记载：北宫墙"在今万松岭路南侧，顺山坡发现皇城的北城墙，地面尚存 2 米高的夯土墙，宽约 11 米。城墙往东皆在现代建筑下，钻探发现其断续延长至 200 米左右。北城墙的城门和宁门"，压于道路和建筑下。"在北城墙内侧曾发现有包砖，为长方形厚砖"。

D. 《南宋临安城皇城遗址》（《中国考古学年鉴·1993 年》，文物出版社 1995 年版）记载："在北城墙折向西端的一段，距地表2~3 米处发现了夯土城墙墙基，宽 9.6 米，墙基外有包砖，夯土残存厚度 0.76 米，每层厚 0.2～0.35 米。夯土内含有南宋早期及北宋以前的瓷片。"

上述 A 为 2004 年考古成果。B~D 为前期成果可供参考。

东宫墙与北宫墙相接部位略斜向东南，然后东墙沿馒头山东麓南行，南段地处馒头山路西侧的断崖上，墙体内收斜向西南。东宫墙残存长约390米，宽约8.8～12米。据试掘资料，东宫墙由黄褐色、浅棕黄色和浅灰褐色等夯土构成，距地表深0.4～1.2米，墙体残宽8.8米，厚0.55～1.7米，夯层0.15～0.3米，夯层中均夹有砖瓦碎片[1]。

南宫墙在今宋城路北侧，大致与宋城路平行，现残存长约600米，墙基宽9～14米，夯土厚0.5～2米。夯土多为黄褐色，中间杂有小砾石和少量砖瓦片等。南宫墙东端在机修厂院内，与宫东墙大体连接。自此向西经杭州市上城区少年军校总校门口，接近宋城路后夯土墙在道路北侧一直西行，在宋城路102号附近穿过宋城路，直线向西达宋城路105号南侧苗圃，苗圃院内正是皇城西墙南隅。从该段宋城路102号、103号住房以西10米的南北向钻探资料来看，宫墙基距地表深1.1～1.2米，墙体残宽约14米，夯土浅棕褐色，内夹黄灰砂石粒和残砖瓦块等，质地较紧密。

西宫墙与南宫墙连接，连接处近直角，从此向北经宋城路105号住宅东侧，又北止于凤凰山南麓陡坡，残长约100米，宽10～11米。西宫墙基发现一宽约18米的缺口，缺口两侧夯土宽约20余米。从宋城路与西宫墙交叉点南侧路边试掘来看，西宫墙残高1.79～1.84米，夯层厚0.06～0.2米，内含砖瓦碎块、瓷片和铜钱等遗物。西宫墙内侧残存包砖，南北向包砖在探沟北壁附近向东转折伸出，并与西宫墙缺口两侧加厚夯土相呼应（图2-5）。在西宫墙内侧地面铺有整齐的条砖，条砖下为纯净黄土和砂性生土。通过解剖夯土和分析出土遗物，可知西宫墙属南宋时期。上述情况表明，该缺口或与宫城西门有关。

除上所述，在宫城南墙、西墙外侧还勘探出排水沟，水沟宽15～20米，距地表1.0～1.5米，深超过4.5米，距宫墙约12米。该排水沟可能是宫城墙外的护城濠[2]。

2. 宫城的平面形制、规模与门址

据上所述，宫城墙北墙在万松岭之南和凤凰山北侧余脉的山脊上，东段略外弧，西段呈东北西南走向。宫城墙东墙在馒头山东麓，略呈弧状。南宫墙在宋城路北侧一线，较直，西段略斜向西南，宫墙外有护城濠。宫城西墙只发现南段，北段仅北宫墙西端略南折，其余地段均未发现墙基，应是以凤凰山为屏障代替西宫墙（图2-3、图2-6）[3]。上述情况表明，宫城墙的四至，大致东起馒头山东麓，西抵凤凰山，南临宋城路，北至万松岭。宫城平面呈东西长，南北窄，北宫墙有曲折，东宫墙略外弧，南宫墙较直，西面无完整宫墙的不规则长方

---

[1] A. 临安城考古工作队《杭州南宋临安城皇城考古新收获》，国家文物局编《2004中国考古重要发现》，文物出版社2005年版。

B.《杭州市南宋临安城考察》（《中国考古学年鉴·1985年》，文物出版社1985年版）记载："东城墙沿馒头山的东麓往南到今杭州铁路装卸机修厂内。"

C.《南宋临安城遗址》（《中国考古学年鉴·1986年》，文物出版社1988年版）记载："在今馒头山麓至铁路机修厂一带发现了东城墙，宽10～11米，长390余米。城墙皆为夯土墙基，夯层厚度约20厘米，夯层呈红黄色或灰色，夹薄层砖瓦碎块。"

[2] 临安城考古工作队《杭州南宋临安城皇城考古新收获》，国家文物局编《2004中国考古重要发现》，文物出版社2005年版。

[3]《南宋临安城皇城遗址》（《中国考古学年鉴·1993年》，文物出版社1995年版）记载："在北城墙折向西端的一段南寻，先后开6条探沟，未见西城墙向南延伸。"以此结合本书所述南宫墙仅北折一段来看，临安诸皇城图西部未绘完整宫墙，中间以凤凰山为屏障是符合实际情况的。对此，诸家意见基本相同。

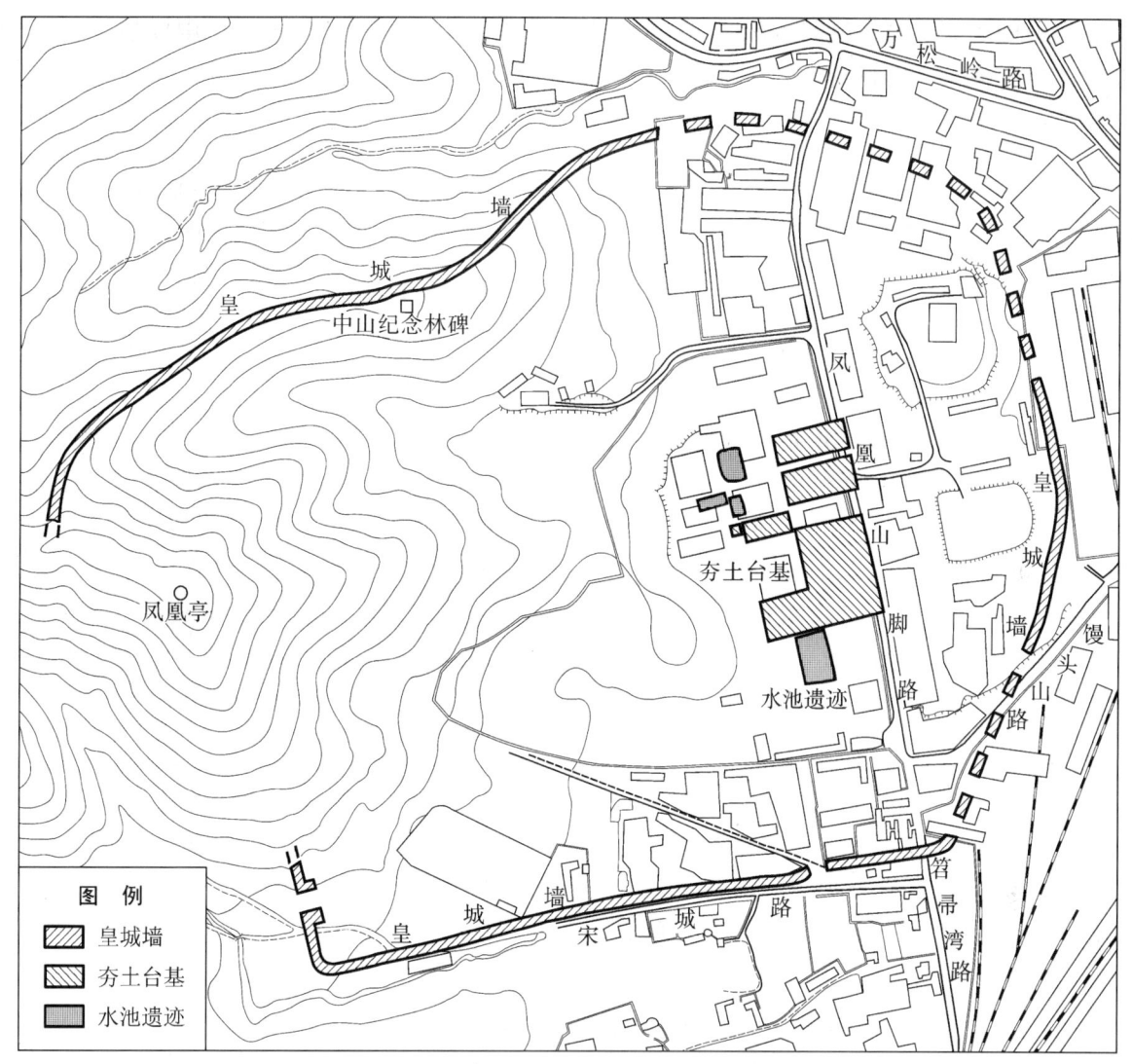

图 2-5 杭州南宋临安城皇城钻探实测平面图
（引自临安城考古工作队《杭州南宋临安城皇城考古新收获》，略有改动）

形。根据考古钻探试掘，实测宫城东西直线距离约 800 米，南北直线距离约 600 米[1]，约合 5 宋里（一宋里=559.872 米），与北宋宫城大体相当[2]。

宫城门址，文献记载南为丽正门，北为和宁门，东为东华门，还有东便门，《武林旧事》记有西华门，皇城图（图 2-6）西部南边有"府后门"。其中和宁门与丽正门的位置最为重要，两座宫门目前均未发现遗址，学者们对其具体位置的意见不一。现在一般多认为今中河南路约相当于临安城御路南段，其南对今凤凰山脚路，御路当对宫城和宁门，故上述二条路主轴线与已发现的北宫墙的交点附近即为和宁门的位置，东华门则在其东。丽正门与和宁门为宫城正南门和正北门，二门按规制应大体相对，所以凤凰山脚路向南与已发现的南宫墙的

---

[1] 临安城考古工作队《杭州南宋临安城皇城考古新收获》，国家文物局编《2004 中国考古重要发现》，文物出版社 2005 年版。

[2]《宋史》卷八五《地理一》《宋会要辑稿》第一八七册，方域一之二记载：北宋"宫城周回五里"。

交点附近即为丽正门的位置，东便门在丽正门之东。实际上丽正门与和宁门的位置，很可能在上述位置偏西，对此后文将有分析。此外，西宫墙南部发现的门址，可能是皇城图（图2-6）所标示的"府后门"，"府后门"或又称西华门。

（三）宫城配置概况

宫城西对凤凰山，山东北为八蟠岭，宫城东面为馒头山。宫城主体位于馒头山西面缓坡上，该缓坡即为凤凰山与馒头山之间的鞍部，地形中间标高22.5米，向南北两面坡降，高程约12米左右。南宋宫城内的建筑均被压在现代建筑之下，目前只发现零星的遗址和遗迹[1]，所以下面拟据文献记载对宫城的配置概况略作介绍。

宫城南面丽正门是大内正门，"其门有三，皆金钉朱户，画栋雕甍，覆以铜瓦，镌镂龙凤飞骧之状，巍峨壮丽，光耀溢目。左右列阙，待百官待班阁子，登闻鼓院、检院相对，悉皆红杈子，排列森然，门禁严甚"[2]，门上有门楼[3]。大内北门和宁门，"在孝仁、登平坊巷之中，亦列三门，金碧辉映，与丽正同，把守卫士严谨"，"门外列百僚待班阁子，左右排红杈子，左设阁门，右立待漏院，客省四方馆"[4]。丽正门为正门在南，只有皇帝到南郊祭郊坛才经此门出入。和宁门虽在北为后门，但与御街相接，为宫禁日常出入之门。由于临安城宫城在南端，城的整体布局坐南向北，主要中央衙署亦置和宁门之北，所以和宁门实际上起正门作用。

宫城内的建筑，文献记载大内共有殿三十、堂三十三、斋四、楼七、阁二十、台六、轩一、阁六、观一、亭九十[5]。其中有些殿因事易名，实为一殿，故远不足三十之数。宫城内可分为外朝、内朝、东宫、学士院、宫后苑五部分。据陈随应《南渡行宫记》的描述，大致是外朝殿堂在南部，内朝在其北，东宫在丽正门内、南宫门外之东，学士院在和宁门内、北宫门外之东，宫后苑似在东北部，近东华门。

---

[1] 南宋宫城遗址内，仅有些零星考古发现的遗址。例如：
   A.《南宋临安城遗址》（《中国考古学年鉴·1986年》，文物出版社1988年版）记载：在皇城内原浙江省军区库房院内发现两处大型夯土建筑遗迹及一处大面积的池塘遗迹。
   B.《南宋临安城皇城遗址》（《中国考古学年鉴·1993年》，文物出版社1995年版）记载：在凤凰山西侧现代建筑群下试掘，于距地表2.6米处发现一组砖砌建筑遗迹及夯土台基一部分。台基东侧包砖，东面有砖砌水沟。出土南宋以前的瓷片，在建筑上层元代层中发现一件南宋官窑碗底残片，外底心刻印"内苑"字铭。砖有刻印的"官""×苑"及各种数字等。
   C. 唐俊杰《南宋皇城南城墙考》（《浙江学刊》1998年第5期）介绍了1996年上半年在东距凤凰山脚路45米（原浙江省军区后勤部招待所），于距地表约3.3米处，发掘出一条保存完好营造讲究的南宋砖砌道路。
   D.《杭州南宋临安城皇城考古新收获》（国家文物局编《2004中国考古重要发现》，文物出版社2005年版）记载：2004年度在综合仓库院内勘探，发现夯土台基若干处，其中较大者5处，水池遗迹3处，夯土质量较高，保存较好。
[2]《梦粱录》卷八"大内"条。
[3]《武林旧事》卷一"登门肆赦"记载："驾自文德殿，诣丽正门御楼。"
[4]《梦粱录》卷八"大内"条。
[5]《武林旧事》卷四"故都宫殿"，文中记有殿阁等具体名称。

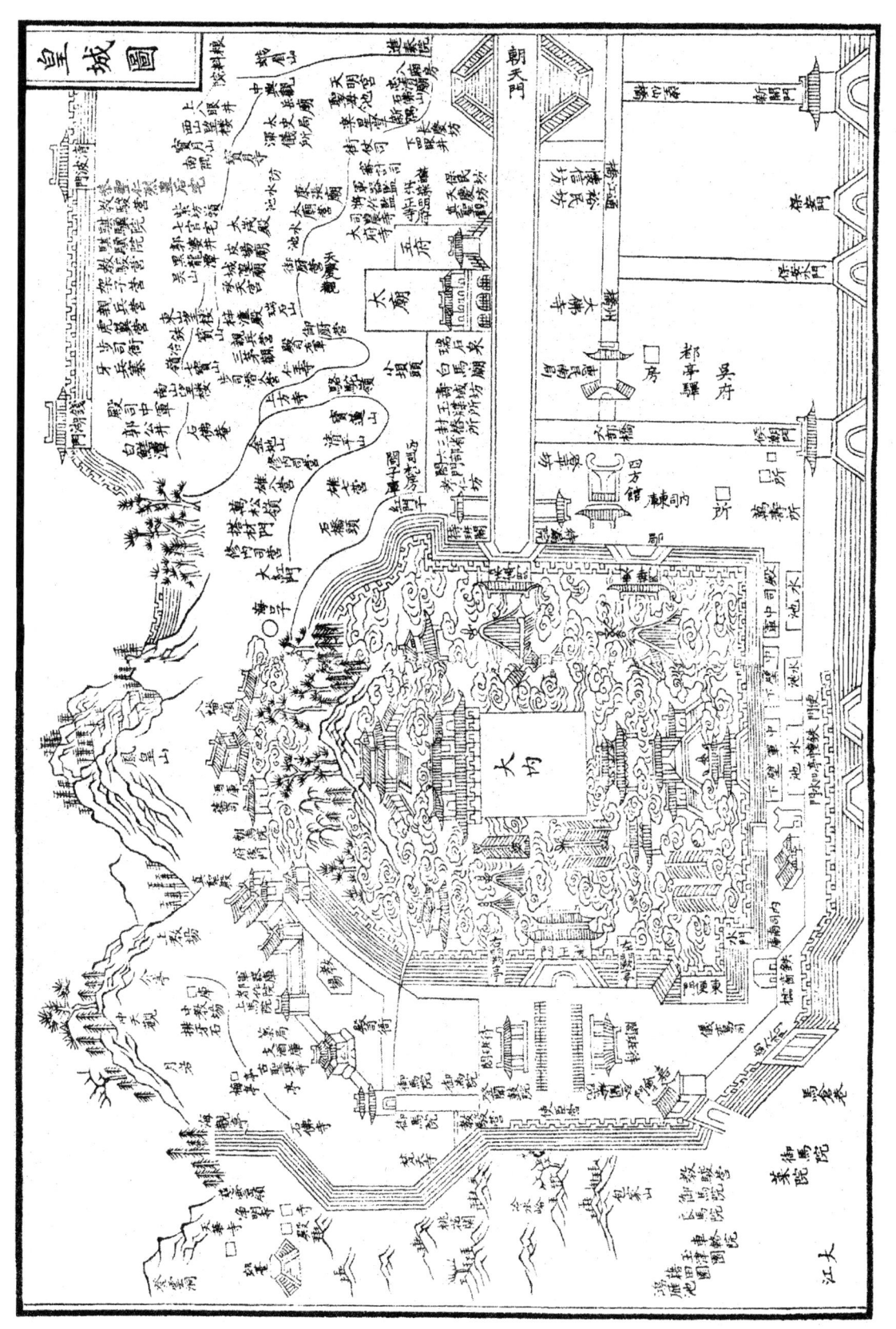

图 2-6 南宋临安皇城图载《咸淳临安志》

外朝实建大庆、垂拱两座主要大殿，二殿随事易名。"丽正门内正衙，即大庆殿"，该殿朝贺时称大庆；"六参起居，百官听麻"时称文德；上寿时称紫宸；"进士唱名"时称集英；"明禋"称明堂。垂拱殿，"常朝四参起居之地"，垂拱殿似位于大庆殿之西。此外，在垂拱殿后有延和殿，为皇帝斋宿之地。延和殿右有端诚殿（明堂、郊祀时），策士唱名称集英，宴对奉使称崇德，武举及军班授官称讲武。

帝后起居的内朝主要殿宇有福宁殿（皇帝寝殿，殿侧有清暑楼，光宗时改为寿康宫）、勤政殿（木帷寝殿）、嘉明殿（在勤政殿之前，皇帝进膳所）、崇政殿（旧射殿改建，位置靠西，为学士侍从掌读史书、讲释经义之处）、选德殿（又名射殿，理宗时为讲殿，皇帝与群臣议事、考察官员政绩之所。在崇政殿东，近福宁殿）、缉熙殿（理宗绍定六年由旧讲殿改建而成，近崇政殿）、钦先孝思殿（崇政殿之东，又名内中神御殿）、复古殿（近后苑小西湖，皇帝燕闲休息之所）、坤宁殿（皇太后寝殿）、和宁殿（皇后寝殿）、慈元殿（理宗谢皇后寝殿）、仁明殿（度宗全皇后寝殿）、受厘殿（钦圣向后寝殿）等。此外还有贵妃、昭仪、婕妤等位宫人直舍，靠近东部。东宫、宫后苑等略[1]。

文献记载，在宫城内"自平陆至山岗，随其上下以为宫殿"[2]。据前述考古资料来看，在原浙江省军区综合仓库院内发现若干高质量的土台基和水池遗迹，以及营造讲究的宋砖砌道路等表明，此处在凤凰山脚路之西，其南北大致与丽正门及和宁门相对，故以此为准的南北一线及其附近似为宫城外朝内朝主体建筑的部位。如是，外朝内朝主体建筑群的西界似应以已发现的北宫墙略近中部的转折处附近为界，东界似在凤凰山脚路之东，大体以已发现的东宫墙与南宫墙相接处为界（图2-5），此界限之东地域则为东宫（南）和宫后苑（北）所在地。这样，估计丽正门当距今凤凰山脚路与已发现南宫墙交点之西尚有二三十米左右，东便门应位于已发现东宫墙南部向西内收并近与南宫墙相接处较近部位，和宁门同样当在今凤凰山脚路主线方向与已发现的北宫墙交点之西二三十米左右，东华门似位于北宫墙向东南弧转的宫墙部位。从南宋临安城和皇城图来看（图2-3、图2-6），丽正门与和宁门并不是南北直对，丽正门较和宁门略偏东，这个现象可作今后考古工作的参考。

综上所述，由于南宋宫城诸殿阁多"随事易名""随时易名""随时所御，则易其名"，故一殿（阁）多名者屡见不鲜。加之文献所记诸殿阁相互矛盾和不明之处颇多，学者们对宫内诸殿阁配置的描述，因所依据的文献不同，对文献的理解不一，亦差异较大。因此，本书不再对宫内宫殿的配置情况作具体的阐述，仅将有关文献记载在注中略作辑录[3]，以供参考。

---

[1] 见郭黛姮主编《中国古代建筑史》第三卷（中国建筑工业出版社2003年版）"宋辽金西夏建筑"第111～113页的介绍. 文中亦介绍了东宫和后苑的概况. 同书第561页据《武林旧事》卷三和《南渡行宫记》又对宫后苑有专文介绍分析.

[2] 清·朱彭《南宋古迹考》（浙江人民出版社1983年版）卷一"宫殿考"条.

[3] A.《宋史》卷八五《地理一》："行在所. 建炎三年闰八月，高宗自建康如临安，以州治为行宫. 宫室制度皆从简省，不尚华饰. 垂拱、大庆、文德、紫宸、祥曦、集英六殿，随事易名，实一殿.""延和、崇政、复古、选德四殿，本射殿也. 慈宁殿、钦先孝思殿、翠寒堂、损斋、东宫、讲筵所、资善堂. 天章、龙图、宝文、显谟、徽猷、敷文、焕章、华文、宝谟九阁，实天章一阁."（转后页）

(四) 皇城和宫廷广场问题

1. 皇城之探讨

*南宋临安大内地处山脚之下，场地局促，利用旧州治进行改建又多有不便，加之金

---

* （接前页）B.《宋史》卷一五四《舆服六》："宫室。汴宋之制，侈而不可以训。中兴，服御惟务简省，宫殿尤朴。皇帝之居曰殿，总曰大内，又曰南内，本杭州治也。绍兴初，创为之。休兵后，始作崇政、垂拱二殿。久之，又作天章等六阁。寝殿曰福宁殿。淳熙初，孝宗始作射殿，谓之选德殿，八年秋，又改后殿拥舍为别殿，取旧名，谓之延和殿，便坐视事则御之。他如紫宸、文德、集英、大庆、讲武，惟随时所御，则易其名。""其实垂拱、崇政二殿，权更其号而已。二殿虽曰大殿，其修广仅如大郡之设厅。淳熙再修，止循其旧。每殿为屋五间，十二架，修六丈，广八丈四尺。殿南簷屋三间，修一丈五尺，广亦如之。两朵殿各二间，东西廊各二十间，南廊九间。其中为殿门，三间六架，修三丈，广四丈六尺。殿后拥舍七间，即延和，其制尤卑，陛阶一级，小如常人所居而已。""奉圣母则有慈宁宫、慈福宫、寿慈宫。""大内苑中，亭殿亦无增，其名称可见者，仅有复古殿、损斋、观堂、芙蓉阁、翠寒堂、清华阁、椤木堂、隐岫、澄碧、倚桂、隐秀、碧琳堂之类，此南内也。""皇太子宫曰东宫。其未出阁，但听读于资善堂，堂在宫门内。已受册，则居东宫，宫在丽正门内。""淳熙二年，始创射堂一，为游艺之所，圃中有荣观、玉渊、清赏等堂，凤山楼，皆宴息之地也。"

C.《梦粱录》卷八"大内"条记载："丽正门内正衙，即大庆殿，遇明堂大礼，正朔大朝会，俱御之。如六参起居，百官听麻，改殿牌为文德殿；圣节上寿，改名紫宸；进士唱名，易牌集英；明禋为明堂殿。次曰垂拱殿，常朝四参起居之地。""禁庭诸殿更有者十：曰延和、曰崇政、曰福宁、曰复古、曰缉熙，曰勤政、曰嘉明、曰射殿、曰选德、曰奉神。御殿名'钦先孝思之殿'。更有天章诸阁，奉艺祖至理庙神御御书图制之籍。宝瑞之阁，建于六部山后；供进御膳，即嘉明殿，在勤政殿之前。勤政即木惟寝殿也。嘉明殿相对东廊门楼，乃殿中省六尚局御厨，祇应内侍人员，俱集于此。""皇太后殿名曰坤宁，皇后殿名曰和宁。"

D.《南村辍耕录》卷一八引陈随应《南度行宫记》云："杭州治旧钱王宫也，绍兴因以为行宫，皇城九里。入和宁门，左进奏院玉堂，右中殿外库至北宫门。循廊左序，巨珰幕次，列如鱼贯。祥曦殿朵殿接修廊为后殿，对以御酒库、御药院、慈元殿、外库、内侍省、内东门司、大内都巡检司、御厨、天章等阁。廊回路转，众班排列。又转内藏库对军器库，又转便门，垂拱殿五间，十二架，修六丈，广八丈四尺。簷屋三间，修广各丈五。朵殿四，两廊各二十间，殿门三间，内龙墀折槛。殿后拥舍七间，为延和殿。右便门通后殿，殿左一殿，随时易名，明堂郊祀曰端诚，策士唱名曰集英，宴对奉使曰崇德，武举及军班授官曰讲武。东宫在丽正门内，南宫门外，本宫会议所之侧。入门，垂杨夹道，间芙蓉，环朱栏。二里至外宫门节堂，后为财帛、生料二库，环以官属直舍。转外窨子，入内宫门廊，右为赞导、春坊直舍，左讲堂七楹，扁新益。外为讲官直舍。正殿向明，左圣堂，右祠堂。后凝华殿、瞻箓堂，环以竹，左寝室，右齐安，位内入直舍百二十楹。右彝斋，太子赐号也，接绣香堂便门，通绎己堂。重簷复屋，昔杨太后垂簾于此，曰慈明殿。前射圃竟百步，环修廊。右转雅楼十二间，左转数十步，雕栏花甃，万卉中出秋千，对阳春亭、清霁亭、前芙蓉后木樨。玉质亭，梅绕之。由绎己堂过锦胰廊，百八十楹，直通御前廊外，即后苑（后苑略，见原文）……""瑞庆殿，损斋，缉熙、崇正之东，为钦先、孝思、复古、紫宸等殿。木围即福宁殿、射殿。曰选德坤宁殿，贵妃、昭仪、婕妤等位宫人直舍螳聚焉。又东过阁子库、睿思殿、仪鸾、修内、八作，翰林诸司，是谓东华门。"

宋对峙，财力有限，因而南宋大内的形制布局在历代宫城中最不规范，在宫城规制方面具有浓厚的权变色彩。所以探讨研究临安宫城形制布局及与宫城密不可分的皇城和宫廷广场问题，必须充分考虑其权变的因素。

宋代文献一般将宫城通称为皇城，其实前述宫墙范围主要是宫城。《宋会要辑稿》卷第一百八十七册，方域二之一一、一二记载：绍兴四年，"刑部状检准律，诸越殿垣者绞；宫垣流三千里；皇城减宫垣一等；京城又减一等……"据此可知临安大内有殿垣、宫垣和皇城垣之分，即临安大内的构成中当包括与宫城有别的皇城。但是，在已知的文献资料和皇城图中，却很难辨识皇城的面貌。在这种情况下，若改变传统思路考虑到其权变的因素，皇城还是依稀可见的。

在已知的文献资料和皇城图中，有些现象很值得注意。比如：第一，据《南渡行宫记》记载，丽正门内有南宫门，和宁门内有北宫门。第二，《武林旧事》卷一"登门肆赦"条，记载皇帝登丽正门城楼，门下立金鸡，门上仙鹤童子捧赦书降下，宰臣跪受，阁门提点开拆，"授宣赦"。这个情况与明北京承天门（清天安门）颁诏仪式相似，以此结合前述丽正门及和宁门与宫门相对，可认为二门有皇城门性质。第三，临安城的特点之一，是城内所有地域均在厢的编制之中。其中宫城厢，"东至嘉会门禁城角，西至中军壁小寨门，南至八盘岭，北至便门巡捕城角矣"[1]。据研究此记载似应为南至嘉会门，西至凤凰山向东延展的山脊八盘岭，东至中军小寨门，北至便门城角，其范围主要包括宫城及宫垣外围一圈[2]，凡此均属大内范畴。但是，宫垣内和宫垣外一圈内的配置性质完全不同。第四，《南度行宫记》记载，入和宁门，左进奏院，右中殿外库至北宫门，"循廊左序"有御酒库、御药院、慈元殿、外库、内侍省、内东门司、大内都检司、御厨、天章等阁；"廊回路转"，又有内藏库、军器库。此外，学士院、翰林诸司、修内、八作等司位于东华门内东西一线。上述机构应隶属皇城范畴。第五，从皇城图（图2-6）来看，和宁门与丽正门外的宫垣外四周，均被隶属皇城性质的机构和警卫系统围合。第六，《梦粱录》卷八"大内"条记载："沿内城（指宫城东墙外）向南，皆殿司中军将卒立寨卫护，名之中军圣下寨。寨门外左右俱置护龙水池。沿寨向南，有便门，谓之东便门。"同书卷一一"池塘"条记载："宫城外护龙水池二十所，自候潮门里，南贴中军寨壁，宫城之东，直至便门里南水门北和宁门外，水池袤一百一十尺。"《宋会要辑稿》第一八七册，方域二之二一记载，绍兴二十八年增筑皇城东南之外城，"展城阔一十三丈，内二丈充城基，中间五丈充御路，两壁各三丈充民居"。《梦粱录》卷七"杭州"条记载：嘉会门"城楼绚彩，为诸门冠，盖此门为御道，遇南郊，五辂从此幸郊台路"。《武林旧事》卷一"大礼南郊"条记载："并差官兵修筑泥路，自太庙至泰渾门（郊坛门），又自嘉会门至丽正门"，"皆以潮沙填筑，其平如席，以便五辂之往来"。南郊行郊祀礼三年举行一次，于元旦进行，称为"大礼"。前三日致斋于大庆殿，次日出和宁门到景灵宫向祖先奉告后回太庙。次日从太庙出发，即经御街南行，又经候潮门大街东行至候潮门口，再沿城墙内侧南行，经前述所修

---

[1]《梦粱录》卷七"禁城九厢坊巷"条。

[2] 阙维民《杭州城池暨西湖历史图说》（浙江人民出版社2000年版）第39页。

御路至便门口出嘉会门，又西南行三里至郊坛。上述情况表明，从候潮门向南经由中军寨严密护卫的直至嘉会门的御路，乃是皇城的重要构成之一，嘉会门应是皇城的外门。

综上所述，在前述宫垣范围内，仅和宁门与北宫门之间及其两侧具有皇城性质。在前述宫垣之外，均被隶属皇城性质的机构连通围合，并有明确的四至。前已说明其西界以凤凰山八蟠岭为界；东、南以候潮门北至嘉会门及其以西外城墙为界；北面御街之东以候潮门内大街为界，御街之西大致以万松岭南缘为界，至和宁门外御街和中央衙署区闭合。据此可知，该宫垣外一圈即宫城厢范围为皇城，《南村辍耕录》所记南宋"皇城九里"，当指此范围而言。丽正门与和宁门为皇城门，嘉会门为皇城外门，宫垣同时具皇城内垣性质，候潮门南至嘉会门及其以西外城墙又具有皇城外垣性质。上述出丽正门、和宁门入皇城的情况与传统的进皇城门入皇城的模式迥异。这种情况，乃是前述临安大内位于特殊地域，在特殊的背景和条件下不得已而为之的权变所致，在中国古代都城的宫城皇城模式中是仅存的孤例。

2. 宫廷广场的形制

和宁门之北至朝天门间的御街两侧置主要中央衙署（以西侧为主），具有宫廷广场的性质（图2-2、图2-3、图2-6）。其情况与北宋东京城元丰改制后宣德门外宫廷广场相近。两者的区别主要是和宁门外无东西向大街，只有南北向御街，故其宫廷广场从东京城的准"T"字形变为纵长条形。另一个区别是临安宫廷广场中央衙署的配置较东京城更集中更密集（后文有说）。

（五）德寿宫

临安大内狭小，绍兴三十二年高宗传位孝宗，即在原秦桧府第基础上扩建德寿宫，并迁居此宫。德寿宫位于望仙桥，坐北朝南，大门约在今望仙桥直街北边约四五十米之处，东抵东城墙（即今夹城巷，图2-2~4）。大门外有百官侍漏院，门内即德寿殿，此外还有后殿、灵芝殿、射厅、寝殿、食殿和太上内书院等十余座殿院，并建有豪华的后苑。德寿宫是太上皇生活、颐养、娱乐之所，称北内。淳熙十六年孝宗仿效高宗绍兴内禅故事，亦退居德寿宫，改名重华宫。后奉宪圣、寿成二太后居此，易称慈福宫或名寿慈宫。咸淳四年（1268年），度宗以"其地一半"改建成宗阳宫（道宫），另"一半改为民居，圃地改路，自清河坊一直筑桥，号为宗阳宫桥"[1]。今新宫桥即是当年进出宗阳宫必经之桥，明

---

[1]《宋史》卷一五四《舆服六》"宫室"条："德寿宫大内北望仙桥，故又谓之北内，绍兴三十二年所造，宫成，诏以德寿宫为名，高宗为上皇御之。重华宫即德寿宫也，孝宗逊位御之。寿康宫即宁福殿也。初，丞相赵汝愚议以秘书省为泰宁宫，已而不果行，以慈懿皇后外第为之。上皇不欲迁，因以旧宁福殿为寿康宫，光宗逊位御之。"又记北内苑池水、飞来峰、聚远楼及四时园林等况。《宋史》卷八五《地理一》"行在所"条："重华、慈福、寿慈、寿康四宫，重寿、宁福二殿，随时异额，实寿德一宫。"《历代宅京记》卷一七"临安"条引《桯史》："朝天之东，有桥曰望仙"，"秦桧颛国，心利之，请以为赐第，其后偏即桧家庙"，桧死，空其居，"高宗倦勤，诏即其所筑新宫，赐名德寿，居之以膺天下之养者二十有七年。清跸躬朝岁时，烨奕，重华继御更慈福、寿慈、凡（转后页）

* 代市舶司即在其附近。

1984年在望仙桥至新宫桥之间的中河东侧，开三条探沟。在距地表深2.8米处，发现一南北向砖道，砖道长条砖横侧竖砌，宽2米余，路面略呈弧形，两旁均有排水沟，路面之下有厚约40厘米的路基。砖路与中河相距约15米，路西是平整坚硬的泥地面。其时代属南宋，砖道当与德寿宫有关[2]。2001年9～12月，配合基建工程，在望江路发现德寿宫东宫墙和南宫墙（在望江路北侧），并发现大型夯土台基、排水沟、过道、廊和散水等宫内遗迹。2005年11月至2006年4月，配合基建工程，在杭州工具厂地块发现西宫墙和便门、水渠、水闸、水池、砖铺路面、柱础基础、墙基、大型夯土台基、水井等遗迹，于是德寿宫的东、南、西界已基本清楚[3]。

第二节 外城四河、街道与厢坊和巷

一 外城四河与诸桥

（一）城内外河湖概况

临安城北靠大运河，东南临钱塘江（又名浙江），西濒西湖。城内有茅山河（茆山河，南宋末湮没）、盐桥河（今中河、初称"城内大河"）、市河（俗称小河，今废）与清湖河（西河）纵贯城区。城内诸河原有西湖与钱塘江二源，南宋时则以西湖为水源。临安城地势南高北低，故城内诸河自南向北流。城内四河及河上诸桥对市区形制布局和交通有重要影响，城外的江河湖限定了临安城东、西、北三面的范围，形成独特的外缘景观。城内四河与城外江河湖相通，城外的大运河、浙西运河（淳熙十一年疏浚了临安至镇江的浙西运河300余公里）、官塘河（淳祐七年开官塘河）和通海的钱塘江航运发达，因而处于水乡的临安城经济繁荣，成为商业重镇。

城外的河流较多，除前述者外，在东面还有黑沙河，又名贴沙河，从保安水门入城；龙山河从南水门入城。城东有菜市河（东运河、今东河）、五里塘河、沙河。沙河又分外、前和后沙河，外沙河自保安门绕城北流至泛洋湖，是沟通钱塘江与大运河的重要河道。前

---

* （接前页）四佞鸿名，宫室实皆无所更"。《梦粱录》卷八"德寿宫"条："德寿宫在望仙桥东，元系秦太师赐第，于绍兴三十二年六月戊辰，高庙倦勤，不治国事，别创宫廷御之，遂命工建宫殿，匾德寿为名。后生金芝于左栋，改殿匾曰寿康。""后孝庙受禅，议德寿宫改匾曰重华，御之。次宪圣太皇后欲御，又改为慈福宫。寿成皇太后亦改宫匾曰寿慈御之。继后宫室空闲，因而遂废。咸淳年间，度庙临政，以地一半营建道宫，匾曰宗阳，以祀感生帝。其时重建，既庑雄丽，圣真威严，宫圃花木靡不荣茂，装点景界，又一新耳目；一半改为民居，圃地改路，自清河坊一直筑桥，号为宗阳宫桥，每遇孟享、车驾临幸，行烧香典礼，桥之左右，设帅漕二司，起居亭存焉。"此外，文中还较详细地描述了后苑聚远楼、飞来峰和四时景色。

[2] 杭州市文物考古研究所《杭州市南宋临安城考察》，《中国考古学年鉴·1985年》，文物出版社1985年版。

[3] 杭州市文物考古研究所《南宋太庙遗址》，文物出版社2007年版，第5～6页。

沙河在东青门外，东南接外沙河，北达后沙河。后沙河（艮山河）在艮山门外坝子桥北，即外沙河之下游。元末前沙河已堙，后沙河与外沙河合为一体，成为元末之城濠。城北泛洋湖汇聚城内诸河之水，并有上塘、下塘、子塘等河[1]。此外，城内井较多[2]，井与重要衙署和居民区的配置有关。

临安城外的湖泊，以西湖最重要。西湖古称武林水，又称金牛湖、明圣湖（传说湖中曾有金牛出没，是"明圣之瑞"），到唐代称钱塘湖（因在钱塘县境内），北宋时已称西湖（因在城西，苏轼曾有"乞开杭州西湖状"奏折），又称西子湖（因苏轼"欲把西湖比西子"诗句）。《西湖志》说：西湖"受武林诸山之水，下有渊泉百道，潴而为湖"，湖三面云山，周回30里[3]。湖水从清波门和丰豫门涌金池入城，东流注入城内诸河，北出天宗水门和余杭水门，汇聚于北城外泛洋湖，再北流入上、下塘河，另一支由桃花港过下湖入子塘河。自唐李泌开六井引湖水入城之后，西湖就成为城内的主要水源和城边重要的风景区，到南宋时城湖已融为一体。

（二）茅山河、盐桥河与桥道

城东茅山河源自龙山，从浙江闸北流出天宗水门，后因建德寿宫南部河道被填塞[4]。至南宋末，在河北段尚余今西健康路（即今丝绸城）一段河道（图2-2）。

茅山河西为盐桥河（大河），流经城内中间偏东，是城内主要河道，北出天宗水门和余杭水门。《梦粱录》卷一二"城内外河"条说："盐桥运河，南自碧波亭州桥，与保安水门里横河合[5]。过望仙桥，直北至梅家桥，出天宗水门；一派自仁和仓后葛家桥天水院桥，淳祐仓前出余杭水门水道"。同书卷七"大河桥道"记载："自和宁门外登平坊内曰登平桥。次曰六部桥，即都亭驿桥。北曰黑桥，在玉牒所对巷曰州桥。执政府大渠南曰安永桥，次曰国清桥，投东转北曰保安延寿桥。榷货务东曰阜民桥，不通舟楫。合同场前曰过军桥。杂卖场西曰通江桥。沿大河直至曰望仙桥，次曰宗阳宫桥。介真道馆前曰三圣桥，荣王府前曰佑圣观桥。沿河看位前曰荣王府桥。常庆坊东北曰太和楼桥，俗名'柴垛'。富乐坊东曰荐桥，北曰丰乐桥。善履坊东曰油蜡局桥，旧呼新桥。兴福坊东曰盐桥，上奉广福孚顺孚惠孚佑侯蒋相公祠，桥东一直不通水，旱桥名蒲桥。咸淳仓前曰咸淳仓桥，元名东桥。御酒库东曰塌坊桥。仙林寺东曰仙林寺桥。平籴仓北曰西桥。丰储仓后曰葛家

---

[1]《梦粱录》卷一二"城内外河"条。
[2] 临安公用大井约60余口，私井众多。《梦粱录》卷一一"井泉"条。
[3]《梦粱录》卷一二"西湖"条："杭城之西，有湖曰西湖，旧名钱塘。湖周围三十余里，自古迄今，号为绝景。"现在全湖面积568公顷，南北长约3200米，东西宽约2800米，绕湖一周近15公里；西湖把自然、人文、历史、艺术融为一体，号称"西湖天下景"。
[4]《梦粱录》卷一二"城内外河"条："茅山河，东自保安水门向西，过榷货务桥转北，过通江桥，一直至梅家桥。旧德寿宫之东，今宗阳宫，有茅山河，因展拓宫基填塞，及民户包占，虽存去水大渠，流至蒲桥后，被修内司营填塞，所不及故道今废之久矣。"
[5] 盐桥河（中河、大河）的南段在州桥之南。现在有一种意见认为，皇城东墙外的护龙水池，即是由吴越时的运河南段（六部桥以南至嘉会门段）演变而来。

桥。东曰通济桥，俗语名梅家桥。御酒库北曰小梅家桥。通济桥北曰田家桥，次曰普济桥。白洋池前曰白洋池桥，次曰方家桥。自大河直通天宗水门，至三闸也。"盐河桥南端通浙江处有二闸。一浙江闸，即古柳浦埭旧地，为今南星桥轮渡码头前身。二为龙山闸，在今闸口白塔下。二闸均建于钱氏吴越国时期。南宋建都临安，龙山闸近皇城禁通舟楫，逐渐淤塞。隆兴二年（1164年）自浙江闸另开河道，从保安门闸保安水门入城（图2-2、图2-3）[1]。

（三）市河、清湖河与桥道

市河在盐桥河之西，流经城内中间偏西，在市河南部于宗阳宫桥与盐桥河相汇（图2-2、图2-3）。《梦粱录》卷一二"城内外河"条记载："市河，俗呼小河，东自清冷桥西，流至南瓦横河转北，由金波桥直北至仁和仓桥转东，〔与茅山河水〕合，〔由〕天水院桥转北，过便桥出余杭水门"。《梦粱录》卷七"小河桥道"条记载："自宗阳宫桥转西河曰钟公桥，次曰清冷桥。南瓦子前曰熙春桥。南瓦内投西曰灌肺岭桥。通和坊东曰金波桥，北曰普济桥，次曰巧儿桥。宝佑坊曰宝佑桥。五间楼巷东曰亨桥。贤福坊东曰平津桥，俗名猫儿桥，桥北曰舍人桥，次曰永清桥。铁线巷西曰水巷桥，次曰新桥。羲和坊曰芳润桥，元名炭桥。武志坊东曰李博士桥，次曰棚桥。新安坊东曰新安桥。出御街投北曰众安桥，投东入延定坊曰鹅鸭桥，次曰安国桥，又名北桥，桥北曰军头司桥。怀远坊出御街投北曰观桥，桥之西曰贡院桥，次曰藩封酒库桥。杂作院西曰祥符桥，桥西曰小新庄桥。普宁坊东曰清远桥。仁和县衙对巷曰仁和仓桥。县巷北曰万岁桥。六部架阁库前曰天水院桥。淳祐仓前曰仓桥，次曰永新桥。出余杭水门亦由于三闸水路也。其众安与观桥皆平坦，与御街同，盖四孟车驾经由此两桥转西礼部贡院路，一直过新庄桥，诣景灵宫行孟飨礼也。"

最西为清湖河（隋代所开江南运河经杭州城河段），该河在城内有三条河道，主河道沿今武林路东侧、龙翔桥、浣纱路、安定路一线（图2-2、图2-3）。清波门内的流福水路，"至州前断河头止"。1999年8~9月，在河坊街下水道工程中，发现该河道驳石塴和府衙前桥桥基[2]。清湖河南段较曲折，南通涌金池及其以远；北段较直近西垣，中段在众安桥和鹅鸭桥处通市河，水北出余杭水门。《梦粱录》卷一二"城内外河"条记载："清湖河，西自府治前净因桥，过闸转北，由楼店务桥至转运司桥转东，由渡子桥合涌金池水，流至金文库，与三桥水相合，南至五显庙后，普济桥水相合，直北由军将桥至清湖桥投北，由石灰桥至众安桥，又投北与市河相合，入鹅鸭桥转西；一派自洗麸桥至纪家桥转北，由车桥至便桥，出余杭水门。"《梦粱录》卷七"西河桥道"条记载："自众安桥转西曰众乐桥，次曰下瓦子桥。沂王府北曰结缚桥。十官宅前曰石灰桥，次曰八字桥，元呼洗麸桥。南曰马家桥，次曰鞔鼓桥。清河坊东曰洪桥，次曰井亭桥，曰施水坊桥。西横街有桥名曲阜，其桥不通舟楫，水脉自六房院后石桥下，湖水从此流出也。韩府南曰军将桥，次曰三桥子。西楼酒库前曰惠迁桥，俗呼金

---

[1] 阙维民《杭州城池暨西湖历史图说》，浙江人民出版社2000年版，第35页。
[2] 阙维民《杭州城池暨西湖历史图说》，浙江人民出版社2000年版，第35页。

叉库桥。罗汉洞巷对曰侍郎桥……南真道馆前曰施家桥。断河头五显祠后曰普济桥。再自八字桥转西曰清湖桥，次曰黑桥。左藏库前曰左藏库桥。杨驸马府前投西曰安济桥。潘阆巷路通接洋街路曰安福桥，直抵故太学，次曰丁家桥。霍使君庙前曰长生老人桥。钱塘县巷曰县桥，跨真珠河曰真珠河桥，此两桥俱不通舟。国子监前曰纪家桥，监后曰车桥，侧曰青龙桥。茶汤巷西曰长寿桥，旧名杨姑桥。万寿观前曰新庄（壮）桥。景灵宫前曰车马桥。镇城仓西曰师姑桥。余杭门里曰中正桥，元呼斜桥。水门前曰钓桥，旧名便桥。水路出余杭水门，通三闸也。"又同卷"小西河桥道"条记载："自西楼酒库侧三桥南入惠迁桥西，过惠迁井，曰太常寺后小桥，次曰台官街后门桥。六房省院对曰如意桥。度牒库后巷曰永安桥，即五圣庙桥，西曰渡子桥，次曰涌金桥，界于涌金三池之中矣。涌金门北沿城镊子井东曰镊子井桥。张府后俞家园东曰永安桥，六房后门曰石桥，此三桥俱不通舟，湖水溢于桥下暗沟，注于曲阜桥下，流出西河。俞家园九官宅曰白莲花桥，宅北投西巷曰红莲花桥，两桥俱旱桥耳。又自渡子桥转南转运司衙前曰普安桥。油车巷对曰德寿桥。府学前曰凌家桥。谢二节使前曰安定桥。慈幼局前曰戒子桥、楼店务桥。次曰流福桥，元呼闸儿桥。临安府治前曰州桥，俗名懊来桥，盖因到讼庭者，到此心已悔矣，故以此名呼之。"

临安城内四河之上河桥很多，有百余座（《乾道临安志》卷二载73座桥，《淳祐临安志》卷七载百桥，《咸淳临安志》卷二一载117座桥）。大概盐桥河、市河和清湖河各有30余座桥，诸桥除少量平梁桥外，大都是可通航的拱桥。这些桥对保障水上交通及与城内陆地交通线的连接，有十分重要的作用。城内渡口，"渡船头渡，在通江桥北。周家渡，在城内漆（或作柴）木巷。司马渡，在油蜡局桥。萧家渡，在下中沙巷。边家渡，在仁和仓东。睦家渡，在丰储仓西。时家渡，在德胜堰南"[1]。

二　外城街道与厢坊和巷

（一）街道

临安城内主要街道的配置与城南北狭长，地势起伏，河道多桥多的情况密切相关。总的来看，临安城除御街外，无纵贯南北和横贯东西的大街。其街道网以纵贯南北的御街为主干，御街连接两侧城门间的东西横街，横街中段多微弧两端略折。俯瞰临安城的街道网，大致呈叶脉状（图2-2、图2-3）。

御街是临安城内的中轴线，与市河大体平行。其南起自和宁门，向北经朝天门（筑于吴越，南宋时仅存两城壁，明清时用做鼓楼）、众安桥、观桥和万岁桥，然后西折抵景灵宫前斜桥（中正桥）。其主要路段即今中山南路、中山中路和中山北路。御街自南宋初修筑以后，"岁久弗治"，在咸淳七年（1271年）曾修缮[2]。关于御街，其遗迹多有发现（图2-4）。

---

[1]《梦粱录》卷一一"堰、闸、渡"条。
[2]《咸淳临安志》卷二一"疆域六·御街"：咸淳七年（1271年）"安抚潜说友奉朝命缮修内六部桥路口至太庙北，遇大礼别除治外，袤一万三千五百尺有奇，旧铺以石，衡从为幅三万五千三百有奇，易其阙坏者凡二万。跸道坦平，走毂结轸，若流水行地上。经途九轨，于是为称"。（转后页）

* 如 1988 年在杭州卷烟厂基建工地发现的御街遗迹，南北残长 26.65 米，宽约 3.8 米，由"香糕砖"横向错缝侧砌而成，两侧以砖包边。1995 年在紫阳山东麓南宋太庙遗址东围墙外发现御街遗迹，已探明部分南北长约 80 米，揭露的最宽处 3.5 米，太庙东围墙直接砌筑于御街之上。路面铺砌"香糕砖"，情况同前。由于太庙建于绍兴四年（1134 年），是"香糕砖"路面建于此前。2004 年为配合万松岭隧道东接线严官巷段道路工程，在紧临中山南路发现御街遗迹，御街南北走向，揭露部分南北长 9.3 米，东西宽 2.5 米，"香糕砖"路面情况同前，御街南端还发现沟渠等遗迹。在发掘过程中，发现御街表面有一层厚约 10 厘米的坚硬黄黏土，局部地段发现残存的大型紫砂岩石板，反映出御街由铺砖向铺石转变的迹象[3]。除御街外，还有四条南北向大街。最西的纵街分北、中、南三段，北段在余杭门与钱塘门东西横街西端，清湖河西侧，中段在北段之东，介于钱塘门东西横街与丰豫门北水门东西横街之间；南段在中段之西，介于丰豫门东西横街与清河坊和仁美坊相接处之间。城内中间两条纵街在市河与盐桥河之间，大致与河及御街平行。两条纵街在西者，南起朝天门北抵众安桥东春风楼之东；在东者南起钟公桥北至盐桥西。另一条南北向大街在盐桥河东，南起南瓦向东又向北绕德寿宫，于德寿宫之北向北行至昌乐坊。此外，扩展东南城后，又增辟一条从候潮门经嘉会门抵郊坛的御路，路宽五丈[4]。

城内东西向大街以御街为界，东西各四条。即候潮门与钱湖门，新门与清波门，崇新门与丰豫门，东青门与钱塘门分别至御街的东西横街。西侧横街接御街，东侧候潮门、新门东西横街过盐桥河桥与御街相接，崇新门和东青门东西横街过盐桥河桥与前述两条较短的南北纵街相接，然后过市河河桥接御街。东西城门间的东西横街，或在御街处对接或相错。此外，临安城内的交通要冲和大建筑物前，有的还增辟了街道广场。

关于临安城的街道，《马可·波罗行纪》说："行在一切道路皆铺砖石"，"上言通行全城之大道，两旁铺有砖石，各宽 10 步，中道则铺细沙，下有阴沟宣泄雨水，流于诸渠中，所以中道永远干燥"[5]。总之，临安城的街道在前代基础上加以整修，改造和增辟后，其交通状况大为改善。

（二）厢坊和巷

厢是临安城的行政管理单位，厢下设坊，厢设厢官，掌管治安和诉讼。周淙《乾道临安志》记城内八厢（含宫城厢），潜说友《咸淳临安志》、吴自牧《梦粱录》记九厢（含宫

---

* （接前页）参见杨宽《中国古代都城制度史研究》（上海古籍出版社 1993 年版）第 345 页。按：御街从万岁桥西折至中正桥，是为皇帝于"四孟"（孟春、孟夏、孟秋、孟冬）到景灵宫朝拜而特别设计的。

[3] 杭州市文物考古研究所《南宋太庙遗址》（文物出版社 2007 年版）前言。

[4] 《咸淳临安志》记载：绍兴"二十八年增筑皇城东南之外城"。《宋会要辑稿》第一八七册，方域二之二一载：绍兴二十八年七月在皇城东南"展城阔一十三丈，内二丈充城基，中间五丈充御路，两壁各三丈充民居"。正文增辟的御路即据此，并结合南郊大礼，皇帝从太庙"出嘉会门，至青城宿斋"推断出来的。

[5] 冯承钧译，党宝海新注《马可·波罗行纪》第 156 章"补述行在（出剌木学本）"。

城厢）。城外则分为城南左厢、城北右厢、城东厢和城西厢（后文有说），城内外共十三厢。城内诸厢以斜桥、后洋街、四姑桥（大致以清湖河）一线为界，西属钱塘县，东属仁和县。现据《梦粱录》和《咸淳临安志》卷一九"坊巷"等，将城内九厢及所辖诸坊（图2-2、图2-3）略述如下。

1. 宫城厢

《梦粱录》卷七"禁城九厢坊巷"说："宫城厢、庑、坊、巷，东至嘉会门禁城角，西至中军壁小寨门，南至八盘岭，北至便门巡铺城角矣。"即宫城厢西面右接右四厢界，南面接左一南厢界，其范围包括皇城大内及其外围一圈。

2. 右一厢十坊

右一厢在和宁门北，御街南段东西两侧。其中孝仁坊、寿域坊、天庆坊、保民坊、长庆坊在和宁门与朝天门间御街西侧，其东侧有登平坊、怀信坊，以及新开坊。上述八坊与三省六部和太庙杂处。另外在大河中段太和桥西南有常庆和富乐二坊[1]。

3. 左一北厢十九坊

在御街中段的南半段（朝天门至市西坊）以西，基本介于涌金门、清波门与御街相接的大街之间。其中沿御街西侧由南而北有吴山、清河、融和、新街、太平、市南、市西七坊。七坊之西又有南新、后市街二坊。御史台之西有康裕坊、吴山北坊。后市街西有泰和坊，其西有天井坊，再西有中和坊。中和坊西南有仁美坊，临安府署东南有近民坊，临安府署前靠西有流福坊，府东凌家桥西有丰豫坊，府西有美化坊[2]。

---

[1] A.《乾道临安志》记九坊，无登平、新开、富乐坊，另有贵恕坊、保宁坊。《淳祐临安志》无长庆、富乐坊，另有保宁坊、贵恕坊。《咸淳临安志》图上标有裕民坊。《梦粱录》卷七"禁城九厢坊巷"："右一厢所管坊巷：孝仁、登平二坊，和宁门外东西。寿域坊、太庙南，粮料院巷。天庆坊，即天庆观巷。保安坊，元呼庙巷。怀信坊，俗呼糍团巷。长庆坊，入忠清庙路。以上并在大街东西。新开坊，清平巷转东上抱剑营路。常庆坊，都税务南柴垛桥巷。富乐坊、荐桥西。"

B. 杨宽《中国古代都城制度史研究》（上海古籍出版社1993年版）第357～359页，孝仁坊，在和宁门北御街之西，清平山东，又称清平山巷。今高士坊巷、严官巷一带。寿域坊，太庙南，西通七宝山，坊内有诸军粮料院、白马庙等，又称粮料院巷、白马庙巷，今仍称白马庙巷。天庆坊，又名保宁坊，坊内有天庆观，后建太庙，又称太庙巷，在今宝莲山麓。保民坊，天庆坊北，坊内有昭节庙，又称吴山庙巷或庙巷。长庆坊，在朝天门里，西通忠清庙到石佛山。又称竹竿巷，在今十五奎巷。登平坊，和宁门北御街东，因登平桥得名。南宋初曾设宰相府，又名相府巷，在今大学士牌楼一带。怀信坊，与保民坊相对，俗呼糍团巷，在今鼓楼湾东南。新开坊，在朝天门外御街东，南宋中期新辟，又名布市巷，在今布市巷、清远桥一带（《梦粱录》傅林祥注说"在今新宫桥河下"）。常庆坊，在大河中段太和桥（柴垛桥）西南，俗称柴垛桥巷，桥畔有太和酒楼，在今西宝善巷。富乐坊，在太和桥西南，荐桥西北，近蒲桥，又称蒲桥巷。

[2]《乾道临安志》合左一南、北厢为左一厢，仅十四坊。有些坊名与《咸淳临安志》不同，如天井坊名通浙坊，中和坊名净因坊，美化坊名善化坊，另有回涛坊、径山坊。《淳祐临安志》无南新街。《梦粱录》卷七"禁城九厢坊巷"："左一北厢所管坊巷"：曰吴山坊，即吴山井巷。清河坊，与南瓦子相对。融和坊，即灌肺岭巷。新街、融和之北太平坊，通和相对。市南坊，即巾子巷。市西坊，俗呼坝头，又名三桥街，并在御街西首一带。南新街，御史台相对。康裕坊，俗呼八作（转后页）

4. 左一南厢四坊

*左一南厢在左一北厢之南，即清波门与御街相连接东西横街之南，四坊呈东西向排列[3]。

5. 左二厢十八坊

左二厢在御街中段西侧之北半段和御街北段，直至万岁桥西南仁和县署周围，十八坊沿御街西侧排列[4]。

---

* （接前页）司巷。后市街、吴山北坊西相对。泰和坊，俗呼糯米仓巷。天井坊，即天井巷，旧名通浙坊。稍西龙舌头路中和坊，元呼楼店务巷，旧名净因坊。仁美坊俗呼石坂巷，在通判北厅之东。近民坊，府治东。流福坊，府治前西。丰裕坊，凌家桥西。美化坊，府西。八巷并在清河坊北首一带，直至州府沿河至府学前凌家桥西"。杨宽《中国古代都城制度史研究》（上海古籍出版社1993年版）第359~360页：吴山坊，在吴山东麓，坊内有大井，又称吴山井巷，今名大井巷。清和坊，在今河街西段一带，与左三厢清和坊不同。融和坊，坊内原有小丘称灌肺岭，俗称灌肺岭巷，在高银巷（按：《乾道临安志》《淳祐临安志》作肉市巷）。新街坊，南宋中期从融和坊与太平坊之间新辟之坊，坊内有中瓦子，明代称中瓦巷，今名木瓜弄。太平，坊内有太平酒楼，今仍称太平坊巷（按：《乾道临安志》称新街巷）。市南坊，杭州旧有一市约在平津桥附近，坊在市南故名。坊内有著名幞头铺，因而俗呼巾子巷，在今惠民巷。市西坊，在旧市之西，故名；原有洋坝头之称，或称坝头。坊西有西河、河上有三桥，俗呼三桥街，今名三桥址。南新街，在新街坊西南，南与御史台相对，南宋后期新辟，在今祠堂巷。后市街，在旧市之后，故名；在御街西侧与御街平行，南起清和坊北到富乐坊。康裕坊，坊内有泥作、石作等，八作司，俗呼八作司巷，今称蚰蜒司巷。吴山北坊，吴山北麓，与后市街相对（《梦粱录》傅林祥注说："约在今大井巷与后市街之间一带"）。泰和坊，俗称糯米仓巷，南宋中期新辟，坊中有宝山院，又名华光庙，今称华光巷。天井坊，原名通浙坊，天井指坊内宝月寺西的黑龙潭，在今清河坊附近（按又称天井巷）。中和坊，原名净因坊，因净因寺得名。南宋扩建净因寺为临安府署，署内有中和堂，因改中和坊。坊内设楼店务，又称楼店务巷。在今螺蛳山麓塔儿头及慈幼路一带（在清波门北）。仁美坊，又名石板巷，北对府署，在今水沟巷一带。近民坊，坊内设左司理院，又名左院前巷。流福坊，因流福沟得名，今称荷花池头。丰豫坊，一作丰裕坊，坊内设临安府学，又称府学巷，在今孔庙、劳动新村一带。美化坊，坊内近城墙有土丘称竹园山，又称竹园山巷。

[3] A.《梦粱录》卷七"禁城九厢坊巷"："左一南厢所管坊巷：曰大隐，安荣、怀庆、和丰，并在清和坊内南首一带。"

B. 杨宽《中国古代都城制度史研究》（上海古籍出版社1993年版）第360~361页：大隐坊，因宋徽宗时，徐柄隐居于此而定名，约在今环翠路一带。安荣坊，在大隐坊西，从经山坊分出，国史馆设此；今安荣巷、管米山巷一带。怀庆坊，安荣坊西，北与秘书省相对，西南通宝月山，又称宝月山巷；今峨眉山、里龙舌嘴一带。和丰坊，北与天井巷相对，在今外龙舌嘴、清波门沿城墙到钱湖门旧址。

[4]《乾道临安志》仅记十四坊，无富乐、福德、招贤、登省坊。《淳祐临安志》无福德、登省坊，而有市西坊。《梦粱录》卷七"禁城九厢坊巷"："左二厢所管坊巷：曰修义坊，俗呼菱椒巷，即肉市。富乐坊，俗呼卖马巷。众乐坊，俗呼虎跑泉巷。教睦坊，俗呼狗儿山巷。积善坊，即上百戏巷。秀义坊，即下百戏巷。寿安坊，俗名官巷。修文坊，即旧将作监巷。里仁坊，元名陶家巷。保信坊，俗呼剪刀股巷。定民坊，即中棚巷。睦亲坊，俗呼宗学巷。纯礼坊，元名后洋街巷。保和坊，旧称砖街巷。报恩坊，俗名观巷。以上在御西首一带。福德坊，在保和坊巷内，招贤坊，仁和县前对巷。登省坊，县衙相对，系郭宰买民地创开此坊耳。"杨宽《中国古代都城制度史研究》（上海古籍出版社1993年版）第361~362页：修义坊，在市西坊北，西通军将桥，俗呼菱椒巷，一作灵椒巷，又作菱椒姜巷，即肉市（转后页）

6. 左三厢八坊

*左三厢在左二厢之西，左一北厢之北，处于清湖河中段流经地区，主要在西河众安桥南下，经鞔鼓桥、军将桥和三桥河段之西[5]。

7. 右二厢十八坊

右二厢十八坊中十三坊集中分布在御街中段和北段东侧与市河西侧之间。这个地段市河有一系列桥梁，十三坊在桥之西，既自有坊名，又常以桥名为坊名。另四坊在盐河桥盐

---

* （接前页）所在，在今三元坊巷。富乐坊，修义坊北，与右一厢一坊同名，又名保康巷，俗名卖马巷。乾道以后从修义坊分出（在今中山中路保康巷）。众乐坊，富乐坊北，又称南棚巷，一作南栅巷，俗称虎跑泉巷，在今东羊血弄（旧名玄坛弄）。教睦坊，坊北有中和酒楼，称银瓮中酒座，因有银瓮后巷之称。坊西有小土丘名狗儿岭，又称狗儿山巷，明代已夷为平地。在今东羊血弄，积善坊巷之间（《梦粱录》傅林祥注："在今中山中路279弄"）。积善坊，俗称上百戏巷，在大瓦子东首，今仍称积善坊巷（《梦粱录》傅林祥注："在今中山中路与青年路间的积善坊巷"）。秀义坊，积善坊北，亦在大瓦子东首，俗呼下百戏巷，在今东平巷。寿安坊，秀义坊北，与羲和坊相对，俗名冠巷，又称官巷，即今官巷口一带。修文坊，寿安坊北，西至洪福桥。坊中一度曾设将作监，又名将作监巷（《梦粱录》傅林祥注："约在今崔家巷一带"。《乾道临安志》《淳祐临安志》作修文巷）。里仁坊，修文坊北，西至鞔鼓桥，俗呼陶家巷。今沿用里仁坊巷。保信坊，里仁坊北，俗呼剪刀股巷，今沿用此称（《梦粱录》傅林祥注："在今岳王路至里仁坊巷间"）。定民坊，保信坊北，中棚桥西，又名中棚巷，坊内有棚心寺与百福院，又称百福巷，后讹为蝙蝠弄，沿用至今。睦亲坊，定民坊北，坊内设睦亲宅与宗学，又名宗学巷。明代以来称弼教坊（《梦粱录》傅林祥注："在今中山中路平海街路相界处一带。"《乾道临安志》作官巷）。纯礼坊，俗称后洋街巷，又名竹竿巷，沿用至今。保和坊，俗称砖街巷，坊内多售泥孩儿铺，又称孩儿巷，沿用至今。报恩坊，保和坊北，俗称观巷，巷内有报恩光孝观、观前建石桥，称观桥（《梦粱录》傅林祥注："在今中山中路与麒麟街间的观巷"）。福德坊，咸淳年间从保和坊分出，今龙兴路一带。招贤坊，仁和县署旧在梅家桥，绍兴间移此，又名仁和县巷。坊内祥符寺有九十九眼古井，又称百井巷，今沿用百井坊巷之名。登省坊，咸淳年间仁和县知县买民地开创，设有县学，因称登省坊。在今胭脂弄以西一带。

[5]《乾道临安志》记五坊，无清和、字民、平易坊。《淳祐临安志》有德善坊，无清和坊。《梦粱录》卷七"禁城九厢坊巷"："左三厢所管坊巷：钦善坊，井亭桥南，〔俗呼〕闻扇子巷。甘泉坊，相国井巷口，与井亭桥对。清风坊，庄文府南，〔俗呼〕活水巷。清河坊，洪福桥西，杨和王府前。兴庆坊，结缚桥〔相〕对，〔俗呼〕前洋街。德化坊，旧木子巷，在潘阆巷口。字民、平易，俱在钱塘县前。"杨宽《中国古代都城制度史研究》（上海古籍出版社1993年版）第364～365页：钦善坊，在井亭桥南，又称闻扇子巷（《梦粱录》傅林祥注："约在今延龄门直街一带"）。甘泉坊，在相国井巷口，正当井亭桥西（又称相国井巷，《梦粱录》傅林祥注："在相国井遗址一带"）。清风坊，甘泉坊北，庄文太子府以南（俗称活水巷，《梦粱录》傅林祥注："约在今相国井遗址以南"）。清和坊，洪福桥西，杨和王府前。又有罗汉洞巷在侍郎桥之西，罗汉洞旧有坊名美俗。这一带原有不少坊、后废除〔《梦粱录》九厢坊巷"："盖杭旧有坊巷，废之者七，如罗汉洞旧有坊名美俗，三桥涌金路旧名会昌坊，洪桥杨府巷元作紫云坊，癸辛街巷为从训坊（傅林祥注："约在今惠兴路十一中附近"），马家桥西曾立孝慈坊，诜蕨桥南北二岸谓之通宝、丰财二坊，皆后人不可不知，姑并述之"〕。另外西河分支从结缚桥经清湖桥至纪家桥弯曲处，又北经车桥、新庄桥至余杭水门一带，有前洋街，与结缚桥相对，兴庆坊、国子监、太学、韩蕲王府之东。德化坊，安福桥东北潘阆巷口，旧名木子巷。茶汤巷，在长寿桥东，是茶坊集中之地。字民、平易坊，在纪家桥西南钱塘县署前。

桥、新桥、荐桥西侧，同德坊方位有争议[1]。

8. 右三厢六坊

右三厢六坊在右二厢之东，即荐桥到盐桥的东西两岸，向东至东城墙附近[2]。

9. 右四厢二坊

在盐桥河中段东岸，左二厢南部之东，右三厢之南，从宗阳宫桥北至荐桥东北[3]。

---

[1]《乾道临安志》十八坊中，无新开南巷、新开北巷，另有兴礼坊、祈祥坊、拓贤坊。《淳祐临安志》另有兴擅坊。两志贤福坊作延福坊。《乾道临安志》羲和坊作义和坊。《梦粱录》卷七"禁城九厢坊巷"："右二厢所管坊巷：清平坊，即旧沙皮巷。通和坊，金波桥路。宝祐坊，即福王府看位一直路。贤福坊，即坝东猫儿桥巷。兰陵坊，水巷桥巷。羲和坊，俗呼炭桥巷。武志坊，元名李博士桥巷。戒民坊，俗呼棚桥巷，为市曹行刑之地。新安坊，名为新桥楼巷。延安坊，鹅鸭桥巷。安国坊，即北桥巷。怀远坊，旧呼军头司营巷。普宁坊，在观桥之北，即清远桥巷。皆在御街东首一带。同德坊，旧呼灯心巷，在大街北。嘉新坊，北库东（西）（面）北，俗呼七郎堂巷。教钦坊，俗呼竹竿巷，北酒库东，面南。新开南巷，荐桥。富乐坊，对新开北巷。曰新桥东。"杨宽《中国古代都城制度史研究》（上海古籍出版社1993年版）第362～363页：清平坊，即旧沙皮巷，在朝天门北御街东侧。通和坊，又称金波桥路，金波桥在坊东（又称金波桥巷）。宝祐坊，宝祐桥旁。贤福坊，即坝东巷、猫儿桥巷、猫儿桥即平津桥，桥在坊东（《梦粱录》傅林祥注："一名延福坊，在今中山中路平津桥西学、平津桥东弄"）。兰陵坊，即水巷桥巷，简称水巷（《梦粱录》傅林祥注："在今中山中路老水漾桥弄"）。羲和坊，俗名炭桥巷，炭桥即芳润桥。武志坊，原名李博士桥巷，桥在坊东（《梦粱录》傅林祥注："在今中山中路与光复路间李博士桥"）。戒民坊，俗呼棚桥巷，为市曹行刑之地，"戒民"由此而来（《梦粱录》傅林祥注"在今中山中路棚桥弄"）。新安坊，又名新桥楼巷，又作小新桥巷。延定坊，又称鹅鸭桥巷。安国坊，与桥同名，又称北桥巷，仁和仓巷（《梦粱录》傅林祥注："一名祈祥坊，在今仙林桥直街"）。怀远坊，旧呼军头营巷，在军头司桥附近（《梦粱录》傅林祥注："在今军督司巷"）。普宁坊，即清远桥巷。嘉新坊，俗呼七郎堂巷，在北酒库东南，北酒库指鹅鸭桥东的春风楼，大河北段的新桥东北（《乾道临安志》作十郎堂巷）。教钦坊，俗呼竹竿巷，在北酒库之东，嘉新坊之北，靠近大河北段的盐桥（《梦粱录》傅林祥注："在今木场巷"）。新开南巷，在大河北段荐桥东岸，嘉新坊之南。新开北巷，又名曰新桥，在小河曰新桥东，新开南巷北。同德坊，旧呼灯心巷，在御街之北，新庄桥、祥符寺西。又同书注⑩说："《咸淳临安志》的《京城图》（图2-3），把同德坊画在城内西北角新庄桥东北，与右二厢的诸坊距离太远，恐有错误。"（《梦粱录》傅林祥注："在今灯芯巷。"）

[2]《乾道临安志》共七坊，另有富乐坊。《淳祐临安志》无丰乐坊，另有富乐坊。两志东巷坊、西巷坊均作东坊，西坊。《梦粱录》卷七"禁城九厢坊巷"："右三厢所管坊巷：东巷坊，即上中沙巷。西巷坊，名下中沙巷。丰禾坊，全皇后府东。善履坊，即芳润桥东。兴化坊，盐桥下西北。昌乐坊，蒲桥东。"杨宽《中国古代都城制度史研究》（上海古籍出版社1993年版）第363～364页：东巷坊，亦称东巷，即上中沙巷，又称中沙后巷，荐桥东南。西巷坊，亦称西巷，即下中沙巷，又称中沙前卷七"禁城巷，荐桥东南（《梦粱录》傅林祥注："一名西坊，在今上珠宝巷，下珠宝巷"）。丰禾坊，又称丰禾仓巷，荐桥东北，全皇后与谢皇后宅之北（《梦粱录》傅林祥注："在今丰禾巷"）。善履坊，又称丰禾桥巷，介于小河的芳润桥与大河丰乐桥、新桥之间（《梦粱录》傅林祥注："约在今欢乐巷一带"）。兴德坊，又称盐桥巷，在盐桥下西北。昌乐坊，在蒲桥东，蒲桥是盐桥以东的旱桥，原为古茅山河的桥。

[3]《乾道临安志》仅一坊，无兴礼坊。《淳祐临安志》有丰禾坊，无兴礼坊。《梦粱录》卷七"禁城九厢坊巷"："右四厢所管坊巷：名曰兴礼，自宗阳宫墙之东，至传法寺、佑圣观、郭、谢太后宅，福田宫，出街直到宁海坊，俱属所统也。"杨宽《中国古代都城制度史研究》（上海古籍出版社1993年版）第364页：兴礼坊与宁海坊，在大河中段东岸，从宗阳宫桥往北直到荐桥东北。

以上城内九厢共85坊，临安城诸坊数前后有变化，有增有减[4]，85坊为咸淳年间坊数。其中41坊沿御街两侧呈南北向分布，以北自观桥（今凤起路与中山北路交界处），南至朝天门（今吴山东麓鼓楼处）一段最集中。诸坊大多又称巷，少数坊则称街或路。因此，临安城诸坊实为大多与主要大街相连的街巷。临安城诸坊名只是尚存的传统名称，"巷"才是现实的存在，"坊"就是"巷"。临安城坊巷大小无定制，提高了坊巷与商业网点有机结合的规划水平，并出现各类学校，便于学龄儿童就近入学。坊巷为便于交通，还放宽了路幅。这时的坊巷已变成行政管理单位，设军巡铺负责治安防火。

上述城内四河、街道、厢坊和巷，是城内布局的主要框架，并以街道为城内布局的主要骨架。

第三节　外城的主要配置

一　礼制建筑与衙署

（一）太庙的发掘与礼制建筑配置方位

1. 太庙遗址的发掘

太庙位于和宁门北御街西之瑞石山（今紫阳山）下，在右一厢天庆坊内，南北介于"三省六部"与"五府"之间；北以今察院前巷为界，南至今太庙巷，西达瑞石山东麓（图2-4、图2-6）。太庙始建于绍兴四年，毁于元初。1995年配合基建工程，对太庙遗址东部进行考古勘察和发掘。1997年年底至1998年2月又进行了补充发掘。先后发掘了太庙东围墙Q1，东门门址M1，房屋基址F4、F5；砖铺地面D1～D3，砖铺道路遗迹L5，散水遗迹S1，排水沟遗迹G1、G2；南宋御街遗迹L3；南宋太庙东围墙与御街衔接处砖结构Z1；南宋砖铺道路遗迹L4（图2-7）；以及元、明部分遗迹等。

（1）东围墙基址Q1及相关遗迹

东围墙已探明长度约80米，方向北偏东12度（图2-7）。墙基槽宽1.9米，填土夯实，平置石条，其上墙体紫砂岩条石错缝平砌，墙面工整平直，墙体内填充石块和黄黏土。墙体宽1.7米，残高最高可达1米左右（图2-8之2）。围墙内侧长方砖（32厘米×14厘米×6厘米）横竖平铺散水S1，宽约1.2米。散水以长方砖横向包边，两侧砖向排水沟底部倾斜。砖砌排水暗沟G1从围墙底部穿过，暗沟G2在门槛基槽内侧，与门槛基槽和L5相接，南北两端与散水S1相接（图2-8之1）。排水沟西侧与门址M1相对有砖铺道路遗迹L5。东围墙Q1东侧墙外接"香糕砖"横向错缝侧砌的御街L3，部分路面被东围墙叠压（图2-7）。在东围墙Q1与御街L3衔接处，有高出L3路面约20厘米的砖砌结构Z1（图2-9之1）。在东围墙北部东侧墙外，向东延伸，东西宽1.55米，南北长1.75米，残高0.37米的石结构，石结

---

[4] 阙维民《杭州城池暨西湖历史图说》（浙江人民出版社2000年版）对文献所记坊数变化情况有介绍。又在第40页说咸淳年间有84坊。

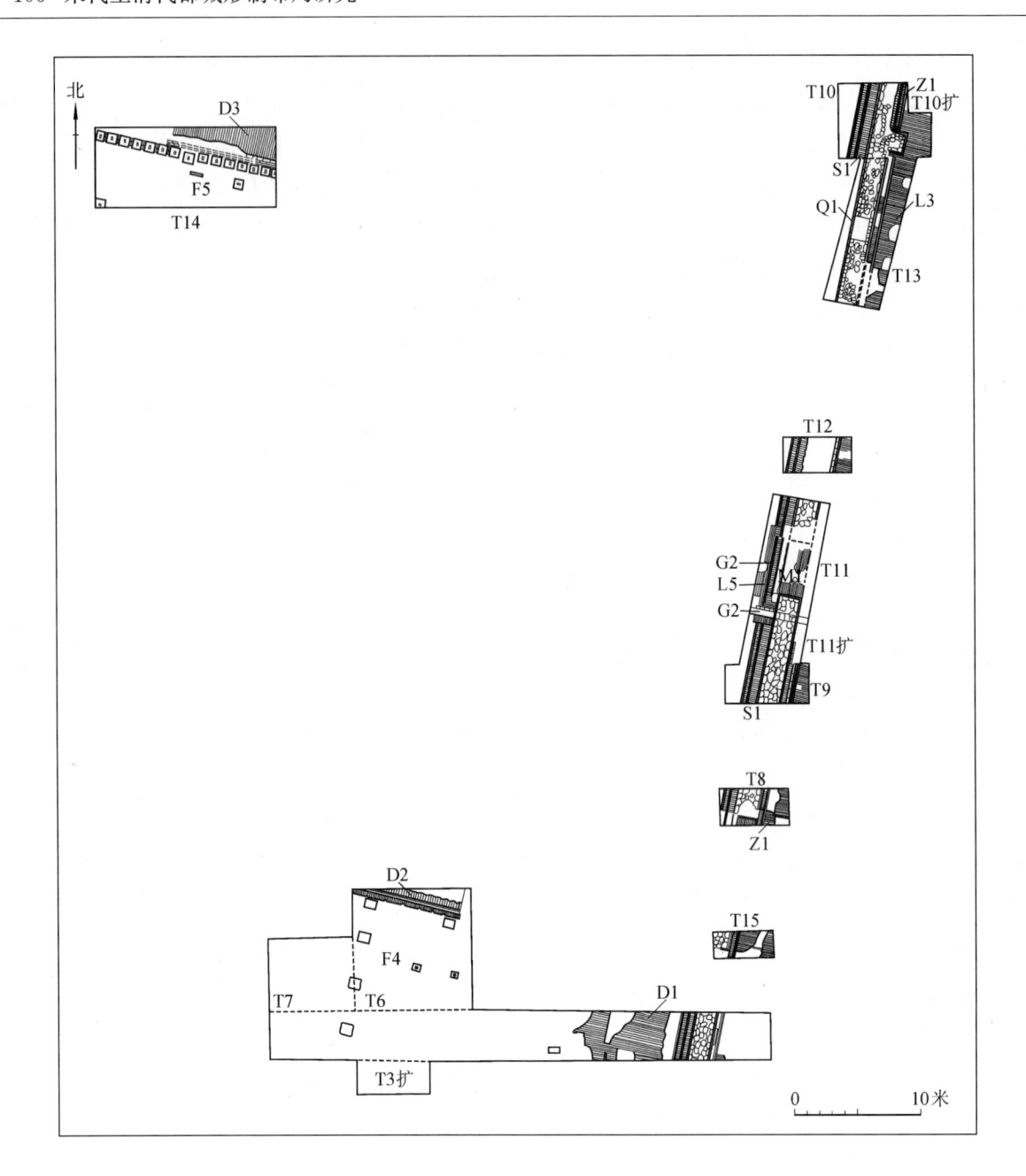

图 2-7 杭州南宋临安城太庙遗迹分布图
(引自杭州市文物考古研究所《南宋太庙遗址》，略有改动)

构直接叠压于御街 L3 之上（图 2-9 之 2）。东围墙南部（图 2-7 之 T8）发现砖铺道路遗迹 L4 与 L3 垂直相接，西部被东围墙 Q1 打破，东部被 L3 与 Z1 衔接处砖结构叠压（图 2-9 之 1）。

(2) 东门门址 M1

东门门址位于东围墙 Q1 中部偏北（图 2-7），门道宽约 4.8 米，底部用长方砖（38 厘米×18 厘米×7 厘米）横向错缝侧砌，内、外两侧以长方砖平铺包边。门槛基槽在门洞

图 2-8 杭州南宋临安城太庙遗址东围墙及散水
1. 石砌围墙与砖铺散水排水沟和砖铺道路 2. 石砌围墙细部
(引自杭州市文物考古研究所《南宋太庙遗址》)

内侧，宽 30 厘米，深 15 厘米，门槛无存。门槛基槽南端残存一长方形紫砂岩柱础石（50 厘米×43 厘米×33 厘米），下垫长方形紫砂岩石块（66 厘米×45 厘米×19 厘米。图 2-9 之 3）。北端柱础石无存，据柱础坑位置推测，两柱础石中心点之间距为 5.1 米。

（3）房址 F4、F5

房址 F4 位于今太庙巷北侧偏东处，东距东围墙较近，方向北偏东 12 度（图 2-7 之 T6）。发现夯土基础，后檐墙，柱础和柱础坑等。F5 在太庙后部（北），位于太庙主轴线偏东（图 2-7 之 T14）。发现黄黏土夯土基础，厚约 45 厘米。在 F5 北缘，由 15 块方形白色太湖石础，略呈东西向排成一列，揭露部分长 14.8 米。方形础石最大的长 86 厘米，宽 85 厘米，厚 28 厘米；最小的长 76 厘米，宽 75 厘米，厚 22 厘米。础石平整光滑，中部凿竖长方形孔，孔长 27 厘米，宽 16 厘米，深 16 厘米。础石之间空隙 20~28 厘米，空隙处侧砌长方形砖填实。础石石列东部偏南，残存一础石，形制同前，唯础石面凿横长方形孔。又在探方 T14 西南角发现一方形础石，长 67 厘米，宽 65 厘米，厚 18 厘米，础石面中部凿边长 8 厘米、深 6 厘米的方孔。此外，在发掘部分的南部，还发现室外砖铺地面 D1、D2 残迹（图 2-7 之 T3、T6），在 F5 础石石列北缘发现

图 2-9 杭州南宋临安城太庙东围墙、御街与东门址
1. 东围墙南部发现的砖铺道路遗迹　2. 东围墙外石结构叠压于御街之上　3. 东门门槛基槽南端残存的柱础石
（引自杭州市文物考古研究所《南宋太庙遗址》）

室外砖铺地面 D3 残迹（图 2-7 之 T14）。

据上所述，发掘者认为，从东围墙有散水、排水暗沟来看，其他三面围墙亦当有相应排水设施，形成完整的排水系统。东门址 M1，单门洞，为景定五年之前的太庙门。景定五年之后太庙南扩，在近太庙巷口又新建太庙门，即《咸淳临安志》皇城图中有三个门洞的太庙门。又绍兴十六年扩建太庙时，曾建有西神门，故门址 M1 可能是东神门。景定五年扩建时，在南墙处开小门，据此推测，太庙四周当有大小四座门。房址 F5，可能是太庙的正殿，F4 可能是斋殿和册宝殿两座殿址其中之一。遗址内发现的长方砖，部分砖的一端模印有"官""平二""上一"等文字。总的来看，太庙遗址平面呈东西较长，南北较短的长方形，太庙室外地面铺长方砖。四祖庙位于太庙西北部，正殿在主轴线中部偏东处，次要建筑安排在南部和西部近山处。因太庙东临御街，南部和西部为瑞石山所阻，故将主要出入口置于临御街的东面[1]。

2. 礼制建筑及宫观的配置方位

社稷坛在右二厢普宁坊，位于清远桥（在观桥之东）东北[2]。景灵宫（供奉已故皇帝、皇后御容，衣冠。原庙）、万寿观（道观，供奉昊天上帝和圣祖、太祖以下诸帝）、东太乙宫（奉祠五福太乙神。西太乙宫在西湖孤山，略）在左三厢，位于城内西北隅，自成一区。景灵宫在新庄桥[3]，万寿观在景灵宫南[4]，东太乙宫在万寿观南（图 2-2）[5]。景灵宫等配置的方位，似与"先兆"传说有关[6]。佑圣观在兴礼坊，开元宫在太和坊，龙翔宫在后市街，宗阳宫在三圣庙桥东塊（图 2-2、图 2-3）。郊坛在嘉会门外三里，郊坛之北净明寺建青城行宫（图 2-6，皇帝举行祭礼前的斋戒之处）[7]。籍田先农坛、高禖

---

[1] A. 杜正贤《南宋临安城考古发掘的里程碑——赵氏太庙遗址》，《中国十年百大考古新发现（1990～1999）》下册，文物出版社 2002 年版。
   B. 1997 年年底到 1988 年 2 月，对太庙补充发掘成果，见杭州市文物考古研究所《南宋太庙遗址》（文物出版社 2007 年版）。

[2] 《宋史》卷一〇二《礼五》："绍兴元年，以春秋二仲及腊前祭太社、太稷于天庆观，又望祭于临安天宁观。十四年始筑坛壝于观桥之东，立石主，置太社令一员，备牲牢器币，进熟、望燎如仪。"

[3] 《梦粱录》卷八"景灵宫"条："景灵宫在新庄桥，投北坐西，乃韩蕲王世忠元赐宅基，其子献于朝，改为宫。""绍兴年间，臣僚奏景灵宫以奉祖宗衣冠之所，即汉享庙也。"

[4] 《梦粱录》卷八"万寿观"条："万寿观，在新庄桥西。绍兴间建殿观宇，以太霄殿奉昊天，宝庆殿奉圣祖，长生殿奉长生帝……"

[5] 《梦粱录》卷八"御前宫观，东太乙宫"条："东太乙宫，在新庄桥南。元东都祠五福太乙神也。"

[6] 杨宽《中国古代都城制度史研究》（上海古籍出版社 1993 年版）第 350～351 页，引赵彦卫《云麓漫钞》卷三"先兆"说，认为临安城由南向北的布局，是出于自西北来的"龙飞凤舞"的山势所决定的。"他们认为，从山势看来，龙首在西北角，东太乙宫小圃的小山就是一颗龙珠，因而景灵宫和东大乙宫都必须造在那里。"又说宋朝皇室相信堪舆，宋朝皇帝姓赵，属"角"音，利于"壬"的方位，即北方偏西处（按：即五音姓利说）。所以东太乙宫的"以北隅择地"，景灵宫的"投北坐西"，也该与选定壬方有关。详情请参见原文。

[7] 《梦粱录》卷五"郊祀年驾宿青城端诚殿行郊祀礼"条。

坛在嘉会门外，九宫贵神坛、海神坛在东青门外。

(二) 主要衙署配置的方位

1. 主要中央衙署及相关机构配置方位

中央衙署主要置于右一厢和宁门至朝天门间御街西侧，东侧也有部分中央机构。在与右一厢邻接的左一南、北厢内亦有部分中央衙署和机构（图2-2、图2-3）。有些中央衙署和机构在地方衙署区附近，凡此与地方衙署区一并叙述。此外，还有些机构散置于各处。

和宁门朝天门间御街西侧以太庙为界分为南北两组。南组在孝仁坊寿域坊间，阁门在和宁门外（掌朝参、朝贺、上殿、到班、上官等仪范），省院在和宁门北首（旧福宁寺）。枢密院在都堂东（都堂为三省，枢密院聚议军政之所），承旨检详编修在枢密院。三省（尚书省、中书省、门下省）、六部（在三省枢密院之南，六部监门在六部大门之左）、中书门下后省（在都堂后）、谏院（谏省，在后省之西）、检正左右司（中书门下省检正房或称检正所，在谏院之右向东），惠民南局（三省前）；茶盐所，会子所、公田所、封桩安边所、封桩上库在三省大门内（又三省枢密院架阁在制敕院后）等均在此范围内[1]。1984年、1987年、1994年至1995年，先后在杭州卷烟厂和东风酿造厂工地发现与三省六部有关的遗迹（图2-4）[2]。

太庙在天庆坊，坊内有大宗正寺（以魏惠王府旧址筑之），宗正寺玉牒所（在太庙南，对州桥）。天庆坊北保民坊有司农寺、太府寺、将作监、军器监；还有诸司、诸军察计院（在保民坊内旧马军教场基置院）、惠民利济局（在太府寺内之右，制药以给惠民局），交引库（在太府寺门内）。又都进奏院在朝天门外，左一南厢大隐坊（与右一厢相邻）有都酒务，其西安荣坊有国史馆，左一北厢清河坊（与右一厢邻接）有御史台，市西坊南有惠民北局[3]。

右一厢御街东登平坊（与孝仁坊相对）有四方馆（东华门东北）、都亭驿（六部桥东北，侍从宅侧，六部桥又名都亭驿桥），官诰院（六部桥西）[4]。在通江桥与望仙桥间，德寿宫南，西与保民坊大致相对区域内，有榷货务（其东为阜民桥）和都茶场在通江桥东，杂买务、杂买场（其西为通江桥）在榷货务内，会子库在榷货务置（隶都茶场），牛羊司在榷货务后，合同场在过军桥后[5]。

2. 地方衙署及相关机构配置方位

地方衙署及相关机构集中于城西及城北之西部，少数中央衙署和机构亦在其附近。

---

[1]《梦粱录》卷九"三省枢使谏官""六部""六部监门""省所""六院四辖"等条。

[2] 杭州市文物考古研究所《南宋太庙遗址》（文物出版社2007年版）前言。

[3]《梦粱录》卷九"诸寺""诸监""六院四辖""大宗正司""监当诸局""三省枢使谏官"等条。

[4]《梦粱录》卷九"六院四辖"条："官告院在部门之北"，傅林祥注"官告院""一作官诰院，在六部桥西"。又杭州市文物考古研究所《杭州市南宋临安城考察》（《中国考古学年鉴·1985年》，文物出版社1985年版）说：1984年在杭州卷烟厂内发掘，地处六部桥附近，发现长方砖与方砖铺设地面，周围有砖砌排水设施，建筑规模宏大。

[5]《梦粱录》卷九"阁职""六院四辖""监当诸局"等条，卷一〇"馆驿"条。

（1）临安府衙署及相关机构的方位

主要集中在丰豫门与清波门间之东左一厢西部诸坊，东大致以普安桥、戒子桥，流福桥南北一线为界（图2-2之4）。

临安府署在中和坊流福桥，规模较大，所属机构大都置于府署内[1]。坊内还有楼店务（流福桥北），楼店务侧有提领犒赏酒库，府署之东有交钱局。府署之南"左入近民坊巷。节推、察判二厅，次则左司理院，出街右首则右司理院，府院及都总辖房"[2]。"府治外（南）流福井，对及仁美坊，三通判（府判南、东、北厅），安抚司官属衙居焉"[3]。府署北凌家桥西有府学，两浙运司衙（宋代路的主要机构），"今迁丰豫门南渡子桥西普安桥，为东西二衙"；"运司金厅，提领犒赏酒库所，具在运司衙门。主管文字、干办公事，在俞家园（丰豫坊北）。主管账司厅，在戒子桥之北"[4]。普安桥南油车巷有度牒库，三省枢密院激赏钱库在俞家园。运司衙南有施药局，戒子桥附近有慈幼局。此外，中和坊东为天井坊，天井坊东有秘书省。天井坊北开元宫西有太常寺（在罗汉洞，旧名美俗坊），侍郎桥南有敕令所[5]。

（2）临安府署遗址

2000年5~10月，杭州市文物考古研究所在上城区河坊街荷花池头地区（图2-2之4），配合基建工程对南宋临安府署遗址进行部分发掘[6]。发现府署诵读书院的厅堂[7]、西厢房、庭院、天井、水井等遗迹。这是一处以厅堂为中心，前有庭院，后有天井，周围有厢房和回廊的封闭式建筑群遗址。

厅堂遗迹南北长34.4米，东西宽16米。中间被现代建筑叠压，未发掘；厅堂北区揭露面积为14米×6.9米（图2-10）。厅堂建在黄黏土夯筑的台基之上，台基高约0.80米，台基底部用青砖双层错缝平砌，台基前后有白色水成岩压栏石。北区厅堂中心部位用变形宝相花方砖墁地（残存22平方米，图2-11之2），其与西厢房素面砖墁地之间用条形青砖相隔。厅堂前廊和后廊素面方砖墁地，后廊宽1.6米，其西端残存灰白色太湖石柱础一方。初步判断，厅堂面阔三间，原建筑似前后二进。

天井遗迹位于厅堂后廊北部，东西长12.85米，清理宽度为5米。地势东北高，西南低。天井西端有一南北向青砖错缝竖砌的排水沟，排水沟与西厢房台基压栏石相距约80厘米，并与之平行，沟宽66厘米，深10厘米，断面呈内凹的曲面。排水沟从北向南通过

---

[1]《梦粱录》卷一〇"府治""本州仓场库房"条。
[2]《梦粱录》卷一〇"府治"条。
[3]《梦粱录》卷一〇"府治"条。
[4]《梦粱录》卷一〇"运司衙"条。
[5]《梦粱录》卷一〇"府治""运司衙""本州仓场库房"条，卷七"小西河桥道"条，卷九"秘书省""诸寺""监当诸局"等条。
[6] A. 马东峰《南宋临安府治遗址发掘介绍》，《文物天地》2001年第5期。
　　B. 杭州市文物考古研究所《杭州市南宋临安府治遗址》，《中国文物报》2000年11月22日；《杭州南宋临安府衙署遗址》，《文物》2002年第10期。
[7]《梦粱录》卷一〇"府治"条：府治"正厅后有堂者三"，"堂后曰听雨亭。左首诵读书院"。

图 2-10　杭州南宋临安城临安府衙署厅堂遗址
(引自杭州市文物考古所《杭州南宋临安府衙署遗址》)

石壸门进入厅堂底部,壸门呈梯形,高 34 厘米,上部宽 30 厘米,下部宽 40 厘米。排水沟进入厅堂底部呈暗沟(图 2-11 之 1),用条砖错缝砌筑。

西厢房遗迹位于厅堂西侧(图 2-11 之 3),房址北区揭露面长 13 米,南区揭露面长 27.5 米,中间未揭露,估计总长可达 70 米(被分割成若干间,每间面阔 5.2 米,进深 9.8 米)。西厢房台基有白色水成岩石条压面,其南段和北段压栏石与厅堂台基前压栏石相连。室内地面用素面方砖或用长 35 厘米、宽 16 厘米、厚 4 厘米条砖铺地。在北区发现柱础石 4 块。在西厢房后檐墙基础西侧有散水和道路遗迹。西厢房与厅堂相连,其后半进与厅堂连接处有灰白色太湖石门臼,门臼孔径 10 厘米,说明两者有门相通。

庭院遗迹的北和西面分别与厅堂及西厢房的前廊相接,揭露部分南北 25 米,东西 16.1 米(东和南部未揭露)。庭院西侧有一条排水沟,排水沟与西厢房台基压栏石平行,并通过厅堂下面暗沟与天井排水沟相通。水井遗迹位于庭院排水沟北端,口径约 0.6 米,残深 4.54 米,用青砖砌成七边形,逐层错角叠砌(图 2-11 之 3),底部为黄色夯土,井内出南宋陶罐等物。

此外,还发现砖铺路面遗迹,西部叠压于厢房遗址之上。路面"香糕砖"错缝立砌,两侧条砖镶边,路面宽 4.25 米,路面中部残存方形柱础石一块(45 厘米×9 厘米)。

遗址所出遗物,主要有泥质灰陶板瓦和筒瓦。出土的瓷器,窑口有越窑、龙泉窑、景德镇窑、建窑、耀州窑;瓷器分青瓷、白瓷、青白瓷、钧红和黑釉瓷等数种;器形有粉

图 2-11 杭州南宋临安城临安府衙署局部遗迹
1. 厅堂后廊北部天井西端砖砌排水沟 2. 北区厅堂中心部位用变形宝相花方砖墁地 3. 厅堂西侧西厢房台基、道路及水井　（引自杭州市文物考古所《杭州南宋临安府衙署遗址》）

盒、碗、盘、罐、盏等。在西厢房"看位"附近发现青石、灰白色太湖石、红砂岩制的弩石球 34 枚。巨型磨刀石 1 件。红砂岩府治界碑一通，长方形、磨光，上端委角，残高 72 厘米，宽 33 厘米，厚 7 厘米。阴刻楷书两行：口府打量清和坊入巷以西至龙舌；丈陆尺仰居民不得侵占如违重作……此外，还发现木质女俑和两宋铜钱等。

南宋临安府署的方位，《乾道临安志》卷二"廨舍·府治"条记载："府治，旧在凤凰山之左"，"建炎四年（1130 年），翠华驻跸，今徙清波门之北，以奉国尼寺（旧净因寺）故基创建"。《咸淳临安志》记载府署东、南以流福沟为界（今劳动路、河坊街），西南至西城边（今南山路），北邻府学（即孔庙，今三衙前）[1]，占地总面积超过百亩，元、明、清府署位

---

[1] 杭州市文物考古研究所《南宋太庙遗址》（文物出版社 2007 年版）前言记述：2003 年（转后页）

*置未变。因而也发现有元明遗迹[2]。此次虽然仅发掘府署部分遗迹，但其规模、用材、构筑技法和布局，却代表了当时的官式做法，所以在南宋建筑考古学上具有重要意义。

(3) 钱塘县、仁和县署及相关机构方位

钱塘县署在钱塘门内东南，纪家桥南（图 2-2、图 2-3），属左三厢地界（约在字民、平易坊范围内）。县署西有县学和都作院，县署前有钱塘前库，县署南有激赏酒库。县署和纪家桥北，车桥南有大理寺狱。纪家桥东前洋街（与结缚桥相对）有司农排岸司。

仁和县署在城北市河之西，左二厢招贤坊（图 2-2、图 2-3）。其东登省坊有县学，县署西有大理寺。招贤坊南为武林坊，坊内有礼部贡院，西有制造御前军器所，其东西两作营在军器所之东北。礼部贡院南有贡院桥，桥西为藩封酒库桥和藩封栈库，又西祥符桥附近有杂作院。此外，上述范围内还有应奉所，别试所和一些仓库等。

3. 国子监、太学等的方位

国子监在纪家桥太学之侧，太学在纪家桥东前洋街（左三厢），"以岳鄂王第为之，规模宏阔，舍宇壮丽"；武学在太学东侧。宗学在左二厢睦亲坊（众安桥西南），医学在通江桥北，又名太医局（图 2-2、图 2-3）[3]。

二 仓、库、兵营与城防配置概况

(一) 诸仓、库的方位

中央与地方的一些仓和库在城内者，主要集中分布在余杭门之东，天宗水门之南，仁和县附近东西一线之北，以及东青门内茅山河两侧地区（图 2-2、图 2-3）。如城北余杭门东，天宗水门之南有淳祐仓或称淳祐百万仓，在余杭门内斜桥南有廒百眼（储米）。天水院桥后有六部架阁库，桥北省仓上界有廒八眼（受纳浙右米），桥西草料场有廒十眼（受畿内所输稻麦豆）。天水院桥南仁和县侧仓桥东为丰储仓，有廒百眼（储公田租米）。丰储仓之东（边家渡东）有卖酒局（州属），天宗盐仓在天宗水门内。法物库和市舶新务在梅家桥（通济桥）北[4]。

左藏库（有东西二库，"东库则掌币帛绢紬之属，西库则掌金银泉券彩纩之属"）在清湖桥，封桩下库在左藏库中门，安边太平库在下库南，编估打套局在左藏库门内[5]。

城东北仙林寺东有平粜仓，"创以储临安米"。东青门内后军寨北有咸淳仓，有廒百眼

---

* (接前页) 在荷花池头（新民村）发现一处与南宋府学相关的建筑遗迹（图 2-4）。

[2] 马东峰《南宋临安府治遗址发掘介绍》（《文物天地》2001 年第 5 期）说：南宋末临安大火后，元初重建。叠压在西厢房和庭院上面的砖路面，建于元初，路面上残存一柱础石，说明路面上原筑有亭子。叠压在宋末元初的道路上，还发现房屋遗迹一座。发现明代消防贮水池一座，池中间东西并排嵌有绿釉陶质水缸两口。其东 4 米处残存一段砖结构方形出水沟。

[3]《梦粱录》卷九"诸监"条，卷一五"学校"条。

[4]《梦粱录》卷九"监当诸局""诸仓"条，卷一〇"本州仓场库房"条。

[5]《梦粱录》卷九"六院四辖""监当诸局"条。

（储公田岁入之米）[1]。此外，本书其他部分陆续提到的一些仓、场、库等不赘述。

（二）驻军兵营的方位

临安城内外驻军很多，分布较广、密度较大，下面仅略述城内驻军分布概况。首先，大内周围置重兵守卫，如大内之东"沿内城向南，皆殿司中军将卒立寨卫护，名之军圣下寨。寨门外左右俱置护龙水池"。直卫禁军殿前司衙在凤凰山八盘岭，侍卫步军司衙在冶铁岭西，八盘岭、万松岭和铁冶岭驻军较多，清波门和钱湖门间兵营较集中。

禁军东南第三将，"共统八指挥军也"，"寨在东青门内"。京畿第三将，"共统十七指挥军也"，"驻扎营在东青门里"。此外，兵钤辖司兵马，分布较广。还有内诸司所统士兵，如皇城司营寨在东青门内大街之南。城内四壁和城内分地段驻有厢兵，城外如候潮门、崇新门和东青门外，以及西湖西岸的教场一带，营寨也较多[2]。临安城内外马、步兵营寨，与厢坊街巷民居和仓场库所房屋相互交错，为其重要特色之一（图2-2、图2-3,图2-6）。

（三）诸防隅的方位

临安城四周的山、湖、江、河是临安城的天然屏障，城内还驻有重兵。除此之外，《梦粱录》卷十"防隅巡警"记载：临安城"官府坊巷，近二百余步置一军巡铺，以兵卒三五人为一铺，遇夜巡警地方盗贼烟火，或有闹炒不律公事投铺，即与经厢察觉，解州陈讼。更有火下地分，遇夜在官舍第宅名望之家伏路，以防盗贼"。因临安城"户口繁夥"，建筑"接栋连檐，寸尺无空，巷陌壅塞，街道狭小"，"盖官府以潜火为重，于诸坊界置立防隅官屋，屯驻军兵，及于森立望楼，朝夕轮差，兵卒卓望，如有烟焰处，以其帜指其方向为号，夜则以灯"。城内诸防隅配置情况大致如下（图2-3）。

第一，大内及其周围："南上隅"，在"丽正门侧仪鸾司相对"；大内东"新南隅"，"在候潮门里东"；大内西之"南隅"，有"望楼在吴山至德观后"。又《咸淳临安志》临安京城图（图2-3）和《咸淳临安志》临安皇城图（图2-6），在铁冶岭上"南隅"之西南有东山望楼，再南有南山望楼，该望楼东有步司潜火营，"南隅"之西北有西山望楼。第二，御街南段中央衙署区："西南隅"，"在寿域坊仁王寺前"（太庙南）；"新隅"在长庆坊（朝天门之北）。第三，御街中段中心商业区："上隅"，"有望楼在大瓦子后三真庙前"（御街西）；"东隅"，"有望楼在柴垛桥都税务南"，此垛桥即太和楼桥（御街东）。第四，御街北段商业区："下隅"，"有望楼在修文坊内"（御街西）；"中隅"，"有望楼在下中沙巷蜡局东塊"。第五，府治及其附近："府隅"，"有望楼在府治侧左院墙边"；"西隅"，"有望楼在白龟池"。池在"钱塘门里沿城"，大致在临安府署与钱塘县署之间临城墙处（都作院南）。第六，开元宫之东："新上隅"，"在侍郎桥东皮场庙侧（三桥南，与罗汉洞巷相对）"。第七，钱塘县署

---

[1]《梦粱录》卷九"诸仓"条。
[2]《梦粱录》卷九"三衙"条，卷一〇"厢禁军""帅司节制军马"条。

东、太学之南："北隅"，"有望楼在潘阆巷内"。第八，余杭门内有"新北隅"[1]。

上述诸防隅除大内及其周围外，均置于重要衙署区、府邸区、主要商业区和重要地段，有一定的规律性。如南部中央衙署区内有二防隅，相距较近。御街中段和北段各置二防隅，且在南者位于御街西，在北者位于御街东。临安府署与钱塘县署附近，以及临安府署与开元宫之东，相关防隅略呈鼎足之势，可相互呼应。临安城主要出入口余杭门和候潮门各置防隅，其中候潮门防隅还与大内有关。总之，上述城内防隅除防盗贼烟火外，也是城防的组成部分之一，同时还有控制城内居民、巩固统治的作用。

三 府邸与一般居民区

(一) 府邸配置概况

1. 府邸

府邸（第）主要指皇帝潜邸，皇室贵戚和王公大臣府邸，以及各种官舍等。府邸大都分布在御街中段两侧，西侧居多，少数府邸散置（图 2-2、图 2-3）。较集中的府邸区，大致有五片[2]。

第一，御街西清河坊北，市西坊南，临安府署东，后市街西（左一北厢地域）。如临安府署东，凌家桥北，普安桥南的油车巷有台官宅（巷内有度牒库）。秘书省与开元宫间有省府官属宅（"在开元宫对墙"），后市街西与龙翔宫附近有昭慈圣献孟太后宅（宅在后市街）、慈懿李皇后宅（在后市街）、寿和圣福谢太后宅（在龙翔宫侧）。清河坊有张循王府。临安府南的仁美坊有五官宅和忠王府第（市西坊南有惠民北局）。此片特点是后宅较多，并近御街；官宅和其他府第多近临安府署区。

第二，御街西，市西坊北，后洋街以北一带之南，钱塘县东边潘阆巷和德化坊一线之东（属左二厢南、中部及左三厢南部），此片大致与前片府第区相连接。主要有市西坊西端转北俞家园的六房院和卿监郎官宅、张府、九官宅，俞家园东北军将桥附近有恭淑韩皇后宅和濮王府。向北井亭桥西有庄文太子府，再北洪福桥西左三厢清和坊有忠烈杨和王府，府西有五房院（枢密院诸承旨所居处）。杨和王府北清湖桥北有沂靖惠王府，桥北左藏库西有周汉国瑞孝长公主府。众安桥（众安桥北有惠民西局）西南左二厢睦亲坊有百官宅（宗学北），其西石灰桥后十官宅，众安桥西北纯礼坊（后洋街巷）有吴王府、僖王府。后洋街南的前洋街有韩蕲王府，前洋街西南潘阆巷有三官宅。北部祥符桥西南，明庆寺之南有刘鄜王府。此片靠近西湖，其特点是王府和官宅多，有分片相对集中之势。官宅除在俞家园附近者近临安府署外，余者大都穿插于王府间，且多与王府靠近。

第三，大内前西北万松岭和铁冶岭一带。"殿司衙山上万松岭，在和宁门外孝仁坊西岭上，夹道栽松，今第宅、内官、民居，高高下下，鳞次栉比，多居于上"[3]。如铁冶岭

---

[1]《梦粱录》卷一〇"防隅巡警"条。
[2] 府邸分布情况，《梦粱录》卷一〇"诸官舍""后戚府""诸王宫""家庙"等条，并参见卷七"大河桥道""小河桥道""西河桥道""小西河桥道"等条。
[3]《梦粱录》卷一一"岭"条。

有景献太子府，铁冶岭北部漾沙坑郭婆井有七官宅，其西南有恭圣仁烈杨太后宅等。

第四，盐桥河东，德寿宫南有部分府邸。如州桥有吴太后宅，都亭驿东有侍从宅。此外，还有庆王府和十少保府等。

第五，盐桥河东新桥南，德寿宫北地段，在佑圣观后有成穆郭皇后宅，宗阳宫北有福王府，佑圣观桥东有荣文恭王府。荐桥东有显仁韦太后宅，桥南宪节邢后宅，桥东丰禾坊南有成肃谢皇后和全后宅。崇新门内，有"今上皇后宅"。新桥附近有益王府，再北西桥（仙林桥和平籴仓北）汉王府亦可划为此片。该片以王府和后宅为主。

除上所述，《梦粱录》卷一〇"诸官舍"条记载："左右丞相、参政、知枢密院使、签书府，俱在南仓大渠口。又南宋初登平坊曾设宰相府，故称相府巷。"[1] 据此前述左右丞相府等或在登平坊。

2. 恭圣仁烈皇后宅遗址

2001年5~9月，杭州市文物考古研究所在吴庄对恭圣仁烈皇后宅遗址进行发掘[2]。发掘面积1800平方米，发现正房、后房、庭院、东西庑和夹道遗迹。建筑地面均黄黏土夯筑，正房、后房和两庑筑于夯土台基之上（图2-12、图2-13）。

正房揭露面积348平方米，已知东西长28.5米，南北宽12.2米。正房向北面庭院内延伸出一月台，东西14.62米，南北宽4.27米，月台中部靠庭院一侧有石望柱残迹。正房面阔7间，进深3间，残存太湖石柱础（西部未全部清理）。正房、月台地面用边长34厘米素方砖平铺，正房，月台台基与庭院之间有砖砌护墙，护墙宽0.3米，月台和庭院间台阶仅在庭院地面上残存一级。庭院两侧东西庑台基各南北长22.34米，东西宽7.33米，面阔5间（间宽约4.46米）。西庑台基（部分未清理）和庭院间的护墙保存较完整，高0.5米，宽0.3米，地面素面方砖平铺。东庑和正房外侧有夹道，其东侧夹道保存较完整。夹道地面长方砖平铺，西高东低，利于排水。东侧有一排水明沟，沟内侧每隔1.3~1.5米有一排水孔，孔径16厘米。东庑外侧夹道南北长26.7米，东西宽2.3米。夹道北部地面保存一砖砌水井遗迹。西庑和庭院间有台阶，台阶夯筑、铺"香糕砖"，阶面用石条或砖块平铺。后房西半部和北半部未揭露，其台基和庭院间石台阶保存较好，台阶两侧垂带石长1.35米，宽0.41米，高0.59米；台阶四层，长方条石砌成，每级台阶长1.96米，宽0.32米，高0.13米。台基护墙残存太湖石质压栏石。

庭院在正房、后房和两庑之间，东西宽17.42米，南北长22.2米，比周围台基低约0.5米。庭院中有一东西长12.48米、南北宽7.54米、深1.21米长方形水池（图2-12~14）。四周池墙青砖错缝平砌，其上有太湖石质压栏石，压栏石外侧有突棱，池西北角压栏石上刻溢水沟，突棱下有一溢水孔。方池底部平铺三层方砖，砖间灌料礓石末和糯米汁。

---

[1] 杨宽《中国古代都城制度史研究》（上海古籍出版社1993年版，第357页）"登平坊"条。

[2] A.《宋史》卷二四三《后妃列传》载：宋宁宗嘉泰二年被立为皇后，理宗即位被尊为皇太后，卒谥"恭圣仁烈"。

B. 国家文物局《杭州吴庄发现南宋恭圣仁烈皇后宅遗址》，《2001中国重要考古发现》，文物出版社2002年版；《杭州南宋恭圣仁烈皇后宅遗址》，《中国考古学年鉴·2002年》，文物出版社2003年版。

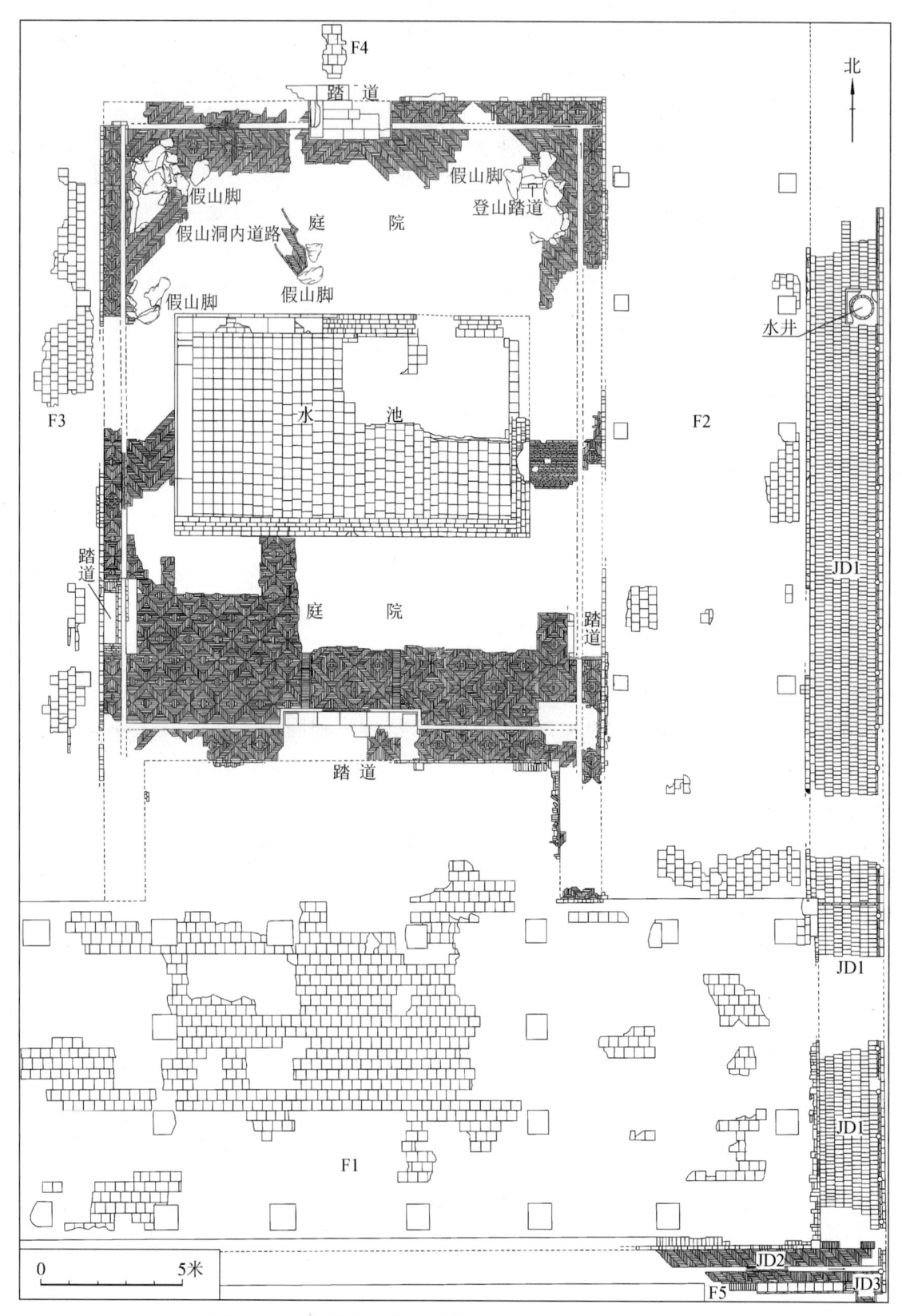

图 2-12　杭州南宋临安城恭圣仁烈皇后宅遗址平面图
(引自杭州市文物考古研究所《南宋太庙遗址》附页平面图，略有改动)

图 2-13 杭州南宋临安城恭圣仁烈皇后宅遗址全景
(引自国家文物局《杭州吴庄发现南宋恭圣仁烈皇后宅遗址》)

图 2-14 杭州南宋临安城恭圣仁烈皇后宅遗址水池遗迹(东北—西南)
(引自杭州市文物考古研究所《南宋太庙遗址》)

庭院方池和台基之间用"香糕砖"竖铺地面,地面呈"十"字形、菱形、"人"字形、"回"字形、"凸"字形等多种几何纹组合图案。方池周边砖砌排水明沟,周长 72.6 米,宽 0.21 米,深 0.03 米,水沟从东庑台阶通过。庭院东北角,东庑台基下有一砖砌排水暗沟，暗沟口呈方形，宽0.3米，高0.29米，用透雕方砖封堵，透雕花纹为假山、松枝和两只猴子，暗沟与明沟相连。庭院东北角的假山，残存部分用长方形砖砌成登山台阶。庭院北部后房和方池间有太湖石垒成的假山，假山中有过道，过道用"香糕砖"铺砌。

出土遗物较多，建筑构件主要有板瓦、筒瓦、鸱吻、脊兽残件和双层莲瓣望柱柱头等。瓦当花纹有芙蓉花、菊花、鸡冠花、宝相花等。瓷器窑口主要是南宋官窑、龙泉窑，器形有盏、碗、瓶、炉、器盖、洗、盆、罐、熏炉等。发现熙宁、元丰、建炎、淳熙、开禧、嘉定、淳祐年号铜钱百余枚，其中以"嘉定元宝"出土最多。

上述遗迹只是恭圣仁烈皇后宅遗址的一部分，其发现和发掘在南宋建筑考古学中有重要意义。遗址的位置与《咸淳临安志》之南宋京城图和皇城图上（图2-3、图2-6）所标恭圣仁烈皇后宅位置相符。

(二) 一般居民区

临安原为地方城市，成为行在后，众多的衙署，大量官吏和军队、显贵和豪富，以及与此相关的各种人群拥入临安城，原土著居民多被迫迁至城外，使城内居民构成发生很大变化，此前的居民坊巷大都被官方机构、府邸和工商业区占据。因此，临安城内一般居民区面积较小，并多处于边缘地带或与府邸杂处。

临安城内一般居民居住区，大致有四种情况。一是在白洋池南，御街中段和北段之东，市河与盐桥河间的狭长地段。二是在御街中段和北段主要商业区两侧（工商户为主）。三是御街中段之西，钱塘门南，丰豫门北地段，为居民与府邸杂处区。四是分布于城隅地带，如绍兴年间扩展东南外城，曾划候潮门至嘉会门外新筑御道两旁为居民用地。

临安居民的坊巷内有商业网点，形成市、坊结合的统一体。坊巷内有学校（乡校、家塾、舍馆）。坊巷内有手工业作坊，坊巷内建有石砌塔式塌房，以备居民火警时存放贵重物品。以上均是临安城居民区的新特点。

第四节 临安城商业和手工业配置概况

一 商业和商业区

(一) 商业

临安城的商业非常繁荣，较北宋东京开封府城又有较大的发展。其商业以私营为主，官营为辅。官营商业除大酒楼和大瓦子等外，一般则仅限于政府专卖的盐、矾、茶、酒、醋和部分舶来商品，此类商品主要是通过私营商业进入市场。临安城的商业内涵包罗万象，其中除商品销售流通领域的各类商品外，还有满足城市生活需要的各种服务业、娱乐业（瓦子等），专供商贾使用的货栈、塌房，以及质库和邸店等。其商业活动的特点，是按各类商品经营的范围，分别组成"市""行"和"团"。"市""行"和"团"既是商业分工，又是各类商业的组织基础。临安城的商业，实际上就是各种"市""行"和"团"的集合。"市""行"和"团"原是同业商店集中地段的称谓，早在唐代已经形成，后来则成为同业商人的组织名称。商人组织"市""行"和"团",是为了加强同业间的协作,减少竞争,利于垄断并谋求共同利益,促进本行业的发展。同时官府为便于管理和"科索"也要求商人有行业组织[1]。各"市""行"和"团"负责组织货源("皆四方物资所聚"),将商品批发(批发商)给同业铺户(铺席、零售商),由"市""行"和"团"规定商品时价("行市")。临安城的"市""行"和"团"很多,《都城纪胜》说:"不以其物大小,但合充用者,皆置为行。"《咸淳临安志》卷一九"市"条列举了十七个主要的"市"和"行",《西湖老人繁胜录》记载"京都有四百十四行",并列出一百四十余行[2]。诸行中除经营贵重和高档消费商品外,其最多最有特色的商业有以下几种。

第一,饮食业。饮食业在临安城广为分布,其中以酒楼和茶坊为首。酒楼有官营、私营两种,官营酒楼多为官营酒库所开。临安城十三所官营酒库有七所设酒楼,南库、南上库、北库和东库(其酒楼太和楼,因火灾废弃)的酒楼在城内。私营酒楼又称"市楼",主要分布在城内。此外,还有许多小酒店。茶坊是城中社会交际最活跃的场所,既是士大夫高谈阔论之处,又是"习学乐器,上教曲赚"之所,也是各种行业出卖技艺的雇佣劳动者会聚"行老"(市头)的地点(有妓女的茶坊,称"花茶坊")。此外,还有各种饮食店,如分茶店(又称分茶酒店、茶饭店)、面食店、从食店(各色品种的蒸作糕点)、犯鲊店("犯"是经过加工调味的干肉,"鲊"是经加工调味的鱼、虾、蟹、雀等肉)、果子店(糖果店)等。

第二,娱乐业。娱乐业以瓦子(瓦市、瓦肆)为代表,瓦子不仅演艺(演艺用的建筑物称勾栏或棚),而且还有集市、大酒楼、茶坊和饮食店等。临安城的瓦子多为官办,城内五处瓦子属修内司(修内司设有散乐所),城外瓦子属殿前司。这些瓦子虽为"军卒暇日娱乐之地",但更主要是城内居民娱乐的场所。

第三,娼妓业。宋代是中国古代娼妓昌盛时期,南宋临安更较北宋汴京有过之而无不及,素有"色海"之称。早在唐代和北宋,杭妓已著称于世。到南宋娼妓则遍及临安城内外,几乎无所不在,并在中国历史上首次形成"娼侩"(专营买卖娼妓的集市组织)。妓女除集中于妓院娼馆外,临安城的酒楼、茶肆、饮食店、歌馆(妓馆之一种)、瓦子等处,均为娼妓所聚之地。从地段来看,以盐桥河沿岸近桥街市,小河(市河)沿岸近桥街市一带较为集中。

---

[1]《梦粱录》卷一三"团行"条:"市肆谓之'团行'者,盖因官府回买而立此名,不以物之大小,皆置为团行,虽医卜工役,亦有差使,则与当行同也。""其中亦有不当行者,如酒行、食饭行,而借此名。"《都城纪胜》"诸行"条说:"因官府科索而得此名。"每行设行头,有对官府代表同行承应各种负担的责任,并分摊给所属同行。

[2] 文献所记临安城的"市""行"和"团"很多,如米市、菜市、柴市、布市、花市、肉市、珠子市、药市、象牙玳瑁市、金银市、丝锦市、枕冠市、故衣市、衣绢市、卦市等。鲜鱼行、鱼行、蟹行、南猪行、北猪行、面行、姜行、菱行、鸡鸭行、骨董行(买卖七宝)、酒行、食饭行、散儿行(钻珠子)、双线行(做靴鞋)、香水行(浴堂)、银朱彩色行、金漆卓(桌)凳行、青器行、处布行、麻布行、海鲜行、纸扇行、麻线行、木行、竹行、果行、笱行等。鳖团、花团、柑子团、青果团等。此外,书籍业同行有"书房"(或称"文籍书房")组织。

第四，修补和服务业。临安城修补各种日常用品的小行业较发达，有的还组织成行市（如丁鞋绦等）。服务业有为筵会服务的"四司六局"（帐设司、茶酒司、厨司、台盘司；果子局、蜜煎局、菜蔬局、油烛局、香药局、排办局），这是官府支持的一种服务行业，专为官府和富人举办筵席提供各种服务。为配合"四司六局"并供居民需要，各种器物的租借业也较多。属服务行业性质的还有药材业、塌房和浴堂等。

综上所述，临安城是当时全国最大的商业都会。《梦粱录》卷一三"铺席"条说：临安城"自大街及诸坊巷，大小铺席，连门俱是，既无虚空之屋。每日清晨，两街巷门，浮铺上行，百市买卖，热闹至饭前，市罢而收"。"客贩往来，旁午于道，曾无虚日。至于故楮羽毛，皆有铺席发客，其他铺可知矣。其余坊巷桥道，院落纵横，城内外数十万户，莫知其数。处处各有茶坊、酒馆、面店、果子、彩帛、绒线、香烛、油酱、食米、下饭鱼肉鲞腊等铺。盖经纪市井之家，往往多于店舍，旋买见成饮食，此为快便耳"。《梦粱录》卷十三"团行"条说："大抵杭城是行都之处，万物所聚，诸行百市，自和宁门杈子外至观桥下，无一家不买卖者，行分最多。"总之，临安城的商业从商业批发、零售、贮存到各种商品的配套，商业网点的配置，各种商业的组合和商业组织，方方面面无不具备，已经形成了较完整的商业体系，使临安城成为名副其实的商业中心和商业大都会。

（二）商市的分布

1. 御街南段是为官府服务的商业区

从大内和宁门向北至观桥一带的御街，是全城的商业中心区（图2-2、图2-3）。该商业中心区又可分为三片，御街的南段，即从和宁门至朝天门一带是为官府服务的商业区。主要是供宫内和中央衙署及达官显贵邸宅生活之需，以经营各种饮食、"奇细蔬菜"、海鲜、医药和书籍等为主，同时还经营官府专卖商品。其中的饮食店大都是著名的铺席和出名的食品。如孝仁坊口水晶红白烧酒，六部前丁香馄饨，庙巷（保民坊）口的杨梅糖、杏仁膏、薄荷膏等，大内前卞家从食，朝天门戴家熬肉铺等。此外，还有一些药铺、书籍铺和裱褙铺等。如东侧大佛寺前有痔药铺、保和大师乌梅药铺，三省前有惠民药局南局；西侧太庙前有尹家文字铺、陈妈妈泥面具风药铺，朝天门大石板朱家裱褙铺等。其中太庙前尹家文字铺又称尹家书籍铺或经籍铺，曾刊行不少笔记小说。此片除白天营业外，早市和夜市亦盛。《梦粱录》卷八"大内"条记载："和宁门外红杈子，早市买卖，市井最盛"，"盖禁中诸阁分等位，宫娥早晚令黄院子收买食品下饭于此。凡饮食珍味，时新下饭，奇细蔬菜，品件不缺。遇有宣唤收买，即时供进。如府宅贵家欲会宾朋数十位，品件不下一二十件，随索随应，指挥办集，片时俱备，不缺一味。夏初茄瓠新出，每对可值十余贯，诸阁分、贵官争进，增价酬之"。同书卷一三"天晓诸人出市"条说：和宁门红杈子前，各色食品蔬菜"填塞街市，吟叫百端，如汴京气象"。同书卷一三"夜市"条还记载了红杈子一带夜市盛况和所售诸色食品。

官府专卖商业区在德寿宫南的通江桥一带，其专卖机构杂买务和"宫市"的各种场务（都茶务、榷货务）概置于此。

2. 御街中段是综合性商业中心区

从商业街市构成角度来看，朝天门到众安桥属御街中段商业区，其中朝天门至寿安坊（俗名冠巷，又称官巷，属左二厢，即今官巷口一带）则是临安城内最大的综合性商业中心区，重要的"市""行"和"团"大都聚于此（图2-2、图2-3）。如：第一，五间楼和官巷间御街两侧有百余家金银盐钞引交易铺（南宋新设，北宋只有金银铺和金银采帛交易所。盐钞引是官府发给特许商人支领和运销盐茶等类专卖商品的证券），以市南坊之南，惠民药局北局前的沈家和张家金银交引铺最著名[1]。第二，珠子市在融合坊（左一北厢，在今高银巷）北，市南坊南，后又扩至官巷，交易额巨大，"如遇买卖，动以数万"[2]。第三，花市（指服饰上装饰用的各色花朵）在官巷，有"花作"和铺席，以官巷口苏家巷二十四家"花作"最著名[3]。第四，在官巷还有方梳行、销金行（用金箔或金色线条制成花朵）和冠子行等。著名的店铺有飞家牙梳铺，齐家、归家花朵铺，盛家珠子铺，马家、宋家领抹销金铺、沈家枕冠铺等[4]。第五，肉市在修义坊（左二厢，今三元坊巷），"巷内两街，皆是屠宰之家，每日不下宰数百口"，然后分售[5]。第六，柑子团在后市街。此外，还有一些其他"市"和"行"等，并另有因时节临时形成的市，如官巷秋天开的蟋蟀市之类。

御街朝天门至寿安坊一带也是大酒楼、茶坊、歌馆（妓院）和瓦子的集中之地。大酒楼如官府南酒库的和乐楼（清河坊南）、中酒库的中和楼（众乐坊北）。私营酒楼以中瓦子武林园规模最大，此外还有嘉庆楼和聚景楼（均在融和坊）、花月楼（新街巷口）、双凤楼（市西坊）、赏心楼（修义坊）、五间楼（御街东宝祐坊北）、虾蟆眼酒店（太平坊大街东南角）等[6]。茶坊集中在左一北厢的太平坊（郭四郎茶坊，张七相干茶坊）、市西坊（潘节幹茶坊、俞七郎茶坊）、保祐坊（朱骷髅茶坊），上述五茶坊"楼上专安妓女，名曰花茶坊"，中瓦子南北也有不少茶坊[7]。歌馆大都在御街中段东西两侧，以及大河沿岸[8]。临安城内有五大瓦子，此片占其三。即朝天门外清冷桥西，熙春桥附近的南瓦子（介于小河

---

[1]《梦粱录》卷一三"铺席"条："金银盐钞引交易铺，前列金银器皿及现钱，谓之'看垛钱'，此钱备准榷货务算清盐钞引，并诸作分打钑炉鞴，纷纭无数。"

[2]《梦粱录》卷一三"铺席"条。

[3]《梦粱录》卷一"元宵"条。

[4]《梦粱录》卷一三"铺席"条。

[5]《梦粱录》卷一六"肉铺"条。

[6] A.《梦粱录》卷一〇"点检所酒库"条，卷一三"铺席"条，卷一六"酒肆"条。
   B.《武林旧事》卷六"酒楼"条。
   C.《都城纪胜》"酒肆"条。

[7]《梦粱录》卷一六"茶肆"。关于中瓦茶坊，文中说："又中瓦内王妈妈家茶肆名一窟鬼茶坊，大街车儿茶肆、蒋检阅茶肆，皆士大夫期朋约友会聚之处。"

[8]《武林旧事》卷六"歌馆"条："平康诸坊，如上下抱剑营（在御街东新开坊和清平坊之间）、漆器墙、皮沙巷（清平坊）、清河坊、融和坊、新街、太平坊、巾子巷（市南坊）、狮子巷、后市街、荐桥，皆群花所聚之地也。"上述坊巷，只漆器墙、狮子巷和荐桥在大河沿岸，余者都在御街中段东西两侧。

御街间），其酒楼称熙春楼[1]。市西坊北首三桥巷中大瓦子（旧称上瓦或西瓦），大瓦子东首的积善坊和秀义坊（俗名上百戏巷和下百戏巷），实际上是大瓦子的扩展[2]。市南坊北有中瓦子，其内有著名的王妈妈茶肆和刊印小说的张家书铺等。中瓦子一带是御街中段最热闹的地方，被称为"五花儿中心"[3]。

此外，御街上述地段还有许多供应居民日常生活之需的各种商店。如各色品种的食店[4]，衣料服装店[5]、化妆品店[6]、日用杂货店[7]、药铺[8]、乐器店[9]和书籍铺等[10]。

除上所述，从寿安坊北的修文坊至众安桥一带的商业街市则是前段商业街市的延伸，其繁荣程度已远不如前者。从形势上看，朝天门至众安桥正西对临安城主要官宅和府邸区，修文坊至众安桥同样以瓦子、酒楼、食店等为主。如众安桥西南有城内最大的瓦子，称下瓦子，俗呼北瓦子。下瓦子的羊棚楼（与北宋东京城桑家瓦子象棚性质相同）有十三座勾栏，"背做蓬花棚"（与北宋东京城桑家瓦子莲花棚性质相同），瓦子内有数个规模较大的食店，大瓦子前有日新楼等大酒楼。大瓦子北有官府南上酒库的和丰楼（睦亲坊北），

---

[1] 《梦粱录》卷一九"瓦舍"条，参见前述厢坊部分以及杨宽《中国古代都城制度历史研究》（上海古籍出版社1993年版）第367页。

[2] A. 《梦粱录》卷一九"瓦舍"条，参见前述厢坊部分。
B. 杨宽《中国古代都城制度历史研究》，上海古籍出版社1993年版，第367页。

[3] A. 《梦粱录》卷一九"瓦舍"条，参见前述厢坊部分。
B. 杨宽《中国古代都城制度历史研究》，上海古籍出版社1993年版，第367页。

[4] 《都城纪胜》"食店"条记有太平坊南倪设门面食店，中瓦子前耿家羊饭、中瓦子武林园前煎白肠，金子巷（巾子巷）口陈花脚面食店，市西坊姚家海鲜铺，后市街施家肥羊酒店、贺家酪面等。其他文献还记有宝祐坊张卖食面店，糖果店有融和坊轻饧、太平坊麝香糖、蜜糕，市西坊鲍螺滴酥……

[5] 杨宽《中国古代都城制度史研究》》（上海古籍出版社1993年版）第371页记述：衣料服装店有清和坊顾家彩帛铺、市西坊纽家、刘家、吕家、陈家彩帛铺，柴家绒线铺，中瓦子彭家油鞋铺，抱剑营李家丝鞋铺，市南坊沈家白衣铺、徐官人幞头铺、纽家腰带铺，沙皮巷孔八郎头巾铺、陈家绦结铺，宝祐坊孔家头巾铺，水巷（兰陵坊）徐家绒线铺、俞家冠子铺等。

[6] 杨宽《中国古代都城制度史研究》（上海古籍出版社1993年版）第372页记述：化妆品店，如修义坊张古老胭脂铺，官巷染红王家胭脂铺，兰陵坊戚百乙郎颜色铺。饰物店如宝祐坊俞家七宝铺。

[7] 杨宽《中国古代都城制度史研究》（上海古籍出版社1993年版）第372页记述：日用器物店，如市西坊张家铁器铺，官巷淮岭倾锡铺，中瓦子前徐茂之家扇铺，金子巷（巾子巷）傅官人刷牙铺，五间楼前童家柏烛铺，抱剑营吴家、夏家香烛裹头铺，许家槐简铺等。

[8] 杨宽《中国古代都城制度史研究》（上海古籍出版社1993年版）第371页记述：药铺，如中瓦子陈直翁药铺，梁道实药铺，市西坊毛家生药铺、杨三郎生药铺，市西坊南官营惠民药局北局，巾子巷杨将领药铺，修义坊三不欺药铺，赏心楼前仙姑卖食药，官巷仁爱堂药铺，金白楼太丞药铺，外沙皮巷双葫芦眼药铺，五间楼前张家生药铺，宝祐坊讷庵丹砂熟药铺等。

[9] 杨宽《中国古代都城制度史研究》（上海古籍出版社1993年版）第372页记述：著名乐器店，如大瓦子丘家笙簧。

[10] 杨宽《中国古代都城制度史研究》（上海古籍出版社1993年版）第372页记述：书籍铺，如宝祐坊前张官人经史子文籍铺，中瓦子荣六郎经史书籍铺等。

睦亲坊有陈起父子开的著名书籍铺，修文坊南的里仁坊有游家漆铺，众安桥的澄沙膏和十色花花糖也很有名。此外，修文坊至众安桥的早市和夜市也与前段商业区连为一体。《都城纪胜》"市井"条记载："自大内和宁门内外，新路（御街）南北，早间珠玉珍异及花果、时新、海鲜、野味、奇器，天下所无者，悉集于此。以至朝天门、清河坊、中瓦前、灞头（市西坊）、官巷（寿安坊）口、棚心（定民坊，又称中棚巷）、众安桥，食物店铺，人烟浩穰。其夜市，除大内前外，诸处亦然，惟中瓦前最胜，扑卖（按：扑卖当时具有赌博性质的买卖行为，以钱为博具，以字幕定输赢）、奇巧器皿，百色物件，与日间无异。其余坊巷市井，买卖关扑，酒楼歌馆，直至四鼓方静。而五鼓朝马将动，其有趁卖早市者，复起开张。无论四时皆然。如遇元宵尤盛……"上述情况表明，修文坊至众安桥的商市，乃是朝天门至寿安坊商市的延续，两者不可截然分开[1]。至于众安桥到观桥，虽然《梦粱录》卷一三"团行"条说："自和宁门权子外至观桥下，无一家不买卖者"，但观桥一带商市较少，已属御街商市的尾声了。

3. 与御街商市相辅的小河大河近桥街市

御街在小河之西，大致与小河平行，两者近在咫尺，有桥相连，御街东侧诸坊东接小河。因此，小河近桥街市是与御街朝天门至众安桥街市密不可分的（图2-2、图2-3）。或可以说，小河近桥街市是御街中段街市的延伸，是御街中段街市的补充，两者相辅相成。首先，朝天门北小河清冷桥西熙春桥附近有南瓦和熙春楼，南瓦的位置靠近御街；御街东五间楼与其西官巷同属金银盐钞交易铺区，它们均可看做是御街与小河商市间的结合点。其北通和坊东的金波桥有风月楼，附近歌馆较多，这些歌馆与御街的歌馆大体连成一片。贤福坊东平津桥（猫儿桥）一带有许多杂货铺，以及一些食店和药铺等。炭桥有菜市，附近制药作坊和药铺较多。武志坊东的李博士桥有邓家金银铺、汪家金纸铺。以上均可作为御街中段商业的补充。再北鹅鸭桥有北酒库的春风楼，该桥与众安桥相邻，又可看做是与御街中段街市的结合点。

大河（盐桥河）在小河之东，两者之间有两条相邻的纵街，他们之间或直接或有桥连接。因此，大河近桥街市既是面向其东有关诸坊，同时也与小河和御街商市有密切关系。大河南部通江桥、望仙桥街市，前已说明与御街南段街市是不可分割的。通江桥夜市，实际上也是御街南段夜市的延伸。荐桥南太和桥附近有东酒库的太和楼，荐桥附近有酒店和食店，荐桥一带歌馆较多，与西边御街中段歌馆大体对应。盐桥大致与鹅鸭桥、众安桥在东西一线上，相距较近。盐桥附近有生帛行和蒲桥瓦子（又称东瓦，咸淳年间废为民居），盐桥南油蜡桥西的橘园亭有"书房"，是书市集中之地，与其西的书籍铺有内在联系，位置亦相近。

综上所述，可指出以下两点。第一，前述御街南、中段商业街市虽然经营范围、构成情况、特色有别，但仍是一个有机相连的整体，不可截然分开。第二，小河、大河近桥街市虽然有其特定的服务区域和对象，但从宏观和内在关系上看，御街，小河、大河近桥街

---

[1] 见杨宽《中国古代都城制度史研究》（上海古籍出版社1993年版）第367页引《都城纪胜》第372～373页，将修文坊至观桥定为"御街北段的街市"。

市乃是相辅相成，同属一个完整的大商业区。

4. 其他商业区

（1）西河近桥街市

西河流经地区的街市，呈点状散布，分小片集中，并以近桥、近衙署和府邸为特点（图2-2、图2-3）。如三桥附近（近开元宫、太常寺和府邸。三桥附近客邸最盛，以三桥附近杨三郎头巾铺较著名）；临安府署（各种官方机构很多）附近有流福桥、州桥和戒子桥等，诸桥附近和"府治前市井亦盈，铺席甚多"[1]。位于府邸区的清湖桥（以咸家犀皮铺较著名）、鞔鼓桥（书籍铺）；在钱塘县署，国子监太学附近的车桥（以郭宅经籍铺较著名，曾刊行《寒山诗》等书）、长寿桥（桥东茶汤巷是茶坊集中之地）等，及其附近一带均有街市。

（2）城门口外诸"市""行"和瓦子

城门口外诸"市""行"是城内诸相关商品的主要货源之一，其分布情况大致如下。米市集中在余杭门外崇果院黑头桥，以及新开门外草桥下南街和米市桥。菜市在崇新门外南土门市，东青门外菜桥和坝子桥。鲜鱼行在候潮门外和东青门外坝子桥。鱼行在余杭门外水冰桥。鳌团，亦名南海行，在东南便门外浑水闸头。蟹行在崇新门外螺蛳桥北蔡湖桥。柴市候潮门外下教场门东柴市桥。布市（又称布行）在东南便门外横河头。南猪行在候朝门外[2]。

城门外的瓦子，《梦粱录》和《咸淳临安志》记十二处。即便门瓦，城东南便门外北首。候潮门瓦，城东南候潮门外北首。小堰门瓦，城东保安门（俗名小堰门）外东首。新门瓦，又称四通馆瓦，城东新开门外南首。荐桥门瓦，城东崇新门（又称荐桥门）外直东的章家桥南。菜市瓦，城东东青门外直东菜市桥南（今菜市桥下有瓦子巷）。钱湖门瓦，城西钱湖门外南首省马院前。赤山瓦，在步司后军寨前。行春桥瓦，城西灵隐天竺路东行春桥侧。北郭瓦，城西北余杭门外北郭税务以北，又名大通店。米市桥瓦，城西北余杭门外米市桥下。旧瓦子，城西北余杭门外石牌头以北麻线巷。《武林旧事》卷六"瓦子勾栏"和《西湖老人繁胜录》"瓦市"条还记有六处。即嘉会门瓦，在嘉会门外。北关门瓦，又称北关门新瓦，在余杭门外。艮山门瓦，在艮山门外。羊坊桥瓦，在钱塘门外。王家桥瓦，北郊王家桥。龙山瓦，南郊龙山之麓[3]。

5. 塌房和邸店

临安城水上交通发达，浙江（钱塘江）"乃通江渡海之津道"，海商之船集中泊在候潮门外的浙江沿岸和龙山一带。但是，对临安城最重要的则是城北的水上交通线。临安城内的大河、小河及西河均从余杭水门和天宗水门出城与大运河连通。在余杭门外北新桥北有新开运河，所有内地运输物资及贩米客船等，皆由此进杭州，因而北新桥成为临安城与外界相通的总枢纽。在这种情况下，官府粮盐仓大都分布在盐桥以北茅山河至清湖河之间地

---

[1]《梦粱录》卷一〇"府治"条。
[2] 杨宽《中国古代都城制度史研究》，上海古籍出版社1993年版，第376页。
[3] 杨宽《中国古代都城制度史研究》，上海古籍出版社1993年版，第395～396页。

段内（参见前述情况）。临安城的堆垛场和塌房，除浙江、龙山等处码头区外，也主要集中在上述城北地区，其中尤以城北白洋池塌房区最具特色。塌房又称塌坊，专以租借给铺席、客商寄藏财物货品。《梦粱录》卷一九"塌房"条说："城郭内北关水门里，有水路周回数里，自梅家桥至白洋湖（池）、方家桥直到法物库市舶前，有慈元殿及富豪内侍诸司等人家，于水次起造塌房数十所，为屋数千间，专以假赁与市郭间铺席宅舍、及客旅寄藏货物，并动具等物，四面皆水，不惟可避风烛，亦可免偷盗，极为利便。盖置塌房家，月月取索假赁者管巡廊钱会，顾养人力，遇夜巡警，不致疏虞。"至于邸店，则以"三桥等处，客邸最盛"[1]，因为流寓商贾多住在凤凰山和吴山一带所致。

二 手工业作坊

（一）官府手工业作坊配置概况

官府手工业作坊，主要指三监所属各院、司、所、场、作，以及酒醋酿造业和印刷业等，其作坊多靠近相应衙署区，分类相对集中（图2-2、图2-3）。这些作坊前面大都已经提到，如制造御前军器所在礼部贡院之西，其东西作（作坊）营在军器所之东北。少府监所属文思院在观桥东安国坊（北与社稷坛等靠近），其"监官分两界：曰上界，造金银珠玉；曰下界，造铜铁竹木杂料"。文思院所属染坊在荐桥北义井巷，船场和架阁库在荐桥门外（御前忠佐军头引见司在文思院后）。将作监东西八作司在康裕坊（左一北厢，御史台西），内有泥作、石作等八作司。惠民利济局（制药以给惠民局）、交引库（专印造茶盐钞引）在太府寺内。会子库印刷作坊（"日以工匠二百有四人，以取左帑，而印会归库矣"。造会纸局在赤山湖滨）在榷货务置。印刷业主要集中于国子监，印刷经、史、子和医书的作坊在纪家桥，设有书板库[2]。

酿造酒醋是官府手工业之一，以酒最为重要，酿酒作坊几乎布满城内和城郊。其中除禁军酿酒作坊外，属点检所、直属主要作坊（煮界库）有13处；此外，还有"九小库"和"碧香诸库"。点检所的酒库在城内有东库，"清、煮俱为一，在崇新门里"。西库，又名金文正库，其清界库"在三桥南惠迁桥侧（煮界库在涌金门外）。南库，原名升阳宫，

---

[1] 《武林旧事》卷二"元夕"条。
[2] 南宋临安主管印书机构是纪家桥的国子监书库。《宋史》卷一六五《职官五》载：国子监书库监官"掌印经史群书，以备朝廷宣索赐予之用，及出鬻而收其直以上于官"。所刻书籍称"监本"。王国维《两浙古刊本考》（《闽蜀浙粤刻书丛考》，北京图书馆出版社2003年版）云，南宋监本有经部书40种，史部书22种，子部书4种，集部书2种。此外，南宋内府，如左司廊局于淳熙三年刻印《春秋经传集解》30卷；凤山门修内司刻《乐府混成集》105册。望仙桥德寿殿也曾刻过书。通江桥北太医局专刻印各类医书。秘书监下的太史局设有"印历所，掌雕印历书"。交引库专印造茶，盐钞引。会子库专印南宋纸币"会子"，有工人1200余人。印会子用铜版雕镂，印制精美。除上所述，临安府也大量刻印书籍。绍光年间临安府刊刻《仪礼疏》用刊工达160余人。王国维《两浙古刊本考》说道，临安府刊有《通典》200卷，贾昌朝《群经音辨》7卷，姚铉《文粹》100卷，《西汉文类》40卷等。此外，浙西转运司等也有刊刻作坊。绍兴三年杭州地区刻成两浙东路茶盐司使库本《资治通鉴》294卷。可见临安城刊刻业十分发达。

煮界库在社坛南，新界库在清河坊南。北库，煮界库在祥符桥东，清界库在鹅鸭桥东。中库，造清界在众乐坊北，煮库在井亭桥北。南上库，又名银瓮子库，造清界库在睦亲坊北（煮界库在东青门外）。"九小库"在城外。"碧香诸库"在城内的有钱塘前库在钱塘县前，北正库在鹅鸭桥北醋坊巷口，煮碧香库在西桥东，潘碧香库在礼部贡院对河桥西。此外，城内还有一些州县所属的酒库[1]。主要醋库十二处，散布城郊各处。除上所述，南宋修内司官窑瓷器，胎质细腻，轻薄如纸，釉以粉青为上，莹彻如玉，在中国古代瓷器史中占有重要地位[2]。

（二）私人手工业作坊

私人手工业作坊称"作"或"作分"，如碾玉作、腰带作、金银打钑作、油作、木作、石作、竹作、漆作、裱褙作、裁缝作、打纸作等。亦有称"行"者，如钻珠子者称散儿行，做靴鞋者称双线行等。这些私人手工业作坊多与店铺合一，大都散布在商业街市中，有些在前面已经提到。现仅以临安城最著名的丝织业和印书业为例，略作说明。

临安城除织锦院工匠千人，织机数百张，年产七八万匹丝绸外，私营作坊也很多，大都集中在城北今仙林桥一带。著名的彩帛铺如市西坊南的吕家、刘家和陈家丝帛铺，市西坊北纽家采帛铺，清河坊顾家采帛铺，三桥柴家绒线铺，盐桥下生帛铺，水巷口（三桥附近）徐家绒线铺等。品种有绫、罗、锦、缂丝、纱、绢、绸、锦等数十种。这些采帛铺，大都集生产（织、染）与交易于一体。印书业中私家刻印盛行，其店铺称"经铺""经坊""经籍铺""经书坊""文字铺"等，主要集中在御街南段（大隐坊、太庙前）、中段（分布较广，大致西起清湖河鞔鼓桥，经睦亲坊、过御街至市河棚桥附近街巷）[3]。

---

[1]《梦粱录》卷九"诸监""六院四辖""监当诸局"等条，卷一〇"点检所酒库"条。
[2]《杭州市乌龟山南宋官窑遗址》，《中国考古学年鉴·1989年》，文物出版社1990年版，第159、160页。
[3] 南宋时我国古代雕版印刷业全面发展，官刻私雕并举，其雕版数量之多，质量之高，印本流传之广是空前的。王国维《两浙古刊本考·序》（《闽蜀浙粤刻书丛考》，北京图书馆出版社2003年版）云："南渡之后，临安为行都，胄监在焉，板书之所萃集"，成为全国刻书最多、最精的地区。其情况除前述官刻外，临安的私营书房书肆、书棚、书籍铺、经籍铺众多。其中私刻铺名可考者约十八家，即临安府棚北大街睦亲坊陈宅书籍铺，睦亲坊巷口陈解元书籍铺，洪桥子南河西岸陈宅书籍铺，挽鼓桥南河西岸陈宅书籍铺，临安府太庙前尹家书籍铺，众安桥南街东开经铺贾官人宅，修文坊相对王八郎家经铺，钱塘门里车桥南大街郭宅经铺，保祐坊前张官人经史子文籍铺，行在棚南街前西经坊王念三郎家，杭州沈二郎经坊，杭州猫儿桥河东岸开笺纸马铺钟家，太学前陆家，中瓦南街东开印输经史书籍铺荣六郎家，钱塘俞宅书塾，钱塘王叔边宅，临安府全氏，橘园亭文籍书房。其中以陈起、陈思父子陈宅书籍铺，陈解元书籍铺历史最久，刻书最多，名声最大。陈起陈宅书籍铺刻工数十人，其子陈思所开陈解元书籍铺，陈氏父子几乎刻遍唐宋人小说和诗文集约百种。其所刻"书棚本"雕版工致，刻印质量高，纸墨工料上等，为后世藏书家珍爱；成为南宋坊刻本的代表。此外，寺院则多主持刻印佛经。

第五节　临安城主要配置、功能分区和形制布局的特点

一　临安城主要配置的特点

前面已经介绍了临安城内主要配置的情况，现将其特点归纳如下。

第一，中央衙署集中与散置相结合。主要中央衙署集中配置在和宁门至朝天门间御街之西，少量中央衙署和机构在御街之东。散置的部分中央衙署和机构，多靠近中央衙署区和地方衙署区，略呈分片集中之势，只有少数散置他处。

第二，地方衙署区均在御街以西，且临近西城墙的南、中部及御街北部之西，位置较偏，均分片集中配置，另有少数机构在其周围散置。

第三，诸府邸和官宅，主要集中于御街中段西、东两侧，以西部最多；御街南段也有相当数量，御街北段极少。官宅和官属院是临安城新出现的特点之一。

第四，一般居民似无单独居民区，商户和手工业者主要居于商业区和作坊区周围。一般居民多在城北、城隅、城边，并在城内中部与府邸区杂处。

第五，官府手工业作坊多邻近中央衙署和地方衙署区及其有关机构附近，少数散置他处。

第六，仓储区主要集中于城北、城东北地区，少数在城东南近钱塘江地区。

第七，城防和兵营主要分布在大内周围，铁冶岭、万松岭一带，崇新门和东青门内，以及沿城墙内外与沿江地区。诸防隅主要置于大内及其周围，重要衙署区、府邸区、主要商业区，以御街西为重点。

第八，主要商业区置于城内中间的御街及其两侧，凸显商业在临安城的中心地位。城内临河近桥街市，是御街商市的补充，并共同形成完整的中心商业区。同时临河近桥街市也是附近小区的主要商业网点之所在。此外，还有些小商业区，如临安府署前的街市等。私营手工业作坊多寓于商业区之中。

第九，城内瓦子、酒库、大酒楼、惠民各药局等的配置集中于御街及其附近，并基本照顾到不同区域，其配置有一定规律性。

第十，在礼制建筑中，太庙与社稷坛不是标准的左祖右社形式。但若以御街为界，太庙和社稷坛虽然不在东西一线上，仍可视为基本符合左祖右社规制。景灵宫、万寿宫和东太乙宫位置的选择，前已说明似与"先兆"传说有关。

二　主要配置与相关区域的功能

城内主要配置的方位及其集合构成状况，是分析城内功能区划的基础。根据前述主要配置的方位和特点，现将城内不同区域的主要功能归纳如下。

第一，和宁门北，朝天门南，清波门和新门东西横街之南（右一厢，左一南厢部分坊巷）。该范围御街西右一厢坊巷置主要中央衙署、太庙及相关机构；左一南厢有少量中央机构。自西城墙向东铁冶岭、万松岭一带为城防区，并有部分府邸和寺观。御街与大河之

东，中央机构相对较多，有部分后宅和府邸。因此，该地域可称为中央衙署、府邸和城防区。

第二，朝天门北，御街西，清波门与丰豫门东西横街之间（左一北厢）。该范围东部以道宫、后宅、王府、官宅、官府手工业作坊（八作司）为主。中部有道宫、少数中央衙署和机构。西部即渡子桥、凌家桥一线之西至城墙处为临安府署区。上述范围府邸数量在全城占第二位，故可称为府邸和临安府衙署区。

第三，大河东，朝天门北，新门与崇新门东西横街之间（右四厢）。有德寿宫，王府、后宅较多，可称为德寿宫与府邸区。

第四，御街西，丰豫门和钱塘门东西横街之间（东属左二厢，西属左三厢）。以中部偏东潘阆巷、安福桥所在南北向街为界，其西之北部是钱塘县衙及所属机构衙署区，该区之南俞家园一带有部分中央和地方机构和官宅。东面广布王府、后宅、太子府、公主府和官宅，府邸总数在全城占首位，民居穿插其间。北部是太学国子监所在的文教区，印刷作坊较多。根据上述情况，可称为府邸、文教和钱塘县衙署区。

第五，大河东，崇新门与东青门东西横街之间（右三厢）。为皇城司等城防兵营所在地，有少量后宅、王府和仓等。可称为城防与府邸区。

第六，御街北部西折大街之南，御街之西，钱塘门东西横街以北（东属左二厢，西属左三厢）。该范围临西城墙的西部为景灵宫、万寿观、东太乙宫礼制建筑区。其东之北部是仁和县衙署区，县署之南有部分中央机构和官府手工业作坊，另外还有个别王府、仓库，一般民居穿插其间。可称为礼制建筑，仁和县署和一般居民区。

第七，大河东，余杭门东，天宗水门南，御街西折大街之北，东青门东西横街以北（属右三厢）。北部为仓库塌房，东部为城防兵营、仓库、社稷坛和文思院所属作坊等。可称为城防、仓储和官府手工业区。

第八，御街从北至南，及两侧小河、大河近桥街市，为城内主要商业区。

三 临安城的功能分区和特点

（一）功能分区

根据前述临安城主要配置及其特点，主要配置与相关区域的主要功能进行归纳，从宏观考量，以最主要配置为准，临安城内大致可划为六个功能分区。

第一，和宁门，万松岭之南为宫城区。

第二，和宁门北至御街众安桥为中心商业区。与御街朝天门至众安桥段对应的小河，大河近桥街市和御街中心商业区共同组成城内完整的主要商业体系。

第三，和宁门北，朝天门南，清波门与新门东西横街之南，为中央衙署、城防和府邸区。

第四，朝天门北，清波门与新门东西横街之北，钱塘门与东青门东西横街南，为府邸、地方衙署和城防区。

第五，御街北部西折大街之南，御街西，钱塘门与众安桥东西横街之北，为礼制建筑、地方衙署，官府手工业和一般居民区。

第六，御街北部西折大街之北，余杭门东，天宗水门南，东青门至鹅鸭桥东西横街北，御街东，为仓库、城防和官府手工业区。

（二）功能分区特点

上述六个功能分区中未提到的其他内容，可参见前述有关情况。临安城内功能分区的特点，结合前述主要配置特点与相关区域的主要功能，大致可归纳如下。

第一，临安城内的功能分区，以大内为基点，以和宁门北御街为主轴，以东西城墙每两座城门间东西横街为区间，在御街两侧大致呈对称的块状分割形式，构成功能区划基本单元。各单元内的配置以一或二、三项为主，形成主辅多元化的复合形式。其中位于城内中部御街两侧的区划基本单元，内涵较相似，故可合并为较大的功能区划。

第二，临安城内功能区划的总体情况，除大内外，余者南部以中央衙署及相关机构为主，北部以仓库区为主，城内中部御街两侧以府邸为主，东西城墙内侧以地方衙署及相关机构（西）和城防（东）为主。

第三，临安城内以位于中间的御街为商业中心区，南段主要对应中央衙署区，中段主要对应两侧的府邸。因而御街商业中心区主要是为官府和府邸服务的。

第四，临安城内功能分区的主要内涵是衙署、商业、府邸和城防，凸显出上述四者的崇高地位，所以临安城的性质是一座政治化、商业化和军事化的城市。

第五，临安城内的功能区划，以御街及其东西城门内大街为基本框架。据此结合前述各区划之配置内涵有一定的内在联系和规律性来看，似可认为临安城在将杭州这座地方城市改造成行在（相当于都城）时，在主要配置方面大体是有宏观总体规划的。

四 形制布局特点

南宋临安城，是我国古代最靠东南（地方割据政权都城除外）和唯一称"行在"的都城，也是唯一在地方城市基础上，未经彻底改造和大规模营建而因陋就简的都城。同时又是最水网化和商业最发达的都城。所以临安城的形制布局，在中国古代都城中独树一帜。其次，临安城形制布局的独特性，还因为南宋只是金灭北宋后，偏安于东南的一个弱势王朝，并长期处于与金对峙和战争之中，故无余力大规模建新都所致。此外，南宋皇帝幻想光复旧土，故将临安称为行在，也无意全力重新营建都城。在这种情况下，南宋的行在临安城完全承袭了北宋杭州城的形制布局，同时又按照都城的要求，参照北宋东京开封府的规制，结合临安城的具体情况，在旧框架内权衡变通规划必需和相关的各种主要配置。因此，临安城的布局产生了许多突破传统，有别于前代都城模式的新特点。

（一）临安外城形制布局的特点

1. 两重城，与山水有机结合，外城形制意境独特

临安只有宫城、外城两重城。城与山水等自然要素有机结合，城景和谐相融，形成独特的城市景观和意境。同时山水也制约了外城的形制，如前所述，钱氏和北宋时期的杭州城倚山带河（西部和南部是山地，东面和北面有河），襟江抱湖（东南有钱塘江，西边中

部有西湖），山江咫尺相邻，封住了杭州城的南界，其余三面分别阻于河湖和山地。因而杭州城形制呈南北展，东西中部内缩的"腰鼓状"。南宋以杭州为行在所，升为临安府后，在苟安力不从心的情况下，基本接受了这种现状。所以"腰鼓状"仍在很大程度上影响到临安城的平面形制，此种形制在中国古代都城中是绝无仅有的。

2. 临安城是一座"水城"和"山城"

临安城外的山水情况已如前述，临安城内四河纵贯，泉池较多，小山岗地广为分布。临安城将其全部纳入总体规划之中，因而城内形制布局的特点与此密不可分，这种情况为前代都城所未见。

3. 外城墙因山就水、因势而筑，始包砖石

此情况前已说明，不赘述。仅指出临安外城的平面形制，乃是外城墙因山就水、因势而筑的结果。外城墙逐步包砖石，则为中国古代都城所首见。

4. 城门和水门多，城门位置独特

临安城东城墙开七门，西城墙开四门，南城墙之东开一门，城西北部开一门，水门五座。其中水门多，是四河贯都所致，不是临安城独有的特点。就城门而言，东西城门对应的位置相错，南城门偏于一隅，上述城门与外界的交通或阻于水，或阻于山，很不方便。西北部的余杭门，是临安城主要水、陆交通出入口，东南部的候潮门入江通海。总的来看，临安城以水路交通为主，其与外界的陆路交通较封闭。此外，临安各城门均建城楼，只有艮山门、东青门和便门建瓮城。凡此均与上述三点所述情况密不可分，其特点独具，有别于历代都城。

5. 南宫北城

临安城承袭钱氏南宫北城的格局，宫城在中轴线南端并位于城南端山麓地区，城区向北展开。此种情况为中国古代都城中的孤例，同时也是临安城形制布局独特的关键之一，并开后代都城宫城南移的先河。

6. 城内主体街道网络略呈叶脉状

城内仅中间的御街几乎纵贯南北，无直接横贯东西的大街。城内路网顺应自然，以御街（铺石）为主干，东西城门内大街多略弧曲，与御街或直接相接，或以桥相连，东西相对城门内大街与御街交接处大都南北错位。因此，俯视城内主体街道网络略呈叶脉状，此种情况在中国古代都城中是独一无二的。

7. 城内交通为水陆复合的典型范例

如前所述，临安是座水城，城外有江、河、湖和运河，城内有与城外诸水相通纵贯南北的四河。四河大多可通航，城内有渡口，水路是临安城与外界交往的生命线（前已说明临安与外界的陆路交通较封闭）。四河有上百座桥梁与街道衔接，以桥梁为枢纽，使城内街道变为通途。这是城内交通水陆复合的典型范例，如此情况，在中国古代都城中是空前绝后的。

8. 城内布局从南向北条状展布，区划块状分割排列

前已说明，临安南宫北城，地势南高北低，故临安城内布局以宫城为基点，以御街为中轴线和主脊，沿着大河、小河扩大了的中轴，自南向北，从高到低，呈条状延伸。城内

东西向街道区间和城内区划则呈块状分割形式排列，层层展布。这种情况，是前述城内主要街道网络呈叶脉状使然，在中国古代都城中亦是独有的形式。

9. 城内坊巷合一

临安城的坊又称巷，坊即是巷。坊巷大小无定制，大都和主要街道相通，与商市联系密切，较北宋东京开封府城坊巷又有新的发展，并成为尔后元大都胡同形式之滥觞。

10. 城内主要配置集中为主，分散为辅，有较明确的功能区划，特点独具

此种情况前已介绍，不赘述。在此仅指出，临安城以功能主导城内空间布局，并依托自然，形成相应的标志性地段，空间开放，取势较均衡，因而城内主要配置分片集约化的程度，功能区划在总体上较明确的程度，均超过前代都城。

11. 前朝后市，以御街为商业中心区

宫城在南，宫城正门在南、市在宫北，大体符合"前朝后市"规制。城内以位于中间的御街为商业中心区，以御街两侧的大河、小河水路交通和商品运输线及其商市为辅，共同构成较完整的商业体系而辐射全城。这种根据临安城的特点，独具匠心的规划，为中国古代都城中所仅见。

12. 礼制建筑配置方位打破传统

左祖右社分置于御街南部之西和北部之东，景灵宫、万寿宫、东太乙宫则置于城内西北部临西城墙处。上述配置方位虽然有其内在原因（参见前述情况），但是这种权变的结果，打破并违背了历代礼制建筑配置传统，故在中国古代都城中只是昙花一现而已。

综上所述，可以明显地看出临安城的御街具有非同一般的特点。这条御街是全城的中轴线和组织城内布局的主脊，其与两侧的河流共同形成了城内起主导作用的中心空间。以此为主轴结合东西城门内大街构成了城内总体布局框架，大体仍属于轴线对称模式。如此布局，既体现出城市的总体气势，空间处理的灵活性，突出了布局的自然美和曲线美，又使临安城总体布局的态势趋于活泼和轻松。其次，御街和宁门至朝天门路段，以政治礼仪轴线为主，以商业生活轴线为辅；朝天门以北路段则以商业生活轴线为主，同时又是前段政治礼仪轴线的延长（是皇帝朝景灵宫等的必经之路）。这样御街就将城内中轴线与政治礼仪轴线及商业生活轴线合而为一，使政治礼仪轴线与商业生活轴线的内涵相互渗透，相辅相成，中轴线又同时成为两者的载体，共同构成临安城空间架构的高潮，从而形成了中国古代都城中独创的轴线和城市中心的布局艺术。

（二）宫城形制的特点

临安宫城完整的形制布局，迄今不明。因此，下面仅述宫城已知的主要特点。

第一，宫城位于城内南端，依山（凤凰山东麓）傍江（钱塘江），坐南向北，地势较高，俯视全城。

第二，宫城西面中间部位无西宫墙，其平面大体呈不甚规则的东西长方形。

第三，宫城南面正门称丽正门，北门称和宁门，其东有东华门，或有西华门。因临安城布局是南宫北城，其方位为上南、下北、左西、右东，故和宁门成为宫城事实上的正门。

第四，宫内布局按前朝后寝之制。诸殿自平陆至山冈，随其上下，高低错落，别具一格。

第五，宫城在原钱氏旧宫和北宋杭州旧衙署基础上改建，因旧就简，不尚华丽。主要宫殿，一殿多用，随事易名。

第六，皇城环套宫城，宫城墙是皇城与宫城的界墙。皇城外围无皇城墙，丽正门、和宁门实际上是皇城门，在皇城内，位于宫城墙上。

第七，在望仙桥附近建德寿宫，称"北内"，故宫城又称"南内"。因此，临安城为两宫制。

上述前五个特点，在北魏洛阳城以后主要王朝的宫城形制布局中，是绝无仅有的；而皇城的形制和两宫制则与临安大内地处褊狭有关。总的来看，临安宫城未完全按规制改建及其简陋的程度，在中国古代都城中尚无二例。

第六节　临安城与北宋东京开封府城布局的比较

南宋是北宋的直接延续，随皇帝南迁临安的北宋皇室贵族，官僚集团、士大夫、商贾富豪乃至平民甚多。他们对临安城的社会生活和风气，商业、手工业和文化教育等许多方面发展的模式，都产生了很大的影响[1]，进而又影响到临安城内的布局。这些南渡者（以统治集团为主）按照其心目中原东京开封府城的模式，因地制宜地对临安城原有框架内的布局进行了改造、变通和发展。因此，临安城和开封府城的规划思想和规划措施是一脉相承的。故临安城的形制布局既有北宋东京开封府城的烙印，又在新的环境和条件下，沿着开封府城布局的轨迹开创出适合临安城发展的独有的格局。下面就临安城与开封城形制布局中的异同，做几点剖析。

1. 两宋都城平面形制不同

两宋均在原有旧城基础上立都，北宋以后周都城为基础，南宋行在以北宋杭州治所为基础，两城原来的规制和基础不同，故导致南宋行在无内城。北宋都城建于平地，坐北向南，平面略成方形。南宋行在建于山水之间，坐南向北，平面呈南北狭长不规则的长方形。上述情况表明，两宋都城平面形制迥异。虽然如此，但是二城的规划思想和规划措施却是一脉相承的。

2. 城与河的关系

北宋东京开封府城，四河在城内北、中和南部横贯都城，临安城则四河纵贯都城，两城与河的关系有共同之处。其最大的差异，是临安城很好地利用了四河的方位、流向和相对位置，使之与城内的干道、主要配置和功能区划有机地结合起来，从而成为临安城内布局起决定性作用的重要因素之一。此外，两城都利用四河，使城内形成水陆复合型的交通网络，但临安城水陆交通线复合的程度和发挥的作用则远在开封之上。也就是说，临安城对贯城河流的利用及与城内布局结合上，较北宋东京开封府城有较大的发展。

---

[1] 徐吉军《论汴京对临安都市文化的影响》，《中国古都研究》第五、六合辑，北京古籍出版社1993年版。

3. 御街与城内总体布局的关系

北宋东京开封府城四面有四条御街，四条御街是城内布局的主体骨架，其中南面御街是全城的中轴线，是城内布局的主脊。临安城内只有中间一条纵贯南北的御街，该御街既是全城的中轴线，也是全城布局的主脊。其与两侧城门内东西横街相结合，形成了与开封不同的城内交通网络，很好地完成了城内厢坊和功能区划的布局。可以说临安城的御街不仅相当于开封府城的南面御街，而且还集开封府城四条御街在城内布局中的作用于一身。这是临安城在新的条件下，对北宋开封府城以御街为城内总体布局骨架的规划思想之延续和发展。

4. 主要配置要素、功能分区和厢坊

临安城内的主要配置要素、功能分区和厢坊的规划思想，与北宋东京开封府城是一脉相承的。两者在城内主要配置要素、功能分区的内涵和划分厢坊的形式上也大同小异。但是，临安城只有宫城、外城两重城，其必须将开封府城内、外城主要配置要素和功能分区内涵中所需的部分完全纳入仅有的外城之中。所以临安城在开封城模式的基础上，对城内主要配置和功能分区的结构，因地制宜地进行了重要的调整。调整之后，临安城主要配置和功能分区的集中与明确的程度，它们之间的关系和规律性均远胜于北宋东京开封府城。临安城内诸瓦子、大酒楼、惠民各药局、歌馆、防隅（巡铺）等与主要配置和功能分区的协同关系也更加清楚和有规律性。此外，两城行政区划均以厢坊为单位，但临安已坊巷合一，其市坊紧密结合，居民按阶级分区聚居的程度，以及坊巷居民区配置学校等情况，均较北宋开封府城有新的发展。

5. 商业区

两宋都城商业均高度繁荣，临安城尤甚。开封府城以四条御街为主要商业区，临安城则在宫城之北以仅有的一条御街完成并发展了开封城四条御街在商业上的使命。大体言之，临安城御街南段商业区约相当于开封城大内之东的东华门前街市；临安城御街中段的综合商业中心区，约相当于开封府城宣德门前东大街及其北马行街的商业街市，同时并将开封城南面御街、西面御街的商业功能纳入其中。此外，临安城沿河近桥街市和城门口内外的市行，较开封城同样情况更加集中和繁荣。从商业经营的形式、品种，"市""行""团"和遍布全城的商业网点等方面来看，两城亦大同小异，但临安城较开封城又有较大的发展。总之，临安城前朝后市的格局，商业在城市中的主导地位，商业街市集约化、专业化和新型商业网点的模式及其健全的程度，在北宋开封城的基础上均有重要的变化和发展。

6. 礼制建筑的方位

前已说明，临安建于山水之间，宫城坐南向北，外城平面形制呈南北狭长的不规则长方形，凡此均不同于北宋开封城，这是导致南宋临安城礼制建筑配置方位不同于北宋开封的原因之一。此外，南宋人还用"先兆"传说来解释临安城由南向北的特殊布局，并依"先兆"传说配置礼制建筑。鉴于上述情况，南宋礼制建筑的名目和规制虽然同于北宋，但其配置方位却与北宋开封城礼制建筑不同。

7. 宫城

临安宫城位于山地，坐南向北，在北宋旧州治衙署基础上改建，因旧就简，一殿多用，宫城随形就势，平面形制不太规范，故与北宋开封宫城的形制差异较大。但是，除去这些表象之外，其宫城规制仍本于开封宫城，在配置上也刻意模仿开封宫城。博奕光《南宋杂事诗·序》[1]说：南宋临安宫城"一时制画规模，悉与东京相埒"，即南宋临安宫城与北宋开封宫城的规制、规模和配置是一脉相承的。比如：第一，两宋大内均皇城环套宫城（具体情况有差异）。第二，宫城皇城规模基本相同，皇城周长皆在九里左右，宫城周长都在5里左右。第三，临安宫城丽正门与和宁门的门制，门外的配置同北宋开封宫城宣德门。第四，临安宫城主体建筑群与北宋宫城一样，按前朝后寝、诸阁、后苑、东宫方式配置，且主要殿阁名称多相同或近似，主要宫殿配置均为双轴线。第五，两宋宫廷广场的形制和配置情况基本相同。上述情况表明，南宋临安宫城乃是以北宋开封宫城为摹本，其主要差异则是临安宫城因地制宜而简化和变通的结果。

8. 园林[2]

两宋都城与园林密切结合，是其重要特点之一。南宋临安城有山水之胜，自然条件优越，历来就是著名的风景城市，南宋以其为行在后官私园林更加兴盛，与北宋开封相比有过之而无不及。临安皇家园林较多，除宫城后苑、德寿宫花园、外城内的樱桃园之外，余者大都分布在西湖风景优美地段。如湖北岸的集芳园、玉壶园，湖东岸的聚景园，湖南岸的屏山园、南园，湖中小孤山上的延祥园、琼华园，三天竺的下天竺御园，山北的梅冈园、桐木园等。位于嘉会门外南四里洋泮桥畔的玉津园，本开封旧园名，园林布局亦仿开封玉津园，该园是皇帝宴射用的御园。临安私家园林众多，文献所记名园达百余处，亦主要分布在西湖周围。此外，在西湖一带还分布一些寺观园林，如灵隐寺、三天竺寺、韬光庵园林等（图2-15）。

9. 城外卫星四厢与临安城外"卫星"市镇的形成和发展

除上所述，顺便略谈临安卫星市镇的发展问题。前已说明，临安城定为行在后，城内大都被各种衙署、府邸、商业、手工业和兵营等占据，一般居民区很小。原住居民大都被迁于城外之城南左厢、城北右厢、城东厢和城西厢[3]，这个情况与北宋开封城外置四厢，

---

[1] 转引自郭黛姮主编《中国古代建筑史》第三卷（中国建筑工业出版社2003年版）"宋辽金西夏建筑"第119页引张奕光《南宋杂事诗·序》。

[2] A.《梦粱录》卷一九"园囿"条。
　　B.《武林旧事》卷四"故都宫殿"条，卷五"湖山胜览"条。
　　C. 明·田汝成辑撰《西湖游览志》，《西湖文献》（上海古籍出版社1998年版）丛书之一。

[3]《乾道临安志》卷二："绍兴十一年（1141年）五月七日郡守俞侯奏请：府城之外，南北相距三十里，人烟繁盛，各比一邑，乞于江涨桥、浙江置城南北左右厢。"城南左厢"旧治便门外一里浙江跨浦桥北"，乾道年间"徙于白璧营"。《咸淳临安志》卷一九"疆域四厢界"条：咸淳年间，公事所"在嘉会门外洋泮桥东"，其界"东至钱塘江，西至禁城，南至铁井栏，北至艮山门"，有状元坊和美政坊。城北右厢，公事所"在余杭门外江涨桥东"，其界"东至东新桥，西至余杭西，南至慈云岭，北至北新桥"，有状元坊。东厢西厢，《乾道临安志》卷二，城东厢城东都巡检使司，初"治城东一里，罗汉院之南"。《淳祐临安志》卷六云：淳祐年间起，"在崇新门外马婆巷"。其界"东至螺蛳桥，西至禁城，南至候潮门，北至保德门"，有状元坊。城西厢城西都巡检使司，《乾道临安志》卷二，初"治城西三里，赤山之南"。《淳祐临安志》卷六云：淳祐年间"在钱塘门外"，至咸淳年间"在钱粮司岭上"。其界"东至慈云岭顶，接连城南厢界；西至惠因桥，接连钱塘（转后页）

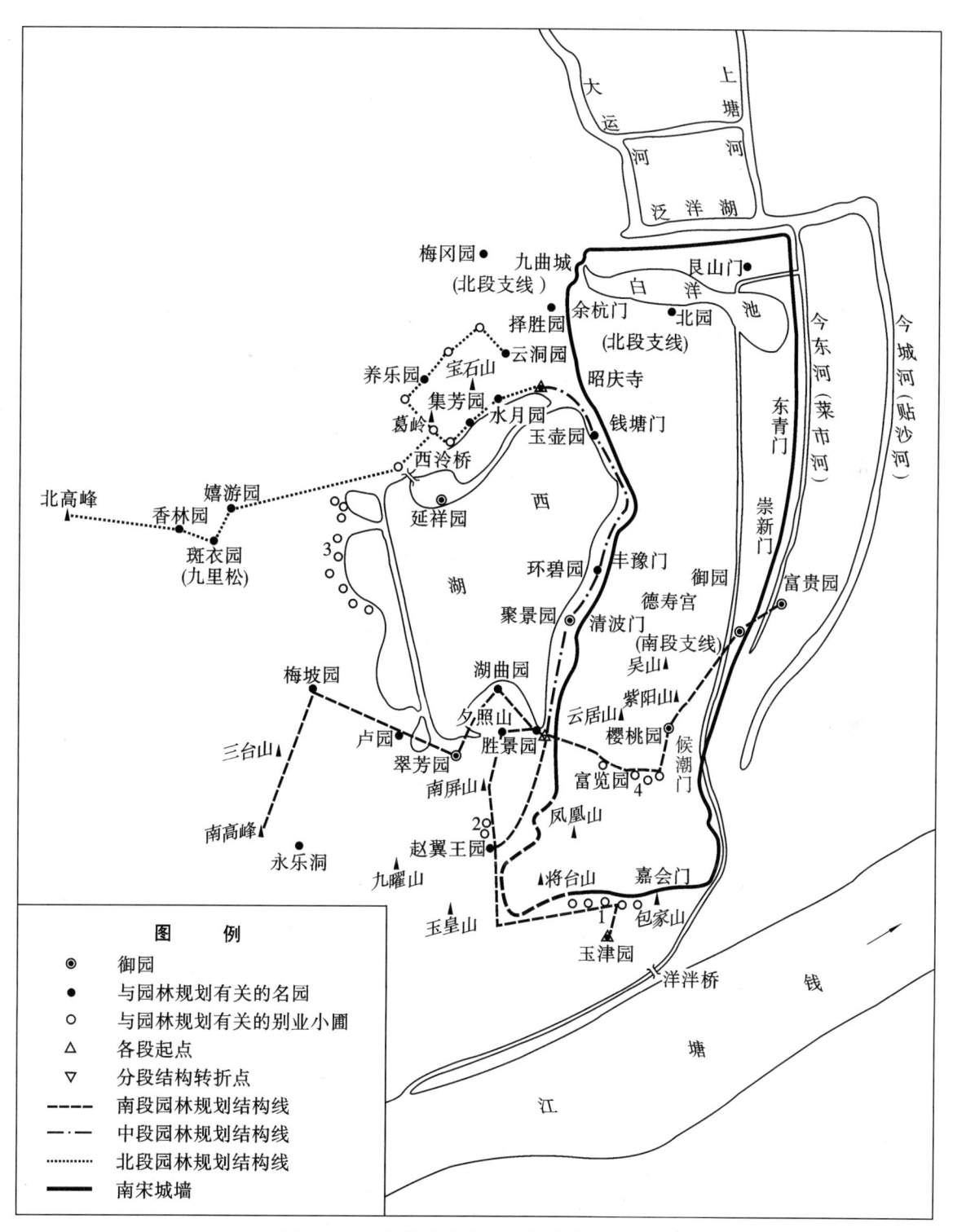

图 2-15 杭州南宋临安城园林分布示意图

1. 桃花关一带别业小圃，如壮观园等 2. 西林法惠之别业小圃 3. 赵公堤之小隐园等别业小圃及里湖之内侍诸园
4. 万松岭之别业小圃

（引自郭黛姮主编《中国古代建筑史》第三卷"宋辽金西夏建筑"，略有改动）

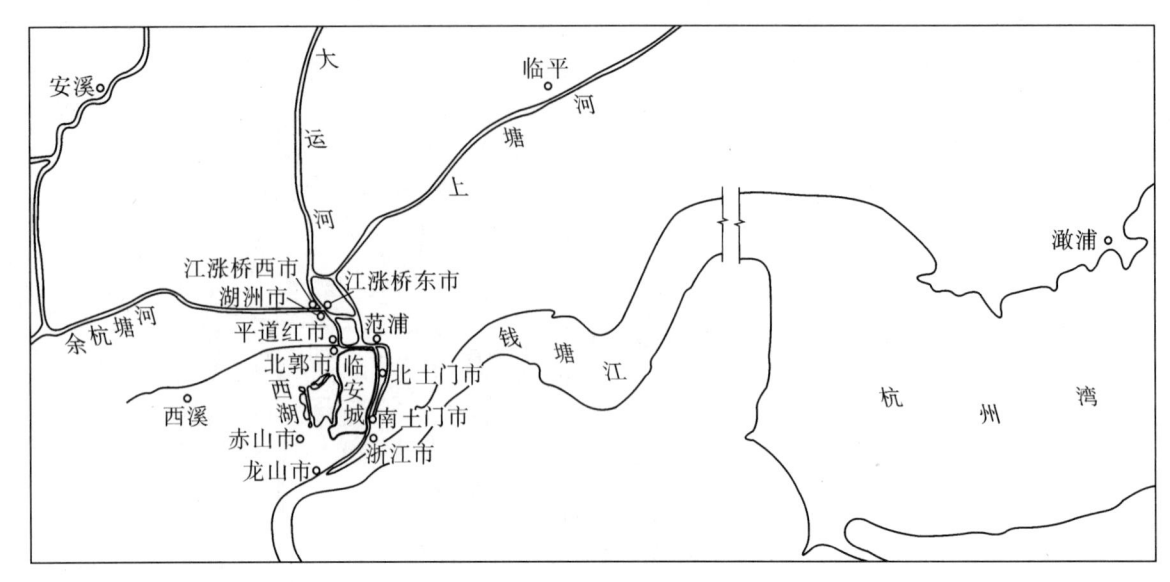

图 2-16 杭州南宋临安城与郊区市镇及海港配置图
(引自贺业矩《中国古代城市规划史》，略有改动)

*2/3的居民住在外城诸厢相似，其差异是临安城外四厢末被城墙围起来。由于大批居民迁于城外，促进了城外商品经济的发展，他们利用当地发达的水路交通，逐渐在钱塘、仁和两县辖境的临安城外周围，形成了十五座（另一说十六座）卫星市镇（图2-16）[4]。这些卫星市镇商肆繁荣，形成有一定独立性的经济实体。诸卫星市镇临江濒河，规模不等，距临安远近不一，但均随河道走势环列于临安附近，通过航运与临安城在政治和经济上连为一体。这些卫星市镇的形成，"盖因南渡以来，杭为行都二百余年，户口蕃盛，商贾买卖者十倍于昔，往来辐辏，非他郡比也"[5]。临安城外四厢形成"卫星"市镇，在中国古代都城中是个特例。其对临安城的繁荣有重要作用，同时对研究中国古代城市"卫星"市镇和"卫星"城发展史也有重要意义。

综上所述，临安城的形制布局与东京开封府相比，可以说临安城的形制布局乃是在开封府城基础上的发展和升华。从而更加突出了临安城政治化、商业化、军事化和园林化城市性质的特点。

---

* （接前页）尉司界；南至双塔儿寨前，接连城南厢界；北至钱塘门真珠河水口，接连钱塘尉司界"，有富安坊。

[4]《梦粱录》卷一三"两赤县市镇"条载：钱塘，仁和"两赤县所管镇市者一十有五，且如嘉会门外名浙江市，北关门外名北郭市、江涨东市、湖州市、江涨西市、半道红市、西溪谓之西溪市，惠因寺北教场南曰赤山市，江儿头名龙山市，安溪镇前曰安溪市，艮山门外名范浦镇市，汤村曰汤村镇市，临平镇名临平市，城东崇新门外名南土门市，东青门外北土门市。今诸镇市，盖因南渡以来，杭为行都二百余年，户口蕃盛，商贾买卖者十倍于昔，往来辐辏，非他郡比也"。其中大部分在北宋时已逐渐形成，南宋时进一步发展起来。此外，在临安以东，位于杭州湾的澉浦镇（属临安府盐官县），是对外贸易的重要港湾，南宋在此设市舶官。

[5]《梦粱录》卷一三"两赤县市镇"条。

第三章 辽代五京

第一节 辽上京城的形制布局

一 契丹建辽与五京

"辽"是契丹人建立的王朝。契丹人活动于西辽河上游潢水（今西拉木伦河）、土河（今老哈河）流域，原或为鲜卑宇文部的一支，最早见于载籍在北魏登国四年（389年）。隋代曾攻打过契丹，唐太宗时契丹内附，于其地置松漠都督府，以契丹大贺氏联盟长为都督，赐姓李氏；以各部落长为刺史，受营州都督府管辖。武则天时大贺氏联盟长李尽忠叛唐后，附于突厥近20年。玄宗时契丹时附时叛，开元二十三年（735年）遥辇氏取代大贺氏，重建契丹部落联盟。天宝四载（745年）回纥汗国建立后，契丹又在其统治下近百年。开成五年（840年）回鹘汗国灭亡，唐朝衰落，契丹趁机崛起。907年（另一说906年）迭刺部（后改称耶律氏）阿保机（耶律亿，即辽太祖）取代遥辇氏任联盟长，并于916年建契丹国。大同元年（947年）正月耶律德光（太宗）灭后晋，正式建立大辽国（983年曾改号大契丹国，1066年以后复号大辽）。辽太宗时统治地区西至流沙，东至黑龙江流域及原属渤海之地，北至胪朐河（今克鲁伦河），南包括燕云十六州。史学界一般将916年建契丹国至1125年金灭辽时止，统称为辽朝。契丹建国前居无定所，没有城镇，只有一些聚落。立国后始建城镇，并陆续建上京、东京、中京、南京和西京[1]。上述五京是各所在地区的统治中心，各领有军州府县，故又称五京道。道不设行政机构，五京长官均称留守，由契丹皇族或后族重臣担任。五京分设留守司和都总管府，统领所属军州事。五京之中只有上京是正式都城，余者均为陪都。

二 辽上京概说

辽上京遗址在今内蒙古自治区巴林左旗林东镇南二里（图3-1），地处古平地松林（千里松林）北缘，土地沃饶，水草丰美。城址选在狼河（今乌尔吉沐伦河）与沙水河（沙河、沙力河，蒙语称白音戈洛河）之间，"取天梯、蒙国、别鲁等三山之势"，"天险足

---

[1]《辽史》卷三《太宗上》：天显三年，十二月"升东平郡为南京"；《辽史》卷四《太宗下》：天显十三年十一月，"改元会同"，"于是诏以皇都为上京，府曰临潢。升幽州为南京，南京为东京"。《辽史》卷三七《地理志一》："太宗以皇都为上京，升幽州为南京，改南京为东京，圣宗城中京，兴宗升云州为西京，于是五京备焉。"

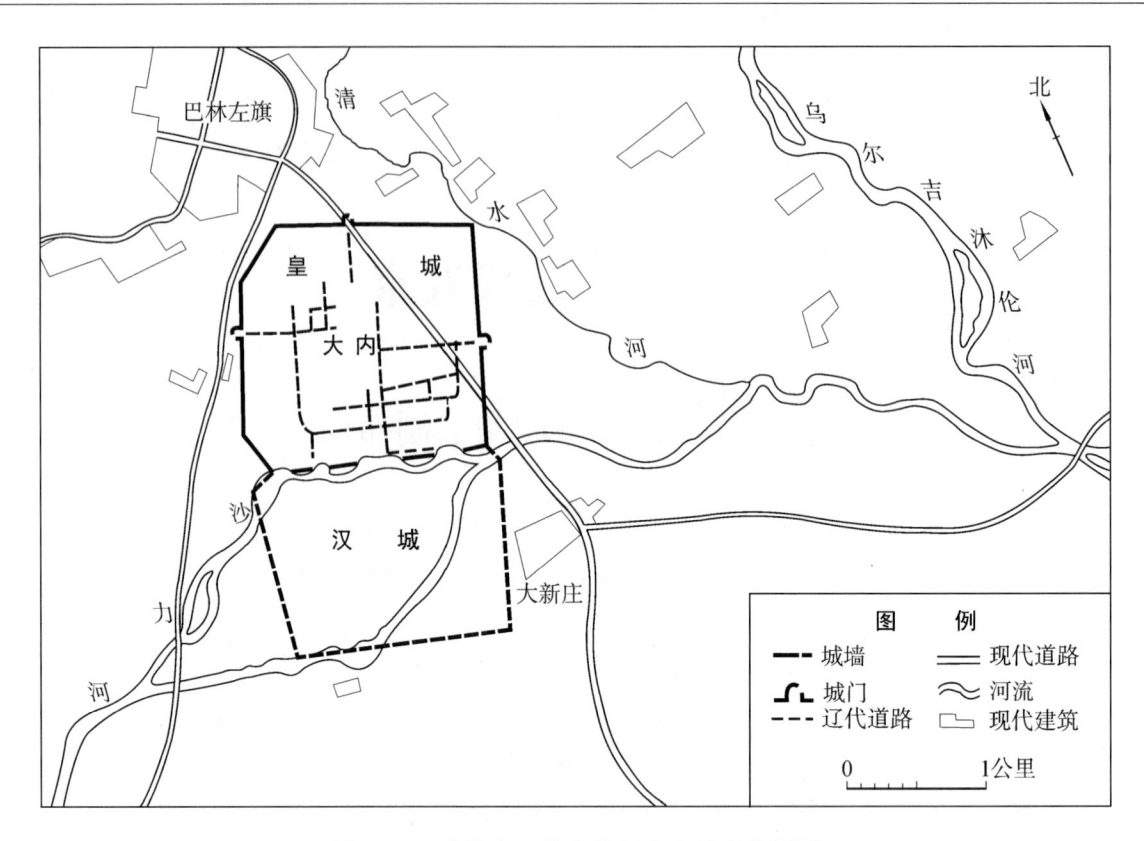

图 3-1　内蒙古巴林左旗辽上京地理位置图
（引自李作智《论辽上京城的形制》，略有改动）

以为固"，于是太祖"金龊一箭"定"二百年之基"。这里是辽太祖创业的"大部落之地"，原名"苇甸"，后称"龙眉宫"，又称"迭剌"或"西楼"（有学者考证，西楼为迭剌的不同汉译。又称"迭剌城""西楼邑"）。据《辽史》记载，辽太祖于 908 年在此建明王楼，912 年建天雄寺等。913 年明王楼焚毁，914 年"建开皇殿于明王楼基"。建国后于神册三年（918 年）在此"城皇都，以礼部尚书康默记充版筑使"，并"诏建孔子庙、佛寺、道观"[1]。天显元年（926 年）"乃展郭邑，建宫室"，"起三大殿"[2]。天显六年（932 年）太宗又"诏修京城"[3]，天显十三年（会同元年，938 年）改"皇都"为上京临潢府[4]。1121 年金克上京，1138 年金上京会宁府营建后，辽上京只称临潢府，1150 年为临潢府路，1153 年金将辽中京改称北京，临潢府归北京路，设临潢提刑司。金亡后至蒙元时期临潢逐渐荒废。

---

[1]《辽史》卷一《太祖上》：神册三年二月，癸亥条；五月乙亥条。《辽史》卷七四《康默记传》："神策三年，始建都，默记董役，人咸劝趋，百日而讫事。"《辽史》卷七三《耶律曷鲁传》："神策三年七月，皇都既成，燕群臣以落之。"

[2]《辽史》卷三七《地理志一》："天显元年，平渤海归，乃展郭邑，建宫室，名以天赞。起三大殿：曰开皇、安德、五鸾。中有历代帝王御容……"

[3]《辽史》卷三《太宗上》：天显六年"九月甲午，诏修京城"。

[4]《辽史》卷三七《地理志一》"上京道"条："天显十三年，更名上京，府曰临潢。"

辽上京遗址当地人俗称"波罗城"（蒙语译音，古城之义），遗址南北二城毗连，北称"皇城"，南称"汉城"。皇城是契丹国统治者和契丹人居住之所，城内有宫殿、衙署、府邸、寺院、营幕和作坊等，是辽国的政治中心。汉城内除少量地方衙署和寺院外，主要是汉人、渤海和回鹘人等的民居，有作坊、市楼以及馆驿（接待宋和西夏使节）和回鹘营（接待回鹘商贾）等，是上京的主要工商业区。

辽上京遗址，早在清代乾隆时的《大清一统志》中便已被确认为辽上京故城。20世纪初日本的鸟居龙藏（1908年）、桑原骘藏（1910年），法国的神甫闵宣化（Jos. Mullie，牟里。1920年调查辽上京）[1]，曾到上京故城考察。20世纪30年代又有一些日本学者到上京故城调查，1939年田村实造等在上京调查测图[2]。辽上京故城，1961年被定为全国重点文物保护单位。1962年内蒙古文物工作队对故城进行了勘察和试掘[3]，1980年内蒙古文物考古研究所对故城进行复查；2001年中国社会科学院考古研究所内蒙古考古队与内蒙古文物考古研究所又联合组队，在故城内开展考古工作。

三　皇城

（一）城墙与城壕

北面的皇城东、北和南面城墙呈直线，西城墙南北两端抹角内折，平面略呈不甚规则的方形。城内西南和中部略偏东北一带有两处冈峦，北部和东部地势较低，南城墙被白音戈洛河冲毁，其余三面城墙和城门遗迹尚存。皇城东北隅有一条公路斜穿而过，另有十余条小道纵横其间。据钻探资料，东城墙24度，长1467米；北城墙299度，长1485.8米；西城墙中段直线部分方向28度，长1063.1米；南北两端内收折拐的城墙部分，方向分别为193度（南）和60度（北），长分别为359米（南）和422米（北）。南城墙仅残存四小段，其长以东西两城墙南端之间距离计算为1601.73米。皇城周长为6398.63米（图3-2）。

皇城城墙夯筑[4]，一般高出地面6~9米[5]。城墙结构，从皇城西北角（西墙北段）豁口试掘来看，城墙残高8.5米，基宽15米，城墙基槽深80厘米，槽底垫黑胶泥和小石子。城墙下部用黄土与黑胶泥相间夯筑，夯层厚20~80厘米。上层用黄土夯筑，夯层厚10~15厘米，十分坚实。夯窝圆形，直径6~6.5厘米，深约1~2厘米。城墙内外壁面向上斜收，斜度分别为80度（外壁）和73度（内壁）。城墙内侧西北隅转角处后增筑马道，残马道基宽和残高各约5米，无基槽。马道土色深褐、夯筑，夯层厚约20厘米，圆形夯

---

[1] 闵宣化1922年在《通报》（*Toung Pao*，Vol，XXI）上发表《蒙古巴林的大辽帝国之故都》一文，冯承钧译为《东蒙古辽代旧城探讨记》（商务印书馆1930年版，中华书局1956年再版）。
[2] 田村实造《庆陵调查纪行》83~118页《上京城城址の实测と考古学的调查》。
[3] 本书主要参考内蒙古文物考古研究所《辽上京城址勘查报告》，与此有关者，不再一一作注。
[4] 田村实造《上京城址の实测と考古学的调查》（《庆陵调查纪行》）说：城墙内部从墙基向上为土坯垒砌（基底部分从上部至达未で，すべて日乾しの塼を丁宁に积み重权ている）。按：此说仅供参考。
[5] 《辽史》卷三七《地理志一》：辽上京皇城"高三丈，有楼橹"。

图 3-2 内蒙古巴林左旗辽上京皇城遗迹复原示意图
(引自内蒙古文物考古研究所《辽上京城址勘查报告》，略有改动)

窝，直径6～6.5厘米，深1.5厘米。残马道与城墙主体相接处有板筑痕迹。城墙外壁有马面，现残存45个马面（按图3-2少于此数），马面间距约110米（相邻马面中心之间距约55米），残存最高者达13米。从西城墙北段观察，马面叠压城墙外侧，接缝清晰，马面突出墙体外12米，外宽26米。马面用黄土和黄褐土相间夯筑，4米以下夯层厚薄不匀，夯层不清楚，4米以上夯层较明显。

皇城外有城壕。北城门北面城壕经钻探，城壕在马面以外3米，略低于地表，宽约14米，深3.6～2.5米，壕内为淤沙和淤泥等堆积，比较纯净。

（二）城门与街道

《辽史》卷三七《地理志一》记载：皇城门"东曰安东，南曰大顺，西曰乾德，北曰拱辰。中有大内……"南城门已被河水冲毁，其余三座门址尚存。三座门址门道宽5.5米左右，都是一个门道，皆有瓮城。东城门在东城墙北端向南约720米处，略当东城墙中部，瓮城门向南开。西城门在西城墙北端向南750米处，瓮城门向南开。北城门在北城墙东端向西850米处，瓮城门向东开（图3-2）。

皇城内街道一般低于现存两旁地面，大部分街道在地表之下20~30厘米，个别街道距地表深达4米余，部分路基被破坏。街道有的残存坚硬路土，有的路面上铺碎石子，道路叠压达三四层。经钻探共发现大小街道9条，具体情况如下。

四座城门均有通向城内的大街。西城门大街（图3-2之1号横街），从门址向东止于大内西宫墙，长700米，路面宽约12米，自西门向东150~250米之间路基被水冲毁。地表以下深50~80厘米发现黄褐色路土，内含沙砾和碎瓦片等。路土层厚25~30厘米左右，路面上积压着厚40~60厘米的灰土，街道两旁残存有建筑遗址。东城门内大街[1]，路基被现代公路和洪水毁坏。北门内大街（图3-2之4号纵街），从门址向南止于大内北墙，长约280米，宽11~14米（路南端或有便门通向大内）。路面在地表以下40~60厘米，土呈灰黑或黄褐等色，路土厚20~40厘米。南城门内大街（图3-2之5号纵街），自南端河岸断崖向北直入大内，长900余米，宽10米左右。大街向东南偏斜，路面在地表以下约0.5米。南门内大街堆积较复杂，可分四层，第1层黄色土，厚约10厘米。第2、3层在地表以下1.5~2.5米，铺垫石渣，厚约20厘米。第4层在地表以下约3米，青灰色路基，厚约30厘米。大街南端河槽中发现许多基石和石水槽，这里可能是南门遗址所在。

城内南部中间发现东西横街二条。2号横街距南城墙约350米，略与南城墙平行。街西端向北转，或与6号纵街相接，向东与南门内大街（3-1-2之5号纵街）相交后再向东250米后残断。大街残长约800米，宽约10米。堆积分四层，前三层厚各约20厘米左右，最下层厚0.5米，埋藏最深处距地表达4.1米。第一层路面距地表深超过1米，铺碎石子。二层以下路基土色由黄褐色而灰褐渐成黄色，各层路土之间含有砖瓦块、灰土、烧土、草泥土、木炭渣和朽木等杂物。3号横街在2号横街北100米处，和2号横街平行，与5号纵街相交，残长约600米，宽6~8米。街道保存不好，堆积分三层。第1层在地表以下约60厘米，路面铺石子，厚5~10厘米。第2、3层路基在地表以下约1.5米，灰黄土，每层厚5~10厘米。

城内发现南北纵街四条。6号纵街，在城西西山坡东侧山坡下，南端或与2号横街相接，北与西门内大街（1号横街）相交后向北延伸，残长550余米，宽约15米。路面在地表以下约80厘米，深灰土，厚约30厘米。街道北部两侧建筑遗迹较多。7号纵街，在大内西宫墙外，街向北延伸后似东转与北城门内大街（4号横街）相通，向南过西城门内大

---

[1] 内蒙古文物考古研究所《辽上京城址勘查报告》（中国大百科全书出版社1994年版）认为：由安东门可直入大内东华门，由乾德门可直入大内西华门。

街（1号横街）后被晚期的西大院遗址阻断。街残长420余米，宽约12米。地表以下20～40厘米发现路土，土青黑色，堆积三层，每层厚25～35厘米。8号纵街，在皇城南部东距5号街约150米，是一条南北小街，在地表下60～80厘米发现石子路面，厚5～10厘米。9号纵街，在皇城南部8号纵街之西，残长约250米，宽6.5～14米。地表以下约0.5米发现灰色路土，厚约25厘米。街东侧有石龟跌一座，街北端偏东处有一较大方形建筑台基，边长约49米，台基前有长方形台阶，其上有石础。

根据上述情况，略指出以下几点：第一，由于皇城方向较偏，西城墙南北两端抹角内折，遂导致四面城门东西、南北不相对应，东西和南北城内大街不对直。这个态势在客观上起到了加强大内保卫的作用。第二，四座城门内大街是皇城内主要干道，均直抵大内。其中南城门内大街应是全城的主轴线。第三，根据街道遗迹判断，《辽史》卷三七《地理志一》所记"正南街"似指南城门内大街（5号街）。此外，勘察报告作者认为，《辽史》卷三七《地理志一》记载：在正南街东，盐铁司与临潢府之间，有"南门、龙寺街"。从街道遗迹判断，3号横街似为南门街，2号横街似为龙寺街[1]。又据《燕云奉使录》记载：金主攻克辽上京"由南偏门入"，这个"南偏门"似在9号纵街南端[2]。

（三）皇城内地层堆积

根据地面遗迹和钻探资料[3]来看，皇城内各部位之间的堆积情况差异较大。1号横街（西城门内大街）之北的城西北部的面积较大，遗迹很少，有的地方已成沼泽，地表以下均为淤泥层，仅个别地方有厚约1米的堆积。皇城北部地势低洼，因积水长期侵蚀，地层遭到严重破坏，除个别地点有厚约35厘米的文化层外，大部分地表以下即为黑色淤泥层。皇城东部东城门至大内的中间地带，文化层厚于东城墙附近，堆积厚1.7～3米，包含物和土色较复杂。1号横街两侧附近和东西两端堆积厚约1.4米。大内以南建筑遗迹较密集，文化堆积厚达2.5～4米，大致可分五层。表土以下二、三层土色黄灰渐成黄褐，建筑遗迹多在这两层之中；四层黑土，以下为黄沙。堆积中的包含物有砖、瓦、陶瓷片、铜钱、残铁块、兽骨、西瓜子、香瓜子、谷粟和高粱等。大内西南的西大院，文化堆积厚2～3米，可分三层。表土厚20～30厘米，二层黄灰色堆积土，厚1.5～2米，包含物有夯土块、灰烬、炭渣、砖、瓦和陶瓷片等；三层为纯净黄褐色土，3米以下见生土。皇城西南的西山坡，风化严重，表土0.9米以下见岩石层，无文化遗物，仅在建筑台基周围见有烧土、灰层与砖瓦和陶瓷片等。

在皇城南部曾开两条深沟，T1在5号纵街与2号横街交叉路口西南角。T2在T1之南220米，5号纵街西侧。以T2为例，其堆积可分6层。第1层表土，厚10～15厘

---

[1] 内蒙古文物考古研究所《辽上京城址勘查报告》，中国大百科全书出版社1994年版。按：《辽史》卷三七《地理志一》记载："正南街东，留守司衙，次盐铁司，次南门，龙寺街。南曰临潢府……"据此，勘察报告作者的意见仅供参考。

[2] 内蒙古文物考古研究所《辽上京城址勘查报告》（中国大百科全书出版社1994年版）认为：9号纵街南端偏门为景福门。

[3] 内蒙古文物考古研究所《辽上京城址勘查报告》，中国大百科全书出版社1994年版。

米。第 2 层灰黑色土，厚约 0.65～1 米，包含物有陶瓷片、建筑废物和大量兽骨，兽骨 80% 以上有加工痕迹，这一带原似有骨器作坊遗址；发现房址一座（F3）。第 3 层灰黑色杂土，厚约 25～95 厘米，包含物以建筑废物为主，发现房址一座（F4）。第 4 层黄或黄灰土，厚约 0.25～1 米，内含建筑废物，发现两座有叠压关系的房址（F5、F6）。第 5 层黄褐色土，堆积较薄，最厚处有 50 厘米，东北角被第 4 层打破，发现两座房址（F7、F8）。第 6 层为夯土块、红烧土、灰土墙皮等堆积，厚约 20～70 厘米，此层底部发现一圆形建筑遗迹（F9），以下见生土。T2 发现的遗物类别主要有砖瓦、小型铜器（T2④出土较多）、铁器（以 T2⑥为主，有锁、锅、镞、钵、刀、矛鋬、钉、车钏、扎甲等残件）、骨器（F6 和 T2 出土较多、有簪、盒盖、刷柄、骰子等）、陶片、瓷片、琉璃簪（一件，T2③：25）和钱币等。其中瓷片 190 余片，器形有碗、盘、罐、瓮、瓶、洗、深腹碗、深腹钵、花口小碟、假圈足碗、器盖和围棋子等。细瓷以定窑白瓷居多，除 T2④、⑤层外各层均有出土，以 T2②、③层出土较多，F9 出 1 件，F6 出 2 件。器形有碗、盘、杯、洗、器盖等残片。仿定窑白瓷以 T2⑥层居多，T2③、④层也有发现。器形有碗、盘、盆等残片。豆青汝窑碗瓷片仅见于 T2③层，景德镇窑影青瓷片只于 F9 发现 1 片，青白透明釉瓷片仅在 T2④层发现 1 片。粗瓷类的白瓷片，胎厚、质粗、色黄（内含杂质），釉色莹白和粉白，有细开片，各层均有发现，器形以碗、钵和缸为主。茶绿釉硬胎瓷片见于 T2⑤、⑥层，器形有瓶或坛等。缸胎粗瓷有豆绿、黄灰、墨绿等釉色，缸胎厚重，多属瓮等器形，均出于 T2②、③层。酱黑釉粗瓷碗见于 T2②、④层；黄白粗瓷加绘酱黑釉纹碗，白地刻花间施酱黑釉罐，见于 T2②层。红胎白釉粉衣碗，各层均见。浓绿和赭黄两色三彩残片，仅见于 T2④层。钱币出土 66 枚，其中唐"开元通宝" 10 枚，"乾元重宝" 1 枚，余均为宋钱。各层均见钱币，以 T2②、④层最多。不同时期的钱币所出层位有交叉现象，如"元祐通宝"（辽道宗前后）即出于 T2④和 T2⑥层。较晚的钱币如"绍圣元宝"（相当于 1095～1098 年），"政和通宝"（相当于 1111～1118 年）出于 T2②层，其他各层均未见更晚的钱币。

T2 发现的七座房址，F9 圆形属仓房之类建筑遗迹，F3～F8 均为长方形居住遗址。六座居住遗址室内北面靠墙处都有火炕、灶，灶在火炕之东，门址似在东边面向大街。根据地层，房址叠压关系和遗物分析，F9 在 6 层下部偏南，属辽代早期。5 层的 F7 和 F8 压于 F9 之上，F7 被上层 F6 破坏，其南墙被 F5 打破，F8 被 F7 叠压。两座房址均发现白釉赭胎粗陶片、红陶片、宋"元祐通宝"，以及较早的陶胎白釉瓷片等，其时代在辽代中期，最晚当在道宗之前。4 层的 F5 和 F6 发现青白瓷片，较多的定窑白瓷和仿定窑白瓷片，多枚宋"熙宁元宝""元祐通宝"等，时代在辽代晚期（天祚帝晚年），下限可到辽金之际。2 层的 F3 和 3 层的 F4，房址宽大坚实，建筑式样复杂，与下层房址建筑方法不同，出土粗黑瓷片、定窑白瓷和仿定窑白瓷片，以及下层未见的豆绿、豆青瓷片和"政和通宝"宋钱等，其时代上限在辽金之际，下限可至金代初年。

（四）皇城内台基遗迹性质的比定

皇城内的台基遗迹除大内外，以大内之南最为密集，次为西城门大街以南。这些台基遗迹的准确性质，尚待发掘后进行深入研究。在此只结合勘察报告作者的意见略作介绍[1]，仅供参考。

1. 大内之南台基遗迹

大内之南台基遗迹主要分布在5号、2号和3号街两侧，台基遗迹的时代早期和晚期较少，中期多，且分布广。早期台基遗迹夯土纯净坚实，或用黏土掺碎石子夯筑。较晚的台基遗迹，夯土的土质和土色较杂，并含有建筑废料和陶瓷片等。为叙述方便，将大内以南台基遗迹分为东西二区。

东区，在大内南5号纵街（正南街）之东，又以2号、3号横街为界分北、中和南三部分（图3-2）。北部在3号横街以北，东西各有一组较大的台基遗迹。中部在3号与2号横街之间，东西各有一组较大的台基遗迹。南部在2号横街之南，紧靠5号纵街东侧，南临河有两组台基。据《辽史》卷三七《地理志一》记载："正南街东，留守司廨，次盐铁司，次南门，龙寺街。南曰临潢府，其侧临潢县。"按此次序结合台基分布态势来看，似可认为北部两组台基应与留守司廨和盐铁司有关（前述所谓的南门或在3号街与5号街交会点偏北）。中部两组台基应分别与临潢县和临潢府有关，县署在府之西。《辽史》卷三七《地理志一》又说：在"内城东南隅建天雄寺"，"八作司与天雄寺对"。在皇城南部之东曾发现一躯石雕像，高4米余，头和手残断[2]，故南部两组台基或是天雄寺与八作司遗址。

西区，在大内之南，5号纵街西，6号纵街南端延长线的两侧（图3-2）。《辽史》卷三七《地理志一》记载：临潢"县西南崇孝寺，承天皇后建。寺西长泰县，又西天长观。西南国子监，监北孔子庙，庙东节义寺。又西北安国寺，太宗所建。寺东齐天皇后故宅，宅东有元妃宅，即法天皇后所建也。其南贝圣尼寺……"这些建筑结合台基分布态势观察，似均在5号纵街之西，大内之南。在2号横街之南近5号纵街有一组较集中的台基，位于临潢县比定位置西南，似为崇孝寺故址。其西散布20余个台基，可能是长泰县和天长观所在范围。在6号纵街南端西南，长泰县与天长观范围之西略偏南有两组台基。南组台基略呈曲尺形，其北一组台基似庭院，东西106米，南北60米，这两组台基似与国子监有关。其北偏东在6号纵街南端东侧，有"凹"字形台基，东西72米，南北8米，似属孔子庙遗迹。该遗迹之东的台基或与节义寺有关，其西北的台基则可能是安国寺故址。从此向东3号横街距5号纵街不远有一南北向小街，小街北过3号横街后，其东西各有一组台基，东西共240米，南北72米，似分别为元妃宅和齐天皇后宅。2号、3号横街之间的中部，紧临2号横街的台基，似与贝圣尼寺有关。

2. 大内之西建筑遗迹

大内之西建筑遗迹可分为两部分。

第一部分在西大院之西，1号横街之南，6号纵街两侧一带（图3-2）。在西大院西墙

---

[1] A. 内蒙古文物考古研究所《辽上京城址勘查报告》，中国大百科全书出版社1994年版。
B. 政协巴林左旗委员会编《临潢史迹》（内蒙古人民出版社1999年版）第20页"辽上京城遗址平面示意图"，图中对皇城内台基的比定，亦可供参考。

[2] 田村实造《上京城址の实测と考古学调查》中的"上京临潢府址の实测图"，将石雕像发现位置标在图3-2之5号街南部东面台基东缘之东。

外与6号纵街之间有几组建筑台基。其中西大院西墙南端的西侧有一"E"字形台基，南北长约30米，附近还有三四个小台基。该台基之北，于西大院西墙与6号纵街之间，有十余个台基，以紧邻6号纵街偏南的台基最大，南北58米，东西38米，它的北端还连接三个小台基。这个大台基东北有一组台基，东西残长约78米，东部被西大院切断；大台基之东有一座平面呈"凸"字形的台基。6号纵街之西，在6号纵街与1号横街相交处西南有一曲尺形台基，东西长约130米，中宽35米。其南约120米有一较大院落，东西180米，南北78米，西北角向北突出约40余米。院中间有两条南北相对的长廊，东西长110米，宽约20米，中间廊道宽约34米。该建筑遗迹之东邻6号纵街有长方形建筑遗迹（34米×54米）。《辽史》卷三七《地理志一》记载："绫锦院、内省司、麴院、瞻国、省司二仓，皆在大内西南。"以此结合上述大内西南遗迹分布态势来看，6号纵街以西遗迹似与赡国、省司二仓有关，其余建筑遗迹群则应分属绫锦院、内省司和麴院范围。

第二部分是皇城西南邻西城墙的西山坡（图3-2），山丘西边高，东、南和北三面逐级向下减缓呈慢坡状。西山坡是全城的制高点，西城墙即利用山丘西部依势而建。据考古调查资料，建筑遗迹大部分在山丘顶部偏北地区，该地建筑背依西城墙，其他三面筑围墙，其中东面为南北向夹墙，总体平面略呈南北长方形。建筑内可分为南、中和北三个庭院，院间有隔墙，均东向排列。南院东西184米，南北80米，院内东南有一东西82米、南北18米的台基。其南有四个小台基，东西一字排列。其北错落排列五个台基，院落西北有一曲尺形台基。中院东西190米，南北88米，院中间有一东西34米、南北36米平台基，东缘有方形阶梯。在该台基四周有廊庑式的建筑台基，在庭院后（西）有一边长约40米向外（西）突出的方形台基，与前述台基东西在一条直线上。传闻早年在院中间台基前，曾有两座大石龟趺。北院规模仅次于中院，台基均在后部（西）。在院内中后部有南北排列三个圆形台基，居中的大台基的直径54米，南北两侧小台基的直径均约10米。在三个圆形台基的西北隅和北边，还有十余个大小不等的方形或长方形台基，作环抱之势。这组建筑勘察者认为是大圣皇帝和皇后宴寝的日月宫[1]。2012年对北组遗址进行了初次发掘，可知北组遗址为东向长方形院落，四周有院墙，西侧有三座六角形佛塔基址。大塔在中间，其南北各置一小塔，中间大塔出土大量泥塑佛像残件。通过此次发掘，可以确认北组为佛寺遗址[2]。但是，就西山坡三座建筑群的总体性质而言，尚待三座遗迹全面发掘以后再作定论。此外，日本人曾在该组建筑群东南坡下进行盗掘，认为所盗掘部位是一处辽代窑址[3]，本书所引勘察报告则认为其时代当在金人占领之后[4]。但是，应当指出，其是否为窑址，时代如何？则尚待今后发掘予以确认。

---

[1] A. 内蒙古文物考古研究所《辽上京城址勘查报告》，中国大百科全书出版社1994年版。
   B. 日月宫见《辽史》卷三《太宗上》。
[2] 中国社会科学院考古研究所内蒙古第二工作队、内蒙古文物考古研究所《内蒙古巴林左旗辽上京皇城西山坡佛寺遗址考古获重大发现》，《考古》2013年第1期。
[3] 李文信《林东辽上京临潢府故城内瓷窑址》，《考古学报》1958年第2期。
[4] 内蒙古文物考古研究所《辽上京城址勘查报告》，中国大百科全书出版社1994年版。

四 大内

大内位于皇城中部偏北的丘冈上，可俯瞰全城。主要宫殿建于丘冈之上，遗迹一般高出地表约 0.5 米，个别的高达 2.5 米以上。经钻探发现建筑遗迹百余处，其中有 50 余座台基露于地表。大内的文化堆积厚薄不匀，丘岗中部地势较高，风化严重，地表多露岩石，仅大型夯土台基下有堆积保存。东部丘冈下特别是接近东北部，文化层几乎无存，表土之下即为黑淤泥层[1]。南面的丘冈下文化层厚约 2 米。此外，丘冈南北端有现代采石坑三个，抗日战争时期日本人的盗掘坑十余个，大内东北角有现代公路斜穿而过。

（一）宫垣、道路和宫门

大内宫垣仅北面保存较好，北宫墙长 450 米，东边穿过公路 80 余米后南拐。北宫墙中段保存较好，黄土墙基宽 2.4 米，夯层厚约 50 厘米。东宫墙基修公路时破坏，遗迹无存。西宫墙基自北宫墙基西端向南探出约 350 米，南面被西大院北墙阻断。南宫墙基未探出，位置待定（图 3-2）。

大内中部探出一道东西横墙基，基宽约 2 米，残长 280 米（自西大院东北角，即西宫墙南端残断处向东），中段偏东有较宽的缺口，在隔墙之北又探出一条与隔墙平行的横街（按：图 3-2 未标明位置）。《辽史》卷四五《百官志一》记载："契丹北枢密院，其牙帐居大内之北，故名北院。""契丹南枢密院，以其牙帐居大内之南，故名南院。"大内遗址正是以中部横隔墙及其北横街为界，将其分为北南两院。此外，在丘岗中部低凹处还探出一条与隔墙平行的横街，该横街（似与东安门内大街相连）宽约 10 米，路土层厚约 10 厘米。大内南部丘岗中间凹陷地带探出一条南北纵街，宽达 4 米，路土厚 20～30 厘米。这条纵街向北与前述横街相连接，南端至丘岗下与 5 号纵街相连。

《辽史》卷三七《地理志一》记载：大"内南门曰承天，有楼阁。东门曰东华，西曰西华，此通内出入之所"。北宫墙经钻探未发现宫门遗迹，勘察者认为承天门当在前述大内纵街与 5 号纵街相接处附近（但图 3-2 所标承天门位置又与之有别）。东、西华门，因宫墙被破坏，未能探明。

（二）北院建筑遗迹

大内中部隔墙以北属北院，其东部较空旷，有现代公路斜穿而过，建筑遗迹都集中于西半部（图 3-2）。主体建筑夯土台基群在南北纵街之西的北部，15 号台基在台基群的中央，两侧各有四个台基、后面有一个台基。15 号台基高出地面约 2 米，台基南有较台基面低 1 米的台阶。台基东西宽 32 米，南北包括阶台在内约 50 米。台基主体自表土下有厚约 1 米的扰土堆积，其下为砖铺地面。铺砖之下深至 1.4 米是黄色胶泥掺石子的夯层，再下深至 2.1 米为黄褐色夯土，夯土下又填 40 厘米厚黄土，深至 2.5 米见生土。台阶部分在

---

[1] 根据《辽上京城址勘查报告》（中国大百科全书出版社 1994 年版）的记述和图 3-2 来看，辽上京大内的东部已遭破坏，即现在发现的大内不是其完整的形制。

地表以下深75厘米处，发现厚约20厘米的居住面，以下95厘米见生土。

6号夯土台基在15号台基之北，东西长160米，南北宽18米，台基面平坦，台基下原来的基础高低不平，故台基的夯层厚薄不匀。台基东部高于地面约5米，西端和中部仅高于附近地面约50厘米。台基东端在60～90厘米的夯层之下，有厚约30厘米的瓦片和乱土堆积，深至120～180厘米处有厚约20厘米的较纯净的夯土，其下又见瓦片等杂物堆积。该堆积下有厚约20厘米的褐色夯土，深至240厘米夯层之下有一层厚约60厘米的黄色填土，再下见生土。台基西端地表以下40～150厘米为夯土，以下是生土层。台基中部地表以下80～120厘米为夯土层，其下有厚约10厘米的石渣，再下仍是夯土，深至150厘米见生土。上述情况表明，台基东端叠压关系较复杂，似有早、晚期之别。

在15号台基左右两侧各有四个台基整齐对称排列，两侧台基与15号台基之间，有东西宽38米，南北长约60米的过道。北部的7号、8号、16号、17号四个台基规模基本相同，大致东西长约70米，南北宽12～18米，高出地面约0.5米，夯土台基厚130～140厘米，四个台基均在生土层挖有基槽。在8号台基表土下20厘米，发现一层铺地砖，用长条砖人字错缝铺砌。靠南部的9号、10号、18号和19号四个台基规模基本相同，东西长约70米，9号和18号台基较10号和19号台基宽3米，10号和19号台基又高于9号和18号台基约50厘米。在西侧7～10号台基和北面6号台基外侧有围墙残迹，表明上述诸台基应同属于一个大的建筑单元。

在10号和19号台基之南侧旁，又各有一组台基左右大体对称配置。右（东）边一组4个台基均建于高出地面约2.5米的土台之上，20号和22号台基南北相对，21号和23号台基东西相对，共同组成边长约50米的方形平面。20号台基在19号台基之南，两者相邻，东西28米，南北18米。21号台基在西边，南北长35米，东西宽8米。东边23号和南边22号台基较小，长宽在10米左右。左（西）边一组4个台基在10号台基西南，均直接建于地面上，四个台基共同组成边长50米的方形平面，与右（东）边一组台基相距110米。北面128号台基和南面131号台基均呈长方形，皆东西长约34米，南北宽约14米。东面130号台基长与上述台基相同但较窄，西面129号台基南北20米，略呈正方形。此外，在北院南部中间还有一些台基遗迹。

据上所述，北院的建筑群作南北向配置，主要台基（15号）阶台在南面，均不是契丹传统的东向。又15号台基左右对称配置四个台基，其前（南）两组建筑也大体东西对称，凡此均可看出汉族建筑的影响。但是，从总体布局上看，15号台基居中，其余台基在后与两侧呈簇拥之势，这种配置形式在前代宫城中尚无先例。《辽史》卷三一《营卫志上》说："居有宫卫，谓之斡鲁朵"，"宫曰'斡鲁朵'"。"斡鲁朵"是突厥—蒙古语 ordo 的音译，意为宫帐或宫殿。因此，上述情况当与契丹故有的宫帐制度有关。《辽史》卷三七《地理志一》记载：辽太祖在上京"起三大殿；曰开皇、安德、五鸾"。从北院建筑布局观察，似与上述诸殿有关（发掘者认为15号台基为"开皇殿"遗址，其左右诸台基似分别为安德殿与五鸾殿遗址），但其与这些台基的对应关系，目前尚难断定。此外，北院东面较空旷之地（遗迹无存），则可能是北枢密院牙帐及有关毡庐之所。

（三）南院建筑遗迹

大内中部隔墙以南属南院，以丘冈为中心，自成一个建筑单元（图3-2）。南院以27号、30号～32号、145号～147号台基较重要。31号台基位于丘冈顶部，其南有略低平的阶台。台基南北36米，东西32米，高出地表2.5米。台基东北角残存一覆盆式石柱础，南面有残石狮一躯。32号台基在31号台基之南的丘岗南端边缘，长50米，宽30米。台基建于岩石之上，台基厚约50厘米，岩石上的夯土面见铺地砖。在31号、32号台基之西有30号小台基，三者呈"品"字形排列，形成一组建筑。在31号台基之北有四座曲尺形台基，每两个台基为一组分前后两重。在地表以下6～130厘米夯土下发现石灰墙皮，深至2米余仍见夯层。31号台基西北71米，在上述前排曲尺形台基西侧有27号台基，台基东西52米，南北24米，高出地面约1米，其前左右两侧有小台基。

145号台基在南面丘岗之下，地势低平。台基南北28米，东西20米，高出地面1.5米。台基东侧有阶台，阶台南北18米，东西12米。台基和阶台夯筑坚实，台基西南角残存覆莲柱础一个。146号台基在145号台基之东，方形，边长18米，高于地表1米。台基用红黏土掺石灰夯筑，甚为坚实。在145号、146号台基的东、南两面还散布有5个小台基。

在大内南北纵街之东台基遗迹较少，其中以位于纵街南端之东，大致与146号台基斜对的147号台基规模较大。147号台基呈土丘状，高出地表1米余，东西36米，南北20米，台基面上残存16个柱础坑，柱础无存，台基表土下50厘米见铺地砖面，深至1.5米有火烧的残砖和灰烬，深至1.6米见居住面。至1.7米有厚约2厘米一层白沙，再下为淤泥层，深至2.2米有一层夯土，夯层下为青灰杂土。深至2.45米见一层灰烬，至2.5米有一层使用地面，深至2.9米见生土。147号台基堆积达六层，情况比较复杂，这种叠压关系反映在此处曾多次营建，与建都二百年的历史是分不开的。勘查报告作者认为，147号台基是承天门遗址[1]。

《辽史》卷三七《地理志一》引薛映《记》曰：承天门"内有昭德、宣政二殿与毡庐，皆东向"。因此，距大内南端与5号纵街相交处较近，皆东向的145号、146号台基，或与昭德、宣政二殿有关。南北纵街之东较空旷，则应是南枢密院牙帐及有关毡庐之所。

（四）西大院

西大院在1号横街之南，大内南院之西，并打破大内南院（图3-2）。西大院北宽南窄略呈楔形，南北长380米，东西宽约250米。围墙残高0.5～1.3米，南北有院门，门宽约5米。南门在南墙中部，有左右对峙的两个方形台基；北门在北墙西端向东95米处。院内堆积厚2～3米，分三层（其具体情况见前述）。院内残存大小十余座台基，布局不规则，并往往分割了地面原有的建筑台基。院内的台基大部分在中部和北部，地面以下20～70厘米的

---

[1] 内蒙古文物考古研究所《辽上京城址勘查报告》，中国大百科全书出版社1994年版。按：将147号台基定为承天门遗址，位置较偏，此说值得商榷。

晚期建筑保存较好，地面以下0.8～1.5米的中期建筑多集中于北半部，地面以下1.5～2米的早期建筑数量少而分散。在大院中部有6个台基组成的建筑群，大院西南隅有一"凸"字形台基，"凸"字形台基之北有大小7个台基组成的建筑群。院内中部偏西南有近代房址一座，面积300余平方米，并打破部分古代建筑台基。上述情况结合东西院墙往往分割地面原有建筑台基，院墙下压有早期文化堆积，院内中部和北部建筑叠压关系有早、中和晚期之别等情况，勘察者认为西大院应是金人占领后为某种需要而营建的建筑[1]。

五 汉城

汉城在皇城之南，皇城南城墙即汉城北城墙，二者连为一体，汉城平面略呈长方形（图3-1）[2]。城墙夯筑，残高2～4米，基宽12米，无马面和瓮城。东城墙长1290米，西城墙长1220米，南城墙长1610米[3]。仅西城墙发现一门址豁口，残宽约10米，残存有石条和石础。汉城北面和东南有两条小河交汇于东北角，使城址遭到破坏。城内于1920年垦为农田，地面上的大型土丘有砖瓦残片，应为建筑台基残迹。城内有南北纵街和东西横街残迹，横街两端和街道两侧的建筑台基往往突出于地表。

《辽史》卷三七《地理志一》记载：上京"南城谓之汉城，南当横街，各有楼对峙，下列井肆。东门之北潞县，又东南兴仁县。南门之东回鹘营，回鹘商贩留居上京，置营居之。西南同文驿，诸国信使居之。驿西南临潢驿，以待夏国使。驿西福先寺。寺西宣化县，西南定霸县，县西保和县。西门之北易俗县，县东迁辽县"。据此可知，汉城东、西和南面各有一座城门，北城门即皇城南城门。城内遗迹破坏，情况不明。上面《辽史》卷三七《地理志一》所记汉城内诸县，乃辽破北宋有关诸县后掠民迁至上京城外一带，而将其县署侨置于城内[4]。

六 辽上京城形制布局略析

辽上京城遗址尚未正式全面发掘，考古调查和试掘所提供的资料十分有限，远不足以

---

[1] 内蒙古文物考古研究所《辽上京城址勘查报告》，中国大百科全书出版社1994年版。

[2] A.《辽上京城址勘查报告》（中国大百科全书出版社1994年版）的执笔者张郁先生后又在《辽上京城址勘查琐议》中说："根据勘测，汉城北边的东西宽度，大于皇城南边的东西宽度约150米，皇、汉两城之间横隔的皇城南墙，与汉城东、西墙的北端，不仅无连接关系，而且汉城东西墙的间距比皇城宽，并向皇城的外围展开，呈环抱形势，隔河向北延伸……"

B. 李作智《论辽上京城的形制》（《中国考古学会第五次年会论文集》，文物出版社1988年版）中说："汉城之形状，东西长于南北，也因其东、西二墙之北段内折，而似一长形被切去二角。"按李作智与张郁同在1962年勘察上京遗址，但二人说法有别。此外，目前所见上京各种平面图中，汉城东、西城墙走向也不相同。看来汉城与皇城的关系，以及汉城的平面形制迄今并未搞清楚。

[3] 按：前注张郁说，汉城周长又多出150米。前注李作智论文说，汉城周长6129.73米，减去皇、汉两城共用的皇城南城墙长度1601.73米为4528米。这个数字，较《辽上京城址勘查报告》（中国大百科全书出版社1994年版）所载的汉城东、西和南城墙长度之和4120米又多出408米。

[4] 《辽史》卷三七《地理志一》"上京道"关于诸县情况之记载。

揭示该城的全貌。以上所述仅据现有考古资料,并结合勘察者的研究成果,略作整理、归纳和阐发而已。其更深层次的研究和较准确的阐述,则尚待于今后上京城的全面发掘。下面就目前已知情况,对辽上京城的形制布局问题略作探讨。

(一) 郭郭问题

《辽史》卷三七《地理志一》记载:上京城"城高二丈,不设敌楼,幅员二十七里。门,东曰迎春、曰雁儿,南曰顺阳(按《大典》作顺归)、曰南福,西曰金凤、曰西雁儿。其北谓之皇城,高三丈,有楼橹。门,东曰安东,南曰大顺,西曰乾德,北曰拱辰。中有大内……南城谓之汉城……"其后又记汉城有东门、南门和西门。据此有的研究者抓住"幅员二十七里"和迎春等六门,力主上京城在皇城和汉城之外还有郭郭[1],由于该说事关辽上京城的总体形制布局,故有必要对上述记载略作分析。

其一,"幅员二十七里"下记迎春等六门,"其北谓之皇城","南城谓之汉城"。从前述《辽史》卷三七《地理志一》的行文来看,显然,迎春等六门系指汉城城门,"幅员二十七里"是指皇城和汉城的总体范围。皇城设楼橹,汉城不设敌楼,与现存遗址情况亦相合。

其二,前面"辽上京概说"已指出,神册三年(918年)"城皇都"即在"西楼"旧址,故天显元年(926年)"乃展郭郭,建宫室"中的"郭郭"应指在原皇城之外建汉城。

其三,《辽史》卷三七《地理志一》"上京"条记载:"又于内城东南隅建天雄寺"(天雄寺在皇城);《辽史》卷二八《天祚帝本纪二》记载:"金主亲攻上京,克外郭";《金史》卷二《太祖纪》记载:"上亲临城","克其外城"。上述记载与前述情况互证,可知外郭=郭郭=外城(后文辽中京,外城亦称郭郭)=汉城,内城=皇城。

其四,《辽史》卷三七《地理志一》引薛映《记》:"入西门,门曰金德,内有临潢馆(位于汉城)。子城东门曰顺阳",显然二门应指汉城东、西城门,汉城又称子城。以此结合前述所记东、南和西面迎春等六门,以及皇城遗址开四门,汉城遗址只东、南和西面开门来看,迎春等六门显然是指汉城城门而言,辽上京的汉城城门似一门多名(宋开封城城门亦一门多名)。但是应当指出,由于《辽史》卷三七《地理志一》记载的汉城不集中,行文前后脱节,遂导致迎春等六门缺乏明确的对应关系。此外,所记"顺阳"有南门和东门之别,西门又有"金凤"和"金德"的差异。所以我们认为上述记载不仅行文有问题,而且城门的名称和方位也有误,这是导致"郭郭"说出现的重要原因之一。

其五,"幅员二十七里"是导致"郭郭"说另一个主要原因。据前所述,上京皇城东、西和北面城墙长度之和为4796.9米,汉城东、西和南面城墙长度之和为4120米,是上京城的周长为8916.9米(略去皇城南墙即汉城北墙长度1601.73米),约合16.8唐里[2]。若皇城和汉城分别加上1601.73米,以二城各自周长之和为上京总周长则为12120.36米,

---

[1] A. 内蒙古文物考古研究所《辽上京城址勘查报告》,中国大百科全书出版社1994年版。
B. 张郁《辽上京城址勘查琐议》,《内蒙古文物考古文集》第二辑,中国大百科全书出版社1997年版。

[2] 见陈梦家《亩制与里制》,《考古》1966年第1期。按:辽承唐制,唐大里一里=531米。

约合 22.8 唐里[1]。两种情况之周长均远短于"幅员二十七里"。因此，我们认为，"幅员二十七里"应为"幅员十七里"之误[2]。

其六，辽上京城遗址仅存在皇城和汉城，尚未发现除此之外还有郭郭的实证。

总之，上述情况表明，以"幅员二十七里"和迎春等六门为据，认为辽上京城在皇城和汉城之外还有郭郭说是难以成立的。

（二）皇城和汉城的功能区划

1. 皇城内的功能区划

皇城又称内城，据考古调查资料结合文献记载，可大致将其分为五区。第一，城内中间偏北为大内。第二，西北区，即西城门内大街之北，北城门内大街和大内之西区域。该区空旷，遗迹乏见。早年曾在此发现土台基和水池，这一带地势较低，或为御苑区[3]。第三，东北区，处于东城门内大街之北，北城门内大街和大内之东，较空旷，遗迹少，似为毡庐居住区。第四，西南区，在西城门内大街之南，南城门内大街和大内之西，遗迹密集，其内又可分为五个小区。即府邸区（在大内之南和3号横街与5号纵街相接处之西），寺院区（在2号横街之南北，长泰县在该区内），文教区（西山坡东南，6号纵街西南），内省司、仓、院区（大内南院之西，西城门内大街之南，西山坡之北，6号纵街两侧），皇家日月宫和寺区（西山坡）。第五，东南区，在东城门内大街之南，南城门内大街和大内之东，遗迹较多，仅次于西南区。该区为衙署区（大内之南，5号纵街之东），其中东部遗迹较少，或为毡庐居住区；南部为八作司和天雄寺。

总之，在皇城除大内外，皇家建筑主要集中于西城区，毡庐居住区主要集中于东城区的东北和东部。上述五区表明，皇城内各类建筑相对集中，配置有定。

2. 汉城内的功能区划

汉城残毁严重，遗迹乏见。依据前述情况和文献资料，可略指出以下几点。第一，东、西城门内大街和南、北城门内大街或在城内相交，形成十字街。第二，商业区"南当横街"，此横街似为东、西城门内大街。市肆中有看楼（市楼）[4]。第三，在汉城内

---

[1] 按：有两城相连的城，其周长应为二城相连的外围城墙之和，所以辽上京城周长按皇城和汉城各自周长之和计算是不符合常规的，故不足取。

[2] 内蒙古文物考古研究所《辽上京城址勘查报告》（中国大百科全书出版社1994年版）已指出："有人说《地理志》载'二十七里'，可能是十七里之误。"

[3] A. 内蒙古文物考古研究所《辽上京城址勘查报告》（中国大百科全书出版社1994年版）说："1号横街西北较大的面积上并无遗存，有些地方已成低凹的沼泽，地表以下均为淤泥层，仅个别地方发现有厚约1米的堆积。"

B. 田村实造《京城》《庆陵调查纪行》说："皇城西北部地势低，有两个人工水池，为内廷之御苑。"

[4] A. 《辽史》卷三七《地理志一》："周广顺中，胡峤《记》（按即《陷北记》）曰：'上京西楼，有邑屋市肆，交易无钱而用布。有绫锦诸工作、宦者、翰林、伎术、教坊、角觝、儒、僧尼、道士。中国人并、汾、幽、蓟为多。'"

B. 杨宽《中国古代都城制度史研究》（上海古籍出版社1993年版）第428页说："西楼当对峙的市楼之一。"

之北，皇城南门之南 500 米处，曾发现冶炼遗址，面积较大，铁渣堆积厚达 3~5 米[1]。据此可知，主要手工业区可能在"南当横街的"商业区之北一带。第四，南城门内从东向西南逐次分布回鹘营、诸驿和福先寺。《旧五代史》卷一三七《外国列传一》记载：汉城内"有佛寺三，僧尼千人"，福先寺或为所指三寺之一。第五，东、西城门内及城内西南部一带，为侨置诸县署所在地。第六，汉城内居民区，大概主要分布在城内四周一带。

（三）上京城形制布局的契丹特点

上京城的形制布局，契丹的特点主要表现在以下五个方面。第一，上京城总体形制布局为皇城和汉城北南毗连。此种特殊的规划结构，应是辽"以国制治契丹，以汉制待汉人"，"因俗而治"国策之反映。第二，大内分北南二院，符合《辽史》卷四五《百官志一》"契丹北枢密院，以其牙帐居大内之北，故名北院；南枢密院，以其牙帐居大内之南，故名南院"的记载[2]。第三，大内北院西部建筑群，主殿在中央，其他诸殿则在后和两侧呈簇拥之势，这是契丹斡尔朵宫帐制度的反映。大内主要宫殿东向[3]，大内北院东边以及皇城东部为毡庐居住区，乃是契丹人居住特点使然。上述三点结合皇城内功能区划情况，似可认为皇城乃是契丹斡尔朵聚落形态的扩大、发展和升华。而上京皇城汉城北南毗连的总体形制，则又是在当时民族矛盾的背景下，由契丹固有的斡尔朵和头下聚落（又称投下，以居汉人）相结合的产物[4]。第四，在汉城内侨置诸县署，这是辽宋斗争造成的结果。第五，在构筑技法上，夯筑掺石灰、石子和胶泥，以及路面铺石子等，也很有特点。总之，辽上京城的形制布局，具有鲜明的契丹特色。

（四）上京城形制布局中的汉族影响

契丹建国前无城建传统，《旧五代史》卷一三七《外国列传一》契丹条记载："天祐末，阿保机乃自称皇帝，署中国官号。其俗旧随畜牧，素无邑屋，得燕人所教，乃为城郭宫室之制于漠北。"因此，上京城的形制布局必然受到汉族的较强影响。比如：第一，辽上京皇城汉城北南毗连的形式，前已说明是契丹固有的斡尔朵和投下聚落结合的产物。但是应当指出，中原地区在春秋战国之时，"城以卫君"，"郭以居人"，春秋时诸国都城的"城"与"郭"分离；战国时诸城的"城""郭"虽然仍各自独立，但已多相互毗连[5]。辽上京皇城汉城毗连的两城制，是否以汉人为媒介，在当时特殊的背景下借鉴了上述经验，才将契丹固有的斡尔朵和投下聚落形式结合在一起，则是一个值得深入探讨的问题。

---

[1] 项春松《辽代历史与考古》，内蒙古人民出版社 1996 年版，第 47 页。
[2] 辽中枢官制分为北面官与南面官两大系统，北面官管理契丹政事，南面官管理汉人事务。南枢密院是综理汉人军政的最高官衙。
[3] 《辽史》卷三七《地理志一》引薛映《记》说："又至承天门，内有昭德，宣政二殿与毡庐，皆东向。"按：契丹以东向为尚，"屋门皆向东，如车帐之法"。此外，南院和西山坡的主要殿址亦东向。
[4] 项春松《辽国城镇聚落形态研究》（《中国北方古代文化国际学术研讨会论文集》，中国文史出版社 1995 年版）文中对斡尔朵聚落和头下聚落的分析。
[5] 王贵祥《中国古代都城演进探讨》，《建筑史论文集》（清华大学出版社 1988 年版）第十辑。

第二，上京的形制分为大内、皇城（内城）和汉城（外城）。以大内、皇城和外城组合成都城主体布局，乃是中原地区北魏洛阳城以来形成的传统，辽上京只是根据当时的具体情况，在三者的组合方式上有所改变而已。第三，上京皇城的大内建于城内中间偏北，这个位置与北魏洛阳城宫城的方位、北宋开封府宫城在内城中的位置相似，符合中原地区"择中立宫"传统。第四，上京大内的建筑与丘冈起伏相配合，大内所在丘岗又与西山坡皇家建筑对景，从而控制了城内的主要制高点，凡此均是继承了唐长安城以来都城规制与地形有机结合的传统。第五，大内设东、西华门（同北宋宫城）[1]，南门称承天门（同唐长安宫城南门名称）；大内主要建筑有夯土台基，夯筑方法与北宋大同小异；北院主要宫殿由"东向"改为南向，并对称配置。第六，皇城内各种建筑大致归类相对集中，功能区划基本明确。以5号纵街为皇城内的主轴线，部分中央衙署和主要地方衙署、重要府邸和寺庙分置其两侧。皇城内兼容释、道、儒三教；天雄寺"奉安烈考宣简皇帝遗像"，具有原庙性质；皇城内东、西分置两县衙署等，均深深地打上了中原汉族都城影响的烙印。第七，前述汉城的形制布局，基本上是仿内地地方城市之模式。

综上所述，辽上京城从规划到形制布局，乃是以契丹为本位，又充分吸收了汉族都城和城市规划与形制布局的有关因素，使两者有机融合，又因时因地制宜和变通，从而达到汉、契合璧、协调统一的结果。

第二节　辽中京城的形制布局

辽中京城遗址，在内蒙古自治区昭乌达盟宁城县大明镇（又称大名城）铁匠营乡的老哈河北岸。这里南临河，余三面环山，中间沃野广阔；宜耕宜牧，"阻险足以自固"，乃形胜之地。《辽史》卷三九《地理志三》记载："圣宗尝过七金山（在老哈河北岸，今大明镇北15里九头山）土河（今老哈河）之滨，南望云气，有郛郭楼阁之状，因议建都。"其实，这是因为辽自"澶渊之盟"（1004年）以后，为便于与北宋交往，有意将统治重心南移。而该地正处于上、东、燕三京之中，控扼通中原的咽喉，是南移的理想之所，故才有假托望气以决定建都之举。此后"统和二十四年，五帐院进故奚王牙帐地。二十五年城之，实以汉户，号曰中京，府曰大定"[2]；统和二十七（1009年）年营建宫室，从此遂成为辽帝常住的陪都[3]。辽末金于天辅六年（1123年）陷中京，改称北京路大定府，元代改为大宁路。明初设大宁卫，朱元璋封其十七子朱权为宁王镇守大宁，永乐元年（1403

---

[1] 大内东西华门或为大内北院与南院的分界。如是，《辽上京城址勘查报告》（中国大百科全书出版社1994年版）认为安东门可直入大内东华门说，是值得商榷的。

[2] 《辽史》卷三九《地理志三》。

[3] 据《辽史》卷一四《圣宗五》、卷一五《圣宗六》、卷一六《圣宗七》记载：统和二十七年圣宗驻跸中京，营建宫室。开泰元年，十二月丙寅，奉迁南京诸帝石像于中京观德殿。开泰七年，冬十月，名中京新建二殿曰延庆、曰永安。开泰九年，十二月戊子，诏中京建太祖庙。可见中京经十余年建设，才最后告竣。

年）撤卫所后中京城逐渐废弃。清雍正年间中京城始垦为农田，彻底荒废。20 世纪初以后，曾有法国神甫闵宣化等外国人到中京调查，1959～1960 年内蒙古自治区文物工作队在辽中京城遗址进行勘查和重点发掘[1]，1961 年被定为全国重点文物保护单位。辽中京城遗址由外城、内城和宫城组成，其概况如下。

一　外城

（一）城墙、城门和街道

外城平面长方形，城墙夯筑，东西 4200 米，南北 3500 米，周长 15400 米。城东南隅近代被老哈河冲毁，北城墙和东城墙仅部分露出地表，高 0.5～1 米；城西北角最高处城墙残高约 2 米。外城墙残高均低于内城墙，城四隅残存角楼墩台遗迹，城墙未见马面。宋人路振《乘轺录》记载，中京"外城高丈余"，"幅员三十里"。现在除城墙残毁外，其周长与前述 30 里基本相合（图 3-3）。

外城仅在南城墙正中发现一门址，有瓮城遗迹[2]。此外，南城墙西段发现缺口，似文献所记长乐门遗址；又沈括记载东南有中和门，该段城墙已被老哈河冲毁。外城南门至内城南门间干道长 1400 余米，宽约 64 米（《乘轺录》："街道阔百余步"）。干道用黄土、灰土和砂粒铺成，路面略呈弧形。干道两侧有石板和木板覆盖的排水沟，直通南城门两侧城墙下的石涵洞，泄水入河。在排水沟两侧发现与干道平行的石墙基，可见干道处于被排水沟和石墙基的封闭状态。《乘轺录》记载，中京城外城"南门曰朱夏门、凡三门，门有楼阁"，"三里第二重城，城南门曰阳德门，凡三间，有楼阁"。上述外城南门当为朱夏门遗址，其北干道则为朱夏门与阳德门间长"三里"之大道。此外，在干道两侧还对称配置与干道平行的街道各三条，东西横街各五条，街道最宽的 15 米，窄者 4 米。城外有护城河残迹，宽 10～15 米，深 1～2 米[3]。

（二）外城的地层堆积

外城文化层堆积分属辽、金、元、明各代，最厚达 5 米，薄者约 1 米，地表所见多为元或明初遗物。外城西南隅山坡上大部分在耕土下即为辽代文化层，仅少部分覆盖明代文化层。

外城的地层堆积，可以第四发掘区（阳德门外路西）T197 的五层堆积为例。第一层黄色耕土层。第二层黑灰色土，明初文化层。第三层黄灰土，有上下两层，分属元代早、晚期。第四层深灰色土，金代文化层。第五层辽代文化层，房址遗迹被第四层打破，仅余三个灰坑。灰坑深 50～100 厘米，遗物较少，发现长行列印纹灰陶片、黄绿色釉陶片，定窑或仿定窑瓷片，少量当地烧造的粗白瓷片。在探方北部发现长方形台基廊舍遗迹。

---

[1] 本书对此问题主要依据辽中京发掘委员会《辽中京城址发掘的重要收获》（《文物》1961 年第 9 期），文中不再一一作注。

[2] 项春松《辽代历史与考古》（内蒙古人民出版社 1996 年版）第 65 页中指出：外城正南门"现高出地面约 5 米，瓮城方形，长、宽各 60 米，门址附近有较多的金、元遗物，当为金、元改筑、沿用"。

[3] 项春松《辽代历史与考古》，内蒙古人民出版社 1996 年版，第 65 页。

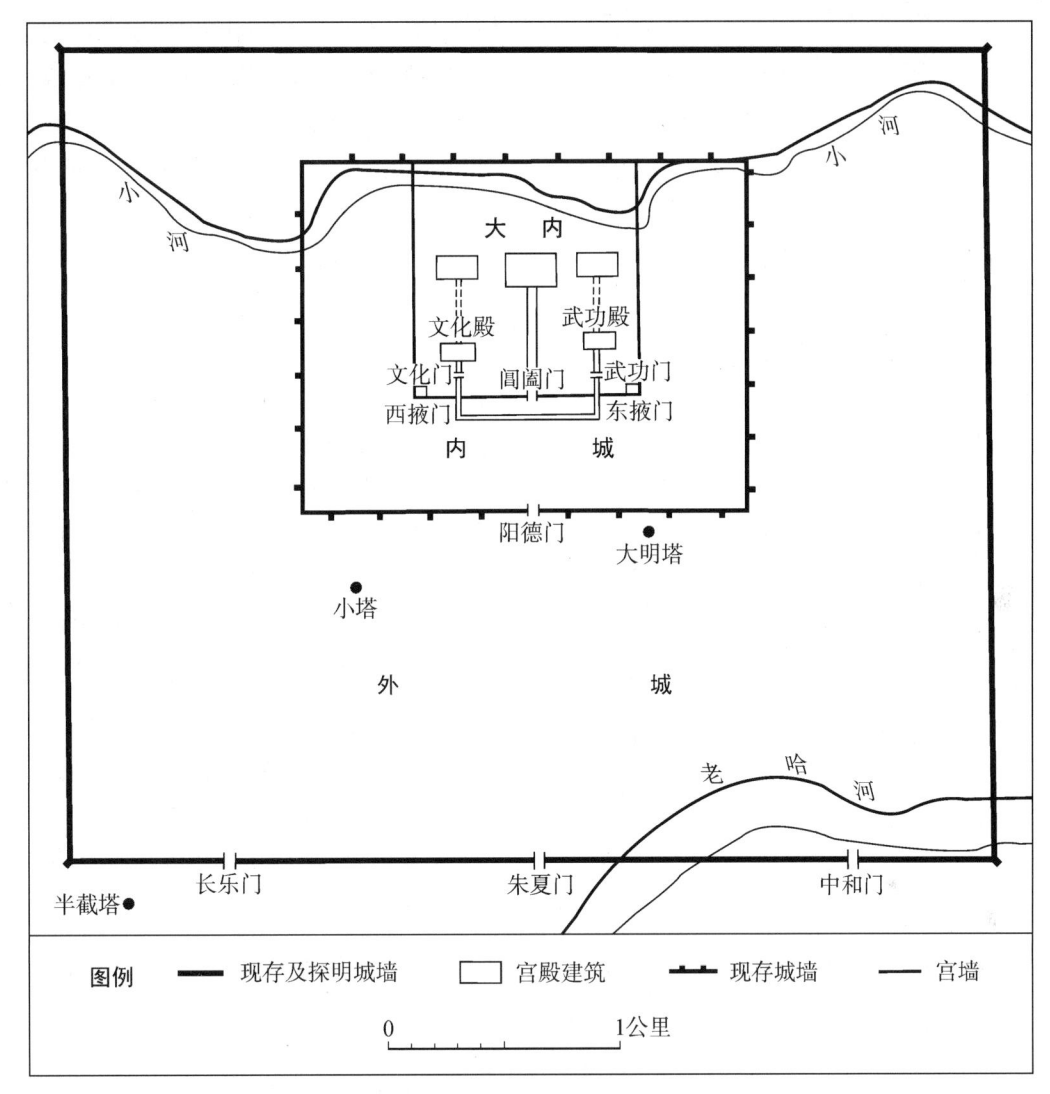

图 3-3　内蒙古昭乌达盟大明镇辽中京城平面示意图
（据已刊布有关线图改绘）

（三）馆驿、廊舍和坊市等遗迹

在内城阳德门址西南约 300 米处，发现大型辽代房基址，房址内残存夯土磉墩，四个一排，该建筑遗迹或是《乘轺录》所记"是夕宿大同驿，驿在阳德门外。驿东西各三厅，盖仿京师上元驿也"的大同驿遗址。此外，在阳德门址之南约 500 米，南门内大街西侧约 20 米处发现大型辽代建筑遗迹（图 3-4）。遗迹之上叠压厚约 2.5 米的晚期文化层（参见前述 T197 文化层堆积），遗迹大都被金代建筑破坏。遗迹地面夯筑一层，地面上有南北向磉墩 13 排，每排东西横置 4 个磉墩。当中二磉墩间距 3.8 米，东西两侧相邻磉墩相距 1.6 米。磉墩下面挖槽，夯筑，剖面呈楔形，上端长宽各约 1 米，下端长宽各约 0.7 米。夯筑五层，每层厚约 10 厘米，中间垫一层粗沙，磉墩顶部略高于原来的地面。在南部磉墩近旁还发现六个方形石柱础，柱础长宽各约 40 厘米，厚约 25 厘米。遗迹内有少许辽代灰坑，出土有长行列印纹灰陶片，定窑和仿定窑的白瓷片。该遗迹仅是原建筑基址的局部（其余部分在发掘区之外），已发掘部分呈南北向长方形。《乘轺录》记载："自朱夏门入，街道阔约百余步，东西有廊舍约三百间，居民列廛肆庑下。"上述遗迹应是东西廊舍的西廊舍的局部遗址。

《上契丹事》记载"朱夏门内夹道步廊"后，则记"又有市楼四：天方、天衢、通闤、望阙。次至大同馆，其北正门曰阳德"[1]，以前述廊舍在干道东西分置判断，四市楼当在馆驿之南廊舍之北，很可能在东西廊舍之北各置二市楼[2]。又《辽史》卷三九《地理志三》记载：中京城置"大同驿以待宋使，朝天馆待新罗使，来宾馆待夏使"。这些馆驿或相对集中配置，以大同驿位置来看，很可能分置于阳德门外干道一侧或两侧。

《乘轺录》在廊舍之后记载：朱夏门内大"街东西各三坊，坊门相对，虏以卒守坊门，持梃击民，不令出现。徐视坊门，坊中阒地，民之观者无多。又于妨聚车橐驼，盖欲夸汉使以浩穰"[3]，可见干道大街东西各三坊并无居民。以前述大同驿和西廊舍遗址位置判断，两者显然在干道外中部以北，故在廊舍之后所记"街东西各三坊"当在干道外中部以南，廊舍之南。该三坊很可能与廊舍有密切关系，而"盖欲夸汉使以浩穰"则表明其又有较特殊的政治含义。

又据前所述，在朱夏门内干道大街两

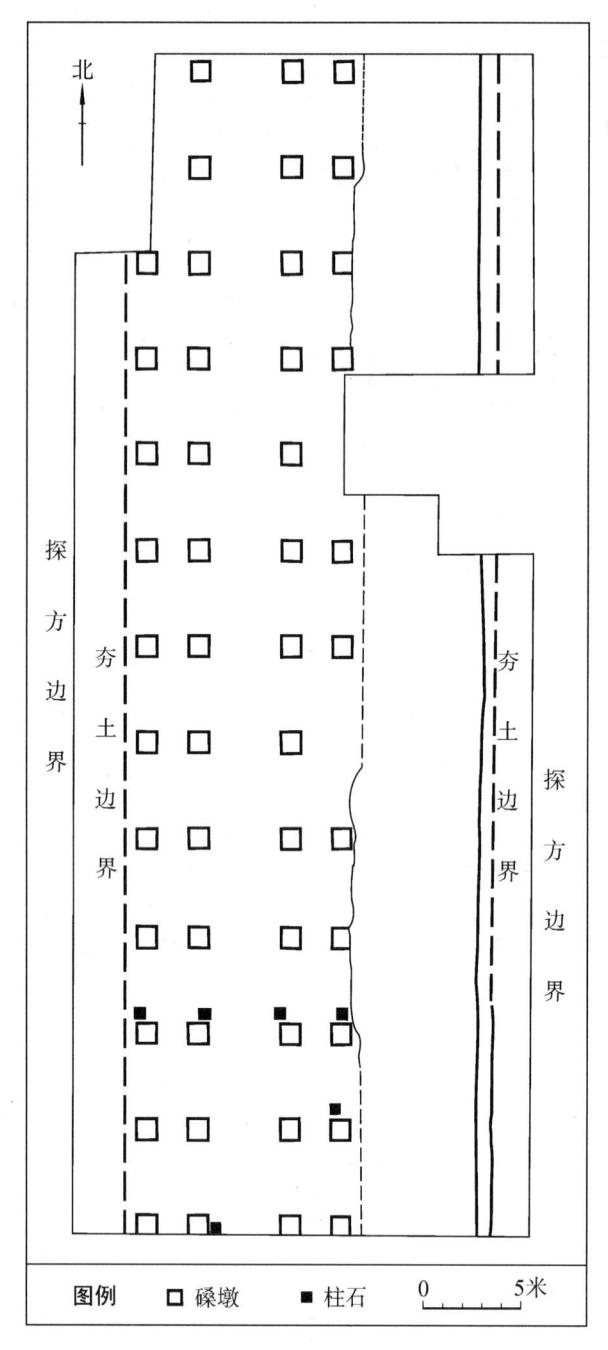

图3-4　内蒙古昭乌达盟大明镇辽中京遗址
外城廊舍遗迹平面图
（引自辽中京发掘委员会《辽中京城址发掘的重要收获》，略有改动）

---

[1] 王曾《上契丹事》疏证稿，见于贾敬颜《五代宋金元人边疆行记十三种疏证稿》。
[2] 《中国大百科全书·考古卷》第279页"辽中京遗址"条：距朱夏门约500米的大街中心，残存一马鞍形土包，可能是市楼遗址之一。按：正文中已论证朱夏门内干道为封闭式御道，故该土包不可能是市楼遗址。
[3] 路振《乘轺录》疏证稿。见于贾敬颜《五代宋金元人边疆行记十三种疏证稿》。

侧对称配置三条纵街和五条横街，但发表的资料却未指明街道的具体部位和街道宽 15 米与 4 米间的组合关系，只说由这些街道组成坊区[1]。因此，难以探讨外城诸坊的形制和配置情况。仅可据以推测，在干道两侧的廊舍等配置之东西的外城内，应主要配以纵横街道区划出来的居民诸坊[2]。此外，应当指出，由于廊舍遗址在干道之西约 20 米，故在排水沟旁与干道平行的石墙基不可能是发掘者所认为的坊市外墙。

《辽史》卷三九《地理志三》记载"拟神都之制"者还有府库，其具体情况不明。仅在外城东南隅一东西约 200 米、南北约 80 米的地面上，发现大量被烧的粟粒，堆积厚 3～5 米，当地俗称"糊米城"，这一带原或有粮仓建筑[3]。据此似可认为府库似主要配置于外城东南和西南隅，或靠近外城边之处。

（四）寺塔遗迹

前述《上契丹事》说，中京外"城内西南隅岗上有寺"。现在外城西南隅的山冈自东麓到岗顶散布着佛寺遗址群，其中位于山坡南面顶部的一座佛殿被发掘（图 3-5）。该佛殿建于将附近山坡垫平夯筑的方形台基之上，台基下层四周铺砌碎石，其上夯筑，夯层厚 19～21 厘米，台基高约 2.8 米[4]。台基上的佛殿面阔进深各五间，当心间长宽各 7 米，次间长宽各 5.2 米，梢间长宽各 3 米。殿址仅西北和东南部分有墙基，残高约 40 厘米。西北角梢间墙体宽 73 厘米，用长条纹砖，以磨砖白灰浆勾缝方法筑成。各次间残存土坯墙，墙外抹草泥刷白灰，墙宽 78 厘米。当心间四面正中开门，门限槽宽 10 厘米、深 8 厘米、长 520 厘米。正殿北门西侧墙身残存一层砖砌墙边，砌法同西北角梢间墙体。殿内正中地面低于梢间 5 厘米，梢间似为回廊。殿内柱础横竖各六个（东部缺一柱础），柱础花岗岩，正方形，边长约 80 厘米，厚 25～35 厘米。殿内次间两柱础之间另加一较小的柱础，柱础石灰石，呈不规则的长方形，长 60～70 厘米，宽约 40～45 厘米。据西北角墙内残存柱穴可知，立柱直径为 50 厘米；靠室内一侧附有抱柱枋，厚 10 厘米，宽 15 厘米。殿内柱间无墙基和铺地砖，余者均砖铺地面。铺地砖以素面大型方砖为主，尺寸以 37 厘米×37 厘米×6 厘米、35 厘米×36 厘米×5 厘米两种方砖居多，少数为 34 厘米×14 厘米×5 厘米的长条形沟纹砖。殿内东部铺地砖使用白灰，西部未用白灰（似晚期补修）。殿外四周用方砖铺砌散水，散水宽 2.33 米，向外倾斜约 10 度。在西、南和北三面于上述散水外还有第二道散水，散水宽约 2.8 米，又向外倾斜约 10 度。殿总面积为 35×35 米，殿内总面积为 22.5 米×22.5 米。殿内正中有夯筑台座，台座四周有包砖痕迹（痕迹表明用 32 厘米×14 厘米×5 厘米的条形素面砖）。台座

---

[1] 《中国大百科全书·考古卷》第 279 页"辽中京遗址"条
[2] 朱夏门内两侧各有三条纵街五条横街，由此区划出来的坊恐怕不只东西各三坊。项春松《辽代历史与考古》（内蒙古人民出版社 1996 年版）第 67 页引《元一统志》载，有七坊，即丰实坊（东北隅）、宠臣坊、致用坊（东南隅）、世恩坊、劝善坊（西北隅）、货迁坊、利通坊（西南隅）。又引李知顺墓志："薨于中京贵德坊私第"，耿延毅墓志："求医于中京贵德坊。"可见外城至少有八坊。
[3] 项春松《辽代历史与考古》（内蒙古人民出版社 1996 年版）第 68 页。
[4] A. 辽中京发掘委员会《辽中京城址发掘的重要收获》（《文物》1961 年第 9 期）载："台基长宽各约 30 米。"
   B. 《中国大百科全书·考古》"辽中京"条说："台基方形，边长约 40 米。"

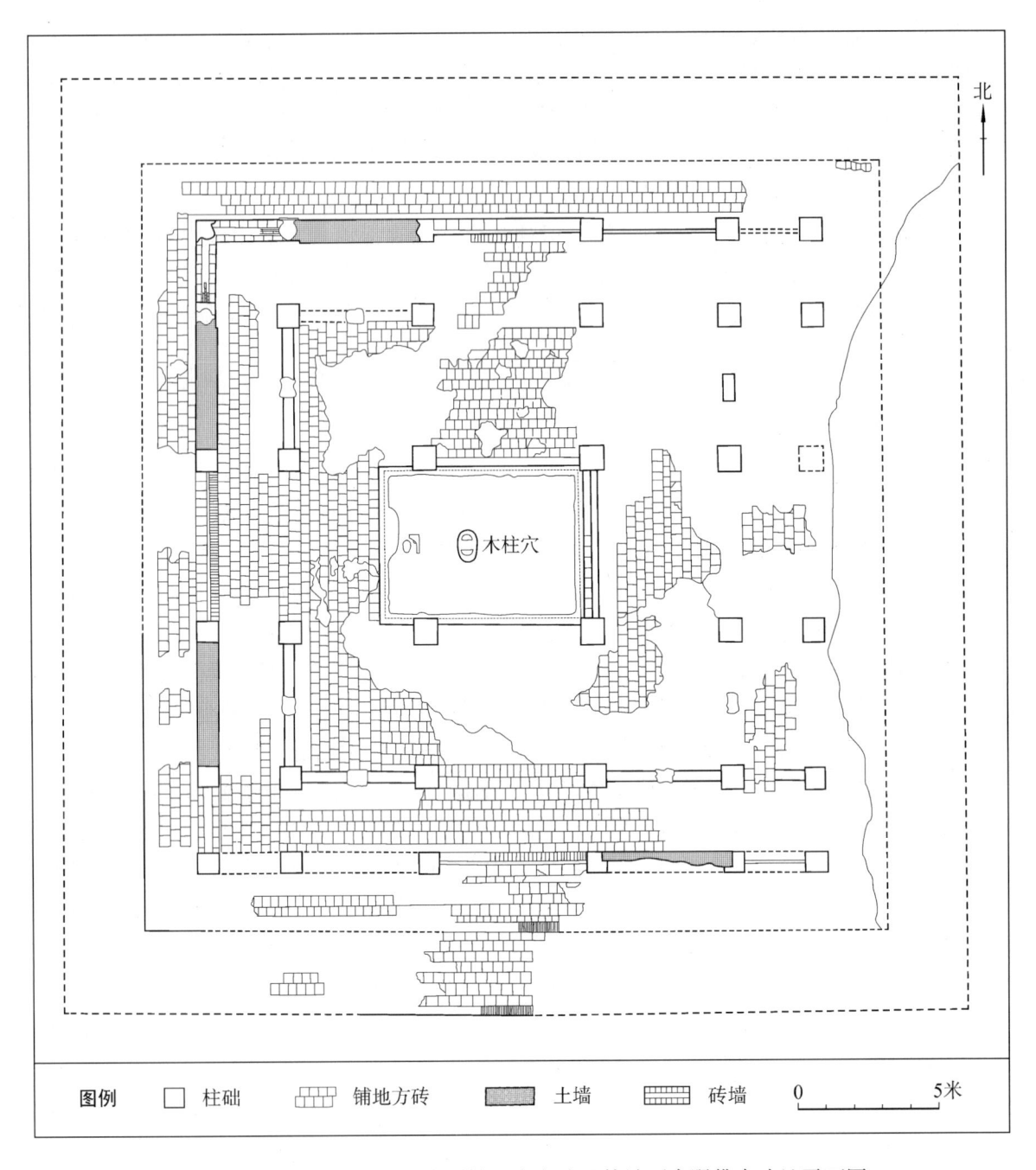

图 3-5　内蒙古昭乌达盟大明镇辽中京遗址外城西南隅佛寺遗址平面图
（引自辽中京发掘委员会《辽中京城址发掘的重要收获》，略有改动）

长 7.2 米，宽 5.2 米，高 0.38 米。台座东、南和北三面均在当心间柱础界线之内，唯西部突出于当心间之外，据此可知殿东向开殿门。台座正中残存固定佛塑像的残木柱，柱径 60 厘米，柱穴四周有白灰浆残迹（立木柱时灌白灰浆）。在台座西部中间发现孔穴，穴旁有烧裂的石灰岩残片（安置石造像）。该殿毁于火，焚烧痕迹明显。

殿内遗物以瓦、脊兽居多，并有少量琉璃饰件残片。瓦厚重，瓦泥淘洗，烧造火候高，青灰色，光面，布纹里。板瓦头宽 30 厘米，尾宽 26 厘米，长 41 厘米，厚 3.5 厘米；

少数较小者，板瓦宽 22.5 厘米，厚 2.5 厘米。筒瓦为 35 厘米×20 厘米×3 厘米，子口唇长 5 厘米，分三段逐渐收缩，母口处抹角内收。瓦当兽面纹，直径 20 厘米；较小的瓦当直径 12～14 厘米，有兽面和龙纹等。滴水有蕉叶加锯齿纹，以及莲花和单龙戏珠纹等（似晚期补修之物）。脊兽有龙、鸱吻、走兽和飞鸟等。造像似泥塑为主，石刻次之，较完整者有佛、菩萨和力士等。此外，还有少量定窑白瓷片及粗白瓷片，灰烬下层出"至道元宝""天禧通宝""绍圣元宝"各一枚，地表采集"大定通宝"一枚。据此断定，该殿建于辽代，金、元两代似仍继续使用。

除上所述，外城内还残存二塔。一在阳德门东南，今俗称"大明塔"（图 3-3），传为辽圣宗时在感圣寺所建的舍利塔（塔东南有佛寺遗址）。该塔高 81.39 米，八角十三层密檐式。塔身第一层每面砖雕佛、菩萨、力士和飞天等像，转角柱上砌双层塔形，上层刻佛塔名，下层刻菩萨名。1983 年修缮时发现寿昌年间（1095～1101 年）的题记。该塔造型浑厚、壮观，佛像雕刻刚健有力，是辽代佛塔中的杰作之一。另一座塔较小，在"大明塔"西南（图 3-3），朱夏门内大街西侧。塔高 24 米，八角十三层密檐式，建造的时代可能在辽末或金初（有人认为是镇国寺内之塔）。

二 内城和宫城

（一）内城

内城位于外城中间偏北，东、西城墙距外城东西城墙各约 1000 米，北城墙距外城北墙约 500 米，南城墙距外城南墙约 1400 米。内城平面呈长方形，东西 2000 米，南北 1500 米（图 3-3）[1]。南、东和北面城墙残高一般约 5 米，基宽约 13 米。南城墙中间发现阳德门遗址，门址西 530 米一段城墙经明代改建，原有马面的位置仅略微凸出。该段之西及门址之东的南城墙经后代改建略南移，辽代城墙马面已夹筑在现存城墙之中（因当地群众取土，在剖面上可显露出来）。东和北面城墙经后代改建和增筑，辽代马面无存。西城墙保存较差，仅有一段残高约 2～3 米，残存辽代马面，马面间距约 95 米[2]。内城发现街道两条，即自阳德门向北 500 米抵大内南门的大街，大街宽约 40 米，其两侧未探出遗迹。第二条街道在大内南墙之南约 80 米处，是一条东西向宽约 15 米的大街，其与阳德门内大街相交后，向东、西各延伸 180 米（似误，见第 162 页注[4]），又北入大内东、西掖门（图 3-3），其情况与北宋开封宫城宣德门前宫廷广场相似。《乘轺录》记载：自朱夏门"三里第二重城门。城南门曰阳德门，凡三间，有楼阁。城高三丈，有堞䃾，幅员约七里。自阳德门入，一里而至内门……街道东西并无居民，但有矮墙以障空地耳"。据此可知，内城干道与外城干道连接，亦采用封闭式干道。内外城干道属御道性质，两者均为封闭式，甚为罕见。由于内"城街道东西并无居民"，内城南、东、西三面包围宫城，其情况

---

[1] 从外城东西、南北长度，与内城四面城墙和外城四面城墙的间距相比来看，《辽中京城址发掘的重要收获》（《文物》1961 年第 9 期）所说内城东西、南北长度显然有较大误差。

[2] 项春松《辽代历史与考古》（内蒙古人民出版社 1996 年版）第 65 页指出："内城西墙马面现存高 3～5 米，各马面间距近百米。"

与唐洛阳皇城宫城关系相似[1]。鉴于上述情况，我们认为内城当属皇城性质。

中京内城的调查情况中城墙高度、城门开间、有无楼阁和垛垛的具体状况不明，"幅员七里"之说值得商榷[2]。辽中京内城被近代洪水冲刷淤积，文化层在今地表1.5～2.3米以下，遗存以辽代为主，次为金元两代文化遗存。

(二) 宫城

宫城，辽代史料又称皇城和大内（图3-3）[3]，位于内城中北部，宫城北墙即内城北城墙中间部分，平面呈边长约1000米的方形。宫城北部有一现代小河横穿，城内淤积泥沙厚达1.5～2.3米。宫城南墙大都被近代泥沙淤积，有的地段城墙在今地表下深达2米。《乘轺录》记载："自阳德门入，一里而至内门，内（曰）阊阖门，凡三门"，"阊阖门楼有五凤，状如京师，大约制度卑陋。东西掖门去阊阖门各三百余步。东西角楼相去约二里。"[4]《乘轺录》又说："大中祥符元年（1008年）十二月二十六日，（宋使路振）持国信自东掖门入，至第三门，名曰武功门，见虏主（圣宗耶律隆绪）于武功殿……二十七日，自西掖门入，至第三门，名曰文化门，见国母（承天皇后）于文化殿。"以此结合考古勘察资料，大致可对有关遗迹略作推定。比如，大内南墙中间探出门址遗迹，南与阳德门相对，两者间有大道连接，该门址应为阊阖门遗迹。自阊阖门向东西各180米分别探出宽约15米的豁口，两豁口当为东、西掖门遗迹。大内南墙两端（即城角处）各有高约5米的建筑遗迹，则为角楼遗迹。自东、西掖门向北各探出一条长约400米、宽约8米的大道[5]。其中从东、西掖门向北约80米处，各探出门址，门址北又各有大型建筑遗址。上述门址和大型建筑遗址，应分别是东掖门内武功门和武功殿遗迹，西掖门内文化门和文化殿遗迹。文化殿和武功殿遗迹间有道路相连，路宽约8米。1960年曾在文化殿部位进行试掘，在今地表下约2.5米发现条纹砖垒砌的墙基和一排石柱础，似属文化殿的东北隅部分。又自阊阖门向北探出一条宽约8米（另一说12米）的大道，直至宫城中间一大型建筑遗址前，似为宫城内的主要殿址。该殿址以北诸殿配置情况不明[6]。上

---

[1] 《中国大百科全书·考古卷》"隋唐洛阳城遗址"条说："皇城围绕在宫城东、南、西3面。"

[2] 内城周长约7000余米，按唐大里531米换算，约合13唐里以上，远多于《乘轺录》所记"幅员七里"。若"幅员七里"指大内而言（下文，周长约4000米），则较相近。

[3] 项春松《辽代历史与考古》（内蒙古人民出版社1996年版）第68页，引王悦墓志有"中京大内"字样。

[4] 唐大里531米，每步合1.475米，300步则为442.5米。此数据较正文介绍自阳德门大街东、西各180米后北入东西掖门，差距过大，似误。若按图3-3的比例推算，也远超过360米（180米×2）。此外，按"东西角楼相去约二里"计算，宫城边长当超过千米。以图3-3发现的东西掖间距与宫城边长的比例来看，亦表明180米当误。

[5] 《中国大百科全书·考古卷》"辽中京"条说："东、西掖门内道宽8米。"

[6] 项春松《辽代历史与考古》（内蒙古人民出版社1996年版）第69页指出：皇城内还有观德殿、延庆殿、永安殿、通天观、万寿殿、宣政殿、太平殿、昭庆殿等。《辽史》卷三九《地理志三》记载："皇城中有祖庙，景宗、承天皇后御容殿。"此外，有学者认为东西掖门内各有两重宫殿遗址，后排宫殿遗址位于中间大殿两侧（图3-3）。

述情况表明，阊阖门北干道为宫城中轴线，并与内、外城干道连接，共同组成中京城中轴线。宫城内的布局，以中轴线及其北部大殿为准，主要殿址左右对称，分中、左和右三路配置。

除上所述，辽代之后金、元、明各代又对中京城进行了改建，情况发生较大的变化[1]。

三　中京城中轴线的构成、外城的主要配置与内城的性质

1. 中轴线的构成

（1）内外城中轴线相连为封闭式御道

据前述考古资料，外城朱夏门与内城阳德门间干道长1400余米，宽约64米（与《乘轺录》所在街道长3里，宽百余步基本相合），干道两旁有石板和木板覆盖的排水沟，在两侧排水沟旁发现与干道平行的石墙基。由此可见，该干道处于被水沟和石墙基的封闭状态。

内城，《乘轺录》记载："自阳德门入，一里而至内门，内（门曰）阊阖门……街道东西并无居民，但有短墙，以障空地耳"。据此可知，内城阳德门与阊阖门间干道与外城干道相连接，仍采用封闭式。

（2）宫城中轴线

据前述考古资料，自阊阖门向北探出一条宽约8米的大道，直至宫城中间一大型宫殿遗址前。此为宫城中轴线，并与内、外城中轴线干道相连接。

上述情况表明，中京城中轴线即三城东西中分线，位于三城中间，由外城、内城、宫城三段中轴线连接组成。其外城、内城中轴线干道为封闭式，秘史御道性质，此现象为中国古代都城中所仅见。

2. 外城的主要配置

（1）馆驿、廊舍和市楼置于干道两侧

据前述考古资料，大同驿遗址位于阳德门外西南约300米，西廊舍遗址在大同驿遗址东南，位于阳德门外之南约500米，距干道西侧约20米处（据此可知，前述石墙基不可能是坊市外墙[2]）。《辽史》卷三九《地理志三》记载：中京城置"大同驿以待宋使，朝天馆待新罗使，来宾馆待夏使"。《乘轺录》记载：街道（干道）"东西有廊舍约三百间，居民列廛肆廡下"。《上契丹事》记载朱夏"门内内夹道步廊"后，则记"又有市楼四：天方、天衢、通阛、望阙。次至大同馆。其北正门曰阳

---

[1] 辽中京发掘委员会《辽中京城址发掘的重要收获》（《文物》1961年第9期）之"六关于金元明各代城市布局"，对金、元、明各代改建辽中京的情况略作介绍，但是，应当指出，文中对改建后的城市布局并未完全交代清楚。此外，文中说考古发掘表明，"其外城南墙已经过四次改建，现存之城墙，已较辽代南移了许多"。既然如此，何以断定辽中京城遗址现存之外城南城墙为辽中京外城南城墙？何以断定辽中京遗址现存南城墙中间的门址为辽朱夏门遗址？以上情况，均是今后辽中京考古工作应予以解决的问题。

[2] 《辽中京城址发掘的重要收获》（《文物》1961年第9期）认为：石头墙基，可能为坊市外墙。

德……"[1]以前述廊舍在干道东西分置判断,四市楼当在馆驿之南廊舍之北,很可能在东西廊舍之北各置二市楼[2]。据大同驿位置来看,三座馆驿或相对集中配置,或亦分置于阳德门外干道一侧或两侧。

(2) 干道两侧各置"聚车橐驼"的三坊

《乘轺录》在廊舍之后记载:朱夏门内大"街东西各三坊,坊门相对,房以卒守坊门,持木梃击民,不令出现。徐视坊门,坊中间阒地,民之观者无多。又于坊聚轩橐驼,盖欲夸汉使以浩穰"。可见上述干道东西各三坊并无居民。以前述大同驿和西廊舍遗址位置判断,两者显然在干道中部以北,故在廊舍之后所记"街东西各三坊"当在干道中部以南,廊舍之南。"街东西各三坊"很可能与廊舍密切相关,而"盖欲夸汉使以浩穰"则表明其又有较特殊的政治含义。

(3) 外城居民诸坊

《中国大百科全书·考古卷》"辽中京遗址"条记述:"大道两侧有对称布置的街道,南北向的经路各3条,东西向的纬路各5条,路面宽4～15米。由这些街道组成的坊区,是汉族居住的地方"[3]。上述记载未指出街道在干道两侧涉及的范围。也未说明街道宽15米和4米之间的组合关系,因此难以探讨外城居民诸坊的形制和配置情况。但是,据此可知在干道东西两侧的廊舍等配置之东西的外城内,应主要配置以纵横街道区划出来的居民诸坊[4]。

(4) 寺庙

前已指出在阳德门外,内城南墙靠东部之南近处有大明塔,内城南墙西部之南略远处有小塔,在外城墙近西端处之外有半截塔(图2-2之1),在外城西南隅山冈发掘了佛寺遗址。上述情况表明,外城已知的佛寺大体配置在轴线两侧和外城城西南隅。

3. 内城的性质

《辽史·地理志三》所记辽中京在仅提到"郛郭"(外城)、"宫掖"(宫城)和皇城(指宫城)。《乘轺录》也只记辽中京城有"外城","第二重城"(内城)和"内城"(宫城)。前已指出,内城阳德门至宫城阊阖门间为"有矮墙以障空地"的封闭式干道(御道),在宫城南墙之南发现宽约15米的东西横街,其两端有路通东西掖门,具有北宋开封宫城宣德门前中廷广场性质。内城"街道(指干道)东西并无居民",考古调查证明,内

---

[1] 王曾《上契丹事》疏证稿,贾敬颜《五代宋金元人边疆行记十三种疏证稿》(中华书局2004年版)。
[2] 《中国大百科全书·考古卷》"辽中京遗址"说:"在距朱夏门约500米的大道中心,残存一马鞍形土包,可能是市楼的遗址"。按,本书已论证朱夏门内干道为封闭式御道,故该土包不可能是市楼遗址。
[3] 《辽中京城址发掘的重要收获》(《文物》1961年第9期)所记相同,作者同为李逸友。
[4] 辽中京外城内置居民诸坊。《辽代历史与考古》(内蒙古人民出版社1996年版)第67页引《元一统志》载有七坊,即丰实坊(东北隅)。宠臣坊,至用坊(东南隅),世界坊,劝善坊(西北隅),货迁坊,利通坊(西南隅)。又引李知顺墓志:"薨于中京,贵德坊私第",耿延毅墓志:"求医于中京贵德坊",可见外城已知者至少有八坊。

城较空旷[1]。内城南、东、西三面包围宫城（图2-2之1），其情况与唐洛阳皇城宫城关系相似[2]。鉴于上述情况，我们认为内城的性质当为皇城。

四　中京城形制的渊源

《辽史》卷三九《地理志三》记载，辽圣宗建中京城时，"择良工于燕、蓟，董役二岁，郛郭、宫掖、楼阁、府库、市肆、廊庑、拟神都之制"。这段史料表明，辽建中京城以汉族工匠为主，故中京城的形制必然受到汉族城市的影响，而"拟神都之制"则是指中京城的形制比照同时的北宋东京开封府城。因此，辽中城的形制与北宋东京开封府城有许多相似之处。

首先，从总体形制布局上看，辽中京外城，内城和皇城（宫城、大内）三重城及其位置关系，外城朱夏门、内城阳德门、宫城阊阖门三门位置直对，三门之间的大道是中京城的中轴线，凡此与北宋开封城的三重城、外城南薰门、内城朱雀门、宫城宣德门三门的位置关系，以及三门之间的南面御街（中轴线）的配置如出一辙。辽中京阊阖门至阳德门的大街有"矮墙障空地"，相当于北宋开封府宫城宣德门前御街两侧排列的黑漆和红漆杈子地段，同样具有宫廷广场性质。而阳德门和朱夏门间大街两侧有石板和木板覆盖的排水沟，也与东京开封城御街两侧"砖石甃砌御沟水两道"[3]的情况相似。又辽中京宫城前通东、西掖门的东西横街，其态势则与北宋东京宫城宣德门前东西横街相近。其次，从宫城来看。辽中京宫城正门"阊阖门楼有五凤，状如京师"（开封宫城宣德门楼上饰五凤），阊阖门两侧设东、西掖门，宫城东西设角楼；宫城主要宫殿在中轴线两侧呈双轴线对称配置，凡此均是仿照东京开封宫城的模式。此外，还有一些现象也很值得注意。比如，辽中京城皇城中有祖庙，景宗、承天皇后御容殿（原庙性质），即仿宋东京开封城设"祖庙"和"原庙"之制。辽中京设"大同驿以待宋使，朝天馆待新罗使，来宾馆待夏使"[4]，上述诸馆驿即仿北宋开封城设都亭驿，都亭西驿、同文馆、礼宾院分别接待辽使、西夏使、高丽使者以及回纥、于阗使者等。辽中京外城朱夏门外有南园[5]，外城朱夏门外西南有寺庙遗址（今仅存半截塔，残高约6米，图3-3）。这种配置态势与北宋东京城南薰门外有玉津园（又称南御园），西南有护国禅院基本相同。辽中京城朱夏门内大街"东西有廊舍约三百间，居民列廛肆庑下"，所谓廊舍即是《辽史》卷三九《地理志三》引《上契丹事》中说的"夹道步廊"。这种"廊舍"或"步廊"，从名称到建筑形式（见前述发掘的廊舍遗迹），均仿北宋城市的"市廊"，表明中京与北宋开封一样，商肆街道已取代了集中设市。此外，辽中京城有"市楼"四所，又是源于北宋中原城市设市楼（看楼）管理市之贸

---

[1]《中国大百科全书·考古卷》"辽中京遗址"条。
[2]《中国大百科全书·考古卷》"隋唐洛阳城遗址"条说："皇城围绕在宫城东、南、西3面。"
[3]《东京梦华录注》卷二。
[4]《辽史》卷三九《地理志三》。
[5] A.《乘轺录》记载："七日，又宴射于南园，园在朱夏门外。"
　　B.《辽史》卷三九《地理志三》引《上契丹事》："城南有园圃，宴射之所。"

易的制度[1]。

除上所述，契丹建辽国之前与唐朝关系密切，因而从辽中京城与北宋开封府城的关系中，也可看到唐代两京的一些影响。比如，辽中京宫城北墙与内城北城墙中部合一，此情况与唐长安和洛阳的宫城以长安城和洛阳城北城墙为宫城北墙相似[2]。又如辽中京宫城的主要宫殿，在中轴线两侧呈双轴线对称配置，这个情况既与北宋开封宫城主要宫殿配置相似，又可见到唐洛阳城宫城主要殿址配置情况的某些影响[3]。再如，辽中京城"皇城中有祖庙，景宗、承天皇后御容殿（原庙性质）"[4]，设"祖庙"和"原庙"是中原地区传统，祖庙置于皇城内显然受唐代两京的影响（宋开封太庙在宫城皇城之南），宋代则盛行置原庙[5]。此外，辽中京城朱夏门内大街两侧大体对称配置诸坊，显然是受到当时已为辽所有的原唐幽州城坊制的影响（是时北宋开封城坊制已逐渐崩溃，发展为街巷制）[6]。至于辽中京城内配置第宅[7]，大概也是效仿唐宋都城情况所致。

总之，辽中京城是在北宋东京开封府城（包括唐代两京）形制布局的强烈影响下兴建起来的，可以说辽中京城乃是契丹族已深度汉化的产物，故其形制布局较辽上京有明显变化。关于辽中京城的契丹特点，仅知宫城"文化、武功二殿后有宫殿，但以穹庐毳幕为之"[8]，外城主要"实以汉户"，仍保留辽上京城的特色。总的来看，辽中京城文献资料较少，考古工作尚未正式全面启动，所以辽中京城的具体布局和配置情况至今仍不甚明晰。

第三节　辽南京城的形制布局

辽南京即原唐幽州城，位于今北京市宣武区的西部[9]。五代时期后唐河东节度使石敬瑭为求契丹助其篡夺政权，于936年将燕云十六州割让给契丹。会同元年（938年）石敬瑭遣使至契丹送燕云十六州图籍，辽太宗随后决定升幽州为南京（又名燕京），称幽都府，开泰元年（1012年）改称析津府。辽之所以迅速在幽州设南京，主要原因有四。其

---

[1] 杨宽《中国古代都城制度史研究》，上海古籍出版社1993年版，第438、439页。
[2] 《中国大百科全书·考古卷》第497页"唐长安城平面复原图"第506页"隋唐洛阳城平面图"。
[3] 杨焕新《试谈唐东都洛阳宫的几座主要殿址》及其图1，《汉唐与边疆考古研究》第一辑，科学出版社1994年版。
[4] 《辽史》卷三九《地理志三》。
[5] 杨宽《中国古代都城制度史研究》，上海古籍出版社1993年版，第294、295页。
[6] 徐苹芳《古代北京的城市规划》，《环境变迁研究》第一辑，海洋出版社1984年版之一"唐幽州城和辽南京城"。
[7] 项春松《辽代历史与考古》，内蒙古人民出版社1996年版，第69页。
[8] 路振《乘轺录》。
[9] 幽州为古九洲及汉十三刺史部之一，汉武帝设幽州刺史部，东汉时幽州治所在蓟城，此后至隋唐，蓟城位置无变化。因蓟城长期为幽州治所，唐又在该城置幽州大都督总管府，故将其称为唐幽州城。

一，辽窥伺燕云十六州已久，对幽州早有图谋。其二，辽代诸京乃是各地区的统治中心，按此惯例辽攫取燕云十六州以后在幽州设南京乃在情理之中。其三，燕云十六州入辽以后，幽州一带遂成为辽境内经济文化最发达之区，为确保财赋，有效控地该地区汉族和其他各族，也必须加强统治，尽快在幽州设立新的统治中心。其四，幽州一带左环沧海，右拥太行；北枕居庸连朔漠，南襟河济控江淮；关塞险固，总握中原锁钥。其地形胜甲于天下，其民风气刚劲，因地利而尽人谋，自古为用武之地。在辽宋对峙的情况下，具有如此重战略地位的幽州入辽恰逢其时，故将幽州建为进攻宋朝的前哨基地和指挥中心，将幽州升为南京势在必行。

辽南京自 938 年设立到金天铺六年（1122 年）金攻陷之时，共存在 185 年。在此期间辽南京城的发展，是幽州城从北方军事重镇向北方政治中心、经济中心和文化中心转化的里程碑，从而为以后金在该城建都，元、明、清在其附近建都奠定了基础。

一 外城平面形制与外城城墙和城门

（一）外城的平面形制

《辽史》卷四十《地理志四》记载：南京析津府"城方三十六里，崇三丈，衡广一丈五尺。敌楼、战橹具。八门：东曰安东、迎春，南曰开阳、丹凤，西曰显西、清晋、北曰通天、拱宸"。路振《乘轺录》记载"幽州幅员二十五里"，《许亢宗行程录》[1]说"燕山府城周围二十七里"（许亢宗宣和七年即 1124 年使金，其时金尚未扩建中都，所记应为辽南京城的规模）。辽南京城因唐幽州城，城的规模无变化。唐《元和郡县志》和《太平寰宇记》均说幽州城"东西七里，南北九里"。辽南京城遗迹现已基本无存，根据考古调查和墓志等资料[2]可大致比定外城墙和城门的位置（图 3-6）。其外城墙比定结果表明（详见后文），上述周长 36 里说不足信（此周长较金因辽南京而扩建的金中都还大许多，其三十六里当为二十六里之误），"东西七里，南北九里"说亦误，以 25 里说较近似[3]，其平面形状略呈长方形。

（二）北城墙和城门

清末民初之时，在白云观北尚存二段残垣，并掘出方石，似城墙基石（按此二段残垣，论者多认为是辽金北垣残迹，但亦有不同看法）。残垣"北枕小河"，小河向西延伸至会成门村，向东与受水胡同（又名臭水沟）相直。而受水胡同南的头发胡同，向西则与白云观北残垣的延长线恰在东西一线。从墓志来看，复兴门外复兴大路南铁旗杆庙附近，所

---

[1]《许亢宗行程录》疏证稿，见于贾敬颜《五代宋金元人边疆行纪十三种疏证稿》。
[2] 本节主要依据北京市文物研究所编《北京考古四十年》（北京燕山出版社 1990 年版）第三编第三章"第二节唐幽州城"，第四编第一章"第一节辽南京城遗址"；于杰《金中都》（北京出版社 1989 年版）第二章"第一节中都城前身——辽南京城"。以上诸文，均认为唐幽州城和辽南京城的四至相同。本书与上述诸文有关诸点，不再一一作注。
[3] 参见本书第五章第二节金中都城周长论证中的辽南京城周长部分。

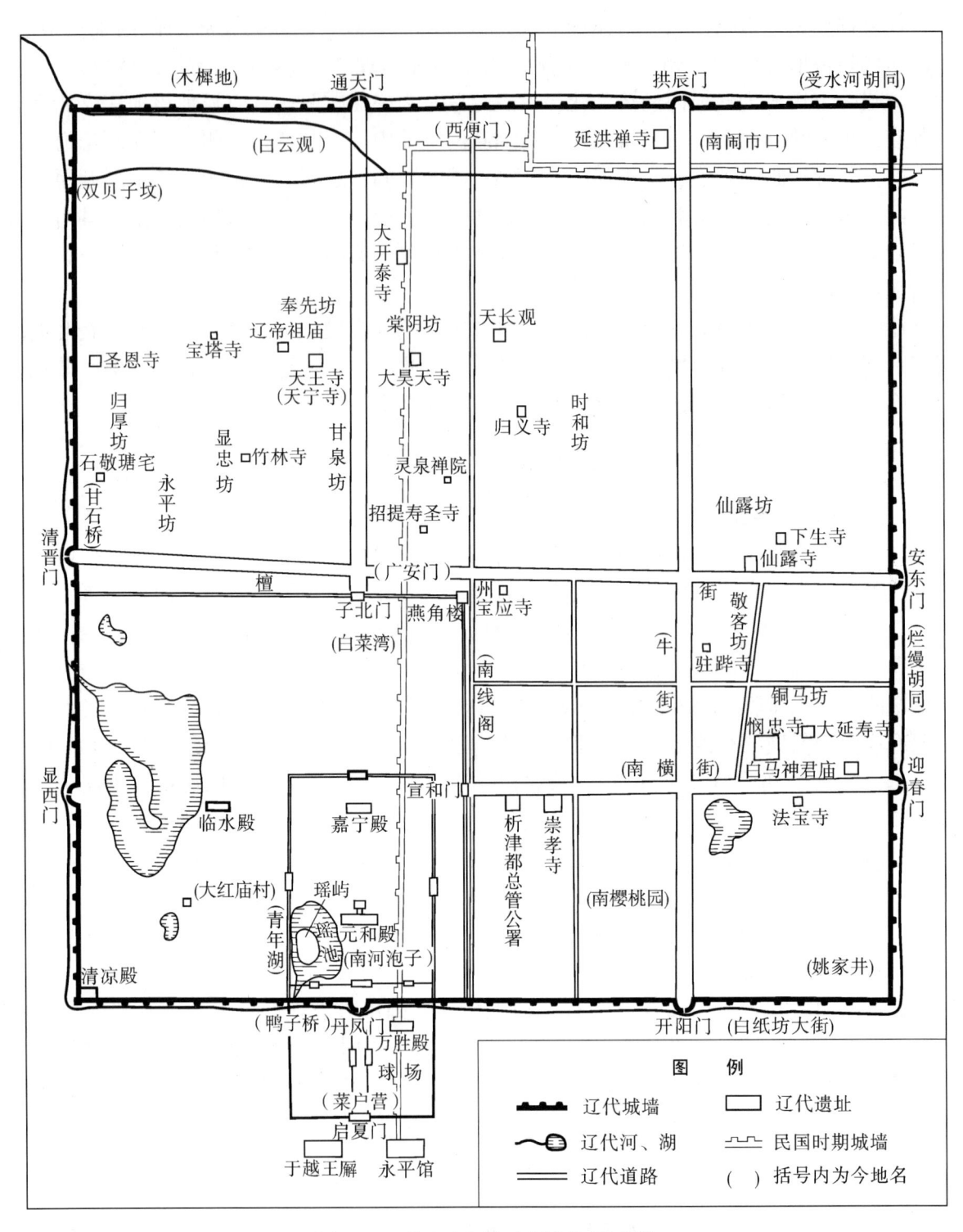

168　宋代至清代都城形制布局研究

图 3-6　北京市辽南京城复原示意图
（引自于杰等《金中都》，略有改动）

出唐元和元年幽州大都督府录事参军蓟州刺史陆岘妻王氏墓志云："葬于蓟北归仁乡刘村之原"，可证幽州城北城墙在今复兴门大街之南。1929 年在今西城二龙路教育部院内出土唐咸亨元年《唐仵钦墓志》云："咸亨元年，迁柩于城东北五里之平原"，由此向西南约五里在今头发胡同一线，即应为唐幽州城北城墙的位置[1]。又 1974 年春，在白云观以西"蓟丘"发掘一段夯土城墙的西北角，时代在东汉以后（城墙下压三座东汉墓），为西晋蓟城北城墙残迹，其延长线亦与头发胡同直对。由于唐幽州城因晋蓟城[2]，故同样可证辽南京北城墙在头发胡同东西一线。总之，上述情况表明，南京北城墙当在白云观北，东至头发胡同一线，西至会成门村。白云观北之小河，东流穿东西太平胡同，达头发胡同北的受水胡同，受水胡同东西一线似护城河之所在。北城墙开二座城门，东边的拱宸门约在今闹市口附近，西边的通天门约在今西便门外，白云观东北附近[3]。

（三）西城墙和城门

1959 年在海淀区紫竹院三虎桥出土唐文德元年《范阳卢公夫人赵氏墓志》云："葬于府城西北十里樊村之原"（府城指幽州城）；1966 年西八里庄京密引水工程出土唐天宝十三年《云麾将军左威卫将军兼青山州刺史李定国墓志》云："葬于郡西北十五里之平原"（郡指幽州城，时为范阳郡治）。1974 年在马连道中街商场北约 500 米甘石桥北面，北京钢厂院内出土唐大中九年《涿州范阳县主簿兰陵肖公夫人侯氏墓志》云："殡于幽州幽都县西三里仵原"，从该墓向西三唐里则在今甘石桥、小马厂、双贝子坟偏西一线稍东。特别重要的是 1965 年在八宝山以西 500 米处发现的西晋永嘉元年（307 年）幽州刺史王浚的夫人华芳墓，其墓志云："假葬于燕国蓟城西二十里。"墓中出一晋尺，长 24.2 厘米弱，以该尺折算一晋里合 435.6 米。从华芳墓地向东二十晋里（8712 米）则至今会成

---

[1] 《日下旧闻考》（一）卷三七，朱彝尊原按说，"康熙辛酉西安门内有中官治宅掘地，误发古墓"，掘出墓石二方，"广各一尺二寸，一刻卞氏墓志四字"，"志题曰：大唐故濮阳卞氏墓志。志文曰：'贞元十五年，岁次己卯，七月癸卯朔，夫人寝疾，卒于幽州蓟县蓟北坊，以其年权窆于幽州幽都东北五里礼贤乡之平原'。是今之西安门去唐幽州城东北五里而遥矣"。北京市文物研究所编《北京考古四十年》（北京燕山出版社 1990 年版）第 128 页说："1956 年，在旃檀寺西街（今爱民街），出土唐开成三年（838 年）《唐卢龙节度使都押衙周元长墓志》云：'葬于蓟城东北七里龙道之古原。'1976 年在北海中学教学楼前出土唐大中十三年（859 年）《唐宋再初及夫人蔡氏墓志》云'归窆于幽都县界礼贤乡龙道村'，周、宋二墓地相距一华里许。"以上诸墓志所记方位，亦可作为判断唐幽州城、辽南京城北城墙位置的依据。

[2] A. "蓟丘"，《水经注》卷一三载：蓟城因蓟丘而得名。
   B. 蓟丘发掘的城墙，见北京市文物研究所编《北京考古四十年》（北京燕山出版社 1990 年版）第三编第二章"第一节西晋蓟城"。侯仁之主编《北京城市历史地理》（北京燕山出版社 2000 年版）第三章"第四节晋代"说："自春秋战国以来，历东汉、北魏，以至隋唐，蓟城城址并无变化。其后辽朝虽以蓟之古城置为南京，但是并无迁移或改筑。"

[3] 徐苹芳《古代北京的城市规划》（《环境变迁研究》第一辑，海洋出版社 1984 年版）中说道："北城墙在今西单以南的头发胡同一线，往西经南闹市口到会城门。头发胡同北面有一条受水河（原称臭水沟）胡同，是辽南京城的北护城河。南闹市口是辽南京城北墙上的一个城门，即拱宸门。"

门村稍东[1]。上述资料互证，似可认为辽南京西城墙在今会成门村和甘石桥稍东[2]，从甘石桥南流的莲花河当为西护城河。西城墙开二门，北边清晋门约在今广安门外大街甘石桥南偏东处，南边显西门约与东面迎春门相对。

（四）南城墙和城门

《三朝北盟会编》记载："燕王耶律淳卧病城南瑶池殿"，瑶池即明清以来广安门外的南河泡子（今青年湖）。又明清外城西南角外西北方的菜户营有广恩寺，宋代称清胜寺，在"燕山城外"（燕山城即后来的辽南京城）。上述情况表明，南城墙当在南河泡子之南，菜户营以北。从墓志来看，1965年在右安门外四倾三村出土唐元和六年《唐王致墓志》云："起坟于蓟县姚村南一里之原"，其妻崔氏墓志云元和九年："窆于府城南十里姚村之南原"；1982年在右安门外东三条发现的唐文德元年《唐刘铃墓志》云："归葬于蓟县姚村北原之先茔"；1981年在丰台大葆台西汉墓博物馆南500米许发现的唐永泰二年《唐阳氏墓志》云："宅兆于蓟城西南廿里"；1985年在丰台槐房乡六必居酱园工地发现唐会昌六年《唐王时邕墓志》载："卜葬于蓟县南一十三里广宁乡鲁村东一里之原。"又1952年在陶然亭西姚家井第一监狱前发现《大唐故信州刺史河东蒋府君墓志之铭》，墓当在幽州城外。上述资料互证，可知南城墙似在姚家井第一监狱北的白纸坊东、西街一线。白纸坊东、西街西至青年湖之南，东接陶然亭，道路较直[3]，这个态势当与南城墙有一定关系。而莲花河构成的西护城河，在大红庙村南有一支东流，经南河泡子之南，似为南护城河故道。南城墙开二座城门，东边开阳门约在白纸坊大街与牛街、右安门内大街相交处附近，西边的丹凤门之方位尚难确指[4]。

（五）东城墙和城门

清代赵吉士《寄园寄所寄》记载："京师二月淘沟，秽气触人，南城烂缦胡同尤甚。（沟）深广各二丈，开时不通车马。此地在悯忠寺东，唐碑称寺在燕城东南隅，疑为幽州节度之故壕也。"唐景福元年沙门南叙撰《重藏舍利记》说："大燕城内东南隅有悯忠寺，门临康衢"，悯忠寺即今法源寺，其东还有辽代的延寿寺，故悯忠寺与烂缦胡同间尚有一段距离。又石驸马大街东旧有大明壕，直抵城下闸口入护城河，南与烂缦胡同故壕相直。"文化大革命"期间在烂缦胡同东，菜市口偏西人防工事（地下6米处）中发现石桥，似护城河桥。此外，1951年在东单御河桥团市委工地出土唐元和三年及八年任紫宸夫妇合葬墓，任氏墓志云："宅兆于幽州城东北原七里余"，其妻桑氏墓志云"葬于幽州城东北五里"。1956年永定门外安乐林出土唐建中二年《棣州司马姚子昂墓志》云："葬于幽州城

---

[1] 北京市文物研究所编《北京考古四十年》（北京燕山出版社1990年版）第118页"西晋蓟城"，第119～122页西晋"华芳墓"。

[2] 徐苹芳《古代北京的城市规划》（《环境变迁研究》第一辑，海洋出版社1984年版）说道，辽南京"西城墙从今广外南观音寺，往北到会城门村稍东一点的地方"。

[3] 徐苹芳《古代北京的城市规划》（《环境变迁研究》第一辑，海洋出版社1984年版）说：辽南京"南城墙在今陶然亭、广外的三路居和骆驼湾一线"。

[4] 有的学者认为，丹凤门在菜园街与白纸坊大街相交处附近，南约与鸭子桥相对。

东南六里燕台乡之原"。上述二墓一在东北，一在东南，南北几乎相直，两者所记里数分别向西南和西北延伸的交叉点，恰在烂缦胡同一线左近。上述诸种情况表明，东城墙当在烂缦胡同西侧，烂缦胡同（或包括其东侧附近）则为护城河所在地[1]。

东城墙开二座城门，在南者称迎春门。宣和四年十月二十四日降宋辽将郭药师率部攻燕京，"夺迎春门以入"，"阵于悯忠寺前"[2]。前述悯忠寺前"康衢"即迎春门内大街，今为南横街，西与枣林街相接。因此，迎春门当在南横街与烂缦胡同相交处的内侧。东城墙北门称安东门，位置约在广安门内大街东边，烂缦胡同北口偏西处。

二 皇城和宫城的形制

辽南京的皇城和宫城未正式开展考古工作，文献记载简略含混，故其形制迄今仍不甚明了。《辽史》卷四十《地理志四》记载：南京城"大内在西南隅。皇城内有景宗、圣宗御容殿二，东曰宣和，南曰大内。内门曰宣教，改元和；外三门曰南端、左掖、右掖。左掖改万春，右掖改千秋。门有楼阁，球场在其南，东为永平馆。皇城西门曰显西，设而不开；北曰子北。西城巅有凉殿，东北隅有燕角楼"。同书引宋王曾《上契丹事》说：燕京"子城就罗郭西南为之。正南曰启夏门，内有元和殿、洪政殿，东门曰宣和"，"城南门内有于越王廨，为宴集之所。门外永平馆，旧名碣石馆，请和后易之。南即桑干河"。《乘轺录》记载：辽南京的"内城幅员五里，东曰宣和门，南曰丹凤门；西曰显西门，北曰子北门。内城三门不开，止从宣和门出入"。上述文献中的"内城"即"子城"，亦即辽南京城的大内（皇城）。将皇城置于外城西南隅，是辽皇城因唐幽州藩镇衙署和五代时的伪宫而建之结果。据上所述，可知皇城四门中显西门与外城西城墙南门合一，南门丹凤门与外城南城墙西门合一，故又导致外城西南角和皇城西南部合一。皇城东北隅的燕角楼，约在今南线阁北口以东老君地高台处[3]，该地之西明代时仍称燕角[4]。据此可知，皇城北墙约从燕角楼向西与外城南城墙平行画线至西城墙，其子北门与外城通天门基本相对（图3-6）。皇城东墙约从燕角楼向南与外城西墙平行画线至南城墙，皇城东门宣和门大致与外城东城墙迎春门相对。在外城西南隅如此围成的皇城之范围远不只五里，《乘轺录》："内城幅五里"说误（若指宫城尚可）[5]。

---

[1] 徐苹芳《古代北京的城市规划》（《环境变迁研究》第一辑，海洋出版社1984年版）说：辽南京"东城墙在宣武门内和宣武门外大街稍偏西一点，菜市口南面的烂熳胡同，是辽南京城的东护城河"。

[2] 见于杰等《金中都》（北京出版社1989年版）第275页所引《三朝北盟会编》。

[3] 于杰等《金中都》，北京出版社1989年版，第65页。

[4] 《京师坊巷志稿》（北京古籍出版社2001年版）卷下第228页"北燕角"条说："燕角，辽旧名也，俗讹烟阁，烟或作线。"第239页"南燕角"条："燕角儿在广宁门右安门内西南角。《明一统志》：'燕角楼在府西南一十五里，辽建。今其地犹名燕角。'""今南北烟阁经三里许，皆以燕角得名。北烟阁直抵便门，正辽史所云东北隅也。"于杰《金中都》（北京出版社1989年版）第48页说："辽之燕角楼为子城（皇城）东北隅之角楼"，"其他三角均位于南京城之南垣及西垣上，故东北角楼为唯一独立的子城角楼"。

[5] 本书所言子城范围的周长，于杰等《金中都》（北京出版社1989年版）第65页说：此周长"无论以何种标准的尺度计之，均远不止五里。即以《乘轺录》中所记的大城周长二十五里衡量，子城周长（转后页）

*如前所述，皇城东北隅有燕角楼，西城巅有凉殿[6]。皇城内大致可分三区，皇城中间偏东为宫城区，其东或为内果园[7]，宫城区之西为园林区[8]。此外，文献记载皇城内还有五凤楼、迎月楼和五花楼等[9]。宫殿区有宫墙和宫门，已具宫城规制。宫门有南端、左掖门（万春）、右掖门（千秋），《禁扁》还记有凤凰门。辽宋议和后，辽在南京大修宫殿，"重熙五年，诏修南京宫阙府署"[10]，从而确定宫城基本格局。宫殿见于载籍的主要有元和殿，该殿为唐幽州旧殿，辽宫城中的主殿，殿前有元和门（宣教门）[11]。昭庆殿，亦为唐幽州旧殿，规模仅次于元和殿[12]。嘉宁殿，是辽后期出现的殿名[13]。此外，文献还有其他一些记载[14]。

除上所述，辽还在丹凤门外进行扩建，凸出南城墙之外，其东西墙与宫城东西墙连接向南延伸，南墙门称启夏门（扩建时间不详。据前述"请和后易之"来看，似在辽宋议和

---

* （接前页）也远不止'五里'，至少当为十里以上；如子城四周总长仅五里，则无法包入显西、丹凤二门，所以说认为子城'幅员五里'是不正确的，仔细考察，五里之数似指子城的宫殿部分，即'宫城'部分周围之长，方较合理"。

[6]《辽史》卷四《太宗下》：会同三年十二月"丁巳，诏燕京皇城西南牒建凉殿"。

[7]《辽史》卷一七《圣宗八》：太平五年"十一月庚子，幸内果园宴，京民聚观"；是岁燕民以"车驾临幸，争以土物来献"，"至夕，六街灯火如昼，士庶嬉游，上亦微行观之"。按皇城仅宣和门开放，故"京民聚观"等表明，内果园似在宣和门内，宫城之东。于杰等《金中都》（北京出版社1989年版）第66页认为：内果苑"似中都皇城'东苑'前身"。

[8] 即御苑，苑内有瑶池，池中有瑶屿，其上有瑶池殿（即"燕王淳卧病城南瑶池殿"），其西为苑囿区，湖泊较多，附近有临水殿。子城西北部有柳庄（《禁扁》称"柳园"）。于杰等《金中都》（北京出版社1989年版）第66页认为："子城内宫殿区之西的湖、殿、庄，为金中都西苑前身。"

[9]《辽史》卷八《景宗上》：保宁五年春正月，"御五凤楼观灯"；《辽史》卷二七《天祚皇帝一》：乾统四年"十月己未，幸南京"；十一月乙亥，"御迎月楼，赐贫民钱"。参见后注。

[10]《辽史》卷一八《兴宗一》。

[11]《辽史》卷四《太宗下》："会同三年四月庚子……御元和殿，行入阁礼"，会同八年四月"庚寅，宴将士于元和殿"。《辽史》卷一一《圣宗二》：统和四年五月"丙戌，御元和殿，大宴从军将校"。《辽史》卷一二《圣宗三》：统和七年"二月壬子朔，上御元和殿受百官贺"。《辽史》卷一八《兴宗一》：重熙五年十月"壬子，御元和殿。"辽宫城主要宫殿位置和宫城皇城问题，可参见本书第五章金中都一节，两者可以互证互补。

[12]《辽史》卷四《太宗下》：会同三年四月"壬戌，御昭庆殿，宴南京群臣。"《辽史》在会同年间以后，无昭庆殿之记载，或已改名。

[13]《辽史》卷二一《道宗一》：清宁五年"冬十月壬子朔，幸南京，祭兴宗于嘉宁殿。"于杰等《金中都》（北京出版社1989年版）第69页指出："《禁扁》中有嘉宁殿而无昭庆殿，故嘉宁似为昭庆在辽占燕之后所改"。《金史》卷八《世宗下》载：世宗对其宰臣说："宫殿制度，苟务华饰，必不坚固。今仁政殿辽时所建，全无华饰，但见他处岁岁修完，惟此殿如旧，以此见虚华无实者，不能经久也"；《金史》卷一四《宣宗上》载：贞祐元年"闰月戊辰朔，拜日于仁政殿。"于杰等《金中都》（北京出版社1989年版）第69页说："仁政殿为金之常朝便殿，为辽时所建，金时更名仁政，是否辽将唐之昭庆改为嘉宁，金将辽之嘉宁改为仁政，此说当有待于将来的确证。"

[14]《日下旧闻考》（一）卷二九第404～405页引《禁扁》："辽以幽州为南京，宫之扁曰永兴、曰积庆、曰延昌、曰彰愍、曰长宁、曰崇德、曰兴圣、曰敦睦、曰永昌、曰延庆、曰长春、曰太和、曰（转后页）

＊之后）。这个扩建部分与宫城相连相通，应属于宫城的组成部分。丹凤门外有球场、万胜殿等。 启夏门外，东有永平馆（由碣石馆改称，意似为辽宋议和后永久太平，可能是接待宋使之所），西侧为于越王廨（又称裕悦，是萧后为宠将耶律休哥建的官邸，此人曾被封为宋国王）[15]。

三　外城街、市、坊和佛寺

（一）街道

辽南京外城每面城墙开两座城门，但因皇城占据外城西南隅，显西门和丹凤门无通城内的大街，故《辽史》说南京城内有六街[16]。正因为皇城占据外城西南隅，所以辽南京城北面通天门内大街（约在今天宁寺东）仅达皇城北门，东面迎春门内大街则止于皇城东门。只有安东门、清晋门间大街横贯全城，拱宸门、开阳门间大街纵贯全城。其中安东门、清晋门间大街称檀州街，因此安东门又称檀州门[17]，该街大体相当于今广安门内外大街[18]。拱辰—开阳门间大街，约相当于今内城西南部南闹市口、经牛街直到樱桃园与白纸坊东西街的交叉处一线[19]。又悯忠寺（今法原寺）南的"康衢"，即迎春门向西至皇城的大街，约相当于今南横街（图3-6）[20]，此外，还有"燕京左街"和"燕京

＊　（接前页）延和。殿之扁曰清凉、曰元和、曰嘉宁。堂之扁曰天膳。楼之扁曰五花、曰五凤、曰迎月。阁之扁曰乾文。门之扁曰元和、曰南端、曰万春、曰千秋、曰凤凰。园曰柳园。"同书第405页引《辽史》："南京宫卫曰弘义宫、曰长宁宫、曰永兴宫、曰积庆宫、曰延昌宫、曰彰愍宫、曰崇德宫、曰兴圣宫、曰延庆宫、曰敦睦宫。"

[15] 于杰等《金中都》（北京出版社1989年版）第66～67页引《三朝北盟会编》："金兵逼城，左企弓集百官共议未定，统军副使肖一信开启夏门（将金兵）放入，金遣降人韩秉传示不杀一人，催促文武百僚、耆老、僧道，出丹凤门球场投降。阿骨打戎服坐万胜殿，皆拜服罪。辽亡。"然后说："这段记述表明，金军进入启夏门后，派人号召辽官投降，辽文武官才出丹凤门到球场投降，即启夏门在外，丹凤门在内；可知丹凤门外有启夏门，而丹凤门外，启夏门内有球场，内有万胜殿。王曾《上契丹事》中也称：'正南门曰启夏门……南门外有于越王廨，为宴集之所。门外永平馆，旧名碣石馆，清（请）和后易之。'此均可说明在辽宋议和后，辽方将子城南扩，超越出南京的南垣，即建立一段'外城'，将大城南垣西段（即子城南垣）包入，在这块地方建立球场，新辟区南门为启夏门。启夏门外东侧为永平馆，西侧为于越王廨。"（图3-6）又说："永平馆之地，金建中都皇城时，复将其包入金皇城南侧，故辽之永平馆似即金来宁馆前身，而于越王廨似为金皇城内会同馆之前身，而辽之球场金时仍为球场，只在其北增建太庙。"此外，侯仁之主编的《北京历史地图集》（北京出版社1988年版）第24页"金中都"图显示的情况，与于杰说不同，本书以于说为是。
[16] 《辽史》卷一七《圣宗八》有"六街灯火如昼"之语。
[17] 于杰等《金中都》（北京出版社1989年版）第10页，引《大般若波罗蜜多经》题记："大唐幽州蓟县界蓟北坊檀州街西店……"引房山云居寺石经《妙法莲花经》题字："燕京檀州街显忠坊……"然后论证了蓟北坊在南京城东北部，显忠坊在南京清晋门内大街路北以东处。说明檀州街从唐至辽名称未变。同书第25～26页，又论证南京安东门别称檀州门，此称至元代仍存在。
[18] 于杰等《金中都》，北京出版社1989年版，第10页。
[19] 于杰等《金中都》，北京出版社1989年版，第11页。
[20] 于杰等《金中都》，北京出版社1989年版，第11页。

右街"[1] 等。

(二) 市

唐代的幽州城已形成北方商业都会，《房山石经》记载当时有白米行、大绢行、彩帛行等许多行，并在幽州城北部以檀州街为中心形成商业区，称"幽州市"。辽时以檀州街为中心的商业区称"北市"（图3-6），《辽史》六十《食货志下》载："太宗得燕，置南京，城北有市"，《契丹国志》卷二二记载：辽南京"城北有市，陆海百货，聚于其中……锦绣组绮，精绝天下"[2]（辽南京又有"燕京三市"之说，或由北市扩展而来）；市中心有看楼。此外，《乘轺录》还记载：辽南京"居民棋布，巷端直，列肆者百室"。除上所述，辽南京城内亦有较发达的官手工业和民间手工业。除丝织业外，瓷器、酿酒、书籍刻印等手工业也有一定水平[3]。

(三) 坊

《乘轺录》记载：幽州"城中凡二十六坊，坊有门楼，大署其额，有罽宾、肃慎、卢龙等坊，并唐时旧名也"。北京所出唐代墓志记载幽州城的里坊有卢龙坊、燕都坊、花严坊、归仁里、东通圜里、通圜坊、通肆坊、时和里、遵化里、平朔里、辽西坊、归化里、蓟宁里、肃慎坊、铜马坊、军都坊、招圣里、劝利坊、蓟北坊等[4]。北京出土的辽代墓志记辽南京有隗台坊，永平坊、罗北坊、齐礼坊、卢龙坊、辽西坊；燕京大昊天寺传菩萨戒故妙行大师遗行碑铭中记有棠荫坊，《范阳丰山韦庆禅院实录碑》记有南肃慎里（似有南、北里之分）[5]；云居寺石经题记有大田坊、归厚坊、显忠坊[6]。此外，还有甘泉坊、时和坊、仙露坊、敬客坊、铜马坊、奉先坊等[7]。在上述唐幽州和辽南京诸坊中，只有少数坊同名[8]，看来唐幽州城的坊到辽南京时有些已别改新名。在前述辽南京诸坊中有10坊可大致推断其方位（图3-6）[9]，如归厚坊在清晋门内街北（檀州街西端路北），今

---

[1] 于杰等《金中都》（北京出版社1989年版）第36~37页敬客坊条，据《析津志》："驻跸寺，在敬客坊南，双庙北、街东"，并引《日下旧闻考》之《辽驻跸寺沙门奉航幢记》中"就至燕京左街驻跸寺礼祥玉上人为亲教焉"一语，论证燕京左街当在开阳门—拱辰门间大街上。

[2] 《契丹国志》卷二二记载：南京"城北有市，陆海百货，聚于其中，僧居佛寺，冠于北方。锦绣组绮、精绝天下。膏腴蔬瓜、果实、稻粱之类，靡不毕出，而桑、柘、麻、麦、羊豕、雉、兔不问可知"。

[3] 尹钧科、罗保平、韩光辉、毛希圣、富丽《古代北京城市管理》（同心出版社2002年版）第214~215页。

[4] 北京市文物研究所编《北京考古四十年》，北京燕山出版社1990年版，第128~130页。

[5] 北京市文物研究所编《北京考古四十年》，北京燕山出版社1990年版，第130页。

[6] A. 北京市文物研究所编《北京考古四十年》，北京燕山出版社1990年版，第142页。
B. 于杰等《金中都》，北京出版社1989年版，第10页。

[7] 于杰等《金中都》，北京出版社1989年版，第11~12页。

[8] 北京市文物研究所《北京考古四十年》（北京燕山出版社1990年版）第142页说，辽代时和等九坊见于唐代墓志。据查实际只有六坊同名，其中包括罽宾坊（《乘轺录》："罽宾坊，乃沿唐幽州旧坊名也"）。

[9] 于杰等《金中都》，北京出版社1989年版，第11~12、30~36页。关于辽南京城诸坊的方位，诸家考证不尽相同，于杰所述只是其中一种意见。

甘石桥以东路北，北观音寺西南。永平坊在归厚坊东南（檀州街北），今北观音寺正南。显忠坊在归厚坊东，檀州街北，永平坊东北，今广外关厢偏西路北。棠阴坊在大昊天寺处，今西便门内大街北段路西一带。时和坊在棠阴坊东南，今广内大街路北善果寺一带。甘泉坊在棠阴坊之西，今天宁寺以南一带。仙露坊在檀州街北，今菜市口西，教子胡同北口之广内大街路北一带。敬客坊在檀州街南，拱振与开阳门间大街路东，约在今广内教子胡同以西一带。铜马坊在迎春门内街南，今南横街西万寿宫一带。奉先坊在今天宁寺北，白云观南一带。

（四）佛寺

辽南京城内佛寺"棋布星列"，"僧居佛寺，冠于北方"[1]，其中除辽代新建者外，也有不少前代旧刹。据文献所记，辽南京城内佛寺可确指者达25所[2]。如悯忠寺（唐建，即今宣武区法源寺）[3]、大延寿寺（始建于东魏，悯忠寺之东）、仙露寺（唐寺，仙露坊）、驻跸寺（敬客坊南）、竹林寺（显忠坊）、归义寺（始建于唐，时和坊）、善果寺（归义寺北）、天王寺（今宣武区广安门外天宁寺即其旧址，现存辽塔，高57.8米）[4]、报国寺（今广安门内报国寺）、宝塔寺（今天宁寺西）、大昊天寺（棠阴坊、西便门大街之西）、荐福寺（归厚坊）、圣恩寺（即大悲阁，始建于唐，在蓟门北一里许）、奉福寺（白云观西南）、崇国寺（即唐金阁寺，在大悲阁北）、崇效（孝）寺（今南樱桃园处），以及开泰寺、宏法寺等（图3-6）。此外，辽祖庙在奉先坊，还有天长观（唐建，在会仙坊、今西便门

---

[1]《契丹国志》卷二二。
[2] 侯仁之主编《北京城市历史地理》，北京燕山出版社2000年版，第195页。
[3]《傅熹年建筑史论文集》（文物出版社1998年版）第419页"法源寺"条说："此寺始建于唐武则天万岁通天元年（696年），原名悯忠寺，辽金以来一直是著名的巨刹。元、明之际寺被毁，明正统三年（1438年）由太监出资重建，改名崇福寺。现在寺的规模就是那时形成的，面积比唐、辽时缩小了一半以上。清雍正十一年（1733年）重修后，改名为法源寺。现存寺内建筑基本上都是清代改建的。"同书第264页的《北京的法源寺建筑》中说，法源寺"是北京现存历史最悠久的名刹之一"，文中记述了唐代悯忠寺建造情况。指出"辽代大约是悯忠寺最兴盛烜赫的时期"，"在辽代前期，悯忠寺曾多次修葺或局部改建"。"辽代对悯忠寺大规模重修在道宗大安十年（1094年），重新把观音阁由二层改为三层。寺内现存的《舍利石函紫褐师德大众题名》辽代石刻，反映了这次重修的情况。""辽南京大悯忠寺和北宋东京大相国寺有很多相似之处"，"悯忠寺的布局和它基本相同；两寺的位置也都在都城内东南侧，前临大道。从使用性质上看，两寺都是皇帝亲临行香、建道场、斋僧的巨刹。这种情况说明悯忠寺在辽南京的重要地位"。
[4]《傅熹年建筑史论文集》（文物出版社1998年版）第427页"天宁寺塔"条说："相传，公元5世纪末的北魏时这里就建了光林寺，隋仁寿二年改名弘业寺，建石塔。以后历代都加以整修……到明永乐二年才改称天宁寺。"天宁寺砖塔建于辽代，"是我国现存的密檐砖塔中比较典型的一座。"塔高近60米。"天宁寺塔可以说是城中唯一保存的辽代地面遗物和标志，也是北京最古的几座砖塔之一"。文中介绍了砖塔的形制结构。

大街中部路东）等道观，又牛街礼拜寺"或建于辽代"[1]。

四 皇城和宫城形制布局特点及对后世的影响

辽南京城是辽的陪都，辽将唐幽州城定为南京后，除在原衙署区基础上规划兴建皇城和宫城外，余者则直接承袭唐幽州城的规制，其四至，皇城外的形制布局与唐幽州城基本相同[2]。因此，辽南京城的特点主要表现在皇城和宫城方面。辽南京城的皇城和宫城一改辽上京模式，其位置和布局颇具特色。

第一个特色，皇城位于原幽州城西南隅，皇城显西门、丹凤门分别与外城西城墙南门、南城墙西门合一。其原因前已说明，是皇城位置因唐幽州藩镇衙署和五代伪宫而建所致。

第二个特色，皇城平面略呈方形，皇城西北、西南和东南角分别位于外城西垣和南垣上，故东北角的燕角楼就成为皇城唯一的角楼。此外，在外城西南角建清凉殿，其手法与辽上京在皇城西南建筑寺院和宫殿如出一辙。

第三个特色，皇城内宫城偏东，宫城内有瑶池，宫城东为内果园，宫城西为西苑。苑囿与皇城、宫城布局紧密结合，并成为主要配置之一。其中皇城环套宫城的形制，显然是两宋皇城略呈环套宫城形制的发展。

第四个特色，宫城平面呈长方形，有左右掖门。据研究宫城内主要宫殿建于宫城中轴线上，元和殿和嘉宁殿前后相直。此布局不同于辽上京，而是按中原王朝宫城模式兴建的。

第五个特色，丹凤门与启夏门间后扩建部分突出于外城南垣之外，形成独特的封闭形式，在一定程度上起到了"宫廷广场"的作用。

第六个特色，辽南京城主要商市在清晋的与安东门间的檀州街及其之北，故与皇城和宫城形成前朝后市的格局。

辽南京皇城和宫城的上述情况，既不同于辽上京，也不同于以往中原王朝皇城宫城的总体布局，这种变化对尔后产生了重要影响。比如：第一，在辽南京之后修建的金上京，其南城的

---

[1] 诸寺方位，参见以下文献。
　A. 于杰等《金中都》，北京出版社1989年版，第31～51页。
　B. 侯仁之主编《北京城市历史地理》，北京燕山出版社2000年版，第195～196页；又同书第203页说：据"《岗上志》记载，牛街礼拜寺创建于辽圣宗统和十三年（995年）"，"另一说建于元朝初年"。
　C.《傅熹年建筑史论文集》（文物出版社1998年版）第432页"牛街礼拜寺"条说："传说在北宋太宗至道二年（996年）时，一位自阿拉伯来中国传教的'筛海'尊哇默定的次子那速鲁定创建了这座礼拜寺。"

[2] 徐苹芳《古代北京的城市规划》（《环境变迁研究》第一辑，海洋出版社1984年版）说：辽南京城"每一面墙上开两个城门，全城共八个城门。从每个城门进城都是一条主要干道。至城里交叉成'井'字形。这样，就把南京城划成九个区，每个区大体是当时的一个坊，各坊内再开'十'字形街。这种类型的城市规划是按唐长安城中东西两市的规划设计的，在唐代地方城市较为少见。唐代地方城市是'十'字形街道，每面城只开一个城门。"按：此说有两点值得商榷。其一，唐幽州城衙署在西南部。辽南京城皇城扩大至西南隅，显西门、丹凤门无伸向城内的大街，故八座城门内大街不可能在城市交叉呈"井"字形。其二，唐幽州城和辽南京城的坊远在九个之上，所以即使交叉呈"井"字形而形成九区，每区也不可能只设一坊（图3-6）。

布局大体类似辽南京檀州街以南部分，皇城的位置，皇城包围宫城的形式也很相似。第二，前述（第一个特色）皇城的位置，是导致金中都、元大都和明代北京城的皇城逐步居中的重要原因之一。第三，前述（第三个特色），宫城与皇城的位置关系，皇城宫城与苑囿紧密结合的布局形式，为金中都、元大都和明代北京城所承袭。第四，前述（第五个特色）丹凤门与启夏门间后扩建部分的形制，是金中都、元大都和明代北京城皇城与宫城相对部分向南突出的先河。是金中都及其以后出现真正"T"字形宫廷广场的重要导因之一。第五，前述（第六个特色）前朝后市的格局，为金中都和元大都所承袭。

总之，辽南京虽为陪都，但其皇城宫城的形制布局却是金中都至明代北京皇城宫城形制布局一系列重要演变的先声，也是从北宋开封府皇城宫城形制向中国古代皇城宫城终结模式过渡的转折点。因此，辽南京皇城宫城的形制布局，在中国古代宫城皇城形制布局演变过程中，占有较重要的地位。

第四节　辽东京与辽西京概况

一　辽东京

辽东京辽阳城，在今辽宁省辽阳市附近。该地负山抱海，河流密布，形势险要，唐在此设安东都护府，后为渤海大氏所有。神州四年（919年），契丹"葺辽阳故城，以渤海、汉户建东平郡，为防御州"[1]，最为重镇。辽太祖天显元年（926年）春灭渤海国，在其地建东丹国（因在契丹东，故名），以太子耶律倍主之。天显三年辽太宗迁东丹民实东平郡，升为南京，天显十三年亦会同元年（938年）改称东京辽阳府。

东京辽阳府城的形制布局，《辽史》卷三八《地理志二》记载：城"高三丈，有楼橹，幅员三十里。八门：东曰迎阳、东南曰韶阳、南曰龙原、西南曰显德、西曰大顺、西北曰大辽、北曰怀远、东北曰安远。宫城在东北隅，高三丈，具敌楼，南为三门，壮以楼观，四隅有角楼，相去各二里。宫墙北有让国皇帝御容殿。大内建二殿，不置宫嫔，唯以内省使副、判官守之。大东丹国新建南京碑铭，在宫门之南。外城谓之汉城，分南北市，中为看楼，晨集南市，夕集北市。街西有金德寺、大悲寺、驸马寺，铁幡竿在焉；赵头陀寺、留守衙、户部司、军巡院，归化营军千余人，河、朔亡命，皆籍于此。"东京城故址在今辽阳市东郊北哨一带，已夷为平地，唯原东京城内白塔尚存，地表残存一些辽代砖瓦而已。东京城的作用是控制东北诸族，该城没有正式开展考古工作，具体情况不明。

二　辽西京

辽西京大同府，在今山西省大同市。大同位于桑干河上游（御河）与十里河交汇处附近，在雁门关外和内外长城之间，拥山带河，形势险峻。北魏在此建都（平城），唐在该地置云州和云中县。938年石敬瑭将燕云十六州割让给契丹后，重熙十三年（1044年）辽将大同升为西京大同府。

---

[1]《辽史》卷三八《地理志二》。

金灭辽仍以大同为西京，元为大同路。明洪武五年（1372年），"中山王徐达因旧土城增筑，周围十三里，高四丈二尺，包以砖……敌楼五十四，窝铺九十六"[1]，为"九边重镇"之一。

辽西京城的形制，《辽史》卷四一《地理志五》记载西京"敌楼、棚橹具。广袤二十里。门，东曰迎春，南曰朝阳，西曰定西，北曰拱极。元魏宫垣占城之北面，双阙尚在（按：此双阙在20世纪60年代尚存）。辽即建都，用为重地，非亲王不得主之。清宁八年建华严寺，奉安诸帝石像、铜像。又有天王寺，留守司廨，南曰西省。北门之东曰大同府，北门之西曰大同驿"。据研究今大同旧城在北魏平城内之南，大同旧城始筑于唐，辽、金迄明清均未增扩，今大同旧城即唐云州城之原址。清《云中郡志》载大同城"周围十三里"，经实测周长7120米（东西1750米，南北1810米），与《郡志》基本相合。但与《辽史》所记"广袤二十里"则相差较多，此问题尚待今后深入研究。

大同旧城平面略呈方形（图3-7），四面各开一门，四门内大街在城中间十字相交于城之几何中心，将城分为四区。北面二区在北门内大街两侧，辽置主要衙署；南面二区为辽西京主要居民区和寺院区，大同县衙则在东南区内。据大同旧城南面残迹观察，东西两区又各以十字街划成四个小区，各小区仍以十字街区划成四个小区。这种划分实际上是城内四区各有四坊，全城共16坊，16坊内之十字街实为坊内区划。上述情况表明，从辽西京至明清，大同城仍然保留了唐代云州城的特点（即唐代地方城市形制布局的特点）[2]。

华严寺在大同旧城西门内之南，建于辽重熙七年（1038年）以前，按辽俗主要殿宇皆东向。清宁八年（1062年）扩建，置辽代诸帝像，有"原庙"性质。辽末保大之乱（1123年），寺大部被毁，金天眷年间（1138～1140年）在旧址重建。明中叶后分上下寺，分别以金建大殿和辽建薄伽教藏殿为中心。1961年被定为全国重点文物保护单位。薄伽教藏殿为下寺主殿，东向，建于1038年。薄伽意为州尊，教藏或称经藏，为现存最早的经藏殿（面阔五间，进深四间，长25.56米，宽18.38米），是典型的辽代建筑风格。殿内31尊佛像中有29尊为辽塑（另2尊为明代以后补塑），塑工精湛，是辽塑中的上品。殿内四壁置木构壁藏38间，另于西壁当心间作飞桥式天宫楼阁。壁藏分上下层，上层为

---

[1] 丁晓雷《大同旧城的形制布局及其所反映的时代特征》（《汉唐与边疆考古研究》第一辑，科学出版社1994年版）所引清《云中郡志·建置志》。

[2] A. 丁晓雷《大同旧城的形制布局及其所反映的时代特征》，《汉唐与边疆考古研究》第一辑，科学出版社1994年版。

B. 傅熹年《中国古代城市规划、建筑群布局及建筑设计方法研究》（中国建筑工业出版社2001年版）上册第15页"唐云州城—明大同城"说："明代的大同城东西宽1750米，南北深1810米，周长7120米，面积3.16平方公里。城墙高12.7米，城内四条大街宽24米。""明大同城实际上保存了唐代市里制城市的街道网，它是一座有四个坊的城市，东西南北四条通城门的大街所划分出的四区实际唐代四个坊。每区的大十字街即原来四面坊门的坊内十字街。""此城用大小相等的四坊，以坊为城市的基本组成单元，亦即模数，每坊内又用大小十字街等分为16块。"又说，"有一种说法，认为它可能是一座16个坊的城市，平均每坊面积为0.17平方公里，近于扬州较小的坊。从大同现存街道遗迹看，个别处似也有再划出小十字街的痕迹"（图3-7），参见傅熹年《中国古代城市规划、建筑群布局及建筑设计方法研究》（中国建筑工业出版社2001年版）下册，第11页图1-1-10。

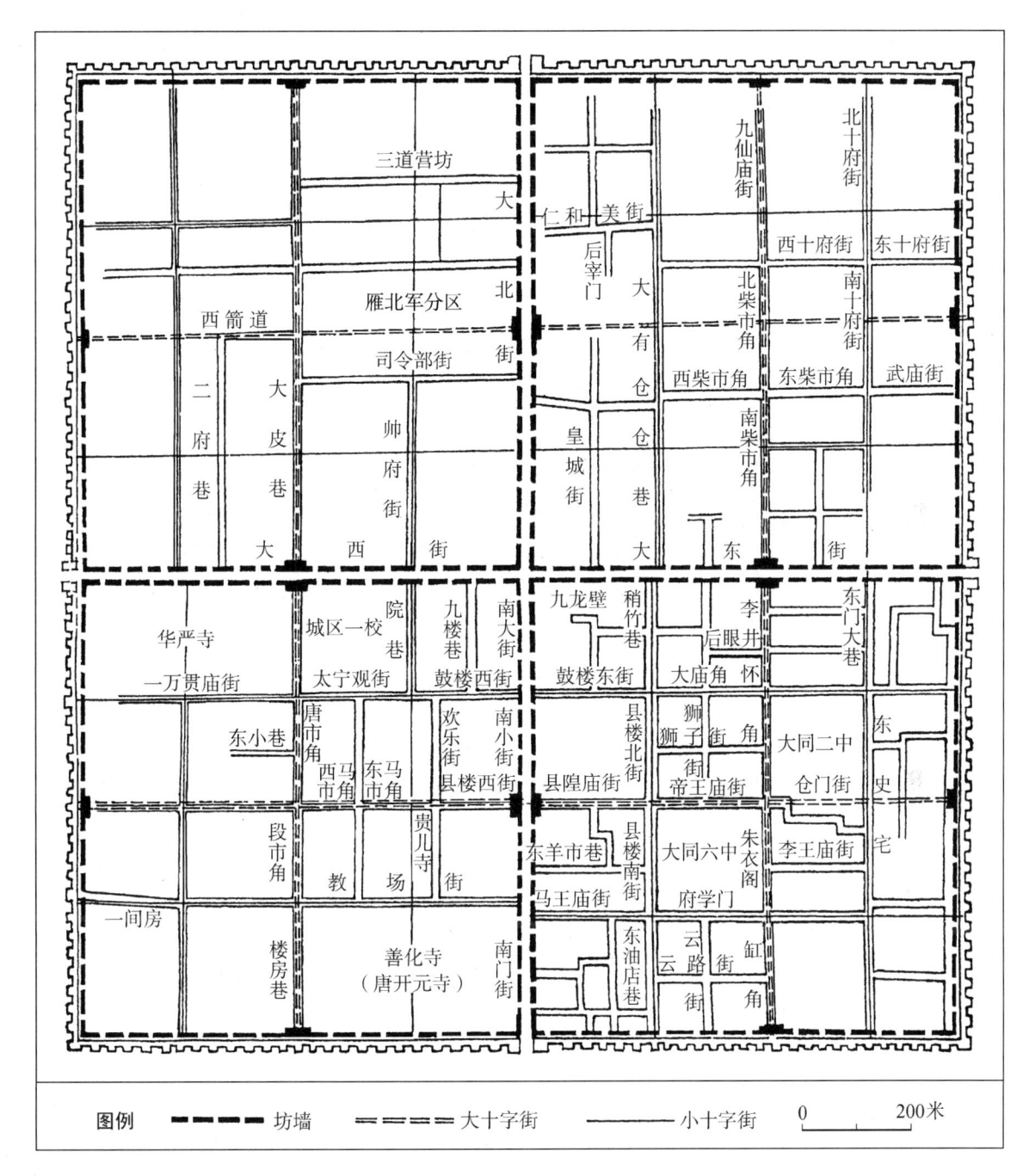

图 3-7　山西大同旧城所示辽西京平面形制
(引自丁晓雷《大同旧城的形制布局及其所反映的时代特征》，略有改动)

佛龛，下层藏经，制作精巧，是研究辽代建筑结构造型和工艺做法的宝贵资料。

善化寺在大同旧城南门内西侧，始建于唐开元年间，名开元寺，五代时改称大普恩寺。辽保大二年（1122年）大部毁于火，金天会六年（1128年）重修，明宣德、正统年间改今名。现存辽代建筑的大殿和金代建的山门、三圣殿和普贤阁，大殿内存辽塑护法诸天像。善化寺是现存辽金寺院中最为完整的，1961年被定为全国重点文物保护单位。

第四章 金上京和金中都

第一节 金上京城的形制布局

女真人建立金朝，都城在上京会宁府。金灭辽、宋后，"袭辽制，建五京"[1]。即以辽中京为北京，辽东京辽阳府和辽西京大同府仍为东、西京，以辽南京（燕京）为中都大兴府，以北宋东京开封府为南京[2]。天德五年（1153年）迁都燕京，贞祐二年（1214年）迁都南京[3]。在上述诸京中，北京、东京和西京见前述辽中京、东京和西京的情况；南京城和宫城情况见前述北宋开封府城有关部分的记述，本章仅介绍上京和中都的形制布局。

一 金上京城概说

1113年完颜部的阿骨打（女真名）袭女真族部落联盟长（都勃极烈），1115年称帝，居"皇帝寨"[4]，国号大金，建元收国。金太祖完颜旻（旻为阿骨打的汉名）建国后，

---

[1]《金史》卷二四《地理上》。

[2]《建炎以来系年要录》卷一六四载天德五年（1153年）二月诏书说："燕京可为中都，仍改永安析津府为大兴府，上京、东京、西京依旧外，汴京为南京，中京为北京。"《金史》卷四《熙宗》，天眷元年八月，以辽上京为北京。

[3] 贞祐二年（1214年）三月蒙古军队围中都，金宣宗贡献求和，蒙古军队退出中都地区。此后，《金史》卷一四《宣宗上》记载：贞祐二年五月"上决意南迁"南京开封府。南京的营建在海陵王时期，《金史》卷五《海陵》说：正隆三年（1158年）十一月，"诏左丞相张浩，参知政事敬嗣晖营建南京宫室"。《金史》卷八三《张浩传》记载："海陵欲伐宋，将幸汴，而汴京大内失火，于是使浩与敬嗣晖营建南京宫室"。《金史》卷五《海陵》：正隆六年（1161年），"四月丁未，诏百官先赴南京治事"，同年六月，海陵抵南京。《大金国志》卷五《汴京制度》说："汴京制度，宣宗所迁，大概依宋之旧"，其形制布局见《汴京制度》原文。参见刘春迎《北宋东京城研究》（科学出版社2004年版）一书有关金南京和金故宫遗址部分。

[4]《大金国志》卷三三"燕京制度"中记载：金太祖时，"国初无城郭，星散而居，呼曰皇帝寨"。朱国忱《金源故都》（北方文物杂志社1991年版）第25~26页认为："所谓'皇帝寨'即指皇帝所居之堡砦"；"亦称'御寨'"，其名称"皆为中原地区人士所赐"。"皇帝寨"位置无确考，《金源故都》（北方文物杂志社1991年版）一书认为在金上京北城，或说在阿城阿什河乡双城村"小城子"遗址，此外还有其他一些说法。我们认为皇帝寨在北城说为是。

"皇帝寨"初为会宁州，太宗（完颜晟，女真名吴乞买）时升为府[1]，熙宗（完颜亶，女真名合剌）天眷元年（1138年）八月"以京师为上京，府曰会宁，旧上京改为北京（旧上京指辽上京）"[2]。《金史》卷二四《地理上》上京路条记载："上京路即海古之地，金之旧土也。国言'金'曰'按出虎'，以按出虎水源于此，故名金源，建国之号盖取诸此，国初称内地。"上京会宁府故城，在今黑龙江省阿城市南约2公里的白城（图4-1）[3]。位于松花江（北）和张广才岭（南）之间，东屏大青山（亦属张广才岭），城近阿什河（即按出虎水），其支流大小海沟河（即前述之"海古"，亦作"海姑"）流经城侧。西北有拉林河（入松花江），城附近平川沃野，有航、灌、水产和山林铁矿之利，优越的地理环境和自然条件，使之成为完颜部"发祥兴王"之地。

上京城的历史可大体分为六个阶段。一是太祖完颜旻（1115～1123年）之世，是时征伐不断，未见有关营建的记载，似仍以北城的"皇帝寨"为主[4]。二是太宗完颜晟（1123～1135年）时期，1123年完颜晟即位，改元天会。天会二年以辽上京归降的汉人卢彦伦"知新城事"，"城邑初建，彦伦为经画，民居、公宇皆有法"[5]，开始正式营建上京城。主要是营建南城和皇城，初步奠定了上京城的规模和形制。三是熙宗完颜亶（1135～1149年）时期，以扩建皇城增筑宫室为主，分三期营建。第一期，天眷元年"四月丁卯，命少府监卢彦伦营筑宫室"，同年十二月"癸亥，新宫城"，次年九月"丙申，初居新宫"[6]。第二期，皇统二年（1142年）至三年，又建成一批宫殿，以及储庆寺，并"初立太庙、社稷"等[7]。第三期，"皇统六年春三月，上以上京会宁府旧内太狭，才如郡治，遂役五路工匠，撤而新之。规模虽仿汴梁，然仅得十之二三而已"[8]。总之，熙宗时期扩大了皇城，新筑、改筑宫室，基本完成了上京主要的营建任务。四是海陵王完颜亮（1149～1161年）时期，其重要举措是在上京置国子监。但是，他最主要的决策是迁都燕京，将山陵迁至燕京大房山，夷毁上京宫殿宗庙、储庆寺和大族邸宅，削上京名号。五是世宗完颜雍（1161～1189年）时期，重建上京宫殿宗庙，大定十三年（1173年）七月"复以会宁府为上京"，复建宫殿宗庙，大定

---

[1]《金史》卷二四《地理上》：上京会宁府"初为会宁州，太宗以建都，升为府"。

[2]《金史》卷四《熙宗》。

[3] 朱国忱《金源故都》（北方文物杂志社1991年版）第16～22页说：白城尚无确解，或以白城为"北城"之转书，或为"败城"之讹，或为"土城"之意，或曰女真完颜部尚白。

[4] 朱国忱《金源故都》（北方文物杂志社编辑部1991年版）第57页说：女真建国前上京会宁府地区已形成较大城堡村砦。同书第58页说："上京会宁府前身在女真诸部统一斗争和反对辽政权的斗争中，逐步形成一个中心城堡。"第118页说："北城区以'皇帝寨'为中心形成的最初的城堡，即为建国时阿骨打居住视事之所。"

[5]《金史》卷七五《卢彦伦传》："卢彦伦，临潢人"，"天辅四年，彦伦从留守挞不野出降"，"天会二年知新城事。城邑初建，彦伦为经画，民居、公宇皆有法"。以"知新城事"来看，应指上京南城，此前上京北城已经存在。现在多数学者认为，北城营建时代早于南城。

[6]《金史》卷四《熙宗》。

[7]《金史》卷四《熙宗》。

[8]《大金国志》卷一二，"熙宗孝成皇帝四"。

二十四年五月到上京巡幸[1]。六是上京的废弃。贞祐三年（1215年）蒲鲜万奴建"大真"国（俗称东真国，兴定二年改国号东夏，有人说东夏为东真之讹），改元天泰，攻上京，焚毁宗庙。兴定元年（1217年）再攻上京，然而其是否占领上京则说法不一[2]。此后蒙古军队何时占领该城文献失载，1233年蒙古军队生擒蒲鲜万奴，平定今东北地区，上京城或在是年被蒙古军队占领[3]。到元代有迹象表明，仍使用上京城[4]，其最后毁弃似在元末明初的战乱之时[5]。

金上京废弃后，很早就引起清代学者的关注。乾隆中阿桂等编纂的《满洲源流考》卷八指出："拉林、阿勒楚喀之间，金上京城在焉。今尚存有古城及子城宫殿址。"清末学者曹廷杰在《东三省舆地图说》金会宁府考中，已经确认白城是金上京故城。20世纪20年代初以后，日本白鸟库吉、鸟居龙藏等多次到上京故城调查[6]。1925年旅居哈尔滨的俄国学者 A.C. 道利马切夫曾在上京故城进

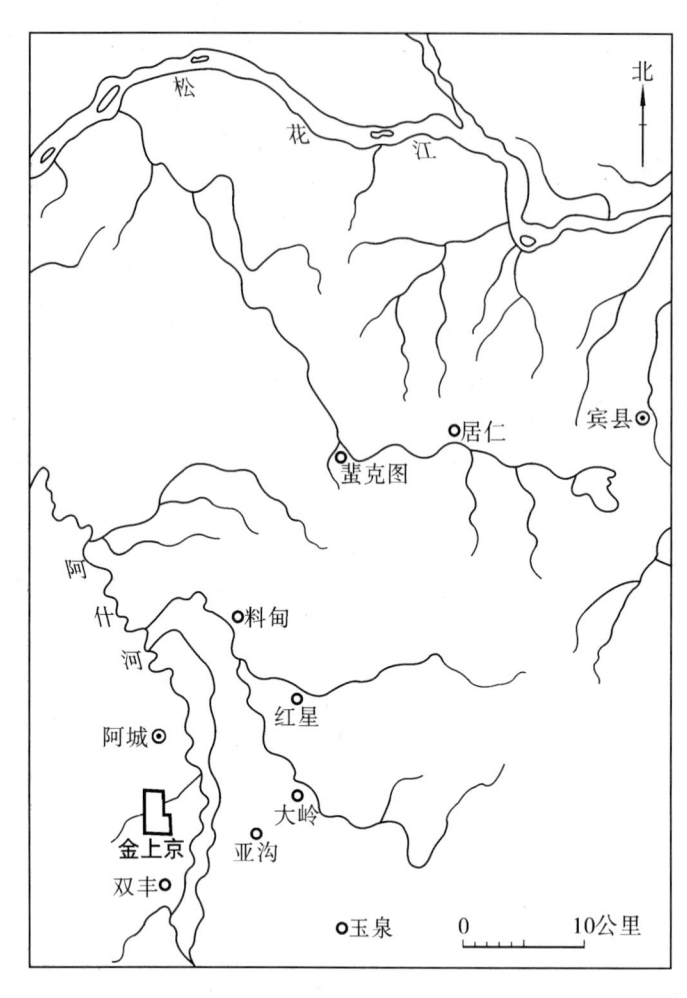

图 4-1 黑龙江阿城县金上京会宁府位置图
（引自《金源故都》，略有改动）

---

[1] 《金史》卷七《世宗中》。又《金史》卷二四《地理上》记载，大定二十三年"以甓束其城"。朱国忱《金源故都》（北方文物杂志社编辑部1991年版）第170页认为"甓束"当是皇城垣。谭英杰等《黑龙江区域考古学》（中国社会科学出版社1991版）第121页认为是"砌砖城墙外表"。
[2] 朱国忱《金源故都》，北方文物杂志社编辑部1991年版，第190~195页。
[3] 谭英杰等《黑龙江区域考古学》，中国社会科学出版社1991年版，第121~122页。
[4] 1925年上京故城出土八思巴文"镇宁州诸军奥鲁印"一方。《元史》卷四二《顺帝五》记载：至正十一年（1351年）四月，"罢海西、辽东道巡防捕盗所，立镇宁州"，其治所当在金上京城。1977年在上京故城出土八思巴文"管水达达民户达鲁花赤之印"一方，系元至正十五年（1279年）十二月中书礼部造，证明是时上京城是管理"水达达"民户的一个行政中心。上述二印，见鲍海春、王禹浪主编《金源文物图集》（哈尔滨出版社2001年版）第226~227页图版。
[5] 朱国忱《金源故都》，北方文物杂志社编辑部1991年版，第195~196页。
[6] 鸟居龙藏《金上京城及其文化》，《燕京学报》第35期，1948年。

行小规模盗掘。1936年日本园田龟一在上京故城进行盗掘[1]。1946年，П.М.雅科甫列夫在《阿什河流域的金代历史遗迹》简报中，介绍了上京城的形制布局，城墙长、宽和高度。中华人民共和国成立之后，黑龙江省考古工作者多次到上京故城进行考古调查，1964年阿城县文物管理所对上京城进行了实测。1982年被定为全国重点文物保护单位。

二　金上京的北城和南城

金上京故城由北城和南城构成，平面呈竖曲尺形（图4-2之A）。北城东西1553米，南北1828米；南城东西2148米，南北1523米；北城南城墙即南城的北城墙西段（东段超出北城的宽度），南、北城外围周长10873米。城墙夯筑，墙基残宽7～10米，城墙残高3～5米。城墙外侧筑马面，北、南城总的来看，北城墙马面11个（东段已毁），南城墙马面16个，西城墙马面29个，东城墙马面28个（其中两处各有2个马面，一处有3个马面），马面间距80～130余米。南、北城五个城拐角，残存角楼遗迹。全城发现8座城门和一个豁口，其中8座城门有瓮城残迹。即北城北墙中间一门，瓮城东向开门；东城墙城门在中间偏北，西城墙城门在中间偏南，瓮城均南向开门。南城西门在西城墙北端，在南北城中间隔墙相接处之南，瓮城门南开；东城门约在东城墙中间，瓮城门南开。南城门二座，在东者位于南城墙中间偏西，大致与北城南门相对；在西者大体与皇城门相对，两座城门的瓮门向东开。北城和南城的隔墙，中间偏东开城门，瓮城在南城内，门向东开。该隔墙及其东延墙体为南城北城墙，其与北城东城墙相接处之东有豁口，无瓮城。北城和南城的城墙之外，以及北和南城间隔墙南侧，均有护城濠遗迹[2]。

三　皇城

皇城建于南城西北部高平之处，平面呈竖长方形，南北645米，东西500米（图4-2之A）。皇城东、西墙现已被夷平成为道路，北墙已变为宅基，发现的皇城墙基宽约6.4米。南墙正中午门（《大金国志》称前朝门）遗迹两侧各有一高大土阜，残高约7米，大土阜之间有二个小土阜，残高2米余，四个土阜形成三个门道（图4-2之B）。皇城内残存殿基多处，其中最重要的是午门内中轴线南北直线排列的五座殿基，殿基残高一般约2米，以南数第二和第四座殿基最大，第四座殿基平面呈"工"字形。中轴线五座殿基两侧有左右廊基址，各长约380、宽约11米（图4-2之B）[3]。

皇城，当时又称宫城、"大内""大内城""大内所"等。皇城的宫殿前已说明是陆续建成的，太宗初年"独享者惟一殿名曰乾元，所居四外栽柳以作禁围而已，其殿宇绕壁尽

---

[1] 园田龟一《吉林滨江两省の金代史跡》，《满洲考古学概论》（"满洲"事情案内所刊1944年）。
[2] 谭英杰等《黑龙江区域考古学》（中国社会科学出版社1991年版）第120～123页说：城址现存马面89个，由于北城东垣一段已毁，约3个马面已无存，推测原马面数应为93个。按，所见金上京城平面图马面数均与正文记述的马面数不对应。
[3] 谭英杰等《黑龙江区域考古学》，中国社会科学出版社1991年版，第122页。

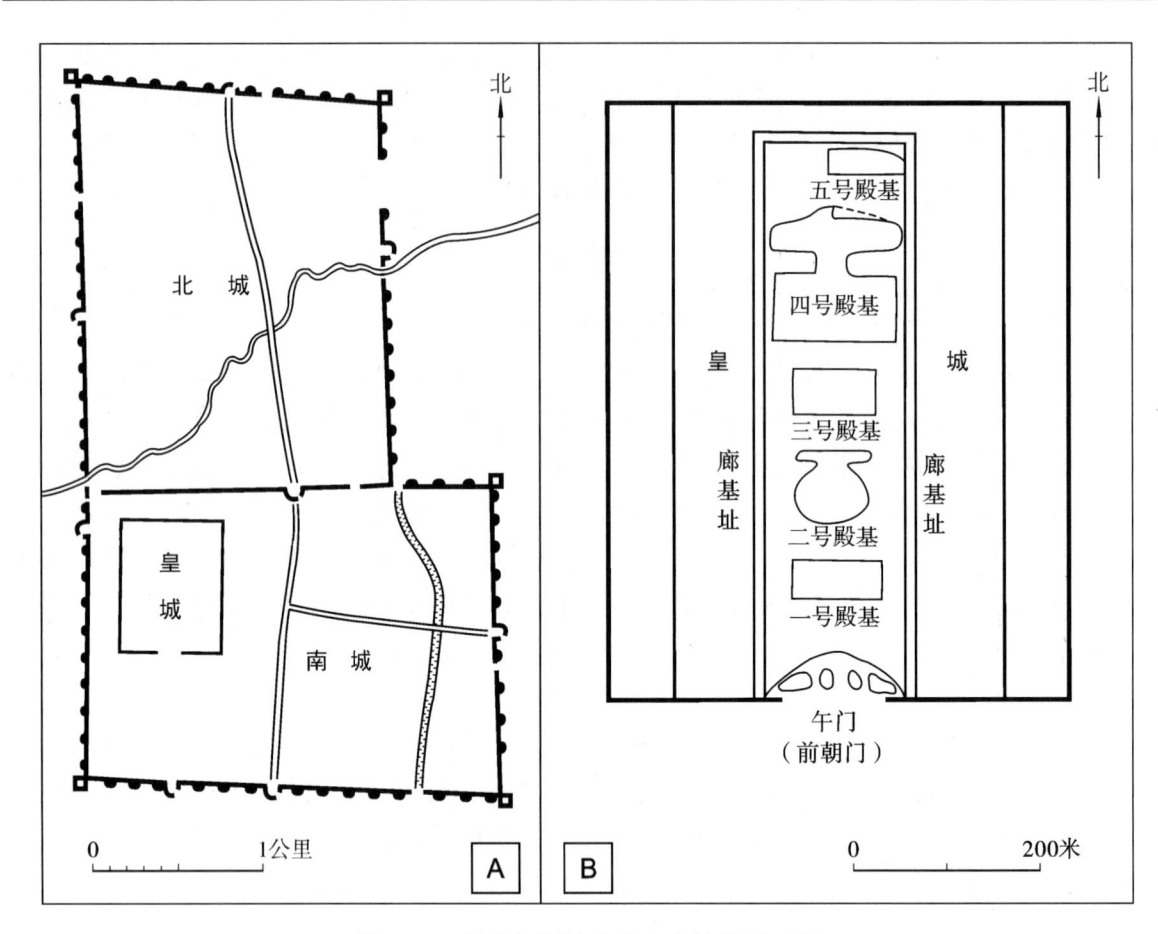

图 4-2 黑龙江阿城县金上京故城平面图
A. 黑龙江阿城县金上京故城平面图（引自《中国大百科全书·考古卷》，略有改动） B. 黑龙江阿城县皇城、宫城遗址平面图（引自杨宽《中国古代都城制度史研究》，略有改动）

置火炕，平居无事则锁之"[1]。但其后不久，宣和七年亦金天会三年（1125年）北宋派遣许亢宗贺金太宗登位时，所见皇城情况已有变化。《许亢宗行程录》中记载[2]，他们从城南"星罗棋布"的民居前行"又一二里，命撤伞，云近阙。复北行百余步，有阜宿围绕三四顷，北高丈余，云皇城是也。至于宿门，就龙台下马，行入宿闸。西设毡帐四座，各归帐歇定。客省使副相见，就座、酒三行、少顷，闻鞞鼓声入歌之引三，奏乐作，阁门使班引入，即捧国书。自山棚东入，陈礼物于庭下，传进如仪。赞通拜舞抃蹈讫，使副上殿。女真酋数十人班于西厢，以次拜讫。近贵人各百余人上殿，以次就坐，余并退。其山棚，左曰桃源洞，右曰紫极洞，中作大牌，题曰翠微宫。高五、七尺，以五彩间结山石及仙佛龙象之形，杂以松柏枝，以数人能为禽鸣者，吟叫山内。木建殿七间，甚壮，未结盖，以瓦仰铺及泥补之，以木为鸱吻，及屋脊用墨，下铺帷幕，榜题曰乾元殿。阶高四尺许，阶前土坛，方阔数丈，名曰龙墀。两厢旋结架小苇屋，幂以青幕，以坐三节人。殿内以女真兵数十分两壁立，

---

[1] 《大金国志》卷一〇，"熙宗孝成皇帝二"。
[2] 详见《五代宋金元人边疆行记十三种疏证稿》。

各持长柄小骨朵，以为仪卫。日役数千人兴筑，已架屋数千百间，未就，规模亦甚侈也。"这是许亢宗目睹金太宗正在兴建皇城情形的真实写照。乾元殿，天会三年建。此外太宗时还有天会十三年建的庆元宫，以及明德宫、明德殿、西楼和东楼等[1]。

熙宗时建的宫殿较多，如天眷元年建敷德殿（朝殿）、宵衣殿（寝殿）、稽古殿（藏书之所）。《金史》卷二四《地理上》记载：乾元殿天会三年建，"天眷元年更名皇极殿"，庆元宫天会十三年建，"天眷二年安太祖以下御容，为原庙"，"天眷元年以春亭名天元殿，安太祖、太宗……及诸后御容。春亭者，太祖所尝御之所也。天眷二年作原庙，皇统七年改原庙乾文殿曰世德"。又皇统二年建凉殿（殿曰重明，楼曰五云），皇统三年"初立太庙、社稷"，同年建储庆寺于宫侧，皇统八年建成太庙。此外，还有时令殿、泰和殿、武德殿、兴圣宫，便殿、祥曦和勤政等殿，以及孔庙等[2]。海陵王时于天德三年建国子监，并出现永寿宫和永宁宫之名[3]。前已说明海陵王毁上京宫殿宗庙后，金世宗又复建，故金上京遗址所见皇城遗迹应以世宗复建的为主。由于文献所记上京宫殿资料零散，且无方位，所以与现在午门内五座宫殿址无法对应。有的研究者认为，重明殿、五云楼是凉殿的主体建筑。重明殿东庑南殿两座（东华殿、广仁殿），西庑南殿两座（西清殿、明光殿）。重明殿后（北）东为龙寿殿，西为奎文殿。凉殿"平面上大体成'工'字形"，似与午门内南数第四（北数第二）座"工"字形殿基相对应[4]。

四　城外遗址和"朝日殿"遗址的发掘

（一）城外宝胜寺遗址

金上京城外，还有一些皇家建筑遗址，其中仅金陵是确知的，余者诸家意见不一。此外，在上京遗址北城西北约里余的姜家磨坊屯以西300米处的宝胜寺遗址较重要。1908年在该遗址发现"上京宝胜寺前都僧录宝严大师塔铭志"，塔铭刻于大定二十八年（1188年），记述了金中后期宝胜寺宝严大师的生平和在金上京地区的宗教活动，是研究金上京佛教的重要资料。宝胜寺是上京城外目前确知与金上京同时的唯一佛寺遗址。

（二）金上京故城外"朝日殿"遗址

2002年3～4月，黑龙江省文物考古研究所在金上京故城东约3.6公里刘秀屯发掘一座宫殿建筑遗址[5]。这是与金上京有关的一次重要发掘。

刘秀屯宫殿基址朝向正东南，由主殿（前殿）、过廊、后殿、正门和回廊组成，占地面

---

[1] A.《金史》卷三《太宗》卷二四《地理上》卷二三《五行》。
　　B. 朱国忱《金源故都》，北方文物杂志社编辑部1991年版，第76、91、92、127～132页。
[2] A. 熙宗时所建宫殿，见《金史》卷四《熙宗》，卷二四《地理上》。
　　B. 朱国忱《金源故都》，北方文物杂志社编辑部1991年版，第103～106、109、126、137～139页。
[3] 朱国忱《金源故都》，北方文物杂志社编辑部1991年版，第113、139、155页。
[4] 朱国忱《金源故都》，北方文物杂志社编辑部1991年版，第139页。
[5] 黑龙江省文物考古研究所《黑龙江阿城金上京刘秀屯建筑基址》，《2002中国重要考古发现》，文物出版社2003年版。文中附多幅彩色图版。

积 50000 余平方米。此次发掘了主殿、过廊、后殿和东北角回廊、揭露面积 10000 平方米。

回廊呈边长 184 米的方形，遗址正门位于东南回廊正中，主殿与正门直对，且位于西北回廊正中，主殿与正门间的中心距离约 184 米，主殿后有过廊连通后殿。主殿建于高于地面的夯筑台基之上，台基四周包砌多层青砖，殿址墙基宽约 1.3 米。主殿平面长方形，面积 2100 平方米。殿内 44 个方形夯筑磉墩排列有序，磉墩一般边长 4，深 4～5 米，内置炭料。磉墩排列表明，主殿面阔九间，进深五间。主殿前有露台，长方形，面积 574 平方米，无磉墩。主殿两侧各有一挟屋，平面方形，各有 10 个磉墩，面积 378.5 平方米。主殿的后阁，长方形，有 10 个磉墩，面积 392 平方米。主殿、露台、两侧挟屋和后阁总体布局成对称多角形。主殿和后殿间过廊长 47 米，宽约 5.85 米。后殿长方形，18 个方形磉墩等距离排列，面阔五间，进深 2 间，面积 570 平方米；殿后中部残存台级。回廊只揭露了北角，宽 15 米，接近挟屋入口处方砖铺地，外侧有对称的墁道。出土遗物多为灰瓦青砖等建筑构件，其中以石螭虎、石龙螭首、灰陶神鸟、兽面瓦当等较珍贵和精美。

该遗址发掘者认为此建筑建于金朝前期熙宗之世，是当时皇帝率百官祭祀太阳的"朝日殿"。《金史》记载，太宗天会四年于上京皇城乾元殿"始朝日"，熙宗时又建新殿郊祀祭日，即此殿。该殿毁于海陵王正隆二年（1157 年）下诏毁弃上京诸殿之时。

"朝日殿"遗址，是金上京范围内迄今发掘的规模最大、等级最高的宫殿遗址（主殿面阔九间，进深五间，是皇家最高等级的九五之制）。其主殿、过廊、后殿总体平面呈工字形；主殿前有露台、后有阁，两侧有挟屋，建于夯筑台基之上，台基四周包砖；主殿绕以回廊，主殿、后阁、挟屋、后殿有夯筑磉墩；凡此均可看到宋代官式建筑的影响。所出石螭虎和石龙螭首、神鸟、瓦当别具一格，特点独具。反映出该建筑在总体形制布局接受宋代影响的同时，外部装饰又以本民族的传统和习惯进行了新的创造。总之，"朝日殿"的发掘，对今后进一步深入研究金上京故城的宫殿建筑有重要的参考价值。

此外，金上京城出土和零星发现的遗物略[1]。

五 金上京城形制特点与渊源

金上京会宁府城的形制，既有自身的特点，又受到辽上京和南京的强烈影响，三者有机结合，并吸收了某些中原地区的因素，将其融会贯通，形成一体，遂使之在中国古代都城中独树一帜。

（一）上京城的形制特点

第一，旧城（北）、新城（南）连为一体。北城竖长方形，南面新城横长方形，两城西墙南北在一条线上，北城东西向较南城约内缩 1/4，北城南墙与南城北墙约 3/4 合一。北城和南城总平面呈竖曲尺形。

---

[1] A. 谭英杰等《黑龙江区域考古学》，中国社会科学出版社 1991 年版，第 122、140～146 页。

B. 鲍海春、王禹浪主编的《金源文物图录》（哈尔滨出版社 2001 年版）所收阿城出土文物种类和数量较多，可参考。

第二，会宁府城城隅有角楼，城墙马面较密集。全城8门，有瓮城，此外在南城北墙东部的豁口无瓮城（按该豁口与北城东墙和南城北墙相接处相邻，其是否为城门，值得商榷）。瓮城门在东、西墙者向南开，在南、北墙者向东开。

第三，南城较规整，皇城在南城西北部，平面南北长方形，主要宫殿在午门北中轴线上南北向直线排列，两侧有廊。午门与南城墙西门相对，南城北门在北城墙中间，大致与南城墙东门相对，东门在东城墙中间，上述态势表明，诸城门内大街当比较整齐。此外，南城西门在西城墙北端，靠近宫城（当与宫城关系密切）；午门与南城墙西门间大道具有御路性质；南城墙东门与南城北门间大道是南城的中轴线，并将南城中分为二。该大道之西是一个较独立和封闭性较强的小区，以宫城建筑群为主体。根据上述情况，我们认为这个独立小区的作用与"皇城"相似（按许亢宗所说的"皇城"实指宫城而言，《金史》一般只笼统地说"内"或"大内"），前述所谓的"皇城"实为宫城。由此可见，南城新建时规划"皆有法度"是可信的。

第四，北城北城墙略斜，北城门基本在北城墙中间，南城门（即南城北门）与北城门斜对；东、西城门亦斜对。由于南门在南城墙3/4与1/4交接处，该南门即南城北门，位于南城北墙中间，所以北城南门似以后建的南城门为准重新进行规划的（此现象证明北城早于南城）。北城的上述情况，导致城内大街不规整，如果相对城门内大街相连均为斜街，若城门内大街与城门垂直向城内延伸，则在城中间呈相互交叉之势。无论采用上述哪种形式，北城都没有真正的中轴线。以上四个特点，乃是由女真人自身传统和金上京城形成的过程，以及辽上京与辽南京的影响相结合而形成的。

（二）"翠微宫"与辽的"行在"

北宋彭汝励等出使辽国，将所见辽帝冬"捺钵"（行在）广平甸（淀）的情况[1]，记录在他的广平甸诗序中。诗序说该行在之门以芦箔为藩垣，上不去其花以为饰，谓之洋箔门。作山棚，以木为牌，左曰紫府洞，右曰桃源洞，总谓之"蓬莱宫"。殿曰省方殿。山棚之前作"花槛"，有杏桃柏柳之类，前谓之丹墀，自丹墀十步谓之龙墀。殿皆设青花毡，其阶二三尺，阔三寻，纵杀其半，由阶而登谓之御座[2]。以此对照《许亢宗行程录》所记金太宗初建宫城时的"翠微宫"，两者情况何其相似（包括女真兵"各持长柄小骨朵，以为仪卫"亦属辽俗）。金建国前后与辽的关系密切，金1121年陷辽上京，1123年陷辽中京，辽帝诸捺钵的情况尽在掌握之中。这样金太宗在宫城草创之时仿辽帝行在，不足为奇。此外，还应指出乾元殿与唐洛阳宫城正殿同名[3]，其"木建殿七间"，"以木为鸱吻"，有"龙墀"，似仿北宋宫殿建筑[4]，"榜额曰乾元殿"亦可能用汉文书写。而所设"山棚"，"以数人能为鸟禽鸣者，吟叫山内"，又与北宋东京元宵宣德楼前"缚山棚"的情

---

[1]《辽史》卷三二《营卫志中》，广平甸在今内蒙古翁牛特旗。
[2]《鄱阳诗集》卷八，转引自朱国忱《金源故都》，北方文物杂志社编辑部1991年版，第89页。
[3] 唐洛阳宫城乾元殿，是唐高宗麟德二年在隋乾阳殿旧址上改建的。
[4] 杨宽《中国古代都城制度史研究》，上海古籍出版社1993年版，第441页。

况相似[1]。正如《大金国志》卷三所记："金国素无城郭，以所馆燕，悉用契丹旧礼，如结彩山、作倡乐、寻撞角抵之伎、斗鸡击鞠之戏（按前引宣德楼前的山棚，又称采山，其歌舞戏亦包括这些内容），与中国同。"至于翠微宫的乾元殿"及屋脊用墨，下铺帷幕"，"两厢旋结架小苇屋，冥以青幕"，则应是女真人的旧俗。

（三）金上京南北城与辽上京

金立国前无城建传统，金太宗于天会二年以辽上京临潢人卢彦伦"知新城事"规划金上京城，此后直至熙宗时，卢彦伦仍主其事。从金上京城来看，北、南二城相连，城墙马面较密集，北城南、北，东、西城门斜对，城门有瓮城；瓮城门在南、北墙者向东开，在东、西墙者向南开；城外有护城濠。上述特点与辽上京城相同，显然是模仿辽上京城。此情况应与卢彦伦是辽上京城人，金占领辽上京后对该城也比较熟悉有关。

但是，金上京城与辽上京城也有较大区别。一是北城东面较南城内缩1/4，内缩的原因，有的研究者实地考察后认为是东部地势低洼所致[2]。实际上北城存在较早，卢彦伦规划金上京建南城时，北城因地势低洼不便向东扩展与南城取齐，所以北和南城的总体平面形制才形成竖曲尺形。二是金上京城皇城在南，南城的性质相当于辽上京的北城；金上京的北城重新规划后变成主要居民区和工商业区，其作用相当于辽上京的南城。以上两点为金上京城独有的特色。

（四）大内位置独特，形制受中原影响

金太祖时居"皇帝寨"即北城，建国后太祖居所已称"宫城"[3]。太宗时因北城狭小，宫室简陋而新筑南城，并将大内置于南城西部[4]，这样南城的形制布局大体与辽南京城檀州街以南的情况相似（此前在1122年金已陷辽南京）[5]。金上京大内的形制最后完成于熙宗之世，熙宗自幼受汉文化教育，诵经习礼，欣慕华风，力图仿效中原，天眷三年熙宗出巡燕京，至燕京后改元皇统。熙宗在燕京目睹了原辽南京的繁荣和宫阙制度，并祭奠孔子庙，声称孔子"其道可尊，使万世景仰"。皇统元年九月返会宁府即开始营建宫室，特别是在皇统六年因"会宁府旧内太狭，才如郡治，遂役五路工匠，撤而新之。规模

---

[1] 《东京梦华录》卷六"元宵"条。
[2] 朱国忱《金源故都》，北方文物杂志社编辑部1991年版，第85页。
[3] 《金史》卷二《太祖》：天辅七年"九月癸丑，梓宫至上京，乙卯，葬宫城西南"；卷三〇《礼三》："天辅七年九月，太祖葬上京宫城之西南。"金太祖陵在今上京故城西"斩将台"，恰当北城之西南，南城之西北。是时南城尚未建成，故"葬宫城之西南"应指北城而言，即太祖时的"宫城"当在北城。
[4] 将宫城置于南城中部，有碍南、北城间交通，故不宜置于中间。朱国忱《金源故都》（北方文物杂志社编辑部1991年版）第88页认为，将宫城置于南城居西偏北，"当与女真人以西为尊的习俗传统有关"。
[5] 见于杰等《金中都》（北京出版社1989年版）第7~12页关于辽南京城的介绍。

虽仿汴梁，然仅得十之二三而已"[1]，其中以"撤而新之"和"仿汴梁"两点最值得注意。所谓"撤而新之"即是对旧大内进行较彻底的改建，现代考古测绘的金上京宫城图（图4-2之B）即应是这种改建的结果（按该图乃是世宗按熙宗时的形制复建后的遗存）。以此对照北宋东京宫城，只午门前大道相当于北宋东京宫城宣德门前御路，上京宫城主要宫殿殿基有的与北京东京宫城殿基同样呈"工"字形，仅此而已。其他无论是宫城的形制，宫殿的配置，还是城的形制布局，两者均不相同。前已说明金上京南城的布局状况大体类似辽南京城檀州街以南部分，两者皇城配置方位近似，主要宫殿也都置于宫城内的中轴线上。至于金上京城"皇城"包围宫城，则应与辽南京皇城宫城位置关系密切相关。除上所述，金上京宫城中轴线上宫殿两侧有廊。辽南京宫城遗址无存，难以比较。从金上京太宗初期乾元殿与唐洛阳宫城正殿同名来看，中轴线上诸殿两侧有廊或是受到唐长安洛阳两京同样情况的间接影响[2]。此外，熙宗立原庙，在巡视燕京后于上京相继建太庙、社稷和孔庙，海陵王时又建国子监，这些举措显然是受北宋东京和辽南京的影响所致。

综上所述，我们认为金上京南北城的形制是受辽上京城形制的影响。而金上京南城的布局，皇城和宫城的配置、主要宫殿置于宫城中轴线上等方面，大都是受辽南京城的影响。此外，也可看到北宋东京宫城和隋唐两京宫城的某些影响。

第二节　金中都的形制布局

一　概说

1122年宋、金联合攻辽南京，北宋败绩，金克辽南京城。1123年金以苛刻条件按约将辽南京城交还北宋，改称燕山府。1125年金夺走燕山府，改称燕京。1127年金灭北宋，皇室被迫南迁，是为南宋。1140年金熙宗巡视燕京（为定都燕京设下伏笔）[3]，1141年金与南宋议和，为金定都燕京创造了条件。是时金占淮河以北广大地区，统治重心南移，金上京已不适应形势发展的需要。因此，必须寻找一个既利于统治新占领区，并以此为大本营继续南进，又便于控制后方之地建立新都。在这种情况下，燕京的地理位置及其原辽陪都的地位和城建基础，使迁都燕京已成必然之势。1149年完颜亮弑熙宗自立（海陵王），为打击政敌，巩固帝位，摆脱会宁府金贵族传统势力的威胁，再加上他本人向往汉文化，仰慕中原先进的物质文明，遂加速了迁都燕京的步伐[4]。于是在天德三年（1151

---

[1] A.《大金国志》卷一二，"熙宗孝成皇帝四"。
　　B. 朱国忱《金源故都》，北方文物杂志社编辑部1991年版，第104页。
[2] 傅熹年主编《中国古代建筑史》第二卷（中国建筑工业出版社2001年版）"两晋南北朝隋唐五代建筑"，第363页"唐长安太极宫复原示意图"，第370页"唐洛阳宫城平面复原示意图"。
[3]《金史》卷四一《仪卫上》："天眷三年（1140年），熙宗幸燕，始备法驾。凡用士卒万四千五十六人。"次年九月，熙宗返上京。
[4] 完颜亮即位后，多有人主张迁都。宋德金在《金中都的历史地位》（《光明日报》2003年（转后页）

* 年）三月"壬辰，诏广燕城，建宫室"，"四月丙午，诏迁都燕京"[5]。命张浩、卢彦伦和刘筈主持修燕城筑宫室[6]。张浩又荐"举（苏）保衡分督工役"，由梁汉臣和孔彦舟具体负责修建[7]。天德三年四月"辛酉，有司图上燕城宫室制度"，天德五年三月海陵王抵

---

* （接前页）11月11日第3版）中说："至海陵王时，女真统治者进一步汉化，并且已经形成以本朝为正统的观念，将都城迁往燕京，改称中都，就是这一观念的具体实践。""在海陵王迁都之前，金朝统治者在天德二年（1150年）围绕迁都问题展开过一场激烈的争论，但'燕京乃地之中'的观念在这场争论中最终起了关键作用。金中都的确立及一系列典章制度的制定，标志着金朝以正统自居不仅在观念上而且在实践中已逐步形成。""金世宗时，梁襄说：'燕都地处雄要，北倚山险，南压区夏……亡辽虽小，止以得燕故能控制南北，坐致宋币。燕盖京都之选首也。'（《金史》卷九六《梁襄传》）这反映了金人对燕都形胜的认识。"《日下旧闻考》（一）卷三七，第588页引《元一统志》："天德三年，海陵意欲徙都于燕。上书者咸言上京临潢府辟在一隅，官艰于转漕，民难于赴愬，不如都燕以应天之地之中。"于杰等《金中都》（北京出版社1989年版）第12页引《炀王江上录》："内侍梁汉臣本宋内侍，进曰：燕京自古霸国，虎视中原，为世之基。陛下应修燕京，时复巡幸。"《大金国志》卷一三，"海陵炀王上"说："兵部侍郎何卜年亦请曰：燕京地广土坚，人物蕃息，乃礼仪之所，郎主可迁都。北番上都，黄沙之地，非帝居也。"海陵王"密有迁都意也。国主嗜习经史，一阅终身不复忘。见江南衣冠文物，朝仪位著而慕之。下诏求直言，内外臣僚上书者，多谓上京僻在一隅。转漕艰而民不便，惟燕京乃天地之中。宜徙都燕以应之，与主意合，大喜"，于是决心迁都于燕。参见下注。

[5] 《金史》卷五《海陵》。天德三年四月迁都诏。《建炎以来系年要录》卷一六二记载诏书说："昨因绥抚南服，分置行台，时则边防未宁，法令未具，本非永计，只是从权。即而人拘道路之遥，事有岁时之滞，凡申颖而待极，乃欲速而愈迟。今既遮政为和，四方无悔，用并尚书之亚省，会归机改于朝廷。又以京师粤在一隅，而方疆广于万里，经北则民清而事简，以南则地远而事繁，深虑州府申陈，或至半年而往复，闾阎疾苦，何由期月而周知，供馈困于转输，使訾苦于驿顿；未可时巡于四表，莫如经营于两都。眷与全燕，实为要会，将因宫庙而创官府之署，广阡陌以展西南之城，勿惮暂时之艰，以就得中之制。所贵两京一体，保宗社于万年；四海一家，安黎元于九府。咨尔中外，体予至怀。"诏书说明了海陵王迁都于燕的原因。参见后注天德五年二月诏书。

[6] 《金史》卷八三《张浩传》："张浩字浩然，辽阳渤海人。本姓高，东明王之后。曾祖霸，任辽而为张氏。天辅中，辽东平，浩以策干太祖，太祖以浩为承应御前文字。天会八年，赐进士及第，授秘书郎"；"海陵召为户部尚书，拜参知政事。天德二年，丁母忧，起复参知政事，进拜尚书右丞。天德三年，广燕京城，营建宫室。浩与燕京留守刘筈、大名尹卢彦伦监护工作，命浩就拟差除。既而暑月，工役多疾疫，诏发燕京五百里内医者，使治疗，官给药物，全活多者与官，其次给赏，下者转运司举察以闻"。张浩以尚书右丞监护营建工程，浩在太宗时曾于东京"提点缮修大内"，有主持营建经验。《金史》卷七五《卢彦伦传》："卢彦伦，临潢人"，"天眷初，行少府监兼都水使者，充提点京城大内所，改利涉军节度使。未阅月，还，复为提点大内所。彦伦性机巧，能迎悼后意，由是颇见宠用"；"天德二年，出为大名尹。明年，诏彦伦营造燕京宫室，以疾卒，年六十九"。传中还记载，天会二年在任新城地方官时曾修城，"城邑初建，彦伦为经画，民居、公宇皆有法"，亦有筑城经验。刘筈原为辽进士，降金后历任军政要职，天眷初曾为熙宗谋划法驾仪仗，曾使宋，熟悉宋皇城情况。刘筈时任燕京留守，参与营建中都。

[7] 《金史》卷八九《苏保衡传》记载：苏保衡，汉人，其父仕辽，后降金。苏保衡出仕，为修中都调任其为大兴少尹，"分督工役"，制定施工计划，并"监督施工"。梁汉臣原为宋宫内侍，对宋宫城很了解。孔彦舟为宋降将，深受完颜亮宠信，负责督工，详见《金史》卷七九《孔彦舟传》。

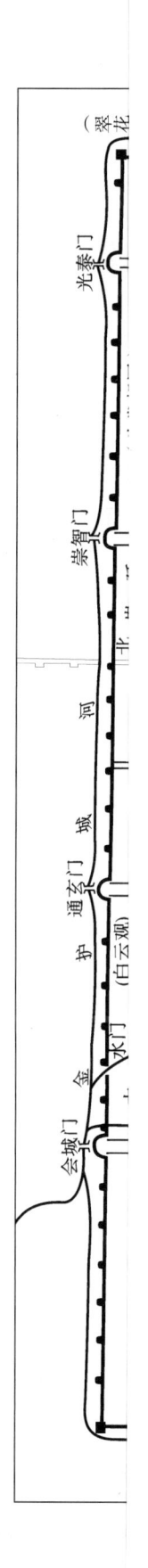

会城门　金水门　护通玄门　城　河　崇智门　光泰门　（白云观）　（翠花

燕京，"以迁都告中外"，改元贞元，以燕京为中都，府曰大兴[1]。此后又经 62 年，到金末贞祐二年（1214 年）在蒙古军队进攻之下，金被迫迁都开封。金中都陷落后，宫阙被焚毁，但中都城未废，终元之世中都与大都并存，称为南城。明洪武元年徐达攻克大都时南城依然存在。永乐十七年（1419 年）展筑北京南城垣和嘉靖二十二年（1553 年）筑北京外城时，先后将南城东北角和东半部圈入北京城内。此后金中都逐步消失，只剩下大城的西南隅，至今则仅余部分残迹而已。

现代关于金中都的研究，较早者可以 1929 年奉宽发表的《燕京故城考》为代表[2]。中华人民共和国成立以后，研究者渐多。如周耿《金中都考》[3]，利用考古资料较全面地介绍了金中都的遗迹。朱偰《八百年前的北京伟大建筑——金中都宫殿图考》[4]，对金中都宫城布局进行了研究（利用《事林广记》中所绘金中都宫殿图）。阎文儒《金中都》[5] 一文以考古调查资料为主，对金中都进行了较全面的研究，发表了金中都平面图，是 20 世纪 30 年代以来，金中都研究的总结。此后，北京市文物研究所在 20 世纪 90 年代，对金中都历年的考古调查和发掘进行了初步总结研究[6]。1989 年于杰等发表《金中都》[7]，这部专著以文献为主，结合考古资料对金中都进行了全面的系统研究。此外，金中都水系的地理学研究，以侯仁之《北京都市发展过程中的水源问题》为代表[1]。总之，由于金中都故城遗迹基本无存，文献记载含混，不明之处颇多，诸家所述分歧较大，所以下面只能根据已有资料和研究

---

[1] 金修中都城，以下文献有载。
　　A.《日下旧闻考》（一）卷三七，第 588 页引《析津志》："金朝筑燕城，用涿州土，人置一筐，左右手排立定，自涿至燕传递，空筐出，实筐入，人止土一畚，不日成之。"
　　B.《揽辔录》记载，营建中都，共"役民八十万，兵夫四十万，作治数年，死者不可胜计"。
　　C.《大金国志》卷三三"燕京制度"："炀王（海陵）弑熙宗，筑宫室于燕，逮三年而有成。"
　　D.《金史》卷五《海陵》：天德五年三月，"乙卯，以迁都告诏中外"。
　　E.《建炎以来系年要录》天德五年诏书云："门下，朕以天下为家。固无远迩之异，生民为子，岂有亲疏之殊。眷维旧京，邈在东土，四方之政，不能周知，百姓之冤，艰于赴诉，况观风俗之美恶，察官吏之惰勤，必宅所居，遮便于治。顾此析津之分，实惟舆地之中，参稽师言，肇建都邑"；"今来是都，寰宇同庆"；"可改天德五年，为贞元元年。燕本列国之名，今为京师，不当以为称号，燕京可为中都，仍改永安析津府为大兴府，上京、东京、西京依旧外，汴京为南京、中京为北京"；"京师首善之地，既昭示于表仪，诏令责成之方，其勿怠于遵守。咨尔有众，体予至怀"。
　　F. 于杰等《金中都》（北京出版社 1989 年版）第 15 页引《续夷坚志》：中都"始营造时，得古钱地中，文曰永安一千，朝议以为瑞，乃取长安例，地名永安"，故贞元元年曾把燕京改称永安府，又于贞元二年改为大兴府，定名中都。此说仅供参考。
[2] 奉宽《燕京故城考》，《燕京学报》五期，1929 年。
[3]《光明日报》1953 年 4 月 18 日。
[4] 朱偰《八百年前的北京伟大建筑——金中都宫殿图考》，《文物参考资料》1955 年第 7 期。
[5] 阎文儒《金中都》，《文物》1959 年第 9 期。
[6] A. 北京市文物研究所编《北京考古四十年》，北京燕山出版社 1990 年版，第 160~163 页，第四编"第一节 金中都的考古调查与发掘"。
　　B. 齐心《近年来金中都考古的重大发现》，北京文物研究所编《北京文物与考古》第四辑，1994 年版。
[7] 于杰等《金中都》，北京出版社 1989 年版。本书主要依据该书和北京市文物研究所编《北京考古四十年》（北京燕山出版社 1990 年版）进行撰写，文中凡与此相关者不再一一作注。
[1] 侯仁之《北京都市发展过程中的水源问题》，《北京大学学报》1955 年第 1 期。

成果，在初步甄别的基础上，略作介绍。因此，本书仅是金中都研究诸说中之一种意见而已。

二 外城城墙、城门和水关遗址

金中都以辽南京城为基础扩建而成，文献记载"燕城之南广斥三里"，"西南广斥千步"[1]，东扩较少（因避燕王冢[2]），北与辽南京城北城墙基本相合[3]。外城平面略呈方形（图4-3）。

（一）城墙、城的周长和平面形状

1. 四面城墙的位置与城的平面形状

（1）东城墙

中都东城墙明初已毁，"土城岁久倾圮，惟东北隅仅存二十余步，濠亦湮塞"[4]，至清末其东侧的护城河已填塞。据考古调查资料，四路通以北从前有一道南北向土岭，称"窑岗子"。20世纪50年代在永定门火车站广场之北还有百余米长的南北向土岭，其北与明代梁园遗址相连[5]，再向北隔护城河为城内的陶然亭，又北有土台称窑台[6]。此外，在陶然亭正北偏西曾发现金代建筑遗址，出土许多沟纹砖，以及瓦蹲兽和伽罗频伽，大定

---

[1]《永乐大典·顺天府》"大觉寺"条："天德三年作新大邑，燕城之南广斥三里"；"天德三年作新大邑，西南广斥千步"（又见《元一统志》），转引自于杰《金中都》（北京出版社1989年版）第14页。此情况后面有说。

[2] A. 于杰等《金中都》（北京出版社1989年版）第13～14页引《夷坚志》支甲卷一，"燕王迁都"："虏天德二年五月以燕山城隘而人众，欲广之，其东南隅曰通州门，西南曰西京门，各有高丘，俗呼曰燕王冢，不知其为何代何王也。及其立标埒定基址，东冢妨碍，议欲削其北面以增雉堞。工役未施之数日，都民于中夜时闻人声曰：燕王迁都。出而观之，见銮辂，仪卫前后杂遝，灯烛荧煌，香气袭人，罗列十里，从东丘到西冢遂灭。明夕，复然。民以白府留守张君，为请于朝廷，乃遇枉其叠而避之。"对此，文中说"此说明完颜亮集团扩城之计划，即向东、西、南等方向展筑，并于东南、西南予先标定两新城门的基址，后为避开燕王陵而改变位置。其中'通州门''西京门'恐系修城前暂标之门名"。

B. 徐苹芳《古代北京的城市规划》（《环境变迁研究》第一辑，海洋出版社1984年版）"金中都城"条："东有燕王塚，正是金中都扩大后的东南角"。

[3] 于杰等《金中都》，北京出版社1989年版，第17～19页。此外，书中还谈到中都北城墙是否外扩问题，可资参考。

[4]《永乐大典·顺天府》引《北平图经志书》"城池"条，转引自于杰等《《金中都》（北京出版社1989年版）第16页。

[5] A. 于杰等《金中都》，北京出版社1989年版，第16页。

B.《京师坊巷志稿》卷下第246～247页"梁家园"条记载："《一统志》：梁家园，明时都人梁氏建，今废。"又引《春明梦余录》："梁园在京城之西南废城边，引凉水河入其中"，废城又称旧城，即"辽金别都之城也"，"今其城仅存土耳"；并指出所引凉水河，为"今虎坊桥下有枯渠，直抵南下窐，盖其故道之仅存者"。据此，于杰等《金中都》（北京出版社1989年版）第16页说：'金中都'东垣亦应在今虎坊桥偏西之南北线上"。

[6]《永乐大典·顺天府》说窑台即"昆吾公庙在南城宣曜门外官窑南，乃古之窑冶置物之地"。转引自于杰等《金中都》（北京出版社1989年版）第16页。

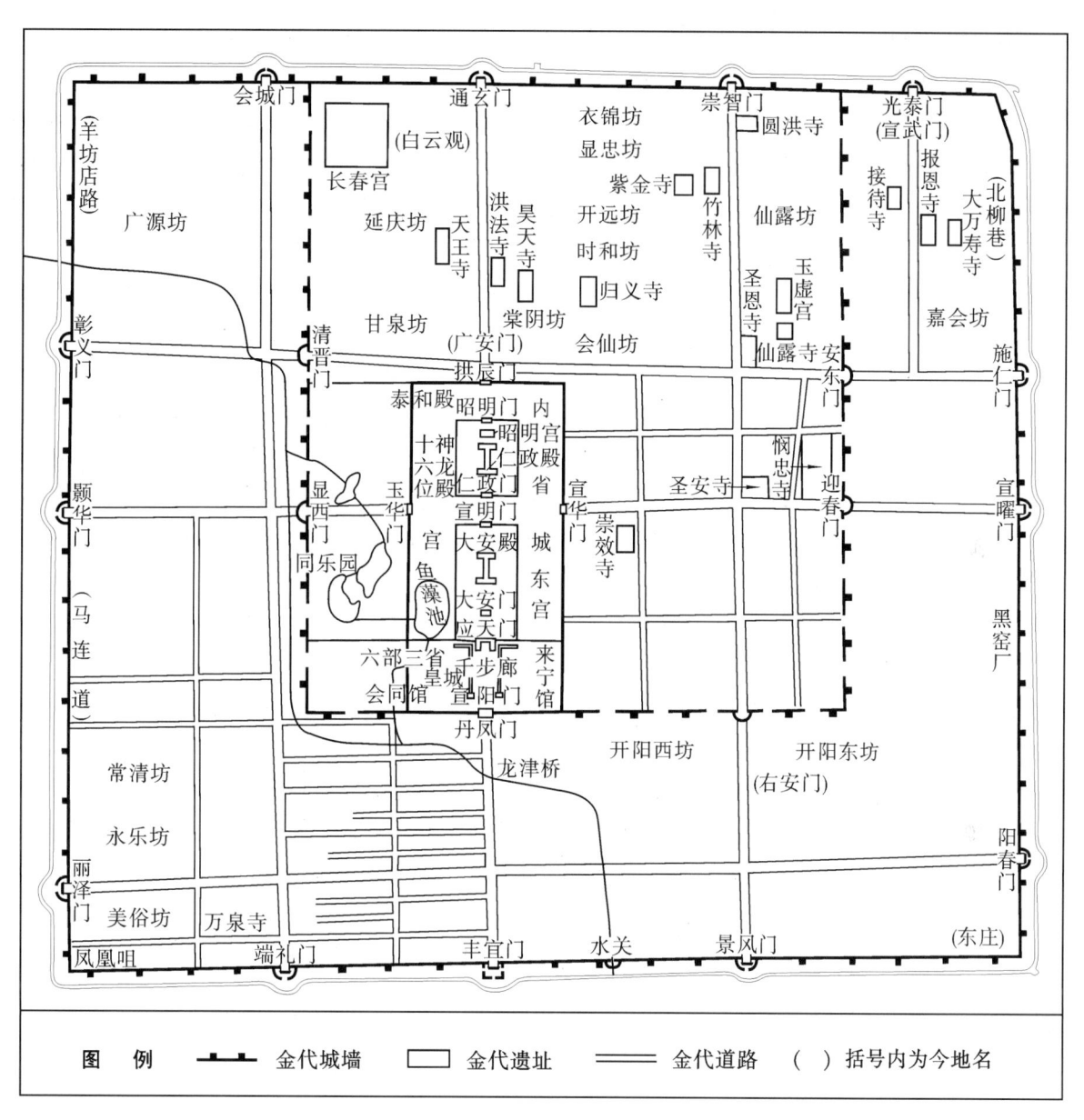

图 4-4 北京市金中都城复原示意图之二
（引自北京市文物局《北京文物地图集》（上），略有改动）

款铜钱，贞祐三年款"万户所印"等；稍东又发现许多石球（辽金时流行的石炮弹，一般多储存在城上或城边）。陶然亭之东先农坛后身曾发现金代墓群，墓群应在中都城外。陶然亭北的黑窑厂胡同街西，20世纪50年代尚有较高的台地。又北在贾家胡同东面一个院内，曾发现夯土城墙残迹。该墙之东不远，从南向北有黑阴沟、潘家河沿、魏染胡同、南柳巷、北柳巷、大沟沿，直至城内翠花湾（街）。上述"沟""河沿""沟沿"等地名，显然与护城河有关，翠花湾则当东城护城河与北护城河之拐角，向西正对受水胡同。这样在该护城河之西，沿贾家胡同东夯土墙、黑窑厂西台地、陶然亭正北稍东发现石球的遗址直至窑岗子南北画线，即为中都东城墙（图 4-3）。东城墙南端在四路通（永定门火车站西南洋桥北里），北端在翠花湾（街）西，全长约 4325 米或近 4510 米[1]。

(2) 南城墙

西自凤凰嘴村一段长 30 余米金代土城墙东渐，经鹅凤营北，万泉寺，祖家庄和三官庙南，有断断续续的土城墙残迹，又在丰台区右安门外玉林小区，今凉水河北 50 米处发现南城墙下水关遗址（后文有说）。右安门大街以东虽未见土城遗迹，但自凤凰嘴土城墙之南，有与土城平行东流的"萧太后护城河"（凉水河），经花园村北至四路通南而南流，即中都南城墙护城河（图 4-3）。南城墙东端在四路通村（永定门车站南），南城墙全长一说 4065 米，另一说近 4750 米[2]。

(3) 西城墙

西城墙西北角在今军事博物馆南的黄亭子，南端在凤凰嘴村西南角，其间有断断续续的土城墙残迹。夯土城墙夯层厚 5～10 厘米，夯土层内含唐代青白瓷片、宋代钧窑和定瓷片，辽金时期的沟纹砖残块等。1950 年调查中都时，在广安门外申（深）州馆以南发现许多土城残迹，1958 年再调查时仅在马连道仓库院内保存高约 4.4 米的残墙，同时在蝎子门（又称蝎子口）发现门址。该门址基宽近 18.5 米，残高约 6 米（至 20 世纪 80 年代残高仅存 3 米余）。蝎子门北，深州馆南有湾子村，该村曾有石桥（俗称卧虎桥），桥西北水口子（水口子当为从西湖即今莲花池流出之水进入西护城河的水口）之东有枯河道。此枯河道过湾子村石桥下分二支，一支东流过甘石桥南；一支南流至凤凰嘴村土城之西，即为中都西护城河遗迹（图 4-3）。西城墙长一说 4087 米，另一说约 4530 米[3]。

(4) 北城墙

一般认为金中都北城墙沿用唐幽州城和辽南京城北垣，并向东西扩展。今白云观北侧之东、西尚有断垣，向东可至今头发胡同稍北到翠花街，西延伸到会城门村至黄亭子，黄亭子与翠花街间即金中都北城墙（图 4-3）[4]。北城墙全长一说约 4486 米，另一说为 4900 米[5]。

以上城墙调查所记两种城墙长度，以前说计，金中都周长 16963 米；以后说计，周长 18690 米，平面略呈长方形。

2. 金中都外城的周长

金中都城墙似部分包砖。《呆斋集》记明代前期梁园附近金中都东城墙时说："今其城仅存土耳，甓皆为人取去，今取者未已。"《事林广记》所绘金中都城墙亦为砖砌（图 4-5）[6]。

---

[1] 4325 米说，见北京市文物研究所编《北京考古四十年》（北京燕山出版社 1990 年版）第 160 页；4510 米说，见阎文儒《金中都》（《文物》1959 年第 9 期）。

[2] 4065 米说，见北京市文物研究所编《北京考古四十年》（北京燕山出版社 1990 年版）第 160 页；4750 米说，见阎文儒《金中都》（《文物》1959 年第 9 期）。

[3] 4087 米说，见北京市文物研究所编《北京考古四十年》（北京燕山出版社 1990 年版）第 160 页；4530 米说，见阎文儒《金中都》（《文物》1959 年第 9 期）。

[4] 于杰等《金中都》，北京出版社 1989 年版，第 17～19 页。

[5] 4486 米说，见北京市文物研究所编《北京考古四十年》，北京燕山出版社 1990 年版，第 160 页；4900 米，见阎文儒《金中都》，《文物》1959 年第 9 期。

[6] 《事林广记》。

上述情况表明，金中都城墙部分包砖或有可能。关于金中都外城的周长，历来说法不一。《大金国志》卷三三"燕京制度"记载"都城四围，凡七十五里"[1]，《明太祖实录》卷三四记载：洪武元年八月壬辰，大将军徐达曾"令指挥叶国珍计度南城，周围凡五千三二八丈，南城故金时旧基也"；《春明梦余录》说："元之南城，周围五千三百二十丈，即金之故基"，两者所述基本相同。周长 5328 丈，合 16905.744 米，合 29.6 明里、30.29 金里、31.83 唐里。前述北京市文物工作队确定金中都周长 16963 米，合 29.7 明里、30.39 金里、31.94 唐里。前述阎文儒《金中都》（《文物》1959 年第 9 期）调查确定中都的周长为 18690

---

[1] A. 《日下旧闻考》（一）卷三七，第 589 页"燕山府城"后按语说："至大金国志所称周七十五里者，则指外郭而言，犹今外城之制也。"

B. 于杰等《金中都》（北京出版社 1989 年版）第 61 页说：《大金国志》卷三三"燕京制度"所记中都周围 75 里，"似指大城之外的外郭而言"，过去"认为七十五里中之'七'字是'三'字之误"是不对的，"这个'七'字确应是原文"。文中进而探讨了是否存在外郭城问题，其论述倾向于有外郭城。奉宽《燕京故城考》（《燕京学报》第五期，1929 年）"金中都"条，认为七十五里，"《旧闻考》外郭之说不当"，而"殆粘罕所筑四夹城"。徐苹芳《金中都"四子城"说辨误》（《中国历史博物馆馆刊》第 13、14 期，1989 年）已指出金中都"四子城"之说，是《南迁录》一书编造的（《南迁录》记载："初，忠献王有志于都燕，因辽人宫阙于内城外筑四城，每城各三里，前后各一门……"），《南迁录》是伪书。其后《大金国志》抄录《南迁录》伪造的"四子城"事，使这一伪史的影响更大。考古学证实，金中都"四子城"之说，是根本不存在的谎言。

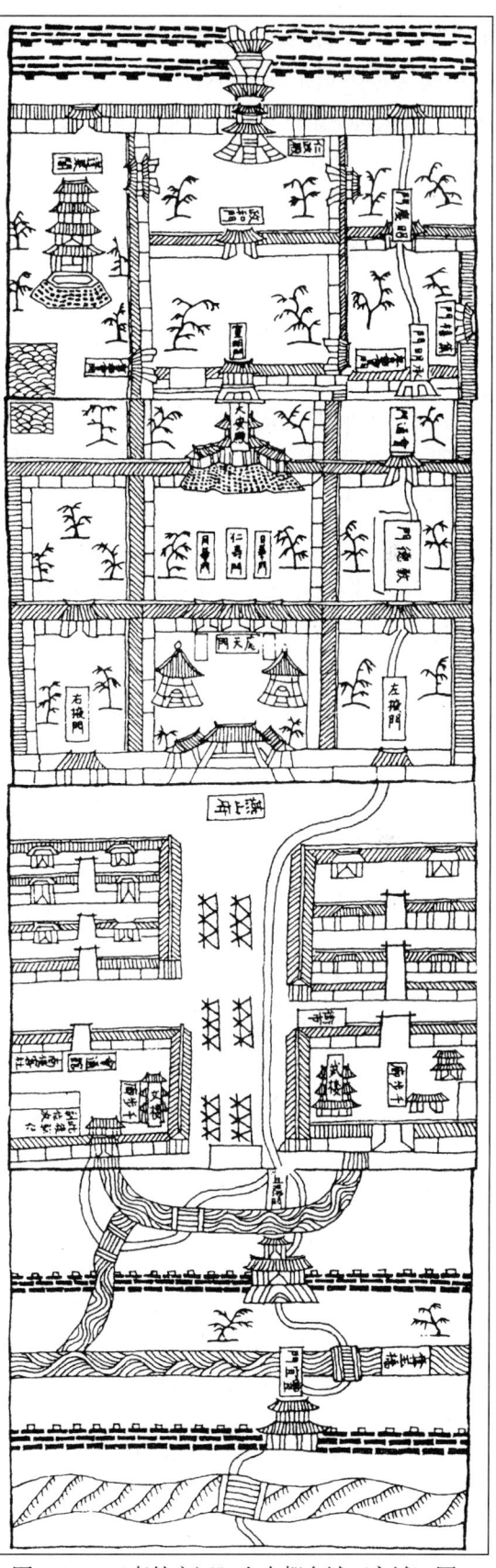

图 4-5 《事林广记》金中都皇城（宫城）图

米，合 32.72 明里、33.49 金里、35.19 唐里，较前者多 3 金里。明初时金中都遗址基本存在，其实地测量的误差不会很大，特别是其测量尺度与北京市文物工作者确定金中都的周长 16963 米大体相同，两者互证，较为可信[1]。现在一些研究者也多认为金中都周长在 30 里左右[2]。以此证之，前述金中都周长 75 里有误；周长 18690 米，误差似略大。

（二）城门

《金史》卷二四，《地理上》"中都路"条记载：金中都"城门十三，东曰施仁、曰宣曜、曰阳春；南曰景风、曰丰宜、曰端礼；西曰丽泽、曰灏华、曰彰义；北曰会城、曰通玄、曰崇智、曰光泰"。《金图经》《大金国志》均记十二门，缺光泰门；《析津志》记为十二门，但又别出清怡、光泰二门[3]。经考证金中都确有光泰门[4]，推测在世宗中期，或章宗时才增辟光泰门；清怡门何时何门所改，情况不明[5]。中都城各正，门为三个门洞，余者各为一个门洞。

金中都外城诸城门的位置，经考古调查结合文献考证，其情况大致如下（图 4-3，图 4-4）：东城墙城门，正门称宣曜，在辽南京城迎春门东，位于今宣武区南横街东口与贾家胡同交会之处。其南称阳春，在永定门车站北，南岗子土垣之南，四路通以北东庄村处。其北称施仁，在辽南京城安东门之东，位于今骡马市大街魏染胡同南口处。西城墙城门，正门称灏华，在辽南京城显西门之西，位于蝎子门处（前述城门遗迹）。其南称丽泽，在凤凰

---

[1] 傅熹年《中国古代城市规划、建筑群布局及建筑设计方法研究》（中国建筑工业出版社 2001 年版）上册书后附表明初尺长 31.73 厘米，是明初一步合 1.5865 米，明初一里合 571.14 米。金代一尺 31 厘米，一步合 1.55 米，一里合 558 米。陈梦家《亩制与里制》（《考古》1966 年第 1 期）考证，唐大里合 531 米。本书金中都周长以此为准进行换算。

[2] A.《日下旧闻考》（一）卷三七第 589 页按语，认为金中都周长三十里。奉宽《燕京故城考》（《燕京学报》第五期，1929 年）也认为《旧闻考》"三十里"之说近是。
B. 于杰等《金中都》（北京出版社 1989 年版）第 16 页说：金中都"周长约三十里左右"。周耿《金中都考》（《光明日报》1953 年 4 月 18 日）说："中都城周不足三十里。"图 4-3 和图 4-4，是分别据金中都周长 1693 米（约合 30.4 金里）和 18690 米（约合 33.49 金里）复原的。

[3] 《日下旧闻考》（一）卷三七，第 587 页引《金图经》：金中"都城之门十二，每一面分三门，一正两偏。其正门两旁又皆设两门。正门常不开，惟车驾出入，余悉由旁两门焉。其门十二，各有标名；东曰宣曜、曰施仁、曰阳春；西曰灏华、曰丽泽、曰彰仪；南曰丰宜、曰景风、曰端礼；北曰通玄、曰会城、曰崇智。内城门左掖、右掖，宣阳又在外焉。外墨书粉地，内则金书朱地，皆故礼部尚书王兢书"。同页引《大金国志》所记十二门同上。同页按语说：《大金国志》《金图经》皆言京都城门十二，《金史》独于北面多光泰一门。《析津志》亦作十二门，而又别出清怡、光泰二门。考《北平图经》，谓奉先坊在旧城通玄门内，而《析津志》又谓在南城清怡门内，二名错见，疑清怡即通玄之别称，而光泰或亦会城、崇智之别称欤！于杰等《金中都》（北京出版社 1989 年版）第 22~23 页对清怡门为通玄、清怡一门二名，或为二门进行了分析，但无明确结论。

[4] A. 徐苹芳《古代北京的城市规划》，《环境变迁研究》第一辑，海洋出版社 1984 年版，"金中都城"。
B. 于杰等《金中都》（北京出版社 1989 年版）第 21 页。

[5] 于杰等《金中都》，北京出版社 1989 年版，第 21~23 页。

嘴之北。其北称彰义，在辽南京城清晋门之西，位于广安门外大街湾子处[1]。南城墙城门，正门称丰宜，在辽南京城丹凤门南，位于祖家庄南、石门村东，西铁匠营村北凉水河之北（西铁匠营村北凉水河上民国时仍有石桥，似为丰宜门外护城河桥）。其东称景风，在辽南京城开阳门之南，位于右安门外大街与凉水河交叉处稍北。其西称端礼，在今万泉寺偏西南处，凉水河上有桥，或为门外护城河桥的遗址。北城墙城门，正门称通玄，即辽南京城通天门，位于白云观东北，真武庙之南。其西称会城，在今会城门村附近，位于木樨地南河流向东拐弯处的河湾稍南。其东称崇智，即辽南京城拱辰门，在今南闹口内东太平街西口和西太平街东口交会处偏南，再东为光泰门，约在今头发胡同东口附近[2]。

（三）水关遗址

1990年10月北京市园林局在右安门外玉林小区建宿舍楼时发现水关遗址，1991年3月开始正式发掘，发掘面积660平方米。水关遗址大致位于金中都景风门和丰宜门中间（玉林小区40号）的城墙之下，南距凉水河70米（另一说50米，图4-4）。

水关遗址堆积厚5～6米，可分为现代堆积、近代堆积、明清堆积、元代中晚期堆积和金代堆积，共六层[3]。从堆积叠压关系来看，该水关约毁弃于元代中晚期。水关遗址上部被破坏，基底保存较完整。水关遗址正南北方向，北部为入水口，南部是出水口（流向城外护城河，即今凉水河）。现存遗迹有城墙下水涵洞底部的地面石、洞内两厢残石壁，进出水口两侧有四摆手，水关之上尚残存城墙夯土。水关遗址平面呈"⏌⏋"形（图4-6A，图4-7之1）。遗迹全长47.4米，两厢石壁墙长18.7米，宽7.7米，残存最高处约1米，中间过水地面石长21.35米。两厢石壁东西两侧各残存一段城墙夯土，西侧一段南北长1.8米，东西宽1.5米，厚1.75米；东侧一段南北长2.1米，东西宽1.5米，厚0.5米。石壁两端与四摆手相接处宽分别为8.3米和8.45米，摆手砌石板宽在2.8～3.4米之间，残高0.4～0.8米。四摆手呈倒"八"字形，北面入水口宽11.4米，南面出水口宽12.8米。四摆手外端有石砌泊岸，泊岸残长2～4米不等。水关建于沙层之上，遗址最下层密置木排地桩（地丁，图4-6B），地桩间用夹碎石及砖瓦的砂土夯实。地桩之上铺衬石枋（粗大的方木），衬石枋与地桩用榫卯垂直相接，衬石枋间用木银锭榫连接（图4-7之2）。衬石枋上置过水地面石，地面石与衬石枋用铁钉固定，地面石板间用铁银锭榫连接。两厢砌石板墙，其外侧钉木桩固沙（图4-7之3），周围空隙用土逐层夯实。四摆手砌石板，以铁银锭榫固定，四摆

---

[1] 于杰等《金中都》（北京出版社1989年版）第24页说："湾子原为村名，在莲花池水口子之东。湾子旧有真空寺，其近有明内监安塔墓……上有'建塔彰义门真空寺东北之原'字样（周耿《金中都考》），知其地为彰义门址。"

[2] 诸门位置参见于杰等《金中都》（北京出版社1989年版）第23～24页。

[3] 水关遗址地层堆积共有6层。第1层，表土及近代杂土层。第2层，黄褐色淤土层。第3层，黑色淤土层；第3A层较干，出清代青花瓷片等，该层下遗址的东部附近，发现有杨柳木的小木桩；第3B层土质略黏，为明、清地层。第4层，砂土夹淤泥层，出有较多的金元时期的砖瓦和陶瓷残片，属元代晚期。第5层，黑色纯净淤泥层，土质较黏，出有金代陶瓷等遗物，属金代晚期。第6层，砂石层，出有金代铜镜及少量瓷片，为金代河流冲积砂石层。

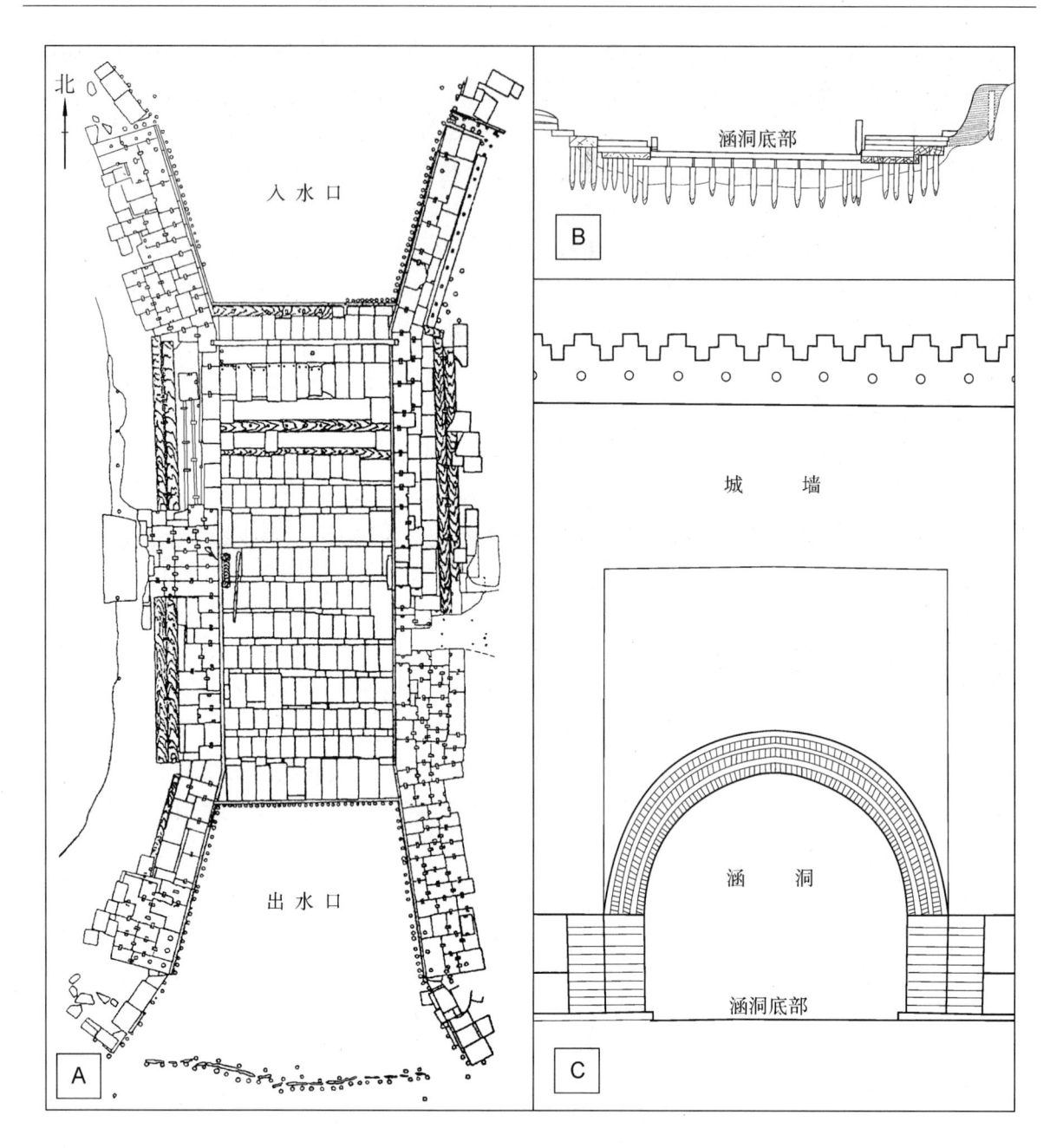

图 4-6　北京市金中都水关遗址平面图、下层木排地桩结构图、立面复原图
A. 遗址平面图　B. 下层木排地桩结构图　C. 立面复原图
（A、B. 引自北京辽金城垣博物馆编《金中都水关遗址考览》，略有改动；C. 整合已刊布的复原图）

手和过水地面石两端有一排密集的擗石桩（图 4-7 之 4），在出水口南侧钉有两排相互交叉的固定水关基础沙层的护桩（图 4-6A）。即水关南部出水的河道口，有东西向的石板和木桩。两排木桩交错埋于沙层下，木桩间夹埋一排自然形状石板，用砂石夯实。此设施可起固定水关河底砂石的作用。水关遗址上筑涵洞，周围夯实筑城墙（图 4-6C）。

水关遗址为木、石结构，使用大量石、木、铁、砂、石等建筑材料，其中以柏木桩所占比例较大。柏木桩直径一般为 20～25 厘米，不同位置长度有别。以摆手内侧的最长，

图 4-7 北京市金中都水关遗址结构图
1. 水关遗址 2. 衬石枋与木银锭榫 3. 固沙木桩 4. 擗石桩
(引自北京辽金城垣博物馆编《金中都水关遗址考览》)

长约 2 米；进出水口两端的擗石桩及固沙护岸桩长 1.6 米，地面石下长 1.35 米左右，两厢壁和摆手下的为 1.06～1.1 米之间。水关发现铸铁"银锭"和铁钉，推测还有用于"铁柱穿心"的铁柱。水关发现少量铜、陶、瓷、石质的器物。

水关遗址约建于海陵王时期，早于卢沟桥。该遗址底部结构是中国已发现古代都城水关遗址中体量最大的，其结构与宋代《营造法式》"卷辇水窗"的做法基本一致，是研究我国古代建筑和水关结构设施的重要实证。从中不仅可以看出金代建筑的工艺水平，而且还确定了金中都通过古代洗马沟（今莲花河）河道，自城西引"西湖"（今莲花池）水入中都城，至鱼藻池（今青年湖），过龙津桥下，向南斜穿丰宜门和景风门间南城墙下，继而流入金代护城河（今凉水河）的较准确的行水路线（图 4-4）[1]。

三 皇城和宫城

(一) 皇城、宫城位置，规模和范围

金中都的皇城和宫城建于辽南京子城基址之上，其范围较辽南京子城略大，文献总称

---

[1] A. 北京辽金城垣博物馆编《金中都水关遗址考览》，北京燕山出版社 2001 年版。
B. 齐心《金中都水系复原的坐标——金中都水关遗址》，《中国十年百大考古新发现（1990～1999）》下册，文物出版社 2002 年版，第 731～735 页。

为内城。目前学者多以内城中应天门之北为宫城，应天门南与宣阳门间为皇城。持此说者考证，内城东墙在今南线阁稍东的南北直线上，北端即内城东北角在老君地或在辽南京子城燕角楼旧址，东距外城东城墙2300米。内城西墙在白云观铁道西大土堆南至小红庙村的南北直线上，西距外城西城墙近1500米。内城南墙在鸭子桥以南的东西直线上，南距外城南城墙近1100米。内城北墙在白菜仔村北的东西延长线线，东隅为老君地，北距外城北城墙近1800米。上述内城范围周长约5000米，与《大金国志》所记内城周围九里三十步基本相当。并说"内城应分为两重，宣阳门是皇城的南门"，"应天门是宫城的南门"，"来宁馆、会同馆、千步廊、尚书省、太庙等建筑，都应在皇城以内，宫城以外"；"金内城一定就是辽的旧子城"（图4-4）[1]。

有的学者认为金中都较辽南京城外扩，其内城同样也略大于辽南京的子城。金中都的内城即皇城，其东墙在辽南京子城东墙之东，约在今牛街以西的南、北樱桃园、老君地东侧一线附近。南墙较辽南京子城南墙南扩，将辽南京城丹凤门南的永平馆和于越王廨包容在皇城之内。北墙较辽南京子城北墙北展，约在今广安门南侧东西一线上。西墙在辽南京城外城西城墙之西，皇城西部御苑区在莲花河以西一带，皇城西墙当在此附近[2]。上述皇城四至的比定（图4-3），似较前说更符合实际情况（后文有说），然论据仍显不足，其能否成立尚待今后考古工作的验证。鉴于上述情况，本书兼收依两说所作的金中都复原图（图4-3、图4-4）。

关于金中都的内城和宫城，《金图经》记载：宫"城之四周九里三十步"，在叙述宣阳门、通天门（应天门）后，又说"南城之正东曰宣华、正西曰玉华，北曰拱宸门"。《大金国志》卷三三"燕京制度"记载："宫城四围，凡九里三十步。天津桥（龙津桥）之北曰宣阳门"，宣阳门"即内城之南门"，"通天门，即内城之正南门也"，"宣华乃内城之正东门，玉华正西门也，北曰拱辰"，"拱宸即内城正北门也，又曰'后朝门'"。《日下旧闻考》卷二九引《金史志》："宫城之前廊东西各二百余间"；引《揽辔录》："循东西御廊北行，将至宫城，廊即东转……"[3]据上所述，可知宣阳、宣华、玉华、拱宸四门之内为内城；内城又称南城。东西廊（千步廊）之北为宫城，应天门是宫城正南门[4]，千步廊两侧衙署、太庙等属皇城范畴，宫城之周长为九里三十步。

此外，《大金国志》记载："西至玉华门曰同乐园"（又称西苑、西园。图4-8）[5]，

---

[1] 见阎文儒《金中都》（《文物》1959年第9期）。关于金中都皇城宫城的范围和分界，目前多采用此说。
[2] 于杰等《金中都》，北京出版社1989年版，第70~71页。
[3] 《日下旧闻考》（一）卷二九第410页引《金史志》《揽辔录》。
[4] 文献记载均以应天门为宫城正南门。《大金国志》卷三三"燕京制度"已指出宣阳门为内城之南门，又说应天门为内城之正南门，疑为应天门是宫城正南门之误。
[5] 《日下旧闻考》（一）卷二九第417页引《大金国志》："西至玉华门曰同乐园，若瑶池，蓬瀛、柳庄、杏村尽在于是。"又同卷第409页引《金图经》说："西出玉华门为同乐园"，疑"西出"为"西至"之误，或"西出西华门"之误。

同乐园内的"西华潭,金之太液池也"[1],因其在西华门之西而名西华潭[2]。西华门东与东华门相对[3],东、西华门自宋以来为宫城之东、西门。同乐园之北有北苑(图4-8)[4]。《北行日录》记载:"敷德门,其东廊之外,闻是东苑(东园、东明园),楼观翚飞",敷德门东廊外即宫城东墙之外(图4-8)。上述宫城外之西苑、北苑、东苑依元大都和明北京大内的情况[5],显然应在皇城之内。据此结合前述情况,可认为应天门,东、西华门和北宫门之间为宫城,其周长九里三十步。宣阳、宣华、玉华、拱宸四门之间为内城,其中包含宫城,宫城两侧之苑,宫城之南千步廊和中央衙署,故内城实为皇城。

上述情况表明,前面以应天门之北为宫城,应天门与宣阳门间为皇城论者的考证是值得商榷的。其一,文献所记九里三十步指宫城的周长,不是内城的周长。其二,"金内城一定就是辽的旧子城",持此说者考证的内城北界、东界和南界与辽南京子城之北、东和南界基本相同(南界指鸭子桥东西一线),考证的西界(白云观西之南北一线)则在辽南京子城西墙(按辽南京子城西墙与外城西城墙南段合一)即今会城门和甘石桥一线之东[6]。因此,所考证的金内城九里三十步的范围不等于辽的旧子城,它仅仅是辽子城内靠东的部分,实际上大体是金宫城的范围。其三,应天门前千步廊和中央衙署仅是皇城的重要组成部分之一,不是皇城的全部。它不包括在所考证的九里三十步的范围之内(参见下文)[7]。

(二)皇城的形制和主要配置

皇城大致在金中都外城中央偏西,平面呈向南凸出的倒"凸"字形(图4-8)[8]。皇

---

[1] 《日下旧闻考》(一)卷二九第420页引《金台集》。
[2] 于杰等《金中都》,北京出版社1989年版,第101页。
[3] 《金史》卷一〇四《完颜寓传》:"中都围急,诏于东华门置招贤所,内外士庶皆得言事";《金史》卷一三《卫绍王》:大安三年二月,"东华门重关折。"金宫城仿宋汴京宫城,《金史》卷五《海陵》记载,正隆三年(1158年)十一月癸未决定营建汴京宫室,四年"建宫室于南京"。《大金国志》卷三三"汴京制说度":"汴京制度,宣宗所迁,大概依宋之旧",并记"东出东华,西出西华门"。又元宫城仿金中都宫城,亦设东、西华门。因此,金中都宫城应与宋宫城一样,均设东、西华门。金中都宫城东西华门的位置,参见于杰等《金中都》(北京出版社1989年版)第97~98页的考证。
[4] 于杰等《金中都》,北京出版社1989年版,第105~106页。
[5] 侯仁之主编《北京历史地图集》(北京出版社1988年版)第28页"元大都",第34页"明皇城"图。
[6] A. 见于杰等《金中都》(北京出版社1989年版)第65页对辽南京子城四至的考证。
   B. 北京市文物研究所编《北京考古四十年》(北京燕山出版社1990年版)第142页对辽南京西城墙位置的考证。
[7] 辽宋议和后,辽南京城子城宫殿区南扩,在丹凤门(位于鸭子桥东西一线上)南又辟启夏门,两门之间为永平馆,于越王廨等。此部分到金中都即成为千步廊及衙署所在。参见于杰等《金中都》(北京出版社1989年版)第66~67页。该文还指出:"金皇城在辽南京的后期时已经初具规模,金时只是内部增建和扩建而已。"
[8] 据于杰等《金中都》(北京出版社1989年版)第70~71页的论述。

城南面的突出部分在宫城之南，位于宫城应天门和皇城宣阳门之间，宣阳门南对外城丰宜门[1]。进丰宜门过龙津桥[2]，抵宣阳门[3]。入宣阳门，"街分三道，中有朱栏二行，跨大沟为限，沟外植柳"[4]。宣阳门内大道两侧各有一排长廊，即千步廊，东、西廊各分南、北两段，形成三条东西横街。即廊北端应天门前东西横街，东、西长廊两段中间横街，宣阳门内侧的窄横街。应天门前东西大街与宣阳门内大道组成宫前"T"字形广场。其两侧"长廊东西曲尺，各二百五十间""两廊屋脊皆复以青琉璃瓦"，"廊分三节，每节一门"。过宣阳门内横街，两廊南端之东西分置文武楼[5]。东、西廊南、北两段中间横街，将东、西建筑群各分为南、北两组。在南者中间开门，门北向；在北者中间开门，门南向，两者门相对。东侧南面院落门内有来宁馆，为接待高丽、西夏外宾之所[6]，其西

---

[1] 于杰等《金中都》（北京出版社1989年版）第71页引《北行日录》："次入丰宜门，门楼九间，尤伟丽，分三门，由东门以入。"（知不足斋本。中华书局1999年版）

[2] 于杰等《金中都》（北京出版社1989年版）第71页引《北行日录》："又过龙津桥，二桥皆以石栏分为三道，中道限以护阱，国主之行也。龙津伟丽特甚，中道及扶栏四行，华表柱，皆以燕石为之，其色正白而镌镂精巧，如图画然。桥下一水清深东流。桥北二小亭，东亭有桥名牌。"又引《揽辔录》："入丰宜门，即外城门也。过玉石桥，燕石色如玉，上分三道，皆以栏隔之，雕刻极工。中有御路，亦栏以杈子。两旁有小亭，内有碑，曰龙津桥。"《金图经》《大金国志》，称天津桥。

[3] 于杰等《金中都》（北京出版社1989年版）第72页引《北行日录》："次入宣阳门，楼九间，分三门，由西门入会同馆。"又引《揽辔录》："入宣阳门，金书额，两头有小四角亭，即登门路也。楼下分三门，中门为御路，常阖皆画龙；两旁通行，皆画凤。"《日下旧闻考》（一）卷二九第409页引《金图经》：宣阳门，"门分三，中绘一龙，两偏绘一凤，用金镀铜实之。中门常不开，惟车驾出入，两偏分双只日开"。同页引《大金国志》：宣阳门，"内城之南门也。中门绘龙，两偏绘凤，用金钉钉之。上有重楼，制度宏大。三门并立，中门惟车驾出入乃开，两偏分双只日开一门"。

[4] 于杰等《金中都》（北京出版社1989年版）第72页引《北行日录》。

[5] 《日下旧闻考》（一）卷二九第409页引《金图经》：过宣阳门有"两楼，曰文曰武。自文转东曰来宁馆，自武转西曰会同馆，二馆皆为本朝使设也。正北曰千步廊，东西对，两廊之半各有偏门，向东曰太庙，向西曰尚书省"。于杰等《金中都》（北京出版社1989年版）第72页引《北行日录》："长廊东西曲尺，各二百五十间，廊头各有三层楼亭（指文武楼），护以绿栏杆。廊以三路贯其中，南路二门皆民居，中路无门，而路甚阔。左为太庙，右为三省。北路有门，外有屏墙，夹道中有官府，南向，右门入六部，盖在三省之后也。"又引《揽辔录》："入门（指宣阳门）北望其阙。由西御廊首转至会同馆……出馆，复循西御廊，至横道至东廊首，转北，循檐行，几二百间。廊分三节，每节一门。路东出第一门通街，第二门通球场，第三门太庙，庙中有楼。将至宫城，廊即东转，又百许间。其西亦有三门，出门但不知所通何处，望之皆民居。东西廊中驰道甚阔，两旁有沟，沟上植柳。两廊屋脊皆复以青琉璃瓦，宫阙门户即纯用之。"关于文武楼，杨宽《中国古代都城制度史研究》（上海古籍出版社1993年版）第450页说："《大金国志》所说文楼在东，而武楼在西，当有错误。图上所画（指图4-7）是武楼在东而文楼在西。杨奂《汴故宫记》所记金的隆德殿，也是鼓楼在东（武楼），钟楼（文楼）在西，可知金代制度应如图上所画为是。"本书采用此说。

[6] 于杰等《金中都》（北京出版社1989年版）第72页引楼钥《北行日录》："高丽人，西夏人二馆在东，与会同馆相对。"来宁馆前身似辽之永平馆。

南之转角有武楼；其北院门内有球场[1]，球场北另一组建筑为太庙（又称衍庆宫）[2]。西侧南院门内有会同馆（似为辽之于越王廨之旧址），为接待宋朝宾客之所（图4-5，会同馆处标有"南使客位"），其东南转有文楼；北院门内为尚书省，再北另一组建筑为六部所在地。此外，东侧横街有"街市"，应天门前横街之西，宫城西南角与右掖门之南，有登闻鼓院、登闻检院，为士民直接向朝廷陈述的受理机构。除上所述，社稷坛的位置不明[3]。

皇城除宣阳门外，还有玉华门（西）、拱辰门（北）和宣华门（东）。在玉华门、宣华门、拱辰门和南面千步廊北端之间，为皇城主体部分，皇城东面与南面千步廊相对之地被宫城占据。宫城东墙之外，东华门外东西一线之南为东苑（东园、东明园），"楼观甚多"。宫城西墙之外，在南者称西苑（西园、同乐园。广义的西苑还包括城内的鱼藻池），面积较大，湖泊多（如浮碧池、游龙池等），统称为太液池（又称西华潭，其水源主要来自辽旧城西护城河）[4]。内有柳庄、杏林、果园、鹿园等，楼、台、殿、阁、池、岛俱全。西苑之北为北苑，有湖、岛、林木和景明宫等建筑。除上所述，皇城内还有太常寺、殿前都检点司、宣徽院、太府监、少府监等所属为皇室服务的各种机构[5]。

（三）宫城的形制布局

《金图经》说："亮欲都燕，遣画工写京师（汴京）宫室制度，阔狭修短，尽以授之左相张浩辈，按图修之。城之四围九里三十步"[6]；宫城平面呈竖方方形。宫城南面正门称

---

[1] 《金史》卷二四《地理上》"中都路"条：球场"有常武殿、广武殿，为击球习射之所"。《金史》卷三五《礼八》："于常武殿筑台为拜天所。"

[2] 金中都太庙实为原庙，《日下旧闻考》（一）卷二九第425～426页引《金史》卷三三《礼六》说：天德四年，于燕京建原庙，"名其宫曰衍庆，殿曰圣武，门曰崇圣"；大定十六年正月，"乃敕于圣武殿东西兴建世祖、太宗、睿宗殿位"；"礼官率太庙署官等诣崇圣阁奉世祖御容"，"导太宗御容置于圣武殿，行礼毕，以次奉安于丕承殿"，"睿宗御容奉安于天兴殿"。

[3] 社稷坛，《金史》卷三四《礼七》记载："大定七年七月，建社稷坛于中都，"社为制，其外四周为垣，南向开一神门，门三间。内又四周为垣，东西南北各开一神门"；"于中稍南为坛……以五色土各饰其方，中央覆以黄土"；"近西为稷坛，如社坛之制，而无石主……"文中未记社稷坛的具体位置。

[4] 于杰等《金中都》（北京出版社1989年版）第104页指出："西苑的供水系统主要是由辽旧城西护城河水源。今广外之西莲花河两旁，在清末民国初年时尚有湖泊多处，这些水泊在金时的面积当远较现在为大，即金之太液池。"

[5] 见于杰等《金中都》（北京出版社1989年版）第100～104页对西苑、第195～106页对北苑、第75～77页对皇城内机构的介绍。

[6] 《日下旧闻考》（一）卷二九第409页引《金图经》；同页引《大金国志》："宫城四围凡九里三十步。"同书卷三七第588页引《元一统志》：天德三年"调诸路民夫，筑燕京，制度如汴"。《金史》卷二四《地理上》"中都路"条："天德三年，始图上燕城宫室制度。"于杰等《金中都》（北京出版社1989年版）第77页引《癸辛杂识》："择汴京窗户刻镂工巧以往（燕京）"；又引《揽辔录》：（转后页）

*应天门，北面宫门名称待考，东、西有东、西华门，宫城四隅有角楼。宫城是在辽代宫城基础上，经增筑、改建和扩建而成[7]。《金图经》记载：宫城"内殿凡九重，殿三十有六（实际上已超过此数），门阁倍之（《大金国志》卷三三"燕京制度"记"楼阁倍之"）。正中位曰皇帝正位，后曰皇后正位。位之东曰内省，西曰十六位，乃妃嫔所居之地也"[8]。根据文献记载和《事林广记》卷二所载金中都宫城图来看（图4-5），金中都宫城总体布局是按中、东和西三路配置的。

1. 中路[9]

中路在宫城的中轴线上，两侧有廊与东、西路隔开（图4-8）。据考古调查资料，鸭子桥村北关帝庙以北，土堆连绵近1500米，直到广安门大街南白菜仔村，中路诸殿基址即在此线上[10]。宫城南门应天门（旧名通天门，又名端门），在宫城中轴线南端，门高八丈，面阔十一间，五个门道，门饰金钉；"左右有行楼，折而南，朵楼曲尺各三层四垂"；其东一里有左掖门，西一里有右掖门[11]。今白纸坊西大街城外与滨河路交叉路口南70余米，于鸭子桥西里3号楼附近发现一处南北长约36米的夯筑遗迹，当为应天门遗址[12]。

应天门内左右行廊各三十间，行廊中间开门，称左、右翔龙门（两门之北，庭院内，东、西各有一小亭）。应天门北与之相对的称大安门（大安殿正门），面阔九间。其东有三间游廊，又东为日华门。日华门面阔三间，该门之东有七间走廊，与左翔龙门北之十五间行廊相接。大安门之西有三间游廊，又西为月华门，再西与上述日华门配置情况完全相

---

* （接前页）"金朝北宫营制宫殿，其屏扆窗牖皆破汴都辇致于此。"可以说金宫城建筑规格、式样、结构，尺度均按宋宫制度制作。主持营建宫城者除前述张浩外，《金史》卷八六《李石传》："海陵营建燕京宫室，（李）石护役皇城端门"；《金史》卷八八《石琚传》："右丞苏保衡监护十六位工役，诏（石琚）共典其事，给银牌二十四，许从宜规画。"此外，还有韩锡、刘枢等。

[7] 金中都建成后，自认为"宫阙雄丽，为古今冠"，见《大金国志》卷二五。
[8] 《日下旧闻考》（一）卷二九第409页引《金图经》。
[9] 金中都宫城布局分中、东、西三路，见于杰等《金中都》（北京出版社1989年版）第91~98页。
[10] 北京市文物研究所编《北京考古四十年》，北京燕山出版社1990年版，第163页。
[11] 于杰等《金中都》（北京出版社1989年版）第92页引《北行日录》："正门十一间，下列五门，号应天门。左右有行楼，折而南，朵楼曲尺各三层四垂，朵楼城下有检、鼓院。又有左、右掖门，在东西城之中。两角又朵楼，曲尺三层。"又引《揽辔录》："驰道之北，即端门十一间，曰应天之门。旧尝名应天，亦开。两挟有楼，如左右升龙之制。东、西两角楼，每楼次第攒三簷。"又引《金图经》："通天门观高八丈，朱门五，饰以金钉。东西相去里余，又设一门，左曰左掖，右曰右掖。"《大金国志》卷三三"燕京制度"记载：应天门"楼高八丈"，"四角皆垛楼，瓦皆琉璃。金钉朱户，五门列焉，门常扃，惟大礼祫享则由之"。"东西相去一里许，又各设一门。左曰左掖、右曰右掖"，"各有武夫守卫"。《金史》卷二四"中都路"条记载："应天门旧名通天门，大定五年更。"据上所述，应天门的形制，其平面为"凹"字形，门楼两侧前伸朵楼，这种形制直接影响到元大都崇天门的形制，参见傅熹年《元大都大内宫殿的复原研究》（《考古学报》1993年第1期）关于崇天门的论述。
[12] 参见北京市文物研究所《北京西厢道路工程考古发掘简报》，《北京文物与考古》第四辑，1994年。

同。大安门内东、西各有行廊六十间，行廊中间各有一楼，在东者称广祐楼（后对东宫门），西称弘福楼（二楼面阔均五间）[1]。大安门遗址在白纸坊旧桥西十字路口，其北端距鸭子桥北里11号楼8.7米，发现夯土区下垫朵朵（碎沟纹砖打制），东西残长约36米，朵朵残存五层，残存厚度0.1～0.8米，每层厚5～7厘米，最下一层为厚8～10厘米的黏土，该遗址附近出土金代铜辟邪[2]。

大安殿在大安门正北，是金宫城的正殿，为金廷举行重要仪式和庆典之所[3]。该殿建于辽元和殿旧址（初仍用旧名），规模雄伟。殿"露台三层，两旁各为曲水。石级十四，最上层中间又为涩道"[4]。大安殿面阔十一间，两旁各有朵殿五间。东、西朵殿旁各有行廊四间，各与东、两侧之行廊衔接。大安殿前，左右行廊分置广祐楼和弘福楼。大安殿后有与正殿直通的便殿，称"香阁"，为单独召见大臣议事之处[5]。大安殿遗址在白纸坊桥北广安门外南滨同路鸭子桥北里31号楼前，向北达北京钢厂东门口小马路中央，东延至滨河公园（西界因被现代建筑破坏，不明），在此范围内发现大面积夯土遗迹。夯土残迹连为一体，南北长70余米，东西60余米，残存最大厚度达3.65米，夯层厚度不同部位有差，在5～10厘之间。夯土总的来看，质地紧密，夯窝明显。在距地表1米以下往往垫碎沟纹砖打制的朵朵六至七层，每层厚8～12厘米，或5～8厘米[6]。在此附近采集到兽头瓦当、各种沟纹砖和唐辽瓷片等[7]。

大安殿"香阁"后为大安后门，门北两侧有左嘉会门和右嘉会门，门外分别通向东、西路。大安后门向北直对宣明门（仁政殿外门），两门间的庭院式小广场，为仁政殿设朝时朝臣待班之处。宣明门北为仁政门（仁政殿前门），门北两侧行廊各三十间，东行廊中间建鼓楼，西行廊中间建钟楼。仁政门直北是仁政殿，为常朝之所。仁政殿是金宫第二大殿，面阔九间。殿东、西各有行廊二间，东起高楼称东上阁门，西起高楼称西上阁门[8]。

---

[1] 于杰等《金中都》（北京出版社1989年版）第92页引《北行日录》："大安殿门九间，两旁行廊三间，为日华、月华门各三间；又行廊七间，两厢各三十间，中起左、右翔龙门，皆重虹垂帘。庭中小亭二……殿下砌阶两道……大安殿十一间，朵殿各五间，行廊各四间，东、西廊各六十间，中起二楼，左曰广祐，后对东宫门；右曰弘福，后有数殿，以黄琉璃瓦结盖，号为金殿，闻是中宫。"

[2] 参见北京市文物研究所《北京西厢道路工程考古发掘简报》，《北京文物与考古》第四辑，1994年。

[3] 《金史》卷三六《礼九》：凡受尊号"百官习仪于大安殿庭"。《金史》卷三七《礼十》：皇太子册立，"设御座于大安殿当中，南向。"

[4] 《北行日录》。

[5] 于杰等《金中都》，北京出版社1989年版，第94页。参见前面注释《北行日录》所述大安殿情况。

[6] 参见北京市文物研究所《北京西厢道路工程考古发掘简报》，《北京文物考古》第四辑，1994年。

[7] 北京市文物研究所编《北京考古四十年》，北京燕山出版社1990年版，第163页。

[8] 《金史》卷二四《地理上》"中都路"条：左右嘉会门，"门有二楼，大安殿后门之后也"；大安殿后门"其北曰宣明门，则常朝后殿门也。北曰仁政门，旁有朵殿，朵殿上为两高楼，曰东、西上阁门。内有仁政殿，常朝之所也"。于杰等《金中都》（北京出版社1989年版）第92页引《北行日录》："入宣明门及仁政殿左门……大殿九楹，前有露台……殿西旁廊二间，高门三间，又廊二间，通一行二十五间，殿柱皆衣文绣，两廊各十三间，中有钟鼓楼。"

仁政殿建于辽嘉宁殿旧址，其遗址在大安殿遗址直北约 300 米今椿树馆附近。遗址堆积最厚处达 4.6 米，在此采集到磨光黑色筒瓦、板瓦、绿轴瓦当，各种唐、辽瓷片、钧窑瓷片等物[1]。

仁政殿之后（北）为后宫，皇帝正位在南，建昭明宫（殿）；其北为皇后正位，建隆徽宫（殿）。皇后正位之北，是宫城北门[2]。

2. 东路

东路在中路之东，为东宫、寿康宫和内省所在地（图 4-9）。入左掖门为左翔龙门外之院落，称东路（或左路），该门内正北开列三门，中为敷德门，门内偏东为东宫[3]，东宫门对广祐楼（"广祐，后对东宫门"）。东宫为太子居所，内有承华殿、凉楼等，"楼观甚多"。此外，还有"芳苑"等[4]，东宫东墙外为皇城东苑[5]。

东宫后（北）亦开列三门，中为集英门（又称粹英门），其西有会通门。会通门正对大安殿一线，"会通门内之西廊即大安殿之东廊，为丽夏茶酒幕次"之处[6]。集英门内有寿康宫（内有寿康殿及其附属建筑），是皇太后居住之所[7]。寿康宫之北，西侧有承明门（与大安后门东西在一条直线上），"又北则昭庆门，东则集禧门……又西则右（应为左）嘉会门，四门正相对（包括承明门）"形成一个小院。入左嘉会门向西，即大安后门外，为朝廷待班之广场，故"敷德之西门及会通、承明、左嘉会皆所由之路也"[8]。昭庆门与仁政殿外门宣明门大致在东西一线上，昭庆门之北，宫名待考。集禧门东对东华门，也就是说东华门，集禧门、左右嘉会门、西华门大致在东西一线上。集禧门外，东华门内道路

---

[1] A. 阎文儒《金中都》，《文物》1959 年第 9 期。
　　B. 北京市文物研究所编《北京考古四十年》，北京燕山出版社 1990 年版，第 163 页。
[2] 于杰等《金中都》，北京出版社 1989 年版，第 94～95 页。文中又说："皇后正位之后，应是宫城北门。"
[3] 《金史》卷二四《地理上》"中都路"条："大安殿之东北为东宫。"《金史》卷七《世宗中》记载东宫有凉楼。《日下旧闻考》（一）卷二九第 413 页引《金史注》："明昌五年，复以隆庆宫为东宫，慈训殿为承华殿。承华殿者，皇太子所居之东宫也。"同页该文后按语说："金史世宗纪，大定二十九年正月，名太后宫曰仁寿，二月更名隆庆。至章宗明昌五年，礼官言宜易隆庆宫为东宫，慈训殿为承华殿，从之。"于杰等《金中都》（北京出版社 1989 年版）第 92 页引《揽辔录》："入敷德门，自侧门入，又东北行，直东，有殿宇门，曰东宫，墙内楼观甚多。"
[4] 《金史》卷一九《显宗》：世宗去上京，其子完颜允恭留守中都，"在东宫或携中侍步于芳苑"。
[5] 于杰等《金中都》，北京出版社 1989 年版，第 105 页。
[6] 《北行日录》。
[7] 《金史》卷二四《地理上》"中都路"条：东宫"正北列三门，中曰粹英，为寿康宫，母后所居也"。于杰等《金中都》（北京出版社 1989 年版）第 92 页引《揽辔录》：东宫"直北面南列三门，中曰集英门，云是故寿康宫，母后所居。西曰会通门。自会通门东小门北入承明门，又北则昭庆门，东则集禧门，尚书省在门外。又西则右嘉会门，四门正相对"。
[8] 于杰等《金中都》（北京出版社 1989 年版）第 92 页引《北行日录》：会通门"其后为承明门，北向，相对为昭庆门。东为集禧门，西即左嘉会门，之后相对有右嘉会门。其中，即大安殿后宣明门之前，待班幕次在其西，敷德之西门及会通、承明、左嘉会皆所由之路也"。

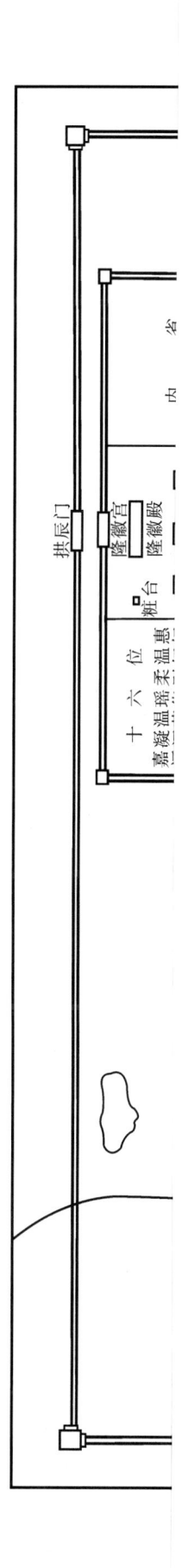

拱辰门　隆徽宫　隆徽殿
　　　　　妆台
十　六　位
嘉凝温瑞柔温惠

之北，为"内省"诸衙署所在地[1]。

3. 西路

右掖门之北为金宫西路（右路，图4-8），门内在中路右翔龙门和弘福楼之西有鱼藻池（即辽南京子城的瑶池），池中小岛上建鱼藻殿，其附近还有瑶光台、瑶光殿、瑶池殿、横翠殿等。鱼藻池区又称琼林苑，设官署管理；其位置约在今广安门外以南青年湖一带[2]。

鱼藻池之北为中宫建筑群，建有泰和殿（泰和宫内，或认为该殿在西路北部）、神龙殿、厚德殿、蕊珠宫及蕊珠殿，蓬莱阁、院、殿以及瑞光楼等[3]。

中宫之北为十六位，又称西宫，是诸妃嫔的居所。内有似福位、温芳位、惠妃位、瑶华位、柔则位、嘉福位（殿）、崇妃位、温妃位、顺仪位等[4]。宫城西墙外为西苑和北苑[5]。

除上所述，皇城宫城之外，城内还有行宫和南园。行宫称兴德宫，大致位于崇智门内街以东，光泰门内街以西之地。又章宗时光泰门内有避暑宫，或由兴德宫改称而来[6]。南园（南苑，又名熙春园）在皇城之南，丰宜门内偏西处。园内有熙春殿、常武殿[7]。中都城外还有建春宫、长春宫、光春宫等。其中以今北海一带的万宁宫最著名[8]。

四 街、坊和市

（一）主要街道

金中都城除光泰门外，四面城墙各有三门呈南北和东西相对之势（光泰门不计），因皇城和宫城在外城内中间偏西，故只有三条大街是直通的（图4-3）。其中东西横街两条，一是施仁门和彰义门间大街，此街是在辽南京城檀州街基础上，分别向东、西延伸至施仁门和彰义门而成。这条大街相当于今虎坊桥至广外湾子的大街。二是阳春门和丽泽门间大

---

[1]《揽辔录》记为尚书省，实为内省，相当明、清之内务府，见于杰等《金中都》（北京出版社1989年版）第97页。内省机构，见同书第98页。

[2] A. 于杰等《金中都》，北京出版社1989年版，第95～96页。
B. 于杰《金中都》（北京出版社1989年版）第101页引《禁扁》："苑之扁……曰琼林。"
C. 金中都太液池遗址，《中国考古学年鉴·1996年》（文物出版社1998年版）第94页说瑶池殿、鱼藻殿在今西城区白纸坊青年湖游泳场。

[3]《金史》卷二四"中都路"条："鱼藻池，瑶池殿位，贞元元年建。有神龙殿，又有观会亭，又有安仁殿、隆德殿、临芳殿。皇统元年有元和殿。"参见下注。

[4] A. 于杰等《金中都》，北京出版社1989年版，第96页。
B.《金史》卷二三"志第四·五行"记载："大定二年闰二月辛卯，神龙殿、十六位焚，延及太和、厚德殿。"

[5] 于杰等《金中都》，北京出版社1989年版，第100～104页。

[6] 于杰等《金中都》，北京出版社1989年版，第106～107页。

[7] 于杰等《金中都》，北京出版社1989年版，第104～105页。

[8] 于杰等《金中都》，北京出版社1989年版，第107～112页。文中认为建春宫或建于今南苑之地；长春宫后可能改名光春宫，即辽代延芳淀，在今通县以南一带。万宁宫，《金史》卷二四《地理上》"中都路"条记载："京城北离宫有大宁宫，大定十九年建。后更为寿宁，又更为寿安。明昌二年更名为万宁宫"，即今北海一带。此外，还有钓鱼台，"是金主游幸处"，即今之玉渊潭。

街，该街在皇城宣阳门之南，东段约在明清外城南护城河南岸，从此向西延伸的大道今已湮没。南北向纵街一条，即城东崇智门和景风门间大街，该街是由辽南京城拱辰门和开阳门大街向南延伸而成，相当于今西城南闹市口，南过牛街，右安门内、外大街，达右外关厢凉水河桥以北的大路。又城西会城门和端礼门间大街阻于皇城，分为南北两段。南段从端礼门（今万泉寺西）向北达三路居、孟家桥一带，遗迹今已湮没；北段起会城门（今会城门村）向南于魏墙角处达金御苑而断。此路若按阎文儒先生金内城即辽子城说，则应是南北贯通的（图4-4）。其他大街还有宣曜门和皇城宣华门间大街，即辽迎春门大街向东延长至宣曜门，相当于今宣武门外南横街东口偏西，向西达崇效寺以北的枣林前后街处（此处清末民国初年尚有"大门口"等地名，似与宣华门遗址有关）。灏华门内大街，东至皇城玉华门，即从今蝎子门向东，遗迹无存。通玄门内大街，向南达皇城拱辰门，系以辽南京城通天门大街为基础，在今广安门外以北，明清护城河西侧，即今滨河路之西，北从白云观之东向南达广外白菜湾之北。丰宜门内大街，北至皇城宣阳门[1]。

金中都城内主要大街有的以城门命名，如彰义门街、光泰门街、丰宜门北街等。此外，还多以古迹和重要建筑所在位置命名，如"蓟门北街""披云楼东街""白马神堂街""竹林寺东街""阁街""水门街"等[2]。金中都主要大街上有巷，其他大街和皇城门旁也有巷[3]。上述情况表明，金中都城的交通是以街及与街直通的巷为主进行配置的。

（二）坊

金中都城东部及近郊设大兴县，西部及其近郊设宛平县，两县分治中都城及近郊行政事务。金中都城内的居民区，区划成坊。诸坊分属左、右警巡院，坊设坊正；"坊"的周围及坊内有街和巷[4]。

《日下旧闻考》（一）卷三七引《元一统志》记载，金中都西南、西北二隅42坊，东

---

[1] 主要街道，见于杰等《金中都》（北京出版社1989年版）第27~28页。阎文儒《金中都》（《文物》1959年第9期）。关于主要街道，文中指出："南北纵贯全城的轴线，南达丰宜门，北至通玄门"。"丰宜门东，今右安门大街至牛街的这条南北大街，可能是当时中都南城偏东景风门通往崇智门的大街。通玄门之西的会城门，虽然有遗迹可寻，但中都西部已变为田畴村落，通往端礼门大街的痕迹已无从辨认了。""中都的东西横街，从蝎子门遗迹，东至白纸坊西大街，可能是当时从彰义门到施仁门的大街；从广安门外大街东至骡马市大街，可能是当时灏华门到宣曜门的大街；至于北（南）面丽泽门到阳春门大街的遗迹已不知在何处，或许在今内城南城墙附近。东西横街也可能全部向南推移，今天广安门大街是丽泽门、阳春门大街，蝎子门到白纸坊西大街是灏华门，宣曜门大街、彰义门、施仁门大街可能是在现在外城南城墙的东西直线上。"

[2] 于杰等《金中都》，北京出版社1989年版，第28~29页。

[3] 于杰等《金中都》（北京出版社1989年版）第29页引《永乐大典·顺天府》："紫虚观在阳春门内小巷近南"；引《析津志》："宝集寺在南城披云楼对巷之东"；又引《元一统志》："延化禅寺在旧城宣阳门西巷"等。

[4] 于杰等《金中都》（北京出版社1989年版）第29页引熊梦祥《析津志》："严胜寺在南城金台坊西街北"，即"金台坊西街"；"杜康庙在南城春台坊西大巷内"，即"西大巷"；"楼桑大王庙在南城南春台坊街东大巷内"，即"南春台坊街等"。

南、东北隅20坊,共62坊[1],具记坊名。上述四隅实际上将中都城分成了东西两大部分,由于《元一统地》将辽南京城开阳门南开阳坊分为东、西,并分别将其划入东、西部;又将崇智门街西的坊(如衣锦坊、显忠坊、开远坊等)划入西部,街东的坊(如仙露坊等)划入东部,所以东、西部的分界是以崇智门至景风门间大街为准的。金中都城坊数较辽南京城大增,其原因一是金中都的规模较辽南京城扩大;二是将辽南京城一些旧坊分解为二,如将辽卢龙坊分为南北二坊等。这种分解表明,金中都城内原辽南京城范围内虽然仍保留旧坊制,但其坊界已被打破,而金代新扩展的部分,则变成沿街按巷设坊的形式,甚至一巷一坊,实际上已变成街巷胡同。如新扩展的西南部分,考古钻探表明,这里东西向街道大都是一些平行的等距离的胡同(图4-4)。东、西扩展部分,在东西干道之外,则是一些南北向排列的胡同,如宣武门大街及其东侧的椿树胡同、陕西巷等[2]。鉴于上述情况,遂导致金中都诸坊在排列和形状上不甚规则。

金中都62坊的位置多数不明,诸家考证各坊的方位也互有出入。其中于杰先生根据文献记载的寺、观、庙、院、楼、阁与现在尚存的寺院宫观位置进行对照排比,大致比定出36坊的地望[3],可供参考。

---

[1] 侯仁之主编《北京城市历史地理》(北京燕山出版社2000年版)第262~263页指出:金中都户数约6万余户,至章宗末,中都城市人口达到极盛,这时每坊居民约1000户,62坊共62000户。以极盛时期户量6.5计之,泰和七年(207年)都城市总人口约计40万人,城市人口平均密度为每平方千米18604人。

[2] 徐苹芳《古代北京的城市规划》,《环境变迁研究》第一辑,海洋出版社1984年版。

[3] 于杰等《金中都》(北京出版社1989年版)第30~46页,所考金中都36坊的方位如下:
棠阴坊(辽旧坊),在今西便门内大街中部路西有郝井台,据考为昊天寺故址,该处一带为棠阴坊。会仙坊,在今西便门大街中部路东,皈依寺之北一带。奉先坊(辽旧坊),在今白云观南、天宁寺北,双贝子坟东处。南永平坊,在今甘石桥西以南,此处已在辽南京城清晋门外路南,为金中都新设之坊。北永平坊(辽永平坊),约在今广外甘石桥以东路北,北观音寺西南处。归厚坊(辽旧坊),在北永平坊之北。显忠坊(辽旧坊),在归厚坊东南临街,在今广外北马神庙之南,广外关厢路北偏西处。衣锦坊,在显忠坊西北,当长春宫(太极宫)东南,今天宁寺西。广源坊,在显忠坊西北方,今小马厂一带或偏西。延庆坊,在奉先坊南,今天宁寺一带。西甘泉坊(辽旧甘泉坊、金分东、西),在显忠坊东侧,天宁寺南(黄土坡南尽头),今广外关厢路北。东甘泉坊,西甘泉坊之东,天宁寺南偏东,今广安门外路北护城河处。宣中坊,会城门内以东,今小马厂东北一带。敬客坊(唐辽旧坊),北临檀州街,相当于今广内大街和牛街交叉处东南角一带。南开远坊,长春宫之南,今白云观西边土阜以南,小马厂南双贝子坟一带。北开远坊(或为辽旧坊),在今广安门大街路北广安胡同(原名罐儿胡同)之北处,地适善果寺之东,中都崇智门内(辽拱振门内)。时和坊(唐、辽旧坊),在会仙坊南,今西便门内大街南口路东一带,亦即北线阁南口路东处。仙露坊(辽旧坊),在今广安门内大街菜市口之西路北处,相当于今教子胡同北口大街路北一带。金台坊,在仙露坊东,今菜市口十字路口西北方。嘉会坊,宣武门外大街路东有清代的永光寺街,相当于金中都光泰门街路东,为嘉会坊所在。北春台坊,在中都东北部,相当于今内城西南方闹市口之西。灵中坊,今宣武门外菜市口之东,四川营以西,地当金中都施仁门内大街路北一带。开阳东坊,开阳东坊在辽南京城开阳门外东侧一带,在今半步桥附近,陶然亭西有龙泉寺即开阳东坊之寺。南春台坊,位于开阳东坊之东,中都宣曜门内之南,阳春门以北一带,今陶然亭北、窑台以(转后页)

(三) 商市和手工业

　　*金中都是当时中国北方的商业都会。据《房山石经》记载，早在唐代幽州的市场就已形成许多行（如白米行、大绢行、彩帛行等），并以幽州城北部的檀州街为主要商业区，称"幽州市"。到辽金时期檀州街仍为最重要的商业区，在东部主要集中在今牛街与下斜街和广内大街相交的口上一带，西部有檀州街北大悲阁（辽圣恩寺）附近的"旧市"（至元代仍为市场），檀州街商业区汇集了各地的水陆百货[4]。此外，在城内东南部东开阳坊东天宝宫一带新辟"马市"[5]，兴德宫所在的街道（即崇智门内，施仁门内大街之北）也有商市[6]，甚在在皇城东千步廊中门内亦设"街市"（图4-5）。此外，还有人市[7]，典当业和高利贷也较活跃，各行业出现"行人"和"行头"，发行交钞（纸币），铸银币。为管理商市，当时设"中都市令司"，"掌平物价，察度量权衡之违式，百货之估值"[8]；并由"中都都商税务司"派都监巡察，以防商人偷税和匿税（商税是当时重要的财政收入）。宫中所需物品或食物须外购者，由"中都买物司"到市上购买。

　　金中都手工业较发达，以官手工业为主，隶工部管辖。少府监下设"文绣署"，"绣造御用并妃嫔等服饰"，民间纺织业也较活跃。少府监下又设"尚方署""裁造署"制造车舆和器具。设"作院"造兵器，设"笔砚局"制文具，设"中都都麹使司"负责大量造酒，设"都城所"和"中都店宅务"管理官、私营建。如此等等，不胜枚举。唯官、私手工业在中都城的分布情况，尚不清楚。

＊（接前页）西处。西开阳坊，位于辽南京城开阳门西侧，金宫城之东南，相当于今右安门内大街北口路西一带。西曲河坊，位于丰宜门内以东，西开阳坊之南，今外城西南角南菜园及右安门西侧一带。东曲河坊，位于西曲河坊之东，东开阳坊近南，约在今右安门东侧东达陶然亭湖西岸一带。广阳坊，位于金皇城南侧之西，在今菜户营、三路居、孟家桥一带。富义坊、位于广阳坊之西，金皇城西南，相当于今孟家桥之西及骆驼湾一带。永乐坊，位于灏华门内以南，富义坊之西，相当于今蝎子门以东的南方。常乐坊，位于西苑之西，灏华门内，今南马连道、魏墙角一带。常清坊，位于富义坊南，今万寿寺之北。铜马坊，位于宣曜门内，今西砖胡同南口之处。铁牛坊，位于宣曜门内之北，施仁门内之南近城垣处。康乐坊，位于敬客坊东，约在今菜市口以西教子胡同北口一带。以上参见本书图4-3。此外，还可参见赵其昌《金中都城坊考》（《首都博物馆国庆40周年文集》，中国民间艺术出版社1989年版）。

[4] 宋人《宣和乙查奉使全国行程录》（《许亢宗行程录》疏证稿，见于贾敬颜《五代宋金元人边疆行记十三种疏证稿》）云：燕京析津府，"户口安堵，人物繁庶，大康百陌，皆有条理"，"城北有三市，陆海百货，萃于其中"，"锦绣组绮，精绝天下"，"水甘土厚，人多技艺"。

[5] 《析津志辑佚·祠庙仪祭》"三灵侯庙"条，记天宝宫有马市。

[6] 《金史》卷八《世宗下》：大定二十一年二月，"乙巳，以元妃李氏之丧，致祭兴德宫。过市肆不闻乐声……"可见此处商业之盛。

[7] 《燕云录》记载，燕山有市卖人。

[8] 《金史》卷五七《百官三》。

五　郊坛、寺观及其他配置

（一）郊坛

金自天德以后，始有南北郊之制。南郊坛在丰宜门外，北郊方丘在通玄门外，朝日坛在施仁门外之东南，夕月坛在彰义门外之西北[1]。此外，郊天台在京城之南五里[2]，高禖坛在景风门外东南端[3]，风师坛在景风门外东南[4]，雨师坛在端礼门外西南[5]，拜郊坛在府（顺天府）西南七里[6]。

（二）寺观

金中都佛、道兴盛，但金统治者重在崇儒，故对佛、道也有一定限制，其兴盛程度和寺观规模不如辽南京之时。金中都的寺观以唐、辽兴建者为主，金时兴建者有限。金中都寺庙主要分布于城内东和北部，共分布情况参见图4-3。

（三）其他配置

衙署，除皇城千步廊侧所置中央衙署外，其他中央和地方衙署，以及城内诸仓等，具体位置不明。金中都的学校有国子监、国子学、太学、女真国子学、女真太学、大兴府学、大兴府女真学以及司天台属下的专门学校等。其中仅知太学建于京城之南[7]，余者

---

[1]《日下旧闻考》（一）卷三七，第593~594引《元一统志》："金自天德以后，始有南北郊之制。大定，明昌，其礼浸备。南郊坛在丰宜门外，圆坛三成，成十二陛，壝墙三匝，四面各三门，斋宫东北，府库在南，坛壝皆以赤土圬之。北郊方丘在通玄门外，方坛三成，四正陛，方壝三周，四面，亦三门。朝日坛曰大明，在施仁门外之东南，门壝之制皆同方丘。夕月坛曰夜明，在彰义门外之西北，掘地圬之，为坛其中，常以冬至日合祀昊天上帝、皇地祇于圜丘，夏至日祭皇地祇于方丘，春分朝日，秋分夕月。"《金史》卷三〇《礼志》："南郊坛在丰宜门外，当阙之巳地。园坛三成，各按辰位，壝墙三匝，四面各三门。斋宫东北，厨库东南。坛、壝皆以赤土圬之"；"北郊方丘，在通玄门外，当阙之亥地。方坛三成，成为子午卯酉四正隅。方壝三周，四面亦三门"；"朝日坛曰大明，在施仁门外之东南，当阙之卯地。门壝之制皆如方丘"；"夕月坛曰夜明，在彰义门外之西北，当阙之酉地，掘地汙之，为坛其中"。
[2]《日下旧闻考》（三）卷九〇，第1535页引《析津志》："郊天台在京城之南五里，有壝，设郊祀署主之……金大定十一年拜郊所建。"
[3]《金史》卷二九《礼二》："明昌六年，章宗未有子，尚书省臣奏行高禖之祀，乃筑坛于景风门外东南端，当阙之卯辰地，舆圜丘东西相望，坛如北郊之制。"
[4]《金史》卷三四《礼七》：明昌五年"为坛于景风门外东南，阙之巽地，岁以立春后丑日，以祀风师"，"又为坛于端礼门外西南，阙以坤地，以立夏后申日，以祀雨师"，"是日，祭雷师于位下。"
[5]《金史》卷三〇《礼三》。
[6]《大明一统志》卷一，"京师·顺天府"："拜郊台，在府西南七里，金大定间拜天于此。"
[7]《大金国志》卷二〇，"章宗皇帝中"记载："承安四年二月，诏建太学于京城之南，总为屋七十有五区。"金中都创建女真国子学、女真太学，在中国教育史上开创了建立民族学校的先例，对其后的元和清朝均有影响。

文献未记方位。

六 城内给水系统和漕运

(一) 城内给水系统

城内给水系统有三，第一个水源是《水经注》所记的西湖和洗马沟水。西湖即今莲花池，由莲花池东南流的小河称洗马沟。西湖和洗马沟水是辽南京城西、南护城河的水源，至金代此护城河成为中都的内河。具体言之，即洗马沟水流经辽南京城西城墙外的护城河后，被导入同乐园和宫内的鱼藻池，然后流经皇城南面正门宣阳门前龙津桥下，向南斜穿丰宜门和景风门间城墙水关，出城入中都南护城河（图 4-3）。南护河西段水源，来自今水头庄，水东南流入柳村河（柳村今在河南岸，北与万泉寺相望），柳村河即金中都城的南护城河[1]。此外，洗马沟水从西湖流出"水口子"的一支南流，则为中都城西护城河的水源。以上主要是解决了皇城、宫城和西、南护城河的水源问题。第二个水源是钓鱼台（今玉渊潭）蓄水池，池水东南流至会城门入北护城河，又经长春宫北之水门入城，流经中都北部，向东从施仁门北水关流出城外。第三个水源是北边的高梁河，将该河南引，经南北向的水渠（今南、北沟沿）导入中都城的北护城河（参见下文）。以上主要是解决了中都城北和东护城河的水源问题。除上所述，原辽南京城南和东面护城河至金未干涸，亦成为金中都城之内河[2]。

(二) 漕运

北京地区自东汉时期起，就有开渠灌溉的传统[3]。其中最重要的是曹魏嘉平二年（250年），镇北将军刘靖所开的"戾陵遏（堰）——车箱渠"（灌溉渠）。该渠分漯水（今永定河）之流，在梁山（今石景山）以南傍河筑坝，障水东下，名为戾陵遏[4]。自此以下所凿引水渠道命名为车箱渠。车箱渠下游与高梁河上源连接，并利用高梁河作为灌溉干渠。此后魏景元三年（262年）樊晨重修戾陵遏，广开水渠，"水流乘车箱渠，自蓟西北迳昌平，东迳渔阳潞县，凡所润含，四五百里，所灌田万有余顷"[5]。从而将漯水与潞水（潮白河）连接起来，对后世产生了重大影响（车箱渠故道屡为后人沿用，该渠晋时毁坏）[6]。以上情况，均为金开漕运提供了极其宝贵的经验。

其实今北京地区真正开漕运应在金代，早在海陵王行将迁都中都之际，就注意到漕运

---

[1] 侯仁之《北京都市发展过程中的水源问题》（《北京大学学报》1955 年第 1 期）第 281～288 页，有《金中都的水源》一节。柳村河见该书第 282 页和该页注②。

[2] 于杰等《金中都》，北京出版社 1989 年版，第 27 页。

[3] 侯仁之主编《北京城市历史地理》，北京燕山出版社 2000 年版，第 387～400 页。

[4] 《水经注》卷一四："水首受漯水于戾陵堰，水北有梁山，山有燕刺王旦之陵，故以戾陵名堰。"（《四部备要》本第 7 页）。

[5] 《水经注》卷一四。

[6] A. 于杰等《金中都》，北京出版社 1989 年版，第 144 页。

B. 侯仁之《历史地理学的理论与实践》，上海人民出版社 1979 年版，第 274～279、276 页之注②。

问题。天德三年（1151）即将潞县改为通州，以取"漕运通济"之义。潞县靠潞河（亦称潞水），该河由自北南流的潮河、淑河及西北来的温榆河（在昌平城之南）在潞县以北合流而成，流量较大。但是由于中都平均海拔高度较通州高约 20 米，潞河不能西引。在这种情况下，通州至中都 50 里仍靠旱路运粮，费时耗力，费用高昂，所以金世宗即位后就着手解决漕运问题。于是在金"大定十年（1170 年），议决卢沟河（金代将桑干河在中都近郊的河道称卢沟河），以通京师漕运"，次年"自金口疏导（卢沟河水）至京城北入濠（中都北城濠），而东至通州之北入潞水"[1]，十二年渠成，是为金口河。金口河在中都以西的部分河段似利用了前述刘靖戾陵遏——车箱渠故道，加以疏导，引水入中都北城濠[2]。金口在石景山北麓（位于石景山发电厂院内），金口河的流向和流程大致是向东经今北辛安街、杨庄北、龚村和田村南、梁各庄和铁家坟、朱各庄北，东入玉渊潭（以上河段讹称金沟河）；然后东南至木樨地、青龙桥，入金中都北护城河；再向东大致经今内城西南隅的前百户庙、东太平街、溲水河、旧帘子胡同等地，又东经今人民大会堂和历史博物馆南部，东接内城东南隅的船板胡同、泡子河（北京火车站南），最后东至通州入潞河[3]。但是，此河开成后，因"地势高峻，水情浑浊。峻则奔流漩洄，啮岸善崩；浊则泯淖淤塞，积滓成浅，不能胜舟"[4]，漕运未能成功。大定二十七年（1187 年），遂将金口堵塞，金口河废止（按，废止前金口河在灌溉方面曾发挥了作用。此后元代曾打算利用金口河，亦未成功）。由于金口河引水失败，金则重点整顿卢沟河的陆路交通。"（大定）二十八年五月，诏卢沟河使旅往来之津要，令建石桥，未行，而世宗崩。大定二十九年六月，章宗以涉者病河流之湍急，诏命造舟，既而更命造石桥。明昌三年三月成，敕命名曰广利"[5]。广利桥亦称卢沟石桥，横跨卢沟河，《析津志》说："水至卢沟，波涛汹涌，狂澜叠出，石齿相角。上架石梁，有狮子阑楯"，这就是迄今仍存，闻名遐迩的卢沟桥。

金在引卢沟水失败后，转而改从玉泉山引水和高梁河水相通以济漕河。泰和四年（1204 年）"议开通州漕河"[6]。从玉泉山附近的瓮山泊（今昆明湖前身，玉泉山诸泉的一支汇入。按瓮山之称起于元代，金代名称无考）引水至中都北郊的高梁河[7]，加大高梁河流量。又从高梁河开河道引水入中都北护城河，向东通漕河（即后来的通惠河）至通

---

[1] 《金史》卷二七《河渠》。
[2] 于杰等《金中都》，北京出版社 1989 年版，第 144 页。
[3] 侯仁之主编的《北京城市历史地理》（北京燕山出版社 2000 年版）第 404 页记述了金口河的流向和流程。第 405 页记述了通州以东漕运的情况。
[4] 《金史》卷二七《河渠》。
[5] 《金史》卷二七《河渠》。
[6] 《金史》卷一〇一《乌古论庆寿传》。又《金史》卷一一〇《韩玉传》："泰和中，建言开通州潞水漕渠，船运至都。"
[7] 高梁河河源说法不一，如《水经注》说："㶟水又东南，迳良乡县之北界，历梁山南，高梁之水出焉"，又说："㶟水又东南，高梁之水注之。水出蓟城西北平地泉。"《析津志辑佚》说："高梁河，原出昌平县涧，东南流至高梁店。经宛平县境……"侯仁之《历史地理学的理论与实践》（上海人民出版社 1979 年版）第 276 页之注③说："高梁河上源，本出今西直门外紫竹院，其地有泉。"

州。《金史》卷二七《河渠志》"漕渠"条记载："金都于燕，东去潞水五十里，故为闸以节高良（梁）河、白莲潭诸水，以通山东、河北之粟……其通漕之水……皆合于信安海壩，溯流而至通州，由通州入闸，十余日而后至于京师。"白莲潭系指今代刹海、北海、中海等天然湖泊，为闸是因为上述河段地形比降很大，故沿河设八闸以节流水，因而又称"闸河"。尽管如此，由于水量有限，闸河难免浅滞，或通或塞，通时由通州至中都需十余日，"塞"则陆运漕粮，其使用率不高、运输效率较低，尚未完全解决漕运问题。

金导西北诸泉东南流注高梁河，是北京近郊河流水系上的一个重要改变，对元大都有重要影响。此外，金世宗在高梁河下游一片天然湖泊附近建大宁宫（又名寿宁、寿安、万宁），扩大湖面，筑琼华岛（今北海公园前身），又与元大都城奠址有非常密切的关系。

七　金中都形制渊源和主要特点

金中都在辽南京城基础上改扩建而成，两者形制布局间的直接承袭关系已如前述。除此之外，金中都的改扩建，其总体形制布局一扫金上京的影响，改以北宋东京开封府城为蓝本，并参考宋以前的都城，完全按照中原地区都城模式，对原辽南京城因地制宜地加以利用和改造。因此，金中都的形制布局，既有北宋开封府城和前代都城的烙印，又在此基础上形成了独自的特点。

首先，在金中都总体形制布局上，其主要特点表现如下：第一，金中都按东京开封府城模式，同样采用三城环套形制。其差异是根据金中都的具体情况，将内城置于外城中部偏西，并使之变为皇城，宫城则置于皇城内的东部。第二，金中都外城诸门配置态势与开封府城外城相似，两者东、西、南均三门，北面四门。金中都北面正门通玄门，与开封府外城北面正门通天门仅一字之差（辽南京时称通天门）。第三，金中都外城有施仁门（东）、彰义门（西）、端礼门（南）、崇智门（北），寓有崇尚仁、义、礼、智之义，明显可见汉文化传统的影响。而金中都南面的景风门又与唐长安城皇城景风门同名，则可见宋以前都城的影响。第四，金中都城内主要街道因受河流干扰较少，各城门内主要街道均为正方向，此点类似隋唐长安城而不同于北宋开封城。第五，由于金中都皇城位于外城中间偏西，所以只有施仁门与彰义门，阳春门与丽泽门、崇智门与景风门之间大街是直通的（会城门与端礼门大街是否直通，学者的意见不一）。这个现象与开封府不同。第六，金中都外城内东、西城的分界以崇智门与景风门间大街为准，这种分界偏东的现象在中国古代都城中是独一无二的。第七，金中都宫城的中轴线不居全城之中，且向北延伸到外城北城墙通玄门；南面丰宜门至宣阳门大道与汴京宫城南面御道相似，甚至连龙津桥的名称也相同。如此，则造成位于轴线上的丰宜门宣阳门大街和拱辰门通玄门大街隔皇城相对之势，这个特点不同于开封府城和前代都城。其中宫城轴线向北延伸，是宫城中轴线的重要发展和变化，对元大都和明清北京城宫城中轴线有重要影响。第八，金中都城内按西南、西北、东南、东北四隅置坊，与开封府城按四隅设厢坊的情况相同。第九，金中都内原辽南京城部分保留唐、辽以来的旧坊制（有部分变化，见前述情况）；其外扩部分采用街巷制，按街巷设坊，基本同于开封府城，对元大都街巷（胡同）制布局产生重要影响。上述两种情况共存，是金中都城的重要特点之一。第十，金中都在唐、辽基础上，又新建了一些寺观，城内寺观分布，略呈组团式，较有规律（图4-3）。此外，一些寺观和庙还分布在城门内附近，如景风门内有十方万佛兴化院，阳春门内有紫虚观、天宁禅院，施仁门北水门街内有崇玄观，光泰门内有殊胜寺、九圣寺和永宁寺，崇智门内有延洪禅寺，彰义门内有武安王庙，丽泽门内有武成王庙等。这个特点与开封府相同。此外，在报恩寺、报德寺供世宗御容，圣安寺供章宗和李妃御容，具有原庙性质。金早在上京时就建有原庙，这个现象既受开封府城影响，又对元大都有较大的影响。

其次，宫城方面前已说明其规制、式样，结构和尺度均参照宋开封府宫城[1]。但是，由于两者宫城遗迹基本无存，难作具体比较，所以下面只能据已知情况概言之。第一，"择中立宫"是宫城选址的主要标准之一，为达此目的，金中都将辽南京城东、南、西三面外扩，使宫城大体居中而偏西。从"择中立宫"来看，比前代都城有较大改进。金中都宫城位置，改变了隋唐宫城在都城之北居中，北宋开封宫城在外城中部偏北居中的格局，并成为尔后元大都和明清北京城选择宫城位置的参照模式。第二，金中都宫城正南门应天门与唐洛阳宫城正南门同名，宫城左、右掖门，东、西华门的名称和位置均同于北宋开封宫城。皇城拱宸门同于北宋开封宫城北门，宣阳门与北宋开封宫城宣德门仅一字之差。金中都应天门（"左右有行楼，折而南、朵楼曲尺各三层四垂"）与隋唐长安城洛阳城宫城承天门和应天门，以及开封宫城宣德门的平面均呈"凹"字形，其间形制承袭关系明确。此后，元大都宫城崇天门，明清北京城宫城午门又是在金中都应天门形制基础上发展起来的。第三，金中都宫城四隅设角楼，以东、西华门间横街作为宫城南北两组宫院的界线，这个情况同于北宋开封宫城。第四，金中都宫城分三路集中配置，应是在北宋开封宫城两路配置基础上发展而来，并成为明清北京宫城分三路配置之源。金中都宫城中路前后两组主要宫殿置于宫城中轴线上，这是隋唐长安城、北宋开封，以至元大都和明清北京城宫城一直遵循的传统。第五，金中都宫城中轴线仁政殿后的后宫，前组宫殿称"皇帝正位"，后组宫殿称"皇后正位"，开元大都宫城中轴线前组宫殿称"大内前位"，后组宫殿称"大内后位"之先河。第六，金中都仁政殿一组建筑平面构图（图4-8），与唐长安宫城太极殿建筑群平面大同小异[2]。唯钟鼓楼置于两侧廊庑上始于金中都（隋唐长安、洛阳、宋开封的钟鼓楼置于殿庭东南和西南部，其位置不同于金中都宫城[3]）。第七，金中都主要

---

[1] 《北行日录》载，金中都宫城中宫"幕帏以珍珠结网，或云皆本朝（宋）故物"，"榻后照屏画龙如本朝"，可见金中都宫城甚至将北宋宫城的摆件、饰物也照样移置。虽然如此，但《揽辔录》仍认为金中都"殿屋崛起处甚多，制度不经"，"强效华风……而终不近似"，说明金中都宫殿建筑在仿宋之时，应有创新，而独具特点。

[2] 傅熹年主编《中国古代建筑史》第二卷（中国建筑工业出版社2001年版）"两晋南北朝隋唐五代建筑"第363页图3-2-2"唐长安太极宫平面复原示意图"中，太殿两侧有东上阁门，西上阁门，殿周围廊庑，其与仁政殿建筑群平面的差异，一是两庑有门，钟鼓楼置于殿庭东南和西南角，且鼓楼在西，钟楼在东。

[3] 傅熹年主编《中国古代建筑史》第二卷（中国建筑工业出版社2001年版）"两晋南北朝隋唐五代建筑"。

宫殿为"工"字殿，殿后有阁，同于宋开封宫城主要宫殿[1]。第八，金中都宫城引水系统称金水河，其名称和态势与宋开封宫城金水河相似。第九，金中都宫城内有琼林苑，为明清北京宫城内设苑之先声。第十，宋开封宫城皇城等总周长9里13步，金中都则将宫城周长变为9里30步。这个变化直接影响到元大都和明清北京宫城的周长。

此外，在皇城方面。第一，金中都皇城在辽南京子城基础上外扩而成，环套宫城和御苑。即皇城内东部置宫城，宫城之东有东苑，宫城之西有西苑和北苑，宫城之南千步廊部分向南"突"出，皇城总平面呈倒"凸"字形。从而改变了唐宋宫城在北、皇城在南的模式，并成为元大都、明清北京城皇城形制，以及皇城与宫城、御苑配置形式之滥觞。第二，辽南京皇城内东部为宫城，宫城内西部有瑶池。宫城外之东为内果园，西为园林区。宫城南门丹凤门外与启夏门间有球场、万胜殿、永平馆和于越王廨等。金中都皇城即在此基础上变化而来，其皇城与宫城和苑的配置形式一如前述，宫城之南千步廊皇城向南凸出部分则是辽南京丹凤门与启夏门间部分的扩大（辽永平馆变成来宁馆，于越王廨变成会同馆）。金中都与辽南京两者皇城宫城的承袭关系至为明确。第三，金中都皇城南部凸出部分的形制，是由宋开封皇城宣德门前准"T"字形宫廷广场演变而来。其变化一是如同宋开封宫城宣德门前御道两侧的权子之外，出现真正的千步廊（图4-5、图4-8）；二是将应天门前横街加宽，并与南面千步廊内御道结合更加紧密，形成真正"T"字形宫廷广场；三是将尚书省、六部、太庙、会同馆、来宁馆等紧凑整齐地配置于千步廊两侧，并将该部分封闭起来，一改宋开封宫廷广场开放的模式；四是将宋开封宫廷广场的南面御街开放式商市变成固定的街市。上述变化遂成为元大都、明清北京城宫城南面千步廊一组建筑形制之原型。第四，金中都将宋开封内城变为皇城，并将开封宫城外诸苑纳入皇城之内。金中都皇城北门拱辰门与开封皇城北门同名，南面宣阳门与汴京皇城南面宣德门仅一字之差。此外，金中都在宫城外建兴德宫（行宫），又与南宋临安在宫城外建德寿宫有一定相似之处。

综上所述，金中都城形制布局的形成，主要有四大因素。第一，承袭、利用和改造辽南京城，因而金中都的形制布局明显有辽南京城的烙印。第二，在利用改造辽南京城过程中，主要参照了北宋东京开封府的形制布局，并以开封府宫城为蓝本，有选择地移植。第三，吸收了宋代以前都城形制布局中某些可利用的因素。第四，金中都在营建改造过程中，不是生搬硬套其他都城的模式，而是在总结前代都城形制布局的基础上，将前三者融会贯通，根据金中都的实际情况取其所需，进行再创造，因而出现许多别于前代的新特点，呈现出新的形制布局。这种新的形制布局，其重要性在于它是从宋开封类型到元大都及其以后的明清北京城演变过程中的主要中间过渡环节。其承前启后，继往开来，对中国古代都城最后终结模式的形成有重大影响。所以金中都的形制布局，在中国封建社会后期都城形制演变史中的地位和作用是不容忽视的。

---

[1] 郭黛姮主编《中国古代建筑史》第三卷"宋辽金西夏建筑"，中国建筑工业出版社2003年版，第355页。

第五章　元上都和元中都

第一节　元上都的形制布局

一　概说

成吉思汗至蒙哥时期，蒙古汗国（号大蒙古国）以漠北为基地，窝阔台之世建都于和林（成吉思汗曾在此置斡尔朵，尔又写作"耳"）[1]。忽必烈建立元朝后，其都城有元上都、元大都和元中都。

元上都遗址，蒙古语称"兆奈曼苏默"，即"有一百零八座庙的地方"。遗址在内蒙古自治区锡林郭勒盟正蓝旗敦达浩特镇东18公里的闪电河北岸约1公里，"五一种畜场"

---

[1] 和林，全称哈喇和林（Qara-qorum，突厥语"黑圆石"）。1235年窝阔台为"奠定世界强国之根基，建立繁荣昌盛之基础"，遂命汉人刘德柔（刘敏，宣德人）为之"立行宫，改新帐殿，城和林，起万安之阁、宫闱司局"（元好问《刘德柔先茔神道碑》，《遗山集》卷二八）。刘德柔规划建造的和林城，位于今蒙古国前杭爱省鄂尔浑河右岸呼舒柴达木南约20公里处，在杭爱山东山脚下额尔德尼召之旁。和林的位置，直到1891年俄国拉德洛夫在额尔德尼召发现至正丙戌年（1346年）许有壬撰文的"敕赐兴元阁碑"残片，才最后得以确认。兴元阁高五层，1256年建（见许有壬《至正集》，《元人文集珍本丛刊》，台北新文丰出版社1985年版）。

和林城平面形制，见日本人白碘之著、张文平译《蒙古帝国首都哈剌和林的城市平面图》（《内蒙古文物考古》1999年第2期第88页）。该城呈不规则长方形，南北约2500米，东西约1300米（1996年日本白石典之测绘和林城，称：城南北1.5公里，东西宽1.1公里）。城墙土筑，四面开城门，其中南面似有三门。宫城称万安宫，在和林城西南部，略呈方形，长255米，宽220～255米。宫城内发现5座殿基，中央殿基高约2米，面积55米×45米，地面铺绿琉璃方砖，残存花岗岩柱础（有人根据残存柱础的位置，推定有75根木柱），殿南面残存花岗岩石板砌的门址。其余四座殿基面向中央大殿基，总的来看，这组宫殿建筑群既相互衔接，又中轴对称，显然是汉族传统宫殿布局和蒙古斡耳朵制结合的产物，同时又可窥见辽上京宫城配置形制的影响。宫殿址下的地层中发现12世纪末至13世纪初彩绘佛教壁画残迹，考古资料证明，在建筑装饰方面石膏占有重要地位，既在石膏泥壁面上绘壁画，进行浮雕，又用石膏塑成建筑细部装饰。"据《元史新编》（江苏广陵古籍刻印社1990年版），宫城中除"宫殿之外别有帐殿，名斡尔朵，金碧辉煌，层层结构，棕毳与锦绣相错，高敞峥嵘，可庇千人，每帐殿所费巨万"。由此可见，和林城的宫城是由汉式宫殿和蒙古式帐殿构成的。

1254年法国使臣卢布鲁克到和林访问，他在《东方诸国旅行记》中记载，和林城分为两个居住区，一是穆斯区（即蒙古人和色目人居住区），内设市场，各方商人云集。另一个是（转后页）

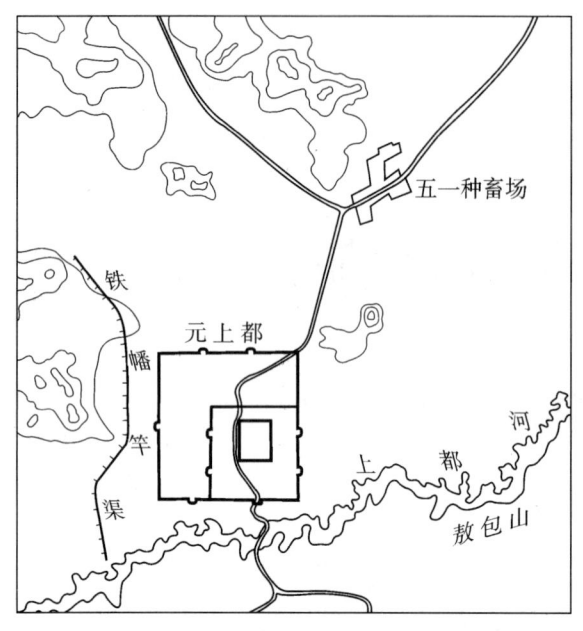

图 5-1 内蒙古锡林郭勒盟元上都位置示意图
（引自中国历史博物馆《内蒙古东南部航空摄影考古报告集》，略有改动）

南约 4 公里处，位于东经 116°09′50″～116°11′40″，北纬 42°20′52″～42°22′13″，海拔 1265～1281 米（图 5-1）。此处"龙岗蟠其阴[2]，滦江（指滦河上游闪电河）经其阳，四山拱卫，佳气葱郁……山有木，水有鱼盐，盐货狼藉，畜牧蕃息"[3]，是"北控沙漠，南屏燕蓟，山川雄固，回环千里"[4]的形胜之地。这里金代时属桓州，称金莲川。1251 年蒙哥即大汗位，1255 年蒙哥将该地赐予其弟忽必烈，渐成巨镇。由于这里便于与和林联系（"会朝展亲，奉贡述职，道里宜均"）[5]及南下控制汉族地区，故 1256 年忽必烈为达到"谨朝聘、出政令、来远迩，保生聚，以控朔南之交"的目的，遂命汉人僧子聪（刘秉忠）和贾居贞等在此筑城，经三年建成，名称开平。1259 年蒙哥死，次年忽

---

* （接前页）汉人区，内有手工业匠人。此外，还有十二座分属不同民族的寺庙，城边有两座清真寺和一座基督教堂。考古资料表明，城中央为商业区和手工业区。建筑遗存集中在东西、南北两条大街附近。城内发现炼铁炉和陶窑等手工业作坊，出土大量北宋钱币，钧窑和磁州窑瓷器，以及汉式铜镜、砖瓦等。1950 年还在和林南门发现一铁器窖藏，计有铁犁铧 18 件，铁轴衬 52 件，青铜铃 2 件，矛头和武器若干件，手工业和农业工具若干件。总之，和林乃是一座以汉族式样城市布局、宫殿、佛寺为底蕴，突出蒙古帐殿等特色，并杂有中亚伊斯兰建筑，西方基督教堂等建筑，具有独特风貌的都城。这座都城不仅是当时蒙古汗国的政治和宗教中心，而且还是商业和手工业中心（以农具和武器制造为主）。

　　中统二年（1260 年）忽必烈打败阿里不哥，进占和林。四年升开平为上都，次年升燕京为中都，在和林置宣慰司都元帅府。大德十一年（1307 年）设和林等处行中书省，统辖北边诸地，并置和林路，为行省治所。皇庆元年（1312 年）改为岭北等处行中书省，和宁路。元末北元退据和林，1380 年明朝军队攻陷和林。15 世纪初，鞑靼与瓦剌互相攻伐，和林遂被抛弃，逐渐荒芜。1585 年，在和林废址旁建大喇嘛寺额尔德尼召。1889 年，俄国 H. M. 亚德林采夫调查了和林遗址，1948～1949 年，苏联学者 C. B. 吉谢列夫领导苏蒙考古队发掘和林遗址。从 1983 年开始，蒙古国考古学者对宫殿遗址进行了发掘。

[2] 贾州杰《元上都调查报告》（《文物》1977 年第 5 期）文中说："龙岗，从地形上看是从外城北部进城北，再出城东延至小元山子前的一段高地。它形曲似蛇，其东'头'前有一个小山，似游龙戏珠，因而有龙岗之名。"又《元史》卷一五七《刘秉忠传》："初，帝命刘秉忠相地于桓州东、滦水北，建城郭于龙岗。"伍良臣《上京》（《永乐大典》卷七七〇二）："上都有山，名龙岗，宫阙对之。"《大明一统志》卷五《万全都指挥使司·山川》："卧龙山在旧开平城北三里，元上都北枕龙岗，即此也。"

[3] 王恽《开平纪行》，（见贾敬颜《五代宋金元人边疆纪行十三种疏元正稿》）。

[4] 贾州杰《元上都调查报告》（《文物》1977 年第 5 期）引顾祖禹《读史方舆纪要》。

[5] 上都是中原与蒙古本土的交通要冲，元朝时设有木邻、纳邻、帖里干三条驿道，沟通南北与东西的交通联系。上都与大都交通有东路、西路（歧分 3 条）、四海冶路（军事路线），参见侯仁之主编《北京城市历史地理》（北京燕山出版社 2000 年版）第 363～367 页。

必烈于开平府即大汗位（即元世祖），建元中统。在战胜了与之争夺汗位的幼弟阿里不哥后，开平升为府，置中书省，总理全国政务。中统四年（1263 年）升开平为上都（亦称上京、滦京），置上都路总管府，取代和林。至元元年（1264 年）升燕京为中都，至元八年十一月正式建国号大元（取《易经》"大哉乾元"之义），九年升中都为大都，至元十一年从上都迁都至大都。此后终元之世，元朝诸帝均于每年四月至八九月间在上都"时巡"避暑，处理政务，发布政令，举行诸王朝会、狩猎、祭祀或新帝登基等活动[1]。因而元朝实行的是大都、上都两都制，所以上都的营建始终受到元朝诸帝的重视。

元末农民起义风起云涌，至正十八年十二月，红巾军攻破上都，焚毁宫阙。明洪武二年也是至正二十九年（1369 年），常遇春一度攻克上都，复名开平府。洪武三年明将李文忠部进驻开平，以后置开平卫，并对开平城进行部分修补和利用[2]。明成祖出征漠北时，曾驻扎开平。宣德五年，开平卫移到长城内独石口堡（今河北赤城县独石口），该城逐渐废弃。

元上都遗址很早就引起学者们的重视，19 世纪末，俄国和英国学者曾对故城进行过调查，此后以日本学者居多。如 1908 年日本人桑原骘藏，后继者还有鸟居龙藏等人都曾到上都调查。抗日战争时期日本原田淑人和驹井和爱等到上都调查和盗掘，并出版了《上都》（东亚考古学会 1941 年版）一书。中华人民共和国成立后，内蒙古自治区文物考古工作者在 20 世纪 50 年代中叶和 70 年代多次调查上都遗址，1988 年被定为全国重点文物保护单位。20 世纪 90 年代以后，内蒙古文物考古研究所在上都设考古工作站，正式全面启动上都遗址的考古调查和发掘工作。

二 元上都的形制布局

元上都故城的考古工作尚在进行之中，下面仅据已刊布的调查报告和有关文章略作介绍。元上都故址由外城、皇城和宫城构成，皇城位于外城东南部，宫城在皇城中部偏北（图 5-2、图 5-3）。

（一）宫城

1. 宫城形制布局

宫城平面略呈长方形，东墙长 605 米，西墙长 605.5 米，南墙长 542.5 米，北墙长 542 米，周长 2295 米。宫墙夯筑，夯层厚约 9 厘米。夯土墙体内外包青砖，砖 34 厘米×19 厘米×7 厘米，顺丁平砌，白灰浆勾缝（缝厚 1.5 厘米）。包砖墙底部，以厚约 40 厘米的石条或片岩为墙基。在包砖与夯土墙体间约 1 米的空隙内，用不同规格的残砖块、小片石和泥土填筑。宫墙基宽约 10 米，残高约 5 米，残顶宽约 2.5 米。宫城四隅有角楼台基残迹，宫城南墙中间开门，称御天门；东、西墙城门大致在中间，分别称东、西华门，二门位置略相错（图 5-2）；北墙无门，均未发现瓮城遗迹。东西宫墙外 24 米（另一说 25 米）处，围宽约 1.5 米的石砌夹墙，北面夹城宽于东西夹城，石墙外有环城道路，宫城墙体外侧发现护城河残迹。宫城外有宫廷广场（东西约 500

---

[1] 迁大都后，元朝主要政府机构如中书省、枢密院、御史台、宣政院等，在上都均有分衙或下属官署。

[2] 李逸友《明开平卫及其附近遗迹的考察》（《内蒙古文物考古》1999 年第 2 期）对明代利用、修补元上都的情况进行了较详细的考察。

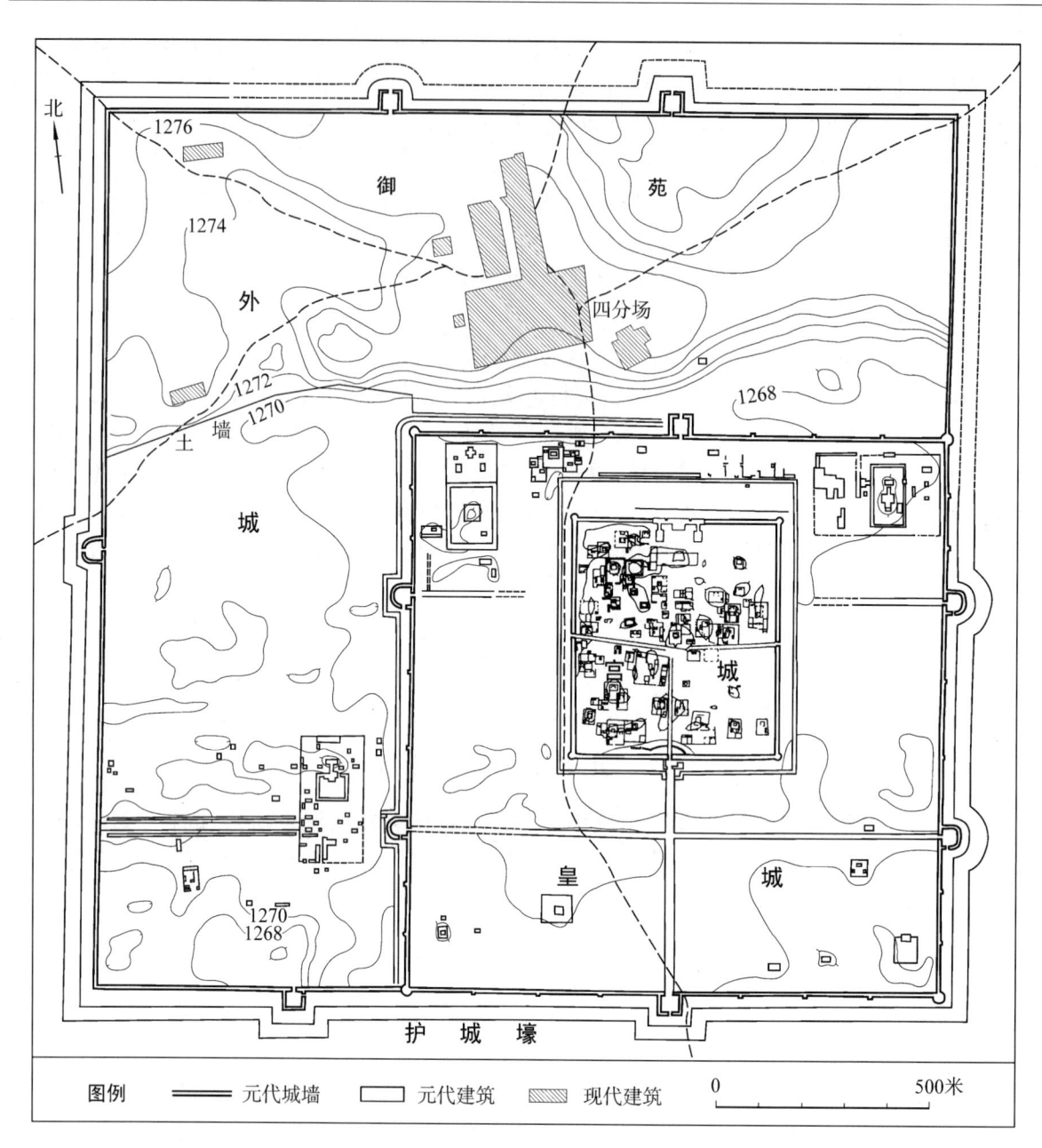

图 5-2 内蒙古锡林郭勒盟元上都故址实测平面图
(引自中国历史博物馆《内蒙古东南部航空摄影考古报告集》，略有改动)

米，南北约 100 米)。宫城内东、西华门间横街大致南北中分宫城，御天门内纵街是宫城的中轴线，并与前述横街呈"丁"字形相接[1]。在此以北的中轴线上配置主要宫殿，其两侧及横街之南的御天门内纵街两侧，大致规划出约略相等的呈不规则对称的四区

---

[1] 图 5-2 为实测图，东、西华门街道，分别斜向与中轴线交会。以此结合图 5-5 来看，图 5-3 东、西华门间直街，值得商榷。

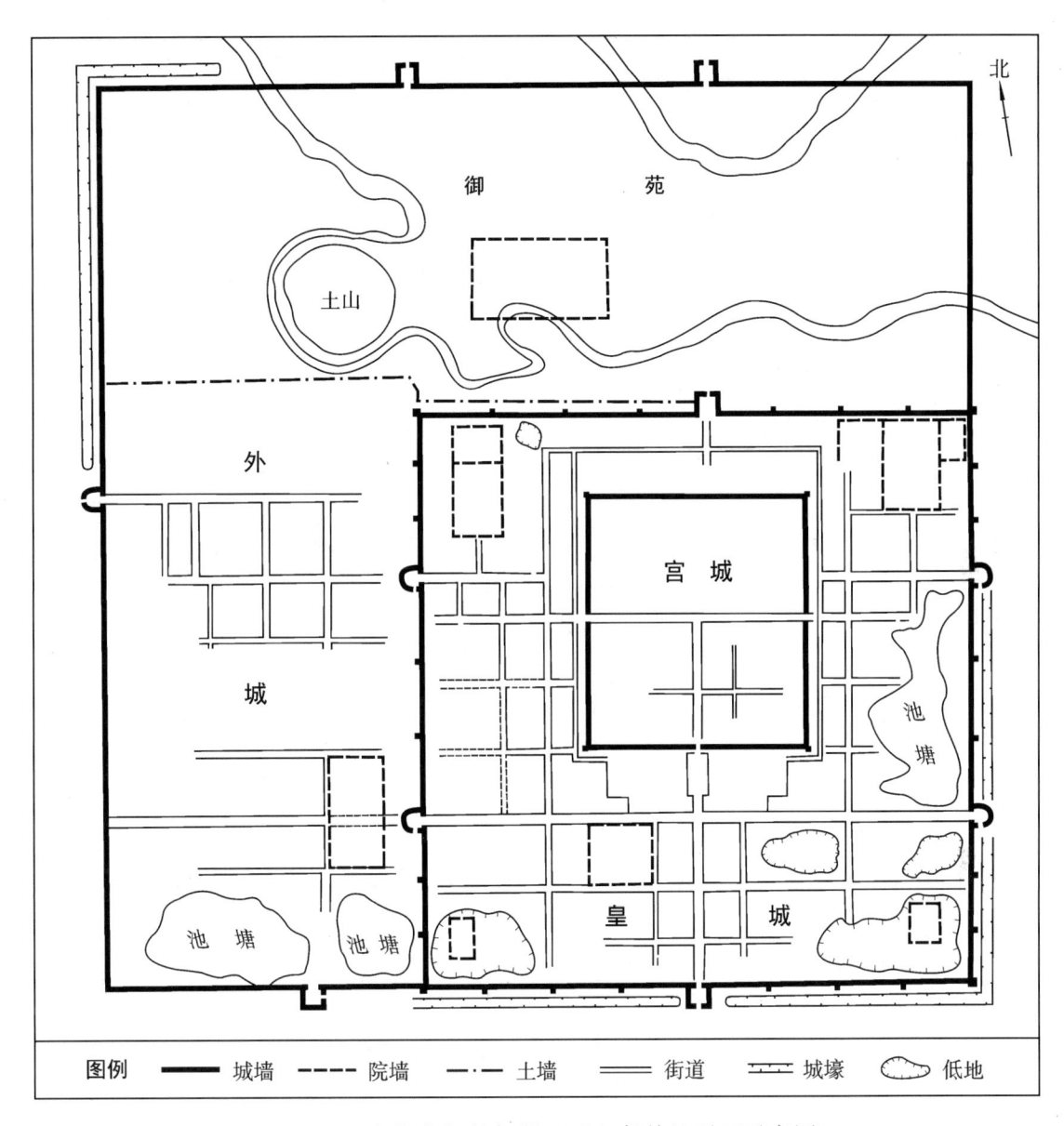

图 5-3　内蒙古锡林郭勒盟元上都故址平面示意图
（引自贾州杰《元上都调查报告》，略有改动）

（图5-4）[1]，每区各配置带有池沼的一组建筑群，各种遗迹有30余处[2]。

---

[1]　从图5-1、图5-5来看，贾州杰《元上都调查报告》（《文物》1977年第5期）所述分为四区（图5-4）无并明显分界，为行文方便，故借用此说。

[2]　贾州杰《元上都调查报告》（《文物》1977年第5期）中记述宫城南北620米，东西570米，宫城南门为阳德门。并说宫城内大致规划出约略相等的呈不规则对称的四区。魏坚《元上都及周围地区考古发现与研究》（《内蒙古文物考古》1999年第2期）说："我们在配合测绘的调查试掘中，对'夹城'的北墙解剖了三段，但未发现墙体痕迹，只在宫城北墙中央大殿北部，发现有大量建筑构件和石板铺砌的地面及排水槽，此应是宫城大殿后的一排建筑基址。""宫城正北大殿，御（转后页）

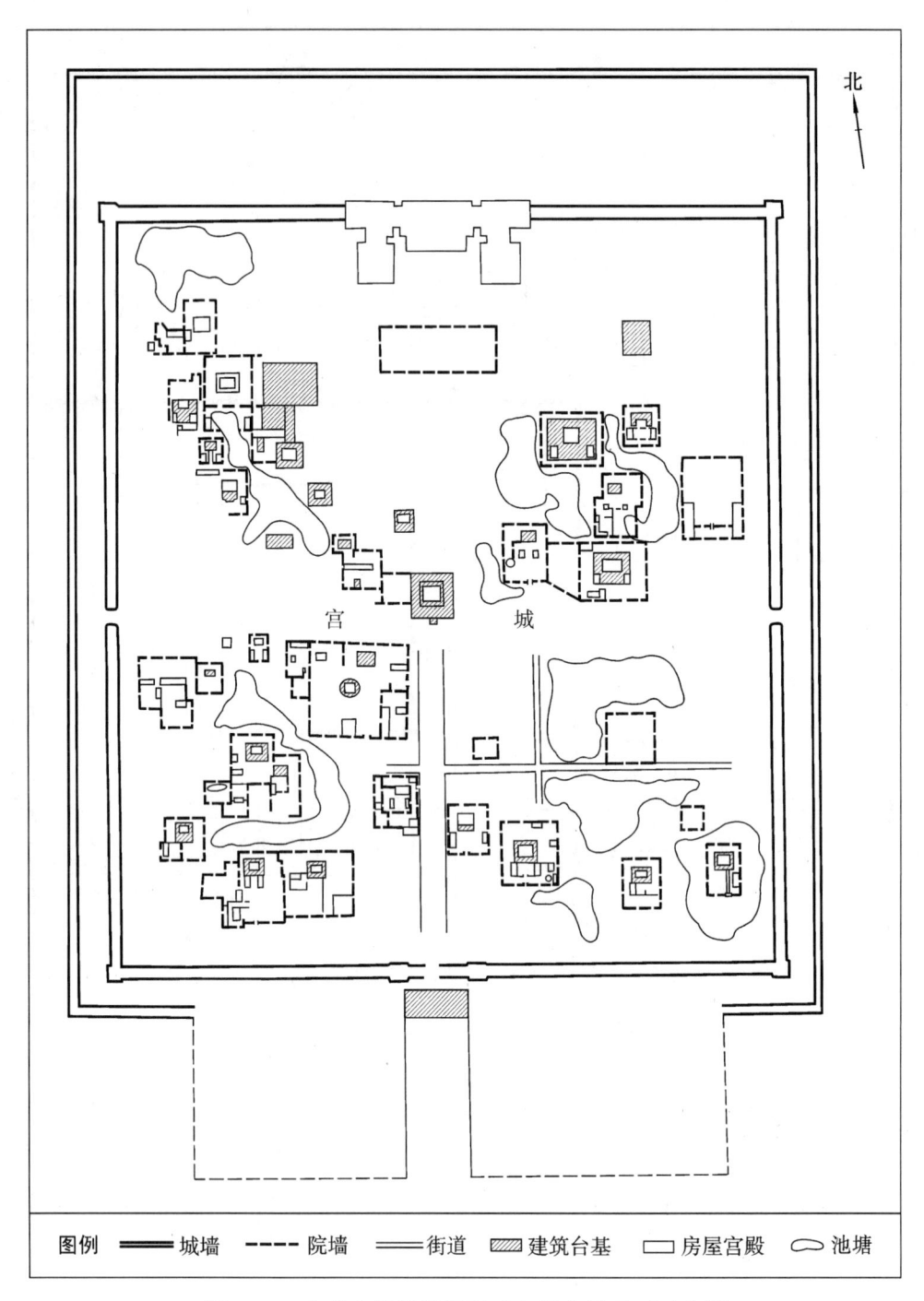

222　宋代至清代都城形制布局研究

图例 ━━━ 城墙　---- 院墙　══ 街道　▨ 建筑台基　▢ 房屋宫殿　⌒ 池塘

图 5-4　内蒙古锡林郭勒盟元上都宫城平面示意图
（引自贾州杰《元上都调查报告》，略有改动）

*御天门内大街与东、西华门间大街"丁"字形相接处之北，相当于中轴线位置上，建筑遗迹较多，其中仅南端的临"丁"字形相接处的殿址略作清理。该殿址下层为大致呈方形的台基，东西33.25米，南北34.05米，高1.5~1.8米，台基南侧有长约9.1米的斜坡踏道。台基外面以自然石块包砌，台基面上残存铺地方砖。遗址被晚期喇嘛庙遗址叠压，仅对遗址西南、东南两角及东侧进行了局部清理。初步判断，其东西基宽约40米，南北已知长度为35米。基础以上铺砂岩，残长80~130厘米，宽50~60厘米，厚约25厘米，石条相接处有"燕尾槽"。在石条之上，摆放一层汉白玉雕花石构件，构件高56厘米，宽54厘米，长50~220厘米不等，构件外侧四周雕出边框，宽约12厘米，框内浮雕牡丹、莲花等缠枝花卉，技法精湛，图案精美。在基址石条间，有加固基础的木桩，木桩直径在15~20厘米间。此外，在堆积中还出土了大量雕刻龙纹和花卉的汉白玉残块。清理者推断，其始建年代可能在忽必烈时期[3]。该台基之上，为较晚的喇嘛庙建筑遗址。这座殿址有的学者认为是大安阁遗址[4]，有的认为是衙署遗址[5]。又中轴线北端有一平面呈"凹"字形建筑台基，台基北部与宫城北墙结合一体，东西长约75米，中间凹入部分宽约25米，两侧突出部分（阙）长宽约28米，台基断面露纴木眼，外包青砖（图5-2、图5-4、图5-5）。该基址有大安阁[6]、穆青阁[7]和承应阙[8]三说。

前述中轴线建筑群之外的四区，各有堂阁亭榭等建筑群，自成建筑单元（图5-4）。

---

* （接前页）天门、明德门为一条南北中轴线，方向与真子午线平行，为0度。"宫城大型建筑遗址和院落遗址30余处，在宫城墙体外侧发现护城河残迹。本书撰写主要依据上述二文。《内蒙古东南部航空摄影考古报告》的第159页宫城航空照片显示宫城外有夹墙。

[3] 魏坚《元上都及周围地区考古发现与研究》，《内蒙古文物考古》1999年第2期。

[4] 《内蒙古东南部航空摄影考古报告》第158页图版57之说明。按：虞集《道园学古录》（《四部丛刊》本）卷一〇"跋大安阁图"载："世祖皇帝在藩，以开平为分地，即为城郭宫室。取故宋熙春阁材于汴，稍损益之，以为此阁，名曰大安。既登大宝，以开平为上都。宫城之内，不作正衙，此阁巍然遂为前殿矣。规制尊稳秀杰，后世诚无以加也。"又《元史》卷一三六《阿沙不花传》记载："尝扈从上都，方入朝，而宫殿多露，跣足而行。帝（世祖）御大安阁，望而见之。"（可见大安阁前开敞无遮）论者多据此，认为该殿基为大安阁故址。

[5] 魏坚《元上都及周围地区考古发现与研究》（《内蒙古文物考古》1999年第2期）说："元代文人周伯琦曾有'东华西华南御天，三门相望凤池连'的诗句，其中的'凤池'，古代一般代指中书省，元诗又有'御天门前闻诏书，驿马如飞到大都'的描写，可见此处宫殿的早期基址，应是元上都一处重要官衙所在地。"

[6] A. 贾州杰《元上都调查报告》，《文物》1977年第5期。
B. 原田淑人等《上都》文中还说，在凹字形台基上散布有青釉、绿釉鸱尾，以及龙首形瓦片（瓦当）等。

[7] 见《内蒙古东南部航空摄影考古报告》第158页图57之说明。《内蒙古元上都发掘取得重要收获》（《中国文物报》2009年12月18日第4版）中记述：与宫城北墙结合为一体的平面呈"凹"字形的阙式建筑南北宽67米，东西长137米，对该遗迹殿址四角与基址东侧面进行了清理。文中引用《元史》"穆青阁与大安阁相对"，"阁之两陲具有殿"，"盖其地势抱皇城"等记述，认为是穆青阁遗址。据此，穆青阁说似可成立。如是，那么前述方台基建筑遗迹则似为大安阁遗址。

[8] 陆思贤《关于元上都宫城北墙中段的阙式建筑台基》（《内蒙古文物考古》1999年第2期）一文依据遗迹形制结合文献分析，认为该阙式建筑台基应是承应阙，为"上都司天监"的"上都司天台"（又称"回回司天台"，即相当于现在的天文台）。

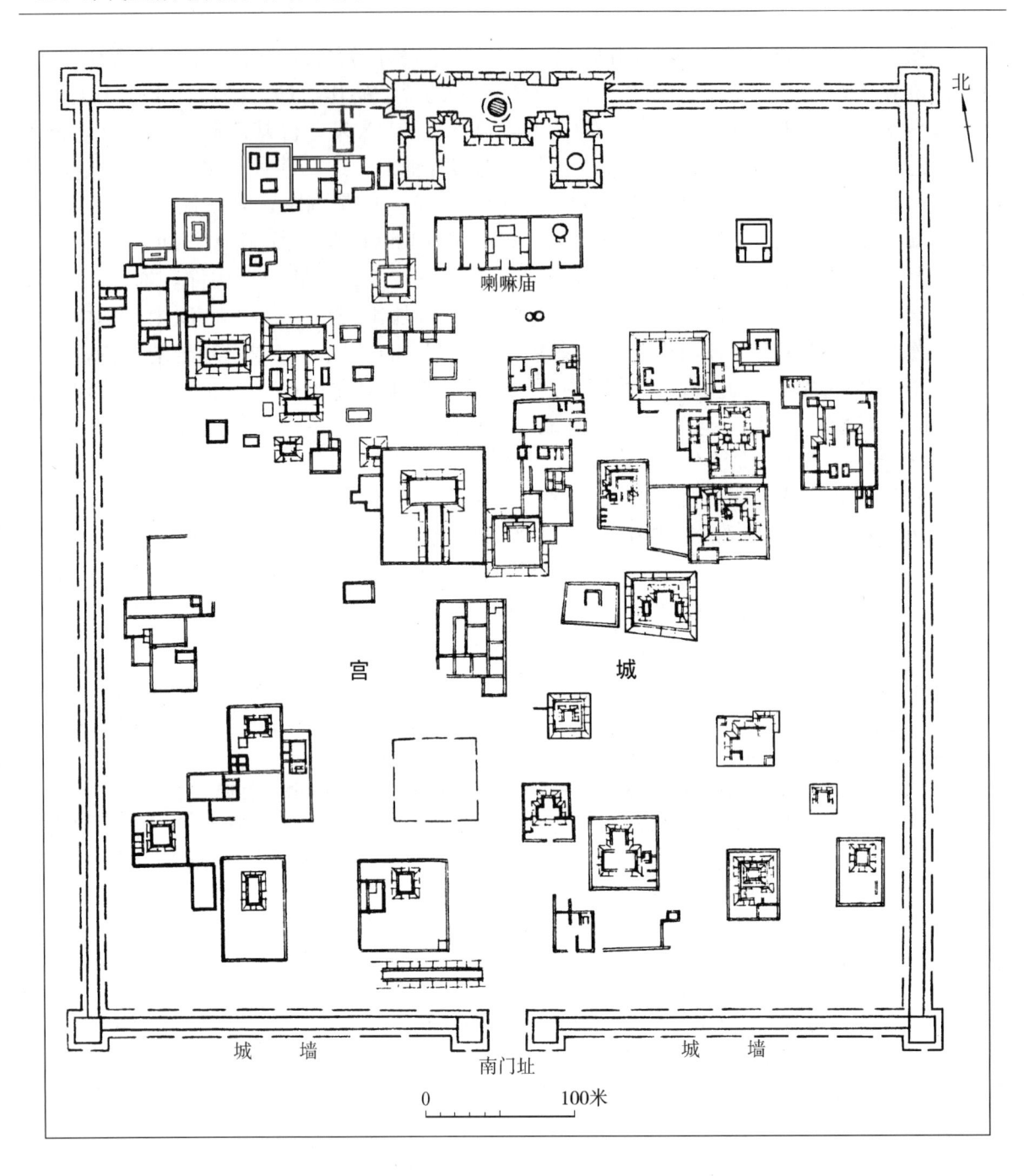

224 宋代至清代都城形制布局研究

图 5-5 内蒙古锡林郭勒盟元上都宫城实测图
(引自原田淑人等《上都》，略有改动)

这些建筑单元的布局不拘一格，灵活多变，有的地处土冈，有的临近水池，或为草地，或为院落，泉池穿插其间，路径曲折，颇具中原地区的离宫色彩。上述四区的建筑平面，以一殿两厢的"品"字形居多，也有"工"字形和曲尺形者。四区之中，西北区建筑遗迹较密集，并发现汉白玉石刻残件，覆盆式石柱础，黄、绿、蓝色的琉璃瓦残件，雕砖和残瓦等。仅东南区发现十字街残迹，部分路面还残存铺地砖。文献记载宫城中建筑较多[1]，如大安阁（登极临朝、议政之所，相当大都大明殿），《禁扁》以水晶殿、洪禧、睿思、穆清（又称阁）、清宁为上都五殿。此外，尚有崇寿、仁寿、统天阁、万安阁、楠木亭、通明殿、鹿顶殿、歇山殿、玉德殿、香殿、明仁殿、东便殿、五花殿等[2]，以及宫学和少数官署。上述殿阁等的方位文献记载极其模糊、含混，故其与现存遗迹的对应关系尚不明晰。

2. 宫城大安阁的性质形制和位置

（1）大安阁名称的由来和性质

唐长安宫城之西有大安宫，唐高祖李渊曾居之。金中都宫城以大安殿为正殿，是金廷举行重要仪式和庆典之所，大安殿前后分置大安门和大安后门（图4-8）。元世祖中统四年（1263年）五月"升开平府为上都"，至元三年（1266年）十二月"建大安阁于上都"[3]。大安阁的性质是上都的"前殿"，其比拟于金中都宫城正殿大安殿并承袭大安之名，使之成为皇帝在上都早朝，内阁及皇帝即位之所在[4]，同时也是上都皇室修佛事、供奉佛像、举行道家仪式和供奉祖宗神御像之所[5]。

据史籍记载[6]，1259年蒙哥死，忽必烈次年在开平即大汗位，建元中统（1260年）；1259年冬天和中统元年十二月忽必烈曾驻跸燕京近郊；中统四年（1263年）五月"立上都"，至元元年（1264年）八月升燕京为中都；至元三年（1266年）十二月建大安阁，至元四年（1267年）正月"城大都"。上述史实表明，忽必烈立上都与升燕京为中都，在上

---

[1] 叶新民《元上都研究》（内蒙古大学出版社1998年版）第24～25页认为《宣府镇志》（《读史方舆纪要》《口北三厅志》均抄《宣府镇志》），所记上都大明殿等宫殿名称，全是大都的宫殿，而不是上都的宫殿。这种张冠李戴的错误应予纠正。上都宫殿应以元代文献为依据。

[2] 叶新民《元上都研究》（内蒙古大学出版社1998年版）第26～33页。

[3] 《元史》卷五"世祖二"，卷六《世祖三》。

[4] A.《日下归闻考》（一）卷三十二482页"臣等谨按禁扁载，大安阁、水晶殿俱在上都"，大安阁"盖拟于大都之正殿。元文宗、成宗即位皆在大安阁"。

B.《日下归闻考》（一），卷三十439页"（朱彝尊原按）前代未有帝后并临朝者，惟元则然。周宪王宫词：大安楼阁耸云霄，列坐三宫御早朝"。

C. 元·虞集《道园学古录》卷一〇，"跋大安阁图"：上都"宫城之内不作正衙"，大安阁"巍然，遂为前殿矣，规制尊稳秀杰，后世诚无以加也"。

D.《文史》卷一八"成宗一"，卷二二"武宗一"、卷三三"文宗二"，分别记载成宗、武宗、文宗即位于上都大安阁。

[5] A.《元史》卷二七"英宗一"：至治元年五月"丁亥，修佛事于大安阁"。

B. 元·释念常《佛祖历代通载》卷二二（《钦定四库全书·子部·释家类》）：成宗践位，召藏传佛教丹巴金刚上师到上都，"就大安阁释迦舍利像前修设好事"，"师登内阁，次帝师坐"。

C. 元·王恽《秋涧集》卷四七（《四库全书·别集类·金至元》）："十年正月就上都大安阁，演金箓科仪"。

D.《元史》卷二八"英宗二"：至治三年（1323年），"帝御大安阁，见太祖、世祖遗衣，皆以缣素木绵为之，重加补缀，嗟叹良久"。据此可知，在元代中后期，大安阁可能兼有供奉祖宗神御像的神御殿的功能。

[6] 《元史》卷四《世祖一》、卷五《世祖二》、卷六《世祖三》。

都建大安阁与城大都在时间上分别前后相接，在立上都前还两次驻跸燕京近郊。所以忽必烈在立上都时已早有都燕之意[1]，这是忽必烈在上都"不作正衙"，仅以永安阁比拟正殿的主要原因之一。即忽必烈在立上都时就志存高远，并未打算将其作为永久的正式都城，而意在都燕，故在上都未建正殿及符合规制的宫殿系列。首先，在中国古代宫城中，"不作正衙"，而以"阁"比拟正殿者，只有元上都宫城这个孤例；其次，永安阁除比拟正殿外还有其他功能，显然上述非常规的权宜处置使上都一开始就具有行都和离宫的性质[2]。

(2) 大安阁的形制

元人虞集撰《道园学古录》卷一〇"跋大安阁图"载：大安阁"取故宋熙春阁材于汴，稍损益之，以为此阁"。明人李濂撰《汴京遗迹志》引宋人王恽《熙春阁遗制记》，记载北宋开封宫城熙春阁的形制结构如下：熙春阁"构高二百二十有二尺，广四十六步有奇，从则如之，虽四隅阙角，其方数纤余。于中下断甓为柱者五十有二，居中阁位。与东西耳构九楹，中为楹者五。每楹尺二十有四。其耳为楹者，各二；共长七丈有二尺。上下作五檐覆压，其檐长二丈五尺，所以蔽亏日月而却风雨也。阁位与平坐，叠层为四。每层以古座通藉，实为阁位者三，穿明度暗。而上其为梯道，凡五折骨"。该阁"取具成体，故两翼旁构，俯在上层。栏构之下，止一位而已。其有隆有杀，取其缥缈飞动，上下崇卑之序。此阁之形势，所以有瑰伟特绝之称也"。元上都大安阁既然"取故宋熙春阁材于汴，稍损益之"而成，故大安阁的形制结构当与熙春阁十分接近。

据上述记载，可知熙春阁是一座中间为五间见方的楼阁，左右两侧各有一个两间的"耳构"，中阁与耳构的总开间数为九间。即其通面阔九间，中间为见方五间，恰合象征天子"九五之尊"。其次，熙春阁立面上有五重屋檐（"上下作五檐覆压"），剖面为四层（"叠层为四"）。推测熙春阁有三层"通藉"的"古座"（"每层以古座通藉，实为阁位者三，穿明度暗"）"古座"即平坐，每层平坐上有一"阁位"，则其立面上有三层平坐，三层楼阁。上述分析表明，熙春阁即大安阁的平面和立面形制大致是一座五间方形平面加东西各两间耳构的楼阁建筑，外观为三层平坐，五层屋檐，中阁顶层为重檐屋顶。各层室内处于同一个标高上，并形成一个贯通的室内空间。各层屋檐也在同一标高上交汇，从而形成八个方向的屋霤，即"八滴水"的外观轮廓形式[3]。

(3) 大安阁的位置与穆清阁和承应阙的方位

前引《道园学古录》记载上都"宫城之内不作正衙。此阁（大安阁）巍然，遂为前殿矣"。《日下归闻考》卷三十二"臣等谨按禁扁载"，大安阁"盖拟于大都之正殿"。以大安阁为上都宫城前殿，并将其比拟于后来元大都宫城之正殿，故大安阁在宫城内的位置当在宫城东、西华门间大街与中轴线御天门内大街相接处之北，现已大致清理方形台基处（图

---

[1] 参见本书第六章元大都（上），一"选址"中注释介绍忽必烈未登大位前已早有都燕之意。

[2] 本书第二章南宋行在临安城的形制布局，第一节之二，"宫城与德寿宫"中，介绍南宋以临安城为行在，以原北宋州治为行宫，"外朝只一殿"，殿"随事易名"。上都情况与此有些类似。

[3] 熙春阁即大安阁形制的分析，见《当代中国建筑十书》中的王贵祥选集《元上都开平宫殿建筑大安阁研究》（辽宁美术出版社2013年版）。王贵祥在文中附有大安阁透视，正面、侧面透视、鸟瞰透视图，大安阁顶层及平坐斗栱透视图，大安阁耳构剖面图、大安阁侧面透视看屋顶造型，大安阁屋顶俯瞰图。

5-2、图5-4、图5-5)。

在元上都宫城内中轴线北端有一平面呈"凹"字形建筑台基，台基北部与宫城北墙结合一体（图5-4、图5-5）。前面已经介绍有的研究者据《元史》"穆青阁与大安阁相对"，"阁之两陲具有殿"，"盖其地势抱皇城"等记述，认为该"凹"字形台基为穆青阁遗址。又有学者认为该阙式建筑台基为承应阙，即"上都司天监"的"上都司天台"遗址。上述两种意见均无实证，但从《元史》所记位置和形制来看，以穆青阁说较为合适。此外，元大都宫城北门厚载门之东有观星台（内灵台），上都宫城北面"凹"字形台基位置与厚载门位置相同，这个现象对"承应阙"说而言，亦应引起重视。至于前面介绍的该基址大安阁说，显然是误判。

（二）皇城

皇城位于外城东南部，东和南城墙与外城东城墙南段和南城墙东段合一，东墙长1410米、西墙长1415米、南墙长1400米、北墙长1395米，平面略呈方形（图5-2），周长5620米。城墙夯筑，内外侧包砌自然石块，石墙宽0.8~1米，白灰浆勾缝。城墙基宽12米、残高约6米、残顶宽约2.5米。四角有高大的角楼台基（远较宫城角楼高大），在角楼和城门内侧分别筑斜坡马道。其中东南角楼台基经解剖，可知角楼台基呈圆形，底径约25米，向上有收分，残顶径约14米。角楼台基连接的东墙和南墙内侧各有一条斜坡式马道，东侧马道残长9.5米，最宽处3.8米；南侧马道残长12.5米，最宽处4.5米，马道筑法同城墙。皇城南、北墙中间相对开门，南门（与御天门直对）和北门分别是文献记载的明德门和复仁门[1]，城门外有长方形瓮城，瓮城宽约56米，长约47米[2]。东、西墙各相互对称开二座城门，分别称东门、小东门和西门、小西门，门外筑马蹄形瓮城，除西门外，大都有被封堵的现象[3]。西门实测，其门基宽13.6米，门宽10米；瓮城最大半径42米，门宽8.5米。皇城每面城墙筑6个马面，马面间距115~180米不等。马面夯筑，外侧包砌石块，整体呈梯形，底宽约10米，其上有收分，突出墙体约6.5米。此外，在城墙上还发现有顺墙皮砌出深约10厘米，宽约20厘米的泄水槽。在皇城和宫城城墙外侧，均发现环绕的护城河痕迹[4]。

皇城内的街道较规整，左右基本对称配置。皇城南面明德门向北的御街宽约25米，向北直通宫城之内，从而成为皇城和宫城的中轴线。在皇城东、西两侧各有一条南北向纵

---

[1] A. 魏坚《元上都及周围地区考古发现与研究》，《内蒙古文物考古》1999年2期。
　　B. 叶新民《元上都研究》（内蒙古大学出版社1998年版）第35页说：文献还记有昭德门、金马门，方位不明。又说复仁门的方位也不好确定。
[2] 贾州杰《元上都调查报告》，《文物》1977年第5期。
[3] 李逸友《明开平卫及其附近遗迹的考察》。
[4] A.《内蒙古东南部航空摄影考古报告》第155页"元上都城航空照片"显示皇城角楼、马面、瓮城；第163页的"皇城航空照片"显示皇城西北角楼台基、皇城外护城河遗迹；第165~167页的航空照片分别显示皇城马蹄形和长方形瓮城形制。
　　B. 魏坚《元上都及周围地区考古发现与研究》（《内蒙古文物考古》1999年第2期）介绍："在皇城和宫城墙体外侧，均发现有环绕的连贯河沟之痕迹。经解剖宫城北墙与皇城北墙之间的河沟了解到：河沟距现地表2.1米以上。"

街，宽约 15 米，两纵街与中轴线大致将皇城东西分成四等分。东、西墙南面城门间横街与上述三条纵街相交，横街与阳德门内御街相交处之北至宫城御天门间为宫廷广场，广场东、西两侧封闭，并与宫城外夹墙连为一体（图 5-3）。该横街之南，发现有一长一短横街。东、西墙北面城门内横街，西横街至宫城附近，东横街抵夹墙。宫城东、西华门大街分别延伸至皇城，其延伸部分成为皇城内的横街。上述大街两侧棋布宽约 8 米的巷，大街与巷结合将皇城内规划成若干方形或长方形的街区。街区内分布着有院墙的建筑群，其中较大者或是衙署遗址。

据文献记载，皇城内衙署和庙宇较多，现今可察者仅有皇城内四隅的庙宇遗址。袁桷《清容居士集》载《上都华严寺碑》中说：世祖"首建学庙。乾艮二隅，立二佛寺，曰乾元、曰龙光华严。复立老子庙于东西"。乾为西北、艮为东北，老子庙即道观。皇城内西北隅的建筑遗迹当为乾元寺遗址，遗址南北 240 米，东西 120 米，前后两院。前院四周有宽约 11 米的回廊，中心大殿台基长约 50 米，宽约 35 米，高约 4 米。殿毁，殿前有二碑亭遗址。后院后部正中有一"十"字形建筑遗迹，长约 30 米，宽约 10 米，其前两侧有东、西配殿（图 5-2）。皇城内东北隅的建筑遗迹为龙光华严寺遗址，遗址东西约 400 米，南北约 200 米，分中、东、西三院。中院是主体建筑，宽 148 米，四周有围墙，内为回廊式建筑。院内中间有殿基，长约 38 米，宽约 36 米，高约 4 米。殿基上残留一长 24 米、宽 12 米的黄土佛坛。殿基前砌月台，月台前两侧有碑亭遗址，殿基后连廊道，其后又有一小台基（图 5-2、图 5-6）。在大殿的堆积中发现残瓦、彩绘涂金塑像残件和一件汉白玉螭首[1]。龙光华严寺东院约错后 100 米，宽约 60 米，西院宽约 120 米，均有围墙和房址残迹。皇城东南隅有一筑围墙，内有前后两殿基，其西北又连一小院落遗址。据《上都孔子庙碑》记载，孔子庙位于"都城东南"，庙西有庐舍以待国子生。上述遗迹或是建于至元二年，皇庆年间又扩建的孔子庙遗址。皇城西南隅有一组寺院（似老子庙）遗址（图 5-3），遗址西墙外地表露出一排高约半米的木桩（地钉），其在地下部分呈锥体，全长约 1.5 米。据袁桷《清容居士集》记载，上都建华严寺时因"殿基水泉涌沸，以木钉万枚筑之"，看来以地钉固定地基是上都采取的重要方法之一。

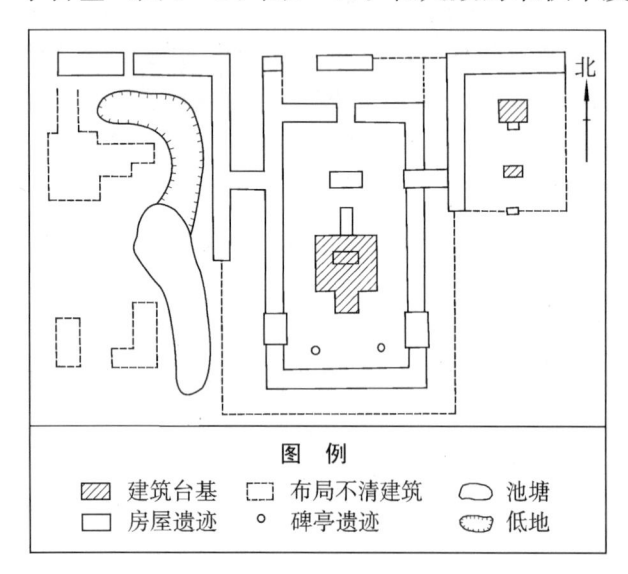

图 5-6　内蒙古锡林郭勒盟元上都故址华严寺遗址平面示意图
（引自贾州杰《元上都调查报告》，略有改动）

---

[1] 原田淑人等《上都》第 33 页介绍，东北隅和西北隅遗迹前，均发现残龟趺。其中华严寺碑可以整合，原书图版五七，龟趺长四尺二寸、宽三尺三寸许；图版五八、碑额螭首高三尺七寸、宽三尺六寸；图版五九为一高二尺一寸五分，宽一尺一寸的圭状碑身，图版六〇篆书"皇元敕赐大司徒笃轩长老寿公之碑"，即华严寺六代寺主惟寿（法名）之碑。

在皇城内采集到的遗物有龙泉青瓷片、钧窑和磁州窑瓷片，以及少数青花瓷片等。在城门、城角和城边常发现圆微扁的石球，大小不一。如直径约 13 厘米的重约 4.5 斤，直径约 11 厘米的重约 3.25 斤，直径约 9 厘米的重约 1.45 斤等。这种石球是当时用作炮弹或做掷石之用。

（三）外城

外城平面方形，北、西和南城墙长 2220 米，东城墙长 2225 米（图 5-2），周长 8885 米。城墙现存高度 5~6 米，墙基宽约 10 米，顶宽约 2 米，夯筑，夯层厚约 20 厘米。城墙无马面和角楼，东墙南段和南墙东段与皇城墙合一。南城墙在皇城门之西开一门，北城墙开二门，东城墙在皇城门之北无门，西城墙目前仅见中间一门[1]。北城门外有长方形瓮城，南城墙外城门外瓮城长方形，东和西门外有马蹄形瓮城。西门瓮城经清理，可知门道宽 10.8 米，门道两端夯土墙贴有桦木护板，护板厚约 3~4 厘米（瓮城门后代均用石块封堵）。西门瓮城外低坡上筑有防塌的石堤，北门残存部分石柱础。护城河距外城墙约 23 米，上口宽约 26 米。城西北角外护城河保存略好，河底宽约 13 米，最深处约 2.5~3 米，现存河堤坡度在 30~40 度之间[2]。护城河与城门对应处，护城河均向外弧，对应处的河沟地面隆起，似为护城河桥的位置所在。为保护外城墙，在上都城西、北两面约 2.3 公里处，有"铁幡竿渠"防洪坝遗址（图 5-1）[3]。

外城自西门北侧向东抵皇城北门瓮城处，筑一土墙将外城隔为南北两部分（图 5-2、图 5-3），土墙夯筑，夯层厚 15~20 厘米，基宽约 3 米，残高约 0.7~0.8 米，残顶宽约 2.05 米，墙中部与皇城西墙对应处略南折后抵皇城北门瓮城处。该墙之南的外城部分，街道较整齐。西城门内有横街，皇城西边二门向外对应的外城内有横街，其南北两侧亦见横街残迹，南门东约 20 米有向北的纵街。建筑遗迹多见于街道附近，除西门内有一排房屋残迹外，一般仅能看到院落轮廓。其中靠近皇城西墙南门有一院落，东西宽 150 米，南北长约 200 米，石筑院墙。院落跨东西向大街，与街对应部位之北有前后二台基，中连廊道，还有"工"字形的厢房遗迹。中部靠东西院墙有两栋东西长 18 米，南北宽约 8 米的小房址；南部则为一般房屋残迹（图 5-2）[4]。

前述隔墙之北有一东西向山冈（龙岗），无街道遗迹。北门内和东北角靠北墙处有少

---

[1] 李逸友《明开平卫及其附近遗迹的考察》中说：外城西墙在直对皇城西墙南面的位置，原应有一小西门，后被明代补筑时破坏无存。
[2] 《内蒙古东南部航空摄影考古报告》第 169 页的航空照片显示外城西北角护城河状况。
[3] 见《内蒙古东南部航空摄影考古报告》第 177 页航空照片，第 176 页说明："由北向南延伸的郭守敬于大德二年（1298 年）勘察设计的拦洪坝遗址，名为'铁幡竿渠'。渠在上都城西北蜿蜒数十里。"贾州杰《元上都调查报告》（《文物》1977 年第 5 期）认为：铁幡竿在铁幡竿山上，山下有铁幡竿渠。铁幡竿"高数十丈"（见周伯琦《近光集》卷二），是当时用来镇洪水的。
[4] 贾州杰《元上都调查报告》（《文物》1977 年第 5 期）认为：石筑院墙遗址为明代建筑。李逸友《明开平卫及其附近遗迹的考察》认为，石筑院墙是至顺三年（1332 年），元文宗命上都留守司为太平王燕铁木儿建筑的宅第。

数建筑遗迹，在东南角平坡上有一东向院落遗址。山冈中部之南，有一东西长317.5米，南北宽约192.5米的院落，方向为330度，南墙中间缺口或为院门。据文献记载，北部似为御苑（后苑、北苑）[1]。

（四）关厢

元上都城外四关是该城的重要组成部分[2]，东、西、南关厢均各有特色，北关无关厢。其中南关的关厢外延600余米，曾进行部分发掘。在明德门外（南城墙外约200米）路西发掘一组房址，共3间，彼此相连，形制相同。房屋东西长约8米，南北宽约7.5米，墙用自然石块垒砌，白灰浆勾缝，残高30～16厘米，宽约50厘米。其东房有火炕，西房为客厅，门道在西屋南墙正中。门外用瓦片砌斜坡状台阶，台阶中部用瓦片砌成花瓣形。屋内出土大量板瓦和筒瓦。墙后另筑一墙，将三个房址连成一排，但又彼此分开，似为储藏室[3]。明德门外东侧发掘一座房址，平面呈长方形，进深7.75米，西部破坏，宽度不明。有院墙，分中、东、西三室，地面用灰长方砖铺砌，南侧正中石砌阶梯式台阶，其规格和面积均高于西面房屋。上述发掘出土的陶器有轮制泥质灰陶素面盆和盖盘等。瓷器有白釉、白釉黑花、茶绿釉瓷片，还有少量钧窑、龙泉窑瓷片，器形以瓮、罐、盆、碗、盘、盏为主。建筑材料有砖、瓦、瓦当和滴水等。此外，还出土少量钱币、铁器和石器。在前述西面房址之东，明德门外考古工作站所在地，曾出土过大型酒缸和酒具；西面房址也出土有黑釉碗和酒盅等。凡此清楚表明，明德门外之西的房址应为酒店和客栈遗址[4]，这个情况当与其处于明德门外主要通道旁有关。

城西关厢外延约千米，城东关厢外延约800米。两关厢均有大型院落、小型民居和临街店铺。如西关在东西向大街两侧有成排的临街店铺，店铺有后院和住房，有的大院内房屋成排整齐配置，似属客栈馆舍之类遗迹。元代诗人有"西关轮舆多似雨，东关帐房乱如云"之句（《上京杂诗》），反映出西关是主要商业区，店肆林立，商贾云集，并设有马市、羊市、牛市和人市[5]。东关近皇城，觐见的王公贵族及其部众住在此地，故帐幕很多。此外，西

---

[1] 冯承钧译、党宝海新注《马可·波罗行纪》第268页第74章《上都城》中介绍：宫"内有泉渠川流草原甚多。亦见有种种野兽，惟天猛兽，是盖君主用以供给笼中海青鹰隼之食者也。海青之数二百有余，鹰隼之数尚未计焉"。按：萨满教在蒙古统治集团中有重要地位，萨满教认为鹰是神鸟，力量无比。上述记述的野兽和海青鹰隼等或养在北苑内。贾州杰《元上都调查报告》（《文物》1977年第5期）认为：高达百尺，可容千人的棕毛殿，在皇城北部地区（指北苑）。
[2] 魏坚《元上都及周围地区考古发现与研究》（《内蒙古文物考古》1999年第2期）介绍："除北关建筑遗迹相对略少外，其余三关均保存有大量建筑和纵横交错的街道，且每一关厢的面积都几乎与元上都城址面积相近。"
[3] 魏坚《元上都及周围地区考古发现与研究》（《内蒙古文物考古》1999年第2期）介绍："西区三套一组的建筑布局，均为一明一暗的建筑形式，明间客厅较大，暗间大部是火炕和灶台，墙后另筑一墙，将一组房屋连成一排，但又彼此分开，后间似有储藏室功用。"
[4] 见魏坚《元上都及周围地区考古发现与研究》（《内蒙古文物考古》1999年第2期）除介绍南关外发掘简况外，还引元代诗人"滦水桥边御道西，酒旗闲挂暮檐低"（张显《塞上谣》，《张光弼诗集》卷3）来论证遗址的性质。
[5] 叶新民《元上都研究》，内蒙古大学出版社1998年版，第138页。

关厢和东关厢还各有一座粮仓，分别称广济（积）仓和万盈仓。两仓形制相同，均正廒一座十三间，东西廒二座各十间，仓皆进深四丈五尺，长十一又二尺和十一丈六尺[1]。西关的粮仓遗址（广积仓）在西山前，现存遗址南北长 290 米，东西宽 150 米[2]，院墙夯筑，外包砌石墙皮，宽约 2 米。南墙开门，宽约 10 米，门内西侧有一 6 米×8 米小房址，门外连着两座院落，院落间有通往西关的街道。院内建筑，南面一排两栋，北面一排一栋，东、西各一排三栋，每栋宽约 15 米，长有 30 米、40 米、52 米三种[3]。东关的粮仓遗址（万盈仓。按广积、万盈二仓位置，现在说法不一）在东关外元山子前，形制与西关粮仓大同小异（图 5-7）。除上所述，城外西北郊还有较大型的建筑遗址，或云是离宫所在地（西内？），其北为平房遗迹，南部有大殿遗迹[4]，东为寺院遗址（发现塑像残件和琉璃瓦、灰瓦残件等）。北关无关厢，在北关外小山前发现两处东西并列的院落遗址，其中东侧院落南北长 227 米，东西宽 130 米，后院有排列整齐的住房，前院则纵向分为两个独立的小院，似为驻军之营房遗址[5]。

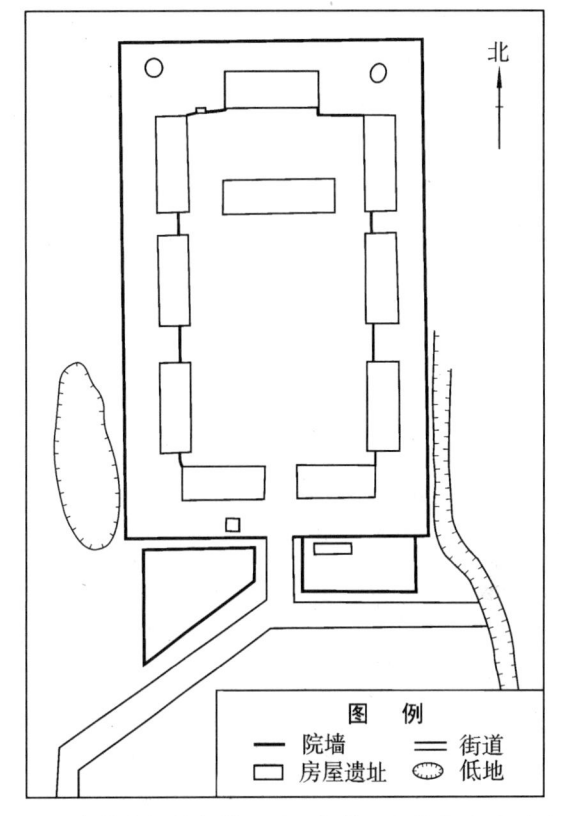

图 5-7 内蒙古锡林郭勒盟元上都故址东关仓址平面示意图
（引自贾州杰《元上都调查报告》，略有改动）

三　元上都形制布局略析

（一）元上都形制布局的特点

元上都的形制布局特点突出，总观前述概言之，可归纳如下。

第一，在总体上外城、皇城和宫城三城相套，但三者并不是典型的环套（仅皇城环套

---

[1] 贾州杰《元上都调查报告》（《文物》1977 年第 5 期）引《永乐大典》。
[2] A. 魏坚《元上都及周围地区考古发现与研究》，《内蒙古文物考古》1999 年第 2 期。
　　B. 贾州杰《元上都调查报告》（《文物》1977 年第 5 期）说：南北长 214 米。
[3] 《内蒙古东南部航空摄影考古报告》第 180、181 页图的形制与图 5-7 大同小异。
[4] 《内蒙古东南部航空摄影考古报告》第 178 页图版 67 的说明认为大殿遗址即失剌斡尔朵，是皇帝离宫中的大型营帐，称棕毛殿。该殿上覆棕毛，殿内竹柱饰金漆缠龙，劈竹涂金做瓦，外以彩绳牵引，高达百尺，广容千人，是皇室贵族举行"诈马宴"的地方。而贾州杰《元上都调查报告》（《文物》1977 年第 5 期）认为：棕毛殿在外城北苑。
[5] 魏坚《元上都及周围地区考古发现与研究》，《内蒙古文物考古》1999 年第 2 期。

宫城）形式。

第二，宫城位于皇城中间偏北，其具体特点：其一，宫城开三门，北面无门，东、西华门位置略相错，与皇城东、西墙北门不对应。其二，宫城四隅有角楼，无马面和瓮城。其三，宫城南门前有宫廷广场，广场两侧封闭，并与宫城外的夹墙连为一体。其四，宫城外有夹墙（或称夹城），墙外有环道，通皇城。其五，宫城与皇城有共同的中轴线，宫城内的主要宫殿配置于中轴线的北部[1]，北端"凹"字形建筑后墙与宫城北墙相合。这条中轴线和东、西华门间横街相交，将宫城大体区划成四区。四区内作园林式配置，形制各异。

第三，皇城位于外城东南隅，环套宫城，其具体特点：其一，皇城面积较大，约占外城全部面积的40%。其二，皇城方正，对称开城门，南、北各一门，瓮城方形；东、西各二门，瓮城马蹄形，门南开。城门内有斜坡式登城马道。皇城通北苑。其三，皇城四隅有角楼，城墙有马面，角楼较宫城角楼高大。其四，皇城内街道呈较规整的格状。其五，皇城四隅置佛寺和孔庙等。

第四，外城北、西两面包围皇城，其具体特点：其一，外城方正，每面各开二门（西面南门后被明代废弃。皇城东、南面城门包括在内）。南、北和东西门的位置，各一门相对，一门位置略相错。北城门有方形瓮城，外城南墙西边城门有长方形瓮城；东、西城门有马蹄形瓮城。其二，外城无角楼和马面。其三，外城西城门内北侧有墙将北苑与外城南部隔绝。外城实际上仅在皇城之西，隔墙之南的狭小范围内（此范围仅占外城总面积的24%左右，是北苑面积的67%，是皇城面积的57%）。此范围的东西宽度，实际上大体是按皇城东西宽度的一半（即宫城皇城中轴线分别距皇城东西墙距离）而安排的。其四，外城北苑面积较大（约占外城总面积的36%，是皇城面积的85%，是外城南部面积的1.5倍）。北苑的南北宽度，实际上大体是按宫城南墙与皇城北墙的间距而安排的。5) 外城南部街道大致呈较规整的格状，内有大宅第。

第五，关厢，上都城南和东、西城门外设关厢，是上都城的主要居民区。东、西关厢有大粮仓，西关厢是主要商业区，南关厢酒肆和客店较多，东关厢以容纳朝谨的王公贵族及其部众为主，北部无关厢，是军队的主要驻防区。

第六，宫城、皇城和外城在构筑技法上有明显差异，一是三城夯筑土墙的夯层厚度有别；二是宫城墙外有砖墙皮，皇城墙外有石墙皮，外城墙仅见夯土墙，无砖墙皮和石墙皮。

第七，在较潮湿之地，建筑基础打地丁。

第八，外城有完整的护城河。皇城和宫城外也有护城河的痕迹。

（二）元上都形制布局略析

据上所述。可择要略作以下分析。

第一，宫城在皇城中部偏北，皇城周长约是宫城周长的2.5倍（5620米÷2295米＝2.448≈2.5）宫城面积约占皇城总面积的1/6，两者位置配置规范，结合紧密，构筑技法相近，故大体是同期所建。但是，由于宫城和皇城又分别有护城河残迹，似乎表明两者始

---

[1] 从原田淑人等《上都》书中图版二（图5-5）之宫城实测图来看，宫城中轴线上建筑较密集。遗迹数量和保存状况，也多于和好于图5-4。

建时间亦有先后。即宫城始建在先，或是以忽必烈到开平后驻跸之地为基础兴建的，而后才建现在所见的皇城。

第二，皇城内的街道模式，以及城四隅配置大型佛寺等，与中原地区都城宫城之外以居民和商业等为主，城四隅多配置大型寺院的情况大体相近。所以有理由推测，元上都初期可能仅有两重城，宫城外的大城主要是居民区和商业区。后来由于发展的需要，才将宫城外的大城变为皇城。皇城按常规，应是主要中央衙署及与之相关诸机构所在地。但从上都皇城情况来看，其性质与传统的皇城不同，似有内城之特点。

第三，以上述的第二点，结合前述外城墙构筑技法与宫城和皇城墙的差异来看，有理由认为外城是在宫城外的大城变为皇城时或其后不久，才向外扩展的。

第四，宫城约占皇城总面积的1/6，结合前述元上都形制布局特点第四之3）和4），反映出元上都最初的营建，以至后来的外扩，在宏观上都是有一定规划的。

第五，据前所述，元上都始建之时就具有一定的行都和离宫的色彩。但是宫城真正的离宫色彩，或是行将迁都至元大都或迁都后不久逐步形成的。这个变化应与皇城和外城的形成有较密切的关系。

第六，外城实际上仅有隔墙之南，皇城之西的狭小范围，加之紧邻禁苑和皇城，所以不可能是主要的居民区。这里可能是地方衙署和一些官方机构，以及贵族权臣宅第（如前述太平王燕铁木儿宅第）等所在地。

第七，鉴于上述情况，元上都则着力发展关厢，使之成为主要居民区和商业区，这是元上都城的重要特点之一[1]。

第八，前述元上都形制布局特点，突出地表明，其在防卫上的严密性。

总之，元上都上述的形制结构及布局特点的形成，乃是随着忽必烈发祥于开平和上都出现的背景；忽必烈志在统一中国，意在都燕；忽必烈都燕迁大都后，上都由都城向陪都地位，其宫城向离宫性质转化的轨迹，而逐步变化发展起来的。

除上所述，从元上都的形制布局中，也可以窥见宋辽金，乃至此前都城的一定影响。比如：

第一，元上都三城相套，宫城有角楼，皇城有角楼、马面和瓮城，三城均有护城河。其中元上都皇城在外城东南隅，又与辽南京城皇城在外城西南隅有异曲同工之妙。三城均有护城河，则与北宋东京开封府城相似（均与三城不是同期所建有关）。

第二，宫城皇城有共同的中轴线，宫城主要宫殿配置在中轴线上，同金上京和金中都。

第三，皇城环套宫城，宫城位于皇城中部偏北，显然是在辽南京和金中都皇城宫城位置关系基础上而进一步规范化的结果。

第四，宫城有东、西华门，同北宋开封宫城和金中都宫城；皇城正南门称阳德门（与辽南京皇城正南门名称相同）。

第五，宫城南门前有宫廷广场，两侧封闭，与宫城外夹城相通，使夹城在总体上形成

---

[1] 这个特点与南宋临安城主要居民在城外和城外卫星城的发展有近似之处。又汉长安城内宫殿区占绝大部分面积，故其大量居民如何安排一直是学者们探讨的重要课题之一。有的学者认为汉长安城外有关厢以安排大量居民，从元上都情况来看，这种意见是有一定道理的。

向南突出的倒"凸"字形。这种情况与金中都皇城和宫廷广场合成的平面形制相似。

第六，宫城外有夹城。唐大明宫东、西、北三面均有夹城，北面夹城宽于东、西夹城，北夹城之门通禁苑，夹城内驻有禁军[1]。元上都宫城外夹城，同样北夹城宽于东西夹城，北夹城门通过皇城北门进入禁苑，其情况与大明宫夹城相似（元上都夹城内是否驻有军队，不明）。

第七，禁苑在皇城之北，但因宫城北墙与皇城北墙相距很近，故与北魏洛阳城以来主要禁苑在宫城之北的态势基本相同。

第八，元上都大安阁用北宋东京开封府熙春阁旧材，在形制上也仿熙春阁。此外，有的殿基呈"工"字形，亦同于北宋。

第九，皇城街道呈较规整的格状，有唐长安城遗风，可能受辽南京城的影响。元上都皇城四隅置大型佛寺等，也是唐长安城以来各都城较通行的做法。

第十，元上都在较潮湿之地，采用打地丁法处理地基，与中原地区相同。元上都还有伯亦斡耳朵（有龙光、慈仁、慈德、钦明、清宁等殿）、失刺斡耳朵（棕毛殿），其位置尚难确指。但是，上都汉式宫殿与斡耳朵并存，则与和林是一脉相承的。总之，元上都的形制布局，是由汉人主持规划的，因而在规划过程中不可避免地要参照此前不久的宋辽金的都城，甚至参照宋以前都城的某些方面，然后因地制宜地结合当地特点和蒙古人的特殊需求，经过变化发展而形成的。当然，上述所言相同或相似之处，并不是说元上都一定都受到其影响，但是从中国古代都城形制布局发展变化规律角度，宏观地观察，这些因素与元上都的关系还是值得深思和进一步探讨的。此外，应当指出，由于元上都和元大都形制的形成期均在忽必烈之世，两都的主要规划者都是僧子聪，所以元上都对元大都的形制有较大的影响。

第二节 元中都形制布局

一 元中都营建背景和营建概况及废弃后遗址之确定

（一）中都位置、地理环境与重要战略地位

1. 位置和地理环境

元中都的位置，所在地区的地理环境和重要的战略地位，是在此建中都城的主要背景之一。

元中都故城，在河北省张北县城西北15公里（图5-8），处于馒头营乡积善村、白城子和淖沿子村之间（白城子村西南约400米处），俗称白城子[2]。宫城1号殿址地理坐标

---

[1]《中国大百科全书·考古学》第77页"大明宫遗址"条。
[2]《大清一统志》，《四部丛刊续编》第45册卷548第12页（上海书店1984年据商务印书馆1934年版重印）"牧场·镶黄等四旗牧厂"载：沙城"在旧兴和城北三十里，元时所建"；"按此城土人名插汉巴尔哈逊城……故址犹存"。插汉巴尔哈逊，蒙语，意为白城子；沙城指中都故城。

为北纬 40°17′19″，东经 114°37′16.21″。

元中都周围河流、湖泊、淖泊较多，以城址西北 15 公里的鸳鸯泊（今称安固里淖）最著名[1]。城址东、南、北三面远处有低山和广阔的草滩，城西及西北部邻狼尾巴山[2]，南以野狐岭为屏障（图 5-8）[3]。故城附近一带，是风水形胜之地，水草丰美，宜耕宜牧，为农耕、游牧交会之区[4]。

2. 重要战略地位

元中都地区夏季凉爽，为辽、金统治者避暑捺钵之所（捺钵即"行营""行帐""车驾行幸宿顿之所"，或云"北人谓住坐处曰捺钵"）。辽始设抚州[5]，金在此仍置抚州，治燕子城（今张北），这一带是金防蒙古南侵的军事要地。1211 年成吉思汗率大军攻金，野狐岭一仗败金四十万守军[6]，金精锐尽没于此，该役是金蒙力量对比转化的关键，甚为著名[7]。

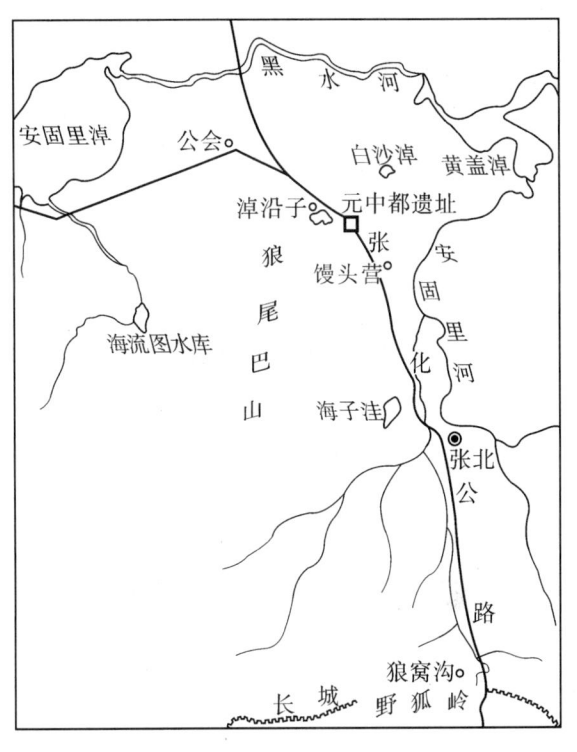

图 5-8 元中都位置示意图
（引自董向英《元中都概述》，略有改动）

---

[1] 鸳鸯泊，《辽史》多称鸳鸯泺。元人周伯琦《扈从诗后序》（贾敬颜《五代宋金元人边疆行记十三种疏证稿》）称"遮里哈剌"（意为"远望则黑"），序中说："其地南北皆水泊，势如湖海，水禽集育其中。以其两水（一名平陀儿，另一名石顶河儿），故名曰鸳鸯；或云水禽惟鸳鸯最多"；"两水之间，壤土隆阜，广袤百余里，居者三百余家，区脱相比，诸部与汉人杂处，颇类市井，因商而致富者甚多"。该湖今称安固里淖。

[2] 狼尾巴山，元代称老鼠山。《元史》卷一六《世祖十三》载：至元二十七年秋七月，世祖曾"驻跸老鼠山西"。

[3] 野狐岭，是燕山与阴山会合部的山口。《张北县志》（中国社会科学出版社 1994 年版）说"李太山（野狐岭），县正南 16.5 公里之坝沿处。呈东西走向，长约 2.5 公里，海拔 1644.9 米。多石质，不能耕种。可牧畜。地势险要，为历代兵家必争之地"。

[4] 张德辉《纪行》（贾敬颜《五代宋金元人边疆行记十三种疏证稿》）说：由野狐岭而上"则东北行，始见毳幕毡车，逐水草畜牧而已，非中原之风土也"；《长春真人西游记》（内蒙古教育出版社 2001 年版）说：度野狐岭，"北顾但寒烟衰草，中原之风，自此隔绝矣"。可见野狐岭是农耕社会与游牧社会的分水岭。

[5] 《金史》卷二四《地理志上》记载：抚州"辽秦国大长公主建为州"，是该地区建州始于辽。

[6] 《元史》卷一《太祖》六年二月，"帝自将南伐，败金将定薛于野狐岭"。《元史》卷一一九《木华黎传》："进围抚州。金兵号四十万，阵野狐岭北"，"大败金兵，追至浍河，殭尸百里"。另一说金兵三十万。

[7] 野狐岭之役闻名遐迩，《金史》《元史》《圣武亲征录》《史集》等均有记载。余大钧、周建奇译，拉施特《史集》（商务印书馆 1983 年、1985 年版）第一卷第二分册第 231 页中说："这里一次很大的仗，很出名，直到如今，成吉思汗野狐岭之战还为蒙古人所知，并引以为荣。"

野狐岭之役后，1212~1213年间，成吉思汗曾驻夏抚州，这里遂成为蒙古统治者避暑之地。1251年蒙哥即大汗位，命太弟忽必烈总领漠南汉地军国庶事，驻节爪忽都（在桓州、抚州之间）[1]，宪宗四年（1254年）"复立抚州"。1260年忽必烈在开平即汗位，建元中统。中统三年十一月升抚州为隆兴府；十二月忽必烈在隆兴府建行宫。中统四年，开平府升为上都路，隆兴府归上都路统辖。至元四年，"析上都隆兴府自为一路，行总管府事"[2]。由此可见，隆兴府的地位非同一般。这是与其重要的战略地位密不可分的，比如：

（1）地处漠北、上都、大都间的交通要冲

1211年野狐岭之役后，该地区就成为漠北与中原间交通的必由之路[3]。中统四年十月置隆兴路驿[4]，成为通往漠北驿路正道，野狐岭则为汉地驿站与蒙古驿站的分界点[5]。建大都后，大都与上都间有四条道路[6]，其中经野狐岭的西道，是皇帝每年从上都南返大都之路，驿站改线后又成为商民之道[7]。上述情况表明，隆兴府乃是漠北、上都间交通的主要中间站和重要的交通枢之一。为此，在进入隆兴路境到沙岭间，又置盖里泊、遮里哈剌、苦水河儿、回回柴、忽察秃、隆兴路、野狐岭（纳钵建在岭上）、得胜口、沙岭9处纳钵[8]。

（2）是蒙古贵族主要聚居区之一

札剌亦儿部的木华黎是蒙古国开国功臣，札剌亦儿·兀鲁部的封地在上都路及其相邻

---

[1] 金时将张北一带杂居的外族人称为"乣"，是时张北一带诸乣名称甚繁。蒙古人则将其称为jaugut扎忽惕或爪忽都之地。

[2] 《元史》卷四《世祖一》、卷六《世祖三》。

[3] 早在1220年，丘处机奉旨去西域觐见成吉思汗即走此路。此后，1230年窝阔台"假道于宋"灭金；1247年张德辉受召北上和林，以及忽必烈即位前僧子聪等人北上均走此道。

[4] 《元史》卷五《世祖二》。

[5] 《经世大典·站赤》（《永乐大典》卷19416）：中统三年四月谕旨，"但有骑坐铺马使臣人等"，"止令经由抚州，宣德府正站"。中统四年谕令"上都以西隆兴府道立孛老站，上都以南望云道立车站并马站。隆兴府以南，望云道偏岭以南至燕京汉地合设站赤，令汉人站户应当（当差）；西路隆兴府以北及南路偏岭以北至上都，令达达贴户应当，汉民津贴"。孛老道（孛落），即是经隆兴府、野狐岭的"正道"。史卫民《元代都城制度的研究与中都地区的历史地位》（《文物春秋》1998年第3期）引张德辉《纪行》："至宣德州，复西北行，过沙岭子口及宣平县驿，出得胜口，抵扼胡岭（野狐岭），下有驿曰孛落。自是以北诸驿，皆蒙古部族所主也，每驿各以主者之名名之"；"由岭而上"，"非中原之风土也"。孛老、孛落、即野狐岭以北第一个蒙古驿站，勃老驿路之名源于此。

[6] 大都上都间主要有四条道路，参见史卫民《元代都城制度的研究与中都地区的历史地位》（《文物春秋》1998年第3期）；叶新民《元上都研究》（内蒙古大学出版社1998年版）第144~148页；侯仁之主编《北京城市历史地理》（北京燕山出版社2000年版）第362~367页"元大都与上都间往来的道路及其他"。上述论著所述诸道互有出入，不尽相同。

[7] 皇帝每年从大都去上都，东出走"辇路"，即黑谷路，又称东道，该道出居庸关后北上，经今延庆县、翻山越岭，达上都，全长750余里。皇帝从上都返大都走"纳钵西路"，即孛老驿路，全程一千零九十五里。驿路改线后，该道又成为"专一搬运段匹、杂造、皮货等物"的商民之路（《经世大典·站赤》，《永乐大典》卷19416）。

[8] 史卫民《元代都城制度的研究与中都地区的历史地位》，《文物春秋》1998年第3期。

的兴和路（隆兴路），1217年成吉思汗封木华黎为太师国王，其家族墓地即在兴和路[1]。窝阔台十一年（1239年），木华黎之孙速浑察袭位国王，遂"即上京之西阿儿查秃置营"，亦在兴和路境（紧靠张家口边墙之外）[2]。此外，隆兴府还是其他一些蒙古贵族聚居之地[3]，成为上都依靠的重要政治基础。

（3）军事重镇

忽必烈建侍卫亲军二十屯，分屯大都，上都和"腹里"地区[4]，隆兴属腹里地区[5]。成宗元贞元年设西域卫亲军都指挥司，驻地在荨麻林（今河北张家口洗马林）[6]。荨麻林在得胜口旁，在此建御园，"杂植诸果，中置行宫"。另外在至元二十九年还在隆兴府西侧进行军屯，以加强西路防御[7]。可见隆兴府为屯兵的军事重镇，对保卫上都有重要意义。

（4）贮粮基地、鹰房、兵器制造和商业

隆兴府大量贮粮，以备上都和漠北不时之需[8]。隆兴府设皇室鹰房，规模很大[9]。

---

[1] 叶新民等《元代的兴和路与中都》，《文物春秋》1998年第3期。

[2] A. 参见姚大力《关于元朝"东诸侯"的几个考释》，《中国史论集》（天津古籍出版社1994年版）。
B. 叶新民等《元代的兴和路与中都》《文物春秋》1998年第3期。

[3] 《元史》卷一九《成宗二》：元贞二年五月"诏诸王、驸马及有分地功臣户，居上都、大都、隆兴者，与民供纳供需"。

[4] 史卫民《元代都城制度的研究与中都地区的历史地位》，《文物春秋》1998年第3期。

[5] 叶新民等《元代的兴和路与中都》（《文物春秋》1998年第3期）说："元代的兴和路，由中书省直接管辖，是'腹里'辖路之一。"

[6] A. 史卫民《元代都城制度的研究与中都地区的历史地位》（《文物春秋》1998年第3期）指出："西域卫主要由阿儿浑人和回回匠人组成，所以又称'阿儿浑卫'"。
B. 参见《元史》卷一八《成宗一》、卷九九《兵二·宿卫》，《元史》卷一二二《哈散纳传》《元史》卷一三三《脱力世官传》等。

[7] 史卫民《元代都城制度的研究与中都地区的历史地位》（《文物春秋》1998年第3期）说：为保证西侧的安全，至元二十九年十一月，"命各万户府摘大同、隆兴、太原、平阳等处军人四千名，于燕只哥赤地面及红城周回，置立屯田，开荒耕田二千顷，仍命西京宣慰司领其事"（《元史》卷一〇〇《兵志三·屯田》）。燕只哥赤和红城在大同路治下。

[8] 《元史》卷四《世祖一》：中统元年六月，"诏燕京、西京、北京三路宣抚司运米十万石，输开平府及抚州、沙井、净州、鱼儿泺，以备军储"；《元史》卷五《世祖二》：至元元年正月，"敕北京、西京宣慰司，隆兴总管府和籴以备粮饷"；《元史》卷一二《世祖九》《元史》卷九六《食货四·市籴粜》记载：至元十九年九月，"发钞三万锭，于隆兴、德兴府、宣德府和籴粮九万石"；《元史》卷一四《世祖十一》：至元二十三年正月，"发钞五千锭籴食于沙、净、隆兴"；《元史》卷一九《成宗二》：大德元年六月，"令各部宿卫士输上都、隆兴粮各万五千石于北地"。

[9] 隆兴为皇室设鹰房，有专门捕鹰、养鹰的鹰房户，蒙古语称昔宝赤。《元史》卷一三四《八丹传》：畏兀儿人八丹"事世祖为宝儿赤，鹰户万户……改隆兴府达鲁花赤，遥授中书右丞，谕之曰：'是朕旧所居，汝往居之'……"《元史》卷一三六《阿沙不花传》：忽必烈时，康里人阿沙不花管领兴和（按，此时应为隆兴）路鹰房，"阿沙不花以大同、兴和两郡车驾所经有帷台岭者，数十里无居民，请诏有司作室岭中，徙邑民百户居之，割境内昔宝赤牧地使耕种以自养，从之。阿沙不花既领昔宝赤，帝复欲尽徙兴和桃山数十村之民，以其地为昔宝赤牧地。阿沙不花固请存三千户以给鹰食，帝皆听纳"。阿沙不花的家就在兴和天城之大罗镇（《金华黄先生文集》卷28，康里世勋碑）。

有专营手工业（如隆兴毡局、杂造鞍子局等），大量制造兵器[1]；商业也较发达[2]。

总之，隆兴府是野狐岭以北地区的重要交通中心，军事重镇，皇室活动区，蒙古贵族聚居区，给养基地，同时也是经济较发达之区，从而成为支持上都、接济漠北诸部粮食和驻军给养器械的重要基地[3]。此后又成为在隆兴府建中都的基础和重要的前提条件。

（二）营建元中都的原因

元武宗海山之前，已建成元上都和元大都，海山为什么要建元中都？海山为什么即帝位不过十天就决定营建中都？营建中都为什么未经过元朝政府酝酿、讨论（中都营建过程中，中书省一再以各种理由反对兴工表明，元朝最高行政机构对此并不赞同）？凡此史籍均无载，故猜测颇多。其中前面所述中都的位置、地理环境及其重要战略地位，几乎是公认的在今张北县城附近建中都的主要依据之一。但是、中都、上都同在一个地区、位置相近，各种条件大体相似，甚至上都的综合优势更在中都之上，因而仅靠前说是无法解释的。于是论者提出了海山好大喜功，建中都是为树个人权威、树碑立传，获取心理满足；是为纪念成吉思汗野狐岭一役的辉煌战绩；海山之前有建行宫传统；辽金以来多京制的影响；上都需要支撑点，而中都则正符合支撑点的条件，出于政治需要等等[4]，不一而足。

我们认为上述诸说均有一定道理，然而权衡本末，归根结底营建中都的决策主要还是出于政治上的需要。当时海山即位后最大的政治是巩固帝位问题。据《元史》卷二二《武宗一》记载，成宗突然逝世，宫廷权力真空之际，皇位之争激烈。海山"抚军朔方，殆将十年"，手握重兵，屡立战功，是其即帝位的立根之本。但是，海山久离权力中枢，在大都和上都缺乏可依靠的政治基础，所以当时能否保住皇位、巩固皇位就成为海山生命攸关的头等大事。在这种情况下，是时海山唯一的出路，就是依靠自己"捍御边陲"以蒙古、色目将领为基础的班底，以及由此而建立的与漠北蒙古贵族的密切关系，这是海山的主要政治基础和依靠力量。为此，海山滥赏滥封蒙古诸王贵族[5]，不断加强和密切与漠北蒙古诸王贵族的联系。进而以距大都更近、更便于控制、地理环境和战略地位重要的旺兀察

---

[1]《元史》卷八五《百官志一》：隆兴毡局，设大使一员，副使一员，管领人匠一百户。《经世大典·诸局》（《永乐大典》19781）记载：设立上都，隆兴等路杂造鞍子局。《元史》卷八五《百官志一》记载：在荨麻林设兴和路荨麻林人匠提举司。荨麻林城内大多数居民为撒麻耳士人。《元史》卷九〇《百官志六》记载：至元三十年在隆兴路置军器人匠局。史卫民《元代都城制度的研究与中都地区的历史地位》（《文物春秋》1998年第3期）引摩勒·伯希和译本《马可波罗游记》第181~185页记载，在荨麻林居住着大批阿儿浑人和回回人，附近就是一个制造武器和军需的城镇兴和。

[2] 叶新民等《元代的兴和路与中都》，《文物春秋》1998年第3期。

[3] 参见周良霄《三朝夏宫杂考》（《文物春秋》1998年第3期）的论述。

[4] 参见刊载于《文物春秋》1998年第3期的陈高华《元中都的兴废》、史卫民《元代都城制度的研究与中都地区的历史地位》、郑绍宗《考古学上所见之元中都——旺兀察都行宫》；韩志远《略论金抚州地区在蒙金战争期间的战略地位及元武宗在抚州建元中都的军事原因》、孟繁清《漫议元中都的兴衰》，张羽新《加强元中都城址保护利用促进张北县两个文明建设》等。

[5]《元史》卷二三《武宗二》最后有武宗"封爵太盛""遥授之官众，锡赉太隆"之语。

都建行宫、立中都。此举的目的，显然是以中都代替上都，使之成为联结大都与漠北的据点和枢纽，监视上都动静，并作为大都的主要支撑点（是时大都急需对武宗最为有力的支撑点）。所以海山执意建中都[1]，完全是出于巩固帝位的需要而采取的政治谋略和手段。建中都的决定绝不是即帝位十天之内盲目的冲动之举，而是从春天得知成宗病逝到五月即位之间与幕僚深思熟虑之结果。正因为建中都是元朝最高统治集团内部政治斗争的产物，并具有上述重要作用，所以武宗一死，其弟（爱育黎拔力八达，仁宗）尚未即位，就迫不及待地以各种借口罢中都，剪除武宗党羽，这同样是其为巩固帝位而采取的重要举措。鉴于上述情况，中都在皇位更迭、政治斗争变幻莫测之中昙花一现，就不足为奇了。

（三）中都的营建、废弃与中都遗址之确定

1. 营建

元大德十一年（1307年）春正月癸酉，成宗"崩于玉德殿"。海山于"十一年春，闻成宗崩，三月，自按台山至于和林"，"五月，至上都"，"于五月二十一日即皇帝位"，是为武宗。六月"甲午，建行宫于旺兀察都之地，立宫阙为中都"。七月庚辰，"置行工部于旺兀察都"。至大元年（1308年）春正月，"癸亥，敕枢密院发六卫军万八千五百人，供旺兀察都建宫工役"（六卫军指侍卫亲军）；二月"戊戌，以上都卫军三千人，赴旺兀察都行宫工役"；五月"罢不急之役"以保证旺兀察都行宫工程；七月壬戌"旺兀察都行宫成"；八月"辛丑，以中都行宫成，赏官吏有劳者"[2]。行宫从动议到建成为一年，若从至大元年正月起算，则只有半年时间。行宫成应指宫城主体工程而言，故其后才有"创皇城角楼"之语。

宫城建成后，则置衙署，续建工程又相继开工。至大元年七月行宫成，"立中都留守司兼开宁路总管府"；八月"戊申，立中都万亿库"（掌管财物机构）；九月癸未，"立中都虎贲司"；十二月庚申，"中都立开宁县，降隆兴为源州"，"以大同路隶中都留守司"。至大二年三月庚寅，"车驾幸上都。摘五卫军五十人隶中都虎贲司"；四月"壬午，诏中都创皇城角楼……以建新寺，铸提调、监造三品银印"。至大三年六月，"己西，立上都，中都等处银冶提举司，秩正四品"；七月"乙未，中都立光禄寺"；十月"甲寅，敕谕中外，民户托名诸王、妃主、贵近臣僚，规辟差徭，已尝禁止。自今违者，俾充军驿及筑城中都。郡县官不觉察者，罢职"；十一月戊子，"敕城中都，以牛车运土，令各部卫士助之。限以来岁四月十五日毕集，失期者罪其部长，自愿以车牛输运者别赏之"。至大四年正月庚辰（初八），武宗去世[3]。武宗在位不足四年，上述情况表明，中都城并未完全建成。

---

[1] 按照海山即位时的政治形势，若将建中都一事在最高统治集团内部进行讨论，必然引起很大分歧和争论，久拖不决。故海山以迅雷不及掩耳之势，独断专行，使建中都成为不可逆转的既成事实。由此可见，建中都对海山是何等的重要。

[2] 《元史》卷二二《武宗一》：至大元年八月"辛丑。以中都行宫成，赏官吏有劳者，工部尚书黑马而下并升二等，赐塔剌儿银二百五十两，同知察乃，通政使塔利赤，同知留守萧珍、工部侍郎答失蛮金二百两，银一千四百两，军人金二百两、银八百两，死于木石及病没者给钞有差"。文中所记诸位官员，当是直接参与指挥中都工程者。中都规划设计者，元史未明载。

[3] 以上见《元史》卷二二《武宗一》、卷二三《武宗二》。

2. 废弃

武宗死后，尚未登基的仁宗（武宗弟，爱育黎拔力八达）便于至大四年正月壬辰（二十日），"罢城中都"；二月甲寅，"司徒萧珍以城中都徼功毒民，命追夺其符印，令百司禁锢之。还中都所占民田"，中都工程停止；三月庚寅，仁宗即帝位；四月癸亥，"罢中都留守司，复置隆兴路总管府，凡创置司存悉罢之"。次年（皇庆元年）七月辛丑，"徙中都内帑、金银器归太府监"；十月甲子，"改隆兴路为兴和路，赐银印"[1]。至此，中都撤销工作结束。

中都撤销后，宫阙依在，后代皇帝并偶有巡幸之举。如泰定帝于至治三年（1323年）九月在漠北即位，前往大都途中，"十一月己丑"，"车驾次于中都，修佛寺于昆刚殿"；泰定三年（1326年）八月"辛丑，次中都，畋于汪火察秃之地"[2]。泰定帝死后，和世㻋即位，是为明宗。天历二年（1329年）八月乙酉，明宗之弟图贴睦尔于中都设计毒死明宗[3]，即位后为文宗，此后中都逐渐荒废。元顺帝至正十二年至上都避暑，回大都途中经中都时，中都已多圮毁[4]。至正十八年红巾军至中都，又有破坏[5]，至正二十八年顺帝从大都北走上都途经中都[6]。永乐八年明成祖北征蒙古过沙城，指出沙城"即元之中都，此处最宜牧马"，永乐十二年明成祖北征，曾"移营于兴和北十里沙城。初六日，大阅军士"[7]。可见至明初，元中都的位置仍可确指。

3. 中都遗址之确定

元中都至清代已不明其故址所在，《大清一统志》将明代所称沙城又名为白城子。乾隆时黄可润撰《口北三厅志》疑沙城为金之北羊城，1934年许闻诗撰《张北县志》则肯定白城子就是北羊城[8]，此后该说几成定论。所以1981年张北县将"北羊城遗址"定为

---

[1] 以上见《元史》卷二四《仁宗一》。

[2] 《元史》卷二九《泰定帝一》、卷三〇《泰定帝二》。

[3] 《元史》卷三三《文宗二》。陈高华《元中都的兴废》（《文物春秋》1998年第3期）引元代权衡《庚申外史》卷上，文宗临死时曾说："昔者晃忽叉（即旺兀察都）之事，为朕平生大错，朕尝中夜思之，悔之无及。"《元史》卷〇《顺帝三》至元六年六月丙申，"诏撤文宗庙主"，诏书中说："文宗稔恶不悛，当躬迓之际，乃与其臣鲁不花、也里牙、明里董阿等谋为不轨，使我皇考饮恨上宾。"

[4] 至正十二年顺帝北去上都避暑，周伯琦扈从，周伯琦在《扈从诗后序》中说：宣德"府之西北名新城，武宗筑行宫其地，故又名中都，栋宇今多颓圮，盖大驾久不临矣"。

[5] 董向英《元中都概述》（《文物春秋》1998年第期）中说："至正十八年，关铎、潘诚率领的红巾军出塞，将沿途所经兴和、中都、野狐岭沿路诸驿尽行焚毁。"

[6] 刘佶《北巡私记》（《云窗丛刻》本）记载：至正二十八年，元惠宗从大都北走上都，"初九日，车驾至中都"，"十五日，车驾至上都"。

[7] 金幼孜随明成祖北征，其《北征录》（《历代小史》本）记载：永乐八年三月"初七日，早发兴和。行数里，过封王陀，今名凤凰山。山西南有故城，名沙城，西北有海子，鸳鹅鸿雁之类满其中……上又曰：适所过沙城，即元之中都，此处最宜牧马。语久始退"。其《后北征录》（《历代小史本》）记载：永乐十二年朱棣北征，曾于四月初五日"移营于兴和北十里沙城。初六日，大阅军士"。

[8] 《辽史》卷一《太祖上》：三年"置羊城于炭山北"，周良霄《三朝夏宫考》详细论证了炭山与《武经总要》的陉山，乃一山之异名。《辽史》卷四一《地理志五》称炭山又谓陉山，在归（转后页）

*县级重点文物保护单位。1983年以后，张北县文物和史志工作者在对该城多次调查基础上，已初步考证其为元中都故址。1997年8月张北县召开"元中都学术研讨会"，会上专家们根据所发现的遗迹、遗物并结合文献进行论证，最终确定该故城为元中都城遗址[9]。2001年被定为全国重点文物保护单位。

1998~2003年河北省文物研究所对元中都遗址进行了全面的考古调查、钻探，发掘了宫城中的主要殿址等多座遗址，并刊布了《元中都》（文物出版社2012年版）上册、下册。本书即以该发掘报告刊布的资料为基础，对元中都的形制布局进行介绍和研究。

二 元中都宫城皇城外城的形制与主要遗迹

元中都宫城（图5-9）、海拔1361~1363米。皇城与外城仅有考古调查和钻探资料，下面据此介绍元中都宫城、皇城和外城的形制（图5-9）。

（一）宫城

1. 宫城城墙、城门和宫城平面形制

宫城在皇城中间（图5-9），海拔1361~1363米。宫城墙上有民国时期围寨墙，寨墙下为元中都宫城墙。宫城墙遗迹呈土丘状，高出地表3~5米。宫城墙与角台相接部位有基槽，其余部位在地面直接夯筑。

宫城东墙和东宫门。据钻探资料，宫城东墙底部夯土宽11~13米，墙南、北端连接角台，未见马面遗迹。东宫门遗址在东墙中部豁口处（图5-10之GDM1），分布范围南北宽约12米，地表下深1.4米见条石。当地群众传说有排水涵洞二处，即图5-10之GDS1、GDS2。宫城西墙和西宫门。宫城西墙遗迹保存不好。西宫门在墙中部豁口处，宽4.1米（图5-10之GXM1），城墙西侧地面上在东西3米，南北32米范围内散布许多砖、瓦、石块，局部深1.8米下探出石块和砖砌平面。传说排水涵洞一，在图5-10之GNS1处。宫墙南、北端分别接宫城西南角台和西北角台。宫城南墙和宫城南门。钻探见到城墙夯土和东南角台，宫墙南门（图5-10之GNM1）、西南角台（图5-10之GXNJ）和排水涵洞（5-10之GNS1）已发掘。宫城南城墙分两段，宫城南门东侧南城墙在宫城门东朵楼台基东侧角柱底部东侧以东1.2米，不含马道砖壁基槽南北宽10.73米，含马道基槽南北宽11.14米，残高4.1米。宫城南门西侧城墙在城门朵楼台基西侧角柱底部外侧以西1.75米，残高4.5米，含马道砖壁基槽宽度南北宽11.1米。宫城北墙和北宫门。钻探北城墙、在宫城北墙东段发现夯土墙宽约10米，中段城墙宽约11米，西段城墙宽约13米。宫城北门在北墙中部豁口（图5-10之GBM1），宽约10米。传说有排水涵洞2处，即图

---

* （接前页）化州。炭山即今大马群山。《张北县志》认为"炭山，在第一区（张北）县城东南四十里炭窑沟村北"，由于炭山位置考证错误，遂将沙城定为北羊城。又叶新民等《元代的兴和路与中都》（《文物春秋》1998年第3期）指出：1919年日本箭内亘发表《元代的东蒙古》一文，已考证白城子为元中都故址。但未引起中国学者的注意。

[9] 贺勇等《元中都遗址认定及其历史考古价值》（《文物春秋》1998年第3期）、董向英《元中都概述》（《文物春秋》1998年第3期）。

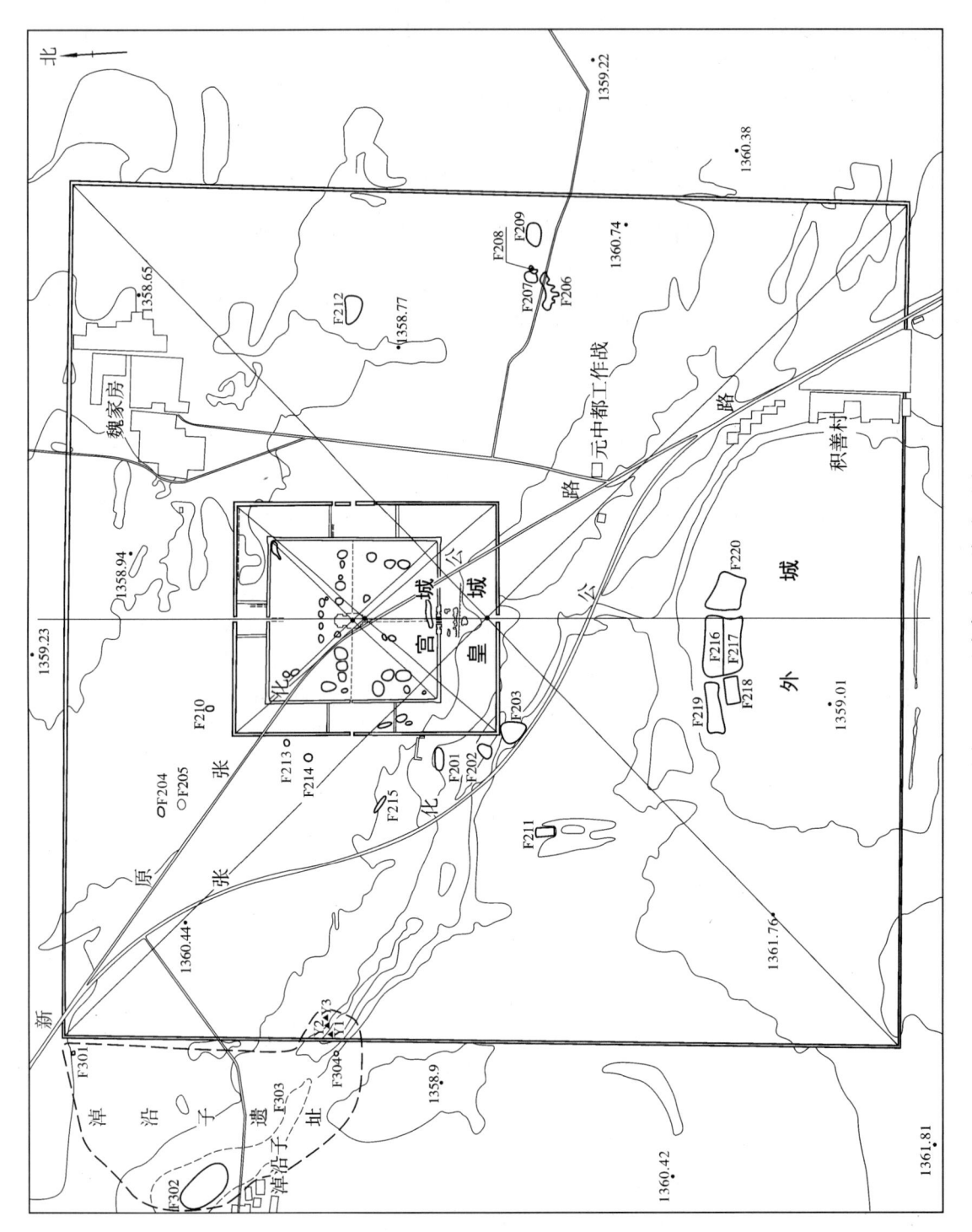

图 5-9 元中都遗址总平面图
(引自《元中都》发掘报告，略有改动)

5-10 之 GBS1、GBS2。

据调查和钻探资料，以现存墙体和角台遗迹中心线或中心点为基准测量，宫城东墙长603.5 米，宫城南墙长 542 米、宫城西墙长 608.5 米、宫城北墙长 548.8 米，宫城周长2302.8 米。宫城平面略呈南北长方形（图 5-10）[1]。

2. 宫城内的建筑遗迹和道路

(1) 宫城内建筑遗迹

宫城内除 1 号殿址外，还发现大小不一形状各异的土丘 32 处（图 5-10 之 D1，F2～F32），土丘残存高度均在 3 米以下，以 1 米左右居多，土丘与周围地表相接处无明显界限，这些土丘应为宫城建筑之残迹。图 5-10 中间大殿址 D1（原编 F1）已发掘，在其北有 F3～F6 四个圜丘状土丘东西排列，F3 东南有一不规则遗迹 F2，F2～F6 之东、西、北与宫城墙间未见遗迹。D1 之东有 F7～F11 遗迹，其中 F8、F9 破坏非常严重，地表仅微隆起；D1 之西有 F12～F16 遗迹，F16 之北有遗迹 F17，上述土丘之南未见遗迹。D1 东南 50 米有一较小遗迹 F18，F18 东南 90 米邻东宫墙有遗迹 F21，F21 南墙西有遗迹 F22 和 F23，F22 发现玄武岩柱础。D1 南 70 米御道西侧有遗迹 F19 和 F20，D1 南御道之西有大体与 F22、F23 对置的 F24 和 F25，在 F24 之西北和西南近西宫墙处有遗迹 F26、F27。宫城西北隅有 F29 和 F30 南北相连的低丘，F30 地表有玄武岩柱础；宫城东北隅遗迹 F28 有柱础坑。宫城西南隅遗迹 F31 似晚期居住址，宫城南门之北矩形院落 F32 已发掘[2]。

(2) 宫城内道路遗迹

宫城内发现 5 条道路（图 5-10 之 GL1～GL5）。

GL1，大殿 D1 与宫城南门 GNM1 之间御道，现存宽 3～6.4 米。大部分地表下 0.2～0.25 米见灰褐色路土，路土最深处 0.5 米，路土厚 0.05～0.15 米。路土硬度不高，层次不明；少部分路土坚硬，层次分明。GL2，大殿 D1 前殿至宫城东门道路，大殿前殿向东 60 米内未见路土，再东地表深 0.2～0.25 米见灰褐色路土，路土厚 0.1～0.5 米。路土范围南北宽 5.4～8 米不等，东部路土坚硬，层次分明。GL3，大殿 D1 前殿至宫城西门道路，未见路土。距地表深 0.2～0.25 米见灰褐土，上层含碎砖块，推测似为灰砖铺路，南北宽 3.7～8.5 米。GL4，宫城北门通向大殿 D1 的道路，该道至遗迹 F3～F6 之北中断。距地表深 0.2～0.25 米见灰褐色路土，路土坚硬，层次分明，路土厚 0.1～0.5 米。GL5，在遗迹 F24 之北，路面铺砖，南北宽 2.5 米，东端距 GL1 御道 40 余米未见铺砖。据钻探资料判断，大殿 D1 与宫城四门间的道路似铺砖[3]。

（二）皇城

1. 皇城城墙与皇城门

皇城主体在外城几何中心点之北（图 5-9）。皇城东城墙地表下残高约 0.3 米，残宽

---

[1] 河北省文物研究所《元中都》上册，文物出版社 2012 年版，第 27～35 页。
[2] 河北省文物研究所《元中都》上册，文物出版社 2012 年版，第 47、48 页。
[3] 河北省文物研究所《元中都》上册，文物出版社 2012 年版，第 50 页。

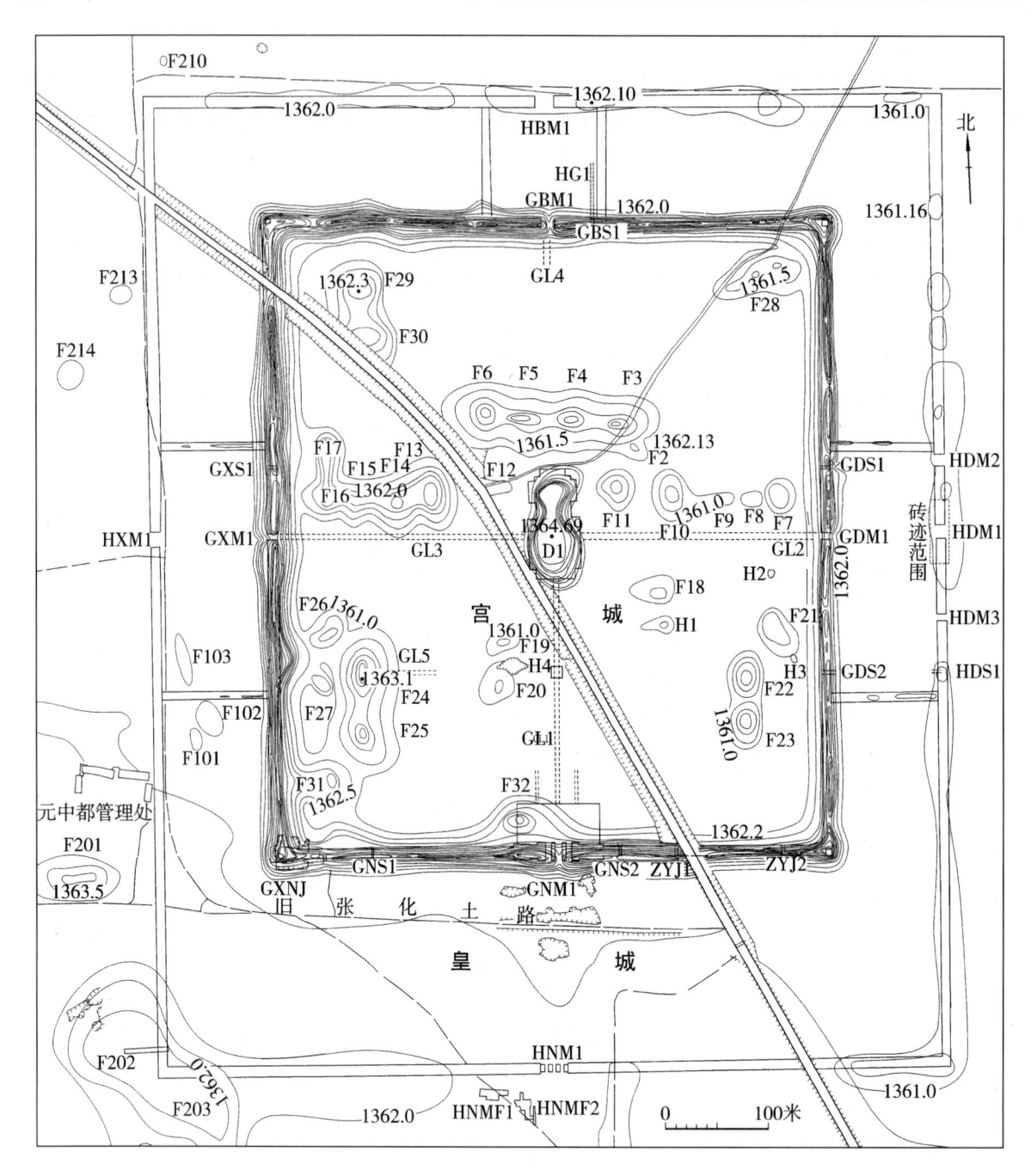

图 5-10 元中都皇城、宫城平面图
(引自河北省文物研究所《元中都》发掘报告，略有改动)

约 6~8 米。东城墙中部豁口宽约 10 米，为皇城东门门道残迹（图 5-10 之 HDM1）。此外，在东门道附近还有几个值得注意的现象。其一，在东门道中心线向南、向北各约 25 米之外，各有一南北宽约 4 米地带，地表散布较多碎砖块，以及绿釉条子瓦残块，地表下 0.4 米为灰褐土与乱砖渣混合，其下是夯土。其二，在东门之北皇城东墙与皇城内北隔墙相交处之南约 10 米，东城墙体上有一南北宽约 8 米地带（图 5-10 之 HDM2）与两侧夯土层不同，地表散步较多小砖块。地表下 0.2 米有 0.2 米厚的黄土和 0.005 米厚的砖末堆积，内含红色墙皮颗粒，其下为一层薄沙土，再下即灰色生土。局部在0.8~0.9米深处见砖，该遗迹与宫城水道GDS1在东西一条线上。其三，东门之南有一处宽约9米地带地表有残砖瓦块，地层与南北两侧不同，并见有砖渣、红墙皮、白灰渣等，深0.9米见黄色生土（图5-10之HDM3）。其四，在HDM3之南皇城东墙与皇城的南隔墙相交处之北10米有一东西向长圆形坑（图5-10之HDS1），坑南弃置碎砖块。其东与宫城水道GDS2在东西一线上，钻探可知坑南北宽约2.5米，东西同城墙宽度，在深1米处见青砖，砖上有0.3米厚的灰色淤土层。上述四处遗迹性质待定，其中《元中都》（文物出版社2012年版）发掘报告作者推测，前述之二、三或为较小门址遗迹，其四或为砖筑涵洞遗迹。

皇城西城墙在皇城西南角一带有较高的土梁，有南北向土垄与皇城南墙土垄垂直相接。土垄自西南角向北延伸约百米左右为西城墙残迹，土垄残宽约3~4米，地表下深0.3~0.4米未见夯土，夯土厚0.1~0.3米，夯土主要为灰褐土，夯层厚0.1~0.3米，较硬。钻探可知西城墙夯土残宽6~8米，残高0.3米，夯层厚0.1米，一般保存3层，夯土结构松散。西城墙中段、北段和西北角破坏无存。皇城西城墙与宫城西门GXM1中线对应处，向南、向北各20米，东西宽10余米范围内，地表下0.8~0.9米均有石块或砖块，有的伴有白灰渣，钻探深1.7米处有砖或石头，该处似为皇城西门（图5-10之HXM1）之所在。皇城南墙钻探可知夯土宽约7米，残高一般在0.1~0.45米。发掘皇城南门时，发掘西侧城墙7.6米，残宽3.5~4.1米，残高0.47米，夯土黄褐色，夯层不明显。发掘东侧城墙20米，残宽4.1~5米，残高0.55米，红褐色夯土，无明显夯层。皇城南门（图5-10之HNM1）已发掘。皇城北墙从东北角向西有长约百米凸起的土垄，夯土残宽6~8米。皇城北墙与宫城北门相对处，地表散布碎砖，钻探在地表下有砖、石遗迹，并发现类似城门墩台或隔墙遗存，当为皇城北门遗址之所在（图5-10之HBM1）。

皇城四面城墙以残存遗迹中心线或中心点为准测量，皇城东墙长927.7米，距宫城东墙115米；皇城西墙长930.6米，距宫城西墙113.78米；皇城南墙长770米，距宫城南墙207.5米；皇城北墙长778.34米，距宫城北墙115.85米。皇城周长3406.64米，平面略呈南北向长方形（图5-10）[1]。

2. 皇城内隔墙和遗迹

在皇城与宫城间的东区、西区和北区内各发现两道隔墙（图5-10），将三区各分隔为三段，南区未见隔墙，隔墙在地表呈土垄状。钻探可知隔墙宽4~5米，东区内北隔墙距宫城东北角台215.4米，南隔墙距宫城东南角台147.4米，两墙间距240.7米。西区北隔墙距宫城西北角台214.7米，南隔墙距宫城西南角台154米，两墙间距239.3米。北区东隔墙距宫城东北角台215米，西隔墙距宫城西北角台217.6米，两隔墙间距116.5米。三区两道隔墙各在皇城门内和宫城门外的两侧，隔墙相对应有门址，但钻探未见门址。

图5-10在皇城西区南隔墙南北两侧标有F101、F102、F103三处遗址，其性质不明，待发掘后再定[2]。

---

[1] 河北省文物研究所《元中都》上册，文物出版社2012年版，第35~39页。
[2] 河北省文物研究所《元中都》上册，文物出版社2012年版，第39~41页。

(三) 外城墙的探察

外城情况文献缺载，地表无外城墙遗迹。根据调查线索钻探，东墙在距宫城东墙1188.46米南北一线钻探，发现东城墙与北城墙相交处，东城墙与南城墙延长线相交点。钻探发现部分城墙夯土，东西宽4.1米，残高0.63米，夯层5~7层。南墙在宫城南墙以南1633.74米东西一线钻探，据调查推测的外城西南角向东有延伸约千米的土垄，距地表深0.3~0.4米见厚0.1~0.3米的夯土墙，较硬，夯土墙残宽8~9米。该段墙体两侧探出各约3米宽的硬面，似城墙护坡。城墙中段皇城门和宫城门南北中轴线对应处，地表有2块料石，该处或为外城南门之所在。城墙东段在张化公路以东50米左右，仍有土垄呈西东向延伸，个别地段在地表下0.3~0.4米发现夯土厚0.2~0.3米，南北宽约5米。西城墙在宫城西墙之西1150.65米南北一线钻探，北段距地表深0.3米发现夯土城墙百余米，夯土厚0.1~0.3米，夯层厚0.1米，夯土坚硬，夯土东西宽5~6米或8~9米南段钻探发现外城西南角，自拐角向北有土垄延伸，距地表0.3~0.4米发现夯土厚0.1~0.3米，夯土东西残宽8~9米，城墙未挖基槽。北墙在宫城北墙之北713.96米东西一线钻探，发现外城北墙与东墙交界处，在此钻探于地表下0.2~0.3米发现夯土残宽5米，残高0.1~0.4米，又一处发现城墙夯土残宽5.6米。

外城墙均平地起建，东侧墙长2964米、西城墙长2964米、南城墙长2881米、北城墙长2906米，周长11715米，平面略呈方形（图5-9）[1]。元中都宫城发现角楼台基，皇城和外城未见角楼台基，三城均未见马面。

三 宫城1号殿基址发掘揭示的形制

宫城1号殿址有地基、台基、月台、前殿、柱廊、寝殿、东西夹室、香阁和东西配殿等构成（图5-11、图5-12）。

（一）1号殿址地基和台基

1. 1号殿址地基

地基在大殿台基下挖大于台基的南北向长方形基槽，基槽边较台基周边宽2.5~8米，深2.3~2.4米，基槽口大于底，基槽斜度深四收一至深六收一不等。基槽边不太整齐，每边均有与基槽垂直的阶梯式长条形施工通道。基槽整体夯筑（俗称"一块玉"做法），基槽底铺一层自然石块，其上一层夯土一层石块间筑，用圆形平头和圆形圆头夯夯打。夯至地平后再夯1~3层土，使近台基处略高于外围远端0.1~0.24米，面或铺砖形成散水[2]。

---

[1] 河北省文物研究所《元中都》上册，文物出版社2012年版，第41~47页。

[2] 河北省文物研究所《元中都》上册，文物出版社2012年版，第151、185~189页；图九八至图一〇七；下册图版一〇六至图版一一三。

西配殿　地基基槽边界

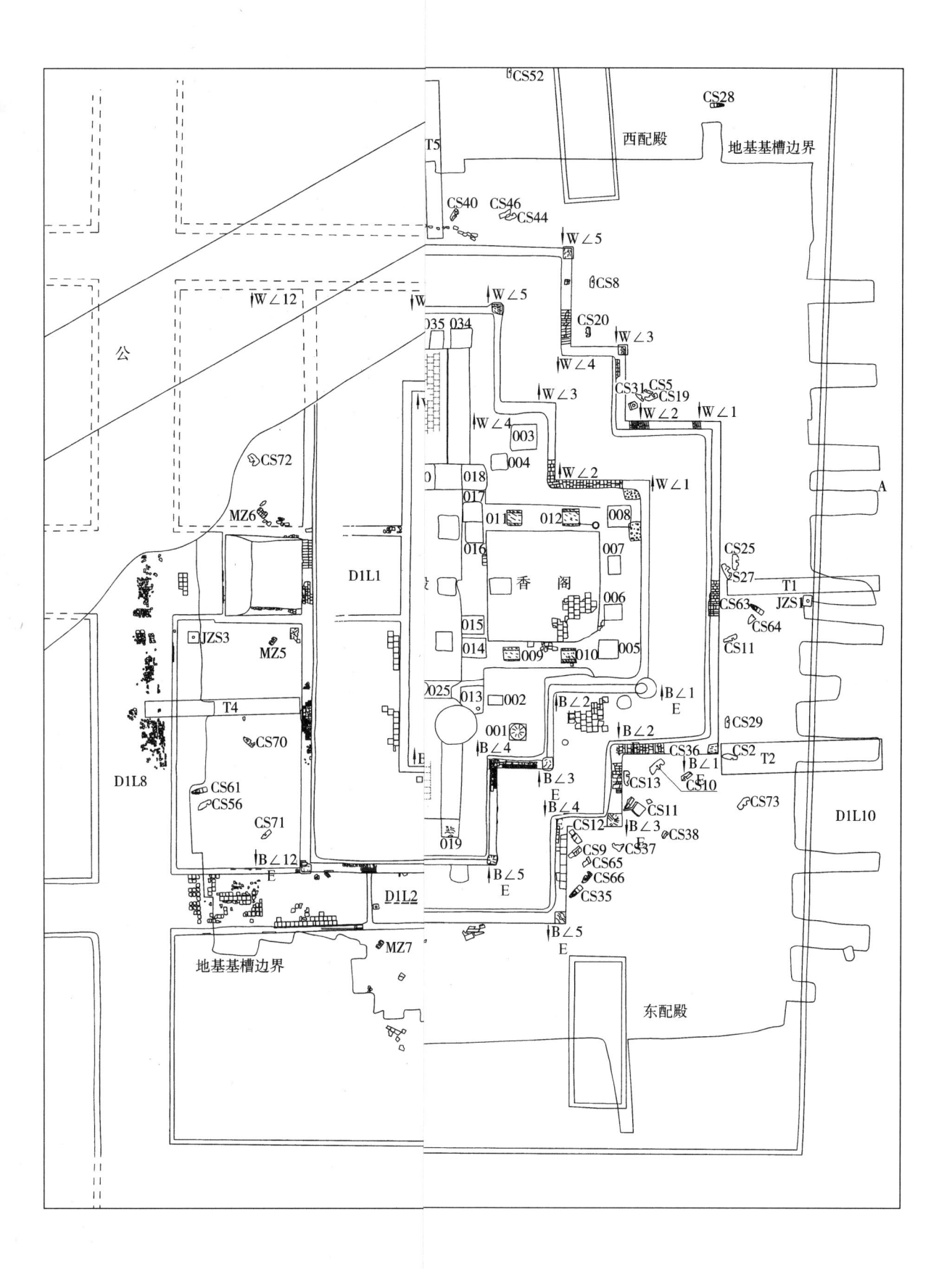

香阁

东配殿

地基基槽边界

公

图 5-12 宫城 1 号殿址鸟瞰（东—西）
(引自河北省文物研究所《元中都》发掘报告)

2. 1 号殿址台基

在地基地平之上筑大殿台基（《元中都》报告称下层台基），台基主体呈工字形，并前出月台后出香阁台基，方向182°。台基现存南北通长99.35米，加台基砖壁基槽宽度南北长101.1米，台基高出地基地平1.7米，台基共有24个转角（图5-11之W∠1∠W∠12，E∠1～E∠12）。台基宽于大殿，其各部位尺度由南向北如下：月台之南凸部分E∠11-W∠11或E∠12-W∠12之间东西宽37.2米（现残宽32.21米）；E∠11-E∠12或W∠11-W∠12之间南北长9.22米。与月台和前殿对应的台基为一整体，南北长46.55米，东西宽49.17米。台基与柱廊对应部位，南北长13.69米，东西宽30.82米。台基与寝殿夹室对应部位，南北长21.89米，东西宽42.81米。与香阁对应向北的凸出部位，南部南北3.52米，东西30.4米；北部南北6.23米，东西21.02米。

台基与殿址之间台基面原均铺砖，现多残毁无存，仅在与大殿各部位下的台基面残存少许，其他部位或残存铺砖的白灰痕迹。铺砖方式有南北通缝，东西错缝；东西通缝，南北错缝两种。台基周壁原均包砖，现仅存砖壁基槽，基槽内残存少许砌砖，有的转角部位残存柱础石，其上立角柱石。砖壁基槽宽深不一，差距较大。台基南部被月台南部殿陛DIL1分为东西两部分，再南破坏严重，边缘已成坡状，仅高出台基面0.81米[1]。

---

[1] 河北省文物研究所《元中都》上册，文物出版社2012年版，第151～154页，文中对台基铺砖和台基周壁基槽有详细介绍。台基铺砖部位参见图5-11。

3. 台基沟槽与台基外通道

环绕台基有矩形砖砌沟槽（图5-11），沟槽是台基外道路的内侧边沟。南侧沟槽即台基南侧横道DIL8之北侧边沟，东侧沟槽为台基东侧南北走向道路DIL9之西侧边沟，北侧沟槽为台基横道DIL10之南侧边沟，西侧破坏未发掘。

台基南侧横道DIL8在台基南侧砖壁之南7～8米，东西走向，大殿月台殿陛和两侧踏道与之相交。DIL8破坏严重，仅残存部分铺砖和路沟遗迹。东侧台基下南北向道路DIL9距前殿11米，DIL8向东与之相交，仅余道路两侧路沟。北侧台基下东西向道路DIL10在台基北6.3米，仅余南侧路沟。西侧台基下道路未发掘（图5-11）[1]。

（二）宫城1号殿基址的平面形制

《元中都》（文物出版社2012年版）发掘报告将宫城1号殿址的夯土结构称上层台基，并指出上层台基较下层台基高1.25米。但是，据《元中都》（文物出版社2012年版）发掘报告文字介绍，以及平面图和相关图版来看，所谓上层台基的形制和尺寸及28个转角（图5-11之W∠1～W∠14，E∠1～E∠14）与1号殿址平面形制完全一致，故其实为殿基。1号殿址从南向北由月台、前殿、柱廊、寝殿和东、西夹室、香阁组成，前殿、柱廊、寝殿和东西夹室呈工字形，月台南出，香阁北出，在香阁东西两侧台基面上各置一配殿。下面重点介绍1号殿址的形制，1号殿址各部位残存遗迹和现象的详细情况请参见《元中都》（文物出版社2012年版）发掘报告[2]。

1. 1号殿址月台、前殿和柱廊的形制

（1）月台与殿陛和踏道

第一，月台的形制。月台在前殿之南，东西长方形，以月台基槽外缘为准，月台东西长24.8米，南北宽17.5～17.8米。月台面铺青灰素面方砖，铺砖东西通缝，南北错缝，方砖仅残存少许，局部残存铺砖白灰痕迹。月台北与前殿南缘基槽相接，基槽宽0.37～0.48米，深0.1～0.2米，基槽内砖顺丁平砌，残毁。月台西壁基槽宽0.6米，深0.23米，其北部基槽内残存部分砖壁。月台东南角E∠14尚存柱础石，础石南北0.77米，东西0.61米，厚0.18米，无金边。月台南缘基槽宽0.5米。砖壁尽毁（图5-11）。

第二，月台前出殿陛。月台南部中间前出殿陛（图5-11之DIL1），殿陛上下两级。月台前第一级殿陛北接月台南缘基槽，下至台基面，南北水平残长3.6米，宽6.1米。殿陛结构残，呈坡道状，现存坡度17°。坡道东西壁无基槽，仅略存残砖。坡道南部残断处距台基南缘基槽外缘2.6米，仍略有坡度。其下第二级殿陛北接台基南缘基槽，下至地平面，亦呈坡道状。坡道象眼部位毁，东、西壁侧有基槽。坡道南北长5.1米，宽6.1米，现存坡度10°。坡道下与地面相接处砌长方砖牙线一道，牙线之北残存卷草纹长条砖。坡道下地面中部残存龙纹方砖东西五列长1.5米，南北两排宽0.6米。再南接台基外通首

---

[1] 河北省文物研究所《元中都》上册，文物出版社2012年版，第151、183～184页。
[2] 河北省文物研究所《元中都》上册，文物出版社2012年版，第155～183页。

DIL8（图 5-11）[1]。

第三，月台东、西侧踏道。月台东西壁北部与前殿相接向外拐角（E∠12、W∠13）部位各有踏道，亦分上下两级。月台东踏道第一级（DIL2）西和北分别与月台东壁北部基槽及前殿南壁东部基槽相接，踏道结构残，呈坡道状，现存坡度18°。下面第二级踏道与第一级踏道位置相错，位于台基南部凸出部分开始向南转折部位（E∠11），踏道残呈坡道状，现存坡度14.3°。坡道基部水平长5.1米，宽3.63米，下接地面。地面残存铺地花砖，又南接台基外通道 DIL8（图 5-11）[2]。

月台西侧踏道（DIL3）形制结构同东侧踏道，仅存上面第一级踏道，踏道基部水平长3.5米、宽4.2米，现存坡度16°。下面第二级踏道残无。

（2）前殿的形制

前殿位于主体建筑台基南部横台基上（前殿后部中间在宫城几何中心点上，图5-9），介于月台与柱廊之间。前殿周壁毁，仅余砖壁基槽，槽内残存部分砌砖。前殿东南角 E∠12，西南角 W∠12、西北角 W∠11 下有柱础石，东南角 E∠12 柱础石上立角柱石。角柱石残断，角柱石南面浮雕龙纹，东面浮雕牡丹纹，其余两面有凿痕。以柱础石金边内角或角柱石外角为准测量，前殿东西36.36米，南北26.06米。前殿沿四壁内侧各置内外两列柱础，殿南、北壁内侧两列柱础各8个，东、西壁内侧中间两列柱础各2个，共40个柱础。其中除北壁内侧东数第4个柱础坑内残存半块汉白玉柱础外，余者仅残存柱础坑。柱础坑因破坏而变大，一般开口为1.52~2.78米，坑内下部有略呈方形痕迹，边长一般1.5~1.7米。以柱础坑中心点为准测量，前殿四角处柱础坑距其两壁基槽外缘2.32~2.5米，内、外两列柱础坑中心点相距3.45~3.7米。前殿面阔七间，进深五间。其次，前殿柱础坑之间还有浅坑。浅坑边长1.2米、深0.05米。浅坑南北5排，东西8列，共38个（前殿南面正对门道两列柱础间未见浅坑）。以上参见图5-11、图5-12[3]。

除上所述，前殿东西壁外侧中间各置一踏道，两踏道形制相同，下面以东踏道为例略作介绍。东面第一级踏道西接前殿东缘基槽，东至台基地面，踏道已残呈坡道，现存坡度15°，东西长3.1米，南北宽5.2米。坡道北部与东下缘残存铺砌方砖的白灰，南北侧残存砖壁基槽。坡道至台地地面处有一宽0.15米，深0.1米的牙线横槽，自此到台基东缘3.2米。从台基东缘基槽东行第二级踏道亦残呈坡道，现存坡度11°。坡道南、北侧包砖，

---

[1] 河北省文物研究所《元中都》上册，文物出版社2012年版，第172页，图八八；下册彩版二六一，图版九三。

[2] 河北省文物研究所《元中都》上册，文物出版社2012年版，第172~175页，图八九；下册彩版二六二，图版九二、九三。

[3] 河北省文物研究所《元中都》上册，文物出版社2012年版，第155~159页；下册，文物出版社2012年版，四角柱础石图一一五之5.6-7，图版九〇、九四之1；角柱石彩版三一〇、三一一。又关于浅坑的作用，上册第155页，以在柱础坑内发现一些花岗石块掺杂在汉白玉石块之中为据，认为浅坑可能是铺砌装饰性石板的坑位。按：此说仅供参考，尚不能确切解释浅坑的作用。

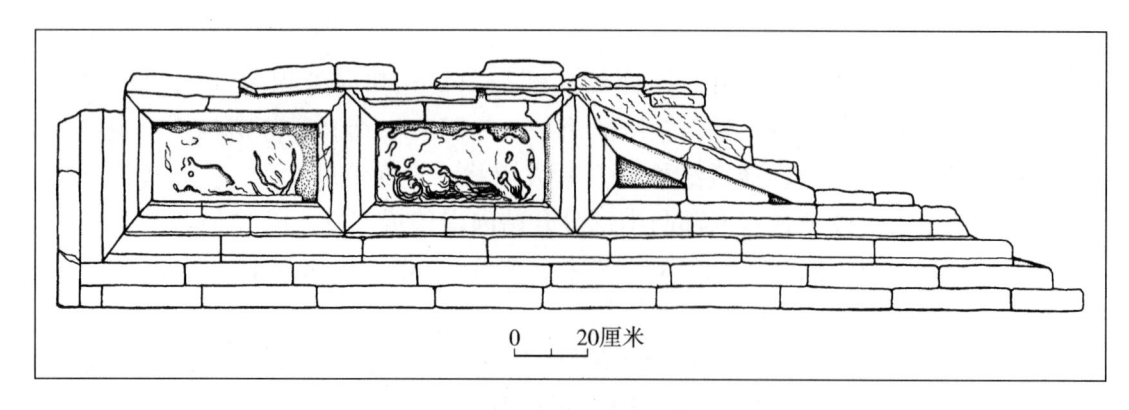

图 5-13　宫城 1 号殿址前殿东踏道南侧象眼
（引自河北省文物研究所《元中都》发掘报告，略有改动）

南侧包砖残存部分象眼和有骏马祥云等形象的雕砖（图 5-13），象眼砖壁东西残长 2.85 米，露出地表残高 0.65 米。坡道与地面相接处横向牙线槽宽 0.12 米，深 0.13 米，坡道长 5.8 米，宽 5.7 米。再东行平道两两侧残存路沟，直至与台基外通道 DIL9 相接（图 5-11）[1]。

（3）柱廊的形制

第一，柱廊主体的形制。柱廊在大殿主体工字形台基中部竖台基上，介于前殿和寝殿之间。柱廊南与前殿直通，其竖长直线部分即图 5-11 之 E∠10～E∠9，W∠10～W∠9 之间南北长 19.8 米，图 5-11 之 E∠10～W∠10、E∠9～W∠9 之间东西宽 18.16 米。柱廊直线部分北端自图 5-11 之 E∠9～E∠8，W∠9～W∠8 各外扩 2.52 米后北折至图 5-11 之 E∠7 和 W∠7 处接寝殿，该东西横长部分为柱廊与寝殿共用，其东西长 23.2 米，南北宽 3.81 米。若将横长部分宽 3.81 米计算在内，则柱廊南北通长为 23.61 米，柱廊平面呈 T 字形。

柱廊沿东西壁内侧各置两列柱础，每列 5 个柱础，最北边柱础位于外扩部分，共 24 个柱础。柱廊东、西外侧柱础距东、西壁外缘 2.21 米，中间两列柱础间距 8.7 米，东、西两列柱础间距各为 2.52 米。在柱廊北部外扩部分的 E∠8～E∠7，W∠8～W∠7 内侧又各置一柱础，这两个柱础之北偏内侧再各置一柱础，其柱础坑似浅坑；如是，则柱廊柱础为 22 个。柱廊内柱础仅东壁内侧第二列最北端柱础坑内残存汉白玉覆盆形柱础，余者均为柱础坑。在柱廊西壁内第二列南数第四个柱础坑南北两侧残存部分铺地方砖。其次，柱廊内还有浅坑，主要配置在柱廊东西两列柱础之间（图 5-11）[2]。

第二，柱廊踏道的形制。柱廊东西壁外缘中间偏北各置踏道，东西踏道各分上下两级，形制相同，下面以东踏道（DIL6）为例略作介绍。东侧第一级踏道西接柱廊东壁基

---

[1] 河北省文物研究所《元中都》上册，文物出版社 2012 年版。东踏道见于第 180～183 页，踏道平剖面图参见图九四、九五；西踏道 DIL115 见上册第 183 页，图九五。象眼见于下册图版一〇一、一〇二之 1。

[2] 河北省文物研究所《元中都》上册，文物出版社 2012 年版，第 159～163 页。

槽，踏道现呈坡状，东西2.84米，南北5.54米，坡度17°。坡道两侧残存砖壁基槽，南侧砖壁基槽残存砌砖，基槽东端置汉白玉柱础，柱础上面中间有被栏杆望柱压住部分痕迹，柱础上皮与铺地砖持平；北侧基槽残存0.16米高的砖壁。坡道与地面相接处南北向侧立楔形砖为牙线，牙线内残存半块卷草纹铺砖及铺砖痕迹，牙线之南路面则存铺砖白灰痕迹，牙线东至台基东缘基槽3.8米。第二级踏道西与台基东缘基槽相接，基槽残砖壁上有汉白玉螭首残块。踏道已呈坡道状，坡道长4.8米，宽5.6米，坡度11°。坡道两侧砖壁基槽残存砌砖，两侧基槽东端柱础已在附近找到。坡道下缘有牙线槽，坡道下地面平道两侧路沟宽5.1米，平道长15.52米（图5-11）[1]。

2. 1号殿址寝殿、东西夹室、香阁和东西配殿的形制

（1）寝殿、夹室和香阁形制与外缘尺度

寝殿南接柱廊，寝殿与东西夹室和北部香阁连通，位于大殿台基后部，建筑基槽相连，属同一建筑单元，该组建筑平面若加上南部与柱廊共用的横长部分；其平面略呈十字形，三者均面阔三间，进深三间，但夹室和香阁开间小于寝殿。

寝殿、夹室和香阁的外缘尺寸，按图5-11标注的转角测量如下：E∠8～W∠8间23.22米（W∠8有柱础石）、E∠3～W∠3间23.25米、E∠8～E3间20.95米、W∠8～W∠3间20.96米、E∠6～W∠6间35.35米、E∠5～W∠5间35.35～35.4米、E∠8～E∠7间3.8米、W∠8～W∠7间3.81米、E∠7～E∠6间6.13米、W∠7～W∠6间6.13米、E∠6～E∠5间13.52米、W∠6～W∠5间13.49米、E∠5～E∠4间6.13米、W∠5～W∠4间6.1米、E∠4～E∠3间3.64米、W∠4～W∠3间3.65米、E∠3～E∠2间4.8米、W∠3～W∠2间4.83米、E∠2～E∠1间6.08米、W∠2～W∠1间6.1米、E∠1～W∠1间13.46米（图5-11）[2]。

（2）寝殿柱网与面阔和进深

寝殿南面横长部位与柱廊共用，柱网配置见柱廊部分。寝殿内最南和最北部中间宽约4.6米无柱础坑（寝殿柱础均无存）为门道部位，门道与东、西侧壁之间各东西向横置三个柱础（坑）。东、西壁内侧从南向北各置两个柱础（坑）后空约2.24米为门道部位，其北又各置一柱础（坑）。其次，寝殿中间有三排浅坑，每排三个浅坑，共九个浅坑。寝殿依基槽内边测量，东西面阔12.15米，南北进深9.2米（图5-11）。寝殿地面残存火烧后的黑色灰烬堆，内含琉璃瓦、灰瓦等烧结物[3]。

（3）东夹室柱网与面阔和进深

东夹室西墙与寝殿东墙合一。东夹室东壁内侧从南向北有四个柱础坑，其中心点间距为2.6+3.4+2.6米＝8.6米，这个间距似为南北三间各自的面阔。自前述最南端柱础坑向西又有两个柱础坑，靠西边的柱础坑内存玄武岩柱础石，再西接寝殿东壁柱础坑，四个

---

[1] 河北省文物研究所《元中都》上册，文物出版社2012年版。东踏道DIL6见于第175～177页，图九一；西踏道DIL7见于第177～180，图九二。
[2] 河北省文物研究所《元中都》上册，文物出版社2012年版，第163、164页。
[3] 河北省文物研究所《元中都》上册，文物出版社2012年版，第164、165页。

柱础坑中心点间距为 2.63+3.58+2.4 米=8.61 米，这个间距似为东西向三间各自的进深，即东夹室总面阔和总进深均为 8.6 米左右。东夹室北壁内侧有基槽，自东北角向西未见柱础坑。东夹室基槽内间距东西 7.5 米，南北 7.3 米。其次，东夹室内亦有浅坑（图 5-11）[1]。

（4）西夹室柱网与面阔和进深

西夹室东墙与寝殿西墙合一。西夹室西墙内侧有南北向一字排列的四个柱础坑，其中心点间距为 2.91+4.1+1.6 米=8.61 米，即面阔 8.61 米，但各间面阔尺寸不合理，似柱础破坏后坑位偏离原位所致。西夹室南壁内侧从前述西南角柱础坑向东有二个柱础坑，靠东的柱础坑内存玄武岩柱础石，再东接寝殿西壁柱础坑，四个柱础坑中心点间距为 2.46+3.7+2.32 米=8.48 米，这个间距较接近东西向三间各自的进深，即总进深为 8.48 米（图 5-11）[2]。

（5）香阁柱网与面阔和进深

香阁南墙与寝殿北墙合一，其柱础坑和门道情况同寝殿北墙。香阁北壁内侧东西向排列四个柱础坑。东、西壁内侧中间各南北向排列二个柱础，东和西壁内侧柱础间距 8.64~8.72 米为香阁面阔。香阁北壁与南墙中心点间距 8.92 米为香阁进深（图 5-11）[3]。

（6）东、西配殿

东、西配殿位于大殿台基外的东北、西北角台基之下，东西对称配置，仅残存部分墙基基槽。东配殿以台基东、北壁外皮交角 E∠5 为准，东配殿西、南墙基槽交角位在沿 83°方向直线水平距离约 2.5 米处，基槽宽 0.2~0.3 米、深 0.2 米。配殿平面呈东西向矩形，基槽内边间距东西 8.1 米，南北 2.95 米。西配殿以台基西、北壁外皮交角 W∠5 为准，配殿东、南墙基槽交角在沿 278°方向直线水平距离约 4.2 米处，基槽宽 0.25~0.56 米、深 0.2 米，配殿平面呈东西向矩形，基槽内边间距东西 8.8 米，南北 2.9 米（图 5-11）[4]。

四　宫城南门和皇城南门基址发掘揭示的形制

（一）宫城南门形制

宫城南门位于宫城南墙中部，北与 1 号殿址相对（图 5-10）方向 4°，东西通长 87.68 米。城门由三个门道，两个门道隔墙、隔墙两侧门楼台基、行廊和朵楼台基及其北侧登城马道，门内矩形庭院组成（图 5-14）。

1. 门道和隔墙

宫城门三个门道，东西总面阔 21.48 米，南北进深 18.35~18.4 米。门道建在夯土基

---

[1] 河北省文物研究所《元中都》上册，文物出版社 2012 年版，第 165、168 页。
[2] 河北省文物研究所《元中都》上册，文物出版社 2012 年版，第 166、169 页。第 166 页指出，西夹室北墙内侧有基槽，但仅在基槽西端与西墙相接部有一个柱础坑。此情况与东夹室北墙内侧有基槽，仅在北墙与东墙相接部位有一个柱础相同。故东、西夹室内侧或原本就只在角部有一个柱础。
[3] 河北省文物研究所《元中都》上册，文物出版社 2012 年版，第 166、169 页。
[4] 河北省文物研究所《元中都》上册，文物出版社 2012 年版，第 184、185 页。

础上，夯土基槽南北宽出主体建筑约0.9米，基槽深0.9~1.1米，其上石砌地面。三个门道东西向横中线上有门砧石、将军石和门扉结构，三个门道间有两道隔墙。

两道隔墙夯筑，南北端包砖。西隔墙在中门道与西门道之间，南北长18.02米，东西宽3.72米，内部夯土墙底部南北长16.45米、东西宽2.12~2.25米，残高0.3~1.7米。北端西侧砖壁南北残长2.6米、宽0.6米、残高0~0.55米，其中1.25米压在地栿石上，较地栿石外扩0.35米。北端东侧砖壁南北残长3.3米、东西宽0.7米、残高0.63米，其中有1.57米压在地栿石上，较地栿石外扩0.41米。北端北侧砖壁残存少许，底部有四块土衬石，外侧距夯土墙底部0.9米。南端西侧壁残存一层砖，残长0.8米。南端东侧壁砖壁无存。南端南侧残存土衬石三块，外距夯土墙底部0.9米。

东隔墙形制同西隔墙，在中门道与东门道之间，南北长18.23（西侧）~18.34米（东侧），东西宽3.65米（北端）~3.75米（南端）。内部夯土墙底部南北长16.9米、宽2.25米~2.33米、残高0.8~1.7米。北端西侧砖壁南北残长3.1米、宽0.62米、残高0~0.6米，残存最高处0.22米，其中1.01米压在地栿石上，较地栿石外扩0.38米。北端东侧砖壁残长2.9米、宽0.6米、残高0.4~0.9米。外侧齐整存有7~10层砖，存高0.38~0.53米，其中1米压在地栿石上，较地栿石外扩0.04米。北端北壁底部残存一层砖，下有土衬石5方。南端西侧砖壁南北残长3.1米、宽0.5米、残高0.05~0.7米，外壁残存1~4层砖，存高0.05~0.21米，砖壁有0.9叠压在地栿石上，较地栿石内壁外扩0.4米。南端东侧壁砖壁南北残长2.6米、宽0.8米、存高0~0.7米，外侧存0~8层砖、高0~0.44米，其中1米压在地栿石上，较地栿石内壁外扩0.4米。南端南侧砖壁残存一层砖，下有土衬石4方（图5-14）[1]。

2. 中门门道结构与东西门道概况

三个门道形制结构相同，以中门道为例略作介绍。中门道在东、西隔墙之间，分别以两隔墙之侧壁为门道壁，门道南北进深18.4米，东西面阔地栿石处北端5.81米，中部5.93米，南端5.9米，砖壁北端6.59米（图5-14、图5-15）。中门道结构有以下几部分：第一，土衬石、地栿石和木地栿。门道结构最下面为深埋在东西壁地面下的土衬石，东壁16方，西壁15方。土衬石长0.57~1.79米、宽0.5~1.2米、厚0.2~0.3米。土衬石外侧有宽0.14~0.16米、高0.02~0.05米凸起的金边，金边内承托地栿石。地栿石东壁9方，全长12.87米；西壁地栿石9方，全长12.84米。地栿石平面近长方形，长0.75~2.95米、宽0.3~1米、厚0.4~0.42米。地栿石朝向门道一侧平整，抹白灰，地栿石间用白灰勾缝。地栿石上面内侧有宽0.08~0.11米，高0.01~0.02米凸起的金边，金边高出门道地面约0.04米。地栿石金边内安木地栿，木地栿已成灰烬，断续分布在地栿石上。第二，立柱和贴墙木板。立柱在东、西壁地栿石与夯土隔墙贴墙木板之间，东西壁各有四根立柱，南北端立柱紧贴南北端砖壁。立柱在地栿石之上的部分无存，立柱底部有柱洞，柱洞径0.4~0.5米，深约0.5米，洞底有柱础石。门道西侧四根立柱从北

---

[1] 河北省文物研究所《元中都》上册，文物出版社2012年版，第339、349~352页。下册，门道隔墙参见图版一八一至图版一八四。

图 5-15 元中都宫城南门中门门道
(引自国家文物局《1999 年中国重要考古发现》)

向南的中心间距为 2.4 米、5.15 米、2.43 米;东侧四根立柱从北向南间距为 2.97 米、4.94 米、2.55 米。隔墙木板在门道东西壁立柱、门道地栿石、南北两端砖壁与夯土隔墙之间。木板呈南北长条形,紧贴夯土墙及隔墙南北端砖壁内壁,南北端至隔墙南北端墙体,底部与门道地面平。木板距门道地栿石朝向门道的内侧壁面 0.85～0.9 米,厚 0.04 米。地栿石平面以上的木板仅存残迹。第三,门道石砌地面、门砧石、将军石和角柱石。门道地面南北端以长条石砌地面牙线,南北牙线之间铺长方形石板,石板大小不一。石板面磨损程度较轻,石地面上残存厚约 0.01～0.03 米的黄褐色路土层。门砧石两件,位于门道横中线上的东、西壁两侧,紧贴石地栿内壁。门砧石南侧较高,有置城门门框的长方形臼槽;北侧较低略窄,有置城门肘板底部转轴的方形臼槽(海窝)。门道西侧方形臼槽内残存铁靴臼一件(置于铁鹅台上)。将军石位于门道东西横中线中部,与门砧在同一横线上,共同组成门扉结构。角柱石仅残存门道北端西侧砖壁角部一件,但已不在原位。

除上所述,东西门道结构与中门道相同。东门道位于东隔墙与东墩台(墩台为城楼台基)之间,南北进深 18.35 米,东西面阔地栿石处北端 5.05 米、中部 5.1 米、南端 5.05 米,砖壁处北端 5.9 米,砖壁处南端残毁。门道内残存较多木构件,均有火烧痕迹。西门道位于西隔墙与西墩台之间,南北进深 18.4 米,东西面阔地栿石处北端 4.96 米、中部 5 米、南端 5.03 米,砖壁处北端 5.84 米,南端残毁。其东侧门砧石残存铁鹅台一件（图5-14）[1]。

3. 门道两侧城楼台基、行廊台基、朵楼台基和马道

（1）门道两侧城楼台基

城楼台基《元中都》（文物出版社2012年版）发掘报告称墩台，台基介于东西门道外侧隔墙与行廊台基之间，并相互连接，台基与行廊台基相接部位的南北壁较行廊台基向外凸出。台基平面呈南北向长方形，底部大于顶部（顶部有民国时期围寨、未清理），大致高三收一至高四收一。台基夯筑，夯土灰白色，夯层厚一般0.1~0.15米。台基内侧即与东西门道外侧隔墙相接部位有贴墙木板，其余部位甃砖面，下有基槽，门道隔墙、城楼台基、行廊台基南北端砖面相连。砖壁四角各立一角柱石，台基南侧砖壁下有土衬石，其余部位砖壁直接筑在夯土上，砖壁外侧平齐。

城楼东台基夯土残高2~3.5米，南、北侧高出地表1.2米处有宽约0.25~0.3米夯土台。东北角外缘较行廊台基北砖壁向北凸出2.1米，南侧砖壁较行廊台基砖壁向南凸出2.2米。夯土台基甃砖，残存部分砖壁，南、北侧砖壁底部宽0.9米，南侧底部有土衬石。台基砖壁底部南北长18.1米，东西宽7.14米，残存东北和西北角柱石。城楼西台基夯土残高2.2~3.5米，北侧高出地表1.2米处有宽0.25米的夯土台。台基底部砖壁南北长17.65米，东西宽7.13米，南北较行廊台基砖壁外凸2.6米。台基砖壁四角各立一角柱石，其中东南角柱石无存，残存部分砖壁（图5-14）[2]。

（2）行廊台基

东、西行廊台基介于城楼台基和朵楼台基之间，其夯土台和砖壁结构与之相连。东、西行廊结构相同，南、北两侧之宽，窄于城楼和朵楼台基，砖壁直接砌筑在夯土上。东侧行廊台基南北13.27~13.75米，东西向北侧7.35米，南侧7.45米，台基北侧距地表0.8米和2.4米处有宽约0.25米的夯土台。台基残存部分包砖，西端较城楼台基砖壁南北分别内收2.1米和2.2米；东端较朵楼台基砖壁南、北分别内收1.74米和0.8米。西侧行廊台基南北12.5~12.6米，东西向北侧7.6米，南侧7.7，北侧距地表高2米处有宽0.25米的夯土台。台基残存部分包砖，东端较城楼台基砖壁南北壁面内收2.6米；西端较朵楼砖壁南北壁面分别内收1.75米和1.33米（图5-14）[3]。

（3）朵楼台基与马道

东西朵楼台基与东西行廊台基结构相连，外侧接宫城南城墙，朵楼夯土台基底大于顶部，台基南北两侧较行廊台基和宫城南墙向外凸出，平面呈东西长方形。台基砖壁和四隅角柱直接砌筑与夯土之上，砖壁残存部分包砖，两台基东和西侧的南北向砖壁深入到夯土城墙内。

---

[1] 河北省文物研究所《元中都》上册，文物出版社2012年版。门道见第339~349页，门道线图一六一、一六二、一六六，门砧石线图图一六五，将军石线图一六七。下册，门道见彩版三五、三五三，门道木地栿、残立柱、门砧石参见图版一七五至图版一七八。

[2] 河北省文物研究所《元中都》上册，文物出版社2012年版，第352~357页，下册图版一八五至图版一九〇。

[3] 河北省文物研究所《元中都》上册，文物出版社2012年版，第356页；下册图版一九五之2、一九六、一九七。

东朵楼台基残高1.5~5米,台基南北1.54~15.74米,东西16.63米。台基四隅除东南角柱外,余三角存角柱石。西北角柱石底部外缘较行廊台基砖壁基槽北侧向北凸出1.74米,砖壁无存;东北角柱石北侧底部边缘较砖壁基槽北缘向北凸出0.5米。西北和东北两角石底部外缘间距16.63米,中部砖壁残长12.2米,残高1.22米。东南角柱石无,其北侧砖壁破坏,仅残存砖壁基槽,深入到城墙内部0.5米;西南角柱石南侧底部边缘较行廊台基南侧砖壁向南凸出0.8米。东南和西南角柱石间砖壁东西长15.5米,残高1.3米;外侧残存10层砖,残高0.6米。东朵楼台基和东行廊台基顶部残存圆柱洞3个,东朵楼台基残存一段用条子瓦垒砌的残屋脊。东侧马道未清理。

西朵楼夯土台基残高1.22~4.5米,距底部高1.6米处有宽0.25米的夯土台,台基南北14.82~15.67米,东西16.81~16.6米。台基有四角柱石,西南角柱石南侧底部边缘较城墙南壁向南凸出3.15米,角柱北侧砖壁长3米,砖壁深入夯土城墙内0.45米。东南角柱石南侧底部边缘较行廊台基砖壁南侧向南凸出1.33米。西南与东南角柱石底部外缘间距16.81米,中间残存砖壁,残高0.42米。西北角柱石北侧底部边缘较登城马道砖壁基槽北缘向北凸出0.75米;东北角柱石北侧底部边缘较行廊台基北壁向北凸出1.75米。西北与东北角柱石底部外缘间距16.6米,中间残存砖壁,残高0.3米。台基顶部残存3组柱洞,每组柱洞南北两排,柱洞大小基本相同。

西面登城马道位于西朵楼台基西侧,夯筑包砖,由城内地面达台基顶部,呈斜坡状。南侧与城墙连为一体,北侧砌砖。马道斜面长26.7米,西窄东宽,残宽0.7~1.52米(不含砖壁),高0~4.3米,大致高三收一。西端北拐至城内地面,东端至朵楼台基西部,马道外侧残存砖壁长26.3米,残高0.7米,马道坡面残存平铺素面青砖(图5-14)[1]。

(二) 宫城南门内矩形庭院

宫城南门内为矩形庭院,庭院东、西院墙南接东西朵楼台基北面砖壁,东、西院墙北端之间筑北院墙,围合成矩形庭院。庭院正门在北院墙中间,三门道,正门两侧各辟一掖门,东、西院墙中间对置东、西院门。院内有路土痕迹通往各院门,北面东西掖门有路向北通往1号宫城址,北面正门外有砖铺露道向北直通1号殿址(图5-14、图5-10)。

1. 庭院围墙

庭院东院墙西侧砖砌平台西侧在东朵楼台基东北角柱外缘西侧4.01米处,西院墙东侧砖砌平台东侧在西朵楼台基西北角柱外缘东侧4米,二者相距南侧为79.65米、北侧79.9米。北院墙南侧砖砌平台南侧距城门朵楼台基砖壁31.25(西)~31.75米(东)。院墙由朝向庭院的内侧砖砌平台及其外侧的两道砖墙组成,内侧砖砌平台内壁至外侧砖墙外壁总宽2.7米。墙体仅存部分,砖砌平台高出庭院地面0.25米。三面院墙中以东院墙保

---

[1] 河北省文物研究所《元中都》上册,文物出版社2012年版,第354~356页;下册,朵楼台基参见图版一九一至一九三,东朵楼台基残屋脊参见图版一九四、一九五之1,西登城马道参见图版一九九、二〇〇。按:朵楼夯土灰白色,与之相接的城墙夯土灰褐色,朵楼台基砖壁深入到夯土城墙内,据此可知先建宫城门,后建两侧城墙。

存较好，下面以东院墙为例介绍院墙的形制结构。

东院墙西侧在庭院地面上起砖砌平台，西侧用 5 层顺砖砌平台边，宽 0.16 米，表面抹白灰，其东铺青砖台面，台面宽 0.9 米。台面西侧用长 0.475 米、宽 0.23 米、厚 0.07 米大型绳纹砖东西向铺设，东侧用边长 0.36~0.375 米，厚 0.07 米大型素面方砖铺设，二者之间有空隙。平台东侧紧挨第一道砖墙，墙筑于庭院地面上，墙东西两侧顺砖平砌，中间填充碎砖，墙体东西宽 0.6 米，最高残存 3 层砖。第一道砖墙东侧 0.6 米处砌第二道砖墙（外侧），外壁整齐，墙体宽 0.6 米，最高残存 7 层砖，残高 0.35 米。在墙体多处发现脱落的红色墙皮痕迹，厚 0.005 米。

院墙两道砖墙间中空，每道砖墙下各铺一排柱础石。东院墙原有 18 个柱础，现存 4 个柱础，东西相邻柱础石中心间距 0.99~1.13 米，南北相邻柱础石中心间距 3.35~3.8 米。北院墙原有 46 个柱础石，现存 7 个柱础石，东西相邻柱础石中心间距 3.65~3.8 米，南北相邻柱础石中心间距 1~1.11 米。西院墙原有柱础石 18 个，现存 5 个柱础石，南北相邻柱础石中心间距 3.45~3.72 米，东西相邻柱础石中心间距 1.03~1.08 米（图 5-14）[1]。

2. 庭院门

(1) 庭院正门与东、西掖门

庭院正门在庭院北墙中间，三门道。门东西面阔 14.4 米（图 5-16 柱础 ZC37、ZC38 与 ZC45、ZC46 之间），南北进深 1.81 米（图 5-16 柱础 ZC42 与 ZC43 之间）。门东壁西侧中间柱础石 ZC39，门西壁东侧与之对应的柱础石 ZC44 仅余柱础坑，二者中心间距 12.7 米。中门道宽 4.95 米，东、西门道各宽约 4.5 米。门道南侧砖砌平台，东西长 16.5 米，较两侧墙体处砖砌平台向南凸出 0.8 米，台面残毁。砖砌平台前出坡道，中道门前坡道东西宽 3.4 米，南北长 1.5 米；西门道前坡道东西宽 2.1 米，南北长 1.3 米；东门道前坡道东西宽 2.5 米，南北长 1.4 米。中门道北侧残存 T 字形露道，条砖铺砌，露道南侧东西残长 15.6 米、南北残宽 2.1~2.5 米。T 字形中间向北通 1 号宫殿址的南北向露道宽 4.95 米、用砖顺丁平铺路面，露道东、西边缘及南与横向露道相接处均砖砌路面牙线（图 5-14、图 5-16）。

东掖门在东院墙北端之西 15.8 米，东西面阔 5.11 米，南北进深 1.28 米，单门道。门道南侧砖砌平台东西宽 7.1 米，较两侧墙体处砖砌平台向南凸出 0.8 米。平台前门道处出坡道，东西宽 2.2 米，南北长 1.3 米，门道北侧有路土向北延伸。西掖门在西院墙北端之东 15.1 米，东西面阔 5.01 米，南北进深 1.02 米，单门道。门道南侧砖砌平台东西宽 7.2 米，较东西两侧墙体处砖砌平台向南凸出 0.8 米。平台前门道处出坡道，东西宽 2.3 米、南北长 1.3 米，门道北侧有路土向北延伸（图 5-14）[2]。

(2) 东、西院墙门

东墙院门在院墙中部偏北、距北院墙 10.75 米，南距朵楼台基砖壁 12.9 米。门南北

---

[1] 河北省文物研究所《元中都》上册，文物出版社 2012 年版，第 357、358 页；下册图版二〇一至二〇四。

[2] 河北省文物研究所《元中都》上册，文物出版社 2012 年版，第 356、362 页；下册彩版三五五、三六一。

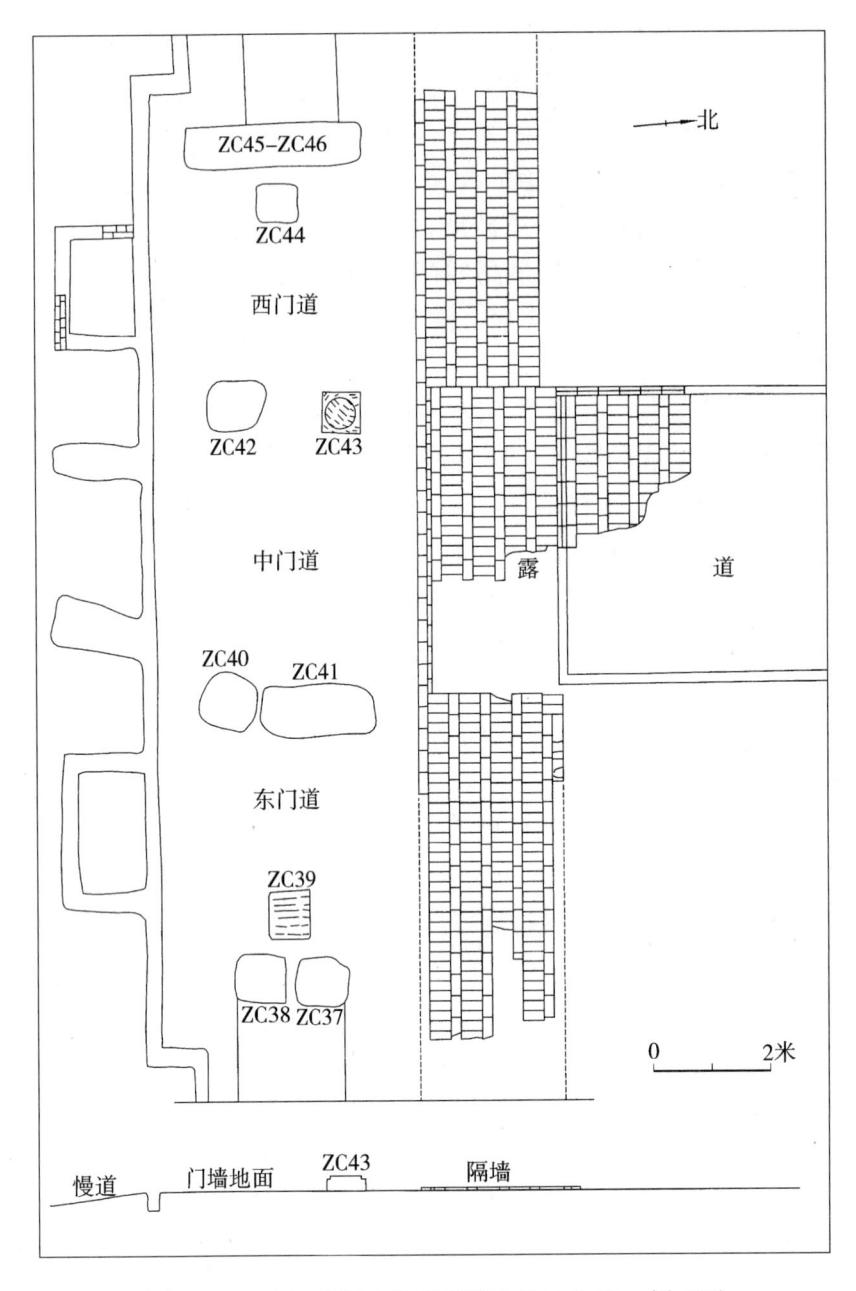

图 5-16　宫城南门内矩形庭院北墙中门平、剖面图
（引自河北省文物研究所《元中都》发掘报告，略有改动）

面阔约 5.1 米、东西进深 2.07 米，单门道，地面残毁。门道两侧砖砌平台南北宽约 8 米，较南北两侧墙体处砖砌平台向西凸出 0.8 米。西墙院门在西院墙中部略北，距北院墙 10.8 米，距南侧朵楼台基砖壁 12.8 米，单门道，地面破坏。门道南北面阔 5.1 米，东西进深因柱础无存而不明。门道东侧砖砌平台南北宽 7.6 米，较南北两侧墙体处砖砌平台向东凸出 0.7 米，门道两侧有路通向庭院之外（图 5-14）[1]。

---

[1]　河北省文物研究所《元中都》上册，文物出版社 2012 年版，第 362 页，图一七四。

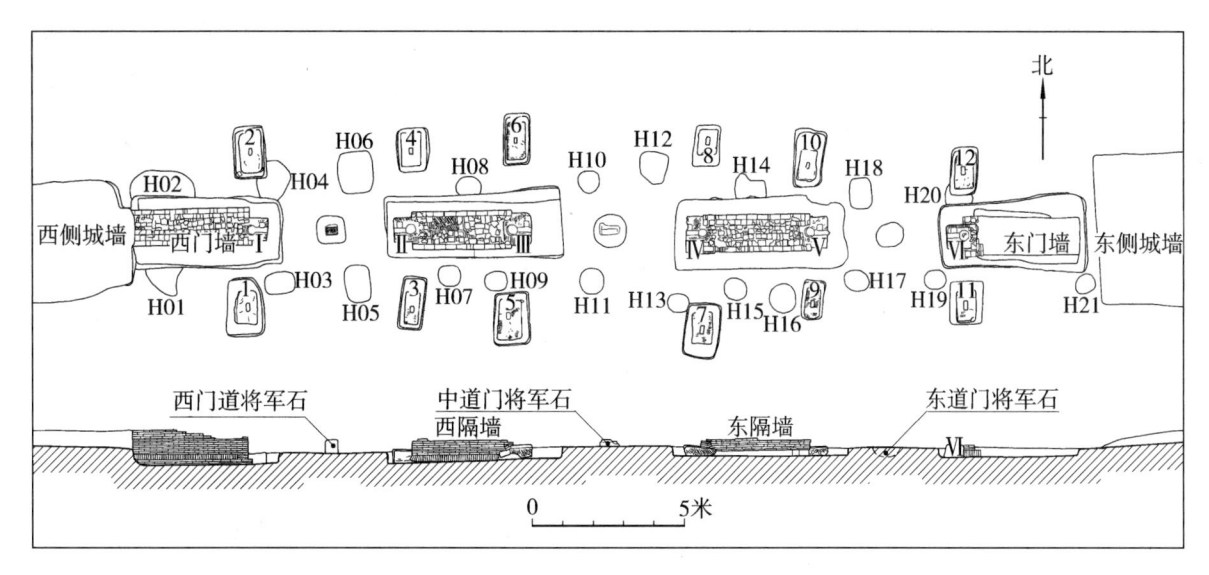

图 5-17　皇城南门平、剖面图
（引自河北省文物研究所《元中都》发掘报告，略有改动）

（三）皇城南门（HNM1）

皇城南门在皇城南城墙中部（图 5-10），北与宫城南门相对，距宫城南门中门道将军石 207 米。皇城南门三门道，有门道隔墙及两侧门墙。隔墙间及门墙端部各有一门砧石共 6 个（图 5-17 之 1-Ⅵ），每个门砧石南北两侧大致对称配置一戗柱柱础石共 12 个（图 5-17 之 1~12），每个门道中间各有一将军石共 3 个。皇城南门按门墙外端测量，东西面阔 30.9 米，南北进深 1.2~1.22 米，门道地面未铺砖石。此外，在门道南北两侧还有修筑城门时挖的坑 21 个（图 5-17 之 H1~H21）。

1. 门墙和隔墙

西门墙在城门西门道与城门西侧城墙之间，平面呈东西长方形。门墙下有基槽，全部砖结构。门墙西与城墙相接，东部砌于 1 号门砧石之上，东西长 3.75 米，南北宽 1.1~1.2 米、残高 0.8~1.1 米，地面上露明 0.5~0.8 米，抹白灰浆。门墙北侧地面残存脱落的红色墙皮痕迹。东门墙在东门道与城门东侧城墙之间，已残毁。据残迹可知，东门墙长 3.75 米、进深 1.2 米。

西隔墙在西门道与中门道之间，平面呈东西长方形，两端与门柱和门砧石相接。隔墙下有基槽，全部砖结构，东西长 3.27 米、南北宽 1.17~1.2 米，残高 0.65~0.7 米，地面上露明 0.25~0.3 米。东隔墙位于中门道与东门道之间、形制结构同西隔墙。东西长 3.54 米、南北宽 1.22 米，残高 0.5~0.55 米，地面上露明 0.25~0.3 米。

2. 门道、门砧和将军石

三个门道形制结构相同。西门道位于西门墙与西隔墙之间，东西宽 5.3 米、进深 1.2 米；中门道位于西隔墙与东隔墙之间，东西宽 6.2 米、进深 1.22 米；东门道位于东隔墙与东门墙之间，东西宽 5.1 米、进深 1.2~1.22 米。门砧石分别位于门道东西两侧，门砧石整块玄武岩石料凿成，大致呈长方形，上面凿圆形门柱卯眼（穿透门砧石），门槛长槽、海窝组合结构，海窝有铁锈痕迹（原应置铁鹅台）。将军石在门扉中线、下有圆形基槽，露明部分较整齐。门砧石南北两侧大致对称配置戗柱柱础石，其配置以1、2号戗柱柱础石为例，1号戗柱柱础石在1号门砧南侧2.45米，2号戗柱柱础石在1号门砧石北侧2.48米（图5-17）。戗柱柱础石下有基槽，使用时用土埋住戗柱柱础石。戗柱柱础石玄武岩质，长方形，面上凿斜底长方形卯槽，槽底由朝门柱的内侧向外渐深，纵断面呈楔形。卯槽以1号殿戗柱柱础石为例，楔形卯槽底面朝向立柱中心线方向5°，础石长1.04～1.06米、宽0.6～0.72米、厚0.08～0.18米；楔形卯槽长0.26米、宽0.12米、深0～0.06米。《元中都》（文物出版社2012年版）发掘报告认为戗柱柱础石二个为一组，从南北两侧共同支撑门柱（图5-17）[1]。

五　宫城西南角台和1号排水涵洞发掘揭示的形制

（一）宫城西南角台

1. 角台形制概述

西南角台主体正方形，台体向东、向北三出阙后与宫城城墙相接，总体平面呈曲尺三出阙形。角台夯筑，外侧砌砖，砖壁基槽内土衬石为青灰色玄武岩，大小不一，在土衬石之上包砌砖壁。砖壁多毁，残存最高处1.5米，砖壁外侧平齐，内侧多半头砖，角台三出阙后最后一个转角处的砖壁垂直嵌入夯土城墙外皮之内。角台向外凸出的转角处均立角柱石，角柱石玄武岩，其外侧边缘与砖壁外皮平，角柱石向夯墙内侧倾斜。角柱石和包砖壁面收分较大，大致为高三收一[2]。角台下的地基基槽外缘距夯体周壁2.9～3.5米，深0.9～1.35米。基槽外缘随角台形状或直线或转折，内侧西壁基槽外缘（东）无转折，南壁内侧基槽外缘（北）有一处转折。基槽内填红褐土，掺玄武岩小石块和白灰渣夯筑，夯层厚0.05～0.15米。角台外侧在基槽与地面夯平后，又在地面上夯一至二层夯土，直接挖砖壁基槽。角台内侧在夯至地平后再夯出高0.28米，宽出角台夯土1.2～1.8米的夯土台，该夯土台与基槽内夯土和角台夯土连为一体，其上沿角台夯土墙体挖砖壁基槽，内置土衬石砌砖壁。筑完角台后，回填废弃物在角台周围踩踏出使用面，使用面较建筑面高出约0.4米（图5-18～21）。

2. 角台夯筑台体结构

角台主体正方形，夯土台残高2～3.5米，四边长度以图5-18标出的角柱石底面外角间距为准：东面15.51米（图5-18角柱JZ5～JZ10）、南面15.73米（图5-18角柱JZ4－JZ5）、西面15.71米（图5-18角柱JZ3－JZ4）、北面16.14米（图5-18角柱JZ3－

---

[1] 河北省文物研究所《元中都》上册，文物出版社2012年版，第447～452页，图二一五至二一七；下册彩版四一五至四一九，图版二二三至二六一。

[2] 杨鸿勋《宫殿考古通论》（紫禁城出版社2001年版）第547页说："角台的转角处都有角台，壁面收分大体上仍保持着唐宋的高四收一，报导说'高三收一'，恐怕是误认了已歪斜的隅石，因为元以后城垣收分比以前的少，包砖之后就更为陡峭。"

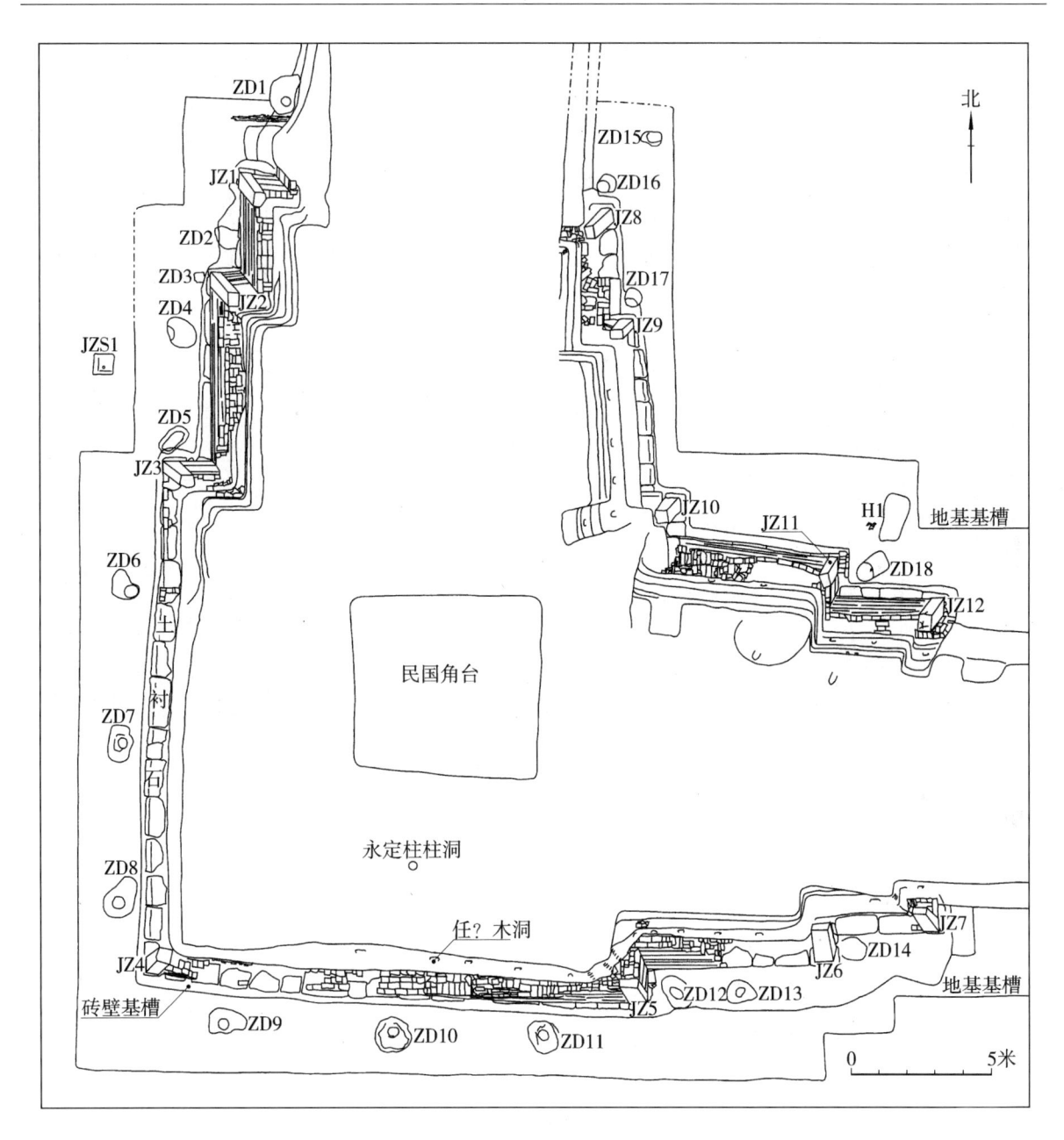

图 5-18 宫城西南角台平面图
（引自河北省文物研究所《元中都》发掘报告，略有改动）

JZ10）。角台主体夯土结构壁面无二层台，由主体夯土台向北向东三出阙的夯土壁面上有一或二层叠涩内收的台阶。角台外侧南墙南壁有一层台阶，西墙西壁有两层台阶，角台内侧西墙东壁和南墙北壁均有两层台阶[1]。角台以红褐土，杂有黄色胶土和小石粒夯筑，夯层有大层和小层两种，大层又分为2小层，即每大层分两次夯成。大层厚0.12、0.18、

---

[1] 河北省文物研究所《元中都》下册，文物出版社2012年版，彩版一八三、彩版一八五至彩版一八七。

图 5-19　宫城西南角台外侧（西南—东北）
（引自河北省文物研究所《元中都》发掘报告）

0.2、0.25 米，以 0.18、0.2 米为多；每小层厚 0.1、0.11、0.12 米。角台主体土衬石以上残存 17 层夯土，上部残毁[1]。

3. 角台外侧和内侧壁面结构

（1）角台外侧壁面结构

角台西壁从主台向北三出阙后与城墙相接，总长度 15.71＋5.84＋3.04 米＝24.59 米（角柱石底部外侧角之间长度）；三出阙内折长度分别为 1.48 米、0.9 米、1.1 米（角柱石外侧角至砖壁折角线之间长度）。有 4 个角柱石，角柱石 JZ1－JZ3 间砖壁存 21 层，残高 1.4 米；角柱石 JZ1 东折后残存砖壁 18～20 层，又向北转砌 0.18 米嵌入夯土城墙内。角柱石 JZ1 土衬石北侧有南北宽 1.3 米，东西 1.4，高出地表 0.3 米不规整的夯土台与城墙连为一体。角柱石 JZ3－JZ4 间角台主体正方形夯土台西壁包砖无存（图 5-18、图 5-19、图 5-20 之 2）。

角台南壁结构同西壁。南壁从主台向东三出阙后与夯土城墙相接，总长为 15.73＋5.93＋3.4 米＝25.06 米（角柱石底部外侧角之间宽度）；三出阙内折长度分别为 1.25 米、1.2 米、0.82 米（角柱石底部外侧角至砖壁折角线间长度）。角柱石 4 个，角柱石 JZ4－

---

[1]　河北省文物研究所《元中都》上册，文物出版社 2012 年版，第 88～91 页。

1. 外侧南壁

2. 外侧西壁

图 5-20 宫城西南角台外侧局部结构
(引自河北省文物研究所《元中都》发掘报告)

264　宋代至清代都城形制布局研究

1. 内侧南墙北壁（东北—西南）　　　2. 内侧西墙东壁（北—南）

图 5-21　宫城西南角台内侧
(引自河北省文物研究所《元中都》发掘报告)

JZ5 间砖壁多无存，仅在近角柱石处残存 7～16 层砖，土衬石大都残存。角柱 JZ5－JZ6 间有一段残存包砖 19 层，残高 1.3 米。角柱石 JZ6－JZ7 间仅在 JZ6 北侧残存 11 层砖，JZ7 北侧砖壁与城墙垂直相交，嵌入墙内 0.2 米（图 5-18、图 5-19、图 5-20 之 1）。

角台砖壁外侧砌好土衬石后将基槽填满，垫土形成砖壁外侧呈斜坡状的护坡，护坡高度埋 6～8 层砖壁，9 层以上剥蚀较严重[1]。

（2）角台内侧壁面结构

角台内侧西墙东壁从主台向北三出阙后与夯土城墙相接。总长度 15.51（JZ5～JZ10）＋5.47＋3.4＝24.38 米（角柱石底部外侧角之间长度）；三出阙内折长度分别为 1.05 米、0.75 米、0.7 米（角柱石外侧角至砖壁折角线间长度）。在三个转角处立 JZ10、JZ9、JZ8 三块角柱石（图 5-18、图 5-21 之 2）。

角台内侧南墙北壁从主台向东三出阙后接城墙，总长度 16.14＋5.08＋3.4＝24.62 米（角柱石底部外侧角间长度）；三出阙内折长度分别为 1.25 米、1 米、1 米（角柱石外侧至砖墙折角线间长度）。转角处自西向东立 JZ10、JZ11、JZ12 三块角柱石（图 5-18、图 5-21 之 1）。角台内侧收分约高三收一，每层叠涩内收 1.5～4 厘米，砖的外侧有的地方见白

[1]　河北省文物研究所《元中都》上册，文物出版社 2012 年版，第 91～95 页，图三六、三七。

灰泥[1]。

4. 角台纴木洞和脚手架柱洞

角台夯土台上发现 37 个纴木洞，其中角台外侧南壁 12 个、西壁 7 个；内侧东壁 9 个、北壁 9 个。纴木洞在砖壁土衬石以上 1.15～3.25 米，多数在 1.5～2.3 米间，纴木洞水平间距一般在 1.5 米左右。纴木洞直径 0.12～0.28 米，以 0.2 米为主。纴木洞与墙体垂直，或在水平面上与夯土墙间呈 15°左右夹角，有的洞内残存朽木痕迹。

在地基基面上的土衬石外侧约 1 米左右发现脚手架柱洞痕迹，角台外侧南部发现 6 个、西部 8 个、内侧仅发现 4 个脚手架柱洞（图 5-18）。此外，还可能有竖向的永定柱洞[2]。

5. 与角台相接的宫城墙结构

与西南角台相接的夯土城墙有基槽（其他部位城墙在地面上直接夯筑），如与角台相接的南城墙处地基基槽南北宽 14.7 米、深 1.1～1.3 米。城墙夯层厚 0.18～0.2 米，夯土坚硬。城墙夯筑后在城墙外侧垫一层纯净黄土或黄褐土，再垫一层含白灰渣、碎砖渣及黑色小石块的灰褐土，夯打后形成护坡，宽约 2 米左右，在城墙根部厚达 0.7 米[3]。

（二）1 号排水涵洞

宫城南城墙 1 号排水涵洞（图 5-10 之 GNS1）位于宫城西南角台中心点以东 84 米，南北向垂直穿过墙体下部。涵洞用青灰色玄武岩石块构筑，由涵洞底地面石、两厢石壁、顶部盖石、铁栅栏构成。涵洞内径基本呈方形，不太规整，高 1.2～1.28 米，宽 1.18～1.3 米，现状通长 12.7 米（图 5-22）。石构缝隙分填塞大、小石块，涵洞南北端破坏，各部位石块均有残缺，铁栅栏毁。

涵洞底地面石不平整，东西宽以地面石外侧计算宽约 2.45 米，地面石有残缺。地面石南北残长 11.41 米，由北向南渐低，倾斜度 1.4°。在北端洞口的北边地面上发现四个径约 0.15 米的圆形小洞。在地面石两侧砌两厢石壁，石壁平卧顺砌或侧立顺砌，共砌上、中、下三层石块。东、西壁长短不齐，西壁残长 9.15 米，东壁残长 12.2 米。涵洞顶部横盖一层大石块，厚 0.5 米。涵洞南口以北 5.51 米盖石无存，盖石残存部分长 5.38 米。铁栅栏两道，分距地面石北端 3.75 米和 8.7 米。每道铁栅栏 6 根铁条，铁条位于南北两块地面石夹缝内，两块地面石边部各凿出半个方卯，方卯不太规整，卯径 0.07～0.12 米，两半卯相合呈方卯以置铁条。铁条均折断无存，仅在涵洞填土中发现两段断面方形的残铁条[4]。1 号排水涵洞是元中都遗址目前唯一得到确认的排水涵洞。

除上所述，元中都宫城 1 号殿址、宫城南门、西南角台和皇城南门遗址的发掘，还出土较

---

[1] 河北省文物研究所《元中都》上册，文物出版社 2012 年版，第 95 页，图三八、三九。
[2] 河北省文物研究所《元中都》上册，文物出版社 2012 年版，第 98、100 页。
[3] 河北省文物研究所《元中都》上册，文物出版社 2012 年版，第 101、102 页。
[4] 河北省文物研究所《元中都》上册，文物出版社 2012 年版，第 435～438 页，下册图版二一四至二二二。

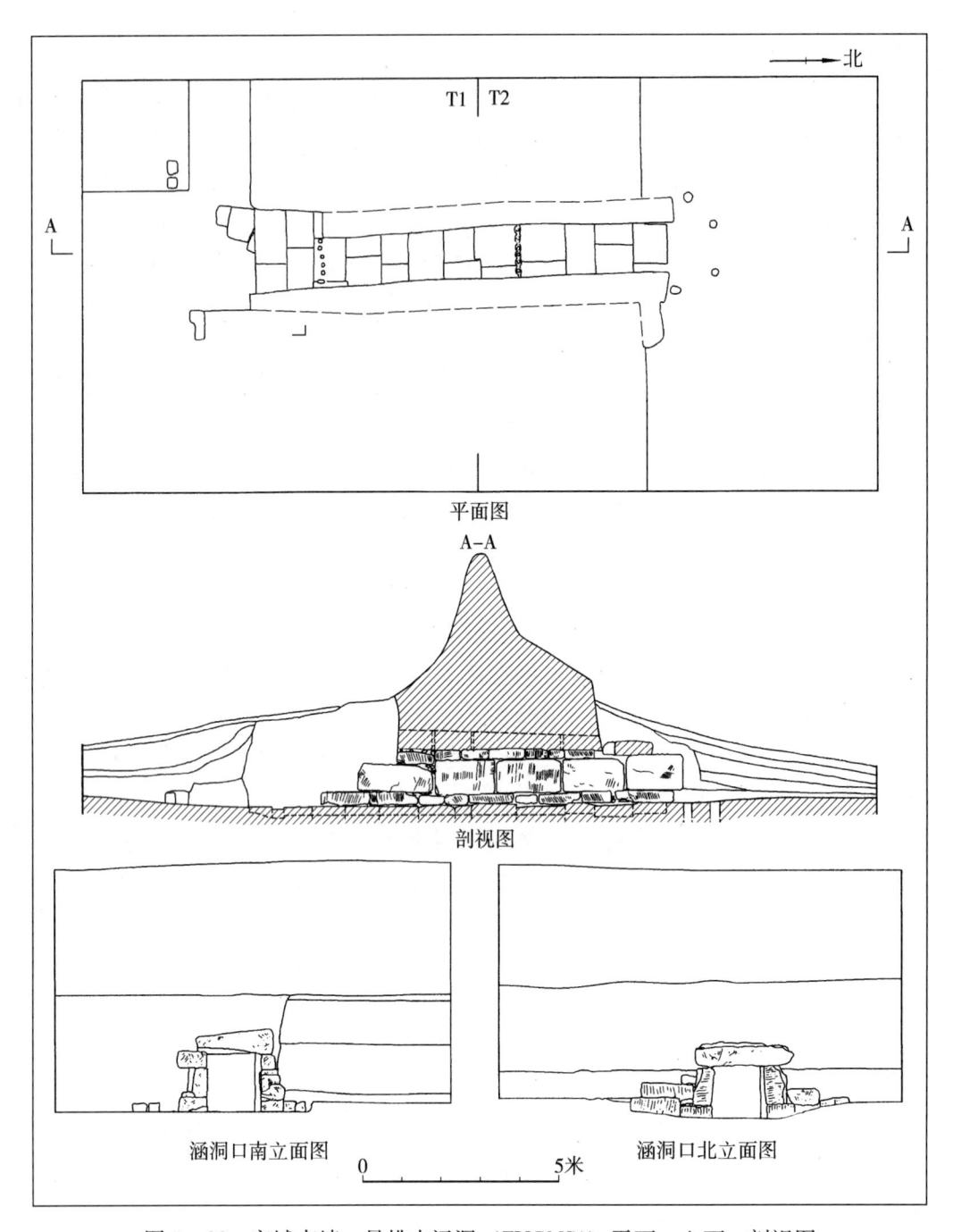

图 5-22 宫城南墙一号排水涵洞（ZYGNS1）平面、立面、剖视图
（引自河北省文物研究所《元中都》发掘报告，略有改动）

多的建材和建筑构件，其具体情况请参见《元中都》（文物出版社 2012 年版）发掘报告[1]。

---

[1] 河北省文物研究所《元中都》，文物出版社 2012 年版。西南角台出土建材和建筑构件见第 102～142 页及附图，宫城 1 号殿出土建材和建筑构件见第 200～244 页及附图，宫城南门出土建材和建筑构件见第 363～408 页及附图，皇城南门出土建材和建筑构件见第 457～467 页。

兹不赘述。下面仅指出两点，一出土的建材以砖瓦为主，建筑构件和小型走兽、脊兽残件等为琉璃釉陶质，石构件较少，石构件中以石螭首为主。在上述建材和建筑构件上以造型生动、形态各异的龙纹最为突出，带前肢的白石角部螭首较为罕见[1]，其他如瓦当上的团龙、方砖上的升龙、滴水上的行龙、龙头螭首，琉璃走兽中的小龙、鸱吻龙头等千姿百态[2]。其中琉璃构件上的龙四爪，角柱石上的龙五爪[3]，四爪五爪并用。凡此，为研究元代宫廷建筑上建材和建筑构件龙纹的构成和使用情况提供了较系统的实物资料。二西南角台出土的小型走兽中有行什、行什《清式营造则例》中称为猴，背有双翼，手持金刚杵，过去只有清北京紫禁城太和殿檐角九个走兽外另置一行什的孤例[4]。元中都西南角台出土的行什猴面，背有双翼断痕，手持螺旋状物[5]，形态与清太和殿行什类似，说明行什在元代已经出现。由于清代只在太和殿上出现行什，故元中都西南角台也使用行什很值得注意。

六 元中都形制略析
—— 以元中都已发掘遗址的形制与元大都的承袭关系和变化为主

（一）元代三都宫城、皇城、外城规模和形制间的承袭关系和变化

公元1256年忽必烈命刘秉忠等营建上都，至元四年（1268年）忽必烈又命刘秉忠等营建大都城。营建上都和大都约时隔12年，主持规划营建者均以刘秉忠为主，故两座都城在规划上有相同之处乃在情理之中。此后营建元中都在形制上多仿元大都，同时与元上都也有一定承袭关系。下面对三座都城规模和形制间承袭演变关系的探讨，多涉及三座都城各种周长比值问题。在换算比值时所用元上都和元大都各种周长数据，均见本书第五章第一节"元上都的形制布局"与第六章"元大都的形制布局"。换算时考虑到元上都、元中都测量，元大都文献记载和复原研究可能产生的误差，比值采取四舍五入，或取近似值，以作大概的比较。

1. 元代三都宫城、皇城、外城周长比值揭示的其间承袭关系

（1）元大都与元上都相关周长比值间的承袭关系

首先，从元上都、元大都宫城、皇城、外城间各自周长的比值来看。元上都皇城周长5620米是宫城周长2295米的2.44倍，近似2.5倍。外城周长8885米是宫城周长2295米的3.87倍，近似4倍；外城周长是皇城周长的1.5倍。元大都皇城周长8263.65米是宫城周长3389.02米的2.44倍，近似2.5倍；外城周长28600米是宫城周长的8.5倍，外城周长是皇城周长的3.46倍，近似3.5倍。上述情况表明，由于元大都与元上都的皇城宫城周长比值相同，故元大都在规划皇城和宫城周长时，似以元上都皇城周长是宫城周长

---

[1] 河北省文物研究所《元中都》，文物出版社2012年版，第246页，图一三六。
[2] 河北省文物研究所《元中都》（文物出版社2012年版），其中石螭见第246～266页，图一三六至一五六。
[3] 河北省文物研究所《元中都》（文物出版社2012年版）第205页，图一一〇，角柱石五爪龙。
[4] 于倬云《中国宫殿建筑论文集》，紫禁城出版社2002年版，第23页。
[5] 河北省文物研究所《元中都》，文物出版社2012年版，第128页，图五九。

的 2.5 倍为参数进行设计的。

其次，从元大都和元上都间相关周长比值来看，元大都宫城周长 3389.02 米是元上都宫城周长 2295 米的 1.47 倍，近似 1.5 倍。元大都皇城周长 8263.65 米是元上都皇城周长 5620 米的 1.47 倍，近似 1.5 倍。据此似可认为，元大都在规划皇城宫城周长时，又大致是将元上都皇城和宫城周长各扩大 1.5 倍而设计的。

（2）元中都与元上都和元大都各种相关周长比值间的承袭关系

元中都与元上都的承袭关系。元上都宫城周长 2295 米（四面城墙长 605 米、605.5 米、542.5 米、542 米），元中都宫城周长 2302.8 米（四面城墙长 603.5 米、542 米、608.5 米、548.8 米），二者周长大致相同（仅差 7.8 米），各面城墙长度亦相近。又元上都外城周长 8885 米是皇城周长 5620 米的 1.5 倍，元中都皇城周长 3406.64 米是宫城周长 2302.8 米的 1.479 倍，近似 1.5 倍。上述情况表明，元中都宫城周长和平面形制似仿元上都宫城设计的，同时在规划皇城和宫城时或参照了元上都外城与皇城的比值而设计的。

元中都与元大都的承袭关系。元大都宫城周长大致是元上都宫城周长的 1.5 倍，也大致是元中都宫城周长的 1.5 倍（3389.02 米÷2302.8 米＝1.47≈1.5）。元大都皇城周长 8263.65 米是元中都皇城周长 3406.64 米的 2.425 倍，近似 2.5 倍，元大都外城周长 28600 米是元中都外城周长 11715 米的 2.44 倍，近似 2.5 倍。元大都外城周长大致是皇城周长的 3.5 倍，元中都外城周长 11715 米是皇城周长 3406.64 米的 3.48 倍，近似 3.5 倍。据上述情况，可指出三点。其一，从表象上看，元中都宫城的周长和形状既比拟于元上都宫城，其周长又大致是按元大都宫城周长缩小 1.5 倍而确定的。其二，元中都外城和皇城周长比值不仅承袭了元大都外城和皇城周长的比值，而且元中都外城和皇城的周长又大体是将元大都外城和皇城周长各缩小 2.5 倍而确定的。其三由于元中都外城和皇城周长的确定均本于元大都，元大都宫城周长同是元上都和元中都宫城周长的 1.5 倍，加之元中都宫城周长与皇城和外城周长有明确的比例关系（后文有说），所以说到底元中都宫城周长还是本于元大都，只是在宫城规模和形状上或参照了元上都的宫城。总之，元中都宫城、皇城、外城的周长，基本是参照了与元大都宫城、皇城、外城三城周长比值关系而确定的。同时上述比值关系也反映出，元代三都宫城、皇城、外城周长比值之间是有直接或间接内在关联的。

2. 元中都"三城"周长或承袭元大都以宫城为模数的规划方法

据《元中都》》（文物出版社 2012 年版）发掘报告记载"三城"周长数据，元中都皇城周长大致是宫城周长的 1.5 倍（3406.64 米÷2302.8 米＝1.479≈1.5），外城周长是宫城周长的 5 倍（11715 米÷2302.8 米＝5），外城周长大致是皇城周长的 3.5 倍（11715 米÷3406.64 米＝3.48≈3.5）。据此可认为，元中都是以宫城周长为模数来规划皇城和外城周长的。其次，元中都皇城东、西城墙长大致是宫城东、西城墙的 1.5 倍（东墙之比为 927.2 米÷603.5 米＝1.537≈1.5；西墙之比为 930.6 米÷608.5 米＝1.52≈1.5），皇城南、北城墙长大致是宫城南、北城墙的 1.4 倍（南墙之比为 770 米÷542 米＝1.42≈1.4；北墙之比为 778.34 米÷548 米＝1.418≈1.4）。这个结果若考虑到城墙实地测量时可能产生的误差，基本上可认为皇城的长宽是以宫城长宽为模数的。此外，外城东、西城墙长大致是宫城东、西城墙的 5 倍（东墙之比为 2964 米÷603.5 米＝4.91≈5；西墙之比为 2964 米÷608.5 米＝4.87≈5），外城南、北城墙长略大于宫城南、北城墙的 5 倍（南墙之比为 2881 米÷542 米＝5.31，北墙之比为 2906 米÷548.8 米＝5.2）。外城东、西墙长大致是皇城东、西城墙的 3 倍（东墙之比为 2964 米÷927.7 米＝3.19≈3；西墙之比为 2964 米÷930.6 米＝3.18≈3），外城南、北城墙长与皇城南、北城之比不接近整倍数（南墙之比为 2881 米÷770 米＝3.74，北墙之比为 2906 米÷778.4 米＝3.73）。上述情况表明，外城南、北城墙长度似误差较大[1]。从图 5-9 来看，皇城与宫城大体呈相似形，外城与皇城和宫城不呈相似形，这个现象也说明外城的四面城墙，特别是上述南、北墙长度是不够准确的。但是，由于以宫城周长为模数与以宫城长宽为模数之间是有内在关联的。以此结合上述比值关系，以及后文论证宫城 1 号殿形制以前殿长宽为模数来看，有理由认为若今后能准确测量外城四面城墙长度，应能证明元中都与元大都一样，也是以宫城长宽为模数来规划皇城和外城的长度[2]。

3. 元中都"三城"形制在承袭元大都时的变化

（1）元中都形制既承袭元大都又发生较大变化的原因

元中都形制承袭元大都的原因大致有二。其一，元中都建于元上都和元大都之后，元大都不仅是当时正在使用的都城，而且其形制也是精心规划设计，堪称历代以来都城形制的典范，所以元大都对当时任何新建的都城而言，都是独一无二的样板。其二，建元中都时正直皇位交替之初，财力匮乏之际[3]，加之营建元中都仓促上马、时间短、工期紧，属"急就章"式工程，故使之不可能抛弃元大都这个样板而另作全新的都城规划设计。因此，元中都宫城、皇城、外城规模和宫城布局，以及已发掘的 1 号殿址等遗址的形制，大体比照元大都的成例而权变规划，乃在情理之中，势在必然。

除上所述，还有两点很值得注意。一元中都位于北方草原地区，其自然地理环境、民族和人文环境、营建环境，以及建材、工匠、劳动力等施工条件与内地相差甚远，困难重重，大兴土木工程难度很大。二元中都的性质是行宫式的陪都，兴建的目的只是为满足政治上的一时之需，无百年大计的设想。鉴于上述情况，元中都不可能按中原地区正式都城标准进行营建，只能按元中都行宫式陪都的性质要求及施工客观条件将元中都的形制简化和权变，将工程简约化，使之初具陪都之形而已。因此，元中都营建既仿元大都，又必须作相应的变化，乃是上述情况使然。

---

[1] 据《元大都》发掘报告"外城墙的探察"中介绍，外城只发现城东北交角，西南交角或言推测或说发现，东南和西北交角未真正发现。这个情况，加上外城城墙无地面遗迹，外城墙以调查为主，钻探为辅，因而城墙长度很可能产生较大的误差。

[2] 参见本书第七章"元大都的城建规划和形制布局特点"所述，元大都以宫城宽深为模数，是精确制定和实施元大都城建规划的标尺。

[3] 《元史》卷二二《武宗一》记载，至大元年正月元中都正式开工之后，全国几乎连月大面积饥荒。至大元年十一月丁卯，"中书省臣言：'今铨选，钱粮之法尽坏，廪藏空虚。中都建城，大都建寺，及为贵人营私第，军民不得休息'……惟陛下矜察"。《元史》卷二三《武宗二》记载到至大二年四月，中书省不得不乞罢中都之役，武宗坚持不允。

(2) 元中都首创有别于元大都及其以前历代都城的较标准的三城环套模式

元中都皇城、宫城在外城中间偏北，皇城以夹城形式环套宫城。1号殿址前殿后部大体相当于宝座位置在宫城几何中心点上，皇城南缘略在外城几何中心点之南，主体在外城几何中心点之北。外城几何中心点在皇城南门正北附近，皇城几何中心点略在宫城几何中心点之南（图5-9）。宫城、皇城、外城几何中心点南北一线，形成元中都南北中轴线和元中都全城的规划中轴线。这种三城环套模式与元大都及此前历代都形制均有较大差异，下面就此略作分析。

从北魏洛阳城以后历代都城形制来看，北魏洛阳城宫城在内城几何中心点偏北，宫城中轴线与内城中轴线不相合（外城四至末最终确定）。唐长安城宫城、外城中轴线合一，皇城在宫城之南，宫城在外城几何中心点之比，北宫墙与外城北城墙相合。唐洛阳城宫城在外城西北隅，皇城在宫城之南，宫城和外城中轴线不相合。北宋开封宫城在内城几何中心点之北，外城环套内城，宫城、内城、外城不呈相似形，三城中轴线不相合。金中都宫城在外城中间偏西，宫城在皇城内东部，宫城、皇城、外城中轴线不相合。元大都宫城在全城几何中心点之南，大体在外城南半城中间，位于皇城内东部，宫城中轴线在外城中轴线之东129米，宫城和皇城中轴线也不相合[1]。上述情况表明，自北魏洛阳城以后（此前都城形制无可比性），只有元中都宫城在全城几何中心点偏北的全城中轴线上，并且宫城、皇城、外城中轴线合一，成为全城的规划中轴线，从而开明北京宫城、皇城、外城中轴线合一的先河。其次，最重要的是元中都宫城和皇城几何中心点近在咫尺，外城几何中心点也相距不远，宫城1号殿址前殿后部大体相当于宝座位置甚至在宫城几何中心点上。这是中国古代都中"择中立宫"，皇权至上、至尊最集中最完美的体现，使之成为中国古代都城中唯一的外城、皇城、宫城三城环套的较标准的模式。

(二) 1号殿址形制与元大都主要殿址的承袭关系和变化

1. 1号殿址形制与元大都主要殿址的承袭关系

(1) 秉承元大都传统，以前殿长宽为规划1号殿址的模数

据前面介绍的1号殿址各部位尺度，以前殿面阔、进深为准与殿址各主要部位面阔进深比较如下。前殿面阔进深均是月台面阔进深的1.5倍（前殿面阔36.36米÷月台东西面阔24.8米＝1.466≈1.5，前殿进深26.06米÷月台进深17.8米＝1.464≈1.5）。前殿面阔是柱廊面阔的2倍（36.36米÷柱廊面阔18.16米＝2），前殿进深是柱廊通进深的1倍强（26.06米÷柱廊南北通进深23.61米＝1.1）。前殿面阔是寝殿面阔的3倍（36.36米÷寝殿面阔12.15米＝2.99≈3），前殿进深是寝殿进深的3倍弱（26.06米÷寝殿进深9.2米＝2.83≈3）。前殿面阔是东、西夹室和香阁面阔的4倍强（36.36米÷东、西夹室面阔8.61米＝4.22≈4；36.36米÷香阁面阔8.72米＝4.16≈4）；前殿进深是东、西夹室和香阁进深的3倍（26.06米÷东、西夹室进深8.61米＝3，26.06米÷香阁进深8.92

---

[1] 北魏洛阳城平面图，唐长安和洛阳城平面图，分别见《中国大百科全书·考古卷》第182、497、506页。北宋开封府城、金中都、元大都、明北京城见本书所收上述都城平面图。

米＝2.9≈3）。据上述情况，可知1号殿址秉承了元大都的模数规划方法，以前殿面阔和进深为规划1号殿址各主要部位尺度的模数[1]。

(2) 1号殿址较全面的承袭了元大都大明殿和延春阁的平面形制

傅熹年先生根据文献记载，对元大都大明殿作出复原图[2]，依据该复原图大明殿台基南北约954尺（元一尺合0.3095米计[3]，954尺合295.26），东西宽340尺（105.23米），两者比值为2.8（954尺÷340尺）。1号殿址台基南北长99.35米或101米，前殿处台基东西宽49.17米，两者比值为2（99.35米÷49.17米）。可见大明殿台基远大于1号殿址台基，由于1号殿址将大明殿三层台基改为一层台基，故两者台基长宽比值也不相同。但是，具体到殿址情况则为之一变。

关于主要殿址，文献记载大明殿11间，东西200尺（约合61.9米），深120尺（约合37.14米），柱廊7间，深240尺（约合74.28米），广44尺（约合13.61米）；寝室5间，东西夹六间，后连香阁三间，东西140尺（约合43.33米），深50尺（约合15.47米）；南北进深共410尺（约合126.89米）。延春阁9间，东西150尺（约合46.4米）、深90尺（约合27.8米）；柱廊7间，广45尺（约合13.9米）、深140尺（约合43.3米）；寝殿7间，东西夹4间，后香阁一间，东西140尺（约合43.3米），深75尺（约合23.2米）[4]；南北进深共305尺（约合94.39米）。大明殿11间，延春阁9间面阔与建筑群进深之比均为1∶2（200尺∶410尺；150尺∶305尺）。元中都1号殿址前殿进深26.06米、柱廊进深23.61米，寝殿香阁进深按至香阁北墙外缘计算共23.22米（图5-11之E∠6～E∠5，13.49米；E∠4～E∠3，3.65米；E∠2～E∠1，6.08米），1号殿址南北进深共72.89米。前殿面阔与建筑群进深之比亦为1∶2（36.36米∶72.89米），同时前已指出1号殿址还将台基面阔与进深之比也改为1∶2。其次，元中都1号殿址下的台基主体呈工字形，南、北端分别向南北凸出。台基之上建大殿，主体平面呈工字形，南面凸出月台，北面凸出香阁。前殿建于工字形台基南面横台基上，柱廊建于工字形台基中间竖台基上，南、北分别连通前殿和寝殿，寝殿建于工字形台基北面横台基上，其两侧建东、西夹室，北建香阁。香阁东、西两侧于台基上分建东、西配殿（图5-11）。上述形制布局除东、西配殿位置略有变动外，余者与元大都宫城大明殿和延春阁的平面形制几乎完全相同（图6-10、图6-11）。以此结合前面大明殿、延春阁和1号殿址主殿面阔与建筑群进深之

---

[1] 参见本书"第七章．元大都的城建规划和形制布局特点"。但是应当指出，以前殿面阔和进深为规划殿址各主要部位尺的模数，则是元中都1号殿址秉承元大都模数规划方法的重要发展。

[2] 《傅熹年建筑史论文集》（文物出版社1998年版）第326～356页"元大都大内宫殿复原研究"及图一○"大明殿及柱廊、寝室、东西夹、香阁、文思殿、紫檀殿平面复原图"，图一五"大明殿建筑群总平面复原图"。

[3] 河北省文物研究所《元中都》（文物出版社2012年版）以一元尺＝0.3162米。本书"第六章．元大都城的形制布局"中指出：徐苹芳以一元尺＝0.31米，赵正云以一元尺＝0.308米，傅熹年以一元尺＝0.315米。笔者根据元大都城长宽实测数据与宫城长度比例关系换算的结果为一元尺＝0.3095米，一元尺＝371.42米。这应是元大都实用的尺度标准，本书换算以此为准。

[4] 陶宗仪《南村辍耕录》卷二一，第251～252页。

比相同来看，可以说1号殿址的平面形制较全面完整地承袭了大明殿和延春阁的形制。

2. 1号殿址形制较大明殿和延春阁的主要变化

（1）1号殿址较元大都主要殿址规模缩小、各部位面阔进深变化较大，等级降低

除上所述，1号殿址与大明殿和延春阁的面阔进深差距较大，各部位具体的面阔进深比值也不相同，下面拟作具体比较。首先，对大明殿、延春阁建筑群与1号殿址各相关部位进行比较。大明殿面阔是1号殿址前殿面阔的1.7倍（61.9米÷36.36米），进深是1号殿址进深1.4倍（37.14米÷26.06米）。大明殿柱廊进深是1号殿址柱廊进深3倍（74.28米÷23.61米），1号殿址柱廊面阔是大明殿柱廊面阔1.3倍（18.16米÷13.61米）。1号殿址寝殿和东西夹面阔为29.37米（12.15米＋8.61米＋8.61米），1号殿址寝殿、东西夹和香阁进深为26.73米（9.2米＋8.61米＋8.92米）；是大明殿寝室和东西夹面阔为1号殿址同部位面阔1.5倍（43.33米÷29.37米＝1.47≈1.5），1号殿址寝殿、东西夹和香阁进深为大明殿同部位进深1.7倍（26.73米÷15.47米＝1.72）。延春阁面阔是1号殿址前殿面阔1倍有余（46.4米÷36.36米＝1.27），进深是1号殿址前殿进深约1倍（27.8米÷26.06米＝1.06）。延春阁柱廊进深是1号殿址柱廊进深1.8倍（43.3米÷23.61米＝1.83），1号殿址柱廊面阔是延春阁柱廊面阔1.3倍（18.16米÷13.9米）。延春阁寝殿和东西夹面阔是1号殿址同部位面阔1.5倍（43.3米÷29.37米＝1.47≈1.5），1号殿址寝殿、东西夹和香阁进深是延春阁同部位进深约1倍有余（26.73米÷23.2米＝1.15）。大明殿建筑群南北进深410尺（126.89米）较1号殿址长59.1米（126.89米－67.79米），是1号殿址南北长的近1.9倍（126.89米÷67.79米＝1.87）。延春阁建筑群南北长305尺（94.39米）较1号殿址南北长26.6米（94.39米－67.79米），是1号殿址南北长的1.4倍（94.39米÷67.79米＝1.39）。其次，再对上述各建筑群自身不同部位面阔与进深进行比较。1号殿址前殿面阔进深之比值为1.4（36.36米÷26.06米＝1.39≈1.4），柱廊进深与面阔之比值为1.3（23.61米÷18.16米），寝殿、东西夹、香阁面阔与进深比值为1（29.37米÷26.73米＝1.098）。大明殿面阔与进深比值为1.7（200尺÷120尺＝1.66≈1.7），柱廊进深面阔之比值为5.45（240尺÷44尺），寝室等一组建筑面阔与进深之比值2.8（140尺÷50尺）。延春阁面阔与进深之比值为1.7（150尺÷90尺＝1.66≈1.7），柱廊进深面阔之比值为3.1（140尺÷45尺），寝殿等一组建筑面阔与进深之比值为1.86（140尺÷75尺）。

通过上述诸方面的比较，明显可见1号殿址规模远小于元大都大明殿建筑群，也小于延春阁建筑群，以前殿为例，约较延春阁缩小1倍。另外，1号殿址各部位面阔进深的比值较大明殿和延春阁建筑群也作了较大的调整。比如，1号殿址前殿在比例上加长了进深，缩小了面阔，面阔与进深的比值小于大明殿和延春阁；1号殿址寝殿一组建筑在比例上明显加长了进深，缩小了面阔，面阔与进深之比约1.1∶1，其比值明显小于大明殿和延春阁。1号殿址柱廊在比例上明显加宽了面阔，缩短了进深，其面阔约是大明殿和延春阁柱廊面阔的1.3倍，故1号殿址柱廊进深与面阔的比值明显小于大明殿和延春阁。1号殿址前殿缩小了面阔，因而开间也少于大明殿和延春阁。1号殿址前殿7间每间约合5.19米（36.36米÷7），大明殿11间每间约合5.6米（61.9米÷11），延春阁9间每间约合

5.15（46.4米÷9）。1号殿址前殿开间尺度与延春阁大体持平，虽小于大明殿开间尺度但较相近。上述1号殿址总体规模较大明殿和延春阁建筑群明显缩小，又缩小或调整了有关部位面阔与进深的比值，前殿开间减少，所以其规格和等级明显在大明殿和延春阁建筑群之下。从元大都兴圣宫的兴圣殿和隆福宫的光天殿同为7开间，其面阔和开间尺度又小于1号殿址前殿来看[1]，似可认为1号殿址的等级或在延春阁与隆福宫和兴圣宫之间。

(2) 1号殿址形制较大明殿和延春阁简化

1号殿址形制较大明殿简化，主要表现在两个方面。一是台基、月台位置和殿陛形制的简化与变化。大明殿台基三层，前殿和月台分置、前殿与月台前均三出陛（图6-11）。元中都1号殿址台基减为一层，前殿与月台相连，月台前一出陛，月台两侧增踏道。二是东西配殿与殿体结构关系发生变化，形制大为简化。大明殿和延春阁的东西配殿分别位于寝殿东西两侧，均东西35尺（约合10.83米），深73尺（约合22.28米）[2]，呈南北竖长方形（图6-11），面积241.33平方米（10.83米×22.28米）。1号殿址东、西配殿在建筑结构上不与寝殿一组建筑连为一体，分别位于大殿台基外的东北角和西北角，大体与香阁后部相对（图5-11）。东西配殿基槽内东西8.8米、南北2.9米，平面呈东西长方形，面积25.52平方米（8.8米×2.9米）。上述情况表明，东、西配殿在结构上与1号殿址无关，也不是1号殿址主体的有机构成部分，平面改为东西长方形，面积很小，只是作为仿大明殿和延春阁形制必不可少的象征性配置而已。

(3) 1号殿址形制较大明殿和延春阁的主要变化

1号殿址形制较大明殿和延春阁的主要变化表现在两个方面，一是前述1号殿址较大明殿和延春阁缩短加宽柱廊。大明殿和延春阁柱廊均窄而长，但两者亦有区别。大明殿柱廊进深是面阔的5.45倍（240尺÷44尺），只起穿廊作用。延春阁柱廊进深仅是面阔的3.1倍（140尺÷45尺），文献记载有实用功能。1号殿址柱廊宽而短，则延续了延春阁柱廊扩大面阔所占比例的做法，显然有实用功能。二是前述1号殿址寝殿一组建筑加大了进深的比例，从而扩大了其面积在与前殿面积相比中所占的比例。据前面提供的有关数据，1号殿前殿面积947.54平方米（36.36米×26.06米），寝殿一组面积785.06平方米（29.37米×26.73米），寝殿一组建筑面积占前殿面积的5/6。大明殿前殿面积2298.96平方米（61.9米×37.14米）寝室一组建筑面积670.3平方米（43.33米×15.47米），寝室一组建筑面积占前殿面积2/7强。延春阁（前殿）面积1289.9平方米（46.4米×27.8米），寝殿一组建筑面积1004.56平方米（43.3米×23.2米），寝殿一组建筑面积占近春阁（前殿）面积5/6弱。上述情况表明，在寝殿一组建筑面积的比例关系上，1号殿址远

---

[1] 陶宗仪《南村辍耕录》卷二一第253页记载：隆福宫"光天殿七间，东西九十八尺（约合30.33米），深五十五尺（约合17米），其面积515.6平方米，开间为4.33米（30.33÷7），小于1号殿址面积947.54平方米（36.36米×26.06米）和开间5.19米"。254页记载："兴圣殿七间，东西一百尺（约合30.95米），深九十七尺（约合30.02米），面积为929.1平方米，开间为4.42米（30.95÷7）。"

[2] 陶宗仪《南村辍耕录》卷二一第251、252页。

大于大明殿建筑群而与延春阁建筑群基本相同。以此结合1号殿址加宽缩短柱廊并有使用功能来看，1号殿址柱廊和寝殿一组建筑的性质和使用功能显然已较大明殿寝室一组建筑发生了较大的变化，下面就具体分析这个问题。

3. 元大都宫城前朝后寝分置，元中都宫城1号殿址前朝后寝集于一体

(1) 大明殿寝室与延春阁寝殿的性质和使用功能不同

元大都宫城东西宫墙中间分置东、西华门，二门间横街将宫城中分为二。横街之南大明殿建筑群称"大内前位"，为前朝正衙；横街之北延春阁建筑群称"大内后位"，为寝宫，前朝后寝分置两座建筑群（图6-10）。《南村辍耕录》卷二一"宫阙制度"记载："大明殿，乃登极，正旦，寿节会朝之正衙也"，其后"寝室五间，东西夹六间，连香阁三间"，"中设七宝云龙御榻"，"并设后位，诸王百寮怯薛官侍宴坐床，重列左右。前置灯漏……木质银裹漆瓮……贮酒可五十余石。雕象酒桌……玉瓮一，玉编磬一，巨笙一，玉笙、箜篌，咸备于前"。可见大明殿建筑群寝室一组建筑是侍宴之所，故不称寝殿而只称寝室。同书同卷"宫阙制度"又记延春阁"阁上御榻二，柱廊中设小山屏床"，其后"寝殿七间，东西夹四间，后香阁一间"，"寝殿楠木御榻，东夹紫檀御榻一……西夹事佛像，香阁楠木寝床"。《日下旧闻考》(一) 卷三十引《大都宫殿考》将延春阁称"寝宫"，"以贮妃嫔"；同书卷三二引《故宫遗录》记载寝宫设龙床，是皇帝"以处妃嫔"，"邀临幸"之所[1]。可见延春阁一组建筑的性质为寝宫，其柱廊设小山屏床，亦有使用功能，并与寝殿共同构成寝宫的组成部分。

(2) 1号殿址和延春阁之柱廊与寝殿一组建筑性质和使用功能相同

1号殿址柱廊进深与面阔比值为1.3（23.61米÷18.16米），大明殿柱廊进深面阔比值为5.45（240尺÷44尺），延春阁柱廊进深面阔比值为3.1（140尺÷45尺）。延春阁柱廊较大明殿柱廊缩小了进深加大了面阔的比例，1号殿址柱廊更较延春阁柱廊明显缩小进深加大了面阔的比例，由于延春阁柱廊加大了面阔比例后有使用功能，是寝宫的构成部分之一，所以1号殿址柱廊又明显加大了面阔则更强化了其与寝殿一组建筑的组合，扩大了其使用功能。

1号殿址寝殿一组建筑面阔和进深的比值（29.37米÷26.73米＝1.098）与延春阁寝殿一组建筑面阔和进深的比值（140尺÷75尺＝1.86）大体相近而略小，而与大明殿寝室一组建筑面阔和进深的比值（140尺÷50尺＝2.8）明显不同。1号殿址和延春阁的寝殿一组建筑面积均各占前殿面积的5/6左右，大明殿寝室一组建筑面积约占大明殿（前殿）面积的2/7，1号殿址寝殿一组建筑面积也于大明殿室一组建筑面积。据前所述，大明殿寝室一组建筑进深短面积小，是侍宴之所；延春阁寝殿一组建筑加长了进深扩大了面积是寝宫的主要构成部分。因此，1号殿址寝殿一组建筑与延春阁同组建筑相似，则表明两者的性质和使用功能相同。此外，1号殿址柱廊不仅明显加大了面阔，强化其使用功能，而且柱廊与寝殿相通部位的柱廊两侧还置踏道，显然这是柱廊和寝殿一组建筑与外界相通的踏道。这种组合状况说明，1号殿址柱廊除是连接前殿和寝殿的过渡空间，可起穿廊作用

---

[1] 于敏中等《日下旧闻考》(一) 卷三〇，第441、442页；卷三二，第486、487页。

外，还较延春阁柱廊更加强了实用功能，使之与1号殿址寝殿一组建筑共同构成较延春阁柱廊寝殿一组建筑更为完备的寝宫模式。

（3）1号殿址前殿和寝殿分别仿大明殿和延春阁，集前朝后寝于一体

综上所述，已经明确1号殿址前殿的形制和性质仿大明殿，为前朝正衙；前殿之后则仿延春阁的柱廊和寝殿一组建筑（取消了该建筑群前面的延春阁，以前殿代替延春阁的位置），同时又较延春阁的柱廊和寝一组建筑分别加大了面阔，加长了进深的比例，以象征寝宫。这样1号殿址通过柱廊将前殿和寝殿一组建筑连为一体，使之在总体形制上仍一如大明殿和延春阁。虽然如此，但是1号殿址在性质和功能上既不是大明殿，也不是延春阁，而是分别将两者前朝和后寝的形制、性质和功能有机结合集于一体。这种权变的结果，则使1号殿址在性质和功能上形成元代宫城主殿的新类型，从而改变了元大都前朝后寝分置大明殿和延春阁建筑群的配置形式。由于元中都宫城除1号殿址外，再无其他主要宫殿，因此可以断言，元中都宫城1号殿址前朝后寝集于一体，未再另建寝宫。这种宫城主殿的新类型，前朝后寝配置的新模式，既是对元大都宫城前朝后寝配置模式的最大的变化和简化，也是中国古代宫城前朝后寝配置模式中的孤例。

（三）宫城南门、西南角台和皇城南门遗址的形制

1. 宫城南门遗址形制与元大都宫城崇天门的承袭关系和变化

（1）宫城南门遗址较崇天门形制简化，规模缩小

元大都宫城崇天门的形制，文献记载有门楼，下开五门，门楼东西各有斜廊五间，下行至东西两朵楼（两观），朵楼北侧有马道；自东、西朵楼向南各有五间廊庑，通突出于宫城门之外的东西阙楼（图6-9）。元中都宫城南门遗址三个门道，门道间有两道隔墙，门道两侧各有东西台基（按此应与门道隔墙共同承托城楼的城楼台基），又东西各有行廊台基和东西朵楼台基（图5-14）。这个形制与崇天门阙楼之北城门主体建筑形制相同，唯只开三门，较崇天门少二门；与已发掘的唐洛阳宫城应天门遗址北面开三门的城门主体建筑形制完全相同（资料待发）。因此，元中都宫城南门的形制乃是从唐长安宫城南门承天门至元大都宫城南门崇天门北面城门主体形制的再现[1]，只是省略了城门主体建筑南面的廊庑和阙楼。此外，《南村辍耕录》卷二一"宫阙制度"记载，崇天门"十一间，五门，东西一百八十七尺，深五十五尺"。东西187尺约合57.87米（187尺×0.3095米），较元中都南门遗址东21.48米长出36.39米；深55尺约合17.02米（55尺×30.95米），较元中都南门遗址三门进深18.4米少1.38米。据此可知，元中都南门遗址面阔较崇天门面阔缩小2.7倍（57.87米÷21.48米=2.69），同时又较崇天门略增加了进深，这个做法与前述1号殿址除柱廊的其余部位均缩小面阔增加进深的做法是一致的。总之，上述情况表明，宫城南门遗址乃是元大都宫城崇天门缩小版的简化形制。

---

[1] 按：唐长安宫城承天门、唐洛阳宫城应天门、北宋开封宫城宣德门、金中都宫城应天门、元大都宫城崇天门的形制大致雷同，平面均呈凹字形。

(2) 宫城南门北面庭院遗址形制独特

宫城南门北面庭院遗址的形制前所未见。表面上看北面庭院似将崇天门向南伸出的两条廊庑改为窄廊式向北伸出，又在其北修窄廊与之围合成庭院，北廊墙开三门，东西廊墙各开一门（图5-14）。这种独特的形制，必有特殊的功能。比如，三面窄廊式围墙内两侧有柱础，廊墙内有脱落的红墙皮痕迹，故窄廊应有实用功能。由于窄廊两墙之间宽仅0.6米，充其量三面窄廊也只能作为士兵站岗的"戍卫"之所。另外，三面窄廊式围墙朝向庭院一侧均有宽约0.9米的矮平台，其形制与是时北方和西北民族地区普遍存在的较矮的坐炕相似，这种设施或为朝臣在此待班而置，即庭院似朝臣待班之所[1]。此外，庭院北窄墙式围墙开三门，中门宽大，规格较高，北有露道直通1号殿址，应为御门。两侧门较小，亦有路通向北面1号殿址，应为朝臣门所走之门。这个情况在一定程度上支持了朝臣在此待班说。但是应当指出，由于该庭院尚未全面发掘，许多现象不明，故上面的推测仅供参考而已。

2. 宫城西南角遗址形制仿元大都宫城角楼台基

元中都宫城西南角台遗址呈曲尺三出阙形（图5-18）。元大都宫城四隅，大明殿和延春阁院落四隅均有角楼。《南村辍耕录》二一"宫阙制度"记载，元大都宫城"角楼四，据宫城之四隅，皆三朵楼。琉璃瓦饰脊"。《故宫遗录》记载，崇天门外二阙为"十字角楼，高下三级"；宫城四隅"皆建十字角楼"[2]。"三朵楼"即三重子母阙，其平面呈曲尺形，立面为"十字楼"，这是角楼中只有皇帝才能使用的最高等级。上述文献所记角楼三出阙形制当与崇天门两阙亭三出阙形制相同（图6-9），元中都宫城西南角楼台基三出阙形制亦如是，故其应仿元大都宫城角楼台基的形制[3]。

3. 皇城南门遗址的形制

皇城南门遗址三门道，三门道间两道隔墙和门两侧门道墙均砖结构，平面呈东西向长方的窄条形，在门道门砧石南北两侧对置戗柱柱础石（图5-17）。这种结构的城门，不可能在窄长条形门道隔墙和东西门墙上置城楼，很可能是一座牌坊门，戗柱柱础石上立戗柱以支撑牌坊门柱[4]。

---

[1] 按：元中都宫城南门约相当于明北京紫禁城的午门，午门为百官上朝"待漏"之所，门外架棚，覆松枝，以免百官立风露下。由于元中都宫城南门将元大都宫城崇天门向南伸出的两条廊庑改为窄廊式向北伸出，又与北窄廊围合成庭院，在这种情况下不排除元中都将朝臣待班之所设在宫城南门北面庭院之内。

[2] 《日下旧闻考》（一）卷三二，第486页引《故宫遗录》。

[3] 傅熹年《中国古代城市规划、建筑群布局及建筑设计方法研究》上册，中国建筑工业出版社2001年版，第136、137页。

[4] 元中都皇城南门相当于元大都皇城（萧墙）南门灵星门，又相当于明北京皇城承天门（清天安门）。有的研究者认为永乐时建的承天门是一座"黄瓦飞檐的木牌坊，由工匠蒯详设计"（《紫气贯中华》第170页，《中国皇城皇宫皇陵》系列丛书《北京卷》，转引自李燮平《明代北京都城营建丛考》，紫禁城出版社2006年版，第354页）。永乐时在元宫城和皇城基础上营建紫禁城和皇城，若永乐时承天门呈牌坊式当是承袭元大都皇城灵星门。所以元大都皇城门很可能是牌坊门，元中都皇城门则因之。

（四）元中都宫城皇城形制探源

（1）元中都宫城规模、形状，主体殿址位置和性质似源于元安西王府城

元安西王府城在今西安城东北3公里，约营建于至元十年。安西王府城遗址平面略呈南北长方形，四隅有角楼台基，城东、西墙长603米，南墙长542米，北墙长534米，周长2282米。城东、西墙中间偏北对称开门，南墙中间开门，北墙无门。城内只中间偏北有一座大殿台基，台基中间部位与城东、西门相对，南正对南门。台基以土和瓦砾相间夯筑，台基堆土南北长约185米，东西宽约90米，台基残存最高处距地表约3米，其下地基深入地表下约2米，殿基厚度5米左右或更厚。台基埋一石函，内有5件（原当为6件）铁铸阿拉伯数码幻方[1]。

根据前面所述元中都宫城资料，可以看出元中都宫城四面城墙长、周长和宫城形状与元安西府城基本相同[2]。元中都宫城和安西王府城内唯一大殿址的位置，构筑技法和形制基本相同。元安西王府城内只一座大殿址，故其符合王制的殿寝应集于一体[3]，1号殿址朝寝集于一体与之相同。元中都宫城和安西王府大殿基址均埋阿拉伯数码幻方。由于海山曾与安西王阿难答争夺帝位，海山即位（武宗）后，阿难答被赐死[4]，但安西王府当时仍然存在。这个背景，使武宗营建元中都宫城时参照安西王府的形制成为可能创造了条件。因此，上述元中都宫城与安西王府相似之处，恐怕不是偶然的巧合。虽然元中都宫城和元安西王府城的规模和形状均与元上都宫城基本相同，两者在这方面可能均参照过元上都宫城，但是上述元中都宫城与安西王府城诸多方面的一致性表明，元中都宫城规模形状，主殿的位置和性质很可能是源于安西王府城。

（2）元中都宫城具体配置的布局似仿元大都宫城

据前所述，元中都1号殿址在宫城中的位置和形制约相当于元大都宫城大明殿和延春阁，宫城设四门，已发掘的宫城南门和西南角台的形制也源于元大都宫城。因此，考古调查在宫城中发现高出地表，无内在连属关系的各种小土丘之集合分布位置和状态，亦应与元大都宫城主要配置的布局有一定的对应关系。故下面拟与据文献记载复原研究元大都宫

---

[1] 马得志《西安元代安西王府勘查记》，《考古》1960年第5期。

[2] 安西王府周长2282米约合6.14元里（2282米÷371.42米）。元中都宫城东墙长603.5米，西墙长608.5米，南542米，北墙长548.8米，周长2303.8米，约合6.19元里（2302.8米÷371.42米）。

[3] 夏鼐《元安西王府址和阿拉伯数码幻方》（《考古》1960年第5期）指出，安西王府城台基上的殿址与元大都大明殿一样，台基和殿址均呈工字形，前为正殿，中为柱廊，后为寝殿。按，至元十年营建安西王府时元大都宫城即将将完工，所以安西王府城内唯一大殿址的形制当参照过元大都大明殿和延春阁的形制。此外，元上都宫城东墙长605米、西墙长605.5米、南墙长542.5米、北墙长542米，周长2295米。元安西王府城四面墙长、周长和形状与之几乎完全相同，说明安西王府在这些方面或曾参照过元上都宫城。

[4] 安西王忙哥剌是忽必烈正后所生第三子，至元九年（1272年）被封为安西王。嗣王阿难答皈依伊斯兰教，至元十七年（1280年）袭王位。大德十一年（1307年）成宗死无子，阿难答适在京师有权袭帝位，但海山派击败阿难答一派，海山即帝位（武宗）后阿难答被赐死。

城布局的成果（图 6-2、图 6-10、图 6-11）进行类比，以推定元中都宫城的大致布局。

前已指出，元中都宫城内唯一大殿址外朝内寝集于一体，所以元中都宫城东、西门间横街（相当于元大都宫城东西华门间横街）不再是外朝内寝的分界。因此，元中都 1 号殿址就相当于元大都宫城大明殿和延春阁的地位，下面以此为准进行分析。从元大都宫城来看，大明殿、延春阁均由周庑围合成长方形院落，院落形制相同。如大明殿建筑群院落（图 6-11）四隅有角楼，前院墙有殿门，后院墙中间有宝云殿，两侧隅有角门，与大明殿东西踏道相对的东、西墙开门，门南置文楼（东）和武楼（西）；延春阁后院墙中间置清宁宫，后院墙无门（图 6-10）。据此判断，1 号殿址亦应由周庑围合成长方形院落，并有前述院墙上的诸种设置。但目前限于资料，1 号殿址周围的院墙几乎无迹可寻。仅从殿址周围土丘分布位置和状态来看，由于宫城北门通向宫内道路止于土丘 F3～F6 一线，故 F3～F6 一线似为殿址北围墙位置。前已指出 1 号殿址柱廊和寝殿一组建筑的性质为寝宫，可比延春阁同组建筑，因而 F3～F6 一线处于中间的土丘 F4、F5 位置似与延春阁院落北院墙中间"皆处嬖幸"的清宁宫（图 6-10）相近[1]，两侧土丘 F3 和 F6 近似于大明殿后院墙两侧角门的位置（图 6-10）。1 号殿址之南中轴线上西与 H4 大体相对的小方框或与殿门位置有关，这样南院墙即在殿门东西一线；1 号殿址东院墙似在土丘 F10 之西、西院墙似土丘 F13 之东（图 5-10）。

除上所述，土丘 F3～F6 以北空旷之地似为御苑，东北隅 F28，西北隅 F29、F30 为御苑内建筑残迹[2]。元中都宫城两宫门横街之北的 F13～F17 一组土丘，大体相当于元大都宫城以奉佛为主的玉德殿位置（图 6-10），或是元中都宫城修佛事之昆冈殿的位置[3]。元中都宫城东宫门横街之北土丘 F7～F10，大体相当于元大都宫城皇后斡耳朵的位置（图 6-2）。元中都宫城南部，宫城东墙之西 F21～F23 土丘，大体相当于元大都宫城庖人之室、酒人之室位置；西宫墙内侧小土丘 F24～F27 大体相当于元大都宫城内藏库位置（图 6-10）。

总之，元中都宫城 1 号殿址之外各种小土丘的位置和集合分布状况，的确与元大都宫城内主要配置的分布状况有一定的相似之处。但是应当指出，上面的类比还只是一种推测，确否尚待今后宫城全面发掘研究后的验证和勘误。

（3）元中都皇城形制似由元上都宫城外石夹城演变而来

元上都宫城外 24～25 米有石夹城，夹城外有环城道路（图 5-2），其作用显然是加强宫城的保卫。元中都皇城东、西、北墙距宫城东、西、北墙分别为 115 米、113.78 米、115.85 米，皇城南墙距宫城南墙 207.5 米（图 5-10），皇城规模很小、皇城墙与宫城墙间距很窄。这种形制很可能是从元上都宫城外石夹城的形制演变而来，只是根据元中都的

---

[1]《日下旧闻考》（一）卷三〇，第 447 页引《大都宫殿考》清宁宫"其中皆处嬖幸"。

[2] 由于元中都宫城和皇城北墙之间地方窄狭，故将元大都与宫城等宽的御苑从宫城北墙之外搬到元中都宫城 1 号殿址建筑以北与宫城北墙之间。

[3]《元史》卷二九《泰定第一》记载：至治三年（1323 年），泰定帝"车驾次中都，修佛事于昆冈殿"。

具体情况，加大了皇城墙与宫城墙的间距。

元中都皇城与宫城东、西、北三门间两侧有隔墙（图5-10）[1]。隔墙显然是重在加强宫城门和皇城门的保卫，这是承袭元上都宫城外石夹城保卫功能的发展，以确保宫城安全。至于皇城宫城南墙间距较其余三面宽约1倍，达200余米，却未发现隔墙，可能与元大都在宫城南面置"宿卫直庐"的情况有关[2]，即这里或同样为建"周庐，以居宿卫之士"之地。但是，不管怎么说，今后发掘皇城时这个部位都是应引起重视的。总之，就目前已知情况而言，元中都的皇城主要是卫戍宫城之区，与通常意义上的皇城性质有所不同。

七　结语

《元中都》（文物出版社2012年版）发掘报告全面介绍了元中都考古调查、钻探和发掘的情况，最终确定了元中都的准确方位，确认了元中都遗址真实存在的概况，揭示了元中都遗址的总体形制布局。元中都宫城1号殿址、宫城南门、西南角台，宫城排水涵洞，皇城南门等遗址的发掘，揭示了这些遗址的工程做法，形制结构，以及遗址和遗址附近出土的建材与建筑构件等的具体情况，首次提供了元代宫廷建筑较系统的考古资料，这是迄今为止元中都考古和元代都城考古最重要的收获之一。

在元代的都城考古中，元上都遗址破坏较严重，仅存残迹，尚未进行全面考古发掘。元大都仅残存部分外城墙遗迹，宫城和皇城无存，城内遗迹除少数个例外，几乎均在现代北京城的叠压之下。因此，元中都的考古成果，则成为元代三都中唯一呈现都城较完整形制和宫城主要殿址形制结构与布局的实体标本，成为元代都城考古的基石。以此为纽带，可将元代三都串联起来进行内涵式的比较研究。特别是由于元中都形制与元大都有密切关系，所以元中都的考古发掘研究成果，不仅可对元大都有关的复原研究成果是否正确提供验证的实据，而且还可在这种相互的验证中强化研究元中都的力度，提高研究元中都的水平。在此基础上，元中都考古发掘研究成果在很大程度上，又成为促进元代三都有机结合，相辅相成进行整体研究，并将其推向重点深入的专题研究和全面综合研究，走向更高研究阶段的关键。因此，元中都的考古成果有很高的学术价值，在现阶段元代都城考古研究的进程中，无疑是一座重要的里程碑。

元中都的出现将宋代以来中原地区的都城模式移植到长城以北，改变了此前该地区只有草原都城模式的局面，这是中国古代都城史中都城模式位移的重要变化。但是应当指出，元中都并不是一座标准的正式都城，只是在北方草原地区未最终全部建成而短命的一座行宫式的陪都。从元中都基本建成的宫城和皇城来看，其行宫式陪都的性质，加上当时财政困难，仓促上马，短期"急就章"式的营建，使之较元大都宫城皇城的规模和形制大

---

[1] 按皇城门与宫城门两侧隔墙应有门，以使皇城内连通为一体，但隔墙门尚未发现。
[2] A.《元史》卷一六《世祖十三》：至元二十八年二月"丁亥营建宫城南面周庐，以居宿卫之士"。
B. 陶宗仪《南村辍耕录》卷二一"宫阙制度"记述崇天门"……西朵楼之西，有涂金幡竿。附宫城南面，有宿卫直庐"。

为缩小和简化，同时在工程做法及建材和建筑构件的使用上也较元大都草率和简约化[1]，因而其形制结构和布局出现了许多新变化和新特点。比如，元中都皇城改为夹城式，宫城规模缩小，只置一座主殿、并将前朝正衙与寝宫集于一体；宫城南门采用取消元大都崇天门南面廊庑和阙楼的简化形制，宫城西南角台曲尺形、采用内外两面均三出阙形制；皇城南门采用牌坊门形制等。诸如此类和今后将要发现的新变化和新特点，是元中都独具的学术价值之重要体现，是元中都足以立于中国古代都城之林，而代表都城一个新类型的重要标志。同时这些新变化和新特点，也是破解元中都形制结构和布局真谛的锁钥，把握元中都研究能否到位的关键。因此，在今后元中都考古发掘和研究中，必须善于精准区分和抓住其新变化和新特点及由此而出现的新形制；深入探讨这些新变化、新特点和新形制产生的原因；研究这些新变化新特点所形成的新形制之性质和功能，意义和作用，及其与元大都的内在关联和演变关系。只有这样，才能将元中都及与元中都相关联部分的元代都城考古研究提高到一个新的水平。

---

[1] 据河北省文物研究所《元中都》（文物出版社2012年版）介绍的情况，元中都工程做法远较元大都粗糙，无论夯筑方法、夯层厚度、夯土质量、土与瓦砾间筑情况、地基和基槽深度和做法；还是砖、瓦、琉璃构件的质量，以及除石螭首外石构件很少等情况，均与元大都有较大的差距。

第六章　元大都（上）

——大都城的形制布局

元大都的研究兴起于20世纪20年代末，当时主要依据文献和地面遗迹调查，重点探讨元大都城（包括宫殿）的平面布局和规划[1]。20世纪50年代中期以后，赵正之教授对元大都的城市规划进行了较全面的研究，复原出元大都的街道系统和一些重要建置，提出元大都和明清北京城中轴线相同的新论点[2]。此外，侯仁之教授还从地理学和河湖水系变迁角度对元大都进行了研究[3]。1964～1974年，中国科学院考古研究所（今属中国社会科学院）与北京市文物工作队共同勘察了元大都的城垣、街道、河湖水系等遗迹，发掘了十余处不同类型的居住遗址和建筑遗存，出土了大量的瓷器等遗物[4]。在此基础上，进而对元大都进行了较深入的研究，并将此项研究推进到一个新的发展阶段。

第一节　元大都城选址与营建概况

一　选址

成吉思汗十年（金贞祐三年，1215年）蒙古军队攻占金中都，复称燕京，置燕京路总管大兴府。窝阔台时期在燕京派驻断事官（札鲁忽赤），建立行政机构统辖汉地诸路，称燕京行台或行尚书省。1260年忽必烈于开平即帝位，建元中统，在燕京设行中书省（后将在开平的中书省移至燕京，与燕京行中书省调整合并），同年忽必烈至燕京，此时忽必烈早已有都燕之意[5]。

---

[1] A. 奉宽《燕京故城考》，《燕京学报》第五期，1929年。
　　B. 朱启钤、阚铎《元大都宫苑图考》，《中国营造学社汇刊》一卷三期，1930年。
　　C. 王璧文《元大都城坊考》，《中国营造学社汇刊》六卷三期，1936年。
　　D. 朱偰《元大都宫殿图考》，商务印书馆1936年版。
[2] 赵正之《元大都平面规划复原的研究》，《科技史文集》第二辑，上海科学技术出版社1979年版。
[3] 侯仁之《北京都市发展过程中的水源问题》（《北京大学学报》1955年第1期）《元大都城与明清北京城》（《故宫博物院院刊》1979年第3期）。
[4] 元大都城研究概况，参见《中国大百科全书·考古卷》第629页"元大都遗址"条。按：《元大都发掘报告》至本书撰写时尚未发表，凡元大都的考古资料，今后均以《元大都发掘报告》为准。
[5] 实际上忽必烈未登大位之前，早已有都燕之意。《元史》卷一一九《木华黎传》附《霸突（转后页）

*至元元年改燕京为中都,决定建都燕京,仍称中都[6]。但是,至元四年又放弃中都旧城(即金中都),而在中都旧城东北郊另选新址建大都城。这种巨大的变化,究其原因大致有三:

第一,首先蒙古军队攻占金中都后,宫阙尽焚重建困难[7]。其次金中都依托于莲花池水系,"土泉疏恶",并一直未能彻底解决水源和漕运问题。此外,随着元初统一大业的进展,忽必烈对都城标准提出了更高的要求[8],中都旧城已不适应新形势发展的需要。鉴于上述情况,放弃中都旧城,另选新址建都乃是势在必然。

第二,中统三年,卓越的水利工程专家郭守敬提出了改造中都城旧闸河,导引玉泉山水以通漕运的计划[9]。按照这项计划,根据地形判断,当时引玉泉山水济漕,只有通过瓮山泊和高梁河、下接闸河,其故道所经正在大宁宫附近[10]。这样既可取得丰沛的水源,解决漕运问题,进而又可促进城市商业的繁荣和经济的发展。以此结合前述第一点的背景情况,这项计划很快得到忽必烈的批准,并成为将都城从莲花池水系转移到高梁河水系的主要原因之一。

第三,那么新都地址选在何处呢?现在多认为新都选址与忽必烈此前入燕驻跸之所密切相关。中统元年(1260年)忽必烈到达燕京,因中都宫阙毁而"驻跸燕京郊"的金大宁宫[11]。这里湖光山色,景色优美,环境宜人,是营建宫城的好地方。其附近又易于从高梁河水系引水,地域空旷,便于规划建设大城。同时这里距金中都旧城很近,还可依托

---

* (接前页)鲁传》记载:"霸突鲁,从世祖征伐,为先锋之帅,累立战功。世祖在潜邸,从容语霸突鲁曰:'今天下稍定,我欲劝主上驻跸回鹘,以休兵息民,何如?'对曰:'幽燕之地,龙蟠虎踞,形势雄伟,南控江淮,北连朔漠。'且天子必居中,以受四方朝觐。大王果欲经营天下,驻跸之所,非燕不可,世祖怃然曰:'非卿言,我几失之。'"后来,世祖至开平,即位,还定都于燕。尝曰:"朕居此以临天下,霸突鲁之力也。"清人孙承泽《春明梦余录》说:"元世祖问刘秉忠:'今之定都,惟上都大都耳,何处最佳?'秉忠曰:'上都国祚短,民风淳;大都国祚长,民风淫。'遂定都燕之计。"可见世祖早已有都燕之意。忽必烈即汗位后,谋士郝经又以"燕都东控辽碣,西连三晋,背负关岭,瞰临河朔,南面以莅天下"为由,劝忽必烈都燕京(见《郝文忠集》卷三二《便宜新政》)。定都燕京前忽必烈至燕京约两次,《元史》卷三《宪宗》记载,宪宗九年(1269年)七月宗崩于钓鱼山。《元史》卷四《世祖一》记载,宪宗崩后,忽必烈自鄂州还军北上争夺汗位,同年闰十一月"己丑,至燕","是冬,驻燕京近郊"。即汗位后,中统元年(1260年)十二月"帝至自和林,驻跸燕京近郊"。

[6]《日下旧闻考》(一)卷四第61页引《历代记事年表》:"至元元年八月,刘秉忠请定都于燕。主从之,诏营建城池宫室,仍号为中都。"
[7] 大安三年(1211年),蒙古军大举进攻前夕,中都大火,"延烧万余家,火五日不绝",宫殿也陆续被拆,以为柴薪。蒙古占据中都后,1217年又发生火灾,残存的宫殿则几乎殆尽(元人程钜夫《旃檀佛记》,《楚国文宪公雪楼程先生文集》三十卷之卷九,清观稼楼抄本,卷九)。
[8] 元人欧阳玄《圭斋文集》九"马合马沙碑"("玛哈穆特实克碑",马合马沙是也黑迭儿之子)记载:"至元三年,定都于燕",忽必烈认为"时方用兵江南,金甲未息,土木嗣兴,属以大业甫定,国势方张,宫室城邑,非巨丽宏深,无以雄八表"。
[9]《续资治通鉴》卷一七七,宋景定三年,蒙古中统三年,秋七月及八月条。
[10] 侯仁之主编《北京城市历史地理》,北京燕山出版社2000年版,第91页。
[11] 忽必烈驻跸大宁宫问题,见侯仁之《历史地理学的理论与实践》(上海人民出版社1979年版)第161~162页,以及第162页注①。

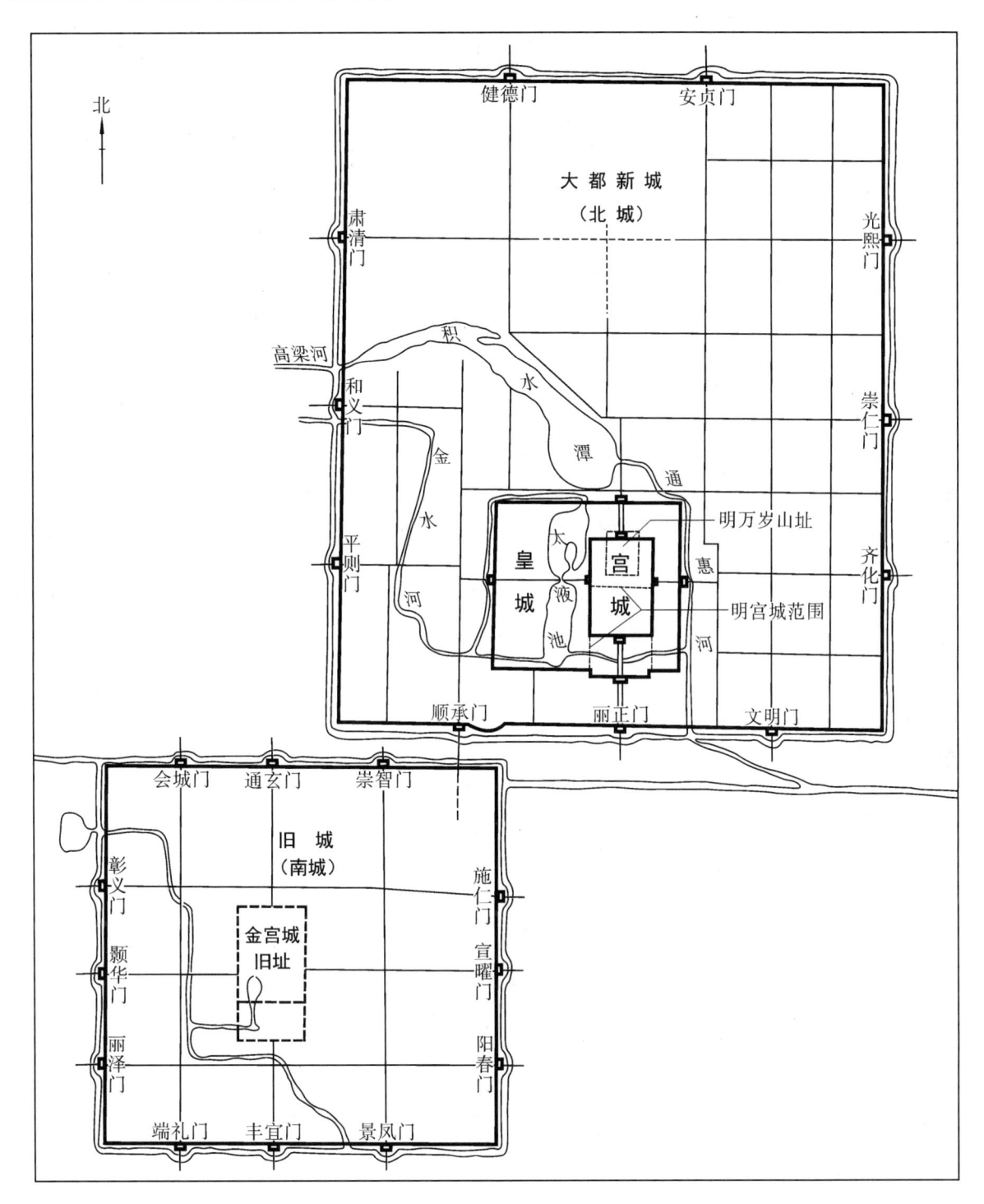

图 6-1 元大都与金中都位置关系图

(引自潘谷西主编《中国古代建筑史》第四卷"元明建筑",略有改动)

旧城的人力、物力和财力等多方面的优势,加速新都的建设。以此结合前述两点,忽必烈才最终选在金中都以北偏东,以大宁宫所在的水面为中心规划建设大都城(图 6-1)[1]。

---

[1] 大都城选址决策过程无直接史料,本书所述仅是根据有关史料的推测而已。

二 营建概况

至元八年（1271年）十一月正式建国号大元，至元九年二月改中都为大都（蒙古语"汗八里"，即"大汗之城"）[1]。但是，大都城的营建则较早，始于至元四年[2]。规划营建大都由刘秉忠总领其事，赵秉温亦参与大都城的规划设计（见第七章）；也黑迭儿指挥宫殿建设，具体参与督工营建的还有张柔、张弘略、段天祐（段桢，此人参与修建大都的时间最长，所起作用较大）、野速不花（蒙古人）、高觿（女真人）、杨琼（宫廷石作负责人）等[3]。大都城的营建，大体可分为四个阶段。

第一，大都城基本框架工程阶段。至元四年始建宫城[4]，十一年基本建成[5]，十三年竣工[6]。至元四年始建大都城，到至元二十二年时，外城墙、钟鼓楼、金水河等主要

---

[1]《元史》卷七《世祖四》：至元八年十一月"建国号曰大元"，至元九年二月"改中都为大都"。

[2]《元史》卷六《世祖三》：至元四年春正月"城大都"。《日下旧闻考》（二）卷五〇第793页引虞集《大都城隍庙碑》："至元四年，岁在丁卯，以正月丁未之吉，始城大都，立朝廷、宗庙、社稷、官府、库庾，以居兆民，辨方正位，井井有序，以为子孙万世帝王之业。"《元史》一四七《张柔传》："至元三年，加荣禄大夫，判行工部事，城大都。"《元史》卷六《世祖三》：至元三年十二月"丁亥，诏安肃公张柔，行工部尚书段天祐等同行工部事，修筑宫城"。据此可知，张柔至元三年非"城大都"，而是指筑宫城（参见后文注释）。

[3] 大都城、宫城的营建由刘秉忠、张柔、段天祐等人共同主持。刘秉忠以相臣（位太保参与中书省事）总领都城营建，张柔以勋旧（宪宗旧臣，封安肃公）董宫城之役。此外，值得指出的是也黑迭儿和杨琼二人。也黑迭儿，阿拉伯人，世系不详。忽必烈居藩时期已见亲任，忽必烈登汗位后命其统领"茶迭儿局"（庐帐局，管理皇室、百官民舍的机构），至元三年任命为该局的"达鲁花赤"，并兼掌宫殿建设的管理机构。受命后，他"夙夜不遑、心讲目算，指授肱麾，咸有成画"，亲自指挥宫城建设工程。杨琼，保定路曲阳县人，京城石匠作头，曾参加上都开平营建工程，后任大都等处山场石局总管，宫廷建筑石作负责人。负责建成大内周桥后，忽必烈赐以"黄金满衿"。杨琼是一名以石手工艺及工程实绩而跻身仕途的匠师。参见陈高华《元大都》（北京出版社1982年版）。潘谷西主编《中国古代建筑史》第四卷（中国建筑工业出版社2001年版）"元明建筑"第16~17、533页。

[4]《元史》卷六《世祖三》：至元四年春正月"戊午，立提点宫城所"。此前至元三年十二月诏张柔等修筑宫城，紧接着至元四年春正月"立提点宫城所"，说明正式营建宫城应起动于此时。

[5]《元史》卷八《世祖五》："至元十一年春正月己卯朔，宫阙告成，帝始御正殿，受皇太子诸王百官朝贺"。此处"宫阙告成"主要指大朝部分而言。

[6] 关于宫城何时竣工说法不一。《元史》卷六《世祖三》：至元五年十月"戊戌，宫城成"。此或指宫城垣而言，因为其后记载筑宫城事例尚多。如《元史》卷七《世祖四》：至元七年二月"丁丑，以岁饥罢修宫城役夫"；至元八年二月"丁酉，发中都、真定、顺天、河间、平滦民二万八千余人筑宫城"；至元九年五月乙酉，"宫城初建东西华、左右掖门"。《元史》卷八《世祖五》：至元十年十月"初建正殿、寝殿、香阁、周庑两翼室"；至元"十一年春正月己卯朔，宫阙告成"；同年四月"癸丑，初建东宫"，十一月"起阁南直大殿及东西殿"。以上到至元十一年时大明殿、延春阁建筑大体完成，可视为宫城基本建成的标志。又《元史》卷一四七《张弘略传》记载："至元三年城大都，佐其父（张柔）为筑宫城总管"，"十三年城成"。前已说明"城大都"系指筑宫城而言，（转后页）

* 工程也基本完工。此阶段大都城的营建，一直依托南城（金中都）建设新都。

第二，外城完工和全面营建居民区阶段。文献记载，至元二十年六月"丙申，发军修完大都城"，同年将旧城商铺、政府机构、税务机构等迁入大都城，并设立都城门门尉；次年置大都留守司和大都路总管府。《元史》卷一三《世祖一〇》记载：至元二十二年二月，"诏旧城居民之迁京城者，以赀高及居职者为先，仍定制以地八亩为一分；其或地过八亩及力不能作室者，皆不得冒据，听民作室"。从而确定了大都城居民区住宅占地面积标准和主要迁居者的身份，据此似可认为，在至元二十二年二月时，居民胡同已基本形成，并全面营建居民区[7]。上述情况表明，至元二十年应为大城城郭和主要建筑竣工之年[8]。但是，宫城中的一些便殿和附属建筑如万安寺、社稷坛等，以及海子（积水潭）和通惠河的漕运工程，到至元三十年才基本完工（详见后文）。也就是说，大都城终忽必烈之世已经定型。

第三，部分续建工程阶段。如成宗于至元三十一年将太子府改建为隆福宫，大德六年开始陆续建郊坛、孔庙、国子学及一批具有原庙性质的佛寺，并在宫城中修建一些次要殿宇；以及武宗至大元年建兴圣宫等。

第四，大内部分改建工程阶段。主要在元末顺帝至正时期（1341～1368年）。此时部分宫殿和苑囿区有较大变动，如改建兴圣宫和隆福宫，改浚太液池西岸（今北海、中海西岸）的水道等。然而，这些工程并未最后完工，到至正二十八年（1368年，亦即明洪武元年）八月，元朝气数已尽，明军攻入元大都，历史又翻开了新的一页，从此进入明北京城的发展阶段。

第二节　大都城的平面形制与城墙结构

一　城墙周长与城的平面形制

元大都城经考古实测，南城墙长6680米，西城墙长7600米，北城墙长6730米，东城墙

---

* （接前页）"十三年城成"亦指宫城。前述至元十年"初建东宫"及十一年起建的工程，其完工恐怕要到十二、十三年间。故"十三年城成"，应指宫城、皇城主体工程竣工的年代。此外，陶宗仪所撰《南村辍耕录》卷二一"宫阙制度"中说：宫城"至元八年八月十七日申时动工，明年三月十五日即工"，以此对照前述，所记显然只是宫城营建的一个工期而已。

[7] 一些研究者，以至元二十二年诏旧城居民迁京城作为大都建成的标志。

[8] 《元史》卷一二《世祖九》。同卷，至元二十年九月"徙旧城市肆局院、税务皆入大都、减税征四十分之一"；十一月"大都城门设门尉"。看来至元二十年应是大都城城郭和城主要建筑竣工之年。此后，《元史》卷一三《世祖一〇》：至元二十一年闰五月"丙午，以侍卫亲军万人修大都城"；《元史》卷一五《世祖一二》：至元二十六年七月"雨坏都城，发兵、民各万人完之"；《元史》卷一六《世祖一三》：至元二十七年六月"丙申，发侍卫兵万人完都城"等，应均属修补城垣性质。

长 7590 米，周长 28600 米[1]。约合 76.88 元里或 77 元里[2]，面积 50 余平方公里[3]。另据记载，元大都宫城宽 480 步，深 615 步[4]。元大都东西宽为宫城宽的 9 倍，深为宫城深之 8 倍[5]，据此元大都周长亦为 77 元里[6]。上述情况表明，《元史》卷五八《地理一》所记大都城方六十里，误。大都城的平面形制呈南北竖长方形，并与宫城略呈相似形（图 6-2）。

二　城墙结构与角楼和马面

城墙结构，除城墙本体外，还包括角楼、马面、城门和瓮城，以及与城墙和城门密切相关的护城河等。

元大都北城墙约在明清北城墙之北五里，位于安定门外小关和德胜门外小关东西一线，残存土城墙，俗称土城。东、西城墙北段（即明清北京北城墙东北和西北角楼之北）有土城残迹，并直对明清北京城东北和西北角楼。东、西城墙北段之南部分与明清北京东、西城墙相合（不包括明代南扩部分）。南城墙在今东西长安街南侧，东南角在今观象台处，西南隅

---

[1] 元大都城实测数据，见徐苹芳《古代北京的城市规划》（《环境变迁研究》第一辑，海洋出版社 1984 年版）之"三　元大都"。

[2] 徐苹芳文《古代北京的城市规划》（《环境变迁研究》第一辑，海洋出版社 1984 年版）之"三　元大都"中说，元代一步合 1.55 米，是元一里合 372 米（1.55 米×240 步），28600 米合 76.88 元里（28600 米÷372 米）。又赵正之《元大都平面规划复原的研究》（《科技史文集》第二辑，上海科学技术出版社 1979 年版）说，元一步合 1.54 米，是元一里合 369.6 米（1.54 米×240 步），28600 米合 77 元里（28600 米÷369.6 米＝77.3 元里）。元一里合 240 步，见元人陶宗仪《南村辍耕录》。

除上所述，傅熹年《中国古代城市规划、建筑群布局及建筑设计方法研究》（中国建筑工业出版社 2001 年版）上册第 10 页指出："据勘察报告和平面图可知，大都的大城东西宽约 6700 米，南北深约 7600 米，面积 50.9 平方公里，呈南北长的矩形。若以元代一尺长 31.5 厘米计，约合宽 14.1 里，深 16 里，周长 60.2 里，与史载大都方六十里的数字相合。"按，一元尺＝31.5 厘米，则一步合 1.575 米（31.5 米×5 步），一元里合 378 米（1.575 米×240 步）。其周长 28600 米〔（6700 米＋7600 米）×2〕，约合 75.66 元里（28600 米÷378 米），亦接近 77 元里（文中 6700 米当为 6730 米之误）。

[3] 按元大都城实测数据计算，其面积为 6680 米（南）×7600 米（西）＝50.76 平方公里，6730 米（北）×7590 米（东）＝51 平方公里。傅熹年《中国古代城市规划、建筑群布局及建筑设计方法研究》（中国建筑工业出版社 2001 年版）上册第 10 页亦说合 50.9 平方公里。

[4] 元人陶宗仪《南村辍耕录》卷二一"宫阙制度"。

[5] A．傅熹年《中国古代城市规划、建筑群布局及建筑设计方法研究》上册，中国建筑工业出版社 2001 年版，第 11～12 页。

　　B．见本书第七章"元大都的城建规划"。

[6] 元大都城东西宽是宫城宽 480 步的 9 倍＝4320 步（480 步×9），大都城之深是宫城深 615 步之 8 倍＝4920 步（615 步×8），其周长为 18480 步〔（4320＋4920）×2〕。元 240 步为一里，是元大都城周长为 77 元里（18480 步÷240 步）。据此及前面注释，可认为实测周长 28600 米＝77 元里，是一元里合 371.42 米（28600 米∶x＝77 元里∶1），元一步合 1.5475 米（3714 米÷240 步），元一尺合 0.3095 米（1.5475 米÷5 步），28600 米合 77 元里（28600 米÷371.4 米）。此数据介于前述元一步＝1.55 米及 1.54 米之间，似较接近元大都实用的尺度标准。

泰宁坊

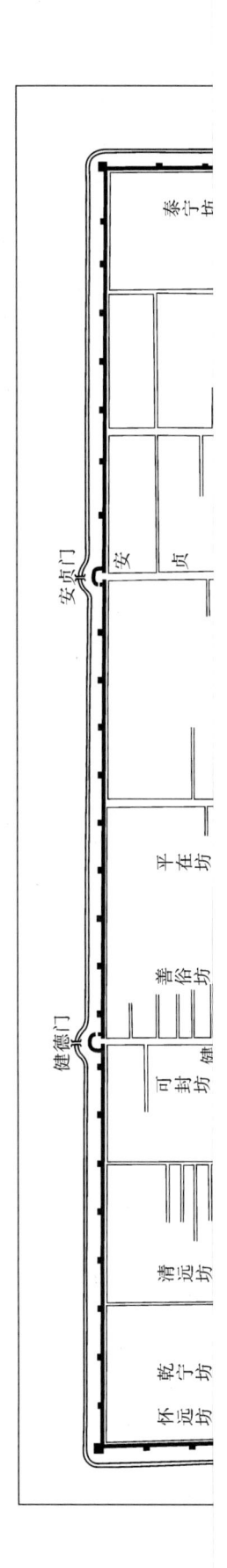

安贞门
安贞

平在坊

善俗坊
健德门
可封坊

清远坊

乾宁坊
怀远坊

内有城隍庙[1]，西段靠近庆寿寺双塔处向南弯曲（图6-3之26、28）[2]。

城墙夯筑，1991年发掘了北太平庄以北元大都城墙。城墙墙体剖面呈梯形，顶部残宽3.25米，底部宽约22米，残高8.4米，地基厚0.6米。夯土自上而下可分为四种：第一，城墙顶部厚2.5米，由黄土、黑淤土交叠夯筑，夯窝排列整齐有序。第二，厚2.25米，为黑淤土和浅褐土交叠夯筑，夯窝较小，此层夯土底部有3根水平南北向木桩。第三，厚3.5米，灰褐色，分层不明显，夯窝较小，不明显，排列杂乱，此层底部有3根水平的南北向木桩，并与上层木桩相对应。第四，城墙基，厚0.6米，上半部黄土黑色土交叠夯筑，夯窝明显，排列有序，筑法与上层夯土相似。下半部浅褐色夯土，无明显分层，为一整体[3]。又2002年在北城墙身距水关30米处在墙体北界发现马面。残存马面平面呈长方形，东西长19米，南北宽7.5米[4]。此外，从拆除明清北京东西城墙时所见元代夯土墙心来看，元代城墙纯黄土夯筑，墙基深入自然地层约2米（直达生土层），基宽约24米（另一说25米），墙基夯层厚约15厘米，墙身夯层厚6～11厘米，夯窝圆形，直径7厘米，夯窝深4厘米，夯窝间距2～3厘米，呈梅花状分布[5]。在西城墙北段（今黄亭子附近），马面上夯土黑色，夯窝直径约10厘米，深约5厘米，呈梅花状排列。夯窝底部黑土上撒一层黄色粒土，或就是所谓黑土黄壤[6]。城墙收分较大，经实测推算，城墙宽、高和顶宽之比为3:2:1。在城墙夯土中使用了"永定柱"（竖柱）和纴木（横木）[7]，墙身除文献所记用覆苇排方法防雨水冲刷外[8]，还采用管道泄水。拆除明清北京西城墙时，

---

[1] 《日下旧闻考》（二）卷五〇第792页引《元一统志》："都城隍庙在大都城西南隅顺承门里"，"国朝所创"。在今复兴门内成方街路北。

[2] 《日下旧闻考》（二）卷四三第684页引《析津志》："庆寿寺西有云团师与可庵大师二塔，正当筑城要冲。时相奏世祖，有旨命圈裹入城内。"又元人李兰肪《元一统志》卷一"中书省·大都路"记载："敕命远三十步许环而（指二塔）筑之。"赵正之《元大都平面规划复原的研究》《科技史文集》第二辑，上海科学技术出版社1979年版）说：大庆寿寺塔"为金代的旧刹，其西南有海云、可庵双塔"，"其旧址当在今府右街以西，大栅栏胡同以东，李阁老胡同以南，西长安街以北之地"。

[3] "元大都城墙"条，《中国考古学年鉴·1992年》（文物出版社1994年版）第151页。

[4] 李华《元大都北土城花园路段城墙勘探及水关遗址清理简报》，《北京考古》（北京燕山出版社2008年版）第一辑。

[5] A. 傅公钺《明代的北京城垣》，《北京文物考古》1983年第一辑。
   B. 北京市文物研究所编《北京考古四十年》（北京燕山出版社1990年版）第四章第一节"明代北京城垣建筑结构"。

[6] 赵正之《元大都平面规划复原的研究》，《科技史文集》第二辑，上海科学技术出版社1979年版。

[7] 徐苹芳《元大都的勘查和发掘》，《中国历史考古学论丛》，台湾久晨文化实业股份有限公司1996年版。此为前已发表同名简报的修改稿。

[8] 王灿炽《谈元大都的城墙和城门》（《故宫博物院院刊》1984年第4期）文中引阎复《故荣禄大夫平章政事王公神道碑》记载："至元八年，城大都。板干方新，数为霖雨所堕。或议辇石运甓为固……"公"因献苇城之策。诏用公言，所省巨万计"（《常山贞石志》卷一七）。引《元文类》卷四一《经世大典·政典工役》称，在兴建大都城时，"军之役土木者，率以筑都城、皇城、建郊庙、社稷、宫殿……余则建佛寺……砍苇被城上"。《日下旧闻考》（一）卷三八第597页引《析津志》："世祖筑城已固，乃于文明门外向东五里立苇场，收苇以蓑城。每岁收百万，以苇排编，自下砌上，恐致摧塌，累朝因之。"陈高华《元大都》（北京出版社1982年版）第49～50页说，土城蓑草办法，到元代中期因防火攻而告废止。

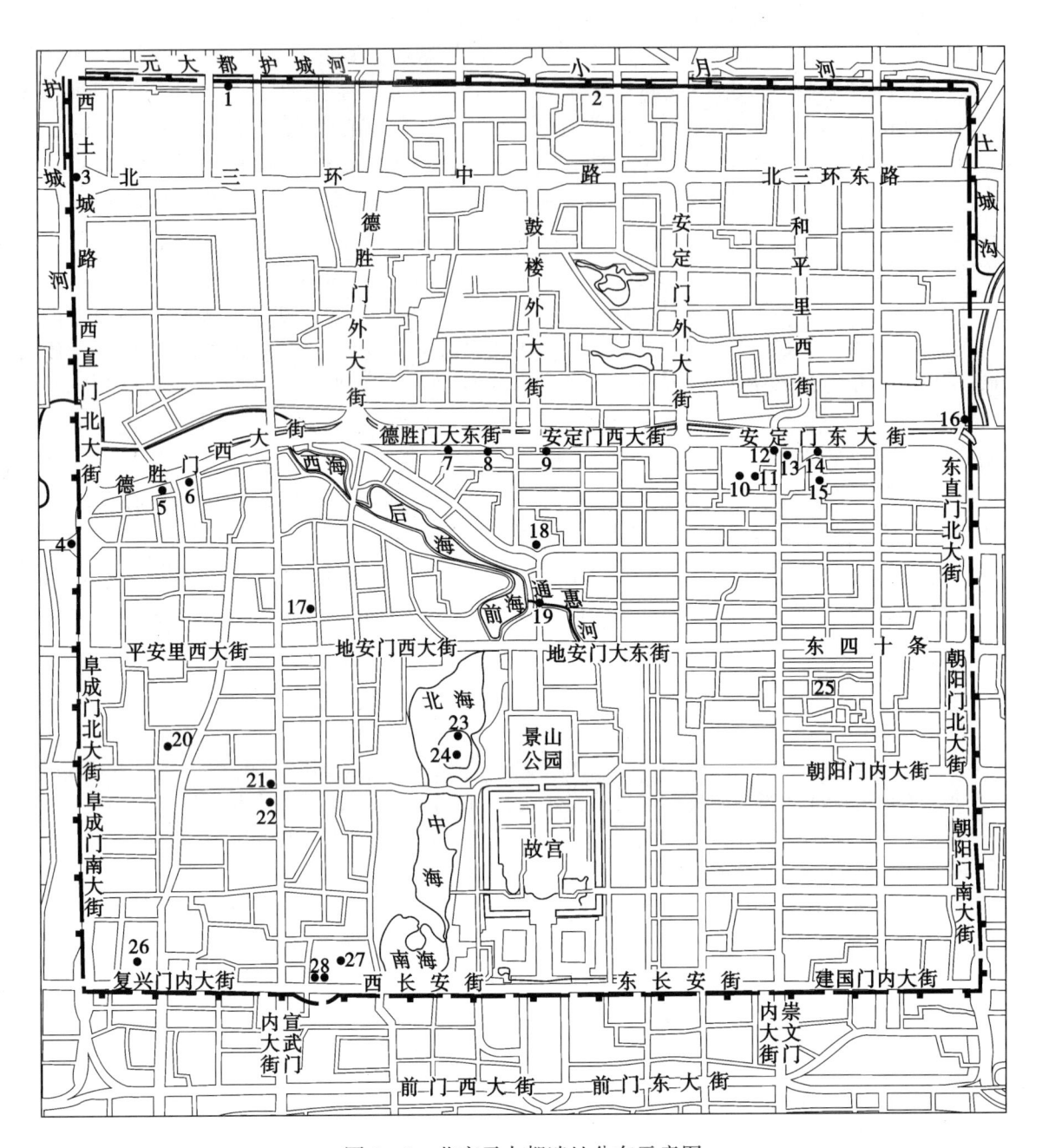

288 宋代至清代都城形制布局研究

图 6-3 北京元大都遗址分布示意图

1. 北城垣水关遗址 2. 元大都北城墙遗址 3. 学院路水涵洞遗址 4. 和义门瓮城城门遗址 5. 桦皮厂居住遗址 6. 后英房居住遗址 7.106 中学居住遗址 8. 旧鼓楼大街豁口西居住遗址 9. 旧鼓楼大街豁口东窖藏 10. 国子监 11. 孔庙 12. 王德常去思碑 13. 雍和宫后居住遗址 14. 雍和宫豁口东居住遗址 15. 柏林寺 16. 转角楼水涵洞遗址 17. 崇国寺 18. 中心阁 19. 万宁桥 20. 大圣寿万安寺（白塔寺） 21. 西四石排水渠遗址 22. 万松老人塔 23. 万岁山 24. 广寒殿 25. 元代胡同 26. 城隍庙 27. 大庆寿寺 28. 海云可庵双塔

（引自国家文物局主编《中国文物地图集·北京分册》（上），略有改动）

在明清城墙顶部三合土下，发现元土城顶部中心顺城墙方向断断续续有长达 300 余米的半圆形瓦管，用以防雨泄水[1]。虽然如此，"雨坏都城"之事仍经常发生[2]，其修缮工程浩大，劳役沉重[3]。因而有用砖石加固城墙之议，但最终也只有"今西城角上亦略用砖而已"[4]。

除上所述，城墙基下还建排水涵洞。已发现者有东城墙光熙门南转角楼水涵洞遗址、西城墙肃清门北学院路水涵洞遗址（图6-3之3、16）、北城墙西段水关遗址（保存最好，顶砖尚存。图6-3之1)[5]。水涵洞均石砌，从前两处残存的底部可看出涵洞底和两壁用石板铺砌，顶为砖券。洞身宽2.5米，长约20米，石壁高1.22米。涵洞内外侧石砌出入水口，长约6.5米。涵洞底部略外倾，涵洞中心置一排断面呈菱形的铁栅棍，其间距为10～15厘米。石板间用白灰勾缝，并平打许多"铁锭"。涵洞地基满打"地丁"（木橛），在"地丁"的镶卯上横铺数条衬石枋（横木），地丁镶卯间掺用碎砖石块，夯实灌泥浆。然后在其上铺砌涵洞底及两壁石板。涵洞的做法与《营造法式》所记"卷輂水窗"完全相同，其满用"铁锭"，满打"地丁"和横铺"衬石枋"等，也是宋元以来习见的形式。

此外，元大都外城四隅建高大的角楼，其东北角楼曾经发掘[6]。该角楼仅存夯土基础，夯土坚硬，夯层最厚12厘米，夯窝圆形。角楼基础东西长约48米，南北宽约46米，靠城角内角两侧，有上下角楼的马道（图6-4）。在拆修观象台时（今建国门立交桥西南），发现元大都城东南角楼遗迹。东南角楼夯土基础的形制结构，与东北角楼基础完全相同。但东南角楼基础比东北角楼基础深、面积大（因地势低洼），基础一般深2.5米，南北长约50米，墙基夯筑土墙外包明代城砖[7]。另

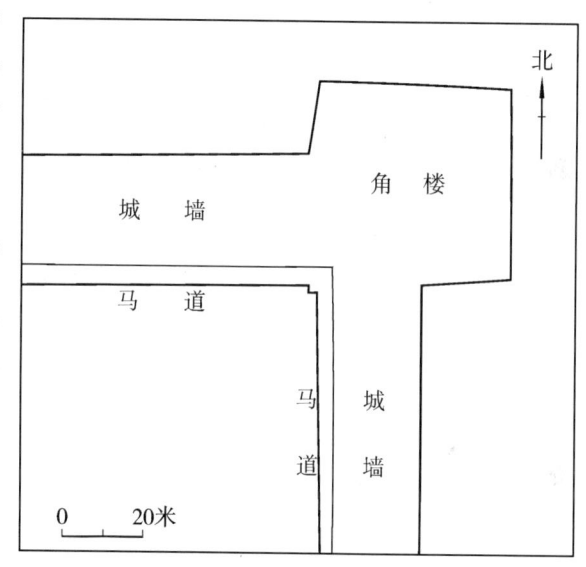

图6-4 北京元大都城东北角楼平面示意图
（引自蒋忠义《北京观象台的考察》）

---

[1] 徐苹芳《元大都的勘查和发掘》，《中国历史考古学论丛》，台湾久晨文化实业股份有限公司1996年版。此为前已发表同名简报的修改稿。

[2] 《元史》卷一至卷四七诸本纪记载，元世祖至元九年（1272年）到顺帝至正十一年（1350年），有关雨坏城墙和修缮之事，就有十五六次之多。

[3] A.《析津志辑佚》"城池街市"条记载：元朝政府"每岁役市民修补"城墙。
   B.《元史》卷一七《世祖十五》记载：至元三十年三月，"雨坏都城，诏发侍卫军三万人完之"。

[4] 《日下旧闻考》（一）卷三八第597页引《析津志》："至元间，朱张进言，自备己资以砖石包裹内外城墙，因时宰言乃废。至今西城角上亦略用砖而已。"

[5] 李华《元大都北土城花园路段城墙勘探及水关遗址清理简报》（《北京考古》第一辑，北京燕山出版社2008年版）记述2002年在元大都北城花园路段的西部清理了一座水关遗址，水关南北向贯穿土城，砖石垒砌，其结构由水关基础、顶部券砖、券洞砖基、水关涵洞北口外砖墩组成。在水关涵洞中部，东西向排列铁栅，仅残存底部栅孔9个。水关原石基北出洞口4.15米，向东北、西北两侧各有一相互对称的燕翅长6.75米，宽2米。水关具体构筑情况，参见原简报。

[6] 蒋忠义《北京观象台的考察》，《考古》1983年第6期。

[7] 蒋忠义《北京观象台的考察》，《考古》1983年第6期。

外，大都四面城墙外侧等距离夯筑马面，马面的间距和数目参见图6-2、图6-8[1]。城墙外有护城河[2]。

三 城门和瓮城

《元史》卷五八《地理一》记载，大都城共有城门十一座（图6-2）。南面三门，东为文明门（今东单南）[3]，中为丽正门（今天安门南，人民英雄纪念碑北）[6]，西为顺承门（今西单南）[4]。北面二门，东称安贞门（今安定门外小关），西称健德门（今德胜门外小关）。东面三门，北为光熙门（今和平里东，俗称"广西门"），中称崇仁门（今东直门），南称齐化门（今朝阳门）[5]。西面三门，北称肃清门（今学院南路西端，俗称"小西门"），中称和义门（今西直门）、南称平则门（今阜成门）。从肃清门和光熙门基址的钻探来看，城门地基夯筑坚固，城门建筑被火焚毁；大量木炭屑和烧土堆积层表明，城门建筑可能仍是唐宋以来的"过梁式"的木构门洞。

元大都外城诸城门原无瓮城，至正十八年（1358年）三月农民起义军毛贵进至大都附近[6]，元顺帝才慌忙下诏筑瓮城。1969年拆除西直门箭楼时，发现其下压有元大都和

---

[1] 赵正之《元大都平面规划复原的研究》，《科技史文集》第二辑，上海科学技术出版社1979年版。他认为，元大都城墙马面间距和数目与明代东西城墙马面完全相同。但是，从侯仁之主编《北京历史地图集》（北京出版社1988年版）所刊元大都和明北京城复原图来看，明北京东西城墙马面显然要多于元大都，马面间距也小。

[2] 《日下旧闻考》（一）卷三八第598页引《析津志》：忽必烈至元十八年（1281年），"奉旨挑掘城壕"，并将挖掘的泥土"添包城门一重"。王灿炽《谈元大都的城墙和城门》（《故宫博物院院刊》1984年第4期）中说："现在，土城遗址以外的地形，往往比平地低凹。在学院路土城遗址之旁，也还有护城河的遗迹。"赵正之《元大都平面规划复原的研究》（《科技史文集》第二辑，上海科学技术出版社1979年版）中说："东部的麻线胡同和西部的安福胡同都是大都南垣外的护城河遗迹。特别是麻线胡同表现的最为清楚，麻线胡同西口正对大都文明门的瓮城，所以这个胡同的西口突然向南弯曲，其形状正如护城河绕包瓮城的样子。安福胡同西口也作向南弯曲状，因为它也要绕过大都顺承门的瓮城。"北城墙小月河为北护城河，现辟为元大都城墙遗址公园（图6-3之2）。

[3] 文明门，因"哈达大王府在门内"（《析津志辑佚》"城池街市"），故又称"哈达门"。奉宽《燕京故城考》（《燕京学报》第五期，1929年）认为：文明、顺承二门故址，应即今之东、西两单牌楼处。徐苹芳《元大都御史台址考》（《中国考古学论丛》，科学出版社1993年版）中说，根据考古钻探，可以确定文明门"在今东单以南洋溢胡同与褾褙胡同之间的崇文门内大街上"。

[4] 《析津志辑佚》"城池街市"条说：丽正门"正中惟车驾行幸郊坛则开。西一门，亦不开。止东一门，以通车马往来"。

[5] 赵正之《元大都平面规划复原的研究》（《科技史文集》第二辑，上海科学技术出版社1979年版）中说：由于大都东垣上的齐化门外以北的许多大小泡子的存在，使齐化的位置稍向南移动，所以齐化门与平则门不在一条线上。齐化门南移，又使其北的崇仁门和光熙门随之南移。此三门南移，使整个东城垣也稍向南移，以致使大都的外郭城由一个规整的长方形而变成一个不规整的长方形了。它的东北角为钝角，东南角为锐角，西北角为锐角，西南角为钝角。此说仅供参考。

[6] 《元史》卷四五《顺帝八》：至正十八年三月，"庚戌，毛贵陷蓟州，诏征四方兵入卫。乙卯，毛贵犯漷州，至枣林……"

图6-5 北京元大都和义门瓮城遗址
(引自徐苹芳《元大都的勘查和发掘》)

义门瓮城城楼残底和城门墩台门洞（图6-5、图6-6）。门洞内青灰皮上刻划有"至正十八年四月廿七日记"题记，表明此时和义门瓮城已建成。因此，《元史》卷四五《顺帝纪》"至正十九年冬十月，诏京师十一门皆筑瓮城，造吊桥"的记载有误[1]。

据和义门瓮城遗址发掘资料，和义门瓮城残高22米，门洞长9.92米，宽4.62米，内券高6.68米，外券高4.56米（图6-5、图6-6）。瓮城砌四层砖券而不用伏，四层券中仅一个半券的券脚落在砖墩台上，说明其起券技术尚不成熟。这是唐宋以来"过梁式"木构城门发展到明清砖券城门的过渡形式。瓮城门的木门、门额、立颊（门框）等已无，仅存两侧的门砧石和砧石上的铁"鹅台"（即承门轴的半圆形铁球）。铁"鹅台"的形制与《营造法式》所记完全相同，这是考古发现中少见的实例。瓮城上部残存的城楼呈地堡式，两侧的两间小耳室，是进入城楼的梯道。城楼面阔和进深各三间，当心间有四明柱，余者均为暗柱。暗柱有很大的"侧脚"（上部向内倾斜），柱下有地栿，柱间用斜撑。四壁收分显著，地面铺砖。当心间靠近西壁台阶下有两个并列的水窝，窝内有五眼石箅，石箅下砌砖水池，水池外又砌流水沟，分三个漏水孔经内、外券之间达木质门额之上（图6-7）。

---

[1] 疑至正十九年冬十月，可能是大都十一门瓮城吊桥完工的年月。元代为木吊桥，到明代正统四年才改为石桥。

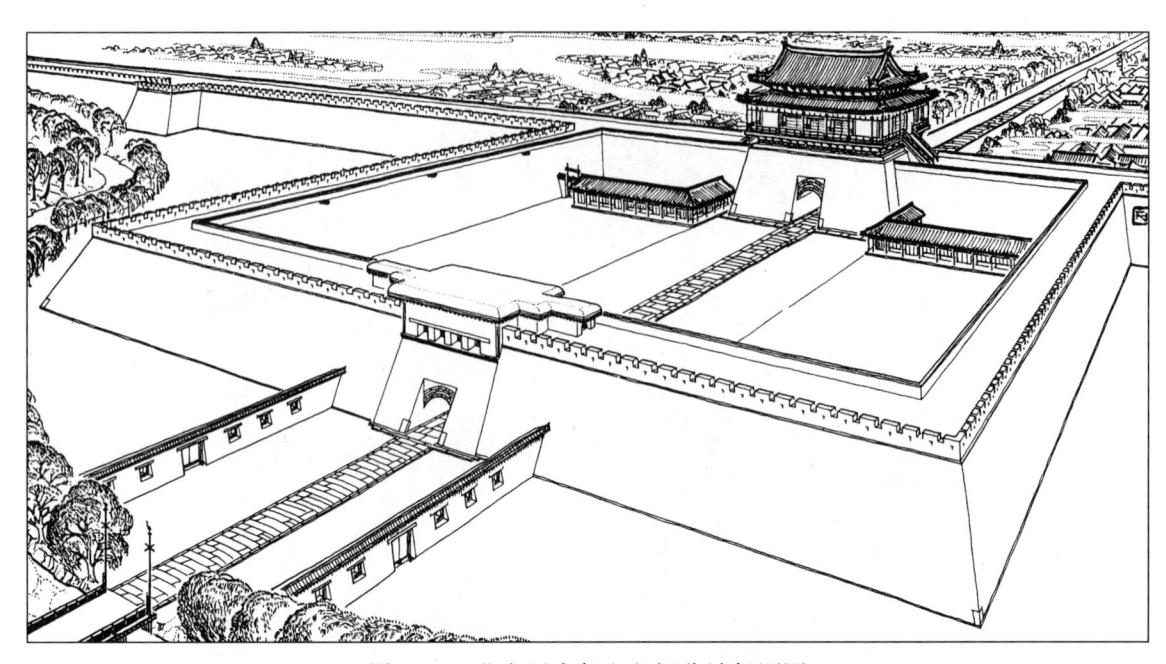

图 6-6 北京元大都和义门瓮城复原图
（引自傅熹年《傅熹年建筑史论文集》）

这是防御火攻城门的灭火设备，为前所未见的新资料[1]。

和义城瓮城遗址未做地基，建筑用料质量也很差，可见兴建之仓促。元亡后，明洪武十四年（1381年）曾重修。瓮城门券上有一墨书题记："大明洪武十四年九月四日，永清左卫重砌。监工官：左旗镇将于香，右旗镇将张福，总旗王思喜，中旗镇将马诚，总旗许克彬"[2]。到明正统元年（1436年）至四年，增建北京各城门瓮城、箭楼和闸楼时，和义门瓮城才被废弃而包入西直门箭楼下的城墙之内，至此和义门瓮城共使用78年。

图 6-7 北京元大都和义门瓮城楼上的御防火攻的灭火设备
（引自徐苹芳《元大都的勘查和发掘》）

---

[1] 和义门瓮城遗址，见徐苹芳《元大都的勘查和发掘》，《中国历史考古学论丛》，台湾久晨文化实业股份有限公司1996年版。此为前已发表同名简报的修改稿。《元史》卷三二《文宗一》：天历二年十月，"忽刺台游兵进逼南城，令京城居民户出壮丁一人，持兵杖从军士乘城，仍于诸门列瓮贮水以防火"。文宗在位于1328～1332年，可见瓮城灭火设备出现较晚。

[2] 在和义门瓮城城楼南壁白灰皮上还有墨书题记为："至正廿二年（1362年）四月初十……"后被涂改为"至正卅四年四月初十……"按：元顺帝北逃死于至正三十年，无三十四年，故该题记应是洪武七年（1374年，即相当于至正三十四年）明人涂改的。

第三节 大内

萧墙之内总称大内[1]，东为宫城，又称"内皇城""皇城"或"东内"[2]。宫城之西有太液池，池西有兴圣、隆福二宫，二宫亦称"西内"。宫城之北为御苑（图6-2）。上述各种配置在元代广义上均属宫城范畴，萧墙只是其外的围墙而已[3]。

一 萧墙

据考古勘察，萧墙的东墙在今南北河沿西侧，西墙在今西黄城根，北墙在今地安门南，南墙在今东、西华门大街之南，其东南角在今北池子南口附近，西南角在今灵境胡同北、西皇城根南口附近，萧墙基宽约3米（图6-2、图6-8）。南墙正中的灵星门在今午门附近，灵星门东西与宫城宽度相等的一段向南突出，其两端与宫城东南角和西南角相对处北折，至今东、西华门附近再分转东西与萧墙东、西墙相接。灵星门外为千步廊，门内为周桥[4]，下有金水河，该桥即今故宫内金水桥[5]，桥北为宫城崇天门[6]。

关于萧墙的周长，《故宫遗录》（北京出版社1963年版）记载："南丽正门内曰千步廊，可七百步，建灵星门，门建萧墙，周回可二十里，俗呼红门拦马墙"[7]。参照元大都

---

[1] 萧墙之内总称大内，如《南村辍耕录》卷二一"宫阙制度"说："大内南临丽正门"。《析津志辑佚·朝堂公宇》说："中书省在大内前东五云坊内。"《日下旧闻考》（一）卷三八第601~602页引《元一统志》说："万宝坊，大内前右千步廊"，"五云坊，大内前左千步廊"等。

[2] 宫城又称"内皇城"和"皇城"。如《析津志辑佚·朝堂公宇》说："至元四年甲子"，"筑内皇城"（指宫城）。同书"风俗"中说"十月皇城东华门外，朝廷命武官开射圃，常年国典"。明洪武初年徐达命张焕：计度故元皇城，此皇城即指宫城而言。

[3] 大都初建宫城时无萧墙，后为加强防卫，至元二十八年（1291年）二月，才"营建宫城南面周庐，以居宿卫之士"（《元史》卷一六《世祖一三》。即《南村辍耕录》所说"附宫城南面，有宿卫直庐"）。《元史》卷九九《兵二》记载：元成宗元贞三年（1296年）十月，"枢密院言：'昔大朝会时，皇城外皆无墙垣，故用军环绕以备围宿；今墙垣已成，南北西三畔皆可置军，独御酒库西地窄不能容。臣等与丞相完泽议，各城门以蒙古军列卫，及于周桥南置戍楼以警昏旦。'从之。"上述情况表明，所谓萧墙，即是后来在大内外修筑的外周围墙。

[4] 《日下旧闻考》（一）卷三〇第434页引《南村辍耕录》记载："直崇天门有白石桥三虹，上分三道，中为御道，镌百花蟠龙"；卷三二，第485页引《故宫遗录》记载："门内数（一作二）十步许有河，河上建白石桥三座，名周桥，皆琢龙凤祥云，明莹如玉。桥下有四白石龙，擎戴水中甚壮。绕桥尽高柳，郁郁万株，远与内城西宫海子相望。"

[5] 姜舜源《故宫断虹桥为元代周桥考——元大都中轴线新证》（《故宫博物院院刊》1990年第4期）认为：故宫武英殿东之俗称断虹桥者，即元代崇天门外的周桥。由此又引出中轴线问题。该说仅供参考。

[6] A. 徐苹芳《元大都的勘查和发掘》，《中国历史考古学论丛》，台湾久晨文化实业股份有限公司1996年版。此为前已发表同名简报的修改稿。
  B. 赵正之《元大都平面规划复原的研究》。

[7] 赵正之《元大都平面规划复原的研究》（《科技史文集》第二辑，上海科学技术出版社1979年版）说："萧洵《故宫遗录》云七百步；实际上是五百步。"又拦马墙，因由蒙古骑兵护卫萧墙，故称拦马墙。陈高华《元大都》（北京出版社1982年版）第52页引张昱《辇下曲》（《张岁弼诗集》卷三）：（转后页）

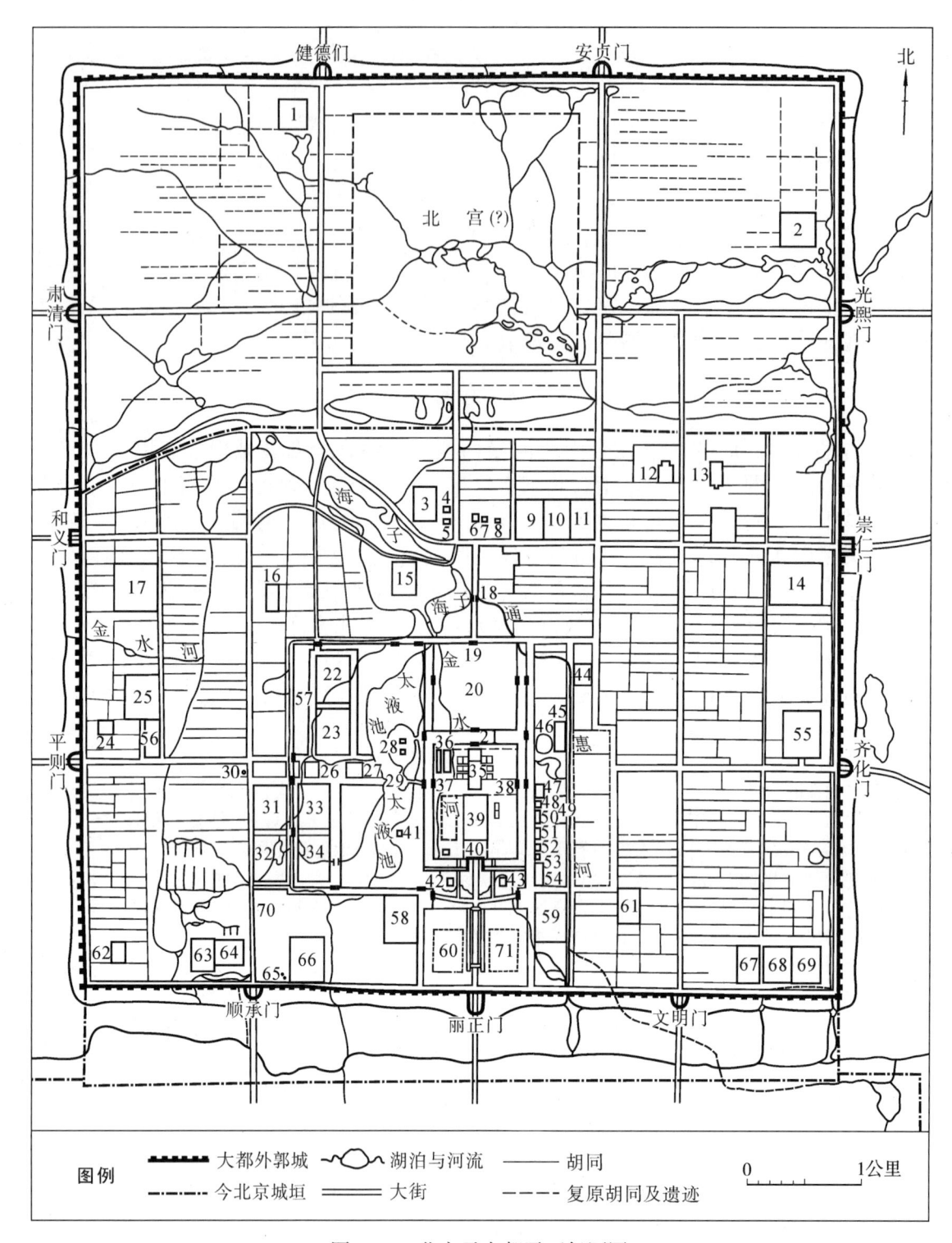

图 6-8 北京元大都平面复原图
（引自赵正之《元大都平面规划复原的研究》）

1. 健德库 2. 光熙库 3. 中书北省 4. 钟楼 5. 鼓楼 6. 中心阁 7. 中心台 8. 大天寿万宁寺 9. 倒钞库 10. 巡警二院 11. 大都路总管府 12. 孔庙 13. 柏林寺 14. 崇仁库 15. 尚书省 16. 崇国寺 17. 和义库 18. 万宁桥 19. 厚载红门 20. 御苑 21. 厚载门 22. 兴圣宫后苑 23. 兴圣宫 24. 大永福寺 25. 社稷坛 26. 玄都胜境 27. 弘仁寺 28. 琼华岛 29. 瀛州 30. 万松老人塔 31. 太子宫 32. 西前苑 33. 隆福宫 34. 隆福宫前苑 35. 延春阁 36. 玉德殿 37. 西华门 38. 东华门 39. 大明殿 40. 崇天门 41. 犀山台 42. 留守司 43. 拱宸堂 44. 崇真万寿宫 45. 羊圈 46. 草场沙滩 47. 学士院 48. 生科局 49. 柴场 50. 鞍辔库 51. 军器库 52. 庖人室 53. 牧人室 54. 戍卫之室 55. 太庙 56. 大圣寿万安寺 57. 天库 58. 云仙台 59. 太乙神坛 60. 兴国寺 61. 御史台 62. 城隍庙 63. 刑部 64. 顺承库 65. 海云、可庵双塔 66. 大庆寿寺 67. 太史院 68. 文明库 69. 礼部 70. 兵部 71. 中书南省

*复原图测量（图6-2）[8]，萧墙宽为宫城宽480步的3倍强，即1440步强（480步×3），萧墙深为宫城深615步的2倍，即1230步（615步×2）[9]。元一步合1.5475米，1440步合2228.4米，1230步合1904.3米，其周长5340步〔（1440＋1230）×2〕合8263.65米，合22.2元里（8263.65米÷371.42米＝22.248里，5340步÷240步＝22.25里），较《故宫遗录》所记大2里余[10]。

《南村辍耕录》卷二一"宫阙制度"云："外周垣（即萧墙）红门十有五"，其准确位置今大都难以确指。可肯定者是灵星门与厚载红门（今地安门）在中轴线上南北相对，正东红门称东华红门，其他如今东安门、西安门、黄瓦东西门、北皇城根厂桥、西皇城根与马市大街相交处（乾隆北京地图上标此为断魂桥）等，也应为红门之所在[11]。十五座红门中，多数按方向编号名之，如东墙外光禄寺桥以西称东二红门等，东墙至少有五座红门，红门外沿河处有桥[12]。

萧墙之内的主要配置，均是为宫廷服务的官署和机构。如崇天门东星拱门南有御膳亭，亭东有拱宸堂（百官会集等候之所），宫城西南角楼之南有留守司（专掌宫禁工役者）[13]。宫城西华门南有仪鸾局（专管宫门管钥供帐灯烛），西华门以西有鹰房（专管狩猎鲜食以供宗庙祭祀）[14]；宫垣东南隅有酒房（庖室南），西南隅有藏珍库[15]。宫城东南

---

* （接前页）"阑马墙临海子边，红葵高柳碧参天。"指萧墙北部靠海子。

[8] 侯仁之主编《北京历史地图集》（北京出版社1988年版）第27～28页"元大都城复原图"。

[9] 元人陶宗仪《南村辍耕录》记载元宫城东西四百八十步，南北六百十五步（分别合742.8米和951.71米）。《大明会典》卷一八七紫禁城条记载，明宫城东西宽二百三十六点二丈（约合751.1米）。两者相较，《南村辍耕录》所记尺寸基本可信。《南村辍耕录》记载元宫城宽长比值为1.28（951.71米÷742.8米＝1.28）。元大都复原图（图6-2之侯仁之底图）宫城按图的1:25000比例，量得宫城宽3厘米，南北长4.2厘米，两者比值为1.4（4.2÷3＝1.4），其南北长过长。若按《南村辍耕录》的比值，求1:25000比例图上南北长应为3.84厘米（742.8:951.71＝3:X，X＝3.483），本书萧墙与宫城间的倍数以此为准。

[10] 5340步÷360步＝14.83明里，8263.65米÷557.1米＝14.83明里。据此可知萧洵所说的周回二十里是元里，不是明里。

[11] 赵正之《元大都平面规划复原的研究》，《科技史文集》第二辑，上海科学技术出版社1979年版。此外，该文还说萧墙北墙"在今地安门东西一线"，东墙"在今南池子与北池子一线"，该说与本书所述略有出入。

[12] 杨宽《中国古代都城制度史研究》（上海古籍出版社1993年版）第475～477页引《析津志辑佚》之"古迹"与"河闸桥梁"的有关记载后，总结："据此可知，沿着萧墙的东墙，有神道桥（即烧饭园桥）、朝阳桥（即枢密院桥）、保康桥（即柴场桥）、官酒务桥、通明桥（即光禄寺桥）等，并开设有红门，以通外城东部街市。"徐苹芳《元大都枢密院址考》（《庆祝苏秉琦考古五十五年论文集》，文物出版社1989年版）中指出："东华红门外通惠河上所架的东西向桥，西对今银闸胡同东口，东对今东厂胡同西口，此桥即俗名枢密院桥。"

[13] 赵正之《元大都平面规划复原的研究》（《科技史文集》第二辑，上海科学技术出版社1979年版）说："宫城崇天门外，左为拱宸堂，右为留守司（图6-8）。《南村辍耕录》云：'崇天之左曰星拱'，'星拱南有御膳亭，亭东有拱宸堂，盖百官会集之所。'今故宫文华殿东传心殿东墙外一带，或即拱宸堂旧址。同书又云：'西南角楼南红门外，留守司在焉'。南红门应是与星拱相对的云从门外夹垣上的红门，故留守司的旧址或在今武英殿附近。"

[14] 《南村辍耕录》卷二一"宫阙制度"第251页。

[15] 《南村辍耕录》卷二一"宫阙制度"第255页。

角楼以东偏北有生料库、库东有柴场，以及鞍辔库、军器库，庖人堂、牧人室、戍卫室等，夹垣东北隅有羊圈（图6-8）[1]。鉴于上述情况，现在又多将萧墙称为皇城。此外，萧墙西部为太液池、隆福宫和兴圣宫等所在地。

二　宫城和御苑

（一）宫城位置、周长、平面形制和配置概况

宫城在太液池之东的宫城中轴线上，宫城东墙东至萧墙东垣约500余米（据图6-2底图比例量出）。经考古勘察可知，宫城南墙约在今故宫太和殿东西一线，宫城南门崇天门约在故宫太和殿位置[2]；北墙在今景山公园寿皇殿东西一线（发现夯土基础），北门厚载门在今景山少年宫前；宫城东西墙在今故宫东、西墙附近（或说基本重合）[3]。元代宫城被明拆改，墙基保存不好，但残存的最宽处尚超过16米以上[4]。

宫城的周长，《南村辍耕录》卷二一"宫阙制度"条记载："宫城周回九里三十步，东西四百八十步，南北六百十五步，高三十五尺，砖甃。"元里为240步，9里30步合2190步，与上述步数所计周长〔（480步＋615步）×2＝2190步〕完全相合。《明太祖实录》记载："洪武元年八月壬辰，大将军徐达遣指挥张焕计度故元皇城，周围一千二十六丈"，较《南村辍耕录》所记少69丈（前述2190步合1095丈）。《南村辍耕录》记载宫城的尺度，经验证（见本书第七章）是较准确的。所以元大都的宫城宽为742.8米（480步×1.5475米），深为951.71米（615步×1.5475米），平面呈南北竖长方形，周长3389.02米。

宫城六门，四隅建角楼，情况略如表6-1所示。

在诸宫城门中，正门崇天门最重要，规制最高。据表1所述，其形制约与唐长安承天

---

[1] 本节所述，据杨宽《中国古代都城制度史研究》（上海古籍出版社1993年版）。此外，赵正之《元大都平面规划复原研究》说："据《辍耕录》云，兴圣宫西垣外，还有学士院、生料库、鞍辔库、牧人、庖人、宿卫之室（图6-15）。这些建筑的方位应在何处？目前尚难遽定。因为兴圣宫即为今之西什库，此库的历史很久，可能在元代即为库区，再把学士院等排在此处，则很难容纳了。"于是作者在该文元大都复原图上，就将学士院等置于宫城东墙外（图6-8）。该文又说：在元代的皇城之东，还有生料库、柴场、羊圈等，《辍耕录》云：'东南角楼东差北，有生料库，库东为柴场。夹垣东北隅有羊圈。'羊圈是当时养羊的地区，其位置应在元宫东华门外稍北，即今沙滩、操场大院附近，操场应为草场。养羊还需要沙水，解放前在沙滩铺设下水道时，确于现在地面下发现较厚的沙层和旧渠道。而这个地区的池沼也较多，旧北大红楼东端下面即是一处。此外，沙滩以南还有池子，至今尚存有北池子地名。羊圈以北有库，应在今东板桥大街之西和嵩祝寺之北一带。元宫东华门以南有柴场，即今草垛胡同附近，其西即是生料库。
[2] 王璞子《元大都城平面规划述略》（《故宫博物院院刊》1960年第0期）认为："宫城南面的崇天门应与今故宫太和门平行。"文中考证了《故宫遗录》"南丽正门内，曰千步廊，可七百步，建灵星门……门内数（亦作二）十步许有河，河上建白石桥三座……度桥可二百步为崇天门"中的步数有误。认为七百步"实际上是五百步"。
[3] 元宫城东西墙在明紫禁城东西墙内侧，参见本书明紫禁城部分。
[4] 徐苹芳《元大都的勘查和发掘》，《中国历史考古学论丛》，台湾久晨文化实业股份有限公司1996年版。此为前已发表同名简报的修改稿。

表6-1　　　　　　　　　　　　　　　元大都宫城诸门、角楼一览表

门	位置	面阔	进深	高度	形制
崇天门 午门（故），亦称崇天门	宫城正南门 度（周）桥可二百步 正南（禁） 正南（禁）	11间，187尺 （17尺/间）	55尺	85尺	十一间五门，左右朵楼二，朵楼登门，两斜庑十，门阙上两观皆三朵楼，连朵楼东西庑各五间。西朵楼之西有涂金幡竿 门分为五，总建阙楼其上，翼为回廊，低连两观。观旁出为十字角楼，高下三级（故）
星拱门 掖门（故）	崇天门之左 旁去午门百余步（故）	3间，55尺 （18.3尺/间）	45尺	50尺	三间一门
云从门 掖门（故）	崇天门之右	同上	同上	同上	同上
东华门	东 左（故）	7间，110尺 （15.7尺/间）	45尺	80尺	七间三门
西华门	西 右（故）	同上	同上	同上	同上
厚载门	北 后（故）	5间，87尺 （17.4尺/间）	同上	同上	五间一门 上建高阁，环以飞桥舞台于前，回栏引翼（故）
角楼	据宫城之四隅 方布四隅（故）				皆三朵楼，琉璃瓦饰檐脊 隅上皆建十字角楼（故）
门饰	凡诸宫门，金铺朱户，丹楹藻绘，彤壁琉璃，瓦饰檐脊
备注	表中（故）见《故宫遗录》，（禁）见《禁扁》，余见《辍耕录》

门、隋唐洛阳宫城应天门[1]、北宋汴梁宣德门、金中都应天门大致相同，平面均呈"凹"字形。崇天门门楼东西各有斜廊五间，下行通到两观（朵楼），自东西朵楼向南各有五间廊庑，突出宫城之外的阙（《南村辍耕录》称"两观"，《故宫遗录》称"角楼"），阙是三重子母阙（《南村辍耕录》称"三朵楼"，《故宫遗录》说是"十字角楼，高下三级"）。母阙和转角处的两观本身都是重檐十字脊的枋形建筑，二子阙是附在母阙东西外侧依次缩小的两个附属建筑。母阙北面也同样突出两个依次缩小的附属建筑，和廊庑相接；整个阙楼呈曲尺形（图6-9）。此外，《南村辍耕录》说"西朵楼之西有涂金铜幡竿"[6]。

---

[1] 中国社会科学院考古研究所《隋唐洛阳城发掘报告》（文物出版社2014年版）第二章"第一节　应天门遗址的发掘"。

[6] 傅熹年《元大都大内宫殿的复原研究》，《考古学报》1993年第1期。该文中还说："据熊梦祥《析津志》记载，这里（指'涂金铜幡竿'）元世祖忽必烈根据帝师班（据《元史·祭祀志·国俗旧礼》，帝师指八思巴）的意见建立的，是表示金转轮王统制四天下的意思。"

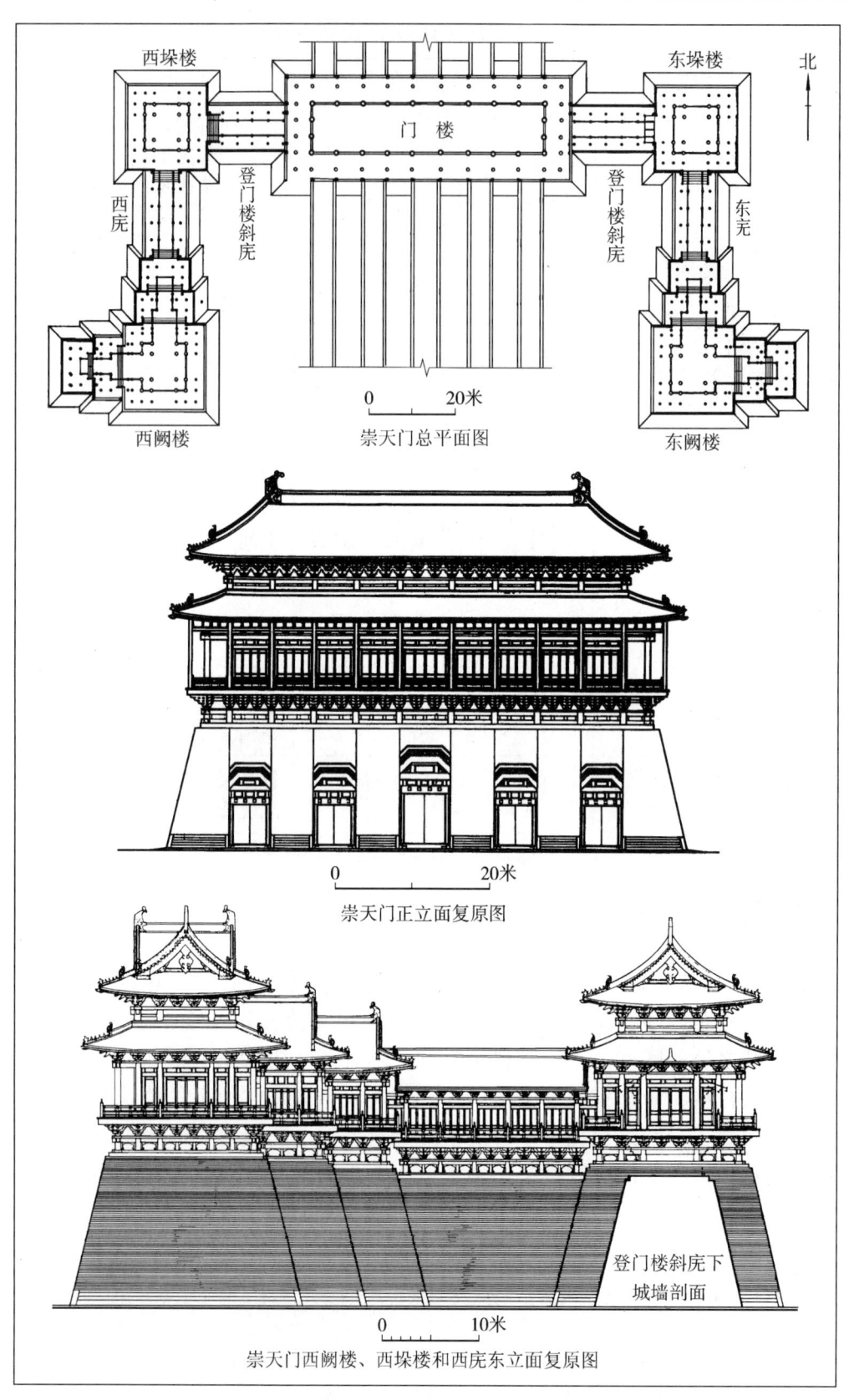

图 6-9　北京元大都崇天门平面、立面及西阙楼、西朵楼和西庑东立面复原图
（引自傅熹年《傅熹年建筑史论文集》，略有改动）

宫城内的主要配置，南有大明殿建筑群，北为延春阁建筑群，两者之间为东、西华门间横街，将全宫分为南北两大部分[1]。元人王士点《禁扁》称大明殿建筑群为"大内前位"，延春阁建筑群为"大内后位"[2]。大明殿建筑群外东侧有"庖人之室"和"酒人之室"，西侧有内藏库二十所。延春阁西侧有玉德殿建筑群，东侧有"十一室皇后斡尔（耳）朵"。延春阁后，厚载门南有清宁殿（宫）。宫城外有周庐和宿卫屋，以备禁卫（图6-2、图6-10）[3]。

（二）大明殿建筑群

大明殿建筑群为长庑围绕而成的南北长方形院落，四隅建角楼，南面正中为大明门，旁建掖门，左右有日精门和月华门。东、西庑中间有凤仪门（东）和麟瑞门（西），二门与西南和东南角楼之间东庑建文楼（钟楼），西庑建武楼（鼓楼）。后庑中间建宝云殿，殿东有嘉庆门，殿西有景福门（图6-11、图6-12）。周庑一百二十间，高三十五丈，其内总称"大内前位"[4]。

大明殿一组建筑建于"工"字形大台基之上，台基在院内中间，文武楼东西一线之

---

[1] 徐苹芳《元大都枢密院址考》（《庆祝苏秉琦考古五十五年论文集》，文物出版社1989年版）中说："东、西华门正在宫城南北垣之间的中线上"，根据考古调查，"东华门的位置在今故宫东北角楼稍南。出元宫城东华门至元皇城（拦马墙）东华红门，要经今银闸胡同南端的东西横段，银闸胡同东口附近为东华红门之所在"。张养浩《谏灯山疏》（《归田类稿》卷一）说：元中期以后，每年正月十五日，都要在东西华门间横街上布置灯山，"结绮为山，树灯其上，盛陈百戏，以为娱乐"。

[2] 《日下旧闻考》（一）卷三〇第429页引《禁扁》："大都宫之扁曰庆福，曰兴（以下阙）殿之扁正曰大明，西曰紫檀，东曰文思，北曰宝云，四殿大内前位也。延春阁东曰慈福，西曰明仁，二殿大内后位也。清颢门西曰玉德，后曰宸庆，二殿大内后位也。"

[3] 《南村辍耕录》卷二一"宫阙制度"：仪凤"门之外有庖人之室，稍南有酒人之室"。麟瑞"门之外有内藏库二十所，所为七间"。《日下旧闻考》（一）卷三〇第433页引《元史·世祖纪》："至元二十八年二月，建宫城南面周庐，以居宿卫之士。"又引《元史·兵志》："至治元年八月，东内皇城建宿卫屋二十楹，命五卫内摘军，二百五十人居之，以备禁卫。"

[4] 《日下旧闻考》（一）卷三二第486页引《故宫遗录》："由午门内可数十步为大明门，仍旁建掖门，绕为长庑，中抱丹墀之半。左右有文武楼，楼与庑相连。正中为大明殿……"卷三〇第435页引《南村辍耕录》："大明门在崇天门内，大明殿之正门也。七间三门，东西一百二十尺，深四十四尺，重檐。"又引《元史·礼乐志》："上尊号受朝贺，前期二日，仪鸾司设大次于大明门外。"第436页引《南村辍耕录》："日精门在大明门左，月华门在大明门右，皆三间一门。"第442页引《南村辍耕录》："凤仪门在东庑中，三间，一门，东西一百尺，深六十尺，高如其深。""麟瑞门在西庑中，制度如凤仪。""钟楼又名文楼，在凤仪南，鼓楼又名武楼，在麟瑞南，皆五间，高七十五丈。嘉庆门在后庑宝云殿东，景福门在后庑宝云殿西，皆三间，一门。周庑一百二十间，高三十五尺。四隅角楼四间，重檐。"

傅熹年《元大都大内宫殿的复原研究》（《考古学报》1993年第1期）指出：第一，与凤仪门、麟瑞门相比，大明门进深不可能是小于二侧门进深的44尺，至少应为60尺。第二，凤仪、麟瑞二门，《辍耕录》记三间一门，东西100尺，则二门每间面阔为33.3尺，这不可能。它至少应为五间，每间平均20尺；也可能是三间，两挟各一间，共为五间。第三，《南村辍耕录》记周庑120间，此间数难以包容整个殿庭。其规模小于延春阁周庑门172间，经反复推算，它极可能是220间之误。

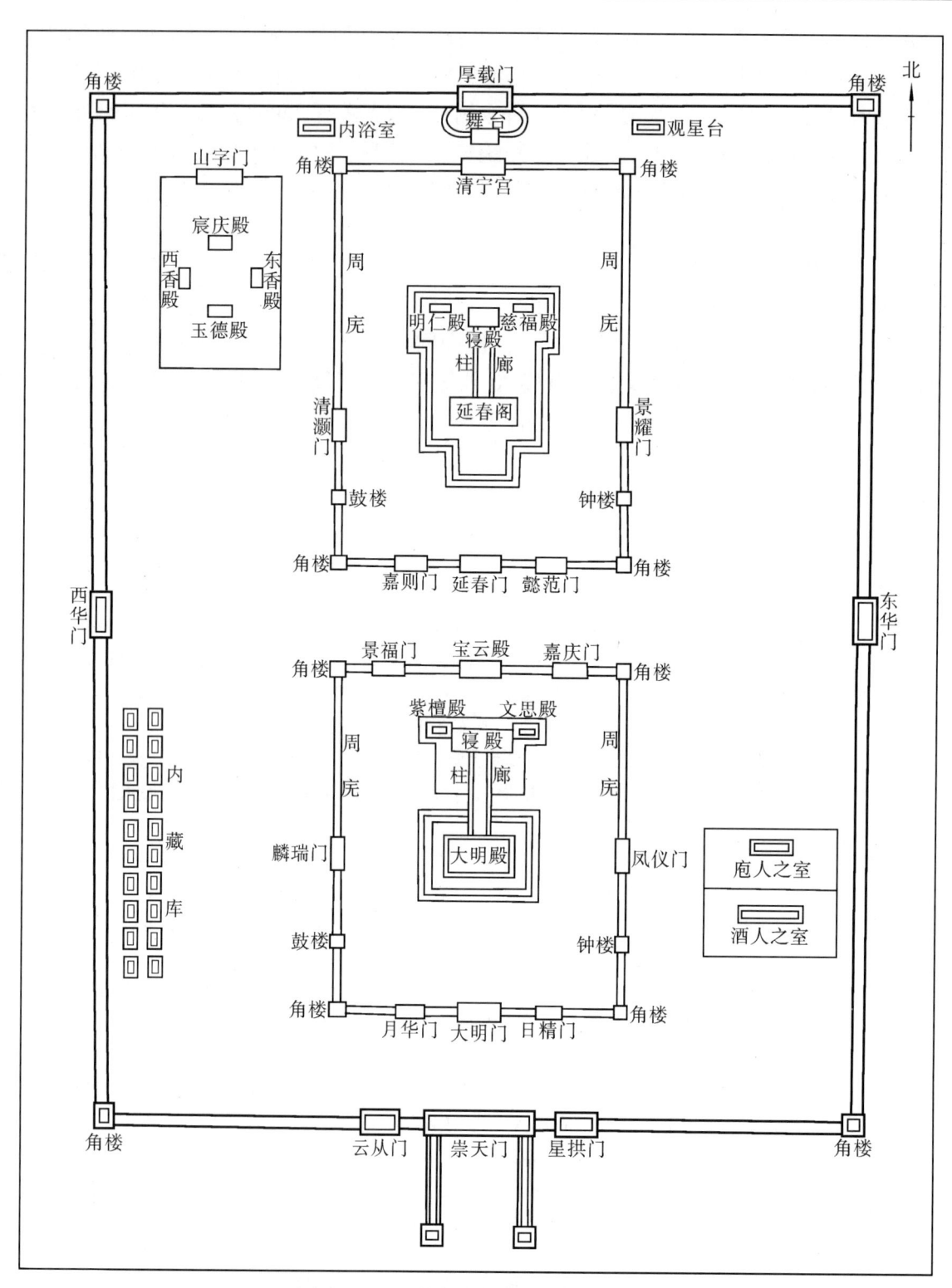

图 6-10 北京元大都宫城平面示意图

（引自侯仁之《历史地理学的理论与实践》，略有改动）

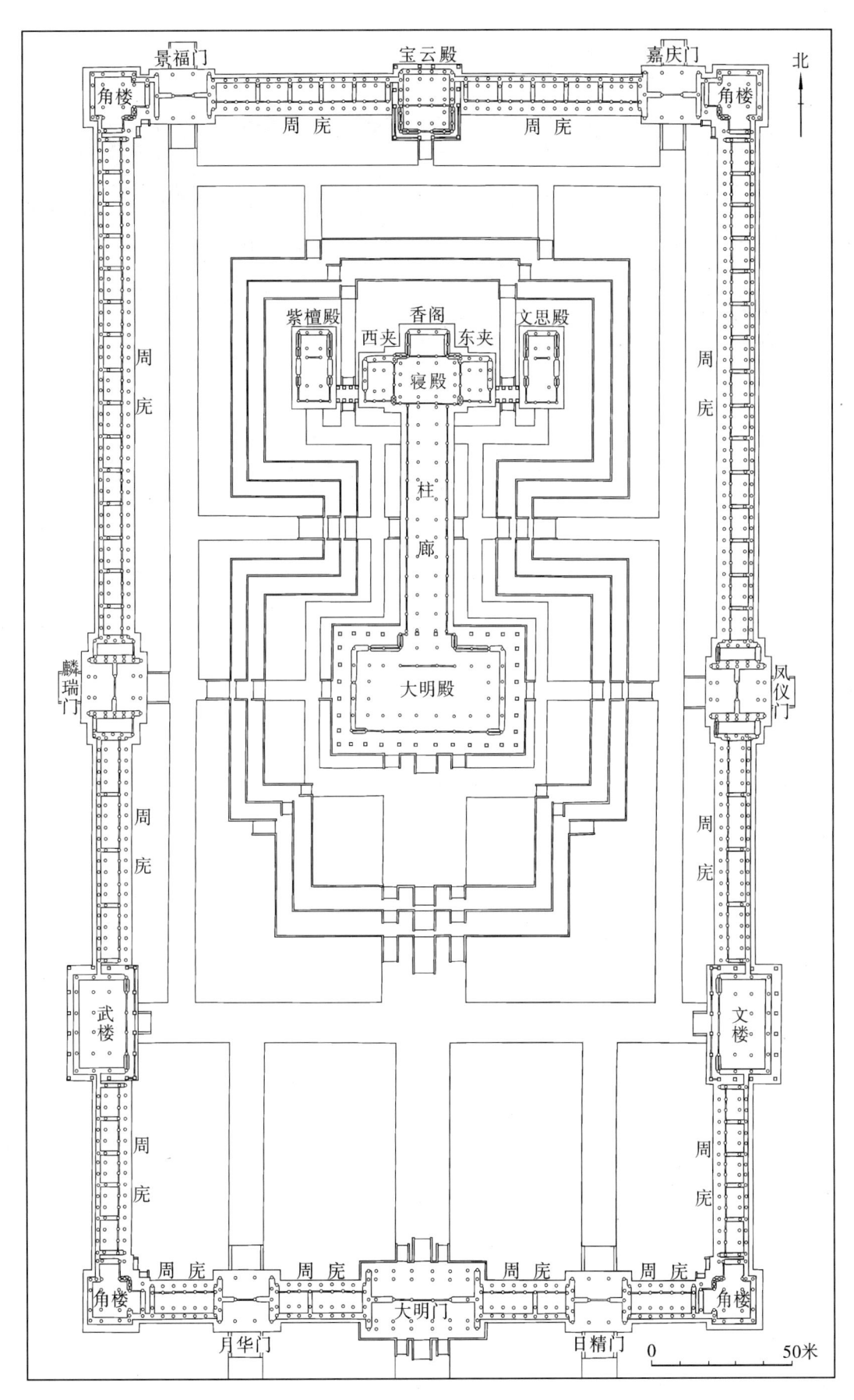

图 6-11 北京元大都大明殿建筑群总平面复原图
（引自《傅熹年建筑史论文集》，略有改动）

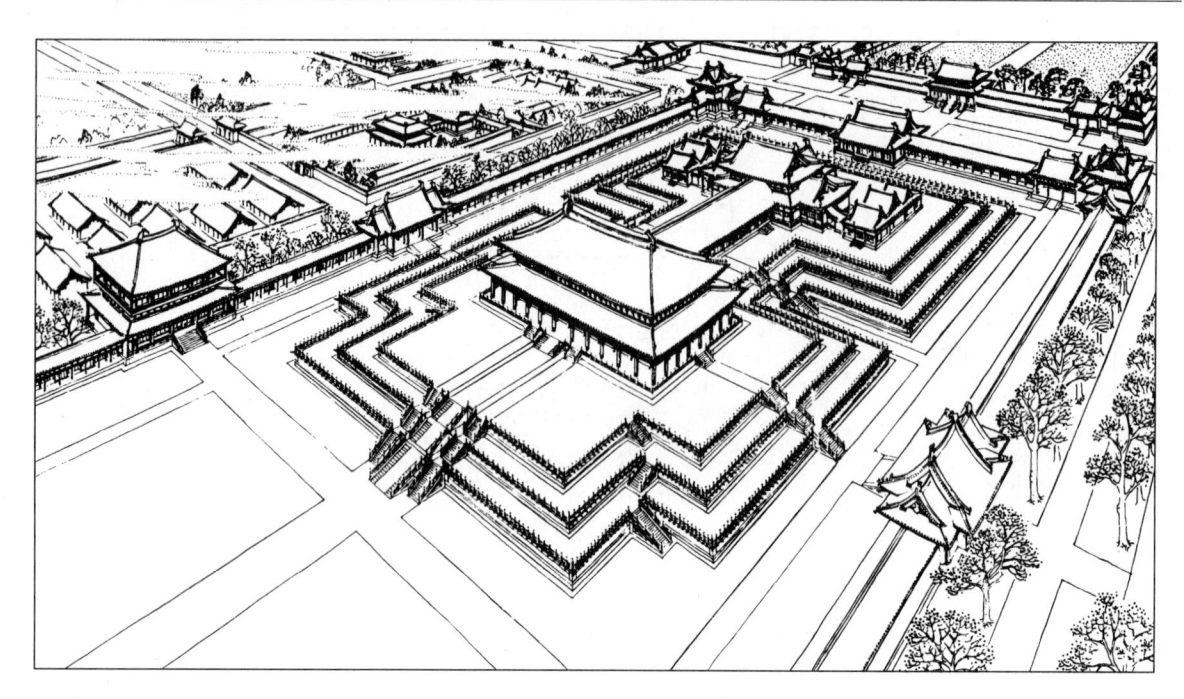

图 6-12 北京元大都大明殿建筑群复原鸟瞰图
（引自傅熹年《傅熹年建筑史论文集》）

后，大明殿位于"工"字形台基前部[1]。殿基高十尺，三重，"燕石（白石）重陛"，前出月台，周绕龙凤白石栏杆，装朱漆木勾栏，望柱顶加鎏金铜帽，上立飞雕，望柱下挑出螭首[2]。"大明殿乃登极、正旦、寿节、会朝之正衙也。十一间，东西二百尺，深一百二十尺，高九十尺。柱廊七间[3]，深二百四十尺，广四十四尺，高五十尺。寝殿五间，东西夹六间，后连香阁三间，东西一百四十尺，深五十尺，高七十尺"[4]。"文思殿在大明寝殿东，三间，前后轩，东西三十五尺，深七十二尺"；"紫檀殿在大明寝殿西，制度如文思，皆以紫檀香木为之。缕花龙涎香间，白玉饰壁，草色髹绿，其皮为地衣"[5]。"宝云殿

---

[1] 赵正之《元大都平面规划复原的研究》（《科技史文集》第二辑，上海科学技术出版社 1979 年版）认为，大明殿址约在今故宫乾清宫附近。

[2] 《日下旧闻考》（一）卷三二第 486 页引《故宫遗录》：大明殿"殿基高可十尺，前为殿陛，纳为三级，绕以龙凤白石栏，栏下每楯压以鳌头，虚出栏外，四绕于殿"。卷三〇第 436 页引《南村辍耕录》：殿基"燕石重陛，朱栏涂金铜飞雕冒"。

[3] 《日下旧闻考》（一）卷三〇第 436 页引《南村辍耕录》。又第 441 页引《大都宫殿考》："大明殿后连为柱廊十二楹，四周金红琐窗，连建后宫，广三十步，殿半之。后有寝宫，俗呼为拿头殿，东西相向。"卷三二第 486 页引《故宫遗录》所记与之相似。傅熹年《元大都大内宫殿的复原研究》（《考古学报》1993 年第 1 期）认为，《南村辍耕录》所记柱廊七间是十二间之误。

[4] 《日下旧闻考》（一）卷三〇第 436 页引《南村辍耕录》。第 437 页引《元史》卷一六《世祖纪》："至元十年十月，初建正殿、寝殿、香阁、周庑两翼室。""十一月，起阁南大殿及东西殿"；"至元十八年二月，发侍卫军四千完正殿"。

[5] 《日下旧闻考》（一）卷三〇第 444～445 页引《南村辍耕录》。

在寝殿后，五间，东西五十六尺，深六十三尺，高三十尺。"[1] 综上所述，在大明殿一组建筑中，大明殿建于工字形台基前面横台基上，中间竖台基建柱廊。柱廊连接大明殿和后面横台基中间建的寝殿，寝殿两侧建东西夹，东西夹之侧分建文思殿（东）和紫檀殿，寝殿后连香阁。香阁之后于后庑中间建宝云殿[2]。"大明殿乃登极、正旦、寿节、会朝之正衙也"。

（三）延春阁建筑群

大明殿建筑之北隔东、西华门间横街，与大明殿建筑群直对为延春阁建筑群（图6-10、图6-13）。该建筑群的形制和配置与大明殿建筑群相近，只是规模略小而已。延春阁建筑群由周庑围成南北长方形院落，四隅有角楼，南正中为延春门，其东西有懿范门和嘉则门（西）。东、西庑与延春阁相对处分建景耀门（东）和清灏门，二门与西南和东南角楼之中分建钟楼（东）和鼓楼。北庑无门，中间建清宁宫[3]。周庑一百七十二间，其内总称"大内后位"[4]。

延春阁建筑群建于"工"字形台基之上，延春阁位于"工"字形台基前部横台基上[5]。"延春阁九间，东西一百五十尺，深九十尺，高一百尺，三檐重屋。"其后接柱廊，柱廊建于"工"字形台基中间竖台基上，"柱廊七间，广四十五尺，深一百四十尺，高五十尺"。柱廊后接建于"工"字形台基后面横台基上的寝殿，"寝殿七间，东西夹四间，后香阁一间，东西一百四十尺，深七十五尺，高如其深"。寝殿东有慈福殿，"又曰东暖殿"，"三间，前后轩，东西三十五尺，深七十二尺"；寝殿西有明仁殿，"又曰西暖殿"，"制度如慈福"[6]。延春阁建筑群北庑之北与清宁宫相对为宫城厚载门，门东有观星台，门西为内浴室[6]（转后页）。

---

[1]《日下旧闻考》（一）卷三〇第442页引《南村辍耕录》。

[2] 傅熹年《元大都大内宫殿的复原研究》（《考古学报》1993年第1期）说"按建筑之高与进深成正比，此殿（宝云殿）进深63尺，高决不可能仅30尺"，"故按高45尺绘复原图"。

[3]《日下旧闻考》（一）卷三二第487页引《故宫遗录》：延春宫后为清宁宫，"宫制大略亦如前。宫后引抱长庑，远连延春宫，其中皆以处嬖幸也。外护金红栏，各植花卉异石。又后重绕长庑，前虚御道，再护雕栏，又以处嫔嫱也"。傅熹年《元大都大内宫殿的复原研究》（《考古学报》1993年第1期）引《元史·顺帝纪》说：至正二十八年闰八月丙寅，元顺帝在清宁殿与后妃、太子集会，议定逃出大都，可知清宁殿在元末是颇为重要的殿宇。又说清宁殿一组宫院，《辍耕录》不载，当是元天历二年以后建的。

[4]《日下旧闻考》（一）卷三〇第442页引《南村辍耕录》："延春门在宝云殿后，延春阁之正门也。五间三门，东西七十七尺，重檐。"第443页引《南村辍耕录》："懿范门在延春左，嘉则门在延春右，皆三间一门。"第446页引《南村辍耕录》："景耀门在左庑中，三间一门，高三十尺。清灏门在右庑中，制度如景耀。钟楼在景耀南，鼓楼在清灏南，各高七十五尺。周庑一百七十二间，四隅角楼四间。"

[5] 赵正之《元大都平面规划复原的研究》（《科技史文集》第二辑，上海科学技术出版社1979年版）说："延春阁址约在今景山公园南部。"

[6]《日下旧闻考》（一）卷三〇第442、443、446页引《南村辍耕录》。卷三二第487页引《故宫遗录》：延春宫"丹墀皆植青松，即万年枝也。门庑殿制，大略如前。甃地皆用滁州花板石甃之，磨以核桃，光彩若镜。中置玉台，床前设金酒海，四列金红小连床。其上为延春阁，梯级由东隅而升，长短凡三折而后登"。陈高华《元大都》（北京出版社1982年版）第55页云："大明殿后面的一座楼阁，下面叫做延春堂，延春堂东边有梯可上，上面叫做延春阁。"

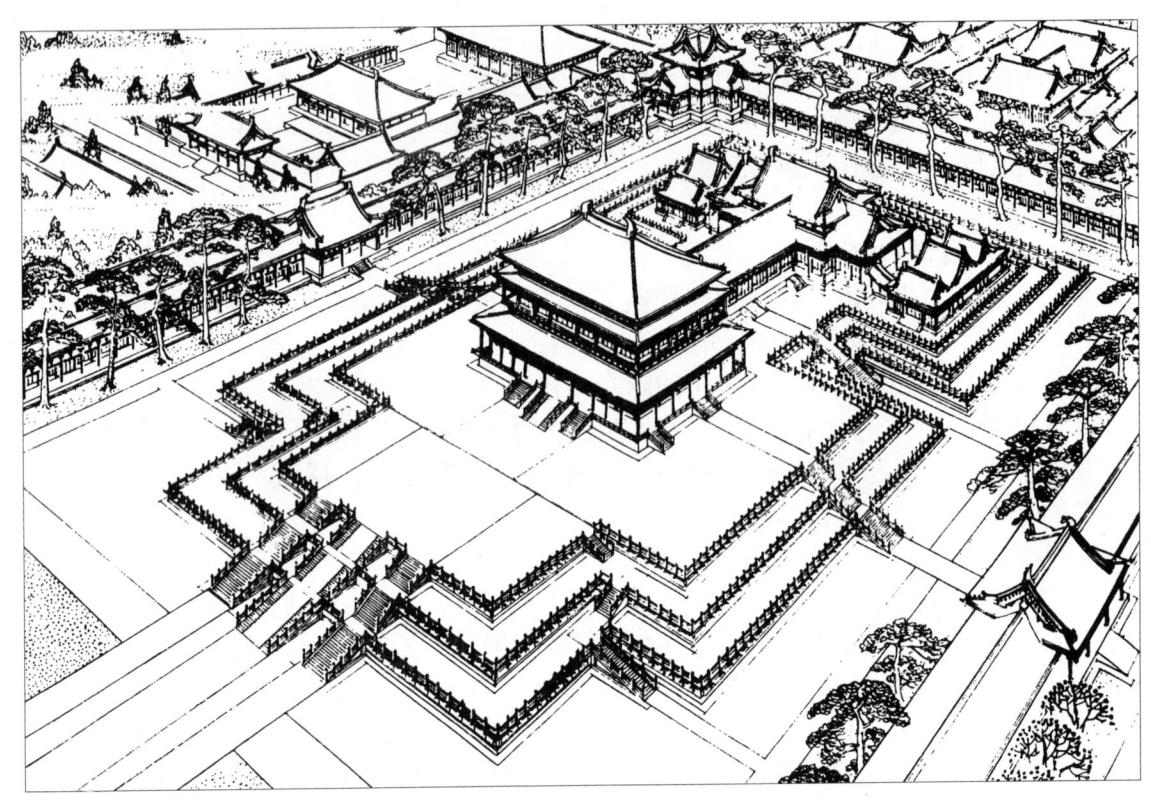

图 6-13 北京元大都延春阁建筑群复原鸟瞰图
(引自傅熹年《傅熹年建筑史论文集》)

*此外，在延春阁东侧，与西侧玉德殿相对应，还有十一宫，称"十一室斡尔朵"（斡尔朵，蒙语，此处意为宫）[7]。

（四）玉德殿建筑群

玉德殿建筑群在延春阁西庑清灏门外之西偏北，整体建筑群为南北长方形院落（图6-2、图6-10）。院落内南面正中建玉德殿[8]，殿"七间，东西一百尺，深四十九尺，高四十尺，饰以白玉，甃以文石，中设佛像"，以奉佛为主，平时亦兼听政。玉德殿后建宸庆殿，

---

* （接前页）《日下旧闻考》（一）卷三二第487页引《故宫遗录》：清宁宫"又后为厚载门，上建高阁，环以飞桥舞台于前，回栏引翼。每幸阁上，天魔歌舞于台，繁吹导之，自飞桥而升，市人闻之，如在霄汉。台东百步有观星台，台旁有雪柳万株，甚雅。台西为内浴室，有小殿在前，由浴室西出内城，临海子"。

[7]《析津志辑佚·岁纪》四月条记载："此十一宫在东华门内向北，延春阁东偏是也。"又二月条记载："从历大明殿下，仍回延春阁前萧墙内交集。自东华门内，经十一室皇后斡尔朵前，转首清宁殿后，出厚载门外。"据此可知，延春阁东侧，与西侧玉皇殿相对应，还有"十一室皇后斡尔朵"。赵正之《元大都平面规划复原的研究》（《科技史文集》第二辑，上海科学技术出版社1979年版）说："后宫延春阁两侧，为元代的东西六宫，它们都是按号码顺序排列的。"

[8] 赵正之《元大都平面规划复原的研究》（《科技史文集》第二辑，上海科学技术出版社1979年版）认为："玉德殿在后宫之西，约在今景山公园西大高玄殿附近。此殿既为佛殿，又是皇帝办公之处。玉德殿与后宫之间有金水河相隔。"

玉德、宸庆二殿之间东侧有东香殿，西侧有西香殿。宸庆殿"九间，东西一百三十尺，深四十尺，高如其深。中设御榻，帘帷茵褥咸备。前列朱栏，左右辟二红门，后山门三间。东更衣殿在宸庆殿东，五间，高三十尺。西更衣殿在宸庆殿西，制度如东殿"[1]。

(五) 御苑

御苑在宫城之北，南至厚载门之北，北至厚载红门之南（今地安门），西临太液池，四周筑围墙（图6-2）。《南村辍耕录》卷二一"宫阙制度"记载："厚载北为御苑。外周垣红门十有五，内苑红门五，御苑红门四，此两垣之内也。"《析津志辑佚·城池街市》记载："厚载门，乃禁中之苑囿也。内有水碾，引水自玄武池，灌溉种花木。自有熟地八顷，内有小殿五所。上曾执耒耜以耕，拟于耤田也。"《析津志辑佚·古迹》又说："厚载门，松林之东北，柳巷御道之南。有熟地八顷，内有田。上自构小殿三所。每岁，上亲率近侍躬耕半箭许，若耤田例。次及近侍、中贵肆力。盖欲以供粢盛，遵古典也。东有水碾一所，日可十五石碾之。西大室在焉。正、东、西三殿，殿前五十步，即花房。苑内种莳，若谷、粟、麻、豆、瓜、果、蔬菜，随时而有。皆阉人、牌子头目各司之，服劳灌溉。以事上，皆尽夫农力，是以种莳无不丰茂。并依农桑辑要之法。海子水透迤曲折而入，洋溢分派，沿演渟注贯，通乎苑内，真灵泉也。蓬岛耕桑，人间天上，后妃亲蚕，寔遵古典。"上述情况表明，御苑不是游憩之所，而是以种花植蔬为主的苑囿。由于其重在皇帝躬耕耤田，后妃亲蚕，因而御苑的性质有些类似明代的先农坛和先蚕坛。至于所记"有熟地八顷"，大约就是御苑占地面积的概数[2]。

三　西内

西内在太液池之西，南为隆福宫，在隆福宫之西另建太子宫，隆福宫北为兴圣宫（图

---

[1] 玉德殿等，见《日下旧闻考》（一）卷三〇第446~447页引《南村辍耕录》。

[2] 赵正之《元大都平面规划复原的研究》（《科技史文集》第二辑，上海科学技术出版社1979年版）认为：《析津志》所记御苑情况，"给我们提供了两个线索：（一）厚载门北为御苑，（二）御苑的面积为八顷。如以宫城的宽度为御苑的宽度，按八顷的面积来推考其南北垣，则应北起厚载红门，南至今陟山门东西一线，这块面积恰好为八百亩，御道之南留一条通道（夹垣），其宽度以五十步（一条胡同的距离）为准，再南即是宫城北垣。以此为据，又说："御苑的面积为八百亩，南北与东西均为十条胡同的距离。它的面积仅次于宫城。"按现在多数学者认为，元宫城北墙在今景山公园寿皇殿东西一线，萧墙北墙在今地安门南或地安门东西一线，该段南北之深630~670米（参见侯仁之主编《北京历史地图集》，北京出版社1988年版，第44页"清皇城图"）。陟山门大致与今景山西门东西相对，其位置远在寿皇殿之南。而南北与东西各十条胡同距离即各500步，元一步1.5475米，500步合773.75米，此数已超过宫城宽度（742.8米）30.95米（773.75-742.8）。若御苑宽按宫城宽742.8米计，则其深为804.7米〔773.75+（773.75-742.8）〕，这个距离在厚载门与厚载红门之间是无法安排的。此外，若按亩制计算，元代一亩240方步=240×（5×5）=6000方尺，元代一尺合0.3095米，一方尺为0.09579025平方米，6000方尺合574.74平方米，8顷合459793.2平方米（800×574.74），平均长宽各678米。御苑宽以宫城宽742.8米计，其深则为613.2米〔678-（742.8-678）〕，此数可以安排在厚载门与厚载红门之间。因而八顷大约是御苑面积的概数。

6-2)。二宫形制布局，主体配置文献记载大致略同，其余建筑文献所记多互有出入，配置难辨，故略述之（文中附图只是诸看法中的一种，仅供参考）。

（一）隆福宫与太子宫

隆福宫原为太子东宫，建有光天殿（又称光天宫）。至元三十一年世祖崩，成宗即位，尊太母元妃（真金太子之妃）为皇太后，以旧东宫奉之，改名隆福宫[1]。隆福宫宫院南北长方形，中间主体建筑外有周庑围成南北长方形院落，四隅有角楼（图6-14）。南面正门光天门，东有崇华门，西为膺福门，东、西庑中间分别辟青阳门（东）和明晖门。院落中间有工字形大台基，前面横台基上建光天殿，工字形台基中间竖台基上有柱廊，前连光天殿后连建于后面横台基上的寝殿，寝殿有东、西夹。寝殿东有寿昌殿（东暖殿），西有嘉禧殿（西暖殿）。光天殿南面之东有翥凤楼，西有骖龙楼，其西有牧人宿卫之室。寝殿之后有针线殿[2]。隆福宫主体建筑院落之外，北部于针线殿后有侍女直庐五所，又后有侍女室七十二间，在宫东北隅有左右浴室一区。光天殿和角楼西北，侍女直庐之西有鹿（盝）顶殿，其北有香殿。主体院落之西，明晖门外之北有文德殿，西南有文宸库。主体院落之东，东南隅有酒房，内庖在其北[3]。隆福宫西有御苑[4]，并在隆福宫之西另建

---

[1] 《元史》卷一八《成宗一》记载：至元三十一年四月即帝位，"追尊皇考曰皇帝，尊太母元妃曰皇太后"。五月"改皇太后所居旧太子府为隆福宫"，"十一月丁未朔，帝朝皇太后于隆福宫，上玉册、玉宝"。《日下旧闻考》（一）卷三一第449页引《南村辍耕录》："隆福殿在大内之西，兴圣之前，南红门三，东西红门宫各一，缭以砖垣，南红门一，东红门一，后红门一。"赵正之《元大都平面规划复原的研究》（《科技史文集》第二辑，上海科学技术出版社1979年版）认为："隆福宫的范围是：西至皇城根，东至府右街，北至西安门大街，南至东西红门稍南。这块面积，南北长五条胡同，东西宽四条胡同，亦即长二百五十步，宽二百步。"

[2] 《日下旧闻考》（一）卷三一第452页引《南村辍耕录》："针线殿在寝殿后，周庑一百七十二间，四隅角楼四间"。第450页引《南村辍耕录》："光天门，光天殿正门也。五间三门，高三十二尺，重檐"；"崇华门在光天门左，膺福门在光天门右，各三间一门"；"青阳门在左庑中，明晖门在右庑中，各三间一门"；"光天殿七间，东西九十八尺，深五十五尺，高七十尺。柱廊七间，深九十八尺，高五十尺。寝殿五间，两夹四间，东西一百三十尺，高五十八尺五寸"。第451页引《南村辍耕录》："翥凤楼在青阳南，三门，高四十五尺。骖龙楼在明晖南，制度如翥凤。后有牧人宿卫之室。寿昌殿又曰东暖殿，在寝殿东，三间，前后轩，重檐。嘉禧殿又曰西暖殿，在寝殿西，制度如寿昌。中位佛像，旁设御榻。"赵正之《元大都平面规划复原的研究》（《科技史文集》第二辑，上海科学技术出版社1979年版）认为："大光明殿和西岔胡同之间，为该宫的主要部分，正是两条胡同的宽度。今光明殿前，有胡同曰东红门、西红门，皆沿元之旧也。"

[3] 《日下旧闻考》（一）卷三一第452页引《南村辍耕录》："侍女直庐五所，在针线殿后。又有侍女室七十二间，在直庐后，及左右浴室一区，在宫垣东北隅。文德殿在明晖外，又曰楠木殿，皆楠木为之，三间，前后轩一间"；"鹿顶殿五间，在睿安东北，光天殿西北，角楼西，后有鹿顶小殿"。《日下旧闻考》作者按语说："禁扁注，光天殿西位为文德，东位为睿安。今考诸书，只详文德，而睿安缺载。昭俭录，鹿顶殿五间在睿安东北，光天殿西北，角楼西，后有鹿顶小殿，盖东西二鹿顶也。辍耕录脱载睿安东北四字，遂混二鹿顶殿为一，误矣。"引《元史·仁宗纪》："延祐五年二月，建鹿顶殿于文德殿后。"第453页引《南村辍耕录》："香殿在宫垣西北隅，三间，前轩一间，前寝殿三间，柱廊三间，后寝殿三间，东西夹各二间。"引《元史·武宗纪》："至大元年八月，李邦宁（转后页）

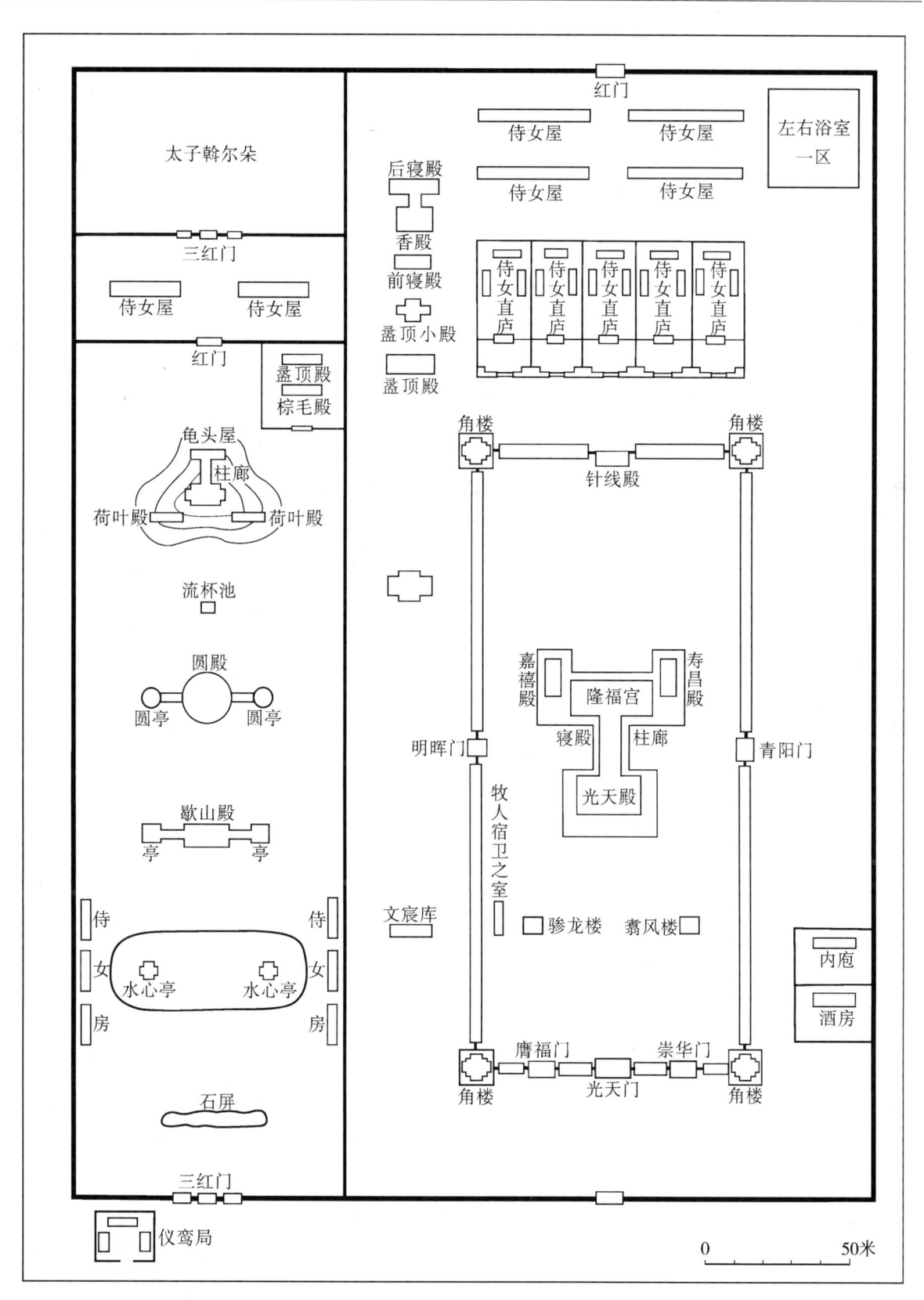

图 6-14　北京元大都隆福宫平面示意图
(引自潘谷西主编《中国古代建筑史》第四卷"元明建筑"，略有改动)

* 太子宫。

(二) 兴圣宫

兴圣宫在隆福宫之北略偏东，主要为兴庆殿和延华阁两组建筑群，规制类似宫城（图6-2）。其两侧是嫔妃别院和侍女宦人之室、庖厨湢浴等附属建筑，以及学士院、生料库、鞍辔库、军器库诸院（学士院等的位置尚有不同意见）。垣外有卫士值宿之舍（图6-15）。学士院初名奎章阁，天历年间建于兴圣殿之西廊，文宗复位升为学士院，至正元年改奎章阁为宣文阁（具有后来明清文渊阁性质）[6]。

---

* （接前页）以建香殿成……"又《元史》卷一六四《杨恭懿传》："至元十二年正月二日，帝御香殿，以大军南征，使久不至，命筮之，其言秘。"可见香殿亦为皇帝活动之所。《日下旧闻考》（一）卷三一第449页引《大都宫殿考》："隆福宫左右后三向皆为寝殿，殿东有沉香殿，长庑环抱。"同书卷三二第489页引《故宫遗录》："宫东有沉香殿，西有宝殿，长庑四抱，与别殿重栏曲折掩映，尚多莫名。"

[4]《日下旧闻考》（一）卷三二第475页引《南村辍耕录》："御苑在隆福宫西，后妃多居焉。香殿在石假山上，三间，两夹二间，柱廊三间，龟头屋三间。""殿后有石台，山后辟红门，门外有侍女之室二所，皆南向并列。又后直红门并列红门三。三门之外，有太子鄂尔多荷叶殿二，在香殿左右，各三间。圆殿在山前，圆顶上置涂金宝珠，重檐。后有流杯池，池东西流水圆亭二，圆殿有庑以连之。歇山殿在圆殿前，五间，柱廊二，各三间，东西亭二，在歇山后，左右十字脊。东西水心亭在歇山殿池中，直东西亭之南，九柱，重檐。亭之后各有侍女房三所，所为三间，东房西向，西房东向。前辟红门三门，内立石以屏内外，外筑四垣以周之，池引金水注焉。棕毛殿在假山东偏，三间，后鹿顶殿三间，前启红门，立垣以区分之。仪鸾局在三红门外西南隅，正屋三间，东西屋三间，前开一门。"（图6-14）

[5] 此外，一些研究者的看法亦可参考。如前引赵正之《元大都平面规划复原的研究》（《科技史文集》第二辑，上海科学技术出版社1979年版）认为："隆福宫前有前苑，即今图山样附近。"此前苑或指隆福宫之西的御苑。潘谷西主编《中国古代建筑史》第四卷（中国建筑工业出版社2001年版）"元明建筑"第99页认为"隆福宫西建有御苑，原为太子府所属，萧洵《故宫遗录》谓原先为后妃所居，按元史后妃表，其所居斡尔朵有等级之分，故隆福宫西御苑北端的太子斡尔朵，似应为太子之妃所居。在西御苑还有流杯池，'凿石为池一如曲水流觞故事'。泰定年间又建有一些新殿和亭榭。整个隆福宫主要为休息场所"。

赵正之《元大都平面规划复原的研究》（《科技史文集》第二辑，上海科学技术出版社1979年版）记载："隆福宫原为太子宫，后来太后居隆福宫，乃于其西另筑太子宫，即今西单北大酱房胡同以北，其面积应与隆福宫相同。"又说："除前苑之外还有西前苑。《故宫遗录》云：'沿海子导金水河，步邃河南行为西前苑。'可知前苑与西前苑是两回事。西前苑可能是指太子宫的苑，因其在前苑之西，故曰西前苑。西前苑的位置应在今灵境胡同以北，明初就其地改建为灵境宫。"

[6]《日下旧闻考》（一）卷三一第454页引《元史·武宗纪》："至大元年二月（按，应为三月），建兴圣宫。二年五月，以通政院使哈喇果勒（按，《元史》作"憨剌合儿"）知枢密院事，董建兴圣宫。三年十月，帝率皇太子诸王群臣朝兴圣宫，上皇太后尊号册宝。"潘谷西主编《中国古代建筑史》第四卷（中国建筑工业出版社2001年版）"元明建筑"第99页说："兴圣宫是武宗为其母兴建的一座新宫"，"大批嫔妃也居于此"。文献所记兴圣宫的形制布局不甚清楚，学者复原各异。下面将有关文献记载录于后，并附其中一种复原图以供参考。

《日下旧闻考》（一）卷三一第453~454页引《南村辍耕录》："兴圣宫在大内之西北，万寿山之正西，周以砖垣，南辟红门三，东西红门各一，北红门一。南红门外两旁附垣有宿卫直庐，凡四十间，东西门外各三间。南门前夹垣内有省院台百司宫侍直板屋。北门外有窨花室五间，东夹垣外有宦人之室十七间，凌室六间，酒房六间。南北西门外棋置卫士直宿之舍二十一所，所为（转后页）

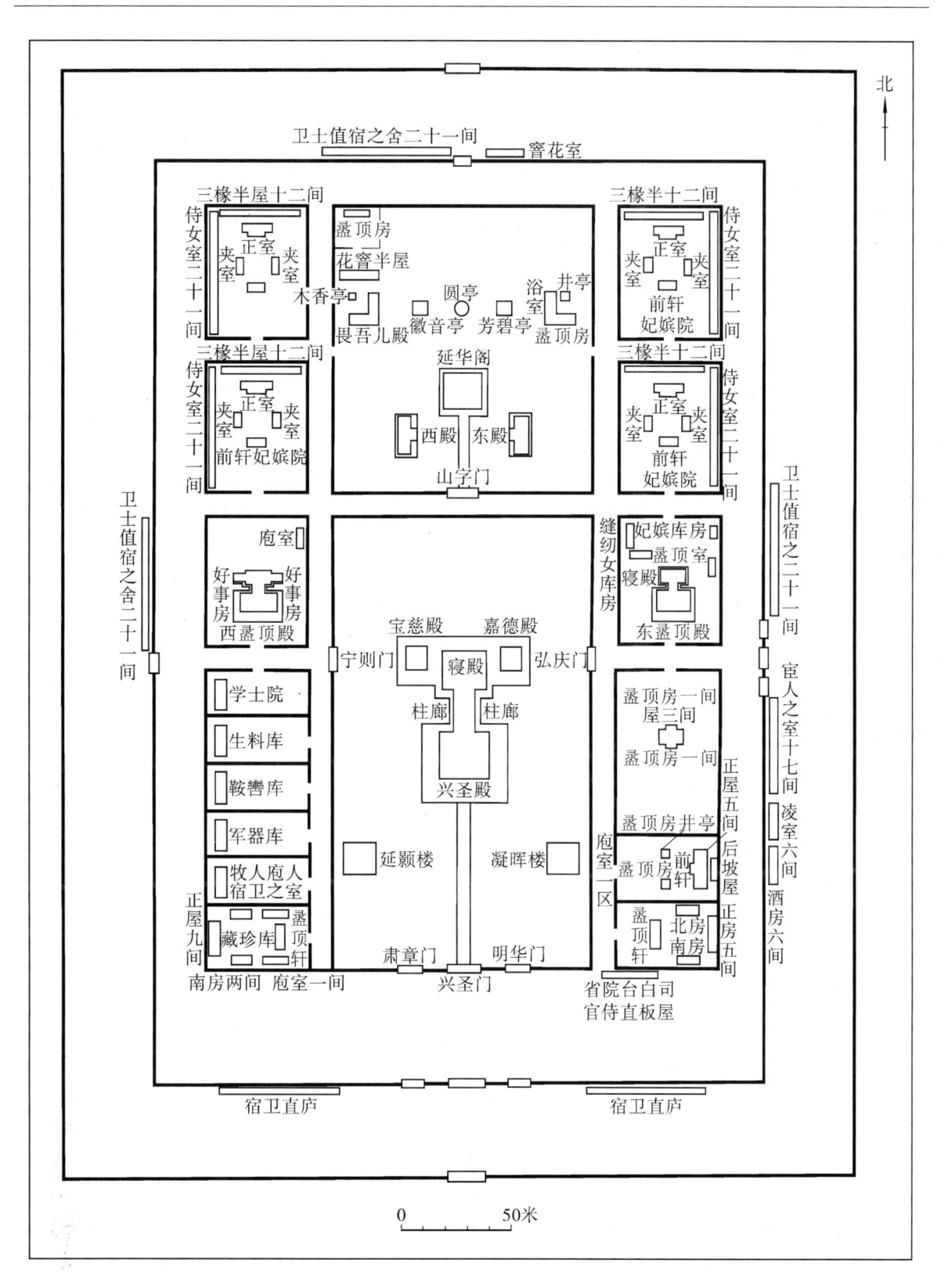

图 6-15　北京元大都兴圣宫平面示意图
(引自潘谷西主编《中国古代建筑史》第四卷"元明建筑"，略有改动)

四　太液池、万岁山、圆坻和犀山台

*太液池在宫城之西（图6-2）[7]，即今之北海和中海。金代在此建大宁宫，池中的琼华岛元代更名万岁山，又称万寿山[8]，即今北海公园的白塔山。圆坻又称瀛洲，今称团城。主要建筑集中于万岁山，圆坻次之（图6-16）。

"万岁山在大内西北太液池之阳"，"其山皆叠玲珑石为之，峰峦隐映，松桧隆郁，秀若天成"[9]。山顶有广寒殿，金建，元代重修[10]。殿南并列延和、介福、仁智三殿[11]。广

---

* （接前页）一间。外夹垣东红门三，直仪天门吊桥，西红门一达徽政院。门内差北有鹿顶房二，各三间，又北有屋二所，各三间，差南有库一所，及屋三间。北红门外有临街门一所三间，此夹垣之北门也。兴圣门，兴圣殿之北（正）门也。五间、三门、重檐，东西七十四尺。明华门在兴圣门左，肃章门在兴圣门右，各三间一门。兴圣殿七间，东西一百尺，深九十七尺，柱廊六间，深九十四尺，寝殿五间，两夹各三间，后香阁三间，深七十七尺。""弘庆门在东庑中，宣则门在西庑中，各三间一门。"第457页引引《南村辍耕录》："凝晖楼在宏庆南，五间，东西六十七尺。延颢楼在宣则南，制度如凝晖。嘉德殿在寝殿东，三间，前后轩各三间，重檐。宝慈殿在寝殿西，制度同嘉德。山字门在兴圣宫后，延华阁之正门也。正一门，两夹各一间，重檐一门，脊置金宝瓶。又独脚门二，周阁以红版垣。延华阁五间，方七十九尺二寸，重阿十字脊，白琉璃瓦覆青琉璃瓦饰，其檐脊立金宝瓶……东西殿在延华阁西，左右各五间，前轩一间。圆亭在延华阁后，芳碧亭在延华阁后……徽清亭在圆亭西"；"浴室在延华阁东南隅东殿后，旁有鹿顶井亭二间，又有鹿顶房三间"。"辉和尔（畏吾儿）殿在延华阁右六间"，"木香亭在辉和尔殿后。东鹿顶殿在延华阁东版垣外"，"殿之旁有鹿顶房三间，庖室二间，面阳鹿顶房三间，妃嫔库房一间，缝纫女库房三间，红门一"；"西鹿顶殿在延华阁西版垣之外"；"东殿之旁有庖室三间，好事房二各三间"；"妃嫔院四，二在东鹿顶殿后，二在西鹿顶殿后"；"侍女室八十三间，半在东妃嫔院左，西向；半在西妃嫔院右，东向"；"庖室一区，在凝晖楼后"，"酒房在宫垣东南隅，庖室南正屋五间"；"学士院在奎章阁后西鹿顶殿之西偏三间"（图6-15）。

　　赵正之《元大都平面规划复原的研究》（《科技史文集》第二辑，上海科学技术出版社1979年版）说："从现在街道分布上看，兴圣宫的遗迹是相当清楚的。南起西什库南门外至西小石作西扁担胡同一线，西至后库东夹道一线，东至养蜂夹道一线，北至永祥里、教场一线。前部为兴圣宫，自旃坛寺以北为兴圣宫之后苑。兴圣宫及其后苑的面积，各自为南北长五条胡同，东西宽四条胡同。兴圣宫前东为宏仁寺，西为玄都胜境。在宫前布置着对称的宗教性建筑，是模仿了大内的规制。"

[7]《日下旧闻考》（一）卷三二第473页引《南村辍耕录》："太液池在大内西，周回若干里，植芙蓉。"
[8]《日下旧闻考》（二）卷三二第467页引《南村辍耕录》："万岁山在大内西北太液池之阳，金人名琼花岛。中统三年修缮之，至元八年赐今名。"第468页编者按说："元万寿山即金之琼华岛，陶宗仪《辍耕录》及《元史》或称万岁山，盖当日相沿互称。"
[9]"其山……天成"引文在前注"至元八年赐今名"之后。
[10]《日下旧闻考》（一）卷三二第470页引《南村辍耕录》："广寒殿在山顶，七间，东西一百二十尺，深六十二尺，高五十尺。""中有小玉殿"，内有"黑玉酒瓮"，"其大可贮酒三十余石"。又编者按说："元好问遗山集，琼华岛绝顶有广寒殿，近为黄冠辈所毁。据此，则广寒殿金未已毁，元时重建者也"；"所称黑玉酒瓮，即元史世祖纪所载之大玉海也"。玉海即"渎山大玉海"、《南村辍耕录》卷二一"宫阙制度"黑玉酒瓮云记"玉有白章，随其形刻为鱼兽出没于波涛之状，其大可贮酒三十余石"，清代移至北海团城承光殿亭子内。
[11]《日下旧闻考》（一）卷三二第472页引《南村辍耕录》："仁智殿在山之半，三间，高（转后页）

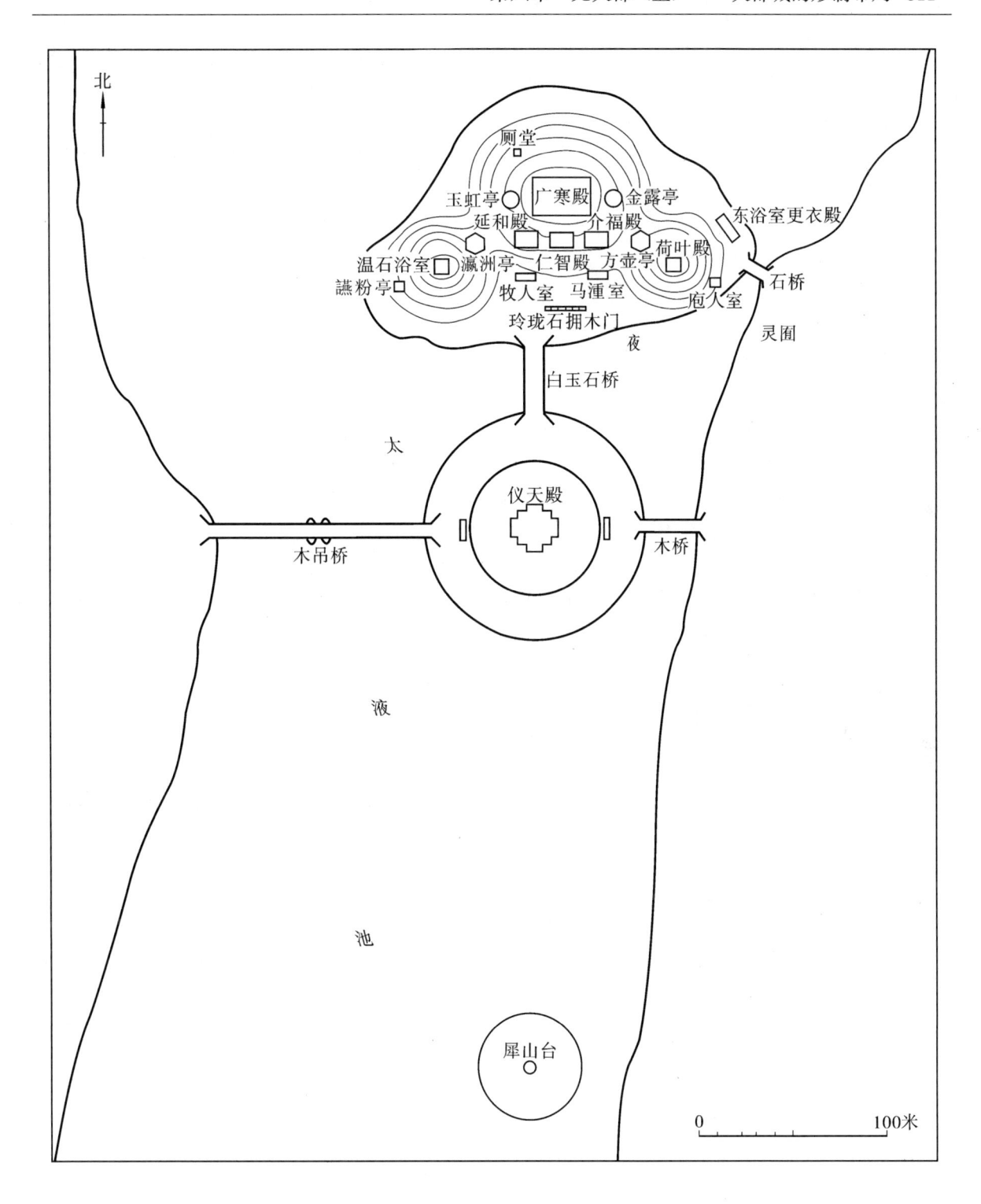

图 6-16　北京元大都太液池平面示意图
(引自潘谷西主编《中国古代建筑史》第四卷"元明建筑"，略有改动)

*寒殿之东、西有金露、玉虹二亭；延和等三殿两侧有方壶、瀛洲二亭[12]。前方（南）两侧有荷叶殿[13]、温石浴室[14]，马湩室和牧人之室[15]，以及吕公洞等[16]。上述建筑大致以广寒殿为中轴对称配置，布局严谨。

"万岁山之东有石桥，长七十六尺，阔四十一尺，半为石渠（渡漕）以载金水而流于山后，以汲于山顶也"；石渠"引金水河至其（山）后，转机运斡，汲水至山顶，出石龙口，注方池，伏流至仁智殿后，有石刻蟠龙，昂首喷水仰出，然后由东西流入于太液池"[17]。石渠"又东为灵圃，奇兽珍禽在焉。车驾岁巡上都，先宴百官于此"[18]。万岁山之南"有白石桥，长二百余尺，直仪天殿后"[19]。

仪天殿建于"池中圆坻上，当万寿山。十一楹，高三十五尺，围七十尺，重檐，圆盖顶"；其"东为木桥，长一百二十尺，阔二十二尺，通大内之夹垣。西为木吊桥，长四百七十尺，阔如东桥。中阙之立柱架梁于二舟，以当其空（浮桥）。至车驾行幸上都，留守官则移舟断桥，以禁往来。是桥通兴圣宫前之夹垣，后有白玉石桥，乃万寿山之道也。犀山台在仪天殿前水中，上植木芍药"[20]。

综上所述，万岁山是大都城的制高点，四周环水，碧波迤回。山上广植花木，山顶广寒殿俯瞰全城，恰似月宫琼楼玉宇。万岁山、太液池和圆坻景色相依，幽美而壮丽，其造景艺术之境界出神入化，形成大内的风景中心区，并具有鲜明的离宫性质。此外，从大内总体布局来看，太液池、万岁山和圆坻又是将东内和西内连为一体的枢纽和中心，在大内

---

* （接前页）三十尺"；第 473 页引《南村辍耕录》："介福殿在仁智殿东差北，三间，东西四十一尺，高二十五尺。延和殿在仁智殿西北，制度如介福。"

[12]《日下旧闻考》（一）卷三二第 472 页引《南村辍耕录》："金露亭在广寒殿东，其制圆，九柱，高二十四尺，尖顶，上置琉璃珠。亭后有铜幡竿。玉虹亭在广寒殿西，制度同金露。方壶亭在荷叶殿后，高三十尺，重屋八面。重屋无梯，自金露亭前复道登焉。又曰线珠亭。瀛洲亭在温石浴室后，制度同方壶。玉虹亭前仍有登重屋复道，亦曰线珠亭。"

[13]《日下旧闻考》（一）卷三二第 472 页引《南村辍耕录》："荷叶殿在方壶前仁智西北（应为东南），三间，高三十尺，方顶，中置琉璃珠。"

[14]《日下旧闻考》（一）卷三二第 472 页引《南村辍耕录》："温石浴室在瀛洲前仁智西北（应在西南），三间，高二十三尺，方顶，中置涂金宝瓶。圜亭又曰胭粉亭，在荷叶稍西，盖后妃添妆之所也，八面。"

[15]《日下旧闻考》（一）卷三二第 473 页引《南村辍耕录》："马湩室在介福前，三间，牧人之室在延和前，三间，庖室在马湩前，东浴室更衣殿在山东，平地三间两夹。"

[16]《日下旧闻考》（一）卷三二第 473 页引《大都宫殿考》："方壶殿右为吕公洞，洞上数十步为金露殿，由东而上为玉虹殿。"

[17]《日下旧闻考》（一）卷三二第 467 页引《南村辍耕录》。

[18]《日下旧闻考》（一）卷三二第 467 页引《南村辍耕录》。

[19]《日下旧闻考》（一）卷三二第 467 页引《南村辍耕录》在"直仪天殿后"又说："桥之北有玲珑石，拥木门五，门皆为石色。内有隙地，对立日月石。西有石棋枰，又有石坐床。左右皆有登山之径，萦纡万石中，洞府出入，宛转相迷。至一殿一亭，各擅一景之妙。"

[20]《南村辍耕录》卷二一。《日下旧闻考》（一）卷三二第 474 页引《南村辍耕录》之文后，按语云："元仪天殿明更名曰承光。甫田集，承光殿在太液池上，一名圆殿。明宫殿额名，嘉靖三十一年更名乾光。本朝（清）仍曰承光殿"；又云"元仪天殿西木吊桥在万寿山之南，兴圣宫之东，琼华岛之北，见析津志。犀山台一名犀牛台，见图经志书"。

总体布局中占有重要地位。

五 宫廷广场

宫廷广场在外城丽正门与萧墙灵星门之间，其标志性建筑为千步廊[1]。千步廊南临丽正门，其北端分别折向东西，然后向北分别接灵星门向北折拐部分，形成"T"字形宫廷广场。由于元大都南城墙受金中都北城墙的限制，致使大都城南城墙与大内的间距较短，所以规划大内时就缩短了宫城南墙与萧墙南墙的间距，扩大了萧墙南墙与外城南城墙间的空间，故千步廊只能置于丽正门与灵星门之间[2]。千步廊之东置南中书省，西置兴国寺（图6-2、图6-8）。

第四节 街、胡同和坊

一 街

街道是城市规划中的重要组成部分，由此构成城内布局的基本框架。元大都的十一座城门，均有伸向城内的主要干道。在健德门与安贞门间，光熙门与崇仁门间各加辟一条大街，两条街道之交会点恰在钟楼，因而起到了强调钟楼和东西中分线的作用。此外，在南北城门与城两角楼间各加辟两条纵向大街，沿四面城墙还有顺城街。这样全城南北共有九条大街和东西六条大街纵横交错[3]，共同组成城内的干道网，并由此划分出城内主要街区（图6-2）。上述东西与南北干道相接基本上是"十"字街，但是由于城内南部中间有萧墙和宫城，有关的干道被隔断。又城中部有积水潭，故从中心台向西沿积水潭东北岸辟为斜街[4]，在这一带及其他个别部位还有"丁"字形街。在诸主要干道中，从丽正门向北（中隔萧墙和宫城）的大街是南半城的中轴线。1964～1965年在景山山后正中钻探出一条宽约28米的南北向大道（宽于一般干道），这条大道就是前述中轴线的残迹。除上所述，至治年间又在海子南岸（积水潭与太液池间）修东西向大道，从而将东西城连接起来。元大都街

---

[1] 赵正之《元大都平面规划复原的研究》（《科技史文集》第二辑，上海科学技术出版社1979年版）认为《故宫遗录》云："南丽正门内曰千步廊，可七百步，建灵星门"，所言"七百步，实际上是五百步"。

[2] 侯仁之《历史地理学的理论与实践》（上海人民出版社1979年版）第235页注⑨指出："估计从丽正门内到东西千步廊的起点，还保留了一段空间，以便东西之间的来往。丽正门迤东有纸劄市、文籍市、迤西有穷汉市……由此可以推想丽正门与千步廊起点间，是留有东西通道的。"

[3] 徐苹芳《元大都在中国古代都城史上的地位》（《北京社会科学》1988年第1期）中指出：元大都"全城由九条南北大街和九条东西大街组成，合乎《周礼·考工记》的'九经九纬'的规定"。此说仅供参考。

[4] 赵正之《元大都平面规划复原的研究》（《科技史文集》第二辑，上海科学技术出版社1979年版）认为：斜街（西斜街）"这条街应当是沿海子北岸而形成的，但不是今鼓楼西大街，而是在今什刹海北岸的一条小街即鸦儿胡同。这条街沿海子边一直往西，至原清摄政王府的东墙而中断，此街即是元之西斜街。这条街在明代建德胜门以后逐渐弃废，向北移动，形成了今之鼓楼西大街、甘水桥大街和果子市大街"。"元代西斜街的旧迹到清乾隆时已不甚清楚了"。

道的名称，《析津志辑佚·城池街市》记载有"长街，千步廊街、丁字街、十字街、钟楼街、半边街、棋盘街等"。此外，还有一些街名，将在各有关部位叙述中提及。

元大都南北向的干道在城市布局中起主导作用，小街和胡同基本都是在南北干道东西两侧平行排列。街的宽度，《析津志辑佚·城池街市》记载：元大都的"街制：自南以至于北，谓之经；自东至西，谓之纬。大街二十四步阔，小街十二步阔[1]。三百八十四火巷，二十九衖通"。从大街与小街宽度的比例，可以推出胡同的宽度为六步。元代一步约合1.5475米，这样大街宽约合37.14米，小街宽约合18.57米，胡同宽约合9.82米。根据考古钻探资料，大街（干道）路面宽约25米（加上两侧排水沟，沟外小路之宽，总宽度则大于25米），胡同宽6~7米[2]，较之文献所记要窄。关于街道旁排水沟渠，可以在西四发现南北主干道两侧的排水渠为例（图6-3之21）。该渠石条砌筑，明渠，渠本身宽1米，深1.65米，在通过平则门内大街（今阜内大街）时顶部覆盖石条。渠内石壁上刻有"致和元年（1328）五月　日，石匠刘三"字样[3]。总之，上述的大街、小街和胡同共同组成了元大都城内完整的街道体系。

二　胡同与宅基面积问题

如前所述，元大都由经街、纬街垂直相交，组成规整的街区网，形成若干纵长矩形格，其内等距离排列的东西巷即是胡同[4]。胡同的排列组合，东西长制于南北向两条经街之间，南北排列胡同多少之数制于东西向两条纬街之间。今北京市东西长安街以北的街道胡同，就基本上沿袭了元大都的规划。如今灯市口大街向南，依次为椿树胡同、甘雨胡同、西堂子胡同和金鱼胡同，这些规整等距离排列的胡同即是元大都胡同的旧迹[5]。其他诸如今东四南北、交道口南北各处，也表现得很清楚。此外，在元大都城东北部（今安定门外小关向东至土城东北角一带）和西北部（今德胜门小关向西至土城西北角一带），亦有平行胡同的痕迹。经考古钻探，从元大都光熙门至城东北角区域内共探出东西向胡同二十二条。而今东直门与朝阳门（元大都崇仁门与齐化门）之间，亦排列东西向胡同二十二条[6]。上述两者一致性表明，元大都街道胡同的配置形式多为明清北京城承袭下来。

元大都的居民住在胡同内，住宅集中配置于胡同内的两侧。《元史》卷一三《世祖一〇》记载：至元二十二年二月壬戌，"诏旧城（指金中都）居民之迁京城者，以赀高及居

---

[1] 大街宽24步，小街宽12步，恰为宫城宽480步的1/20和1/40。
[2] 赵正之《元大都平面规划复原的研究》（《科技史文集》第二辑，上海科学技术出版社1979年版）认为：胡同宽6步，与北京现在胡同宽度大体是符合的。但考古钻探结果表明，大都城大街和胡同的宽度窄于文献记载的尺度。参见正文。
[3] 徐苹芳《元大都的勘查和发掘》，《中国历史考古学论丛》，台湾久晨文化实业股份有限公司1996年版。此为前已发表同名简报的修改稿。
[4] 《析津志辑佚·城池街市》记载：大都城有"三百八十四火巷，二十九衖通"。衖通即胡同，似为蒙语huddug（井）之音译。火巷、衖通均指今北京胡同而言。
[5] 徐苹芳《元大都御史台址考》（《中国考古学论丛》，科学出版社1993年版）所说的胡同情况，均指20世纪50年代以前的胡同，下同。
[6] 徐苹芳《元大都的勘查和发掘》，《中国历史考古学论丛》，台湾久晨文化实业股份有限公司1996年版。此为前已发表同名简报的修改稿。

职者为先，仍定制以地八亩为一分。其或地过八亩及力不能作室者，皆不得冒据，听民作室。"元一亩240方步，八亩为1920方步，即宅基占地约合44步×44步。元大都胡同宽，从大街宽24步，小街宽12步之比例推算，应为6步。此外，据对今东单以北尚存元代胡同旧迹地段的七条胡同尺寸的统计，胡同之平均中距为77.6米[1]。元一步合1.5475米，77.6米合50步。以此结合前述情况双向换算，均可证明胡同宽为6步，胡同间距为50步。即胡同间距约77米（50步×1.5475米＝77.3米），宅基实际占地面积为68米×68米〔(44步×1.5475米)×(44步×1.5475米)＝4624平方公里，$\sqrt{4624米}$＝68米〕，胡同宽9米（6步×1.5475米＝9.2米）。从清乾隆十五年北京城图上[2]，按图的比例可知东四北三条等胡同西口至东口约687.5米，即胡同一侧可安排八亩一份共十份（十户）宅基地（687.5米÷68米＝10.1，其面积共80亩）[3]。

除上所述，还应指出，元大都城内胡同直通主要街道，因而居民出入，与外界联系很方便。其次，元大都城的住宅置于胡同内的南北两侧，这样每户占地八亩的大宅第均可建筑坐北朝南的主要厅堂和卧室，完全可以达到背风向阳，易于采光、通风和冬季取暖的目的。这种充分考虑到大都地区（今北京）气候特点的规划配置，是很合理很科学的。

三　坊

《元一统志》记载，至元二十五年"分定街道坊门，翰林院拟定名号"[4]。诸坊"元五十，以大衍之数成之，名皆切近。乃翰林院侍书学士虞集伯生所立（图6-2）。外有数坊，为大都路教授时所立"[5]，各坊定名均有所本（表6-2）。《元一统志》记载坊名止49坊，论者以为或遗漏一坊，或以大衍之数五十，其用四十九之说有意缺一坊[6]。又元末熊梦祥《析津志》记载诸坊中，里仁以下各坊仅甘棠坊见于《一统志》，余者均不见于虞集五十坊数内（表6-2）。说明元末坊名或有变，且超过五十之数（表6-2）。

元大都建成后，由警巡左右二院"领京师坊事"，坊设坊正管理坊内民间事务，另置兵马司"掌京城盗贼奸伪鞫（拘）捕之事"。元大都诸坊，只是行政管理上的地段名称，其配置以南北向的轴线为界，即鼓楼以北以东西中分线即全城规划中轴线为界，其南以宫城中轴线及其南北延长线为界，东属大兴县，西属宛平县（表6-2）。

元大都诸坊有坊门，门上署坊名，坊内配置东西向胡同。诸坊在城主要经街和纬街之间分片组合配置，如大都城东南部文明门内大街与齐化门大街之间配置四坊，齐化门与崇仁门大街围成的街区配置四坊等（图6-2）。城内诸坊因受皇城、水面及其他因素影响，各坊的面积大小，宽窄和形状不一（图6-2）。大都城内各坊的方位，学者们多有考证，但不明者尚多。其分布概况参见表6-2和图6-2。

---

[1] 傅熹年《中国古代城市规划、建筑群布局及建筑设计方法研究》上册，中国建筑工业出版社2001年版，第11页。

[2] 侯仁之主编《北京历史地图集》（北京出版社1988年版）第42页所刊乾隆十五年"清北京城"图。

[3] 此部分的具体分析，见本书第七章。

[4] 《日下旧闻考》（一）卷三八第600页引《元一统志》。

[5] 《析津志辑佚》第2页。

[6] 王璞子《元大都城平面规划述略》，《故宫博物院院刊》1960年第0期。

表 6-2　　　　　　　　　　　元大都城内诸坊概况一览表

坊名		坊名取义	文献记载位置	考证位置
中轴线东大兴县所属诸坊	五云坊	取唐诗"五云多处是三台"之义	大内前左千步廊，坊门在东、与万宝对立	似在今劳动人民文化宫一带（王）；参侯图
	南薰坊	取澄清天下之义	光禄寺东（析）	光禄寺在萧墙东南角东二红门外，南薰坊当在萧墙东南角以东之地（杨）；参侯图
	澄清坊		地近御史台	今东长安街以北至灯市口大街以南，今东单北大街以西至王府井大街以东范围（徐、御）；参侯图
	明时坊	取周易革卦君子治历明时之义	地近太史院 在太史院东（析）	外郭城东南角（杨）；参侯图
	思诚坊 皇华坊 明照坊		思诚坊，东皇华坊，明照坊与上相对（析，请参见原文），定真院在齐化门里思诚坊南（析·寺）	思诚坊在城东齐化门内，皇华和明照坊在思诚坊西（杨）；侯图与之不同
	保大坊	按传曰：武有七德，定大定功。以坊近枢密院，取此义以名	坊近枢密院。在枢府北（析）	在蓬莱坊南，自亮果厂胡同以南至灯市口西街，东至王府井大街、美术馆东街，西至东皇城根南街、北街（徐·枢）；参侯图
	蓬莱坊		天师宫前（析）。枢密院西为玉山馆，玉山馆西北为蓬莱坊、天师宫（析）	疑在皇城东北角一带（王），自亮果厂胡同以北至地安门东大街以南，东至美术馆后街，西至东皇城根北街，保大坊北（徐·枢）；参侯图
	仁寿坊	取仁者寿之义	地近御药院	参侯图
	寅宾坊	取尚书寅宾出日之义	在正东	今东四牌楼头、二、三条胡同一带，其地明入思诚坊（王）；太庙西·今东四牌楼东北，思诚坊西（杨）；参侯图
	穆清坊	取毛诗于穆清庙之义	地近太庙	可能在太庙之东或东北（杨）；参侯图
	居仁坊	东属仁，取孟子居仁由义之义，分为东西坊名（西指由义坊）	地在东市	今东四牌楼附近（杨）；参侯图
	昭回坊 靖恭坊		在都府南（析）、海子桥北（析）	今交道口南大街、鼓楼东大街、地安门大街、宽街之间，南锣鼓巷之西为昭回坊，其东为靖恭坊（程）；参侯图

续表

坊名		坊名取义	文献记载位置	考证位置
中轴线东大兴县所属诸坊	灵椿坊	取燕山窦十郎灵春一株老之诗以名	在都府北（析）	疑即今分司厅胡同一带（王）；参侯图
	居贤坊		国学东（析）	今国子监，仍元旧基；参侯图
	丹桂坊	取燕山窦十郎教子故事，丹桂五枝芳之义	在灵椿北（析）	在明北城墙外；参侯图
	泰亨坊	取泰卦吉亨之义	地在东北寅方	参侯图
	金台坊	按燕昭王筑黄金台以礼贤士，取此义以名		参侯图
中轴线西宛平县所属诸坊	万宝坊	取万宝秋成之义	大内前右千步廊，坊门在西属秋	似即今中山公园一带（王）；参侯图
	时雍坊	取尚书黎民于变时雍之义		万宝坊西；参侯图
	阜财坊	取虞舜南风歌阜民财之义	坊近库藏。在顺承门内金玉局巷口（析）	参侯图
	安富坊	取孟之安富尊荣之义	在顺承门羊角市	参侯图
	咸宜坊 训礼坊		二坊在顺承门里倒钞库北（析）	参侯图，侯图无训礼坊，咸宜坊在鸣玉坊南（杨）
	金城坊	取圣人有金城，金城有坚固久安之义以名	在平则门内（析）	参侯图
	鸣玉坊		在羊市之北（析）	参侯图
	福田坊	坊有梵刹，取福田之义以名	在西白塔寺（析）	参侯图
	西成坊	取尚书平秩西成之义	在正西	参侯图
	由义坊	见前述居仁坊条	（在西市）	今西四牌楼北大街路西双关帝庙（杨）；侯图与之不同
	太平坊	取天下太平之义	黑塔在太平坊（析·古）	参侯图
	和宁坊	取周易保合太和万国咸宁之义	内朝之西北（虞集）	萧墙西北角（杨）。今太平仓以南，至皇城西安门一带（王）；侯图无此坊
	发祥坊 永锡坊		发祥坊在永锡坊西（析）	参侯图
	丰储坊		在西仓西（析）	西仓指和义库、坊因以为名（杨）；侯图与之不同

续表

坊名		坊名取义	文献记载位置	考证位置
中轴线西宛平县所属诸坊	析津坊	燕地分野，上应析木之津，地近海子，故取析津为名	地近海子	参侯图
	日中坊	地当市中，取日中为市之义		即明日忠坊，钟鼓楼以西，包括积水潭东北的斜街在内（杨、王）；侯图无此坊
	凤池坊	取凤凰池之义	地近海子，在旧省前。在斜街北（析）	在日中坊北（杨）。即今什刹海以北之地，或即今钟鼓楼西铸钟厂及锡拉胡同附近（王）；参侯图
	里仁坊		在钟鼓楼西北（析）	参侯图
	招贤坊		在翰林院西北（析）	或今德胜门附近（王）；参侯图
	玉铉坊	按周易鼎玉铉大吉，以坊近中书省，取此义	坊近中书省。在中书省前相近（析）	侯图无此坊。今旧鼓楼大街以西（王）
	五福坊	取洪范五福之义	坊在中地	侯图无此坊
	善俗坊 甘棠坊 迁善坊 可封坊	诗人美周召公之政，文对甘棠坊有甘棠篇，取此义	四坊"在建德门"（析）	可封、美俗二坊参侯图
	怀远坊	取左传怀远以德之义	地在西北隅（析）	参侯图
	乾宁坊	取周易乾卦万国咸宁之义	地在西北乾位	参侯图
	清远坊	取远方清宁之义	地在西北隅	参侯图
	平在坊	取尚书平在朔易之义	在北方	参侯图，标在中分线之西
方位不明诸坊	大同坊	取四方会同之义		
	文德坊	按尚书诞敷文德，取此义		
	八政坊	取洪范八政食货为先之义	地近万斯仓八作司	
	咸宁坊	取尚书野无遗贤，万国咸宁之义		
	同乐坊	取孟与子民同乐之义		
	寿域坊	取杜诗八荒开寿域之义		
	宜民坊	取毛诗宜民宜人之义		
	康衢坊	取尧时老人击壤康衢之义		

续表

	坊名	坊名取义	文献记载位置	考证位置
方位不明诸坊	进贤坊	取贤才并进之义		
	嘉会坊	取周易嘉会之义	坊在南方，南方属礼	
	智乐坊	取智者乐水之义	地近流水	
	邻德坊	取论语德不孤必有邻之义		
	有庆坊	按尚书：一人有庆兆民赖之，取其义以名		
	睦亲坊	取尚书以亲九族，九亲既睦之义	地近诸王府	
	豫顺坊	按周易豫卦，豫顺以动，利建侯行师之义		见本书居住遗址部分，今北草厂胡同以西
	湛露坊	按毛诗湛露，为锡宴群臣霑恩如湛露	坊近官酒库	
	乐善坊	取汉东平王为善最乐之义	地近诸王府	
在五十坊之外诸坊	里仁坊、发祥坊、善利坊、乐道坊、好德坊（三坊在"三相公寺前"）、永锡坊、招贤坊、善俗坊、昭回坊、居贤坊、鸣玉坊、展亲坊、惠文坊（二坊在"草桥西"）、请茶坊（靖恭坊之误）、训礼坊、咸宜坊、思诚坊、皇华坊、明照坊、蓬莱坊、南薰坊、迁善坊、可封坊、半储坊、东甘泉坊、西甘泉坊（以上见《析津志辑佚·城池街市》和《日下旧闻考》卷三八引《析津志》）。			
其他	侯图在安富坊北、鸣玉坊东有集庆坊，在萧清门街南有永福坊			

说明：

① 表中凡未注者，均见《日下旧闻考》卷三八引《元一统志》。
② 注（析）者，见《析津志辑佚·城池街市》；（析·寺）见《析津志辑佚·寺观》，《析·古》见《析津志辑佚·古迹》。
③ 侯图见侯仁之主编《北京历史地图集》（北京出版社 1988 年版）"元大都"图，本书附图之 6-2。
④ （徐·御）见徐苹芳《元大都御史台址考》。（徐·枢）见徐苹芳《元大都枢密院址考》。
⑤ 见王璞子《元大都城平面规划述略》。
⑥ 见杨宽《中古代都城制史研究》。
⑦ 见程敬琪等《北京传统街坊的保护刍议——南锣鼓巷四合院街坊》。
⑧ 虞集《襄敏杨公神道碑》说和宁里"在内朝之西北"。以上出处均见书后"主要征引书目"。

第五节　主要衙署、礼制和宗教建筑及其他重要建筑的配置方位

一　主要衙署

元代的中央衙署最初是按星宿方位安排的，很分散，极不方便，所以后来才略收拢而散置于萧墙的南侧和东侧。元代的中央衙署以中书省（行政）、枢密院（军事）和御史台（司法）级别最高，故拟以三者为纲略述其方位。

（一）中书省及其邻近的衙署

至元四年于凤池坊北立中书省，约在今铸钟厂以西（见本书第七章）。后来又在五云坊设南中书省[1]，凤池坊的中书省遂称北中书省（图6-2、图6-8）。南中书省之东有侍仪司署，正当水门之西，侍仪司署之后有南仓（太仓）[2]。此外，与北中书省邻近的还有尚书省[3]和翰林国史院[4]。

---

[1]《析津志辑佚·朝堂公宇》："中书省在大内前东五云坊内"，"外仪门近丽正门东城下，有都省二字牌扁。"赵正之《元大都平面规划复原的研究》（《科技史文集》第二辑，上海科学技术出版社1979年版）认为：南省"约在今东安市场附近"。

[2]《日下旧闻考》（二）卷六四第1054页按语："又《析津志》，侍仪署在都省之东，水门之西，南仓之前"；"南仓即元之太仓"。

[3] A.《析津志辑佚·朝堂公宇》记载："至元二十四年闰二月，立尚书省"，"时五云坊东为尚书省。自至元七年至至元九年，并尚书省入中书省。至元二十七年，尚书省入中书省"，"于今尚书省为中书省，乃有北省南省之分"。

B. 清人黄本骥《历代职官表》（中华书局1965年版）第43页云：元"尚书省虽亦曾屡次复设，乃因人而施，主旨专为临时搜刮财物，不为定制。旋置旋废，废又复置……当设立尚书省之时，中书省之职权即移于尚书省，而中书省又并存如故"。

C. 赵正之《元大都平面规划复原的研究》（《科技史文集》第二辑，上海科学技术出版社1979年版）认为："尚书省，在京师北省之南。阎复《尚书省上梁文》云：'再涓吉地，爰筑新基，辇来落落之奇材，构出潭潭之仙府。左带凤池之水，右瞻鳌冠之峰。听鸡有便于趋朝，待漏不烦于他所。'（元人苏天爵《元文类》卷四七）据此可知尚书省之左有凤池，凤池即清代莲花泡子，今之什刹前海。尚书省既在什刹前海之西，其旧址应为今三座桥以北，毡子房东煤厂一带。"

[4] A.《析津志辑·朝堂公宇》记载："后于至顺二年七月十九日，中书省奏，奉旨：翰林国史院里有的文书，依旧北省安置，翰林国史官人就那里聚会。由是北省既为翰林院，尚书省为中书都堂省固矣。""南省、北省，金朝时乃二税赋宰相之庄，有曰南相庄，北相庄。我朝为二省，乃知地气之王而不歇者如此。"

B.《日下旧闻考》（二）卷六四第1053页引《瀛洲道古录》："元时翰林院以金乌珠（兀术）第为之。"引《道园学古录》："鳌峰者，国史院庭中石名也。"又加按语说："元之翰林国史院屡经迁徙，至顺间赐居北中书省旧署，又《析津志》云，南省北省乃金时二税赋宰相之庄，曰南相庄，北相庄。据此则元之北省后改翰林院者，为金时北相庄，乌珠亦称北相，可互证也。"

(二) 枢密院及其邻近的衙署

《析津志辑佚·朝堂公宇》记载："枢密院在东华门过御河之东，保大坊南之大街（原误为御）西，涖军政"（图 6-2）；同书《城池街市》中说"保大坊在枢府北"，《河闸桥梁》中说"朝阳桥在东华门外，俗名枢密院桥"。保大坊在蓬莱坊南，自亮果厂胡同以南至灯市口西街，东至王府井大街、美术馆东街，西至东皇城根南、北街，都是保大坊的范围[1]。东华红门外通惠河上之桥，西对今银闸胡同东口，东对今东厂胡同西口，该桥即俗名枢密院桥[2]。上述情况结合文献记载和遗留在街道布局上的痕迹判断，枢密院故址当在今灯市口西街以北，王府井大街北段以西，东皇城根南街以东，东厂胡同以南的地域之内[3]。在此范围内的一些胡同，如关东店（明代称中街），可能是元枢密院所遗留之痕迹，而大、小草厂，风筝胡同（后改丰盛胡同）、黄土岗和花园等，则是元枢密院废弃后自由形成的不规则的胡同[4]。此外，在元枢密院内还有武成王庙[5]，宣徽院和光禄寺也在枢密院之南一带。

(三) 御史台

元至元五年诏立御史台，初拟建于肃清门内，至元十八年（1281 年）改建于澄清坊内（图 6-2）。《析津志》记载："国初至元间，朝议于肃清门之东置（御史）台，故有肃清之名。"今"台在澄清坊东，哈达门第三巷转西。台之西有廊房……谓之台房"[6]。又"乐善楼，在文明门里百步，面东，御史台南"[7]。澄清坊约在今东长安街以北至灯市口大街以南，今东单北大街以西至王府井大街以东的范围内[8]。哈达门即文明门，其门址在今东单以南洋溢胡同与裱褙胡同之间的崇文门内大街上[9]。自此向北路西第三巷为今东单三条胡同，御史台应在今东单三条胡同内以北；而自文明门向北百步的乐善楼，当在今东单之北大路西，东单二条胡同东口外稍南，正在东单三条胡同内御史台址之南[10]。

---

[1] 关于蓬莱坊，徐苹芳《元大都枢密院址考》（《庆祝苏秉琦考古五十五年论文集》，文物出版社 1989 年版）说该坊"只占自亮果厂胡同以北至地安门东大街以南，东至美术馆后街，西至东皇城根北街的地区"。

[2] 徐苹芳《元大都枢密院址考》，《庆祝苏秉琦考古五十五年论文集》，文物出版社 1989 年版。

[3] 徐苹芳《元大都枢密院址考》，《庆祝苏秉琦考古五十五年论文集》，文物出版社 1989 年版。

[4] 徐苹芳《元大都枢密院址考》，《庆祝苏秉琦考古五十五年论文集》，文物出版社 1989 年版。

[5] 《元史》卷七六《祭祀志五》："武成王庙于枢密院公堂之西。"

[6] 《永乐大典》卷二六〇七·台字韵引《析津志》（中华书局 1986 年版）。

[7] 《析津志辑佚·古迹》。

[8] 徐苹芳《元大都御史台址考》，《中国考古学论丛》，科学出版社 1993 年版。

[9] 徐苹芳《元大都御史台址考》，《中国考古学论丛》，科学出版社 1993 年版。

[10] 徐苹芳《元大都御史台址考》（《中国考古学论丛》，科学出版社 1993 年版）考证说："南起东单三条胡同，北至煤渣胡同、东起东单北大街，西至校尉胡同的这片地域，是元大都御史台址遗留在北京街道胡同分布图上的痕迹"；"根据前引诸文献，似乎其大门（外仪门）仍应在今东单三条胡同内，现在的协和医院东夹道，是否御史台址的中线，亦未敢臆断"。

(四) 太史院、司天台和礼部

杨桓《太史院铭》记载："(至元)十六年春，择美地，得都邑东墉下，始治役。垣纵二百步武，横减四之一。中起灵台(即司天台)……"(图6-2)[1] 当时大都的"明时坊在太史院东"[2]，位于大都城东南隅[3]。根据考古资料判断，太史院可能在今贡院，元大都东南角楼(明观星台、今观象台，在建国门立交桥西南角)之北(图6-2)[4]。

"贡院在城东隅，元礼部旧基也(图6-8)。永乐乙未改为贡院，制甚偏隘"[5]。其地应在今贡院东大街与西大街之间[6]。

(五) 兵部和刑部

"太仆寺在皇城西，乃元兵部旧署"，"兵部夹道今仍称太仆寺胡同，即旧署址也"[7]。

---

[1]《元文类》卷一七。元代是我国天文科学有较大发展的时期，元世祖至元十三年(1276年)任用著名科学家郭守敬和王恂主持天文学研究。至元十六年(1279年)春始建太史院和司天台(此前使用金代司天台，太史院筹建工作前后约有十年)。伊世同《北京观象台的考察与研究》(《文物》1983年第8期)说：据杨桓《太史院铭》序言描述，太史院长约123米，宽约92米(按天文专用量天尺计算)。司天台建筑在庭院中轴线的北半部，主台分三层，中下层为官署和工作用房，顶层陈设简、仰二仪。主台左侧另起一小台，设玲珑浑仪。主台右侧立高表，表前有堂舍，表北地面上敷石圭。司天台前的东西隅为印历局，往南有神厨和算学。太史院和司天台(灵台)紧密结合在一起。由于天文学的发展，至元十七年编制出《授时历》，这是当时世界上最先进的历法之一。除司天台外，在宫城厚载门东侧也筑观星台，称内灵台，在观测时与司天台互为补充。

[2]《析津志辑佚·城池街市》。

[3] 赵正之《元大都平面规划复原的研究》(《科技史文集》第二辑，上海科学技术出版社1979年版)中说："明时坊在今方巾巷以东之地，太史院应在其西。今方巾巷西，火神庙以东，新开路以南，西观音寺以北，象鼻子坑附近，即为元代太史院旧址。"按此说与考古资料不同，应以考古资料为准，见下注。

[4] 蒋忠义《北京观象台的考察》(《考古》1983年第6期)认为："元代太史院可能就在贡院这个地点。如位于贡院的中国社会科学院，前几年盖楼房挖地基时，曾挖到大片元代夯土基础。过去这一带也出土过元代建筑的石构件，有一种石构件为竖长方条石，在相邻一角的两侧雕刻有荷花纹，这种建筑构件，是用在高台建筑台基抹角部位。这些考古发现，说明这一带有过高大建筑，元代太史院应在这片范围内，司天台就设在这里，这个位置正好在北京古观象台(即明代观星台)的北面。""明代废司天台，重新在元大都城东南角楼的基础上，修建观象台。""这次拆除观象台东侧城墙时，墙心内的夯土全是元代夯筑的。只是夯土墙外表砌上明代城砖。从以上情况看，元代的司天台位于明代观星台的北面。"

[5]《日下旧闻考》(二)卷四八第747页引《春明梦余录》，又引《涌幢小品》："京师试院改旧礼部为之。"第751页引《顺天府册》："贡院在崇文门观星台西北。"侯仁之主编《北京城市历史地理》(北京燕山出版社2000年版)第216页注(6)说："《春明梦余录》：'贡院在城东南隅，元礼部旧基也'，'太仆寺在皇城西，乃元兵部旧署'。两说均可能不确，按古代制度，礼部、兵部皆应置于中书省内，元朝不应偏置，独立建衙，俟考。"存此仅供参考。

[6] 赵正之《元大都平面规划复原的研究》，《科技史文集》第二辑，上海科学技术出版社1979年版。

[7] A.《日下旧闻考》(二)卷六五第1075页引《春明梦余录》及第1076页按语。
B. 兵部位置的不同意见，可见侯仁之主编的《北京城市历史地理》(北京燕山出版社2000年版)。

据此可知，元代兵部在今太仆寺街附近（图 6-8）[1]。刑部可能在顺承门内，旧刑部街或即元代刑部之所在（图 6-8）[2]。

（六）大都路都总管府及巡警二院

《日下旧闻考》（二）卷五四 868 页引《析津志》记载："双青杨树大井关帝庙又北去，则昭回坊矣。前有大十字街，转西大都府（即大都路都总管府，简称都府）、巡警二院；直西则崇仁倒钞库；西，中心阁；阁之西，齐政楼也，更鼓谯楼（指鼓楼）；楼之正北乃钟楼也。"所记配置的相对方位已很明确。大都路都总管府即明清之顺天府署。其旧址应包括今分司厅胡同以南，小经厂胡同以东之地。巡警二院在其西，旧址为小经厂胡同以西至北锣鼓巷以东之地（图 6-2、（图 6-8）[3]。

二 礼制和宗教建筑

（一）坛庙

在礼制建筑中，台而不屋为坛，设屋而祭为庙。蒙古统治者起于漠北，其"五礼"均按蒙古旧俗举行，对中原地区传统的神祇在祭祀上仅"稍稽诸古"而已，故不甚重视营建坛庙（唯儒学对笼络汉族士人有重要作用，所以也尊孔抚儒，相对而言较重视孔庙）。忽必烈推行"汉法"以后，部分坛庙才先后建立起来。但地坛、日坛、月坛等，则始终未建。各种祀典也不完备，或虽有定制而不执行。相反，蒙古皇室贵族却尊佛崇道，追求成佛成仙，热衷于巫祝"亲见鬼神"，对此虔敬和信赖的程度远甚于礼制。所以《元史》卷七二《祭祀一》才有"岂以道释祷祠荐禳之甚，竭生民之力以营寺宇者前代未有，有所重则有所轻欤？"之语。

1. 左祖右社

元中统四年初，立太庙于燕京旧城[4]，至元十四年诏建太庙于大都，十七年太庙建成[5]，太庙"门外驰道，抵齐化门之通衢"[6]。太庙旧址应在今朝阳门内北小街之东，南起烧酒胡同，北至南门仓，东起豆瓣胡同，西至南弓匠营，今之斜街就是太庙废墟（图 6-8）[7]。

社稷坛建于至元三十年，位"于和义门内少南，得地四十亩，为壝垣"[8]。其位置约

---

[1] 赵正之《元大都平面规划复原的研究》，《科技史文集》第二辑，上海科学技术出版社 1979 年版。
[2] 赵正之《元大都平面规划复原的研究》，《科技史文集》第二辑，上海科学技术出版社 1979 年版。
[3] 赵正之赵正之《元大都平面规划复原的研究》（《科技史文集》第二辑，上海科学技术出版社 1979 年版）按至元二十一年置大都路总管府，不久改称大都路都总管府。
[4] 《元史》卷七四《祭祀三》：中统"四年三月癸卯，诏建太庙于燕京"。
[5] 《元史》卷七四《祭祀三》：至元"十四年八月乙丑，诏建太庙于大都"，"十七年十二月甲申，告迁于太庙"，"二十一年三月丁卯，太庙正殿成，奉安神主"；"庙制：至元十七年，新作于大都"。
[6] 《元史》卷七四《祭祀三》：太庙"筑崇墉以环其外，东西南开棂星门三，门外驰道，抵齐化门之通衢"。
[7] 见赵正之《元大都平面规划复原的研究》，《科技史文集》第二辑，上海科学技术出版社 1979 年版。此外，该文还指出以大慈延福宫为元太庙旧址，是错误的。
[8] 《元史》卷七六《祭祀五》：至元"三十年正月，始用御史中丞崔彧言，于和义门内少南，得地四十亩，为壝垣，近南为二坛，坛高五丈，方广如之。社东稷西，相去约五丈"。

北起大玉皇阁胡同，南至火神庙、葡萄园，西起福绥境胡同，东至观音庵胡同南北一线；明代改建为朝天宫（图6-8）[1]。

2. 太乙神坛和云仙台

元大都萧墙正南灵星门前，东边建太乙神坛，西边建云仙台（图6-8）。《元史》卷一九，《成宗二》记载：成宗大德元年正月"建五福太乙神坛時"，《元史》卷一八，《成宗一》说：至元三十一年五月"庚申，祭紫微星于云仙台"。太乙神坛约在今南池子东玛哈噶剌庙处，云仙台约在今南长街西老爷庙附近（老爷庙之南有胡同名曰东大坑，可能是筑台时是挖成的），两台之间的中心点正在现在故宫午门外的大道上[2]。此外，在和义门内近北，还有西太乙宫[3]。

3. 南郊坛

蒙元早期仅依本俗祭天[4]，至元十二年忽必烈接受"尊号"，才在"丽正门东南七里建祭台，设昊天上帝、皇地祇位二，行一献礼"（未按圜丘之制）。至元三十一年，"始为坛于都城南七里"，但皇帝未亲祭，仅派官员摄祭，"其以国礼行事"[5]。坛在今永定门外。

元无日坛、月坛和地坛，均合祀于南郊圜丘。星辰，元制从祀圜丘，至元五年后，每年二分（春分、秋分）、二至（夏至、冬至）在司天台祭星。立春后丑日祭风师于东北郊，立夏申日祭雷雨师于西南郊，仁宗延祐年间立风雨雷师坛于上述二郊。

4. 城隍庙

城隍庙是城市的保护神，所以城市多建城隍庙。大都"城隍庙在大都城西南隅顺承门里，向西，国朝所创，有碑"（图6-2）[6]，明清屡有兴建，并发展为庙市。庙尚存，在今复兴门内成方街路北。其旧址应包括今成方街以北，兴隆胡同以西，花园宫以东，按院胡同以南之地[7]。

（二）原庙与寺院

蒙古族原信奉萨满教，在对金战争进入中原后开始接受佛教。元世祖忽必烈特崇藏传佛教（喇嘛教），尊喇嘛教萨迦派领袖八思巴为帝师，其后诸帝亦尊该派高僧为帝师，使

---

[1] 赵正之《元大都平面规划复原的研究》，《科技史文集》第二辑，上海科学技术出版社1979年版。此外，文中还指出，社稷坛的方位实际上是靠近平则门大街的。因皇帝拜社自北面而入坛，即从和义门大街向南而入社稷坛，故文献记载和义门少南，而不云平则门内以北。又说，明代在社稷坛旧址上改建朝天宫。朝天宫内有天师府，此天师府是明代建的，非如一些人所说为元代天师府（崇真万寿宫）。

[2] 赵正之《元大都平面规划复原的研究》（《科技史文集》第二辑，上海科学技术出版社1979年版）与杨宽《中国古代都城制度史研究》（上海古籍出版社1993年版）第487页，均认为大都东、西太乙宫之营建，受宋代影响。

[3] 《析津志辑佚·寺观》

[4] 蒙古初起，拜天仪式简单，《元史》卷七二《祭祀一·郊祀上》：记当时拜天仪式"衣冠尚质，祭器尚纯，帝后亲之，宗戚助祭"。宪宗蒙哥时始冕服拜天于日月山，天地同祭，祭时配乐，立天帝牌位。

[5] 据《元史》卷七二《祭祀一·郊祀上》。

[6] 《日下旧闻考》（二）卷五〇第792页引《元一统志》。

[7] 赵正之《元大都平面规划复原的研究》，《科技史文集》第二辑，上海科学技术出版社1979年版。

藏传佛教迅速发展起来，同时对中土原有佛教也采取保护态度[1]。此外，元朝还对其他宗教采取兼收并容政策，如道教（有正一派、全真派、真大道教和太一派等流派，以全真派势力最大）、基督教（也里可温寺）和伊斯兰教（信徒统称为"回回"）等。当时元朝在大都主要是兴建藏传佛教寺院，其特点是大寺中建有供奉历朝帝后遗容的"神御殿"（旧称影堂），使之具有了原庙的性质。这种佛寺每帝一寺（是某位皇帝的专寺），多在皇帝即位后便敕令建造（元朝皇帝死后潜葬，不建陵寝，故特重视原庙建设）。下面就将大都城内此类佛寺和寺院略作介绍。

1. 原庙

（1）大圣寿万安寺（白塔寺）

该寺原为辽道宗所建，元世祖时扩建，历经十余年建成[2]，称大圣寿万安寺。寺内一如内廷之制，常用作百官习仪之所。成宗时设世祖帝后影堂于大殿之西（元寿昭睿殿，另外还有真金太子明寿殿）。明代天顺年间改称妙应寺，地点在今阜成门内路北（大都平则门），其旧址应包括白塔寺夹道以西，火神庙以南，宫门口东巷以东，阜成门大街以北之地（图6-8）[3]。该寺著名的白塔尚存（图6-17）[4]。

（2）大天寿万宁寺

成宗大德九年布尔罕皇后起建于中心台之后，建有中心阁。泰定四年在此建成宗帝后神御殿（广寿殿），后来成为宪宗、成宗的原庙。明代称万宁寺，清康熙年间重修，改称

---

[1] 潘谷西主编《中国建筑史》第四卷"元明建筑"第5页中说，元朝时"天下塔庙，一郡动千百区，其徒率占民籍十三"，当时"国家经费，三分为率，僧居二焉"（张养浩《归田类稿·时政书》）。至元二十八年（1291年），全国寺宇共四万二千三百一十八区，僧尼二十一万三千一百四十八人（《元史》卷一六《世祖十三》）。寺院在政治上有许多特权，拥有大量土地、房屋及其他各种财产，并予免税免役等种种优待。

[2] A. 杨宽《中国古代都城制度史研究》（上海古籍出版社1993年版）第483页说："元世祖至元十六年（1279年）开始扩建，十年建成。"

B. 潘谷西《中国古代建筑史》第四卷（中国建筑工业出版社2001年版）"元明建筑"第14页注（4）表中所记建造时间为"至元九年至二十五年"。

[3] 赵正之《元大都平面规划复原的研究》，《科技史文集》第二辑，上海科学技术出版社1979年版。

[4] 大圣寿万安寺的白塔是由尼泊尔人阿尼哥修建的。《元史》卷二〇三《工艺》"阿尼哥"条记载："中统元年（1260年），命帝师八合斯巴建黄金塔于吐蕃，尼波罗（尼泊尔）国选匠百人往成之，得八十人，求部送之人，未得。阿尼哥年十七，请行，众以其幼，难之。对曰'年幼心不幼也'，乃遣之。帝师一见奇之，命监其役。明年，塔成。"其后，阿尼哥随帝师八思巴赴京，至元八年（1271年）负责"大圣寿万安寺"白塔的建造，历时八年。"大德五年（1301年）建浮图于五台。"阿尼哥还从事塑造佛像，并向汉族弟子刘元、邱士亨等人传授西天梵像技术。

白塔，其内部常用于埋葬佛和高僧的舍利、尸骨，供人礼拜。由于塔砖石砌筑，外涂白垩，故名白塔。大圣寿万安寺的白塔，由塔基、相轮、伞盖、宝瓶组成，通高50.9米。塔基三层，平面呈"亞"字形，上、中两层为须弥座。二层须弥座之上以硕大的莲瓣承塔身，塔身平面圆形，肩宽下窄。塔身之上又以"亞"字形须弥座承托圆锥状相轮。塔顶为青铜伞盖和宝瓶（后改为小喇嘛塔）。塔外无雕饰，塔身各部比例匀称，整体雄浑稳健，气势非凡，堪称此类佛塔的杰作。该塔之原型为尼泊尔传统的"覆钵式"佛塔。

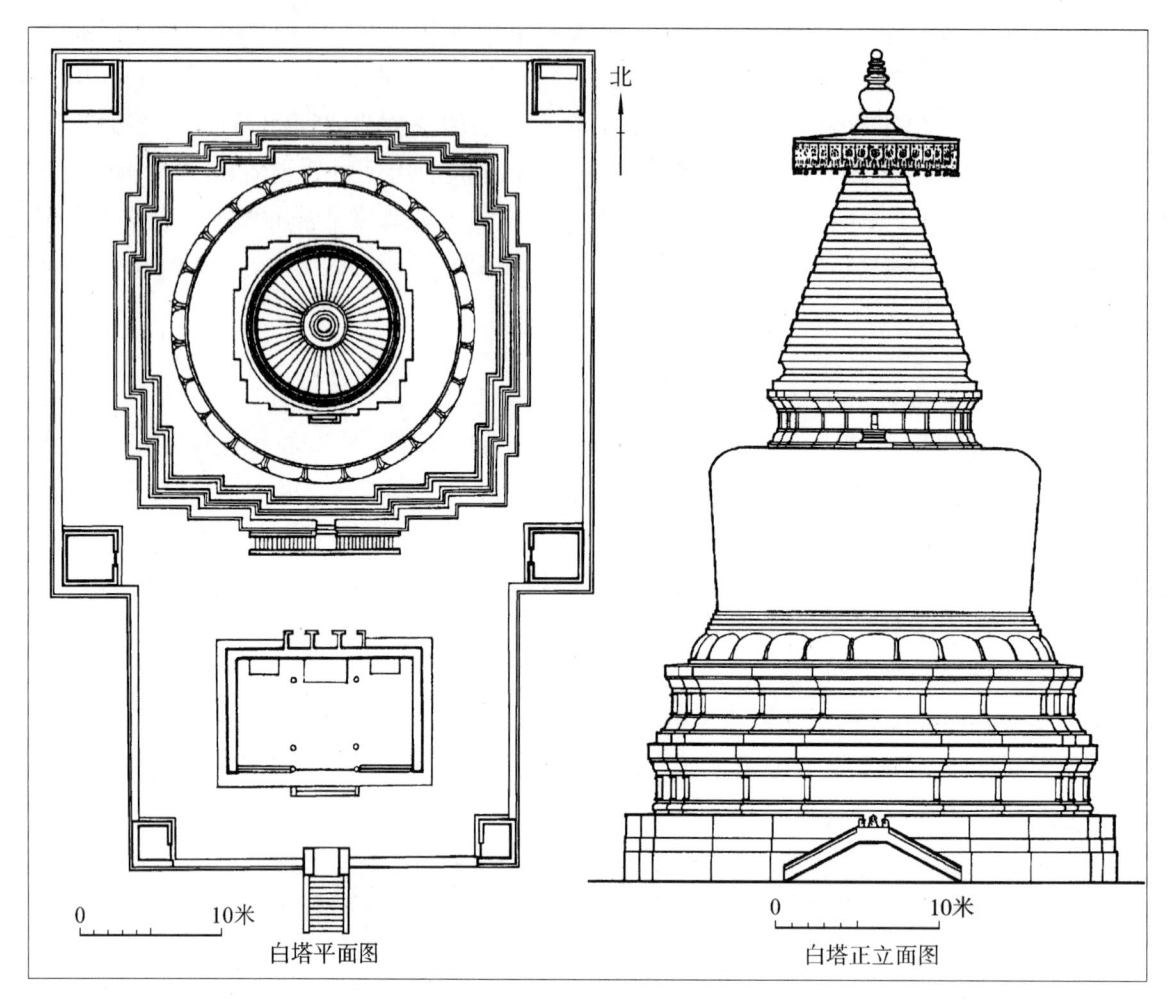

图 6-17　北京元大都万安寺白塔平面图及立面图
（引自潘谷西主编《中国古代建筑史》第四卷"元明建筑"，略有改动）

净因寺（今无存）。旧址在今旧鼓楼大街以东，宝钞胡同以西，豆腐池、娘娘庙胡同以南，鼓楼东大街以北之地，占地极广（图 6-8）[1]。

（3）大承华普庆寺

成宗大德四年创建，武宗至大元年扩建，跨数坊之地。后来成为顺帝帝后（衍寿殿）和仁宗帝后（文寿殿）的原庙（明代称宝禅寺）。其地在今宝产胡同，正当崇国寺的街西[2]，大崇国寺即今平安里北护国寺[3]

（4）大天源延圣寺（黑塔寺）。

原为卢师寺，泰定三年建显宗神御殿于卢师寺，赐额为大天源延圣寺[4]。天历元年

---

[1]　赵正之《元大都平面规划复原的研究》，《科技史文集》第二辑，上海科学技术出版社1979年版。
[2]　杨宽《中国古代都城制度史研究》，上海古籍出版社1993年版，第484页。
[3]　赵正之《元大都平面规划复原的研究》，《科技史文集》第二辑，上海科学技术出版社1979年版。
[4]　《日下旧闻考》（三）卷一〇四第1717页引《元史·泰定帝纪》："泰定三年二月，建显宗神御殿于卢师寺，赐额曰大天源延圣寺，敕贮金书西番字藏经。八月，天源延圣寺神御殿成，十月，（转后页）

*废显宗神御殿，次年明宗皇后在此做佛事为明宗求冥福[6]。顺帝元统年间在此立明宗神御殿[7]，成为明宗帝后原庙。该寺地近白塔寺。

（5）大永福寺（青塔寺）

仁宗延祐三年始建，英宗至治元年建成，后来为英宗帝后原庙（宣寿殿）。明代仍称青塔寺。按白塔寺、青塔寺和黑塔寺相距不远，《春明梦余录》说：白塔寺"附近有黑塔寺、青塔寺、然寺存而无塔"。《日下旧闻考》（二）卷五二830页按语说："黑塔寺在南小街水窖胡同，青塔寺在阜成门四条胡同，相距里许，皆无塔，亦皆无寺额，独各有碑可考耳。"青塔寺与其东南白塔寺相距一里许[8]。

（6）也里可温十字寺

基督教（景教）也里可温十字寺，为基督教圣方济各（祭日）会派意大利传教士约翰·孟特科维诺所建。地点在元靖恭坊内，是睿宗皇后唆鲁和帖尼（或作莎儿合黑塔泥）原庙之所在[9]。

此外，世祖至元年间，曾安置太祖、太宗、睿宗御容于翰林院。在大都城外还有大护国仁王寺[10]、大崇恩福元寺[11]、大承天护圣寺[12]、延寿寺[13]等。

2. 其他佛寺和宫

大都城内还有一些寺院，较重要者有大庆寿寺。该寺为金代旧刹，因其西南隅有海

---

* （接前页）奉安显宗御容于大天源延圣寺。"该卢师寺非旧闻考同页所说宛平县西卢师山的卢师寺。该寺又名黑塔寺，《析津志辑佚·古迹》：黑塔"在大天源延圣寺，太平坊"，明正统年间改为弘庆寺，仍称黑塔寺，但塔无存。

[5]《元史》卷七五《祭祀四》神御殿条。
[6]《元史》卷一一四《后妃一》。
[7]《元史》卷三八《顺帝一》。
[8] 杨宽《中国古代都城制度史研究》，上海古籍出版社1993年版，第485页。
[9] A. 徐苹芳《元大都也里可温十字寺考》（《中国考古学研究——夏鼐先生考古五十年纪念论文集》，文物出版社1986年版）说该寺建于大德九年（1305年），大德十年完工。文中引《永乐大典》卷一七〇八五庙字韵"原庙"条下所引《析津志》："唐妃娘娘阿吉剌、也里可温寺，靖恭坊内，世祖亲母。"唐妃娘娘即睿宗拖雷的皇后唆鲁和帖尼，为宪宗蒙哥和世祖忽必烈的生母，死后被谥为显懿庄圣皇后。她是信奉基督教的克烈部人，故其原庙设在也里可温寺内。该寺可能在帽儿胡同西口路北明清以来显佑宫的地方。

B. 殷小平《元代典籍中"也里可温"涵义试释》（《欧亚学刊》第九辑，中华书局2009年版）指出：元代被指为也里可温的人士乃为基督教徒。其基本含义有三，一是指一种宗教户，二是指一地名或部族名，即其色目身份，三是指僧侣地主。"十字寺"是元代也里可温寺院的别称。按：元朝蒙古人将基督教徒称"也里可温"，1289年意大利天主教方济各会修士约翰·孟特科维诺入华传教后，"也里可温"也包括天主教徒。

[10] 又称高梁河寺，在城西高梁河滨和义门西里七里广源闸之东，世祖至元七年建，后来成为昭睿顺圣皇后和北安王那木罕的原庙。
[11] 武宗至大元年始建，仁宗在此建供奉武宗及二后的东西两殿。在今崇文门外上四条胡同，明代称崇恩观。
[12] 天历二年始建，在西郊青龙桥西。顺帝时奉文宗及太皇太后御容于此。明代为清历德寺址。
[13] 辽建，置辽景宗石像，元代用作明宗的原庙。地点在琉璃厂东北佘家胡同东口。

云，可庵双塔，建大都城时南城垣避双塔而南曲，故较有名[1]。其旧址当在今府右街以西，大栅栏胡同以东，李阁老胡同以南，西长安街以北之地。今西长安街北有双塔庆寿寺，为乾隆时重修[2]。崇国寺（今护国寺）在皇城西北隅，位于今护国寺街。柏林寺，"在今雍和宫东，建于元至正七年"，寺今尚存[3]。此外，还有圆恩寺（今东城前园恩寺胡同）、万松老人塔（今西四南大街）等。

崇真万寿宫，元代的天师府，俗名天师庵[4]。其旧址在今大取灯胡同以北，东皇城根之东，大佛寺西大街以西，宽街以南之地（元萧墙之东北隅）（图6-8）[5]。

除上所述，在大都城外之南，还有长春宫（白云观当时是该宫的一部分）。元代"回回"人户较多，亦应有清真寺。此外，蒙古人信奉萨满教，故又"为蒙古巫觋立祠"。

三　其他重要建筑

（一）国子监与文庙

元大都的官学有国子学、蒙古国子学、回回国子学三所，并允许民间办学[6]。元代国子学的特点是与文庙相结合（又称庙学和学宫），当时采取左庙右学（即孔庙设在国子学之东）之制。至元二十四年（1287年）始建国子监，元大德十年（1306年）创建大都孔庙（供奉孔子塑像），尊孔子为"大成至圣文宣王"，并成为国家祀典内容之一。至大元年（1308年）冬，又建成国子学[7]。其方位在大都城东北的居贤坊之西，明清国子监即元国子学旧址，孔庙在其东，均在今雍和宫大街西的国子监街上（图6-2）[8]。

---

[1] 蒙古断事官对海云尊崇备至，海云死后葬于大庆寿寺的西南隅。忽必烈建大都城，令迁海云骨塔，"俾曲其城以避之"（《元一统志》卷一《中书省·大都路·古迹》）。海云之后，大庆寿寺一直被认为是临济宗的中心，有"禅宗第一刹"之称。

[2] 赵正之《元大都平面规划复原的研究》，《科技史文集》（上海科学技术出版社1979年版）第二辑。

[3] 《日下旧闻考》（二）卷五四第860页按语。

[4] 《日下旧闻考》（一）卷四三第678页引《明一统志》："崇真万寿宫在府南蓬莱坊。元至元中建……俗名天师庵。"赵正之《元大都平面规划复原的研究》（《科技史文集》第二辑，上海科学技术出版社1979年版）引《北平洪武图经志书》记载："崇真万寿宫在蓬莱坊"，至元十四年"命平章段贞度地京师，建宫艮隅（艮，东北方）"。

[5] 赵正之《元大都平面规划复原的研究》，《科技史文集》第二辑，上海科学技术出版社1979年版。

[6] 大都即成立了元代第一所书院——太极书院。

[7] 《元史》卷八一《选举一》学校条记载：至元"二十四年，既迁都北城，立国子学于国城之东。"《元文类》程巨天国子学先圣庙碑："至元四年作都城，画地宫城之东为庙学基"，"大德三年春，丞相臣哈剌哈孙答剌罕……乃身任之，饬五材，鸠众工……十年秋庙成，谋树国子学。御史台臣复以为请，制可。至大元年冬学成"。

[8] 《析津志辑佚·城池街市》记载："居贤坊，国学东，监官多居之。"《日下旧闻考》（二）卷六六第1089页引《春明梦余录》说："国子监在城东北，即元之旧学。洪武改为北平郡学，永乐仍为国子学，又改为国子监。"

(二) 钟鼓楼

《元一统志》说：至元九年在元大都城内建钟鼓楼，其作用是早晚报时并发出禁止夜间上街通行的信号。鼓楼或称更鼓谯楼，正名齐政楼[1]，楼上有壶漏、鼓角，楼下有三门，建于中心阁西，位于大都城东西中分线全城几何中心点上[2]。钟楼在鼓楼正北，建于光熙门至崇仁门间的中分线上，至元年间建造，"阁四阿，檐三重，悬钟于上，声远愈闻之"[3]。钟鼓楼的位置，前已说明其在今旧鼓楼大街以西，钟楼在今小黑虎胡同内，鼓楼在其正南，即今清虚观附近（图6-2）[4]。两者在大都城的布局中，占有较重要的地位[5]。

(三) 仓和库

通惠河开通后，至元五年八月"敕京师濒河立十仓"[6]，仓多设于今南、北河沿大街以东，东城墙以西一带[7]，临近海子地区，以及大都城边的沿河一带。元大都的官仓从中统二年始建，至元末城内、城边、通州等地约建54官仓[8]。这些官仓具体方位很难考证，但由于元明清三代官仓址多一脉相承，据此可略知元代一些官仓旧址。如明代位于朝阳门内北小街的南新仓和旧太仓即建于元代北太仓旧址上，清代仍继续使用并扩建。明代位于东直门内海运仓北的北新仓，元代时即为仓库，清代沿用并扩建。清代位于东四牌楼

---

[1] 取《尚书·尧典》"出璇玑玉衡，以齐七政"之义。

[2] 《析津志辑佚·古迹》记载："齐政楼，都城之丽谯也"，"此楼正居都城之中，楼下三门"，"齐政者，出璇玑玉衡，以齐七政之义。上有壶漏鼓角。俯瞰城堙，宫墙在望，宜有禁"。杨宽《中国古代都城制度史研究》（上海古籍出版社1993年版）第467页说：鼓楼"实际上并不在城的正中，而是位于中部的略偏西处"。此说是目前较普遍的看法。本书第七章将论证鼓楼位于全城东西中心线的全城几何中心点上，《析津志》说鼓楼"正居都城之中"完全正确。

[3] A.《析津志辑佚·古迹》。

　B.《马可·波罗行纪》第85章319页《大汗太子之宫》记述，"城之中央有一极大宫殿，中悬大钟一口，夜间若鸣钟三下，则禁止人行。鸣钟以后，除为育儿之妇女或病人之需要外，无人敢通行道中。纵许行者，亦须携灯火而出"，此即指大都钟楼而言。第322页注八，引《布莱慈奈德书》第38页说，钟楼建于1271年。

[4] 赵正之《元大都平面规划复原的研究》，《科技史文集》第二辑，上海科学技术出版社1979年版。

[5] 钟鼓楼的位置，与元大都中轴线，明清北京城中轴线位于何处之争密不可分。此问题本书第九章明北京城中有说。

[6] 《元史》卷六《世祖三》。

[7] 于光度《北京的官仓》（《北京文物与考古》第一辑，1983年）引《大元仓库记》："至元十三年，平章剌真阿里等禀杨尚书言：'今皇城东河沿建仓，令漕舟于此交卸'，'便奉旨准'……"

[8] 于光度《北京的官仓》（《北京文物与考古》第一辑，1983年）文中记城内22仓，即中统二年建千斯仓、通济仓、万斯北仓、相因仓。至元四年建永济仓、丰实仓、广贮仓。至元十六年建永平仓、丰润仓。至元二十四年万斯南仓。至元二十六年建既积仓、盈衍仓。至元二十八年建大积仓。至元二十九年建广衍仓、既盈仓、顺济仓。皇庆元年建惟亿仓。皇庆二年建广贮仓、广济仓、丰粮仓、大有仓。

东北，南新仓之西的富新仓，即为元代北太仓的一部分与明代南新仓的一部分。清代位于朝阳门内的兴平仓亦为元北太仓的一部分，清代位于朝阳门外南侧城墙根处（护城河西岸）的太平仓，元代时亦建有粮仓。清代在皇城南部天安门内的内仓，为元代南太仓旧址。清代裕丰仓（东便门外、护城河东、太平仓东之老仓）、储济仓（裕丰仓北），均为元、明旧仓址。[1] 元代千斯仓在光熙门内。

大都各城门内皆有公用库，如健德库、和义库、顺承库、文明库、崇仁库、光熙库等（图6-2、图6-8）。太平仓在元代也是库址、太乙神坛之南元代晚期亦辟为库，明代改为皇史宬[2]。城西部和义行用库规模很大，积水潭以北肃清门内还有万亿库。上述库址亦多与水道相连。

除上所述，从后文将介绍的雍和宫后元代居住遗址，以及其附近发现的元"太中大夫京畿都漕运使王公去思碑"来看，京畿都漕运司衙署应在其附近，这一带也应有一些仓库。

第六节　商业和手工业

一　商业

（一）大都商业之繁荣

大都城地处陆路交通交会之处，枢纽之区。至元三十年建成通惠河后，又依托大运河沟通江南水路和海上交通。由于水陆交通发达，"川陕豪商，吴楚大贾，飞帆一苇，径抵辇下"；"东隅浮巨海而贡筐，西旅越葱岭而献赞，南陬踰炎荒而奉珍，朔部历沙漠而勤事"[3]。"若乃城闉之外，则文明为舳舻之津，丽正为衣冠之海，顺城（承）为南商之薮，平则为西商之派"[4]，积水潭"舳舻蔽水"，商贾辐辏。因而"东至于海，西逾于昆仑，南极交广，北抵穷发，舟车所通，货宝毕来"[5]。举凡"天下地产，鬼宝神爱，人物造化，山奇海怪，不求而自至，不集而自萃"[6]，"甗甗貂豽之温，珠琲香犀之奇，锦纨罗氎之美，椒桂砂芷之储"，[7] 万方之珍奇宝货，大都市场无不尽有。《马可·波罗行纪》记载：大都城所居者，"有各地来往之外国人，或来入贡方物，或来售货宫中"，"外国巨价异物及百物之输入此城者，世界诸城无能与比。盖各人各自地携物而至"，"百物输入之众，有如川流不息。仅丝一项，每日入城者计有千车"；大都城周围，"约有城市二百，位置远近不等。每城皆有商人来此买卖货物，盖此城为商业繁盛之地也"[8]。此说夸张地尽

---

[1]　于光度《北京的官仓》，《北京文物与考古》第一辑，1983年。
[2]　赵正之《元大都平面规划复原的研究》，《科技史文集》第二辑，上海科学技术出版社1979年版。
[3]　《日下旧闻考》（一）卷六第90页引元李洧孙《大都赋》。
[4]　《宛署杂记·民风》。
[5]　元人程钜夫《姚长者碑》，《雪楼集》卷七。
[6]　《宛署杂记·民风》。
[7]　《日下旧闻考》（一）卷六第90页引元李洧孙《大都赋》。
[8]　《马可·波罗行纪》第358页。

述大都商业之繁荣。

大都商业繁荣的另一个原因，是商贾"往适其市，则征宽于关，旅悦于途"[1]。《稼堂杂抄》说："元大都腹里设税务七十三处，其在京城者，猪羊市、牛驴市、马市、果木市、煤木所，有宣课提举司领之。利网虽密，然自酒醋而外，若鱼虾药果之属，以及书画、藁荐、草鞯、筱帚、砖瓦、柴炭、诸色灯、铜、铁、线、麻线、苎绵、草索、麴货，皆为不合税之物，比于明崇文门税课，条目疏矣。"[2] 征税较宽，也为元初大都商业的发展创造了条件[3]。

(二) 商业区

1. 斜街钟楼一带是商业中心区

通惠河开通后，各路豪商大贾多走水路会聚于大都，因而商船在城内的锚地积水潭北的斜街至附近市中心街道最宽广的钟楼一带，就成为最"富遮殷实"的商业中心区[4]。

斜街在日中坊（"日中为市"之义），位于积水潭（海子）北岸[5]，最近泊地，风景宜人，"率多歌台酒馆"，是大都城的游览中心[6]，"望湖亭在斜街之西，最为游赏胜处"[7]。由此也带动了斜街商业的发展。

钟楼周围是主要的商业中心，珠子市在钟楼前街西第一巷，沙剌市（蒙古语，珊瑚之意）在钟楼前，一巷皆卖金、银、珍珠宝贝[8]；钟楼前是大都城的金融业和珠宝业中心区。其他各行市外延拱卫，其中段子市、皮帽市在钟楼街西南，米市、面市在钟楼十字街西南角，鹅鸭市在钟楼西；铁器市、穷汉市（城内最大的穷汉市）在钟楼后；此外还有帽子市、柴炭市集市等[9]。

钟楼之南，鼓楼之东南转角街市俱是针铺（针行），楼之左右俱有果木、饼面、柴炭、

---

[1] 《日下旧闻考》（一）卷六第 90 页引元李洧孙《大都赋》。
[2] 《日下旧闻考》（二）卷六三第 1031 页引《稼堂杂抄》。
[3] 元初商税为三十分取一，市舶税为十分取一。但到元文宗天历年间，税与元世祖至元七年规定的额数，增加"不啻百倍"。有研究表明，大都商脱约占全国税收的九分之一左右。可见其商业规模之大。
[4] 《析津志辑佚·古迹》：钟楼"与鼓楼相望。本朝富庶，殷实莫盛于此"，"盖东、西、南、北街道最为宽广"。
[5] 赵正之《元大都平面规划复原的研究》（《科技史文集》第二辑，上海科学技术出版社 1979 年版）指出：斜街"应当沿海子北岸而形成的，但不是今鼓楼西大街，而是在今什刹海后海北岸的一条小街即鸦儿胡同。这条街沿海子边一直往西，至原清摄政王府的东墙而中断，此街即元之西斜街。这条街在明代建德胜门以后逐渐废弃，向北移动，形成了今之鼓楼西大街、甘水桥大街和果子市大街"。
[6] 《析津志辑佚·古迹》"齐政楼"条说：海子"率多歌台酒馆。有望湖亭，昔日皆贵官游赏之地"。《析津志辑佚·岁纪》：每年二月，"若海子上，车马杂沓，绣毂金鞍，珠玉璀灿"，"自此后游玩无虚日"，"日以嬉游为乐"。
[7] 《析津志辑佚·古迹》。
[8] 《析津志辑佚·城池街市》。
[9] 《析津志辑佚·城池街市》。

器用之属[1]。钟楼之西，北中书省附近也有一些行市，如靴市在翰林院东[2]。鼓楼东南海子桥（万宁桥）一带以木器家具行为主，"铁络、量罐、椸架、马槽、大小木柜、镫橜、盘（高丽榧子木刳成或旋成，大小不等，极为朴质。凡碗碟、盂、托，大概俱有），橱、矮桌、矮床、门框、窗槅、蒙古棺（用大木去外皮，削成圆木，以铖开作盖，中刳作人形，冠服，一如平时。合之以铁条钉合之）。右此等木器多在海子桥南甚多"[3]。

大都城的市，日出敲钟鼓启市门[4]，"市内百廛悬旌[5]，万货别区"。"官大街上作朝南半披屋，或斜或正。于下卖四时生果、蔬菜、剃头、卜筮、碓房磨，俱在此下"[6]。半披屋应即廊房。

2. 羊角市、西市、枢密院角市、东市与省东市

羊角市（或言头市角头，角头系来往人烟凑集之处，通常指集市所在地）在城西鸣玉坊、咸宜坊、安富坊一带，地当今西四牌楼附近[7]。羊市、马市、牛市、骆驼市、驴骡市俱在羊角市一带，人市也在羊角市[8]。由此可见，羊角市乃畜牲行市交易之所。西市在由义坊，约在今西四牌楼以北，情况不详[9]。此外，西城还有庙市[10]。

---

[1]《析津志辑佚·古迹》"齐政楼"条。
[2]《析津辑佚·城池街市》。
[3]《析津志辑佚·物产》家具之属。
[4]《日下旧闻考》（一）卷六第90页引元·李洧孙《大都赋》中说：大都之市，"灵钟叩而蒲牢（传说中能大鸣的神兽）吼，操鼓动而元鼍（传说中能击鼓的神物）呼，榑桑腾景（日出时），皋门（市门）启枢。百廛悬旌，万货别区"。
[5]"百廛悬旌"，即商店卦幌子。《析津志辑佚·风俗》记载商店幌子有多种，如酒槽坊，门首多画四公子（春申君、孟尝君、平原君、信陵君），又间画汉钟离、唐吕洞宾门额。剃头者以彩色画牙齿为记。市中医小儿者，门首以木刻板作小儿，儿在锦绷中若方相模样为标榜。稳婆收生之家，门首以大红纸糊篾筐大鞋一双为记等。
[6] 北京图书馆善本组辑《析津志辑佚·风俗》。
[7] A.《日下旧闻考》（一）卷三八第603页引《图经志书》："羊角市在鸣玉坊，咸宜坊。"
B.《析津志辑佚·城池街市》："安富坊，在顺承门羊角市"，"鸣玉坊，在羊市之北"。王璞子《元大都城平面规划述略》（《故宫博物院刊》1960年第0期）："羊角市即今西四牌楼以西，其地至今犹有羊市街之称"，"据《胡同集》有鸣玉坊，在西四牌楼西北"，"符合《析津志》所述地望，疑其地即为元代旧址"；"咸宜坊见于《胡同集》，在西四牌楼西南"，其为"元旧址似少疑问"；"据《胡同集》安富坊在西四牌楼东南"。
[8]《析津志辑佚·城池街市》。其中人市条说："人市，在羊角市，至今楼子尚存，此是至元间（事）。后有司禁约，姑存此以为鉴戒。"
[9] 杨宽《中国古代都城制度史研究》（上海古籍出版社1993年版）第496页"由义坊"条说："由义坊，《析津志》：'在西市。'今西四牌楼北大街路西双关帝庙，为元代勇武安王庙旧址，庙内有泰定三年所立吴律所撰碑，称'都城西市旧有庙，毁久弗修'，泰定乙丑十月重修（《日下旧闻考》卷五十二），可知西市即在这一带，由义坊当即在此地。"前引侯仁之图（图6-2），武安王庙所在之坊标为鸣玉坊。
[10]《日下旧闻考》（二）卷五二第835页引姚燧《普庆寺碑》：寺"中建二楼，东庑通庖井，西庑通海会，市为列肆，月收僦直，寺须是资"。可见庙中有市。

城东主要有枢密院角市，其地在南薰、明照二坊[1]。枢密院故址在今东厂胡同附近，角市在枢密院东南角上，即今灯市口西口，其地正当明代南薰坊东北角和明照坊的西北角上[2]，此处近大内，该市当与供应宫廷所需有关[3]。另外，枢密院附近还有柴炭市[4]。

东市在居仁坊，即今东四牌楼一带[5]。又"十市口"或在今东四[6]，"其杂货并在十市口，北有柴草市，此地若集市。近年俱于此街西为贸易所"[7]。柴市在今府学胡同[8]。

省东市在丽正门内五云坊中书省之东，检校司门前墙下；在省前东街还有文籍市，省前有纸劄市[9]，具有文化市场性质。

3. 城门口和关厢商市

城门是交通要道，为客商和各类人等出入城的必经之地，大都的城门多各有特色。如丽正门是百官上朝集中之地，为"衣冠之海"；文明门是通惠河与闸河交接处，漕船和商船络绎不绝，为"舳舻之津"；顺承门是南来客商会集之处，为"南商之薮"；平则门是西来客商会集之地，为"西贾之旅"……因此，元大都城门口附近多设市。如菜市在丽正门三桥，哈达门（即文明门）丁字街、和义门外；猪市在文明门外一里；鱼市在文明门外桥南一里；果市在和义门外、顺承门外、安贞门外；柴炭市在顺承门外；车市在齐化门十字街东；拱木市在城西；草市门门有之；穷汉市一在文明门外市桥，二在顺承门南街边，三在丽正门西，四在顺承门里草塔儿[10]。上述前三门地区商业之繁荣，与南城（金中都）之存在不无关系，其发展为明代前三门地区成为商业中心奠定了基础。

城门外的附近地区谓之关厢，前述城门口外诸市即属关厢范畴。马可波罗所说"附郭"，即指关厢而言。《马可·波罗行纪》关于大都城的关厢有如下记载：大都城"有若干城门即有若干附郭。此12（应为11）大郭之中，人户较之城内更众。郭中所居者，有各地来往之外国人，或来入贡方物，或来售货宫中。所以城内外皆有华屋巨室……"；"城外每门有附郭甚大，其街道与两邻近城门之附郭相接，延长有三四里。每一附郭或街道，有

---

[1]《日下旧闻考》（一）卷三八第603页引《图经志书》。

[2] 徐苹芳《元大都枢密院址考》，《庆祝苏秉琦考古五十五年论文集》，文物出版社1989年版。

[3] 杨宽《中国古代都城制度史研究》（上海古籍出版社1993年版）第504页中说，枢密院角市"和北宋汴京宫城东门东华门外的街市，南宋临安宫城北门和宁门外街市一样。估计此处街市所供应的，主要是各种高级的饮食品和奢侈的生活用品，以及珍贵的装饰品和玩赏品，但也有日常生活必需品"。

[4]《析津志辑佚·城池街市》。

[5] 王璞子《元大都城平面规划述略》，《故宫博物院院刊》1960年第0期。

[6] 清·张爵《京师五城坊巷胡同集》（北京古籍出版社1982年版）卷上第118页说：东大市街"俗称东四牌楼大街"，又"曰十字街，元旧称也"；并引《析津志》十市口为证。

[7]《析津志辑佚·城池街市》。

[8]《日下旧闻考》（二）卷四五第711页引《中堂事纪》：文天祥"戮于燕南城柴市"。又加按语说："据《春明梦余录》，柴市即今府学旧基，在都城东北隅。元时城偏于北，故中堂纪事称为南城也。"府学旧基在今府学胡同。

[9] A.《析津志辑佚·城池街市》。
　　B. 杨宽《中国古代都城制度史研究》（上海古籍出版社1993年版）第502页将省东市、文籍市、纸劄市置于北中书省附近。

[10]《析津志辑佚·城池街市》。

华厦甚众,各地往来之商人居焉,每国之人各有专邸";"凡卖笑妇女,不居城内,皆居附郭。因附郭之中外国人甚众,所以此辈娼妓为数亦夥,计有二万有余,皆能以缠头自给,可以想见居民之众"。马可·波罗的记述,为我们勾画出大都关厢朦胧的轮廓。关厢的商业,除前述城门口诸市外,还有桥市[1]、拱木市[2]、煤市[3]、庙市[4]等。

4. 南城的商市

大都建成后,原金中都旧城仍然存在,称南城,南、北城往来联系密切[5]。南城原金中都街市依然存在。其北部与大都城顺承门和丽正门外商市连为一体。南城内的商市,《析津志辑佚·城池街市》载:"南城市、穷汉市,在大悲阁东南巷内","蒸饼市,大悲阁后","胭粉市,披云楼南","鹁鸽市,在喜云楼下"。大悲阁即圣恩寺,"在南城旧市之中"[6],披云楼在大悲阁东南,喜云楼在阁前[7]。此外,还有其他一些商市酒楼等。

除上所述,大都还有些市和集市。《析津志辑佚·岁纪》中还记有大都一些节日风俗所需的集市;以及"贩夫逐微末,泥巷穿幽深,负载日呼叫,百种闻异音"的各种小商贩等[8]。凡此种种,兹不赘述。

二 手工业

元大都有发达的宫廷手工业,在工部,大都人匠总管府,大都留守司之下,设有许多手工业管理机构。官府手工业规模大、分工细、工匠多(如大都毡局,有工匠一百二十多户,大都染局有工匠六千余户)。主要手工业部门有兵器业、建筑业、纺织业、特种手工艺业、印刷业、金银首饰业、酿酒业等。各种手工业作坊在大都的分布情况不详。

大都城民间手工业所见资料极为有限。前述海子桥南的木器家具行,实际上是与作坊相连在一起的。《析津志辑佚·风俗》记载:"湛露坊自南而转北,多是雕刻、押字与造象

---

[1] 《析津志辑佚·河闸桥梁》:"文明门南桥二所,于上发卖果菜杂物等货。"
[2] 拱木市即木市。《析津志辑佚·城池街市》说:"拱木市,城西。"《析津志辑佚·风俗》说:"木市街停塌大权,叉木柱、大小檀椽桷并旧破麻鞋,凡砖瓦、石灰、青泥、麻刀……"看来木市还兼售建材。
[3] 《析津志辑佚·城池街市》记载:"煤市,修文坊前。"《元一统志》《析津志》不见修文坊名,方位不明。《析津志辑佚·风俗》载:"城中内外经纪之人,每至九月间买牛装车,往西山窑头载取煤炭,往来于此。新安及城下货卖,咸以驴马负荆筐入市,盖趁其时。"看来煤市当在城西关厢一带。
[4] 《析津志辑佚·岁纪》载:每年二月八日,平则门外三里许,即西镇国寺,寺之两廊甚大(原作"富甚太平"),皆南北川广精粗之货,最为饶盛。于内商贾开张如锦,咸于是日;"多是江南富商,海内珍奇无不凑集,此亦年例故事。开酒食肆与江南无异……"《析津志辑佚·古迹》载:"齐化门外有东岳行宫,此处昔日香烛酒纸最为利。盖江南直沽海道,来自通州者,多于城外居止,趋之者如归。又漕运岁储,多所交易,居民殷实。"
[5] 南、北城间来往频繁,特别是一些时令节日尤甚。《析津志辑佚·岁纪》记载:正月十九日,"都城人谓之燕九节,倾城士女曳竹杖,俱往北城长春宫、白云观、宫观葴扬法事烧香,纵情宴玩以为盛节,犹有昔日风纪"。二月"北城官员、士遮妇人女子,多游南城,爱其风日清美而往之,名曰踏青斗草"。由于来往的人较多,日久天长,南北城间遂形成一些斜街,如李铁拐斜街、杨梅竹斜街等,即为当年之遗迹。
[6] 《析津志辑佚·寺观》"圣恩寺"条。
[7] 《析津志辑佚·古迹》"披云楼""喜云楼"条。
[8] 胡助《京华杂兴诗》,《纯白斋类稿》卷二,《丛书集成》本。

牙匙箸者，及造宫马大红鞦辔、悬带、金银牌面、红绦与贵赤四绪绦、士夫青匾绦并诸般线香。有作万岁藤及诸花样者，此处最多。"此为手工业和工艺品作坊集中之地，湛露坊位置不详，因其"近官酒库"，当在大兴县所辖的东城。又考古发掘的西绦胡同二号元代居住遗址，其西半部为作坊遗址（详见后文）。该遗址位于旧鼓楼大街豁口以西，属宛平县所辖的西城。此外，在南城设南城织染局，所属也有些手工艺作坊[1]。南城磨玉局在南城彰义门外有碾玉作坊[2]。

第七节 大都城的河湖水系

水是城市的命脉，故大都城址的选择与水密切相关[3]，建设大都城时又刻意解决给水问题。从大都城建成后的情况看，其给水系统有二。一是以金水河为水源，以太液池为"水库"的宫苑给水系统；二是以高梁河为水源，以积水潭为"水库"，以通惠河为水道的漕运系统（图6-2）。两个系统既相互独立，又有内在联系，并同时成为外城护城河的水源。

一 金水河与宫苑给水系统

开凿金水河[4]的目的，是解决宫苑给水问题[5]，故又称"御沟水"。该河从西郊玉泉山引水，沿途"跨河跳槽"[6]，至和义门南120余米处入城（入城之水门，在拆除明清西城墙时已发现）。金水河入城后东流，沿今柳巷胡同至北沟沿南折（今赵登禹路），再从北沟沿南流，过马市桥，至今前泥洼胡同西口转向东流，再转南折东，沿宏庙胡同，过甘石桥，流至灵境胡同西口内[7]分为北南两支。北支沿今东斜街向东北流，至今西皇城根后

---

[1]《析津志辑佚·岁纪》载：端午节"中书省礼部办进上位御扇"，"资正院，中正院進上，系南城织染局总管府管办，金絛、彩索、金珠、翠毛、面靥、花钿、奇石、戒止、香粉、胭脂、洗药、各各精制如扇拂"。

[2]《析津志辑佚·古迹》载："南城彰义门外，去二三里许，望南有人家百余户，俱碾玉工，是名磨玉局。"

[3] 见本章第一节中"一 选址"的论述。

[4] 侯仁之《历史地理学的理论与实践》（上海人民出版社1979年版）第176页引王三聘《古今事物考》："帝王阙内置金水河，表天河银汉之义也，自周有之。"同页又云："在大都未建之前，郭守敬原曾建议引玉泉水以通漕。在决定兴建大都城后，出于宫阙规划的要求，这才另开金水河，引玉泉山水直入皇城。"金水河长堤上启遍植"御柳"。

[5] 金水河是宫苑专用之水，百姓不得汲用。《元史》卷六四《河渠一》"隆福宫前河"条记载："英宗至治二年五月奉敕云：昔在世祖时，金水河濯手有禁……"杨瑀《山居新语》：金水河"不许洗手饮马，留守司差人巡视，犯者有罪"，《丛书集成》本。

[6]《元史》卷六四《河渠一》"金水河"条记载："至元二十九年二日，中书右丞马速忽等言：'金水河所经运石大河及高梁河、西河俱有跨河跳槽，今已损坏，请新之。'"即金水河与他水相遇处，则"跨河跳槽"，横越其他水道之上。

[7] 北京市文物研究所编《北京考古四十年》（北京燕山出版社1990年版）"第三章 元代"，"第一节 元大都城垣、城门、街巷、水系"中记载："1970年11月和1986年5月，先后在西单北大街灵境胡同西口外，发现明代沟渠及甘石桥旧址"，"经钻探沟底砖面以下和沟身两侧墙外均（转后页）

＊向北流，在今毛家湾胡同东口处转东流，经北海公园万佛楼北、九龙壁西南，向东注入太液池（今北海）。若按元大都的情况来说，该支从今西皇城根北流即沿元萧墙西墙外北上，绕萧墙西北角又沿萧墙东流，约于萧墙北墙中间折西向南注入太液池北端，从而成为萧墙西墙和北墙西半段的"护城河"。南支自今灵境胡同一直东流，过今府右街而注入太液池（今中海），复自太液池东岸流出，经西华门而入今故宫，过熙和、协和二门向东，由东华门北出故宫，沿今东华门大街以北东流而注入通惠河（今南河沿）[8]。即该支从元萧墙西墙近南端处入萧墙内，经隆福宫前注入太液池（今中海），然后又从太液池东岸复出，经灵星门内周桥（或州桥）下，继而东流，从萧墙东墙南部流出，与东墙外的新开河（即通惠河的一段）相汇[9]。此外，金水河还北接今什刹后海和高粱河[10]。金水河工程大约与宫苑是同时建设完成的。

二　高粱河与通惠河

解决漕运问题，是大都城另选新址的重要原因之一。因此，在大都城规划和建设时期，即同时着手开凿漕运河道，解决水源及诸相关问题。漕运工程可分城内城外两大部分。

城内部分，首先在大都城规划之初就将积水潭作为城内积水中心和水上交通中心而包容在城内[11]。其次，在城内宫城中轴线向北的延长线上建万宁桥（又称海子桥，即今地安门桥）[12]，开凿城内漕运河道（即新开河道，后来成为通惠河的城内河段）。引积水潭水从万宁桥下东流进入新开河道[13]，继而南流，经萧墙北墙东部，过萧墙东北角后傍萧

＊（接前页）有黑色淤泥，证明这里的沟渠和石桥是在元代旧水道基础上筑造的"。

[8] 金水河入城后的流向，见徐苹芳《元大都的勘查和发掘》（《中国历史考古学论丛》，台湾久晨文化实业股份有限公司1996年版。此为前已发表同名简报的修改稿）。

[9] 关于金水河入城后的南支，《析津志辑佚·属县》宛平县条记载："自古金水河流入燕城，即御沟水也。入南葫芦套，盛褏莲花，后复流转入周桥"；《析津志辑佚·河闸桥梁》记载："马市桥，水自东流入咸宜坊，西至曩八总管府桥、顺承门石桥，转东隆福宫桥，流入于太液池，流出周桥右。水自西北来，而转东至周桥，出东二红门，与光禄寺桥下水相合流出城。"据上所述，可知金水河入城后，似有支流流入他处。

[10] 赵正之《元大都平面规划复原的研究》，《科技史文集》第二辑，上海科学技术出版社1979年版。

[11] 经考古勘察，可知元大都时的积水潭稍大于今太平湖、什刹前后海的范围。

[12] 《析津志辑佚·河闸桥梁》："万宁桥在玄武池东，名澂清闸。至元中建，在海子东。至元后复用石重修。虽更名万宁，人惟以海子桥名之。"

[13] A. 侯仁之《历史地理学的理论与实践》（上海人民出版社1979年版）第176页说："在这条渠道未开之前，原始的高粱故道，当自积水潭东出，然后转向东南，注入金朝的旧闸河。以后由于大都城的兴建，有意把高粱河的故道填塞，并以万宁桥下新开的渠道，代替高粱河的故道。"《析津志辑佚·河闸桥梁》记载："高粱河，原出昌平县山涧。东南流至高粱店，经宛平县境，由和义门北水门入抄纸坊泓渟，逶迤自东坝流出高粱，入海子内，下万宁闸，与通惠河合流，出大兴县潞河。"

B.《北京玉河2007年度考古发掘报告》（科学出版社2008年版）记述，2007年玉河（元称通惠河）遗址发掘，在万宇桥东180米，帽儿胡南6米的B区，于帽儿胡同南的BD4 1期发现元代堤岸遗址。堤岸挖基槽夯筑，堤岸近河道一侧在夯土上砌石条。发掘区堤岸总长6.5米，延伸出发掘区约1.7米，推测堤岸最宽处为7.7米。

墙东墙南下，出外城丽正门东的南水门后与城外的通惠河接通（图6-2）[1]。城内新开的河道较宽，据考古勘察实测，萧墙东北角处的河道宽约27.5米左右，大船可直接航入城内。此外，城内还有一条河道，即从积水潭（今太平湖）向东流（在今德胜门和安定门外，大约与其北护城河平行），出东城墙入护城河[2]。除上所述，与积水潭有关的另一个问题，是在积水潭与太液池间（积水潭原是太液池的上段）筑东西向大道[3]，将东、西城顺畅连接起来，从而使大都城的规划和布局更加完善。

城外漕运工程主要有二，一是至元二十年开凿济州河[4]，至元二十六年凿会通河[5]，初步沟通了南北运河，使江南漕船可直航通州，转入大都。二是开辟新水源工程。这是因为大都兴建以来用水量大增，玉泉山和瓮山泊供水不足，所以必须开辟新的水源。在这种情况下，著名的水利专家郭守敬亲自踏查，经精密测量地形后，改从大都城西北六十里的神山（今凤凰山）下的白浮泉引水，沿途汇集傍山泉流，开渠筑堰（即白浮堰），导水入瓮山泊，又从瓮山泊浚治旧渠道，从和义门北水关入积水潭[6]。然后"复东而折而南，出南水门，"东至通州高丽庄入白河。为节制水流，郭守敬还在瓮山泊以下置水闸和斗门（相当于现代的船闸，既节水，又便于行舟）[7]，交替启闭，调剂水量，以使漕船顺利通

---

[1]《析津志辑佚·河闸桥梁》记载："蓬莱坊西，水自枢密院桥下南薰桥，流化桥，出南水门外，入哈达门（文明门）南文明桥下。"通惠河即金代从高梁河引水东到通州的闸河。陈高华《元大都》（北京出版社1982年版）第64～65页说：皇城东面原与通惠河相距很近，著名诗人、画家赵孟頫曾"跌坠于河"。此后则"移筑御墙稍西二丈许"（《元史》卷一七二《赵孟頫传》）。

[2] 赵正之《元大都平面规划复原的研究》，《科技史文集》第二辑，上海科学技术出版社1979年版。

[3]《元史》卷六四《河渠一》记载："至治三年（1323年）三月，大都河道提举司言：'海子南岸东西道路，当两城要冲，金水河浸润其上（南），海子风浪冲啮于其下（北），且道狭，不时溃陷泥泞，车马艰于往来，如以石砌之，实永久之计也。'泰定元年（1324年）四月，工部应副工物，七月兴工，八月工毕。"

[4] 侯仁之《历史地理学的理论与实践》（上海人民出版社1979年版）第178页注（3）说："济州河即利用古泗水运道加以改造，使漕船由淮入泗，由泗入汶，然后经大清河至利津入海。沿海到直沽（今天津），入白河（今北运河）到通州，转运大都。"

[5] 侯仁之《历史地理学的理论与实践》（上海人民出版社1979年版）第178页注（4）说："会通河系由汶水开渠北引，经东平到临清，接御河（今卫河），过直沽北上。这样就避免了绕行海道。"

[6]《元史》卷六四《河渠一》记载：至元二十八年郭守敬建言："疏凿通州至大都河，改引浑水溉田，于旧闸河踪迹导清水，上自昌平县白浮村引神山泉，西折南转，过双塔、榆河、一亩、玉泉诸水，至西水门入都城，南汇为积水潭，东南出文明门，东至通州高丽庄入白河。总长一百六十四里一百四步。塞清水口一十二处，共长三百一十步。坝闸一十处，共二十座，节水以通漕运，诚为便益。"此建议提出后，元世祖令"当速行之"。于是在至元二十九年（1292年）春动工，三十年秋完工。

[7]《元史》卷一六四《郭守敬传》记载："……大都运粮河，不用一亩泉旧源，别引北山白浮泉水，西折而南，经瓮山泊，自西水门入城，环汇于积水潭，复东而折而南，出南水门，合入旧运粮河，每十里置一闸，比至通州，凡为闸七。距闸里许，上重置斗门，互为提阏，以过舟止水。"参见前注。

诸闸情况，侯仁之《历史地理学的理论与实践》（上海人民出版社1979年版）第179～180页，根据《元史》卷六四《河渠一》等整理如下：第一，广源闸，在城西瓮山泊引水渠下游。今紫竹院公园西北，万寿寺前有水闸，即建在广源闸旧址上。第二，西城闸（后改称会川闸），有上下二闸。上闸在和义门外西北一里，相当于今西直门外高梁桥所在之处。下闸在和义门西三步。（转后页）

*过。该工程从至元二十九年（1292年）春动工，至元三十年秋完工，从白浮泉至通州高丽庄入白河，全长164里104步（图6-18）。由于取得白浮泉新水源，通惠河开凿成功。至元三十年"帝还自上都，过积水潭，见舳舻蔽水，大悦，名曰通惠河"[8]。通惠河开凿成功，是大都城利用和改造河湖水系的一个创举，在北京近郊水源开发史上占有极其重要的地位。它标志着京杭大运河的最终完成，使漕粮得以运抵大都[9]，大量运输各种商品的船只汇集积水潭，因而积水潭真正成为大都城内的水上交通中心，其附近一带又成为商业中心。但是应当指出，由于白浮泉以下至瓮山泊引水渠与西山大致平行，雨季常为山洪冲毁，虽设专官修守，亦未能克服山洪威胁，故终元一代，通惠河仍难免遭到水源不足的困难[10]。

除上所述，郭守敬还有几件与大都河湖水系有关的事。比如，郭守敬曾建议在海子闸稍东引水斜向东北，与大都城东郊的北坝河相接，直至通州城北汇温榆河入白河。又建议

---

* （接前页）这对上、下闸，不为通航，而是为了分水入城和分水入护城河。第三，朝宗闸，有上下二闸。上闸在万亿库南百步，下闸去上闸百步。万亿库在和义门北水门以内，高梁河北岸，靠近大都城西城墙。第四，海子闸（后改称澄清闸），在城内万宁桥下。第五，文明闸，有上下二闸。上闸在丽正门入水关东南，相当于今正义路北口稍东。下闸在文明门西南一里，遗址在今台基厂二条胡同中间，深埋地下，已被发现。第六，魏村闸（后改惠和闸），有上下闸。上闸在文明门东南一里，下闸在上闸东一里。第七，籍东闸（后改称庆丰闸），有上、下二闸。在大都城东南王家庄。第八，郊亭闸（后改称平津闸），有上、下二闸。在大都城东南二十五里银王庄。第九，杨尹闸（后改称溥济闸），有上、下二闸。在大都城南三十里。第十，通州闸（后改称通流闸），有上、下二闸。上闸在通州西门外，下闸在通州南门外。此外，指出抄纸坊即抄纸局，在今新街口豁口外西北（发现危素写"钞纸局题名碑"），泓渟指高梁河入城后进一个水泡子内，万亿库在水泡子北岸。今通县城西八里桥附近，有杨宅（闸）村，村西有地名曰普济，这里应是杨尹闸故址所在。又前引侯仁之主编《北京城市历史地理》（北京燕山出版社2000年版）第408页中说，广源闸，二闸；海子闸，三闸；郊亭闸，三闸。又加河门闸，二闸，在通州南高丽庄。共11处24闸。此外，《析津志辑佚・河闸桥梁》所记可与前述参证。即"京闸坝之源，来自昌平白浮村，开导神仙泉。西折南转，循山麓与一亩泉、榆河、玉泉诸水汇合，自西水经护国仁王寺西。右始：广源闸二，在寺之西。会川闸二，在西水门外。水由北方入城，万亿库泓渟，东出抄纸坊。朝宗闸二，在抄纸局外。此水直出高梁桥，入海子内。澄清闸二，有记，在都水监东南。丙寅桥二，蓬莱坊西水自枢密桥下南薰桥、流化桥，出南水门外，入哈达门南文明桥下。文明闸四，在哈达门第二桥下。有皇后水磨一所。惠和闸二，在魏村苇场官柴埠。有民磨一所。庆丰闸二，在籍田东。平津闸三，在郊亭地。溥济闸二，在午磨。通流闸二，在通州之西北。高丽庄广利闸二，至元二十九年八月丁巳得卜兴工，三十年七月工毕……凡水之上下二百余里，置闸节水二十四"。《析津志辑佚・古迹》："抄纸局，西南近城，原系阿哈马平章花园。至今金莲沼尚存二区。"《析津志辑佚・河闸桥梁》："高梁河桥，自西来，流于东，入万亿库桥，过抄纸坊下闸"；"高梁河，由铁平章桥流入玄武池"；"铁平章桥，自西而东过桥，过东散漫流入于玄武池"；"闸河水门，在和义门北"。

[8] 《元史》卷一六四《郭守敬传》。
[9] 元大都开通惠河，大批漕粮运京入库。赵正之《元大都平面规划复原的研究》（《科技史文集》第二辑，上海科学技术出版社1979年版）中认为："在这些水运干线的两旁，还有许多支线，通往城内各大仓库。这些支线都是运粮的专用线，商船是不能通行的。明清以来，改水运为陆运，通往仓库的水运支线，大部填废。"
[10] 《元史》卷六四《河渠志》。

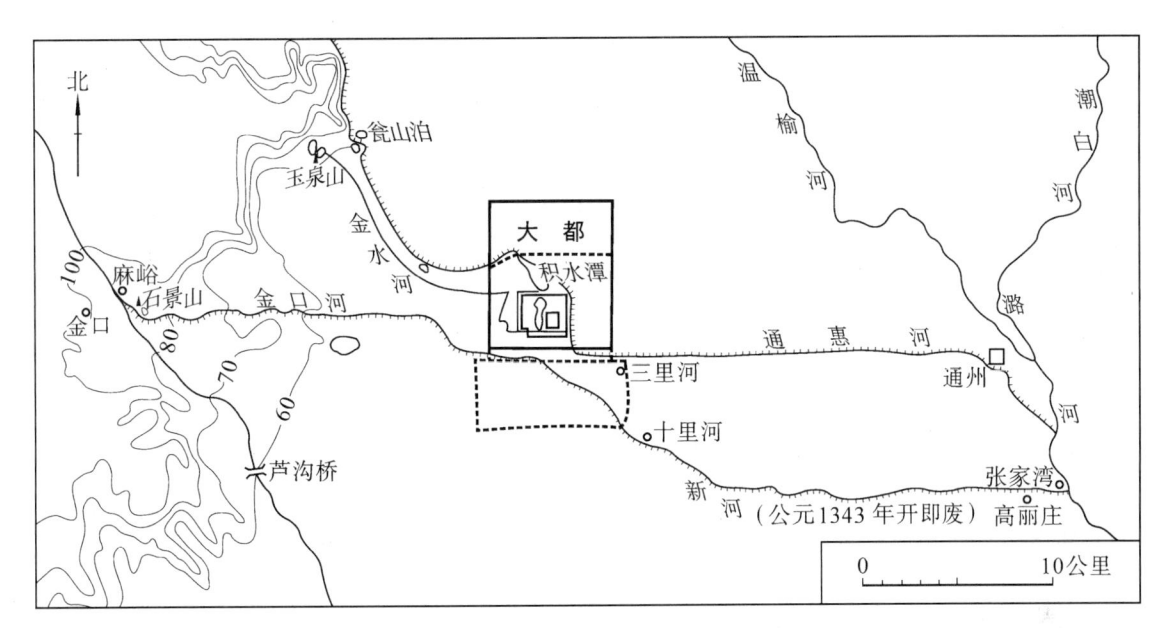

图 6-18　元大都城通惠河源流图
（引自侯仁之《历史地理学的理论与实践》，略有改动）

在丽正门西护城河上建闸，以调节水流，使舟楫在护城河上环航大都城，可惜两个建议未见实行[1]。此外，还有重开金口河问题[2]，因与元大都城的布局无关，兹不赘述。

三　排水系统

上述金水河与城内通惠河段，同时也是城内排水系统的重要组成部分。城墙和城内主要街道排水设施和沟渠已如前述，此外在大都城全面施工之前还在城内安排了排水系统。《析津志辑佚·古迹》记载："泄水渠，初立都，先凿泄水渠七所。一在中心阁后，一在普庆寺西，一在漕运司东，一在双庙儿后，一在甲局之西，一在双桥儿南北，一在乾桥儿东西。"这些沟渠目前尚未发现。

---

[1]《元史》卷一六四《郭守敬传》。

[2]《元史》卷一六四《郭守敬传》："至元二年授都水少监郭守敬言……金时自燕京之西麻峪村分卢沟一支，东流穿西山而出，是谓金口。其水自金口以东，燕京以北，灌田若干顷，其利不可胜计，兵兴以来，典守者惧有所失，因以大石塞之。"苏天爵《元朝名臣事略》卷六《郭守敬行状》："公以纯德实学为世师法……决金口以下西山之筏，而京师材用是饶"。《元史》卷六《世祖三》：至元三年十二月"丁亥，诏安肃公张柔行工部尚书段天祐等同行工部事，修筑宫城"；"凿金口，导卢沟水以漕山西木石"。《元史》卷六六《河渠三》金口河条引许有壬陈："大德二年浑河水发，为民害，大都路都水监将金口下闭闸板。五年间浑河水势浩大，郭太史恐冲没田薛二村，南北二城（指旧中都城和大都城），又将金口以上河身，用砂石杂土尽行堵闭。"据上所述，可知复金口河不是为了济漕，而是为运送西山的木料和石料，以建大都。但后来因水势而堵塞。到元末因通惠河水源不畅，又有重开金口引浑河（金之卢沟河）济漕之议。后开河以失败告终。

第八节　居住遗址

一　后英房居住遗址

明洪武元年八月，攻陷元大都后即着手内缩大都北城，另筑北城墙于后来的明清北京城安定门和德胜门一线。北城墙工程在短期内强制完成，所以一些元代建筑被夯筑于城墙之下。这些被压在城墙下的建筑残迹，因北城墙的拆建环路工程而重见天日。1969～1974年配合此项工程先后发掘了十余处居住遗址（1965年曾对部分遗址进行过发掘），其中以后英房居住遗址保存较好，规模最大，形制布局最为重要（图6-19）。后英房居住遗址，位于北京西直门后英房胡同西北的明清北城墙下（图6-3之6）。1965年发掘了遗址的东部，1972年上半年继续发掘了遗址的中部和西部，两次发掘面积近1900平方米[1]，具体情况简介如下。

（一）形制布局

遗址残迹分为主院和主院两侧的东、西院[2]。主院（图6-20之1）正中偏北有平面略呈"凸"字形的砖台基，高80余厘米。台基前有低于台基4厘米与台基等宽的高露道，台基上建三间正房和东西两挟屋（耳房）。正房面阔11.83米，当心间4.07米，两次间各

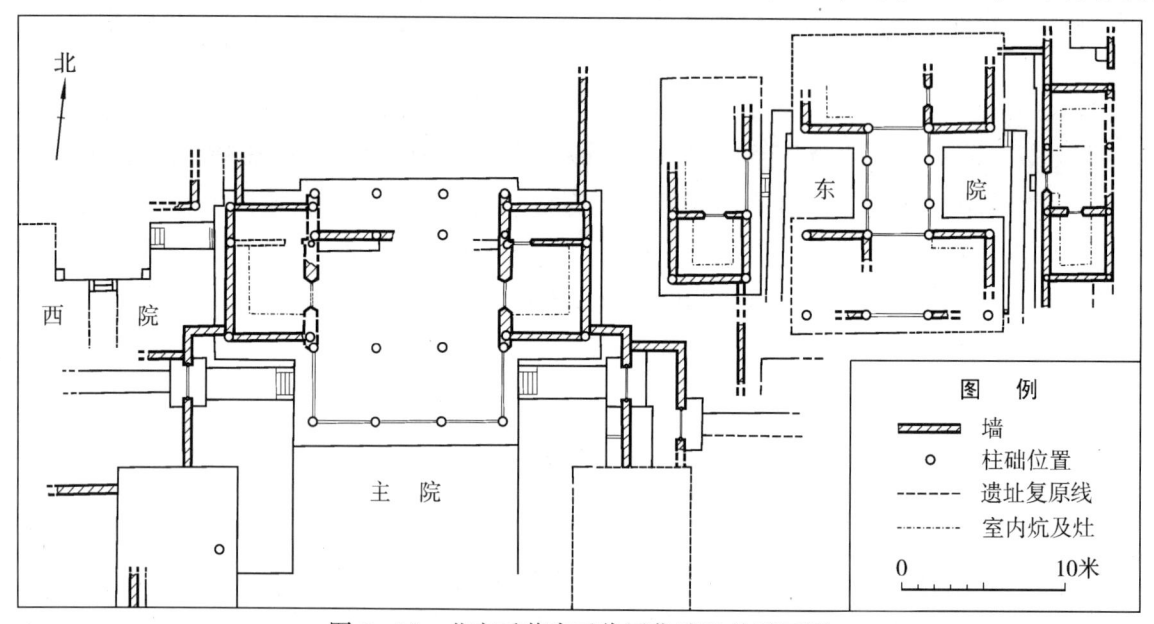

图6-19　北京后英房元代居住遗址总平面图
(引自中国科学院考古研究所、北京市文物管理处元大都考古队《北京后英房元代居住遗址》，略有改动)

---

[1] 中国科学院考古研究所、北京市文物管理处元大都考古队《北京后英房元代居住遗址》，《考古》1972年第6期。
[2] 后英房居住遗址因压在城墙基下，故残迹东西长、南北窄。由于明清北城墙自新街口豁口以西向西南斜抹，所以该遗迹随之自东北稍向西南偏斜。此外，中华人民共和国成立前北城墙有些地方曾被挖成洞室，后英房遗址即有两条洞室穿过，破坏了部分遗迹。

1. 主院全景

2. 主院东侧内、外角门（由东向西摄）

图 6-20　北京后英房元代居住遗址主院全景及东侧内、外角门
（引自中国科学院考古研究所、北京市文物管理处元大都考古队《北京后英房元代居住遗址》）

为3.88米；进深一间6.64米。房前出轩三间，面阔同正房，进深一间2.44米。东、西

挟屋面阔 4.09 米，进深两间 7.71 米，其中明间 5.67 米，北面套间 2.04 米。正房前轩突出于两挟屋之外 5 米余，正房后檐柱突出于两挟屋后檐柱 80 厘米，因而正房后廊下的台基亦随之外向突出。东挟屋后山墙近西端，西挟屋后山墙近东端分别有一堵墙向北延伸（估计由此往北大概没有什么主要建筑了）。

正房前轩两侧台基下各砌一踏道，踏道下砖砌露道，各通向东、西角门。角门建于小台基之上，两角门侧的南墙分抵东、西厢房的北山墙，北墙向北至东、西挟屋角柱稍北一线内折，分接两挟屋的东、西山墙。这样就将主院北房与东、西厢房之间用围墙封闭起来（图6-21）。西角门外有露道通西院，东角门外有一个小跨院，跨院东墙南部再辟角门，角门外有露道通向东院（图6-20之2）。主院北部台基下，北房之南有东、西厢房，东厢房残毁；西厢房遗迹似面阔三间，进深一间，东、西厢房对称配置。

东院在主院东侧偏北，院落以"工"字形建筑为主体，两侧建东、西厢房（图6-22之1）。主体建筑位于院落北部中间，房子建在"工"字形台基上。南、北台基大小相同，东西长 12.90 米，南北宽 6.84 米。南、北台基间的柱廊台基东西 5.48 米，南北 4.20 米，台基高皆 71 厘米。南房三间，每间面阔皆 3.72 米，进深一间 4.75 米。当心间南门通向院落，北门接柱廊。柱廊三间，间宽 3.72 米，中间一间长 2.48 米，南、北间长分别为 1.94 米和 1.90 米。北房三间，面阔同南房，北部破坏，估计进深亦同于南房；其当心间房门接柱廊。北房基东南和西南角各有一砖砌台阶，台阶下各有砖砌露道向南穿过院落通

图 6-21　北京后英房元代居住遗址复原图
（引自傅熹年《傅熹年建筑史论文集》）

向角门。西南角门破坏，东南角门仅存门砧。院落北端在北房东北角柱附近有一段北围墙直抵东厢房。院落西北角已破坏，推测与东北角相对应的西北角也应砌有围墙，所以东院也是一座封闭式的院落。

东、西厢房在"工"字形建筑两侧，厢房所在台基等高，约较"工"字形台基低一半左右。东厢房三间，面阔11.25米，进深一间3.90米，当心间和南暗间面阔相同，北次间面阔略小，当心间西面开门通露道。三间东厢房南、北两头各接建一室，均不通东厢房。北面一室北部残毁，门开在东檐墙南头。南室残毁，仅存少许前后檐墙。西厢房三间，当心间面阔3.76米，南暗间面阔3.67米（图6-22之2），北次间大部残毁；进深一间4.65米。当心间东面开门，台基下砌踏道与南北露道相接。

西院在主院西侧略偏北，仅残存北房台基、月台、踏道和露道（图6-22之3）。台基略低于主院大台基，台基残存的东南角与主院大台基西北角相互错入，均缺角石部分。月台在台基前面正中，东西长方形，略低于台基。月台南端正中及东侧各砌踏道（西侧踏道残毁），下接露道。月台东南和西南角各浮置一狮子角石（似从别处移置的）。月台北面尚存台基的东部和北房东南墙角及墙角处柱础。院墙残毁，仅主院两角门外北侧残存少许南院墙遗迹。

（二）建筑技法

1. 台基

台基做法基本相同，均平地起筑，台四周单条砖围砌，单砖内填塞一层碎砖块，只主院大台基北壁用双层砖砌成，砌砖白灰勾缝，台壁向上略有收分。台心分层填土和碎砖，稍加夯筑，台面铺方砖。台边铺特制的长条压阑砖，台的外角放方砖代替角石，内角上则用两块压阑砖抹角拼砌出角线。主院大台基南部（自围墙以南部分）用长条压阑石和方形角石，大台基四周露台明。东院"工"字台基四周，在地面以下靠近台壁处，夯筑一层碎砖屑掺白灰的硬面，起散水作用。此外，在西院台基与主院大台基间，主院东角门外东侧下，还发现砖砌的排水暗沟残迹。

2. 墙

墙有房屋的檐墙、山墙、室内隔断墙和院落围墙四种。墙均平地起筑，未挖槽打基。房屋的墙壁多数仅存"隔减"部分（《营造法式》规定，房屋墙壁下部砌砖，称隔减，或称隔碱，其上部仍用土坯砌筑），"隔碱"均用"磨砖对缝"砌法，垒至窗台时，最上一层砖的外沿，压边起混或通混。这种墙都有很明显的收分。"隔减"以上砌土坯，外抹灰皮。少数墙（如东院东厢房之北的北房前后檐墙）的"隔减"部分条砖错缝平砌。室内的隔断墙，也有用"磨砖对缝"砌"隔减"的，粗陋者则为土坯墙。

院落围墙以主院围墙保存略好，其"隔减"部分用条砖错缝平砌，墙心用土坯或碎砖填实，"隔减"以上砌土坯。主院西角门北拐角处围墙砌法较院讲究，该墙从角门小台基以北处垒砌，先用条砖错缝顺砌（墙心填碎砖灌白灰浆），砌至与角门小台基等高时，再自角门挟门柱以北"磨砖对缝"砌十层砖，直至小台基以北85厘米处为止，再向北仍错缝顺砌六层砖，其上则砌土坯。诸墙凡砖墙与土坯墙相接处，均用一层砖压边起混作为边框。错缝顺砌的砖墙一律刷白灰浆，土坯墙则用黄泥麦秸打底抹平，再抹一薄层青灰压

1. 东院全景

2. 东院西厢房南暗间（由北向南摄）　　3. 西院月台及角石（由东向西摄）

图 6-22　北京后英房元代居住遗址东院全景、东院西厢房南暗间、西院月台及角石
（引自中国科学院考古研究所、北京市文物管理处元大都考古队《北京后英房元代居住遗址》）

光，类似明清时代的"粉墙"，富于装饰性。

3. 室内地面、柱础、礩墩和炕

主要房址室内均方砖墁地。如主院北房室内地面先垫白灰土（白灰掺土），整平略夯。方砖面磨平，四边磨成斜面，底抹白灰泥平铺于垫层上，相邻方砖砖缝对严不露灰缝，这种方法即为磨砖对缝墁地。东院北房地面也是磨砖对缝墁地，只是铺地砖下垫灰渣土。有的房址室内铺地砖又东西成行，南北错缝；或南北成行、东西错缝。东院东厢房北头小室内，则用小条砖一横一竖交替平铺地面。

后英房遗址所见柱础均为素面，可分为明柱柱础、暗柱柱础、柱廊柱础三种。明柱柱础方石刻出低矮的素覆盆，有的在盆面上刻一周圆线，中心画"十"字形墨线。暗柱柱础被包在墙内，一般仅为方石，面略加凿平，个别的刻有低矮的覆盆。东院柱廊两侧不砌墙，下安木地栿，地栿上装格子门。木地栿之外的础石雕半圆形覆盆，地栿之内即柱廊室内础石则不雕覆盆，仅按地栿和柱径砍齐。

主要建筑柱础下的地基均夯实。以主院北房础基做法为例，其安置柱础前，先在台基上挖1.5~2米见方，深1.10米左右的方坑，坑底达生土内。坑内用一层土一层碎砖瓦夯筑，近台面时铺一层灰渣土，其上安础石。这种做法与《营造法式》的规定相同，明清时称"磉墩"。

后英房遗址中，凡不辟门的墙壁下都砌炕，以后檐墙下的炕为主炕。炕分实心炕和火炕两种。主院北房正房为厅堂性质，仅后檐墙下东西两边用土坯砌实心炕。东、西挟屋明间南壁和东（或西）壁下用土坯围砌实心炕（北壁是暗间隔断墙，无炕）。暗间无炕，当属储藏室性质。炕宽在60厘米至1米左右，高仅六七十厘米左右。东院东厢房当心间后檐墙和西南角前檐墙下有实心炕，南暗间在东、西、南三壁下围砌土坯实心坑。南炕宽44厘米，西炕宽62厘米，两炕残高均为20厘米。东炕宽86厘米，高40厘米。北次间西、北壁下砌连通的火炕，西炕宽62厘米，北炕宽1.07米，两炕高均为40厘米。东厢房之北的北房室内北壁下砌火炕和灶。东厢房南边的小房室内北墙角有炕的残迹。东院西厢房当心间西壁下，北次间东壁下砌土坯实心炕。南暗间在东、南和西壁下围砌土坯实心炕（图6-22之2），东炕宽50厘米，南炕宽72厘米，西炕宽104厘米，高均为28厘米。

实心炕的砌法（以东院西厢房南暗间为例），系用土坯侧立实砌，炕面上用麦秸黄泥抹平，再抹一层青灰泥压光。炕沿镶木条，炕前脸满装木板，近地面处砌砖，砖上等距离立榇柱，上承木炕沿，并用铁钉与木炕沿钉牢。火炕（以东院东厢房北次间连通火炕为例），炕前脸在地面上用条砖错缝顺砌两层，其上砌侧立条砖一层。侧立条砖在炕中间砌方形火眼，北炕火眼向炕心砌火膛，火膛两侧顺炕方向用砖砌三条烟道，烟道末端相互沟通。烟道通向西炕时减为两条，西炕无火眼和火膛。两炕均无烟囱，火膛和烟道内存灰也很少，当时称为死火炕，燃木材，仅供冬季取暖用。侧立条砖上砌土坯，炕面用条砖平砌三行。东厢房之北的北房室内的火炕，炕前东端有灶，灶面用小条砖砌成，灶的火膛通炕内，有四条烟道，烟囱在炕的东北角。这种炕当时称烧火炕，在元大都的居住遗址中较普遍存在。

4. 踏道和露道

主院北房大台基前轩两侧各有一踏道，两踏道结构相同。踏道砌在露道上，踏道高0.45米，宽1.12米，底边长1.13米。踏道前压砌青条石，踏道分三踏。副子用长112厘米，宽37厘米、厚7厘米的条石砌成。踏道两侧砖砌三层象眼，砌法不同于《营造法式》，而是仿须弥座式样砌出。副子相当于须弥座的方涩平砖，第一层象眼向内斜收，相当于罨涩；第二层象眼磨棱起牙，相当于罨牙，第三层象眼向内直收，相当于子涩，象眼底层则相当于须弥座的束腰。第一层至第三层底，共内收10厘米。该做法较复杂，是现存宋元踏道中罕见的实例（图6-23）。东院踏道简单，仅略具其形。如北房东南角踏道用方砖砌两踏，西南角踏道砖砌一踏，东厢房当心间前踏道砖砌一踏，踏道均前接露道。西厢房当心间前踏道方砖砌两踏，副子长52厘米，宽30厘米。踏道两侧砖砌三层象眼，每层象眼内收3厘米。其做法与《营造法式》所记相同，但除象眼每层等距离内收外，其他比例多与《法式》规定不合。西院踏道在月台南侧正中及东侧，下接露道。南踏道一踏，东踏道两踏。东踏道副子用条砖平、侧拼砌，北侧副子贴北房台基壁，南侧副子下砖砌三

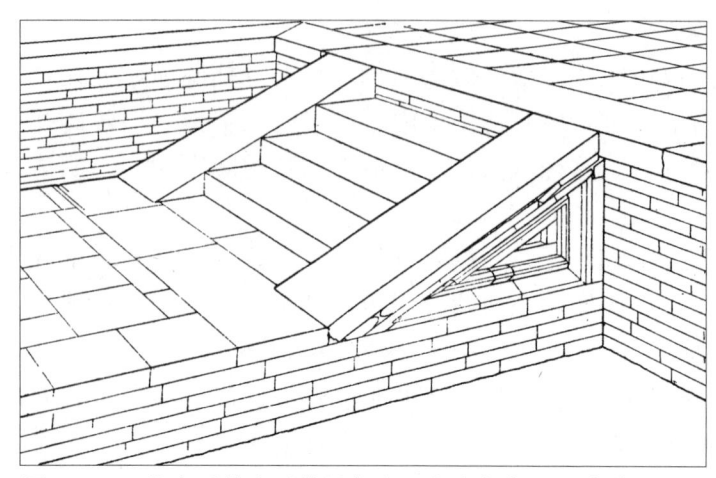

图 6-23　北京后英房元代居住遗址主院大台基西踏道透视图
（引自中国科学院考古研究所、北京市文物管理处元大都考古队
《北京后英房元代居住遗址》）

层象眼，每层内收3厘米。

院内主要通道均砖砌露道。主院大台基之南为高露道，露道较北房大台基低6厘米，露道高0.81米。露道方砖铺砌，两边砌长条压阑石，完全采用台基的砌法。露道南与东、西厢房高露道相接，东西高露道较南北高露道低6厘米，东西高露道方砖平铺，西边方砖平砌，不出线，这是一般高露道的做法。

主院北房台基东、西侧至角门有低露道，露道长4.40米，宽1.86米，高0.46米。露道边缘方砖压阑，其余做法同台基和高露道。露道外壁与踏道象眼刷白灰浆，露道与踏道相接处平砌石条，石条两端凿横向排水沟槽，露道与角门相接处下面有一条排水暗沟。东、西角门外砖露道残断。东角门内南侧至东厢房的露道用条砖一横一竖铺砌，高0.15米。露道两边各砌两砖为线，露道中腰砌一排水明沟，沟东头与主院东侧院墙下沟眼相通。

东院东、西厢房与"工"字形台基间各有一南北向露道，高5厘米。露道以小条砖一竖一横平铺，略呈虹面，两边各侧砌两砖为线。东侧露道近南端砌东西向排水明沟。出西南角门外有两条露道，一条顺南房台基下向东延伸，一条向南与主院东角门外露道相接。两院南踏道下有南北向露道，高25厘米，砌法与主院低露道相同。东踏道下接低露道，北侧贴北房台基，东抵主院北房大台基下，南侧立砌两砖为线，露道用小条砖一横一竖交铺平砌。

5. 角门

主院有东、西角门及东角门外小跨院角门，角门大小和结构相同。角门建在砖砌长方形台基上，门两旁立挟门柱，柱间残存木地栿槽。挟门柱下不立柱础，各置一锭脚石（与《法式》所记"山铒锭脚石"之制相同）。锭脚石方形，边长75厘米，厚16厘米，中心窍眼直径16厘米（图6-24之1）。锭脚石以下地基结构保存完整，其做法是先挖一1.5米见方，深1.10米左右的圆方坑，坑底垫平，中间置一方砖。砖上用五层条砖侧立围砌一直径约20厘米的圆洞，侧砖外半部之间空隙处用半头侧砖塞紧，其外填土夯实。侧砖上用一层方砖斫角平铺，围成六角形洞口，再上安锭脚石，锭脚石面至洞底深约1米。然后自洞口向洞内满灌白灰浆，使灰浆流入侧立的砖缝中，再将直径15厘米的挟门柱自锭脚石窍眼插下深约73厘米。白灰浆凝固后，遂将锭脚石以下木柱与基础坚固地黏结为一体（图6-24之2、3）。由于白灰浆有防潮防腐作用，故洞内木柱发现时仍未朽。

在主院东角门稍北，发现倒塌的角门木构屋顶，屋顶中间起脊，两坡很平缓。顶上铺望板，板下钉直径4厘米的椽子26根，椽长1.60米，椽距8厘米。椽下自脊至两檐再钉厚2厘米，宽11厘米，通长2.70米的枋子五条，枋之间距约80厘米。两头安搏风板，

1. 主院西角门锭脚石

2. 锭脚石地基结构

3. 锭脚石地基结构

4. 东院格子门遗迹

图 6-24　北京后英房元代居住遗址主院西角门锭脚石及其地基结构和东院格子门遗迹
（引自中国科学院考古研究所、北京市文物管理处元大都考古队《北京后英房元代居住遗址》）

板厚 3 厘米，长 1.06 米，板之转角及头部用铁钉钉嵌云头铁页。搏风板外侧和望板刷红色，椽子及搏风板内侧刷绿色。在角门附近还发现一些长 19 厘米，宽 6.8 厘米，厚 1.7 厘米的小型花头筒瓦，兽面纹和花草纹瓦当（直径 6 厘米），花草纹滴水（宽 9 厘米）。此外，还有一些高约 14 厘米的迦楞频伽和走兽等，以上所见大概是角门屋顶上的瓦件。

东角门外小跨院东南角门，形制结构与前者相同。东院角门位于东、西两条露道南端，西南角门毁，东南角门仅存小条砖砌成的门砧。

（三）室内门窗和木构件

在东院遗址发现格子门、板门和直棂窗等遗迹。凡此均是明代折毁时被埋入夯土之中，发掘时木料已朽，仅在夯中尚存痕迹而已。

1. 格子门

在东院柱廊南头即南房北门附近，发现一些倒在地上的格子门。其中保存最好的一扇，高 2.37 米，宽 75 厘米，桯及边框宽各 7 厘米。门扇四角外装膊肘，门中部偏下以双腰串将门隔成上下两部分。上部用 1.5 厘米中间出单线的条棂组成四直方格眼图案，图案高 1.34 米，四边有宽 2 厘米的子桯。下部为腰华板和障水板，障水板下再用腰串隔成锭脚板。腰串宽 7 厘米，腰华板高 12 厘米，障水板高 44 厘米，锭脚板高 12 厘米。桯及腰串的混作为压边起混出三线（图 6-24 之 4）。

装铜看叶的格子门，全部尺寸同上。其式样除桯及腰串的混作改为压边起混出单线外，最明显的是在不装膊肘的边桯及双腰串处，用小钉钉一"工"形铜看叶。看叶长 73 厘米，宽 7 厘米，两端呈燕尾形。燕尾中间有云头如意图案，看叶两侧鋬鈒出极细密的缠枝蔓草纹图案。看叶中部及双腰串垂直部位安一枚直径 7 厘米的海棠曲线纽头圈子。圈子下 17 厘米处安长 9 厘米、宽 6 厘米的铜制菱形闩座，座正中有铁闩鼻，格子门外髹黑漆。估计这些格子门是安装在柱廊两侧的。还有的格子门用六簇菱形图案装饰格眼、腰华板和障水板，这可能是安装在"工"字形建筑南房北门和北房南门上的。主院北房前轩的前檐和两山面，均不砌墙壁，一律安格子门，其地栿槽宽 10 厘米，故可能比东院格子门的尺寸要大些。此外，有的格子门的格眼上糊木刻印本书叶，纸朽烂而字迹都印在泥土上。

2. 板门

东院北房南侧台基下发现两扇板门，形制相同。板门高 1.98 米，宽 0.70 米。肘板（门轴）高 2.18 米，上镶长 10 厘米，径 5 厘米；下镶长 6 厘米，径 5 厘米。副肘板厚 15 厘米，宽 5 厘米。门面用 5 块身口板拼成，门背面用四楅，楅宽 6 厘米。门正面缘楅钉四路铜门钉，每路五钉。钉帽铜质圆泡形，径 6 厘米，高 3.4 厘米；帽内铸铁钉，残长 3 厘米。上数第一路门钉近肘板处的两个门钉下安铜包角，包角上鋬鈒牡丹花纹。第二路门钉下安铜质兽面衔环铺首，径 14.5 厘米。铺首兽面呈弧面状，衔带式平雕梅花门环。铺首边呈海棠花瓣式，沿曲边垂直处有四孔，孔内钉铁钉，门环下有月牙形平雕云纹铜环垫。第四路门钉靠肘板处减两钉。门板涂红漆，边框涂蓝漆。另一件残板门，发现于西院露道，仅存板门上箍套的一个 3 厘米宽的铜箍。此外，还发现一扇铁钉板门。

3. 门框

发现于东院西厢房南边暗间，为隔断墙门的门框，门框倒向明间的砖地上。门框高 2.10 米，宽 93 厘米。立颊高 1.62 厘米，宽 14 厘米。上额枋宽 19 厘米，门额宽 14 厘米，门额正面安两枚三角形门簪。地栿高 15 厘米，立颊内侧及门额框起阳文框线，立颊外侧安 16 厘米宽的薄板，板外安 5 厘米宽的木框。此外，东院东厢房当心间与北次间之间，似有木隔扇（落地罩）。

4. 直棂窗

东院东厢房前发现直棂窗遗迹。该窗高51厘米，长1.86米，桯宽7厘米，上桯压边起混。两桯之间直棂方子15根，每根宽15厘米。棂与桯均凿子母口直插入榫。

5. 彩绘木构件

主院北房东侧台基上发现额枋一件，长3.5米，宽28厘米。枋心用蓝、绿、黑三色绘一整二破璇花。同出还有四根圆檩。东院发现一残梁架，残长1.85厘米，宽39厘米。蚂蚱头长22厘米，宽20厘米，榫口宽10厘米，深5厘米。蚂蚱头用灰、白、黑三彩绘盒子枋心，藻头绘一整二破璇花。搏风头一件，残长85厘米，宽30厘米，厚10厘米，头部砍作菊花头。转角襻肩一件，残长1米，宽18厘米，厚6厘米。箍头作蚂蚱头，长28厘米，宽18厘米，榫口宽8厘米，深6厘米。枋心彩绘仅余残迹，箍头中间画盒子内绘一朵璇花，藻头中间绘一整二破璇花。

（四）遗址的时代、性质和意义

后英房遗址在今北京西直门内后英房胡同西北的明清北城墙基下，这个位置相当于元大都和义门内以北。今北草厂胡同以西之地为元大都的豫顺坊，后英房遗址在北草厂胡同以东，是元代何坊，目前尚难推定。从其位置来看，该遗址很可能在元大都和义门内大街以北的第八条胡同中，其西已邻近豫顺坊界的南北小街（即今北草厂向北的南北胡同），距和义门内城墙根也不远，它的北墙距元大都的海子（积水潭）南岸很近。这样的地理位置，元初尚属偏僻之地。至元三十年（1293年）引白浮泉水，通惠河开凿成功之后，海子成为元大都城内的水上交通中心，其北岸一带又变成商业中心。在这种情况下，后英房遗址所在之地既临海子，靠近商业中心，又闹中取静，遂成为好去处之一。因此，"从元大都的城市发展上来推测，这处住宅的修建，大概是至大（1308～1311年）以后的事。根据遗址中所见的建筑遗迹等细部的情况来分析，也应属元代中期以后所建"[1]。其年代下限则当在明洪武元年（1368年）建明北平城北城墙之时。在此存在期间，从遗迹来看，该遗址的三个院落并无统一安排，主院的东、西角门与东、西院的布置不对称，东、西院的位置关系和两者的形制布局也不对称；西院的北房和台基是后建的，西院小台基与主院大台基相互错入，东院东厢房北头有拆建现象[2]。如此等等，表明该遗址在元代存在之时是有变化的。因而今后正式整理编写发掘报告时，通过对遗迹遗物全面系统整理研究，有可能对后英房遗址进行大致的分期，并对其营建的年代上限提出较准确的看法。

后英房遗址是原建筑的残存部分，由主院和东、西院构成。三座院落各有明确的纵轴，轴线相互平行，主体建筑均建于轴线上，辅助建筑分列轴线两侧。遗址的房屋皆建于台基上，台基因房屋的位置、主次、规模和形状的不同，也相应出现大小、高低和形状之别，构

---

[1] 中国科学院考古研究所、北京市文物管理处元大都考古队《北京后英房元代居住遗址》，《考古》1972年第6期。

[2] 中国科学院考古研究所、北京市文物管理处元大都考古队《北京后英房元代居住遗址》，《考古》1972年第6期。

筑技法亦随之略有差异。主院建于轴线上的正房，前出轩后出廊，两侧立挟屋，总平面和所在台基一样，均略呈"凸"字形，院内所有建筑遗迹都以轴线和正房为准对称配置，布局严谨。东院主体建筑和所在台基平面呈"工"字形，南、北房之间有柱廊连接。东、西厢房位于主体建筑两侧，但两者的形制和规模不同。以此结合其他有关辅助遗迹来看，东院在基本对称的布局中则有些变化。西院的特点是主体建筑前出现月台（其他建筑遗迹残毁）。遗址的单体建筑遗迹，平面以矩形为主，辅助建筑平面有的呈"一"字形。不同类型房屋的开间大致有定，并有当心间和次间、明间和暗间之分，多数房屋内沿墙壁砌窄而矮的连炕。遗址的院落空间，采用主房与厢房等建筑围合为主，以墙连接为辅的手法构成封闭型院落。院落内各房屋之间以踏道和露道连通，主露道常采用高露道的形式。院内的台基下，露道及其两旁多有排水沟（明沟和暗沟），台基下有散水，主院排水沟与东、西院相通，原建筑似有较完整的排水系统。遗址的院落之间，采用露道和角门连通，有的还以跨院作为院间连接的过渡空间。从东院来看，"工"字形主体建筑台基两侧露道之南亦设角门，所以角门不仅是院落之间区划的标志与连通的枢纽，而且有时在同一院落内的不同建筑单元之间也可起到类似的作用。总之，后英房遗址上述形制布局表明，它乃是一座完整的、有内在联系的大型住宅院落的残存部分。从主院正房东、西挟屋后各有墙向北延伸来看，其北部还有后园；遗址的南部似乎还应有一至两进院落。也就是说，该遗址为原来大型住宅院落主要建筑的北部。这样原住宅整体建筑从南门至后园，就相当于元大都两条胡同之间的距离[1]。据已刊布的后英房遗址平面图（图6-19）的比例测算，其残存的东西距离已近70米。元代制度规定，"赀高及居职者"（即贵族官吏及有财富者）在都城建住宅占地一般不得超过八亩，"其或地过八亩及力不能作室者，皆不得冒据"。实际上后英房遗址的原住宅面积不仅达到八亩，甚至还有"僭越"和"冒据"之嫌[2]。此外，从主院正房来看，正房加上前轩和后廊的进深达13.47米，这种情况在一般的住宅中也是很难见到的。因此，后英房遗址原住宅建筑的主人不仅属于"赀高及居职者"，而且其住宅面积在八亩限额之中也属偏大之例。

此外，从其他方面来看。后英房遗址主要房屋室内地面"磨砖对缝"墁地，大部分墙壁（包括院子的围墙）的"隔减"部分也"磨砖对缝"砌筑。房屋的脊饰中有兽头，走兽和迦楞频伽等[3]，踏道象眼仿须弥座式样砌出，西院月台两角上竟按公府、寺院制度摆放狮子角石。格子门和角门的做法十分讲究，柱廊上的格子门用"五抹"（按制度，在当时是相当高了），额枋等木构件上有彩画。遗址所出遗物数量较多而精美，如青花瓷觚、青花葵花盘、影青印花云龙盘、影青瓷观音龛像、白瓷高足杯（胎质轻薄）、龙泉窑带盖瓷罐、哥窑蟹青釉瓷罐等，这些瓷器都是高档品。而螺钿平脱漆器更极为珍贵，紫端石砚，白和红玛瑙围棋子、水晶石、"雷斧"和亚洲象牙化石等也不是一般人所能有的。特别是所出白釉和黑釉经

---

[1] 中国科学院考古研究所、北京市文物管理处元大都考古队《北京后英房元代居住遗址》，《考古》1972年第6期。
[2] 参见本书第七章对宅基八亩的分析。
[3] 《元史》卷一〇五《刑法四·禁令》中说："诸小民房屋安置鹅项衔脊，有鳞爪瓦兽者，笞三十七，陶人二十七。"由此可见，该遗址的脊饰情况表明，其主人绝不在小民之列。

瓶上分别釉下墨书和釉下阴刻"内府"二字（这是装内府酒的专用瓶）[1]，以此结合上述种种情况，可知后英房遗址原住宅的主人，应属当时统治阶级上层人物之列。

元代的住宅实例已绝无仅有，住宅的考古资料也十分罕见，所以元代住宅的形制布局和构筑技法长期不甚明晰。因此，明清北京北城墙基下元代居住遗址的发掘，则弥补了这个缺环。在一般情况下，都城的住宅（贫民居室除外）应是当时住宅面貌的缩影。就已发掘的元大都居住遗址而言，也应是代表了当时中国北方住宅形制布局的主流。其中特别是后英房居住遗址，规模大，等级高，残存部分相对保存较好，在元大都的大型住宅中具有一定的典型性。从中我们不仅可以看到元大都大型住宅所应具备的形制布局和所采用的构筑技法的概况，而且还可窥见其在宋、辽、金至明清住宅发展演变过程中，承上启下的一些现象和脉络。比如：后英房遗址主院正房前出轩，后出廊，两侧立挟屋，就是承袭宋辽以来佛寺和宫殿的平面，只是规模缩小简化并将后轩改为后廊而已[2]，这种平面明清时代宫殿中仍在使用（有的将后廊推出变为后厦）。后英房遗址东院的"工"字形建筑，上承北宋宫殿平面，到元大都时上自宫殿的主要建筑，下至官署、寺庙、民居，都是最流行的平面。如果将"工"字形平面的柱廊去掉，东院的平面就与明清时北京的四合院很相似了。因此，这种平面是四合院的前身[3]。上述主院北房和东院的建筑平面表明，元代似不存在品官宅第制度，其住宅制度疏阔，使"过分"成为一种普遍现象[4]，故才出现大住宅建筑平面仿宋以来佛寺和宫殿的情况。入明以后住宅制度逐步森严，此种现象遂绝迹。又主院北房台基前筑高露道，以及两侧用围墙封闭的形式，在元大都是常见的。这种形式到明清时期为之一变，省去高露道，并以抄手游廊（抄手廊）代替了围墙[5]。遗址地基一层土一层碎砖瓦夯筑，这种方法与《营造法式》的规定相同，是宋辽金以来普遍应用的方法。其中柱础之下按上述方法构筑的地基，即是明清"礤墩"的前身。此外，后英房遗址的室内，凡不辟门的墙壁下都砌矮而窄的炕，炕多相互连接。这是中国北方和西北地区少数民族的习俗，新疆当地少数民族的民居至今仍采用此种形式。反映出元代蒙古族使用这种炕的习俗，也渗透到大都的民居之中。

总之，后英房遗址的发掘，弥补了元代住宅考古资料的缺环，展现了元大都大型住宅的形制布局和构筑技法，使我们看到了从宋、辽、金至明清住宅中间环节的过渡形式的概

---

[1] 后英房遗址所出遗物，见中国科学院考古研究所、北京市文物管理处元大都考古队《北京后英房元代居住遗址》，《考古》1972年第6期。

[2] 中国科学院考古研究所、北京市文物管理处元大都考古队《北京后英房元代居住遗址》（《考古》1972年第6期）说：后英房"北院北房前出轩，两侧立挟屋，是自宋辽以来的建筑平面，大同华严寺薄伽教藏辽代壁藏天宫楼阁的五间正殿，正是这种形式。南宋的绘画中也有这种式样的宫殿。《辍耕录》'宫阙制度'条中记元大都宫城中某些寝殿两侧的宫殿，也有这各种出'前后轩'的建筑。可见这种形式的建筑，在当时还是很流行的，这里发现的则将后轩变为后廊，其规模比宫廷建筑要简单多了。明清时代这种平面仍在应用，如颐和园的乐寿堂，北海的漪澜堂皆是，有的则将后廊推出变为后厦"。

[3] 中国科学院考古研究所、北京市文物管理处元大都考古队《北京后英房元代居住遗址》，《考古》1972年第6期。

[4] 潘谷西主编《中国古代建筑史》第四卷（中国建筑工业出版社2001年版）"元明建筑"第224、227页。

[5] 中国科学院考古研究所、北京市文物管理处元大都考古队《北京后英房元代居住遗址》，《考古》1972年第6期。

貌。大量的各种遗物，又在一定程度上反映出住宅主人的生活实态。从而为研究元代住宅建筑史、建筑工程技术史、社会生活史和民俗史，为研究制瓷、髹漆等手工业的工艺发展史，提供了极为宝贵的实物资料。

二 其他居住遗址

在明清北京北城墙基下发掘的其他居住遗址的资料也很重要，并各有特色，这些遗址与后英房遗址相结合，大体可以反映出元大都不同类型，等级住宅的概况。

《元大都的勘查和发掘》[1]文中记述"雍和宫的居住遗址，三间北房是主要建筑物，它建于砖台基之上。当心间面阔4公尺，进深5.42公尺。两明一暗。西暗间面阔3.75公尺，进深7.08公尺。两明间的后檐墙向内收入1.66公尺，形成两间后厦，这是前所未见的形式，这种形式在它稍东的一处居住遗址中也发现了，说明它在元大都还是比较流行的建筑形式。屋内四周用砖、坯围砌成炕，宽的是火炕，窄的是实心炕，火炕有灶膛和烟道，烟囱立在墙外。北房前有一方形砖月台，月台前用砖砌出'十'字形高露道，通往东、西厢房和南房"（图6-25）。"这座居住建筑遗址里发现的遗物，除瓷器、铁器等生活用品之外，还有玉雕带饰等。在一件漆器上写有数十字的铭文，从残存的字迹中可以知道

图6-25 北京雍和宫后元代居住遗址全景
（引自徐苹芳《元大都的勘查和发掘》）

---

[1] 徐苹芳《元大都的勘查和发掘》，《中国历史考古学论丛》，台湾久晨文化实业股份有限公司1996年版。此为前已发表同名简报的修改稿。

这件漆器是浙江一带的产品。铭文的上方横写'内府公用'四字。从在遗址附近发现的至正五十五年（1355年）王德常去思碑推测，可能是某衙的院落"。按该遗址有院墙残迹，由于有南房，故该遗址很可能已具四合院的雏形。王德常碑[1]。发现于雍和宫后遗址西角门院墙外之西约20米，雍和宫豁口内东北。碑基低于地表1.3米，碑身高3.1米，宽0.75米，厚0.23米，碑龟跌纵长1.39米，横0.93米，高0.65米。碑之上部有双龙浮雕额："太中大夫京畿都漕运使王公去思碑"，欧阳玄撰，王思诚书。报道者推测漕运使司署可能在碑的北方，衙署附近可能还有一些仓库。

徐苹芳《元大都的勘查和发掘》[2]又说："在建华铁厂发现的居住遗址，是前明后暗的长方形房屋，并列成排，形式相同，两家共用一堵山墙，显然是统一修建的简陋的'廊房'，出土遗物也多是普通瓷器和一般生活用具。在一〇六中学发掘的一间低狭的房基，比上述的'廊房'的情形还简陋，房内仅有一灶一炕和一个石臼，墙壁用碎砖块砌成，房的四角上各有一直径不到18公分的暗柱，房内地面比门外地面低40公分，潮湿不堪，出土的瓷器也很粗劣。在西绦胡同遗址中有一类似库房的建筑，墙壁坚厚，东墙尚存3公尺多高，房内出土大量瓷器，有些碟、碗是成套叠放在一起的。""福寿兴元观遗址位于桦皮厂北口稍东的明代北城基下，发现了大殿前的夹竿石、'圣旨白话碑'及福寿兴元观碑记等石刻；大量的琉璃建筑饰件和雕刻精美的青石锦地双凤石刻、宝相莲花石柱础等，都反映了福寿光元观的建筑规模。福寿兴元观是道教中全真教派一座寺观，建于延祐三年（1316年），在元大都西北的豫顺坊内。延祐四年，元朝皇帝颁布圣旨来保护该观的财产。"该观只是元大都城内"一座普通的寺观而已"。

西绦胡同元代居住遗址（即西绦胡同一号居住遗址），位于旧鼓楼大街豁口以西150米许明清北城墙基下，1972年发掘[3]。该遗址残存部分东西长34.60米，宽11米，可分为主院、后院和东院三大部分（图6-26之1、图6-27）。主院台基上残存三间北房的两间后廊和一间套间。后院残存三间南房部分遗迹，主、后院间有墙相隔，两者之西有西围墙。东院与主、后院间有院墙，墙北头辟门。东院残存东房部分遗迹，发现一扇板门。遗址有散水、明沟、暗沟、露道、水沟、围墙沟眼、渗井（图6-26之2、3）相互连通，形成较完整的排水系统。后桃园遗址位于新街口豁口以西，东距后英房元代居住遗址约125米许。据简报介绍，该遗址已严重破坏，仅发现部分遗物。

除上所述，还有一些居住遗址。如雍和宫东居遗址（1969年发掘），仅残存三间北房及房下的残台基。西绦胡同二号居遗址（1973年发掘），该遗址东半部为居住遗址，西半部为作坊遗址。西绦胡同三号居住遗址（1969年发掘），残存院落的北房、台基、月台、墁道、露道和水沟等遗迹。桦皮厂居住遗址（1969年发掘），遗址东西长方形，北房三间，

---

[1] 容肇祖《元京畿都漕运使王德常去思碑发现记》，《文物参考资料》1953年第1期。
[2] 徐苹芳《元大都的勘查和发掘》，《中国历史考古学论丛》，台湾久晨文化实业股份有限公司1996年版。此为前已发表同名简报的修改稿。
[3] 中国科学院考古研究所、北京市文物管理处元大都考古队《北京西绦胡同和后桃园的元代居住遗址》，《考古》1973年第5期。

1. 居住遗址全景（由西向东摄）

2. 东房与东围墙北门之间露道

3. 遗址西南部砖砌台基、散水、明沟

图 6-26 北京西绦胡同元代居住遗址及西南部砖砌台基和东房与东围墙北门间露道
（引自中国科学院考古研究所《北京西绦胡同和后桃园元代居住遗址》）

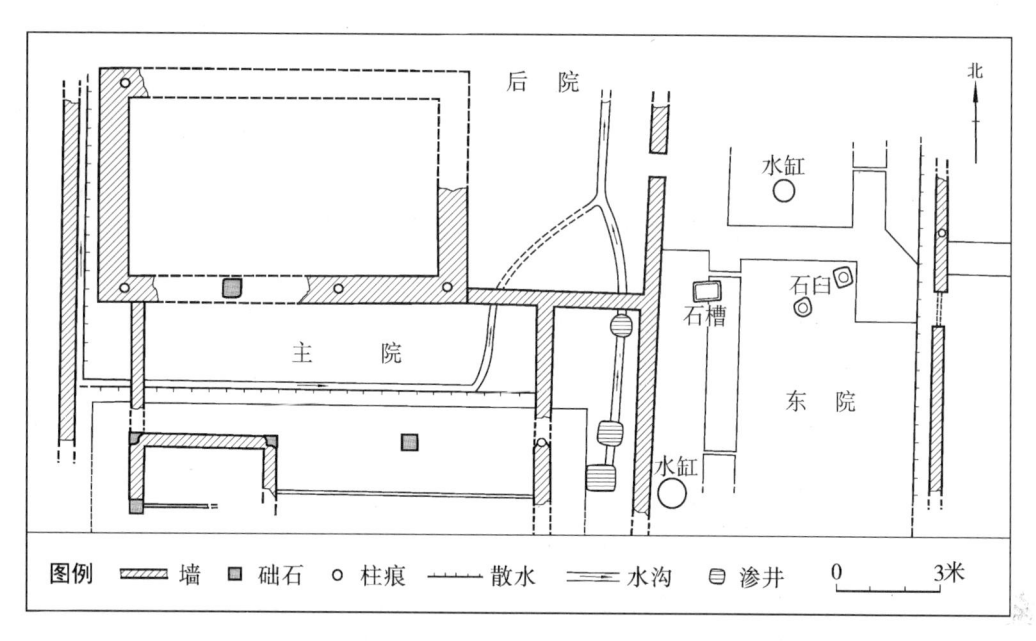

图 6-27 北京西绦胡同元代居住遗址平面图
（引自中国科学院考古研究所《北京西绦胡同和后桃园的元代居住遗址》，略有改动）

其前有方形月台，月台两侧有踏道，东、西厢房各三间，南房仅存残迹，有残围墙，略呈四合院式。德胜门居住遗址（1973~1974年发掘），遗址主体是一座三合院，分前后院。安定门西侧煤厂居住遗址（1974年发掘），有三间北房和一间西厢房残迹。以上居住遗址的资料待发，前述诸遗址位置参见图6-3。

第七章 元大都（下）

——大都城的城建规划和形制布局特点

元大都城为汉代以来少数平地起建的统一王朝的都城之一，是宋代以后唯一平地起建，同时又是中国古代首座非汉族统治者营建的统一王朝的都城，也是中国统一王朝中首次建都于黄河以北，首次最靠近游牧地区，首次依托近在咫尺仍在使用的旧都（金中都），并在其旁另建的新都城（图6-1）。

元大都城借鉴此前兴建的哈拉和林与元上都两座都城的经验，以蒙古族统治地跨欧亚的大视野，以若草原广阔的胸怀海纳百川，将草原文明、相关的域外文明、汉族高度发达的文明融为一体，以当时先进的科学技术和锐意创新的精神规划新都。元大都城在统一的城市规划之下，继承传统，兼容并蓄，底蕴深厚，大胆创新，故其形制布局规矩有序、严谨、稳定均衡、层次分明，景观"巨丽宏深"、气势磅礴、风格鲜明，生意盎然。因此，元大都城的形制布局，以其独具的魅力屹立于中国古代都城之林。

元大都城是在当时特殊的历史背景下，创建的世界性的大都会。这个大都会是中华民族和文化不断融合、凝聚力不断增强的象征，所以它定将作为汉蒙及有关各族用心血、智慧和科学精神铸就的丰碑，而彪炳于史册。

元大都城沿着北宋开封府城开辟的都城形制布局变革的方向，遵循中国古代都城形制布局发展演变规律的轨迹，在北宋开封府城，特别是在金中都的基础上，开拓创新，完成了北宋开封府城所开创的变革的新模式，从而成为宋至明清时期都城形制布局演变过程中的里程碑。总观中国古代都城史，可以清楚地看出，这个里程碑堪与秦至隋唐时期中国西部地区都城的典型代表和里程碑隋唐长安城并驾齐驱。隋唐长安城集前代都城之大成，创建了新的都城模式，对尔后中国和周边诸国都城形制布局产生了极其深远的影响。元大都城则总结此前历代都城经验，基本完成了中国封建社会晚期都城形制布局的变革，奠定了明清北京城的基础，是中国古代都城终结模式的先驱。由此可见，隋唐长安城和元大都城两个里程碑既各自承上启下，继往开来，又前后呼应，脉络相通。因而很自然地将秦汉至明清时期各主要都城形制布局发展演变关系贯穿起来，形成千年一系的都城体系。所以元大都城与隋唐长安城一样，均在中国古代都城史上占有不可替代的重要地位。

如前所述，元大都城的形制布局在中国古代都城史中占有极其重要和独特的地位，究其根源，在众多的原因之中以城建规划的作用为最。就目前已知的情况而言，在中国古代都城中元大都城乃是唯一可据其复原研究成果，能够较全面地探讨城建规划的都城。因此，对元大都城的城建规划进行探讨研究，以究明元大都城形制布局形成的原因和特点，深化理解元大都城丰富的文化内涵，并借以追溯前代都城尚未明晰的有关情况，无疑都是十分必要的，故其成为中国古代都城研究领域中最重要的课题之一。有鉴于此，拟在本书第六章全面介绍元大都形制布局的基础上，再对元大都的城建规划和形制布局特点略作论述。

第一节　元大都必须制定精确城建规划的原因和主要表现

一　营建元大都必须制定精确城建规划的原因

成吉思汗十年（1215年）蒙古军队攻占金中都，改称燕京。至元元年（1264年）改燕京为中都，决定在此建都。至元四年又放弃中都城，改在中都城东北郊另选新址建大都城，至元三十年基本完工。从元大都城所选城址位置来看，在这里建都城受到水面和中都城位置的强力制约（图6-1、图6-2）。比如：其一，忽必烈选定以金大宁宫和附近水面（元之太液池，以下均称太液池）为中心营建宫城和萧墙，以积水潭水面为营建大都城的主要内涵之一。水面的位置、面积和形状是已知的，不可变更的因素，营建新都时必须适应这种状况。其二，太液池和琼华岛的位置、面积和形状，制约着萧墙、宫城的具体位置、规模和平面形制。其三，由于积水潭必须被包容在城内，所以就决定了大都城西城墙之东限应在积水潭水面西限之西附近。根据对称原则，以前述西城墙范围至水体东界为半径，对称折向东边的位置应为东城墙之所在。但这一带恰是水泡子分布带（图6-8）[1]，所以东城墙东限必在水泡子分布带西限之西附近。其四，元大都南城墙必须位于尚在使用的南城（原金中都）北城墙之北，其距南城北城墙和太液池南岸都应保持合理距离，因而南城墙的位置也大体被限定。上述情况，是规划和营建元大都时不可逾越的制约因素和先决条件。

如上所述，大都城营建之初，其东、西、南面城墙，萧墙和宫城的位置已大体被限定。众所周知，营建都城"择中立宫"是关键。但是，在前述情况下，元大都的宫城已不可能居大都城南北之中，剩下唯一的选择只能置于大都城南半城东西之中。由于大都城东、西城墙的位置已被大体限定，在此限定的范围内无论如何调整，处于东西城墙之中的宫城都将有一部分落入太液池内。所以宫城只能建在太液池之东，并将其置于距"居中"最近而又能容纳宫城之地。为此，就要调整宫城宽度与东西城墙间距的比例关系。但是，宫城之广又与深相互制约。从建成后的元大都宫城来看，其周长为九里三十步，显然是承袭了金中都宫城周长的标准[2]，因而元大都宫城未建之前周长标准已定，所以调整宫城

---

[1] 赵正之《元大都平面规划复原的研究》（《科技史文集》第二辑，上海科学技术出版社1979年版）文中说："从地形上观察，在今东城垣之外是一片低洼河沼地带，自北向南连续不断，特别是在朝阳门外以北，至今还遗留有许多大小的泡子。这些泡子是在建大都城以前就存在的，把城墙筑在低洼河沼地带，不论从施工或对城垣的维修来看，都是极为不利的。因此，只有向内（西）收缩，将城垣建在这片低洼地的西沿上。"（图6-8）

[2] 《大金国志》卷三三《燕京制度》记载：中都"宫城四周九里三十步"。关于金中都宫城周长为九里三十步，参见本书第五章。

之广和深时当使之周长等于九里三十步。在这种情况下，还必须将宫城之广与东西城墙已限定的位置范围、宫城之深与已被大体限定位置范围的南城墙同时按一定的比例关系进行微调。这种微调直至宫城广深形成周长九里三十步，并保证宫城基本位于东西城墙之中的最佳位置，确保宫城之广与东西城墙的间距，宫城之深与南、北城墙的间距保持恰当而准确的比例关系时为止，最后确定宫城之广和深，进而确定四面城墙的位置。由此可见，宫城之广深与大都城四至的比例关系，在规划大都城之初就是必须首先要解决的重要问题。

总之，上述情况表明，在原金中都东北郊营建元大都城是处于被特定条件制约的环境之中，因而营建元大都城必须在诸制约条件下事先精准确定宫城、萧墙和外城墙四至的位置及其比例关系。而欲达此目的，若不依托于事先制定的精确城建规划予以控制是不可能完成的，这就是营建元大都城必须有精确城建规划的原因。事实上，虞集《大都城隍庙碑》已经记载："至元四年，岁在丁卯，以正月丁未之吉，始城大都，立朝廷、宗庙、社稷、官府、库庾，以居兆民，辨方正位，井井有序，以为子孙万世帝王之业。"[1]。又赵秉温与刘秉忠一起参与大都城的规划设计，《故昭文馆大学士中奉大夫知太史院知仪事赵文昭公行状》记载：赵秉温与"太保刘公同相宅，公因上山川形势，城郭经纬，与夫祖、社、庙、市之位，经营制作之方"[2]。由此可见，平地起建的元大都始建之时是确有城建规划的。该规划由刘秉忠主持[3]，"经画指授"，最后则经忽必烈"圣裁"[4]。

二 元大都精确城建规划的主要表现

（一）确定宫城和北中书省的方位，"公定方隅"，"奠安新都之位"

前已说明，营建元大都城，首先确定了宫城的方位，以此为准"公定方隅"[5]。其次，是确定了最高国务机构北中书省的方位。北中书省位于今铸钟厂之西一带[6]，大体处于大都城南北之中。文献记载如此选定"省基"，是"辨方正位"的结果，意在"以城制地"，"奠安以新都之位"[7]。实际上是控制中城要地，兼控北半城，并确立城内中心

---

[1]《日下旧闻考》（二）卷五七第793页引《道园学古录》。

[2] 元·苏天爵撰《滋溪文稿》。

[3]《元史》卷一五七《刘秉忠传》记载：至元"四年，又命秉忠筑中都城（即后来的元大都城），始建宗庙宫室"，"他如颁章服、举朝仪、给俸禄、定官制，皆自秉忠发之，为一代成宪"。现在一般多认为，元大都的布局是刘秉忠按《周礼·考工记》"匠人营国"的模式规划的，但也有不同看法，详见后文注释。

[4]《析津志辑佚·朝堂公宇》天师宫条记载：大都"其内外城制与宫室、公府，并系圣裁，与刘秉忠率按地理经纬，以王气为主"。

[5]《析津志辑佚·朝堂公宇》记载：至元四年"四月甲子，筑内皇城，位置公定方隅"。

[6] 赵正之《元大都平面规划复原的研究》（《科技史文集》第二辑，上海科学技术出版社1979年版）文中考证北中书省位置为："今小黑虎胡同以西，北起小石桥胡同以南，南至西魏胡同南口附近，西至新开路甘水桥以东，东至铸钟厂以西这块面积，应为元代北省之所在"（图6-8），据此，图6-2之北中书省位置似过于偏北。

[7]《析津志辑佚·朝堂公宇》记载"筑内皇城位置"后说："始于新都凤池坊北立中书省"，"奠安以新都之位"，又说"至元四年，世祖皇帝筑新城，命太保刘秉忠辨方位，得省基，在今凤池坊北，以城制地，分纪于紫微垣之次。"

区，与宫城一道成为城内营建规划的主要控制点。宫城和北中书省位置的确定，就正式确立了大都城宫城"坐南朝北"的总体布局。

（二）以宫城宽深为模数，精确制定城建规划的标尺

以宫城为模数控制都城规划和设计，自隋唐长安城以来逐渐发展，至元大都时已走向成熟。据前所述，元大都城建规划以宫城宽深为模数不是先验的主观臆定，而是在元大都城址所处环境中诸种相互制约因素互相权衡、反复检验过程中形成的。只有这样，宫城之宽深才能真正成为大都城规划的模数。其模数作用主要表现如下。

1. 元大都城东西广是宫城东西宽的9倍

元大都城南城墙实测6680米，北城墙实测长6730米，元大都宫城东西宽480步，约合742.56米（480步×1.547米）[1]。是大都城南城墙（6680米÷742.5米＝8.996倍≈9倍）和北城墙（6730米÷742.5米＝9.06倍≈9倍）为宫城东西宽的9倍（图7-1）。

2. 大都城南北长是宫城深之8倍

元大都城东城墙实测7590米，西城墙实测7600米，元大都宫城深615步，合951.4米（615步×1.547米）。是大都城东城墙（7590米÷951.4米＝7.977倍≈8倍）和西城墙（7600米÷951.4米＝7.988倍≈8倍）为宫城深之8倍（图7-1之B代表本书校正后宫城之深）[2]。

---

[1]《南村辍耕录》卷三一《宫阙制度》记载：元大都宫城"东西四百八十步，南北六百十五步。"前面第六章据元大都城有关尺度换算，一步合1.5475米。详见后文注释。

[2] A. 据《南村辍耕录》所记宫城广深步数，以及所换算的米数，其比值为1.28（951.4米÷742.56米＝1.281，615步÷480步＝1.281）。复原图6-2之底图（侯仁之主编《北京历史地图集》，北京出版社1988年版）比例为1∶25000，按此比例量得图上宫城宽3厘米，南北长4.2厘米，两者比值为1.4（42÷3＝1.4），与《南村辍耕录》比值相较，复原图上宫城南北向显然过长。若按《南村辍耕录》比值求1∶25000比例图上宫城南北长应为3.84厘米（742.56∶951.4＝3∶X，X＝3.84）。按图上比例1厘米＝250米计算，宫城之宽应为2.97厘米（250∶742.56米＝1∶X），深应为3.8厘米（250米∶951.4米＝1∶X，X＝3.805厘米）。据上述情况，复原图（图6-2）上大城南北总长30.5厘米，是为宫城南北深之8倍（30.5厘米÷3.8厘米＝8.026倍，30.5厘米÷3.84厘米＝7.94倍≈8倍）。复原图上宫城南北长4.2厘米，30.5厘米÷4.2厘米＝7.26倍，显然不合。以下本书凡涉及复原图宫城南北长均以3.8厘米为准进行换算（图7-1之B所代表宫城之深即以此为准）。

B. 傅熹年《中国古代城市规划、建筑群布局及建筑设计方法研究》（中国建筑工业出版社2001年版）上册第11～12页认为：大都城之宽是宫城之宽的9倍，再试以宫城南北之深与大城南北之深比较，发现大城之深为其7.6倍（略大于前注之7.26倍），没有整倍数关系。但若设宫城、御苑总深度为B，以B与大城之深比较，则大城之深为5B，即为宫城与御苑总深的5倍。这就是说，大城之面积为宫城御苑之和的5×9＝45倍。表明规划大都城时，是把宫城和御苑视为一个整体，以它的宽A和深B分别为大城之宽深的模数。若统而言之，也可以视为在规划大都城时，以宫城御苑之面积为模数，以它的9×5即45倍为全城的面积。又说：大城之深是皇城深的4倍，东西城墙各三门之间距与皇城深相等（参见原书附图）。即皇城深的四倍＝宫城御苑总深的5倍，所以皇城之深为御苑总深的11/4倍。因此，大城、皇城、宫城御苑之间都有一定的比例关系。（转后页）

3. 大都城各面城墙城门间距是宫城宽深的倍数

*南面丽正门与皇城棂星门和宫城崇天门相对，依宫城中轴线而定，与宫城之宽为模数无关。南城墙左右二座城门间距约是宫城宽的 5 倍，两座城门分至城东南和西南角之距离为宫城宽的 2 倍；东、西城墙诸城门间距是宫城深的 2 倍（图 7-1）。北城墙开两座城门，二城门之间距约是宫城宽的 3 倍强，两座城门分距城东北和西北角的距离约是宫城宽的 3 倍弱（图 7-1），宫城之宽基本上也是北城墙城门间距的模数。

据上所述，元大都外城宽是宫城的 9 倍（480 步×9＝4320 步），长是宫城城深的 8 倍（615 步×8＝4920 步），其周长为 18480 步，约合 77 元里，与大都城实测周长 28600 米合 77 元里相合[3]。从而更加证明大都城南北之长和东西之宽分别为宫城深之 8 倍，宽之 9 倍。此外，大都城的面积为 88560 亩（4320 步×4920 步＝21254400 方步，21254400 方步÷240 方步＝88560 亩），是宫城面积的 72 倍（480 步×615 步＝295200 方步，295200 方步÷240 方步＝1230 亩，88560 亩÷1230 亩＝72 倍；又 9 倍乘 8 倍也等于 72 倍）。宫城和大都外城的平面形制呈相似形。

4. 以宫城宽深为模数控制和调整城内有关部位的比例

第一，宫城之宽深基本是萧墙宽深的模数。萧墙南北深是宫城南北深的 2 倍，东西宽是宫城宽的 3 倍强[4]。

第二，丽正门、宫城至中心台的宫城中轴线及其延长线之长是宫城深的 4 倍，为大都城南北长之半（图 6-2、图 7-1）。

第三，城内街区与宫城宽深有一定的模数关系。城内街区有两种情况：一是较规整的部位，如安贞门之东和健德门之西各有两条南北向大街，其间距基本等于宫城之宽

---

* （接前页）据上所述，可指出四点：一、御苑之宽深史无明载，宽大体如宫城，深多少不明，诸家说法不一（参见本书第六章关于御苑的论述），故目前尚不宜以御苑为模数构成要素之一。二、上述说法是按复原图（图 6-2）的底图所标长度进行论证的，本注第一点已说明复原图宫城之深过长。三、萧墙之宽深是以宫城宽深为模数，本书第六章及本页下面注〔4〕已论证萧墙之深是宫城之深的 2 倍。四、宫城之宽深是大都城的基准模数，其他从此派生推断出来的数据，不宜做基准模数。

[3] 大都城是宫城宽的 9 倍，合 4320 步（480 步×9），大都城南北长是宫城深之 8 倍，合 4920 步，大都城周长 18480 步［（4320＋4920）×2］。元 240 步为一里，是元大都城周长为 77 元里（18480 步÷240 步）。前面注释中以元一步 1.55 米，元一里 372 米计算，元大都周长 28600 米合 76.88 元里。若与前述对照，28600 米＝77 元里，是一元里约合 371.42 米，一步合 1.5475 米，元一尺合 0.3095 米，本书以下换算以此为准。

[4] A. 明人萧洵《故宫遗录》记载："南丽正门内曰千步廊，可七百步，建棂星门，门建萧墙，周回可二十里，俗呼红门拦马墙。"萧端南北深是宫城南北深的 2 倍，是在复原图上（图 6-2）按前面注释中宫城南北长 3.8 厘米计算。萧墙宽为宫城宽 3 倍强为 1440 步（480 步×3），萧墙深为宫城深的 2 倍为 1230 步（615 步×2），其周长为 5340 步，合 22.2 元里，较《故宫遗录》所记概数可二十里多 2.2 里。按 5340 步合 14.83 明里（5340÷360 步），据此可知《故宫遗录》所记二十里为元里。

B. 傅熹年《中国古代城市规划、建筑群布局及建筑设计方法研究》（中国建筑工业出版社 2001 年版）认为：大城之深是皇城深之 4 倍，东西城墙各三门之间距与皇城深相等。此说亦证明皇城之深为宫城之深的 2 倍。

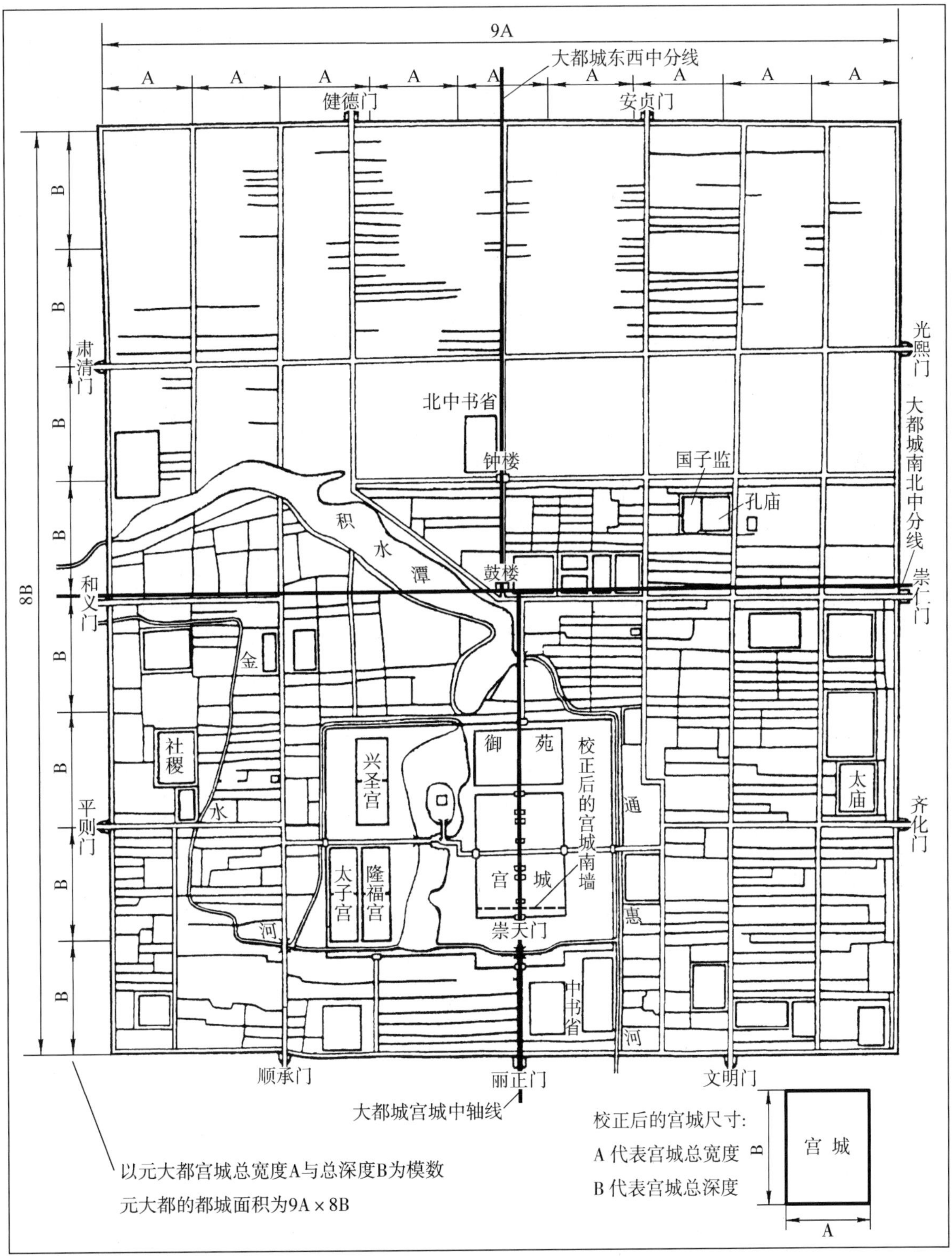

图 7-1 元大都宫城宽深与外城宽深关系图

（参照傅熹年《中国古代城市规划、建筑群布局及建筑设计方法研究》上册图 1-1-7 之 1，略有改动）

（仅个别部位有宽窄变化），两条南北向大街分别与光熙门和肃清门间大街相交，该部分之长为宫城深之2倍。崇仁门和齐化门间的情况亦如是，在宽与宫城宽相等，长为宫城深2倍的长方形街区内南北各容2坊（图6-2）。二是大都城南中部有大内，大内西北部有积水潭，在此附近的街区不太完整和规则，宫城之宽深对此类街区仅有一定的控制和调整的作用。

第四，宫城之宽是大街和小街宽的倍数。大都城大街宽24步，小街宽12步[1]，其分别为宫城宽480步的1/20和1/40。

总之，元大都城以宫城宽深为模数，作为制定和实施城建规划的标尺，这是元大都城的形制布局规整、比例合度，均衡、协调的先决条件。

（三）以精准测量确定的中心点和中分线为城建规划的"准绳"

元大都的鼓楼位于全城几何中心点上，纵贯鼓楼之线为全城东西中分线，从东西中分线又派生出全城南北中分线、南半城和北半城中心点和南北中分线（图7-2），由此形成控制全城形制框架主体布局结构的网络和坐标点。其具体表现如下。

1. 东西中分线是全城规划中轴线

鼓楼位于全城几何中心点上，中心点是全城规划的轴心，并以鼓楼为标志。纵贯鼓楼中心点的全城东西中分线是东、西城墙等距离对称配置的轴线，从而确定了东、西城墙的位置，东城墙未内收[2]。同时东西中分线也是城内相关重要建筑左右对称配置的轴线，更重要的是从东西中分线又派生出全城南北中分线、南半城和北半城中心点以及南北中分线，由此形成了控制全城框架主体结构的网络和多个坐标点。凡此均以东西中分线为主脊，故其为名副其实的全城规划中轴线（图7-2）。

2. 全城南北中分线

横贯鼓楼全城几何中心点的东西横线，是大都城南北中分线、南北城墙以此为轴线等距离对称配置而确定南、北城墙的位置。南北中分线与东、西城墙的交点即是崇仁门与和义门的位置，南北中分线与二城门内的崇仁门街、和义门街相合（图7-2）。

3. 北半城中心点和北半城南北中分线

在全城南北中分线之北的全城东西中分线之中点为北半城几何中心点，通过该点的东西横线为北半城南北中分线。该线与东、西城墙之交点为光熙门与肃清门位置，并与二城门内光熙门街、肃清门街相合。东西中分线在北半城部分，是北半城东西城的分界和对称

---

[1] 《析津志辑佚·城池街市》：大都城"街制：自南以至于北，谓之经，自东至西，谓之纬。大街二十四步阔，小街十二步阔。三百八十四火巷，二十九衖通"。

[2] A. 侯仁之《历史地理学的理论与实践》（上海人民出版社1979年版）第165页说：大都城"东墙位置遇有低洼地带"故"稍加收缩"。因此，"大都城的东墙去中心台的距离较西墙为近"。此为目前研究元大都城学者们的普遍看法，这是因为他们将中心台看做是四城规划中心所致。

B. 赵正之《元大都平面规划复原的研究》（《科技史文集》第二辑，上海科学技术出版社1979年版）亦认为东城墙因水泡而内收。

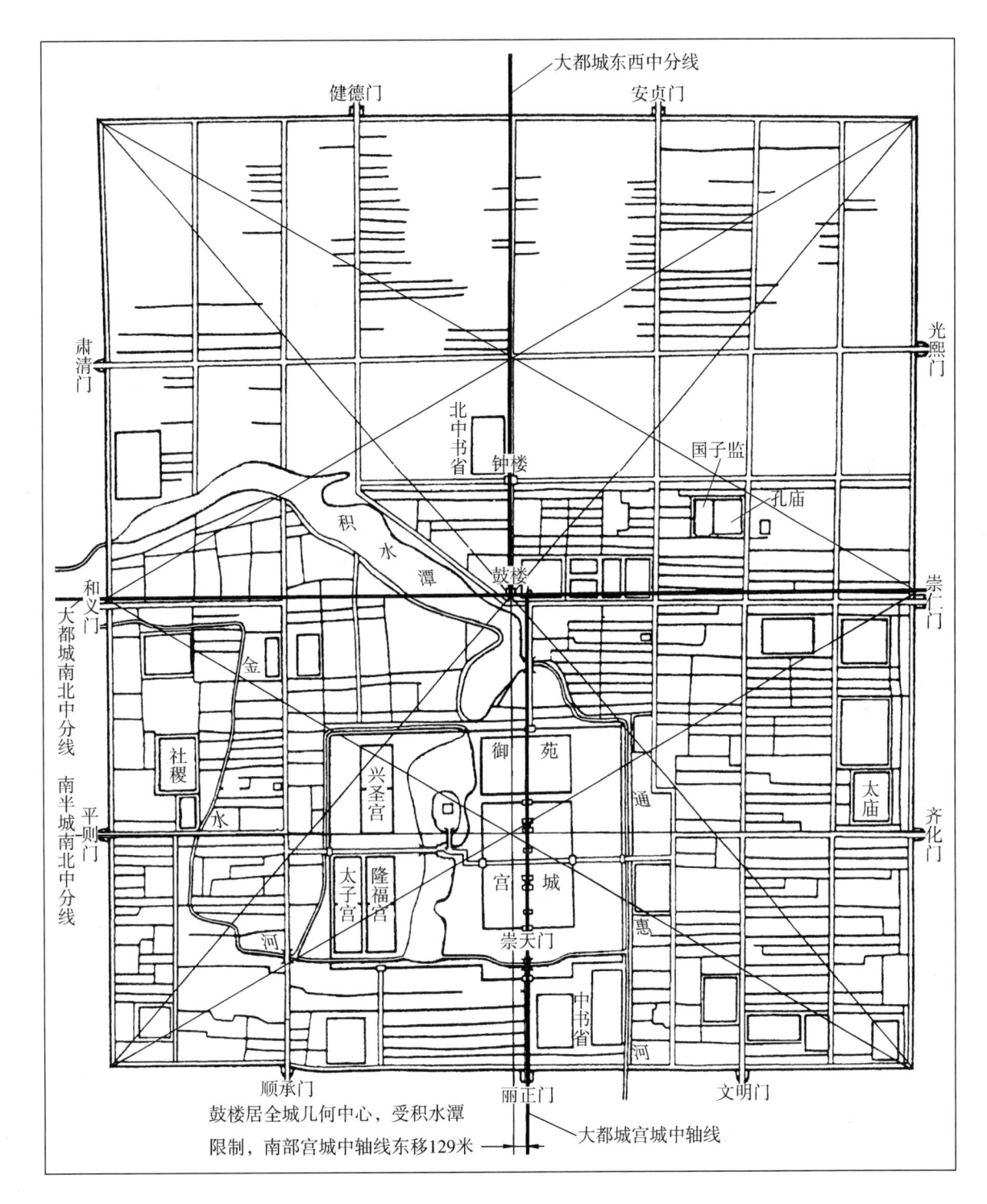

第七章 元大都（下）——大都城的城建规划和形制布局特点 363

图 7-2 元大都东西和南北诸中分线图
（参照傅熹年《中国古城市规划建筑群布局及建筑设计方法研究》上册图 1-1-7（2），略有改动）

配置的轴线，其与通过北半城几何中心点的北半城南北中分线相辅相成，是控制北半城主要大街和诸坊配置的轴线（图7-2）。

4. 南半城中心点和南半城南北中分线

东西中分线在南半城部分的中心点为南半城几何中心点。通过该中心点的东西横线为南半城的南北中分线（该线穿过宫城延春阁，恰为宫城御苑南北一体的中分线），其与东、西城墙之交点为齐化门和平则门位置，并与二城门内齐化门街、平则门街相合[1]。东西中分线在南半城部分与南半城南北中分线相辅相成，是控制南半城主要大街和诸坊配置的轴线（图7-2）。

5. 东西中分线与南半城南北中分线是大内总体布局的主要参照基准

从大内总体布局来看，宫城中轴线靠近全城东西中分线并与之平行，西内规划中轴线也与全城东西中分线平行。南半城南北中分线从西内兴圣宫南墙旁通过，南半城南北中分线的中心点位于宫城内，标志"择中立宫"，宫城南北规划轴线在东西华门一线，靠近南半城南北中分线并与之平行。上述情况表明，宫城和西内规划中轴线和宫城内东西华门间的规划轴线的确立，是与前述两条中分线密切相关的，所以这两条中分线乃是大内总体规划布局的主要参照基准。

除上所述，首先，东西中分线与南北城墙的交点是城墙的中点，该点是确定南城墙两侧城门位置和北城墙两座城门位置的主要坐标点之一（图7-2）。其次，通过全城几何中心点（鼓楼）的对角线，以及分别通过南北半城中心点的两个半城对角线，控制着大都城四座角楼的位置。同时与全城南北中分线及南北半城南北中分线相结合，兼对东、西城墙城门和城内东西向大街起到控制作用（图7-2）。此外，城内南北向大街与东西中分线基本平行，东西向大街与全城南北中分线平行，故东西中分线和南北中分线也是控制城内南北和东西向大街的主轴。

总之，全城几何中心点与全城东西和南北中分线，南、北半城各自的几何中心点和南北中分线，形成了控制大都全城的完整的多轴线多坐标点的布局艺术。这是大都城建规划的核心，也是营建大都城实施全部城建规划的"准绳"和保证。以此结合大都城的四至、三条南北中分线的间距，以宫城之宽深为模数，城内的街道胡同住宅面积等也有同一的规划控制角度来看，充分显示出当时大地测量已达到相当准确的程度。由此可以窥知元大都的城建规划和营建是以当时最高的科技水平为支撑的。在中国古代都城中，上述情况表现得如此全面、系统和准确者，尚无二例。

---

[1] 赵正之《元大都平面规划复原的研究》（《科技史文集》第二辑，上海科学技术出版社1979年版）认为：因齐化门（今朝阳门）外以北有许多大小水泡子，齐化门若与平则门在一条线上，那么一出齐化门便是一片水泽，故齐化门略南移。受其影响，北面的崇仁门、光熙门也随之南移，并使整个东城垣也稍向南移，以致使大都的外郭城由一个规整的长方形而变为一个不规整的长方形了。它的东北角为钝角，东南角为锐角，西北角为锐角，西南角为钝角（图6-8）。此说仅供参考。

(四) 以宫城中轴线及其延长线作为"择中立宫"的标志

1. 确立丽正门、宫城至中心台的中轴线

由于宫城位于全城东西中分线之东，无法利用其为宫城中轴线，故又确定宫城中轴线。该轴线向南延伸至丽正门，确定了丽正门的位置，向北延伸至中心台。《析津志辑佚·古迹》记载："中心台，在中心阁西十五步，其台方幅一亩，以墙缭绕，正南有石碑，刻曰中心之台，实都城东南西北四方之中也。在原庙之前。"原庙指后来成宗所建大天寿万宁寺，其阁称中心阁，阁之遗址约在今鼓楼或其北附近[1]。这条中轴线就是元大都建成后，从丽正门向北经棂星门（萧墙南门），崇天门（宫城南门）、厚载门（宫城北门）、厚载红门（萧墙北门），又过万宁桥（海子桥，今地安门桥）至中心台一线（图6-2、图7-2）。

2. 宫城中轴线及其延长线为"择中立宫"的标志，是宫城规划中轴线

宫城在全城东西中分线之东，为显示宫城居中的地位，遂使宫城极限靠近太液池和全城东西中分线，并将宫城中轴线定于全城东西中分线之东约129米处[2]。如此，宫城则大体位于南半城之中（图6-2、图7-2）。然后，又采取多种布局艺术，衬托宫城居中地位。其一，将宫城中轴线南北分别延伸至丽正门和中心台，该线纵贯南半城，长度是宫城深的4倍，并将北部端点称为"中心台"，以此强调和象征宫城的中心地位。其二，刻意经营这条中轴线，将象征国家最高权力的建筑大明殿、延春阁，以及千步廊、外城、萧墙和宫城的正门与万宁桥、中心台等置于中轴线上。这些建筑高大雄伟，空间层次分明，在全城形成一道建筑主脊和政治礼仪轴线，以凸显宫城的中心地位。其三，全城东西中分线在海子桥西穿过积水潭，其南太液池竖向构图并靠近东西中分线，这样太液池、全城东西中分线和宫城中轴线及其南北延长线三者相近相依；同时，平行于全城东西中轴线的西内中轴线又与之相辅相成，相得益彰，因而在南半城形成了一个萧墙、宫城、太液池和西内共同组成的体量厚重的中心。其四，萧墙的位置、规模，以及萧墙采用横长方形平面，其横向的中点大致在太液池北部的东岸，凡此在视觉上又增强了大内在南半城的中心感。其五，宫城内以宫城中轴线为左右对称布局的轴线。总之，上述多种布局手法相互衬托，充分体现出以宫城中轴线为规划宫城的轴线和突出"择国之中而立宫"的指导思想，以及由此形成的规划效果。

3. 宫城中轴线不是全城中轴线，更不是全城规划中轴线

前已说明宫城中轴线在全城几何中心点和全城东西中分线之东129米，其延长线向北所至之中心台虽然在全城南北中分线上，但仍在全城几何中心点和东西中分线之东129米，故中心台不可能位于全城"东南西北四方之中"，只有鼓楼才"正居都城之中"[3]。

---

[1] A. 侯仁之《元大都城与明清北京城》（《故宫博物院院刊》1979年第3期）认为中心阁位于今鼓楼所在地。又徐苹芳认为在今鼓楼北，见后面注释。
B. 赵正之《元大都平面规划复原的研究》（《科技史文集》第二辑，上海科学技术出版社1979年版）认为："中心阁之所在地，即今钟楼址"，似误。

[2] 傅熹年《中国古代城市规划、建筑群布局及建筑设计方法研究》上册，中国建筑工业出版社2001年版，第11页。

[3] 《析津志辑佚·古迹》说：齐政楼（鼓楼）"正居都城之中"。前已说明鼓楼正位于全城几何中心点上。

《析津志辑佚·岁纪》记载："世祖建都之时，问于太保秉忠定大内方向，秉忠以今丽正门外第三桥南一树为向以对，上制可，遂封为独树将军，赐以金牌"，传说由此确定了宫城的中轴线。可见最初宫城中轴线的确定，仅是定大内方向，并不是对大都全城而言的。

另外，宫城中轴线只是宫城东西中分线和规划中轴线。在宫城之外，位于萧墙北门至中心台的宫城中轴线仅对两侧之坊的配置有控制作用；南部棂星门和丽正门间的宫城中轴线只对千步廊及其两侧有控制作用。除此之外，宫城中轴线及其延长线在南半城起不到规划控制作用，而北半城的规划布局则与该线完全无关。加之宫城中轴线仅是与东西中分线平行的短轴线，从规划角度来看亦从属于全城东西中分线。所以上述情况表明，该中轴线对宫城和萧墙之外的规划布局的作用是极其有限的。

总之，前述已经说明，元大都只有通过全城几何中心点的东西中分线才是全城的中轴线，由于其对全城起规划控制作用，所以这条中轴线就是全城规划中轴线。而宫城中轴线及其延长线未通过全城几何中心点，也不在全城中间，并仅存在于南半城，故不应称为大都城中轴线。特别是这条中轴线对大都全城起不到全面规划控制作用，加之其本身从规划角度来看，亦从属于全城东西中分线，因而更不能将其称为全城规划中轴线[1]。

---

[1] 将宫城中轴线视为全城规划中轴线，是目前普遍的看法和主流意见。现将几种主要意见辑录于下。
  A. 徐苹芳《元大都的勘查和发掘》（《中国历史考古学论丛》，台湾久晨文化实业股份有限公司1996年版。此为前已发表同名简报的修改稿）文中说："元大都全城的中轴线，南起丽正门，穿过皇城的灵星门，宫城的崇天门、厚载门，经万宁桥，直达大天寿万宁寺的中心阁（今鼓楼北），这就是明清北京城的中轴线。经过钻探，在景山以北发现的一段南北向的道路遗迹，宽达28公尺，即是大都城中轴线上的大道的一部分。这一发现，纠正了元大都中轴线偏西的说法，证实了元大都的中轴线与明清北京城的中轴线相沿未变。"按：其一，其所证实者，只是元明宫城中轴线及其南北延长线有关部分重合。其二，明北京城北缩南扩后，城市形制的几何形状较元大都城发生明显变化，修外城后宫城中轴线向南延长至永定门，纵贯全城之中，全长约8公里，其态势与元宫城中轴线完全不同。此时这条中轴线确实为明北京全城布局调整的规划中轴线，故将钟鼓楼移至其北端，作为全城中轴线的标志。其三，上述变化不能证明元大都宫城中轴线也是全城中轴线和规划中轴线，更不能否定元大都城东西中分线是全城规划中轴线的地位。元大都与明北京城的情况不同，不容混淆。
  B. 傅熹年《中国古代城市规划、建筑群布局及建筑设计方法研究》（中国建筑工业出版社2001年版）上册第11页说：以大都"城之四角画对角线求其几何中心，则可发现它正位于鼓楼处"，"宫城的中轴线并不在这条几何中分线上而向东移了129米"；宫城中轴线"在大都城的南半城形成全城的规划中轴线"。第12页说："全城规划中轴线未与几何中分线重合，而是向东移了129米左右"；大都城"在城市南半城强调规划中轴线同时又在城市北半部强调几何中分线的处理手法说明在规划大都时很仔细地考虑了规划中轴线不得不东移的情况并给以巧妙的处理，对二者同时加以强调而不偏废。"按：以此结合前注徐说，应指出：其一，将宫城中轴线称为全城中轴线，进而又演变为全城规划中轴线，只是现存研究者的一种观点和看法，并非元大都规划者所言。此种看法，是目前研究元大都学者们的主流意见。其二，所言宫城中轴线在几何中分线之东129米，说明不居中，不居何言为全城中轴线？其三，宫城中轴线仅在南半城，其何以又"形成全城规划中轴线"？其四，说南半城强调规划中轴线（指宫城中轴线），北半城强调几何中分线，如此大都城就出现了两条并行的规划中轴线（在全新规划都城中，都城（转后页）

(五) 规划南北半城和中心广场

1. 北半城概况

*大都城和义门与崇仁门内大街是城内南北中分线，但从功能区划角度言之，此处所谓的南、北半城当以通过钟楼的东西横街及其北的东西水道为界（图6-2、图7-1）。南半城的情况是众所周知的，在此只介绍北半城。北半城之深约占大都城总深的37.5%[3]，这个区域文献记载乏见，考古遗迹很少，比较空旷。从航空照片上看，北半城中心部位即健德门与安贞门之间为轮廓清楚的方框。其四界各有一条直路，南边有河道和胡同，中间有钟楼向北大道，方框内无胡同遗迹，都是一些不规则的道路、沟渠、池沼及小土山等。方框为元代遗存，南与大内相对（图6-8）[4]。推测此方框之内可能是为蒙古各部来朝京

---

* （接前页）规划中轴线是不可移动的，具有唯一性，不可更改性）。这种说法不是"巧妙"，而是"矛盾"，并自我否定了宫城中轴线为"全城规划中轴线"之说。

C. 侯仁之《元大都城与明清北京城》（《故宫博物院院刊》1979年第3期）在谈到中心台时认为："在城市设计的同时，把实测的全城中心作了明确的标志，在历代城市规划中，还没有先例。"按，中心台不是全城实测中心，参见前注及本书论述。

D. 杨宽《中国古代都城制度史研究》（上海古籍出版社1993年版）第464页说："宫城的中心位于全城中轴线上，全城中轴线即从丽正门向北经棂星门……至中心台"，"在都城的设计建设中，建立中心台作为全城中心点的标记，是元大都首创的"。第465页又说：中心台确定了全城中轴线的方向和位置，对确定四面城墙的方位，城门位置等有重要作用。该说同样不能成立，参见前注和正文。

E. 徐苹芳《元大都的勘查和发掘》（《中国历史考古学论丛》，台湾久晨文化实业股份有限公司1996年版。此为前已发表同名简报的修改稿）所说，是目前占主导地位的主流意见。由于该说未区分元大都与明北京城的不同情况而统言之，遂引起元大都与明北京城中轴线异同之争，迄今仍在争论之中。其中赞成主流意见的，后来更有甚者，如张宁《关于北京城传统中轴线的历史考察》（《中国古都研究》（第十三辑）——中国古都学会第十三届年会论文集）认为，中心台位于"全城几何中心"，"元大都城中轴线，不仅直接为明清北京城所承袭"，而且元大都的钟鼓楼也建在明钟鼓楼之地。即今钟鼓楼为元始建，明重建。反对者认为元大都中轴线在旧鼓楼大街南北一线，此种意见参见王璞子《元大都城平面规划述略》（《故宫博物院院刊》1960年第0期），以及姜舜源《故宫断虹桥为元代周桥考——元大都中轴线新证》（《故宫博物院院刊》1990年第4期）等文。由于持元大都宫城中轴线是全城规划中轴线的意见者，均未说明其何以成为全城规划中轴线？就元大都和明北京城而言，何为全城中轴线？何为全城规划中轴线？以及二者的关系，皆无明确交代。而持旧鼓楼大街南北一线为元大都中轴线论者，理由亦未完全阐释清楚，也未说明其与元大都城建规划的关系，更未将其定为全城规划中轴线。这种缺乏规范，无共同前提的争论，是不可能得出共同的结论，也不会有正确结果的。

[3] 通过钟楼的东西横街与光熙门和崇仁门街距离相等，其距离与宫城深相等，均为615步，是该横街至北城墙的北半城总深为1849步（615步×3）（图7-1），其占大都城总深37.5%（大都城总深为宫城深之8倍，北半城为其3倍，3÷8＝0.375，8÷3＝2.66倍≈2.7倍。又宫城深之8倍为4920步，3倍为1849步，其结果与前同）。

[4] 赵正之《元大都平面规划复原的研究》（《科技史文集》第二辑，上海科学技术出版社1979年版）文中又提出方框遗迹北宫说，但未作论证。按：此说与复原图（图6-2）不同，由于该说以航空照片为据，看来方框是存在的。此外，从元上都来看，该方框内亦不排除有皇室斡尔朵存在的可能性。

师预留的空地，以安顿毡帐、驼马车乘，同时还可屯集兵马守卫京城[1]。此外，由于该处是皇帝往来于上都的必经之地，钟楼向北大街就成为皇帝的驰道；而前述朝京蒙古各部和所屯兵马，既可在此受阅，又可成为皇帝来往于上都的主要扈卫队伍之一，故这种安排是有重要作用的。至于方框两侧之外，即健德门西、安贞门东为胡同居民区（光熙门大街与北顺城街间考古钻探出 22 条东西向胡同），从京城最大的穷汉市在钟楼后判断[2]，北半城的居民当以平民和贫民为主，同时这里也是仓库分布区之一[3]。

2. 南北半城中间结合部的城内中心区、中心广场和中心商业区

在钟楼横街及其后水道之南，鼓楼前东西横街之北，东西在健德门和安贞门内大街之间，西南以积水潭中心部位封界，为大都城凤池坊、金台坊和灵椿坊之地（图 6-2）。此处为南北半城中间结合部，是南北半城连接的枢纽和隔离带，是大都城东西中分线和南北中分线交会处，是宫城中轴线北端终点之所在，是皇帝来往于上都必经的要冲，西南的积水潭则是城内水上交通中心、城内风景中心和居民活动中心。鉴于该部位的重要性，因而刻意规划。如在大都城东西中分线和南北中分线交会处建鼓楼标志全城几何中心，其北建钟楼以为南、北半城间的界标，同时又将两者作为全城发布宵禁信号和报时中心。通过钟楼加辟东西横街，其北增辟沿横街的水道，以为该区北部封界。鼓楼之西置最高国务机构北中书省，鼓楼之东依次建中心台、万宁寺（宪宗、成宗原庙）、宝钞库、倒钞库、警巡院和大都路总管府。这些官方机构和建筑大致呈东西一字排列，在大内之北筑成一道拱卫宫城的重要屏障，形成与宫城相对，地位仅次于大内的城内中心区。其次，在鼓楼北至钟楼之间，又营造城内中心广场。钟楼"东、西、南、北街道最为宽广"，鼓楼"正居都城之中"[4]。钟鼓楼及其附近是全城中心商业区，"本朝富庶殷实莫盛于此"[5]。

3. "两城制"是元大都城建规划的独特之处，中心广场是元大都城建规划的点睛之笔

"两城制"出现很早，东周列国都城大都是"两城制"。此后到辽上京、金上京则出现形制和性质与前述不同的两城制，以区别贵贱、区分民族（辽上京北为皇城和契丹族居住区，南为汉城；金上京南为皇城和女真族居住区，北城为汉城）。元初蒙古族统治集团中曾有人主张实行辽上京、金上京那样的两城制，分别居住蒙古人和汉人，最终被忽必烈否定[6]。然而，元大都建成后却形成了新形式的两城制。

---

[1] 王璞子《元大都城平面规划述略》（《故宫博物院院刊》1960 年第 0 期）认为北半城空旷是为蒙古各部朝京预留的空地，并可屯集兵马。我们认为其所在即在方格遗迹内。按：元上都军队即驻扎在城北之地。

[2] 《析津志辑佚·城池街市》："穷汉市，一在钟楼后，为最。"

[3] 如健德库、光熙库、万亿库等。

[4] 《析津志辑佚·古迹》：钟楼"与鼓楼相望。本朝富庶殷实莫盛于此"，"盖东、西、南、北街道最为宽广"；齐政楼（鼓楼）"此楼正居都城之中"。钟楼周围是主要商业中心，据《析津志辑佚·古迹》《析津志辑佚·城池街市》《析津志辑佚·物产》《析津志辑佚·风俗》等记载，钟楼前是大都城的金融业和珠宝业中心，各种市延伸至鼓楼及海子桥等处。参见本书第六章。

[5] 《析津志辑佚·古迹》。

[6] 徐苹芳《中国古代城市考古与古史研究》，《中国考古学与历史学之整合研究》下，台北 1997 年版。中有关于"两城制"，辽上京、金上京"两城制"，以及元大都兴建时有人主张"两城制"及被否定的论述。

所谓新形式的两城制，即将元大都规划为有机的整体，而在城内布局和结构上以钟楼为界分南、北二城[1]。二城主（南半城）从（北半城）关系清楚，内涵不同，布局有变，性质和用途有别。这种两城制虽然是在辽上京和金上京两城制基础上演变而来，但二城间不以城墙相隔，而是以钟楼为界标，以城内中心区和中心广场将二城有机相连融为一体。此种布局结构的两城制，在中国古代都城中尚无二例，是元大都城的独到和独特之处。作为连接二城的枢纽，城内中心区和中心广场也是大都城独有的特色。从大都城整体形制布局和结构来看，城内中心区、中心广场，及在城内中心区首次创建钟鼓楼（对后世有较大影响）等，无疑是元大都城建规划的点睛之笔[2]。

（六）整齐规划胡同和宅基

1. 城内主要经街和纬街之间分片组合置坊

大都城主要经街与纬街之间分片组合置坊，如大都城文明内大街向北与齐化门内大街、与齐化门和崇仁门大街、与崇仁门和光熙门大街间所围成的街区各置四坊。其中崇仁门和光熙门街与文明门街围成的街区可明确看出各坊之宽深与宫城宽深相等，即该街区四坊的面积为宫城面积的4倍，以中间加辟的经街为界的小街区内南北各一坊，其面积为宫城面积的2倍。除去此类规整的街区和坊之外，大都城内有相当多的街区和坊因受皇城、水面、大规模的官方建筑和其他因素影响，遂导致其面积大小、宽窄和形状不一（图6-2）。

2. 经、纬街垂直相交的街区内一般置22条胡同

元大都由经街、纬街垂直相交，组成规整的街区网，形成若干纵长矩形格，其内等距离排列的东西巷即是胡同。胡同的排列组合，东西长制于南北向两条经街之间，南北排列多少胡同则制于东西向两条纬街之间。今北京城内东西长安街以北的街道胡同，就基本上沿袭了元大都的规划。如今灯市口大街向南，依次为椿树胡同、甘雨胡同、西堂子胡同和金鱼胡同，这些规整等距离排列的胡同即是元大都胡同的旧迹[3]。其他诸如东四南北、交道口南北各处，也表现得很清楚。此外，在元大都东北部（今安定门外小关向东至土城东北角一带）和西北部（今德胜门小关向西至土城西北角一带），亦有平行胡同的痕迹。经考古钻探，从元大都光熙门至城东北角区域内共探出东西胡同22条。而今东直门与朝阳门（元大都崇仁门与齐化门）之间，也排列东西向胡同22条[4]。上述两者的一致性表

---

[1] 《日下旧闻考》（二）卷四五第711页引《中堂事纪》：文天祥"戮于燕南城柴市"。又加按语说："据《春明梦余录》，柴市在今府学旧基，在都城东北隅。元时城偏于北，故中堂纪事称为南城也。"府学旧基在今府学胡同。据此可知，元大都时，确有南、北城之分。

[2] 按：营造城内中心区、城内中心广场和中心商业区，这个特色并非此前都城形制布局的传统，从中多少可以窥见西方城市的一些影响。如阿拉伯人也黑迭儿就曾参与大都城规划，并亲自指挥营建宫殿。此外，大圣寿万安寺白塔由尼波罗国（今尼泊尔）工匠阿尼哥所建，其他还建有清真寺和基督教也里可温十字寺等。西方因素的影响或通过这些域外工匠而传入。

[3] 参见徐苹芳《元大都御史台址考》，《中国考古学论丛》，科学出版社1993年版。按：本书所涉及现代胡同，大部分指"文化大革命"以前的情况，请注意现代地名变化。

[4] 徐苹芳《元大都的勘查和发掘》，《中国历史考古学论丛》，台湾久晨文化实业股份有限公司1996年版。此为前已发表同名简报的修改稿。

明，元大都街道胡同的配置形式多为明清北京城承袭下来。有鉴于此，所以元大都东西城墙两座城门间大街围成的街区，一般布置22条胡同是目前最有代表性的看法[1]。

3. 东、西城墙各自城门间距为宫城深之2倍，是置22条胡同的依据

据今东单以北尚存元代胡同旧迹地段的七条胡同尺寸的统计，胡同的平均中距为77.6米[2]，约合50步（元一步合1.5475米），以此结合元大都"大街二十四步阔，小街十二步阔"的比例，可推算出胡同本身宽度为6步（9.28米）。

如前所述，大都城东、西城墙每两座城门相对应城门间大街与主要南北纵街结合所隔成的街区，东西同宫城之宽，南北是宫城深的2倍。宫城深之2倍为1230步（615步×2），可置24.6条胡同（1230步÷50步）。前述今东直门内大街与朝阳门内大街之间排列东西向胡同22条，从清乾隆十五年北京城图来看，这个范围除可容纳22条东西向胡同外，其最南的头条胡同，最北的石桥胡同分距朝阳门内大街与东直门内大街各有约一条胡同的间距未置胡同（其他街区亦然）。这样两座城门内大街间总共可容纳24条胡同，实际可配置22条胡同，余下的0.6条胡同距离合30步（0.6×50步），应是调整诸胡同本身宽度的参数（图7-3）[3]。由此可见，东西两座城门间距是宫城深之2倍为相应两条纬街的间距，这个间距既是制约胡同间距的重要因素，也是两条纬街之间配置22条胡同的主要依据。

但是，应当指出，元大都胡同的间距和本身的宽度在营建过程中，由于不同地段具体情况的差异和施工误差等原因，城内各条胡同尺度不可能完全一致。比如，今南锣鼓巷之东元代昭回坊九条胡同的平均间距约70米，合45步（70米÷1.5475米）。清末测量九条

---

[1] 傅熹年《中国古代城市规划、建筑群布局及建筑设计方法研究》上册，中国建筑工业出版社2001年版，第12页。

[2] A. 赵正之《元大都平面规划复原的研究》（《科技史文集》第二辑，上海科学技术出版社1979年版）："元代一尺约合0.308米，五尺为一步，一步合1.54米。胡同与胡同之间的距离五十步，合77米。但这个长度是指第一条胡同的路中心至次一条胡同的路中心而言，如果去掉胡同本身的宽度六步，则两条胡同之间实际占用的距离为四十四步，合67.76米。这与北京内城现存的平行胡同之间的距离是符合的。""大街与小街宽度的比例（指大街24步阔，小街十二步阔），可以推算出胡同宽度当为六步。"

B. 傅熹年《中国古代城市规划、建筑群布局及建筑设计方法研究》（中国建筑工业出版社2001年版）上册第11页说："据对今东单以北尚存元代胡同旧迹地段的七条胡同尺寸的统计，胡同之平均中距为77.6米，按元尺长31.5厘米折算，约合24.6丈，近于25丈，即50步。胡同之宽在5~7米之间，考虑历代侵街的情况，当以较宽者为准，7米=2.2丈若取整数，则宽2丈。"按，元尺长31.5厘米过长，应按本书所说元一尺合0.3095米计算。

[3] 侯仁之主编《北京历史地图集》（北京出版社1988年版）图41、42清北京城，乾隆十五年，比例1:27500。按该图比例，1厘米等275米。在今东四北大街与东直门南小街和朝阳门北小街之间，乾隆北京城图上头条至四条胡同，七条至王寡妇胡同9条胡同排列较规整，上述胡同平均间距在图上约为0.26厘米。东直门与朝阳门内大街南北缘之间在图上宽约为6.4厘米，按胡同间距0.26厘米计算可容东西向胡同24.6条，与正文推算相合。在乾隆北京城图上，除已标明的较规整的胡同外，其余胡同横竖曲折，排列不规整。按图上比例测算，在四与六条间应可容三条东西向胡同，六至七条胡同间可容一条东西向胡同，王寡妇胡同北至石桥胡同（元代为仓址）之间可容纳三条东西向胡同，总共可容纳22条胡同。余见正文。

胡同本身的宽度多数为 5 米或 6 米，少数为 8 米[1]，分别合 3.2 步、3.87 步和 5 步。考虑到后代可能有侵街情况，其中宽 8 米者在元代或可接近胡同本身宽的 6 步。又考古已钻探出的大都城胡同宽 6～7 米[2]，分别合 3.87 步（6 米÷1.5475 米）和 4.52 步（7 米÷1.5475 米）。上述诸胡同的情况说明，大都城胡同间距和胡同本身宽度是有差异的，可以说有相当一部分胡同间距和胡同本身之宽，均小于前面推算的规划控制尺度。除上所述，元大都胡同的配置还受特殊地形的局限（如积水潭一带），以及跨多条胡同的大衙署、寺庙或仓库和商市等影响，其附近胡同的间距、胡同本身宽度乃至排列形式必然因地制宜而发生一定的变化。此种情况，在乾隆十五年北京城图可与元大都对应的部位，均有较清楚的反映。因此，我们认为上述推算的结果，应是大都城胡同规划控制尺度的上限。其中除按此规划控制尺度实建的胡同外，绝大多数胡同当在此规划控制尺度之下，按照基本规整的原则权衡变化（胡同间距、本身宽度和排列形式），进行较规律的配置。

4. 城内主要衙署庙社等占地面积以胡同间距为模数

据研究中书省、枢密院、御史台、太庙、社稷坛等建筑的占地面积，皆南北 5 条胡同、东西 4 条胡同间距；大都路总管府、太史院、北中书省、尚书省和国子监等，都是南北 4 条胡同，东西 3 条胡同间距。可见元大都官方主要建筑群的占地面积是有严格等级规定的，不同等级建筑群占地面积皆以胡同间距 50 步为模数，按比例递增或递减[3]。由于除庙社外，主要衙署等多直接与坊内胡同配置有关，故其占地面积以胡同间距为模数进行安排是理所当然的[4]。

5. 宅基八亩为一份及其依据和配置

（1）宅基八亩为一份及其依据

《元史》卷一三《世祖十》记载：至元二十二年二月壬戌，"诏旧城（指金中都）居民之迁京城者，以赀高及居职者为先，仍定制以地八亩为一分，其或地过八亩及力不能作室者，皆不得冒据，听民作室"。元一亩 240 方步[5]，八亩约 1920 方步。

---

[1] 程敬琪等《北京传统街坊的保护刍议——南锣鼓巷四合院街坊》（《建筑历史研究》第二辑，中国建筑科学研究院建筑情报研究所出版）文中说"元大都时南锣鼓巷东部的昭回坊的九条胡同已经形成，胡同与胡同的平均距离约 70 米"。文中又收九条胡同清末至今宽度变化表。

[2] 徐苹芳《元大都的勘查和发掘》，《中国历史考古学论丛》，台湾久晨文化实业股份有限公司 1996 年版。此为前已发表同名简报的修改稿。

[3] 徐苹芳《古代北京的城市规划》（《环境变迁研究》第一辑，海洋出版社 1984 年版）之三"元大都"，前引赵正之《元大都平面规划的复原研究》（《科技史文集》第二辑，上海科学技术出版社 1979 年版）。

[4] 赵正之《元大都平面规划复原的研究》（《科技史文集》第二辑，上海科学技术出版社 1979 年版）认为宫城南北长 615 步合十二条胡同距离，东西宽 480 步合十条胡同距离；御苑面积八百亩，南北与东西均为十条胡同距离；隆福宫、兴圣宫、太子宫的面积都南北五条胡同，东西四条胡同的距离。按，实际上宫城南北 615 步合 12.3 条胡同距离（615 步÷50 步），东西宽 480 步合 9.6 条胡同距离（480 步÷50 步），宫城之宽深均不是胡同间距 50 步的整倍数。本书已经介绍，元大都的兴建，首先确定宫城的位置与尺度，然后以宫城之宽深为模数规划大都城的四至和主要框架结构，再后才是规划城内胡同的配置模式。因此，就元大都而言，不可能程序倒置，在兴建之初就以胡同间距规划宫城占地面积。

[5] 《南村辍耕录》卷二一"宫阙制度"记载元大都"城方六十里，里二百四十步"。吴承洛《中国度量衡史》（商务印书馆 1993 年版）第三章"第六节　地亩之变迁"中说：秦汉以后二百四十方步为一亩。

元大都标准胡同之长，等于宫城宽 480 步减去两头经街宽 48 步（24 步×2）为 432 步。胡同间之中距 50 步，胡同每面可置宅基之地应减去其两面各半条胡同之宽 6 步（3 步×2）为 44 步，合 19008 方步（432 步×44 步＝19008 方步），合 79.2 亩（19008 方步÷240 方步），约可置 8 亩为一份宅基 10 户（79.2 亩÷8 亩＝9.9 户≈10 户。即宅基面积为其 1/10）。又据前述乾隆十五年北京城图，按图的比例可知东四北三条胡同西口至东口约 687.5 米，合 444.26 步（687.5÷1.5475 米），按前述规则胡同一面可置宅基面积为 81.14 亩（442.6 步×44 步＝19474.4 方步，19474.4 方步÷240 方步＝81.14 亩）。上述情况表明，宅基 8 亩为一份，是按大都城标准胡同的长宽，平均计算胡同每面安排 10 户宅基地的最大面积，即胡同两侧共安排 20 户宅基地[1]。"八亩为一分"的宅基地，可容纳四合院三进院子的宅第，其规模较大[2]。

（2）以"八亩为一分"做控制模数的宅基配置问题

元大都城的胡同直通主要经街，居民出入与外界交往很方便。元大都的住宅配置于胡同内南北两侧，这样每户占地八亩的大宅第可建筑坐北朝南的主要厅堂和卧室，完全可以达到背风向阳、易于采光、通风和冬季取暖的目的。这种充分考虑到大都地区气候特点的规划配置，是很合理和科学的。

关于"八亩为一分"宅基的配置问题，现在一般多认为"以地八亩为一分"是作为全城每户住宅面积的分配方案，由此使住宅整齐排列于东西向胡同的南北两侧[3]。实际上

---

[1] A. 八亩合 1920 方步（240 方步×8），$\sqrt{1920}$＝43.8178 步，可五入为 44 步×44 步＝1936 方步＝8.06 亩（1936 方步÷240 方步），44 步＝68 米（44 步×1.5475 米＝68.09 米），68 米×68 米＝4624 米^2。43.8178 步＝67.8 米（43.8178 步×1.5475 米＝67.8080 米），67.8 米×67.8 米＝4596.84 米^2。是 44 步×44 步较 43.8178 步×43.8178 步多 27.16 米^2。（4624 米^2－4596.84 米^2＝27.16 米^2）。故 44 步×44 步是略大于八亩的近似值；而正文所得 79.2 亩又是略小于八亩的近似值。

B. 正文所述东四北三条胡同西口至东口，胡同一面的面积为 81.14 亩，可置八亩一份宅基 10 户，余 1.14 亩。前注 44 步×44 步＝8.06 亩，10 户 80.6 亩，81.14 亩较之多 0.54 亩。又胡同长 687.5 米÷68 米＝10.1 户，444.26 步÷44 步＝10.09 户，均表明可置十户宅基而略有余。所余应是诸宅基间的调整参数。

C. 赵正之《元大都平面规划复原的研究》（《科技史文集》第二辑，上海科学技术出版社 1979 年版）说："如以两条胡同之间的实占距离四十四步长为准，宽亦截为四十四步，那么这一方块中约占地八亩。自东四三条胡同西口至东口恰巧占地八十亩。"

[2] A. 徐苹芳《古代北京的城市规划》（《环境变迁研究》第一辑，海洋出版社 1984 年版）说："元大都城中胡同之间的距离为 50 步，约 77 公尺，相当于四合院的三进院子。"

B. 赵正之《元大都平面规划复原的研究》，《科技史文集》第二辑，上海科学技术出版社 1979 年版。

C. 中国科学院考古研究所、北京市文物管理处元大都考古队《北京后英房元代居住遗址》（《考古》1972 年第 6 期）载：后英房遗址占地面积超过八亩，为大型住宅院落。

[3] 杨宽《中国古代都城制度史研究》（上海古籍出版社 1993 年版）第 490 页认为："马可·波罗所说'以方地赐给各部落首领'，有些片面。以八亩见方的'方地'作为一户建设住宅的基地，原是大都城规划的基本单位面积。"这是"每户住宅基地的分配方案"，"大都是依据这个'八亩'方地分配方案，制定街巷划分的规划的"。"'八亩'一份的'方地'，就是整齐地排列在东西向平行胡同的南北两侧"。此说是目前有代表性的看法，但很值得商榷。

元大都城的面积共合 88560 亩，如果将其全部铺满"八亩为一分"的宅基地，也只有 11070 份宅基地（88560 亩÷8 亩＝11070）[1]。至元十八年大都城有 21.95 万户[2]，若至元二十二年仍以前述户数为准，"以地八亩为一分"作为全城每户宅基地的分配方案，则全城总户数是全城可布满"八亩为一分"总份数的 19.8 倍（219500 户÷11070＝19.82），所以是绝对不可能的[3]。如果再减去大内、积水潭、大衙署、庙社、寺院、北半城空旷之地等所占面积，这个分配方案更是根本行不通的。

从已发掘的元大都居住遗址来看，后英房大宅第遗址其原占地面积已超过八亩；建华铁厂发现的居住遗址为前明后暗长方形房屋，并列成排，形式相同，两家共用一堵山墙，只出土一般生活用具；一〇六中学发掘的一处居住遗址仅有一灶一炕，极为狭小简陋[4]。据此可知，元大都城内的住宅面积绝不可能整齐划一，户主地位高低、贫富差异，导致其宅基面积相差悬殊。所以我们认为：其一，"八亩为一分"的宅基地可容纳四合院三进院子的宅第，是"贵高及居职者"宅基面积的定制，但其中亦不乏逾制者。城内特别是南半城，由于"贵高及居职者"较集中，在大内两侧显要地段主要街区的胡同内，应大体按"八亩为一分"宅基较整齐地配置[5]。其二，"八亩为一分"不是一般平民宅基面积的定制[6]，他们在"八亩为一分"的宅基上每户单独"力不能作室"，所以只能若干户共同拥

---

[1] 本书前已论述大都城宽是宫城宽 480 步的 9 倍，合 4320 步；深是宫城深 615 步的 8 倍，合 4920 步，是大都城的面积为 21254400 方步（4320 步×4920 步），合 88560 亩（21254400 方步÷240 方步）。若全城面积以八亩为一份均分则为 11070 份（88560 亩÷8 亩）。

[2] 侯仁之主编的《北京城市历史地理》（北京燕山出版社 2000 年版）第 269 页记述，至元八年大都城户数为 119500 户，至元十八年为 219500 户。

[3] 《析津志辑佚·城池街市》记载：大都城"三百八十四火巷，二十九胡同"，共 413 条（火巷、胡同）。赵正之《元大都平面规划复原的研究》（《科技史文集》第二辑，上海科学技术出版社 1979 年版）说："自东四三条胡同西口至东口恰巧占地八十亩。"姑且以 413 条胡同每侧均占地八十亩，按 80 亩住百户平民计算（参见后文注释），共可安排 41300 户。若胡同内两侧均安排平民百户，则为 82600 户，与至元十八年全城 21.95 万户相去甚远。以此结合正文和前注来看，再次证明元大都城无论按哪种情况计算，全城住户宅基或多户住宅组合宅基面积均按"八亩为一分"来划分，是不可能的。

[4] 徐苹芳《元大都的勘查和发掘》，《中国历史考古学论丛》，台湾久晨文化实业股份有限公司 1996 年版。此为前已发表同名简报的修改稿。

[5] A.《日下旧闻考》（一）卷三八第 599 页引《人海记》："贵戚功臣悉受分地以为宅第。"
B.《马可·波罗行纪》第 321~322 页注七：大都城"各大街两旁，皆有种种商店屋舍。全城中划地为方形，划线整齐，建筑房舍。每方足以建筑大屋，连同庭院园圃而有余。以方地赐各部落首领，每首领各有其赐地。方地周围皆是美丽道路，行人由斯往来。全城地面规划如棋盘，其美丽之极，未可言宣"——剌木学本第二章第七节。按，此应指大都城显要地段主要街区较典型的情况。

[6] A. 徐苹芳《古代北京的城市规划》（《环境变迁研究》第一辑，海洋出版社 1984 年版）说："一般平民住宅的占地只能是 8 亩。"按此说不确，请参见本书论述。
B. 陈高华《元大都》（北京出版社 1982 年版）第 62 页说："就是一些下层官吏和文人，也常感到'毕竟京师不易居'……""京师地贵"，"除了阶级差别之外，大都在居住方面还存在着明显的等级差别"。

挤在"八亩为一分"的宅基之内[1]。即"八亩为一分"只是一般平民中有一定财力者若干户住宅组合单元的面积，此等情况与"赀高及居职者"宅基参差配列于有关的胡同内。如是，胡同内宅基总体配置仍较规整。其三，除此之外，城市一般平民的多数，可能居住在非主要地段胡同内的"大杂院"中，或以各种形式散居。其四，城内众多的贫民，只能在城内居住区各种缝隙之中见缝插针，以求栖身之所。总之，"八亩为一分"实际上是控制大都城胡同内宅基面积的模数，按此分配宅基者只是"赀高及居职者"特权阶层的分配标准，而城内绝大多数居民应处于前述其二、其三、其四这三种情况，其中其三、其四两种情况则打破了胡同内按"八亩为一分"整齐配列的模式。也就是说，大都城内除显要地段主要街区之外，大多数胡同内的住宅状况，可能处于上述四种情况相互插花状态，只有这样才能安排所有居民。

综上所述，注重胡同和胡同内宅基的规划，是元大都城内涵式规划的主要特色之一。在中国古代都城中，隋唐两京的街区和里坊以规整如棋盘而著称。北宋开封府城里坊制开始崩溃之后，出现街巷制。到元大都时，街巷（胡同）制与住宅规划融为一体，形成了完整的街巷制体系，并基本定型。从而开创了都城居住空间的新形态，并成为都城街巷制的终结模式。如果说隋唐两京是都城里坊制规划的代表，那么，元大都就是宋以后街巷制规划的代表。元大都城胡同和宅基的规划模式，是在新形势下符合新要求的创新和发展，形成了完全不同于隋唐两京居住空间的形式，开创了居住区空间形式新的美学意境，并奠定了明清北京城街巷和标准四合院的形成与发展的基础。

（七）规划河湖水系

规划河湖水系见本书第六章元大都（上）的介绍。从中可以清楚地看出，由于大都城以水面为城建规划中心，遂使大都城的中心部位依托于自然，"天人合一"，情景交融，独具一格，并使大都城以太液池为中心规划大内，布置主要宫殿的目的得以实现。这种城建规划依托于自然，以水面为城建规划中心的手法，前所未见，这是都城选址和规划不拘于传统，大胆创新之举。也是大都城在"先取地理之形势，生王脉络，以成大业"的规划思想指导下[2]，完全符合蒙古族"逐水草而居"的习俗，并充分体现其强烈自然观的必然结果。由于以水面为大都城规划的中心，使大都城中心部位风景如画，其情美和神韵之美极富魅力。由于以水面为大都城规划中心，才使积水潭一带成为大都城内水上交通中心、商业中心、风景中心和居民活动中心，进而又使鼓楼一带成为联结南北半城的纽带和全城

---

[1] A. 赵正之《元大都平面规划复原的研究》（《科技史文集》第二辑，上海科学技术出版社 1979 年版）说："大都规划中所用的地积单位，平民占地最高为八分。"

B. 潘谷西主编的《中国古代建筑史》第四卷（中国建筑工业出版社 2001 年版）"元明建筑"第 227 页说：元大都"一般平民住宅占地八分，贵戚功臣及赀高居职者可达八亩。按此规定予以复原，可以得出：一条胡同约可聚居百户平民或建十户前后临街，四进院落，三条纵轴的大型宅第"。按，平民占地八分，是按八亩可居十户的平均值。8 亩合 1920 方步（8 亩×240 方步），住十户每户宅基约 21.5 米×21.5 米［（即 44 步×44 步）÷10＝193.6 方步（合 13.914 步×13.914 步），13.914 步×1.5475 米＝21.53 米］。然而，这个标准也不是全部平民都力所能及的，有此力者在一般平民中应占少数。又每八亩居十户平民，只是一种理想算法，并不代表实际情况。

[2] 《析津志辑佚·朝堂公宇》。

的交通枢纽，成为大都城出现城市中心布局的基础。由于以水面为大都城规划中心，对大都城总体基本规整的布局起到了重要的柔化作用，并为之注入了生气和活力。可以说大都城以水面为城建规划中心，乃是大都城城建规划的灵魂，是大都城形制布局的主要特色之一[1]。其突出的实用效果和布局艺术，是中国古代都城河湖水系规划的杰作，代表了古代都城河湖水系规划的最高成就。

第二节 元大都城形制布局的特点

完整的城建规划，既是元大都城营建的主要特色，也是元大都城形制布局诸种特点的基础。城建规划前面第一节已做交代，故本节凡涉及城建规划的问题则点到为止。

一 外城

本章第一节所述元大都城建规划的主要表现中，有关元大都依托于水面为城建规划布局的中心，城建规划以准确测量为基础，大都城东西中分线是全城规划中轴线，独特的南北半城的规划布局结构；强化城内中心空间，出现钟鼓楼和中心广场；注重内涵规划，推敲细部尺度，开创居住空间新形态等内容，均属元大都形制布局的重要特点。除此之外，再指出以下几点。

（一）基本呈隐性存在的东西中分线是全城规划的中轴线

元大都的东西中分线，以钟鼓楼为标志，鼓楼位于全城几何中心点，通过该点的东西中分线是元大都城实际的规划中轴线，其存在基本呈隐性特征。东西中分线之东129米的宫城中轴线向北向南分别延伸至中心台和丽正门，纵贯南半城，呈显性存在特征，但却不是全城规划中轴线。上述特点，在中国古代都城中是鲜见的孤例。

（二）完整而全面的多轴线多坐标点的布局艺术

如前所述，大都城东西中分线是全城规划中轴线，中分线上全城几何中心点是全城规划的轴心。宫城中轴线是宫城规划中轴线，其南北分别延长至丽正门和中心台，又形成全城政治礼仪规划轴线。上述二条轴线相近相依，相辅相成，在城市规划中形成纵向双轴线。这两条轴线与作为全城规划辅轴的城内南北中分线相结合，控制着外城和宫城的总体规划。此外，南北半城还各有控制半城规划的南北中分线和几何中心点，南北各城门大街实际上也是其所在区域的规划轴线。上述纵横各种轴线垂直相交，遂在城内形成规划控制方格网，各种几何中心点和相交点则是控制城内规划布局的坐标。这种态势，是大都城规

---

[1] 元大都以水面为城建规划中心，完全符合蒙古族"逐水草而居"的习俗（元上都宫殿的主要配置亦多环水而建），也是充分体现其强烈自然观的必然结果。

划到位，各相关部位坐标准确，形制布局严整的关键。

(三) 大都城形制布局汉蒙合璧并与域外影响融为一体

大都城大内汉蒙合璧现象较多，表现清楚（后文有说）。此外，大都城的形制布局在汉族都城传统基础上同样不乏蒙古族的影响。比如：第一，大都城以积水潭为规划中心（与蒙古"逐水草而居"传统有关）；第二，大都城总体形制布局出现南、北两个半城（北半城预留朝京蒙古诸部毡帐驻地，具有蒙古特色）；第三，大都城礼制建筑配置既遵循又不拘于汉族礼制传统（如未建日、月、地坛，社稷坛晚到至元三十年才建，左祖右社位置之重要程度远逊于前代都城等）；第四，蒙古族笃信藏传佛教，因而大力兴建藏传佛寺；第五，元朝皇帝无陵，故每帝均建原庙，原庙与藏传佛寺结合；第六，蒙古族尚右（西）[1]，所以与原庙合一的藏传佛寺主要在西城或靠近西城；第七，主要中央衙署散置等。上述情况的出现与蒙古族的生活习俗、传统、信仰及在此基础上对汉族礼制接受的程度密切相关。元大都的形制布局，须经忽必烈"圣裁"，因而上述情况应是元朝蒙古统治集团意志的反映。

除上所述，在大都城的形制布局中还刻意规划城内中心区和城内中心广场，主要商市大致位于城内中心区，在宫城中轴线北端终点建大天寿万宁寺[2]。这是元大都城建规划和形制布局中的重要特色之一，这个特色并非此前都城形制布局的传统，从中多少可以窥见西方城市的一些影响。此外，局部而言，大圣寿万安寺出现尼波罗国（今尼泊尔）式白塔（尼泊尔工匠阿尼哥所建），城内建清真寺和基督教也里可温十字寺等。上述情况既与元朝时蒙古族的统治地跨欧亚大陆，与西方联系增多有关；又与外族工匠（如阿拉伯人也黑迭儿等）参与大都城的规划和营建所带来的域外影响有密切关系。

总之，元大都城的形制布局以汉族都城传统为体，蒙古族传统和习俗为用，域外影响渗透其中，三者有机结合融为一体。这是中国古代主要都城中，首次明显出现汉族以外的影响，并成为都城形制布局的有机组成部分，因而使元大都城的形制布局独树一帜，极具特色。

(四) 汉族意识形态寓于形制布局之中

大都城北面中间不开正门，余每面三门，共十一门。北面不开正中之门，论者或以为

---

[1] A.《析津志辑佚·太庙》载：国家（指元朝）"以右为尊"。
B. 潘谷西主编的《中国古代建筑史》第四卷（中国建筑工业出版社2001年版）"元明建筑"第4页说"蒙古人尚右，与汉族尚左正相反"，西为右、东为左。泰定元年，才改为左尊右卑。

[2] 杨宽《中国古代都城制度史研究》（上海古籍出版社1993年版）第487页说："元大都把原庙（指万宁寿）建在作为向北的中轴线的驰道的顶端，和临安把原庙建在作为向北的中轴线的御街的顶端十分相似。"按：临安的景灵宫在城北部之城西边，仅与御街向西折拐末端相接，其态势与元大都完全不同。

与《易经·说卦》有关[1]，而十一座城门之命名则多取乾坤之文[2]。城门内大街南北谓经，东西谓纬[3]，以"城郭经纬"为大都城大内之外主要配置定位之纲。城内诸坊"五十，以大衍之数成之"[4]，但《元一统志》仅记四十九坊（参见前文）。《周易·系辞上》说："大衍之数五十，其用四十有九"；王弼注云："演天地之数，所赖者五十也。其用四十有九，则其一不用也"，故有意缺一坊只置四十九坊。诸坊命名，有的取自《周易》，有的取自传说或典故，有的取自《左传》，有的依地理环境定名，均有所本和特定的内涵（参见本书第六章表二）。城内主要中央衙署依星象定位，如北中书省置于紫微垣，枢密院在武曲星之次，御史台在左右执法天门上[5]。又《元史》卷一八《成宗一》记载：至元三十一年五月"祭紫微星于云仙台"，云仙台在棂星门外之东万宝坊，东与五云坊太乙神坛相对。元人李洧孙《大都赋》云："揭五云于春路，呀万宝于秋方（五行东属春，西属秋）；上法微垣、屹峙禁城。"[6] 此外，还有太庙在震位，天师宫在艮位鬼户上，等等[7]，不再列举。上述情况表明，汉族意识形态已渗透于元大都的形制布局之中。

元大都由刘秉忠主持规划设计，《元史》卷一五七《刘秉忠传》记载："秉忠于书无所不读，尤邃于《易》及邵氏《经世书》，至于天文、地理、律历、三式六壬遁甲之属，无

---

[1] 侯仁之主编《北京城市历史地理》（北京燕山出版社 2000 年版）第 101 页指出："不开北面正门，这可能是因为刘秉忠奉邵雍之指出：'离南坎北，当阴阳之半为春秋昼夜之门也……阳主赢，故乾位在南，全用也。阴主虚，故坎位在北，不全用也……是以天之南全见，而北不全见，东西各半也。'北面省去一门，以示'北不全见'。另外，依八卦方位，北为坎，《易经·说卦》以为'坎为隐伏'，其方位'重陷，隅也'，所以不开城门。"又指出元末明初长谷真逸《农田余话》所谓："燕城系刘太保定制，凡十一门，作哪吒三头、六臂、两足"，显系附会之说。此外，史明迅《元大都十一门探由》（《北京日报》1991 年 1 月 10 日）认为大都十一门取自《易经》天五地六之说。

[2] 《日下旧闻考》（一）卷三〇第 430 页引《西濛野语》：大都城"门曰文明、曰健德、曰云从、曰顺承、曰安贞、曰厚载，皆取诸乾坤二卦之辞也"。同书第 431 页"朱昆田原按"："元之建国、建元以及宫门之名，多取易乾坤之文。"侯仁之主编《北京城市历史地理》（北京燕山出版社 2000 年版）第 102~103 页，对大都城十一座城门命名与乾坤之文的关系，作了较全面的介绍，如丽正门、正南门，离卦。《序卦》说："离者丽也"，"南方卦名离"，"离丽，古音近"。《易·象》说："离，丽也。日月丽乎天，百谷草木丽乎土，重明丽乎正，乃化成天下。"《说卦传》："离者也，明也。万物皆相见，南方之卦也。圣人南面而听天下，乡明而治，盖取诸此也。"因此取名"丽正门"。余者参见原文。

[3] 《析津志辑佚·城池街市》。

[4] 参见本书第六章第四节。

[5] 《析津志辑佚·朝堂公宇》。紫微垣在北斗之北，左右执法为太微垣南藩二星，二星之间称端门，右执法东称左掖门，左执法西称右掖门。太微垣在紫微垣下的东北脚，在北斗之南。武曲星佛典中星名，即北斗七星中的"开阳"星。唐开元元年改中书省为紫微省，五年复旧称。对北中书省等以星名定位与宫城的关系，目前尚无合理的解释。姜舜源《论北京元明清三朝宫殿的继承和发展》（《紫禁城建筑研究与保护：故宫博物院建院 70 周年回顾》，紫禁城出版社 1995 年版）认为，中书省在紫微垣，元大内在钟鼓楼正南，地当太微垣；崇天门东南的御史台对应太微垣正门天门南端的左右执法，可知将大内作为太微垣，可称为"太微城"。此说仅供参考。

[6] 《日下旧闻考》（一）卷六第 89 页引。

[7] 《析津志辑佚·朝堂公宇》。

不精通。"秉忠卒，帝谓群臣曰："秉忠事朕三十余年，小心慎密，不避艰险，言无隐情，其阴阳术数之精，占事知来，若合符契，惟朕知之，他人莫得闻也。"由此可知，刘秉忠是一位精通阴阳术的杂家，上面所述正是此种情况的反映。而刘秉忠将《易》及邵氏《经世书》等说渗透于大都城形制之中，便成为大都城文化框架的主要基础之一。它既事关刘秉忠规划设计大都城的指导思想，又直接影响到某些配置及其方位，所以今后有必要进行较深入的探讨研究。此外，本节所述结合前面有关论述，更清楚地反映出元大都城形制布局的兼容性和多元性的特色。

（五）大都城的形制布局与《周礼》"匠人营国"制度无直接关系

《周礼·考工记》"匠人营国"记载："匠人营国、方九里，旁三门。国中九经九纬，经涂九轨。左祖右社，面朝后市，市朝一夫。"现在研究元大都城的学者，有的认为元大都的城内主要布局是按《周礼·考工记》"前朝后市，左祖右社"原则规划的[1]，或认为大都城九条南北大街、九条东西大街，钟楼斜街一带是全城商业中心，太庙在宫城之左，社稷坛在宫城之右，符合《周礼·考工记》"九经九纬""前朝后市""左祖右社"的规定[2]。还有的认为元大都是由刘秉忠按《周礼·考工记》所记的都城模式规划的，是中国历史上最先实现了"面朝后市，左祖右社"理想模式的都城[3]。另有些学者则对上述看法持否定态度[4]。

《周礼·考工记》"匠人营国"制度，其首要条件是宫城居中，元大都宫城不居全城之中，"旁三门"元大都也不具备（北城墙二门）。"九经九纬"，原是指按"一道三涂"之制，"九经九纬"实为南北和东西干道各三条；现在论者则以干道数论之。目前的焦点主要集中在如何看待元大都城布局与"九经九纬""面朝后市"（或"前朝后市"）、"左祖右社"的关系上[5]。

"九经九纬"应指连接相对城门间的干道而言，姑且暂以干道数言之，大都城经街7条（包括不连接城门的经街），加上两侧顺城街（不属于城内主要干道）可凑足9条经街。纬街4条（包括通过钟楼的横街），如果将东、西城墙南面两座城门通向城内大街各按一

---

[1] 侯仁之《元大都城与明清北京城》（《故宫博物院院刊》1979年第3期）《北京城市历史地理》（北京燕山出版社2000年版）第92页。

[2] 徐苹芳《元大都在中国古代都城史上的地位》《北京社会科学》，1988年第1期。

[3] 潘谷西《元大都规划并非复古之作》（《中国紫禁城学会论文集》第二辑，紫禁城出版社2002年版）对元大都城按《周礼·考工记》所记进行规划的看法，进行了概括和总结。

[4] 潘谷西《元大都规划并非复古之作》（《中国紫禁城学会论文集》第二辑，紫禁城出版社2002年版）1997年否定元大都规划是刘秉忠按《考工记》"面朝背市、左祖右社"的模式确定的。其理由：一是刘秉忠死于至元十一年，"左庙"建于至元十四年，"右社"建于至元三十年，与刘秉忠主持大都建设无关。而且二者远离宫城，其重要性显然不及传统意义上的"左祖右社"。二是元大都的市是指商业较为繁荣的地段而不具有过去那种"市"的体制和形式。所以元大都已不存在"面朝背市"的布局概念和形态。元大都城不是复《考工记》之古的都城典型，相反，倒是一个充分因地制宜、兼收并蓄、富有创新精神的都城建设范例。

[5] 关于"九经九纬""面朝后市""左祖右社"，参见本书"绪论"对《周礼·考工记》"匠人营国制度"的分析。

条计算也只有 6 条纬街，加上南北顺城街共 8 条，亦不足"九纬"之数，故大都城"九经九纬"说不能成立。

元大都的商业中心区在钟楼和斜街一带，位于宫城之北，就此而论或可言"前朝后市"。但是，应当指出四点。第一，《析津志辑佚·朝堂公宇》说：大都城"其内外城制与宫室、公府，并系圣裁，与刘秉忠率按地理经纬，以王气为主"。蒙古族统治者忽必烈"圣裁"，不可能考虑到"前朝后市"的配置方式，更不可能与千余年前《考工记》"面朝后市"的规定联系起来；刘秉忠"率按地理经纬"也与"前朝后市"无关。第二，事实上，钟楼斜街一带商市中心在北，宫城在南，正是元大都以太液池为中心规划大内，以积水潭为中心规划外城的结果。第三，文献记载，刘秉忠的规划之中有市。但是，规划之市在何处则不明晰。大内外东西两侧各有市，位置大致对称，似属规划之市（南中书省出现较晚，其附近省东市等不属最初规划之）。至于钟楼斜街一带，很可能是积水潭成为水上交通中心之后，才与城内中心广场相依托发展为主要商市区。其是否属于最初规划的商业中心，尚无证据。第四，鉴于上述情况，加之宫城左右和前后均有市，故不能只言"前朝后市"。因此，若仅以宫城和钟楼斜街一带商业中心的位置关系而论，就断言元大都最初的规划已呈"前朝后市"之势，显然是不符合实际情况的。

大都城太庙在宫城之左，位于齐化门之北；社稷坛在宫城之右，位于和义门少南，从宏观位置上看，可言"左祖右社"。但是应当指出：其一，"左祖右社"不是同时规划营建的。文献记载最初的规划有"祖、社"（规划的位置不明），但其实建较晚，至元十四年建太庙，社稷坛是至元三十年由崔彧建议建于和义门内少南[1]，所以很难说祖社的位置属最初的规划方位。其二，祖、社各在东、西城边之地，太庙与大内东萧墙北中部相对，社稷坛与大内西萧墙北部相对，两者相去甚远，位置南北略相错。这种情况与此前都城在宫城前中轴线两侧对称配置"左祖右社"，祖、社相距较近或不太远的态势[2]，迥然不同。上述两点表明，大都城祖、社分建于不同时期，取自不同的建议，配置方位又与《考工记》不符[3]，所以不能因祖社分别位于城之东西（左右），就断言大都城是按《考工记》"左祖右社"制度进行规划的。

总之，元大都城"前朝后市"，"左祖右社"的态势，乃是大都城根据地理环境，从实际出发，并在不断的续建过程中进行调整，于无意或有意（左祖右社）之中陆续形成的结果，而所谓大都城的"九经九纬"则是附会之说。因此，元大都最初的城建规划与《考工记》"匠人营国"制度并无直接关系，所以很难说大都城内的布局是按《考工记》规定的都城模式进行规划的。

---

[1]《元史》卷七六《祭祀志五》：至元"三十年正月，始用御史中丞崔彧言，于和义门内少南，得地四十亩"建社稷坛。

[2] 北魏洛阳城"左祖右社"置于宫城前铜驼街左右两侧。隋唐长安城"左祖右社"置于皇城内南面东西两侧。北宋开封府"左祖右社"置于宫城前御街左右两侧，两者相距略远。

[3] 本书"绪论"在《考工记·营国制度》的论述中，已明确指出"营国制度"中的祖社位于外朝主轴线左右两侧。

(六) 城内功能分区呈自然区片化

功能分区亦属于城市规划和形制布局范畴，大都城内功能分区除大内外，余者略呈自然区片化。其大的区划为南半城和北半城，在南半城中又分为东城和西城，其间还以东西城墙每两座城门内大街为界分成小区划。此外，前三门一带为另一区划。

1. 南半城与北半城

大都城和义门与崇仁门内大街为城内南北中分线，但从功能区划角度言之，南半城和北半城当以通过钟楼的东西横街及其北的东西水道为界。北半城约占大都城面积的 1/3，南北半城情况前已介绍，不赘述。

2. 萧墙之东的东城区

该区齐化门街以南，是中央主要衙署（如南中书省、枢密院、御史台、太史院、光禄寺、侍仪司等）和贵族邸宅集中区。如诸王昌童府第在齐化门内太庙前[1]，哈达王府在文明门内（故文明门俗称哈达门）[2] 等。东城距宫城最近，所以成为中央衙署和贵族官僚邸宅集中之地[3]。同时这里也是城内主要商业区之一（如枢密院角市）。

在齐化门街和崇仁门街之间为城内的主要仓库区（位于东部），太庙亦在该区。崇仁门街北与钟楼东西横街之南为孔庙和国子监所在的文教区。此外，民间手工业较集中的湛露坊，也在东城区。

3. 萧墙之西的西城区

西城区由于萧墙的影响，面积小于东城。大都城内主要原庙和寺院（包括社稷坛）集中于西城区。从羊角市以牲畜交易为主，有人市，顺承门里有穷汉市来看，该区似以平民和贫民为主的生活居住区。

总之，东城和西城区是大都城大内之外功能区划最重要的构成部分，是城内主要衙署、寺庙、权贵和豪富宅第、商市以及其他构成要素的集中之地，同时也是全城最主要的居民区。这种态势，奠定了明清北京城内东城和西城及其构成要素的基础。

除上所述，南面丽正、文明、顺承门的前三门地区，其主要繁华商业区在门外关厢一带，已不属于大都城内范围。

二 大内

(一) 大内总体布局以太液池为中心和纽带

大内总体布局以太液池为分割体，其东配置东内，西配西内，由此三者在大内总体布

---

[1]《元史》卷二〇三《田忠良传》："少府为诸王昌童建宅于太庙南。"
[2]《日下旧闻考》（二）卷四五第 704 页引《析津志》："文明门即哈达门，哈达大王府在门内，因名之。"
[3] 陈高华《元大都》（北京出版社 1982 年版）第 61 页说："'贵戚功臣悉受分地以为宅第'，主要集中在西城。"按，此说值得商榷。

局中形成三条纵轴线，构成大内总体布局的基本框架，其中起关键作用的是太液池。如前所述，万岁山东有桥，仪天殿东有木桥通东内，仪天殿西有木吊桥通西内，同时太液池之水还分别流至宫城、御苑、隆福宫和兴圣宫。上述情况表明，元大内的总体布局是以太液池为中心而展开的，同时又以太液池水和桥为纽带将大内各主要建筑群连为一体，太液池在大内总体布局中显然占有中枢地位，从而使大内形成内在联系紧密的整体。大内如此布局，前所未见。

（二）大内平面构图之变化寓于不变之中

大内萧墙和各主要建筑群的平面均呈长方形，这是大内平面构图不变的主题。但是，在这不变之中也有变化。比如，东内和西内主要宫院的平面皆呈竖长方形，宫城之北的御苑和萧墙的平面则改为横长方形，万岁山上的建筑也采用横向布局配列，这种横竖的变化改变了大内总体平面构图的视觉效果。此外，在大内总体平面构图中，还成功地利用竖向几何形状的太液池水体及其周边地形的变化，利用在万岁山和圆坻上形制各异的建筑配置，利用架在太液池上的各种桥梁和流向东内与西内的渠水，以其自由多变的几何图形增加了大内总体平面构图的变数，柔化了大内以规整长方形为主的构图模式。以此结合前述情况，则使大内总体平面构图在不变中有变，虚实相间，刚柔相济，整体相宜，取得了良好的平面构图的艺术效果。

（三）宫城和西内宫殿院落形制布局基本相同，大内宫苑相结合

宫城前为大明殿建筑群，后为延春阁建筑群；西内兴圣宫亦前殿后阁，略如宫城，殿阁各为一独立院落，隆福宫独院。三宫宫院形制布局大同小异，其主要特征基本一致。如诸殿阁均周庑围成长方形院落，南面三门，东、西庑中间各一门，除兴圣宫外，后庑中间均建殿，院四隅建角楼。其中大明殿和延春阁建筑群，宫院东、西门之南分建文、武楼。各殿阁均建于"工"字形大台基之上，在前殿和后寝殿的两者中间有柱廊相连接；寝殿两侧建配殿（其中大明殿和延春阁寝殿后有香阁、东西有两夹），总平面亦呈"工"字形。隆福宫、兴圣宫殿前两侧建楼。隆福宫院外西侧有文德殿，情况如延春阁。各宫院间布局的主要差异，在附属建筑方面（参见前述情况）。此外，大内在总体布局上是宫苑（太液池、万岁山等）结合，宫城和隆福宫及兴圣宫亦宫苑结合。总之，在历代宫城中，各主要宫院形制布局共性如此之强，如此一致，甚为罕见。

（四）宫殿的构筑和外装修继承汉族传统

主要宫殿构筑技法和宫殿外形完全是汉族形式[1]，宫殿的外装修也是汉族传统样式。

---

[1] A. 傅熹年《元大都大内宫殿的复原研究》，《考古学报》1993年第1期。
　　B. 参见本书第六章。

《南村辍耕录》卷二一记载："凡诸宫门，金铺朱户，丹楹、藻绘、彤壁、琉璃瓦饰簷、脊"[1]；"凡诸宫殿，乘舆所临御者，皆丹楹、朱琐窗、间金藻绘……屋之簷脊皆饰琉璃瓦"[2]；"凡诸宫周庑，并用丹楹，壁藻绘，琉璃瓦饰簷脊"[3]。"大明殿青石花础，白玉石圆磶，文石甃地，上藉重茵，丹楹金饰，龙绕其上，四面朱琐窗，藻井间金绘饰，燕石重陛，朱栏涂金铜飞雕冒[4]"。《故宫遗录》记载：大明殿"殿基高可十尺，前为殿陛，纳为三级，绕以龙凤白石栏，栏下每楯压下鳌头，虚出栏外，四绕于殿。殿楹四向皆方柱，大可五六尺，饰以起花金龙云。楹下皆白石云龙，花顶高可四尺，楹上分间仰为鹿顶斗拱，攒顶中盘黄金双龙，四面皆绿金红琐窗，间贴金铺"[5]。上述情况表明，元大内的宫门、殿基、殿陛、殿内柱础、斗拱、藻井、窗、殿顶琉璃瓦饰簷脊等，其做法、装修和彩绘均一如汉族传统。

（五）宫殿内装修、陈设与配置极具蒙古族特色

宫殿喜用动物毛皮做壁幛、帷幄、地衣等。如大明殿"至冬月，大殿则黄猫皮壁幛，黑貂褥，香阁则银鼠皮壁幛，黑貂暖帐"[6]。大明殿西紫檀殿"草色髹绿，其皮为地衣"[7]。"至冬则自殿外一周皆笼护皮帐，夏则黄油绢幕。内寝屏幛重复帷幄而后裹以银鼠。席地皆编细箪，上架红厚毡，重覆茸单"[8]。延春阁"黑貂壁幛"[9]，西内诸殿多"通壁皆冒绢素，画以金碧山水"[10]，兴圣殿"文石甃地，藉以毳茵，中设扆屏，榻张白盖，帘帷皆锦绣为之"[11] 等。上述殿内装饰，恰似帐殿毡包，颇具蒙古特色。

殿内陈设，一是坐床多，如大明殿"中设七宝云龙御榻"，"并设后位"；"诸王百寮怯薛侍晏坐床，重列左右"[12]；隆福宫和兴圣宫"从臣坐床重列"[13]。二是酒瓮（酒海、酒局）多，"如天子登极、正旦、天寿节御大明殿会朝时，则一人执之（执劈正斧），立于陛下酒海之前"[14]；大明殿酒瓮，"木质银裹漆瓮一，金云龙蜿绕之，高一丈七尺，贮酒可

---

[1]《日下旧闻考》（一）卷三〇第 432 页引《南村辍耕录》。
[2]《日下旧闻考》（一）卷三〇第 437 页引《南村辍耕录》。
[3]《日下旧闻考》（一）卷三〇第 442 页引《南村辍耕录》。
[4]《日下旧闻考》（一）卷三〇第 436 页引《南村辍耕录》。
[5]《日下旧闻考》（一）卷三二第 486 页引《故宫遗录》。
[6]《日下旧闻考》（一）卷三〇第 437 页引《南村辍耕录》。
[7]《日下旧闻考》（一）卷三〇第 445 页引《南村辍耕录》。
[8]《日下旧闻考》（一）卷三〇第 442 页引《大都宫殿考》。
[9]《日下旧闻考》（一）卷三〇第 443 页引《南村辍耕录》。
[10]《日下旧闻考》（一）卷三二第 486 页引《故宫遗录》。
[11]《日下旧闻考》（一）卷三一第 454 页引《南村辍耕录》。
[12]《日下旧闻考》（一）卷三〇第 436 页引《南村辍耕录》。
[13]《日下旧闻考》（一）卷三一第 450 页引《南村辍耕录》。
[14]《日下旧闻考》（一）卷三〇第 439 页引《南村辍耕录》。

五十余石。雕象酒卓一，长八尺，阔七尺二寸"，同时还配有乐器和七宝灯漏等[1]。延春宫"中置玉台，床前设金酒海，四列金红小连床"[2]。三是供佛像多，如玉德殿为便殿，以奉佛为主[3]，平时亦兼听政；延春阁"西夹事佛像"[4]；塑"玛哈噶拉佛像（梵语大黑神）"于延春阁之徽清亭[5]；泰定元年修佛事于隆福宫寿昌殿[6]；天历元年命高昌僧做佛事于兴圣宫宝慈殿[7]等。除上所述，文献记载，"世祖建大内，移沙漠莎草于丹墀，示子孙无忘草地也"；"世祖思创业之艰难"，"谓之誓俭草"[8]。此外，元大内在宫殿区（不包括苑）还多植树，重视绿化。在殿外植树种草，也是元大内的一大特色。

（六）大内建筑配置凸显蒙古族特色

如前所述，元大内主要宫殿散置，并配列于太液池两侧，这种颇有些"逐水草而居"之意的态势与汉族大内宫殿配置形式迥然不同，宫城内大明殿和延春阁各设寝殿，与传统的前朝后寝布置方式有别。诸宫于楼阁殿堂之外，还配列斡尔朵（帐殿，幄殿，毡殿）[9]，并配置反映蒙古生活习俗的棕毛殿、鹿顶殿[10]，以及畏吾儿殿；殿旁置庖人之室、酒人之室[11]，有的还置牧人宿卫之室，大内置羊圈和鹰房等。这种以汉式建筑和配置方式为主，蒙古式建筑和配置方式为辅，两者相互辉映，使大内的布局别具一格。此外，宫城北的御苑也不是已往宫城传统的园林，而是以种花植蔬为主的园圃，实用性很

---

[1] 《日下旧闻考》（一）卷三〇第 437 页引《南村辍耕录》。文中还说置："玉瓮一，玉编磬一，巨笙一，玉笙玉箜篌咸备于前"。同书第 436 页说："前置灯漏贮水运机小偶人，当时刻棒牌而出"；同书第 441 页引《元文类》："郭公守敬于世祖朝进七宝灯漏，今大明殿每朝会张设之，其中钟鼓皆应时自鸣。"

[2] 《日下旧闻考》（一）卷三二第 487 页引《故宫遗录》。

[3] 《日下旧闻考》（一）卷三〇第 446 页引《南村辍耕录》：玉德殿"中设佛像"；引《元史》卷二七《英宗一》：延祐七年十二月，"庚戌，铸铜为佛像，置玉德殿"。

[4] 《日下旧闻考》（一）卷三〇第 443 页引《南村辍耕录》。

[5] 《日下旧闻考》（一）卷三〇第 443 页，该页编者按说：徽清亭在延春阁后。

[6] 《元史》卷三〇《泰定帝二》。

[7] 《元史》卷三二《文宗一》。

[8] A. 《日下旧闻考》（一）卷三〇第 437 页引《玉山雅集》。
B. 陈高华《元大都》（北京出版社 1982 年版）第 55 页引柯九思《宫词》："黑河石里连沙漠，世祖深思创业难；数尺阑干护春草，丹墀留与子孙看。"

[9] 斡尔朵，是突厥—蒙古语 ordo 的音译，意为宫帐，又称帐殿、幄殿、毡殿。清人魏源撰《元史新编》说："宫殿之外别有帐殿，名斡尔朵，金碧辉煌，层层结构，棕毳与锦绣相错，高敞骈嵘，可庇千人，每帐所费巨万。"帐殿规模大，装饰豪华。元大内忽必烈帐殿，到顺帝时因改建殿宇才拆除，宫城延春阁东有十一室皇后斡尔朵，隆福宫和兴圣宫也各设斡尔朵，皇太子还有专供读书的"经幄"。

[10] 鹿顶殿，只《南村辍耕录》作盝顶，其他史料均作鹿顶。

[11] 蒙古习俗喜豪饮，故酒人、庖人为殿宴之必需。《元史》卷八〇《舆服三》记载：殿上执事，"酒人凡六十人；主酒二十人，主湩（马乳）二十人，主膳二十人。冠唐帽，服同司香。酒海直漏南，酒人北面立酒海南"。

强，同时还是皇帝躬耕耤田、后妃亲蚕之所，颇具明代先农坛和先蚕坛的作用。

总之，元大内宫殿内的装修、陈设和殿外一些附属建筑的配置，乃是蒙古人生活方式、习俗、审美观点和宗教信仰等方面的反映，因而极具蒙古特色。

（七）刻意衬托宫城居中的布局艺术

除上所述，外城和大内形制布局的其他一些特点，除前面第一节已谈到者外，余者见第三节。

第三节　元大都与前代都城形制布局传统的关系

一　元上都和金中都对元大都大内的直接影响

元建大都之前立都于上都，刘秉忠先后参与规划二都，故上都宫城皇城的形制对大都城也有一定影响。比如，上都皇城环套宫城，宫城外有较矮的石砌夹墙，大都城萧墙的形制可能即是由此演变而来。元大都在太液池两侧建宫城和西内，其规划理念与上都各组宫院环水而建如出一辙。元大都东西华门间横街中分宫城，御苑在宫城之北，与上都相同；元大都的宫廷广场除位置改在萧墙之南外，两者的形制基本相同。此外，宫殿名称相同或相近者也较多，如清宁殿、玉德殿、鹿顶殿、棕毛殿、香阁、香殿等。大安阁是上都主要宫殿之一，大都宫城北组宫殿仿大安阁亦以阁名之（延春阁）[1]。具有蒙古特色的棕毛殿和鹿顶殿，大都宫城中配置较多。除上所述，前面第五章第二节元中都形制布局，论证了元上都皇城周长是宫城周长的 2.5 倍（5620 米÷2205 米＝2.44≈2.5）；元大都萧墙（皇城）周长是宫城周长的 2.5 倍（8263.65 米÷3389.02 米＝2.44≈2.5）。元大都宫城周长是元上都宫城周长的 1.5 倍（3389.02 米÷2295 米＝1.47≈1.5）；元大都皇城周长是元上都全城周长 1.5 倍（8263.65 米÷5620 米＝1.4≈1.5）。上述情况表明，元大都在规划皇城（萧墙）和宫城周长时，似以元上都皇城周长是宫城周长的 2.5 倍为参数进行设计的，同时元大都在规划皇城宫城周长时，又大致是将元上都皇城和宫城周长各扩大 1.5 倍而设计的。凡此种种情况，今后随着元上都考古工作的进展和大都与上都研究的深入，两都宫城皇城形制布局的关系，以及大都在上都基础上皇城（萧墙）和宫城发展的状况，必将如实地进一步揭示出来。

元大都城大内与金中都的皇城宫城近在咫尺，时间基本前后相接[2]，因而元大内的形制布局受金中都皇城宫城的影响较大。举其要者有六。

---

[1] 元明间张昱撰《可闲老人集》卷二（《钦定四库全书·集部·别集类·金至元·可闲老人集》）诗句中有"大安阁是延春阁"之句。按，大安阁出现在先，在此以大都宫城为本位，则应为"延春阁是大安阁"，即将延春阁比作大安阁。大安阁有供奉佛像功能，延春阁则"西夹事佛像"。

[2] 金中都宫阙最后焚毁于蒙古太祖十二年（1217 年）。元人程钜夫《旃檀佛像记》（《楚国文宪公雪楼程先生文集》卷九）云："大元丁丑岁三月，燕宫火。"

第一，宫城居中。金中都为使宫城居中而扩展辽南京城垣，然为条件所限仍不理想。元大都与金中都同样遵循"择国之中而立宫"的理念，但元大都在仿效金中都过程中，因地制宜，较好地解决了这个问题（见前述情况）。

第二，金中都皇城环套宫城，宫城建于太液池之东。元大都只将皇城改称萧墙（相当于金中都皇城），其总体态势及将为宫廷服务的各种机构置于萧墙之内均同于金中都。

第三，元大都宫城与金中都宫城规制基本相同。比如：其一，宫城均呈南北长方形，周回皆九里三十步；四隅建角楼，门制相同。其中东、西华门名称相同，元大都宫城崇天门的形制即脱胎于金中都宫城应天门[1]。其二，元大都宫城和皇城的主体建筑，实际上是由金中都宫城演变而来的。即元大都以金中都宫城中路为宫城模式，将金中都宫城东、西路配置简化，把与之相似的主要建筑移建于太液池之西。其三，金中都宫城中路前为大安殿建筑群，东、西华门横街后为仁政殿建筑群。仁政殿之北的后宫宫殿，前者称"皇帝正位"，后者称"皇后正位"。元大都宫城大明殿和延春阁的配置态势及东西华门的位置同金中都宫城。而大都宫城所称"大内前位"和"大内后位"则似由金中都"皇帝正位""皇后正位"演变来的。其四，大都宫城前后两组宫殿各以廊庑围成长方形院落，在东西廊庑前部建钟鼓楼，同于金中都前后两组宫院形制。其五，金中都宫城中路前后两组宫殿建于"工"字形台基上，大安殿后有香阁，前后主殿两侧有朵殿。元大都宫城前后两组宫殿的形制布局即在此基础上演变发展而成。

第四，金中都宫城宫苑结合，元大都大内宫苑结合在此基础上更加多样化和完善化。元大都的御苑与金中都西苑内有杏林、果园的情况相似。

第五，金中都宫城中轴线南北延长至外城墙，该中轴线不是皇城和外城的中轴线。元大都宫城中轴线除向北延长至中心台外，其余态势则与之相同。

第六，元大都的千步廊承袭金中都千步廊（首次出现完整的千步廊），其变化是位置改在萧墙南门与丽正门之间，千步廊侧仅置个别衙署（中书省），并在千步廊之北、周桥之南创设灵星门。

鉴于上述六点，有理由认为元大都的大内乃是以金中都皇城宫城为蓝本，结合元大都的实地条件和需要而规划设计的。此外，金中都宫城仿北宋开封宫城，因而元大都宫城与开封宫城近似之处大多以金中都为中介，凡此不再赘言。

除上所述，元上都和金中都的其他影响参见下文的介绍。

二 元大都与前代其他都城形制布局的关系

前面已经指出元大都城形制布局有兼容性、多元性和创新性。此外，还有继承前代都城形制布局传统，表现出较强的延续性。凡此，以下拟从十个方面略述之。

（一）三城环套与宫城坐南朝北展开的城内总体布局

三城环套之制始于北魏洛阳城，自北宋都城开封之后，都城大多采用三重城模式，只

---

[1] 崇天门的形制与唐长安承天门，北宋汴梁宣德门亦属同制。

是不同时期的都城三城位置关系和相套形式不尽相同而已。就元大都来说，其环套三城的态势与北宋开封府城三城基本相同[1]，与金中都则更相近[2]。元大都宫城在南，城内总体布局以宫城为中心，"坐南朝北"展开。此种态势南宋临安城、辽南京和金中都已经出现，元大都城总体布局以宫城"坐南朝北"展开之势与金中都较相近[3]。然而，应当指出，元大都城三城位置关系、环套形势和宫城"坐南朝北"的态势，最终还是取决于元大都以太液为中心规划大内，以积水潭为中心规划外城的城建规划。

（二）南、北半城制

元大都建成后，实际分为南半城和北半城，北半城中心区为蒙古各部朝京居住区。此种情况应是元大都在新形势下，根据元上都的情况，并仿辽上京、金上京"两城制"而变通为新形制的结果（参见本章第一节）[4]。

（三）大都城依水而建和关厢的发展

前已说明元大都以太液池为中心规划大内，主要宫殿建于太液池两侧；外城以积水潭为中心进行规划，是蒙古族"逐水草而居"的传统使然。此外，前据《马可·波罗行纪》记载，已指出大都的关厢较大而繁荣。上述现象其实在元上都时早已出现，元上都宫城的主要配置多环水而建，城外四关厢规模很大，为上都人口稠密和商业繁荣之区（参见本书第五章元上都部分）。元大都以水面为规划中心和关厢的情况，应是元上都同类情况的延续和发展。

（四）中轴线

在元代以前的都城中，除隋唐长安城宫城、皇城、外城中轴线合一，居中之外，余者无一属于此种标准模式。北宋开封府中轴线虽然与唐长安城相近，但不在三城之中间部位。金中都的中轴线，也不居三城之中，其重要变化是将中轴线向北延长至北城墙通玄门。元大都宫城的中轴线，不居三城（外城、萧墙、宫城）之中，宫城中轴线向北延长至中心台，向南延长至丽正门，应是金中都宫城中轴线模式的延续、变化和发展。此外，元大都以东西中分线为全城规划的中轴线，该中轴线呈隐性特征，与宫城中轴线呈显性特征并存，是其重要的特点之一。

---

[1] 北宋开封外城、内城、宫城三城环套。元大都外城、萧墙、宫城环套，萧墙大体相当于前述内城的位置。
[2] 参见本书第四章图4-3　金中都城复原示意图。
[3] 参见本书第四章图4-3　金中都城复原示意图。
[4] 徐苹芳《中国古代城市考古与古史研究》（《中国考古学历史学之整合研究》下，台北1997年版）中有关于"两城制"，辽上京、金上京"两城制"，以及元大都兴建时有人主张实行辽金样式的"两城制"及被否定的论述。贾州杰《元上都调查报告》（《文物》1977年第5期）图一　元上都城图；魏坚《元上都及周围地区考古发现与研究》（《内蒙古文物考古》1999年第2期），元上都外城亦为南北二城，中以墙相隔，城北为北苑。

（五）街和胡同

元大都的经街和纬街，既是唐宋以来都城以东、西，南、北城门大街相互垂直相交形成城内主干街道网和城内规划布局主体框架之延续和发展；也是以元上都同类情况为基础的[1]。元大都城街道网的规整程度可与隋唐长安城相比，隋唐长安城街道网是里坊制下的典型代表，元大都城的街道网则是里坊制崩溃后街巷制的典型代表，并被明清北京城基本承袭下来。

城内居住区的配置，自北宋开封府城打破里坊制、实行开放式的街巷制之后，到金中都时又有新发展。金中都在辽南京基础上向东、南和西的扩展部分，新规划出街巷胡同，即在主干大街内平行等距离配置胡同[2]。元大都的胡同即在此基础上，经过全面规划创新，形成基本统一的模式。从而成为宋以后都城开放式街巷制的典型，并一直影响到近现代北京城。

（六）商市

元大都在大内萧墙之外的北、东、西和南面均有商市，应是北宋开封府城打破里坊制形成街市，并在东西南北四条御街配置主要商市的延续和发展。金中都主要商业中心区在宫城之北[3]，元大都的商业中心区亦在宫城之北，两者相似。但是，元大都主要商业中心区在宫城之北，前已说明有其内在的原因，未必是仿金中都所致。此外，应当指出，元大都商业中心区在宫城之北，实际上位于大都城中心区，这种态势又是与蒙古时期都城哈喇和林一脉相承的[4]。

（七）主要配置

元大都城的主要配置情况前已介绍，其中有些配置与前代都城有一定关系。略举数例：其一，祖、社。北宋开封府的太庙设在南面御街之东，景灵东宫东门大街东端；社稷坛在南面御街之西，位于与太庙街（横街）相对西横街的西端，两者相距较远[5]。元大都的祖、社位置有变，但两者分在东西相距遥远之势，则与开封府祖、社位置较相似。金中都先建太庙（天德四年，1152年），到大定七年（1167年）才建社稷坛[6]。元大都亦

---

[1] 元上都皇城内亦以城内大街垂直相交，形成规整街区。见贾州杰《元上都调查报告》（《文物》1977年第5期）及图一，上都城图。

[2] 徐苹芳《古代北京的城市规划》（《环境变迁研究》第一辑，海洋出版社1984年版）对金中都的论述。

[3] 于杰等《金中都》，北京出版社1989年版，第219～220页。

[4] 哈喇和林，城中央为商业区和手工业区。见《中国大百科全书·考古卷》（中国大百科全书出版社1986年版）第155页"哈拉和林城址"条。

[5] 杨宽《中国古代都城制度史研究》，上海古籍出版社1993年版，第293～294页。

[6] 杨宽《中国古代都城制度史研究》，上海古籍出版社1993年版，第451～452页。

先建太庙，后建社稷坛，而且元太庙初期仿金太庙形制[1]，说明两者应有一定影响和被影响的关系。其二，太乙宫和太乙神坛，此制源于宋[2]，元大都设东西太乙宫和太乙神坛[3]，显然是受到宋代的影响。其三，原庙，北宋"仿汉原庙之制"建东、西景灵宫，并在寺观中供奉已故皇帝皇后塑像，辽、金也有原庙[4]。元代大都城将原庙设在藏传佛寺，其数量之多、规模之大空前绝后（见前述情况）。其四，城隍庙，三国时吴国已建城隍庙，到宋代大小城池多建城隍庙，元大都亦建城隍庙。其五，钟鼓楼，金中都在皇城南门左右设钟鼓二楼以报时[5]。元大都则在此基础上予以发展变化，将鼓楼建于城内几何中心，钟楼建于其后，成为元大都城的重要特点之一，并一直影响到明清。如此等等，不再列举。

（八）金水河

大都城金水河的开凿仿北宋开封府城，二者均从西面引水入宫苑，五行西方属金，因称金水河。开封金水河从汴河上架渡槽，大都金水河亦"跨河跳槽"[6]。

（九）漕运

自汉长安城开凿漕渠之后，历代都城均很重视漕运问题。北宋开封府城在漕运问题上有重大发展，金中都开闸河以漕运。元大都虽然从莲花河水系（金中都）转移到高粱河水系，但其漕运系统大都至通州的通惠河段，就是在金中都闸河基础上修凿的，并进一步提高了闸坝技术[7]。

（十）模数

据研究以宫城之广、深为模数规划都城的手法至迟在隋代已经在使用了[8]。到元大都时，则以宫城之宽、深为模数，全面规划大都城（见前述情况）已到非常成熟的阶段[9]。元大都城平面形制之规整，与此是密不可分的。

---

[1] 潘谷西主编《中国古代建筑史》第四卷（中国建筑工业出版社 2001 年版）"元明建筑"第 151 页。
[2] 杨宽《中国古代都城制度史研究》，上海古籍出版社 1993 年版，第 487 页。
[3] 见本书正文及前注。《析津志辑佚·寺观》："西太乙宫，在和义门内近北。"
[4] 杨宽《中国古代都城制度研究》，上海古籍出版社 1993 年版，第 294～295、349、431、433、442、451～452 页。
[5] 杨宽《中国古代都城制度史研究》，上海古籍出版社 1993 年版，第 450 页。
[6] 杨宽《中国古代都城制度史研究》，上海古籍出版社 1993 年版，第 470～471 页。
[7] A. 杨宽《中国古代都城制度史研究》，上海古籍出版社 1993 年版，第 468 页。
    B. 参见侯仁之《元大都城与明清北京城》（《故宫博物院院刊》1979 年第 3 期）的通惠河部分。
[8] 傅熹年《傅熹年建筑史论文集》（文物出版社 1998 年版）第 168 页。
[9] 实际上采用模数规划都城，在元上都时已见端倪，本书第五章"第一节　元上都的形制布局"已有论述。

第八章 明中都和明南京

第一节 明中都的形制布局

明中都是中国古代都城中，唯一未正式定都而以都城之名兴建，又在基本完工之际罢建，取消其原拟议中的都城地位的都城。明末以后，中都城屡遭人为毁坏，逐步走向荒废。但是，明中都的往日辉煌，却在中国古代都城营建史中独放异彩。特别是明中都的形制布局，宫城皇城的规制和配置，承上启下，开一代新制，至关重要。因而明中都就成为研究中国封建社会后期都城形制布局及其发展演变规律不可替代的主要环节之一。

一 明初定都之议与"国初三都"

元至正十五年（1355年），朱元璋所部初渡长江攻占太平（今安徽当涂）以后，定都之议即提到日程上来。或言"有天下者非都中原不能控制奸顽"[1]，然而由于金陵乃是朱元璋"兴王之根本"所在，故力主定鼎金陵，以临四方者众[2]。于是至正十六年朱元璋攻占集庆（今南京）后，即改集庆路为应天府，在元朝江南御史台旧址建江南行中书省[3]。元至正二十四年（1364年），朱元璋自称吴王。至正二十七年（1367年）正月，建国号为吴，称吴元年。次年（1368年）正月初四（1月23日），朱元璋即帝位，国号大明（据"明王出世"取国号），建元洪武。但是，当时并未宣告以应天府为都城。

洪武元年三月，徐达攻下山东、河南，四月朱元璋亲幸汴梁，改汴梁路为开封

---

[1] 《高皇帝御制文集》卷一七《中都告祭天地祝文》："当大军初渡大江之时，臣每听儒言，皆曰：'有天下者非都中原不能控制奸顽'，既听斯言，怀之不忘。"

[2] 《明史》卷一三六《陶安传》："金陵古帝都，取而有之，抚形胜以临四方，何向不克。"《明史》卷一二九《冯胜传》记载冯国用之策说："大江南北，金陵为最，龙蟠虎踞，向属帝王都会。公既率师南略，请先拔金陵定鼎，然后命将四出，救民水火，勿贪子女财帛，天下归心，何难平定。"《明史》卷一三五《叶兑传》："夫金陵，古称龙蟠虎踞，帝王之都。借其兵力资材，以攻则克，以守则固……定都建康，拓地江广，进则越两淮以北征，退则画长江而自守。"

[3] 《嘉庆重修大清一统志》卷七四"故宫城"条记载："旧志。宋行宫在京城内大中街。元至元十五年，拆故宫材木，输之大都，遗址仅存。二十三年改为御史台治。至正十六年，明太祖入金陵，建军府于此。寻为（吴）王府，又建为皇宫。后又改筑皇城于东偏，称此为旧内。"按此处原是五代南唐皇宫，宋为建康府，南渡后于绍兴二年改为行宫。

府，意在开封建都。八月下诏，以应天府为南京，开封为北京[1]。可是下诏后，徐达即克大都，政治形势发生重大变化，所以又"会议群臣"讨论定都问题。《明太祖实录》卷四五记载"会议群臣"情况时说：洪武二年九月癸卯，"诏以临濠为中都。初，上诏诸老臣问以建都之地，或言关中险固金城，天府之国；或言洛阳天地之中，四方朝贡，道里适均；汴梁亦宋之旧京，（漕运方便）；又或言北平之宫室完备，就之可省民力者。上曰：所言皆善，唯时有不同耳。长安、洛阳、汴京实固，秦、汉、魏、唐、宋之所建国，但平定之初，民未苏（甦）息，朕若建都于彼，供给力役悉资江南，重劳其民。若就北平，要之宫室不能无更作，亦未易也。今建业长江天堑，龙蟠虎踞，江南形势（胜）之地，其足以立国。临濠则前江后淮，以险可恃，以水可漕，朕以为中都，何如？群臣皆称善[2]。至是，始命有司建置城池宫阙，如京师之制焉"。此后即大规模营建中都，洪武八年（1375年）四月，朱元璋"亲至中都验功赏劳"，随之又以"劳费"为由，"诏罢中都役作"[3]。洪武十一年（1378年），朱元璋罢北京，仍称开封府，将南京改为京师，正式定都[4]。虽然如此，但朱元璋晚年仍曾打算迁都关中，并敕皇太子朱标巡抚陕西，经略建都之事。朱标从陕返京师，次年病死，迁都一事遂罢[5]。

那么，朱元璋立足南京后，为什么对定都之事犹豫不决呢？这是因为南京既是其兴王之根本所在（朱元璋言"兴王之根本不轻"，其文武要员多为江浙皖籍，与当地有密切的经济联系和利害关系，不愿远离家乡），难以割舍；又因为南京偏于江左，去中原遥远，

---

[1]《大明太祖高皇帝实录》（以下均简称《明太祖实录》，《明太宗实录》等）卷三一"洪武元年四月甲子"条记载："是日，车驾发京师，幸汴梁。时言者皆谓君天下者宜居中土，汴梁宋故都，劝上定都，故上往观之。且会大将军徐达等谋取元都。"同书卷三四，洪武元年八月己巳朔条记载：诏曰："朕观中原土壤，四方朝贡，道里适均，父老之言，乃合朕志。然立国之规模固重，而兴王之根本不轻，其以金陵（应天）为南京，大梁（开封）为北京，朕于春秋往来巡守。播告尔民，使知朕意。"又朱元璋《中都告祭天地祝文》于"怀之不忘"之下又记："忽而上帝后土授命于臣，自洪武初平定中原，臣急至汴梁，意在建都，以安天下。"《高皇帝御制文集》卷一五《黄河说》记载："尝云：君天下非都中原不可。今中原既平，必躬亲至彼，仰观俯察，择地以居之。遂于当年夏四月率禁兵数万往视之，逆河上，足月，抵汴梁。"
[2]《御定资治通鉴纲目三编》卷一说："帝王之兴以德，而地形亦与焉。明祖起于濠泗，则临濠其丰沛南阳也。建都应天，以江淮为根本，而守江必先守淮，钟离据淮之中，定为中都，亦一时因地制宜之意。"
[3]《明太祖实录》卷九九《祭开平王常遇春之祠》文；《高皇帝御制文集》卷一八《中都祭开平王文》。
[4]《明史》卷四〇《地理志一》南京·应天府，卷四二《地理志三》河南·开封府。
[5]《明史》卷一一五《兴宗孝康皇帝传》中记载，洪武二十四年（1391年）八月"敕太子巡抚陕西"，"谕太子曰：'天下山川唯秦地号为险固，汝往以观风俗，慰劳秦父老子弟'……比还，献陕西地图，遂病。病中上言经略建都事。明年（1392年）四月丙子薨"。又朱元璋亲撰《祭光禄寺灶神文》（《天下郡国利病书》卷一三《江南一》）道出了派朱标长安之行的原委："本欲迁都，今朕年老，精力已倦；又天下新定，不欲劳民"而罢。

在全国统一的形势下，难以对中原和全国进行有效的统治[1]；加之朱元璋非常忌讳南京之地"六朝国祚不永"，故朱元璋难下决心在南京定都。在这种情况下，朱元璋则对诸儒所言"有天下者非都中原不能控制奸顽"，"怀之不忘"。但是，战乱之后，中原凋敝，若在此建都必"重劳其民"，又恐生变故（元末修黄河导致农民大起义，乃前车之鉴），所以是否在中原建都也久拖不决。鉴于上述情况，朱元璋一直在两难之中徘徊。前述朱元璋以应天府为南京，开封为北京，"春秋往来巡狩"，就是"欲如周、汉之制营建两京"[2]来解决这个矛盾。然终因开封"民生凋敝，水陆转运艰辛，恐劳民之至甚"[3]，转而罢北京，立中都。以临濠为中都，除前述原因外，主要是临濠为朱元璋的老家，衣锦还乡色彩甚浓。后来洪武八年朱元璋罢中都，表面上以"劳费"为由，实则是临濠不能代替在中原建都，中都的地理位置和环境等诸多因素又违背了建都的原则，故遭到一些大臣的竭力反对（刘基曾对朱元璋建言：凤阳是帝乡而非帝都[4]），至于工匠消极怠工则可能是罢建中都的导因之一[5]。从以应天府为京师正式定都之后，洪武二十四年仍派太子巡抚陕西，经略建都事，"欲迁都"来看，朱元璋一直心怀"君天下非都中原不可"的理念，即一直以如何能更好地统治全国为出发点来选择都城的，其定都南京实是不得已而为之。

洪武三十一年（1398年）朱元璋卒，朱棣于建文元年（1399年）七月发动"靖难之役"，四年六月攻入南京，夺取帝位，次年改元永乐（1403年）。永乐元年正月诏"以北平为北京"，"称行在"；二月"改北平（府）曰顺天府"。永乐十四年（1416年）十一月，朱棣决意迁都北京。永乐十八年（1420年）九月丁亥，"诏自明年改京师为南京，北京为京师"；十一月戊辰，"以迁都北京诏天下"。北京改京师后，"设六部，去行在之称，并取南京各印信给京师中诸衙门"。南京原来衙署（五府六部和都察院）依然存在，只"别铸南京诸衙门印信，皆加南京二字"，形成南北两京制度[6]。此后终明之世，南京一直处于十分重要的地位。史家言"高皇帝定鼎金陵，文皇帝迁都金台（指北京），则跨江河南北而各为一大都会。盖天下财赋出于东南，而金陵为其会；戎马盛于西北，而金台为其枢。并建两京，用东南之财赋，会西北之戎马，无敌于天下矣"[7]。这段话表明，朱棣迁都北

---

[1]《明太祖实录》卷八〇："朕今新造国家，建邦设都于江左，然去中原颇远，控制良难……"
[2]《明太祖实录》卷九九。
[3]《高皇帝御制文集》卷一七。
[4]《国榷》卷四记载，洪武四年正月，"刘基曰：中都曼衍，非天子居也"。《明太祖实录》卷九九记载，刘基"乞归乡里，且行，言于上曰：'凤阳虽帝乡，然非天子所都之地，虽已置中都，不宜居。'"
[5]《明史》卷一三八《薛祥传》记载：洪武"八年，授工部尚书。时造凤阳宫殿，帝坐殿中，若有人持兵斗殿脊者。太师李善长奏：诸工匠用压镇法。帝将尽杀之。祥为分别交替不在工者，并铁、石匠皆不预，活者数千"。王剑英《明中都研究》第一编《明中都》（中国青年出版社2005年版）之五，就上述事件，以"劳动人民的英勇斗争迫使朱元璋停下穷极侈丽的明中都营建工程"为题，进行较详细的论述。此论述可资参考，但言重了。
[6]《明太宗实录》卷二二九。
[7]《日下旧闻考》（一）卷五《形胜》。

京在客观上完成了朱元璋立都于中原，建两京之未竟的夙愿，为朱元璋时代定都之议画上了句号。但实际上朱棣迁都北京的真实原因，一是北京为其"龙兴之地"，根基之所在；二是当时之威胁主要来自塞外蒙元贵族残余势力，为有效地对蒙古各部采取羁縻和防御政策，也必须迁都北京（鉴于太祖分封藩王的教训，派人统兵镇北是不可取的）。但是，朱棣迁都北京之后，朝中对定都问题仍时有争论。甚至到明仁宗时，刚即位（1425 年）就复将北京改为行在[1]，并决定修缮南京皇城，第二年还都南京[2]，不料第二年仁宗卒，才算作罢。此后（宣宗即位后，仍有"请还南京"之议[3]），至明英宗正统六年（1441 年），才正式"定都北京，文武诸司不称行在"[4]。

综上所述，明初定都之议，若从洪武元年（1368 年）起算，至洪武十一年（1378 年）改南京为京师前后共 11 年，若从渡江攻克太平议都城事起算则前后共 24 年。前两个起始年代，至正统六年（1441 年）正式"定都北京，文武诸司不称行在"则前后分别为 74 年和 87 年。在中国的历代王朝中，为定都之事如此旷日持久地进行讨论，迟疑徘徊，是空前绝后的。明南京、明中都的出现与此直接相关，明永乐迁都北京虽然另有直接原因，但与此亦有密切的间接关系。可以说明朝"国初三都"的出现，或直接或间接都是定都之议的产物。

二 明中都的营建

（一）建置变化和营建班子

朱元璋出生于钟离之东乡[5]，钟离为濠州的古称，唐以后称濠州[6]。明初因建中都，其名称和建置又多次更改。太祖吴元年改临濠府，洪武二年九月建中都，置留守司[7]。

---

[1]《明仁宗实录》卷八下，洪熙元年三月戊戌，命"诸司在北京者悉加行在二字"。
[2]《明仁宗实录》卷九上，洪熙元年四月癸卯。
[3]《明宣宗实录》卷四六，宣德三年八月辛卯。
[4]《明史》卷一〇《英宗前纪》。但是，迟至景泰之后，仍有人请迁都南京者。
[5] 关于朱元璋的出生地，《皇陵碑》说在钟离之东乡，明人郎瑛《七修类稿》卷七说："盱眙县唐兴、灵迹二乡，即《皇陵碑》所谓钟离之东乡也。"明人曾惟诚《帝乡纪略》卷一说，生于盱眙之太平乡二郎庙旁。按，二者实为一地，即今明光市北 5 公里处的赵府后村，明万历年间曾在此立《跃龙冈》碑和《孕龙基》碑，该地最初应称"钟离之东乡"。其中县名之变化，可能是因为明初凤阳建置频繁变更之中将跃龙冈由钟离县划归盱眙县所致，现已划归明光市。后来朱元璋一家又迁到钟离之西乡，此钟离即后来的凤阳县，今之临淮镇。西乡在临淮镇西郊今汤府村。又元至元五年到至正四年，朱元璋在孤庄村（又称孤村庄、荒庄村）生活了 5 年。即今凤阳县西南约五公里，皇陵外城北墙外约半里之"二十营"（小李庄）。其东紧连庙西、庙东村，所谓"庙"即朱元璋早年出家的於皇寺旧址（遗址仍存），明朝在这里有守护皇陵的陵户。於皇寺遗址北靠二十营，南边紧邻明皇陵北墙。以上参见夏玉润《朱元璋的出生地及少年行踪考略》（《洪武六百年祭》，南方出版社 2001 年版）。
[6] 凤阳明以前建置沿革，见清《嘉庆重修大清一统志》卷一二五"凤阳府建置沿革"。
[7]《明史》卷四〇《地理志》"南京·凤阳府"条。

洪武四年"临濠开行大都督府"[1]，洪武六年"改临濠府为中立府；临濠行大都督府为中立行大都督府"[2]。洪武七年"改中立府为凤阳府，析临淮县之太平、清洛、广德、永丰四乡置凤阳县"[3]。同年又"改中立（行）大都督府为凤阳行（大）都督府"[4]。洪武八年"迁凤阳府治于临濠新城"[5]。"凤阳"因在"凤凰山之阳"而得名[6]。

建中都城以李善长"董建临濠宫殿，留濠者数年"[7]。李善长此前为"左丞相、太师、韩国公"，开国第一功臣，明政府第一把手。李善长在洪武四年至九年间在临濠主事，由此可见朱元璋对营建中都城极为重视。此外，还有汤和及薛祥等工部官员参与其事，组成营建领导班底。

（二）营建物料及所用工匠等劳动力

营建物料以木料和烧砖为大宗，其他如石料的开采运输，烧造琉璃，以及铜、铁、石灰、油漆、颜料等，所用物料甚多。以木料和烧砖为例，朱元璋在《龙兴寺碑》中说："洪武初，欲以（凤凰山）山前为京师，定鼎是方，令天下名材至斯。后罢建宫室，名材为积木"[8]，可见调运至凤阳的木材之多。烧砖仅以发现的地名砖来看，就包括22府69州县（另一说68州县），用砖量很大。此外，立中都大社坛时，"命工部取五方之土"，"天下郡县计一千三百余城，每以土百斤为率，仍命取之于名山高爽之地"[9]。营建所用百工技艺"将及九万"[10]，军士七万至十万余人，民夫四十万余人。此外，还有可充作劳力的移民近二十万人，罪犯几万人，再加上南方几省烧砖、采木、采石等役夫，合计恐怕有"百万之众"[11]。

（三）营建概况

洪武二年九月癸卯"始命有司建置城池宫阙"，此后加上准备阶段，正式开工可能已到洪武三年。洪武二年诏建宫殿，四年时全力营造，八年罢建中都。

洪武三年在中都建中书省、大都督府、御史台，始筑皇城。洪武四年全力营造，建圜丘、方丘、日、月、社稷、山川坛，太庙、太社坛。洪武五年建百万仓，立钦天监，建观

---

[1] 《明太祖实录》卷六四。
[2] 《明太祖实录》卷八五。
[3] 《明太祖实录》卷九二。
[4] 《明太祖实录》卷九三。
[5] 《明太祖实录》卷一〇一。
[6] A. 《大明一统志》卷七"中都·凤阳府·凤阳县"条。
　　B. 《中都志》卷一。
[7] 《明史》卷一二七《李善长传》。
[8] 《凤阳新书》卷八。
[9] 《明太祖实录》卷六五。
[10] 《御制大诰三编》（北京图书馆藏明初刊本）第61b～63a页《工匠顶替》第三〇。
[11] 王剑英《明中都研究》，中国青年出版社2005年版，第72页。

象台于独山（洪武七年大致完工），建公侯宅第，开始大规模筑皇城（包括禁垣），定中都外城址。洪武六年甓皇城，造军士营房，立中都城隍庙、功臣庙、历代帝王庙（以上或五年始建，六年建成）。洪武七年建会同馆，筑外城。洪武八年建国子学、钟鼓楼，外城开始砌砖[1]。洪武八年四月罢建中都城，上距诏建中都城约五年半。

（四）罢建中都后的概况

罢建中都城后，有些工程仍在续建，如外城包砖可能延续至洪武二十五年。又据《凤阳新书》记载，外城四座主要城门"俱洪武二十六年修筑，上俱有楼"，另外有五座城门"俱洪武二十六年修筑，上俱无楼"。外城十八座水关修筑的时间，亦可能与上述外城门修筑的时间相近。洪武十六年撤大内宫材修建龙兴寺，正统五年毁于火，天顺二年（1458年）复撤皇城内中书省等五百余间重建龙兴寺。天顺以后，修筑禁锢罪宗的"高墙"。景泰五年（1454年）重修中都土城。此外，罢建中都后，仍保留移民屯田，中都留守司八卫一所亦屯田八十万亩。中都还是皇太子诸王驻凤阳讲武练兵之所，并遣列侯还乡，就第凤阳[2]。

明崇祯八年（1635年），农民起义军攻占凤阳，焚烧龙兴寺、官府和邸舍。清康熙六年（1667年）移凤阳县治于旧皇城（即紫禁城）内。乾隆二十年（1755年）撤皇城外禁垣、中都城、钟楼台基等，取砖筑凤阳府城。咸丰三年（1853年）太平军焚烧龙兴寺、鼓楼等；咸丰十年（1860年）地主武装苗沛霖"毁拆（府城）屋宇殆尽"。抗日战争时期日军勾结汉奸拆毁县城房屋。1954年拆除凤阳府城，1982年明中都皇城及皇陵石刻被定为全国重点文物保护单位。

三 明中都外城墙、城门、水关和外城的平面形制

（一）城墙、城门和水关

明中都城在今安徽省凤阳县城之西偏南，建于临濠"府西南二十里凤凰山之阳"。城址位于淮河南岸海拔20余米的高亢之地，其北是沿淮平地和洼地，东和南面是濠河及濠河的支流，西面及城内中部为一群绵延相连的小山（海拔百米左右）。明中都外城、禁垣（即皇城）、皇城（即宫城，万历后称紫禁城）三城环套（图8-1、图8-2）。

明中都外城墙夯筑，唯东、北城墙砖垒约四里余，城墙高三丈，开九门，设十八座水关，无护城河，仅朝阳门外浚隍一[3]。城墙夯土墙基，20世纪80年代调查时[4]，仅东和西城墙夯土墙基大体可辨认，南和北城墙夯土墙基无存。

北城墙筑于海拔20米线的边缘上，开二门，在西者称后右甲第门（今称门台子），在

---

[1] 见本节"三 明中都外城墙、城门、水关和外城的平面形制"。
[2] 王剑英《明中都研究》第一编《明中都遗址考察报告》之七、八，中国青年出版社2005年版。
[3] 《凤阳新书》卷三。
[4] 王剑英《明中都研究》第一编《明中都遗址考察报告》，中国青年出版社2005年版。

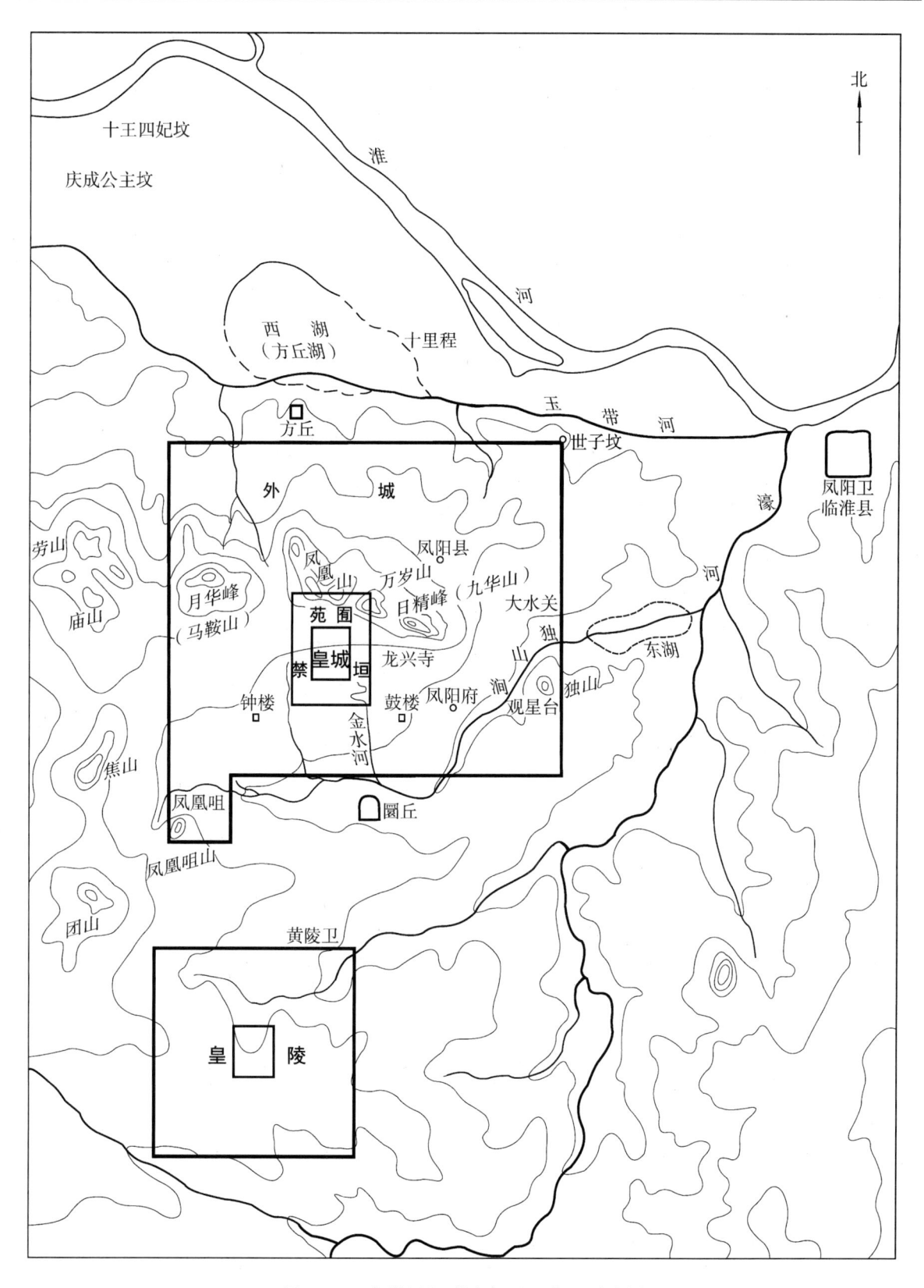

图 8-1　安徽凤阳明中都地理位置示意图
(引自王剑英《明中都研究》，略有改动)

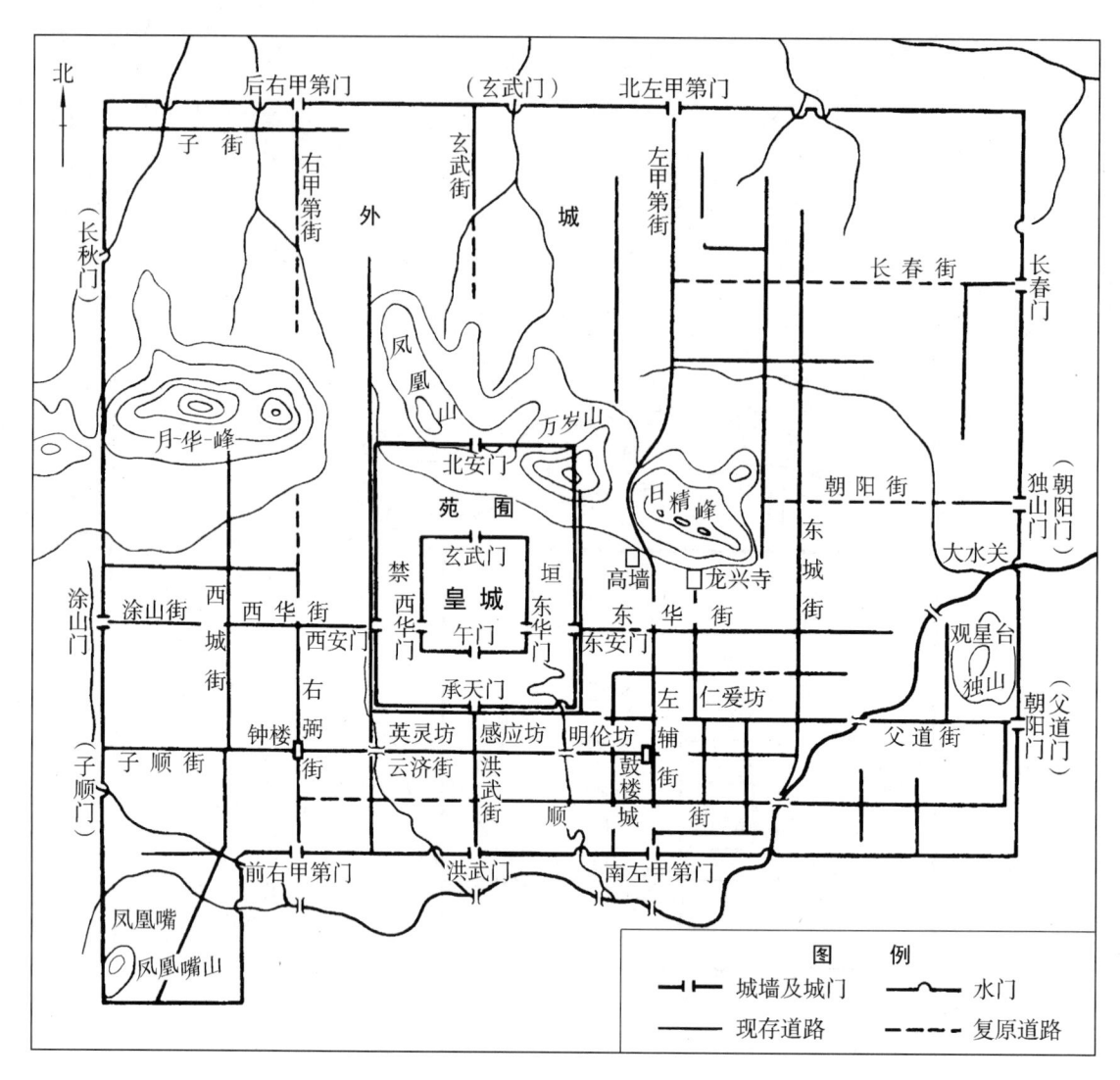

图 8-2 安徽凤阳明中都的形制及部分街坊复原示意图
(引自王剑英《明中都研究》,略有改动)

东者称北左甲第门(今称老北门,城门基石已被挖走,现为一豁口),二门相距 3185 米[1]。北左甲第门南正对山后街凤阳县治,有城楼(指原建,下同),东、西两侧已砌砖二里余[2]。北城墙外有东西长约十里,南北宽约四里的西湖(后称方丘湖)[3]。湖北不远处即是淮河,中都城东北角距淮河岸最近处不足三里。北左甲第门外淮河沿岸的十里城

---

[1] 王剑英《明中都研究》,中国青年出版社 2005 年版,第 223 页。
[2] A.《凤阳新书》卷七"尹令疏"。
　　B. 王剑英《明中都研究》(中国青年出版社 2005 年版)第 230 页指出:北城墙砌砖,"东起北左甲第门遗址东边 745 米,西至北左甲第门遗址西边 810 米,东西绵延长达 1555 米","城砖在乾隆二十年修建凤阳府城时扒掉"。
[3] 西湖为内泻湖,西受凤凰诸山北麓雨水,又纳由石燕湖经桥下溢入的秋水,沿与北城墙平行的玉带河,东流过十里程三孔桥、世子坟、汤府至淮宁桥北合濠水尾闾入淮。

（程），明初开通舟楫，"运船商船，直抵北门"，明中叶以后堙废，"运道闸河遂为旱壑"[1]。总之，北城墙是凭水为阻。

东城墙在独山东侧，城墙基大体可辨认[2]，开三座城门。中间正门称独山门[3]，南距独山涧约150米，有铺路东至临淮接驿站。北门称长春门[4]，南距独山门1950米，在凤阳县治东，东通临淮。南门称朝阳门[5]，北距独山门1670米，有城楼，在凤阳府治东，门两侧已砌砖一里余[6]。城外浚濠一段，有铺路东南经大通桥越濠水至总铺合驿路。中都城东南隅距濠水最近处亦不足三里。城墙西侧的独山形势险要[7]，扼中都城水口。金水河合明中都城河水为独山涧，绕独山北麓东流七八里经东湖（今俗称老塘湖）合濠水，再北流八里入淮。这是明初"自淮由濠，通舟楫入城"的重要水道，河岸"砖石修甃"。独山门南有"大水关一座，下开五空，上有启关闸槽，跨独山涧"[8]。东城墙筑于山水（东湖）之间，东城墙三门及大水关为中都城与外界的主要水陆交通通道。

南城墙筑于东流的大涧北岸斜坡上，利用自然地形，以涧水为城濠。开三座城门，中

---

[1]《凤阳新书》卷五"农政篇"及卷七柯仲炯"中都五美贴"。

[2] 王剑英《明中都研究》（中国青年出版社2005年版）第238页揭示：东城墙基"基本上都可以辨认，少数几段遗址不存的，也都可以南北遥望衔接"。

[3] 王剑英《明中都研究》（中国青年出版社2005年版）第219页："独山门遗址，当地称独山北边双古堆。遗址高出附近农田四五米，东西宽23.5米，南北长47.5米，呈马鞍状，碎砖瓦砾，为一荒丘"；"古堆西北侧，尚有残余的石础、方石。城址的大石条，1973年起，陆续被扒挖"。

[4] 王剑英《明中都研究》（中国青年出版社2005年版）第222页：长春门遗址"双古堆东西宽36米，南北长60米"，"暴露出碎砖夯土层，遗址石块也被扒挖过"。

[5] 王剑英《明中都研究》（中国青年出版社2005年版）第222页："朝阳门遗址只剩一个城豁口，曾挖出城门基址的大石条。"

[6] A.《凤阳新书》卷七"尹令疏"称："但土城外砌砖石，仅及北门二里一段，东门一里一段，因议定鼎金陵，前项城工遂寝。"

B. 王剑英《明中都研究》（中国青年出版社2005年版）第232～234页说：朝阳门两侧砌砖，"北起独山东麓，南至东教场的东边，全长1570米"，"朝阳门正好在这段城墙遗址的正中间"。砌砖高度，1962年地形图上自南向北，分别标高为37.51米、37.29米、37.25米、38.41米、36.96米、36.92米、37.69米，比城埂地面高出七八米。朝阳门砖城墙内侧，最北400多米一段与独山东麓相连，外侧是很陡的斜坡。在最北端400米一段，在100米左右的距离内，地势急剧下降到海拔20米以下，城埂高度相对地增长到十七八米，显得极为险峻。墙基平整，土城壁立，近于垂直，高达十米至十二三米，是现存中都城城墙遗址中最为完好的部分。城砖在乾隆二十八年扒拆。

[7]《凤阳新书》卷二"独山"条记：独山在日精峰（盛家山，又称九华山）东南三里余，孤峰突起，海拔95米，古称孤山。

[8] A.《凤阳新书》卷三：水关"都城四面水关共一十八座，通水出入。惟独山门之南大水关一座，下开五空，上有启关闸槽，跨独山涧。洪武间开置，自淮由濠，通舟楫入城，久废"。

B. 王剑英《明中都研究》（中国青年出版社2005年版）第228页："独山五孔大水关遗址在独山东北麓独山东城埂向北延长线上老塘湖西端靠近北岸的部位。"

门为正门洪武门，有门楼，正北对宫阙御道，距承天门遗址1185米，距午门1620米[1]，南经凤阳桥跨洞水，西南直达皇陵。东门称南左甲第门（今称老人桥），西距洪武门1525米，正北830米至鼓楼，与北左甲第门相对[2]。西门称前右甲第门，东距洪武门1585米，正北865米至钟楼，与后右甲第门相对[3]。南城墙西端与西城墙之间，有一海拔66.5米的凤凰嘴山向西南突出两里余[4]，城墙在此处亦向南突出将其包容在内。

西城墙筑于月华峰（马鞍山）西麓，开一门，称涂山门，门在月华峰之阳，有门楼。涂山门与禁垣皇城之西安门、西华门大致在东西一条直线上，东距西安门约2325米，距西华门约2720米[5]。西城墙南段略东偏，城墙缘山而上筑到凤凰嘴山的山腰上，将凤凰嘴山体包容在内。涂山门因相传"禹会诸侯于涂山"的涂山在凤阳之西七十里而得名。涂山门外西北有与马鞍山相接的庙山和劳山，西南有焦山和团山[6]，西南五里许还有对峙的东、西鲁山[7]。西城墙以山为险，诸山在西城墙外形成天然屏障。

中都城的十八座水关，除独山大水关外，其余十七座水关文献未记载其名称和位置，加之遗址破坏，故难以考证[8]。

（二）中都外城周长和平面形制

1. 文献记载中都外城周长

《明太祖实录》卷七一记载，洪武五年正月甲戌，"定中都城基址，周围四十五里"；

---

[1] 王剑英《明中都研究》（中国青年出版社2005年版）第218页：洪武门遗址当地人称留守司南双古堆，1974年据基石坑测量，洪武门遗址东西宽63.5米，南北长35米。

[2] 王剑英《明中都研究》（中国青年出版社2005年版）第218页：南左甲第门遗址北距凤阳府城南门桥490米，南离老人桥310米，当地人称老人桥双古堆。南左甲第门遗址为东西两个平缓的土堆，西边土堆直径20余米，高出附近地面约3米，东边土堆直径略小，约高出附近地面4米。

[3] 王剑英《明中都研究》（中国青年出版社2005年版）第219页中云：前右甲第门遗址当地人称赵庄南边双古堆或钟楼南边双古堆。遗址呈台状，东西宽50米，南北长40米，较四周农田高出约五六米，中间因门洞塌压，凹下2米左右。城门遗址有的地方可见一层碎砖一层夯土相叠压，亦可见大城砖。1981年时，门址则仅存平缓的坡地了。该门址是中都九门中保存较好的一座。

[4] 《凤阳新书》卷三：中都"其城制，西南余出一角为凤凰嘴"。

[5] 王剑英《明中都研究》（中国青年出版社2005年版）第226页中云：现涂山门遗址仍土台壁立，呈长方形，原城门的轮廓仍清晰可见，中部因门洞坍塌，成为甬道。1962年的地形图上，涂山门遗址标高51.461米，附近地面为44米，相对高度为7.46米，是中都九门遗址中保存最完整的一座。1970～1974年有拆毁。

[6] 清乾隆年间孙维龙、于万培所修《凤阳县志》（光绪二年重刊本）卷二："土城涂山门外西北与马鞍山相接者曰张家山，又西曰尖山，尖山西北曰劳山，劳山前曰庙山……其西南曰横山，东西六七里，山势至此一断。"又说"涂山门外西南里许，有小山二，南曰团山，北曰焦山"。

[7] 《凤阳县志》卷二。

[8] A. 王剑英《明中都研究》（中国青年出版社2005年版）第227～229页，对诸水关的大致方位，根据调查情况有推测，可作参考。

B. 《凤阳新书》卷七，在嘉靖十一年刘节奏疏和万历中韩寿奏疏中均提到中都有水关三十座或三十二座。王剑英《明中都研究》（中国青年出版社2005年版）第230页认为，水关只有十八座，若包括泄水涵洞或泄水口则为三十座或三十二座。

《国榷》卷五所记与之相同。景泰间（1450~1456年）高穀《中都留守修城记》说："故有土垣，无壕，周以里记者五十，步零四百三十有三"[1]；成化时（1465~1487年）柳瑛修《中都志》卷三所记与之相同。嘉靖元年（1522年）监御史高越奏中说："凤阳原有土城，周围五十余里。"[2] 万历末天启初（1619~1621年），袁文新纂《凤阳新书》卷三记载：中都"土城一座，周五十三里，土筑，惟东、北砖垒约四里余"。

2. 中都外城实地调查的周长

中都外城东南隅在朝阳门南1150米，今五里庙东北700米，东北隅在长春门北1400米，东城墙长6170米。中都城西北隅在后右甲第门西1625米，今大青营西北800米，北城墙长7760米。中都城西南隅在涂山门南3135米，今凤凰嘴山西南麓，西城墙全长7470米。自中都城西南隅折东至大牛营西南折北，到大牛营西北复折东，南城墙包括突出西南一角的凤凰嘴全长8965米[3]。其周长为30365米，合53.16明里（30365÷571.14＝53.165，明初1里合571.14米）。此里程与前述《凤阳新书》所记周长相合，故53明里大概应是现存中都外城遗迹的实际周长。外城平面呈东西横长方形，西南隅凤凰嘴向外突出。

3. 中都外城周长和城门在营建中的变化

（1）周长的变化

据王剑英先生研究，中都城的原规划是皇城中心线至中都西城墙的长度，恰为中都南、北城墙间距之半，南城墙三门与北城墙二门东西相隔距离相等对称（图8-3）。若中都东城墙和西城墙与皇城中心线距离相等，则中都城呈正方形，周长为45里，与前述《大明太祖高皇帝实录》所记中都城的周长相合。据此推断，明中都最初规划为正方形，皇城居中，东西对称，但这样就将独

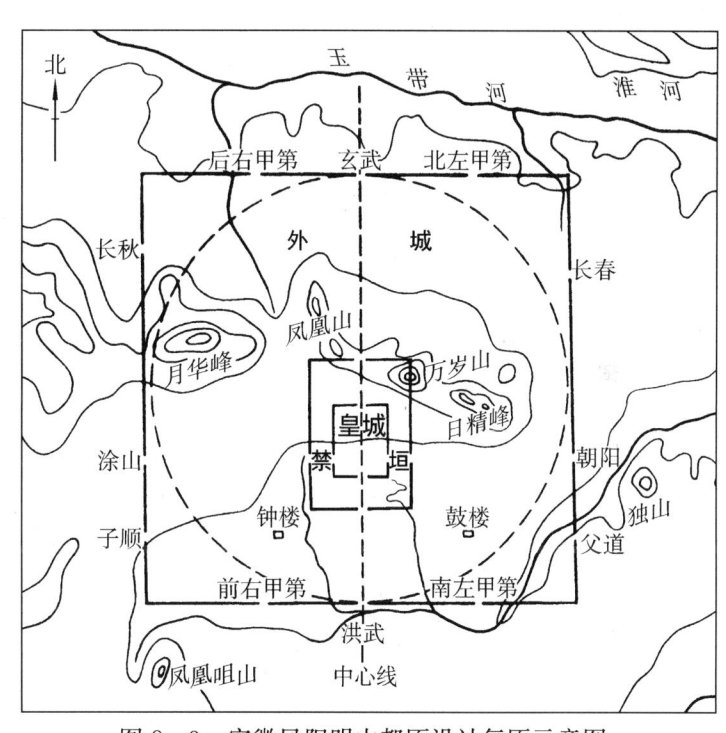

图8-3 安徽凤阳明中都原设计复原示意图
（引自王剑英《明中都研究》，略有改动）

---

[1]《凤阳新书》卷八。
[2]《中都志》卷三。
[3] A. 王剑英《明中都研究》，中国青年出版社2005年版，第234页。
　　B.《中国大百科全书·考古卷》"明中都遗址"条："中都城平面近方形，东西7760米，南北7170米，西南角的凤凰嘴向外突出。按上述长宽尺寸，7760米为北城墙长，7170米可能是东城墙6170米之误，该尺寸似未将凤凰嘴包括在内。"

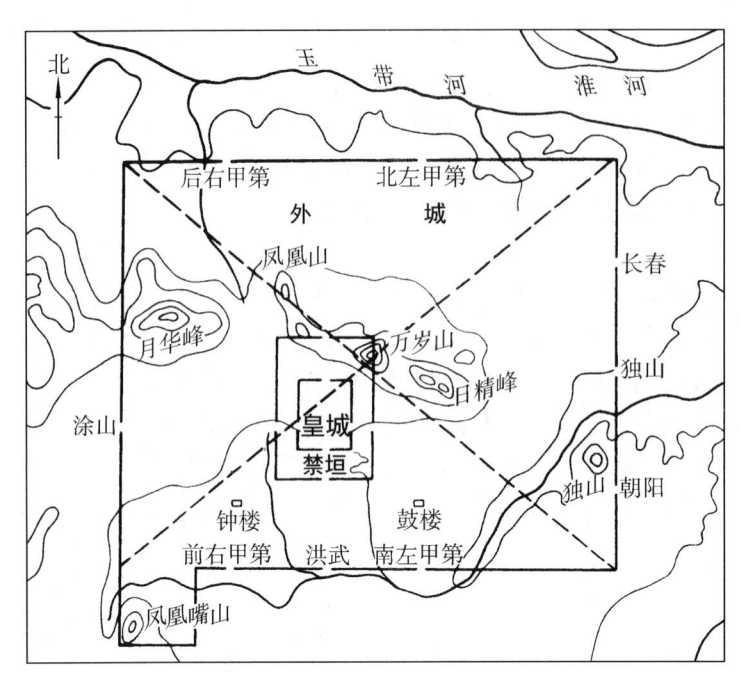

图 8-4　凤阳明中都东城墙和西南角外扩后平面示意图
(引自王剑英《明中都研究》，略有改动)

山天险留在城外，所以后来又将东城墙外移近三里，而将独山包容在城内[1]。

前已说明中都外城现存遗址周长 53.16 明里，西城墙较东城墙长 1300 米（7470～6170 米），若以此为凤凰嘴东西两侧各自向南突出的长度，则凤凰嘴东、西墙长度之和约合 4.55 明里[（1300×2）÷571.14＝4.55]，这样明中都外城去掉凤凰嘴部分后，其周长为 48.61 明里（53.16－4.55＝48.61）。48 明里减去前述东城墙后来南移 3 明里，则与前述中都城最初规划的 45 明里相合。总之，上述估算表明，王剑英先生的推断是有道理的，同时还表明中都外城变更规划后（图 8-4），也将凤凰嘴包括在内了。

（2）明中都外城规划十二门，实建九门

《中都志》卷三记载：中都外城"开十有二门，曰：'洪武、朝阳、玄武、涂山、父道、子顺、长春、长秋、南左甲第、北左甲第、前左甲第、后右甲第'，洪武七年，迁府治于此"（图 8-3）。《凤阳新书》卷三记载：中都外城"门十有二，定鼎金陵，乃去三门"；"故旧有十二门，后革长秋、父道、子顺三门。今见有九门，俱无子城"（图 8-2）[2]。《大明一统志》卷七所记与《凤阳新书》九门方位相同。据研究，《中都志》诸门排列次序是正东朝阳门，正北玄武门，西之北与长春门对称应为长秋门，按东春西秋配置；同理，西之南与东之南二门亦应对称配置，即东之南当为父道门，西之南当为子顺门。《大明一统志》《凤阳新书》较《中都志》多一座独山门，少玄武、父道、子顺三门；并将《中都志》东城墙正门朝阳门改称独山门，将父道门改称朝阳门。从《凤阳新书》记载九座城门分别建于洪武二十六年和三十年来看，九座城门均建于洪武八年罢建中都之后。因此，可以认为《中都志》所记十二门应是中都城的原规划设计，罢建中都后为适应

---

[1] 王剑英《明中都研究》，中国青年出版社 2005 年版，第 116 页。
[2] 《凤阳新书》卷三记载九门的方位如下：洪武门，在正南居中，凤阳中卫守把。北左甲第门，在北偏东，留守中卫守把。朝阳门，在东南，怀远卫守把。涂山门，在正西，凤阳右卫守把。以上四门，俱洪武二十六年修筑，上俱有楼，今废。南左甲第门，在洪武门东，凤阳中卫守把。独山门，在朝阳门北，怀远卫守把。长春门，在独山门北，留守中卫守把。前右甲第门，在洪武门西，凤阳右卫守把。后右甲第门，在北偏西，留守左卫守把。以上五门，俱洪武三十年修筑，上俱无楼。

新的情况，革除玄武、长秋和子顺三门，并调整了东城墙正门和南门的名称[1]。据此判断，中都城由规划周长45里调整为53里，亦似在洪武八年罢建中都以后。

综上所述，可知中都城原设计为正方形，后调整为东西横长方形，西南隅凤凰嘴向外突出。中轴线也由调整前皇城中轴线与全城中轴线合一，改为全城中轴线东移，全城几何中心点和制高点也随之移至万岁山（图8-4）。

四 中都外城内的主要配置

（一）皇城禁垣及其相关建筑

皇城（宫城）在外城内制高点和中心点万岁山之南偏西，位于凤凰山之阳；禁垣（皇城）环套皇城（宫城）。皇城、禁垣及午门至洪武门间的配置情况，将在本章第三节中予以介绍。

（二）街和坊

1. 街

洪武五年正月甲戌，"定中都城基址"时，文献记载仅见有"街二，南曰顺城，北曰子民"[2]。天顺、成化年间的《中都志》记有24街，即洪武街、玄武街、左辅街、右辅（弼）街、左甲第街、东城街、西城街、顺城街、安泰街、云济街、台街、父道街、子顺街、志士街、长春街、东华街、西华街、光天街、刚毅街、淮清街、工艺街、子民街、淮南街、永福街[3]。万历末《凤阳新书》记有28街，即洪武、左辅、东城、顺城、泰安、父道、玄武、右弼、西城、长春、云济、子顺、台街、工艺、东华、光天、刚毅、子民、志士、淮南、西华、化日、清淮、永福、朝朝（阳）、涂山、左甲第、右甲第[4]。其中朝朝（阳）、涂山、右甲第、化日、泰安、清淮六街《中都志》无，不过《中都志》所记安泰街、淮清街，很可能即为泰安、清淮街，而朝朝则似为朝阳之误，这样《凤阳新书》实际较《中都志》新增涂山、右甲第、化日三街[5]。从因定鼎金陵，父道门改称朝阳门，废子顺门，而父道、子顺街仍存在来看[6]，中都外城最早规划的十二座城门伸向城内的大街亦应在其规划之列。洪武门内顺城街、云济街（钟鼓楼分别建于街两端）、洪武街、东华和西华街等重要大街，在洪武八年罢建中都前应已存在（图8-2），其余大街则当是

---

[1] 王剑英《明中都研究》，中国青年出版社2005年版，第117、118页。
[2] 《明太祖实录》卷七一。
[3] 《中都志》卷四。
[4] 《凤阳新书》卷三。
[5] 王剑英《明中都研究》，中国青年出版社2005年版，第154页。
[6] 王剑英《明中都研究》（中国青年出版社2005年版）第155页：父道门改朝阳门后，可能称父道街名于独山门内；朝阳门改称独山门后，可能改称父道街为朝阳街似相应。按，朝阳门改称独山门后，文献未记有独山街，前面王剑英的说法，改父道门为朝阳门后，街改称朝阳街似较合适；但改朝阳门为独山门后，门内街名改称父道则无道理。这个问题暂时尚无解决，故图8-2中父道街和朝阳街的位置未动。

此后陆续形成的。

2. 坊

洪武五年"定中都城基址"时，规划"坊十六，在南街者八；东曰德辅、善庆、崇德、中和；西曰顺成、新成、里仁、太和。在北街者亦八，东曰钦崇、德厚、恭让、淮阳；西曰从善、慎远、修齐、允中"[1]。《中都志》记有104坊[2]，《凤阳新书》记94坊[3]。定中都基址时，在南街者东四坊，《中都志》《凤阳新书》全，西四坊中二书均缺慎远、修齐，《凤阳新书》又缺允中[4]。《凤阳新书》记载94坊较《中都志》104坊少通顺、永庆、丰乐、英灵、居仁、惠政、敬信、育德、允中、积善10坊。又《中都志》安静坊，《凤阳新书》作安靖；《中都志》节受坊，《凤阳新书》作节爱，当以节爱为正；《中都志》会同坊，《凤阳新书》作惠同；《中都志》承宣坊，《凤阳新书》作成宣，当以承宣为正；《中都志》永济坊，《凤阳新书》作永清[5]。《凤阳新书》所缺惠政至积善五坊，在《中都志》中连排，以前述允中坊方位来看，此五坊当在城西北部。《凤阳新书》所缺通顺至英灵四坊，在《中都志》中亦连排，其中英灵坊《中都志》开国元勋阁条记载"在府治西南"，即中都西南城，故该四坊可能在城西南部[6]。推测上述所少10坊，在弘治到万历末之时似已经撤销[7]。

此外，《凤阳新书》卷三记载："中都罢都察院巡抚行台……在镇抚坊"；"置凤宪行台，在都察院西激扬坊旧凤阳县，洪武十三年八月改为察院"。上述二坊不在前面104坊和94坊之列，说明中都早期有的坊到成化时已经撤销了。

综上所述，洪武八年罢建中都之前，中都主要是营建皇城、禁垣、主要衙署和主要官方建筑及与其有关的主要街道和坊，城内的全面规划设计似尚未完备。上述24街和28街，104坊和94坊，绝大多数都是在罢建中都后逐渐形成的。这些街和坊，虽然与罢建中都前的规划可能有内在联系，但是罢建后不可能再按都城模式规划设计营建这些街和坊。因此，这些街和坊的真确情况，尚待今后发现新资料再做深入的研究。

（三）鼓楼和钟楼

禁垣之南第一条横街称云济街，钟楼位于街之西端，南对前右甲第门；鼓楼在街之东端，南对南左甲第门。钟鼓楼位置对称，两者与禁垣的距离相等（各距禁垣1.5里）。两楼"制度

---

[1]《明太祖实录》卷七一，洪武五年正月甲戌条。

[2]《中都志》卷四，104坊名称，略。

[3]《凤阳新书》卷三，94坊名称，略。

[4] 王剑英《明中都研究》（中国青年出版社2005年版）第157页，根据《中都志》《凤阳新书》所记诸坊与洪武五年置坊情况比较，认为中都城罢建后，原来规划设计的坊未全部建起来，东城因东南为府治所在，东北为县治所在，原来最早规划的八坊均全，西城则不全，山后西北缺的坊最多。

[5] 王剑英《明中都研究》，中国青年出版社2005年版，第157页。

[6] 见王剑英《明中都研究》（中国青年出版社2005年版）第157页；诸坊中有的坊可推断位置，见同书第158页。

[7] 王剑英《明中都研究》（中国青年出版社2005年版）第157页："推测从弘治到万历末，由于城西北和西南的一部分坊，因为人烟逐渐稀疏，'视同村落'，就把这些名不副实的坊撤了。"

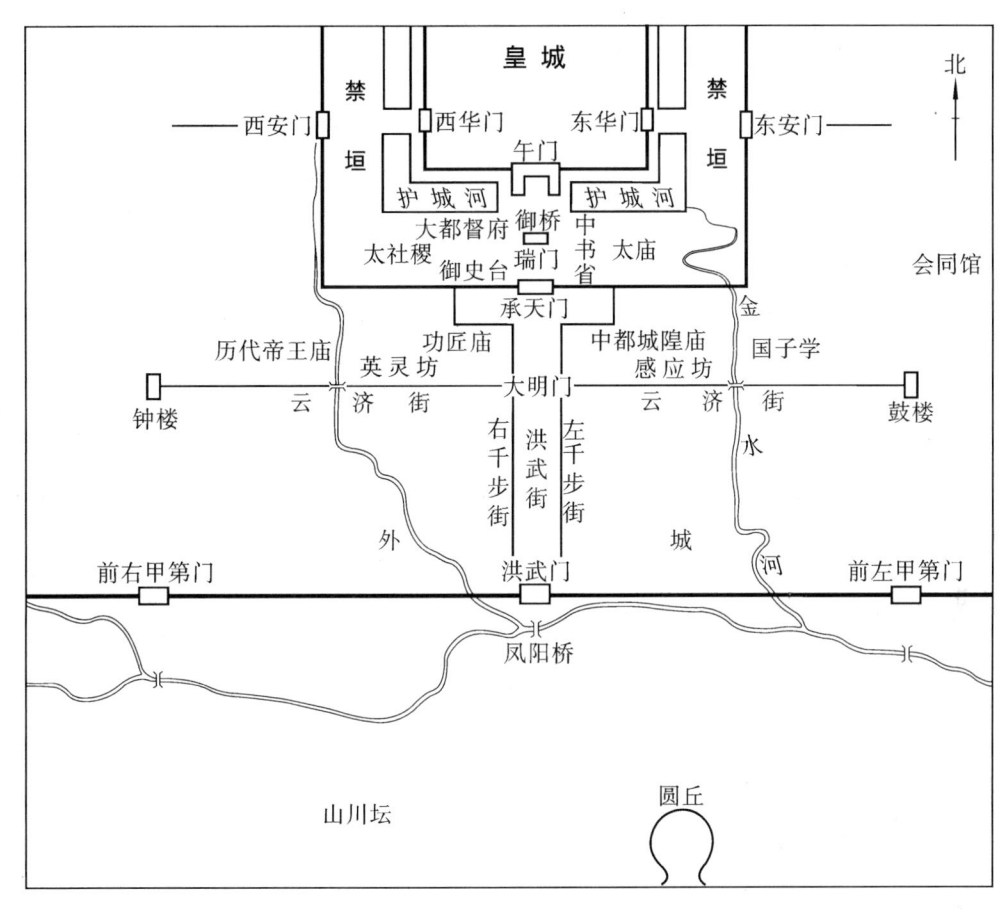

图 8-5　安徽凤阳明中都午门与洪武门之间形制和配置示意图
（引自王剑英《明中都研究》，略有改动）

宏大，规模壮丽"，在明中都城的总体形制布局中占有重要地位（图8-2、图8-5）[1]。

明末鼓楼被起义军焚毁，崇祯十二年重建，清咸丰三年焚毁，台基遗址尚存（图8-6）。鼓楼台基东西长18.5米，南北宽32.25米，高7.85米，城砖磨砖对缝砌筑。台基开三券门，中券宽2.6米，高3.4米，南北两券宽2米，高2.9米，三券相距均1.3米。中券上面砖砌"卍"字，外有八曲菱形边，"卍"字上嵌宽2.6米、高0.65米白玉石

---

[1]《中都志》卷三记载："鼓楼，在云济街东，洪武八年建，规模宏丽。钟楼在云济（街）西，洪武八年建，上有巨钟，太史宋濂有《铸钟颂》。"《凤阳新书》卷三说："中都谯楼，即鼓楼，在云济街之东。洪武五年肇建中都，八年建是楼。筑台，下开三券。上有楼九间，层檐三覆，栋宇百尺，巍乎翼然，琼绝尘埃，制度宏大，规模壮丽。""钟楼，在云济街西，与鼓楼对峙，相距五里。洪武八年建。下有台，开三券。上有楼，重檐三覆，中悬铜钟。"宋濂《凤阳府新铸大钟颂》（载《宋学士集》之《芝园前集》卷四）记载，大"钟高十六尺有五寸，厚六寸，径十尺有五寸，围三十四尺有奇"。王剑英《明中都研究》（中国青年出版社2005年版）第129页记载：明中都大钟上述尺寸经换算，其高555公分，直径350公分，而明北京钟楼大钟高430公分，直径230公分。显然，明中都大钟比北京永乐年间铸的大钟要大得多。该文指出："从乾隆《凤阳县志》的附图看（王剑英《明中都研究》，中国青年出版社2005年版，第127页图），明中都的鼓楼比南京、北京的鼓楼要高得多，雄伟得多。"

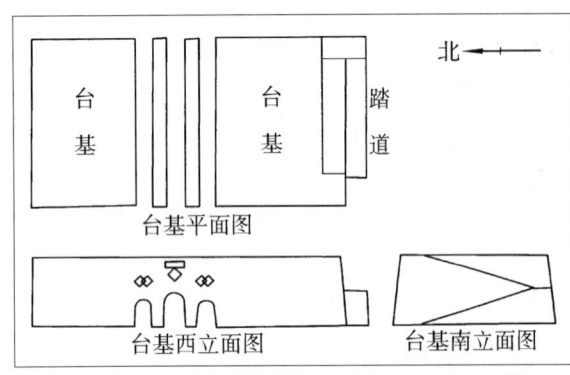

图 8-6 安徽凤阳明中都鼓楼台基示意图
（引自王剑英《明中都研究》，略有改动）

门额，上刻"万世根本"四字。南、北两券上砖砌三联方胜。台基南侧有登楼斜上踏道，宽 2.5 米。台基面南北长 16.55 米，东西宽 25.85 米，残存 21 个柱础，基本在原位。以石础中心计算，楼东西长 9 米，南北宽 22.4 米；西后廊宽 1.4 米，东前廊宽 1.2 米，南、北廊宽 1.3 米[1]。

钟楼，康熙《凤阳府志》记载"已圮，其址犹存"。1961 年地面尚存 3 米左右废墟，1975 年平遗址，在地基中发现密集的木桩。

（四）国子学和观星台

1. 国子学（国子监）

国子学在鼓楼西云济街明伦坊（图 8-5），洪武八年三月置，"规制之盛，实冠天下"。洪武十五年"改国子学为国子监"，二十六年"革中都国子监，以其师生并入国子监"，二十七年改为凤阳府学[2]，遗址尚可确指[3]。

2. 观星台

观象台即钦天监观星台，在独山顶，洪武五年置，罢建中都之后废，万历末璇玑、玉衡、铜盘等天文仪器尚存[4]。

观星台遗址在独山顶（图 8-1），遗址为一南北长方形平台，南北长 65 米，东西宽 45.5 米，四周有高 50~80 厘米、宽 1~2 米的边沿，南部突出 7.5 米，南端有半圆形平台。观星台主体在平台中心的圆形山顶，顶高出平台 10 米，海拔 93.789 米。顶上有直径约 5 米的圆形平面（图 8-7）[5]。

（五）会同馆、凤阳府治和凤阳县治

会同馆在万岁山前仁爱坊，洪武八年罢建中都后，凤阳府治在八年十月从临淮旧城迁至

---

[1] 王剑英《明中都研究》，中国青年出版社 2005 年版，第 76~378 页。
[2] 《明太祖实录》卷九八：洪武八年三月癸未，"置中都国子学"，同书卷一百四十三：洪武十五年三月丙辰，"改国子学为国子监"，同书卷二百三十：洪武二十六年十月己丑，"革中都国子监，以其师生并入国子监"。《中都志》卷三：洪武二十七年，国子监改为凤阳府学，同书卷七，倪岳《凤阳府学乡贡题名碑记》说："规制之盛，实冠天下。"《凤阳新书》卷三，记国子学在鼓楼西云济街，《寰宇通志》卷九记载："中都国子监，在府城内明伦坊。"
[3] 中都国子监遗址，1975 年改为县委党校校址。
[4] 王剑英《明中都研究》，中国青年出版社 2005 年版，第 369 页。
[5] 王剑英《明中都研究》第一编《明中都遗址考察报告》，中国青年出版社 2005 年版。

会同馆，即将会同馆改为凤阳府治[1]。凤阳县是洪武七年八月庚子改中立府为凤阳府时析临淮县的太平、清洛、广德、永丰四乡新置的县，县治初在山前鼓楼东都察院西激扬坊，洪武十三年迁山后北兵马司（图8-1、图8-5）[2]。

凤阳府治位于山前，在皇城东南方，其东对朝阳门，南对南左甲第门。凤阳县在山后北左甲第门内，东对长春门。此后终明之世，遂成为山前凤阳府，山后凤阳县的格局。

（六）庙、寺、仓、卫和高墙

1. 庙和寺

城隍庙、开国功臣庙及开国元勋阁在本章第三节介绍。历代帝王庙，《大明太祖高皇帝实录》卷八六记载：洪武六年十一月癸丑，"命建历代帝王庙于中立府皇城西"，其具体位置文献未明载（参见图8-5）。

大龙兴寺为皇家寺院，简称龙兴寺，在盛家山（日精峰）南，府治北，县东南二里许（图8-1、图8-2）。洪武十六年撤中都宫室名材建，规模宏壮[3]。寺内有御制"龙兴寺碑"和御书《第一山碑》，均不存[4]。

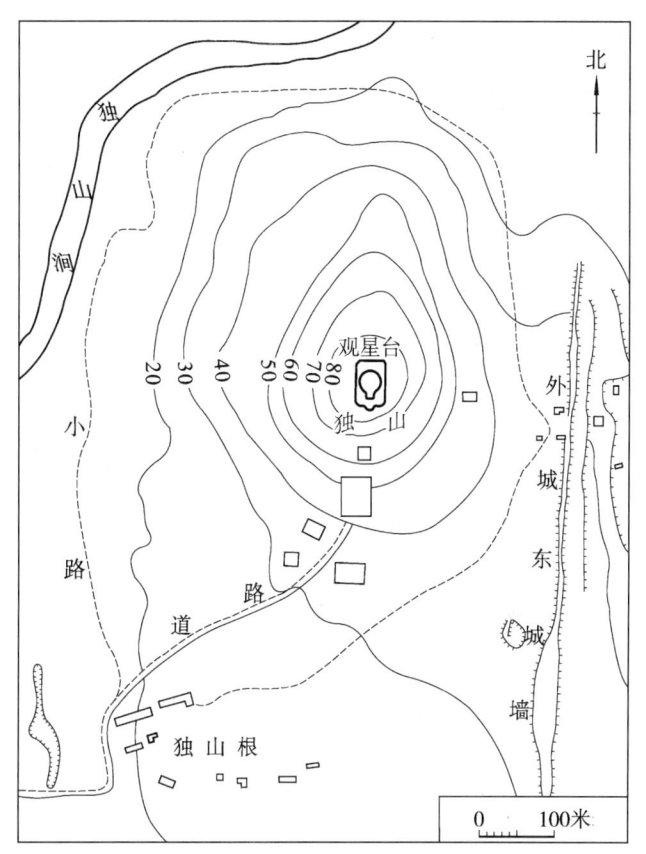

图8-7 安徽凤阳明中都观星台遗址地形图
（引自王剑英《明中都研究》，略有改动）

---

[1]《中都志》卷三记载："凤阳府治，在仁爱坊，即旧会同馆也。"《凤阳新书》卷三记载："凤阳府治，在（凤阳）县东南凤凰山前仁爱坊……国初会同馆也。"《明太祖实录》卷一〇一：凤阳府治"洪武七年十月由旧城移治于此"，七年系八年之误。凤阳府治明末以后屡焚，现改为凤阳中学。

[2]《凤阳新书》卷三，记载了凤阳府和凤阳县治的具体情况。

[3]《寰宇通志》卷九、《大明一统志》卷七记载："大龙兴寺，在盛家山南。"《中都志》卷四："大龙兴寺，在府治北，洪武年间撤中都宫室名材建，规模宏壮。"《凤阳新书》卷三："敕建大龙兴寺，县东南二里许"；龙兴寺"洪武初建，殿宇楼阁，规制宏丽"。《明太祖实录》卷一五六：洪武十六年九月甲子，"建凤阳大龙兴寺，寺即旧於皇寺也。自宋有之，为金所废。元时复创寺……元末复废，至是重建。经始于四月朔，是日落成。去於皇旧址十五里。于是赐名大龙兴寺，上自为文记之。佛殿、法堂、僧舍之属凡三百八十一间，记工二万五千，赏工匠士卒钞二十五万三百有奇"。

[4]《寰宇通志》卷九：大龙兴寺"有御制碑及御书'第一山'三大字，刻有碑，有亭覆其上。设官署，视在京僧录司"。《凤阳新书》卷三：龙兴"寺有高皇帝御制《龙兴寺碑》，碑阴有御制《敕僧文》，有御书第一山碑"。碑文载于《凤阳新书》卷八、康熙《凤阳府志》卷三八、乾隆《凤阳县志》卷一四。碑文中有"寺昔於皇，去此新建十有五里，奠方坤位，乃於皇旧寺也"；"后罢建（转后页）

*龙兴寺建成后屡遭焚毁，现仅存遗址"[5]。

2. 仓和卫

(1) 仓

《中都志》卷三记载："洪武五年立百万仓。十一年改为广储仓"；"广储一仓、二仓、三仓、五仓，俱在（凤阳）府治西北二里"；"广储四仓，在（临淮）旧城涂山门（西门）内"。诸仓大都临水道，以便沿濠、淮运输。广储仓明末焚毁，后来清代在府治东北修的"凤储仓"，府治东南建"仓巷"，或与明代旧址有关。诸仓遗址位置不明。

(2) 诸卫

《大明太祖高皇帝实录》卷八〇：洪武六年三月壬戌，"诏于临濠造金吾、左右羽林、左右虎贲、左骁骑、左右燕山护卫、神策、雄武、兴武、威武、广武、英武、武德、鹰扬、龙骧、钟山、兴化、定远、怀远二十一卫军营房三万九千八百五十间"。罢建中都后，"既定鼎金陵，后皆革调"[6]。

罢建中都后，在原凤阳行大都督府旧址（洪武门内东北约半里）改建中都留守司，领八卫[7]。其中五卫在中都城内，留守左卫守西北城后右甲第门，留守中卫守东北城左甲第门和长春门，凤阳中卫守南城洪武门和南左甲第门，凤阳右卫守西南城涂山门和前右甲第门，怀远卫守东南城朝阳门和独山门[8]。其中除凤阳卫置于洪武七年外，余者均置于洪武八年罢建中都之后。

---

* （接前页）宫室，名材为积木，因而建焉"；"今也寺成，佛地已完……故敕记之。洪武十六年，岁次癸亥，九月吉日"等语。

[5] 龙兴寺洪武十六年建，正统五年焚毁，天顺三年依式重建。正德五年焚毁，万历三十七年重建。崇祯八年被起义军焚毁，清康熙时重建。咸丰时焚毁，此后稍加修缮而已。龙兴寺遗址在今安徽农学院、农业机械学校之北。现龙兴寺仅是原正殿前后南北长不足百米，东西不足50米的小院，建筑已非殿宇，仅是旧址而已。原寺门上题额"龙兴寺"已移至院中亭上，山门上仍有"龙兴古刹"石雕碑额。

[6] 《中都志》卷三。

[7] 《寰宇通志》卷九，凤阳府·公廨记载："中都留守司，在府治西南。本凤阳行大都督府旧基，洪武十二年改建留守司于此"；"留守中卫指挥使司，在府城南左甲第门内，旧建留守卫于凤阳县治北，洪武十二年改曰中卫，移建于此"；"留守左卫指挥使司，在府城南前右甲第门内，洪武十二年建"；"皇陵卫指挥使司，在府城西南十里，洪武二年建"；"凤阳卫指挥使司，在府旧城宣化坊。旧建濠梁卫于金枪坊，洪武七年改凤阳卫，移建于此"；"凤阳中卫指挥使司，在府城南左甲第门内，洪武十二年建"；"凤阳右卫指挥使司，在府城洪武门内，洪武十一年建"；"怀远卫指挥使司，在府城正中，洪武十一年建"；"长淮卫指挥使司，在府城西北二十五里，洪武四年建"；"洪塘屯田千户所，在五河县西南七十里，洪武四年建"。《中都志》卷三，"军卫"所记与上述略有出入，其中较上述明确者有"留守中卫，在左甲第门内，洪武四年创建"（与前述洪武十二年改建说不同），"怀远卫，在府治北"，"凤阳卫，在临淮旧城宣化坊，故中立府治也……"此外又记中都留守司"辖八卫一千户所，有经历司、断事司、司狱司"等。《大明一统志》卷七："中都留守司在洪武门内东，本凤阳行大都督府旧基，洪武十二年改建为留守司，领城内留守中、留守左、凤阳、凤阳中、凤阳右、怀远、长淮七卫。"另有"皇陵卫"洪武二年建，后隶中都留守司。

[8] 《凤阳新书》卷三。

3. 高墙

修筑高墙"禁锢罪宗"[1]，最早见于宣德二年[2]。"天顺以后，又以各处违犯祖训宗室发本处高墙为庶人，省令悔悟，计今各墙凡五十余宅，共三百余名口"，"天顺以来，庶人高墙内外筑垣凿池，岁岁兴工"[3]。"凤阳五处高墙，崇垣深渠，门楼敌台，不减郡县城郭，规制且在宫阙左掖"[4]。"五高墙俱在县东南。墙各有宅，宅多寡不同"[5]。高墙存在直至明末，今遗址已无存。

除上所述，罢建中都后还陆续设置了都察院、巡抚行台、察院巡抚行台、西察院、南京户部分司、按察兵备行台、东公馆、西公馆，以及演武厅、教场等（洪武十四年建于独山前）[6]，从略。

五 中都城外的主要配置

（一）礼制建筑

1. 圜丘

圜丘在中都洪武门外东南二里，今凤阳县城南公社桥南大队龙蟠南队区内（图8-1）。《大明太祖高皇帝实录》卷六〇记载洪武四年正月庚寅建，《寰宇通志》卷九、《中都志》卷三记载建于洪武三年[7]。洪武八年四月甲辰，朱元璋在中都圜丘祭天，御撰《中都告祭天地祝文》[8]，圜丘为明初祀天之所。万历时圜丘"殿垣久废"，而"基址存，松柏森立"[9]。清康熙时"即圜丘旧址"建圜丘寺[10]，寺已无存。

---

[1] 《凤阳新书》卷三："国家宗子……间有丽法不检，轻者亲藩核治，重者锢凤阳高墙。盖使亲近祖宗之基，思创业之艰难，或知省改。然至修治墙宅，及未减释归者，征夫颇劳。凡婚娶选配，皆郡邑子女。东高墙，内九宅；中高墙，内十三宅；西高墙，内十九宅；四高墙，内七宅；五高墙，内十宅。"

[2] 《凤阳新书》卷三："永乐初幽建庶人于凤阳广安宫，则犹在皇城内宫"，尚无高墙。《明史》卷一〇〇《诸王表》一："平阳（王）济熿……宣德二年，通高煦事发，革爵，发'高墙'，除。"

[3] 《凤阳新书》卷七。

[4] 《凤阳新书》卷七。

[5] 《凤阳新书》卷三。

[6] 《凤阳新书》卷三。

[7] 《明太祖实录》卷六〇：洪武四年正月庚寅，"建圜丘、方丘、日、月、社稷、山川坛及太庙于临濠"。朱元璋回南京后，于同年三月丙戌"诏改筑（南京）圜丘、方丘坛"。《寰宇通志》卷九："圜丘，在府城洪武门外东南；方丘，在府城玄武门外西北，俱洪武三年建。"《中都志》卷三："圜丘，在洪武门外；方丘，在北左甲第门外"，洪武三年建。《凤阳新书》卷三："圜丘，在洪武门之东，为祀天之所，其置而圆，以象天也"，"方丘，在后右甲第门外东，为祀地之所，其置方，以象地也"。按，玄武门定鼎金陵后废。方丘实在后右甲第门外。

[8] 《高皇帝御制文集》卷七，《凤阳新书》卷四。

[9] 《凤阳新书》卷三，"建置表·坛壝"："圆（圜）丘，在洪武门之东……殿垣久废，基址存，松柏森立。留守中卫官军巡守。"

[10] 《凤阳府志》卷二三。

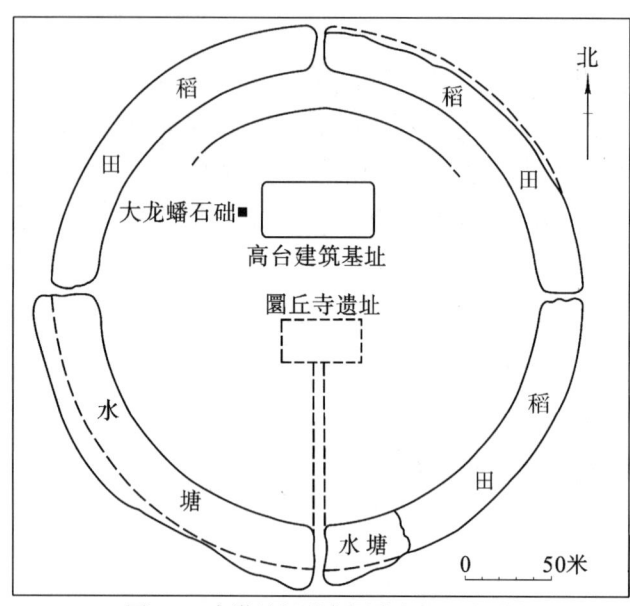

图8-8 安徽凤阳明中都圜丘遗址平面图
（引自《明中都研究》，略有改动）

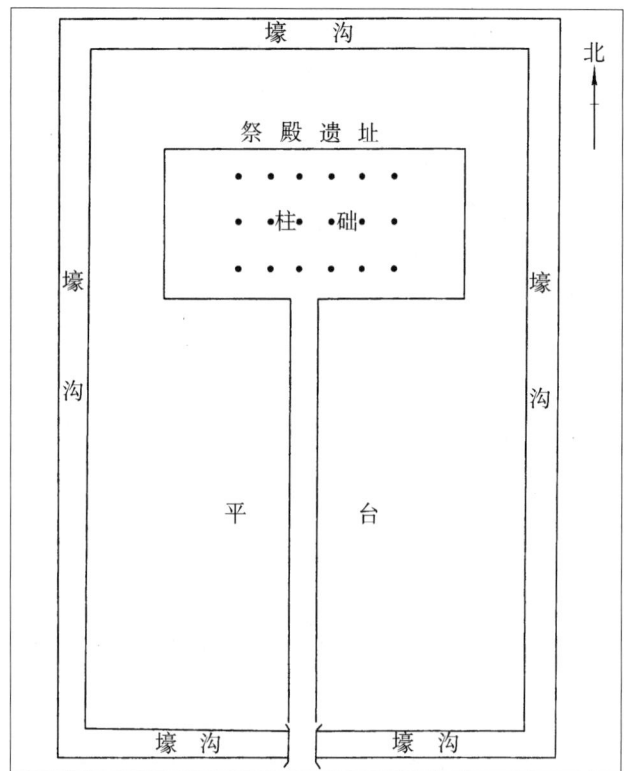

图8-9 安徽凤阳明中都方丘斋宫殿台遗址平面示意图
（引自王剑英《明中都研究》，略有改动）

圜丘遗址在圜丘岗上，圜丘呈圆形，南北长238米，东西宽234米，外有周长1824米一圈深沟，西南为水塘，西北、东北、东南三面除南端外已成水田。圜丘中心未见坛址，高岗北部呈长方形高台状，南北长约30米，东西宽约65米，高约2米，台南侧下见城砖基，南距中心点约30米。又中心点南10米余有整齐排列的石础（图8-8），可能即康熙时所建圜丘寺遗址。圜丘遗址内地面散布碎琉璃瓦片，均为绿色。此外，还有碎石础和城砖等[1]。

2. 方丘

方丘在后甲第门外东北三里，今凤阳门门台子东北二里（图8-1）[2]，营建时间同圜丘。《凤阳新书》卷三记载："方丘，在后右甲门外东……殿宇树木，因近淮水，淹没。留守左卫巡守，今虚应而已"，《凤阳新书》卷四记载：方丘"坛址存，今凤人称为方丘湖"。

方丘斋宫殿台遗址呈长方形，四周有濠，濠内较四周高，形成高平台。正中有道，偏北有祭殿遗址。祭殿台址高出地面约2米，东西宽63.5米，南北长29.5米。台址上石础仍在原位，三排柱础，每排6个柱础，共18个，柱础间距南北长9.2米，东西6.6米，殿面阔五间，进深三间。台址上散布黄、红、绿色琉璃瓦（图8-9）[3]。方丘坛址已没入湖中。

除上所述，文献记载日、月、山川坛与圜丘、方丘同时营建，但未记是否实建和方位，亦不见其遗址。

---

[1] 王剑英《明中都研究》，中国青年出版社2005年版，第349~353页。
[2] 王剑英《明中都研究》，中国青年出版社2005年版，第354页。
[3] 王剑英《明中都研究》，中国青年出版社2005年版，第354~355页。

(二) 公侯邸宅和皇陵

洪武五年十一月癸亥，"诏建公侯第宅于中都"，除原建的六公二十七侯第宅[1]，以及信国公汤和新第外，以后又陆续建黔宁王沐英、梁国公胡显、武定侯郭英、凤翔侯张龙、航海侯张赫、东胜伯刘谦、怀远侯曹兴、永平侯谢成、崇山侯李新、全宁侯孙恪等第宅[2]。这些第宅主要分布于皇陵两侧（图8-10），以及东城墙外北部。

除上所述，在中都城西南十里太平乡的皇陵，以及在中都城西北粉团州淮水南岸白塔湾的十王四妃坟（图8-1），略。

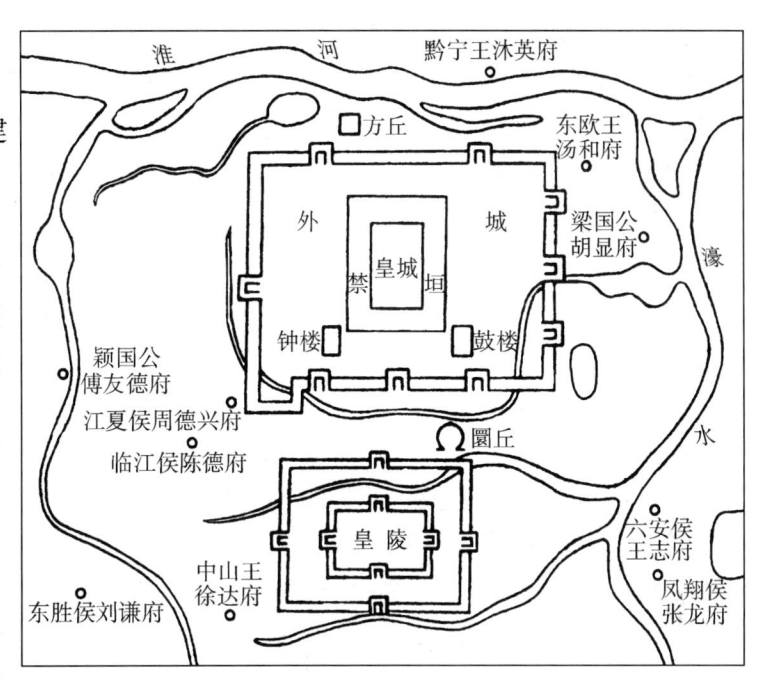

图8-10 安徽凤阳明中都部分公侯第宅位置示意图
（引自王剑英《明中都研究》，略有改动）

六 明中都选址、营建和形制布局的特点

(一) 明中都选址、营建及与之相关的特点

1. 首次立都于帝乡，建都于淮河流域

在中国统一王朝中，明中都是首次立都于帝乡，也是唯一建于淮河流域的都城。由于明中都选址主要着眼于帝乡，忽视了都城所必备的根本条件，故其营建之始，就为而后罢建埋下了伏笔。

2. 中都城选在山地与诸水之间，尽包险要

中国古代都城依山带水者不乏其例，然而像明中都这样诸山在城内外，山地基本横亘城内东西，山体制高点在城中央，东西枕山筑城墙，尽包险要，南、北介于湖、河（水）之间者，却绝无仅有（其特点与南京相类，但又有很大区别）。如此，一是突出了朱元璋"以险可持，以水可漕"的主导思想[3]，二是明显受到明南京城与山水关系的影响，同时

---

[1]《明太祖实录》卷七五：洪武五年十一月癸亥，"诏建公侯第宅于中都，韩、魏、郑、曹、卫、宋，凡六公；中山、长兴、南雄、德庆、南安、营阳、蕲春、延安、江夏、济宁、淮安、临江、六安、吉安、荥阳、平凉、江阴、靖海、永嘉、颍川、豫章、东平、宜春、宣宁、河南、汝南、巩昌，凡二十七侯"。

[2] A.《凤阳新书》卷首《中都形胜总图》及卷三。
　　B.《明史》卷一三二、卷一三三。

[3]《明太祖实录》卷四五：洪武二年九月癸卯"诏以临濠为中都"条。

又总结了南京城紫金山这个制高点在城外所造成严重威胁的教训之结果[1]。

3. 中都平地起建，连续营建时间长，移民和罪犯为主要劳动力之一

明南京和北京，是在利用、改造旧城基础上营建的都城，只有明中都是平地起建的新都，同时也是中国统一王朝中，少数几个完全新建的都城之一。

中都连续营建将近六年，其连续营建时间之长不仅超过明南京和明北京城，而且在中国古代都城营建史中也是极为少见的。

明中都的营建除使用工匠、军队和民夫外，还大量使用移民和罪犯。据估计当时移民实中都约20万人，其中的壮丁参加营建工程，从事营建工程的罪犯也达几万人[2]。这也是明中都营建过程中使用劳动力方面的重要特点。

4. 中都和南京交替营建，中都在欲立的营建过程中半途而废

中都和南京交替营建的具体情况，前已述及，并参见本章第二、第三节的相关介绍。在中国历代王朝中同时兴建两都，在两都地位尚未最后确定的情况下[3]，两都交替营建并联系和连接如此紧密者，尚无先例。而明中都又在主体工程大体就绪之时宣布罢建，并正式立都南京。所以明中都乃是我国唯一欲立而未立（元中都的兴建和罢建情况与此不同），实建而未最终建成就宣布罢建废弃的都城。

5. 中都罢建后工程不止，长期使用

洪武八年罢建中都，只是废除其都城地位，但该城并未废弃，仍为皇家重地，续建工程不止。此后，在中都置留守司，驻军屯田；命皇太子和诸王驻凤阳讲武练兵；遣列侯还乡，就第凤阳；筑高墙，禁锢罪宗；仍在城中置凤阳府治和凤阳县治，改国子监为凤阳府学。如此等等，直至明末（清至现代仍置凤阳县）[4]。

6. 营建过程中因地制宜，规划随机应变作必要的改修

如前所述，洪武五年规划中都周长四十五里，每面三门，共十二门。但中都外城建成后周长为五十三明里，开九门，革除三门。中都外城规模的变化，前已说明是后来为尽包险要而将凤凰嘴和独山筑于城内所致；革除三门似与罢建中都这个大背景有关，同时又因革除的三门被山和水阻挡，已无实际意义，故废。上述情况表明，中都城在特定的地理环境下，在罢建前后根据实际情况对外城规划作出随机应变的改修。这是中都外城规划因时因地制宜的结果[5]。

7. 倾全国之力、高标准营建皇城

明初倾全国之力营建中都，并将主要力量集中在营建皇城禁垣的工程上，因而皇城工

---

[1] 相传南京城造好之后，明太祖带人登紫金山，观察京城形势。当时朱棣指着山下皇宫说："城墙宫殿虽好，如果紫金山上架大炮，炮炮打中紫禁城"，于是朱元璋下令再造一道外郭城。

[2] 王剑英《明中都研究》（中国青年出版社2005年版）第69~73页所引资料，及其分析和估算。

[3] 朱元璋立足南京而未宣布南京为都城，营建中都之时亦未正式宣布其为都城，只是打算在此立都而已。

[4] 王剑英《明中都研究》第一编《明中都》（中国青年出版社2005年版）之"七 明中都的利用及其对凤阳人民的影响"。

[5] 明中都城规划周长和十二门与修改后的周长和九门差异如此明显，在中国古代都城中也是比较少见的。

程质量和奢华程度要求很高[1]。皇城诸殿坛"穷极侈丽",所有石构件均"雕饰奇巧"[2],为使建筑坚固,不仅用桐油、石灰、糯米做浆砌砖,关键部位甚至溶灌铁水[3]。以石雕为例,南京明故宫午门石须弥座上仅雕少量纹饰,高30厘米,深度只有1厘米左右,其余部位均未雕饰;北京故宫午门只门洞南北两端的左右有少量雕饰。两者石雕精细和华丽的程度,也远逊于中都午门石雕。从石雕题材来看,北京宫殿仅以龙凤为主要题材,远不如中都石雕题材丰富多彩。中都宫殿石础可达二米七见方,高浮雕精美的蟠龙,而北京故宫太和殿石础仅一米六见方,无雕饰[4]。以上例证,小中见大,亦可反映中都皇城营建标准和奢华程度高于明南京和北京宫城[5]。

8. 漕运工程以利用自然河流为主

明中都的漕运,以利用自然河流和水道为主,辅以闸河和水关工程,其漕运工程量是此前历代都城漕运工程中最少,而又最具有实效的。

9. 皇陵在城南近旁,公侯第宅拱卫

龙凤十二年(即元至正二十六年,1366年),朱元璋在中都城西南十里太平乡修父母陵,洪武二年荐号"英陵",旋改"皇陵",洪武八年十月"筑凤阳皇陵城"。朱元璋建中都后,使中都正南门与陵门斜对,将修中都和皇陵城纳入统一规划之中,这个现象在中国古代都城和帝陵史中,甚为罕见[6]。后来朱元璋的孝陵亦在南京城外近旁,恐怕与上述情况不无关系。此外,又在皇陵两侧以及中都东城墙外北部修诸公侯第宅,形成拱卫之势,这也是中都特点之一。

(二) 明中都形制布局的特点

明中都的形制布局已如前述,下面仅指出其形制布局的主要特点。

第一,明中都的形制是明代三都中各自三城环套的标准模式。禁垣受山体局限,位于外城中间偏西南,皇城在禁垣中间。但此为罢建后的情况,其原规划皇城在外城中间偏南,皇城外城中轴线合一。

---

[1] 王剑英《明中都研究》第一编《明中都》(中国青年出版社2005年版)之"二 明中都是朱元璋统一全国后悉心经营的高标准建筑""三 明中都建筑是封建统治下全国劳动人民的血汗结晶"两节的有关分析。
[2] 《明太祖实录》卷八三:洪武六年六月辛巳,"中都皇城成……御道踏级文用九龙、四凤、云朵、丹陛前御道文用龙、凤、海马、海水、云朵"。同书卷一〇一:洪武八年九月辛酉,"诏改建大内宫殿(指南京宫殿)。上谓廷臣曰:唐虞之时,宫室朴素,后世穷极侈丽,习尚华美,去古远矣。朕今所作,但求安固,不事华丽,凡雕饰奇巧,一切不用……"此段记载,实际上也是朱元璋对建中都"穷极侈丽""雕饰奇巧""习尚华美"的一种反思。
[3] 《国榷》卷四:中都"城河坝砖脚五尺、以生铁溶灌之"。
[4] 王剑英《明中都研究》,中国青年出版社2005年版,第45页。
[5] 单士元在《明中都》序中说:"修建临濠中都时,是新王朝集中全国力量从事,所以工程建设,极为讲究。及停建中都工程,转而经营南京,则已感到人力物力不足。北京宫殿仿照南京,而弘敞过于南京是事实。证明南京现存午门大朝门的遗存,确实逊于北京宫殿。但若比之临濠,则有逊色。"
[6] 王剑英《明中都研究》(中国青年出版社2005年版)中关于皇陵的介绍和论述。

第二，明中都外城平面形制呈横长方形，西南突出一角，东、西城墙以山为险，南、北城墙以自然水道为阻，无完整的护城河（此点与明南京城相似）。外城四面辟九门，开一代新制（此为罢建后新规划的情况，明清北京城亦九门），但西城墙仅辟一门，较特殊。此外，外城水关多，也是一大特色。

第三，城内包容山体，从外城东中部直至西城墙横亘诸山，将外城分为南北两部分，并以万岁山主峰为全城的制高点和中心点。这种现象在此前历代都城中是绝无仅有的孤例。

第四，明中都外城内的街和坊，就现有资料来看，似仍采取传统的较规整的街坊布局模式，只是在山体附近略有变化，坊的具体形制和布局不明。

第五，明中都钟楼在禁垣外西南一里半，鼓楼在皇城禁垣外东南一里半，钟鼓楼在云济桥两端对称配置，体量高大，与皇城禁垣呈鼎足之势。这样不仅衬托出群山环抱中的皇城禁垣之宏伟壮丽，而且也凸显皇家整体建筑群在城内的稳定、均衡和崇高地位。因此，钟鼓楼独特的配置方位，乃是颇具匠心而刻意安排的。

第六，明中都城市规划与周围自然地理环境结合紧密，较充分地利用了城址区的地形、山地和水面，使之浑然一体，因而创造出独具特点的内、外景观和氛围。

第七，明中都在布局艺术上，以轴线布局艺术、对称和对景布局艺术，利用自然景观与主要建筑和建筑群之间的关系相互衬托的布局艺术，以及鸟瞰（巧妙利用诸制高点，在不同部位合理配置高大建筑）布局艺术等为主。

除上所述，形制布局中皇城禁垣的特点见第三节。

第二节　明南京城的形制布局

明南京是明代立国后营建的第一座都城，也是我国首座规模宏伟的砖石结构的都城。该城经过明初的周密规划，成功地利用改造旧城，营建新城区和外郭城，由此所形成的四城环套的形制和城内布局，在中国古代都城中独树一帜。该城倾全国之力，精心设计施工，所构筑的内城墙、城门、瓮城、水关和涵闸等设施，无论是材质、构筑技术、形制结构，还是形体美学上，均堪称中国古代筑城史之最。明南京的宫城和皇城，依托礼制规范，集历代之大成，推陈出新，形成此前最完整、最完备的形制布局，从而成为明北京规划建设紫禁城的蓝图，并使之演变成中国古代宫城和皇城的终结模式。鉴于上述情况，明南京城在中国古代都城史，特别是明清都城史中，占有十分重要的地位。由于明南京宫城皇城与明中都的宫城皇城关系十分密切，故拟在第三节并专门介绍，本节只介绍宫城皇城以外的明南京城的形制布局。

一　明南京城所依托的山川形势

南京在我国的东南部，位于北纬 $31°14'\sim32°36'$，东经 $118°22'\sim119°13'$。地处宁镇山脉西部丘陵河谷地带，偎依长江下游中心大转弯（弧顶向北）的怀抱之中。"龙蟠虎踞"，长江天堑，秦淮、玄武等河湖萦绕，尽得山川形势之利（图 8-11）。自古以来这里就是

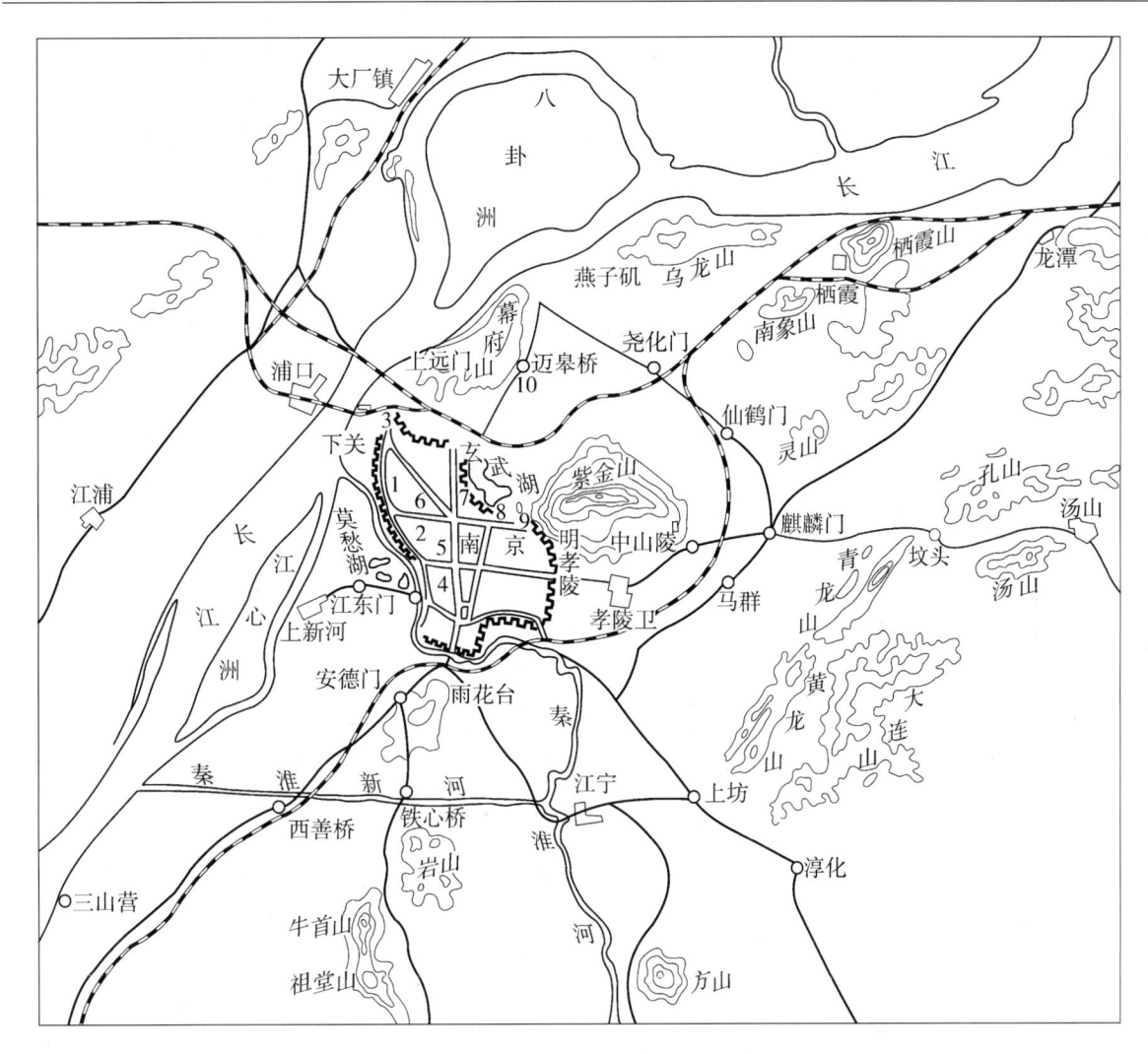

图 8-11　明南京地理形势示意图
（引自杨之水等编《南京》，略有改动）
1. 石头城　2. 清凉山　3. 狮子山　4. 朝天宫　5. 五台山　6. 鼓楼岗　7. 北极阁　8. 九华山　9. 富贵山　10. 小红山

"吴头楚尾"的重镇，大江南北的要津，连接中国东部和西部，南方和北方的重要纽带。上述态势，是影响明初南京城营建规划的主要地理因素。

（一）山脉

山，以宁镇山脉中支钟山及其余脉关系最大。这些山不仅事关明南京内城北城墙的走势，而且还直接影响内城的平面形状和规模。钟山是宁镇山脉中支的主峰，也是南京群山之首[1]。它屹立于南京城东部，东西长 7 公里，南北最宽处 4 公里，山脉南向弧形开口，

---

[1] 钟山历史上名称较多，最早称金陵山，楚国金陵邑因此为名。秦汉时称钟山，东吴时孙权避祖父名讳（其祖父名钟），改称蒋山（东汉末秣陵县尉蒋子文死地，因此为名）。东晋初，因常见山上紫红色页岩在阳光下闪耀，祥云缭绕，因称紫金山，简称金山。又因东晋和南朝时山在建康城东北，遂称北山。明太祖建孝陵于山南麓，又改名神烈山。

形如座钟，故名钟山。钟山有三峰，北峰北高峰海拔 448 米[1]，次峰偏东南（小茅山），高 360 米[2]，第三峰偏西南，高 250 米[3]。钟山余脉从今太平门附近延伸入城，自东向西有富贵山[4]、九华山[5]、鸡笼山（北极阁）[6]，直至今市区中部。然后又接上一座座平台状的小山丘[7]，即鼓楼岗[8]、五台山[9]、清凉山（古石头山）[10] 等，直至大江之滨。这些小山丘"若散而实聚，若断而实续……虽山形不联，而骨脉伏地，隐然相属"，巧妙衔接，东西横贯南京城，在城内形成一道南北分水岭。北侧属金川河流域，南侧属秦淮河流域。城区的地形也从这里向南北逐渐降低，过渡到河谷平原。这些土岗给南京城带

---

[1] 南朝时在北高峰上建造规模宏伟的大爱敬寺、法云寺等，这一带有佛寺七十余座。峰岭高处，还相传有昭明太子读书台（太子岩）和讲经处（在古"七佛庵"），以及一人泉、黑龙潭和弹琴石等名胜。

[2] 第二峰南坡是中山陵所在地，小茅山东南麓有著名的灵谷寺。

[3] 第三峰已逼近明南京城墙，历来是兵家必争的制高点。隋军从此破建康城，太平天国时扼守此山与清军对峙，辛亥革命时浙军先夺此山迫使清军退出南京。因太平军在山头筑要塞天堡城，又称天堡山。今紫金山天文台，就坐落在天堡山顶。山下玩珠峰，又名独龙阜，原是六朝古刹开善寺（今灵谷寺前身）旧寺，明太祖朱元璋用来建明孝陵。山前一座小山岗，古名孙陵岗，又名步夫人墩，是孙权及其夫人陵墓。现在山上种 60 个品种、7000 余株春梅，故俗称梅花山。

[4] 富贵山古名龙尾坡，高 83.5 米，地跨太平门内外，是历代争战要地。太平军曾在太平门外龙膊子筑地堡城，与钟山之天堡城相呼应。山麓地带分布东晋皇帝陵墓。

[5] 九华山，因山南有小九华寺得名。又名覆舟山、龙舟山，简称龙山，以山形如一只倒置的木船而名之，高 61 米。南朝初年因山在建康之北，下临玄武湖，而称玄武山。这里是南朝皇家花园——"乐游苑"所在地，山顶五层方形砖塔是 1943 年所建，埋藏玄奘部分顶骨，故名"三藏塔"。现为九华公园。

[6] 鸡笼山，东接九华山，北依玄武湖，西接鼓楼岗，高 60.6 米，以山形似鸡笼而得名。南齐永明年间，齐武帝出游经山下听到鸡鸣，便称此山为鸡鸣埭，又称鸡鸣山。刘宋元嘉年间，山下玄武湖屡见"黑龙"（很可能是扬子鳄），又称龙山。明初山上设钦天监观象台，而名钦天山。清初在山上重建北极阁，民间俗称此山为北极阁。山东麓有古鸡鸣寺，其前身是"南朝四百八十寺"首刹同泰寺。山顶原有一座道观，正殿所供真武大帝像传说是唐代吴道子手笔，1928 年山上造气象台，道观不存。山之南是六朝宫阙所在，明初为国子监，现南京工学院校园即其一角。此山是内城北部的重要制高点。

[7] 这些小山丘不属于钟山系统，而是古长江冲积物堆积成的下蜀黄土岗地，原本是冲积平原，经过三次地壳抬升和几十万年流水切割，才成为一座座平台状小山丘。

[8] 鼓楼岗，因明代在此建鼓楼和钟楼而得名。此岗是南京城的地理中心，距中山门、中华门和挹江门等主要城门均在五公里左右。

[9] 五台山，旧有永庆寺和白塔等名胜。山对面的小仓山，原是曹雪芹家族产业，清中期为文学家袁枚所得，建"随园"，现在这里为五台山运动场和体育馆。

[10] 清凉山，古名石头山，高 63.7 米。唐以前长江逼近山麓，将山西部冲刷成一堵削壁悬崖，紫红色砾岩和砂岩暴露于外，故称石头山。楚威王曾在此山建金陵邑，东吴又在山上建石头城，故又称石城山。山之西面有一段石壁凹凸不平，形同鬼脸，俗称鬼脸城。石头山是六朝建康城江防要地，扼秦淮入江孔道，又是航运码头。唐以后江流西移，其重要性不如当年，但仍是南京西部的重要制高点。山的南麓还有清凉寺、扫叶楼和乌龙潭等名胜古迹。

来了错落有致的层次变化，增添了许多风采。古人所说"龙蟠虎踞"，即是"钟山龙蟠，石头虎踞"的概括[1]。

在今南京城外之北诸山属宁镇山脉北支，北支名山首推栖霞[2]。北支各山中与南京城关系密切的有幕府山，在今中央门外，高205米，历来为南京北郊门户[3]。幕府山之东为直渎山，直渎山东北端突出在江面上的峭壁就是著名的燕子矶[4]。北支诸山向西延伸，岗阜相连，又有狮子山、八字山和马鞍山等[5]。宁镇山脉南支诸山，在今江宁县境内的有牛首山、祖堂山、汤山、方山、土山和三山等，这些山与明修南京城无关，兹不赘述。此外，还应提到中华门外的雨花台。雨花台不属宁镇山脉南支，但却与之"若断而实续"，"隐然相属"，这里是南京城南的制高点，为兵家必争之地（图8-11）[6]。

（二）长江与诸河

长江是中国第一大河，流经江西九江湖口港后称下游，南京恰好处于下游的中心。长江通过安徽芜湖东梁和西梁两山夹峙的"天门"，从西南向东北进入南京境内，在此由于受到宁镇反射弧地质构造的影响，急转向东，河道形成一个弧顶向北突出的大转弯，南京城就处于这个大转弯的南岸（图8-11）。长江从西南郊铜井镇入境，绕过城西、北两面，再折向东北郊的龙潭镇附近出境（龙潭镇以下就是古来以江宽浪险闻名的黄天荡）。长江

---

[1] 相传"龙蟠虎踞"出自诸葛亮在清凉山驻马坡上赞叹南京山川雄伟的诗句："钟山龙蟠，石头虎踞，真帝王之宅。"据考证诸葛亮本人没到过金陵，但此言却流传于世。所谓龙蟠，是将钟山东峰小茅山看作龙头，居中的北高峰看作"龙脊"，西峰天堡山如"龙腰"，延伸入城的富贵山（又称龙尾坡）及其以后一串低山丘陵为"龙尾"，处于龙尾最西端的清凉山侧为"石头虎踞"。
[2] 栖霞山在南京东北20公里，古名摄山，又称虎窟山。该山驰名江南，不仅有栖霞古寺，南朝石刻千佛岩和隋初舍利塔，而且景色秀美，被乾隆称为"第一金陵明秀山"，并在山下建行宫，他六下江南，五次住在这里。山上有叠浪岩、青锋剑、天开岩、一线天、白乳泉、桃花涧等名胜。这里还是我国南方类型地层构造之典型，所称"栖霞"类型在地质学上享有盛名。
[3] 幕府山，一般认为东晋丞相王导设幕府于此而得名，考古资料证明东吴时已称幕府山。东晋在此置要塞"白石垒"，因而南京又称"白下"。幕府山有五峰，民间有关于达摩老祖的神话，如今山边还有一岩洞称达摩洞。江北长芦寺，传说是在达摩渡江歇息处建寺，以资纪念。山前有五马渡，是晋元帝渡江处。所谓"五马渡江，一马成龙"，就是指司马皇室五人渡江，只有司马睿成为东晋第一个皇帝。
[4] 直渎山，又名观音山，山前有东吴大将甘宁墓地。燕子矶三面临水，形同飞燕掠江，形势至险，自古就是长江渡口。康熙、乾隆下江南，多从这里渡江。
[5] 狮子山雄踞下关江边，高77.5米，为江防要地。古名卢龙山，朱元璋说山的形状似狮子，改名狮子山。山西南有南宋虞允文督师抗金的三宿岩。山西南麓有明成祖纪念郑和下西洋而建的静海寺和天妃宫。鸦片战争后，《中英江宁条约》（《南京条约》），就曾在静海寺谈判。马鞍山在今定淮门水佐岗以西一带，形似马鞍，早年是佛寺集中地之一。
[6] 雨花台，海拔约60米，顶部为平台，古称石子岗。早在六朝时期，这里已寺院林立，是南京城南制高点，为兵家必争之地。此地盛产雨花石，在明代前又名玛瑙岗，明代俗称聚宝山，当时的聚宝门（今中华门），即由此而得名。雨花东岗永宁寺的永宁泉，水清味甘美，陆游评其为"江南第二泉"。

南京段长 95 公里，江面宽 1~2.2 公里。长江天堑自古以来就是南京城的一道天然屏障和主要的水上通道，对南京城自秦汉以来的发展和繁荣，起到了不可估量的巨大作用。至明南京时，其西北据山带江，长江已成为明南京城不可分割的组成部分。

"金陵之水，以淮为经"，秦淮河是南京城的母亲河，事关南唐金陵城和明南京南城的形制布局。秦淮河有两源，两源在江宁县方山西汇成秦淮干流[1]，蜿蜒流至南京城今武定门外分为内外两支（图 8-11、图 8-12）。外秦淮沿城墙南侧西流入长江，形成宽阔的南护城河。内秦淮由东水关入城，在淮青桥下又分南北两股。北股西流经四象桥、内桥、鸽子桥等，从铁窗棂出西水关归入外秦淮。这就是南唐时利用青溪故道和古运渎改建的宫城外的"护龙河"[2]。南股流向参见图 8-12。秦淮河下游分两支，是 10 世纪南唐筑金陵城所致，是时都城南移将秦淮河道围进城内，成为内秦淮。同时将城外原"落马涧"拓宽挖深，引秦淮之水做城濠，是为外秦淮。内、外秦淮在水西门附近相合，沿古石头城西流在下关三汊河附近入江。此前六朝时秦淮河在城南，于莫愁湖一带入江。

玄武湖在南京城北偏东，位于钟山与长江之间（图 8-11、图 8-13），该湖自东吴时起至明南京城，一直与建业、建康、金陵和明南京城的发展及其北城的形制密切相关。玄

---

[1] 秦淮河古名龙藏浦，又称淮水，是长江的一条支流。相传秦始皇为泄金陵"王气"而凿断方山，引淮水北流入长江而得名"秦淮"（乃附会之说）。唐代中叶成书的《建康实录》上已有"秦淮水"的记载。秦淮河有二源，东源自句容城北 15 公里宝华门的竹园潭，经句容城，汇集赤山湖水，又流经湖熟镇到方山附近的西北村；南源来自溧水县东南 10 公里东庐山，经溧水县城和秣陵关附近，流到方山西北村与东源相合，汇为秦淮干流。秦淮河全长 103 公里，有 16 条重要支流，沿途土地肥沃，气候宜人，从 6000 年前新石器时代开始，一直是人烟稠密之地，也是南京地区城镇出现最早的区域，是古南京城发展的摇篮。此外，孙吴赤乌八年（245 年），又在句容、丹阳的岗岭之中开凿运河，称"破岗渎"，沟通了秦淮河和太湖流域。此举不仅对当时的交通和物资运输至关重要，而且对尔后南京城的发展也有重要意义。

[2] 青溪和运渎均凿于孙吴时期，其水道后世文献所记和学者的考证歧点较多，兹据朱偰的考证略作介绍。朱偰《金陵古迹图考》（商务印刷馆 1936 年初版，中华书局 2006 年再版）第 101 页考证说："古青溪当发源钟山西南，潴为燕雀湖，西流经竺桥，由太平桥西南，经青溪里巷、五老桥、寿星桥、常府桥及今南京中学之后，下为升平、四象、淮清诸桥，而入于淮，屈折最多，故曰九曲青溪也。自杨吴筑城掘濠，青溪南流之水绝，明填前湖，源流亦断，今日仅余升平桥至淮青桥一段，亦成无源之水矣。"第 44 页说：青溪"潴为前湖，由半山寺后入城，经明故宫之后（当年即引为宫城护城河）西流至竺桥，入濠而绝……"同书第 46 页"运渎"条说："运渎者首受秦淮水，北流为支河，有桥跨其上，曰斗门，古禅灵寺桥也。又北流经红土桥，南乾道桥之俗名也。""再北过草桥，即北乾道桥……又北流，青溪之水自内桥来会、是为运渎东源。西流过鸽子桥，笪桥，合草桥北出之水，是谓运渎正河。又西流，经鼎新桥、道济桥、文津桥、望仙桥、张公桥，出铁窗棂以入于淮。"同书第 100 页说：考"吴所凿运渎，盖发源于后湖，由北水关入城，循北极阁前水道（今犹有遗迹可寻），绕今中央大学之西，过大石、莲花等五桥，经廊后街、相府营、香铺营、破布营、金銮巷（今日犹有遗迹）等陂池而至笪桥，西流出城，南流入淮，来源去道，彰彰可考者也。"同书第 98~99 页引《建康实录》卷二，吴凿城西南自秦淮北抵仓城，名运渎。吴"凿东渠，名青溪，通城北堑、潮沟"。城北渠为吴"引后湖水激流入宫内"。同书第 100~101 页说："今珍珠河一带，并中央大学后之水道，其古潮沟之旧迹乎！"

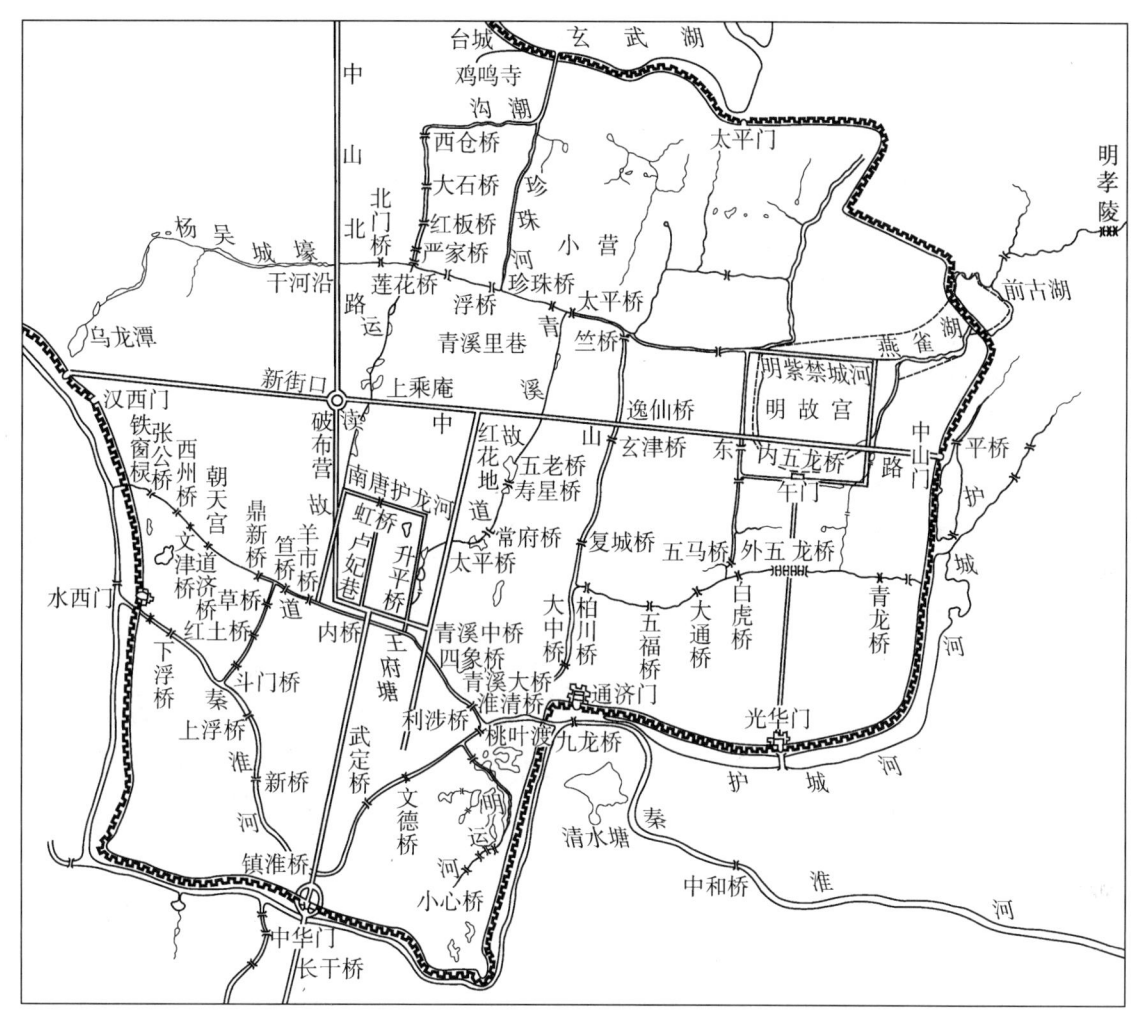

图 8-12　金陵水道示意图

(引自朱偰《金陵古迹图考》，略有改动)

武湖原通长江，后几经变迁湖面逐渐缩小，现全湖面积 472 公顷，水面 368 公顷，环湖周长 10 余公里，仍是南京市区第一大湖[1]。

---

[1] 玄武湖古名桑泊，东吴定都建业后，因燕雀湖为前湖，故将其称后湖。东晋初因湖在建康城北，改称"北湖"。同时沿湖南岸筑十里长堤（东起覆舟山北麓，西抵幕府山下，长 10 里余），以防潮水南溢，并在湖中训练舟师。刘宋时因湖中屡见"黑龙"，改名玄武湖，又一度改为"习武湖""昆明池"或"饮马塘"。梁武帝末年，叛将侯景决湖堤灌台城（梁宫城）。陈朝宣帝和后主曾三次在玄武湖阅兵，规模最大的一次是陈宣帝太建十年（578 年），湖中战船 500 艘，湖滨列阵步兵 10 万。此外，玄武湖还是南朝时皇室园林和游宴场所。刘宋大明七年（463 年）在湖中堆"方丈""蓬莱""瀛州"三山（今玄武湖中梁州、环州、樱州之前身），后又增筑两岛，形成目前湖中五岛的格局。隋唐时玄武湖逐渐荒凉，两度作为放生池。北宋时废湖为田，玄武湖消失。元大德五年（1301 年）、至正三年（1343 年），因城北水患，对玄武湖进行两次疏浚，才使其重现于世，但湖面较以前已大为缩小。入明以后，玄武湖又有变化（后文有说）。

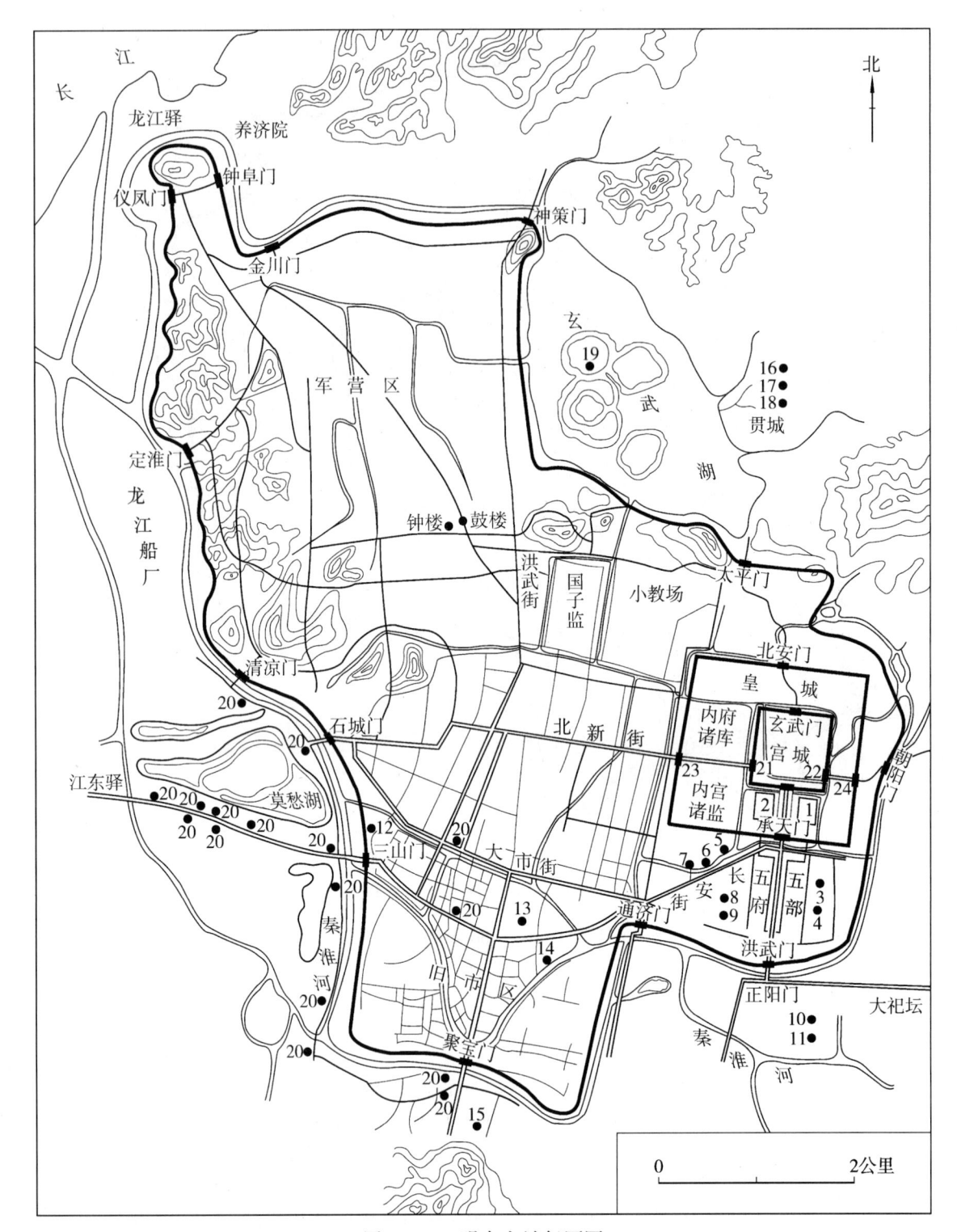

418　宋代至清代都城形制布局研究

图 8-13　明南京城复原图
(引自潘谷西主编《中国古代建筑史》第四卷"元明建筑",略有改动)

1.太庙　2.社稷　3.翰林院　4.太医院　5.鸿胪寺　6.会同馆　7.乌蛮驿　8.通政司　9.钦天监　10.山川坛　11.先农坛　12.净觉寺　13.吴王府　14.应天府学　15.大报恩寺　16.大理寺、五军断事官署、审刑司　17.刑部　18.都察院　19.黄册库　20.市楼　21.西华门　22.东华门　23.西安门　24.东安门

二 明南京城的营建

(一) 朱元璋在集庆接收的城市遗产

今南京自春秋末出现冶城以后，历代筑城较多（图8-14）[1]。但是，朱元璋攻占元

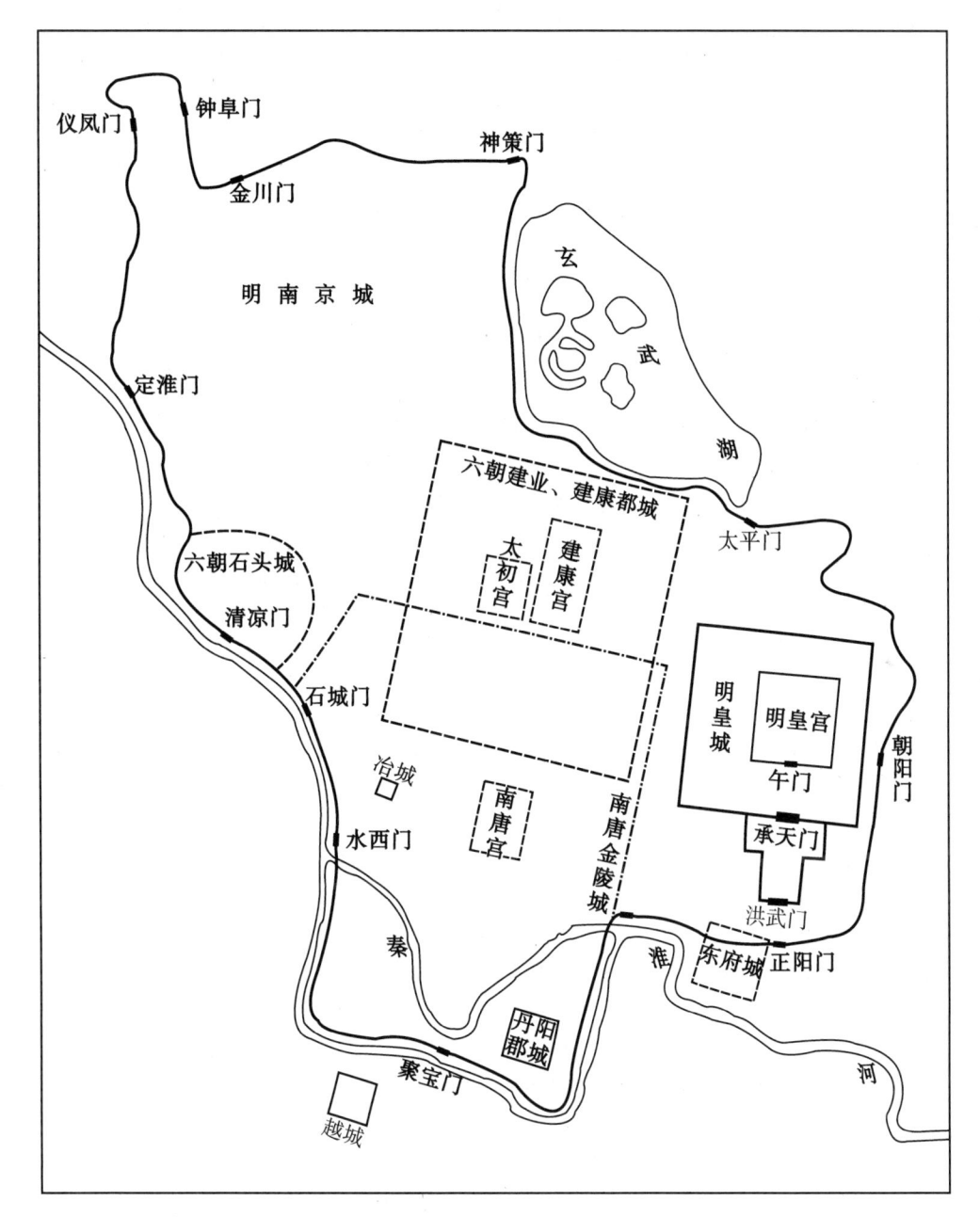

图8-14 明南京城内历代诸城位置示意图
（引自潘谷西主编《中国古代建筑史》第四卷"元明建筑"，略有改动）

---

[1] 东吴以前在今南京出现的城址有以下一些。冶城：春秋末年，吴王夫差在今南京市区朝天宫的山岗上建冶城，是冶炼铜、铁，铸造兵器之所。越城：公元前472年，越王勾践在今南京城（转后页）

* 集庆后所面对的城市遗产，主要是自南唐到元代一直基本沿用的原南唐金陵城，以及其北原六朝都城建康城区域。这些城市遗产与明南京城的营建密不可分，兹略作介绍。

所谓六朝，系指东吴、东晋和南朝宋、齐、梁、陈而言。黄龙元年（229年）四月，孙权在武昌称帝，同年九月迁都建业，十月始筑建业城。西晋灭东吴后，改称建康。东晋、宋、齐、梁、陈均以建康为都，都城范围较东吴建业无大变化，仍如东吴时的"二十里十九步"。其具体位置，约在今南京市区中部，北依覆舟山、鸡笼山和玄武湖，东以青溪为限，西临石头，南面建业宣阳门大抵在今新街口的淮海路一带[2]。都城南门外有五里长的御路直达秦淮河边的大航（后称朱雀门，今中华门内镇淮桥附近，图8-12），这条御路即是建康城的南北中轴线。此外，东晋在冶城之西建"西州城"（扬州刺史治所），在丹阳郡城之北建"东府城"（西倚青溪，南临秦淮，东晋宰相办公之地）。

公元589年隋灭陈，"荡平"建康城邑宫殿，"六朝之迹，无复存者"。隋唐时期，仅在石头城一角之地先后设蒋州、丹阳郡、升州和江宁郡。五代时期原淮南节度使杨行密建吴国，史称杨吴，建都扬州，在金陵设升州大都督府，后改称金陵府，定为西都，筑金陵城。914~932年，杨吴丞相徐温的养子徐知诰（即南唐开国皇帝李昪）又两次修建金陵城。937年徐知诰代吴建唐后，南唐中主李璟，后主李煜时还对金陵城进行过整修和增筑。南唐的金陵城在六朝建康城之南，将"十里秦淮"包括进来。其四至比较清楚，南到今中华门（当时的南门），北抵今珠江路估衣廊北的北门桥（当时的北门）干河沿一带，东至今大中桥（当时称白下桥，东门），西以今水西门（当时的龙光西门）和汉西门（当时的西门，今汉中门稍南）为界，城"周二十五里四十四步"（相当于明南京城的中部和南部）[3]。将原金陵府治所改建为宫城，位于都城中北部，"周四里有奇"[4]。其四至，南在今内桥（南唐宫城

---

* （接前页）长干里（今外秦淮南岸，雨花路以西窑湾街一带）建越城。城周二里八十步（约合今942米），是南京城的雏形，南京城市史从此起算。金陵邑：公元前333年，楚威王在石头山（清凉山）筑金陵邑。城小于越城，面积约3万平方米。南京古名金陵始于此。石头城：212年东吴孙权在金陵邑基础上建石头城，城周七里一百步。按：现在学者对石头城的确切位置，石头城与"鬼脸城"的关系，石头城的大城和小城的关系等，尚有不同意见。丹阳郡城：东吴建国前一年（221年），在越城东北约两公里的秦淮河南岸，建丹阳郡城，面积为一顷。

[2] 六朝都城范围史载不详，唐人许嵩撰《建康实录》等文献记载，都城位于"淮水北五里，周围二十里十九步"。《金陵古今图考》说：都城"东环平冈以为安，西城石头以为重，后带玄武以为险，前拥秦淮以为阻"。现在学者对六朝都城在今南京市区的四至多有考证。总的来看，南、北界略相近，东、西界多有出入。本节所述，仅是其中一说而已。

[3] 南唐都城到南宋时大体格局尚存。南宋周应合撰《景定建康志》卷二记载：金陵城"周二十五里四十四步，上阔二丈五尺，下阔三丈五尺，高二丈五尺"。朱偰《金陵古迹图考》（商务印刷馆1936年初版，中华书局2006年再版）第177页说："及南唐筑金陵，青溪遂分为二：一自竺桥西南，至白下桥（大中桥）入淮，引为城濠。其一青溪巷而南，其流中绝，复经今五老桥、寿星桥、常府桥、太平桥、校尉桥、史桥、钱厂桥，引为护龙河，出升平桥，经今四象，淮青二桥，而入于淮。"又杨吴城濠为南唐都城北护城河，或称北门桥河。城濠东起今珠江路东端的竺桥，向西经太平桥、浮桥、莲花桥和北门桥，又西经五台山北麓和随家仓一带而流入乌龙潭。现在珠江路竺桥一带还保存着杨吴城濠东段河道，自北门桥向西河道干涸，称干河沿（图8-12）。

[4] 朱偰《金陵古迹图考》（商务印刷馆1936年初版，中华书局2006年再版）第179页引《方舆纪要》注云：南唐宫城"周四里有奇，亦曰牙城，有东、西、南三门，而无北门"。又引陈沂（转后页）

*南门的虹桥），北至小虹桥（约在今淮海路以南）[5]，东至升平桥[6]，西至张府园[4]。宫城南门虹桥（今内桥）至都城南门的御路，即今中华路，这条都城中轴线与六朝建康城中轴线相同。城北原已荒废的六朝都城辟为"北苑"。

975年宋灭南唐，以江宁府为升州（1018年又改称江宁府），以南唐宫城为州治。南宋初高宗以江宁府为"东都"，下令修缮城池和景灵宫。1129年高宗又到金陵，改江宁府为建康府，以府治为行宫，虹桥改称"天津桥"。同年金兵渡江，1130年4月金兵放火烧建康城，全城几乎化为灰烬。此后待江南局势稳定，南宋在1135～1162年间四次重修建康城，大体恢复了南唐金陵的规模。1275年元兵攻占建康，改建康府为建康路，再改集庆路，直至元末。

（二）朱元璋营建大南京城的规划与营建概况

1. 营建大南京城的规划

文献对明初营建南京城的规划缺载。此处所言规划，是根据南京山川形势、历代城址情况、明南京城形制等方面相互关系进行分析的结果。从这些方面的相互关系来看，显而易见，朱元璋占据集庆后营建南京城，起码要解决四个问题。第一，南京周围负山带江，长江天险、"龙蟠虎踞"（周围诸山及城内岗阜），在营建南京城时处于什么地位，其与城的关系应如何安排？第二，从东吴以来，城市一直在玄武湖至聚宝山这一轴线上发展。北部是六朝都城故址，南部是南唐至元一直繁荣的原南唐故都。营建南京城时对上述旧有城市基础的利用和改造，应采取何种对策？第三，将皇权象征、都城核心的宫城和皇城置于何处？第四，面对南京的山川形势和旧有的城市基础，合乎统一王朝都城规模和规制的形制应如何规划？明初营建南京城的规划，主要就是围绕解决上述四个相互关联的问题。

我们认为，明初营建南京城解决上述四个问题，主要是与朱元璋的主导思想和因地制宜有关。首先，朱元璋出身行伍，起于元末农民起义的战争之中，因而极为重视都城的防卫功能，"高筑墙"是其筑城的指导思想之一[8]。六朝都城和南唐都城均在周围高山之下，离长江较远，舍弃天险，乃防卫之大忌。有鉴于此，新筑南京城必须革除这个弊端。但是，墙再高也高不过山，所以最后圈山据岗垄之脊筑城，并将城的范围推到长江之滨。其次，历代宫城均在都城形制布局中占中心地位。若明代南京完全利用旧城，宫城将无立足之地。因为北部六朝宫城故址虽然空旷，但朱元璋忌"六朝国祚不永"。中部南唐宫城

---

* （接前页）《金陵古今图考》说："内桥之北，东尽升平桥，西尽大市桥，北至小虹桥，此宫城之限。内桥南直抵聚宝门大街，即当时御街也。"

[5] 朱偰《金陵古迹图考》（商务印刷馆1936年初版，中华书局2006年再版）第180页中说："北至小虹桥，今庐妃巷北口，近户部街处，犹有石桥一道，半没于泥中，一沟自西而东，可五六丈，遗迹犹存。""南向正对内桥，土人称曰虹桥，盖正南唐北护龙河之遗址也。"

[6] 南唐宫城外的东虹桥，今白下路第三中学门前旧有升平桥，1991年拆毁。

[7] 南唐西虹桥，即大市桥，亦曰羊市桥。曾在张府园地区施工中发现南唐护龙河石岸遗址。

[8] 《明史》卷一三六《朱升传》记载：元至正十七年，朱元璋召见朱升，征询其应付时局的见解，朱升提出"高筑墙、广积粮、缓称王"的建议，朱元璋称"善"。其中的"高筑墙"在建立明朝后，仍是朱元璋的信条之一。

亦较空旷，然其较狭小并距闹市区较近。如果将宫城置于南部闹市区，既不合规制，又需大量拆迁而浪费财力，失去民心。而且无论中部还是南部，同样都有"国祚不永"之忌。除此之外，还应指出，不管将宫城置于东吴以来玄武湖至聚宝山这条轴线哪一点上，都无法摆脱旧城形制的束缚，难以达到明初营建宫城和皇城规划的要求。此外，内城西北部位置偏狭，山岗密集，地域不阔，且濒临长江，不利于宫城防卫，亦不能置宫城。在这种情况下，迫不得已才在旧城之东卜地填燕雀湖筑宫城。这个决定对明南京城的形制布局产生了至关重要的影响[1]。

此外，作为统一王朝的都城，自汉以来都城周长大多为40～50里，新南京城的规模当与此相应。然而，旧有的城市规模狭小，不仅六朝都城故址和南唐都城加起来也达不到新南京城规模的要求，而且其所形成的平面呈南北竖长条形，亦与都城规制不合。但是，旧城乃是已有的基础，属南京繁荣之区，居民众多，又必须予以利用。这是明初筑南京城的规划不可回避的前提之一。以此结合前述诸点，最后才出现利用旧城，在东部卜地建新宫和皇城，将西北部临江之地纳入城内，周边圈山围筑大南京城的城建规划。此规划基本上较好地解决了前面提出的四个问题，并达到了"以应山川之王气"的目的[2]。

除上所述，应当指出上述规划实是面对旧城和诸山态势，从防卫角度和都城要求出发，因时因地制宜，不得已而为之的结果。其证据之一，朱元璋营建的明中都表明，他心目中的都城仍是传统的平面方正，宫城居中的模式。其证据之二，南京城建成后，朱元璋依然打算迁都，迁都的原因之中即包含按照上述规划所建南京城的不满成分（参见朱元璋敕太子朱标巡抚陕西，经略建都事。以及朱元璋《祭光禄寺灶神文》中所言"本欲迁都"等）。但是，"木已成舟"，只能沿着此路走下去。最后，又从防卫角度出发，圈入内城之外诸制高点，加筑外郭城。因而明南京城就形成了外郭城、内城（京城）、皇城和宫城四城环套的形制，完成了大南京城的总体规划。

2. 营建概况

自1356年改集庆路为应天府到1365年间，除在应天府筑龙湾城和虎口城外[3]，无大

---

[1] 潘谷西、陈薇《明代南京宫殿与北京宫殿的形制关系》（《中国紫禁城学会论文集》第一辑，紫禁城出版社1997年版）认为：将宫城"卜地于城东钟山之阳的关键是背倚钟山的'龙头'富贵山，既符合风水的理念，又能创造出气象宏伟的效果"。"明代南京城以富贵山作为依托，并巧妙用原东渠作为皇城西城濠，将午门以北的内五龙桥，承天门以南的外五龙桥和宫城之濠与南京城水系相互连通，取得人工和自然相互辉映的效果。""南京宫殿以富贵山作为制高点，开创了明清两代宫殿自南而北中轴线即为全城骨干的模式"。参见本节明南京城形制布局的分析。

[2] 明初宋濂评价金陵城时说："自六朝迄于南唐，类皆偏据一方，无以应山川之王气。"见《古今图书集成·方舆汇编·职方典》第六六六卷《江宁府部·阅江楼记》（中华书局影印本）。

[3] 杨国庆《南京明代城墙》（南京出版社2002年版）第21页说："1360年朱元璋与陈友谅之役中，于虎口和龙湾大捷。在战时即筑虎口城，虎口城可能在新河口西岸（新河为上新河简称，新河口即上新河通江出口），城属堡垒性质。战役结束后，又加固虎口城，修龙湾城，龙湾城在仪凤门外。这两座城在正式修建南京城后，可能已不存在。"

规模的营建活动。此后的主要营建活动，大致可分四个阶段[1]。

第一阶段，元至正二十六年（1366年）八月至次年（1367年）九月。元至正二十六年开始筑城，并"命刘基等卜地定作新宫于钟山之阳"，"命有司营建庙社，立宫室"，次年九月新宫成，称吴王新宫。该阶段时间短，工程量大，突击性强。主要是筑城墙50余里，筑宫城，建太庙、社稷坛、天地坛等礼制建筑[2]。此时吴王新宫规模较小，较简朴，制度也不完备。这次营建虽属草创阶段，但已为尔后的南京城奠定了初步基础。

第二阶段，元至正二十八年正月（1368年）朱元璋建大明，从洪武二年九月到八年四月（1369～1375年）转入第二阶段。该阶段以营建中都为主，南京无大规模的营建活动。其中除修部分地段城墙，洪武六年六月诏留守卫指挥司筑皇城（当时称"内城"）外，余者多是单座殿或建筑的兴建、维修和改造工程[3]。

第三阶段，洪武八年七月至十年十月（1375～1377年），朱元璋罢建中都后，决心定都南京，遂将营建重点移到南京。于是在洪武八年七月改作太庙，九月"诏改建大内宫殿"，并宣布"今所作，但求安固，不事华丽，凡雕饰奇巧，一切不用，惟朴素坚壮，可传永久。吾后世子孙，守以为法"[4]。此次改建，增筑一些殿宇，如文华殿和武英殿等，加强诸门建设，如午门翼以两观，形成阙门，以及一些殿之左右门等。洪武十年十月"改作大内宫殿成"，"制度皆如旧，而稍加增益，规模亦闳壮矣"[5]，"上以大内宫殿新成，制度不侈，甚喜"[6]。此外，洪武九年还陆续建成一批坛庙（如太岁、风云、雷雨等诸坛墠，重建奉

---

[1] 明南京城营建阶段划分不一，迄今尚无定论。

[2] 《明太祖实录》卷二一记载：元至正二十六年"丙午，八月庚戌朔，拓建康城。初建康旧城，西北控大江，东进白下门外。距钟山既阔远，而旧内在城中，因元南台为宫稍庳隘。上乃命刘基等卜地定作新宫于钟山之阳，在旧城东白下门之外二里许。故增筑新城，东北尽东山之趾，延亘周回凡五十余里，规模雄壮，尽据山川之胜焉"。

[3] A. 杨国庆《南京明代城墙》（南京出版社2002年版）第35～36页指出："1369年在鸡鸣山建功臣庙及群神祀享所；在宫中建大本堂，太庙之东建皇外祖考、妣，皇外舅、姑庙（后于洪武四年迁外埠）；在圜丘、方丘、社稷坛建望祭殿，圜丘坛外之东及方丘坛外之西建天下神祇坛，圜丘西建山川坛；在后湖立坛祀马祖诸神，建先农坛等诸多礼制方面的建筑。"第37页指出：洪武四年（1371年）十月，修筑京师城垣；洪武五年十一月，挖浚京师三山门段城壕；洪武六年六月，修筑京师城，围五十九里，皇城围十四里；十一月，浚太平门外城壕，增造军营；洪武七年一月，改马鞍门为定淮门。

B. 张泉《明初南京城的规划与建设》（《中国古都研究》第二辑，浙江人民出版社1986年版）文中的大事年表记洪武元年九月浚后湖及石灰山龙湾河道凡千余丈，十一月于宫中建大本堂。洪武三年建朝日坛、夕月坛，京师城隍庙，建离宫于圜丘之西、方丘之东，设军储仓二十所，于乾清宫左建奉天殿；建社稷坛祭殿及拜殿；筑泰厉坛于玄武湖中。洪武四年二月奉先殿成，又改筑圜丘、方丘坛（尺寸改变），十月筑京师城垣。六年造渡淮浮桥，增建国子学舍百余间，建历代帝王庙，重建鸡笼山功臣庙成。洪武七年于龙江择地构屋260间，以处京畿无依者。改建奉先殿，凿石灰山河道。按凡前述杨国庆文已记者，此处略。

[4] 《明太祖实录》卷一〇一。
[5] 《明太祖实录》卷一一五。
[6] 《明太祖实录》卷一一六。

先殿成，新太庙成等)，十年八月令改建南郊圜丘为合祀天地的"大祀殿"，改建社稷坛于午门之右，革幕府、金陵二门等[1]，这些工程完成之后，洪武十一年即将南京改称京师。

第四阶段，洪武十二年至三十一年（1379～1398年）。此阶段主要是城墙加高增厚、部分新筑工程，以及其他一些续建工程。如洪武十二年拓广东北城（凡八百余丈）；十三年改作街衢及军民庐舍，市区布局基本定型；十四年改建国子学（国子监）和孔庙于鸡鸣山下；十五年建钟鼓楼于城中高地；十七年甃后湖城垣（凡四百四十三丈），修筑京城仪凤门；十八年甃京师街道和城垣；十九年造通济、聚宝、三山、洪武等门（包括内瓮城），新筑后湖城、六部围墙及廊房街道；二十年改建京师城隍庙，建武成王庙、北极真武庙等十庙于鸡鸣山下；二十三年筑外郭城；二十五年改造宗人府、五府、六部等官署，改建大内金水桥，建端门、承天门楼和东、西长安门；二十六年改建翰林院于宗人府之后，詹事府居其次，太医院又次之，建銮驾库于东长安门外等[2]。至此，一代都城的外城、内城、诸城门和瓮城，宫阙及坛庙制度形成完整体系[3]。此后直至洪武之末，仍有一些续建和改建工程[4]，最终完成南京的形制布局，达全盛阶段。

"靖难"之后，明成祖留南京十八年（永乐元年至十八年，1403～1420年）。在此期间主要营建活动是新建一些庙宇，重建建文年间毁于战火的宫殿，修缮破旧建筑，以及疏浚河道，修葺城墙等[5]。

---

[1] 张泉《明初南京城的规划与建设》，《中国古都研究》第二辑，浙江人民出版社1986年版，大事年表。

[2] 除正文已提到者外，张泉《明初南京城的规划与建设》（《中国古都研究》第二辑，浙江人民出版社1986年版）大事年表还记有：洪武十二年（1379年）始合祀天地于南郊，建神乐观于大祀殿西，改清凉门为清江门。洪武十三年重建天禧寺。十四年命京卫营建军伍庐舍及官员居室，各卫按一年所费粮数建仓，诏改建蒋山太平兴国禅寺为灵谷寺。十五年太学孔庙成，命羽林军等卫造军士庐舍二千间。十七年诏改建刑部、都察院、大理寺、五军断事司、审刑司公署于太平门外，增筑国子生房舍五百间于集贤门外，建朝天宫，改作功臣庙。十八年筑钦天监观星台于鸡鸣山，建鸡鸣寺于鸡鸣山。二十年，建历代忠臣庙成。二十一年增修南郊坛壝，建五显庙于鸡鸣山，改建历代帝王庙于鸡鸣山之阳，于国子监前造房百余间，以处监生之疾病者。二十七年增建国子监房舍于监前，以居有家室者。二十三年创置龙江仪凤门、钟阜门民房，置外郭十六座城门。二十四年造京师江东桥。二十五年重建天界寺，赐府军、虎贲、羽林各卫造廊房，改建钦天监于五府之后。

[3] 杨国庆《南京明代城墙》（南京出版社2002年版）第49页中说："南京城墙一些主要城门的改建，以及增设瓮城一类附属建筑，也大致完成在这个时期（指1390年以前）。"据《大明会典》记载，南京城墙于"洪武二十六年（1393年）定"。

[4] 洪武二十七年（1394年）以后，明南京城的工程仍有建设，张泉《明初南京城的规划与建设》（《中国古都研究》第二辑，浙江人民出版社1986年版）大事年表记有：洪武二十七年建关羽庙于鸡鸣山之阳，建酒楼五（连同以前共建十五座），建通政使司及锦衣、旗手二卫于中军都督府之后，建仪礼司、行人司。二十八年置皇城长安、东安、西安、北安四门粮仓，重建朝天宫。二十九年造三山门外石桥，令吏民有犯罪者甃京城各一尺。三十年重建国子监孔庙成。按，明南京内城墙自1366年到1396年共33年，基本完工，此后城墙无大的营建工程。

[5] 张泉《明初南京城的规划与建设》（《中国古都研究》第二辑，浙江人民出版社1986年版）大事年表记有：建文元年（1399年）建省躬殿。洪武三十五年（1402年）新作奉先殿于奉天殿西。永乐元年（1403年）修皇城萧墙及卫士直庐，浚龙江复成桥下三条湖。二年浚江东门外（转后页）

三 明南京城墙的结构和设施

(一) 内外城墙概况及其围合的平面形状

*按照前述规划的要求，内城城墙由三部分构成。一是利用南唐以来旧城东、南和西三面原有的城墙，从东水关经聚宝、三山、石城门到石头山一带，对旧城墙进行增筑、加高和垫面。二是围护宫城，在朝阳、正阳至通济门段筑城墙。三是将西北地区纳入城内，从石城门向北逶迤，直到太平门一带筑城墙，围建"后湖城"[6]，使之与前述城墙连为一体。如此筑城"东尽钟山之南岗，北据山控湖，西阻石头，南临聚宝，贯秦淮于内外"，各段城墙或依山（如石头、马鞍、卢龙、鸡鸣、九华、富贵等山）据岗垄之脊，或因旧堤（玄武湖南岸十里长堤），或傍湖（玄武湖、莫愁湖）、沿河（外秦淮河）、临江，或利用旧城墙，均按照地形地貌随势而筑，尽控制高点和险要之地。因而内城城墙的轮廓很不规整，内城的中部南北狭长，西北、南和东部向外突出，形成周长67.3里（33.676公里），平面呈多角不等边的"粽子"形（图8-13）[7]。

鉴于上述情况，明南京内城城墙各主要地段之间具有一定的差异（下文有说）。但总体来看，内城城墙均砖石砌筑，高14～21米，上宽4～9米，下宽14.5米，城墙辟13座城门，有13616个垛口，200座窝铺（战棚）[8]。城墙范围之内囊括六朝都城故址、南唐都城（直至宋元）旧址，以及此前的冶城、石头城、东府城、西州城等历代诸城故址。城墙之外南和

---

* （接前页）北河。三年修三山门内接仙桥，改筑西华门外皇墙。四年重建承天门，修灵谷寺。五年建新龙口天妃庙成。六年修聚宝门城垣。七年修大祀坛，修葺京师城垣门楼，铺舍水洞。八年重建醉仙楼。九年修上方、高桥二门。十年敕工部建报恩寺，修山川坛及功臣庙，修国子监，修京城各门城楼。十一年修神乐观等。十三年修朝天宫。十四年于卢龙山下建天妃宫。十七年重建天妃宫于仪凤门外。

[6] 南京鸡鸣寺的后面，有一段高大的城墙，俗称"台城"。台城东端与明代南京城城墙衔接，西端为断壁，全长253.15米。城墙下部以石条为基，石质与玄武门一带城墙相同。墙基之上砌城砖，高12.8米，砖为洪武年间烧制。从此墙来看，明南京城最初曾打算利用六朝建康城的北墙，沿城中一带山冈向鼓楼、清凉山延伸过去。后来改变了建城方案，放弃了这段城墙。改从玄武湖岸，利用部分"十里长堤"，一直向西北方向筑"后湖城"，直到下关江边。按"台城"系指六朝宫城，将此段城墙讹为"台城"，是明代以后清代才误传起来的。

[7] 明南京内城不规则的形制，引起后人对其设计思想的研究。有的认为受道家影响，道教以壶天、壶中为圣地，以"壶公"为神仙，故南京内城呈壶状（葫芦、瓶）形态，参见王少华《南京明代城墙的建造》（《东南文化》1997年第3期）。杨新华等主编《南京明清建筑》（南京大学出版社2000年版）第524页指出："南京明城墙运用了中国古代建筑设计传统的堪舆术。"杨国庆《南京明代城墙》（南京出版社2002年版）第63～75页认为："明南京城墙形态为天象"，"南斗"与"北斗"聚合，此问题将在本节之五中涉及。

[8] 见杨新华等主编《南京明清建筑》，南京大学出版社2000年版，第521页。此外，关于南京内城墙的尺度还有不同的说法，如（杨秀敏等）工程兵工程学院中国筑城史研究课题组撰写的《中国筑城史》（军事谊文出版社1999年版）第102页认为："墙高14～21米，最高地段达25米以上，顶部宽度4～15米，基部宽为14～20米。"杨国庆《南京明代城墙》（南京出版社2002年版）第133页说："明代南京城墙高度一般在12～24米之间，最宽处18米。"

西面以宽阔的外秦淮为"护城河",西面临近长江;北面来自金川河(营建西北城防区,使金川河中,上游几乎成为城的内河)之水、玄武湖(湖体即起护城河作用)和燕雀湖的残留部分形成"护城河"。东城墙外护城河"引钟山水入壕,南径平桥(今中山门外),又南迳夔角桥(今光华门外),再南至九龙桥(通济门外)入于淮(淮水又西流至东水关入城)"(图8-12)[1]。唯此段护城河北端"龙脖子"一小段未与北面护城河贯通,留下隐患[2]。

明南京内城城墙历600余年沧桑,几经战火,又遭人为和自然因素的破坏,现已残缺不全。据1983年南京市文物部门普查,实测完好的城墙尚存19.80公里,半损坏的有1.55公里,共计21.35公里。2000年3月再次普查,又初步认定南京明内城城墙仍存23.743公里。目前南京明城墙大致被分割成七段:第一段,中华门—东水关(3231.5米),第二段,后标营南—太平门(5636.2米),第三段,九华山—台城(1662.2米),第四段,解放门—神策门(4070米),第五段,中央门西—定淮门(5362.7米),第六段,石头城—汉西门(1688.7米),第七段,西水关—中山南路(2111.7米)。现在南京明城墙于1988年被定为全国重点文物保护单位,并设专门机构负责管理,南京明城墙的保护和维修已走上法制化的轨道[3]。

除上所述,明南京内城墙筑完之后,还有靠近城池的钟山、幕府山和聚宝山(雨花台)等制高点留在城外,对城防非常不利。于是洪武二十三年(1390年)又下令筑外郭城。外郭城主要是利用城外黄土丘陵岗垄建筑而成,除险要之处砖砌城墙开城门外,其余大都是土筑,故俗称土城头。外郭城号称周长180里,实际只有120里(60公里),各段砖筑部分加起来约40里(20公里),平面略呈菱形。其西北据山带江,东南依山控野,连绵起伏,蔚为壮观(图8-15)。

(二)内城墙的结构

明南京内城城墙墙体的结构,可分为墙基、墙身、墙顶、墙顶之上的女墙和雉堞;以及城门、瓮城、水关和涵闸等几大部分。由于城墙所经地段的不同(山体、湖河之滨,利用前代城墙等),各段城墙的结构和砌筑技术也有一定的差异。

1. 墙基

墙基结构和砌筑技术大致有四种情况。其一,在临湖近河地段深挖基槽筑墙基。

---

[1] A. 朱偰《金陵古迹图考》,商务印刷馆1936年初版,中华书局2006年再版,第39页。

B. 杨国庆《南京明代城墙》(南京出版社2002年版)第100页引《重刊江宁府志》说:"其城外之河,自正阳门西因杨吴所凿淮流,绕城为池,西流北转抱城至仪凤门外流入江,城之东北倚山冈无城河,而正北则后湖,当其曲隈矣。"

[2] "龙脖子"在太平门外地堡城与天堡城间。此段护城河未贯通,在防卫上是个重大失误。如1864年7月19日清军攻太平军,1911年12月1日江浙联军攻南京,均从此处攻入南京城。杨国庆《南京明代城墙》(南京出版社2002年版)第100页中记载:"据说,筑城设计者认为这里是龙脉中的龙脖子之所在,怕破坏了南京城的风水",故未开城壕。(杨秀敏等)工程兵工程学院中国筑城史研究课题组《中国筑城史》(军事谊文出版社1999年版)第102页指出:"南京城的护城河也不是环绕全城,在靠钟山之麓便是将山劈成陡峻",远远望去"似乎有50～60米高","使攻者难以逾越"。

[3] 明南京城墙之现状,见杨新华等主编《南京明清建筑》(南京大学出版社2000年版)第542～543页。

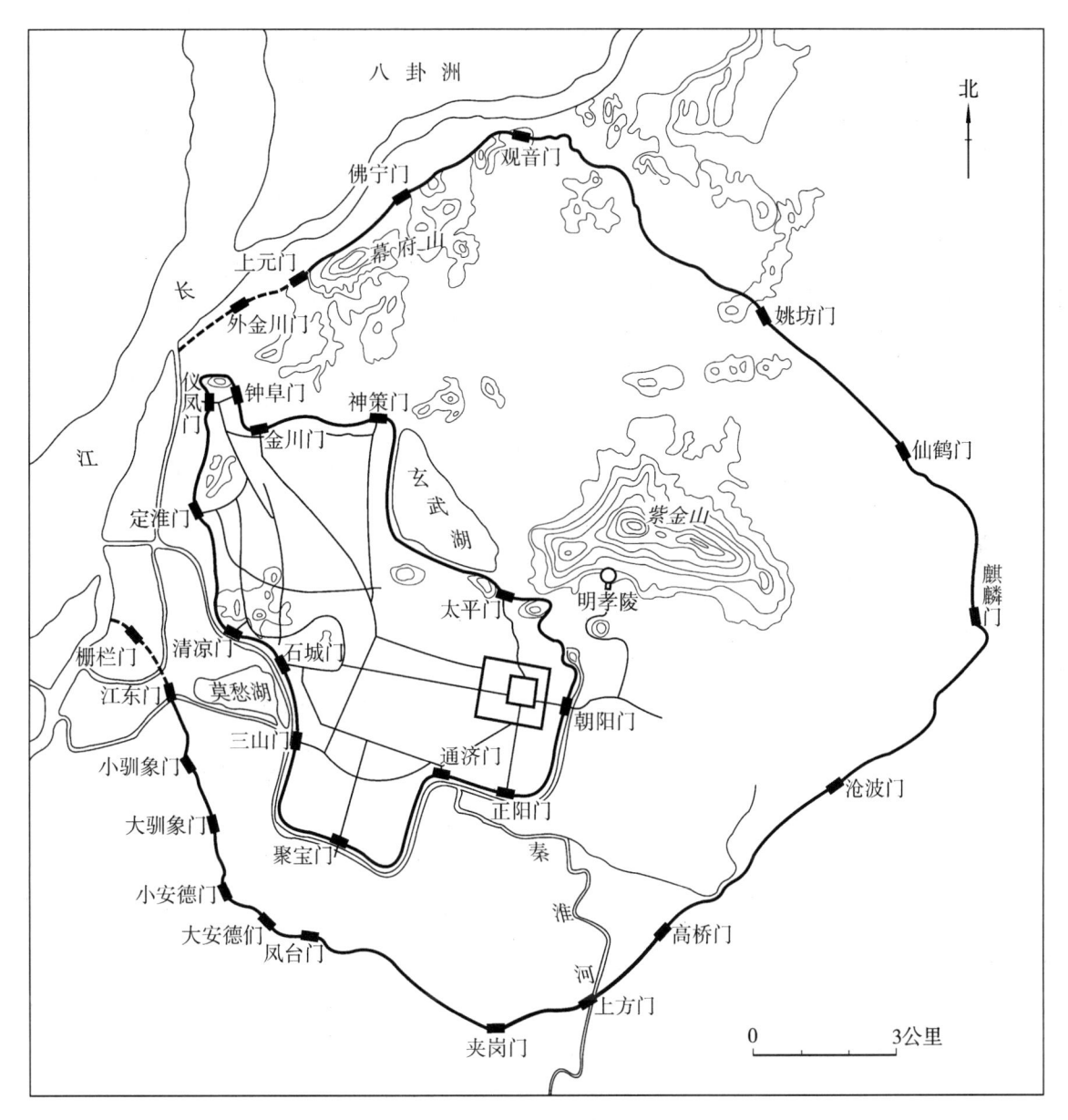

图 8-15 明南京外郭城平面图

（引自潘谷西主编《中国古代建筑史》第四卷"元明建筑"，略有改动）

如 1970 年在三山门（水西门）至石城门（汉西门）墙段挖防空巷道，深至地表下 5 米尚未到最底层的条石[1]。1980 年在覆舟山西至解放门墙段挖防空巷道，发现用长 1.39 米，宽 0.7 米，厚 0.4 米的条石筑墙基，挖深至 12 米时仍未见最底层条石（基槽深当在 12 米以上）[2]。其二，以山体岩石为墙基，不挖基槽。即将修整后的山体

---

[1] A. 季士家《明都南京城垣略论》，《故宫博物院院刊》1984 年第 2 期。
 B. 杨国庆《南京明代城墙》，南京出版社 2002 年版，第 134 页。
[2] A. 季士家《明都南京城垣略论》，《故宫博物院院刊》1984 年第 2 期。
 B. 杨国庆《南京明代城墙》，南京出版社 2002 年版，第 134 页。

岩石（裸露或未裸露）作为墙基，如1981年在新建城西干道时于龙盘（蟠）里至汉中门段，发现城墙以地表下岩石为基础直接起筑，内外砌条石，中间分层平铺块石，最大者重达三吨，石缝用黄土拌石灰填塞，加夯[1]。石头城附近墙段，墙基在赭红色砂岩之上砌筑[2]。马鞍、四望、卢龙诸山墙基亦属此类[3]。其三，以土墩或堤埂为墙基。如城东所谓王安石故居（即金陵又一处"谢公墩"），因"筑土"为墩，"明太祖筑城，劈墩之半，以为城基"（《嘉庆新修江宁府志》卷八）[4]。玄武门左右一段城墙，则因六朝堤埂（十里长堤）筑城墙[5]。其四，在地势低洼土质松软地段，采用井字形木框架结构处理墙基。如20世纪60年代在城西南棉毛纺织厂区城墙内壁开探沟，探沟中地表下4米左右，长约10米的地段发现直径15～20厘米的圆木，以50～60厘米的间距呈井字形交叉的三重木排[6]。1991年在集庆门墙段发掘中，发现六层圆木，其中第五层厚约80厘米，圆木上下两层，呈井字形[7]。其他如正阳门（光华门）东，城墙即将拐角处，城西南京茶场之南等墙段，亦属这种情况[8]。此外，这些地段为防止墙基下沉和向外滑斜，有的还在墙基外侧每隔50厘米左右，用直径约30厘米的圆木打桩[9]。城墙基槽之上的墙基砌条石。

2. 墙身

墙身上窄下宽，剖面呈梯形。总的来看，墙身用砖，或条石，或条石城砖混砌内外壁，壁中间填层层碎砖、砾石和黄土，夯实。若具体到不同的墙段，墙身的结构又可分为四类。

第一类，城砖墙，墙体内外部全部城砖砌筑（图8-16），墙心筑法有二。其一，墙心为黄土、块石，层层夯实，如金川门附近墙体[10]。其二，墙心全部用城砖层层错砌，在墙体内壁各1米以上处用黏汁和石灰浆浇灌黏合，其余部分城砖则用黄泥浆黏结，如太平门、小九华山一带墙体[11]。又从朝阳门到太平门西一线环绕皇城两侧约5公里的墙体，由于这一

---

[1] 季士家《明都南京城垣略论》，《故宫博物院院刊》1984年第2期。
[2] 杨国庆《南京明代城墙》，南京出版社2002年版，第133页。
[3] 杨国庆《南京明代城墙》，南京出版社2002年版，第133页。
[4] 杨国庆《南京明代城墙》，南京出版社2002年版，第133页。
[5] 季士家《明都南京城垣略论》，《故宫博物院院刊》1984年第2期。
[6] 季士家《明都南京城垣略论》，《故宫博物院院刊》1984年第2期。
[7] 杨国庆《南京明代城墙》，南京出版社2002年版，第133～134页。
[8] 杨国庆《南京明代城墙》，南京出版社2002年版，第133～134页。
[9] A. 杨国庆《南京明代城墙》，南京出版社2002年版，第133～134页。

B. （杨秀敏等）工程兵工程学院中国筑城史研究课题组《中国筑城史》（军事谊文出版社1999年版）第102页说："城墙底部的基础一般深入地下2～3米"，"两壁和中间结构如上部，由于地耐力较低，城墙入地部分做成大放脚，每边伸出1米余。在地耐力很低，地质松软的地段，构筑了基础下木垛，木垛似堡篮桥脚，由多层原木组成井字形框架。地处秦淮河冲积地的南城墙，就采取了这种技术措施。中华门以西和光华门以东转角处，均曾发现这种基础下结构"。"用花岗岩作城基，再砌以巨砖条石。"

[10] A. 杨国庆《南京明代城墙》，南京出版社2002年版，第135～136页。

B. （杨秀敏等）工程兵工程学院中国筑城史研究课题组《中国筑城史》（军事谊文出版社1999年版）第102页："砖砌墙，内壁的砖约厚1米，用石灰胶结，内部为夯土墙。"

[11] 杨国庆《南京明代城墙》，南京出版社2002年版，第135～136页。

图 8-16 明南京城砖城墙
（引自杨新华等主编《南京明清建筑》）

图 8-17 明南京条石城墙
（引自杨新华等主编《南京明清建筑》）

带无任何凭借，重在保护皇城，所以在石条墙基之上全部用城砖实砌[1]。

第二类，条石墙，墙体内外全部用大条石砌筑（图8-17），墙心筑法大致有三种。其一，墙心或砌条石，或填大石块，用黏汁和石灰灌浆。下部条石与石块共计厚约3米，其上一层黄土一层块石，夯实呈弧形（中间高，两侧略低）。条石一般长60～120厘米，宽90厘米，厚35厘米，大者重千余斤，小的也在250～300公斤以上，如城南东水关一段，聚宝门和西水关等段城墙[2]。其二，墙心全部用黄土夹石块（不砌大石块）夯实，或用砖垒砌，灌注石灰浆，如武定门附近墙体[3]。其三，墙心全部城砖砌筑，一皮好砖，一

---

[1] 潘谷西主编《中国古代建筑史》第四卷"元明建筑"，中国建筑工业出版社2001年版，第23页。
[2] 杨国庆《南京明代城墙》，南京出版社2002年版，第135～136页。
[3] 杨国庆《南京明代城墙》，南京出版社2002年版，第135～136页。

皮次砖，用黏汁和石灰浆砌筑，如聚宝门附近上部墙体[1]。

第三类，条石城砖混砌墙（图 8-18），大致有三种情况。其一，墙体外壁用条石砌筑，内壁城砖砌筑，内外壁间填土、石和砖，夯实，用石灰浆砌筑。其二，墙体外壁地表以上 2～4 米条石砌筑，余者全用城砖砌筑，内外壁各厚约 1 米，用黏汁和石灰浆砌筑。墙心用城砖，以泥浆砌筑，如"台城"、小九华山、太平门段墙体。其三，墙体外壁地表以上 2～4 米砌条石，其上和内壁砌城砖（一砖厚），用黏汁或石灰浆砌筑。两壁之间底部填块石，石灰浆灌注（地表上 1～2 米），上面用城砖，泥浆砌筑，或用干土叠砌，如解放门至神策门（和平门）段墙体[2]。

第四类，包山墙（图 8-19），外壁全部用城砖包砌，或以条石、城砖混砌，内壁仅筑较矮的护土坡。这类城墙，一般内侧有土丘或山体，基本无内壁墙，或仅有较矮的内壁墙，如中山门内两侧墙体，狮子山段墙体，清凉门、石头城和富贵山段墙体[3]。

除上所述，明南京内城墙还有"墙中墙"现象。自 20 世纪 50 年代以来，在明南京内城北和东城墙中，先后发现"隐藏"有小墙，即所谓"墙中墙"。如小东门－金川门段城墙内发现小砖"墙中墙"[4]；1998 年在东城墙前湖段（今中山门北侧）城墙内发现明城砖"墙中墙"（在"墙中墙"距地表 1 米左右墙体上，发现临江府新淦县洪武四年均工夫砖），2000 年在"月牙湖"南侧城墙内发现石砌"墙中墙"，太平门东侧城墙断面附近也有块石"墙中墙"[5]。此外，在北城墙一带，1952 年新开解放门工程中发现用六朝砖砌城墙[6]；1958 年在钟阜门西自城顶向下 4.10 米处发现用六朝至隋唐砖筑一段高 6 米的墙身；1975 年在此段城墙内又发现用六朝砖砌筑的墙身[7]。对以上现象，研究者有多种解释。其中一种意见认为，"墙中墙"是 1366 年最初建造的城墙，以后对明南京内城墙的修筑，主要是对 1366 年城墙加高、增厚，故形成"墙中墙"。而前湖段"墙中墙"中发现洪武四年砖，则是洪武四年以后经过修缮所致[8]。上述解释，似较可取。另外明南京内城墙还有

---

[1] A. 杨国庆《南京明代城墙》，南京出版社 2002 年版，第 135 页。

B.（杨秀敏等）工程兵工程学院中国筑城史研究课题组《中国筑城史》（军事谊文出版社 1999 年版）第 102 页：条石"城墙的两壁从地面到顶部全部用条石砌筑，间有从顶往下 1.7～3.0 米用砖砌，内部为夯土墙。条石的长宽厚为（0.6～1.4）米×0.9 米×0.36 米，胶结材料为糯米汁（高粱汁）石灰和桐油混合浆。近地面 3 米高的地段，是用黄黏土夹片石，各厚 0.3 米，各层夯筑和砌筑"。

[2] A. 杨国庆《南京明代城墙》，南京出版社 2002 年版，第 136 页。

B.（杨秀敏等）工程兵工程学院中国筑城史研究课题组《中国筑城史》（军事谊文出版社 1999 年版）：砖石混合结构"城墙的两壁为条石砌筑，中为砖砌，其中质地好的用土砌，质地差的采用糯米石灰和桐油浆砌"，"另一种砖石混合墙，中间是用土石夯实，或砌夹乱石，这种混合墙多系利用前代的废旧材料构筑"。又一种为"外壁条石内壁砖砌筑，内亦为夯土墙"。

[3] 杨国庆《南京明代城墙》，南京出版社 2002 年版，第 136 页。

[4] 杨国庆《南京明代城墙》，南京出版社 2002 年版，第 27、37 页。

[5] 杨国庆《南京明代城墙》，南京出版社 2002 年版，第 27、37 页。

[6] 季士家《明都南京城垣略论》，《故宫博物院刊》1984 年第 2 期。

[7] 季士家《明都南京城垣略论》，《故宫博物院刊》1984 年第 2 期。

[8] 杨国庆《南京明代城墙》，南京出版社 2002 年版，第 38～39、46～47 页。

图 8-18　明南京条石、城砖混砌城墙
（引自杨新华等主编《南京明清建筑》）

图 8-19　明南京包山墙城墙
（引自杨新华等主编《南京明清建筑》）

些值得注意的现象，如 1970 年在中华门（聚宝门）西段，特别是水西门（三山门）至汉西门（石城门）地段挖防空洞时，发现明城墙将南唐城墙包在里面[1]；2001 年 5 月维修武定门段城墙时，在江宁路 3 号附近明城墙东南隅发现南唐建筑遗址（伏龟楼遗址？），明城墙在此处向外突出避开该建筑遗址[2]。如此等等，不再列举。

明南京内城墙的高度和厚度，不同时期和不同墙段差异较大。如前述 1366 年新建城墙（即"墙中墙"），高约 10 米，厚约 5 米[3]。此后经不断增高加厚，多数墙段才达到高

---

[1]　季士家《明都南京城垣略论》，《故宫博物院院刊》1984 年第 2 期。

[2]　杨新华等主编（南京大学出版社 2000 年版）第 724～727 页"南唐建筑基址遗存"中指出："此处明城墙并不直接向南折角与其南端城墙相连接，而是向西突出十三米多，再向南延伸百米后才折向南端，形成'马脸'状，其折角处基本上为直角状。"文中又引《景定建康志》记载："伏龟楼在府城东南隅，景定元年，马大使光祖增创硬楼八十八间。"详见同书文字与图版。

[3]　杨国庆《南京明代城墙》（南京出版社 2002 年版）第 28 页说："1366 年建的城墙，高约 10 米，厚约 5 米，有些地段可能更窄。这个尺度与旧城墙的尺度接近（指明以前的城墙，旧城墙高（转后页）

14～21米，*上宽4～9米，下宽14.5米（或说高12～24米，最宽处18米[4]）。虽然如此，不同区段城墙的高度和厚度仍大不相同。如西北城墙据马鞍、四望、卢龙诸山"岗垄之脊"筑城墙，今玄武湖左右以堤埂为墙基筑城墙，两者城墙高度的反差很大[5]。因此，城墙据"岗垄之脊"与否，是产生城墙高差的重要原因之一。又如三山门至聚宝门之间，有一段城墙高仅10余米（俗称"矮城"），此高度与一般城墙高20余米（如太平门至今解放门城墙）相差几近一半[6]。城墙的厚度，个别墙段厚仅3～4米（如今解放门至明神策门墙段），与一般城墙厚10余米亦差距很大[7]。上述差异除与据"岗垄之脊"与否和不循旧制有关外，似与有些墙段未最后完工有关[8]（如前述的"矮城"等）。

城墙整体砌筑方法，早期始建的城墙多使用小砖，平砖丁砌错缝（又称"玉带墙"）；使用石料，其不规则石块表面找平[9]。此后修筑的城墙（加高，增厚为主），主要使用基本统一的大城砖和条石，砌筑方法约有以下几种：第一，不用顶斗砖，全部平砌；第二，平砌几层后砌一层一丁一平，或平铺数块后，再加一丁；第三，将城砖侧立并排砌筑[10]；第四，采用"梅花丁"式砌法（一顺一丁式），这种砌法适于外皮，整砖里面用土坯或碎砖填充，可节省用料[11]，使用较多。总的来看，墙体内、外壁上下的厚度不一，如基底厚1～1.5米，顶面沿口厚0.6～0.8米。此外，也有个别墙段上下仅用一皮砖。黏结材料，内、外壁使用黏汁和石灰浆，墙心主要使用黄泥浆（或用生黄土干垒）[12]。

3. 城墙顶部排水设施与女墙和雉堞

城墙顶部为防雨水，据称用桐油和黄土封顶，厚1～2米，并以30厘米左右为一段，分段夯实。其上铺砖，砖面向内微坡，再以一定间距砌自外向内的明沟，城墙内壁靠边沿处砌石质水平明沟，汇城顶之水。又每隔60米左右，在墙身内壁砌出跳50～70厘米石质

---

* （接前页）不足8米）。这些城墙大体采用了六朝墓砖、旧砖（即小城砖）、块石等建材。"同书第38页说：前湖段"墙中墙"的小墙高10米左右，宽2.4～4.8米，暴露部分长约5.5米。同书第47页说："至少在洪武四年之前，城墙高度大约10米左右，厚度在5米左右。"

[4] 见杨国庆《南京明代城墙》，南京出版社2002年版，第133页。关于内城墙高厚其他诸说，参见前述情况。

[5] 季士家《明都南京城垣略论》中说："如京城西北段，利用马鞍、四望、卢龙诸山筑城，即今定淮门至挹江门地段，城墙内壁几乎仅砌较矮的护土坡。相反，今玄武门左右一段，因以堤埂建城，无山可据，内外墙身均高达60米，才与自鸡笼山西来的城垣取平。"（按：高60米似有误）

[6] 杨国庆《南京明代城墙》，南京出版社2002年版，第52页。

[7] 杨国庆《南京明代城墙》，南京出版社2002年版，第52页。

[8] 杨国庆《南京明代城墙》第51页引《明太祖实录》：洪武二十九年（1396年）三月，"令吏民有犯流罪者，甓京师城各一尺"。"南京城墙在1396年以后，还在增高加厚！由于这种增高加厚的工程，与修缮、修葺在工程性质上是不同的，因此，仍然不能将1396年认作南京城墙已经完工的年代"。同书第53页说："1398年朱元璋死后，除修缮之外，南京城墙再也没有增高加厚的记载"，所以明南京城墙，以朱元璋继续下令加高、增厚南京城墙墙体时因他寿终而罢为其下限，前后建造年代为39年（以1360年为上限）。

[9] 杨国庆《南京明代城墙》，南京出版社2002年版，第138页。

[10] 杨国庆《南京明代城墙》，南京出版社2002年版，第138页。

[11] 潘谷西主编《中国古代建筑史》第四卷（中国建筑工业出版社2001年版）"元明建筑"第461页。

[12] 杨国庆《南京明代城墙》，南京出版社2002年版，第138页。

滴水槽，其下城墙基对应处有略高出地表的石槽承接下泻之水，流向通往河流的窨井，这种设施在今中华门仍可见到[1]。此外，城墙基每隔一定距离设排水涵洞，将城墙内侧积水排出城外[2]。由此可见，明南京内城墙防雨排水设施较前代已有较大改进。

城墙顶部内侧砖砌女墙（女儿墙、宇墙），高约1米（图8-20）。城墙外侧砖砌雉堞（垛口，图8-21）13616座，间距在2.47～2.63米之间[3]。此外，城墙上还有窝铺200座。

（三）内城筑城砖石和黏结材料

1. 城砖和砖文

明代是我国砖石建筑步入高潮的时期，而砖石建筑的发展又是与大量大规模地筑城密不可分的。入明以后，由于攻城火器的发展，要求城墙不仅能防火，而且还必须坚固，以抗火器的攻击，故砖石砌筑高厚坚固的城墙应运而生。明南京内城墙就是在这个背景下所筑我国第一座全砖石的城墙。明南京内城规模宏伟，再加上营造宫城、皇城、外郭城以及其他重要建筑，其用砖量极大[4]，质量要求很高，规格必须基本统一。为适应上述情况，明南京筑城用砖由官方督造，统一规格、尺寸、收购、运输、调配和使用。砖的规格基本长40～44厘米，宽20～22厘米，厚11～13厘米（个别砖或略大或略小，有一定合理误差），砖的长、宽、厚之比大致为4:2:1，重多为10～20余公斤，开创了城砖的规制[5]。城砖的质料绝大多数为黏土，以细密的青灰砖为主，少量呈褐黄色，质地坚

---

[1] 季士家《明都南京城垣略论》，《故宫博物院院刊》1984年第2期；杨国庆《南京明代城墙》，南京出版社2002年版，第137页；杨之水等编《南京》，《中国历史文化名城丛书》，中国建筑工业出版社1989年，第173页。

[2] 蒋赞初《南京史话》（上），南京出版社1995年版，第109页。

[3] 杨国庆《南京明代城墙》（南京出版社2002年版）第111～120页根据《南都察院志》记载说："三山门（水西门）南至聚宝门界，北至石城门界，两界之间长715丈，垛口846座；聚宝门东至通济门界，西至三山门界，两界之间长935.5丈，垛口1202座；通济门东至正阳门界，西至聚宝门界，两界之间长511丈，垛口744座；正阳门东至朝阳门界，西至通济门界，两界之间长908丈，垛口1326座；朝阳门南至正阳门界，北至太平门界，两界之间长754丈，垛口1005座；太平门东至朝阳门界，西至后湖小门（位于今解放门进玄武湖公园的小城门处，不计入京城13座城门之列）界，两界之间长845丈，垛口1327座；神策门东至后湖小门界，西至金川门界，两界之间长995丈，垛口1559座；金川门东至神策门界，西至钟阜门界，两界之间长735丈，垛口1050座；钟阜门南至金川门界，北至仪凤门界，两界之间长5145丈，垛口750座；仪凤门南至定淮门界，北至钟阜门界，两界之间长580丈，垛口800座；定淮门南至清凉门界，北至仪凤门界，两界之间长1075丈，垛口1528座；清凉门东至石城门界，西至定淮门界，两界之间长725丈，垛口1050座；石城门南至三山门界，北至清凉门界，两界之间长397丈，垛口654座。"同书第137页说："据《南都察院志》记载，各城门之间垛口统计数字为12809座，数量比《明史》所载（13616座）少807座。"又（杨秀敏等）工程兵工程学院中国筑城史研究课题组《中国筑城史》（军事谊文出版社1999年版）据清代《明应天府城》图注，记垛口为18457座。按，现在多依《明史》，认为垛口为13616座。从图8-21来看，雉堞有的亦设射孔（炮窗，参见明北京城墙）。

[4] 杨国庆《南京明代城墙》（南京出版社2002年版）第145页估算，明南京全城营建约耗砖上亿块。

[5] 杨新华等主编《南京明清建筑》（南京大学出版社2000年版）第524页指出：城"砖的长度一般在40～45厘米，宽度20厘米，厚度约10厘米，重量大多在10～20公斤"。季士家（转后页）

图 8-20　明南京城墙女儿墙
（引自杨新华等主编《南京明清建筑》）

图 8-21　明南京城墙雉堞
（引自杨新华等主编《南京明清建筑》）

*硬；另有小部分高质量的瓷砖（白色为主，少量呈米黄色），至今几乎无风化痕迹[6]。筑城所需的大量城砖，分摊有关各地烧造，为保证城砖的质量，砖文铭记各级责任人，以此作为验收和赏罚的根据。

明南京城砖砖文（图8-22），是我国现存最多的砖文资料，其中绝大部分属记名砖文。砖文有模印、刻划、书写三种。其中以模印砖文为主（阳文），此类砖文有的模印较小的戳印砖文[7]，也有大量印面几乎与砖面大小相同的砖文。刻画类砖文（阴文）有的相当精致，如"总甲刘□才甲首孙□□□小甲□□窑匠尤□一造砖人夫□九四"砖文，即在砖坯未干时刻划的双线砖文。此外，也有些刻划砖文较粗糙和随意（多为行体或草体），字数较少。书写的砖文发现不多，主要用于城砖运至南京后的收发，如"留守中卫常州府无锡县□长江□壹千伍佰□"（高岭土砖上墨书）。砖文的字数，少则一个字，甚至一个笔画，多者70余字，一般多在30～50字。大致是字数由少到多再到少，有较明显的时代特点。如洪武元年（1368年）前后的砖文（小砖砖文），一般在10字以内，少数砖文略多。砖文如"建昌府""吉安府泰和县造"等，这类砖文很少出现烧砖人员上级机构的名称。此时以南京本地"军工夫"（稍后有"均工夫"参与[8]）烧造的城砖为主，洪武二年开始向各地摊派烧造城砖。洪武八年（1375年）罢筑中都前后砖文开始逐渐增多，并出现各级官府提调官等的名字。洪武二十六年（1393年）后城砖主要集中于南京烧造，砖文简化，如永乐中后期工部统一烧造的城砖，有"正前丁酉□□造""丙午年黑前"之类砖文等。

大量模印砖文多位于城砖两侧或一侧。位于城砖两侧的砖文如"安庆府提调官，通判王士廉、司吏邓由己；望江县提调官，主簿汪沂、司吏陈智"，"总甲胡溥、甲首丁秀三、小甲王宗四、窑匠吴真七、造砖人夫唐成"。位于城砖一侧的砖文如"南康府提调官、通判赵斌，司吏游清，都昌县提调官、主簿房秉正，司吏张伯行，总甲叶勤，甲首魏，小甲

---

*（接前页）《明都南京城垣略论》（《故宫博物院院刊》1984年第2期）说："城砖尺寸看来基本规定是长40厘米，宽20厘米，厚10厘米。实物标本则略大或小于规定数，是属于施工中的合理误差。"杨国庆《南京明代城墙》（南京出版社2002年版）第145页说："城砖规格基本一致，大约长40～44厘米，宽20～22厘米，厚11～13厘米。"该书同页注②说："条砖的长、宽、厚尺寸的比例在西汉中期接近4∶2∶1，既为整数比，又是等比级数"，"南京明城砖规格基本为4∶2∶1的传统制砖规制"。

[6] 杨国庆《南京明代城墙》（南京出版社2002年版）第154页中说：城砖的质料"大致有黏土、沙黏土、沙土和高岭土等多种土质，绝大多数城砖质地非常坚硬。少数沙土质地的砖坯中，含沙颗粒较大；有的在烧制中，由于转釉（烧制过程的一种技术）火候掌握得不是太好，城砖剖面砖心出现原生土的色泽，没有转成青灰色；少数城砖有过火现象，砖体出现弯曲，或因砖坯风干不足，以致出现裂纹（缝隙）现象"。

[7] 戳印砖文，如南京市明城垣史博物馆藏资料：湖北"荆州府石首县"的一方砖文，以及不少标有造砖人夫姓名的砖文等。

[8] "均工夫"，《明太祖实录》记载，洪武元年二月，"上（朱元璋）以立国之初，经营兴作，比资民办，恐役及贫民，乃命中书省验田出夫。于是省臣奏议，田一顷，出丁夫一人，不及顷者，以别田足之，名曰均工夫"。从南京城砖砖文来看，均工夫参与造砖，如"临江府新淦县洪武四年均工夫造"等。此类砖文，目前仅发现于洪武七年以前。

图 8-22　明南京城墙城砖砖文
（引自杨新华等主编《南京明清建筑》）

马良，窑匠余名，造砖人夫汪均受"（图 8-22）[1]。有些城砖未标明产地，此类砖文有吉

---

[1] 砖文主要依据前引杨国庆《南京明代城墙》（南京出版社 2002 年版）第 157~170 页的介绍，以及季士家《明都南京城垣略论》（《故宫博物院院刊》1984 年第 2 期）。季士家在文中提供较典型的砖文还有："九江府提调官、同知陈渊、司吏杨信；湖口县提调官，主簿袁士恭，司吏徐文彬"，"池州府提调官、同知彭小冲，司吏朱仲实；建德县提调官，典吏胡永秀，司吏欧原吉；总甲汪务名、甲首刘仁甫、小甲汪尚中；窑匠苏胜祖、造砖人夫汪时英"，"袁州府宜春县提调官、主簿高享、司吏陈迁玉，烧砖人杨信，人户郁达才。洪武十年、月、日"等。该洪武十年砖是 1973 年维修鸡鸣寺西一段城墙时，在倒塌的城砖中发现的瓷砖，该砖的发现表明，后湖城系 1376 年后修建的。此外，更详细者，请参见王克昌等编著《明南京城墙砖文图释》（南京出版社 1999 年版）。

语，如"吉""万""福""受"，为圆形印戳；方位，如"中""上中""中下""太上""福上"等；数字，如"五""六""九""十""十三""十四""二十""九十"等；符号，如"+""⊙""Φ"等。带有明南京城城门名的砖文，如"石城四号""神东""神西""洪武门三""金川门"等。还有为明孝陵专门烧造的砖，如"陵工""黑左陵"等；有为仓专门烧造的砖，如"仓蒋""仓周""修仓陶""修仓王"等。此类专门为陵和仓烧造的砖，似被挪用于修葺城墙；有的仅有纪年（如洪武元年等）。此外，还有少量无字城砖。在砖文中出现的纪年大致有"洪武元年""洪武四年""洪武六年""洪武七年""洪武八年""洪武十年"等[1]。

从现在所知砖文来看，南京城砖的烧造分布在今江苏、江西、安徽、湖北和湖南（当时两湖合为湖广）五省。具体产地的统计差异较大[2]，目前统计的产地有 32 府、148 州县、4 镇，还有行省造砖，系统造砖的共 190 个不同署名单位[3]，有的研究者又提出造砖单位已达近 300 个[4]。其中的瓷砖主要是（今江西）袁州府宜春县、萍乡县、万载县、分宜县；临江府清江县、新淦和新喻县烧造的。

上述砖文对明南京城墙考古学研究有重要价值，它可以帮助我们了解和确定不同墙段的接合部位[5]。此外，明南京城砖砖文丰富的内涵，还可为探讨砖文所涉及地域，有关洪武时期农村基层组织状况和建置变化的情况提供重要线索[6]；为研究明初姓氏文化、简化汉字和异体字、民间书法篆刻艺术等提供可贵的文化信息[7]。所以明南京城砖砖文，乃是一座尚待深度开发的宝库。

2. 城砖运输和烧造概况

如上所述，明南京城所用大量城砖的产地分布很广，因此必须解决运输问题。由于城砖产地大都沿江河临湖，所以长江中下游为主要运砖通道，以此连接各相关河湖，将大量

---

[1] 纪年砖文，所见以洪武十年最晚。除前注之洪武十年砖文外，还有"袁州府宜春县提调官，主簿冯□，司吏陈□□烧砖人夫诸□□□，人户汤俊可，洪武十年□月"，此类砖文表明洪武十年前，袁州尚未出现"总甲（首）甲首小甲"格式砖文。

[2] 季士家《明都南京城垣略论》（《故宫博物院院刊》1984 年第 2 期）认为南京明代城砖出自五省、28 府（含省隶州）、118 县，一部（工部）、三卫（陆军飞熊卫、豹卫，水军横海卫）、三镇（金口镇、浒黄州镇、鲇鱼口镇）。王少华《南京明代城墙的建造》（《东南文化》1997 年第 3 期）提出 33 府行省、12 州、150 县、7 镇。

[3] 王克昌等《明南京城墙砖文图释》，南京出版社 1999 年版。

[4] 杨国庆《南京明代城墙》（南京出版社 2002 年版）第 146~150 页加上了近年新发现的滁州全椒县，以及工部、军队卫所砖文。其中，统计的军队卫所有 50 余个单位，工部及其他单位近 50 个。

[5] 杨国庆《南京明代城墙》（南京出版社 2002 年版）第 162 页说：对中山门至太平门段城墙调查时发现，在城墙拐弯向前湖的一侧，墙体内的城砖为袁州府洪武十年烧造，墙体外侧为饶州府洪武十年和南昌府丰城县烧造；而拐向琵琶湖一侧，墙体上的砖文则显示为应天府江宁县、上元县、溧阳县、溧水县等在洪武六年至洪武七年烧造的。通过这些砖文结合城砖质地，可以确定该城墙墙体拐弯处是两段墙体的接合部。

[6] 杨国庆《南京明代城墙》，南京出版社 2002 年版，第 164~168 页。

[7] 杨国庆《南京明代城墙》，南京出版社 2002 年版，第 169 页。

城砖运至南京[1]。各城砖产地的砖窑，目前所知甚少，仅安徽省繁昌县新港、新淮两地专为明南京烧砖的近30座砖窑做过考古调查[9]。洪武二十六年（1393年）南京城墙大规模营建基本完成，一些增高加厚和修缮城墙用砖主要在南京烧造。规定"凡在京营造，合用砖瓦，每岁于聚宝山（今雨花台）置窑烧造。所用芦柴，官为支给。其大小、厚薄、样制及人工、芦柴数目，俱有定例"；"皇城、京城墙垣，遇有损坏，即便丈量明白，见数计料，所有砖、灰，行下聚宝山黑窑等处开支，其合用人工，咨呈都府，行移留守五卫差拨军士修理"；又说"凡门禁、城垣损坏，留守等五卫把守官军，予于本卫立窑烧造砖瓦"[10]。自此南京城砖及所用瓦类，基本在南京烧造。今雨花台路西首"窑湾街"就是当年工部和军队卫所烧砖的窑址区之一，另外在南京中央门外一带也发现过烧造明代城砖的窑址。总之，明初营建南京和中都，用砖量极大，因而促使制砖业向手工工场生产转化。当时的制砖业有专门的制砖和烧窑工匠，制砖技术和工艺流程，从选土、熟化、滤浆和泥、制坯阴干、烧造和窨水到成品检验，有一整套的规定和制度。所以明南京城砖规范、强度大，质量很高。

3. 石料和木料

明南京城墙除用砖外，还大量使用石料。从通济门至三山门段墙体几乎全部用条石砌筑，其他墙段的墙身有的也用石材砌筑，或条石城砖混筑，墙基则全部使用抗压性能强的条石。条石的规格一般为：长0.80～1.39米，宽0.70米，厚0.26～0.33米，条石凡外露部分均平整。所用石材主要取自南京东部沧波门外诸山和汤山（距明南京城15～30公里）。汤山的坟头村和今麒麟门附近的窦村，就是当年石匠聚居之地[11]。此外，城墙墙基加固，建造城楼（以及建筑皇城宫城诸殿等）还需要大批木材，运至南京后集中于"皇木场"（位于南京"夹江之东，水西门之西，近山就河处，面积约一千亩"）。

4. 黏结材料

明南京城墙之所以坚固，除砖石砌筑之外，还与黏结材料有密切关系。明朝是我国黏结材料发展的成熟期，已普遍使用石灰或石灰加有机物做黏结材料。明代《天工开物》记

---

[1] 各地烧造城砖除有运砖船运往南京外，客船也有运砖任务。《大明会典》卷一九四记载：洪武间"令各处客船，量带沿江烧造官砖，于工部交纳"，"按季将收运过数目报部查勘，仍行沿河郎中等官，但遇船只逐一盘查。如有倚托势豪及奸诈之徒，不行顺带者，挈送究问；回船查无砖票者，拘留送问"。

[9] 杨国庆《南京明代城墙》（南京出版社2002年版）第152～153页介绍了安徽繁昌县砖窑调查概况。新港镇（旧县镇）窑址位于镇的东北侧、官山的长江岸边坡地或丘陵处。明代窑址分布全长250米，窑址排列有序，两窑之间相隔15米，窑均是地穴式馒头形（当地称馒头窑）。新淮乡（小淮乡）窑址在董仓村村头路基东侧，临漳河西岸，诸窑间距3.5米，砖窑结构亦为地穴式馒头形。

[10] A. 万历《大明会典》卷一八七。

B. 杨国庆《南京明代城墙》（南京出版社2002年版）第152页引《大明会典》："每中窑一座，装到大小不等砖瓦二千二百个。计工八十人，用五尺围芦柴八十八束。"又引《工部厂库须知》卷五："黑窑厂"烧造城砖规定：每工造坯定额十块，每烧一块城砖需要五十斤柴。

[11] 坟头村：传说明初修城墙时，在此开采石料，石匠每人每天须向监工交三斗三升石渣，达不到定额者处死。被处死的石匠被集中埋在一处，故该处后来被称为"坟头村"。窦村：今村中数百户居民，都工石匠。该村姓氏繁杂，同姓也不同宗。传说明筑南京城时，一些石匠从四面八方"窦"来，定居于青龙山下，遂成为姓氏众多的"窦村"。

载："凡灰用以砌墙石，则筛去石块，水调黏合。墐墁则仍用油灰。用以垩墙壁，则澄过入纸筋涂墁。用以裹基及贮水池，则灰一分入河沙黄土二分，用糯米、粳米、羊桃藤汁和匀，轻筑坚固，永不隳坏，名曰三和土。"《大明会典》记载："凡在京营造，合用石灰，每岁于石灰山置窑烧炼，所用人工窑柴数目，俱有定例。"石灰属"气硬材料"，在没有与空气接触状态下，很难固化。明南京城墙虽已600余年，但城墙内部黏结材料有的仍未完全固化，据此可知南京城墙使用的黏结材料以石灰为主[1]。现在传说南京城墙黏结材料用石灰掺糯米（或秫米，即黏高粱米）汁或再加桐油拌和而成，所以城墙外观呈白色。这个传说迄今尚未得到验证[2]。此外，有的研究者又提出黏结材料使用了"蓼草"等说[3]。

（四）城门、瓮城、水关和涵闸

1. 内城门、瓮城和外郭城门

明南京内城一改城门基本等距离对称配置的传统，从实际需要和实战角度出发，因地制宜开十三门（图8-14）。其中，南面正门聚宝门（今中华门）[4]、西面南数第一门三山门（今水西门）[5]、南数第二门石城门（又称大西门，今汉西门，或称旱西门）是在南唐城门基础上改建或扩建的。又新建十门，南面东数第一门正阳门（今光华门）、第二门通济门（13个城门中占地面积最大）；东城墙中间为朝阳门（今中山门稍南）[6]；北面东数第一门太平门[7]；其西为神策门（今和平门）[8]；再西依次为金川门[9]和钟阜门（俗称

---

[1] 杨国庆《南京明代城墙》（南京出版社2002年版）第173页正文和同页注3，说城墙内部黏结材料尚未固化，该书作者在集庆门附近城墙工地上曾亲自感受，又说1958年拆城和潘谷西先生在20世纪70年代考察"武庙闸"城墙内的涵洞时，均有这种感受。

[2] 杨国庆《南京明代城墙》（南京出版社2002年版）第172～174页提出"朱元璋在1366年秋八月，下令大规模兴建南京城垣，可在同年二月，他就下达了辖区内当年禁种糯米，'以塞造酒之源'令"。此种情况与大量使用糯米汁筑城相矛盾。

[3] 季士家《明都南京城垣略论》（《故宫博物院院刊》1984年第2期）认为，明南京城黏结材料，也可能使用了"蓼草"。晚清甘熙所著《白下琐言》一书中，记载盛产于浙苏二省的"蓼草"放水加温，可成黏液，与适量石灰、细砂拌和成混合浆，用于黏结砖石之用。"据笔者多年工作实践，认为甘说较为可信"。该文又说，1978年南京发掘出徐达五世孙徐甫夫妇墓，死于正统年间。该墓系用同于城墙黏合剂浇浆，推土机无法施展，钢钎、铁镐都坏掉若干，非常坚固。我们对所得黏剂浇浆块，做了拉力、承压、渗透三项试验。与现代水泥浆相比，所得数据证明，承压力低于水泥砂浆体，拉力与渗透均高于后者。

[4] 聚宝门为南唐至元金陵城南门，地处内、外秦淮河之间，城外不远为聚宝山（今雨花台），地位最为重要。

[5] 三山门，南唐至元称"龙光西门"，水陆交通方便，设西水关。其规模气势仅略逊于聚宝门和通济门。

[6] 朝阳门，为去明孝陵必经之路。

[7] 太平门，建在富贵山和覆舟山之间的丘陵上，城外左湖右山，扼守钟山通向城内最便捷之路，地势非常险要，是历代兵家必争之地。

[8] 神策门，该门突出在玄武湖滨，北边不远就是幕府山和长江，具有重要战略地位。

[9] 金川门，在今萨家湾以北，因金川河从此出城而得名。靠江边，地势险要，明成祖的"靖难之师"即从此进城。

小东门）；西面北数第一门为仪凤门（今兴中门）[1]；向南依次为定淮门（又称怀远门）和清凉门（又称清江门）[2]。清末以后又陆续开十门[3]。现在明代十三座城门，只留下聚宝门、石城门（大部损坏）、神策门、朝阳门（重修）、清凉门五座。

  明南京内城城门均有城楼[4]，城门有木门和千斤闸（又称闸门）各一道。具有战略地位或重要的城门有1~3道瓮城，如正阳、朝阳、神策门各一道瓮城，石城门两道瓮城，聚宝、通济、三山门各三道瓮城并有藏兵洞[5]。现在只有聚宝门瓮城保存较好（图8-23，图8-24，图8-25），聚宝门南有雨花台为天然屏障，城外有120米（或说128米）宽的外秦淮河和长干桥，城内有28米宽的内秦淮河和镇淮桥，正处交通要道，控扼咽喉，战略地位十分重要。该城门是在南唐都城正南门基础上扩建的，外壁用石条砌成，极为坚固。聚宝门东西宽128米，南北长129米，总面积16512平方米，高20.45米（不同资料所记尺寸略有出入）。有四道城门，三道内瓮城（第一道瓮城长达75米），27个藏兵洞。瓮城两侧各有两条礓䃴和一条马道礓䃴，马道共宽11米。城门外侧有"千斤闸"，内侧为两扇包铁皮的木门。第一道瓮城门上下三层，上层有木结构城楼，1937年12月被日军烧毁。中层砖石结构，长65.15米，宽47.2米，高9.1米，面北并列筑藏兵洞七个。下层正中为券顶瓮城门，通第二道瓮城。第二道瓮城长52.6米，宽5.333米，券高8.7米，左右各筑坐南朝北藏兵洞三个。第二道瓮城门距第一道瓮城门10.14米，第三道瓮城门距第二道瓮城门15.18米，第四道瓮城门距第三道瓮城门10.3米。瓮城东西外侧马道之下，各筑坐东向西和坐西向东藏兵洞七个，瓮城共有藏兵洞二十七个。藏兵洞最大者长44.34米，宽6.84米，高6米左右，面积303.3平方米；一般藏兵洞约150平方米，藏兵洞外侧有券门。藏兵洞可储存战备物资和居住守城士兵。据估算，在无任何外来粮草情况下，藏兵洞藏兵三千人可守城一个月，藏兵一千人可坚守三个月。聚宝门瓮城布局严整，构造精巧，独具匠心，是古代瓮城中的杰作[6]。此外，明南京城城门砖拱券技术也有发展，门洞拱券跨度增大。明南京城实例中多用半圆拱（施工、放样较方便，故使用较多），

---

[1] 仪凤门，在狮子山西南侧，是明代出入长江的必经之路，地位比金川门更为重要。

[2] 定淮门，因城外就是秦淮河的入江口，故名。

[3] 为便利交通，自清末起，在定淮门与清凉门之间开草场门，神策门与太平门之间开丰润门（今玄武门）；1921年开海陵门（今挹江门）；1929年开武定门，改朝阳门为中山门，改石城门为汉西门；1931年开汉中门和中央门，改聚宝门为中华门；1934年开新民门；国民政府时期开雨花门；1952年在玄武湖东南开解放门；1991年在三山门（水西门）以南开集庆门。

[4] 季士家《明都南京城垣略论》（《故宫博物院院刊》1984年第2期）中认为：明城门上城楼均已无存。现在仅存的神策门上歇山顶重檐城楼，经专家鉴定，为清末建筑。前人影集中歇山顶三重檐的聚宝门城楼，亦为清嘉庆年间重修。

[5] 目前所知，明南京城13座城门中，仅此7座城门有瓮城。其中神策门为外瓮城，余6座均为内瓮城。杨国庆《南京明代城墙》（南京出版社2002年版）第115页指出《南京建置志》称正阳门为外瓮城，是因"月城"之误，实为内瓮城。此外，有人说南京13座城门都有瓮城，此说尚待证实。瓮城以清凉门内瓮城最小。

[6] A. 杨新华等主编《南京明清建筑》，南京大学出版社2000年版，第533页。
  B. 杨之水等编《南京》，《中国历史文化名城丛书》，中国建筑工业出版社1989年。

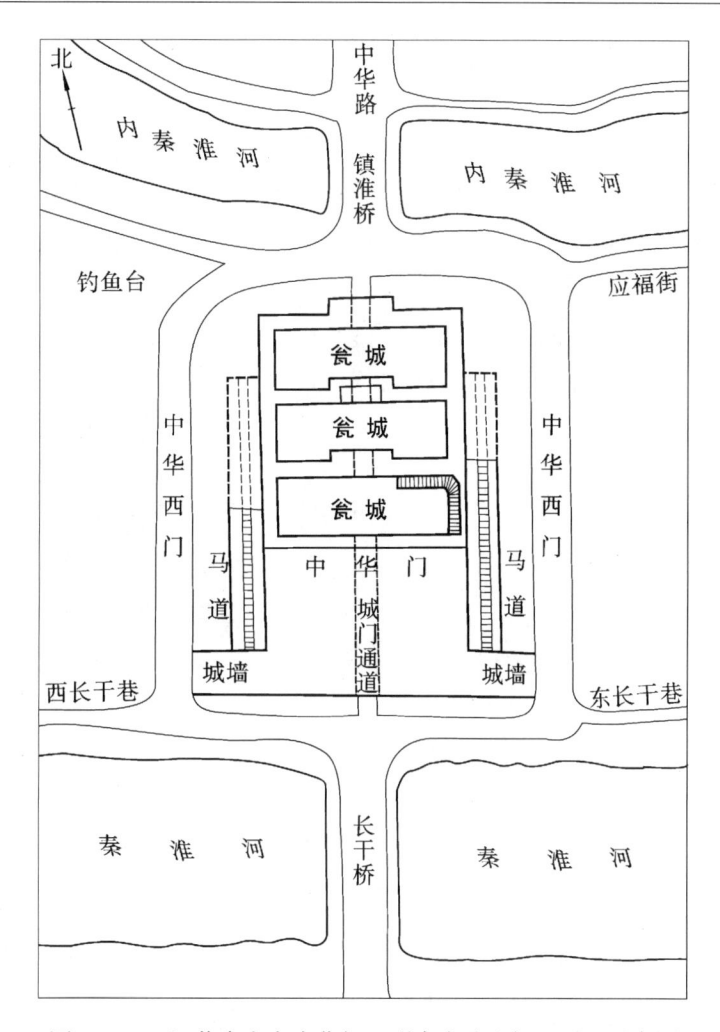

图 8-23 江苏南京市中华门（明南京聚宝门）平面示意图
（引自王兆春《中国科学技术史·军事技术卷》，略有改动）

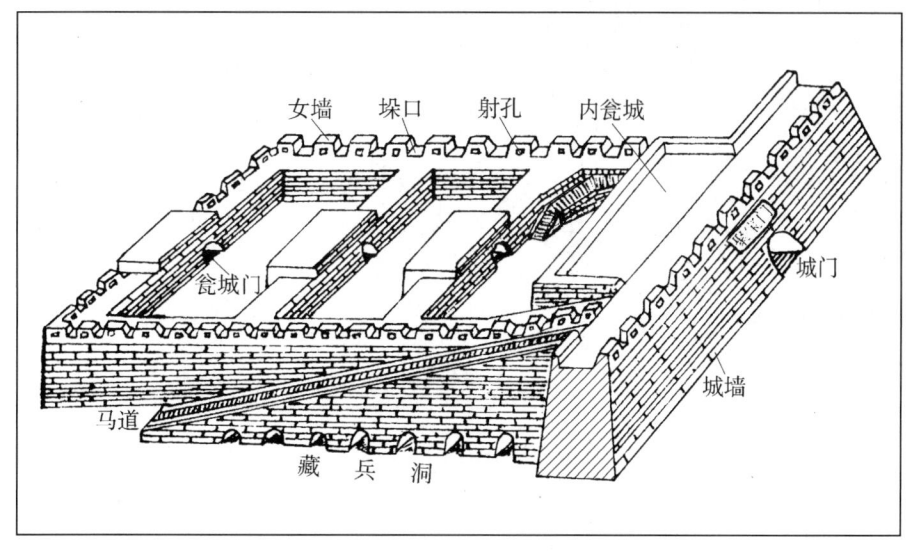

图 8-24 明南京聚宝门瓮城示意图
（引自王兆春《中国科学技术史·军事技术卷》，略有改动）

1. 马道　　　2. 券门

3. 藏兵洞

图 8-25　江苏南京市中华门（明南京聚宝门）细部
（引自杨之水等编《南京》）

但聚宝门藏兵洞券门则出现较合理的双心拱，拱券三券三伏[1]。

外郭城共开十六座城门，南有上方门、夹岗门、凤台门、大安德门、小安德门、大驯象门、小驯象门；东有姚坊门（今尧化门）、仙鹤门、麒麟门、沧波门、高桥门；西有江东门；北有上元门、佛宁门、观音门。明晚期又在北面辟外金川门，在西面辟栅栏门，共18门（图8-15）[2]。现在外郭城墙和城门均已无存，但人们仍然使用这些城门名称作为当地的地名。

2. 水关和涵闸

（1）水关

明洪武年间筑南京城墙时，根据当时城墙内外水系设置了水关和大小不等的涵闸，以便对城内各河道水源进行适时和适量的调控。水关可以通船，涵闸只能通水。当时在内秦淮河与护城河连接的城墙处，设通济门和三山门（水西门）东西两座水关。东水关（又称上水关）的作用是保持内秦淮河水位的高度，及时补充新水源，确保水质。三山门南侧的西水关的作用，在于排泄城内污水，防止长江水通过外秦淮河（即护城河）向城内倒灌。东水关在通济门南侧，由水闸、桥道和藏兵洞构成（图8-26、图8-27）。水闸前后两道，第一道在内秦淮河水入口，第二道在城墙内。在半圆形拦水坝中间安装木质水闸（闸已无存，闸槽尚在），由绞关启动。两道水闸之间的上方，置桥道，桥道上筑城墙。桥道宽于城墙7米左右，城外留约2米宽的便道，城内留4米多高的桥面为人行道。桥道下面的巷道有石筑九孔拱券，用铁扒钉嵌入巷道条石之间增固。为防止敌人潜水进城，每孔进水巷道分别安装固定铁栅，中间一孔可进船只。此外，根据守闸防御需要和减轻对桥身的压力，还在城墙墙体中建藏兵洞，分上、下二层，每层各有十一个坐东向西的藏兵洞[3]。西水关结构与东水关基本相近。

（2）涵闸

涵闸以武庙闸最著名，该闸位于玄武湖南岸，与解放门毗邻，是玄武湖主要泄水口之一，也是湖水通过闸口进入城内珍珠河的主要源头。闸口流量可达4立方米/秒左右，此闸

---

[1] A. 潘谷西主编《中国古代建筑史》第四卷"元明建筑"，中国建筑工业出版社2001年版，第458页。
B. 杨国庆《南京明代城墙》（南京出版社2002年版）第123页认为，南京城门为四层券，指一券一伏为一层，共计四层，并以神策门城门为例。

[2] 蒋赞初《南京史话》（上），南京出版社1995年版，第111页。他认为，金川门和栅栏门是晚明所开。又季士家《明都南京城垣略论》（《故宫博物院院刊》1984年第2期），潘谷西主编《中国古代建筑史》》第四卷（中国建筑工业出版社2001年版）"元明建筑"第24页，以及其他一些论著，认为外金川门和栅栏门为清代增辟。

[3] 见杨新华等主编《南京明清建筑》，南京大学出版社2000年版，第215～216页。又文中指出，清光绪年间，左宗棠在此附近的通济门建五石闸。民国二十四年（1935年）又加以改建。1949年兴修通济门水闸，在拆除部分城墙时，东水关上层藏兵洞被拆除，现仅有下层十一个藏兵洞和东水关进水巷道。1982年东水关被列为南京市文物保护单位。又杨国庆《南京明代城墙》（南京出版社2002年版）第140页谈道："东水关设有大小33券洞，分3层，每层11券洞。上下两层22券洞（藏兵洞），向城外一侧封堵，以增加水关的防御机动能力。下面11层券通水。通水的11券，建有前后三道闸，前后两道为控制水位的木闸，中间一道是设于水道中防止敌人潜水进城的固定性铁栅。惟中间一洞稍大，以通舟楫，以绞关涵闸替代固定铁栅。"

图 8-26　明南京东水关
（引自杨新华等主编《南京明清建筑》）

图 8-27　明南京东水关闸口
（引自杨新华等主编《南京明清建筑》）

图 8-28 明南京城武庙闸
（引自杨新华等主编《南京明清建筑》）

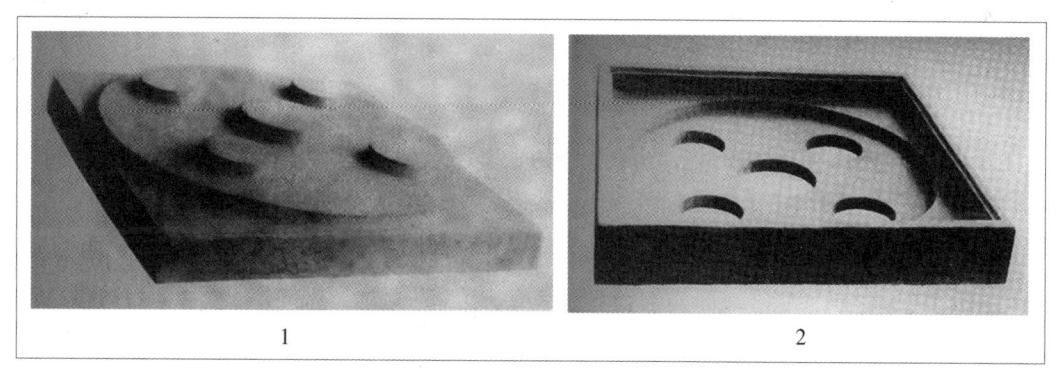

图 8-29 明南京城铜水闸
（引自杨新华等主编《南京明清建筑》）

对南京城区的水系起着一定的调节作用（图 8-28）。早在东吴宝鼎二年（267 年）开城北渠，引湖水入城时就在这里修了"北水关"。刘宋大明三年（459 年）又在此开"大窦"，引水入华林园的玄渊池，流贯宫城。明修南京城墙时，将原有水关扩建成大闸，称"通心水坝"。该闸闸身呈方形，边长 25 米，方井深 8.5 米，穿城而过的涵管称"灵福洞"。1954 年修闸时测知其总长度为 1432.90 米，洞中残存铜管长 103 米（每节长 0.85 米）、铸铁管长 37 米（每节长 0.82 米），管径均 0.95 米。该闸原有两个进水口，闸口水道建成"之"字形，以减缓湖水流速。在闸口下方安装两套双合铜水闸（图 8-29），每套闸方形，边长 1.30 米，厚 0.25 米，上下合各呈子母状。下合装在条石砌成的方框内，下合内凹部分有直径 1.10 米的圆槽，槽内穿五孔，中孔直径为 0.28 米，四边四孔直径为 0.21 米。上合内面呈与下合槽孔对应的"凸"字形，上下合相合即合闸断流。上合正中有一直径 9 厘米带绳孔的铜钮，以铁链连接地面上的绞关启动。两处闸口都安装了绞刀，刀随水流运转，用以切碎随湖水而来的湖草，防止闸口堵塞。在下合闸的下方，铺有铜制或铁制的涵管，内径为 0.95 米，用以启闸后进水。又对涵洞所通过城墙内部进行调查，发现隐藏于城墙内的瓮室一座。瓮室砖砌，拱顶，高约 4.50 米，南北走向，长 9.70 米，南北被堵之门底宽各 6.50 米，初步认定是"武庙闸护管隧道"[1]。

除武庙闸外，1958 年在朝阳门南明故宫外五龙桥东之御河入口的城根，也发掘出两套铜闸的下合。1979 年春在太平门内钢锉厂地下室工地，于地表下 4 米处，发现连接后湖之水的南北走向的砖砌涵洞，高约 3 米，宽约 2.5 米。明南京城铜水闸都发现于城北和城东，这是与南京城的水流均由北和东流入城内有关[2]。

四　内城功能分区与内外城间近郊概况

明南京城的功能分区，大体可以不同时期所形成的特定区域为准，并结合相关内涵进行划分。据此可将其分为五个不同的功能区划。

（一）东城区：皇城宫城和主要中央衙署区

东城是明初卜地新开辟的城区，在此建皇城和宫城，置主要中央衙署和宫廷服务机构，其情况见第三节，兹不赘述。在此仅指出主要中央衙署中的刑部、大理寺、都察院、五军断事司等司法机构则不在该区，而是置于皇城以北太平门外的玄武湖之滨（地方衙署京畿道亦设于此），自成一个小型官署区（图 8-14、图 8-30、图 8-31）[3]。

---

[1] 见杨新华等主编《南京明清建筑》，南京大学出版社 2000 年版，第 219~220 页。文中还指出清代武庙闸的闸口有一铁铸赤身和尚，面湖而立，以镇湖中水怪，现已无存。清同治七年（1871 年）曾对"通心水坝"进行重修，称"创造通心沟水坝；并勒石纪事"（现嵌于武庙闸阶梯转弯处）。又因将府学旧址改为武庙，此大闸遂改称"武庙闸"（俗称台地水关）。1971 年拆除武庙闸两套铜水闸及一百多节铜、铁涵管（现部分藏于南京市博物馆），改为水泥涵道，并对原水口进行了修改。季士家《明都南京城垣略论》（《故宫博物院院刊》1984 年第 2 期）之注 50 记载：1971 年 2 月，武庙闸发电站工地出土铜水闸两套，铜制涵管 107 节，铁制涵管 43 节，两种涵管直径均为 0.95 米，厚 1.5 厘米，长 1.04~1.07 米。

[2] A. 季士家《明都南京城垣略论》，《故宫博物院院刊》1984 年第 2 期。文中还说外五龙桥御河入口城根铜闸上合，在日军占领时期被日军盗走。
B. 杨国庆《南京明代城墙》（南京出版社 2002 年版）第 141 页说："明代南京城墙与之内外河流、湖泊进出水处设置的涵闸还有多处。如金川门涵闸、北水关（武庙涵闸）、太平门涵闸、半山园涵闸、琵琶湖涵闸、前湖涵闸、朝阳门（今太平门）涵闸、铁窗棂涵闸、仪凤门'水洞'（两座）等 10 多座。"

[3] 关于主要司法机构置于太平门外，具体原因不明。现有几种说法，如潘谷西主编《中国古代建筑史》第四卷（中国建筑工业出版社 2001 年版）"元明建筑"第 25 页中说道："这种异乎寻常的布置方式源于对天象的摹仿，因为朱元璋以'奉天承运'自命，自称是'奉天承运皇帝'，处处以天命标榜，而天象中的天牢星（又称贯索星）位于紫微垣（帝星所在星座）之后，所以把主管刑事的机构也仿照天象置于皇城以北城郊。明太祖还声称要根据对此星变化的观察来判断执法官们是否秉公办事（《明太祖实录》）。"此外，还有朱元璋怕听到杀人的哭声等传说。中华人民共和国成立后曾在明代刑部所在地掘出大量骨骸和刑具。

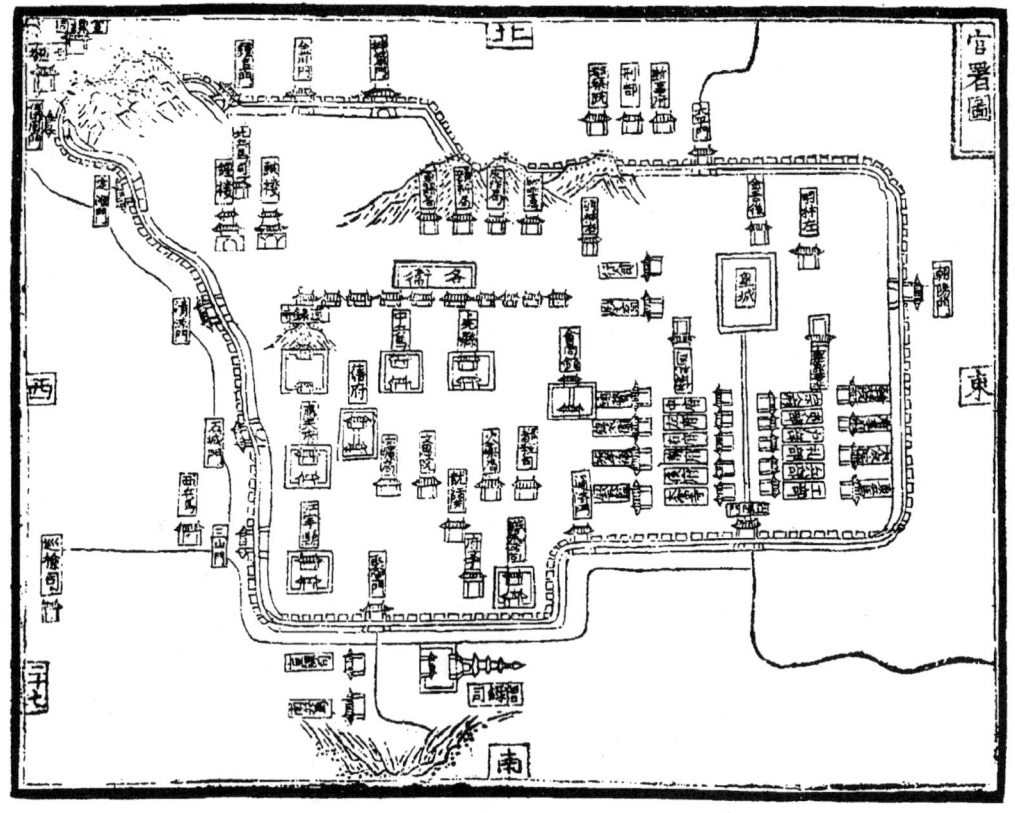

图 8-30 《洪武京城图志》明南京城官署分布图

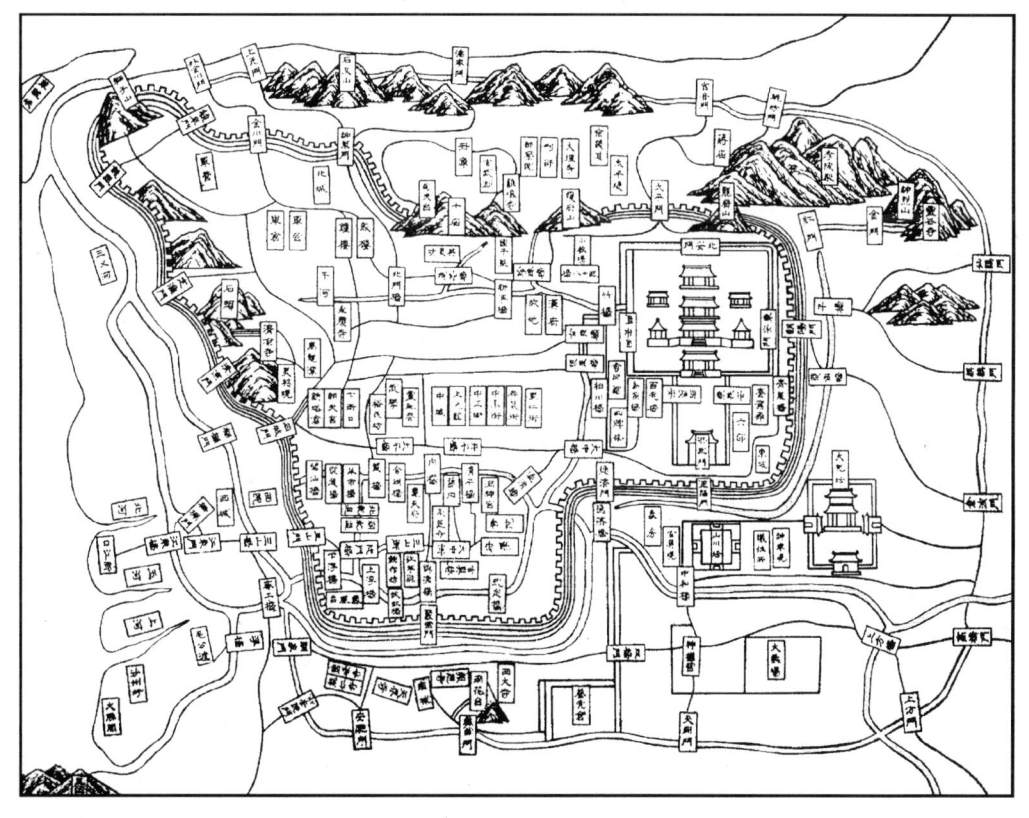

图 8-31 《洪武京城图志》明南京城城图

(二) 西北城区：城防区

明南京城西北城区的"后湖城"是明初新扩建的，这里西面和北面濒长江，山岗起伏，地形险峻，利于防守（明初南京城主要威胁来自江北），故成为主要城防区（图8-14）。明南京城常年驻军42卫左右（洪武时期达48卫），约20万余人（每卫5000余人）。当时的军事布置分江防、城防、京卫、宫卫四部分。皇城内有羽林左、右卫，皇城周围有锦衣卫、府军等十卫，余者主要驻扎在鼓楼以北和沿江一带的城防区。在城防区内有相关各卫营房、军储仓库、教场及其他的军事设施等[1]。

(三) 北城区：文教和祠庙区

北城区以六朝宫城范围为主，西以鼓楼为界，北依鸡鸣山和玄武湖，南至今珠江路，东临明皇城。这一带自隋"荡平"六朝宫城以后，遂成为空旷之地，明初则辟为文教和祠庙区（图8-14）。

首先，文教区以国子监为首，国子监建于鸡鸣山下，处于城防区、宫城区和中城区结合部之北，位于六朝宫城中心区（今东南大学一带曾是国子监的主要部分）。其范围大致东到小营（明南京城的"小校场"），西抵进香河，南至珍珠桥，北迄鸡鸣山麓，有"延袤十里，灯火相辉"之誉。学生最多时可达万人[2]，其中还有当时来自日本、高丽、琉球（今冲绳）和暹罗（今泰国）等国的留学生。此外，当时国子监又集中了宋元以来的刻板，大量编辑出版书籍，印制精良，称"南监本"。我国古代最大的百科全书《永乐大典》也是在南京国子监监编抄写成书的，可以说明南京国子监在中国古代教育史和文化史上占有非常重要的地位。

其次，是建于鸡鸣山巅的"钦天台"。明洪武十八年（1385年）在前代"观象台"基础上，扩建成国家天文台（因由"钦天监"管理，故又称"钦天台"，因此明代鸡鸣山也称"钦天山"）[3]。山上还建有涵虚阁、望湖亭，山中建有横岫阁等。明初徐达攻克元大

---

[1] 各卫驻军分设军官住房和士兵营房。营房"每十间为连，间广一丈二尺，纵一丈五尺"（《明太祖实录》），每卫约有此类营房百排左右。此外，各卫按承担的不同任务还有各种军匠工厂和各色仓库，不少军卫营中还自设操练场。洪武后期，各卫按二年官俸军粮之数自建粮仓。城中各卫粮仓多建在本卫营内或附近，城外各卫粮仓亦多在城内，各仓均有水路相通，运粮船可直抵仓下。杨国庆《南京明代城墙》（南京出版社2002年版）第94～96页中说："朱元璋攻占集庆路后，令军垦土地48万多亩，建大型粮仓37处。建南京城后，军垦土地部分被围入城中，城内保留大片军垦土地，在都城中罕见。"又说主要军储仓位于城北，设在鼓楼西马鞍山下，即今古林公园偏南一带。

[2] 杨之水等编《南京》（《中国历史文化名城丛书》，中国建筑工业出版社1989年版）第59页说：国子监"学生人数，超过15世纪时英国的牛津、剑桥和法国的巴黎等著名大学，堪称当时规模最大的国立大学"。此外，当时国子监旁的成贤街，其南门外有大牌坊（俗称"四牌楼"），现在仍沿用为地名。

[3] 元至正元年（1341年），我国著名天文学家郭守敬奉谕旨制造十三套精良的天文仪器，鸡笼山旧"日观台"分得一套，并在"日观台"旧址建"观象台"。明改"观象台"为"钦天台"，该"钦天台"比著名的英国格林威治天文台（建成于1675年）约早290年。清康熙八年（1669年），（转后页）

*都后将元大都所有的宋元天文仪器运至南京，后来均安装在鸡鸣山观象台上，同时还新铸了浑天仪等新的观测仪器。

祠庙均建于鸡鸣山。明洪武时期在城中建寺庙很少，城内重点突出鸡鸣山的祠庙。如功臣庙（俗称"功臣楼"，祭祀徐达、常遇春等21名功臣）、历代帝王庙、关羽庙（武庙）、城隍庙[4]、真武庙、蒋王庙（祭汉代秣陵尉蒋子文）、卞壶庙（祭东晋忠臣卞壶父子）、刘越王庙（祭南唐大将刘仁瞻）、曹武惠王庙（祭北宋大将曹彬）和元福寿庙（祭元末守金陵死难大臣福寿），通称为"十庙"，形成一个表彰武功、宣扬忠孝道德的中心区。此外，洪武二十年（1387年）朱元璋还下令拆除鸡鸣山东麓坡地上的旧庙，重建寺院，名为鸡鸣寺（鸡鸣寺前身为梁之同泰寺）。该寺是南京延续时间最长、城内知名度最高的寺庙之一。此外，在北城区西南，今珠江路北有北桥市（即北门桥，该桥北连鱼市街，南接估衣廊）。北桥市多卖鸡鹅鱼菜等物，附近有鸡鹅巷。

（四）中城区：邸宅、道观和部分衙署区

中城区指北城区（六朝宫城区）之南，大市街（今白下路）以北区城（图8-14）。这里北部是已荒废的六朝都城城区；南部是杨吴和南唐宫城区，宋元时期为军营、官署和寺院所在地，并有部分邸宅。入明以后，这个地区的大建筑多拆毁或迁走，遂成为明南京城名门望族、富贵之家和高官的邸宅区之一。这些邸宅主要分布于明南京城大市街至北新街两侧，其中高官府第多靠东，以便朝觐[5]。此外，上元县衙也设在大市街北[6]，负责铸造钱币的"宝源局"在今新街口南的娃娃桥一带。太仓（今长江人民大会堂一带）、虎贲仓（今汉中路牌楼巷附近）亦置于中城区。又明洪武十七年（1384年）在前代道观基础上改建的朝天宫在该区西南部冶城山上（今水西门内）。朝天宫为朱元璋赐名，是皇室贵族礼拜道教诸神的道场，为当时南京最大、最著名的道观；另外它也是在三大节（春节、

---

* （接前页）山上所置天文仪器被运往北京。康熙二十四年，两江总督王新命等于山巅建万寿阁，因该阁在明北极真武庙的后山上，故称"北极阁"，所以现在一般多将"钦天台"称为"北极阁钦天台"。1928年在北极阁设气象研究所，1930年改建为气象台。1949年以后，北极阁气象台相继成为南京、江苏省气象台。1992年被列为南京市文物保护单位。此外，明初还在聚宝山（雨花台）上设一座观象台。由"钦天回回监"管理。

[4] 城隍为道教所传守护城池的神灵，自唐以后，郡、县多建庙祭祀。相传朱元璋出生在土地庙里，故对土地庙和土地神的上级"城隍"神极为推崇，下旨封京师南京及几个大城市的城隍为王，各府、州、县的城隍分别封为公、侯、伯。各地均建城隍庙，与当地官署衙门等同，形成阴、阳两套衙门。明南京城隍庙在鸡鸣山南，毁于太平天国时期。

[5] 如汉王府（陈友谅之子陈理投降后，被封为汉王。后又封朱棣次子朱高煦为汉王），即位于今长江路292号。此外，朱元璋养子西平侯沐英死后被追封为黔宁王，其王府亦建在这里，清成为两江总督署，太平天国为天王府，民国时期为总统府。其他如常遇春开平王府（今太平南路杨公井以东）、邓愈的宁河王府（今中山东路之北"邓府巷"），郑和第（今太平东路马府街）等，也在此区域之内。

[6] 上元县衙旧址在今白下路101号。明清时南京城均为上元、江宁两县同城分治。自洪武初到清末，上元县衙均设在这里。南京城以内桥为界，北为上元，南属江宁县。

冬至、皇帝诞辰）前作为文武百官演习朝拜天子礼仪的场所，有时亦作为官僚子弟袭封前学习朝觐礼仪的地方，所以又有礼制建筑的性质[1]。除上所述，应当指出，大市街仅仅是中城区与南城区的大体分界，具有过渡性质，其相关情况下文有说。

（五）南城区：工商业、居民、歌妓区和地方衙署区

南城区在大市街以南（含大市街两侧及北侧附近一带），即南唐、宋、元以来的旧城区（图8-14）。这里是历代延续的繁华之区，入明以后仍是主要工商业区、主要居民区和地方衙署区[2]，位于该区的"十里秦淮"则浓缩了明南京城的市井百态。

1. 居民与编户制度

明初朱元璋担心元集庆的居民造反，将其大部迁往云南[3]，同时又将大量外地居民迁入南京。迁入者以各种匠户最多，达45000户，约20万人（每户以五口计算），约占当时全国23万匠户的1/5。被征调从事劳役的"仓脚夫"约2万户，强制迁来南京的各地富户（以南方各省为主）达1.43万户以上。洪武二十四年（1391年）统计，南京人口已近48万[4]。此外，再加上20万左右驻军，在京服役的轮班工匠等，总人口达80万左右（明中叶以后可达百万）。这些人口除军队之外，大都居住在南城区，所以南城区人口密度很高。

洪武十三年（1380年）二月，明太祖令"改作在京街衢及军民庐舍"[5]。洪武十四年（1381年）一月，"命天下郡县编赋役黄册，其法以一百一十户为里，一里之中推丁粮多者十人为之长，余百户为十甲，岁役里长一人……城中曰坊，近城曰厢，乡都曰里……每里编为一册"[6]。此后南京城的居民则按职业而居，并调整居住分区，推行"定民之居，成民之事"政策，强化对居民的管理和控制，突出职业世袭化，从而提高了工商业的专业分工水平。

2. 手工业与匠户的聚居区

明初南京手工业发达，新行不断产生，专业化程度较高。元代时手工业约有120行，

---

[1] 朝天宫所在地历史悠久，相传吴王夫差在山上开办冶铸作坊，制造兵器，所以称冶城或冶山。东吴时在此置冶官，东晋时为丞相王导的西园。刘宋在此建总明观，又称东观，集中著名文人学士从事研究工作。唐代更名太清宫，杨吴时期改为紫极宫，南唐时在紫极宫西建武烈帝庙。北宋建文宣王庙（此处文庙之始），不久改天庆观，后又改祥符宫，建太乙殿。元改玄妙观，又改永寿宫。明改建朝天宫，明末屡遭火灾，现在的朝天宫是清同治五年（1866年）两江总督曾国藩重修的。重修后将道观改为孔庙，并将江宁府学迁至此地。

[2] 明南京中央衙署，一般中央机构、地方衙署配置情况，参见图8-30。

[3] 《客座赘语》。

[4] A. 关于明初南京人口情况，参见蒋赞初《南京史话》（上），南京出版社1995年版，第126页。
B. 张泉《明初南京城的规划与建设》，《中国古都研究》第二辑，浙江人民出版社1986年版，1984年。
C. 杨之水等编《南京》，《中国历史文化名城丛书》，中国建筑工业出版社1989年版，第58页。

[5] 《明太祖实录》卷一三○。

[6] 《明太祖实录》卷一三五。

到明初则达360行[1]。各行分工日益细化，如棉织业就有轧花、纺纱、印染、踹等诸行。丝织业则有缎子、表绫、贮丝、罗、绢、绉纱、丝棉、绒线、打线、头巾、网巾、冠带、荷包、颜料和染坊等20余行。当时南京居民中手工业者占绝大多数，明成祖迁都北京时带走27000户民匠，竟使南京城"减户口过半"[2]，可见其所占比例之大。

各行手工业者按行业分类而居，"百工各有区肆"，主要居于南城区18坊内。其中以镇淮桥一带最为集中，如镇淮桥西有鞍辔坊、银作坊、铁作坊、弓匠坊、毡匠坊、箭匠坊、皮作坊等；镇淮桥东有三个织锦坊；一些杂役户，则分布于镇淮桥西和北部的杂役坊内。此外，"习艺街""广艺街"等地也是手工业者聚居之处（图8-32）。上述诸坊是按作坊工种分类的作坊区，不是编户单位的坊。一个作坊区中可能包括几个编户坊，如前述弓匠、铁、皮、银四作坊在洪武年间编户为18坊，近2000匠户。这些坊既是专业匠户的生产基地，又是他们的聚居区，手工业区就是由这些专业化作坊小区组成的。至于居住于杂役坊的杂役户，包罗行业很多，其居住与工作场所是分离的，为便于管理才将他们归于杂

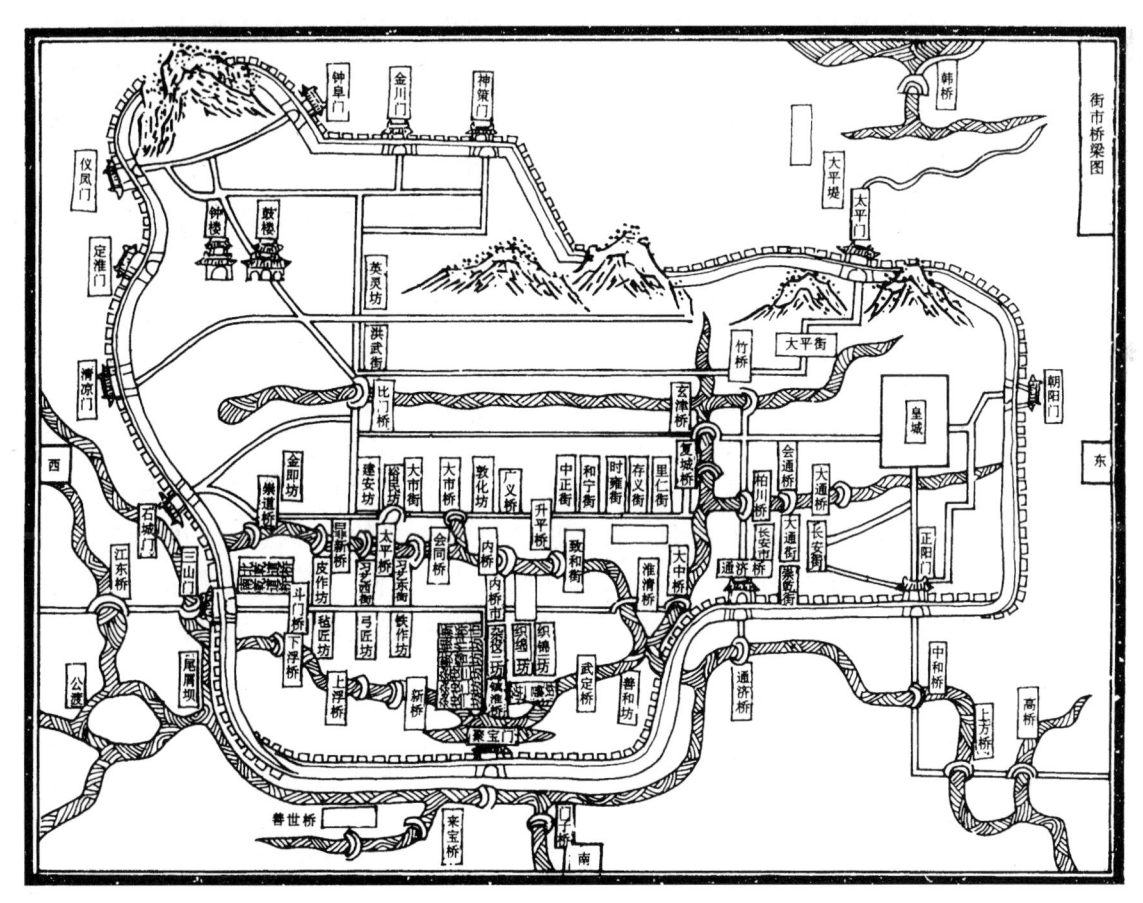

图8-32 《洪武京城图志》明南京城街市、桥梁图

---

[1] A. 张泉《明初南京城的规划与建设》，《中国古都研究》第二辑，浙江人民出版社1986年版。
B. 蒋赞初《南京史话》（上），南京出版社1995年版，第127页。
[2] 见明人顾炎武《天下郡国利病书》。"减户口过半"应是夸张之词。

役坊内。此外，为修建宫城皇陵而集结于京师的轮班匠人最多时达 20 万户，其居住形式和地点史籍缺载。

手工业作坊配置的地点，有的需要考虑周围的环境，如染坊因"漂丝必于青溪、东水关、北铜管三水合流之间，其色乌亮"[1]，同时染坊污水还可直接排入长江，所以多置于柳叶街船板巷附近。而丝织业"多聚于城之西南隅，以地多岗阜，无潮湿之气，丝经不致霉烂也"[2]。除上所述，明南京城官营手工业规模很大，如丝织业中有"南京司礼太监"掌管的"神帛堂"专门生产皇帝的龙衣和蟒袍，还有"提督织造官"和"供应机房"与"织造局"等负责生产官府所需各种丝织制品。此外，手工业作坊在南京城内外其他地区也有零星分布。由于许多匠户自产自销，又与商业联系在一起。

3. 商业

商业的兴旺发达是明初南京繁华的重要标志，也是南城区的重要特色。当时仅江宁县就有 104 种铺行，当铺 500 家[3]。经营"铺行"的大商人"多非土著"[4]，他们大都租用政府专为外地商人修筑的"廊房"居住，其铺行则沿官街两侧的"官廊"按类分段配置，进行交易。今南京不少旧地名仍以这些廊来命名，如聚宝门内有糖坊廊，三山街一带有裱画廊、书铺廊、绸缎廊和毡货廊，朝天宫附近有红纸廊（城中部有明瓦廊，北城区北门桥附近有估衣廊）等。当时最繁华之地是南唐和南宋的御街以及三山街一带，并以承恩寺（今内桥东南，王府园东南）附近最热闹。这里行业齐全，百货云集，同时又是游艺杂耍的中心。现藏中国历史博物馆的明人所绘《南都繁会图卷》，在长 3.5 米、宽 44 厘米的画面中就出现 109 种店铺招牌和千余人物。其中所绘城内部分主要是描绘南市街到北市街的一段：即以今三山街为主并延伸到升州路和建邺路一带的街市情况。画面出现的店铺招牌有"绌绒老店""勇申布衣庄发兑""粮食豆谷老行""铜锡老店""京式小刀""上细官窑……名磁""梳篦老铺""画脂杭粉名香宫皂""网巾发客""靴鞋老店""立记川广杂货""福广海味""西北两口皮货发售""东西南洋货物俱全""应时细点名糕""万源号通商银铺""内廊乐贤堂名书发兑"以及"杂耍把戏"，"卜卦命馆"等，形形色色，一应俱全[5]。著名的十六楼（官办大型酒楼兼妓楼）中的"南市楼"（斗门桥附近，三山街皮作坊西）、"北市楼"（在南乾道桥东，建成后不久焚毁）和叫佛楼（三山街北，即陈朝进奏院故址，宋改报恩光孝观，明建叫佛楼），以上

---

[1] 张泉《明初南京城的规划与建设》（《中国古都研究》第二辑，浙江人民出版社 1986 年版）指出，南京锦缎出名，与秦淮河水有关。河水含单宁酸，是天然的触媒剂。故用秦淮河水漂洗染丝，色泽纯正，尤其青色和玄色为上乘。

[2] 张泉《明初南京城的规划与建设》（《中国古都研究》第二辑，浙江人民出版社 1986 年版）一文引《明清间金陵之都市生活》。

[3] 张泉《明初南京城的规划与建设》（《中国古都研究》第二辑，浙江人民出版社 1986 年版）一文引《金陵琐事剩录》。

[4] 《宛署杂记》卷一三《无字·铺行》说："南京城铺户多非土著。"

[5] A. 蒋赞初《南京史话》（上），南京出版社 1995 年版，第 128～130 页。
　　B. 杨之水等编《南京》（《中国历史文化名城丛书》，中国建筑工业出版社 1989 年版）第 58、59 页及第 60、61 页附图。

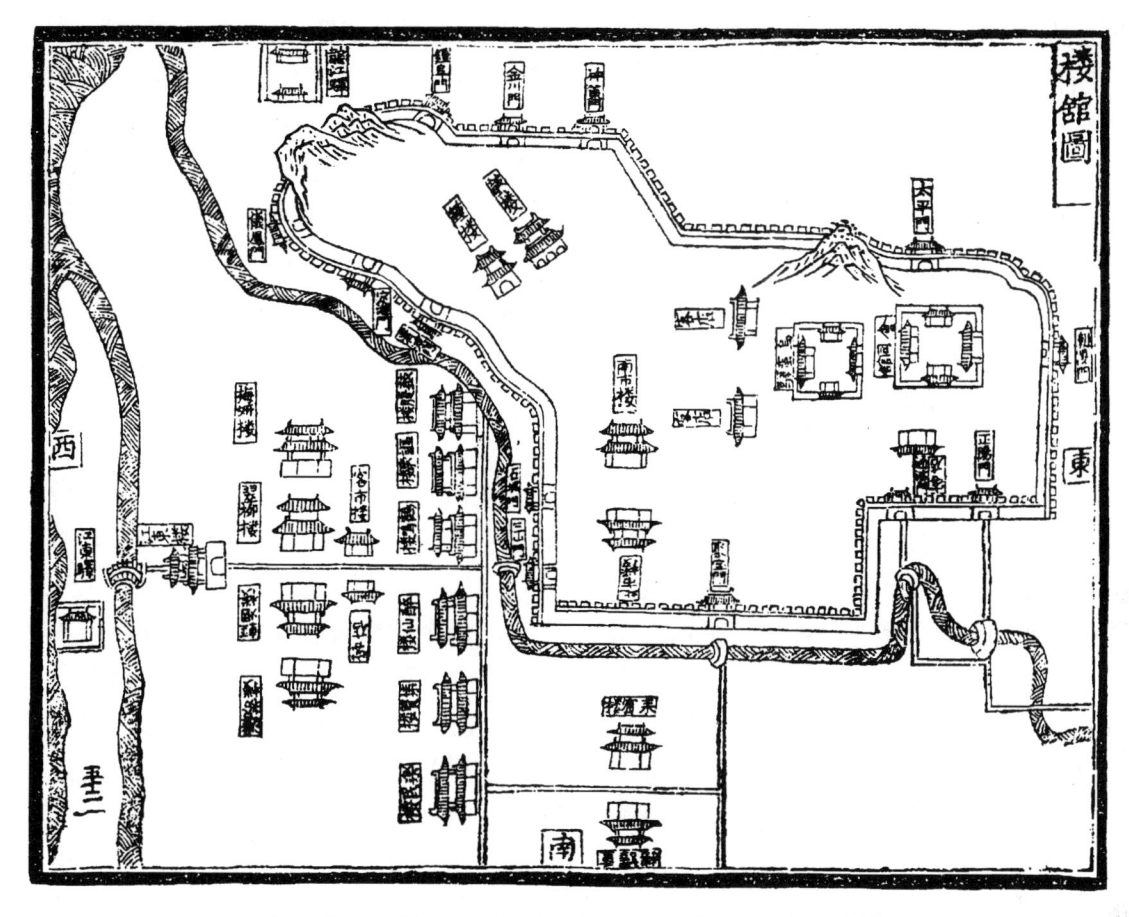

图 8-33　《洪武京城图志》明南京城市楼、客馆分布图

三楼也在此范围内（图 8-33）[1]。

南京是当时的雕版印刷业的主要中心之一，除前面所述国子监的情况外，还刻印了《元史》《元秘史》《大明律》《明大诰》和"藏经"等许多重要著作。由于南城区是文人荟萃之地，所以印刷、文具、书画和装裱业尤盛。如前述《南都繁会图卷》中，就有"书铺""画寓""裱画""古今字帖"和"刻字镌碑"等店铺招牌，此类店铺大都集中于三山街和内桥一带。

除上述规模较大的铺行外，本城居民还多在居住区内开设小店或设摊。一些小手工业者和匠户的住宅与作坊混在一处，并多自产自销，故在作坊区内又形成一些专业的市，如"铜铁器则在铁作坊，皮市则在笪桥南（皮作坊）……盖国朝建立街巷，百工货物买卖各有区肆"（《客座赘语》）。此外，还有一些供应日常所需，定时集中的市，如三山街市（时果所聚）、内桥市（多聚卖羊只牲口）、新桥市（鱼菜所聚）、大中桥市以及长安市（大中桥东）等。

4. 内桥、夫子庙和"十里秦淮"

前述情况表明，从聚宝门到内桥这条中轴线两侧及其附近和内秦淮河一带，乃是南城区和南京城工商业繁荣的中心区和一般居民密集区。除此之外，这里还是地方衙署、部分政府机构、

---

[1]　A. 蒋赞初《南京史话》（上），南京出版社 1995 年版，第 134 页。
　　B. 朱偰《金陵古迹图考》，商务印刷馆 1936 年初版，中华书局 2006 年再版，第 207～212 页。

学校、达官和富豪邸宅以及回民的主要分布区之一，同时也是风华烟月、金粉会聚之区。

明代南京城地方衙署中的应天府衙在内桥西南，江宁县衙在应天府衙之南（图8-30）。朱元璋初到集庆所居的吴王府（元御史台衙），也在内桥附近（今内桥附近王府园一带。图8-14）。南城的文教区以内桥之南、御路东侧位于秦淮河畔的夫子庙为中心，夫子庙即孔庙，前庙后宫（学宫），东为贡院。夫子庙学宫初为国子学，鸡鸣山国子监建成后改为应天府学[1]。夫子庙之东的贡院为乡试和会试场所，明成祖迁都北京后则仅为乡试场所[2]。此外，明代南京城还有社学（每坊厢各一所，同时又是坊厢举行各种礼仪活动的场所，这个情况与南宋临安类似），上元和江宁二县设县学。除上所述，明代宝钞库（国家金库）也在夫子庙文德桥附近的钞库街[3]。

从东水关至西水关的内秦淮河沿岸称"十里秦淮"，又从今中华门到水西门的内秦淮沿岸，东吴时称横塘，自那时起这里就是繁华的商业区。到了明代，从内秦淮河中段偏东向西的沿岸，主要为达官富户府第区。如徐达府邸在夫子庙西瞻园路128号一带，著名的瞻园即在徐达府内（今为太平天国历史博物馆）。其府第对门有南园，水西门内升州路338~360号一带是徐达的西园（别苑）。南京城东南隅今白鹭洲公园为徐达及其后人的东园，是当时南京城"最大而雄爽"的私园。今中华门内西南隅凤凰台（图8-31）一带是私园的集中区（这里建筑较少，低山委水，北有秦淮河，适于造园），如后来著名的愚园即原为徐达后裔的西园（时称魏公西园）[4]。又明骁骑卫仓在此附近的花露岗（或名仓山）。上述情况表明，仅魏国公徐达一人的府第和私园就占地甚广。此外，今中华门内之东信府街有汤和府（原封信国公，后追封为东瓯王）[5]；升州路上浮桥东有水师名将虢国公俞通海府，府前石猫坊（又名百猫坊）尚存[6]；传说秦淮河岸今殷高巷14号清代刘芝

---

[1] 夫子庙地区占地甚广，南临秦淮北岸，从文德桥到利涉桥，东起姚家巷，西界四福巷，北凭建康路东段。东晋在此建学宫，北宋就学宫扩建成孔庙，孔庙学宫合一。学宫北宋时称建康府学，元代称集庆路学，清代改为上元、江宁两县学。夫子庙自改建成后，屡毁屡兴。现为南京市文物保护单位。

[2] 贡院始建于南宋，是当时建康县学、府学考试的场所。明永乐年间重修，规模渐大。清代时与北京顺天贡院同享盛名，分别称为"南闱"和"北闱"。现为江南贡院历史陈列馆所在地。

[3] 明洪武七年（1374年）设宝钞提举司，下设钞纸、印钞二局，宝钞、行用二库，从次年起开始印制发行"大明宝钞"。

[4] "瞻园"为乾隆二十二年（1757年），乾隆皇帝亲书"瞻园"二字赐之。清代为江宁布政使署，太平天国时为东王杨秀清行馆，后为西王府及幼西王府，曾任夏官副丞相的赖汉英也曾在此居住。太平天国失败后，重又成为江宁布政使署。辛亥革命后为省长公署，现为太平天国历史博物馆。水西门内升州路338~360号一带，太平天国时为天朝总圣库（国库）所在地。又瞻园路126号建筑群原亦为徐达西园的一部分，清代时为江安督粮道署。"瞻园"和"愚园"参见杨新华等主编《南京明清建筑》（南京大学出版社2000年版）第479~500页。内城西南隅私园区见潘谷西主编《中国古代建筑史》》第四卷（中国建筑工业出版社2001年版）"元明建筑"第26页。

[5] 蒋赞初《南京史话》（上），南京出版社1995年版，第113页。

[6] 见杨新华等主编《南京明清建筑》（南京大学出版社2000年版）第360页"石猫坊"条，传朱元璋为破俞府"王气"，以猫吃鱼（俞）喻义，建汉白玉雕刻百猫坊。坊高3.6米，宽10米。石猫坊系江苏地区唯一留存的明代府第石坊。

田故居原为明大将胡大海府第[1]。如此等等，不再列举。此外，秦淮河沿岸所居富户也较多。如朱元璋初到金陵时住在城南富户王彩帛第[2]，豪富沈万三第在今镇淮桥附近马道街5号、7号、9号，其第多路数进，规模很大[3]。又从明初开始南京回民渐多，他们主要聚居于今建邺路和三山街一带，其中三山街口升州路28号净觉寺，为南京现存最早的清真寺（始建于洪武二十一年）[4]。

除上所述，明南京城十里秦淮两岸河房密布，雕栏画槛，绮窗珠帘，入夜灯船与两岸交辉，为"风华烟月之区，金粉荟萃之所"。所谓"河房"，系指十里秦淮两岸的一种特殊建筑。其前门临街，后窗面水，正厅对河开大窗，以便欣赏秦淮风光。这种河房或为富户宅第，或为名妓居所。明初设教坊司以统官妓，前述"东园"之西有城内最大的富乐院，即后代所称的"旧院"，为勾栏中心，是明代歌舞最胜之地[5]。又洪武五年（1372年）元宵节，朱元璋下令在秦淮河上燃万盏水灯，此后秦淮河上年年举行元宵灯节。每逢秦淮灯节，以文德桥（在夫子庙西侧，明代改筑石桥，亦是繁华之地。每年农历十一月十五日满月夜，有"文德桥上半边月"的"秦淮分月"奇观）畔观景最胜。此外，在白鹭洲公园一带明代建一座大粮仓，并开凿小运河以通秦淮（图8-12）。

（六）水陆交通线与功能分区的连接

明南京城内交通属水陆复合型，前面已经介绍了城内诸河概况，其中在南城区的内秦淮河是城内水路交通的主体（地处繁华之区，因而也是游览观光水道）。城内西北军事区金川河水系流经各卫、仓，多属军事专用航线，东城区皇城宫城护城河属防卫性质，位于北城区和中城区诸河大都可以通航。除西北军事区水系外，其余诸河均与内秦淮河相通，东城区、北城区和中城区诸河也相通，从而将东城区、北城区、中城区和南城区连接起

---

[1] 见杨新华等主编《南京明清建筑》（南京大学出版社2000年版）第435页"刘芝田故居"条。

[2] 蒋赞初《南京史话》（上），南京出版社1995年版，第102页。

[3] 见杨新华等主编《南京明清建筑》（南京大学出版社2000年版）第411页"沈万三故居"条。沈万三为苏州豪富（家居今昆山周庄），此人出巨资助建南京聚宝、通济、三山、洪武等城门以及其他建筑，或说其大约认捐了1/3的造城费用。后被谪发戍边云南。

[4] 见杨新华等主编《南京明清建筑》（南京大学出版社2000年版）第339页"净觉寺"条，第342页"建邺路清真寺"条。

[5] 朱偰《金陵古迹图考》（商务印刷馆1936年初版，中华书局2006年再版）第208～209页引余澹心《板桥杂志》："旧院，人称曲中，前门对武定桥，后门在钞库街。伎家鳞次比屋而居。"又说旧院"西至院门口，北至钞库街，东与中山东花园一河为界，建长板桥以通行人……为歌舞胜地"。杨新华等主编《南京明清建筑》（南京大学出版社2000年版）第176页"淮青桥"条说，"淮青桥在建康路东段，秦淮河与青溪水汇合处"，六朝时为达官贵人聚居之地，"如东吴的诸葛恪、东晋的郗鉴、南朝的檀道济、孙杨、江总等勋贵名流皆筑宅于此。桥南是东晋王献之迎送爱妾桃叶之桃叶渡"（图8-12）；"王导、谢安所居的乌衣巷也甚近"，"到了明代，淮清桥附近已不仅是名胜风景区，而且是歌舞闹市（之）地了"。杨之水等编《南京》（《中国历史文化名城丛书》，中国建筑工业出版社1989年版）第192～194页"白鹭洲"条说：白鹭洲公园"西是长塘，塘上有长板桥，跨桥向西是旧院，隔秦淮与贡院相对，是明代的歌舞胜地"。

来。西北军事区金川河上游直抵鼓楼岗，并通玄武湖，可与北城区连接[1]。城内诸河与主要街道交会处均有桥（图8-14、图8-32），桥多是南京城交通的重要特点之一。通过这些桥又将城内水陆交通连为一体。

明南京城内的街道，由于受到内城形制、城门位置、五个城区先后形成于不同时期、城内地形地势和诸河道等因素的制约，并受到前代街道"纡曲"传统的影响[2]，故未形成规划整齐的街道体系。其特点是五个城区各有一套不同的街道系统，南北向无纵贯全城的大街，东西向的大市街、三山街和北新街仅横亘于市区的南部和中部，无真正横穿全城的大街。主要大街仅聚宝门至内桥原南唐的御街、正阳门至皇城宫城的御街是直线，余者多"纡曲"。各城门直接通向城内的街道多较短，主要大街以横街为主，斜街次之，纵街除前述者外大都是横街间的区间路段（图8-14）。

南京城内的主要大街称官街[3]，其次还有小街和巷道。官街"极其宽廓，可容九轨，左右皆缭以官廊，以蔽风雨"[4]。以南京现存与官街相关的桥梁来看，大中桥宽14.6米，玄津桥宽19.1米、淮青桥宽14米、内桥宽17.3米[5]。据此"估计当时路面不窄于20米，加上两侧官廊和廊外道路，其总宽当在30米以上"[6]。夫子庙附近与小街相关的文德桥宽6.7米[7]，看来小街的宽度比官街要窄一半以上。洪武十八年曾大规模铺设街道路面，主要街道路面或铺砖或铺石，如三山街从"三山门至通济门，长街几及十里，铺石皆方整而厚"[8]。

南京城内五个城区的连接以官街为主，小街为辅。如东城皇城宫城区从承天门斜向西南的斜街长安街与南城区的大市街和三山街连接，进而可直通江边。皇城西华门向西的北新街通中城区至石城门，达江边。皇城向北至太平门、向东至朝阳门，向南至正阳门均有大街（官街，南面为御街）通向城外，其北太平街向西又连接北城区和西北军事区（以上

---

[1] 蒋赞初《南京史话》（上）（南京出版社1995年版）第13页指出："金川河原来是南京城北的大河，上游直抵鼓楼岗、五台山和清凉山的北麓，并接通玄武湖和长江。现在上游的起点只到北京西路和宁海路交叉口东南侧，经山西路和三牌楼，在广东路的倒桥与经过大树根水闸通玄武湖的西支相汇，然后又分东、西两支在金川门附近出城，再汇护城河水，经水关、宝塔桥入江。明代时为江淮间各种物资渡江转运至南京城内的主要水道，也是城北居民和驻军用水排水的重要水源。"

[2] 南朝宋·刘义庆《世说新语·言语》有云：东晋丞相王导营建邺城，"无所因承而置制纡曲"，"丞相乃所以为巧也，江左（建邺）地促，不如中国，若使阡陌条畅，则一览而尽，故纡余委曲若不可测"。

[3] 杨国庆《南京明代城墙》（南京出版社2002年版）第91页说道："当时南京城街道主要有长安街、大通街、存义街、时雍街、和宁街、中正街、广芝街、务公街、大市街、大中街、成贤街等。"

[4] 清·甘熙撰《白下琐言》。江宁甘氏重刊本。

[5] 杨新华等主编《南京明清建筑》，南京大学出版社2000年版，第168、169、172、176页。

[6] 张泉《明初南京城的规划与建设》，《中国古都研究》第二辑，浙江人民出版社1986年版。

[7] 杨新华等主编《南京明清建筑》，南京大学出版社2000年版，第174页。

[8] 清人甘熙撰《白下琐言》卷二。街道铺石来源，有二说。其一，《白下琐言》称"洪武间令民输（石）若干予一监生，谓之监石"，即富家子弟捐款买石铺路，以获入"国子监"读书资格，故有些石板路称"监石路"。其二，明人顾起元撰《客座赘语》等记载，大量利用六朝以来碑石铺路。

参见图8-14、图8-32)。北新街通过小街亦可与北城区和西北军事区相连接；西北军事区往南有洪武街与北城区、中城区连通，进而可与南城区和东城区相通。北城区西与西北军事区、东与皇城区毗邻，南有成贤街等连接中城区。中城区为其他四城区相接的枢纽地段，区内除前述东西横街外，横街间南北纵街较多，近乎"阡陌条畅"。南城区是南唐以来形成的旧城区，街道网络密布，主要街道为前述的南唐御街，以及三山街和大市街两条横街，横街间密布纵街及众多的巷道。

(七) 内外城间近郊概况

东城区近郊可分为东、北和南三面。东面近郊朝阳门外以北，在钟山南麓的独龙阜为明孝陵和东陵（葬太子朱标，图8-11、图8-31），属孝陵卫区。该区生产的"卫绒"很著名。在钟山南麓还有规模较大的漆园、桐园和棕园（植漆树、桐树和棕树），以供龙江宝船厂造船之需（漆、桐油、棕缆绳）[1]。孝陵之东有号称"天下第一丛林"的灵谷寺（图8-31），寺内有著名的无梁殿[2]。北面近郊出太平门钟山北麓有拱卫孝陵的明初诸功臣墓（有12座，目前能确定墓主的只有徐达、常遇春、李文忠、吴良、吴祯五墓），在太平门外钟山之北有方丘，"三法司"在今太平门外太平堤西侧。南面出正阳门，在秦淮河中和桥之北[3]有山川坛，坛西有玄真观和象房等，坛东南有先农坛，坛东有牺牲所、神乐观[4]。神乐观东，在城角转角处之东为大祀坛（图8-14、图8-31）[5]。

南城区近郊亦可分为东、南和西三面。东面通济门外近郊为秦淮河入城之地，东与东城区南郊毗邻。明代连接通济门建九龙桥（通济桥，今存），控扼南京东南交通孔道，位置十分重要。此外，明代制扇业发达，"金陵折扇"天下闻名，制扇工匠多聚集通济门外，制扇面和扇骨独立成行，今通济门外还有"扇骨营"旧名。南面聚宝门外有外秦淮河，跨

---

[1] 蒋赞初《南京史话》(上)，南京出版社1995年版，第127页。
[2] 灵谷寺和无梁殿：灵谷寺原为建于南朝梁武帝天监十三年的开善寺，位于钟山西南麓独龙阜。唐代更名宝公禅院，宋元时称太平兴国寺，明初改称蒋山寺。洪武九年（1376年）朱元璋要在独龙阜建陵，将该寺迁到紫霞洞的南面，建成后朱元璋又以其风水不利于孝陵为由，于洪武十四年（1381年）将寺迁到今址（中山陵之东），建成后朱元璋赐名灵谷寺。灵谷寺占地五百亩，僧众多时达千名，寺内有天王殿、金刚殿、五方殿、无量殿、毗卢殿、观音殿、宝公塔等，殿堂林立，楼阁壮丽，为明初南京三大寺之一。清咸丰、同治年间毁于战火，只存无量殿。清代同治六年（1867年）又建龙神殿，此殿现称灵谷殿。现在该寺东院观音殿为玄奘法师纪念堂，供奉玄奘法师像和其顶骨纪念塔一座。无梁殿在原灵谷寺内，因其结构采用重墙及拱券而不施寸木，故称无梁殿。殿面阔五间，东西53.8米，进深三间，南北37.85米，重檐歇山顶，高22米。前后各有三拱门，四面有窗。内墙东西两壁于14米以上向外砌叠成抛物线形（筒券），突出一米余，令人叹为观止，为我国现存诸无梁殿之冠。无梁殿建造年代尚无定论，或说无梁殿即原灵谷寺的无量殿（供奉无量寿佛），据研究该殿至少在明嘉靖时已存在。
[3] 中和桥建于明代，在今光华门外，横跨秦淮河，1956年改建。
[4] 神乐观，洪武十一年建于郊祀坛西，掌乐舞，以备大祀天地。
[5] 明大祀坛遗址在石门坎乡将军潭东侧，宁芜铁路之北。参见杨新华等主编《南京明清建筑》，南京大学出版社2000年版，第131页。

河建长干桥(因接长干里得名,始建杨吴时期,南宋重建,明初又名长安桥)。聚宝门外有市,如大市(以粮食等农产品为主)和来宾市(以卖竹木薪炭为主),十六楼中的来宾楼和重译楼在聚宝门外道西,南北相对。在聚宝门外,今悦来巷2号聚恩泉旅社内有明代的瓮堂,是南京现存历史最悠久的浴池[1]。聚宝门外是明南京城最重要的寺院区,大小不一的寺院较多,其中最有代表性的是报恩寺[2]和天界寺(图8-31)[3],两寺与灵谷寺

---

[1] 相传朱元璋建南京城墙时,为解决几十万民工洗澡问题,在民工驻地附近建一批形状独特的澡堂,该瓮堂是仅存的一座。瓮堂由东、西瓮组成,两瓮平面呈"8"字形连体,不相通,顶若蒙古包,形状似瓮,故称瓮堂或瓮池。顶中间开天窗(瓮口),瓮体由望砖、棕胶砌筑,瓮顶圆曲至下离地面一米处,砌有仰莲瓣的瓮座一周,承接处圆转自如,线条曲折有致,状若宝瓶。东瓮高3.2米,内径为4.5米,现在仍使用,西瓮改为烧火间。现为南京市文物保护单位。

[2] 报恩寺和报恩寺塔,位于聚宝门外长干桥东南,今雨花路东侧,系六朝长干寺和宋元天禧寺旧址,寺毁于兵火。洪武时重建,永乐六年(1408年)毁于火。永乐十年(1412年),明成祖以纪念明太祖和马后为名,实为纪念其生母硕妃(高丽人),下令在寺旧址建寺,重建"依大内图式,造九级五色琉璃塔,曰第一塔,寺曰大报恩寺"。该寺工程浩大,征集良匠军工达十万人,包括建塔在内,从永乐十年至宣德六年(1431年)历19年(寺在宣德三年完工,共用16年)才完工。寺九里十三步,几乎包括今长干桥东南,雨花路以东全部地区。寺内殿宇极壮丽,其中大雄宝殿俗称"硕妃殿",每年由礼部按时祭祀。寺内有僧500余名,当时全国佛教十大宗派,每个宗派都在寺内设有讲座。明成祖又令该寺雕版印刷5000卷以上佛经,号称"南藏"。寺内栽种郑和从西洋带回的"五谷树""娑罗树"等奇花异草。该寺为南京三大寺之首,辖领城南一带次大刹二座,中刹十四座。此外,在报恩寺旧址埋葬的玄奘遗骨,1944年侵华日军在中华门外建神社时被发现(同出北宋天圣五年、明洪武十九年两墓志)。遗骨一部分葬在前述的九华山三藏塔下,另一部分保存在灵谷寺,余者被日军掠走。报恩寺琉璃塔在硕妃殿后(现地名称宝塔根),高24丈6尺1寸(又记有32丈9尺4寸9分),合78米,九级八面,外砌白瓷砖,每砖中央都有一尊佛像,各层所用砖数相等。每层覆瓦和拱门均用五色琉璃,其中黄绿相间的拱门上,饰以飞天、雷神、狮子、白象、花卉等,造型生动,色彩绚丽,制作精美。第一层的八面除4个拱门外,还在两个拱门间白石上雕刻四大天王像。塔之黄金宝顶重2000两,九级相轮之下的承盘,径12尺,盘外镀金。每层塔顶和飞檐下都悬垂金铃铜铎。门侧、塔心置篝灯,号称长明灯。该塔"高出天表,数十里外可见",白天"五色琉璃照耀云日",夜间"佛火宵燃光彻远近"。当时看到这座宝塔的外国商人和传教士都认为是中古时期一大奇迹,可与罗马剧场、亚历山大陵墓媲美。报恩寺在1854年被太平军为防清军而炸毁,报恩寺塔于1856年在太平天国"天京内讧"中被韦昌辉炸毁。建报恩寺塔时,琉璃构件一式三份,一套砌塔,两套编号埋于地下,埋于地下者已有发现,出土琉璃构件较多,利用其中部分构件已复原一座拱门,见杨新华等主编《南京明清建筑》(南京大学出版社2000年版)第259页图版。传说承德避暑山庄永佑寺塔即仿报恩寺塔而建,现已有该塔复原图,见杨新华等主编《南京明清建筑》(南京大学出版社2000年版)第261页图版。

[3] 天界寺在今中华门外雨花台西路能仁里1号,南京第二化工机械厂宿舍区内。天界寺原址在朝天宫东侧,旧名龙翔集庆寺,始建于元代。洪武二十一年(1388)寺火焚,朱元璋令在城南凤山重建,赐名"天界善世寺",命宗泐主持天界寺,掌握全国佛教,该寺为南京三大寺之一。永乐二十一年(1423年)遭火灾,后重建。明代天界寺周围有许多小寺,其山门左右两侧有能仁寺、碧峰寺。该寺还统管清凉寺、永庆寺、瓦官寺、鹫峰寺、承恩寺、普缘寺、吉祥寺、金陵寺、嘉善寺、普惠寺、弘济寺等十二寺及二十六庵,成为城南一带寺主。清与太平天国之役中被毁,仅存一座大殿。

合称明南京城三大寺。在雨花台一带还发现与修建明故宫和明孝陵及报恩寺有关的琉璃砖瓦大窑[1]，以及前面提到的雨花台西首"窑湾街"烧城砖的砖窑。此外，城南雨花台一带不仅是著名的风景区，而且也是明初功臣和名人墓葬区之一。如宁河王邓愈墓（中华门邓府山）、虢国公俞通海墓（中华门外戚家山北坡，雨花台西北侧，包括其弟南安侯俞通源墓）、镇国将军李杰墓（中华门外雨花村）、西宁侯宋晟家族墓地（中华门外郎家山西麓，雨花台街道办事处院内），以及方孝孺墓（雨花台江南第二泉后山。方孝孺为朱允炆继位后的翰林侍讲，后被明成祖所杀）等。除上所述，还有两座墓距离较远，但值得一提。一是位于牛首山麓今江宁区谷里乡周村境内的郑和墓；二是在外郭城安德门外东向花村乌龟山南麓的浡泥国（今文莱）苏丹二世麻那惹加那乃墓[2]。

南城西面近郊濒江，并与中城区西部近郊相连，是与内城密切相关的繁荣商业区。这一带有许多行和市。如中国历史博物馆馆藏明人《南都繁会图卷》中所绘城郊的牛行、猪行、羊行、驴行、鸡鸭行等，以及"义兴油坊"和"专染纱罗"的染坊等，大概就在三山门外一带[3]。市也较多，其中以在外郭城江东门（与三山门斜对）的江东市规模最大，该市除客商船运的米麦等外，附近还有卖马、牛、骡、猪、羊、鸡、鸭等的"六畜场"，形成大宗批发集市[4]。为满足外地客商的需要，在三山门至清凉门外还形成"塌坊区"（货栈、仓库），如清凉门外有三处"塌坊"供客商存放丝缎、布帛、茶、盐和纸张等货物；此外官府又建许多廊房出租给客商存货、经商和居住，仅上新河一带（南城区西面近江边）一次就建数百间廊房[5]。著名的十六楼（酒楼、妓楼）中十一楼均在上述地区，其中一多半在三山门与江东门之间（图8-33）[6]，接待外国商人的"江东驿"也设在江东门外。除上所述，三山门外（即今水西门外）觅渡桥西还有著名的莫愁湖（传说因莫愁女住在湖滨而得

---

[1] 传说雨花台一带明代有72座琉璃窑，工匠1700名以上。1958年在雨花区雨花镇芙蓉山眼香庙一带发现琉璃窑址。窑多筑在山坡上，并排，最整齐的是眼香庙前的一排六座，总长22.7米。窑均为圆形倒火焰式柴窑，内径3米左右。在附近堆积中采集到报恩寺琉璃塔构件，计有斗拱构件，头翘、柱及柱础，带有彩绘的额枋、平板枋、檩子和椽子，拱门花砖，叠涩花砖及须弥座等。构件上面有的还用千字文编号或注明层次和部位。1959年大炼钢铁时，在眼香庙东南约四五十米处，于地表下2米余发现琉璃构件窖藏，构件堆放整齐。又眼香庙附近地下还发现一半成品琉璃件窖藏。这些琉璃构件现分藏于中国历史博物馆、南京博物院和南京市博物馆。所发掘琉璃构件种类见杨新华等主编《南京明清建筑》（南京大学出版社2000年版）第263～268页所收图版。

[2] 永乐六年即1408年八月，苏丹访问中国，同行者有王后、子女、弟妹、亲戚、陪臣共150余人。九月苏丹病故，明成祖"以礼葬王于安德门外之石子岗"，详见《明史》卷二二五《浡泥传》。

[3] 蒋赞初《南京史话》（上）（南京出版社1995年版）第128～129页说《南都繁会图卷》描绘城内商业情况主要集中于今三山街到升州路一带，故其城郊商业情况可能是在三山门外。

[4] 蒋赞初《南京史话》（上），南京出版社1995年版，第135页。

[5] 张泉《明初南京城的规划与建设》，《中国古都研究》第二辑，浙江人民出版社1986年版。

[6] 朱偰《金陵古迹图考》（商务印刷馆1936年初版，中华书局2006年再版）第211～212页记载：鹤鸣楼在三山门外，西关中街北；醉仙楼在三山门外西，关中街南；江东楼在江东门，西对江东渡；轻烟楼在江东门内西关南街；澹粉楼与轻烟楼相对；翠柳楼在江东门内西关北街；梅妍楼与翠柳楼相对；讴歌楼在石城门外；鼓腹楼与讴歌楼并；集贤楼在瓦层坝西；乐民楼在集贤楼北。

名)。秦淮河从湖东流过,清凉山隔秦淮耸立。莫愁湖东对"石头虎踞",远眺"钟山龙盘",湖面宽阔,碧波荡漾,十里湖滨,岸柳成行,优美的湖光山色形成诗情画意的境界,故有"金陵第一名胜"之誉。明初朱元璋在湖滨建十余楼阁,以朱元璋与徐达对弈的"胜棋楼"最著名,传说下棋后朱元璋将此湖赐徐达为私人园林(实际上到明代中叶以后该湖才成为徐氏私人园林)。总之,莫愁湖与附近的"石头"、清凉山共同形成了一个大的风景区。

西北城防区西面定淮门外,今秦淮河入江的三汊河一带有著名的"龙江宝船厂"(图8-34),郑和下西洋的宝船大部分由该厂建造。宝船厂有工匠400余户,编为四厢,工厂在定淮门外,匠户集中居住于城内[1]。该船厂遗址已经发现并做初步发掘[2]。其北仪凤门外向北至今下关一带,也是商贸之区,龙江市和接待外国商人的龙江驿即在今下关(图

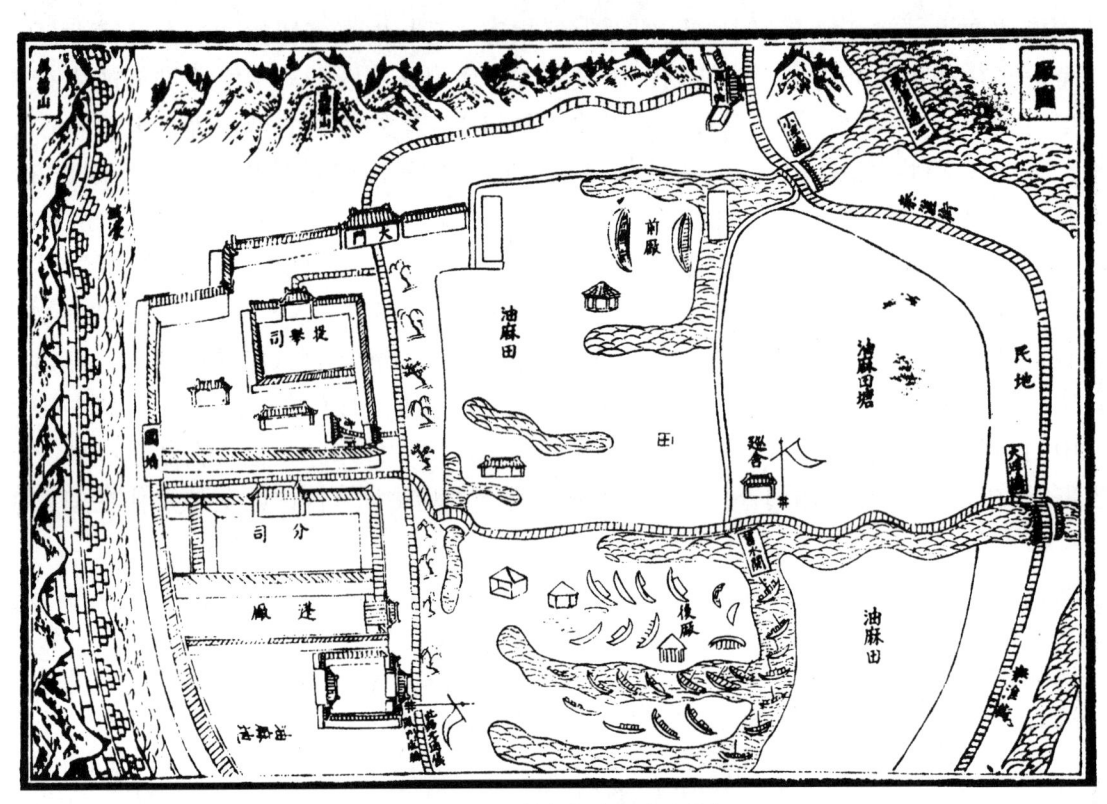

图8-34 明南京龙江船厂图
(引自杨新华等主编《南京明清建筑》)

[1] 张泉《明初南京城的规划与建设》,《中国古都研究》第二辑,浙江人民出版社1986年版。
[2] 龙江宝船厂遗址,是我国目前保存面积最大的古代造船遗址,在今鼓楼区中保村至下关三汊河一带,至今仍有上四坞、下四坞、头作、四作、七作等地名,坞和作即宝船厂船坞和水道遗迹。目前较完整的长方形船坞有四处,其中一处长约300米,宽50~60米。1957年中保村"六作作塘"泥中出土巨型铁梨木舵杆,残长11.07米;1965年又在文家大塘出土一段船用绞木关(盘车),残长2.21米,62厘米见方。据研究,宝船厂的船型设计、模型制造、船坞设备、滑道下水等技术,是16世纪以前世界木帆船建造技术的最高水平。杨新华等主编《南京明清建筑》(南京大学出版社2000年版)第135页引《龙江船厂志》记载,龙江船厂东西长460米,南北长1180米,有作塘七处,并附该志明"龙江船厂图"(图8-34)。同书第135页有出土铁锚图版,第136页有出土绞关木复原图,第137页有出土大舵杆图版。2003年对六作塘进行了发掘,详见南京市博物馆的《宝船厂遗址·南京明宝船厂六作塘考古报告》(文物出版社2006年版)。

8-14），同时这里又是贫民居住区[1]。在仪凤门（今兴中门）北狮子山下有前面提到的明成祖为纪念郑和而修建的静海寺和天妃宫。城防区北面神策门（今和平门）外今安怀村有明初水军元帅蕲国公康茂才墓。神策门北对幕府山，幕府山北为八卦州，是南京北郊门户，为江防要地[2]。

北城区近郊以玄武湖和三法司最重要。玄武湖在内城北城墙之外，与城区关系十分密切。除前述湖水为城内主要水源之一外，朱元璋在洪武十四年（1381年）还下令在玄武湖建"黄册库"。所谓"黄册"，即令天下州府登记编制各地户口和赋役册，以黄纸做封面。黄册库先建于湖中旧州（今梁州），后又将环州、樱州辟为库址。黄册库有库房约九百六十间，内藏黄册最多时达一百七十万本以上，可谓"文册浩穰，漫若烟海"。这是我国古代较大的户口、赋税档案库，有一整套的收集、整理、存放、查阅和保卫制度。为保护黄册库，还圈占湖滨土地，建墙立石，"以断人畜往来樵牧，窥伺册库"（《客座赘语》）。鉴于上述情况，有明一代玄武湖遂成禁地。此外，在玄武湖还设有织造局。除上所述，在太平门外，玄武湖之东置三法司（刑部、大理寺、都察院、五军断事司等），称"贯城"[3]。可见玄武湖一带是与城区密切相关并连为一体的。

综上所述，明南京内城墙与外城墙之间，不同部位的情况差异较大。南面聚宝门至雨花台附近，内城西城墙至江边一带，属内城外的近郊地区。内城北和东城墙外范围很广，内城北城墙与幕府山和玄武湖一带属近郊地区。其中与北城墙相接的玄武湖及其附近，不仅关系到该段内城北城墙的走势，而且自东吴以来一直与内城的关系极为密切，地位特殊（见前述情况），所以在一定程度上可将其视为内城的组成部分。内城东城墙外只有孝陵卫至灵谷寺一带可看成内城的近郊。上述属近郊范畴的功能，各不相同。概言之，东城区之东和北面近郊为陵墓区、大寺区和经济林区，南面近郊是礼制建筑区。南城区之东近郊是水路交通要道，与礼制建筑区相邻，并有制扇等手工业。南面近郊是商业区、主要寺院区、功臣名人墓葬区、砖窑琉璃窑区，雨花台一带还是风景区。西面近郊与中城区西面近

---

[1] 《明太祖实录》卷二〇〇记载，朱元璋于1390年2月16日下诏："创制龙江仪凤门，钟阜门民房。民能自造者，官给市木钞每间二十锭。"杨国庆《南京明代城墙》（南京出版社2002年版）第39页说："于龙江择闲地，建造房屋260间，以安置在南京没有依靠的流民。"看来明代采取的上述措施，是鼓励平民迁往城北沿江一带。

[2] 八卦州又名草鞋州或七里州，略呈半椭圆形，东西长7公里，南北宽8公里。八卦州与今市区江岸之间的江面称草鞋夹或内江，是历史上的江防要地，现为长江主流线（图8-11）。

[3] 杨国庆《明都南京城墙营建、布局及内瓮城综述》（《明代文化研究·南京专辑》编委会《明代文化研究·南京专辑》，中国文史出版社2003年版）记述，洪武十七年朱元璋就太平门外建三法司敕称："太平门在京城之北，以刑主阴肃，故建于此。敕曰：肇建法司于玄武之左，钟山之阴，名其所曰贯城，贯法天之贯索也。是星七宿如贯珠环而成象，乃天牢也。"引《洪武京城图志》太平堤条说："在太平门外，国朝新筑，以备玄武湖水，其下曰贯城，以刑部、都察院、五军断事官在其西，皆执法之司，以天市垣有贯索星，故名焉。"于是在通往三法司的"孤凄埂"上建牌坊，上书"贯城"二字。又引《大明太祖高皇帝实录》卷一六〇，关于三法司说："若中虚而无凡星于内，则刑官无邪私，政平讼理狱无因人；若凡星处贯内者，刑官非人；若中有星而明者，贵人无罪而狱。今法司已法天道建置，尔诸职事各励乃事，当以身心法天道而行之。"

郊连为一体，是近郊最主要的商业区和风景区，商业区尤以三山门至江东门一带最繁华[1]。南城区南和西面近郊与中城区西面近郊，实际上就是此范围内外郭城墙与内城墙之间地带。这个地带在商业、寺庙乃至风景区等方面，与内城是不可分割的[2]，所以应属于"关厢"范畴。清凉门以北和北面临江一带，除个别商市、船厂外，主要是江防地区。北面玄武湖一带属皇家禁区，其东北形成小衙署区。

五 明南京城形制布局的特点

明南京城具体的形制布局已如前述，从中可明确看出其形制布局打破传统，破旧立新，别具一格。现将明南京城及其形制布局的主要特点略作归纳。

（一）明南京城形制的宏观特点

1. 规模宏大，气势雄伟

明南京城内城周长67.35里（33.676公里），外郭城周长120里（60公里）。仅就内城周长而言，明南京城的规模既是我国古代最大的都城之一，也是当时世界上最大的城池（巴黎城周长29.5公里，次之）。明南京城以其宏大的规模立于浩荡长江之滨，"龙盘虎踞"；城墙耸立山巅，逶迤起伏，"高坚甲天下"，气势十分雄伟。

2. 山、川、城融为一体，天工人力相辉映

明南京圈山建城，城内也有低山岗地。长江贴身而过，秦淮河与历代所开诸河在明南京城内纵横交错。城据山纳水，江山雄峙，层林尽染，山、水、城、林融为一体（此特点与南宋临安城近似），又使之于雄伟之中寓有灵秀之气，成为天工人力相辉映的"美善之区"。

3. 城的轮廓屈曲多变，形制不规整

由于前述第2点的原因，明南京城的城墙随山水的走向，地形的起伏，因地制宜，因势而筑，故明南京城的平面轮廓不拘一格，屈曲多变，内城平面呈不规则多角不等边的"粽子形"，外城平面略呈菱形。这种不规整的形制打破了此前中国古代都城追求平面长方形或方形的方整模式，与春秋时管仲所说立国都"因天材就地利，故城郭不必中规矩"的主张不谋而合。在中国汉代以后的主要都城中，只有明南京和南宋临安城属于此例。

4. 四城环套，尽包历代诸城

明南京城外郭城、内城、皇城、宫城四城依次环套，内城尽包此前历代诸城，并将这些历史遗产进行有效的利用改造，消化吸收，使之与新城融为一体。上述现象，在中国古代都城中是绝无仅有的。

5. 护城河以天然河流为主

明南京城的护城河与历代都城护城河人工开凿（或以人工开凿为主）不同，其护城河

---

[1] 江东门之西是江心州（图8-11），又名梅子州或永定州，南北狭长，长12公里。江心州与南京江岸之间江面较窄，适于帆船航行，故自古以来就是江运货物的集散地。三山门至江东门间主要商业区的形成，与此有较大关系。

[2] 聚宝门外和三山门外与江东门一带，是南城区与近郊和江边的主要联系带，是明南京城重要商业区之一。其商业是南城区商业货源和繁荣的主要依托，两者密不可分。

依托长江天险，充分利用了秦淮河、玄武湖和燕雀湖的残余部分，仅个别地段人工开凿沟通。故明南京城护城河之宽，水量之充足，护城和航运作用之强，以及由此构成内城之外的河流生态圈，在中国古代都城中均是十分突出的。

（二）明南京城形制的规划特点

1. 旧城居中，新建东城区和西北城区，新旧有机结合，整体性强

明南京城里原六朝建康城和南唐金陵城居中，并将旧城北、东（明初称之"通济水关"以北一段）两面城墙拆除，使之与东侧新建的宫城和皇城、西北新建的城防区连为一体。上述三大区块同在长江、外秦淮河与玄武湖和诸山的围合之中，位于内城城墙之内，并有干道和诸河相连，新旧三大区块的构成有机结合（参见下文第4、第6、第7点），故其整体性很强。

2. 突出防卫功能，城墙高坚，布控所有制高点

如前所述，明南京内城圈山据"岗垄之脊"筑城墙，外郭城圈地2000余平方公里，尽占制高点围筑外郭城墙。内、外城墙占据了涉及的所有山体和制高点，内城墙之高、营建时间之长和全部砖石结构为历代所仅见，故言"高坚甲天下"。因此，明南京城依托内、外城墙两道坚固防线既可居高临下俯击攻城之敌，又可在内外城间广大的腹地屯重兵，机动作战。以此结合诸城门、内瓮城、藏兵洞（参见下文第3点）、城内中心制高点所建钟鼓楼，以及依托长江天险和宽阔的护城河，并与江北浦口城互为犄角[1]，南京城的防卫体系可谓"固若金汤"。突出防卫功能，是明南京城的重要特色之一。

3. 城门据险隘要冲，数量多，不对称，建内瓮城和藏兵洞

除前面第2点所述，为进一步加强防卫，明南京内城城门的配置，打破了历代都城城门对称配置的传统。其城门的配置从防卫角度出发，在所有险隘要冲之处置城门（见前述情况）。环城采取不对称方式共建十三座城门，并一反过去传统，在一些重要城门内建一重或多重内瓮城，创建藏兵洞（似从北宋开封城墙防城库发展而来）[2]，同时还在城内和瓮城设闸楼（有可上下启闭的闸门）。从而形成依托城墙的多种永备工事结合体，可厚集兵力，构成坚固的防御阵地。以此结合前述第2点，清楚地表明南京城在防卫上已形成多层次、大纵深城防体系。

4. 内城墙无角楼和马面

在宋以后的都城中，只有明南京城墙未建角楼和马面。这个情况当与明南京城墙屈曲多变，城墙高坚，宽阔雄伟，墙顶建女墙、雉堞和窝铺，且据"岗垄之脊"和险隘有关。

5. 发扬传统，以宫城为主体，采用多轴线结合中心点进行城内规划，结构严谨

明南京城以宫城为全城规划的主体，宫城虽在内城东侧，但却位于外郭城内之中部略偏南。同时还通过主要衙署、坛庙、国子监等机构，以及王公显贵第宅等在不同方位围绕

---

[1] 浦口城，位于今南京北浦口区东门镇和南门镇一带。朱元璋巡视江北，认为浦口"扼抗江北，钳制江淮"，是南京北面的军事重镇，遂于洪武四年（1371年）八月命丁德筑浦子口，即浦口城。建成后于城内设应天卫，洪武九年置江浦县，隶应天府。

[2] 在中国古代都城中，明南京建内瓮城和藏兵洞是空前绝后的。杨国庆认为南宋陈规已提出"内瓮城"的构思，又指出内瓮城为设藏兵洞创造了条件，详情请参见杨国庆原文。

皇城进行配置，并延伸至旧城区，以此强调宫城皇城的主体地位和旧城区的从属性质，主次分明。这样宫城南北向中轴线就成为全城规划的主轴线，其西六朝至南唐宋元时期旧城区从鸡鸣山至聚宝山的中轴线与宫城中轴线大体平行，这条轴线既是重新规划旧城区的中轴线，也是使旧城区与宫城皇城区和西北城防区在结构上紧密相连的全城规划的辅轴线（图8-35）。此外，又从皇城东华门、西华门向西至石城门辟东西向的北新街，使之成为全城横向（东西）规划的辅轴线。这条轴线与前两条轴线相结合，将旧城区与宫城区连为一体，从而在结构上使旧城区成为宫城皇城区外延的有机组成部分。同时这条东西向的辅轴线，对全城规划也有重要的协调和均衡的作用。除上述三条轴线之外，在明南京城内处于南北分水岭（见前述）和城内几何中心（地理中心，自然中心）与制高点的鼓楼岗，还

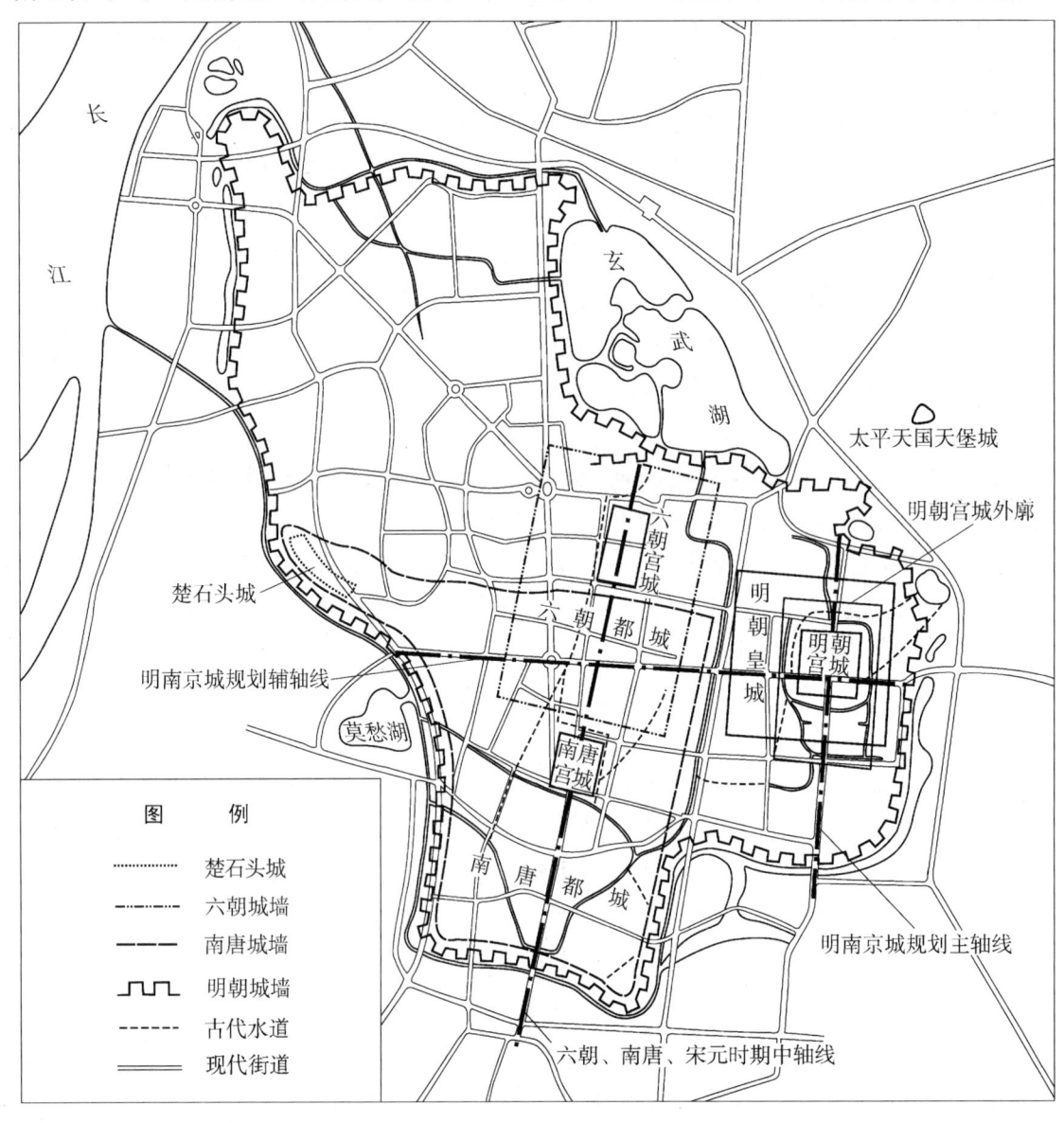

图 8-35 明南京内城主要轴线示意图
（引自杨之水等编《南京》，略有改动）

分别建鼓楼和钟楼[1]。鼓楼岗处于西北城防区与旧城区结合部，实际上也是城西北城防区、旧城区和东城区（皇城之北有路向西通鼓楼）相连接的关节点，从而将三大城区连为一体。在这个关节点的高地上建钟鼓楼，除报时外，在防卫上也有重要意义。众所周知，以宫城作为都城规划的主体，采用中轴线作为具体规划的重要手段，是明以前都城规划的传统。明初面对南京城的具体情况，将上述传统变通为以宫城为主体，采用三条轴线进行城内规划（与前述元大都规划有全城中轴线、宫城中轴线和全城南北中分线的情况类似），同时还将元大都在全城几何中心点建钟鼓楼（见元大都条）变成城内规划的手段之一，并赋予其更多的意义。总之，前述情况表明，明南京城创造性地因地制宜地发扬了此前历代都城规划的优良传统，因而使看似结构颇为错综复杂的明南京城，实为新旧城区联系紧密，结构严谨，井然有序，整体性很强的一座新城。所以明初对南京旧城区的利用和改造是很成功的[2]。

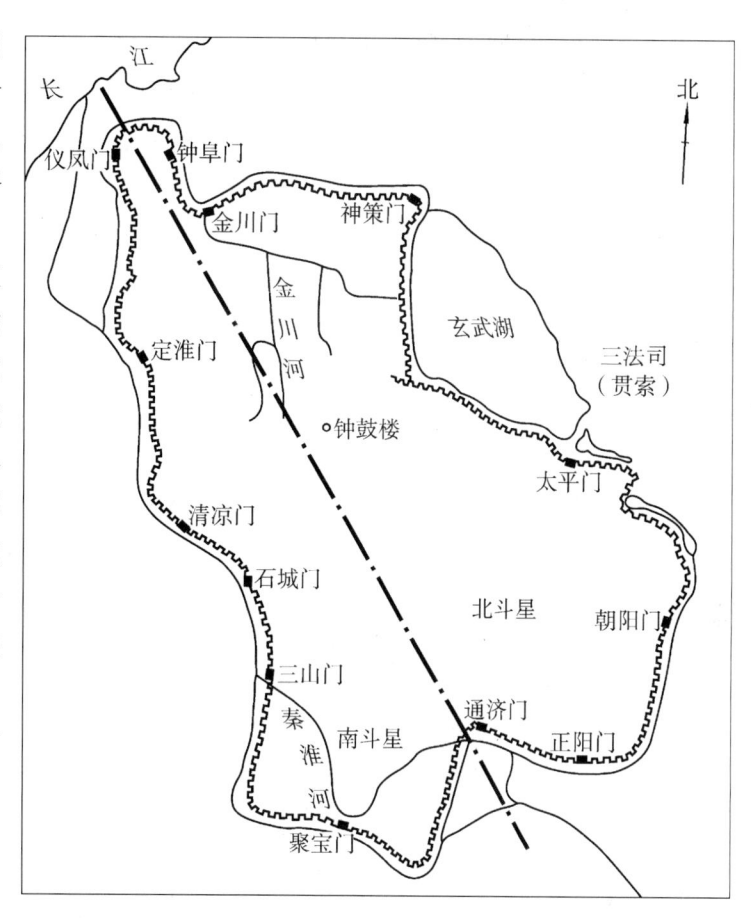

图 8-36 明南京内城与南斗星、北斗星关系示意图
（引自杨国庆《南京明代城墙》，略有改动）

---

[1] 杨之水等编《南京》（《中国历史文化名城丛书》，中国建筑工业出版社 1989 年版）第 18 页说："鼓楼岗是南京城的地理中心，和中山门、中华门、挹江门等主要城门，直线距离都在五公里左右。"文中三门相当于明南京城朝阳门、聚宝门和仪凤门。陈桥驿主编《中国七大古都》（中国青年出版社 1991 年版）第 277 页说："明初在全城几何中心的一个高 40 米的黄土阶地上置钟楼和鼓楼，用来报京城时刻。"杨新华等主编《南京明清建筑》（南京大学出版社 2000 年版）第 85 页说："鼓楼居城之中，北望大江，南眺牛首，东连鸡鸣埭，西接石头城"，建于明洪武十五年（1382 年），现鼓楼台墩仍为明代建筑，楼宇复建于清代，"建筑面积 880 平方米，雄伟宏大"，钟楼在鼓楼广场东北，仅余洪武二十一年九月铸造的大钟，今建有大钟亭。

[2] 明南京内城不规则的形制，引起后人对明南京城墙设计思想研究。其中杨国庆《南京明代城墙》（南京出版社 2002 年版）"第三章 明代南京京城城墙的设计思想"介绍的"南斗"和"北斗"聚合说较有代表性（图 8-36）。该说认为"从城墙东南角的通济门至西北角钟阜门与仪凤门之间作一划分，南为'南斗六星'，北为'北斗七星'"。南面六门为"南斗星"六颗星座，北面（转后页）

6. 街道网络独特，河道纵横交错，形成较完备的水陆复合型交通体系*

明南京城的街道情况前面已经介绍，其独特的街道网络模式，在中国古代都城中是绝无仅有的。此外，从前面介绍的明南京城诸河与水路交通情况来看，江、河、湖与历代所开诸河相辅相成，城内水路交通纵横交错，并以诸桥将河流与城内街道衔接，形成较完备的城内水陆复合型交通体系，进而又使全城紧密连为一体。这种情况，与南宋临安城有些近似。

7. 城内分区新旧结合，呈块状分割，功能明确

明南京城内的分区，有两大要素。一是六朝、南唐宋元的旧城区与新建区是分区的重要标准之一。二是将功能作为城内分区的主要标准。两大要素相结合，遂使明南京城内分区呈块状分割形式，各区块功能明确（此情况与南宋临安城类似）。即东城新建的宫城皇城区，西北新建的城防区；位于城中间的旧城区又依历史形成的状况及其新规划功能的差异，以北部为文教和祠庙区，中部则以王公贵族邸宅等为主，南部为主要工商业区和居民区（与南宋临安城商业和手工业区的情况有类似之处）。上述五大分区简洁明确，新与旧和功能分工上的差异显著，块状分割既界限清楚又有机相连，居民分类而居应是南宋临安城功能分区类型的延续、变化和发展。

8. 外郭城重在防御，内城外缘山水拱卫，西面和南面近郊与内城融为一体

明南京的外郭城与其他都城的外郭城明显不同，其功能不在于容纳大量居民和工商业以成为主要的生活区，而是重在防御。因此，明南京外郭城依高地据险而筑，外缘轮廓很不规则。其东面和北面圈入主要山体，故面积较大。西北和西面沿近在内城边的长江筑外郭城，南面仅将距内城较近的聚宝山（雨花台）圈入外郭城内，所以较窄。如此修建的外郭城，遂使内城处于山水环峙的拱卫之中（山水环峙情况参见前述），造就了内城外缘十分壮丽的景观。内城与外郭城间可以称为内城外的近郊，四面近郊功能各不相同。东郊以

---

*（接前页）七门为"北斗星"七颗星座。"自通济门（不含通济门）至三山门为'南勺'市区"，"'南勺'市区中轴线，为旧城区轴线，以聚宝门为中点向北，至杨吴城濠的北墙"。"自通济门（含通济门）至太平门为'北勺'皇宫区"，"'北勺'皇宫区中轴线以正阳门为中点向北"，至龙广山（亦称龙尾坡，今富贵山）。"南、北斗柄之间自通济门至钟阜门与仪凤门之间的轴线，将市区与皇宫区分为两个区域"。其次，又在"明代南京城中轴线上的中心点上建造钟、鼓楼"。"南京钟鼓楼是坐西北面东南，方位上是斜的，与明代南京城市的中轴线基本构成同一个方位，这是明南京钟鼓楼有别于其他历史都城钟鼓楼的地方"。"明代南京城表面上看并非只有一条中轴线，似乎有三条（见前述）。其中南、北两斗柄之间自通济门至钟阜门与仪凤门之间的轴线，呈西北至东南走向，才是一条贯穿明代南京城市整体布局上的中轴线。明南京的钟、鼓楼的位置，距朝阳门（今中山门）、仪凤门与钟阜门（对鼓楼而言，两门基本等距）、聚宝门（今中华门）基本为几何状的等距离，以钟、鼓楼为原点，分别与朝阳门、聚宝门两条延线的夹角约为 60 度，这两条延线与仪凤门和钟阜门的连线中点分别形成的夹角约为各 150 度，在区域上体现出了明南京城不规整中的'规整'布局"。此外，其他有关论述，请见原书。我们认为，上述见解有重要参考价值。但同时我们也认为，明南京城不规则的形制，乃是面对当时各种具体情况，因地制宜的结果（见本书有关论述）。明南京各城门均在险隘和重要部位，很难说是按星座刻意安排的。事实上前述分析和图 8-36 与星象图也不尽相同。因此，该说能否成立，尚待今后进一步深入研究，并在学术上提出确证。

孝陵和功臣墓为主，属禁区。东郊和北郊诸山，以及内城外北部和西北部沿江一带为重点城防区范围（与内城西北城防区连为一体）。南郊和西面清凉门、石城门、三山门外的近郊，是六朝南唐以来逐渐形成的繁华之区。到明南京时南郊已成为主要寺院区和商业区，西面则成为与江外大宗贸易的重要商业区，两者已与南城工商业区有机地融为一体，形成内城外的关厢地区。所以外郭城在此范围内，也具有保护这些繁华区的重要功能。上述情况表明，明南京城外郭城的功能，青山绿水环绕内城的生态圈及所呈现之外缘景观，内、外城间近郊明确的功能区划，均有独到之处。这些与其他都城的明显区别，也是明南京城总体规划的重要组成部分。就明南京城的具体情况而言，此种规划也是很成功的。

此外，从建筑材料和建筑技术上看，明南京城也有许多重要的发展。据前所述，明南京城内城墙以砖石砌筑，黏合剂使用三合土，并传说添加糯米汁等多种成分，建成"高坚甲天下"的我国第一座砖石城墙的都城。城内重要建筑亦以砖石为主要建筑材料，宫殿和重要寺院等大量使用各色琉璃构件和饰件。砖和琉璃的烧造技术空前提高，质量上乘。在建筑技术方面，除根据地理情况合理利用自然条件之外，对松软地基的处理（密打地丁、置井字形框架、填石、三合土分层夯实，以及增大城墙基底面积、分散力点等多种方法并用）、"梅花丁"式砌砖技术的普遍应用，大跨度砖（石）拱券技术的成熟、城墙结构及其防雨排水设施的完备、水关和涵闸新技术新设备的出现、水关部分为减轻墙体压力筑藏兵洞的方法等，均远超前代。此外，大规模填燕雀湖造地，并较好地处理地基在其上建宫城，更是我国建筑史上的创举。

综上所述，最后再指出两点。第一，前已指出明南京城与山水的关系、城的平面形制、城内水陆复合型的交通网络、城内功能分区状况、在坊厢内安排社学、工商业配置和组合情况等，与南宋临安城有很多相似之处（参见本书第三章），所以明南京城的城内布局和规划很可能与南宋临安城有较密切的关系。看来这两座同在江南的都城，在自然地理环境相近的情况下，形成宋以后江南都城的共性，也未必纯属偶然。第二，明南京城将特定的地理环境、自然条件、原有的城市基础与明代都城在政治、礼制、军事防御、水陆交通、文化教育、宗教、工商业和居民区等诸多方面的综合要求有机结合，在总结历代都城和明中都规划建设经验的基础上，依托传统又打破传统，不拘泥外在形制而追求功能的尽量完美，精心规划，合理安排，锐意创新，将明南京城建设成一座合乎礼制要求，符合时代精神，功能齐备而又有别于前代独具一格的大都城[1]。因此，明南京城形制布局中的许多特点，继往开来，在中国古代都城形制布局发展演变史中占有非常重要的地位。

---

[1] 如果说明南京城有缺憾，主要有三点。第一，将宫城皇城建于内城东隅，并填湖奠基。第二，城墙无马面和角楼。第三，内城护城河"龙脖子"段未贯通。此三点形成的原因，其利弊的权衡，学术界还在探讨之中。

第三节　明中都与明南京的宫城和皇城

一　明中都的宫城和皇城

洪武二年九月癸卯"诏以临濠为中都"后，首先营建皇城和禁垣，但明代文献未言具体营建的情况。文献中或言洪武三年建皇城[1]，或言洪武四年建皇城[2]，或言洪武五年建皇城[3]，又说洪武六年三月癸卯朔"城已完"，洪武六年三月壬戌"甃皇城"，同年六月辛巳"中都皇城成"[4]。洪武八年四月丁巳以"劳费"和"费剧"为由，突然罢中都役作[5]。据研究，大致是洪武三年始营建皇城，洪武四年、五年全力营建皇城，六年皇城基本建成[6]。主持营建的官员主要是李善长，以及汤和、薛祥等人[7]。

---

[1] A.《寰宇通志》卷九：洪武三年"建皇城于府西南二十里凤凰山之阳，为中都"；"中都宫殿，在府城万岁山南，国朝洪武三年建"。

B.《中都志》卷三："洪武三年，建宫殿，立宗庙、大社于城内，并置中书省、大都督府、御史台于午门东西"，"宫殿，洪武三年建，在皇城内"。

[2]《明太祖实录》卷六三：洪武四年闰三月辛酉，"时（李）善长董建临濠宫殿"。同书卷六九：洪武四年十一月壬申，"朕命军士往临濠造宫殿"。

[3] A.《凤阳新书》卷三：皇城"洪武五年筑"。

B.《嘉庆重修大清一统志》卷一二五："皇城，明洪武五年筑。"

[4] A.《明太祖实录》卷八〇：洪武六年三月癸卯朔，中都"今城已完"，三月壬戌"甃临濠皇城"。

B.《明太祖实录》卷八三：洪武六年六月辛巳"中都皇城成"。

C.《明史》卷一三八《薛祥传》：洪武"八年，授工部尚书，时造凤阳宫殿"。据此可知，是时宫殿并未最后完工。

[5] A. 洪武八年四月，朱元璋至凤阳的目的，《明太祖实录》卷九九记为"亲至中都，验功赏劳"，《高皇帝御制文集》卷一四记为："督功中都"，当时并未有罢建中都之意。

B.《明太祖实录》卷九九：洪武八年四月丁巳，"上还自中都，诏罢中都役作。初，上欲如周、汉之制营建两京。至是以劳费罢之"。《国榷》卷六记为"至是费剧，寝之"。

[6] 明代文献未记皇城、禁垣是分建还是同时营建，从有关文献分析，所谓建皇城似包括禁垣。《中都告祭天地祝文》说：洪武八年"功将完成"之时罢建中都，"功将完成"应包括皇城，即皇城基本建成，但未彻底建成，下面注D表明洪武八年仍在营造宫殿。"皇城成"似主要指皇城墙而言。

[7] A.《明史》卷一二七《李善长传》：洪武四年，以疾致仕，赐临濠地若干顷，置守冢户百五十，给佃户千五百家，仪仗士二十家。逾年病愈，命董建临濠宫殿。徙江南民十万田濠州。以李善长经理之。留濠者数年。此前李善长是"左丞相、太师、韩国公，开国功臣第一位"。

B.《明太祖实录》卷六三：洪武四年闰三月辛酉，"遣使赐韩国公李善长米物。时善长董建临濠宫殿，上念其久役于外，故遣使以米、酒、茗往劳之"。据此可知李善长一回凤阳即开始董建临濠宫殿，而不是始于其"逾年病愈"之时。

C. 王剑英《明中都研究》（中国青年出版社2005年版）第78页考证，汤和在洪武六年"与李善长营中都宫阙"，主要任务是甃皇城（中国青年出版社2005年版）。

D.《明史》卷一三八《薛祥传》：洪武"八年，授工部尚书。时造凤阳宫殿，帝坐殿中，若有人持兵斗殿脊者。太师李善长奏：诸工匠用压镇法，帝将尽杀之。祥为分别交替不在工者，（转后页）

(一) 明中都宫城（明初称皇城）的形制

*明初将宫城称皇城（以下均称"宫城"）[8]，中都宫城在外城内制高点和中心点万岁山之南偏西，位于凤凰山之阳[9]，筑于海拔36~43米较平缓的山坡上，"席凤凰山以为殿"（图8-1、图8-2、图8-37）[10]，平面呈长方形（图8-1、图8-4）。

1. 宫城城墙、城门、角楼、涵洞和护城河

(1) 城墙

文献记载，皇城（宫城）周六里，高三丈九尺五寸，女墙高五尺九寸五分，共高四丈五尺四寸五分。有四门，午门正南，东华门正东，西华门正西，玄武门正北。四门有城楼，午门为五凤楼，东南、西南、东北、西北四角有角楼[11]。

中都宫城城墙，1958年以后陆续被破坏[12]，仅西城墙和南城墙西段残存部分遗迹。据调查，北城墙东段有一处在地面下18米时仍见大城砖（城砖120厘米×50厘米×20厘米）；西城墙外侧北端一深坑内可见城砖立于方石之上；南城墙西段保存较好部位墙基有高约1米花岗岩大条石，墙体青砖砌筑（砖40厘米×20厘米×11厘米），黏结牢固[13]，墙体内仅下部中间有很小的土芯。西城墙保存较好部位，城墙残基宽6.9米，残顶宽6.4米，残高13.17米，女墙（已坍塌）残高约1.98米（合计高15.15米）[14]。宫城墙的长度，

---

* （接前页）并铁、石匠皆不预，活者千数"。《凤阳新书》卷五：薛祥在洪武七（八）年"同李善长督建城池宫殿"。

[8] 明初营建中都、南京和北京宫阙时，将宫城称"皇城"，并将宫城外紫禁城的禁垣包括在皇城范围内。到明万历时期，才将皇城改称宫城或紫禁城，将禁垣改称皇城。又《凤阳新书》将皇城称里城，将禁垣称皇城。本书为行文方便，有时将紫禁城亦称为宫城。

[9] A.《中都志》卷二：万岁山"形势壮丽，岗峦环向。国朝初立，筑皇城于是山，绵国祚于万世，故名。日精峰，在万岁山东，旧名盛家山。月华峰在万岁山西，即马鞍山也。三山相联，国初建都时改名"。"凤凰山与万岁山相连，势如凤凰飞翔，故名。"

B.《凤阳县志》卷二：日精峰"土人又称九华山"。

C.《寰宇通志》卷九："万岁山，在府城中，禁垣北经其上，山之东西有二峰对峙，东曰日精，西曰月华。"凤凰山，在府治北，即府之主山也……以形似名。按：凤凰山、万岁山、日精峰和月华峰东西相连，长达十里。其中万岁山恰在中都城两条对角线的交叉点上，是全城的中心点和制高点。

[10]《凤阳新书》卷三：中都"席凤凰山以为殿"，因而向阳高亢，完全不同于南京宫城前昂后洼的情况。

[11]《明太祖实录》卷八三。

[12] 夏玉润《朱元璋与凤阳》，黄山书社2003年版，第279、280页。

[13] 宫城墙调查情况，见王剑英《明中都研究》（中国青年出版社2005年版）第290~298页及文中城墙残迹照片。同书第257页说：皇城"城砖是用桐油、石灰、糯米浆砌的，有的还用矾浇灌，乳白色半透明凝冻在砖缝外的浆液，晶莹洁白，好像刚刚浇灌的一样……十分坚硬"。按：黏结物成分未经化验证明。

[14] A. 王剑英《明中都研究》，中国青年出版社2005年版，第298页。

B. 夏玉润《朱元璋与凤阳》，黄山书社2003年版，第249页。按：所言高13.17米，女墙高1.98米，共高15.15米，较文献所记高39.5尺（39.5尺×0.3173米＝12.53米），5.95尺（5.95尺×0.3173米＝1.879米），共高45.45尺（45.45尺×0.3173米＝14.42米），高出0.87米（转后页）

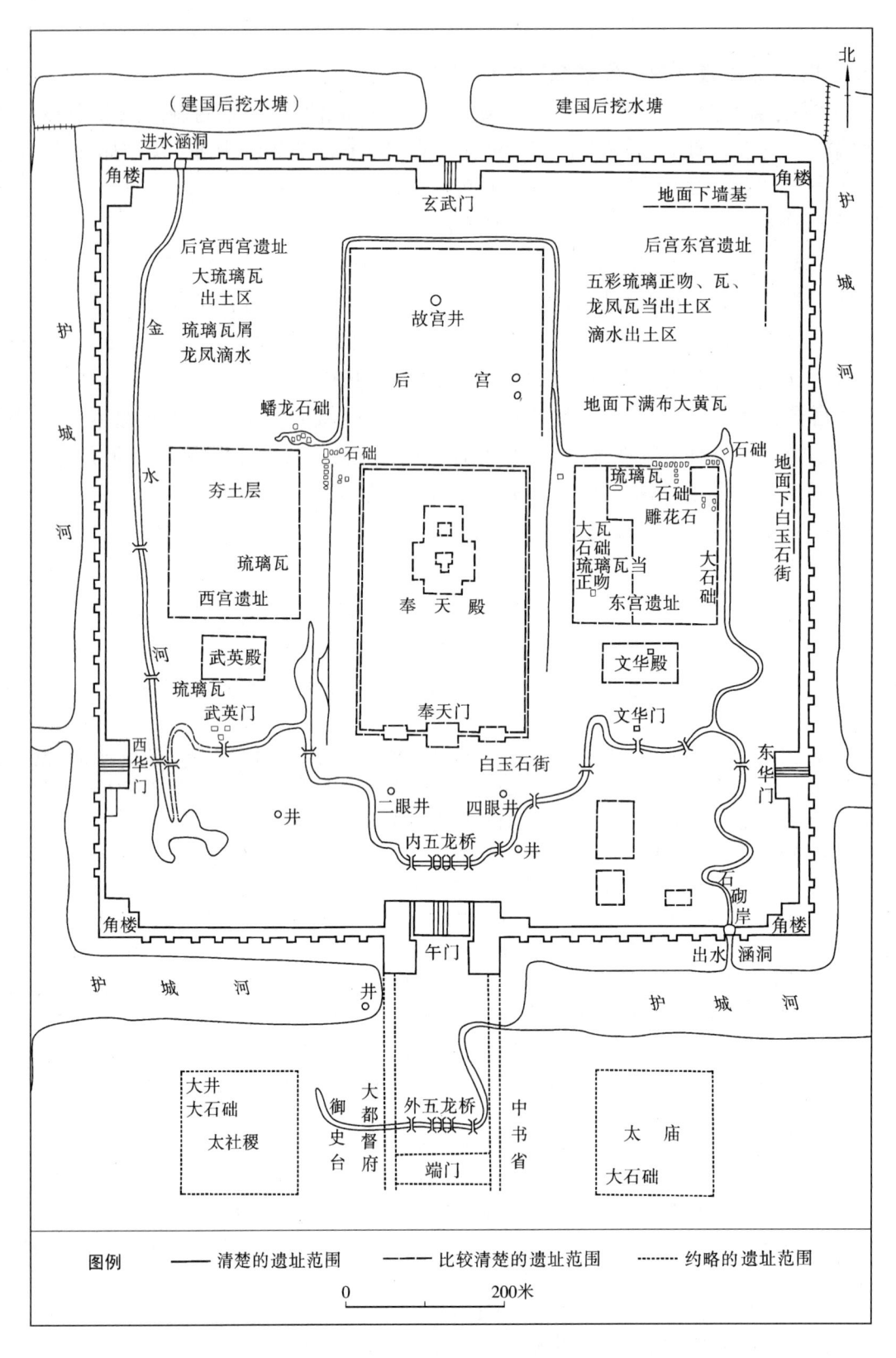

图 8-37 安徽凤阳明中都宫城遗址踏测图

（引自王剑英《明中都研究》，略有改动）

＊据残迹测量的数据有三种，其周长大体合 6.5 明里左右[15]。

（2）宫城门和角楼

午门

宫城正南门称午门、三券门，两侧有东西掖门，其前翼以两观，平面呈倒"凹"字形，现仅残存城台（墩台）[16]。城台东西宽 140.30 米，南北深 41.35 米，残高 12.70 米，两观各东西 35.10 米，南北 48.10 米（图 8-38）。午门三券门之间的城台全部砖砌（砖 40 厘米×20 厘米×11 厘米），其余部分的包砖之内有夯土芯（一层碎砖一层夯土间筑），包砖厚约 2 米（一顺一丁梅花式砌法），砖间黏结材料呈乳白色（极少数略带黄色）。城台顶部有厚约 1 米的三合土层，其上原似墁砖[17]，城台上的女墙已残毁。城台券门间的地基结构为原生土上夯三合土，其上平列错缝平铺四层方石板（宽 32 厘米、36 厘米、37 厘米、42 厘米，厚 8 厘米、10 厘米、11 厘米数种），石板上为高约 1.61 米的石须弥座，再上为城砖墙体[18]。午门四周外侧石板上置宽约四五十厘米的大石条，再上为石须弥座（图 8-39）。

午门正门券洞高 8.6 米，宽 5 米，双心拱券，五券五伏，正门与左右券门间距 3.22 米，左右券门宽 4.48 米（图 8-40）。午门券门券顶的面砖内有铁扒锔子铆固（长五六十厘米至八九十厘米），午门券门北端破坏约 3 米，南端破坏约 9 米。左右掖门宽约 4.15 米，高约 7.93 米。券门内地基（仅见左券门地基），原生土上为棕色黏土层，十分坚实，其上铺一层原木（径约 20 厘米，已朽），原木用密集的铁扒锔子铆固（锔子宽约 12 厘米，长约 35 厘米），原木上砌四层城砖（其上未见石板）。此外，午门正券门内有两道闸门，第一道闸门已残毁无存（约距第二道闸门 4.9 米）。第二道闸门距午门前墙约 8.85 米，仅残存闸门石槽口（宽 54 厘米，深 18 厘米），每块闸门槽石高 26～28 厘米，闸门顶部残毁。午门顶部城楼（俗称五凤楼），未见遗迹[19]。午门上下马道在东侧，马道与宫城墙体

＊ （接前页）（15.15 米－14.42 米），故调查资料共高 15.15 米似误。明初一明尺＝0.3173 米，见后注。

[15] A. 王剑英《明中都研究》（中国青年出版社 2005 年版）第 290 页记述：1960～1962 年蚌埠市城建局测绘：东城墙 955 米，西城墙 967 米，南城墙 890 米，北城墙 890 米，周长 3702 米；凤阳县档案馆存"凤阳县宫城平面图"：东墙和西墙各 955 米，南墙和北墙各 900 米，周长 3710 米；1975 年凤阳县文化馆请县建设局测的"明中都紫禁城实测图"：东墙和西墙各 965 米，南墙和北墙各 875 米，周长 3680 米。

B. 傅熹年《中国古代城市规划、建筑群布局及建筑设计方法研究》（中国建筑工业出版社 2001 年版）上册第 50 页指出：据明初有关建筑推算出明初一尺合 31.73 厘米，是明初一步合 1.5865 米，一里合 571.14 米。据此推算，前面 A 所记三种数据分别合 6.48 明里、6.495 明里、6.44 明里。

[16] A. 午门调查资料，见王剑英《明中都研究》（中国青年出版社 2005 年版）第 257～280 页及书中所收照片。

B. 夏玉润《朱元璋与凤阳》（黄山书社 2003 年版）第 281 页说道，午门的券门主要破坏于 1974 年。

[17] 王剑英《明中都研究》（中国青年出版社 2005 年版）第 263 页指出：推断三合土层上面，还铺砌了几层城砖。按：明北京城墙顶部海墁大砖一层。

[18] 在午门正券门和右券门间的破坏坑内，可看到城台的地基结构。

[19] 王剑英《明中都研究》（中国青年出版社 2005 年版）第 277～279 页记述，午门中间顶部有坑洼，残存砖块和琉璃碎屑，散置有径 80 厘米的石础。在午门顶部东西中心线上，东掖门与午门东墙间，西掖门与午门西墙间各有较规整的四个坑，东西对称。顶部未见城楼基址，《凤阳新书》说午门无楼，可能是正确的。又《凤阳新书》载陶允嘉《皇城旧内》诗说"紫气犹依五凤楼"，从午门东西（转后页）

相连。马道宽约24米，*东西长约30米，北距午门东北角约20米，坡度约30度（现已成坡地）[20]。

午门正门三券洞两壁。午门城台和两观前后及东西两侧的白石须弥座上有连续不断的浮雕，浮雕高约32厘米，深3～5厘米，每块浮雕长度不等，浮雕总长约566米。浮雕题材有龙、凤、云、方胜、花、团花以及双狮绣球、麒麟、鹿、牡丹、芍药、荷花、西番莲、"万"字等[21]。

东西华门和玄武门

东华门为宫城东门，南距宫城东南隅202.5米，北距东北隅762.5米，三券门，1974年拆除，仅存土台遗迹[22]。西华门与东华门相对，南北宽70.40米，东西长36.15米，其南端有宽8.15米、长35.60米的马道与墙体相连。三券门，正券宽5米，高7.6米，正券与左右券相距2.50米；左右券宽4.20米，高6.6米。三券门均5券5伏，券门内基部各镶嵌长28.5米、高30厘米的花卉与方胜相间的砖雕（深度约3厘米）[23]。砖雕之上有一排共11个灯龛，灯龛宽37厘米，高39厘米，深70厘米；灯龛间距一般为2.60米，短者2.35米，长者3.20米[24]。城楼无存，仅存土丘。此外，在西华门正券门洞南侧墙根发现砖砌泄水道穿过西华门出宫城。玄武门1974年拆除[25]。

---

* （接前页）两侧各有四个整齐大坑来看，又似搞好地下基础，是准备建楼或正在建、已经建了。此情况正好印证了朱元璋《中都告祭天地祝文》所说"今功将完成"的将完成而未完成的部分。又清乾隆二十六年（1761年）凤阳县新增四门城楼，咸丰十年（1860年）毁于战火，现在也不见清代城楼遗址。

[20] 午门遗迹有关照片，见王剑英《明中都研究》（中国青年出版社2005年版）第258～267页所收图版。

[21] 王剑英《明中都研究》（中国青年出版社2005年版）第268、277页记述：午门正中券门洞东西侧石雕进行了测量。东侧浮雕，自北向南依次为（括弧内数字为长度，单位厘米）：以上缺，团花（66）、方胜（105）、云水（58）、龙（120）、云（93）、方胜（71）、凤（74）、凤（65）、方胜（72）、龙（108）、云（80）、凤（90）、云（82）、龙（152）、云（61）、方胜（73）、凤（95）、方胜（70）、凤（80）、龙（139）、方胜（84）、凤（95）、方胜（70）、双凤（106）、方胜（71）、云（87）、龙（92）、云（98）、方胜（81）、凤（73）、凤（58）、方胜（128）、凤（78）、白条（4）、云（101）、龙（91）、云（80）、闸槽（17）、方胜（66）、花（67），以上记长32.89米，以下缺。西侧浮雕，自北向南依次为：以上缺（66）、白石（50）、白石（71）、白石（65）、龙（126）、云（72）、缺（122）、方胜（63）、云（61）、龙（132）、云（94）、白石（86）、凤（37）、云（66）、龙（111）、云（99）、白石（53）、凤（119）、方胜（78）、云（98）、龙（160）、云（120）、方胜（64）、凤（90）、双凤（73）、方胜（76）、云（79）、龙（102）、云（69）、方胜（74）、凤（71）、凤（73）、方胜（92）、凤（98）、凤（91）、龙（108）、云（63）、闸槽（17）、方胜（49）。以上记长32.38米。
上述石雕以龙、凤、云和方胜居多。其他部位石雕尚埋在砖砾土堆中，以前拆城砖时还发现麒麟、鹿、双狮耍绣球、牡丹、芍药、荷花、西番莲、"万"字等石雕。各种石雕照片，见王剑英《明中都研究》（中国青年出版社2005年版）第36～42、269～276页所收图版。第268页记述："左右掖门洞内没有石雕。"

[22] 王剑英《明中都研究》（中国青年出版社2005年版）第282页指出：残存土台基为碎砖与夯土间筑，碎砖不少呈半青半红色，碎砖夯土层细实平整，每层17～22厘米不等。见同书第282页所收照片，第281页夯土堆积图。

[23] 见王剑英《明中都研究》（中国青年出版社2005年版）第46～48页砖雕照片。

[24] 见王剑英《明中都研究》（中国青年出版社2005年版）第285页西华门正券内灯龛照片，第284～285页西华门内遗址照片。

[25] 见王剑英《明中都研究》（中国青年出版社2005年版）第286页所载玄武门遗址拆除前的照片。

角楼

角楼，建于宫城四隅，东北和西北角楼略高于东南与西南角楼，东南、东北、西北三角楼已拆除[1]。仅西南角楼存台基遗址（图8-41），平面呈曲尺形，东西长44.05米，南北长43.85米，东北隅内缩部分东西长16米，南北长15.8米，角楼西侧面较西墙向外突出1.15米。遗址中间有一曲尺形角楼遗迹，仅存土堆，长24米，宽12米[2]。

（3）涵洞与护城河

宫城西北角楼东侧95米处，有金水河入城进水涵洞（图8-37），砖砌，5券5伏，内径和高各3米，现已拆除。出水涵洞在东南角楼西侧91.5米处（图8-37），砖砌，4券4伏，内径1.90米，高约2米，1973年拆除。此外，西华门正券门内南侧墙根地下约50厘米处，曾发现砖砌泄水道，宽约六七十厘米。

护城河已非明代原状，河底曾发现大量木桩[3]，并发现有井。《明实录》记载：洪武六年六月辛巳，"中都皇城成……城河坝砖脚五尺，以生铁镕灌之"[4]，坝的具体位置不明[5]。护城河的具体情况，尚待于考古发掘研究。

2. 宫城内的宫殿配置与内金水河遗迹

（1）宫殿配置概况

洪武八年罢建中都后，洪武十六年拆宫城宫殿建龙兴寺，此后又屡遭破坏，现仅存少量宫殿基址[6]。关于中都宫城宫殿的具体情况，明代文献缺载，于是研究者遂与关系极为密切的吴王新宫和改建后的明南京宫城的宫殿等比对，而将所存遗迹冠以相应的殿名和门名。宫城内宫殿配置概况，大致如图8-37所示。

---

[1] A.《明太祖实录》卷八三记载：东南、西南角楼台基与午门、东和西华门台基俱高五尺九分，北边玄武门与东北和西北角楼台基俱高五尺九寸五分。北边角楼台基较南边角楼台基高八寸六分，皇城席山而建，北高南低，北部再略加高可增加雄伟气势。

B. 王剑英《明中都研究》（中国青年出版社2005年版）第288、289页有角楼遗迹照片。

[2] 王剑英《明中都研究》（中国青年出版社2005年版）第289页指出，西南角楼遗址西墙外南端附近地面上有二石础，115厘米见方，厚约46厘米。

[3] 王剑英《明中都研究》（中国青年出版社2005年版）第305、315页，第300～302、305页收有护城河照片。

[4] 《明太祖实录》卷八三。

[5] 王剑英《明中都研究》（中国青年出版社2005年版）第304～315页，记录了一些闸坝的情况，以及线图和照片，但尚未明确其时代，文中据群众介绍，认为是1958年修筑的。

[6] A.《凤阳新书》卷八《龙兴寺碑》载："后罢建（中都）宫室，名材为积木，因而建焉。"

B.《中都志》卷四：龙兴寺"撤中都宫室名材建"。

C.《凤阳新书》卷三："兴福宫，在大内之正中。其余殿宇，惟基址尚存，宫材、木植、陶冶，洪武十六年撤出，修建龙兴寺。"

D. 康熙《凤阳县志》卷七，康熙六年（1667年），"奉旨移县治于内"，即移到宫城内，改为县城。同书卷八：康熙二十五年（1686年），凤阳知县李绪将凤阳县学移到城内。大成殿、崇圣祠即建在奉天殿遗址上，以后又屡有兴建。

E. 1961年7月，明宫城被列为安徽省重点文物保护单位。1969年拆中都宫城取砖。1982年2月，中都宫城被列为全国重点文物保护单位。

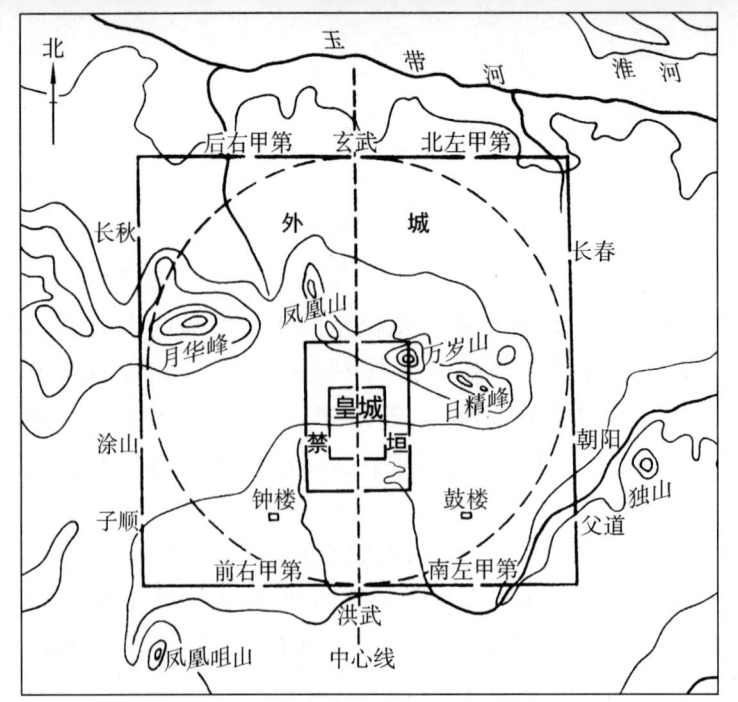

图 8-38　安徽凤阳明中都午门遗址平面图
（引自《明中都研究》，略有改动）

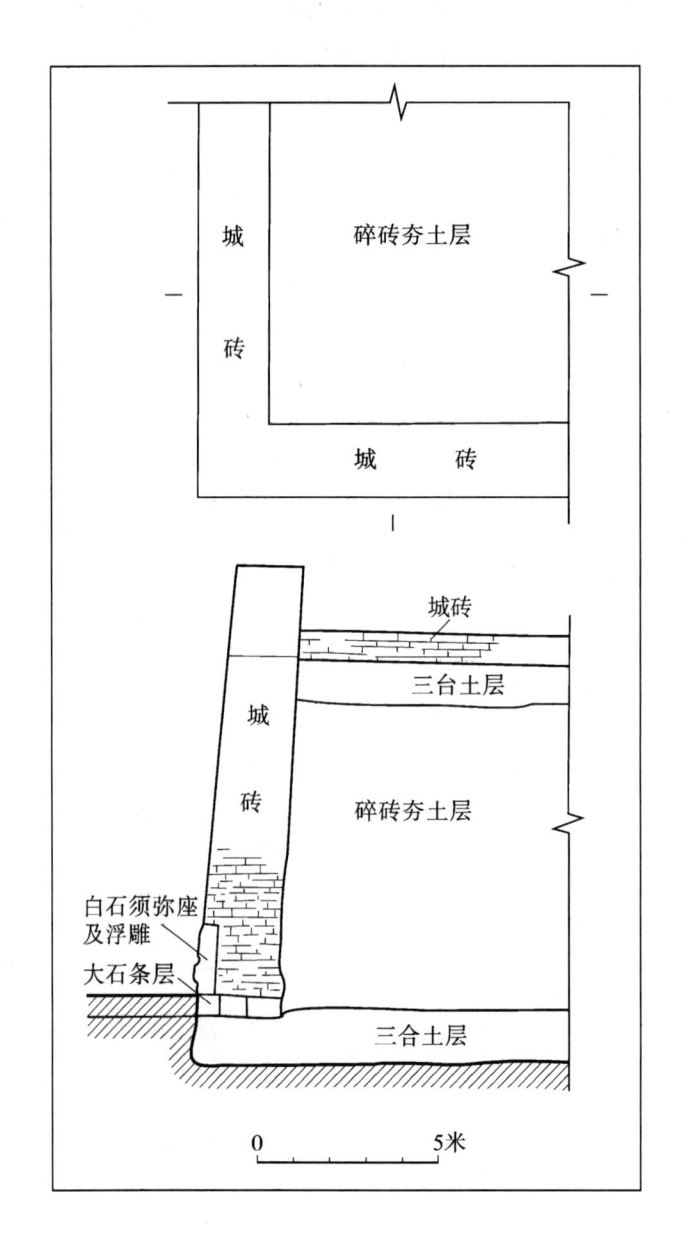

图 8-39　安徽凤阳明中都午门遗址台基结构平剖面图
（引自《明中都研究》，略有改动）

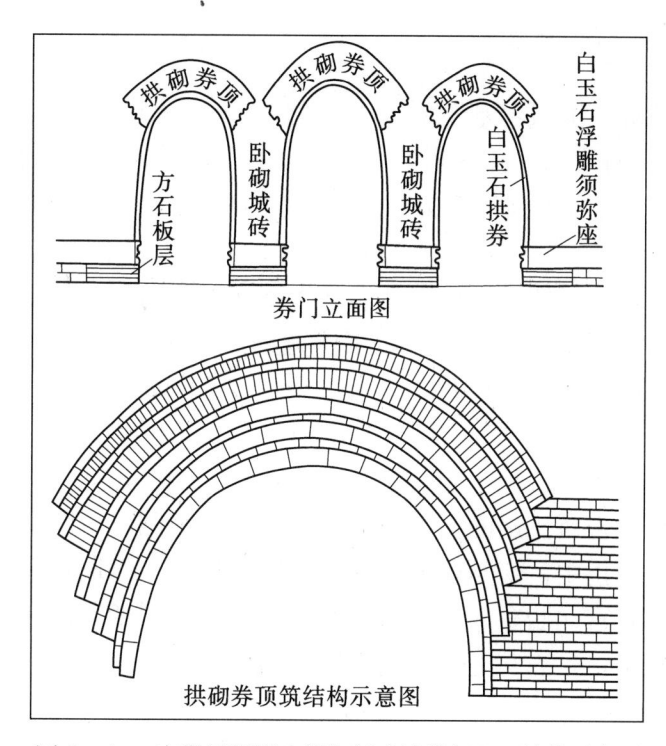

图 8-40 安徽凤阳明中都午门遗址券门立面结构示意图
（引自《明中都研究》，略有改动）

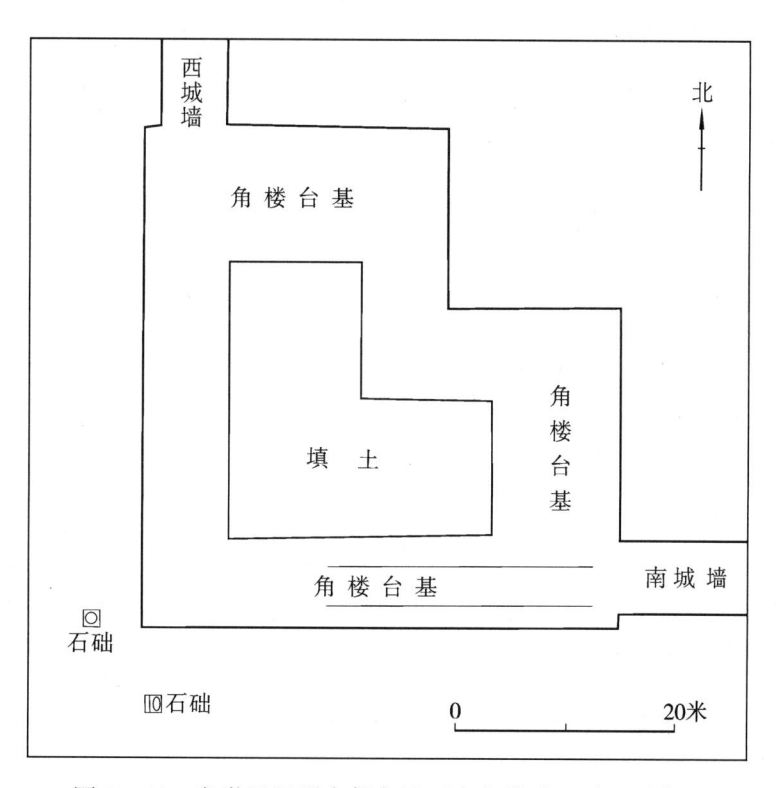

图 8-41 安徽凤阳明中都宫城西南角楼遗址平面示意图
（引自《明中都研究》，略有改动）

奉天门和奉天殿等三大殿台基遗址

奉天门遗址在内金水桥北111.8米处，遗址东西宽约72米，南北长约23.3米[1]，遗址台基现已无存。奉天门前约15米处为东西华门间大街，地面铺白石板（现已砸成碎石路）。

奉天殿遗址仅存被清代儒学大成殿和儒学崇圣祠破坏的残台基，残台基南缘距奉天门遗址165米，残台基平面呈"十"字形，东西宽约76米，南北长约101米。奉天殿所在前朝院落东西宽约205米，南北长约335米。台基残迹已远非明代原貌，很可能是三大殿台基残存的部分遗迹[2]。

文华殿、武英殿和后宫遗址

明中都遗址考察报告所比定的文华殿和武英殿遗址（图8-37），仅发现一些石础[3]。后宫遗址位于宫城北部正中，南与前朝相连。后宫遗址东、西墙和北墙现为高出地面的道路，墙外围金水河。后宫北墙东西长约236米，距宫城北墙约107米；东墙和西墙各距宫城东墙和西墙约310米。后宫内地面上散布琉璃瓦残件，地面下有的地方露出五层夯土层，发现有井[4]。

---

[1] A. 王剑英《明中都研究》（中国青年出版社2005年版）第320、321页记述：奉天门遗址西24米处，有南北长18米的墙壁，当是奉天门的角门位置。第320页有奉天门遗址照片。

B. 夏玉润《朱元璋与凤阳》（黄山书社2003年版）第273页："1984年9月，安徽省滁县地区文物保护科学技术研究所采用电法勘探进行初步推断，遗址基础面阔60米，进深25～28米，埋深2.5米，台基墙宽1米。"同书第274页认为《凤阳新书》所记兴福宫似指奉天门而言。按：此说仅供参考。

[2] A. 王剑英《明中都研究》（中国青年出版社2005年版）第321～324页所记奉天殿遗址情况，主要是清代儒学大成殿遗址及其破坏的状况，未能确指明代奉天殿遗址的保存情况。文中有遗址照片。

B. 夏玉润《朱元璋与凤阳》（黄山书社2003年版）第270～273页对奉天殿遗址指出三点。其一，奉天殿台基遗址规模太小，难以配置三大殿。其二，三大殿似未营建。文中引贝琼《清江文集》卷二六《游山诗序》指出：洪武九年，岁在丙辰，见中都"时宫阙未营，朝市之位已定"，宫阙指三大殿而言。其三，五件巨大石础（其中最大者2.7米见方，高1.10米尚未见底，盘龙高0.15米，宽0.32米）在台基遗址150米之外。上述三点结合，认为台基之上尚未营建三大殿，应属于洪武八年罢建中都时之"功将完成"而尚未完成之例。按：台基呈"十"字形，肯定不是原台基的完整形制。图8-37上台基与明北京宫城三大殿台基相比较，应为原台基残存的情况，奉天殿在残存台基上的具体位置尚难确定。台基问题，只有今后靠考古发掘才能解决。其次，远比明北京宫城今太和殿大而精美的石柱础表明，其台基遗址也不应如此之小；又石础如此之重，民间很难移动至150米之外，故断定三大殿尚未营建。但该结论还应注意石柱础是否有使用痕迹，如有使用痕迹其结论则难以成立。总之，上述见解值得重视。

C. 王剑英《明中都研究》（中国青年出版社2005年版）第321页指出：奉天门及宫墙南墙东西总长210米与205米稍有差异。

D. 奉天殿左右的中左门、中右门，两翼廊庑、文楼、武楼，以及奉天门外的两庑和左右顺门，尚未发现遗迹。

[3] 见王剑英《明中都研究》（中国青年出版社2005年版）第326、327页。

[4] 见王剑英《明中都研究》（中国青年出版社2005年版）第329～330页及文中所收照片。

后宫遗址之东，位于东北角楼附近的遗址，考察报告称为"后宫东宫遗址"，约相当于明北京宫城仁寿宫一组建筑的位置。后宫遗址之西至皇城西北角楼范围，考察报告称为"后宫西宫遗址"，约相当于明北京宫城隆德殿、咸安宫一组建筑的位置。上述遗址地面均散布大量琉璃瓦残件和石础，"后宫东宫遗址"发现墙基，遗址南部地下有许多大黄瓦；"后宫西宫遗址"发现成排竖码的大黄瓦[1]。

在文华殿遗址北约150米处，考察报告称为"东宫遗址"，约相当于明北京宫城慈庆宫一组建筑的位置。遗址平面呈长方形，东西宽约131米，南北长约225米，距后宫院墙约45米，东距宫城东墙约150米。遗址地面散布一些琉璃瓦残件和一些石础，并残存部分台基遗迹。有的地方发现地下夯土厚约1.80米，夯土层厚约30厘米。

在武英殿遗址北约150米处，考察报告称为"西宫遗址"，约相当于明北京宫城慈宁宫一组建筑的位置。遗址平面呈长方形，东西宽约165米，南北长约235米，东距前朝院墙约85米，西距宫城西墙约85米。遗址有高平台遗迹，地下发现夯土层，地面散布琉璃瓦残件和一些石础。

(2) 内金水河与诸桥遗址

《明中都研究·明中都遗址考察报告》说，宫城北城墙外挖水沟，蓄万岁山麓雨水为内金水河水源[2]。内金水河道已填平，但河迹可辨。内金水河从宫城西北隅进水涵洞入城后，在距宫城西墙约35米直下至西华门桥，又折东经武英殿桥、奉天门西桥、内金水桥、奉天门东桥、文华殿桥、东华门桥；又南折流至宫城东南隅的出水涵洞出城入护城河（图8-37）。内金水河始入城河段较直，宽达9.3米，至桥处缩至7.2米[3]，南部河段曲折。在出水涵洞北西侧，有一段约百米的金水河岸早年尚存石泊岸。此外，围绕后宫墙外的金水河，沿东、西墙南下与南面内金水河汇合[4]。

内金水河上诸桥或残毁或无存，其中内金水桥（御桥，内五龙桥）在午门北31米，该桥正对左右掖门的两桥在中华人民共和国成立前被扒拆；正对午门的三桥相连，南北长17米，东西宽23米，桥基下有密集的木桩（地丁），1974~1975年间被扒拆。西华门内桥距西华门42米，桥东西长14.7米，宽20.5米，1974年被拆除。东华门内桥距东华门约41米，桥东西长15米，宽16米，调查时桥券顶部尚露出水面。文华殿桥在东华门内165米处偏北，桥南北向，桥宽17.7米，调查时可见部分桥体[5]。武英殿桥在西华门内

---

[1] 后宫之东、西宫遗址的大黄瓦，特别是西宫有整齐码放的大黄瓦，这些大黄瓦是建筑备料还是拆建后的遗存尚不明晰。从"西宫"大黄瓦情况来看，很可能属于建筑备料，如是，说明东、西宫似尚未建成。

[2] 按：金水河用水量较大，终年不息，仅靠宫城外之北水沟蓄雨水似不足以供水。因此，内金水河水源问题是今后考古工作值得注意解决的问题之一。

[3] 夏玉润《朱元璋与凤阳》（黄山书社2003年版）第276页说："1984年3至5月，滁县地区文物保护科学技术研究所对部分遗址进行电探并经探坑验证，原河道宽6米，约3米深处铺有明代大砖，平铺砌缝严密规整。"按：所探河道位置不明，与正文所述宽9.3米、7.2米当属不同河段。

[4] 按：围绕后宫的金水河的来龙去脉考察报告未交代清楚，这也是今后考古工作应该注意的问题。

[5] 王剑英《明中都研究》（中国青年出版社2005年版）第326页记述：文华殿桥南岸有排列整齐的白石础，东西四排，共宽7.7米，三排在桥西，一排在桥东，南北呈三排，总长3.7米，最后一排在桥前口。又文华殿桥北岸原有数块大石础。

140 米处偏北，南北向，三券，宽约 18.5 米。奉天门东桥在奉天门中心线东 150 米处偏南，东西向，正对东华门，长 13.5 米，宽 22 米。奉天门西桥在奉天门中心线西 140 米处偏南，东西向，正对西华门，长 12.8 米，宽 12 米。

(二) 明中都皇城（明初称禁垣）的形制

1. 皇城墙体的尺度和结构

《凤阳新书》卷三记载：皇城（原书记载为禁垣）"砖石修垒，高二丈，周九里三十步。开四门，砖券。承天门，正南；东安门，正东；西安门，正西；北安门，正北（图 8-4）"。清乾隆二十年（1755 年）拆除皇城墙体，经考古调查，皇城南墙长约 1680 米，北墙西段现为路基，长度较南墙少 10 米[1]，东墙和西墙各长约 2160 米，周长约 7670 米，平面呈南北长方形。周长 7670 米约合 13.42 明里（7670÷571.4）[2]，《凤阳新书》所记周九里三十步，误[3]。

皇城南墙遗迹仅存于承天门之西，遗迹长约 245 米，宽 3~4 米，高约米余，现为砖砾土埂。皇城东墙靠近东安门处现为公路基，发现皇城东南拐角，有一层夯土一层碎砖的墙基。北墙和西墙仅能辨别出少量残迹。

2. 皇城四门

(1) 承天门遗址

承天门北对午门，相距 435 米；南对洪武门，相距 1185 米，在外五龙桥（俗称马王桥）南约 200 米（图 8-6、图 8-37）。1962 年测绘地形图上，承天门遗址呈高台状，东西宽 130 余米，南北长 35 米，相对高度 4.569~4.709 米。1973 年调查时，因大道穿过遗址形成东西两个土堆。在东土堆挖水沟处发现夯土基址，夯层厚约 20 厘米，碎砖层厚约 10 厘米，碎砖层中有大量琉璃碎屑[4]。此外，在承天门遗址西侧地下的砖构上有压石板的泄水涵洞。

(2) 东安门遗址

东安门遗址正对东华门，相距约 395 米。遗址残迹呈南北长方形，较四周略高。遗址中部为台状土台，东西宽约 19 米，南北长约 52 米，大道从此穿过形成南北二土台。南土台高约 2 米，北土台高约 3 米。北土台临大道边处露出东西长约 19 米、宽约 3.96 米的三合土层（内含小卵石）。往北约 4.33 米，又有一条宽约 3.57 米的三合土层。三合土层表面平整，厚约 50 厘米，1973 年曾在三合土层表面发现一枚"绍圣元宝"钱。

---

[1] 夏玉润《朱元璋与凤阳》（黄山书社 2003 年版）第 238 页记述：北墙因建在宝盒山的山坡上，顺从地势，故北墙为 170 度的内折线。

[2] 傅熹年《中国古代城市规划、建筑群布局及建筑设计方法研究》（中国建筑工业出版社 2001 年版）上册第 50 页说：根据明初有关建筑推算明初一尺合 31.73 厘米，是明初一里合 571.14 米。

[3] 王剑英《明中都研究》（中国青年出版社 2005 年版）第 255 页认为，在《凤阳新书》之前的典籍奏章里都还不曾见到有关中都禁垣长度的记载，故怀疑袁文新修《凤阳新书》时未经过丈量，而误将《中都志》所记临淮旧城"周九里三十步"当成了中都禁垣的长度。

[4] 王剑英《明中都研究》（中国青年出版社 2005 年版）第 244~245 页有承天门遗址照片。

（3）西安门遗址

西安门遗址正对西华门，相距约 395 米。1973 年调查时仅存平缓土丘，1974 年挖排水沟穿过西安门遗址，沟层断面露出碎砖夯土层和黏土木桩层。碎砖大都发红（似为废砖），黏土层青灰色，极为细腻，该层紧密排列木桩（地丁）。木桩松木，长为 1.60～2.07 米，径多在 12～15 厘米，木桩下部全部砍削成锐三角形，其上用毛笔写有"□□所赵景玉""昌陵阑石""晏百户""百户陈王"等字样。调查时丈量，西安门遗址东西约 36.5 米，南北约 56 米，南部有突出部分，可能是马道。此外，在西安门遗址周围还发现有蟠龙石栏柱、城墙基部的白石浮雕，在土层中发现有五彩凤瓦和大量琉璃瓦碎片。

（4）北安门遗址

北安门在凤凰山主峰背后，这里有一南北长达 120 米的平缓山坡，山坡上散布砖砾。在凤凰山主峰西麓散布大量黄、绿琉璃瓦残件和砖砾，门址尚未能确认。

3. 午门至洪武门间的配置

午门之南的配置，仅《凤阳新书》卷三、卷四记载较详，即午门，正南；左右阙门，午门东西；端门，午门之南；承天门，端门之南；大明门，承天门南；左右长安门，承天门之东西。午门之南约 235 米外五龙桥（御桥，俗称马王桥），又南约 60 米至端门，再南约 140 米至承天门[1]。太庙在皇城内阙门之左[2]，太社在皇城内阙门之西[3]，两者左右对称配置。"中书省，在午门左；大都督府，在午门右；御史台，在大都督府西（图 8-6、图 8-37），俱洪武三年建"[4]。

又根据《凤阳新书》的记载，大明门在承天门南，承天门外之东西有左右长安门，大明门之南有左右千步廊，南至洪武门，左右千步廊间为洪武街。在总体式形制上形成

---

[1] 王剑英《明中都研究》（中国青年出版社 2005 年版）第 242 页记述：承天门、午门相距 435 米，承天门在马王桥（外五龙桥）南 200 米。同书第 317 页记述，端门约在外金水桥南 60 米。

[2] A.《明太祖实录》卷六〇：洪武四年正月庚寅，建"太庙于临濠。礼部奏：临濠宗庙，宜如唐宋同堂异室之制。作前殿及寝殿，俱一十五间，殿之前俱为侧堦，东西旁各二间为夹室，如晋儒王肃所议。中三间通为一室，奉德祖皇帝（高祖朱伯六）神主，以备祫祭，东一间为一室，奉懿祖皇帝（曾祖朱四九）神主，西一间为一室，奉熙祖皇帝（祖朱初一）神主，从之"。

B. 王剑英《明中都研究》（中国青年出版社 2005 年版）第 357 页：明中都太庙在万历、天启间尚完好，到康熙修《凤阳府志》，则已不再记载，可能在明末毁掉了。太庙遗址无存，其地望约在今凤阳县城西公社西门大队夹西南队，在该地域发现石础。

[3] A.《明太祖实录》卷六五：洪武四年五月丙寅，"诏立太社坛于中都"。

B.《元史》卷七六《祭祀志五》：太社太稷"为二坛"，"社东稷西，相去约五丈"。中都太社、太稷分坛仍如元朝制度。如《凤阳新书》卷三："太社坛，在阙门之右；太稷坛，在太社坛之右。"

C. 王剑英《明中都研究》（中国青年出版社 2005 年版）第 358 页：太社稷遗址，康熙修《凤阳府志》尚存，乾隆时修《凤阳县志》时记载，"今俱无迹可考"。同页又说，太社稷地面已无遗迹，其地望似在外五龙桥南西侧前进大队西夹村小队地界，该地域曾发现大石础和大城砖等。

[4] A.《凤阳新书》卷三。按：中书省和大都督府应在午门前之左右。

B. 正统五年（1440 年）龙兴寺焚毁。到天顺三年（1459 年），"奏准撤皇城内中书省等衙门房五百余间，依式重建"，见《中都志》卷四、《凤阳新书》卷三。中书省、大都督府、御史台遗址确切位置不明。

"凸"字形宫廷广场[1]。在大明门稍北东西两侧，东置中都城隍庙[2]，西置功臣庙[3]，

---

[1] A.《凤阳新书》卷三。
   B. 参照元大都宫廷广场情况，千步廊从洪武门至大明门后应"折而左右"与皇城垣相接，这样在承天门与洪武门间就形成了"凸"字形宫廷广场，参见后文有关分析。
   C. 王剑英《明中都研究》（中国青年出版社2005年版）第317～318页记述：1974年在承天门南200米御道西发现红砂石条，石条在现在地面下七八十厘米，石条长66厘米、宽20～33厘米、厚18厘米，石条下为大城砖。红砂石条南北向平铺两行，从承天门至洪武门残长约800米，西边一条离御道49米，东边一条离御道47.85米，都正好在午门左右翼楼正中的延长线上。红砂石条当是千步廊的墙基。又同书第154页考证，自洪武门至大明门街道称洪武街，《中都志》卷四和《凤阳新书》卷三记有洪武街。按：据明南京和明北京的情况，洪武街或在千步廊与洪武门之间。
   D. 王剑英《明中都研究》（中国青年出版社2005年版）第318页认为：大明门在承天门南，可能在云济街大桥（桥埋土下）北50米左右。大明门、左右千步廊、左右长安门的位置均待考古发掘予以解决。同书第242页记述：承天门至洪武门1185米；第120页记述：洪武门至大明门约二明里余；第218页记述：洪武门距午门1620米。

[2] A.《寰宇通志》卷九"祠庙"条记载："中都城隍庙，在府城中留守司后感应坊，国朝洪武五年建，祀中都城隍之神。"《大明一统志》卷七："中都城隍庙，在留守司后，本朝洪武五年建。"《凤阳新书》卷四："中都城隍庙，邑西南感应坊。"王剑英《明中都研究（中国青年出版社2005年版）》第134页说：中都城隍庙在大明门东，皇城禁垣南，云济街北感应坊的正中偏南。
   B. 乾隆《凤阳县志》卷七城隍庙说：城隍庙"洪武初建，殿庑门楼极宏敞，中多明人修庙碑"。清·谢永泰修《凤阳县续志》（十六卷，光绪十三年增刻）卷七载柳增荣《中都城隍威灵王记略》说："诏曰：封杨某为中都城隍威灵王，敕工部于中都南门外择地建庙。庙中殿陛、门阙、阶级仅次天子一等。"
   C. 清康熙时，城隍庙改为凤阳府城隍庙，见《凤阳新书》卷四。康熙《凤阳府志》卷二一，乾隆《凤阳县志》卷七、《凤阳县续志》卷七等记载：康熙十年（1671年）冬，庙灾，唯存两廊数楹，重建。乾隆二十三年（1758年）重修。咸丰兵灾焚，同治八年（1869年）重修。中华人民共和国成立后遗址尚存，1975年平整。
   D. 王剑英《明中都研究》（中国青年出版社2005年版）第362～364页记述：庙址现属城西公社前进大队，在赴淮南公路北侧。1973年时大殿前尚存高平台和石栏。1974年测量时，殿台基为瓦砾堆，呈方形，东西宽43米，南北长44米，土丘北部高在3米以上。"殿台废墟离前门墙埂103米，离西墙30米，离东墙埂仅12米，然东墙外29米另有南北向墙埂。"城隍庙西墙离承天门外中心线216米。1981年调查时，遗址已夷为平地。1973年测量时在石础下发现"大中通宝"（一说张士诚铸，另一说朱元璋时铸）。1974年在遗址前沟边发现大石础较多，以及石栏板、石柱等，其中一件石栏板宽74厘米，高32厘米，浮雕双凤，甚为精美。

[3] A.《寰宇通志》卷九"祠庙"："功臣庙，在中都城隍庙西英灵坊，国朝洪武五年建，祀开国功臣常遇春等。"《中都志》卷四："功臣庙，在府治西英灵坊，即开国元勋阁。"王剑英《明中都研究》（中国青年出版社2005年版）第134页说：开国功臣庙在大明门西，皇城禁垣南，云济街北英灵坊正中偏南。与城隍庙左右对称配置。
   B.《明太祖实录》卷八五：洪武元年十月丁酉，"立开平王庙于中立府（凤阳）皇城西"。当时除常遇春外，其他功臣咸在，故仅为常遇春塑像立祠，又称"开平王常遇春之祠"。
   C.《寰宇通志》卷九，《大明一统志》卷七记载："开国元勋阁，在府治西南，国朝洪武八年为开国功臣徐达等建。"《凤阳新书》卷三："开国元勋阁，在功臣庙前，列国朝开国功臣名爵于上。"

两者左右对称布置（图8-6）。*

4. 外金水河

宫城外护城河东南角东侧南端有泄水闸，为外金水河头。外金水河自水闸东行折南，又折东近皇城东墙处南折，再向东曲流至刘李庄南后，向东南出皇城南墙东端南流，穿云济街东桥向南流出中都南城墙入涧水。又一水从西安门北向南流，至皇城西南角外略东折后南流，经云济街西桥（当地称"李大桥"）南流至洪武门西，出中都南城墙入涧水（图8-4、图8-6）[4]。

5. 苑囿

《寰宇通志》卷九记载："中都苑囿，在府城禁垣内万岁山东西，内臣职守，岁进胡桃、枣、栗等果。"《凤阳新书》卷三记载："苑囿，在皇城内万岁山前，四围松桧竹树茂盛。春则花开如绣，果品庶类繁伙。岁以鲜果桃、李、梅、杏则荐于皇陵并南京太庙、孝陵，以干果核桃、白果、枣、栗则贡于京师（北京）。仍拨皇陵卫军余五百五十名，食粮军人二十五名为花园户，俱于苑囿褥山做工，栽培果木、看守；又拨军余五十名于两京进贡果品应用。"看来罢建中都后，直至万历时期苑囿仍在进行有效管理。至清代，乾隆《凤阳县志》云：苑囿"今废"。

除上所述，明中都宫城现存遗物以石雕、砖雕、琉璃瓦件和城砖为主。其具体情况，请参见王剑英《明中都研究》（中国青年出版社2005年版）一书的记述及所刊布的图版。

二 明南京的宫城和皇城

（一）洪武元年新宫的形制

燕雀湖（前湖）在旧城东二里的钟山西南方的钟山之阳，与玄武湖（后湖）隔山相对。朱元璋调集几十万民夫和士兵填湖（民间有"迁三山填燕雀湖"的传说），采用铺垫石、打密集的地丁（木桩）及用三合土分层夯实等办法筑宫城地基[5]。元至正二十六年十二月己未"命有司营建庙社，立宫室"，次年（1367年）九月新宫大体落成，洪武元年（1368年）正月朱元璋建国号大明，迁入新宫。

洪武元年宫城明代文献记载十分简略。《明太祖实录》卷二五记载："吴元年九月癸

---

* 即功臣庙先建，祭祀去世功臣，后又增建开国元勋阁在其前，实际均在一个地方。

D.《凤阳新书》卷四：开国功臣庙"祀久废"，康熙《凤阳府志》说"今废"。王剑英《明中都研究》（中国青年出版社2005年版）第365～366页说：功臣庙遗址在明朝云济街西北侧（云济街现为赴淮南市公路东端），城西公社对门城西中学内，院内发现大石础等。

[4] 王剑英《明中都研究》，中国青年出版社2005年版，第345～347页。按：文中从西安门北南流之水，源头及与外金水河的关系未作交代。

[5] 季士家《明都南京城垣略论》（《故宫博物院院刊》1984年第2期）文中注说："1958年在东安门内200米南京航空学院工地，1972年在西华门内511、714二厂区工地及午门西300米处，在地表下1.5米左右夯层下，均发现排列有序，每根间距在2～12厘米的成排木桩。桩系杉木，直径在16～28厘米之间，最粗达36厘米，长3～6米，最长达15米，下部削成三角形尖头，共近两千根。其中还刻有'一丈五尺''后宫'等字样。"

卯，新内成。正殿曰奉天殿、前为奉天门、殿之后曰华盖殿、华盖殿之后曰谨身殿，皆翼以廊庑。奉天殿之左右各建楼，左曰文楼，右曰武楼，谨身殿之后为宫。前曰乾清宫，后曰坤宁宫，六宫以次序列焉。周以皇城（宫城），城之门，南曰午门，东曰东华，西曰西华，北曰玄武。制皆朴素不为雕饰"。形成了三朝二宫制度和主要门制，奠定了明代宫城的基本模式[1]。其次，洪武元年又建大本堂[2]。洪武二年置门官时，除前述奉天门及午门等四门外，还提到左右顺门、左右红门、皇宫门、坤宁门、宫左门、宫右门、东宫门（春和门和东宫后门）[3]。可见东宫亦同时建成。洪武三年建奉先殿，洪武四年建成[4]。此外，在洪武六年"开文华、武英二堂"，以宋濂为教官，"择国子生年少聪明者说书"[5]。同年又修筑内城（即后来的禁垣）。上述情况表明，所谓"吴元年新内成"，可能只是包括主要宫殿在内的大体框架而已，洪武元年以后又陆续完善之。

（二）洪武十年改建后的宫城

1. 改建概况

洪武八年四月诏罢中都役作，八年九月"诏改建大内宫殿"，重建奉先殿，十年十月"改作大内宫殿成"[6]。其中洪武八年七月改作太庙，洪武十年八月"命改作社稷坛于午门之右"[7]。主要改建工程完成之后，洪武十一年即将南京改称京师。此后，工程主要在宫城之外，如洪武二十五年改造宗人府、五府、六部等官署；改建大内金水桥，增建端门、承天门楼各五间，复于承天门外建东西长安门[8]；二十六年改建翰林院于宗人府之后，詹事府居其次，太医院又次之，建銮驾库于东长安门外等。洪武三十五年新作奉

---

[1] 又见于万历《大明会典》卷一八一。此外，李燮平《明代北京都城营建丛考》（紫禁城出版社2006年版）第338页说：明南京洪武元年宫殿，"以明代官制、典礼考之：奉天门左、右为东、西耳房，两偏门称左、右红门，左顺门外建大本堂'聚古今图书'，太子、诸王就读其间，兼作东宫视事之所，与元端本堂相类，右顺门外为秦、晋、燕、周、楚诸王宫室"。第340页说："其后'大本堂'之名不存，藏书之所后来也改称'文渊阁'。以前者初制与后者功用相较，大本堂应为南京文渊阁的前身。"

[2] 《明太祖实录》卷三六上，洪武元年十一月辛丑条。

[3] 《明太祖实录》卷四四，洪武二年八月己巳条。

[4] 《明太祖实录》卷五九，洪武三年十二月甲子条记载："洪武三年十二月，命建奉先殿。""请于乾清宫左别建奉先殿。"卷六十一，洪武四年己巳条记载："洪武四年二月，奉先殿成。殿建于宫门内之东，南向。正殿五间，深二丈五尺，前为轩五间，深一丈二尺五寸。"

[5] 《明太祖实录》卷一〇〇。

[6] 《明太祖实录》卷九九、卷一〇一、卷一一五。其中卷九九记载：洪武八年夏四月庚寅朔"改建奉先殿成"。卷一〇六记载：洪武九年六月乙亥"重建奉先殿成"。

[7] 《明太祖实录》卷一〇〇洪武八年辛酉条；卷一一四，洪武十年八月癸丑。又《明太祖实录》卷一一〇洪武九年十二月己未条："新太庙成，奉安神主。"万历《大明会典》卷八六，洪武九年十月己未条记载，太庙由初建的五间扩建为寝殿九间。

[8] 《明太祖实录》卷二二二，"洪武二十五年十一月戊子，改建大内金水桥成"；卷二二三"洪武二十五年十二月，是风，建端门，承天门楼，各五间。复于承天门外建长安东、西二门"。

天殿[1]，建文朝建省躬殿[2]。"靖难"之后主要是重建建文年间毁于战火的宫殿。

2. 改建后皇城和宫城的形制

明南京皇城（洪武六年修内城，改建后为宫城外禁垣，相当于皇城）和宫城已残毁，仅存极少遗迹。皇城和宫城位于明南京城东侧钟山西趾之阳，背倚富贵山。皇城在今中山门西、逸仙桥东、光华门北、佛心桥南，其范围现在多言东西四里，南北五里；文献记载周长2571.9丈，14明里，平面略呈长方形[3]。皇城南门称承天门，东、西门和北门分别称东安门、西安门和北安门[4]。皇城内除宫城外，主要配置内宫诸监、内府诸库，驻扎御林军。承天门南是"T"字形宫廷广场，承天门前有"外五龙桥"（外金水桥，桥址在今光华门内御道街中段，桥是明代原物，栏杆是后加的），承天门前的横街左右分设长安左门和长安右门。其南部中间千步廊南端有洪武门（初称广敬，约在洪武二十五年八月以后，二十八年以前改称洪武）[5]，洪武门与正阳门间为东西横街。千步廊外两侧分置主要衙署，东侧从北向南依次为宗人府、吏部、户部、礼部、兵部、工部；其东从北向南依次为翰林院、詹事府、太医院、东城兵马司。千步廊西侧从北向南依次为中军都督府、左军都督府、右军都督府、前军都督府、后军都督府、太常寺；其西从北向南依次为通政司、锦衣卫、旗手卫、钦天监以及府军前卫等，再西还有接待外国使臣的"会同馆"，接待使臣随从人员的乌蛮驿等。《洪武京城图志》序说："六卿居左，经纬以文；五府处西，镇静以武。"[6] 据上所述，可知洪武门实际上是进入皇城的大门。

宫城在皇城内中间偏东北，位于今南京博物院，午朝门北，光华门内御道街南北一线（即原宫城中轴线），平面略呈方形。《大明会典》记载："内紫禁城（宫城），起午门，历

---

[1] 《明太宗实录》卷九下，洪武三十五年六月丁丑，"新作奉先殿，盖旧殿为建文所焚，至是改作于奉天殿之西（应为东）"。《明太祖实录》卷一四，洪武三十五年十一月"丙戌，新作奉天殿成，享五庙太皇太后"。

[2] 《国朝典汇》卷一八六记载："建文元年十二月，省躬殿成。殿在乾清、坤宁二宫间……二年八月，改谨身殿为正心殿。九月，承天门成，改为皋门。遂改午门为端门，端门为应门，前门为路门。"

[3] 皇城周长说法不一。

A. 现在一般说皇城东西四里，南北五里，周长9公里，约合15.75明里（9000米÷571.14米）。

B. 潘谷西主编《中国古代建筑史》第四卷（中国建筑工业出版社2001年版）"元明建筑"第25页说：皇城周长2571.9丈（《明太祖实录》卷二一），和今天测量遗址周长7.4公里略同。按：25719尺约合8160.63米（25719尺×0.3173米）、14.28明里（8160.63÷571.14）。7.4公里约合12.956明里（7400÷571.14）。上述情况与前述明中都禁垣实测周长相比较，以7.4公里即12.95明里似较合适。但据前引李燮平《明代北京都城营建丛考》（紫禁城出版社2006年版）第341页说：以洪武六年修筑的内城改建的南京外禁垣，"为步五千一百四十三，为里十有四"。以此证之，皇城周长2571.9丈是正确的，其测量周长7.4公里，误。而东西四里、南北五里则过长。

[4] 杨新华等主编《南京明清建筑》（南京大学出版社2000年版）第8页有东、西安门遗迹照片。

[5] 千步廊遗址，见杨新华等主编《南京明清建筑》（南京大学出版社2000年版）第7页千步廊遗迹照片。

[6] 潘谷西主编《中国古代建筑史》第四卷（中国建筑工业出版社2001年版）"元明建筑"第25页引《明太祖实录》说：皇城南面衙署的布置，"南方为离，（光）明之位，人君面南以听天下之治，人臣则左文右武，北面而朝礼也。五府六部官署东西并列"。这样，就形成了沿轴线严格对称的官署建筑群。

东华、西华、玄武三门，南北各二百三十六丈九尺五寸，城高三丈，垛口四尺五寸五分，基厚二丈五尺，顶收二丈一尺二寸五分。"宫城周长约6明里[1]。宫城形成五门、外朝三殿，内廷三宫和左右六宫，外朝和内廷东西各置宫殿的三路配置形制。万历《大明会典》卷一八一记载改建后的明南京宫城说："洪武十年，改作大内宫殿。阙门曰午门，翼以两观，中三门，东西为左右掖门。午门之内曰奉天门，门之左右为东西角门。门内正殿曰奉天殿，御以受朝贺。殿之左右有门，左曰中左门，右曰中右门。两庑之间，左曰文楼，右曰武楼。奉天殿之后曰华盖殿，华盖殿之后曰谨身殿，殿后则后宫正门。奉天门外两庑之间有门，左曰左顺门，右曰右顺门。左顺门之外为东华门，内有殿曰文华殿，为东宫视事之所。右顺门外为西华门，内有殿曰武英殿，为上斋戒时所居。"[2] 文中缺内廷宫殿具体配置情况[3]。

根据文献记载和残存的遗迹，改建后的明南京宫城形制大致如下（图8-42）。进入皇城承天门后有端门，又北为宫城正南门午门，午门翼以两观，中三门，东西为左右掖门，午门平面呈倒"凹"字形[4]。从承天门经端门到午门的御道两侧建隔墙，端门东西隔墙外分置太庙和社稷坛[5]。宫城东和西墙南部分开东、西华门，并与皇城东、西安门相对，宫城北面正门称玄武门[6]，北通皇城北安门。玄武门、午门、端门、承天门、洪武门、正

---

[1] A. 杨国庆《南京明代城墙》（南京出版社2002年版）第78页说：宫城"平面略呈长方形，宫墙墙体南北长约0.95公里，东西宽约0.75公里，周长约3.4公里"。即周长约合6明里（3400÷571.14＝5.95）。

B. 潘谷西主编《中国古代建筑史》第四卷（中国建筑工业出版社2001年版）"元明建筑"第102页说：宫城"现存城濠所包含的面积，东西宽850米（另一说859米），南北深807米。如果除去城墙间的隙地，推算出宫城面积约为790米×750米"。

C. 潘谷西、陈薇《明代南京宫殿与北京宫殿的形制关系》（《中国紫禁城学会论文集》第一辑，紫禁城出版社1997年版）记述："经遗址考察，南京紫禁城城濠遗址内侧，东西相距约859米，自午门内侧至北濠南北相距约807米。"按：B和C相比较，以C记述较清楚，B所减去隙地宽是多少，有何根据不明。850米约合1.5明里（859÷571.14＝1.50），807米约合1.41明里（807÷571.14＝1.41），其周长为［(1.5+1.41)×2］5.82明里。明南京午门内缩，因此宫城南北长尚须加上午门的厚度即宫城宫墙厚度，故其周长也当在6明里左右。

[2] 《明太祖实录》卷一一五，洪武十年十月甲戌条记载："洪武十年十月，是月，改作大内宫殿成……""制度皆如旧，而稍加增益，规模益闳壮矣"。中间所记与《大明会典》相同。

[3] 据研究内廷（内朝）有乾清宫和坤宁宫，建文朝在二宫之间增建省躬殿。

[4] 杨新华等主编《南京明清建筑》（南京大学出版社2000年版）第3～6页有午门遗址照片。

[5] A. 洪武元年，将太庙建在"皇城之东北"，社稷建在"宫城之西南"，见《明太祖实录》卷二四。

B. 《明太祖实录》卷一〇〇：洪武八年七月辛酉，"以改作太庙，躬祀后土、太岁等神。祝曰：祖宗神室，旧建皇城东北，愚昧无知。始建之时，未尝有察，是致地势少偏。兹度地阙左，以今日集材兴工，特告神知"。

C. 《明太祖实录》卷一一四：洪武十年八月癸丑，"命改建社稷坛。先是，上既改建于雉阙之左，而以社稷国初所建，未尽合礼。又以太社、太稷分祭，酣配，皆因前代之制，欲更建之为一代之典，遂命中书省下礼部详议其制……上览奏称善，遂命改作社稷坛于午门之右"。

D. 杨新华等主编《南京明清建筑》（南京大学出版社2000年版）第10页有社稷坛遗址照片。

[6] A. 杨新华等主编《南京明清建筑》（南京大学出版社2000年版）第9页有西华门门道发掘照片，第8页有东华门照片。（转后页）

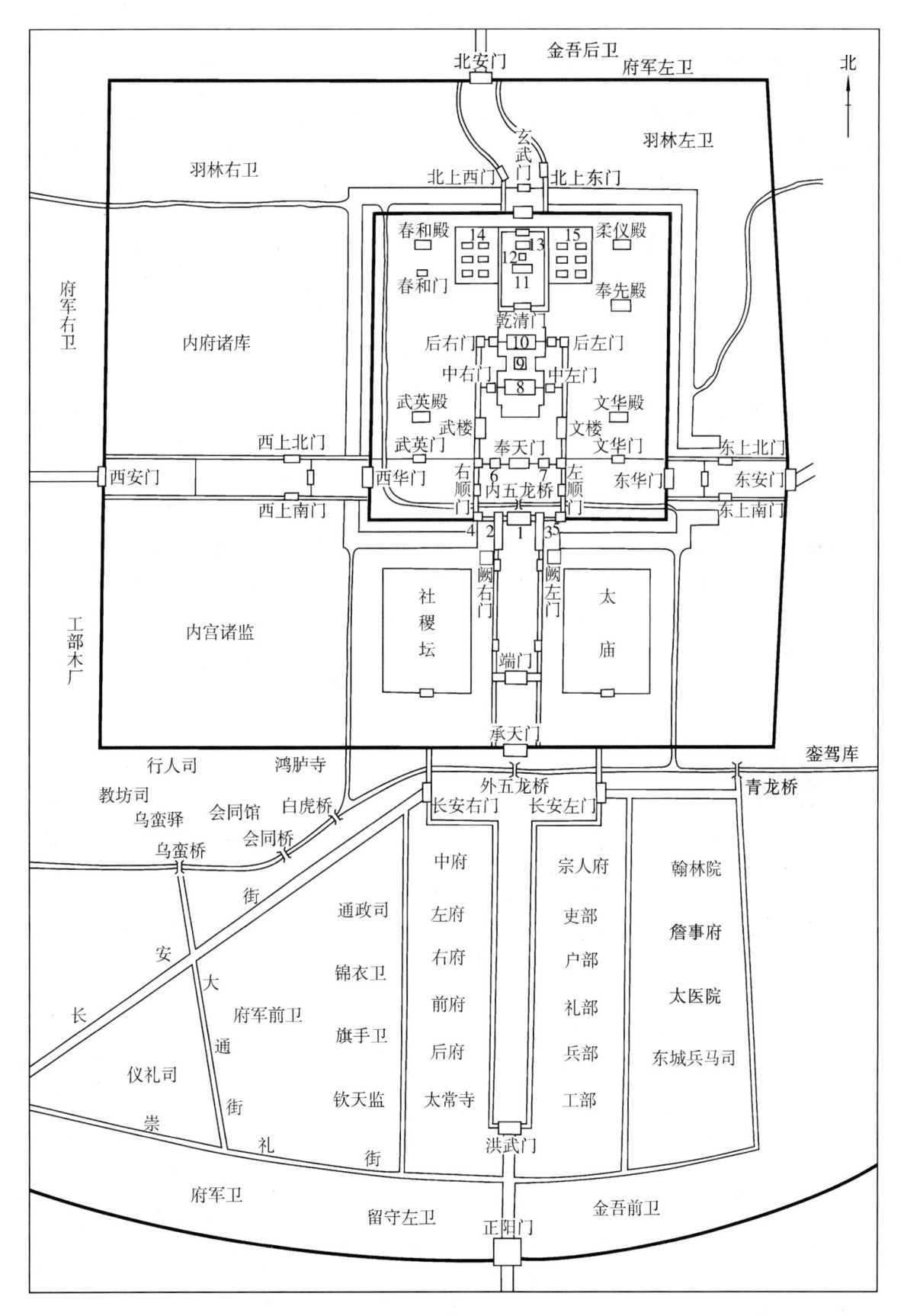

图 8-42 明南京宫城皇城复原示意图
1. 午门 2. 右掖门 3. 左掖门 4. 西角门楼 5. 东角门楼 6. 西角门 7. 东角门 8. 奉天殿
9. 华盖殿 10. 谨身殿 11. 乾清宫 12. 省躬殿 13. 坤宁宫 14. 西六宫 15. 东六宫
(引自《中国古代建筑史》第四卷,略有改动)

*阳门一线，为宫城中轴线，其中洪武门、承天门、端门、午门和奉天门即习称的"五门之制"。进午门经内五龙桥（金水桥）[7]抵"前朝"，"前朝"院落正门称奉天门（遗迹尚存），门两侧有东、西角门。进奉天门后在中轴线上依次建奉天、华盖和谨身三座大殿[8]，两侧有廊庑（奉天殿遗址在今中山东路午朝门公园对面马路北侧）。奉天殿为前朝正殿，重檐庑殿顶，三层白石台基，面阔十一间。殿前左廊庑置文楼，右廊庑置武楼。三大殿廊庑外两侧，东有文华门和文华殿，西有武英门和武英殿。谨身殿后为内廷即后宫，在中轴线上依次置乾清门、乾清宫（左右置"日精门""月华门"）、省躬殿和坤宁宫[9]，两庑外侧，东为东六宫，再东为奉先殿（内廷祭祀祖先之所）和柔仪殿（北）；西为西六宫，再西为春和殿，西北角似有御园[10]。此外，在宫城外又加一道禁垣，各开上门通皇城。皇城和宫城还各有护城河，大体上皇城护城河以清溪为水源，宫城护城河以被填塞的燕雀湖余水为水源[11]，宫城内的金水河与之相通[12]，皇城和宫城护城河水均流入秦淮河

---

* （接前页）B. 杨国庆《南京明代城墙》（南京出版社2002年版）第8页说：玄武门，俗称厚载门，今误称后宰门。

[7] 杨新华等主编《南京明清建筑》（南京大学出版社2000年版）第7页有内五龙桥照片。

[8] 潘谷西主编《中国古代建筑史》第四卷（中国建筑工业出版社2001年版）"元明建筑"第104页说：宫城建筑的称谓采用拟天的象征手法，如前朝正殿名为奉天，意为奉天命而统治天下，明人的解释是"明人主不敢以一人肆于民上，无往非奉天也"（《明会要》第1395页），以此强调新王朝的合法性与权威性。"华盖"本是星名，古称天皇大帝座上的九星叫"华盖"，象征明太祖统一天下是应帝星之瑞。"谨身"是说皇帝加强自身修养。关于明南京宫城皇城设计与古代天文思想的关系，杨国庆《南京明代城墙》（南京大学出版社2002年版）第70~75页有详细论述，请参见原书。

[9] 乾清、坤宁二宫，象征帝后犹如天地。乾清宫之左右置"日精门""月华门"，象征日月陪衬于帝后之左右。

[10] 蒋赞初《南京史话》（上）（南京出版社1995年版）第107页说："西北角的御花园，直到后宰门的玉带河为止。"现在，那一带保存下来的遗迹，只有当年御花园中的一座假山，俗称"马娘娘梳妆台"。1964年曾在玉带河西段发现了大量明代的瓷器，说明当年的御厨房就位于"后廷"的西部。据史书记载说，御厨房的灶都是用铜砖砌成的。按：御园不见于记载，此说仅供参考。又只发现瓷器，瓷器的种类和器类也不明晰，故还不能断定是御厨房的位置。

[11] A. 朱偰《金陵古迹图录》（商务印刷馆1936年初版，中华书局2006年再版）第42页说：杨吴城壕"又东绕竹桥（竺桥）而南，至复成桥，明御河（指皇城护城河）自东来注之。又南过大中桥，至东水关，与淮水合"。同书第44页说："青溪发源钟山，潴为前湖，由半山寺后入城，经明故宫之后（引为宫城护城河）西流至竺桥，入壕而绝。"

B. 潘谷西主编《中国古代建筑史》第四卷（中国建筑工业出版社2001年版）"元明建筑"第102~103页说：用原来的东渠（即青溪）作为皇城西城隍，将午门以北的内五龙桥、承天门以南的外五龙桥和宫城城壕与南京城水系相互连通。南京宫城至今遗有东、北、西三面城壕，南面城壕仅剩东、西侧一段。

C. 蒋赞初《南京史话》（上）（南京出版社1995年版）第18~19页说："明代御河位于今明故宫遗址的周围，包括今御道街的外五龙桥河，午朝门内的五龙桥河以及后宰门到解放路一带的玉带河等，并经过竺桥、玄泽桥、复成桥和大中桥流入秦淮河。它的一部分水源，也来自前湖（即燕雀湖）和青溪。"

D. 杨之水等编《南京》（《中国历史文化名城丛书》，中国建筑工业出版社1989年版）第173页说：宫城建成后，"四周绕有护城河，东、北为古青溪，西、南为明御河"，同书第11页说："明御河为明初修建宫城时所开，现在的内外五龙桥和玉带河，都是明御河的残存河段。"总之，皇城和宫城的护城河，目前尚无准确清晰的论述。

[12] 王剑英《明中都研究》（中国青年出版社2005年版）第124页说：南京宫城的金水河道，"原来就是被填掉的燕雀湖的西南边缘线。（转后页）

*（图 8-12）。除上所述，明故宫遗址还残存照壁、石刻、石和琉璃建筑构件和石础等[13]。

三 明南京、明中都二都宫城在明代宫城史中的地位

（一）洪武元年新宫是明中都宫城的原型，是明代宫城的祖型

洪武元年新宫（即吴王新宫）建于明南京，是洪武元年至八年的明代首座宫城。这座宫城周约六明里。宫城四门，宫城和内城以富贵山为背屏，宫城内前方有金水河，宫城和内城（皇城）有护城河。在宫城中轴线上外朝院落建奉天门和三殿，翼以廊庑，奉天殿前之左右建文武楼。其后内廷院落建二宫，左右六宫以次序列。上述宫城的情况，宫城的主要构成要素和布局，乃至宫殿名称和金水河的流向，几乎均被明中都宫城承袭下来（参见前文介绍）。显然，明中都宫城是以吴王新宫为原型进行规划设计的，只是在此基础上又有所增筑和变化而已。在这之后，按照明中都宫城改建的明南京宫城（见前述情况）和新建的明北京宫城（后文有说），也未脱离吴王元年新宫的基本框架模式。即吴王新宫后依山，配置金水河，皇城还套宫城，宫城有护城河，宫城的主体架构，主要宫殿的配置方位等，在明代三都三宫中是一个基本不变的恒定因素（在一定程度上还可包括主要宫殿名称和宫城的规模）。因此，可以说吴王新宫乃是明代宫城形制布局演变序列中的祖型。

（二）明中都宫城是明代宫城发展演变过程中的里程碑

洪武二年诏建中都"宫阙如京师之制"，当时明朝尚未定京师，由于朱元璋立中都意在以中都为京师，故"如京师之制"应是指中都宫城要像此前历代京师的宫城那样，其规制和形制必须与京师的地位相称。

洪武元年宫城在一年内大体建成，只形成宫城主体架构，规制很不完备。因此，中都宫城要符合京师之制，必须在洪武元年宫城基础上重新规划。这就是明中都宫城以洪武元年宫城为原型，又多有增益和变化的重要原因。洪武元年宫城明代文献记载十分简略，明中都宫城的形制明代文献亦无具体记载，目前只残存部分遗迹，所以明中都宫城与洪武元年宫城无直接比较的基础。不过从下文之（三）据明代文献，并结合明中都宫城遗址和明南京宫城的复原研究成果，对比明南京宫城改建后较改建前的差异部分，大体就是明中都宫城以洪武元年宫城为原型增益的部分。换言之，即是明中都宫城"如京师之制"重新进行规划的实态。

由于洪武八年罢建中都，中都宫城并未彻底建成，也未正式启用，其唯一的作用就是成为洪武八年改建明南京宫城的蓝本，而明南京宫城又成为营建明北京宫城的范本。从这

---

* （接前页）燕雀湖被填了，在上面建筑新宫，但原来从东北方向来的水还要继续往这里流，因此只能在这个位置上留出水道，加以疏浚，才能把水排掉。所以南京的金水河道完全是依照自然地形修的，即是沿原来地势最低下的燕雀湖的西南边缘修的，不能有别的更为理想的选择"。按：金水河目前同样无准确而清晰的论述。

[13] 杨新华等主编《南京明清建筑》，南京大学出版社 2000 年版，第 11～18 页，收有明宫城遗址所出琉璃瓦当、螭首、残石、照壁及柱础、凤凰石、石狮、照壁石雕细部、石雕细部、传说中的马娘娘梳妆台、建筑构件等照片。

个意义上说，明中都宫城乃是明代三都三宫不断探索完善宫城规制进程中的实验场，是明代北京宫城标准模式逐步形成过程中的里程碑。

（三）改建后的明南京宫城开一代新制

洪武八年诏改建明南京大内宫殿，洪武十年十月"改作大内宫殿成"，"制度皆如旧，而稍加增益，规模亦阔壮矣"[1]。所谓"制度皆如旧"，系指在吴元年新宫基础上改建的明南京宫城，未脱离吴元年新宫的基本框架模式（见前述情况）。"而稍加增益"是指明南京宫城按明中都宫城模式改建后较吴元年新宫增筑部分，同时也包括少量较明中都宫城的增益之处。"规模亦阔壮矣"主要是与吴元年新宫相比而言，其次也不排除与明中都相比较的成分（参见后文）。

明南京宫城按明中都宫城模式进行改建，现已成为学者的共识。从《大明会典》所记吴元年新宫和洪武十年改建明南京大内宫殿的记载来看，改建后的明南京宫殿较吴元年新宫增益的部分有：第一，午门"翼以两观，中三门，东西为左右掖门"。第二，奉天门左右，增筑东西角门。第三，奉天殿左右，增筑中左门、中右门。第四，奉天门外两庑之间增筑左顺门、右顺门。第五，增筑后宫正门[2]。从明南京宫城复原图来看（图8-43），较吴元年新宫增益部分还有：第一，谨身殿左右的后左门、后右门。第二，奉天门前内五龙桥。第三，乾清、坤宁二宫间的省躬殿。第四，春和门、春和殿。第五，柔仪殿。第六，东角门楼、西角门楼。第七，午门之外的社街门（太社稷南左门）、庙街门（太庙右门）。第八，庙左门、社右门。第九，[东上门]、东上北门、东上南门、[东中门]；[西上门]、西上北门、西上南门、[西中门]；[北上门]、北上东门、北上西门、[北中门]；亲蚕之门[3]。以上除后述部分之（6）～（9）外，余者基本上都是按明中都宫城模式增筑的；换言之，也可以认为是明中都宫城以吴元年宫城为原型所增筑的部分。其次，改建后的明南京宫城，还将吴元年新宫在洪武六年建的文华、武英二堂改建为文华殿和武英殿；将洪武六年修筑的"内城"改为宫城外禁垣，并在宫城与外禁垣间增建一道"小禁垣"，各开"上门"；将"大本堂"改建为文渊阁；增建承天门和端门（此时无门楼）[4]，两长安门初具规制；将太庙和社稷坛移建于午门前之两侧。此外，洪武二十五年增建端门和承天门楼各五间，改建大内金水桥，复于承天门外建长安东、西二门。以上除"小禁垣"、诸上门和文渊阁外，余者均属以明中都宫城为蓝本所增益部分。除上所述，改建后的明南京宫城在午门之南，除左祖右社之外，多与明中都有别，其情况将在下文叙述。

---

[1]《明太祖实录》卷一一五。

[2] 王剑英《明中都研究》（中国青年出版社2005年版）第123页说："后宫正门，不一定是改建大内时才稍加增益的。推测吴元年新宫时后宫正门已存在。"

[3] 见王剑英《明中都研究》（中国青年出版社2005年版）第123页。其中正文谨身殿以下（1）～（9），王剑英《明中都研究》（中国青年出版社2005年版）第123页说是将《大明会典》详细记载的北京《宫殿门楼规划》和《洪武京城图志》《皇城图》所载宫阙殿门名比较出来的。该书中第160页注（44）说[正文（9）]中的[ ]号内是不见于《洪武京城图志》，而载于《会典》的门。

[4] 李燮平《明代北京都城营建丛考》，紫禁城出版社2006年版，第338～342页。

总之，上述情况表明，明南京宫城是以明中都宫城为蓝本进行改建的，同时在此基础上也有一定的变化。因而改建后的明南京宫城的形制布局较明中都宫城更加全面和系统，宫城的规制更加完整。由于作为中国古代宫城终结模式的明北京宫城之形制布局以明南京宫城为范本，其规制均肇始于明南京宫城，故可以说明南京宫城开一代形制。

（四）明南京与明中都宫城的差异

明南京宫城虽然以明中都宫城为蓝本进行改建，但两者之间在配置上也还是有一定的差异。如在宫城之内，明中都宫城内廷如吴王新宫只建二宫，明南京宫城则在二宫之间增筑省躬殿。明中都宫城在文华殿和武英殿后各有一组宫殿建筑遗址，改建后的明南京宫城则无（明北京宫城有）。明中都宫城内廷两侧各有宫殿建筑遗址，改建后的明南京宫城内廷之西有奉先殿、柔仪殿，其东有春和殿，情况略如中都宫城之制，但中都宫城无奉先殿[1]。前述南京宫城外设小禁垣和诸上门，明中都无。其次，在午门之南二都有关设施配置位置多有不同。如明中都外五龙桥（外金水桥）在端门之后，明南京宫城外五龙桥在承天门南。明中都千步廊在大明门与洪武门之间；明南京宫城将明中都大明门改称洪武门，并向南延伸，又将明中都的洪武门位置改称正阳门，千步廊在洪武门北与承天门之间，洪武门与正阳门间有东西横街。明南京宫城南千步廊两侧置五府六部，亦不同于明中都午门南的配置。明南京午门南配置较明中都变化的情况，基本为明北京宫城所承袭。此外，《明太祖实录》记载：洪武八年九月辛酉"诏改建大内宫殿。上谓廷臣曰：唐虞之时，宫室朴素，后世穷极侈丽，习尚华美，去古远矣。朕今所作，但求安固，不事华丽，凡雕饰奇巧，一切不用，惟朴素坚壮，可传永矣"[2]。洪武十年十月"改作大内宫殿成"，十一月乙亥朔，"上以大内宫殿新成，制度不侈，甚喜"[3]。前已介绍明中都宫城所有外露的石构件均有精美的雕刻，宫殿和主要宫城门规模宏伟，大殿石础巨大，各种建筑用材皆采用高标准，凡此都远在明南京宫城之上。故前面《大明太祖高皇帝实录》所记，乃是与明中都对比而言，这也是二都宫城的区别之一。

除上所述，前面已经介绍明南京宫城和明中都宫城在都城内的位置不同，二宫城与都城内的布局和结构关系不同[4]。其中特别是明中都宫城在都城中部偏东，"席凤凰山以为殿"，彻底改变了明南京宫城在都城东南隅，填湖造地建宫城，致使出现宫城前昂后洼，形势不称的情况。

---

[1] 关于明南京宫城奉先殿，《明太祖实录》卷五九：洪武三年十二月甲子，"命建奉先殿"；卷九四：七年十一月乙丑，"改建奉先殿"；卷九九：八年夏四月庚寅朔，"改建奉先殿成"；卷一〇六：九年六月己亥，"重建奉先殿成。初上以奉先殿弗称，命更造之，至是始成"。

[2] 《明太祖实录》卷一〇一。

[3] 《明太祖实录》卷一一六。

[4] 参见本章第一节、第二节。

第九章　明北京城的形制布局

第一节　明北京内城墙的结构与内城的平面形制

一　明北京城在元大都基础上改建和增筑概况

明洪武元年（1368年）八月二日大将军徐达克元大都，诏改为北平府。同年八月丁丑（九日），"大将军徐达命指挥华云龙经理故元都，新筑城垣，北取径直，东西长一千八百九十丈"，己卯（十一日）"督工修故元都西北城垣"[1]，"缩其城之北五里，废东西之北光熙、肃清二门"[2]。同年九月，"戊戌朔，大将军徐达改故元都安贞门为安定门，健德门为德胜门"[3]，其余诸门依旧，各门仍建月城，城内缩后"周围四十里"，城墙"创包砖甓"（图9-1）[4]。洪武二年三月，置北平等处行中书省，治北平府。洪武三年朱棣封为燕王，十三年燕王就国。

"靖难"之后朱棣登帝位仍都南京，同时又为迁都北平进行积极准备。于是永乐元年（1403年）正月诏"以北平为北京"，称"行在"，二月"改北平（府）曰顺天府"[5]。永乐四年诏以明年五月建北京宫殿，四年和七年略修城池[6]。永乐十四年十一月，"复诏群臣议营建北京"[7]。永乐十七年十一月，拓北京南城墙，计二千七百余丈（图9-1）[8]，十

---

[1]《明太祖实录》台湾校勘本卷三四，南京江苏国学图书馆藏传抄本卷三〇，均记"北取径直"。国家图书馆藏蓝格本《明太祖实录》记"南北取径直"。徐达内缩元大都北城五里，东、西、南三垣未动，故以"北取径直"为是。按丁丑新筑城垣"北取径直"应指北城墙抹角以东直线长度，己卯"修元都西北城垣"，系指北城墙西北抹角部分。

[2]《日下旧闻考》（一）卷三八第605页引《寰宇通志》。《明太祖实录》卷三一。

[3]《明太祖实录》卷三一。

[4]《日下旧闻考》（一）卷三八第604页引《洪武北平图经志书》："旧土城一座，周围六十里，克复后以城围太广，乃减其东西迤北之半，创包砖甓，周围四十里。"实则因当时北平受北元残余势力严重威胁，为加强防卫，才将较空旷的北城内缩五里。

[5]《明史》卷六《成祖二》。

[6]《明太宗实录》卷四四。《明太宗实录》卷四五："永乐四年八月，霖雨坏北京城五千三百二十丈，天棚、门楼、铺台十一所……事闻，命发军民修筑。"同书卷六四："永乐七年六月，修北京安定门城池。"

[7]《明太宗实录》卷一八二。

[8]《明太宗实录》卷九六、一〇五。

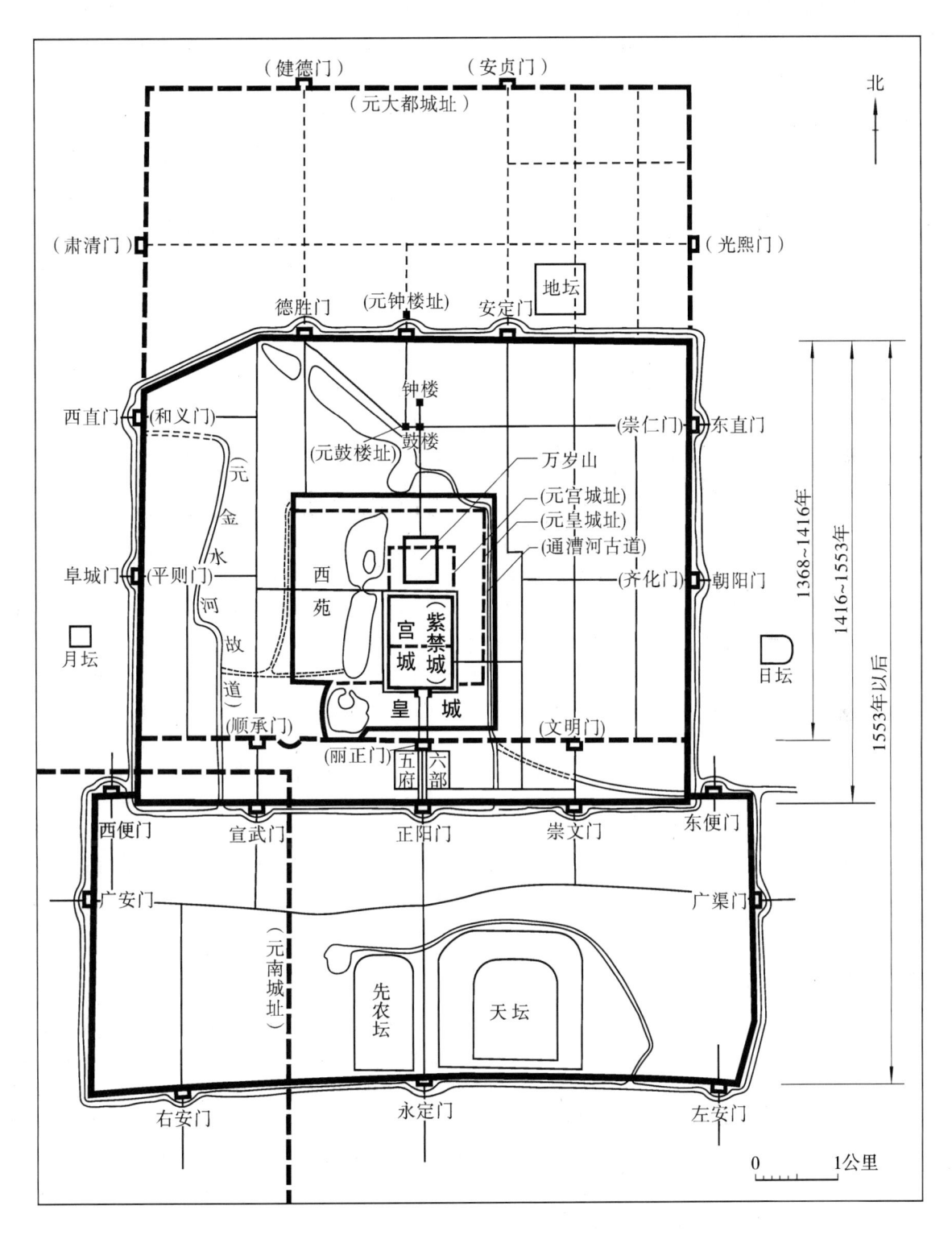

图 9-1　金元明都城位置及明北京发展三阶段示意图（元南城即金中都）
（引自潘谷西主编《中国古代建筑史》第四卷"元明建筑"，略有改动）

八年北京郊庙宫殿成[1]，十九年正月永乐帝正式迁都北京[2]。永乐二十二年永乐帝薨。

永乐之后，北京城墙及相关设施继续大规模地营建。宣德九年（1434年）修北京城墙[3]，正统元年（1436年）修建京城九门城楼[4]，四年完工。计建九门城楼和月城（瓮城），城四隅建角楼，修城濠和桥闸[5]。正统十六年六月，城墙内壁开始全部砌砖[6]。此外，正统七年、九年和十三年也有些营建城墙的活动。正统之后，城墙仍续有修建[7]，其中最重要的是增筑外城问题。由于北方蒙古瓦剌部和俺答部先后对北京造成很大的威胁，故增筑外城问题亟待提到日程上来。成化十二年（1476年），定西侯蒋琬上言仿南京之制，加筑外城[8]。嘉靖二十一年（1542年）掌都察院毛伯温等又上言宜筑外城，于是

---

[1]《明史》卷七《成祖三》。

[2]《明太宗实录》卷一一七：永乐十八年十一月北京宫殿建成，于是朱棣敕谕礼部："自明年正月初一日始，以北京为京师，不称行在。"永乐十九年正月初一日，朱棣在奉天殿接受朝贺。

[3]《日下旧闻考》（一）卷三八第606页引《明宣宗实录》："宣德九年七月，命都督金事王彧以五军神机营官军及民夫修北京城垣。"

[4]《日下旧闻考》（一）卷三八第607页引《明英宗实录》："正统元年十月，命太监阮安、都督同知沈清，少保工部尚书吴中，率军夫数万人修建京师九门城楼。初，京城因元之旧，永乐中虽略加改葺，然月城楼铺之制多未备，至是始命修之。"《明英宗实录》记载："正统三年正月辛亥，拨五军、神机等营官军一万四千修葺京师朝阳等门楼。三月癸巳，以建朝阳、东直二门城楼……八月戊午，修理京城门楼、河、桥工毕。"《日下旧闻考》（一）卷三八第606页引《工部志》："永乐中定都北京，建筑京城"，"为九门：南曰丽正、文明、顺承；东曰齐化、东直；西曰平则、西直；北曰安定、德胜。正统初，更名丽正为正阳，文明为崇文，顺承为宣武，齐化为朝阳，平则为阜成，余四门仍旧"。

[5]《日下旧闻》（一）卷三八第607页引《明英宗实录》："正统四年四月，修造京师门楼城濠桥闸完。正阳门正楼一，月城中左右楼各一，崇文、宣武、朝阳、阜成、东直、西直、安定、德胜八门各正楼一，月城楼一。各门外立牌楼，城四隅立角楼。又深其濠，两崖悉甃以砖石。"

[6]《日下旧闻考》（一）卷三八第607页引《明英宗实录》："京师城垣，其外旧固以砖石，内惟土筑，遇雨辄颓。正统十年六月，命太监阮安、成国公朱勇、修武伯沈荣、尚书王卺、侍郎王祐督工甓之。"

[7] 傅公钺《明代的北京城垣》（《北京文物考古》1983年第一辑）引《明实录》：宪宗"成化六年四月丙子，太监黄顺等奏：'安定、西直二门城垣修理工程浩大，人力不敷……'上命三大营拨官军五千人与之"。孝宗"弘治二年三月壬午，修京城九门、内外墙垣、堤岸"。武宗"正德九年十月癸丑，命拨三大营、团营官军共二万五千员名修理京城都城垣"。世宗"嘉靖三年四月丁巳、诏修德胜门城垣"，"嘉靖四年二月丁未，修都城"，"嘉靖三十九年正月乙巳，修理都城兴工"。文中又说1969年在拆除北京城墙时，在崇文门西段城墙夯土中发现《明嘉靖十年筑城兴工记名碑》。全文如下：嘉靖十年九月二十一日兴工/工科给事中孙禴/总兵官　焦栋/管工太监　王栾　胡宪/钦差内官监提督太监王富　司房李升/管工大监曹嘉　李遵/山西道御史王杏　梁爵/兵部主事梁廷瑞/工部员外李文丘。参见后文，喜龙仁20世纪20年代调查北京城墙时发现的砖文纪年。

[8]《日下旧闻考》（一）卷三八第608页引《明宪宗实录》："成化十二年八月，定西侯蒋琬上言：太祖皇帝肇基南京，京城之外复筑土城，以护居民，诚万世不拔之基也。今北京止有内城而无外城，正统己巳之变，额森长驱直入城下，众庶奔窜，内无所容，前事可鉴也"；"廷议谓筑城之役，宜俟军民息肩之日举行"。

嘉靖二十九年命筑正阳、崇文、宣武三关厢外城，既而停止[1]。嘉靖三十二年又"相度京城外四面宜筑外城"（计划在京城外筑城一周），约七十余里。后"上又虑工费重大"，"宜先筑城南"，并将南面已筑成的外郭由二十里改为十三里，两端折而向北至内城东南角和西南角，"转抱东西角楼止"（图9-1）[2]。因此，北京城形成外城在南、内城在北的"凸"字形平面。此平面从嘉靖三十二年（1553年）至中华人民共和国成立（1949年）保持了近四百年，可以说明北京城的形制最终完成于嘉靖时期。嘉靖之后虽对城墙等续有修缮[3]，但已与城的形制无关。

除上所述，明北京紫禁城皇城营建概况及其形制布局见本书第十章。

二　明北京内城墙的周长与内城的平面形制

（一）徐达内缩元大都城北五里后，明北平城周长四十里

文献记载，徐达命华云龙缩元大都城北五里后，城"周围四十里"（图9-1）。按：元大都城周长28600米，明代一里合571.14米[4]，28600米合50.075明里。缩元大都北城五里后，城周为40.075明里（50.075里－5里－5里＝40.075里）。明初内缩元大都城北五里大体以钟楼为界，钟楼至元大都北城墙深约相当于元宫城深615步的3倍，即1845步，约合2855.13米（宫城深615步×3＝1845步，1845步×1.5475米＝2855.13米），约合4.99明里（2855.13米÷571.14米＝4.99明里）[5]四舍五入为5明里，与上述情况相合。此外，明初新筑北城墙长2232.45丈（见后文），约合7083.56米。北城墙西端抹

---

[1]《日下旧闻考》卷三八第608页引《明典汇》："嘉靖二十一年，掌都察院毛伯温等言宜筑外城。二十九年，命筑正阳、崇文、宣武三关厢外城，既而停止。三十二年，给事中朱伯辰言：城外居民繁伙，不宜无以圉之。臣尝履行四郊，咸有土城故址，环绕如规，周可百二十余里。若仍其旧贯，增卑补薄，培缺续断，可事半而功倍。乃命相度兴工。"

[2]《日下旧闻考》（一）卷三八第609页引《明世宗实录》："嘉靖三十二年，闰月丙辰，兵部尚书聂豹等言：相度京城外四面宜筑外城，约七十余里。得旨允行。乙丑，建京师外城兴工，敕谕陈圭、陆炳、许论提督工程。四月，上又虑工费重大，成功不易，以问严嵩等。嵩等乃自诣工所视之，还言宜先筑南面，俟财力裕时再因地计度以成四面之制。于是嵩、会、圭等议覆：前此度地画图原为四面之制，所以南面横阔凡二十里，今既止筑一面，第用十二三里便当收结，庶不虚费财力。今拟将见筑正面一面，城基东折转北，接城东南角；西折转北，接城西南角，可以克期完报。报允"。同书第606页引《工部志》："嘉靖三十二年（原书作二十三年，误），筑重城包京城南一面，转抱东西角楼止。"

[3] 傅公钺《明代的北京城垣》（《北京文物考古》1983年第一辑）引《明实录》：穆宗"隆庆二年四月，修京师城门楼"；神宗"万历十五年十月丁巳，工部题：今岁淫雨异常，都重二城坍塌数多，请次第修理"；熹宗"天启六年闰六月辛亥，提督九门太监金良辅言：'大雨连绵，都城及桥梁坍塌。'得旨：'都城关系紧要，这城垣、桥梁坍塌处所，着分工修理，勒限报完'"。

[4] 傅熹年《中国古代城市规划、建筑群布局及建筑设计方法研究》（中国建筑工业出版社2001年版）上册书后附表，明前期一尺为31.73厘米。明初一步合1.5865（0.3173×5），一里合571.14米（1.5865×360）。以下据此换算。

[5] 本书第七、第八章已明确论证，元大都城东西宽是宫城宽480步的9倍，大都城南北深是宫城深615步的8倍。元一尺合0.3095米，一步合1.5475米，一里合371.42米。

角，城墙直线长1890丈[1]，约合5996.97米，是北城墙抹角斜长为1086.59米（7083.56-5996.97），明初北城墙全长较元大都北城墙6730米长353.56米。353.56米约合0.619明里（353.56÷571.14），据此可知，明初内缩元大都城北五里后，实际周长为40.6明里左右。总之，上述情况表明，内缩元大都城北五里后的明北平城，若北城墙全线以直线计，概言其周长40里是可信的。

（二）永乐十七年拓南城后，文献记载内城周长合四十三里余

《日下旧闻考》卷三八引《工部志》记载："永乐中定都北京，建筑京城，周围四十里"，"城南一面长一千二百九十五丈九尺三寸（1295.93丈×3.173米=4111.985米），北二千二百三十二丈四尺五寸（2232.45丈×3.173米=7083.56米），东一千七百八十六丈九尺三寸（1786.93丈×3.173米=5669.92米），西一千五百六十四丈五尺二寸（1564.52丈×3.173米=4964.22米）"。按上述南城墙尺寸明显有误，城南1295.93丈似应为2195.93丈（2195.93丈×3.173米=6967.68米）[2]，以此为准，上述尺寸之和为7779.83丈，合43.22明里（7779.83丈÷180丈=43.22里，明尺按0.3173米计算亦为43.22明里）。其次，《明成祖实录》卷二一八记载，永乐十七年"拓北京南城，计二千七百余丈"。若以2700丈计之，约合8567.1米（2700×3.173），文献记载南城墙长2195.93丈，合6967.685米（2195.93×3.173），是拓南城时共外延1599.415米（8567.1-6967.685），合2.8明里（1599.45÷571.14）。即东西城墙各向南延伸1.4明里，拓南城后周长为43.4明里（40.6+2.8）。上述情况表明，文献所记永乐十七年拓南城后的内城周长应为43明里有余（图9-1）。因此，拓南城后仍称周围四十里是不能成立的。

（三）有关北京内城周长的其他尺度

《明史·地理志》记载，明北京内城周围45里，该里程与前述43里余相比较，误差较大。

《明太祖实录》记载拓南城南展二里，《景泰寰宇通志》卷一记载"拓其城之南二里"。清光绪《顺天府志·京都志一》中，《元故城考》和《明故城考》均言永乐时拓南城"几及二里"。以此结合前述论证，"几及二里"较符合实际情况。

瑞典人喜龙仁1924年出版的《北京的城墙和城门》（北京燕山出版社1985年版）一书[3]，公布的内城墙实测尺寸为：南城墙长6690米（6690米÷571.14米=11.71明里）、北城墙

---

[1] 李燮平《明代北京都城营建丛考》（紫禁城出版社2006年版）第16页据文献记载，已论证洪武元年八月丁丑筑北城墙"东西长一千八百九十丈"，即东西直线长度，"己卯，督工修故元都西北城垣"，即西北抹角部分。

[2] 按明北京内城北城墙因西北抹角，其长度较南城墙长。南城墙长1295.93丈合4111.985米，不仅远短于北城墙，甚至短于西城墙，故明显有误。清代官修书记载《京城》多言南垣长2295.93丈。北京市城市规划管理局调查研究室编写的《长安街的改建及其历代沿革》（1973年油印本）记载："东起今内城东墙故址，西至今内城西墙故址，全长6.7公里"，合2111.56丈（6700米÷3.173米=2111.56丈）。又以北城墙尺度证之，南城墙所记应是2195.93丈之误。

[3] 瑞典·奥斯伍尔德·喜龙仁著，许永全译：《北京的城墙和城门》，北京燕山出版社1985年版，1924年于英国出版 *The Walls and Gates of Peking*。

长 6790 米（6790 米÷571.14 米＝11.88 明里）、东城墙长 5330 米（5330 米÷571.14 米＝9.33 明里）、西城墙长 4910 米（4910 米÷571.14 米＝8.596 明里），周长共计 41.516 明里[1]。上述尺度较《工部志》所记尺度小，即北城墙少 293.56 米（7083.56 米－6790 米＝293.56 米），南城墙少 277.685 米（6967.685 米－6690 米＝277.685 米），东城墙少 339.93 米（5669.92－5330 米＝339.92 米），西城墙少 54.22 米（4964.22 米－4910 米＝54.22 米），共少 965.385 米，合 1.69 明里（965.385 米÷571.14 米＝1.69 明里）。1.69 明里加 41.516 明里为 43.2 明里，与前述 43 明里余基本相合。上述尺寸，除西城墙长度与《工部志》西墙长较接近外，余者差距均较大；与下面述及的现代所用城墙长度数据也存在一定差距。其中唯南墙长度与元大都南城墙长基本相合。总的来看，喜龙仁实测数据误差是比较大的。

目前一些论著中所用北京内城长宽数据多为概数，试举几例。其一，"今实测内城东西长 6650 米，南北长 5350 米"[2]，其周长为 24000 米，合 42 明里（24000 米÷571.14 米＝42.02 明里）。其二，北京"内城东西 6672 米，南北 5350 米（指城墙外皮）"[3]，周长为 24044 米，合 42 明里（24044 米÷571.14 米＝42.09 明里）。其三，北京"内城东西长 7000 米，南北长约 5700 米"[4]，周长为 25400 米，合 44.472 明里（25400 米÷571.14 米＝44.472 明里）。上述数据因是概数，又未涉四面城墙具体长度，故只能作为参考数据。其中之三周长 44.47 明里，显然不符合明北京内城周长的实际情况。

综上所述，明北京内城（清北京内城同）四面城墙的长度，目前尚未见到精准的实测尺寸数据，诸家在有关论著中凡涉及此者，更是仁智各见，所用城墙尺寸数据因人而异。在这种情况下，本章依据文献记载对明北京内城四面城墙长度的论述，也只是想在此基础上作些探索，以求更接近于实际长度的参考数据而已。此外，应当指出，虽然四面城墙各种长度数据不同，但仍可明确显示出明北京内城的平面呈东西较长、南北稍短、西北抹角的横长方形（图 9-2）。

三　考古调查所见内城墙结构

（一）城墙概况

城墙由墙基、墙体（墙身）、女墙、雉堞、马面、马道及一些附属建筑构成。文献记载，内城东、西、南三面城墙，"高三丈五尺五寸，垛口五尺八寸，基厚六丈二尺，顶收五丈"[5]，是城墙总高应为四丈一尺三寸（35.5 尺＋5.8 尺）。明一尺按 0.3173 米计算，约分别为 11.264 米、1.84 米、19.67 米、15.86 米。北城墙新筑，因防蒙元残部侵袭，故

---

[1] 喜龙仁《北京的城墙和城门》（北京燕山出版社 1985 年版）第 43 页之注中说，按当时中国与国际长度换算关系：1 尺＝32 厘米＝0.32 米，1 里＝1800 尺＝576.0 米＝0.567 公里。据此换算，其南、北、东、西四城墙换算结果分别为 11.64 里、11.81 里、9.27 里、8.54 里，总长 41.26 里。
[2] 见叶骁军《中国都城历史图录》（兰州大学出版社 1987 年版）第三集第 98 页。
[3] 《傅熹年建筑史论文集》（文物出版社 1998 年版）第 384 页。
[4] 见同济大学城市规划教研室编《中国城市建设史》，中国建筑工业出版社 1982 年版，第 78 页。
[5] 《日下旧闻考》（一）卷三八第 606 页引《工部志》。

比其他三面城墙高厚，即"北面高四丈有奇，阔五丈"[1]，约合12.69米和15.86米。四面城墙"下石上砖"，"城垛一百七十二，旗炮房九所，堆拨房一百三十五所，储火药房九十六所，雉堞一万一千三十八，炮窗二千一百有八"[2]。此外，在城墙内壁还设有马道。外壁筑马面（城垛）172座[3]。

据喜龙仁《北京的城墙和城门》（北京燕山出版社1985年版）一书刊布的调查资料，东城墙长5330米，东直门至朝阳门间，城墙外壁高11.10米、内壁高10.70米、顶宽11.30米、基厚16.90米。朝阳门以北，外壁高11.40米、内壁高10.48米、顶宽12.30米、基厚18.10米。又概言东城墙顶宽约12米或不到12米，外壁高约10.40米、内壁较外壁低几十厘米。东城墙保存状况很差，其中东直门附近及其以北墙段较南段城墙保存较好，基石和三合土筑的宽阔便道尚存，内壁收分不大，砖面平整。城墙外壁马面，朝阳门以南23座，朝阳门以北17座，东直门以北7座。西城墙长4910米，距阜成门不远处城墙外壁高10.30米、内壁高10.10米、顶宽11.50米、基厚14.80米。阜成门近处城墙外壁高10.5米、内壁高9.40米、顶宽11.30米、基厚15.20米。阜成门至西直门之间，城墙外壁高10.95米、内壁高10.40米、顶宽14米、基厚17.40米。又概括说，西城墙外壁高10.40米，内壁比外壁低几十厘米，城墙平均厚度为11.50米[4]。西城墙内壁西北角两段城墙未以直角相交，北城墙向西南略偏折，城隅呈抹角状。城隅至西直门间城墙长不足300米，是由一系列衔接很不规则的墙段组成。西城墙北半部比东城墙北半部更为"古旧"，阜成门以北城墙不仅有筑女墙的城墙，还有与城墙相连的三合土便道。阜成门以南的城墙"似重修于明末"，比北段城墙显得较为统一，高大陡峭、宏伟，内壁较平滑，不像北城墙那样可以攀援而上。外壁马面，西直门以北2座，西直门至阜成门间17座、阜成门南24座。北城墙长6790米，城墙近东北角处外壁高11.92米、内壁高9.20米、顶宽17.60米、基厚22.85米。安定门以东城墙外壁高11.90米、内壁高10.40米、顶宽17.63米、基厚21.72米。德胜门与西北隅之间，城墙外壁高11.60米、内壁高11米、顶宽19.50米、基厚24米[5]。北城墙内壁不直接受北风吹蚀，包砖保存较好。内壁收分较东城墙和南城墙大，安定门至北墙中

---

[1] 《日下旧闻考》（一）卷三八第604页引《洪武北平图经志》：明北京内城墙"其东南西三面各高三丈有余，上阔二丈；北面四丈有奇，阔五丈"。
[2] 陈宗蕃《燕都丛考》，北京古籍出版社1991年版，第19页。按：此为记述清代情况，清代沿用明北京内、外城墙，并续有修缮，清代北京城墙与明代大体相同。北京内城墙，现仅存正阳门城楼和箭楼、东南城角楼及附近部分城墙残段、德胜门箭楼和复建的西墙南端。外城墙现仅存复建的永定门城楼。
[3] 陈宗蕃《燕都丛考》，北京古籍出版社1991年版，第19页：城垣筑"城垛一百七十二"。
[4] 孔庆普《北京明清城墙、城楼修缮与拆除纪实》（《北京文博》2002年第3期）文中说："西城根的地面高程是北高南低。"
[5] 孔庆普《北京明清城墙、城楼修缮与拆除纪实》（《北京文博》2002年第3期）中说："北面城墙总的高度状况是东高西低。而北城根的地面高程是东低西高。可能是当初建城墙时为了使墙顶尽量取平，将地势较低处的城墙适当有所加高。"

北

安定门

德胜门

部马道间城墙保存较好，城壁坡度徐缓，层层叠砌呈阶梯状，其宽度足可攀登（其他三面城墙不可能）。德胜门与西北隅间城墙呈连续的不规则曲折状，衔接处参差不齐。城墙外壁马面，安定门以东7座，安定门至德胜门间6座，德胜门以西6座。北城墙外壁在四面城墙中规制最大、墙体最庞大、马面最雄厚、雉堞最高，因而也最有气势。南城墙长6690米，水门以东城墙内外壁高均为10.72米、顶宽15.20米、基厚18.48米。往东近崇文门处，高度未变、顶面略窄，为14.80米、基厚18.08米。往西近宣武门处，外壁高11.05米、内壁高10.15米、顶宽14.80米、基厚18.40米。又概括说，南城墙外壁高约10.70米，内壁略低几厘米，顶部宽平均为15米。城墙外壁马面，宣武门以西13座，宣武门至前门间19座、前门至崇文门间16座、崇文门至东便门12座。

此外，张先得《明清北京城垣和城门》（河北教育出版社2003年版）中说，文献记载各面城墙的高度和厚度不一致，实际上调查所见四面城墙的大小和外观也有差别[1]。其中东、西城墙高和厚相似，细看西城墙略低和薄些。南城墙比东、西城墙厚3米（或更多），但高度基本相同。北城墙雄厚、高大，比南城墙厚3～4米，外壁收分也比其他三面城墙大得多。新建的北城墙和南城墙，比在元大都土城基础上扩建而成的东、西城墙远为坚固和雄厚。文中认为，明初时东、西、南三面城墙的厚度，仅及调查时所见城墙的一半，高度也略低，而北城墙的高大雄厚则是16世纪时营建的结果。城墙厚度的逐渐增加，应视为一系列营建时期的标志。城墙外壁比内壁"更巍峨、更险峻"，城墙外壁以不同倾度从墙基处挺立。"北城墙的倾度，为3米与不到10米的高度之比"，其余各面城墙的倾度"则为$1\frac{1}{2}$（即1.5）1.5～2米与其高度之比"。城墙的"表面无非是由一系列修补和重筑部分组成，而最初的砖构部分则很难发现"[2]。墙体内外包砖，内壁包砖"是一段一段衔接起来的，各段的修筑年代、质量和做法均有不同"。内壁"城砖层层叠砌，状如梯形。收分最大的北墙上，这种情形自然最为明显"，"简直（顺阶梯）能使人直登城头"。外壁包砖比内壁平整，多采用一顺一丁砌法[3]。外壁包砖有好几层，表层内的砖结构，"或多或少是粗糙和不平整的，灰泥用量很大，砖砌的也很不规则"。调查发现明清包砖的用材和做法不同，区别明显[4]。明初小砖（元代砖，或按元代砖形制

---

[1] 孔庆普《北京明清城墙、城楼修缮与拆除纪实》（《北京文博》2002年第3期）也说："各处城墙的厚度和高度各不相同。"张先得《明清北京城垣和城门》（河北教育出版社2003年版）说：北京城墙"因历代修缮，所砌城砖有多至四重者"。

[2] 城墙修补和重筑情况，喜龙仁《北京的城墙和城门》（北京燕山出版社1985年版）一书有详细介绍。最初的砖构情况，参见下文拆建北京城墙时所见情况。

[3] 王兆春《中国科学技术史·军事技术卷》（科学出版社1998年版）第179页说：城墙的"城砖交错垒砌"。

[4] 喜龙仁《北京的城墙和城门》（北京燕山出版社1985年版）第四章中说：明初使用小城砖，嘉靖时大城砖小于乾隆时的城砖，明末城砖小而薄。明初城砖砌合情况不甚佳，灰泥使用较多。嘉靖时期城墙包砖质量和砌筑技术较好。清代乾隆时期城墙砌筑细致、平整、最突出。嘉庆时期继承了乾隆时期的传统，道光时建材和砌筑方法产生变化，再晚所用城砖又小又轻。

烧造）标准尺寸平均为长 29 厘米、宽 14.5 厘米、厚 4 厘米；明代大砖标准约为长 48 厘米、宽 24 厘米、厚 13 厘米[1]。清代乾隆时工部监造的砖，平均尺寸为长 48 厘米、宽 25 厘米、厚 12.5 厘米，标准重量应为 48 斤[2]。明代大城砖，多认为由山东临清烧造，实际上也不尽然[3]。砌城砖的黏结材料，盛传使用石灰浆与糯米汁掺和浇灌[4]，经化验无糯米成分[5]。

（二）城墙各部位结构概况

城墙基，喜龙仁《北京的城墙和城门》（北京燕山出版社 1985 年版）中说，城墙以低矮的沙石板为基石（有时是两层），其下有 2~3 米的三合土地基。保存较好的墙段，可见三合土地基皆伸出于墙外 1.5 米许，在城墙内侧形成一条质量颇佳的便道（东直门附近城

---

[1] 傅公钺《明代的北京城垣》，《北京文物考古》1983 年第一辑。
[2] 喜龙仁《北京的城墙和城门》，北京燕山出版社 1985 年版，第 47 页。
[3] 傅公钺《明代的北京城垣》（《北京文物考古》1983 年第一辑）说："文献记载，大城砖是由山东临清烧造的。但从拆除城垣的印文中，可以看到尚有聊城、寿张、安阳、汤阴、无锡、利津、郓城、茌平、江都等地。这些地点大多沿运河两岸。最初烧造大城砖地点很多，为便利运输北京，大多集中在运河两岸。后来为了保证质量和集中管理，由工部在山东临清设立工部厂，统一烧造，定额每年一百万块（实际烧造量大大超过此数，一百万指经严格挑选后之合格者）。于是各地砖窑逐渐停烧或转为民用。自万历起，在河北武清亦开始烧造大城砖：'今行武清县责令王勇等，每年分造砖三十万个，俟三年之后果有功效另议建改。其临清自万历三年为始，每年正造七十万个，照旧粮船带运。'（《明神宗实录》）从此，山东临清与河北武清共同烧造城垣用大城砖。"文中估计，整个城垣用砖"约需城砖在二千万块以上。再将垛口、马道、海墁砖及城楼、箭楼等用砖计算在内，其用砖量大概在三千万至四千万块。"喜龙仁《北京的城墙和城门》（北京燕山出版社 1985 年版）一书载调查时所见砖文还有："成化十九年高唐州窑造"，"嘉靖十一年为常州府造"，嘉靖二十四年苏州府分官窑造和扬州府造，"嘉靖二十六年永义兴窑户王瑞造"，"嘉靖三十一年窑户李寄威为南阳府造"，"嘉靖三十二年东河窑造"，"嘉靖三十三年窑户符居为青州府造"等。关于城砖运输价格，杨国庆《南京明代城墙》（南京出版社 2002 年版）第 156 页说：永乐时修北京城，"凡雇运砖料，永乐初……每城砖一个，脚银价一分八厘；斧刃砖（垛口等处专用，一侧呈坡状）一分四厘，进厂脚价不在此数"（《大明会典》卷一〇九）。关于城砖的质量，孔庆普《北京明清城墙、城楼修缮与拆除纪实》（《北京文博》2002 年第 3 期）说：在工程中"曾对城砖及其结合材料进行压强试验。试验结果是：内城南面城墙的砖材标号最高，其最低标号为 96 号，当时红机四丁砖标号，甲级砖 100 号，乙级砖 75 号。永定门豁口清代砖，标号为 118 号。
[4] 王兆春《中国科学技术史·军事技术卷》（科学出版社 1998 年版）第 179 页说："城砖缝用白灰石浆与糯米汁掺和浇灌，填平，防止雨水渗漏，至为坚固。"
[5] 孔庆普《北京明清城墙、城楼修缮与拆除纪实》（《北京文博》2002 年第 3 期）说：北京明清城墙，"砌砖用的结合材料，经化验为纯石灰膏。在石灰块中有些白色大米状颗粒。有传说：古代建筑砌砖使用糯米浆灌缝。为此，将城墙中的石灰块进行化验并作定性分析，灰块中似大米状的颗粒为纯石灰，并非糯米粒，亦未见任何谷物分子"。傅公钺《明代的北京城垣》（《北京文物考古》1983 年第一辑）说：北京"建城垣所需白灰，大部分是在北京附近各山区，如马鞍山、磁家务、周口店、怀柔等地，派专人采石设窑烧造"。

墙"基石和三合土筑的宽阔便道迄今尚存",按:"迄今"指拆除前)。城墙外侧脚下的地面或多或少坡向护城河。实际上各面墙基略有不同,详见下节。

城墙顶部,喜龙仁《北京的城墙和城门》(北京燕山出版社1985年版)中说,城墙顶部大砖海墁,大多向内侧倾斜,仅个别地方从中间向两侧微倾[1]。墙顶内侧边缘筑女墙,高88～90厘米、厚60厘米,上部呈圆形。外侧边缘筑雉堞,高1.80米,间距0.5米。女墙和雉堞的尺寸,有的研究者说"女儿墙高约1.2米,厚约0.75米,以白灰浆、大城砖沿城垣形制砌成,连贯通长,上顶一般砌成馒头顶或是泥鳅背顶";"内城雉堞高为1.9米,宽为1.5米,厚为0.75米,其间距在0.5～0.8米之间","雉堞都是用白灰浆、大城砖砌成,非常牢固。平顶、四侧四棱见角"[2]。"甬道两侧均设有'漏眼','漏眼'下口设在雉堞和女墙下部。城顶积水可通过'漏眼'排到城下",漏眼有不长的石排水道[3]。此外,在城墙顶部还有铺舍[4],清代时城墙上有"旗炮房九所,堆拨房一百三十五所,储火药房九十六所,雉堞一万一千三十八,炮窗二千一百有八"[5]。清承明制,上述设施明代在名称和数量上或有不同,但仍有重要参考价值。

马道即登城的坡道,是与城墙内侧平行连接的重要结构,其纵部面可视为直角三角形。马道一般为相对的两条,呈"八"字形,或倒"八"字形,坡度为15°～30°。内城马

---

[1] A. 张先得《明清北京城垣和城门》(河北教育出版社2003年版)说:城垣顶面海墁城砖,外高内低。

B. (杨秀敏等)工程兵工程学院中国筑城史研究课题组《中国筑城史》(军事谊文出版社1999年版)第107页说:北京内城南"城墙顶有5度坡度",东西城墙顶有5度坡度,北城"墙顶有5～9度的坡度"。

C. 孔庆普《北京明清城墙、城楼修缮与拆除纪实》(《北京文博》2002年第3期)说:"城墙顶面平墁单层或双层城砖,其下面有石灰土。"

[2] 傅公钺《明代的北京城垣》,《北京文物考古》1983年第一辑。按:女墙和雉堞的尺寸说法不一,如(杨秀敏等)工程兵工程学院中国筑城史研究课题组《中国筑城史》(军事谊文出版社1999年版)第108页说:"城墙是城池防御的主要防护工程设施,在城墙上内沿,设置防御用的宇墙(女墙),高约1米,宽0.40米。墙的外沿,设置雉堞11038个,高约1.85米,宽约2米,厚约0.50米,垛口宽约0.48米。每隔一个或数个雉堞的下方,设置炮眼一个,共2108个,宽约0.30米,高约0.40米,炮眼也兼做排水孔。当火炮体积增大后,便采用了炮架,利用垛口作为射孔。城墙上是配置散兵和炮手的阵地。"

[3] 喜龙仁《北京的城墙和城门》(北京燕山出版社1985年版)认为排水主要是女墙下的洞口(漏眼),并说洞口有不长的石排水道。该书第40～41页说:由于女墙下石排水道短,水流到城墙内壁上,冲刷内墙皮,大量渗入砖层,导致内墙皮酥裂乃至塌落,这是城墙内壁多次修葺的主要原因。

[4] A. (杨秀敏等)工程兵工程学院中国筑城史研究课题组《中国筑城史》(军事谊文出版社1999年版)说:"铺舍是城垣上的小房,供守城士兵休息或堆放军需军械等物。明代称铺舍,清代称堆拨房。基本上每座'马面'之后的城垣上即筑一所,面阔三间,进深一间为硬山式。"

B. 喜龙仁《北京的城墙和城门》(北京燕山出版社1985年版)第83～84页说:"旧时,墩台上常建有铺舍和储火药房;如今,这些建筑已全部颓废,城墙上只见有少数分散的供卫兵驻宿的砖房。"

[5] A. 陈宗蕃《燕都丛考》,北京古籍出版社1991年版,第19页。堆拨房即铺舍,炮窗俗称"炮眼"。

B. 王兆春《中国科学技术史·军事技术卷》,科学出版社1998年版,第180页,又将旗炮房、堆拨房、储火药房,分别称为掩蔽库、储备库和火药库,以比拟现代称呼。

道宽约 4.8 米，长约 32 米。马道一侧紧贴城墙内壁，其土心与城垣土心连为一体；另一侧以白灰浆、大城砖砌成一米厚的砖层，为马道外包皮层。在其外包皮砖上与马道斜面平行，砌一道矮墙，长同马道斜面，宽约 0.75 米，高约 1.2 米，称马道扶手墙。马道土心黄土夯成，其上夯筑一层约 50 厘米的三合土，再上大城砖立砌一层，呈"蹉碟"式马道路面。北京内城马道共 27 对，除九座城门内侧各有一对马道，四座角楼内侧各有一对马道之外，北城垣三对马道（一对在德胜门至西北角楼正中偏东处，即今新街口外豁口处；一对位于德胜门与安定门之间，即北城墙正中处，此对马道两者相距较远；一对在安定门至东北角楼之间，即现在雍和宫后豁口处），东城墙三对马道（一对在东直门与朝阳门之间正中处；一对在朝阳门南，即禄米仓大街所对东城墙偏南处；一对在今建国门立交桥处），西城墙三对马道（一对在西直门与阜成门之间正中处；一对在阜成门南养马营街道对之西城墙，即今社会路豁口处；一对在今复兴门立交桥处），南城墙五对马道（一对在西南角楼与宣武门之间正中处；宣武门与正阳门间等距离分筑两对马道；正阳门与崇文门间等距离分筑两对马道）。以上合计 27 对马道[1]。

城墙外壁从城门向左右两侧延伸，按一定间距筑马面（又称敌台，明末以后称墩台或城垛）[2]。马面是城墙墙体之外最主要的防御设施，是战时守备的重点。马面突出于城墙墙体之外，一面与墙体连为一体，突出于城墙外的三面墙体均有收分，最外侧墙面与城墙平行。马面高同城墙，马面顶上三面雉堞与城墙雉堞连接。四面城墙马面尺寸不尽相同，各面城墙的马面尺寸之间也有一定差异。其中以北城墙马面规制最大，其他三面城墙马面尺寸，一般而言，马面与城墙连接的两面之顶和底长均为 14～15 米，与城墙平行的一面顶宽约 13 米，底宽约 18 米[3]。四面城墙的马面，文献记载共 172 座。前述喜龙仁调查资料，记北城墙马面 19 座，南城墙马面 60 座，东城墙马面 47 座，西城墙马面 43 座，

---

[1] 傅公钺《明代的北京城垣》，《北京文物考古》1983 年第一辑。
[2] 城墙马面间距说法不一。
  A. 喜龙仁《北京的城墙和城门》（北京燕山出版社 1985 年版）第 40 页说："城垣外壁每隔一定距离，便附筑一座与城墙同样厚的方形扶垛般的墩台"；"在北墙，所有的墩台大小相同，间距为 200 多米。而其他各面城墙，墩台间距仅为 80～90 米之间"。第 88 页又说："北墙墩台的间距在 200 米到 300 米之间，而其他三面城墙的墩台间距则一般平均不超过 90 米，有些短至 60～70 米。"
  B. 傅公钺《明代的北京城垣》（《北京文物考古》1983 年第一辑）说："马面的间隔距离的差异很大，近者为 85 米，远者为 140 米，亦有介于两者之间者。"
  C. 王兆春《中国科学技术史·军事技术卷》（科学出版社 1998 年版）第 180 页说："每隔 60～100 米建筑一座"敌台。
  D. （杨秀敏等）工程兵工程学院中国筑城史研究课题组《中国筑城史》（军事谊文出版社 1999 年版）第 109 页说："除北城墙筑得高厚外，还沿北城墙配置了大敌台，间距 200 米左右，可配置重型大炮。其他各面城墙上的敌台则较小，间距约 60 米。"
[3] A. 王兆春《中国科学技术史·军事技术卷》（科学出版社 1998 年版）第 180 页说：敌台向城外突出，其"截面为 16 米见方"。
  B. 喜龙仁《北京的城墙和城门》（北京燕山出版社 1985 年版）第 84 页说："墩台的平面基本为正方形，边长大致与城墙厚度相等。"文中马面尺寸，见傅公钺《明代的北京城垣》，《北京文物考古》1983 年第一辑。

共169座。以此与明北京城复原图（图9-2）、清和民国时期北京城图对比，可知喜龙仁在东直门至朝阳门间多记一座马面，马面总数实为168座，较文献所记少4座[1]。除一般马面外，还有大马面（中心台），主要筑于登城马道顶部或瓮城附近，尺寸为顶长约20米，宽约35米，底长约20米，宽约39米[2]。根据前述明北京城复原图来看，东、西城大马面各三座，均位于三对登城马道顶部。南城墙宣武门至西南隅中间马道顶部一座大马面，宣武门瓮城两侧各一座大马面，宣武门正阳门间登城马道顶部两座大马面；正阳门瓮城两侧各一座大马面，正阳门崇文门间登城马道顶部两座大马面；崇文门瓮城两侧各一座大马面，崇文门东至东南隅中间登城马道顶部一座大马面[3]，南城墙共12座大马面。

四 拆除北京内城墙时所见明城墙构筑概况

从1962年开始，考古工作者配合北京内城墙拆除工程，对其中部分墙段进行了清理发掘，首次了解到明北京内城的构筑概况[4]，兹略作介绍。

（一）东、西城墙

东、西城墙是在元大都东、西土城墙基础上补筑包砖而成，两者的关系及明城墙构筑的情况，以西直门南100米处，官园南北、东直门至建国门南40米处等重点调查墙段，反映得比较清楚。以西城墙剖面图为例（图9-3），图中间为元代土垣，被削成圆锥状的

---

[1] 侯仁之主编《北京历史地图集》（北京出版社1988年版）第32页《明北京城》复原图，北城墙马面，安定门东7座、安定门德胜门间6座、德胜门西7座；西城墙马面，西直门北2座、西直门阜成门间17座、阜成门南24座；东城墙马面，东直门北7座、东直门朝阳门间16座、朝阳门南23座；南城墙马面，宣武门西13座、宣武门正阳门间19座、正阳门崇文门间16座、崇文门东13座，共170座。该图与同书第42页清乾隆十五年北京城图，第48页清宣统年间北京城图，第73、75页民国北平城图对比，可知明北京城复原图德胜门西多一座马面，西、东城墙诸图马面数相同，南城墙明北京复原图崇文门东多一座马面。喜龙仁调查资料与上述诸图相比，仅东城墙东直门朝阳门间多一座马面。因此，马面总数应为168座。

[2] 傅公钺《明代的北京城垣》，《北京文物考古》1983年第一辑。

[3] A. 喜龙仁《北京的城墙和城门》（北京燕山出版社1985年版）第40页："在北墙，所有的墩台大小相同。"第84页说："除了普通墩台外，还有少数较大的墩台，筑于城角（按应为角楼台基）和城门处，以及城墙内侧的登城马道顶部。马道不仅可供徒步或骑马而上，也可供马车运送枪炮弹药。因此，在马道顶部修有这种宽阔平台显然很有必要。南城墙有六条马道和六座较大的墩台（按南城墙有五对马道，大马面为六对），东墙各为四，北墙各为三。"此处所说马道数和大马面数与图不合，仅供参考。

B. （杨秀敏等）工程兵工程学院中国筑城史研究课题组《中国筑城史》（军事谊文出版社1999年版）第109页说："敌台有大小两种，大敌台一般是设置于瓮城门附近，有的也设在两门之间的城墙上。"

[4] 北京市文物研究所编《北京考古四十年》（北京燕山出版社1990年版）第四章"第一节 明代北京城垣建筑结构"和傅公钺《明代的北京城垣》（《北京文物考古》1983年第一辑）。本节主要依据此二文撰写。

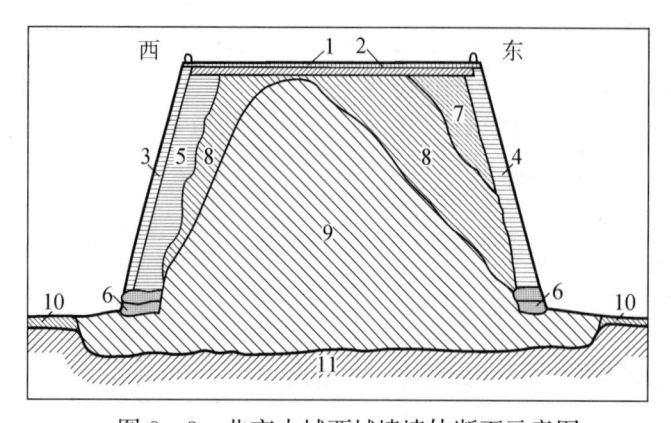

图 9-3 北京内城西城墙墙体断面示意图
1. 上顶甬道铺地砖　2. 城墙顶三合土　3. 外壁包皮大砖层　4. 内壁包皮大砖层　5. 外壁小砖层　6. 墙基石　7. 明代堆积夯层　8. 明代夯层　9. 元大都土城垣夯土心　10. 地表堆积层　11. 生土层

（引自傅公钺《明代的北京城垣》，略有改动）

土心。土心高约占明城墙墙身的 9/10[1]，纯黄土夯筑，墙基深入自然地层约 2 米（直达生土层），宽约 25 米。墙基夯层厚约 15 厘米，墙身夯层厚 6～11 厘米，夯窝圆形，直径 7 厘米，夯窝深 4 厘米，夯窝间距 2～3 厘米，呈梅花状分布[2]。土心外包筑明代夯土层，外壁一层、内壁两层，包筑夯土层上宽下窄。土心外第一层包筑黄色夯土，内外壁相同（同时夯筑），夯层厚 18～25 厘米[3]，夯窝直径 15～20 厘米，夯窝较浅，呈相互叠压的半圆形，排列整齐（其间距较元代土垣夯窝稍宽）。在黄土夯层之间，夹一层厚约 10 厘米的含有碎砖、陶瓷片和垃圾土的杂土层。内壁第二层包筑夯土压在前述包筑夯层中上部，剖面略呈小三角形，该层夯土为掺杂大量砖头瓦片和明代瓷片的灰渣土，夯层疏松（图 9-3 之 7 所示），显然是内壁包砖时填筑的。明代夯土层外包砖，城墙外壁包砖三层。里面第一层用元代小砖，泥浆砌筑，砖块码放凹凸不平，参差不齐，砖层厚薄不均（有的地方厚仅 40～50 厘米），平均厚约 70 厘米。其外第二层包砖，用白灰泥浆砌筑小砖，厚约 60 厘米，薄厚较一致。第一、第二层包砖间，有明显的通缝[4]。最外层包砖，用纯白灰浆砌明代大城砖，其厚薄随小砖层薄厚而变化，外表较平直，砖层平均厚 70 厘米左右。大砖层与小砖层间亦有明显的通缝，上述两道通缝表明三层包砖是分次包筑的。城墙内壁包砖一层，用纯白灰浆砌筑明代大城砖，厚约 1 米。内外壁大砖层所用砖、灰相同，壁均较平直，每层都比下层内收 1～2 厘米，其一致性表明内外壁外皮包砖的砌筑或同时或时差较小。城墙内外皮大砖层之下的墙基，均垫 2～3 层衬基石，使城墙形成"下石上砖"结构。城墙顶部在

---

[1] 傅公钺《明代的北京城垣》（《北京文物考古》1983 年第一辑）文中注明墙身高以 11.5 米计算，是其 9/10 为 10.35 米。

[2] （杨秀敏等）工程兵工程学院中国筑城史研究课题组《中国筑城史》（军事谊文出版社 1999 年版）第 107 页说：元代夯土心"在夯土中使用了永定柱和纴木"。傅公钺《明代的北京城垣》（《北京文物考古》1983 年第一辑）说：元代土垣"在夯土中使用了永定柱（竖柱）和纴木（横木）"。

[3] A. 北京市文物研究所编《北京考古四十年》，北京燕山出版社 1990 年版。
　　B. 傅公钺《明代的北京城垣》（《北京文物考古》1983 年第一辑）说："夯土层每层厚 18～27 厘米"。

[4] 傅公钺《明代的北京城垣》（《北京文物考古》1983 年第一辑）说：外壁"小砖层从整面墙垣来看是薄厚不均，最薄处勉强为 1.1 米，最厚处在 1.4 米开外。从总的趋势看，这层小砖平均厚 1.3 米左右。从城垣断面还可以看出，这部分元代小砖层，是分两次砌筑的"。

明代夯土层之上，平铺厚约50厘米的三合土，其上海墁一层大砖。东、西城墙外壁筑马面，马面土心与城墙土心连为一体，三层包砖均周绕马面砌筑。

（二）北城墙

北城墙是明初最早新筑的城墙，因其在短期内拆毁元代建筑，平地起筑，故墙身两米以下压有元代房址、建筑材料，或木料腐朽后留下的土洞遗迹。其中除桦皮厂以西发现的是原木料外，其他墙段如雍和宫豁口、德胜门东等处发现的全部是木料（如檩、椽、额枋、柱子等，有的尚存彩绘），这些木料大都是东西向顺置叠压数层。在德胜门东西两侧，安定门东西两侧30～40米范围内及东北角墙体夯层中，于墙身高度6米以下发现木料横、顺放置呈方格层次，并在上下层间加立柱，四个侧面也呈方格形，整组木料形成正方体框架，上下方格层和立柱的间距均为1.5～2米。但从整个北城墙来看，木料或木料遗迹的放置均不甚规则，料身粗细、长短不齐。显然，这是就近使用拆除木料加固墙体而采取的一种应急措施。

北城墙的构筑情况与东、西城墙大体一致，但也有不少独特之处。从北城墙剖面图来看，墙体内夯土心（图9-4之9）为纯黄土，略呈馒头状，仅稍加夯筑，较松软，夯层厚薄不均。以德胜门东墙段为例，夯窝为大小不等的圆形，其夯窝直径和夯窝深一般多在7厘米左右[1]。土心外侧包筑夯土（图9-4之8B），夯土层次不规则，夯土中不仅夹杂元代各类瓦件，而且有的墙段内还包含未拆除的房址、帐柱和棋子；在桦皮厂墙段甚至还有福寿兴元观遗址的石碑和观前的旗杆等。夯土心内侧包筑夯土（图9-4之7B），其夯筑方法与北城墙马面土心，德胜门东、西，安定门东、西的城墙土心，以及北城墙东西两角墙体中心的夯筑方法均相同。即夯层皆在18～27厘米，夯层间夹一层厚约10厘米的碎砖头，夯窝相互叠压呈半圆形，圆径在15～20厘米。上述情况表明，这些墙段大致是同期夯筑的。其夯筑方法不同于北城墙其他墙段，但却与南城墙夯筑方法完全相同。据此似可认为，北城墙上述墙段可能与整个南城墙同期或在其前后不久重筑的。也就是说，北城墙的部分墙段在永乐十七年前后应经过改筑。此外，由于土心内侧包筑夯土叠压土心外侧包筑夯土（图9-4内侧7B压外侧8B），所以内侧夯土包筑时间晚于土心外侧包筑夯土。土心内侧第二层夯土压在前述内侧夯土上部，剖面略呈上大下小的三角形（图9-4之7A），该层夯土夯层不明显，为包含大量碎砖瓦和明代瓷片等物的灰渣土，因而该夯土层显系甃内壁砖皮时填筑的。北城墙外壁包砖亦为三层，第一层紧贴夯土，用泥浆砌筑小砖，厚1.1～1.3米。第二层用白灰泥浆砌小砖，厚0.6～1米，两层之间有明显的通缝。两层小砖的总厚度，平均为2.2米。第三层用纯白灰浆砌筑大城砖，厚0.7米。上述三层包砖，第一层泥浆砌筑小砖层从城墙土心与马面土心之间穿过，第二层小砖和第三层大砖则围绕马面砌筑。这个现象反映出，北城墙土心夯筑在先，马面土心夯筑在后，且晚于第一层泥浆小砖。外壁墙基垫五层衬基石，露出地表2、3层。内壁用纯白灰浆包砌大砖一层，厚约1米，其下垫3～5层衬基石，露出地表1、2层。北城墙顶部

---

[1]（杨秀敏等）工程兵工程学院中国筑城史研究课题组《中国筑城史》（军事谊文出版社1999年版）第107页说：北城墙土心"夯层8～27厘米，夯径7厘米、10厘米、15～20厘米几种"。

夯厚约 50 厘米的三合土，其上海墁大砖一层。

（三）南城墙

南城墙是永乐十七年（1419 年）拓南城时开始修筑的，其东西一线有些部位处于流沙地带，故使用木料加固墙基（图 9-5）。如崇文门至宣武门一线，发现多处在墙基下深达 5 米的流沙层中，纵横交错相互叠压原木 15 层，每层原木 60～70 根，原木直径 20～30 厘米，长 6～8 米，彼此间用铁扒钉连接，形成高 3～3.5 米的木垛，其间空隙用沙填实。木料多为红松和黄花松，间有几根硬杂木，原木出土时未损，仍很完整。木垛之上起筑夹杂砖头瓦片的黄土夯层。此外，在崇文门以东 500 米处，在一个马面的东西与墙身相交的转角处，发现起筑夯土墙体时用横木夹夯的遗迹，即采用传统的横木夹夯法。

南城墙无东、西城墙和北城墙那样的夯土心，而是直接起筑夯土墙体，其外侧紧贴夯土墙体用白灰泥浆砌筑小砖，厚 1 米；小砖层外用纯白灰浆砌筑大城砖，厚 0.7 米左右（图 9-5 之 3、6）。夯土墙体内侧，从其顶部 4/5 处起，斜向墙体中腰靠下部位补筑夯土（图 9-5 之 7）。补筑夯土与夯土墙体夯筑方法相同，两者夯层厚均为 18～25 厘米，夯窝直径 15～20 厘米，夯窝相互叠压呈半圆形。夯层间均夹一层厚约 10 厘米的砖头瓦片等杂物。这层补筑夯土，显系内壁甃大城砖时所为。城墙内壁在夯土墙体外用纯白灰浆砌筑大城砖，厚约 1 米。城墙顶部夯厚约 50 厘米的三合土，其上海墁大城砖一层。城墙基下均垫三层衬基石，外壁墙基露出一层基石，内壁墙基露出两层基石。

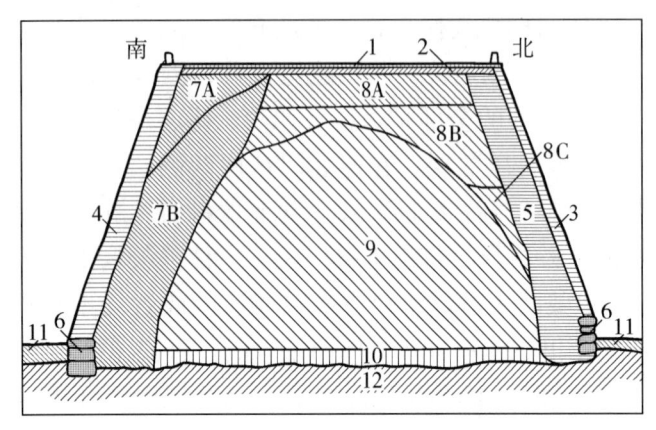

图 9-4 北京内城北城墙墙体断面示意图
1. 上顶甬道铺地砖　2. 城墙顶三合土　3. 外壁包皮大砖层　4. 内壁包皮大砖层　5. 外壁包皮小砖层　6. 墙基石　7A. 明代堆积夯层　7B. 明代夯土层　8A. 明代堆积夯层　8B. 明代夯土层　8C. 明代夯土层　9. 明代夯土心　10. 夯土下压元代建筑堆积　11. 地表堆积　12. 生土层

（引自傅公钺《明代的北京城垣》，略有改动）

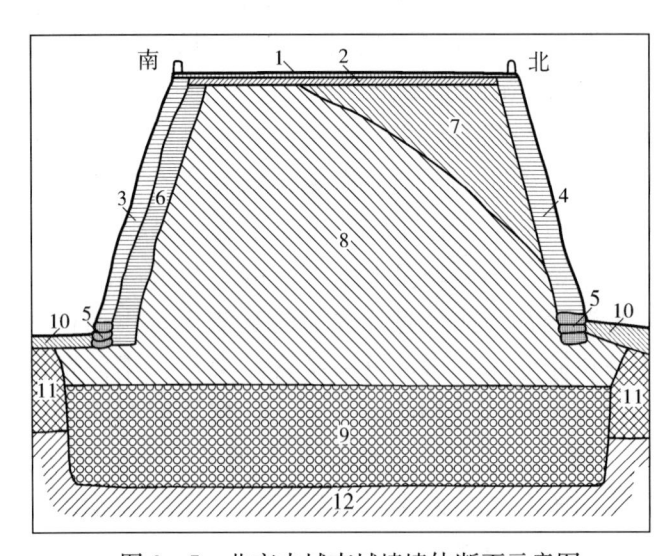

图 9-5 北京内城南城墙墙体断面示意图
1. 上顶甬道铺地砖　2. 城墙顶三合土　3. 外壁包皮大砖层　4. 内壁包皮大砖层　5. 墙基石　6. 外壁小砖层　7. 明代夯土　8. 明代永乐时夯土　9. 木质基础结构　10. 地表堆积　11. 流沙层夹黄土层　12. 流沙层

（引自傅公钺《明代的北京城垣》，略有改动）

五　内城各面城墙构筑早晚关系略析

明北京内城墙的构筑情况，文献仅记北城墙和南城墙的始筑年代，完工的年代缺载。东、西城墙除南部新拓部分外，余者利用元大都土城。东、西城墙和北城墙外壁甃两层小砖的年代，四面城墙内外壁甃大砖的年代，马面筑于何时，均不甚清楚。有鉴于此，下面拟结合拆除北京城墙时所见构筑情况，并结合喜龙仁的调查资料和文献记载，对四面城墙构筑的相对早晚关系略作分析。

（一）夯筑墙体的相对早晚关系

夯筑墙体，北城墙和东、西城墙由土心、包筑土心夯土和补筑夯土构成。其补筑夯土均在夯筑墙体内侧中上部，属甃内壁大砖时的填筑部分，故两者应为同期所筑。

北城墙夯筑墙体是明初最早建成的，夯土心稍加夯筑，结构松散，夯层厚薄不均，夯窝深，直径均在7厘米左右。土心上部和外侧包筑夯土，为夹杂大量砖头瓦片的杂土，夯层不规则。以上两部分应为同期先后筑成[1]，其夯筑特点与前述东、西城墙元代土心相近，并凸显急就草成特色。北城墙土心内侧包筑夯土上部叠压土心顶部和外侧相连的夯土层（图9-4之7B压9及8B），年代晚于顶部和外侧包筑夯土。北城墙土心内侧包筑夯土的夯筑方法和特点，同于前述东、西城墙土心外包筑夯土（图9-3之8），并同时表现于马面土心，德胜门和安定门各自东西墙土心，以及北城墙东西两角城墙土心部分。上述情况似乎表明，北城墙土心和顶部及外侧包筑夯土完成于北城墙初筑之时，时代最早。北城墙土心内侧包筑夯土同于东、西城墙土心包筑夯土，两者应大致同期。但是，由于城墙内壁包砖晚，所以北城墙约与内壁始包砖同时完成的土心内侧包筑夯土，应晚于东、西城墙土心外包筑的夯土（该层夯土大致与外壁包砖同时）。进而或可认为，在北城墙草就之时（尚未包筑内侧夯土以前），东、西城垣似仅利用元大都土城，并未进行较大的整修。由于北城墙土心内侧包筑夯土继承了东、西城墙土心包筑夯土的方法，故此时已形成明代特色的夯筑方法。

南城墙始筑于永乐十七年，其夯筑墙体和甃内壁大砖时补筑夯土的夯筑方法完全相同，并同于东、西城墙土心外包筑夯土和北城墙土心内侧等部位夯筑方法，反映出筑南城墙时明代夯筑方法已形成定式。此外，还应指出，不仅元、明两代夯筑方法有别，而且加固墙体措施也有差异。前述元代墙体内使用永定柱和纴木，明代城墙则乏见。明代城墙多使用木料和木框加固方法，仅个别部位采用了横木加夯法。在墙基的做法上各墙也有差异，北城墙外壁墙基衬五层基石，露出地表2、3层；内壁墙基衬3~5层基石，露出地表1、2层。东、西城墙基衬2、3层基石（未见露出地表层数资料）；南城墙衬基石内外壁均3层，外壁露出地表1层，内壁露出地表2层（一些墙段衬基石下用木构加固）。上述现象，若按城墙营建早晚来看，可能衬基石3层，露出地表1、2层逐渐成为定式（元大都

---

[1] 傅公钺《明代的北京城垣》（《北京文物考古》1983年第一辑）认为，土心与外侧包筑夯土是一次夯筑而成的。

土城未见衬基石资料，此点与明城墙不同）。

（二）城墙外壁两层小砖早晚关系和马面出现的相对年代

前已说明北城墙土心及顶部和外侧包筑夯土不同于内侧包筑夯土，时代最早，内侧包筑夯土则同于比其较早出现的东西城墙包筑夯土。北城墙外壁泥浆砌筑小砖层从城墙土心与马面土心间穿过，而东西城墙泥浆砌筑小砖层则包筑马面。上述现象表明，北城墙外壁泥浆砌筑小砖层早于东、西壁同类砖层，并与北城墙土心及外侧包筑夯土大致同时完成。南城墙始筑于永乐十七年，外壁无泥浆砌筑小砖层，故东、西城墙外壁泥浆砌筑层年代下限应在永乐十七年之前。又永乐四年"霖雨坏北京城五千三百二十丈"，"命发军民修筑"；"永乐七年六月，修北京安定门城池"；"永乐十三年三月丁巳，修北京城垣"[1]。因此，北城墙安定门东、西墙段土心内侧包筑夯土的夯筑方法应出现于永乐七年或其后不久。据此推测，东、西城墙与安定门东、西墙段内侧夯土夯筑方法相同的土心包筑夯土，似出现于永乐七年之前，即东、西城墙外壁泥浆砌筑小砖层抑或在永乐七年之前。

永乐十七年始筑南城墙，外壁仅用白灰泥浆砌小砖层，是为此种砖层的年代下限。然而，从东、西城墙外壁的白灰泥浆小砖层厚约 0.6 米，北城墙外壁的灰泥浆小砖层厚 0.6～1 米，有的城墙外壁白灰泥浆小砖层厚约 1 米看，不排除永乐四年、七年和十三年修城墙时已在东、西城墙和北城墙采用白灰泥浆砌小砖方法，并将这种逐步成熟的技术运用于南城墙。

关于马面出现的年代，东、西城墙应与元大都东、西城墙马面有承袭关系，但由于明北京东、西城墙马面数和间距密度均大于元大都[2]，所以其马面应为新筑。此外，又因泥浆小砖层包砌马面，故东、西城墙马面最终定型的年代下限，当与泥浆小砖层同步，即永乐七年之前。南城墙马面应与夯土墙体同时，下限与白灰泥浆小砖同步。很可能夯土墙体、马面夯土心和白灰泥浆小砖层是大体先后同期完成的。北城墙马面晚于外壁泥浆小砖层，早于白灰泥浆小砖层或与该层同步。与东、西城墙马面相比较，北城墙马面出现的上限应在东、西城墙外壁泥浆小砖层包筑马面后不久。下限在永乐十七年，并很可能在永乐四年、七年和十三年修城墙之时。

（三）城墙内壁甃大城砖的年代

根据前述情况，北京内城四面城墙外壁白灰泥浆小砖层，城墙内外皮大砖层的砌筑方法基本一致，四面城墙顶部和墙基的做法也大同小异。因此，四面城墙最后完工期应相距不远，各城墙内外皮大砖亦应在同期先后完成。文献记载，正统十年（1445 年）城墙内壁始包砖。但调查资料表明，尚未发现正统年间纪年砖文。喜龙仁调查资料未提供外壁大砖砖文资料，内壁所见大城砖砖文纪年如表 9-1 所示[3]。

---

[1]《明太宗实录》卷四五、卷六四、卷九六。
[2] 见侯仁之主编《北京历史地图集》（北京出版社 1988 年版）"元大都和明北京城复原图"马面。
[3] 喜龙仁《北京的城墙和城门》（北京燕山出版社 1985 年版）内城墙内壁调查部分。

据表 9-1 可知，明北京内城墙砖文纪年最早是成化十三年（1477 年），主要集中在嘉靖时期，下限在万历四十六年。喜龙仁《北京的城墙和城门》（北京燕山出版社 1985 年版）一书，将嘉靖年号称中期，成化及其以前称初期。喜龙仁判定的明初期内城墙部位，除个别的有成化十三年、十八年、十九年城砖外，余者均无砖文，且剥蚀残毁严重，墙段较短（以 20 米以下墙段居多）。嘉靖时期纪年砖文最多，前后延续 36 年左右，所见墙段长，多相连[1]，是内城墙大规模整修时期[2]。万历时期砖文纪年主要集中于三十年之后，

表 9-1　　　　　　　　　　明北京内城墙内壁所见砖文纪年概况

纪年		东壁	西壁	南壁	北壁	备注
成化			十九年	十八年	十三年	东壁未见成化、正德纪年
正德			二年	六年	四年	
嘉靖	早	四年①、十年	十六年	七年	七年②、十一年	东壁还有十五年、十六年、十八年、二十年、二十一年、二十三年、二十四年、二十七年；西壁还有二十三、二十七、三十二、三十三、三十六、三十九年；南壁还有二十九、三十三、三十四年；北壁还有二十一、二十八年
	中	二十八年、三十二年、三十三年	二十二年、二十四年、二十六年、二十九年、三十一年	二十八年、三十一年、三十二年	十四、十七年	
	晚	三十八年	三十九年	三十四年	三十一年	
万历	早	三十年	三年	三十二年	二十九年	东壁三十二年较多，还有三十一年；西壁三十二年最多，三十年次之，还有二十三、二十六、二十九年；南壁仅见三十二年；北壁三十二年最多，还有三十一年
	晚	三十三年	三十三年	三十二年	四十六年	

说明：

① 喜龙仁《北京的城墙和城门》（北京燕山出版社 1985 年版）第 59 页载：东城墙内壁第 30 段，"据墙上碑记，马道南端修于嘉靖四年（1525 年）"。
② 喜龙仁《北京的城墙和城门》（北京燕山出版社 1985 年版）第 68 页载：北城墙第 34 段砖文有"嘉靖戊子年（1528 年）"砖文，即嘉靖七年。

[1] 如喜龙仁《北京的城墙和城门》（北京燕山出版社 1985 年版）第 57 页说：东城墙内壁从东南城角向北，第一段长 70 米，明中期，砖文嘉靖十年。第 2 段 35 米近代新筑。第 3 段砖文嘉靖二十八年。第 4 段不长，明末修。第 5 段长 180 米，砖文嘉靖二十七年。第 6 段长 150 米，砖文嘉靖二十一年。第七段长 120 米，砖文嘉靖二十年。第 8 段长 35 米，砖文嘉靖十八年。以上凡有嘉靖纪年砖文的墙段，喜龙仁均断为明代中期。
[2] 喜龙仁《北京的城墙和城门》，北京燕山出版社 1985 年版，第 51 页。

时期，所见墙段多较短。据此似可认为，正统十年（1445年）内城墙只是开始包砖，但远未完成，前述明初无砖文纪年的墙段可能即砌筑于该阶段。此后不久，正统十四年发生"土木堡之变"，遂转入代宗、英宗皇位变动时期。宪宗即位后，文献记载成化六年修理"安定、西直二门城垣"，武宗时正德九年"修理京城都城垣"，前述所见成化、正德纪年砖文应是该阶段续包内壁城砖的反映。而大量嘉靖纪年砖文则表明，内城墙包砖似最终完成于嘉靖中期至晚期［文献记载，嘉靖三年（1524年）修德胜门城垣，四年修都城，三十九年"修理都城兴工"］，这个阶段所用城砖和砌筑质量在明代均属上乘[1]。至于万历晚期少量纪年砖文，当为补筑的反映。总之，明北京内城墙内外壁包砖从正统十年开始，延续的时间很长。

第二节 内城城门、瓮城、箭楼和角楼

一 城门

城门是城池的门户，属城墙重点防御部位，因而内城九门上筑城楼，外筑瓮城、箭楼和闸楼（图9-6、图9-7）。城墙四隅为城池防线的突出部，又是两面防御的结合部，故筑角楼（图9-8～10），以便在瞭望和射击上从两个方面控制敌人。上述设施自明代建成后迄清代，屡有修缮或重修，进入民国之后又有较大变化[2]。现今所知的形制和外观，大

---

[1] 喜龙仁《北京的城墙和城门》，北京燕山出版社1985年版，第51页。
[2] 九门修建、重修和改建情况。正阳门（前门），永乐十七年至十九年始建，仍名丽正门。正统元年重建城楼，增筑瓮城、箭楼、闸楼，正统四年竣工，更名正阳门。万历三十八年，清乾隆四十五年，道光二十九年箭楼火灾，后均重修。1900年城楼和箭楼毁于八国联军之役，1903年城楼按崇文门规制放大修建，箭楼按宣武门箭楼规制放大修建。1915年拆除正阳门瓮城及东、西两座闸楼，在城楼东、西两侧城墙各开辟两个洞子门。并改造箭楼。中华人民共和国成立后又对城楼和箭楼多次维修，并保留至今。

崇文门（俗称哈德门又称海岱门），永乐十七年始建，仍名文明门。正统元年至四年重建城楼，增筑瓮城、箭楼、闸楼，并更名崇文门。明代弘治、正德、嘉靖、隆庆、万历各朝均有修缮。清乾隆二十五年曾大修城楼，1900年箭楼毁于八国联军之役，仅存城台。1901年因修铁路，拆通崇文门瓮城，拆瓮城西侧闸楼及关帝庙，并将箭楼城台中间辟券门。民国初年拆箭楼城台及券门，民国十年修饰城楼。1950年拆瓮城东、西洞子门及残存的瓮城，在城楼西侧城墙开豁口，1959年拆除城楼。

宣武门（俗称顺治门），永乐十七年始建，仍名顺承门。正统元年至四年重建城楼，增筑瓮城、箭楼、闸楼，更名宣武门。明代弘治、正德、嘉靖、隆庆、万历各朝均有修缮，清代历朝也有修葺。1921年、1944年曾修城楼，1927年、1931年拆除箭楼、闸楼和瓮城。1930年拆除距城门10米之五座砖砌方台（测水之深浅，定城门泄水标准，为明清泄洪报警设施）。1950年在宣武门东侧城墙开豁口，1965年拆除城楼。

朝阳门（齐化门），元大都旧门，明洪武元年，四年修补沿用，永乐十七年修葺。正统元年至四年重建城楼，增筑瓮城、箭楼、闸楼，更名朝阳门。明清历朝均有修葺，1900年被八国联军破坏，后箭楼重建。1915年在箭楼后部两侧建"之"字形砖蹬道，并拆除瓮城及闸楼。1950年在城门北侧城墙开豁口，1953年拆除城楼，1957年拆除箭楼。（转后页）

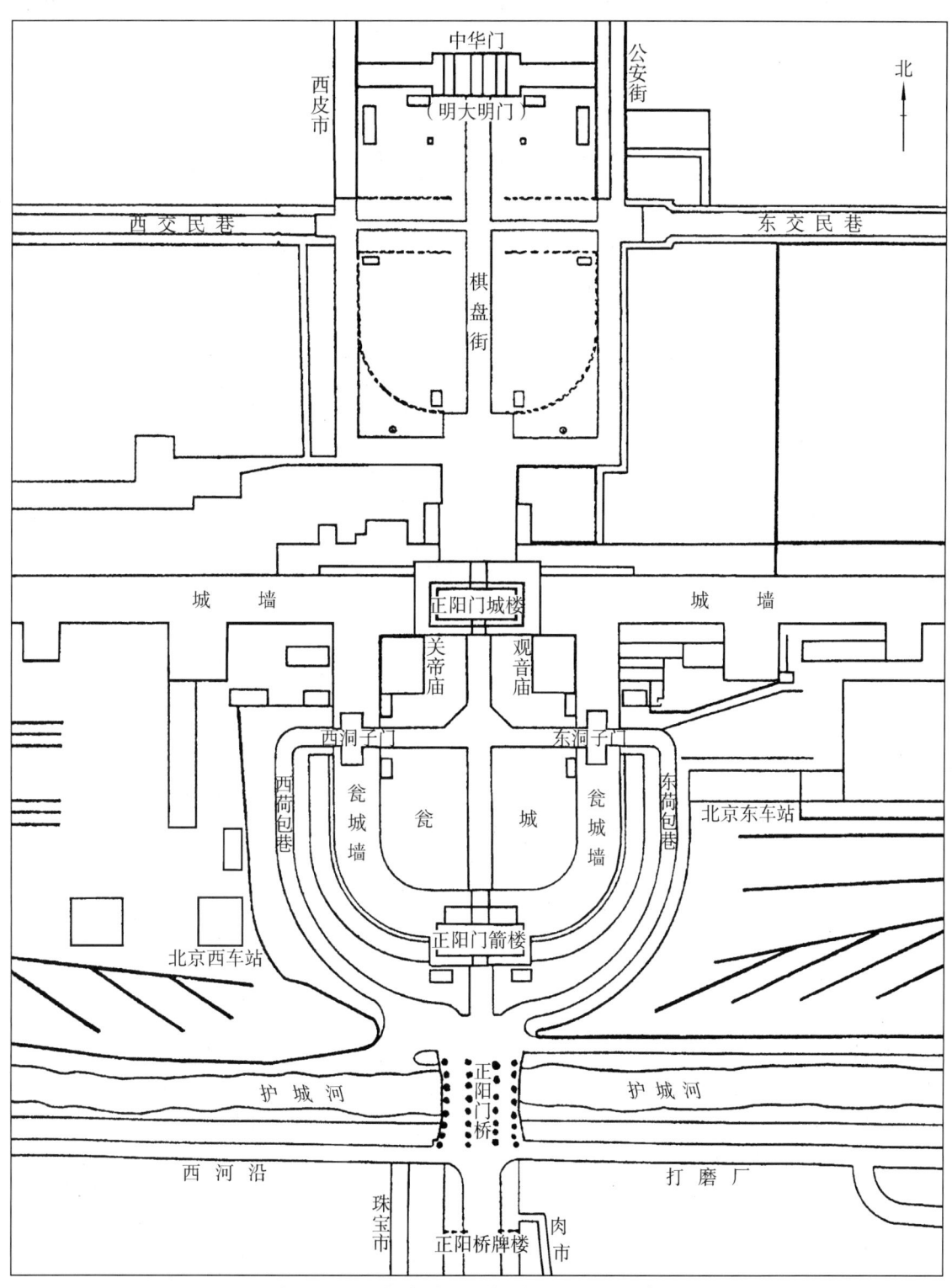

图 9-6 北京内城正阳门总平面图（改建前）
（引自张先得《明清北京城垣和城门》，略有改动）

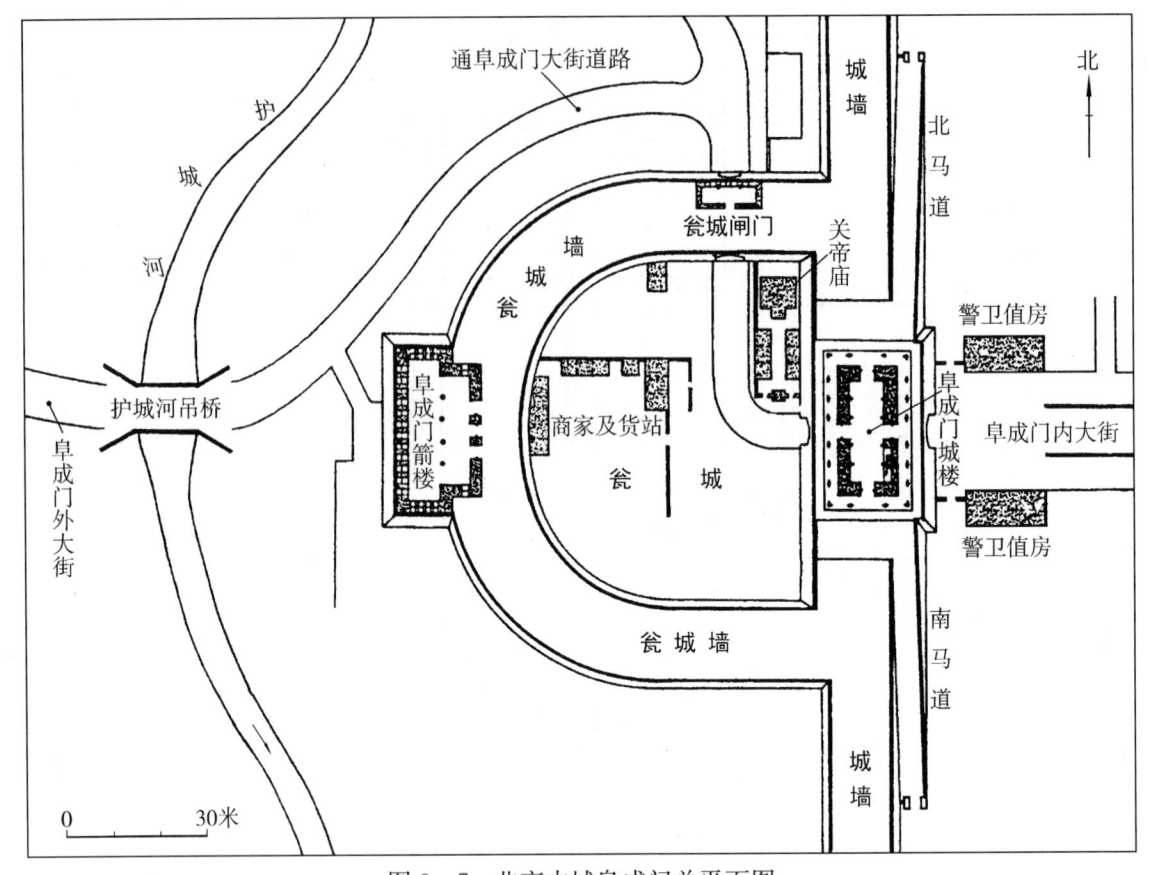

图 9-7 北京内城阜成门总平面图
(引自张先得《明清北京城垣和城门》，略有改动)

*都是清末及其以后的情况。但是，清承明制，从中亦可窥见上述设施明代时形制之概况。

---

* （接前页）东直门，元大都崇仁门，明初沿用，永乐十七年修葺，改称东直门。正统元年至四年，重建城楼，增筑瓮城、箭楼和闸楼。成化九年城楼火灾，后重修。清嘉庆三年重修城楼，明清历朝多有修葺。1915年因修铁路，拆除瓮城和闸楼，在箭楼后部两侧建"之"字形砖蹬道。1927年拆除箭楼，1958年拆除箭楼台基。

安定门，明初新建，据元安贞门改为安定门。永乐七年修城楼及城垣，正统元年至四年修城楼，增筑瓮城、箭楼和闸楼。正统六年城楼火灾，当年修复。清道光六年城楼火灾，后修复。此外，明清历朝多有修葺。1915年因修铁路，拆除瓮城和闸楼，在箭楼内侧左右砖砌"之"字形蹬道。1950年在城楼东侧城墙开豁口，1953年拆除真武庙，1969年拆除城楼和箭楼。

德胜门，明初新建，据元健德门改为德胜门。正统元年至四年，建城楼，增筑瓮城、箭楼和闸楼。城楼1921年拆除，1955年拆除城台和券门。箭楼于明万历二十年、清康熙十八年曾大修，乾隆时重修。1900年被八国联军破坏，1902年修缮。1915年修铁路，拆除瓮城和闸楼，并在箭楼内侧左、右砖砌"之"字形蹬道。1951年、1976年修缮箭楼，1979年及其以后曾全面重修，保留至今。1921年拆除城楼，1955年拆除城台和券门。1992年真武庙辟为钱币博物馆。（转后页）

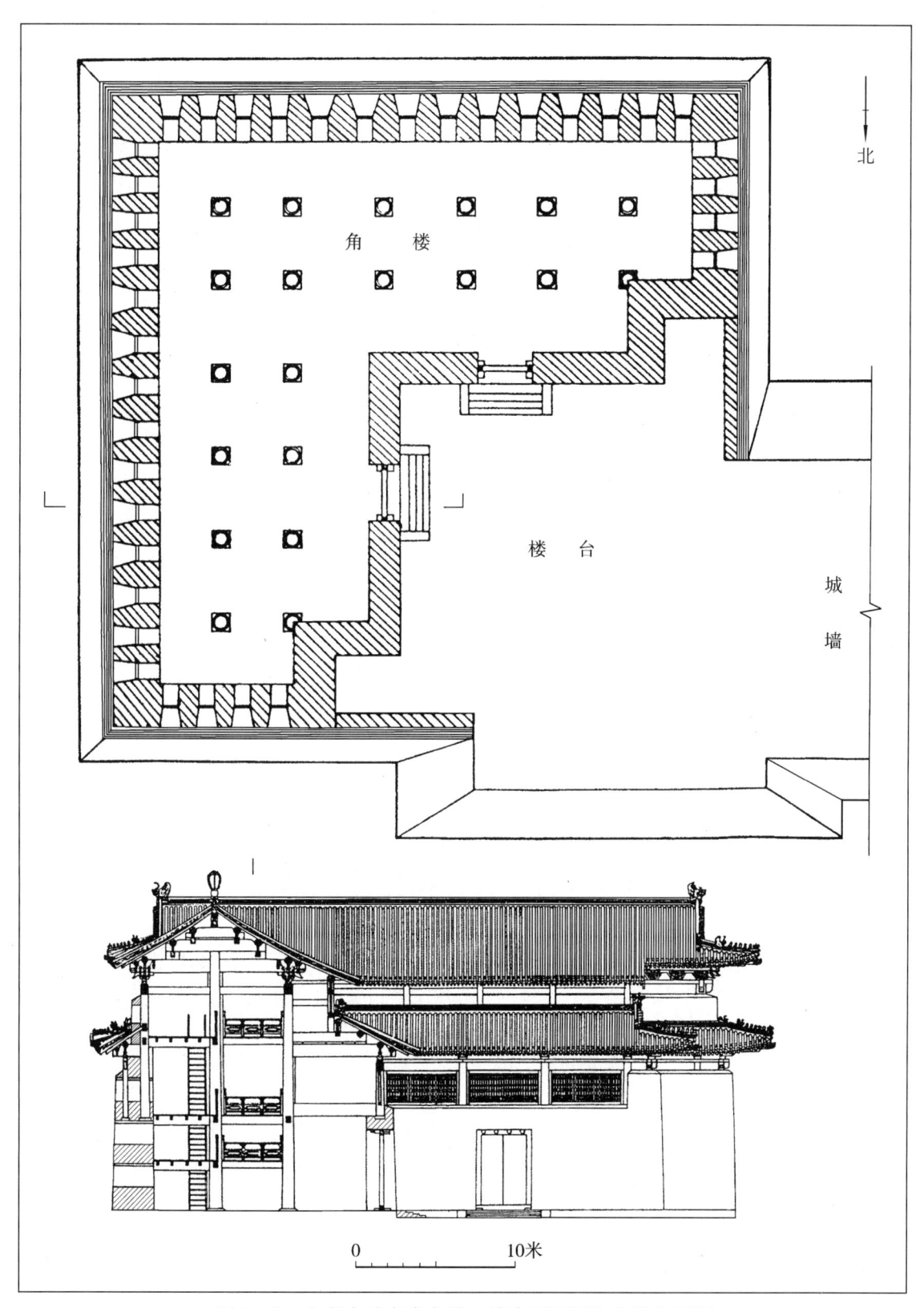

图 9-8　北京内城东南角楼、楼台平面图和角楼立面图
（引自张先得《明清北京城垣和城门》，略有改动）

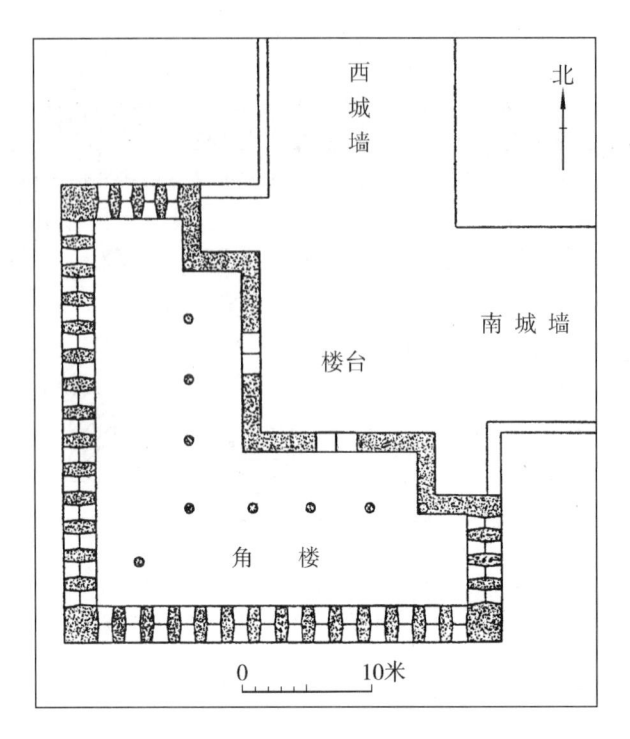

图 9-9 北京内城西南角楼平面图
（引自张先得《明清北京城垣和城门》，略有改动）

图 9-10 北京内城东南角楼（20 世纪 30 年代）
（引自国家文物局主编《中国文物地图集·北京分册》）

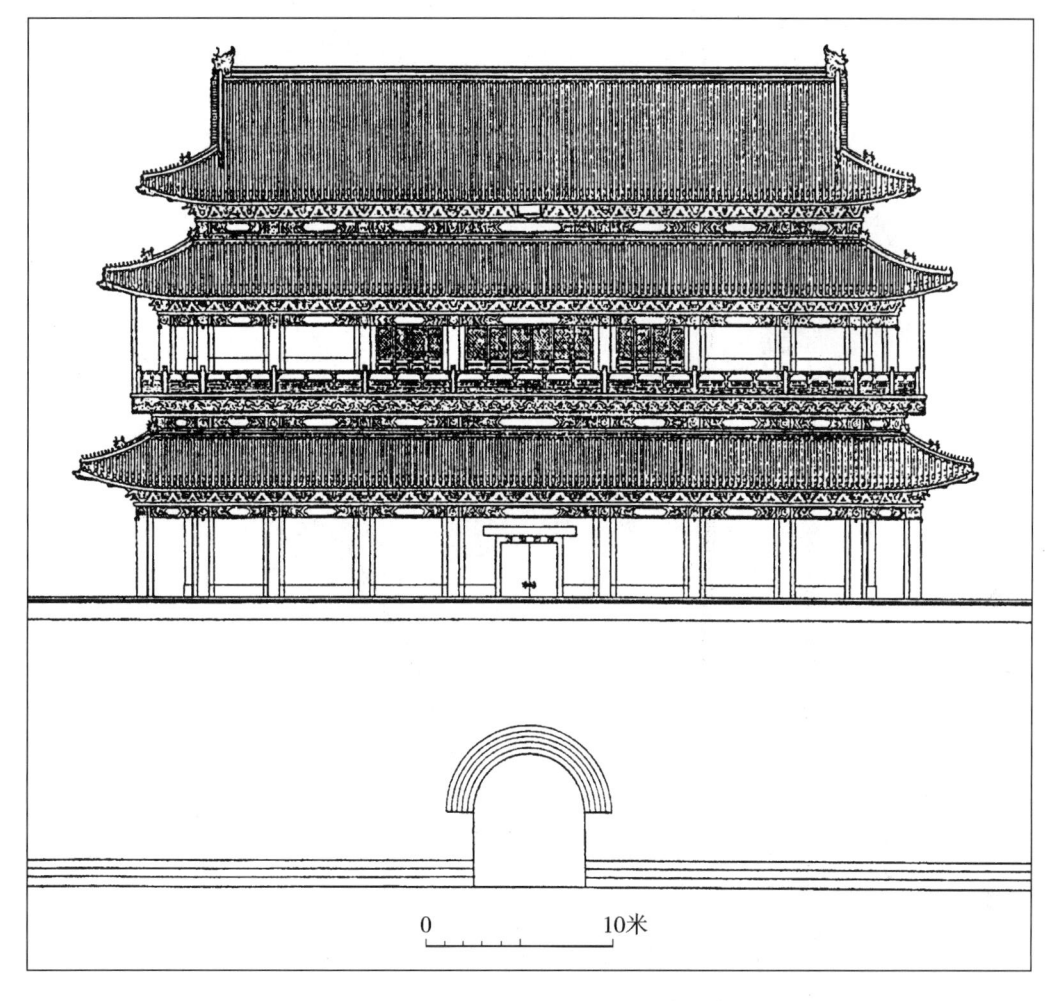

图 9-11　北京内城正阳门城楼正立面图
（引自张先得《明清北京城垣和城门》，略有改动）

＊内城九门由城门、城台（城楼台座）和城楼构成（图 9-11、图 9-12）[3]。城台平均高 12 米左右，下宽上窄，剖面呈梯形。城台顶部城砖海墁，与城墙顶甬道相通，城台内

＊（接前页）西直门，元大都旧和义门，明初沿用。洪武十四年重修（见于元和义门瓮城题记），永乐十七年修缮后更名西直门。正统元年至四年，增建瓮城、箭楼和闸楼，并将元和义门瓮城城台包筑于箭楼城台之下。明清各朝多有修缮，清乾隆五十四年大修城楼和箭楼。1894 年修城楼。20 世纪 30 年代拆除关帝庙，1950 年修城楼、箭楼和瓮城，1953 年在城门南侧城墙开洞子门，1955 年后瓮城为电车和无轨电车调车场。1969 年拆除城楼、瓮城、箭楼和闸楼。

阜成门，元大都旧平则门，明初沿用。洪武四年修缮，十四年重修，永乐十七年修缮。正统元年至四年重建城门，增筑瓮城、箭楼、闸楼，改名阜成门。此后明清历朝多有修葺。1935 年拆除箭楼和闸楼，1953 年拆除箭楼台基和瓮城。1950 年在城门南侧城墙开豁口，1965 年拆除城门。

以上参见张先得《明清北京城垣和城门》（河北教育出版社 2003 年版）。

[3] 本节主要依据傅公钺《明代的北京城垣》（《北京文物考古》1983 年第一辑）撰写。

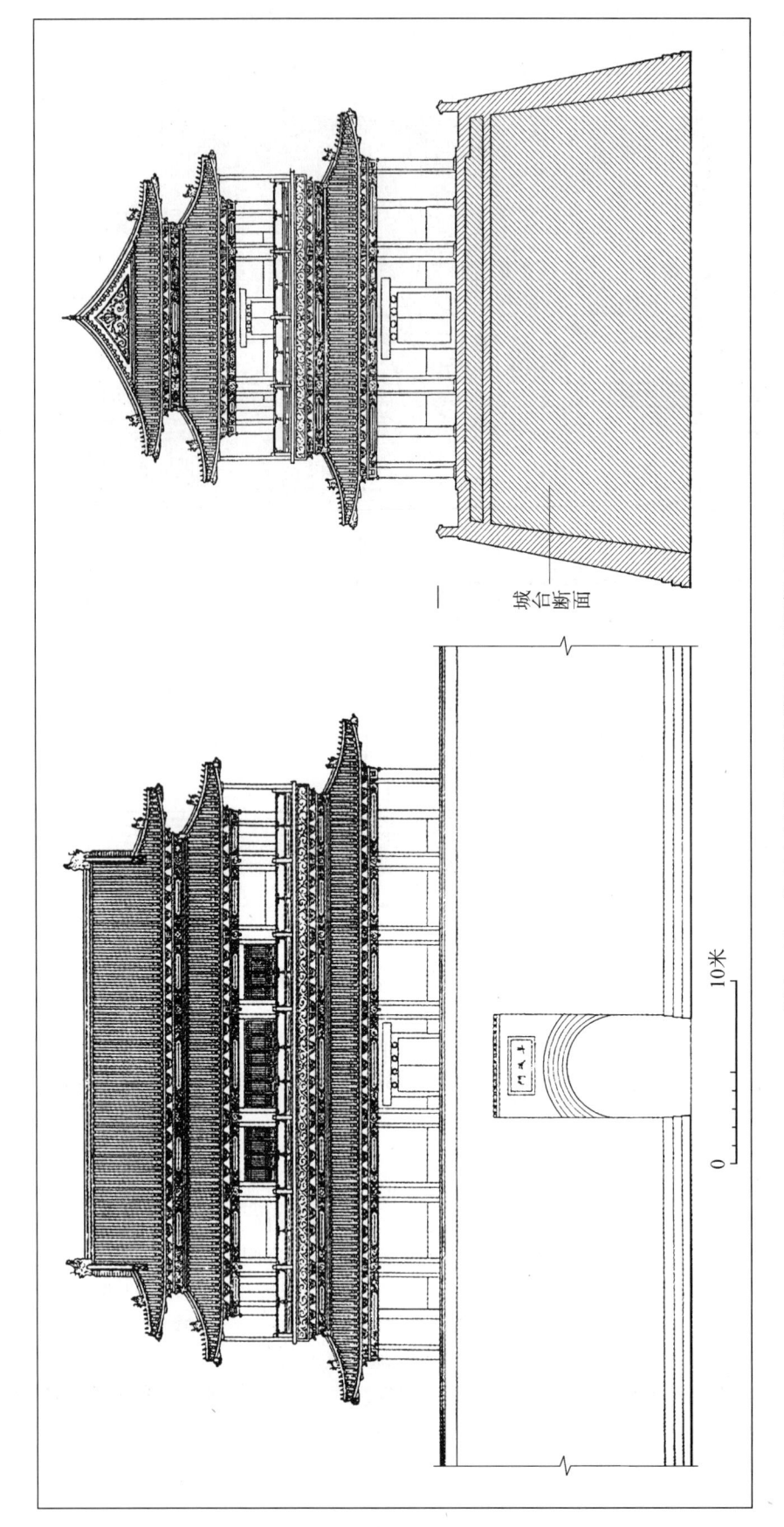

图 9-12 北京内城阜成门城楼正立面和侧立面图
（引自《明清北京城垣和城门》，略有改动）

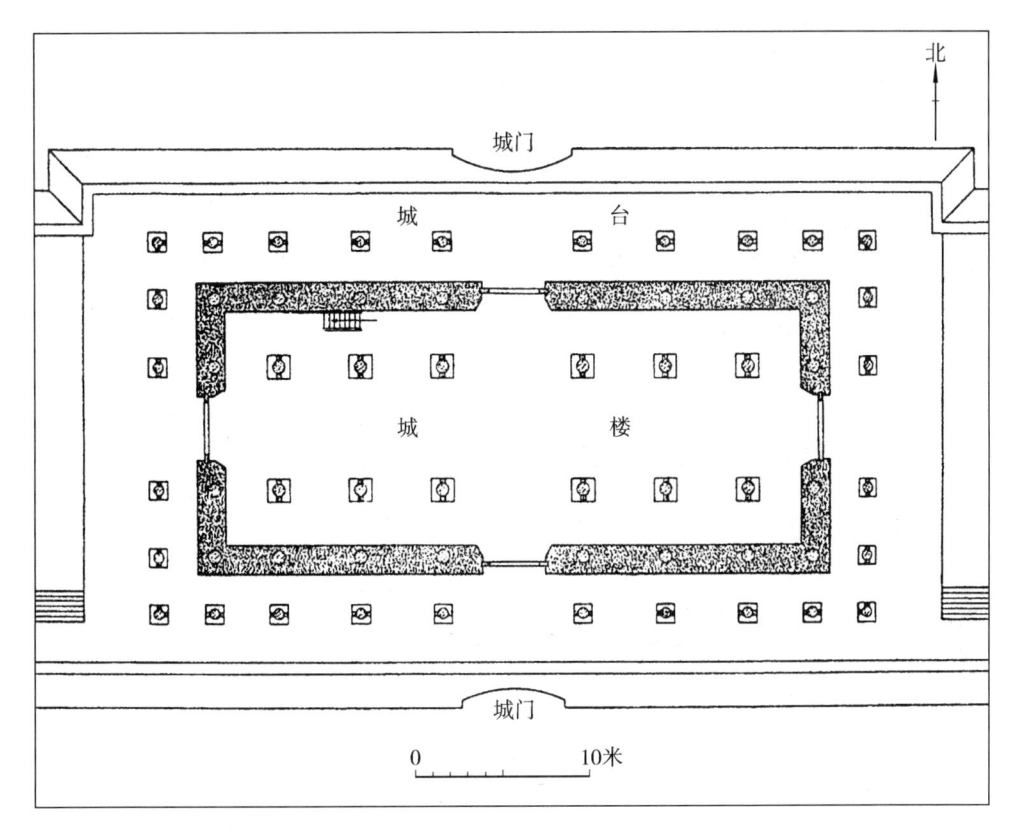

图 9-13 北京内城正阳门城楼平面图
（引自张先得《明清北京城垣和城门》，略有改动）

侧左右有马道达城台内地面。城台中心夯实黄土层与城墙土心连接，前后均砌六进大城砖。城台下部正中辟券门，内券比外券高、宽。内、外券顶均用砍细城砖，发五伏五券。

城门双扇一合，向内开启。城门用福山寿海五面包锭铁钉，安锭泡钉，连楹两头，横栓中间，两头包锭铁叶，装钉锦，曲须鼻头，以备上锁。城台之上建城楼，除正阳门城楼面阔七间、进深三间外，其余八门均面阔五间、进深三间（图9-13、图9-14）。城楼高大致为 24~28 米，楼顶重檐歇山三滴水式，铺灰筒瓦，绿琉璃瓦剪边，饰绿琉璃脊兽，下为红垩墙身，朱楹彩绘。

二 瓮城

瓮城在城门之外围蔽，将城墙、城楼、箭楼、闸楼（瓮城门楼、谯楼）连为一体（图9-6、图9-7）。瓮城墙与城墙同高，略窄。瓮城墙内夯筑土心，外甃大城砖，顶海墁城砖，外侧筑雉堞，内侧筑女墙。瓮城平面或呈长方形，或略呈方形，大小不一（见表9-2）。东直门和西直门瓮城四角皆直角，其余瓮城与城墙相接为直角，外侧两角抹角。正阳门瓮城分别在三面辟左、中、右三瓮城门，其余瓮城均辟一门。南面正阳门左、右两座城门的瓮城门东、西对开，与正阳门左、右瓮城门对峙；东、西城墙两座瓮城门南、北对开，只有北城墙两座瓮城门均东向。瓮城门与城门的方向均呈曲尺形，瓮城门为券门，内有千斤闸。

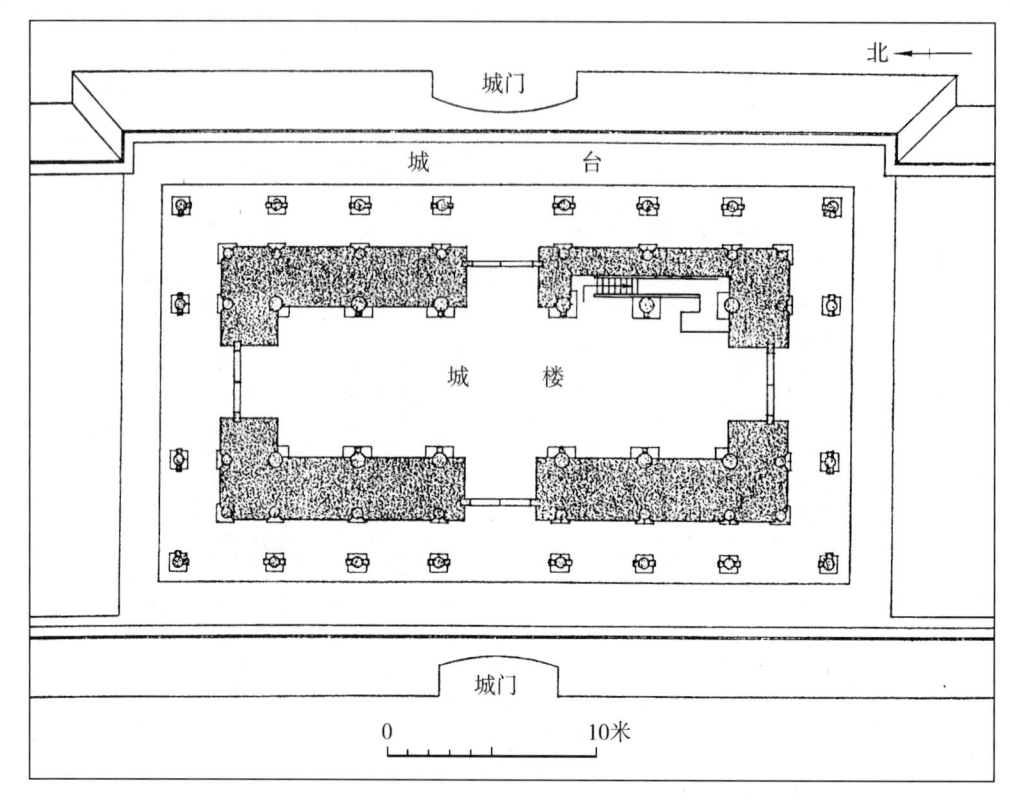

图 9-14　北京内城阜成门城楼平面图
（引自张先得《明清北京城垣和城门》，略有改动）

券门上筑闸楼，面阔三间，单檐硬山式顶。闸楼外侧正面辟两层箭窗（箭孔），每层六孔。内侧门两侧各开一小方窗。瓮城与城门相对墙垣正中，均筑守卫者居栖三间小屋一所。瓮城内均建庙，正阳门瓮城内西北角建关帝庙，东北角建观音庙，二庙与门向平行，均坐北朝南。安定门和德胜门在箭楼下正中建真武庙（真武大帝，祀太上老君，九门只安定门和德胜门祀真武大帝，明清出征后回师皆进安定门）。东直门、朝阳门在瓮城内西北角，西直门和阜成门在瓮城内东北角，崇文门在瓮城内西北角，宣武门在瓮城内东南角分别建关帝庙。

三　箭楼

瓮城与城门相对之墙垣正中均筑箭楼（图 9-6、图 9-7），其形制基本相同，唯正阳门箭楼规制最大，余者尺寸相差不多。箭楼城台突出瓮城墙之外，箭楼重檐歇山顶，瓦和脊兽略同城楼，其高度稍低于城楼。正阳门箭楼面阔七间，宽 62 米，进深 20 米。北出抱厦（庑座）面阔五间，宽 42 米，进深 12 米。箭楼四层，正面（南）每层 13 孔箭窗，东、西两侧每层 4 孔箭窗，抱厦两侧上方各辟箭窗 1 孔（图 9-15），共有箭窗 86 孔。其余各门箭楼小于正阳门箭楼，箭楼前、左、右墙体四层箭窗，前面每层 12 孔，侧面每层 4 孔，抱厦两侧各辟箭窗 1 孔，共有箭窗 82 孔（图 9-16、图 9-17）。关于内城门城楼、瓮城、

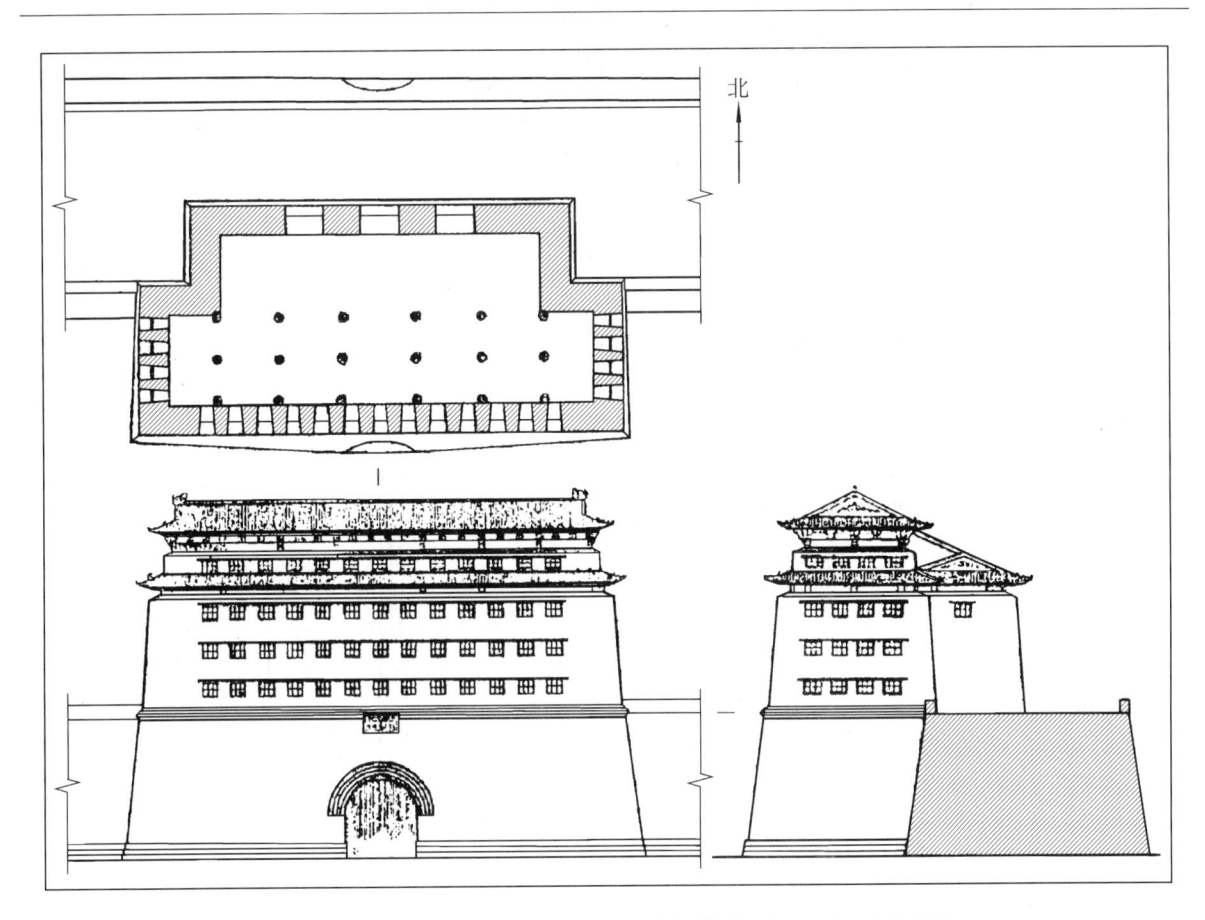

图 9-15　清末改建前北京内城正阳门箭楼平面、立面示意图
［引自（杨秀敏等）工程兵工程学院中国筑城史研究课题组《中国筑城史》，略有改动)］

图 9-16　1921 年北京内城德胜门箭楼及外侧吊桥
（引自张先得《明清北京城垣和城门》）

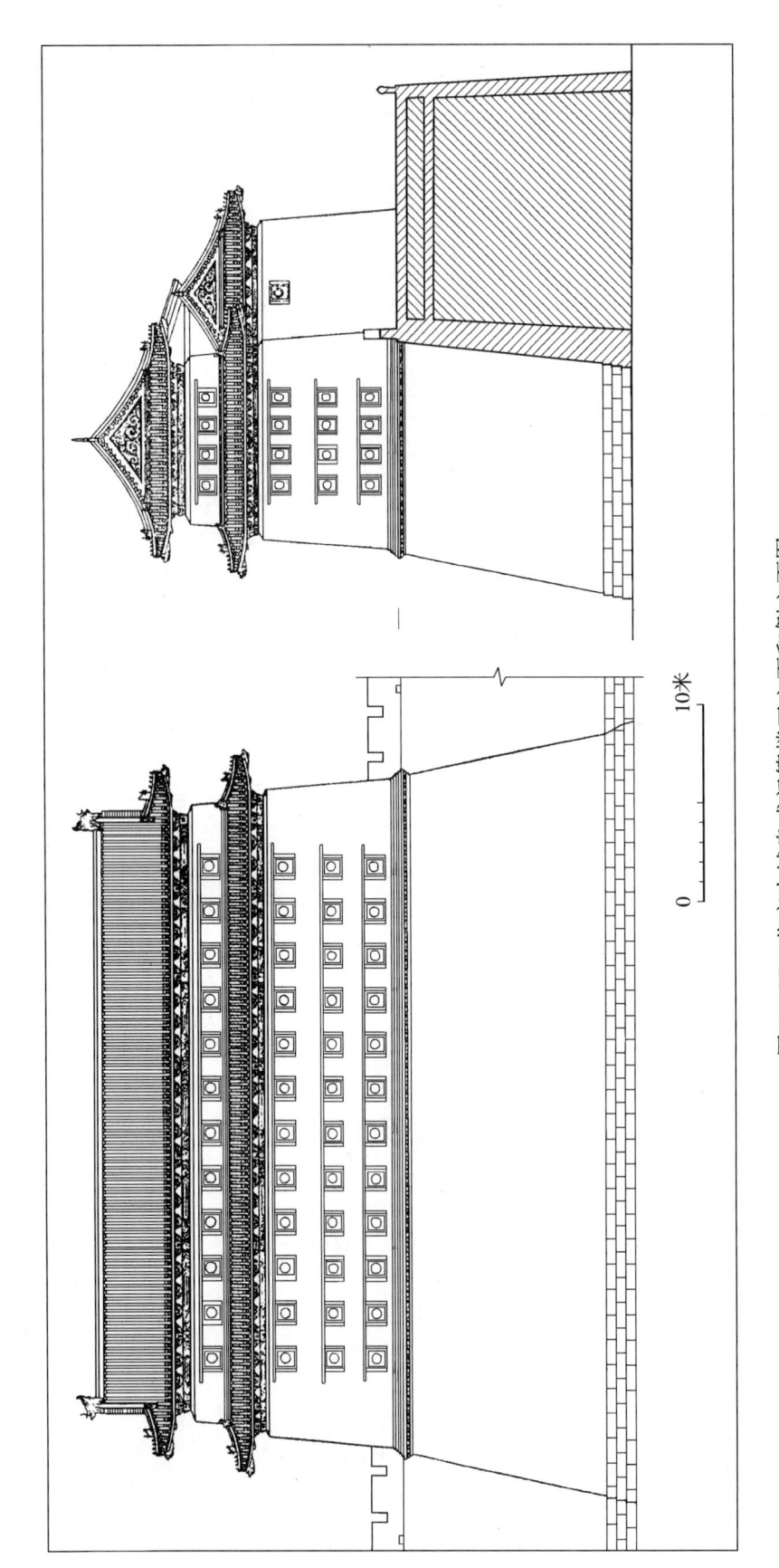

图 9-17 北京内城阜成门箭楼正立面和侧立面图
（引自《明清北京城垣和城门》，略有改动）

箭楼和闸楼，不同资料记载尺寸互有出入[1]。现将张先得《明清北京城垣和城门》（河北教育出版社2003年版）一书所记内城门有关尺寸列表9-2，以供参考。

---

[1] 喜龙仁《北京的城墙和城门》（北京燕山出版社1985年版）"第七章 北京内城城门"记载：阜成门，城台基长33米，宽18.8米，楼身宽27米，深13米。城楼通高（包括屋脊）21.2米，最宽处31.2米。箭楼，主体正面基部宽40米，城台上楼之基部宽35米，顶部宽略少于32米。城台高13米，楼高17米，通高30米。主体部分进深21米，其后抱厦进深6.80米；二者的侧面墙壁连接，在每一侧面形成一个宽约3.5米的拐角。这样抱厦总宽即为25米，高约12米，形成主屋的一种前厅。瓮城宽74米，深65米。

西直门，该门楼平面与阜成门门楼相同，但大小有别。两楼正面宽度相等，两端柱子相距32米，城台以上楼高27米许。西直门楼身较窄，廊面阔15.8米，楼本身高11.2米。城楼通高22米，比平则门恰好高出1米。

朝阳门，此楼与其他楼不同之处，是其宽度按比例要求大得多。楼宽27.5米，深13米，廊面阔32米，进深17米。

东直门，门楼宽26.7米，深10.7米，厚1.2米，廊面阔31.5米，进深15.3米。

崇文门，门楼大于前述门楼，楼宽28.7米，深14.4米，廊面阔33.4米，进深18.8米。城台上楼高25米，连城台总高近40米。

正阳门，瓮城内宽108米，深85米，围墙基厚20米。门楼齐城台平面处宽50米，最大进深24米，通高38米。又说回廊面阔41米，进深21米，楼身宽36.7米，深16.5米；楼高27.3米，通高42米。宣武门未记尺寸。

安定门，规制与东直门几乎完全相同。楼身宽26米，深11.5米；回廊面阔31米，进深16米，楼高22米。

德胜门，楼宽27米，深12米；廊面阔31.5米，进深16.6米。

孔庆普《北京明清城墙、城楼修缮与拆除纪实》（《北京文博》2002年第3期）记有东直门、安定门城台结构和城楼尺寸。东直门城台地面上有3层青石板石基（地面下石板层数不明）。三层石板逐层内收，基石上砖墙内收，砖墙墙面自下而上皆有同等收分。城台高11.7米，城台石基南北长39.9米，东西宽26.4米。宇墙厚50厘米。城台墙顶四面有外出檐，门洞上为半圆形砖碹。外门脸门洞宽5.65米，门洞高6.50米，门洞内有石板路面。安定门城台东西长38米，南北宽25.9米，城台高12.6米。底座在地面上有3层青石板，石基外为垂直面。石基上砌城砖，墙面自下而上均有收分，四面墙收分相等，门洞北头和南头不等宽。

傅公钺《明代的北京城垣》（《北京文物考古》1983年第一辑）记内城门楼通高（自地面计算，包括门楼台座）为30～40米，如阜成门楼高35.1米，东直门楼高34米，西直门楼高34.41米，安定门楼高37.5米，正阳门楼高40.96米。德胜门瓮城东西70米，南北117米。安定门、东直门和西直门瓮城，长约68米，宽约62米。崇文门瓮城东西78米，南北86米，宣武门瓮城东西75米，南北83米。正阳门瓮城东西约75米，南北94米。箭楼面阔平均32.5米，内侧庑座面阔平均27米；箭楼两侧平均宽18.5米，其中庑座宽为6.5米，通高平均为30余米。

表 9-2　　　　　　　　　　　　　　　明北京内城城门、瓮城概况

城门	城台	城楼	瓮城	箭楼	闸楼	庙
正阳门	城台高 13.2 米，内侧底面宽 49.85 米，外侧底面宽 93 米；内侧城台顶面宽 49.85 米，外侧城台顶面宽 88.65 米；台基进深 31.45 米，台面进深 6.5 米。内侧券门高 9.49 米，宽 7.08 米；外侧券门高 6.29 米，宽 6 米。城台内侧马道，宽 4.85 米	面阔七间，连廊通宽 41 米；进深三间，连廊通进深 21 米。重檐歇山三滴水楼阁式建筑，顶灰筒瓦，绿琉璃瓦剪边，绿琉璃脊兽。朱红梁柱，金花彩绘。二层，红堊砖墙，第二层外有回廊，城楼连城台通高 40.96 米	平面长方形，南北长 108 米，东西宽 88.65 米。北端两角直角接南城垣，南端二角抹圆。瓮城墙体，形制与城垣略同	城台南端突出瓮城近 10 米，城台高约 12 米，正中开券门，门洞内设千斤闸。箭楼面阔七间，宽 62 米，进深 20 米；北出抱厦五间，宽 42 米，进深 12 米。抱厦两侧上方各辟箭楼 1 孔。箭楼重檐歇山顶，灰筒瓦，绿琉璃瓦剪边，绿琉璃脊兽，通高 38 米。箭楼四层，南每层 13 孔，东西每层 4 孔箭窗，连抱厦 2 孔，共有箭窗 86 孔	闸楼建于瓮城东、西两侧。瓮城开券门，门内有千斤闸。券门上筑闸楼，面阔三间，单檐歇山式，灰筒瓦，绿琉璃瓦剪边，绿琉璃脊兽。闸楼外侧正面箭窗二排 12 孔，内侧正面门两侧各开小方窗 1 孔	瓮城门内，东侧建观音庙，西侧建关帝庙
崇文门	城台高 10.2 米，基宽 43.45 米，基厚 28.55 米；城台顶面宽 38.35 米，城台面进深 23.8 米。内侧券门高 9.49 米，宽 6.95 米；外侧券门高 5.6 米，宽 6 米。城台内侧左、右有马道 1 对，宽 4.85 米	面阔五间，连廊通宽 39.1 米；进深三间，连廊通进深 24.3 米，城楼连城台通高 35.2 米。顶同正阳门城楼。梁柱红色，绘墨线旋子彩画，二层，红堊砖墙，第二层有回廊	平面长方形，南北 86 米，东西 78 米。北面直角接城垣，南二角抹圆。瓮城西侧辟券门	1900 年毁于八国联军炮火，仅存城台。1901 年箭楼城台中间辟券门	建于瓮城券门上	瓮城西北角建关帝庙
宣武门	城台高 10.4 米，基宽 43.8 米，城台顶面宽 38 米，城台面进深 23.8 米。内侧券门高 8.5 米，宽 6.9 米；外侧券门高 5.5 米，宽 6.05 米。城台内侧左、右有马道 1 对，宽 5.1 米	城门形制与崇文门略同。城楼面阔五间，连廊通宽 32.6 米；进深三间，连廊通进深 23 米，城楼连城台通高 33 米	长方形，南北 83 米，东西 75 米。北端直角接南城垣，南端抹圆。瓮城东侧辟券门	面阔七间，宽 36 米；进深三间，14 米。北出抱厦五间，面阔 27 米，进深 7 米。通高 30 米。箭楼四层，南面每层 12 孔，东、西两侧每层 4 孔箭窗，抱厦东、西两侧各辟箭窗 1 孔，箭窗共 82 孔。箭楼顶同正阳门箭楼	建于瓮城东侧券门上，面阔三间，顶同正阳门闸楼。正面箭窗二排，每排 6 孔，两次间各开方窗 1 孔	瓮城东南侧建关帝庙
朝阳门	城台高 11.7 米，基宽 41.1 米，基厚 27.35 米；城台顶宽 34.7 米，城台顶面进深 21.5 米，内侧券门高 8 米，宽 6.4 米；外侧券门高 6 米，宽 5.1 米。城台内侧左、右马道宽 5 米	面阔五间，连廊通宽 31.35 米，连廊通进深 19.2 米。连城台通高 32 米	正方形，东西 62 米，南北 68 米。西端直角接城垣，东端二角抹圆。瓮城北侧辟券门	略同于宣武门。城台高 12.5 米，箭楼面阔七间，32.5 米；进深三间，18.5 米。后出抱厦五间，面阔 27 米，进深 6.5 米，共有箭窗 82 孔。箭楼 1990 年毁于八国联军炮火，1903 年后重建	建于瓮城券门上。1915 年拆除	瓮城内西北建关帝庙。1915 年拆除

第九章　明北京城的形制布局　521

续表

城门	城台	城楼	瓮城	箭楼	闸楼	庙
东直门	城台高11.58米，基宽39.95米，基厚28.8米；城台顶宽35.2米，进深22.9米。内侧券门高7.7米，宽6.35米，外侧券门高5.25米，宽5.30米。城台内侧左、右马道宽4.8米	城楼连廊，面阔31.5米，连廊通进15.3米，连城台通高34米	正方形，东西62米，南北68米，四隅均直角。瓮城南侧辟券门	形制与朝阳门略同。1927年拆除，仅存台基	建于瓮城券门上，形制同朝阳门	瓮城西北角建关帝庙
安定门	城台高11.13米，基宽40米，基厚27.5米；城台顶宽35.8米，进深22.85米。内侧券门高10米，宽7米；外侧券门高5.5米，宽5.6米。城台内侧左、右马道宽5.25米	形制与朝阳门略同。面阔五间，连廊通宽31米，进深三间，连廊通深16.05米。连城台通高33.13米	正方形，南北62米，东面68米，南端直角接城垣，北端二角抹圆。瓮城东侧辟券门。1915年拆除	形制略同朝阳门。面阔七间，宽32.5米；进深三间，18.5米。后出抱厦五间，宽27米，进深6.5米，通高30米，箭窗82孔	建于瓮城券门上，1915年拆除	箭楼下正中建真武庙
德胜门	城台高12.36米，基宽39.85米，基厚26.6米；城台顶宽35.5米，进深24.4米。内侧券门高8米，宽6.85米；外侧券门高6.1米，宽5.6米，城台内侧马道宽5米	与安定门城楼略同。面阔五间，连廊通宽31.5米；进深三间，连廊通深16.8米。连城台通高36米	长方形，南北118米，东西70米，南端直角接城垣，北端抹圆。瓮城东侧辟券门。1915年拆除	形制略同安定门箭楼。面阔七间，宽34米；进深三间，12米。后出抱厦五间，宽25米，进深7.6米。箭窗四排，南每排12孔，东西每排4孔箭窗，抱厦东西各开1孔箭窗，共82孔。箭楼连城台通高31.9米	建于瓮城券门上，1915年拆除	箭楼下正中建真武庙
西直门	城台高10.75米，基宽40.9米，基厚28.6米；城台顶宽38.1米，进深24米。内侧券门高8.46米，宽6.9米；外侧券门高6.3米，宽5.6米。城台内侧左、右马道宽5米	面阔五间，连廊通宽32米；进深三间，连廊通进深15.6米。城楼连城台通高32.75米	正方形，东西62米，南北68米，四隅均直角。瓮城南侧辟券门	城台基宽40米，箭楼面阔七间，宽35米；进深三间，21米。后出抱厦五间，宽25米，进深6.8米。四层，正面每层12孔，两侧每层4孔，抱厦两侧各1孔箭窗，共82孔箭窗	建于瓮城券门上，无城台。闸楼面阔三间，正面开箭窗二排，共12孔，背面两侧各开一方窗。硬山灰瓦顶，灰瓦脊兽	券门内东北角建关帝庙
阜成门	城台高13.11米，基宽40.65米，基厚29.3米；台基顶宽37.7米，进深24米。内侧券门高8.64米，宽6.85米；外侧券门高5.87米，宽5.55米。城台内侧马道宽5米	面阔五间，连廊通宽31.2米；进深三间，连廊通进深16米。城楼形制同西直门城楼	正方形，东西65米，南北74米。东端直角接城垣，西端圆弧形。瓮城北侧辟券门	箭楼形制同西直门箭楼。城台高13米，楼高17米。面阔七间，宽32.5米，进深18.5米。后出抱厦五间，宽27米，进深6.5米。箭楼连城台通高30米。箭楼有箭窗82孔	建于瓮城券门上辟箭窗12孔	瓮城内东北角建关帝庙

四 角楼

城四隅的角楼建于城角墩台上，平面呈曲尺形，重檐歇山顶。楼高17米，通高平均29米，向外两面宽分别为35米左右，面对城墙两窄面分别为12米左右，朝城内之两背面分别为23米左右。角楼内并列二十根金柱，上铺楼板三层。两背面各辟一门，向内开启。两宽面和窄面墙体上分别辟四层箭窗。宽面每面56孔，窄面每面16孔，共有144孔箭窗（图9-8～10）[1]。以保存较好的东南角楼为例（图9-8、图9-10）[2]，角楼位于东、南城墙交角处，城台方形，台高12米，城台西北角与内城在南城墙角相接，台底基长39.45米，顶长35米，角箭楼（角楼为角箭楼之简称）交角正楼平面曲尺形，正楼背面有交角抱厦亦呈曲尺形。正楼外侧两长面各35米，中辟过木方门，抱厦两窄面各2.75米。角楼顶重檐歇山式，铺灰筒瓦，绿琉璃瓦剪边，饰绿琉璃脊兽。屋顶两条正脊相交处，起东、南两个歇山结构，使正脊相交处呈十字交叉，中间装火焰宝珠式绿琉璃宝顶，宝顶高1.3米。东南角箭楼通高29米，有箭窗144孔。角楼城台内侧筑马道一对[3]。

第三节　外城城墙、城门和瓮城

一　外城墙周长、外城平面形制及内外城的总平面形制

嘉靖三十二年（1553年）初，计划"相度京城外四面宜筑外城，约七十余里"[4]。同年"闰三月十九日兴工"，但开工后20余日（四月丙辰，十一日），因外城"西南地势低下，土脉流沙，难于施工"，"上又虑工费重大，成功不易，以问严嵩等"。严嵩等调查后，"还言宜先筑南面，俟财力裕时，再因地计度，以成四面之制"，于是决定"重城包京城南一面，转抱东西角楼止，长二十八里。为门七，南曰永定、左安、右安，东曰广渠、东便；西曰广宁、西便。城南一面长二千四百五十四丈四尺七寸，东一千零八十五丈一尺，西一千零九十三丈二尺"[5]。

外城南城墙长2454丈4尺7寸，约合7788.03米（明一尺约合0.3173米），约合13.63明里（一明里约合571.14米）。东城墙长1085丈1尺，约合3443.02米，约合6.028明里。西城墙长1093丈2尺，约合3468.72米，约合6.073明里，以上三面城墙之和约25.73明里。所谓外城北城墙，即内城南城墙加上两侧至"转抱东西角楼止"的长度。其至"转抱东西角楼止"的长度为1.43明里（外城南城墙长度减去内城南城墙长2195丈9尺3寸），外城周长应为27.16明里。内城南城墙长若按6680米计算，外城北城墙"转抱东西角止"的长度为1.94明里（7788.03米－6680米＝1108.03米，除571.14米），外城周长27.67明里。若

---

[1] 傅公钺《明代的北京城垣》，《北京文物考古》1983年第一辑。
[2] 角楼建成于明正统四年，以后屡有修缮。东南角楼，1900年被八国联军炮火破坏，清末修补。1935年维修，1981年后又多次全面整修，保留至今。东北角楼，1915年修铁路，将东北角楼与城墙分开，1920年拆除角楼，1953年拆除城台。西北角楼，1900年毁于八国联军，仅存墩台，1969年拆除。西南角楼，1920年楼顶残破，20世纪30年代拆除角楼，1969年拆除角楼城台。
[3] 张先得《明清北京城垣和城门》，河北教育出版社2003年版。
[4] 《明世宗实录》卷三九六。
[5] 《明世宗实录》卷三九七。《日下旧闻考》（一）卷三八第606页引明《工部志》。

按外城北城墙西侧至内城西南角长 495 米，东侧至内城东南角长 510 米计算[1]，则约合 27.40 明里（510 米+495 米=1005 米，约合 1.75 明里）。如果按宏观实测外城东西长 7950 米，南北长 3100 米，内城东西长 6650 米计算[2]，其周长约 27 明里 [7950 米+3100 米+3100 米+（7950 米-6650 米）=15450 米，15450 米÷571.14 米=27.05 明里]。前述实测外城东西长 7950 米，内城东西长 6650 米，两者之差 1300 米应为内城南城墙两侧至"转抱东西角楼止"部分的总长，以此加上文献记载东、西城墙和南面城墙之长，外城周长又为 28 明里（1300 米约合 2.27 明里，25.73 明里+2.27 明里=28 明里）[3]。总之，上述情况表明文献记载外城周长 28 里，基本可信。

据上所述，明北京外城平面呈东西长，南北短的"凹"字形（东南抹角），形似内城之帽，故俗称"帽子城"。外城北城墙若与内城南城墙合观，则呈东西横长的长条形[4]，并与内城共同形成"凸"字形平面（图 9-2）。

二 考古调查所见外城墙的结构

外城墙与内城墙一样，均由墙基、墙体（墙身）、女墙、雉堞、马面、马道及一些附属建筑构成。文献记载，外城墙"计高二丈，垛口四尺，基厚二丈，顶收一丈四尺"[5]，或言外城墙"下石上砖，共高二丈，垛高四尺，址厚二丈，顶阔一丈四尺"，"城垛六十三，堆拨房四十三所，堆垛九千四百八十七，炮窗八十八"[6]。这个结果较最初的议案有较大变化[7]，文中的二丈约合 6.346 米，四尺约合 1.27 米，一丈四尺约合 4.44 米。上述尺寸与实地调查结果有较大出入。

喜龙仁对外城墙调查后说，文献所记外城墙"尺寸都不很准确"，"城（墙）高与基厚绝不可能相等"；事实上"在很多地点，城墙基厚相当高度的两倍"，外城墙"并非各个部分一律相等，三面城墙的厚度也不尽相等；经过三、四次典型的测量，可大概勾勒出城墙

---

[1] 张先得《明清北京城垣和城门》，河北教育出版社 2003 年版。

[2] 见叶骁军《中国都城历史图录》（兰州大学出版社 1987 年版）第三集第 98 页。

[3] 张先得《明清北京城垣和城门》（河北教育出版社 2003 年版）第 130、131 页记述：外城南垣长 7854.20 米，东垣长 2800 米，西垣长 2750 米，外城东部北垣长 510 米，外城西部北垣长 495 米。以上共长 14409.2 米，合 25.22 明里（一明里=571.14 米），与文献所记长二十八里不合。

[4] 喜龙仁《北京的城墙和城门》（北京燕山出版社 1985 年版）第 111 页说：外城东城墙南端弯向内侧。

[5] A. 见万历《大明会典》（江苏广陵出版社 1987 年影印明刻本）卷一八七。据此记载，外城墙较内城墙低一丈五尺五寸，厚也相差三倍余。

   B. 李燮平《明代北京都城营建丛考》（紫禁城出版社 2006 年版）第 287 页引明《工部厂库须知》卷四，记万历时对修城所做的会估：重城砌筑"每阔一丈，计高四十五层，每层须用砖七个，进深四层"，"每砖用灰三斤"；而内城修缮用工计算，仅包砖一项就"一丈约抵重城四丈砖灰"。由此可见，内外城墙有巨大差异。

[6] 陈宗藩《燕都丛考》，北京古籍出版社 1991 年版，第 20～21 页，第一编"第二章 城池"所记清末北京外城墙状况。

[7] 《明世宗实录》卷三九六，记兵部尚书聂豹等上言说：外城"其规制，臣等议得外城墙基应厚二丈，收顶一丈二尺，高一丈八尺，上用砖为腰；墙垛口五尺，共二丈三尺。城外取土筑城，因以为濠"；"城外每面应筑敌台四十四座，每座长二丈五尺，高（广）二丈，收顶一丈二尺。每台上盖铺房一间，以便官军楼止。四面共计敌台一百七十六座，铺一百七十六所。城内每面应筑上城马道五路，四面共马道二十路"。

的规制"。即外城东北城角附近北段，城墙外侧高7.15米，内侧高5.8米。顶宽10.40米，基厚13.30米。垛口高1.72米，女墙高1米。外城东南角附近的东城墙，外侧和内侧高均为5.8米，顶宽10.30米，基厚12.40米，垛口和女墙高度各处相等。外城东城角附近的南城墙，外侧高5.80米，内侧高5.05米，顶宽9.82米，基厚12.20米。永定门附近的南城墙，外侧高6.18米，内侧高5.62米，顶宽9.90米，基厚11.80米。西城墙规制与东城墙相同。东、西、南三面城墙的平均高度，与文献所记20尺基本相合，但北城墙则高得多。外城墙基厚为41~47尺，顶宽为34~36尺[1]。

外城墙的规制小于内城墙，但构筑技法与内城墙永乐时期的构筑方式相同。外城墙内为黄土夯筑土心，夯层厚约20厘米，夯窝直径约18厘米，夯窝相互叠压。每隔四五层黄土夯层，夹夯一层碎砖头瓦片和土的杂土层，厚约10厘米。土心无二次夯筑现象。外城墙基全部以黄土夯筑于生土层上，墙基随地势高低深浅不同，有的墙段墙基深达2.5米，有的仅1米左右。城墙内外壁用白灰浆砌大城砖，外壁砖层厚近1米，内壁砖层厚约0.7米。内外壁砖层下衬垫二三层大条石，城墙顶夯厚约20厘米的三合土，其上海墁一层大城砖[2]。上述情况结合前文拆除北京内城墙的情况，可知明北京城墙夯筑和砌筑包砖方法在永乐十七年拓南城墙时已成定式[3]。

据文献记载，外城于嘉靖三十二年三月十九日开工，同年十月辛丑（二十八日）"新筑京师外城成"[4]。从喜龙仁调查所见城砖情况看，外城墙内侧几乎未见纪年砖文，除明末崇祯时和清代修补者外，明代城砖以薄砖为主，仅城台、瓮城和马道下部有少量嘉靖年号城砖。外侧壁砖层保存较好，所见明代纪年城砖嘉靖三十二年相对较多，但此前的纪年砖（如嘉靖十四年至二十四年、二十六年、二十九年至三十一年）的总数远在嘉靖三十二年砖之上。此外，还有嘉靖三十三年、三十四年、三十六年砖，以及少量万历纪年砖[5]。

---

[1] A. 喜龙仁《北京的城墙和城门》，北京燕山出版社1985年版，第99~100页。
　　B. 张先得《明清北京城垣和城门》（河北教育出版社2003年版）中说：外城西城墙外侧7.68米，内侧高6.40米，基厚7.8米，顶宽4.48米。北城墙东段，外侧高7.15米，内侧高5.8米，基厚13.30米，顶宽10.40米。北城墙西段，外侧高7.15米，内侧高6米，基厚15米，顶宽11米。
　　C. 傅公钺《明代的北京城垣》（《北京文物考古》，1983年第一辑）记外城雉堞高1.3米，宽约1.2米，厚约0.5米，其间距在0.5米左右。

[2] A. 傅公钺《明代的北京城垣》，《北京文物考古》1983年第一辑。
　　B.（杨秀敏等）工程兵工程学院中国筑城史研究课题组《中国筑城史》（军事谊文出版社1999年版）第108页说：外城"墙顶有3~7度的斜度，向内倾斜，以利排水"。
　　C. 孔庆普《北京明清城墙、城楼修缮与拆除纪实》（《北京文博》2002年第3期）说："外城的东、西、南三面城墙，其高宽及构造基本相同"，"其基础是在石灰土上砌筑3层石板，其中东南城角处为4层石板"。

[3] 外城墙内、外壁包砖厚度与内城墙内、外壁包砖厚度有差异。

[4]《明世宗实录》卷四〇三。

[5] A. 喜龙仁《北京的城墙和城门》，北京燕山出版社1985年版，"第六章　北京的外城墙"。
　　B. 张先得《明清北京城垣和城门》（河北教育出版社2003年版）说：外城包砖有大小两种，小砖长30厘米、宽15厘米、厚5厘米，多用于城墙内侧。嘉靖、万历时砖长48厘米，宽24厘米，厚13厘米；清代乾隆、嘉庆时砖长48厘米、宽25厘米、厚12.5厘米。
　　C. 陈宗蕃《燕都丛考》（北京古籍出版社1991年版）第23页说："万历三十三年，重修京城外城。"

据上所述，可指出三点。第一，外城墙内侧壁包砖以薄砖为主（砖平均长30厘米、宽15厘米、厚5厘米），似乎表明早期形制的小薄砖在相当长的时期仍与纪年砖混用（由此再次证明，内城墙内侧壁正统十年甃砖时使用的是小薄砖，当时甃砖任务并未完成）。第二，外侧壁砖文纪年表明，嘉靖年号纪年砖与内城墙嘉靖年号砖大多相同，应同时烧造。所以嘉靖三十二年筑外城墙时，仍使用为内城墙烧造的砖，并在嘉精三十二年和稍后与内城墙同步甃砖。第三，文献记载外城墙完工于嘉靖三十二年十月，但嘉靖三十三年、三十四年、三十六年砖文表明，外城墙外壁甃砖的年代下限当在嘉靖三十六年或其后不久。

外城墙内侧壁的主要结构是马道，外城墙的马道或成对，或仅筑一条。其配置情况如下：东便门东侧，西便门西侧各筑一条马道；东北角楼南侧贴东城墙处，西北角楼南侧贴西城墙处各筑一条马道；东南角楼西侧贴南城墙处，西南角楼东侧贴南城墙处各筑一条马道。广渠门、广宁门各筑一对马道；广渠门与东南角楼之间正中处，广宁门与西南角楼正中处各筑一对马道；左安门、右安门、永定门各筑一对马道；西南角楼至右安门之间，右安门至永定门之间，永定门至左安门之间各筑一对马道。外城除东、西便各筑一条马道外，余五座城门有五对城门马道，四角楼四条马道，城墙有五对马道，总计六条单马道，十对双马道[1]。

外城墙外侧壁的主要结构是马面，其马面"间距约为200米"，马面"疏密程度与内城北墙情况极为相似"，南城墙马面30座，东墙和西城墙分别有14座和13座马面[2]。北城墙东、西墙段各有马面3座[3]，与文献所记"城垛六十三"之数相合。马面底部长约10米，宽15米左右；顶部长约10米，宽约12米[4]。外城墙顶部的主要结构为雉堞和女墙，至于铺舍等则仅见于文献记载。

三　外城的城门、瓮城和角楼

（一）城门

《明世宗实录》卷四〇三记载："嘉靖三十二年十月辛丑，新筑京师外城成。上命正阳外门名永定，崇文外门名左安，宣武外门名右安，大通桥门名广渠，彰义街门名广宁"；"嘉靖四十二年十二月乙巳朔，工部尚书雷礼请增缮重城，备规制。谓：'永定等七门添筑瓮城，东、西便门接都城止丈余，又垛口卑隘，濠池浅狭，悉当崇甃深濬'"；"嘉靖四十三年正月

---

[1] 傅公钺《明代的北京城垣》，《北京文物考古》1983年第一辑。
[2] A. 喜龙仁《北京的城墙和城门》，北京燕山出版社1985年版，第106页。
B. 傅公钺《明代的北京城垣》（《北京文物考古》1983年第一辑）说：外城马面间距平均为240米。
C. 侯仁之主编《北京历史地图集》（北京出版社1988年版）第32页"明北京城"图（图9-2）标明南城墙右安门西马面4座，右安门至永定门马面11座，永定门至左安门马面14座，左安门东马面一座，共30座马面。东城墙广渠门南马面9座，其北马面4座，共13座马面。西城墙广宁门南面8座，其北马面4座，共12座马面。北城墙东、西诸段马面各3座。以第42页清乾隆十五年"清北京城"图，第48页宣统年间"清北京城"图，第75、76页民国三十六年"民国北平市"图，外城各面城墙马面数相较前述"明北京城"图，东城墙广渠门南，西城墙广宁门北各少一座马面。
[3] 见侯仁之主编《北京历史地图集》（北京出版社1988年版）各图。
[4] 傅公钺《明代的北京城垣》，《北京文物考古》1983年第一辑。

壬寅，增筑瓮城于重城永定等七门"。是嘉靖三十二年仅命永定等五门名，嘉靖四十二年才见东、西便门名，并于同年筑外城门瓮城，嘉靖四十三年竣工。

外城门规制小于内城门，其城台、城门、城楼构筑技法和形制与内城门大同小异。外城七门以永定门规模最大、最重要。永定门初建时为重檐歇山顶，铺灰筒瓦，饰灰瓦脊

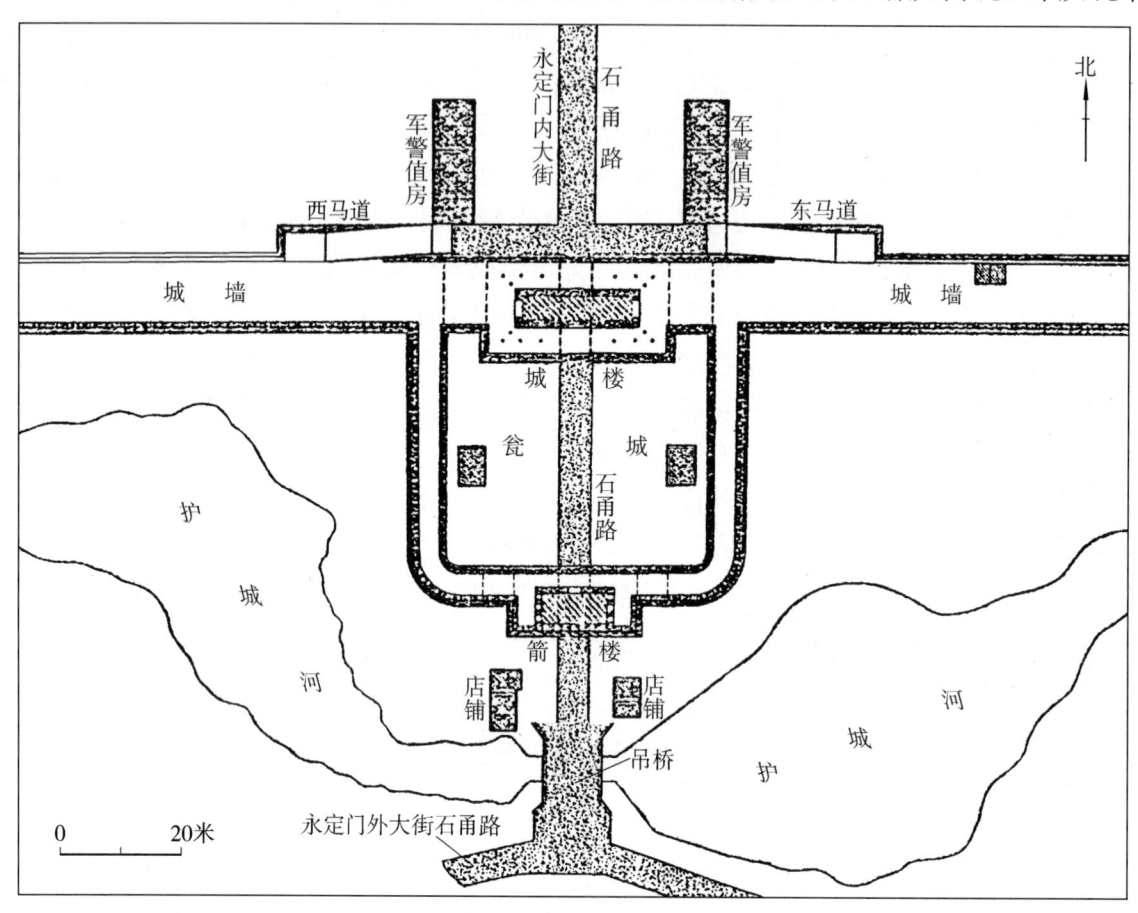

图 9-18 北京外城永定门总平面图
（引自张先得《明清北京城垣和城门》，略有改动）

兽。清乾隆三十一年（1766年）改建重修永定门，提高城楼规制。重建后永定门城楼台基宽28.3米、深13.7米、高7.8米。城台内侧筑马道一对，城台中间开券门。城楼灰筒瓦绿剪边饰绿色琉璃脊兽，重檐歇山三滴水之楼阁建筑。城楼连廊面阔七间，宽24米；进深三间，连廊深10.8米。城楼高18.2米，城楼连城台通高26米，明间前后及东西两侧壁各开过木方门（图9-18、图9-19）[1] 其他外城门再举两例，一广安门（明广宁门），在外城西城墙中间偏北。该门初建时为单檐歇山顶，乾隆三十一年（1766年）改

---

[1] A. 张先得《明清北京城垣和城门》（河北教育出版社2003年版）记1957年拆除城楼。
B. 喜龙仁《北京的城墙和城门》（北京燕山出版社1985年版）第189页记载，永定门城楼宽19.8米，深6.1米；连廊面阔七间，进深三间，宽24米，深10.2米，通高26米，城台高8米，楼高18米。

建。广安门城楼台基宽 24 米，顶宽 22.8 米，顶深 15 米，城台高 8.4 米。券门外侧高 5.4 米、宽 5 米，城台内侧筑马道一对。城楼面阔三间，宽 13.8 米，进深一间，深 6 米，连廊通宽 18 米（楼廊甚宽，近 2.5 米），连廊通深 11 米。楼高 17.6 米，连城台通高 26 米。城楼灰筒瓦重檐三滴水，歇山式屋顶，饰灰瓦脊兽。城楼四面辟过木方门（图 9-20、图 9-21）。二西便门，位于外城西侧北垣正中。城台基宽 12.8 米，顶宽 12.1 米，台顶进深 11.1 米，台高 6 米，城台内侧筑马道一条。城门过梁式，门高 5.5 米，宽 5 米。城楼面阔三间，宽 11.2 米，进深一间，深 5.5 米。楼身高 5.2 米，连城台通高 11.2 米，城楼四面开过木方门，城楼灰筒瓦歇山小式屋顶，饰灰瓦脊兽（图 9-22、图 9-23）[1]。1952 年拆除西便门时发现，城台基础地面上无基石，地面下有两层青石板，其下为石灰土。城台外面砖墙底部较厚，顶部较薄，其内筑黄土，门洞方形，过木为黄松木，断面正方形。过木上外墙部位砌城砖，内部过木上铺城砖，上面填黄土。门掩处两壁上各有一块青石制成的门闩插口[2]。七座外城门除永定门城楼面阔七间外，均面阔三间，进深一间。东西便门城门为过梁式，余者均为券门。七座城门的规模和形制有一定差异[3]。

（二）瓮城和角楼

外城门瓮城情况如下：永定门瓮城，嘉靖四十三年初建呈圆弧形，对城门处辟券门。清乾隆十五年后重建呈方形，北端接城墙为直角，南端二角抹圆。东西宽 42 米，南北长 36 米，瓮城墙顶宽 6 米（图 9-18，1957 年拆除）。左安门瓮城，明时瓮城圆弧形。清乾隆十五

---

[1] 广安门、西便门，见张先得《明清北京城垣和城门》（河北教育出版社 2003 年版）第 158 页。1957 年拆除广安门城楼、1952 年拆除西便门城楼。

[2] 孔庆普《北京清城墙、城楼修缮与拆除纪实》中说插口石外面宽 1.25 米，高 7.5 厘米，厚（进深）50 厘米，插口洞宽 75 厘米，洞高 45 厘米，其侧面一边弧面，一面为平面，上下皆平面。门墩石长 3 米，高 62 厘米，埋于地下 54 厘米，其宽度 1 米。门轴窝直径 16 厘米，窝深约 4 厘米。

[3] 张先得《明清北京城垣和城门》（河北教育出版社 2003 年版）所记七外城门，除永定门、广安门和西便门正文已述外，其余四门简况如下：左安门（俗名蹖磩门），明万历三十三年重修，崇祯七年修缮，清乾隆十五年和清乾隆三十一年修葺。城台宽 22 米、高 8.5 米，券门高 6.5 米、宽 5.8 米，城台内侧筑马道一对。城楼面阔三间，连廊通宽 16 米，进深 1 间，连廊深 9 米，城楼通高约 15 米。城楼顶为单层檐歇山式，灰筒瓦、灰脊兽。20 世纪 30 年代拆除城楼，1953 年拆除城台。右安门（俗称南西门），形制同左安门，1958 年拆除。广渠门，城台宽约 24 米，高 9 米；券门高 6.8 米，宽 5.9 米，城台侧筑马道一对。城楼面阔三间，连廊通宽 19.5 米，进深一间，连廊深 10.3 米，城楼通高 15.7 米。20 世纪 30 年代城楼拆除，仅存城台。东便门，形制同西便门。城台底宽 12.2 米，深 13 米，高 7 米，过木方门，门高 5.5 米，宽 5 米。城楼面阔三间，宽 11.2 米，进深一间，5.5 米，城楼城台通高 12.2 米。顶为歇山式，灰筒瓦、灰脊兽。1958 年拆除。此外，北城墙东侧西端，西侧东端，清代还各修碉楼，20 世纪 20 年代和 30 年代已残损，后拆除。孔庆普《北京明清城墙、城楼修缮与拆除纪实》（《北京文博》2002 年第 3 期）记载：东便门城台平面大致为正方形，东西边长 14.9 米，南北边长 15 米。墙体城砖自下而上有同等收分。宇墙厚 50 厘米，宇墙外墙顶无出檐。城台高 5.8 米，方形门洞宽 3.65 米。城楼歇山顶单檐单层。西便门城台略低于东便门城台。广安门城台底部有三层青石板基座，石基自下而上逐层内收 2 厘米许。石基上城砖自下而上四面有同等收分。城台基座南北长 24.2 米，东西宽 16.2 米，城台高 7.15 米。券门外门脸门洞与内侧门洞高度不等，门洞中部的门掩处较宽。城楼座四周有青石台明。

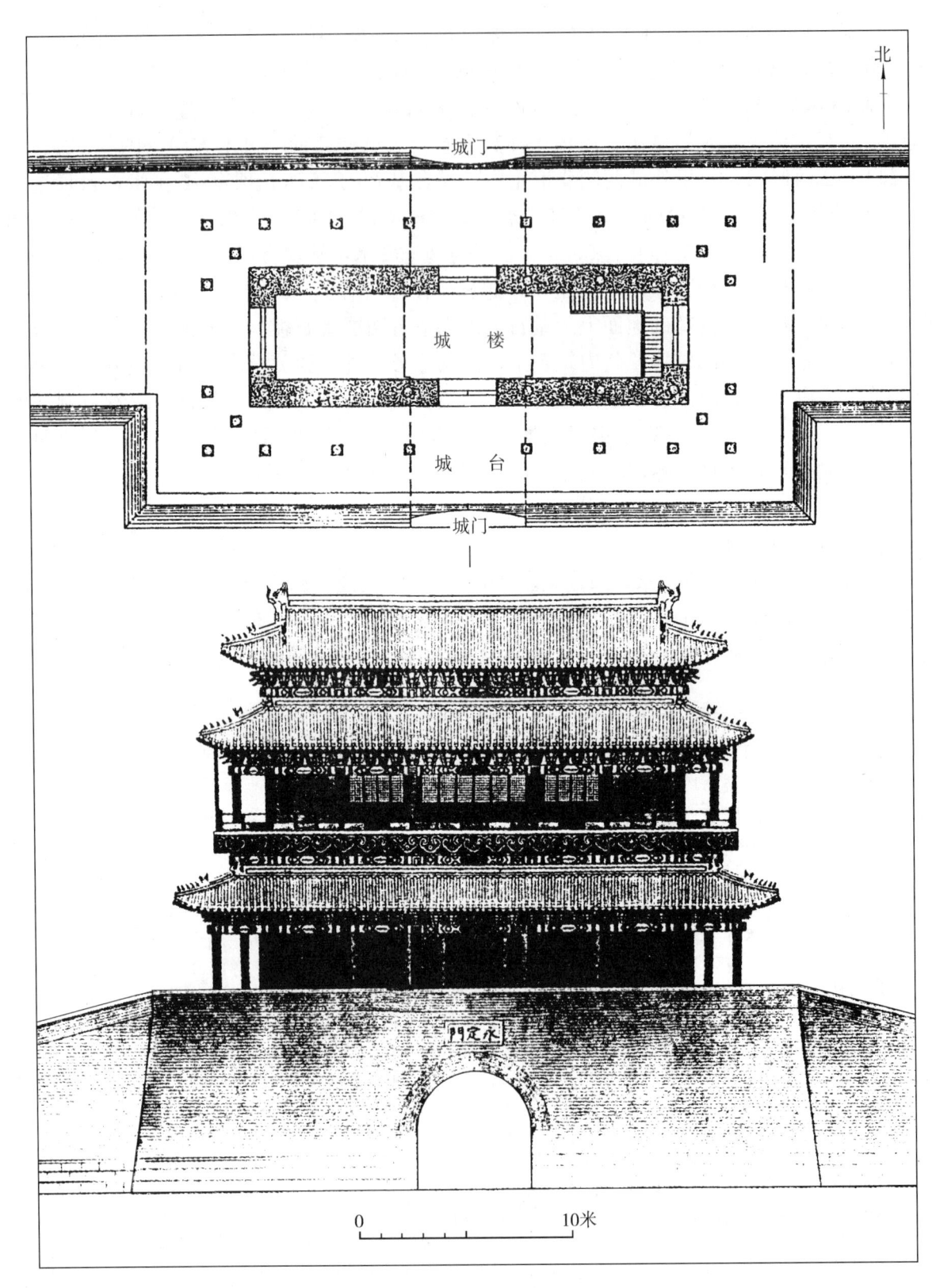

图 9-19　明北京外城永定门城楼平面和正立面图

（引自张先得《明清北京城垣和城门》，略有改动）

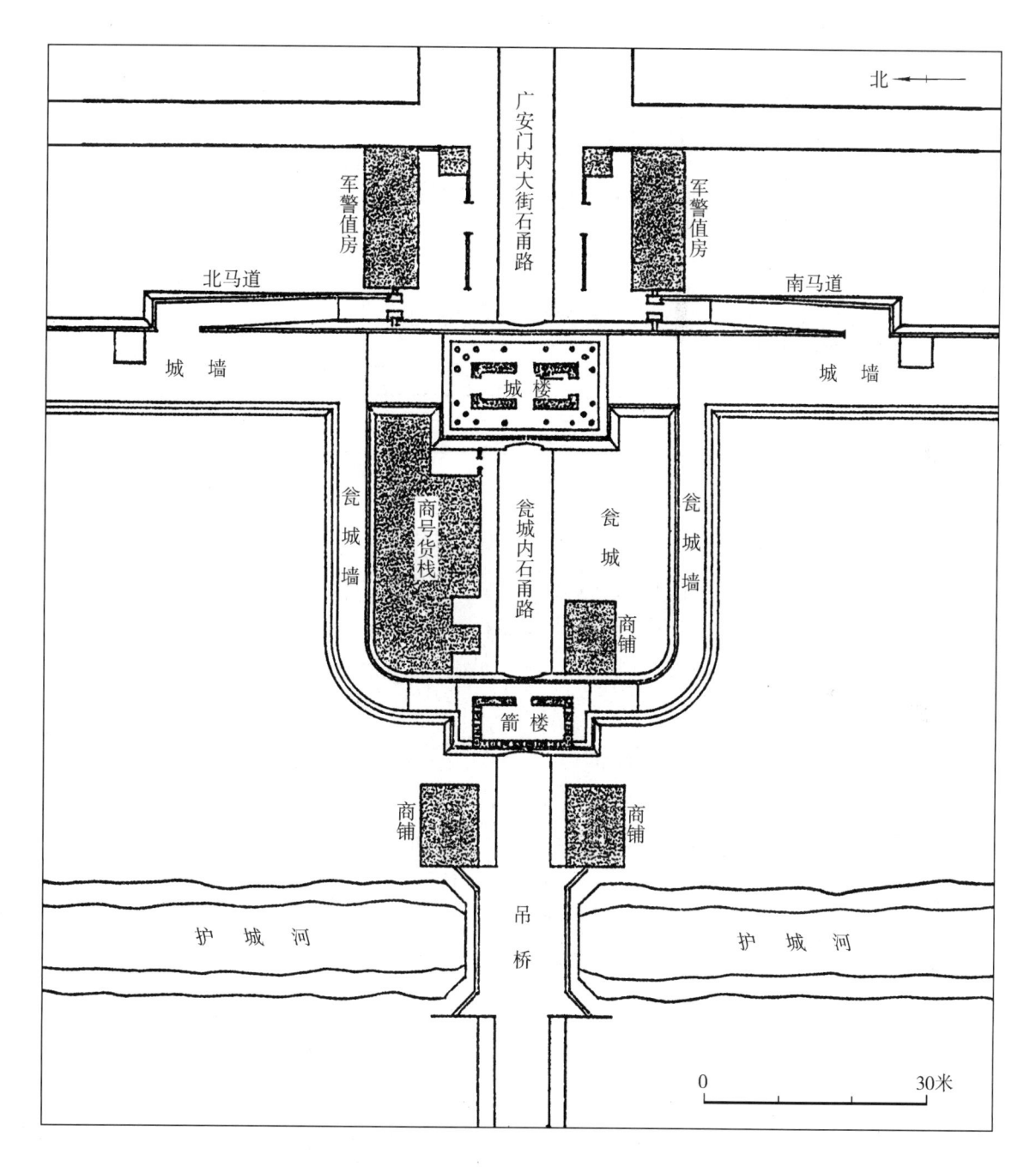

图 9-20 北京外城广安门总平面图
(引自张先得《明清北京城垣和城门》，略有改动)

年后重建，瓮城北端接城墙为直角，南端呈圆弧形。东西宽 39 米，南北长 23 米（1953 年拆除）。右安门瓮城同左安门，但略短。东西宽 23 米，南北长 29 米（1956 年拆除）。广渠门瓮城，明代时为半圆形。清乾隆十五年后重建，瓮城西端接城墙为直角，东端半圆形。南北宽 39.5 米，东西 24 米（1964 年拆除）。东便门瓮城，乾隆十五年后重建，呈扁长方形。瓮城南

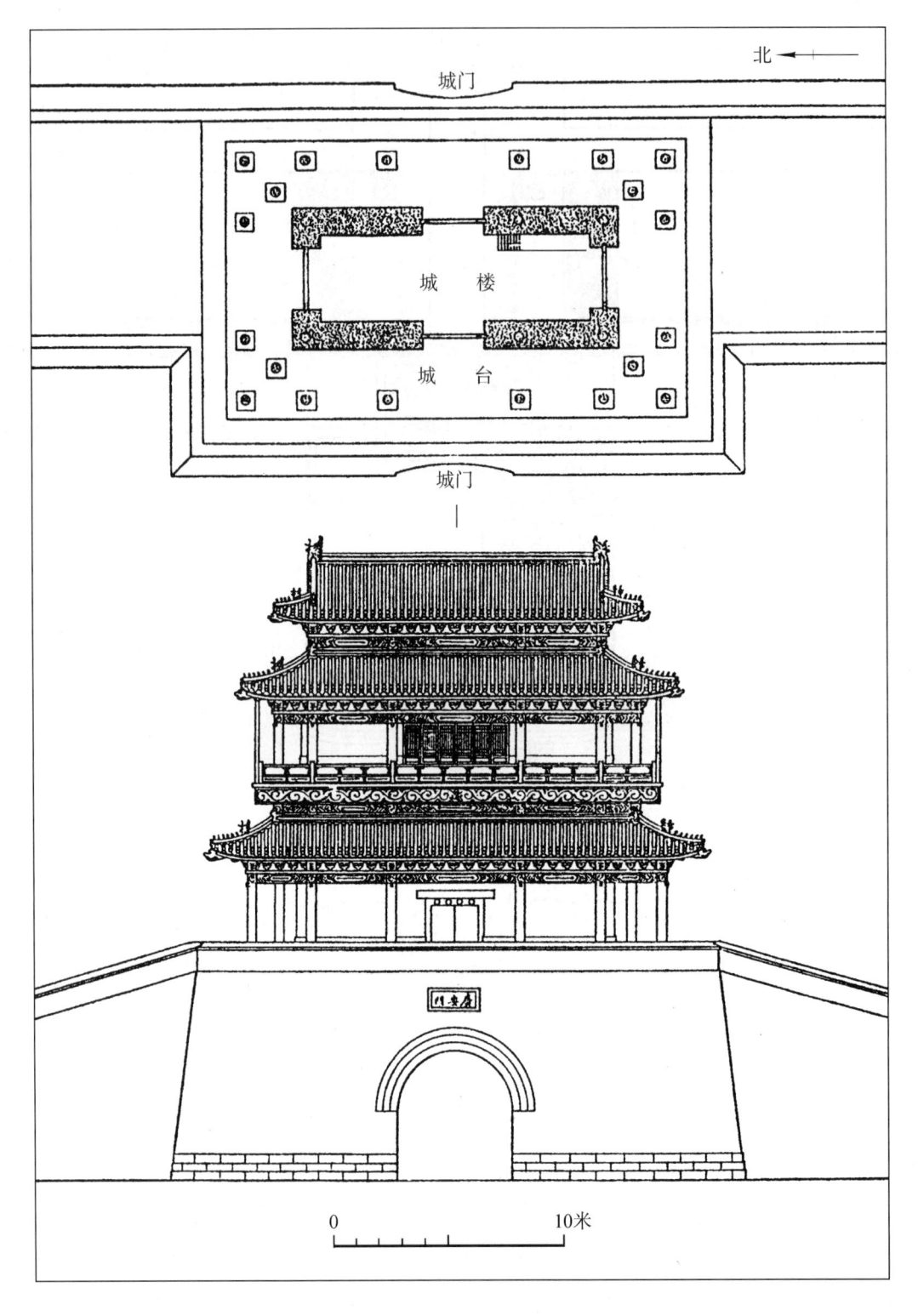

530　宋代至清代都城形制布局研究

图 9-21　北京外城广安门城楼平面和正立面图
（引自张先得《明清北京城垣和城门》，略有改动）

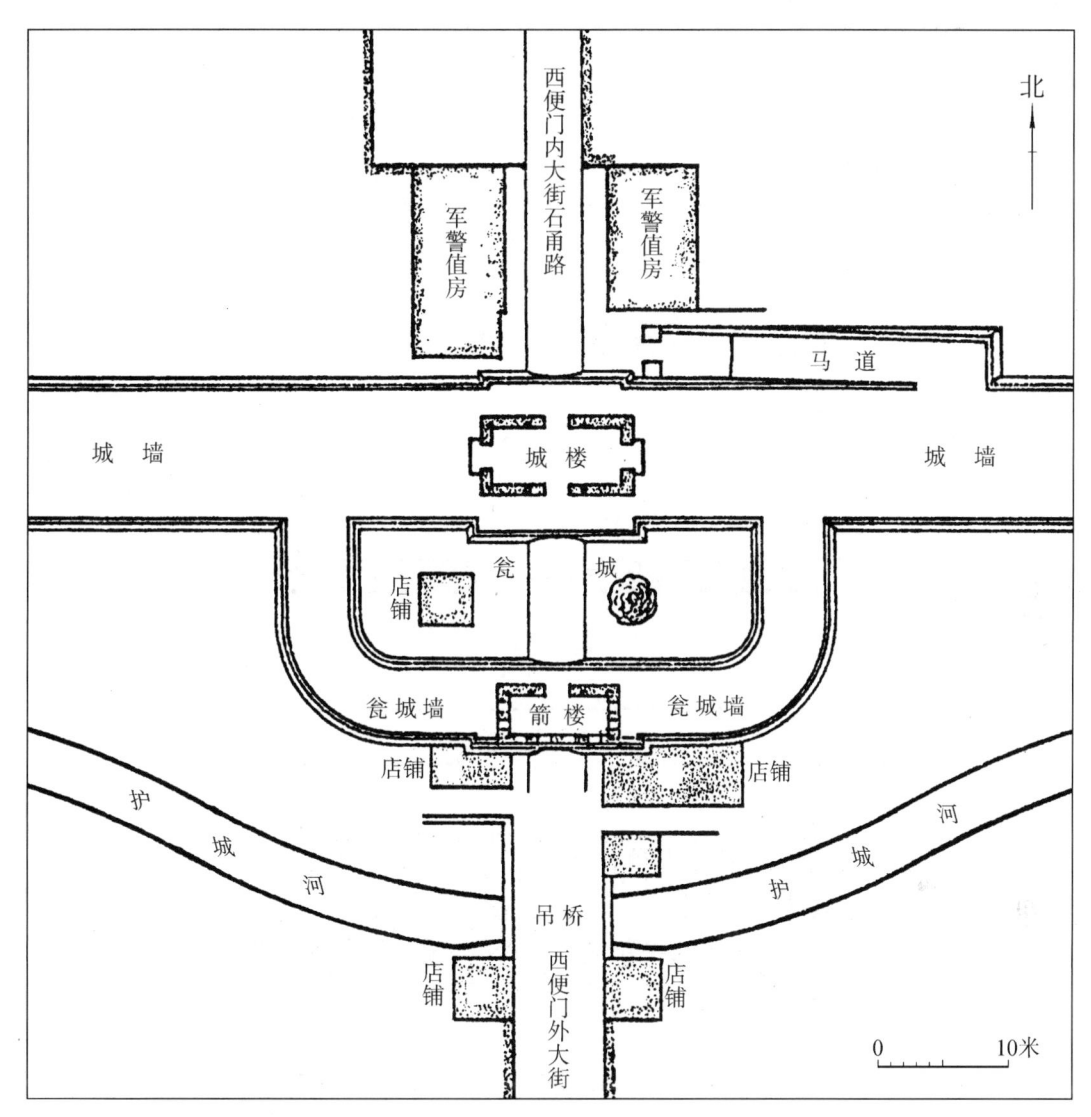

图 9-22　北京外城西便门总平面图
(引自张先得《明清北京城垣和城门》，略有改动)

端接城墙为直角，北端两角抹圆。东西宽 27.5 米，南北长 15.5 米（20 世纪 30 年代拆除）。西便门瓮城，乾隆十五年后重建，瓮城南端接城墙为直角，北端两角抹圆。东西宽 30 米，南北长仅 7.5 米（图 9-22，1952 年拆除）。广安门瓮城，初建时为半圆形，乾隆十五年后重建和乾隆三十一年改建，呈方形。瓮城东端接城墙为直角，西端二角抹圆。瓮城墙基厚 7 米，瓮城南北宽 39 米，东西长 34 米（图 9-20，20 世纪 40 年代初拆除）[1]。外城瓮城门均对城门，门内旁侧亦有小屋一所供守门者居栖，瓮城内皆无庙宇[2]。据研究外城瓮城，明

---

[1]　A. 张先得《明清北京城垣和城门》，河北教育出版社 2003 年版。
　　B. 傅公钺《明代的北京城垣》(《北京文物考古》1983 年第一辑) 所述瓮城形制和尺寸，与前者有较大出入。

[2]　傅公钺《明代的北京城垣》，《北京文物考古》1983 年第一辑。

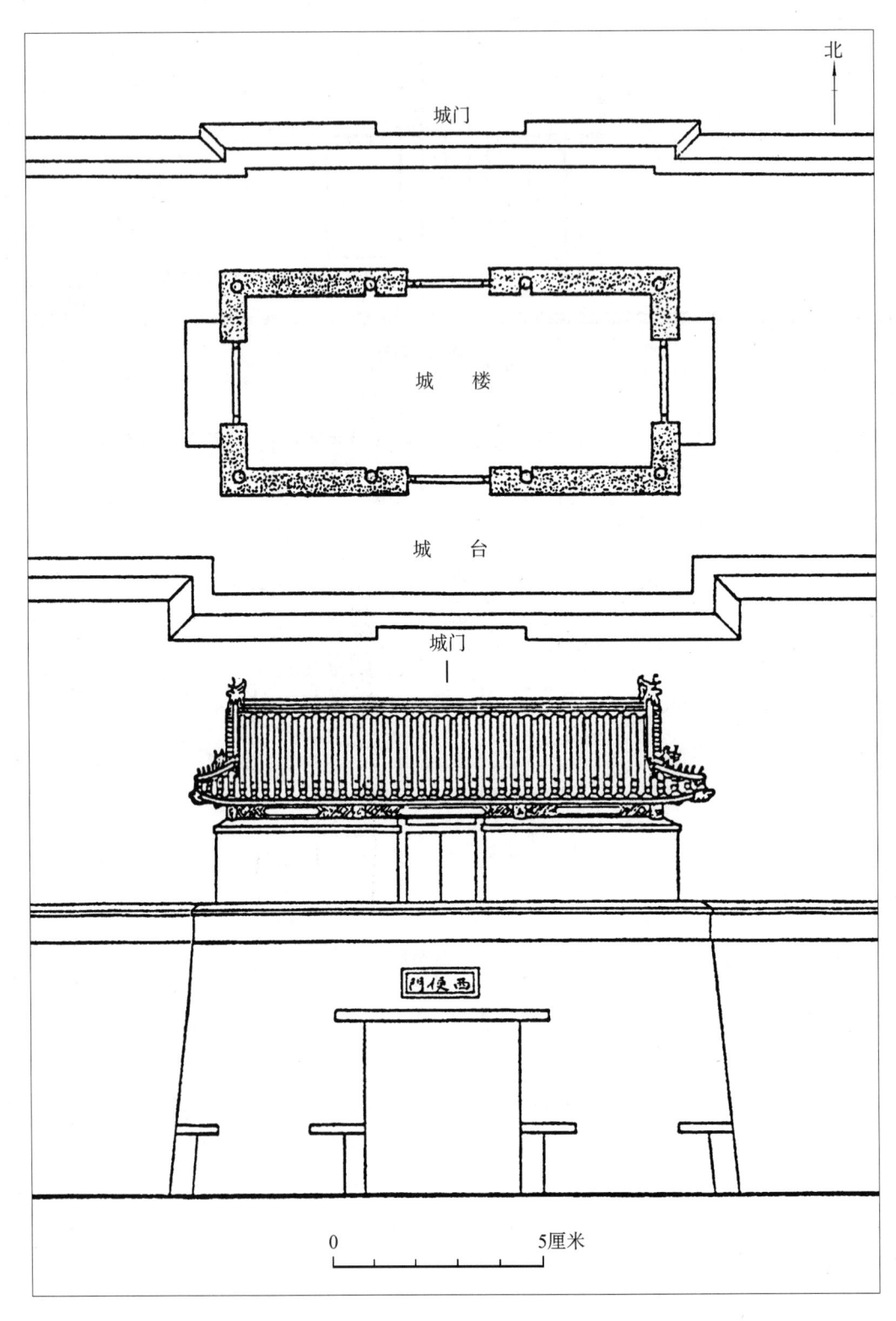

532 宋代至清代都城形制布局研究

图 9-23 北京外城西便门城楼平面和正立面图
（引自张先得《明清北京城垣和城门》，略有改动）

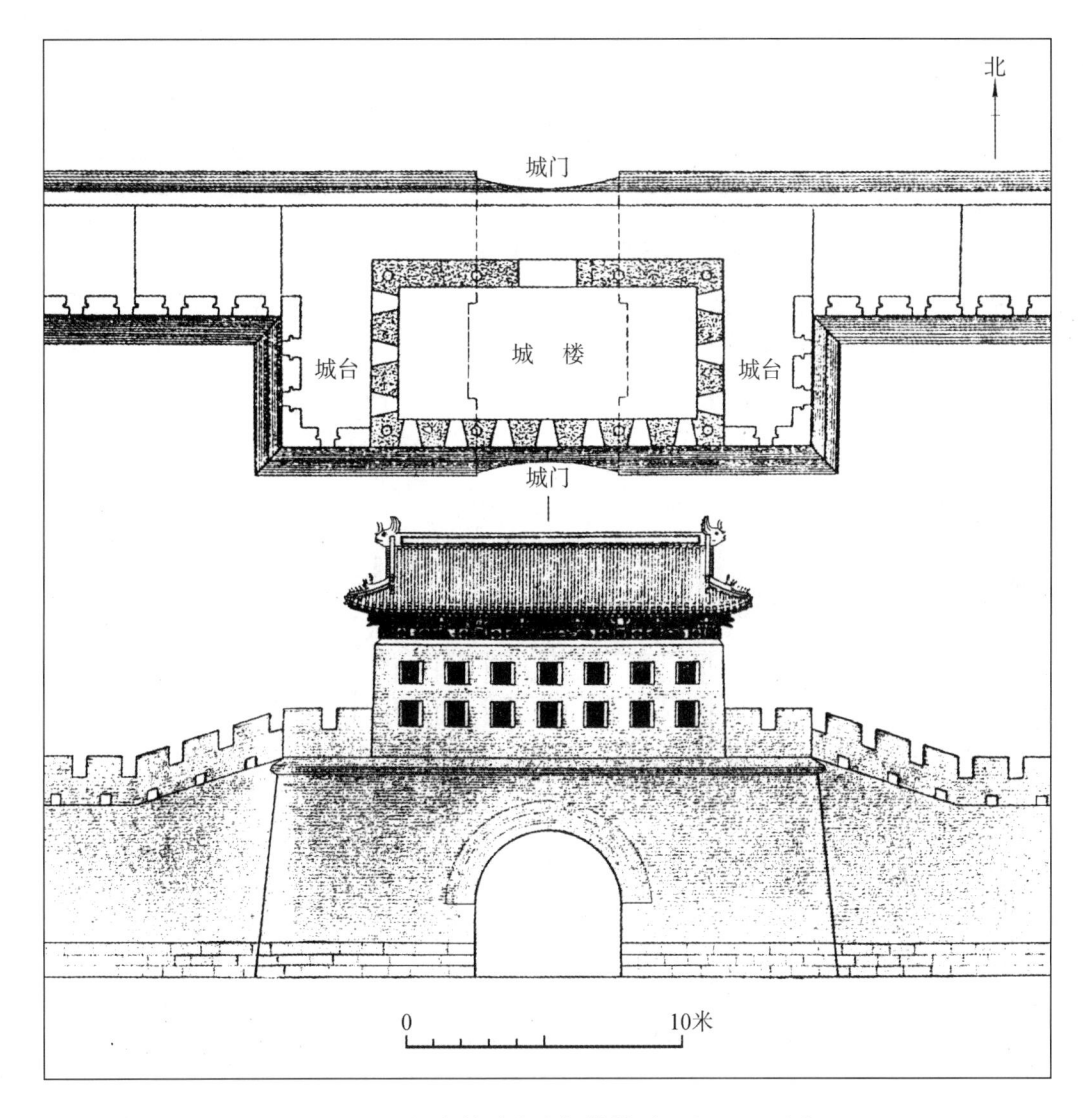

图 9-24　北京外城永定门箭楼平面和正立面图
（引自张先得《明清北京城垣和城门》，略有改动）

代无瓮城门楼和箭楼[1]，清代增筑箭楼参见图 9-24、图 9-25。

外城四隅建角楼。角楼筑于城角墩台上，为十字脊单檐建筑，墙体辟箭窗（图 9-26）。

---

[1] A. 傅公钺《明代的北京城垣》(《北京文物考古》1983年第一辑) 说：文献未载明代外城建箭楼和瓮城门楼。清乾隆十五年绘《乾隆京师全图》上，外城瓮城上没有任何建筑，仅内城瓮城上绘箭楼和瓮城门楼，故外城瓮城上的建筑当在乾隆十五年之后。
B. 张先得《明清北京城垣和城门》(河北教育出版社2003年版) 亦持此说。

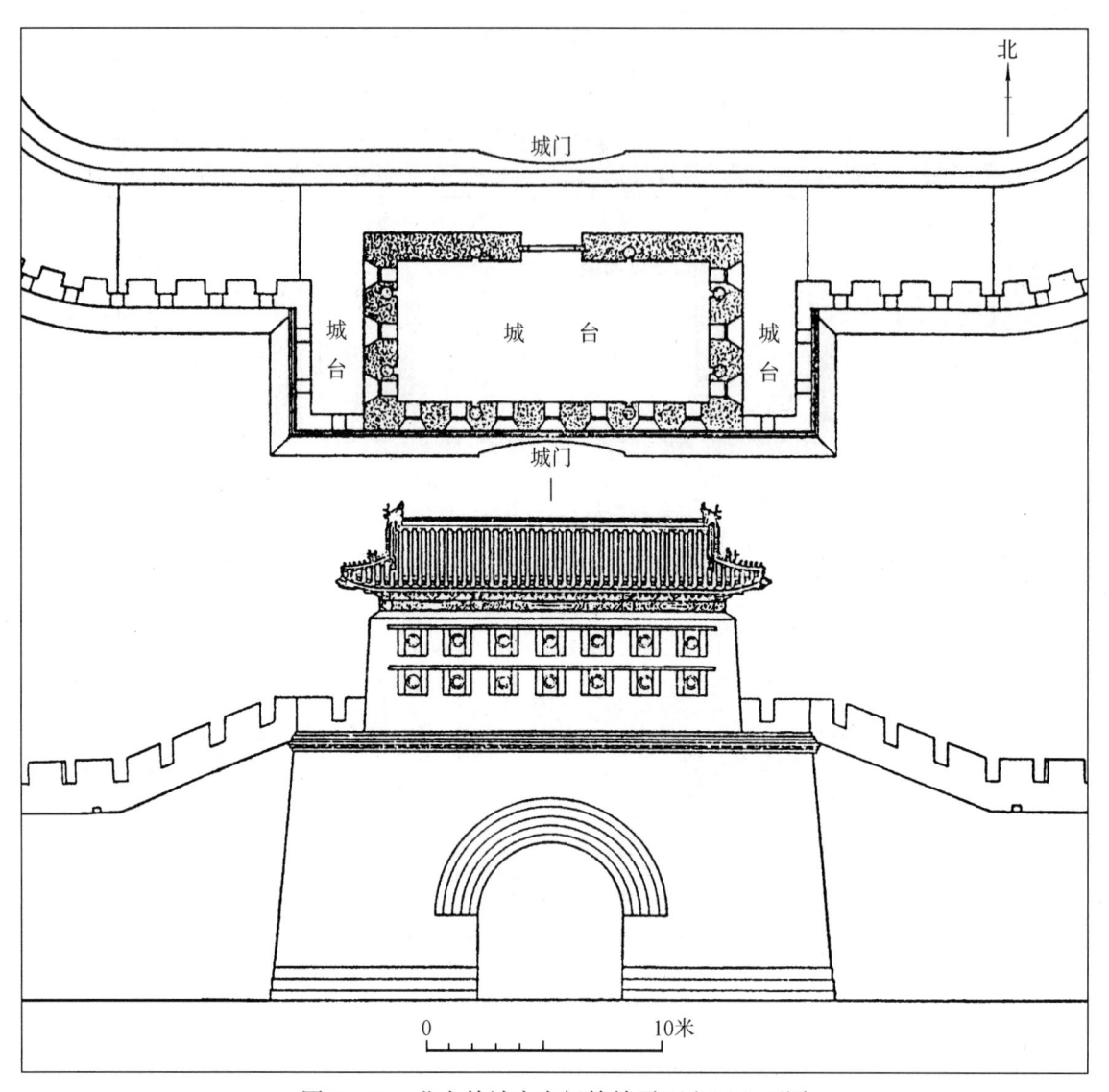

图 9-25 北京外城广安门箭楼平面和正立面图
（引自张先得《明清北京城垣和城门》，略有改动）

图 9-26　北京外城西北角楼
(引自张先得《明清北京城垣和城门》)

第四节　城内街、坊与给水排水系统

一　城内街坊概况

(一) 主要大街和胡同

明北京城以永定门向北经正阳门、大明门、承天门、端门、午门，外朝三殿后廷两宫、万岁山直至鼓楼钟楼长约8公里的中轴线为准，将全城中分为东、西两大部分。中轴线位于皇城之外部分为全城中间主干大街。内城纵贯全城大街两条，东城从崇文门开始的崇文门里街笔直向北与东长安街相接处有（东）单牌楼，又北至与朝阳门大街和双碾街十字相交处有（东）四牌楼，再北接集贤街抵北城墙。西城从宣武门开始的宣武门里街向北至与西长安街相接处有（西）单牌楼，又北至与阜成门街十字相交处有（西）四牌楼，再北笔直接新开道街抵北城墙。以上两条主要南北向大街抵北城墙处均无出口，须沿城下大街（顺城街）分别出安定门和德胜门。这两条大街的牌楼是长街上道路分段的标志，同时又可调节长街的节奏，并美化街景。另一条南北向主要大街，从安定门开始的安定门大街向南，至钱堂（钱粮）胡同西口偏西南处向东略折拐，然后向南过灯市、东长安街，经台基厂西侧南行过东江米巷至红厂胡同抵南城墙。经城下大街（顺城街）可东出崇文门，西出正阳门。此外，从德胜门向南的德胜门大街过积水潭与什刹海之间的德胜桥，又从崇国寺街和定府大街之间穿过，直抵皇城北大街，这条南北向大街中间略曲（图 9-2）。

东西向大街，东城朝阳门大街西行经前述崇文门里街—集贤街过（东）四牌楼，转接双碾街和灯市，向西与安定门大街丁字形相交。东直门大街西行过集贤街、安定门大街接顺天府街抵鼓楼前。从此向南经鼓楼下大街（中轴线）抵皇城北安门，又从鼓楼前向西经斜街达德胜门。西城阜成门街东行经宣武门里街—新开道街，过（西）四牌楼向东抵皇城西大街。西直门大街东行与新开道街呈丁字形相交。此外，还有皇城北大街，西抵太平仓附近南折接皇墙西大街；东至皇城东北隅南折接皇城东墙外火道半边街夹道。皇墙北大街不起连接内城东西交通的作用。

皇城北安门经鼓楼下大街达鼓楼，西安门从西安门大街西行与南来的宣武门里街丁字形相交；东安门东出与北来安定门大街相接，东通金鱼胡同。承天门前东长安街东过玉河北桥，东行过前述安定门南向大街，又东与崇文门里街丁字形相交，此处有（东）单牌楼；西长安街西行与宣武门里街丁字形相交（西接胡同），此处建（西）单牌楼。大明门和正阳门间有棋盘街，其东东江米巷过前述红厂胡同北口又东至崇文门（东江米巷东部略向南斜）；西江米巷较短，约止于细瓦厂南门东口。

以上内城主要大街态势，是由于内城南北城门位置相错，东西四座相对城门间被皇城和湖泊阻断所致。故任何相对两城门之间均无贯通的直街，内城无横贯东西的大街。这些大街除德胜门大街须过德胜桥外，余者均与元大都北缩五里后其尚存的大街基本相同（皇城和外界连接的街道与元萧墙对外交通状况略有区别）。上述南北和东西大街或十字或丁字形交叉所形成的横、竖长方形区间（有的平面形状不太规整）内，配置诸坊，坊内均排列东西向的胡同（小巷），胡同内两侧安排居民住宅（图9-27），其模式基本仍元大都之旧[1]。此外，其他南北和东西向街道均属区间性的短街道。

外城以笔直的正阳门大街（正阳门至永定门，中轴线）为主干道，并将外城中分为东、西两大部分。东西向以广宁门与广渠门间大街为东西主干道，这条大街从广宁门东行经广宁门大街、菜市大街、骡马市街，过虎坊桥至万明寺附近（陕西巷南口）较直，向东略北斜过正阳门大街接西三里河（街），又略斜向南经东三里河（街）东行，经抽分厂大街、榄杆市等又东曲折抵广渠门。崇文门大街和宣武门大街较直，向南与前述东西横街丁字形相交。外城西部原属金中都范围（图9-1、图9-2），前述广宁门大街至骡马市街原为金中都彰义门与施仁门间东西大街东段，故较直。外城内仅崇文门大街之东，神木厂大街以北胡同排列较整齐（崇北坊北半部），余者无规划，多是一些走向不正的斜街和胡同。这些斜街或胡同与元代时元大都和金中都（元代称"南城"）的居民不断走近道交往，以及后来随着商业的兴盛，街道顺势逐渐发展起来的情况密切相关。

除上所述，内外城其他一些较重要的街道和著名的胡同，有些将在下文中陆续述及。

---

[1] 元大都胡同宽约6米，胡同与胡同之间的距离约77米。今东直门与朝阳门间排列东西向胡同二十二条，考古钻探从元大都崇仁门（东直门）至齐化门（朝阳门）间亦探到22条东西向胡同。从考古钻探全部结果来看，不仅明代而且直至1966年之前东西长安街以北的街道和胡同，基本上仍承袭元大都的情况。

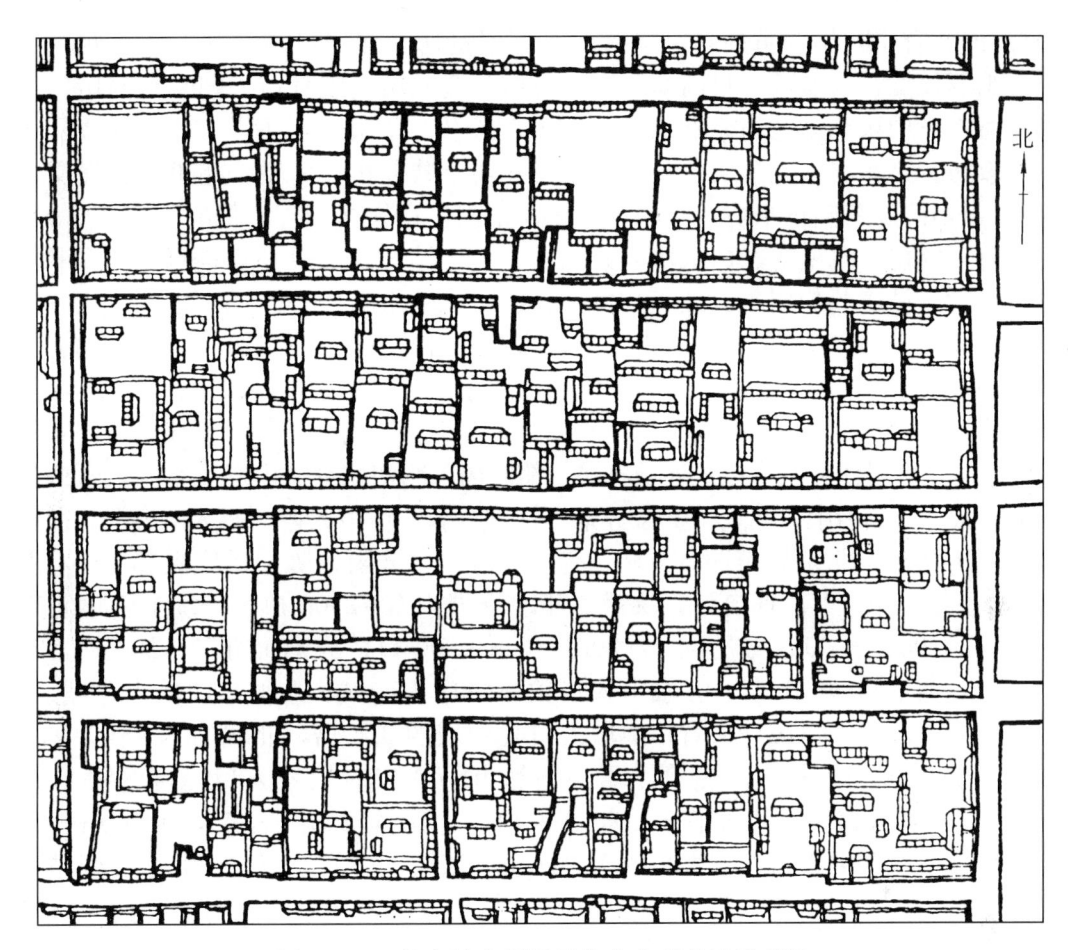

图 9-27　北京城内胡同及住宅典型配置示意图
(引自刘敦桢《中国古代建筑史》)

(二) 诸坊与居民状况

明初将元大都北部内缩五里，随之亦将元大都 50 坊减为 33 坊。明初北平府下仍设大兴、宛平二县，二县辖区以中轴线为界，城东大兴县 20 坊，城西宛平县 13 坊[1]。33 坊名多沿用元大都中部和南部坊名，个别的坊名新定。如崇教坊因国子监、文庙定新名；教忠坊因纪念南宋文天祥在此被囚杀而定新名。永乐迁都之后，又于坊下分牌，牌下设铺，铺设总甲[2]。嘉靖时期修筑外城之后，内外城共分 36 坊，分属中、东、南、西、北五城。中城"在正阳门里，皇城两边"(《京师五城坊巷胡同集》，北京古籍出版社 2001 年版)，皇城东侧自南向北有南薰坊、澄清坊、保大坊、明照坊、仁寿坊；西侧自南向北有大时雍坊、小时雍坊、安富坊、积庆坊，共九坊。东城"在崇文门里，街东往北，至城

---

[1] 大兴县 20 坊：五云坊、南薰坊、保大坊、昭回坊、靖恭坊、云椿坊、金台坊、澄清坊、明照坊、仁寿坊、教忠坊、崇教坊、蓬莱坊、湛露坊、明时坊、黄华坊、思诚坊、居贤坊、贤良坊、寅宾坊。宛平县有：万宝坊、时雍坊、安富坊、半储坊、发祥坊、阜财坊、咸宜坊、鸣玉坊、太平坊、金城坊、日中坊、西城坊等。

[2] 侯仁之主编《北京城市历史地理》(北京燕山出版社 2000 年版) 第 273 页引《兰台奏疏》卷一。

墙"，自南向北有明时坊、黄华坊、思诚坊、南居贤坊、北居贤坊，共五坊。西城"在宣武门里，街西往北，至城墙"自南而北有阜财坊、金城坊、咸宜坊、朝天宫西坊、河漕西坊、鸣玉坊、日中坊，共七坊。北城"在北安门至安定、德胜门里"，有昭回靖恭坊、教忠坊、崇教坊、灵春坊、金台坊、日忠坊、发祥坊，共七坊。南城"在正阳、崇文、宣武三门外"。正阳门外东侧正东坊，西侧正西坊、正南坊；崇文门外东侧有崇北坊、崇南坊；宣武门外有宣北坊、宣南坊、白纸坊，共八坊。上述诸坊位置和所辖胡同等参见图9-2，并参见《京师五城坊巷胡同集》（北京古籍出版社2001年版）。

以上内城共28坊，较明初33坊少5坊，两者之间的坊名约1/3发生变化，坊界也有部分调整。如元萧墙灵星门南的五云坊、万宝坊，因永乐后皇城南扩而取消；时雍坊因南城墙扩展面积增大，故分为大小两个时雍坊；昭回、靖恭合为一坊；等等。上述诸坊内各辖若干胡同，城内居民即居住在皇城以外五城各坊的胡同内。明初北平城内居民很少，永乐迁都后人口迅速膨胀。至弘治中，北京"生齿日繁，物货益满，坊市人迹，殆无所容"[1]。到明中后期嘉靖万历之时，北京城市四方辐辏，"生齿滋繁，阡陌绮陈，比庐溢郭"[2]，南城人口繁盛，"殆倍城中"[3]。据统计，洪武八年北平城内有72100户；正统十三年北京城内有273000户，960000口；万历初179200户，851000口；天启元年151200户，770000口；崇祯二年约700000口[4]。五城中人口数量排序为南城、东城、西城、北城、中城。以嘉靖后期至万历初人口统计来看，南城人口是中城的3.6倍，北城的2.7倍，西城的2倍，东城的1.2倍[5]。从人口密度上看，估算万历六年时内城人口密度约每平方千米15000余人，外城人口密度约每平方千米11400余人（因外城南部空旷，少有居民）。据天启元年资料，五城之中人口密度大小依次为西城、东城、中城、南城和北城。南城若按实际居住的10平方千米面积计算，人口密度可达每平方千米20000人以上，前三门外人口密度则达每平方千米30000～40000人[6]。

明北京城内居民"五方杂处"，各行各业各类居民众多。在居民之中因其阶级地位、职业和经济实力等方面的差异，虽"五方杂处"，但亦略呈各自分片相对集中之势。如下文将要介绍城内主要配置概况和功能区划，各类居民相对集中区大致与有关的主要配置和功能区划相对应。五城之中人口密度的差异，与城内主要配置、功能区划和相应的人口构成性质有较密切的关系[7]。

---

[1] 侯仁之主编《北京城市历史地理》（北京燕山出版社2000年版）第275页引吴宽《瓠翁家藏集》卷四五《太子少保左都御史闵公七十寿诗序》。

[2] 侯仁之主编《北京城市历史地理》（北京燕山出版社2000年版）第275页引张泗维《张凤盘集》卷一〇《京师新建外城记》。

[3] 《春明梦余录》卷三"城池"。

[4] 侯仁之主编《北京城市历史地理》，北京燕山出版社2000年版，第280页。

[5] 侯仁之主编《北京城市历史地理》（北京燕山出版社2000年版）第278页统计，明嘉靖后期五城人口为：中城37400人，东城107250人，西城66000人，北城49500人，南城135850人。

[6] 侯仁之主编《北京城市历史地理》（北京燕山出版社2000年版）第332～334页对明北京城人口分布状况的分析。

[7] 侯仁之主编《北京城市历史地理》（北京燕山出版社2000年版）第336～337页对明北京城人口分布密度主要影响因素之分析。

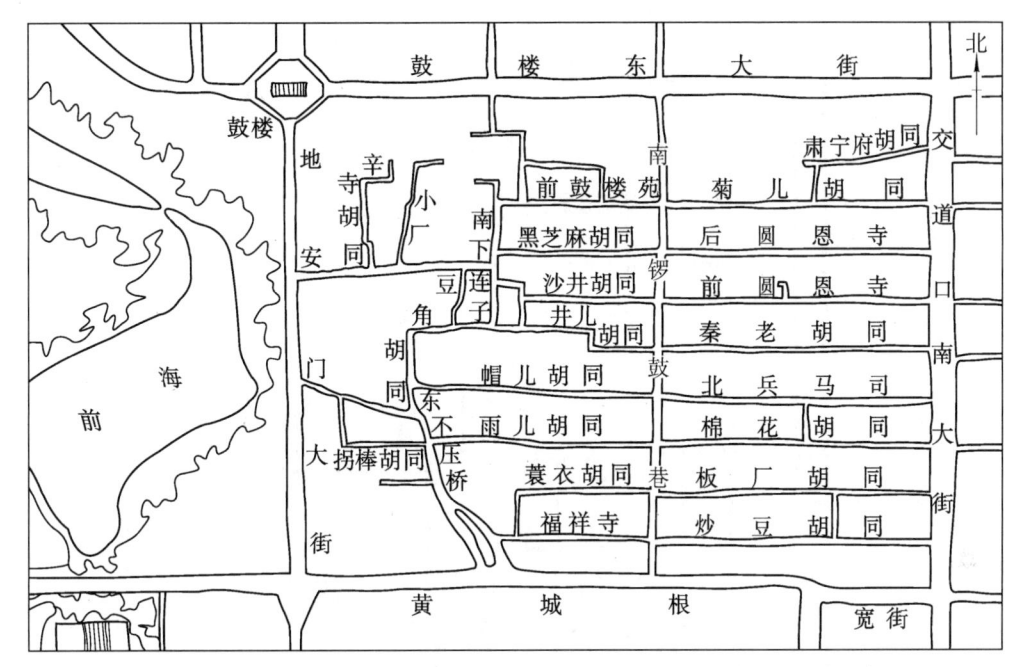

图 9-28　明北京城内昭回靖恭坊（今南锣鼓巷）街坊胡同平面示意图
（引自《建筑历史研究》第三辑，略有改动）

（三）从昭回靖恭坊遗迹看元至明代的胡同与住宅配置状况

在今鼓楼东大街、地安门大街、黄城根和宽街、交道口南大街围限之内为明北京城昭回靖恭坊。中间以今南锣鼓巷为界，东为元代昭回坊，西为元末的靖恭坊，明代合为昭回靖恭坊，坊东西 1060 米，南北 820 米，呈横长形。昭回坊现存九条胡同元大都时已经形成，胡同间距约 70 米。除最北肃宁府一带不规整外[1]，其南八条胡同排列整齐。东部靖恭坊中部胡同排列整齐，北部和西北部靠近鼓楼大街商肆区，胡同排列较杂乱。坊西南角原为元通惠河道区，宽约 27.5 米[2]。明代城内通惠河段断航后，始在沿岸一带续起建筑，故不规整。昭回靖恭坊历元、明、清至今，胡同布局无大变化（图 9-28，但胡同宽度则略有些变化）[3]，

---

[1] 本节主要参考程敬琪等《北京传统街坊的保护刍议——南锣鼓巷四合院街坊》（《建筑历史研究》第二辑，中国建筑科学研究院建筑情报研究所出版）。文中说肃宁府地段在元大都路总管府对面路南，可能当时按需要留出一段空地停放车马，至明、清时才陆续建造房屋住宅，故而不整齐。肃宁府建于明代。

[2] 程敬琪等《北京传统街坊的保护刍议——南锣鼓巷四合院街坊》（《建筑历史研究》第二辑，中国建筑科学研究院建筑情报研究所出版）说，靖恭坊西南通惠河段，20 世纪 50 年代水沟尚存，1959 年才填盖铺路，即今日的东不压桥胡同。

[3] 程敬琪等《北京传统街坊的保护刍议——南锣鼓巷四合院街坊》（《建筑历史研究》第二辑，中国建筑科学研究院建筑情报研究所出版）说："坊内胡同的布局，在元代时已形成现在的基本骨架，胡同宽度历经明、清、民国也未有很大变化"，并于下页注释列表说明之。

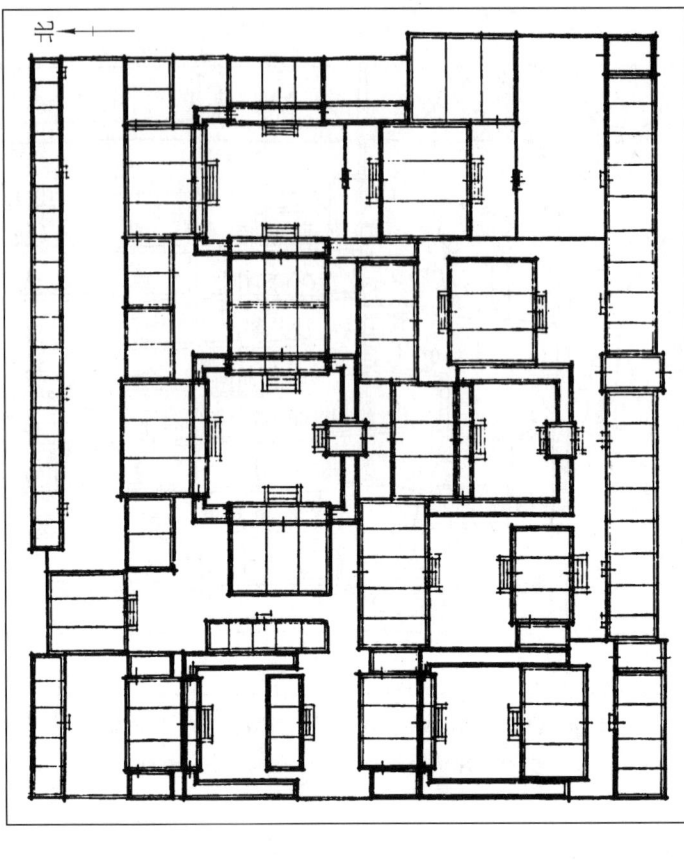

图 9-30 北京沙井胡同 15、17、19 号三路院平面示意图
（引自《建筑历史研究》第二辑，略有改动）

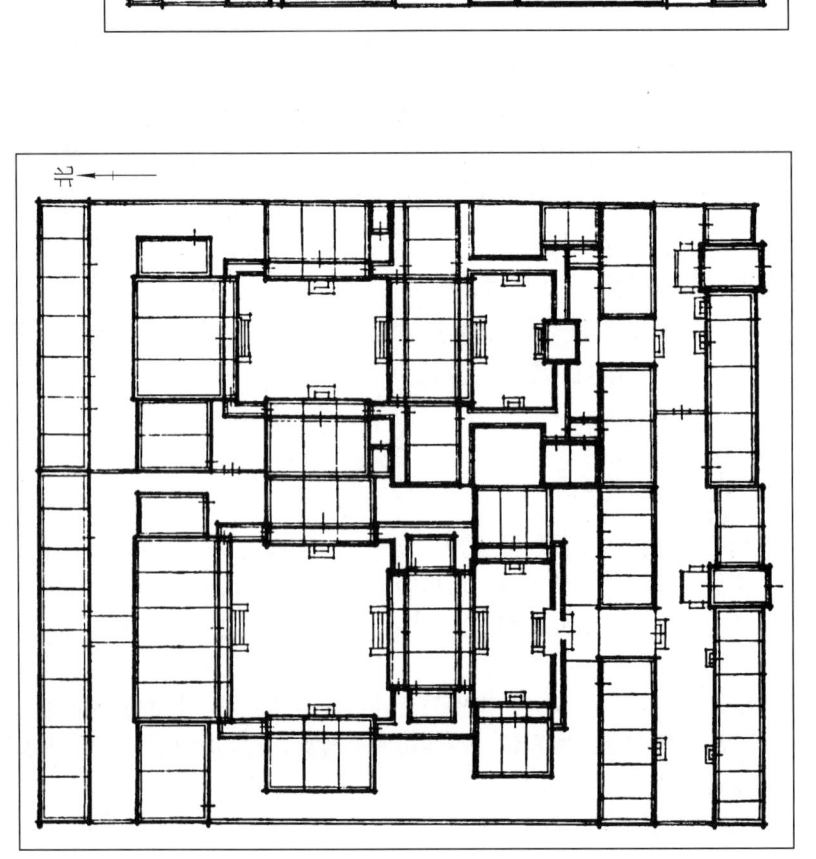

图 9-29 北京秦老胡同 19 号典型并列四合院平面示意图
（引自《建筑历史研究》第二辑，略有改动）

胡同名称从明至今也有较清楚的承袭关系[1]。

明代昭回靖恭坊内的主要配置详见下节，除此之外，明北京城住宅配置情况不明。众所周知，元大都时已出现四合院的雏形，明清则形成四合院建筑形式。在胡同的宽度内，一般可容两进、三进四合院制式（图9-29、图9-30），胡同内住宅配置以毗联的四合院式为主，一些贫民小院大都散置于各种隙地之中。清代的四合院和胡同内住宅配置是在明代基础上发展起来的，所以参见清代及其以后保存较好的原坊内胡同住宅配置情况（图9-31），亦可大致窥见明代四

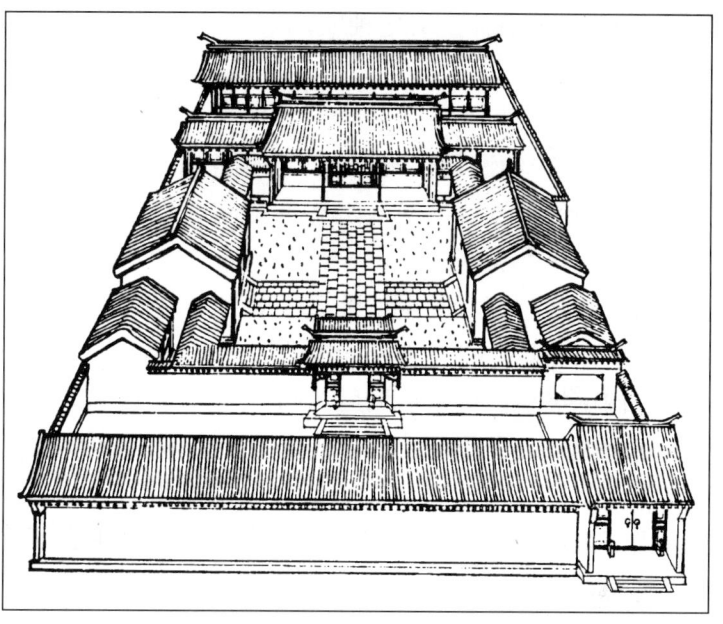

图9-31 北京前鼓楼苑鸟瞰示意图
（引自《建筑历史研究》第二辑）

[1]

胡同名称	东不压桥胡同	宽街	棉花胡同	帽儿胡同	辛寺胡同	南锣鼓巷	雨儿胡同	前圆恩寺胡同	方砖厂胡同	井儿胡同	蓑衣胡同	炒豆胡同	沙井胡同	黑芝麻胡同
清末时测定宽度	14米	12米	8米	8米	大约6米	8米	6米	6米	6米	5米	5米	5米	6米	6米
现在的宽度（最窄～最宽）	5～7.5～10米	12米	5.5～7.0米	8米	5.5～6米	7.5～8米	5米	7米	3.5～5米	5米	3.5～5米	5米	6米	5.5～6米

程敬琪等《北京传统街坊的保护刍议——南锣鼓巷四合院街坊》（《建筑历史研究》第二辑，中国建筑科学研究院建筑情报研究所出版）中说：昭回靖恭坊的道路结构布局，历经明清两代，无甚大变化，仍保持着元末之情况。

各条胡同的名称在明人的著述中有：

昭回靖恭坊共十四铺，皇城东北角炒豆儿胡同、秦家胡同、北兵马司、棉花胡同、圆恩寺胡同、局儿胡同、福祥寺街、臭皮胡同、袭衣寺胡同、养济院、梓潼庙文昌宫、宣家井胡同、沙家胡同、雨笼胡同、何纸马胡同、醋胡同方砖厂、锣锅巷布粮桥北安门东、兵仗局外厂。

在清人著述中记载为：

宽街：炒豆胡同、板厂胡同、棉花胡同、雨儿胡同、蓑衣胡同、福祥寺胡同、马尾斜街、拐棒胡同、兵将局胡同、义子胡同。

鼓楼东大街：南醋儿胡同、前后鼓楼院、大小方砖厂、臭沟沿、黑芝麻胡同、沙井胡同、井儿胡同、前后马圈胡同、真武庙胡同、帽儿胡同、南锣鼓巷、北兵马司胡同、秦老胡同、前圆恩寺胡同、后圆恩寺胡同、大局儿胡同、小局儿胡同、肃宁府、臭皮厂。（转后页）

*合院制式及其总体配置之梗概。

二 护城河、水门和京城的给水排水系统

(一) 城内绝漕运，玉泉山水独供京师

明初新筑北城墙，又从西直门（元和义门）以北斜向东北，穿过积水潭上游水面最窄处转向正东接北城墙东段，导致元大都和义门南金水河入城水门与和义门北瓮山泊水入城进积水潭的水门废，改由德胜门西水门（关）引水入城，于是元大都金水河上游断流。又明营建北京皇城，将元大都萧墙北墙和东墙外移，萧墙外一段通惠河道被包入皇城内。而明北京向南展筑内城南城墙后，则将元大都文明门外一段通惠河道包入北京内城之中，鉴于上述情况，元通惠河上游被完全截断，城内漕运遂绝。此外，明初北平尚未建都，无漕运之需，运道失修，白浮断流，丧失主要水源，因而积水潭淤垫，湖面逐渐缩小[2]，完全失去了城内水上交通中心和漕运中心的作用和地位。北京建都后曾欲引白浮泉水开漕运，但引白浮泉水必须经昌平明陵域之前，堪舆家认为与地脉不利，遂罢[3]。因此，明北京城的水源只有玉泉山水[4]。

---

* （接前页）1949年后各胡同之名称：

巷以东，从北至南：肃宁府、菊儿胡同、后圆恩寺、前圆恩寺、北兵马司胡同、秦老胡同、棉花胡同、板厂胡同、炒豆胡同，共九条胡同

巷以西，从北至南平行的胡同：前鼓楼苑胡同、黑芝麻胡同、沙井胡同、井儿胡同、帽儿胡同、雨儿胡同、蓑衣胡同、福祥寺胡同、方砖厂胡同

东西向胡同有：南下洼子胡同、小厂胡同、辛安里、豆角胡同、拐棒胡同、东不压桥胡同

[2] 积水潭明代称海子，又名什刹海，但德胜门内大街以西湖面仍称积水潭。

[3] 明北京城开漕运，几起几落。早在永乐五年就有人建议疏浚白浮泉渠道，以运建都所需木材。此后成化十二年（1476年）平江伯陈锐建议疏浚通惠河，遂即开工，转年告成，自都城东大通桥至张家湾潞河口通航，但因水源不足，"不逾二载"，"舟不复通"（《明宪宗实录》）。正德二年和七八年间又两次挑浚，均未成功。嘉靖六年（1527年），巡仓御史吴仲再请重浚通惠河，来春兴工，七年十二月通惠河成，"自此漕艘直达京师，人思仲德，建祠通州祀之"（《明史》卷八六）。颜琼撰《通惠祠碑记略》说，吴"公去后数十年，民益思之，相与立祠岁祀焉"。虽然如此，但明北京城的漕运问题始终未彻底解决。侯仁之《历史地理学的理论与实践》（上海人民出版社1979年版）一书第199、299～300页中说："终明一代，屡次疏浚通惠河，屡次失败"，其根本原因是"只从疏浚下游用力，不从开源着想"，"只因水量有限，济漕无效"，因而"其不能奏效，原是理所当然的"。关于与地脉不利说，见《日下旧闻考》（三）卷八九第1500～1501页引《明宪宗实录》所记杨鼎乔毅奏疏。此外，应当指出，由于明北京城的北城墙和南城墙南移，皇城墙均已建成，所以即使引白浮泉水成功，也无法恢复元大都城内漕运水道。若舍弃这条水道，漕船不进城，如后来明代漕船只到城东大通桥，其引白浮泉水如何济漕也是个极大的难题。鉴于上述情况，就注定明北京城难以彻底解决漕运问题。

[4] 元大都金水河直接从玉泉山引水，自和义门南水关入城。元引白浮泉水入瓮山泊后，水通过渠道从大都和义门北水关入城，注积水潭，从而达到济漕目的。明代白浮泉断流，只靠玉泉山水流入瓮山泊，沿旧水道从明北京德胜门西水关入城注积水潭。因而玉泉山水成为明北京城金水河、护城河与城内水道的唯一水源。

（二）城内给水系统

玉泉山水"经高梁桥，抵都城西北而派为二：一循城之左而东而南，另一循城之右而南而东"[1]。前者为北支，水入北护城河，至德胜门西水关处引水入城，流经积水潭和什刹海后又分两支。一支经西不压桥注三海（北海、中海和明代新凿的南海），为内、外金水河的水源。内金水河水源从北海分流经万岁山（今景山）西墙外南流注紫禁城护城河。然后水从紫禁城西北角附近墙下地沟入紫禁城内，沿紫禁城西墙南流，又转东流经奉天门前、会极门北、文华殿西，而北而东，自慈庆宫前徽音门外蜿蜒而南，从紫禁城墙下地沟入护城河（筒子河），然后经太庙之东流入玉河。外金水河从太液池南端的南海引水向东，沿皇城西南角曲折东流，又经皇城南墙过承天门前，东流与内金水河合，东流入玉河，然后南流出正阳门东水门入南护城河。水从德胜门西水关入城后另一支从什刹海流经海子桥（今地安门桥）后入皇城，又沿皇城东墙外南下称玉河，水流出皇城合内外金水河，南流出正阳门东水关入南护城河。又前述北支除过德胜门西水关分水入城外，继续东流经德胜、安定二门（北护城河），绕东北角楼南流为东护城河，经东直、朝阳二门至东便门汇内城南护城河与外城东护城河，又东流入通惠河（图9-2）[2]。

前述"循城之右而南而东者"为西支，水入内城西护城河南行，经西直、阜成二门至西便门外，又合西来望海楼一带诸水，复分为二小支。一支入内城南护城河，经宣武、正阳、崇文三门至东便门外合东护城河后，注入通惠河。另一支入外城西护城河南行，过广宁门，合西北莲花池之水；又折而向东入外城南护城河，经右安、永定、左安三门；再沿外城北折入外城东护城河，过广渠门至东便门外，汇内城东、南护城河，流入通惠河，直达通县运河。明北京宫苑和内外城与城郊运河给水同出一源，合为一流，至清末变。

（三）护城河与水门

明北京内、外城墙之外均有城濠，即护城河。护城河与城墙是筑城的主体工程，护城河的功能重在防御，同时又是城市给水排水系统的重要组成部分。

内城墙外的护城河距城墙约50米[3]，环城护城河各部位深浅宽窄有差，德胜门以西一段，深达3米余，正阳门至崇文门等河段宽达30～50米，其余河面较窄，东直门至朝阳门河段宽仅10余米（图9-2）[4]。外城护城河普遍较内城护城河窄而浅。明正统四年进一步完善内城濠，于是"深其濠，两崖悉甃以砖石。九门旧有木桥，今悉撤之，易以

---

[1] 见《日下旧闻考》（一）卷三八第610页引《明熹宗实录》。
[2] 明代史料，一般将元通惠河由玉泉山至大通桥东便门外的一段称玉河，以大通桥为起点改称大通河。万宁桥至北河沿大街河段发掘，发现东不压桥、玉河堤岸、码头和排水道遗迹。该段玉河走向为自什刹海东出后门桥，沿东不压桥胡同过地安门东大街吉祥胡同北端，再东折沿北河沿胡同至东皇城根南下。发掘现象具体情况，参见北京市文物研究所、东城区文化委员会的《北京玉河——2007年度考古发掘报告》（科学出版社2008年版）。
[3] （杨秀敏等）工程兵工程学院中国筑城史研究课题组《中国筑城史》，军事谊文出版社1999年版，第107页。
[4] 傅公钺《明代的北京城垣》（《北京文物考古》1983年第一辑）引《洪武北平图经志书》记载，北京城"濠池各深不等，深至一丈有奇，阔至十八丈有奇"。

石。两桥之间各有水闸，濠水自城西北隅环城而东，历九桥九闸，从城东南隅流出大通桥而去（通惠河又名大通河）"[1]。护城河的水源及其与城内给水的关系已如前述，石桥除正阳门外并列三座石桥外，其余各门外均为一座石桥，各桥仅崇文门外为三孔石桥，余者皆为单孔石桥，各门外石桥都与箭楼对置。此外，德胜门瓮城西侧尚有一座单孔石桥。外城门外之桥，《大清会典》记载，雍正七年时永定门外为木吊桥，所以明代外城门外可能均为木吊桥[2]。除上所述，为保证护城河之畅通，到一定阶段尚需疏浚[3]。

水门又称水关、水窦，建于城垣墙体下部，券顶，底夯三合土，其上铺砌多层石板、石块，再砌数层大城砖。内城有5座水门，其中最重要者是德胜门西水关（门），为三孔券洞，是城内给水之水关[4]。其余水门为宣武门西水门（一孔券洞）、正阳门西水门（一孔券洞，约在今和平门处）、正阳门东水门（又称水津门，三孔券洞）、崇文门东水门（又称出水门，三孔券洞）。至于东直门南水门和朝阳门南水门（二水门均为过梁式涵洞），则是清代构筑的[5]。上述4座水门主要功能是向城外排水入护城河。外城东便门东、西，西便门以东各辟一座水门，均为三孔券洞。西便门东、东便门西水门的主要功能是使内城西、东护城河穿过外城墙与内城南护城河沟通。内、外城水门内外均置铁栅栏二层至三层，派专职军人守护[6]。

（四）城内排水系统

明北京城排水系统与元大都有承袭关系，但元大都城内排水系统记载简略，情况不明。到明代北京城，护城河即起城内给水、又起排水作用，德胜门西水关是从护城河供水入城的上游，前三门外护城河是城内主要沟渠排洪泄污的下游。据《明史》卷八八《河渠

---

[1] 《日下旧闻考》（一）卷三八第607页引《明英宗实录》。
[2] 傅公钺《明代的北京城垣》（《北京文物考古》1983年第一辑）认为，外城门外的石桥，大概建于清雍正七年之后。
[3] 《日下旧闻考》（一）卷三八第609～610页引《藏密斋集》，文中详细记载了天启元年十月濬京城各段城濠情况。又前引《明代的北京城垣》引《明熹宗实录》，记载前述濬京城护城河的工役、材料、费用和施工简况，以及存在的问题和规划等。
[4] 《日下旧闻考》（二）卷五三第853～854页引《燕都游览志》："水关在德胜门西里许，水自西山经高梁桥来，穴城趾而入，有关为之限焉。下置石螭，迎水倒喷，旁分左右，既噏复吐，声淙淙然自螭口中出。"又引《长安可游记》："德胜门之西，城垣下有水窦焉，西山诸水从此流入都城水口，为石犀以当之，遏衝突缓水势也。而庵其上，名曰镇水观音庵。其北即水入处，泠泠有海潮之音。庵创自成祖时姚少师……"又加按语说："水关在德胜门西，石螭在南岸，石犀不可考。水由城墙入处，今名铁棂闸，盖闸口密植铁棂，以防人之出入，而无碍于行水也。"
[5] 《日下旧闻考》（三）卷八九第1507页按语说：本朝康熙年间，"增设水关于朝阳、东直两门"。这两座水门均过梁式，与明代券顶式水关不同。
[6] 陈宗藩《燕都丛考》（北京古籍出版社1991年版）第20页第一编"第二章城池"记载清末内外城水关情况说："正阳门东西、崇文门东、宣武门西、朝阳门南、东直门南、德胜门西，各设水关一，均内外三层，护以铁栅。正阳门东之水关，前清庚子后辟为新门。"第21页说："东便门东、西便门东，水关各一，皆三洞，每洞内外均有铁栅。东便门西水关一，内外二层，铁栅如之。"《明会典》卷二〇〇："成化十年奏准：京城水关去处，每座盖火铺一，设立通水器具，于该衙门拨军二名看守。遇雨过，即令打捞疏通。"

志六》记载：正统四年"设正阳门外减水河，并疏城内沟渠"，内城沟渠已知者主要有三条。一为大明濠（又称河槽），北从西直门大街横桥（又称虹桥、红桥、洪桥）南下至南城墙下的象坊桥，经宣武门西水门排入南护城河[1]。二是东沟和西沟，分别从西长安街南下，然后合一，继续向南（沿今北新华街）至化石桥，经正阳门西水门排入南护城河[2]。三是东长安街御河桥下沟渠（今北河沿大街与南河沿大街），沟渠上接积水潭为通惠河故道，下经正阳门东水门排入南护城河。以上所述，均是顺自然地势自北而南的明沟，其中以大明濠与通惠河故道最为重要。此外，全城大小街道还有许多支沟[3]。

外城排水明沟亦主要有三条。一今称龙须沟，沟从山川坛（先农坛）西北隅外一大苇塘东流，穿过正阳门大街的天桥和天坛北侧，又绕天坛之东，蜿蜒曲折，经左安门西水关排入外城南护城河。该明沟大约是永乐年间兴建天坛和山川坛时，利用原有低洼地带疏导而成。龙须沟一名是后来才见于记载的。二是虎坊桥明沟，从宣武门以东护城河南岸的响闸开始，南经虎坊桥至山川坛西北隅外的苇塘。三是正阳门外三里河，正统初年修浚护城河时，从正阳门以东护城河南岸开渠，东南经三里河，下游入龙须沟。以上三条明沟，均直接或间接起着排泄前三门城濠余涨的作用，故实际上是内城排水系统的组成部分之一。

到了清代，北京城内沟渠又有增加。主要是新开两条明沟，一在内城西城墙内侧从西直门经阜成门至城西南隅太平湖。二是从安定门以东的北城墙内侧开始，至城东北隅转而南下，沿东城墙内侧经东直、朝阳二门到城东南隅接泡子河[4]。该沟水经东直、朝阳二门时，水分别从东直门南水门和朝阳门南水门排入东护城河，泡子河水则从崇文门东水门排入南护城河[5]。此外，据光绪《会典事例》卷九三四记载：乾隆五十二年北京内城"大沟三万五百三十三丈"，"小巷各沟九万八千一百余丈"，其中绝大部分为埋于地下的暗沟网。清代完全承袭了明北京城的形制布局，其排水沟渠虽有增加，但乾隆之世上距明末

---

[1] A. 光绪《顺天府志》卷一三记载："西沟沿，西直门横桥有枯渠，曰河漕，直达宣武门西城根，入护城河，俗曰臭沟，明于此置河漕西坊。"该沟大致经今赵登禹路、佟麟阁路、新文化街，向南过象房直达宣武门西水关。俗称北沟沿、南沟沿。城内排水系统，参见侯仁之《历史地理学的理论与实践》（上海人民出版社1979年版）第200～202页。

B. 傅公钺《明代的北京城垣》，《北京文物考古》1983年第一辑。

[2] 今北、南新华街，明代是一条排水明沟。光绪《顺天府志》卷一三记载："西长安街……街南曰河沿，下有枯渠，曰东沟，经大川淀、受水塘，西南入护城河，明时亦称旧沟"，"东沟沿，明之旧沟也，时雨积潦，沟水由花石桥出水，南入护城河"。

[3] 《明会典》卷二〇〇记载：成化六年"令皇城周围及东西长安街，并京城内外大小街道沟渠，不许官民人等作践掘坑及侵占"。可见当时内、外城沟渠的分布很普遍。

[4] 侯仁之《历史地理学的理论与实践》（上海人民出版社1979年版）第202页说："泡子河乃是元朝通惠河残存的一段。当时泡子河与太平湖都有'水库'之称，因为两者都是消纳雨潦的去处。泡子河的积水，可由崇文门内东水关排入护城濠。"

[5] A. 侯仁之《历史地理学的理论与实践》，上海人民出版社1979年版，第202页。

B. 傅公钺《明代的北京城垣》（《北京文物考古》1983年第一辑）认为东直门南水关、朝阳门南水关属明代，因而沿内城东城墙内侧明沟亦属明代。本书前已说明该二水门为清代所筑，故内城东城墙内侧明沟以清代新辟说为是。

仅一百余年，估计排水沟渠不会有大的变化。也就是说，上述情况，大体可作为明末北京城沟渠长度的重要参数。

第五节 官署、仓库、厂场等在五城中的配置方位

"明永乐时，吏、户、兵、工四部及鸿胪寺、钦天监、太医院诸署皆仍旧官舍为之，散处无序。正统七年，始各以行列方位，次第改建。"[1] 即正统七年在三大殿和两宫重建工程完成之后，便在皇城承天门前"T"字形宫廷广场千步廊两侧，按南京之制配置主要中央衙署，其情况详见下章皇城和紫禁城一节所述。此外，还有一些中央官署、仓库、厂场和地方官署，以及一些相关机构散置于各坊。下面按五城区划，以坊为单位略作介绍（图9-2）。

一 在中城内的配置

（一）中城东部五坊

南薰坊西部，玉河与千步廊间置中央衙署。玉河东堤置詹事府（翰林院东）[2]，置四译馆于东安门外[3]，于东长安街路南今台基厂街设台基厂[4]。此外，还有金吾右卫、果厂留守右卫等[5]。

保大坊属内官署者有礼仪房和外东厂[6]，属中央官属者有惠民药局[7]。还有天师庵草

---

[1] 《日下旧闻考》（二）卷六三第1026页按语。
[2] 《日下旧闻考》（二）卷六四第1069页引《明英宗实录》："正统七年十一月，建詹事府于玉河堤东。"引《春明梦余录》："詹事府在皇城东玉河岸上，西向，左右春坊、司经局皆列署府中。"
[3] 《日下旧闻考》（二）卷六三第1033~1034页引《燕都游览志》："四夷馆在玉河桥之西，永乐十五年十一月始设"，"置馆于长安左门处之"。引《明景帝实录》："景泰三年八月，改造四夷馆。先是，译书子弟俱于东安门外廊房肄业。至是，提督译书郎中刘文等请建馆于廊房之南隙地，从之。"四夷馆改称四译馆。
[4] 《京师坊巷志稿》卷上第56页引明高道素《明水轩日记》："工部设五大厂，其一曰台基厂，堆放柴薪及芦苇。"余四厂为"神木厂在崇文门外，大木厂在朝阳门外，琉璃厂、黑窑厂俱在外城"。
[5] 《京师五城坊巷胡同集》（北京古籍出版社2001年版）第5页。按文献所记诸卫驻地多互有出入，故本书所采用的只是其中一种，仅供参考。
[6] 徐苹芳《明北京城图》文字说明之五《明北京城复原图建置资料表》（地图出版社1986年版）第63页：外东厂，明代地点为保大坊翠花胡同南，今东厂胡同路北。礼仪房，明代地点为保大坊奶子府北，今洒兹府东口路北。《京城坊巷志稿》卷上第77页"奶子府"条《明官史》："礼仪房署，在都城草厂之东南，提督太监一员，掌印或秉笔摄之。掌选婚吉礼，每年四仲月选乳妇，生男十口、生女十口，月给食料，在奶子府居住。"明沈榜《宛署杂记》："奶子府隶锦衣卫。"第78页"东厂胡同"条《明宫史》："东厂，永乐十八年置，其外署在东安门外迤北，其内署在东上北门之北，街东混堂之南。"引《菽园杂记》："京师东厂者，掌巡逻兵校之地也。"《明北京城复原图建置资料表》（地图出版社1986年版）第76页：天师庵草厂，明代地点为保大坊皇城东北角东，今宽街南东皇城根东，明正统年间建。中府草场，明代地点为保大坊外东厂南，今大、小草厂胡同，明永乐新建。

＊厂和中府草厂，京卫较多。[8]

澄清坊中央官署有会同北馆[9]，地方官署有内东巡捕厅[10]。

明照坊中央官署有戎政府[11]。仁寿坊有地方官署中城兵马司。[12]

(二) 中城西部四坊

大时雍坊中央官署有旗手卫[13]、行人司[14]和历局[15]。大时雍坊东部为千步廊西侧中央衙署区。小时雍坊中央官署有太仆寺[16]，此外还有射所[17]。积庆坊有太平仓[18]、惜薪

＊ （接前页）《明北京城复原图建置资料表》（地图出版社1986年版）第66页：惠民药局，明代地点为保大坊取灯胡同北，今大佛寺西大街路西泰安巷附近。

[8] 《天府广记》第415页"京卫"条说：府军左卫、府军前卫、羽林左卫、金吾左卫、金吾前卫、金吾后卫、虎贲左卫俱在保大坊。

[9] 《明北京城复原图建置资料表》（地图出版社1986年版）第69页：会同北馆在明代澄清坊十王府南，今王府井大街东三条胡同西口北。《日下旧闻考》（二）卷六三第1036页引《明成祖实录》："永乐六年八月，设北京会同馆，改顺天府燕台驿为之"，引《明会典》：会同馆"正统六年，定为南北二馆，北馆六所，南馆三所"。引《明孝宗实录》：弘治三年二月"乞敕工部将近日拆卸永昌寺木料改造燕厅于南馆"。引《兵例》："北会同馆在澄清坊大街东，正统六年盖造，弘治五年改作。"

[10] 《明北京城复原图建置资料表》（地图出版社1986年版）第72页：内东巡捕厅在澄清坊诸王馆东，今东单三条胡同北。此外，《京师五城坊巷胡同集》（北京古籍出版社2001年版）第5页还记有台基厂北门、柴炭厂、运薪厂、中街粪厂、批验茶引所、校尉营、菜厂以及帅府胡同等。

[11] 《明北京城复原图建置资料表》（地图出版社1986年版）第64页：戎政府在明照坊灯市北，今同福夹道东。《天府广记》第249页说："戎政府即永乐之帅府也。永乐间设二帅府于都城内之东西，以为会议之所，其府敞坏。景泰三年十二月，以旧都察院在皇城外之东灯市大街，立为帅府。嘉靖二十九年，改为戎政府。统以勋臣一员，曰总督京营戎政。"

[12] 《明北京城复原图建置资料表》（地图出版社1986年版）第71页：中城兵马司在仁寿坊红庙街西，今南兵马司胡同北。此外，《京师五城坊巷胡同集》（北京古籍出版社2001年版）第6页还记有卫胡同（金吾左卫）、熏皮厂。

[13] 《明北京城复原图建置资料表》（地图出版社1986年版）第67页：旗手卫在大时雍坊通政使司西，今绒线胡同东口北。

[14] 《明北京城复原图建置资料表》（地图出版社1986年版）第67页：行人司在大时雍坊草帽胡同北口，今西长安街南。《日下旧闻考》（二）卷六三第1033页引《春明梦余录》："行人司在西长街朝房之西。"

[15] 《明北京城复原图建置资料表》（地图出版社1986年版）第65页：历局旧为首善书院，书院建于天启二年，毁于四年，改魏忠贤生祠。崇祯初毁祠改历局。历局在大时雍坊天主堂西，今宣武门内大街路东。此外，《京师五城坊巷胡同集》（北京古籍出版社2001年版）第6～7页记有羽林前卫、卫营老府军、土厂、粪厂、细瓦厂南门、石厂等。

[16] 《明北京城复原图建置资料表》（地图出版社1986年版）第70页：太仆寺在小时雍坊太仆街路北，今太仆寺街。李昉《太平广记》第365页说："太仆寺在皇城西，乃元兵部旧署。初设群牧所，牧养马匹。洪武六年，始置太仆寺"，"职专马政"，"正统六年，定今名"，听于兵部。

[17] 《明北京城复原图建置资料表》（地图出版社1986年版）第109页：射所，又名演象所，详见庆寿寺条。此外，《京师五城坊巷胡同集》（北京古籍出版社2001年版）第7页：记小时雍坊还有虎贲左卫、武功中卫、留守左卫、彭城卫、龙骧卫胡同、武功左卫胡同，以及灰厂、石厂等。

[18] 《明北京城复原图建置资料表》（地图出版社1986年版）第73页：太平仓在积庆坊皇墙西北角西，今平安里。《日下旧闻考》（二）卷五二第832页引《明宪宗实录》："成化二十二年（转后页）

*司北厂[19]、战车厂[20]、红罗厂[21];射所[22],地方官署宛平县署[23]。安富坊,略。

二 在东城五坊内的配置

明时坊中央官署有贡院（举场）[24]、文思院[25]、总督仓场公署[26]。厂场有盔甲厂（鞍辔局）[27]、营缮所、皮作局[28]、明智坊草场等[29]。

除上所述,在明时坊还有观象台,在今建国门内东裱褙胡同2号（初称观星台,又称

---

* （接前页）冬十月,复建大永昌寺。先是,寺建于西市,已有成绪",后建于故广平侯袁瑄宅。引《明武宗实录》:正德五年六月,"永昌寺旧址改建为仓","乃赐名曰太平仓","八年三月,改太平仓为镇国府";引《明世宗实录》:"嘉靖元年五月,改镇国府仍为太平仓"。

[19] 《明北京城复原图建置资料表》（地图出版社1986年版）第75页:惜薪司北厂在积庆坊皇墙西北角,今枪厂大坑附近。

[20] 《明北京城复原图建置资料表》（地图出版社1986年版）第75页:战车厂在积庆坊惜薪司北厂东,今厂桥西至铁匠营附近。

[21] 《明北京城复原图建置资料表》（地图出版社1986年版）第77页:红罗厂在积庆坊红罗厂街路北,今大红罗厂北。

[22] 《明北京城复原图建置资料表》（地图出版社1986年版）第109页:射所在积庆坊,日忠坊海印寺桥南,今三座桥南。

[23] 《明北京城复原图建置资料表》（地图出版社1986年版）第70页:宛平县署在积庆坊皇墙北大街路北,今地安门西大街。此外,《京师五城坊巷胡同集》（北京古籍出版社2001年版）第7页还记有:会州卫、蔚州左卫、沈阳左卫、富裕卫等。

[24] 《明北京城复原图建置资料表》（地图出版社1986年版）第69页:贡院在明时坊随磨房胡同东口,今建国门内中国社会科学院。《日下旧闻考》（二）卷四八第747页引《春明梦余录》:"贡院在城东隅,元礼部旧基也。永乐乙未改为贡院,制甚偏隘","至万历二年,因故址拓旁近地益之"。第751页说:"贡院在崇文门内观星台西北,南向。"

[25] 《明北京城复原图建置资料表》（地图出版社1986年版）第69页:文思院在明时坊门楼胡同东,今象鼻子坑胡同附近。《日下旧闻考》（二）卷六三第1041页引《明武宗实录》说:"正德四年闰九月,迁文思院于安仁厂隙地,以成造军器数多","六年七月,改建工部文思院于东城明时坊"。

[26] 《明北京城复原图建置资料表》（地图出版社1986年版）第69页:总督仓场公署在明时坊裱褙胡同路北,今东单裱褙胡同路北。《日下旧闻考》（二）卷六三第1030页引《春明梦余录》"总督仓场公署在城东裱褙胡同,设于正统三年。粮食抵通,分贮京通二处,户部侍郎或尚书总理之。其公署在旧太仓内"。

[27] 《明北京城复原图建置资料表》（地图出版社1986年版）第77页,盔甲厂在明时坊马皮厂东,今盔甲厂北东受禄街附近,明万历三十三年火药爆炸重建。

[28] 《日下旧闻考》（二）卷六三第1042页引明人《水轩日记》:工部"又有五小厂:曰营缮所,木工也;曰宝源局,金工也;曰文思院、曰王恭厂,俱丝工也;曰皮作局,革工也"。营缮所、皮作局见《京师五城坊巷胡同集》（北京古籍出版社2001年版）第8页明时坊条。

[29] 明智坊草厂见《明北京城复原图建置资料表》（地图出版社1986年版）第77页:其位置在明时坊观音寺胡同路北,今东观音寺北草厂胡同草厂大坑。见《京师五城坊巷胡同集》（北京古籍出版社2001年版）第8页明时坊条,该条还记有刑名厂、牧马所、马皮厂,以及蛮子营、火巷、豆腐巷、罗纸马胡同、马丝绵胡同、箔子胡同、隋磨房胡同、麻绳胡同、王搭材胡同、灯草王家胡同、裱褙胡同、冠帽胡同、包铁胡同、铫儿胡同、姚铸锅胡同、斧钺司营、后营和南院等。

瞻象台）。明初在北京朝阳门城上设观星台[1]，正统七年在元大都东南角楼上建观星台，正统十一年（1446年）造晷影堂，嘉靖时期续有建设[2]，其晚期曾对观象台进行大修[3]，此后迄明末基本无变动。根据考古调查资料，明代废除元司天台，在其南原元大都东南角楼建观星台[4]。即将原角楼基础改成长、宽各40米，元夯土墙心外补筑后，内包砌小砖外包砌大城砖（图9-32、图9-33）。观象台曾经过几次修缮，所见最晚砖文为"嘉靖三十六年"。从观象台与城墙叠压关系判断，其始建年代不会早于正统年间。

明观象台平面呈方形，立面底大上小呈覆斗状。底南北长24.7米，东西宽17.6米，高15米；台面18米见方。台西侧和北侧砖砌台阶状马道，马道宽2米。台底中间有拱形门洞，门洞高5米，宽3.4米，南北通长24.7米。门洞壁石条砌筑，顶五券五伏，券顶厚1.9米。台之基础下铺砌方整的石条，其上砌城砖（一顺一丁），台心全部砌城砖，灌

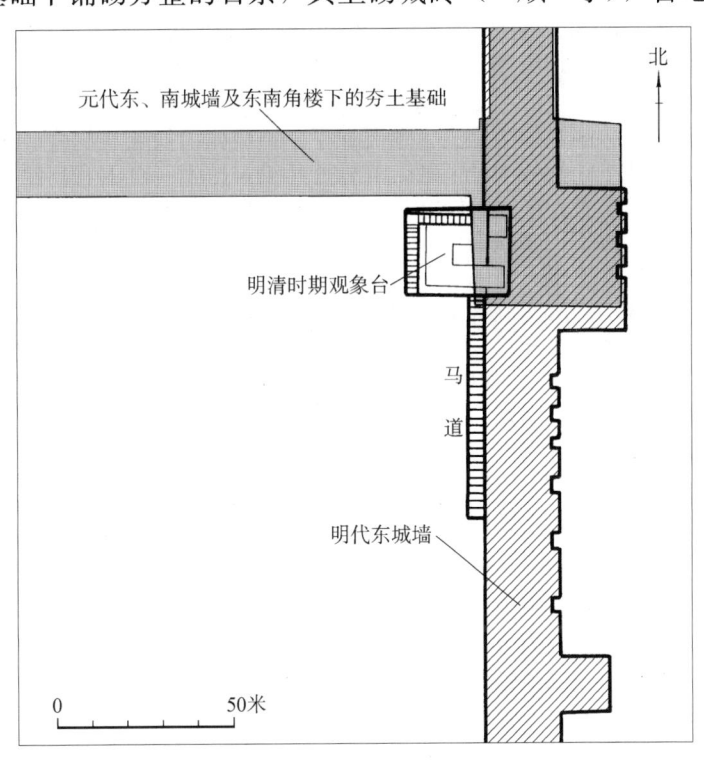

图9-32　北京古观象台与元、明城墙关系图
（引自蒋忠义《北京观象台的考察》，略有改动）

---

[1]《日下旧闻考》（二）卷四六第731页引《明英宗实录》："正统二年二月，行在钦天监监正皇甫仲和等奏：……北京齐化门城上观测未有仪象。"

[2]《日下旧闻考》（二）卷四六第732页引《明世宗实录》："嘉靖二年九月，修观象台占风竿及浑天仪简仪"；同页又引《明史·天文志》"嘉靖七年，始立四丈木表，以测圭影定气朔，由是钦天监之立运仪、正方案、悬晷、偏晷、盘晷诸式具备于观象台，一以元法为断"。

[3] A. 伊世同《北京古观象台的考察与研究》，《文物》1983年第8期。
    B. 崔石竹《北京古观象台》，《北京文博》1997年第4期。

[4] 蒋忠义《北京观象台的考察》（《考古》1983年第6期）一文，考证元司天台就在今中国社会科学院位置，位于观象台之北。

白灰浆。接近台顶时改用夯土填心（一层夯土夹一层碎砖），夯土心宽约13.2米，厚约2.88米。夯土心以上的台心（1.6米厚），用城砖砌筑。清代时向东扩建一长条形台面，台基南北长21.5米，台面南北长20.3米，台宽5.7米。台面上现存天文仪器基座，凡建于明代者，清代重新包砖；此外，清代又新建一些基座。基座高1.3米，台边和台面石砌，台间有窄条踏道（图9-32、图9-33、图9-34）[1]。明观象台在世界现存的观象台中，保持着在同一地点连续观测最久的历史记录。

明时坊之北诸坊是官仓的集中区[2]，京卫较多。黄华坊属中央官署系统的有武学[3]、宝源局[4]，又有禄米仓[5]。思诚坊有地方官署东城兵马司[6]、旧太仓与南新仓[7]。南

---

[1] 考古调查资料见《北京观象台的考察》（《考古》1983年第6期）。明观象台上的天文仪器，以及明清时的不同布局情况，参见伊世同《北京古观象台的考察与研究》，《文物》1983年第8期。

[2] 据于光度《北京的官仓》一文介绍，明初北平仓储供军用，设37卫仓。永乐十八年迁都北京后设官仓，以前的卫仓分别隶属京城各官仓。情况如下：皇城四门设长安门仓、东安门仓、西安门仓、北安门仓。内城设旧太仓，元北太仓旧址，永乐七年设，辖十一个卫仓；新太仓，设于宣德年间，辖七个卫仓；海运仓，宣德年间设，辖六个卫仓；南新仓，设于永乐七年，辖八个卫仓，元时为北太仓，南新仓的一部分在东四牌楼东北；北新仓，元仓库旧址，永乐年间设，辖五个卫仓；大军仓，永乐年间设，辖四个卫仓；洛阳仓，永乐七年设，辖二个卫仓；禄米仓，嘉靖十一年令府军、彭城二卫仓之半为禄米仓，外东仓为卫仓，内西仓为部仓，辖二个卫仓；西新太仓，永乐间设，辖四个卫仓；太平仓，弘治十七年设，正德八年改为镇国府，十六年仍改为仓，辖二个卫仓；大兴仓，永乐年间设，辖大兴左卫。以上北京城内十五仓，五十二卫仓。官仓有完整的组织机构、保卫制度和维修制度，涉及的人员较多。明官仓大都在元代旧仓基础上设置，故多在内城的东城北部。此外，该文还介绍了清代各仓有仓神庙、土地祠和关帝庙。清代诸仓大都在明仓旧址沿明制，故明代官仓大概也有上述庙祠。

[3] 《明北京城复原图建置资料表》（地图出版社1986年版）第65页：武学在黄华坊禄米仓东，今武学胡同西。《天府广记》第29～30页说："京卫武学设于正统六年"，景泰三年七月罢之。"天顺八年十一月，给事中金绅复设以育将才，因以太平侯张轨旧第为学，设官如故。嘉靖十五年，以旧学在城东偏狭之地，改建于皇城西隅大兴隆寺。"《日下旧闻考》（二）卷四八第761页按语说："今智化寺西民居存石狮二，云即武学遗址也。"

[4] 《明北京城复原图建置资料表》（地图出版社1986年版）第65页：宝源局在黄华坊石大人胡同北，今外交部街路北。《日下旧闻考》（二）卷六三第1041页引《春明梦余录》："宝源局在城东石大人胡同，石亨旧宅也。亨诛，宅没入官。嘉靖中，以赐仇鸾。鸾败，复没入官，因改为鼓铸公署。"宝源局铸钱，为工部五小厂之一。

[5] 《明北京城复原图建置资料表》（地图出版社1986年版）第74页：禄米仓在黄华坊武学西，今禄米仓胡同。此外，《京师五城坊巷胡同集》（北京古籍出版社2001年版）第9页还记有王府仓、东院、勾阑胡同、演乐胡同、芝麻巷、粉子巷、干面胡同、梁瓜子胡同、堂子胡同、鼓手营、豹韬、神策卫、武德兴武卫、龙虎卫等。

[6] 《明北京城复原图建置资料表》（地图出版社1986年版）第71页，东城兵马司在思诚坊三条胡同北，今东四三条胡同北。

[7] 《明北京城复原图建置资料表》（地图出版社1986年版）第74页：旧太仓在思诚坊小街路东，今南门仓、北门仓之间，附百万仓、南新仓。按明代在元北太仓旧址上设立了旧太仓和南新仓。《京师五城坊巷胡同集》（北京古籍出版社2001年版）第9页：记思诚坊还有百万仓、蕃牧所、铸锅巷、武功右卫、忠义前卫等。

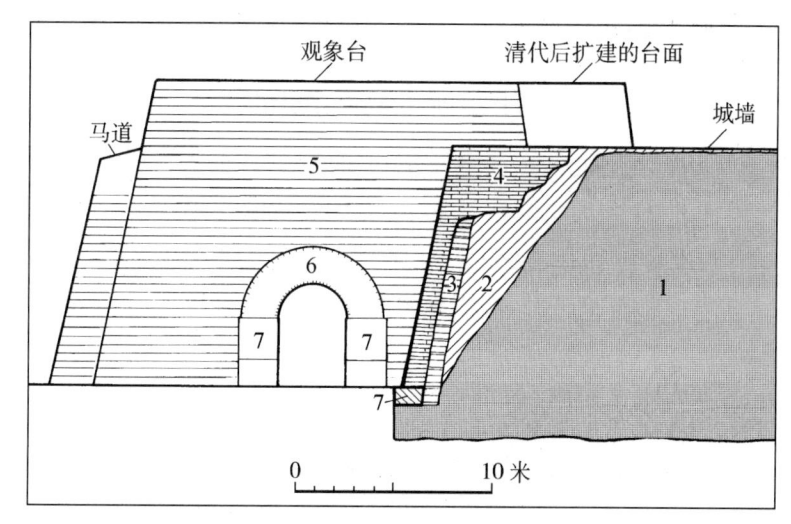

图 9-33 北京古观象台与城墙叠压关系及其结构图
(引自蒋忠义《北京观象台的考察》，略有改动)
1. 元代夯土（元代城墙及东南角楼下夯土基础） 2. 明代夯土（一层夯土一层砖） 3. 明永乐时期城墙包皮小城砖 4. 明正统时期城墙包皮大城砖 5. 明代砖石结构观象台 6. 券顶 7. 石条

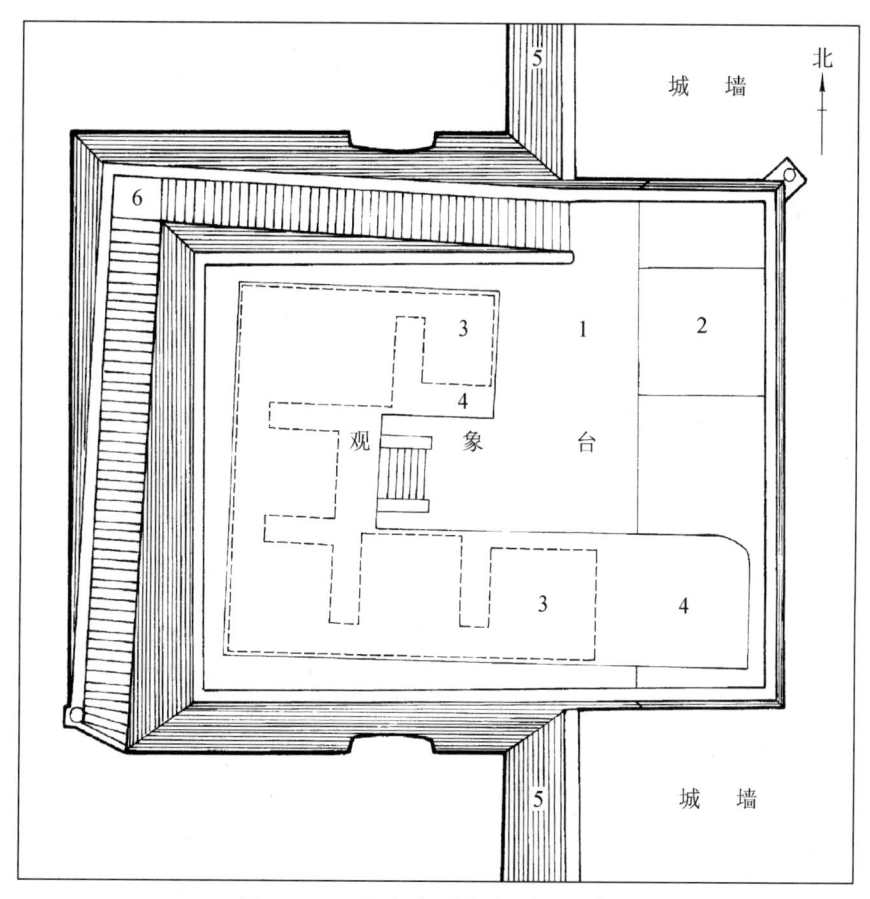

图 9-34 北京古观象台平面示意图
(引自蒋忠义《北京观象台的考察》，略有改动)
1. 明代砖石结构观象台 2. 清代扩建的台面 3. 清康熙时期台面上置仪器的基座（虚线范围） 4. 清乾隆时期台面上置仪器的基座（实线范围） 5. 明正统时期城墙包皮大城砖 6. 马道

居贤坊有新太仓[1]、海运仓和北新仓[2]。北居贤坊为官仓之北限，京卫较多[3]。

三 在西城七坊内的配置

阜财坊中央官署有三法司，即刑部、都察院和大理寺[4]；地方官署有京畿道和巡仓察院[5]。厂场有山西大木厂、王恭厂和安仁草厂[6]；此外，还有象房[7]，以及诸卫和其他配置[8]。

金城坊官署有内西巡捕厅、屯马察院、提学察院和巡按察院[9]；厂场有惜薪司西厂和柴炭厂[10]；此外，还有其他配置[11]。咸宜坊有地方官署西城兵马司[12]，以及其他配置[13]。

---

[1]《明北京城复原图建置资料表》（地图出版社1986年版）第73页：新太仓在南居贤坊汪家胡同北，今北至石雀胡同、瓦岔胡同，南至船板胡同，西至财神庙，东至大沟沿。

[2]《明北京城复原图建置资料表》（地图出版社1986年版）第73页：海运仓在南居贤坊宋姑娘胡同北，今东直门南小街海运、北新仓两胡同之间。附北新仓（即赛西百万）。按明代中叶海运北新两仓在一处仓院内，北门为北新仓，南门为海运仓。《京师五城坊巷胡同集》（北京古籍出版社2001年版）第9页：南居贤坊还记有铁箭营、棺材巷、粉子胡同、钞纸胡同等。

[3]《京师五城坊巷胡同集》（北京古籍出版社2001年版）第10页记北居贤坊有济阳卫、大宁卫、燕山右卫、义勇左营。此外，还记有新太仓北门、籧篨胡同、手帕胡同、针匠胡同、石染家胡同、猪毛胡同等。

[4]《明北京城复原图建置资料表》（地图出版社1986年版）第66~67页：刑部、都察院、大理寺具在阜财坊刑部街路北，今西长安街民族文化宫。《日下旧闻考》（二）卷六三第1037页引《春明梦余录》："刑部在皇城西，与都察院、大理寺并列为三法司"；引《明英宗实录》"正统七年十一月，建刑部、都察院、大理寺于宣武街西"。按此种配置，乃是按南京三法司置于皇城以西之制。

[5]《明北京城复原图建置资料表》（地图出版社1986年版）第71页：京畿道在阜财坊京畿道街北，今中京畿道北。巡仓察院在阜财坊承恩寺胡同南，今宣武门内宣武门西街。

[6]《明北京城复原图建置资料表》（地图出版社1986年版）第76页：山西木厂在阜财坊巡按院胡同东，今西京畿道北二龙路西；王恭厂在阜财坊承恩寺胡同北，今前、后王公厂胡同之间；安仁草厂在阜财坊草厂胡同，今西草厂附近。《日下旧闻考》（二）卷四九第785页引《明史·五行志》："天启六年五月戊申，王恭厂灾"；"火药自焚"；引《芜史》灾后"乃改卜于西直门街北建厂，熹庙赐名曰安民"。王恭厂灾后改为戎政署。

[7]《明北京城复原图建置资料表》（地图出版社1986年版）第109页：象房在阜财坊象房街北，今宣武门内国会街北。

[8]《京师五城坊巷胡同集》（北京古籍出版社2001年版）第11页：阜财坊还有留守右卫、燕山左卫，以及铁匠胡同、打磨厂、箔子胡同、粪厂等。

[9]《明北京城复原图建置资料表》（地图出版社1986年版）第71页：内西巡捕厅在金城坊内西巡捕厅胡同路北，今巡捕厅胡同；屯马察院在金城坊屯马察院胡同，今屯绢胡同北；提学察院在金城坊提学察院胡同，今学院胡同；巡按察院在金城坊巡按察院胡同，今按院胡同北。

[10]《明北京城复原图建置资料表》（地图出版社1986年版）第76页：惜薪司西厂在金城坊都城隍庙东，今西长安街兴盛胡同；柴炭厂在金城坊刑部街西，今西长安街北。

[11]《京师五城坊巷胡同集》（北京古籍出版社2001年版）第12页还记有应天卫、济州卫新房、龙骧卫街、和阳卫；养济院（住孤老无目人，月给予粮）；王府仓胡同、武衣库等。

[12]《明北京城复原图建置资料表》（地图出版社1986年版）第71页：西城兵马司在咸宜坊西城兵马司北，今兵马司胡同北。

[13]《京师五城坊巷胡同集》（北京古籍出版社2001年版）第11页：咸宜坊还有府军右卫、宽河卫、鹰扬卫；公署厅；西院、勾阑胡同等。

朝天宫西坊有安民厂和西城坊草厂[1]，以及其他配置[2]。河槽西坊有广平库（西新仓，即广备库仓）和阜成厂（竹木厂）[3]，以及其他配置[4]。鸣玉坊无以上配置，但京卫较多[5]。日中坊有台基厂和草厂[6]。

四　在北城七坊内的配置

教忠坊有属中央官署的宝泉局（钱法堂）[7]，地方官署有大兴县署[8]和顺天府学[9]。崇教坊有国子监（图9-35）[10]。昭回靖恭坊有北城兵马司[11]、大兴养济院[12]和兵仗局外

---

[1] A.《明北京城复原图建置资料表》（地图出版社1986年版）第75页：安民厂在朝天宫西坊西直门内路北，今西直门里路北；西城坊草厂在朝天宫西坊广平库南，今前广平库南官园体育场。
B.《日下旧闻考》（二）卷四九第85页引《绥寇记略》："崇祯十一年六月二日，安民厂又灾"，"八月复灾"。

[2] A.《京师五城坊巷胡同集》（北京古籍出版社2001年版）第13页：朝天宫西坊还有椒园厂、指挥营、官菜园等。
B.《京师坊巷志稿》（北京古籍出版社1982年版）第145页："西官园口，官园菜园，疑即坊巷胡同集所称官菜园遗址。"

[3] 《明北京城复原图建置资料表》（地图出版社1986年版）第73页：广平库在河槽西坊北大桥胡同西北，今前后广平库至半壁街之间；第75页：阜成厂在河槽西坊朝天宫北，今猪毛胡同。

[4] 《京师五城坊巷胡同集》（北京古籍出版社2001年版）第12~13页：记有永清左卫胡同、回回厂、茶叶胡同、西分司厅、楝果厂。

[5] A.《京师五城坊巷胡同集》（北京古籍出版社2001年版）第11~12页：记有神武后卫街、燕山卫胡同、供用库胡同。
B.《日下旧闻考》（二）卷四九第786页引《明世宗实录》："嘉靖二年五月，以江彬、钱宁入官房及故保安寺改为燕山府军等卫，凡十五所。"同书卷五一第806页引《明典汇》记保安寺故址"改置神武后卫"。

[6] A.《明北京城复原图建置资料表》（地图出版社1986年版）第74页：台基厂在日中坊西直门大街路北，今西直门大街北；草厂在日中坊西直门大街路北，今西直门大街北，北草厂东。
B.《京师五城坊巷胡同集》（北京古籍出版社2001年版）第12页还记有官菜园、营房桃园。

[7] A.《明北京城复原图建置资料表》（地图出版社1986年版）第64页：宝泉局在教忠坊香胡同南。
B.《日下旧闻考》（二）卷六三第1030页引《春明梦余录》："宝泉局在皇城东北。国初，钱法专属工部宝源局。自天启二年始设户部钱局，以右侍郎督理之，名钱法堂。加炉制造，以济军兴。"宝泉局原为济阳卫仓旧址，同页引《户部册》至清代"门额后有济阳仓万历六年立八字"。

[8] 《明北京城复原图建置资料表》（地图出版社1986年版）第70页："大兴县署在教忠坊顺天府学东北，今大兴县胡同北。"

[9] 《明北京城复原图建置资料表》（地图出版社1986年版）第70页："顺天府学在教忠坊府学胡同路北，今府学胡同路北。"又说："明洪武间为大兴县学，永乐元年改顺天府学。""明洪武间建，永乐九年、十二年重建，宣德三年扩建，正统十一年重建，十三年落成。成化元年又扩建，万历八年再扩建，万历十八年重修。"参见《日下旧闻考》（二）卷六五第1081~1082页。

[10] A.《明北京城复原图建置资料表》（地图出版社1986年版）第64页："国子监在崇教坊方家胡同北，今国子监胡同首都图书馆。元建，明宣德四年重修，正统八年再重修。"嘉靖七年（1528年）增建敬一亭（清乾隆四十八年增建"辟雍泮水"），现存国子监主要是清代建筑。
B.《天府广记》卷三第27页："洪武初，以元国子监为北平府学"，"及太宗永乐元年……仍以府学为国子监"。
C.《京师五城坊巷胡同集》（北京古籍出版社2001年版）第18页记有武德卫营。《京师坊巷志稿》（北京古籍出版社1982年版）第171页引《明一统志》记有："武骧左卫、右卫、龙骧左卫、右卫，俱在崇教坊。"
D.《日下旧闻考》（二）卷五四第860页引《明英宗实录》："正统十年五月，以在京居贤、崇教二坊草场筑仓收粮。"

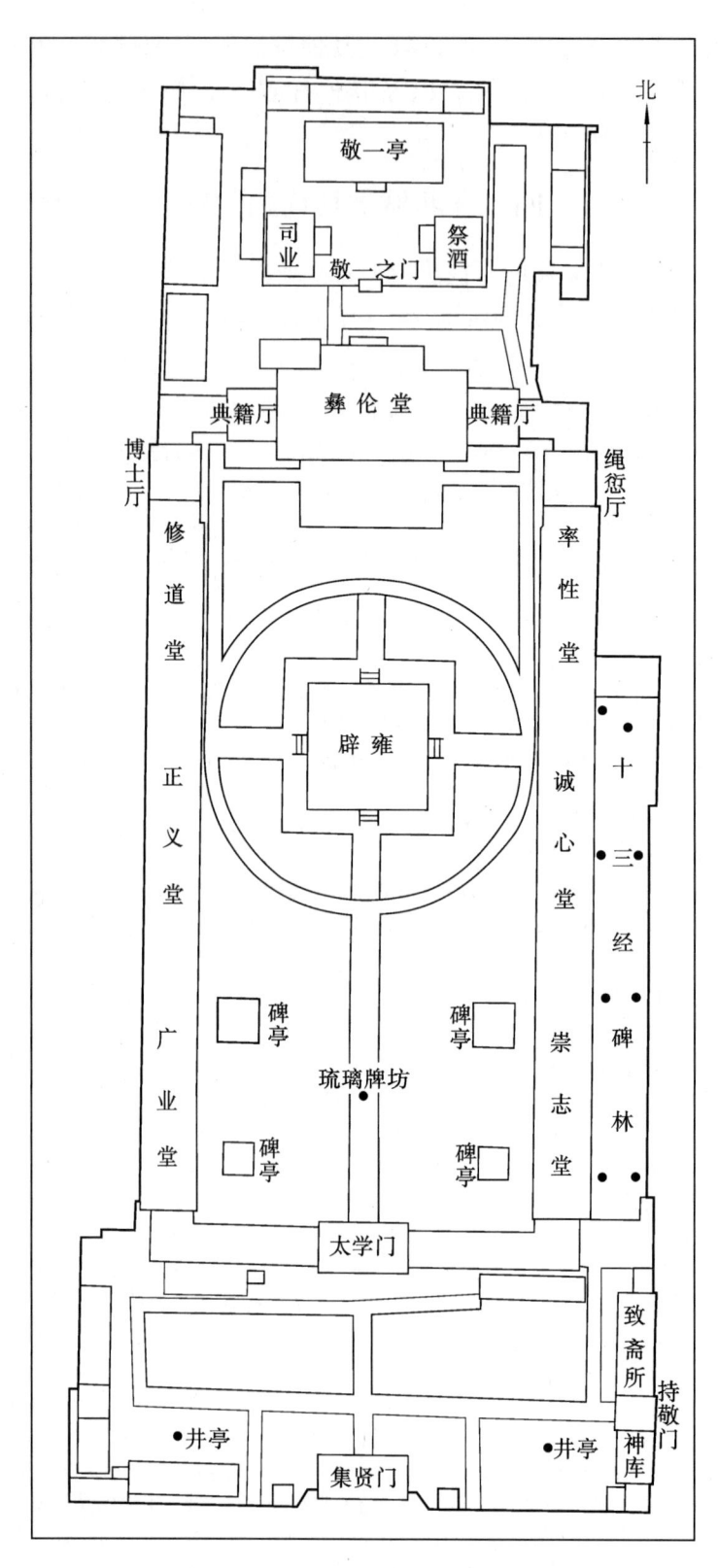

图 9-35 北京国子监平面示意图
（引自国家文物局主编《中国文物地图集·北京分册》，略有改动）

厂[13]。灵椿坊有顺天府署[14]、净车厂和医学外经厂[15]。金台坊有酒醋局外厂[16]。日忠坊有内官署浣衣局[17]、晾马厂[18]和供应厂[19]。发祥坊配置较少。

五　在南城八坊内的配置

正东坊，《京师五城坊巷胡同集》（北京古籍出版社2001年版）记有芦苇园[20]，羊房草场一条至十条胡同，苜蓿园、木厂儿、官菜园等[21]。此外，还有查楼[22]。崇北坊，《京

---

[11]《明北京城复原图建置资料表》（地图出版社1986年版）第70页："北城兵马司在昭回靖恭坊北城兵马司北，今北兵马司胡同北。"

[12]《明北京城复原图建置资料表》第70页："大兴养济院在昭回靖恭坊孤老胡同路北。洪武七年建，天顺元年复建。"

[13]《明北京城复原图建置资料表》第76页："兵仗局外厂在昭回靖恭坊北安门西北，今地安门路北。"

[14] A.《明北京城复原图建置资料表》第70页："顺天府署在灵椿坊顺天府街北，今交道口西北。"
B.《日下旧闻考》（二）卷六五第1077页引《春明梦余录》："顺天府治即元大都路总治旧署也"，"永乐定鼎于此，遂因其署而为顺天府"。

[15]《明北京城复原图建置资料表》（地图出版社1986年版）第75页："净车厂在灵椿坊车辇店路北，今车辇胡同北；医学外经厂在灵椿坊顺天府署西，今大小经厂附近。"

[16] A.《明北京城复原图建置资料表》（地图出版社1986年版）第75页："酒醋局外厂在金台坊赵府胡同路西，今酒醋局胡同北。"
B.《京师五城坊巷胡同集》（北京古籍出版社2001年版）第19页记有腾骧四卫、倒钞胡同、点铜厂街、葡萄园、东绦胡同。
C.《京师坊巷志稿》（北京古籍出版社1982年版）第166页引《芜史》："东绦儿胡同，旧设枪局一处，系京营官军自盔甲安民两厂领出火药并军器，堆积以便教场使用。崇祯戊寅八月初七日卯时大震，延烧草若干垛……"

[17] A.《明北京城复原图建置资料表》（地图出版社1986年版）第74页：晾马厂在日忠坊积水潭南岸，今西海南河沿。
B.《日下旧闻考》（二）第850页引《燕都游览志》："每年三伏日，锦衣卫率御马监官校浴马湖干。"

[18] A.《明北京城复原图建置资料表》（地图出版社1986年版）第62页："浣衣局在日忠坊浣衣局胡同，今蒋养房胡同。"
B.《京师坊巷志稿》（北京古籍出版社1982年版）第155页《芜史》："浣衣局在德胜门西，俗称浆家房。凡宫人年老及有罪退废者，发此居住。""浆家房胡同，浆或讹蒋，俗讹蒋养房。"

[19]《明北京城复原图建置资料表》（地图出版社1986年版）第75页：供应厂在日忠坊海印寺桥北，今三座桥北东煤厂附近。海印寺即大慈恩寺，后废为厂，应即织染所属内承运库。此外，《京师五城坊巷胡同集》（北京古籍出版社2001年版）第19页还有旗房、铸钟厂、司设监外厂、马厂胡同、射所等。《日下旧闻考》（二）卷五四第883页引《春明梦余录》："华严钟厂在德胜门内。旧铸高二丈余，阔一丈余者，尚有十数，仆地上，皆楷书佛经。"同条按语："德胜门东为铸钟厂，其地有真武庙。"

[20]《京师坊巷志稿》（北京古籍出版社1982年版）第187页：芦苇园又称卢草园，"盖前明积草之地，故其北草厂诸胡同皆以是名"，"明时亦于台基厂收芦苇，神木厂收芦苇席"。

[21]《京师五城坊巷胡同集》，北京古籍出版社2001年版，第14页。

[22] A.《明北京城复原图建置资料表》（地图出版社1986年版）第110页："查楼在正东坊正阳门大街东鲜鱼巷北，今肉市广和剧坊。"
B.《京师坊巷志稿》（北京古籍出版社1982年版）第184页引《宸垣识略》："查楼在肉市，明查氏所建戏楼，巷口小木枋，书查楼字，乾隆庚子毁于火，今重建。"重建后，《明北京城复原图建置资料表》（地图出版社1986年版）引《藤阴杂记》称题名广和查楼，"京师戏馆，太平园、四宜园最久，次则查家楼"。

师五城坊巷胡同集》（北京古籍出版社 2001 年版）记有税务分司[1]、神木厂大街[2]、抽分厂[3]等。崇南坊，《京师五城坊巷胡同集》（北京古籍出版社 2001 年版）记有东西（南）巡捕厅[4]、分司厅、递运所等[5]。

正西坊，《京师五城坊巷胡同集》（北京古籍出版社 2001 年版）记有琉璃厂东门[6]，留守卫营和车营儿等[7]。正南坊，《京师五城坊巷胡同集》（北京古籍出版社 2001 年版）记有黑窑厂[8]、正阳门宣课司、西分司厅、养牲所、留守卫营、校尉营等[9]。宣北坊，《京师五城坊巷胡同集》（北京古籍出版社 2001 年版）记有西南巡捕厅、琉璃厂西门、虎房[10]、惜薪司南厂[11]、驯象所营、彭城卫营、将军教场一条至五条胡同，长营儿一条至六条胡同等[12]。宣南坊有南城兵马司[13]，白纸坊有关上述配置者很少[14]。

第六节　邸第和园林在五城中的配置方位

邸第和园林[15]的配置情况，文献记载有限，下面仍按五城诸坊介绍（图 9-2）。

---

[1]《日下旧闻考》（二）卷六三第 1031 页引《明会典》："成化二十一年，令顺天府委佐贰官一员于崇文门宣课分司监收商税。"又引《续文献通考》"弘治元年，差御史、主事各一员于崇文门宣课司监收商税。六年，令崇文门宣课司商税止差主事监收，不必御史巡察"。《旧京遗事》第 21 页："京师九门，皆有课税，而统于崇文门一司。"陈宗藩《燕都丛考》（北京古籍出版社 1991 年版）第 537 页引《顺天府志》崇文门外"跨护城河有桥，曰崇文门桥。桥东，崇文门税务署在焉"，明代宣课司署衙或亦在此处。

[2]《日下旧闻考》（二）卷六二 1042 页记述："工部设五大厂，一曰神木厂，在崇文门外，额发军千名办工。"通过运河运到北京的木材多存于此，沿河占地很长。神木厂大街即今东、西花市大街。

[3]《明北京城复原图建置资料表》（地图出版社 1986 年版）第 77 页：抽分厂在崇北坊抽分厂大街北，今名仍称抽分厂。

[4] 侯仁之主编《北京城市历史地理》（北京燕山出版社 2000 年版）第 149 页"外城设东南巡捕厅于天坛东北南河漕"。

[5]《京师五城坊巷胡同集》，北京古籍出版社 2001 年版，第 16 页。

[6]《明北京城复原图建置资料表》（地图出版社 1986 年版）第 77 页：琉璃厂在正西坊，宣北坊响闸桥南，今和平门南新华街两侧。琉璃厂是工部五大厂之一，专烧琉璃瓦，今和平门外尚有琉璃厂与厂西门的地名。

[7]《京师五城坊巷胡同集》，北京古籍出版社 2001 年版，第 15 页。

[8] 黑窑厂为工部五大厂之一，在今黑窑厂街和窑台一带。

[9]《京师五城坊巷胡同集》，北京古籍出版社 2001 年版，第 15 页。

[10]《明北京城复原图建置资料表》（地图出版社 1986 年版）第 109 页："虎房在宣北坊麻线胡同西，今虎坊桥西。"

[11]《明北京城复原图建置资料表》（地图出版社 1986 年版）第 77 页："惜薪司南厂在宣北坊将军校场五条胡同西，今老墙根北。"

[12]《京师五城坊巷胡同集》，北京古籍出版社 2001 年版，第 16～17 页。

[13]《明北京城复原图建置资料表》（地图出版社 1986 年版）第 72 页："南城兵马司在宣南坊阎王庙西，今兵马司前、后街附近。"

[14]《京师五城坊巷胡同集》（北京古籍出版社 2001 年版）第 17 页：记有嘉菜署（菜户）、官园菜户营、御匠局等。

[15] 明初曾制定严格的舆服制度，不允许百官宅第在"宅前后左右多占地，构亭馆，开池塘，以资游眺"，参见《明史》卷六八《舆服四》。故直至明中叶，私家园林发展迟缓。随着经济的恢复和发展，禁令松弛，奢侈之风渐起。英宗在北京苑囿大兴土木之后，上行下效，民间私园营造方始兴起。参见潘谷西主编《中国古代建筑史》第四卷（中国建筑工业出版社 2001 年版）"元明建筑"第 390 页。

一　在中城内的配置

京城以"东西长安街朝官居住最多"[1]，其有关记载见于中城南薰坊有王皇亲、钱皇亲宅[2]，杨溥第在东安门[3]，仁宗赐衍圣公孔彦缙宅于东安门外[4]，兵部左侍郎商辂赐第南薰里[5]，戴锦衣子寓南薰坊[6]。澄清坊有十王府和诸王馆[7]。明照坊有"张皇亲房"[8]，传有严嵩和严世蕃故宅[9]，以及景泰中太监刘通宅等[10]。仁寿坊有成国公适景园[11]，明戚田氏宅[12]，以及其他宅第[13]。

大时雍坊有翰林编修李宗易第[14]、赵尚书宅[15]、以及其他宅第[16]。小时雍坊有宣城伯第园[17]、衍圣公宅[18]、李东阳宅[19]、以及湛园等其他宅第[20]。积庆坊有陈皇亲宅[21]，

---

[1]《京师坊巷志稿》（北京古籍出版社 1982 年版）第 56 页引《菽园杂记》。

[2]《京师五城坊巷胡同集》，北京古籍出版社 2001 年版，第 5 页。

[3]《京师坊巷志稿》（北京古籍出版社 1982 年版）第 32 页引《翰林记》："宣德中赐杨溥第于东安门。"

[4]《明史》卷二八四《孔希学传》附《孔彦缙传》："仁宗践阼，彦缙来朝"，"遂赐宅东安门外"，《京师坊巷志稿》（北京古籍出版社 1982 年版）第 77 页"据阙里文献考云，在东安门北，遗址无考"。

[5]《京师坊巷志稿》（北京古籍出版社 1982 年版）第 53 页："辂迁兵部左侍郎，兼左春坊大学士，赐第南薰里。"

[6]《京师坊巷志稿》（北京古籍出版社 1982 年版）第 53 页："归有光震川集：戴锦衣传：子寓京师南薰坊。"

[7] A.《明北京城复原图建置资料表》（地图出版社 1986 年版）第 78 页："十王府在澄清坊金鱼胡同南，今东安市场。诸王馆在澄清坊会同北馆东，今东单三条协和医学院。十王府明永乐十五年始建，十八年建成。"李燮平《永乐营建北京宫殿探实》（《紫禁城建筑研究与保护：故宫博物院建院 70 周年回顾》，紫禁城出版社 1995 年版）认为："英宗以后，十王府即被称为'诸王馆'"，"许多明人著作，都称十王邸为诸王馆"。

B.《日下旧闻考》（二）卷四三第 676 页引（《明宣宗实录》）："宣德三年四月，新作公主府三所于诸王邸之南。"现在对十王府（邸）的性质，十王府与诸王馆、诸王馆与公主府的关系，仍未最终明晰。

[8]《京师五城坊巷胡同集》，北京古籍出版社 2001 年版，第 6 页。

[9]《京师坊巷志稿》（北京古籍出版社 1982 年版）第 111 页"灯市口大街"条："熙贝勒府在灯市口，传为明相严嵩故宅。""佟府夹道"条："传云：前明严世蕃故宅也。"

[10]《日下旧闻考》（二）卷四五第 709 页"法华寺"条："明景泰中太监刘通舍宅为寺。"

[11]《明北京城复原图建置资料表》（地图出版社 1986 年版）第 80 页："适景园在仁寿坊马定大人胡同北，今什锦花园附近，后归武清侯李伟。"

[12]《京师坊巷志稿》（北京古籍出版社 1982 年版）第 116 页"铁狮子胡同"条：巷以铁狮为名，"为明戚里田氏物。自田怙宠时，卿大夫之车马日盘桓其间。明亡，田氏死，垂二十年无过者"。

[13]《京师五城坊巷胡同集》（北京古籍出版社 2001 年版）第 6 页记有"马定大人胡同""山青太监胡同"。

[14]《日下旧闻考》（二）卷四九第 774 页引《熊峰集》："翰林编修李宗易建亭于时雍坊居第之后，名曰'午风'"，"园广数亩，缭以周垣"。

[15]《京师坊巷志稿》（北京古籍出版社 1982 年版）第 61 页"西长安街"条引《明史·奸臣传》："西苑造新阁，不以时告，成帝一日登高，见西长安街有高甍，问谁宅？左右曰：'赵尚书新宅也。'"

[16]《京师五城坊巷胡同集》（北京古籍出版社 2001 年版）第 6 页记有"叶堂宅"。

[17] A.《明北京城复原图建置资料表》（地图出版社 1986 年版）第 78 页："宣城伯第园在小时雍坊太仆寺街北，今背阴胡同路北。"

B.《日下旧闻考》（二）卷四四第 694 页引《燕都游览志》："宣城第园在灵济宫前，府第中园也。众木参天，夹竹桃二大树。层台高馆，不下数十，张席者日无虚地。"同书卷五一第 805 页引《燕都游览志》："宣家园在阜成门内，旧为宣城伯卫公别业，旁多宅宇，外有菜园百塍。（转后页）

以及前述之镇国府。[18][19][20][21]

二 在东城内的配置

明时坊有杨氏泌园[22]、傅家东西园[23]、张家园[24]、房家园[25]、方家园[26]，以及其他园林[27]。黄华坊有"方家园"[28]、"冉附马宜园"[29]、"陈家园"和"郝家亭子"[30]，以及其他宅第[31]。东城其他诸坊宅第园林较少[32]。

---

* （接前页）后属之焦鸿胪，称焦园，又属之毛户部，称毛园。"

[18] 《明北京城复原图建置资料表》（地图出版社1986年版）第78页："衍圣公宅在小时雍坊太仆寺街北，今太仆寺街路北，天顺初从东安门北迁此。"

[19] A.《明北京城复原图建置资料表》第78页："李东阳宅在小时雍坊李阁老胡同路北，今李阁老胡同北。明弘治间建。"
B.《日下旧闻考》（二）卷四四第688页引《渌水亭杂识》："李长沙赐第在西长安门西，俗呼李阁老胡同是也"；引《长安客话》"李文正公东阳赐第在灰厂小巷李阁老胡同"；引《帝京景物略》"李文正赐第久析为民居。嘉靖乙酉，麻城耿公定向首议赎还为公祠"。

[20] A.《京师坊巷志稿》（北京古籍出版社1982年版）第82页引《春明梦余录》："古云山房，米太仆万钟之居也。"
B.《日下旧闻考》（二）卷四四第688页引《燕都游览志》："湛园即米仲绍先生宅之左。先生自叙曰：岁丁酉，居长安之苑西，为园曰湛。"同卷第689页引《燕都游览志》："袁伯修寓近西长安门，有小亭日抱瓮，伯修所自名也。"
C.《日下旧闻考》（二）卷四三第687页引《燕都游览志》："朝爽楼在双塔寺后，吕氏园中楼也。"

[21] 《明北京城复原图建置资料表》第77页："陈皇亲宅（即陈万言宅）在积庆坊红罗厂街南，今弓弦胡同北。陈万言乃嘉靖肃皇后之父，嘉靖二年建。"

[22] 《明北京城复原图建置资料表》（地图出版社1986年版）第80页："杨氏泌园在明时坊泡子河西岸，今泡子河西。"

[23] 《明北京城复原图建置资料表》第80页："傅家东西园在明时坊泡子河北岸，今泡子河西。"

[24] 《明北京城复原图建置资料表》第80页："张家园在明时坊泡子河南北岸，今泡子河南、北。"

[25] 《明北京城复原图建置资料表》第80页："房家园在明时坊泡子河东南，今泡子河南。"

[26] 《明北京城复原图建置资料表》第81页："方家园在明时坊泡子河南岸，今泡子河南。"

[27] A.《日下旧闻考》（二）卷四六第720页引《帝京景物略》："泡子河南岸有方家园、张家园、房家园，北岸有张家园、傅家东西园，中吕公堂，西杨氏泌园，东玉皇阁，北去贡院里许。"
B.《京师五城坊巷胡同集》（北京古籍出版社2001年版）第8页记有"成安伯胡同""建平伯胡同"。

[28] 《明北京城复原图建置资料表》第80页："方家园在黄华坊禄米仓北，今芳嘉园东斗母宫附近，后废改为净业庵。"

[29] A.《明北京城复原图建置资料表》第80页："冉驸马宜园在黄华坊石大人胡同路北宝源局东，今外交部街路北。明正德间建，原为仇鸾府第园，后归成国公，又归冉附马。"
B.《日下旧闻考》（二）卷四八第764~765页。
C.《京师坊巷志稿》，北京古籍出版社1982年版，第102~103页。

[30] 《明北京城复原图建置资料表》第80页："陈家园和郝家亭子在黄华坊东院北，今东总布胡同北。"

[31] A.《京师五城坊巷胡同集》（北京古籍出版社2001年版）第9页记有"石大人胡同""蒋大人胡同""杨仪宾胡同""遂安伯胡同""史家胡同"。
B.《京师坊巷志稿》（北京古籍出版社1982年版）第102页引《春明梦余录》："宝源局在石大人胡同，石亨旧宅"，引《明史·石亨传》"帝命所司为亨营第，既成，壮丽踰制"。同书第103页遂安伯陈志（永乐元年五月丁亥封世袭）第或在遂安伯胡同。

三　在北城内的配置[1]

日忠坊园林甚多，有虾菜亭[2]、莲花社[3]、漫园[4]、湜园[5]、杨园[6]、王园[7]、定园（太师圃）[8]、刘茂才园[9]、镜园[11]、方园[12]、英国公新园[13]。环什刹海稻田和菜园等较多[14]，日忠坊北部还有些邸宅[15]。发祥坊、金台坊、灵椿坊和崇教坊宅第乏见[16]。昭

---

[1] A.《京师五城坊巷胡同集》（北京古籍出版社2001年版）第9页思诚坊记有"把台大人胡同"，南居贤坊记有"王驸马胡同"，曰"陈昂家胡同""门楼胡同""汪家胡同"。同书第10页北居贤坊记有"杨二官胡同""永康侯胡同""王大人胡同"。以上或与宅第有关。
B.《京师坊巷志稿》（北京古籍出版社1982年版）第103页引《燕都游览志》："园亭之在东城者，曰梁氏园、曰杨舍人泌园、曰张氏陆舟园、曰恭顺侯吴国华园、曰英国公张园、曰成国公适景园，后归武清侯李，曰万驸马曲水园、冉驸马宜园。"
C.《日下旧闻考》（二）卷四八第764～765页。
上述诸园有的尚不明确位置，有的将在下文中介绍。

[2]《明北京城复原图建置资料表》（地图出版社1986年版）第78页："虾菜亭在日忠坊积水潭西北，在今西海西河沿板桥三条北小铜井附近。"《日下旧闻考》（二）卷五三第855页引《燕都游览志》："虾菜亭在莲花社西，一藩隔之，水部戴大园建。"

[3] A.《明北京城复原图建置资料表》（地图出版社1986年版）第79页："莲花社在日忠坊积水潭西北，今西海西河沿板桥三条北小铜井附近。"又说明代积水潭西北角较现在偏西，三条胡同可能仍在水中。
B.《日下旧闻考》（二）卷五三第855页引《燕都游览志》："莲花社有亭在水关西，今倾圮。"

[4]《明北京城复原图建置资料表》（地图出版社1986年版）第79页："漫园在日忠坊积水潭东岸，今西海东河沿东。"《日下旧闻考》（二）卷五三第857页引《燕都游览志》："漫园在德胜门积水潭之东，米仲诏先生所构；中有阁三层。先生尝为湛园、勺园，及此而三。"

[5]《明北京城复原图建置资料表》（地图出版社1986年版）第79页："湜园在日忠坊积水潭东岸，今西海东河沿东。"《日下旧闻考》（二）卷五三第859页引《燕都游览志》："湜园者，太守苗公君颖别业也，西面望湖。"

[6]《明北京城复原图建置资料表》（地图出版社1986年版）第79页："杨园在日忠坊积水潭东岸，今西海东河沿东。《日下旧闻考》（二）卷五三第859页引《燕都游览志》："杨园在湜园稍南，杨侍御新创。"

[7] A.《明北京城复原图建置资料表》（地图出版社1986年版）第79页："王园在日忠坊积水潭东岸，今西海东河沿东。"
B.《京师坊巷志稿》（北京古籍出版社1982年版）第157页引《帝京景物略》："西望之，漫园、湜园、王园也，望西山，宜朝。"

[8] A.《明北京城复原图建置资料表》（地图出版社1986年版）第79页："定园在日忠坊积水潭南岸，今西海南河沿南。"
B.《日下旧闻考》（二）卷五三第857～858页引《燕都游览志》："定国徐公别业，从德胜桥下右析而入，额曰太师圃。前一堂，堂后纡折至一沼，地颇疏旷。沼内翠盖丹英，错杂如织。沼北广榭，后拥全湖，高城如带，庭有垂柳，袅袅拂地，婆娑可玩。堂左右书室，西筑高台，耸出树杪，眺望最远，滨湖园为第一。"

[9] A.《明北京城复原图建置资料表》（地图出版社1986年版）第79页："刘茂才园在日忠积水潭南岸，今西海南河沿南。"
B.《日下旧闻考》（二）卷五三第858页引《燕都游览志》："刘茂才园，创三楹北向，无南荣，东累级而降，下作朱栏小径。北轩二楹，南有小沼种莲，北扉当湖东，有书室，上作平台。此地居湖中。乃南北最修处，所以独胜。"

昭回靖恭坊有肃宁府（魏良卿宅）[17]，教忠坊有英国公园（张园）等。

四　在西城和南城内的配置

西城诸坊宅第和园林，文献记载较少[18]。

---

[10]　A.《明北京城复原图建置资料表》（地图出版社 1986 年版）第 79 页："镜园在日忠坊积水潭南岸，今西海南河沿南。"

B.《日下旧闻考》（二）卷五三第 858 页引《燕都游览志》："孝廉刘百世别业，堂三楹，南有广除，眺湖光如镜，故名镜园。下有路，委折临湖。门作一台，望山色遥青可鉴。台下地最卑，眺湖较远，今属冉都尉。"

[11]　A.《明北京城复原图建置资料表》（地图出版社 1986 年版）第 79 页："方园在日忠坊积水潭西岸，今西海西河沿板桥三条北。"

B.《日下旧闻考》（二）卷五三第 858 页引《春明梦余录》："相国方公园在城北水关西"；"元石湖寺在德胜门内北湖旁，后为方阁老园"。同页按语说："方园据太平庵，崇祯七年碑末记云，本庵东有园地八丈九尺，东至方家园南，西并至湖边，北至城路。"同书第 857 页引《燕都游览志》"太平庵在净业寺北。循城垣有桥，桥下为水关"，水"南流注入大湖，岸左为庵"。又据《五城寺院册》的《杨方盛重修太平庵碑记》记庵在德胜门西不半里。是方园应在积水潭北岸水关附近。

[12]　徐苹芳资料表第 80 页，英国公新园在日忠坊银锭桥南，今银锭桥南。

[13]　A.《日下旧闻考》（二）卷五三第 850 页引《燕都游览志》："积水潭水从德胜桥东下，桥东偏有公田若干顷、中贵引水为池，以灌禾黍……一望无际。"同书卷五四第 882 页引《帝京景物略》：三圣庵后筑观稻亭，"南人于此艺水田"，"不减江南"，三圣庵在今后海北河沿，上述稻田临此庵。同卷第 881 页：龙华寺（今甘水桥胡同什刹海后海北岸），"寺门稻田千顷，南客思乡者数过之"。

B.《京师坊巷志稿》（北京古籍出版社 1982 年版）第 158 页引《客燕杂记》："德胜门水次，稻田八百亩，以供御用，内监四十人领之。"

C.《日下旧闻考》（二）卷五四第 878 页所述李长沙、（李东阳）西涯十二咏（西涯为李东阳幼时故居，在北安门之北）中，越桥和钟鼓楼之西什刹海岸边有稻田、菜园、莲池等。

[14]　《京师坊巷志稿》（北京古籍出版社 1982 年版）第 164 页引《芜史》："冯保之弟佑宅在果子市街南。惠安伯张元善住街北"，"魏忠贤亦有第在街南"。

[15]　A.《京师五城坊巷胡同集》（北京古籍出版社 2001 年版）第 19 页"发祥坊"条记有张皇亲街。

B.《京师坊巷志稿》（北京古籍出版社 1982 年版）第 154 页"发祥坊正觉寺"条记"寺为明珰韩谅赐宅，成化间舍宅为寺"。

[16]　《明北京城复原图建置资料表》（地图出版社 1986 年版）第 78 页："肃宁府在昭回靖恭坊局儿胡同北，今肃宁府胡同路北（图 9-28）。"

[17]　A.《明北京城复原图建置资料表》（地图出版社 1986 年版）第 80 页："英国公园在教忠坊铁狮子胡同路北，今张自忠路北。"此外，《日下旧闻考》（二）卷四八第 764 页引《畿辅通志》："曲水园在大兴县东，明驸马万炜建。园中有松花石，其半尚存本质"；引《帝京景物略》"驸马万公曲水家园，新宁远伯之故园也"。

B.《京师坊巷志稿》（北京古籍出版社 1982 年版）第 117 页将该园列入大兴县胡同。《京师五城坊巷胡同集》（北京古籍出版社 2001 年版）第 18 页教忠坊记有马将军胡同。

[18]　A.《京师五城坊巷胡同集》（北京古籍出版社 2001 年版）第 11 页记阜财坊有驸马街和史刚家胡同。《京师坊巷志稿》（北京古籍出版社 1982 年版）第 72 页引《寄园寄所寄》记有嘉靖京师大盗朱国臣杀石驸马街周皇亲事。《京师五城坊巷胡同集》（北京古籍出版社 2001 年版）第 12 页记金城坊有广宁伯胡同、许游击胡同、赵府大人胡同、曲子胡同等。（转后页）

*南城宅第和园林乏见，仅正东坊和宣北坊有少量记载。[19] 此外，据明人史玄《旧京遗事》（北京古籍出版社 1986 年版）记载："勋戚邸第在东安门外，中官在西安门外，其余卿、寺、台、省诸郎曹在宣武门，冠盖傅呼为盛也"，可见宣武门一带亦为官僚邸第区之一。

第七节　坛庙、钟鼓楼和寺观的配置方位

台而不屋为坛，设屋而祭为庙。祭坛和祠庙是封建统治者礼制化和政治化的重要设施，因而具有特殊的意义和地位。明灭元后，恢复和继承汉族文化传统，制定了一系列的礼制和礼仪，坛庙备受重视。其中左祖右社拟在皇城中介绍，余者则在本节中略作概述。鼓楼和钟楼虽然不属坛庙范畴，但也是明北京城内中轴线上的重要配置，故在此一并略述之。

一　坛庙

（一）天坛

永乐十八年（1420 年）按历代传统，将天地坛建于都城之阳七里略偏东处（南属阳位，故祭天于南郊），并依洪武时期南京大祀坛规制合祀天地（图 9-36）[20]，其主殿大

---

* （接前页）B.《京师坊巷志稿》（北京古籍出版社 1982 年版）第 136 页引《明史·功臣世表》，说"广宁伯刘荣，永乐十九年七月封，追进侯"，其故居当在广宁伯街。同书第 138 页"武定侯胡同"条引《明史·功臣世表》记"武定侯郭英，洪武十七年封，传爵至培民，崇祯甲申城陷死，其第疑在此"。同书第 74 页"邱子胡同（曲子胡同）"条引《金陵对泣录》记崇祯时有许锦衣宅。《京师五城坊巷胡同集》（北京古籍出版社 2001 年版）第 13 页记朝天宫西坊有高官人胡同和荀子园。

C.《日下旧闻考》（二）卷五一第 805 页引《燕都游览志》："月张园在阜成门内，傍城垣下。"

D.《京师坊巷志稿》（北京古籍出版社 1982 年版）第 150 页将月张园列入西直门南顺城街，故该园似在朝天宫西坊。《京师五城坊巷胡同集》（北京古籍出版社 2001 年版）第 12 页记鸣玉坊有泰宁侯胡同、武安侯胡同、西帅府胡同。

[19] A.《明北京城复原图建置资料表》（地图出版社 1986 年版）第 81 页："李皇亲新园（武清侯李伟建），在正东坊金鱼池北，今金鱼池北。"《京师五城坊巷胡同集》（北京古籍出版社 2001 年版）第 16 页记崇南坊有韦公、宁公庄、南花园。《明北京城复原图建置资料表》（地图出版社 1986 年版）第 78 页记，杨椒山寓宅在宣北坊接待寺东南，今智桥胡同南；同书第 81 页记梁园在宣北坊桥北，今梁家园。

B.《京师坊巷志稿》（北京古籍出版社 1982 年版）第 247 页引《一统志》"梁家园，明时都人梁氏建"，引《春明梦余录》"梁园在京城之西南废城边，引凉水河入其中"。同书第 217 页引《明史·宦官传》"魏忠贤生祠，顺天府尹李春茂建之宣武门外"。同书第 253 页记明嘉靖间建叙州会馆在后铁厂（近琉璃厂）。《京师五城坊巷胡同集》（北京古籍出版社 2001 年版）第 16~17 页记有郑家园、马官人胡同。

C.《日下旧闻考》（二）卷五九第 968 页引《燕都游览志》记"槐楼在报国寺左，武清侯李公别业"。

[20]《日下旧闻考》（二）卷五七第 915 页引《春明梦余录》："天坛在正阳门之左，永乐十八年建，缭以垣墙，周回九里十三步，初遵洪武合祀天地之制，称为天地坛，后既分祀，乃专称天坛。"

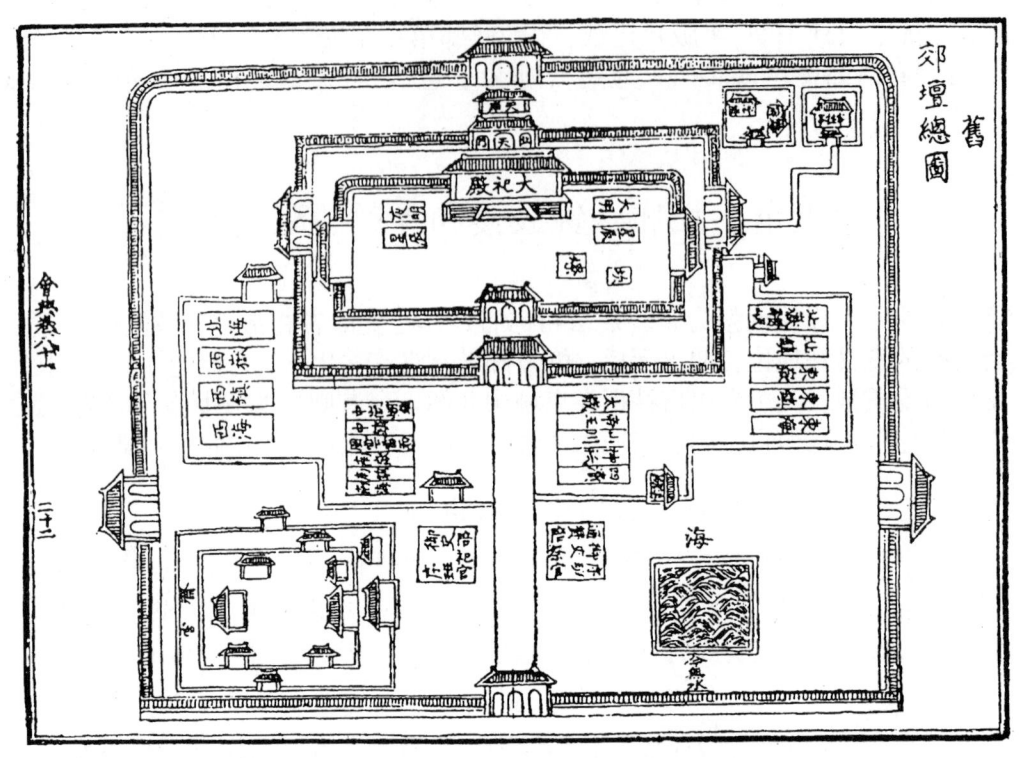

图 9-36 《大明会典》载永乐十八年北京天地坛图

祀殿即在今祈年殿处。嘉靖九年（1530 年）以为合祭天地于殿内不合古制，改为分祀天地[1]。于是在大祀殿正南方新建祭天圜丘，改天地坛为天坛[2]，并在北京城北、东、西城外另建地坛、日坛和月坛，又将原在大祀殿建筑群下大台基两侧和前方的山川、太岁、镇、岳、海、渎诸坛迁至大道西侧的山川坛内[3]。嘉靖九年在圜丘之北建皇穹宇，形成圜丘一组建筑群。嘉靖二十四年在拆大祀殿的基址上建成仿古代明堂之制的大享殿（又称泰享殿，清乾隆十六年改称祈年殿），形成大享殿一组建筑。嘉靖三十二年建外城后，天坛形成内外二重坛墙形制[4]，从此形成定制（图 9-37）。入清之后虽经几次大修和改建（后文有说），但规制未大变。天坛是我国现存古代祭祀建筑中，最能代表中国古代祭祀建筑和中国古代建筑群规划布局水平的完整实例，1961 年被定为全国重点文物保护单位。

天坛在永定门内大街东侧，隔街与先农坛对峙（图 9-2）。天坛是圜丘和大享殿的总

---

[1] 《日下旧闻考》（二）卷五七第 915~916 页引《明典汇》。
[2] 《日下旧闻考》（二）卷五七第 922 页引明《嘉靖祀典》："嘉靖十三年二月奉旨：圜丘，方泽今后称天坛、地坛。"
[3] 《傅熹年建筑史论文集》（文物出版社 1998 年版）第 370 页论述：永乐十八年时的天地坛，"在大祀殿外重壝墙的前方和两侧又有由壝墙围成的两个曲尺形小院，内设太岁、山川、海、渎、镇、岳等小坛二十座"。《大明会典》卷八一《郊祀一》"合祀"条。
[4] 傅熹年的《明、清北京天坛》（《中国古代城市规划、建筑群布局及建筑设计方法研究》上册第 49~53 页）对明代天坛四个阶段的规划和形制布局有较详细的论述。

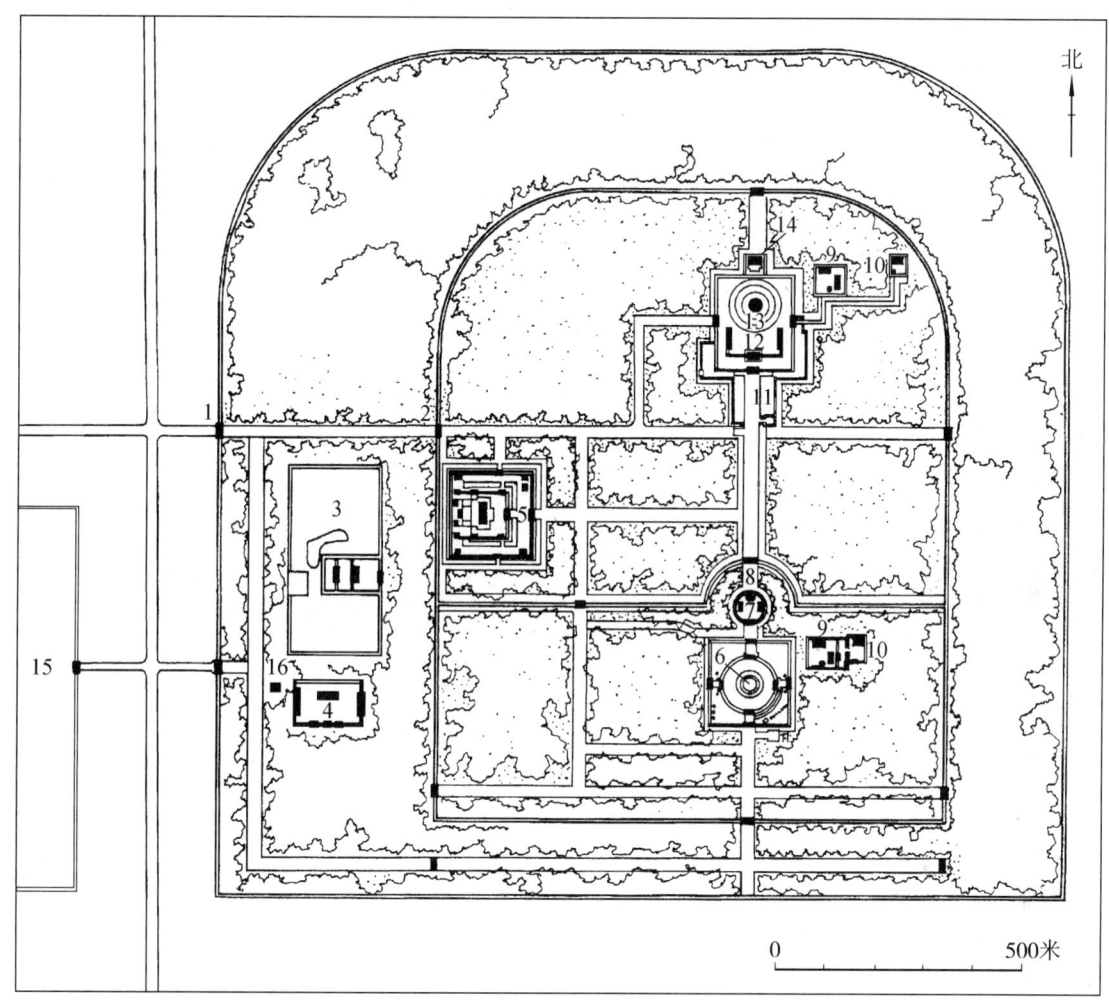

图 9-37　北京天坛总平面图
(引自傅熹年《傅熹年建筑史论文集》，略有改动)
1. 坛西门　2. 西天门　3. 神乐署　4. 牺牲所　5. 斋宫　6. 圜丘　7. 皇穹宇　8. 成贞门
9. 神厨神库　10. 宰牲亭　11. 具服台　12. 祈年门　13. 泰享殿　14. 皇乾殿　15. 先农坛

称，占地面积很大[1]，内外两重坛墙环绕。外重墙南北为 1650 米，东西为 1725 米，内重墙南北为 1228 米，东西为 1043 米；围墙平面南方北圆，象征天圆地方。坛墙始建时是土墙，上加木椽挑檐（清乾隆十二年，墙两侧包砖，并减少出檐）。外坛墙开坛西门，内坛墙东、西各开二门；南北墙东偏各开一门，两门连线为内坛南北轴线。轴线南为圜丘和皇穹宇（圜丘东有神厨神库和宰牲亭）建筑群，其北为隔墙，有成贞门通向北部大享殿（南有具服台，北有皇乾殿，其东有神厨神库和宰牲亭）建筑群。两组建筑之间（大享殿中心南至成贞门约 491.9 米），以高出地面 3.35 米、宽 29.4 米、长 361.3 米的高甬道（俗称丹陛桥）相连，甬道两侧包砖，中间铺条石御路并用条砖海墁（又名海墁大道）。天坛主要出入口为坛西门，入门后有一条 0.5 公里长的东西大道，穿过内坛墙西天门后直抵高甬道。此外，还有内坛墙西天门内道南的斋宫，外坛墙西门内道南的神乐署等次要建筑（图

---

[1] 潘谷西主编《中国古代建筑史》第四卷（中国建筑工业出版社 2001 年版）"元明建筑"第 121 页："天坛总面积二百七十三公顷，约四倍于北京故宫紫禁城。"

9-37）。天坛面积广大，建筑配置疏朗，轴线分明，形制简洁，色彩庄重，在浓密的柏林掩映之中，营造出祭祀所需的宁静肃穆的非凡环境。

嘉靖九年营建的圜丘为三层圆坛（每年冬至日"大祀"祭天之处，图9-38），上层面径5.9丈，中层面径9丈，下层面径12丈，上层和中层高8.1尺。圜丘二重壝墙，内壝圆形，直径31.11丈（按周长97.15丈折算）；外壝方形，每面宽51.21丈（按周长204.85丈折算）[1]。每层面径、台高、壝墙高的尺寸均用五、九为基数或尾数（九五之尊）。各层周围栏板柱子皆青色琉璃（清改为白玉石），壝墙四面各辟白玉石棂星门，南三、东西北各一，共六座，附近还有其他附属建筑[2]。

圜丘之北皇穹宇（在祈年殿正南约700米），是存放圜丘祭天时使用的"昊天上帝"牌位之所。嘉靖九年初建时称"泰神殿"，嘉靖十七年改名"皇穹宇"，为圆形重檐屋顶建筑（清乾隆时改为单檐攒尖顶）。该殿外形简洁，色调雅素，内部八根楠木金柱为明代原物，柱身满绘红地金花缠枝莲尚保存明代彩画特点（近年已毁）。柱上有弧形阑额，组成一环，上用鎏金斗拱承托天花，状如伞架，逐层升高，斗拱与天花浑然一体，其结构和艺术上都是成功的杰作。皇穹宇外有圆形围墙，南面开三座琉璃顶砖券门（图9-39），围墙

---

[1] A.《天府广记》第60~61页"明天坛"条。
    B.《日下旧闻考》（二）卷五七第922~923页"圜丘"引康熙《大清会典》（按康熙时圜丘尚是明代原状），参见注下注。

[2]《天府广记》第60~61页"明天坛"条记载：嘉靖九年圜丘"坛制一成面径五丈九尺，二成面径九尺，高八尺一寸，三成面径十二丈，高八尺一寸。各成面砖用一九七五阳数，及周围栏板柱子皆青色琉璃，四出陛各九级，白石为之。内壝圆墙九十七丈七尺五寸，高八尺一寸，厚二尺七寸五分。棂星门六，正南三，东西北各一。外壝方墙二百四丈八尺五寸，高九尺一寸，厚二尺七寸，棂星门如前。又外围方墙为门四：南曰昭亨、东曰泰元、西曰广利、北曰成贞。内棂星门南门外东南砌绿瓷燎炉，旁毛血池，西南望灯台，长竿悬大灯。外棂星门南门外左设具服台，东门外建神库、神厨、祭器库、宰牲亭。北门外正北建奉（泰）神殿，后改为皇穹宇，藏上帝太祖之云神版，翼以两庑，藏从祀之神牌。又西为銮驾库，又西为牺牲所，北为神乐观，北曰成贞门，外为斋宫，迤西为坛门"。《春明梦余录》所记与之相同。

现在圜丘是清乾隆十四年、十八年两次改建后的情况。《傅熹年建筑史论文集》（文物出版社1998年版）第373、402页介绍现存情况：圜丘白石砌成三层圆台，下层底径54.5米，中层径38.5米，上层径23.5米。两重坛墙，内坛墙圆形，直径约104.1米，外坛墙正方形，边宽约167.6米，内外坛墙高均1米余。墙四面各建白石棂星门、内外二重共八座，原有朱漆栅栏形门扇。圜丘尺寸大于嘉靖九年所建圜丘。孙大章主编《中国古代建筑史》第五卷（中国建筑工业出版社2002年版）"清代建筑"第15页说，清乾隆十四年大规模改造天坛，主要有两个方面。一是改换瓦件，围墙墙身包砖。如将祈年殿三色琉璃瓦改为纯青色琉璃瓦。皇穹宇、皇乾殿、祈谷坛门楼、祈年殿两庑、圜丘外壝墙绿色瓦改为青色瓦。整个圜丘坛原用青琉璃的地面及栏板俱改为艾叶青石及汉白玉石成造。二是改变圜丘坛的平面尺寸，使之更符合礼制数理要求。如三层台径皆取一三五七九阳数数列，每层台面铺地皆为九环，每环为九的倍数，取阳数之极。三层台基栏板共360块，以应周天三百六十度之意。每层台基踏步皆为九步，整个设计充满了表示帝王统驭天下的阳数之极。《日下旧闻考》（二）卷五七第922~923页引《大清会典》。

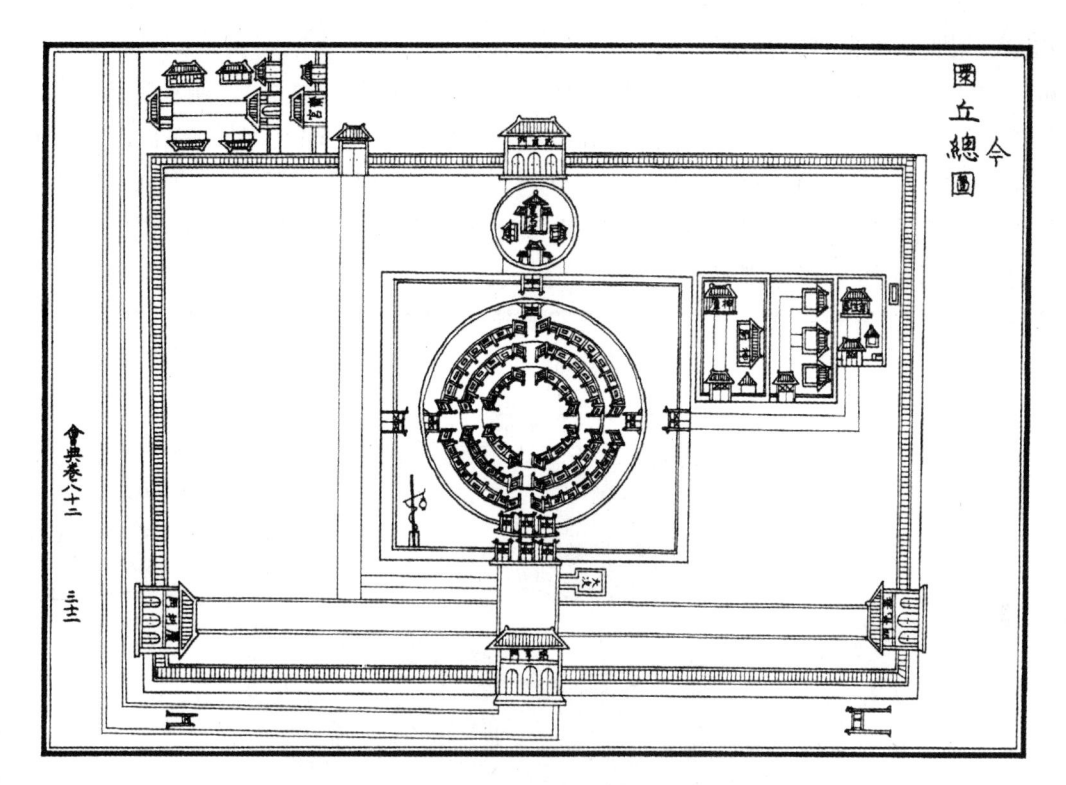

图 9-38 《大明会典》载嘉靖"圜丘总图"

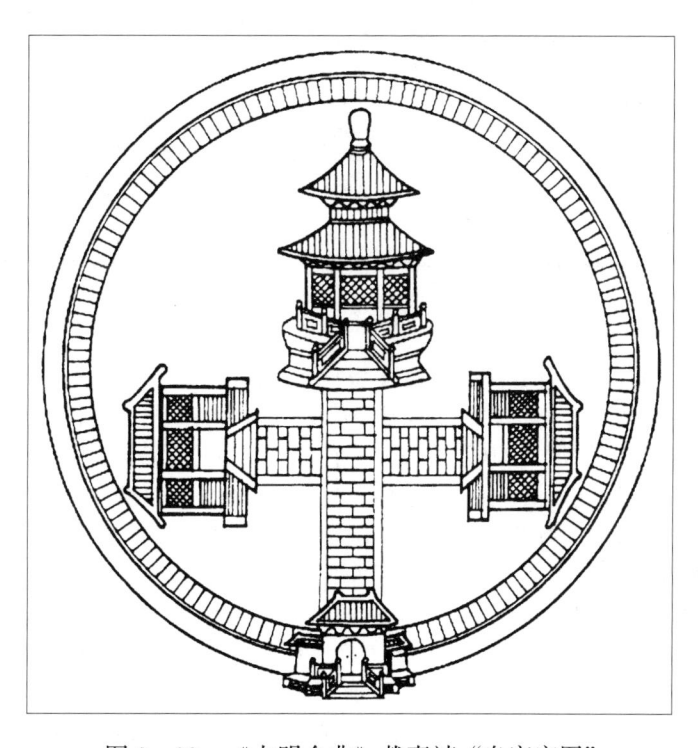

图 9-39 《大明会典》载嘉靖"皇穹宇图"

直径 63 米，即著名的"回音壁"[1]。

祈年殿（每年正月第一个辛日"祀皇天上帝"，"为民祈谷"之处），明初称大祀殿，平面呈长方形，面阔十二间。嘉靖二十四年改为圆形、三层檐（图 9-40、图 9-41），屋瓦上、中、下三层分用青、黄、绿三色（象征天、地、万物），上为金顶[2]。清乾隆十六年（1751 年）名祈年殿，屋顶全部改用蓝色琉璃瓦。清光绪十五年该殿毁于雷火，现存祈年殿是光绪十六年按原式重建的。祈年殿是天坛中体量最大的建筑物，是整个天坛建筑群的重心[3]。

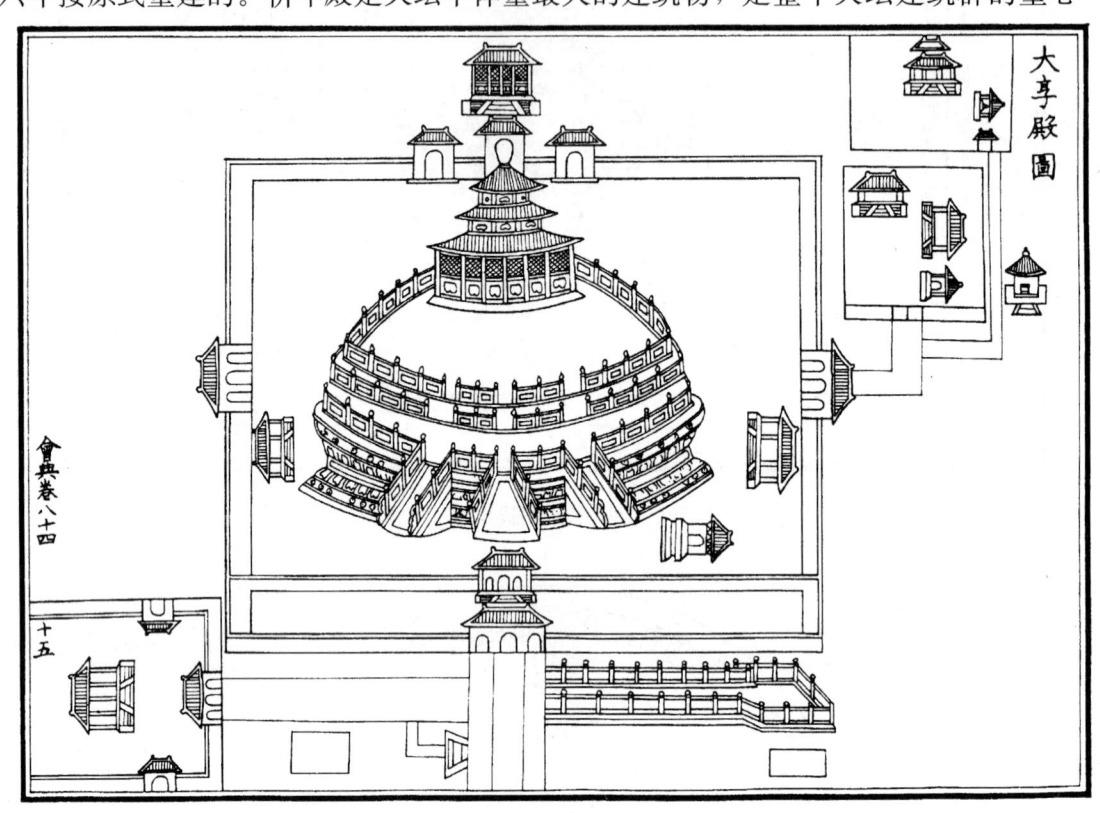

图 9-40　《大明会典》载嘉靖"大享殿图"

---

[1]《傅熹年建筑史论文集》（文物出版社 1998 年版）第 402 页。

[2]《日下旧闻考》（二）卷五八第 933 页引《春明梦余录》。《傅熹年建筑史论文集》（文物出版社 1998 年版）第 374 页云："嘉靖二十四年建成的大享殿，下部是一底径 91 米的三重石台，称祈谷坛，上建直径 24.5 米圆形三重檐攒尖顶的大享殿。殿周围同在高台上的门、庑基本沿用永乐旧规制，经改建或重修，沿用至今。"

[3]《傅熹年建筑史论文集》（文物出版社 1998 年版）第 400～401 页介绍了现存祈年殿的形制：祈年殿"建在一个与丹陛桥同高的砖砌台子上，台子东西宽约 163.2 米，南北长约 187.5 米，沿台顶边缘有一圈高仅 2 米的矮墙，四面各开一门，均砖石拱券门。南门内还有一座面阔五间单檐庑殿兰瓦顶的祈年殿门，下有白石台基和栏杆，门内左右有东西庑各九间。庭中间偏北在中轴线上有一座直径 90.9 米、高约 6 米的三层汉白玉石的圆形基座，叫'祈年坛'，坛中央建祈年殿。殿平面也是圆形，直径按柱中心计为 24.5 米，高约 38 米，上覆三重檐的蓝琉璃瓦屋顶，下檐装有格扇、槛窗和蓝色琉璃的槛墙。殿身用内外二圈檐柱和金柱，每圈十二根，承托下层和中层腰檐；中部另加四根巨大的龙井柱承托上檐和屋顶，柱高达 19.2 米，柱身满绘红地金花的缠枝莲。龙井柱间有四根弧形的阑额，每额上立两根瓜柱，共为十二根，以承托顶上的圆形天花、金色藻井和屋顶构架。据记载，祈年殿在设计时极力附会和象征古代一些说法，如圆形平面及蓝色瓦顶象征天，（转后页）

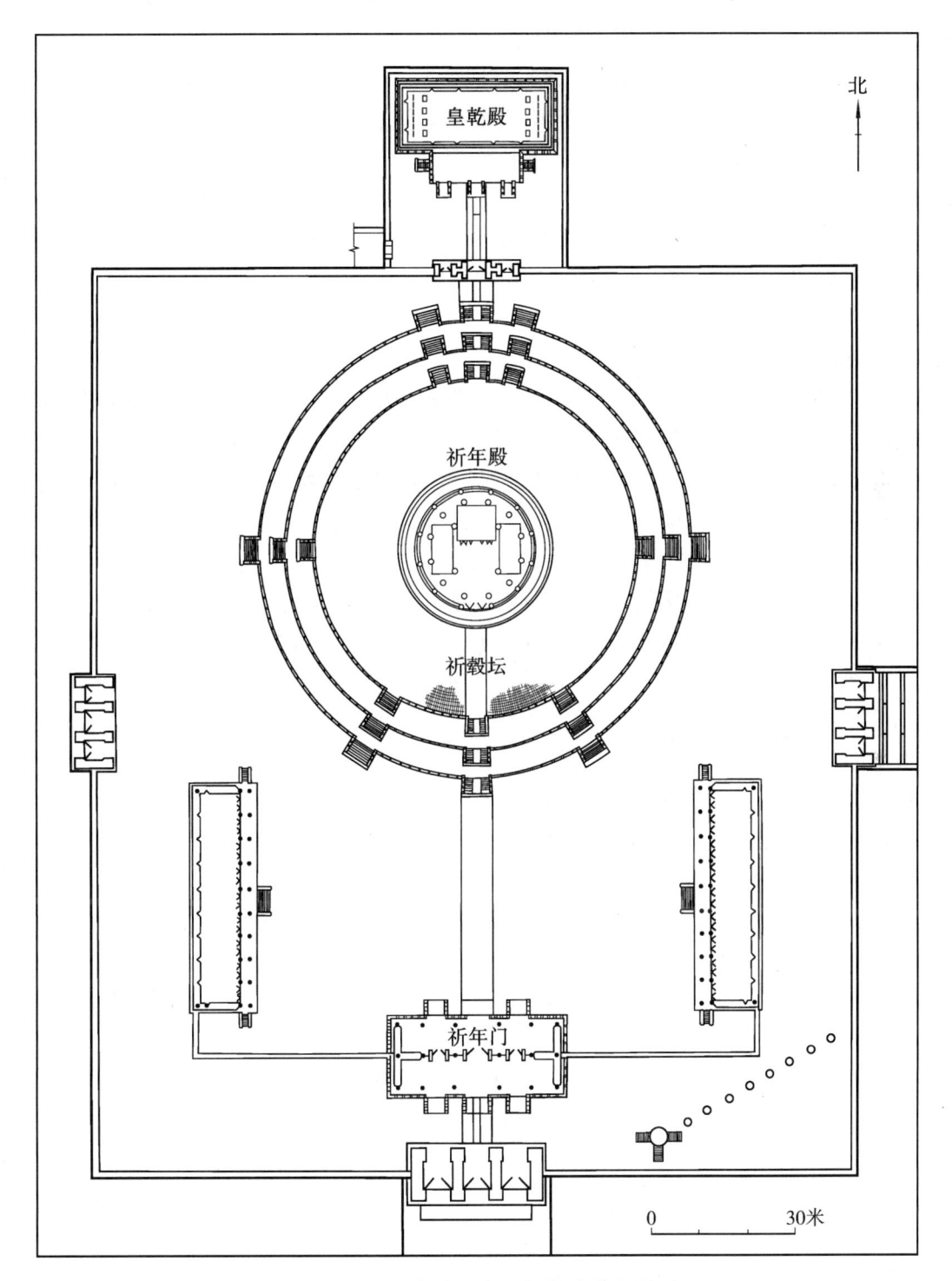

图 9-41　明嘉靖二十四年创建大亨殿图
（引自傅熹年《中国古代城市规划、建筑群布局及建筑设计方法研究》，略有改动）

大享殿前有门，清称祈年门，仍为明代原物（面宽五间三门庑殿琉璃瓦顶）。大享殿后有皇乾殿（藏神版），其与大享殿的关系恰如皇穹宇与圜丘的关系。*

斋宫（明代原物，是皇帝祭天前斋戒的地方），外有两重围墙和城壕，戒备森严。外壕内岸四周有回廊一百六十三间，宫东南正殿为七间砖券结构"无梁殿"式建筑。正殿月台上有斋戒铜人亭（铜人高一尺五寸，手执牙简、上书致斋天数，以示告诫）和时辰牌位亭，殿后寝殿五间，东北隅有钟楼一座。

综上所述，天坛从总体到细部都极力施展各种建筑艺术手段，并把中国古代对天的理解和想象转化为建筑语言，终于使天坛成为我国历史上思想性最强和艺术性最高的建筑群之一[4]。

（二）其他诸坛与庙祠

山川坛、先农坛和太岁坛等共在一处，位于永定门内大街西侧，东与天坛相对，现统称为先农坛。山川坛，永乐十八年建，"缭以垣墙，周回六里"，"嘉靖十一年，即山川坛为天神地祇二坛"（图9-42）。同年建神祇坛于"先农坛内垣外之东南"，"东为天神坛"，"西为地祇坛"。太岁坛在山川坛内，先农坛之东北，嘉靖十一年改建（或曰十年）。先农坛在山川坛内西南隅，太岁坛西南，先农坛东有旗纛庙（图9-43）[5]。

先农坛是皇帝行躬耕藉田典礼，祭祀神农的地方，"永乐中建"。坛方形一层，方广四丈七尺，"石包砖砌"，高四尺五寸，四出陛，石阶九级。祭时坛上张黄幄，奉先农。坛"西为瘗位，东为斋宫、銮驾库，东北神仓，东南具服殿。台南为耤田"。此外，还有一些附属设施[6]。

除上所述，还有环城的地坛、日坛和月坛。地坛又名方泽坛，在安定门外东隅（图9-44），坐南面北，嘉靖九年建[7]。朝日坛（日坛）在城东朝阳门外（图9-45），夕月坛在城西阜成门外（图9-46），均建于嘉靖九年[8]。

庙祠之中，首推太庙，拟在皇城中介绍。其余庙祠大致方位略述如下。文庙又称孔庙，

---

* （接前页）四根龙井柱象征四季，十二根金柱象征十二个月，十二根檐柱象征十二辰等"。"此殿结构雄壮，构造精巧，室内空间层层增高，向中心聚拢，外形轮廓由逐层收缩的台基、屋檐及锥形圆顶造成强的向上的感觉，确实是力图以向上的趋势表现出与天相接的气氛。""不论从建筑结构还是从建筑艺术上看，祈年殿都有极高的价值，表现出古代匠师的高度智慧和丰富的创造力。它是我国现存古建筑中的瑰宝之一。"

[4] 潘谷西主编《中国古代建筑史》第四卷"元明建筑"，中国建筑工业出版社2001年版，第124页。
[5] 《日下旧闻考》（二）卷五五第891～894页记述了各坛的位置、年代、形制等有关情况。
[6] 先农坛的形制和结构，参见《日下旧闻考》（二）卷五五第891～894页关于先农坛诸项记载，潘谷西主编《中国古代建筑史》第四卷（中国建筑工业出版社2001年版）"元明建筑"第133～134页"先农坛"条。
[7] 地坛的形制、结构和相关情况，参见《日下旧闻考》（三）卷一〇七第1778～1780页"方泽坛"条，潘谷西主编《中国古代建筑史》第四卷（中国建筑工业出版社2001年版）"元明建筑"第130～131页。
[8] 日坛和月坛的形制、结构和相关情况，参见《日下旧闻考》（三）卷八八第1492～1493页"朝日坛"条，同书卷九六第1600～1601页"夕月坛"条；潘谷西主编《中国古代建筑史》第四卷（中国建筑工业出版社2001年版）"元明建筑"第126～127页。

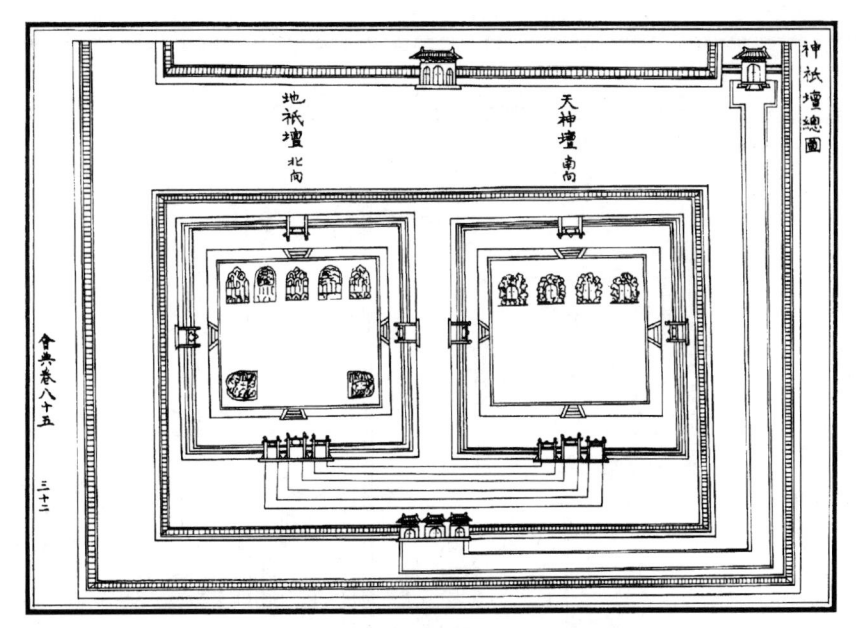

图 9-42 《大明会典》载嘉靖神祇坛总图

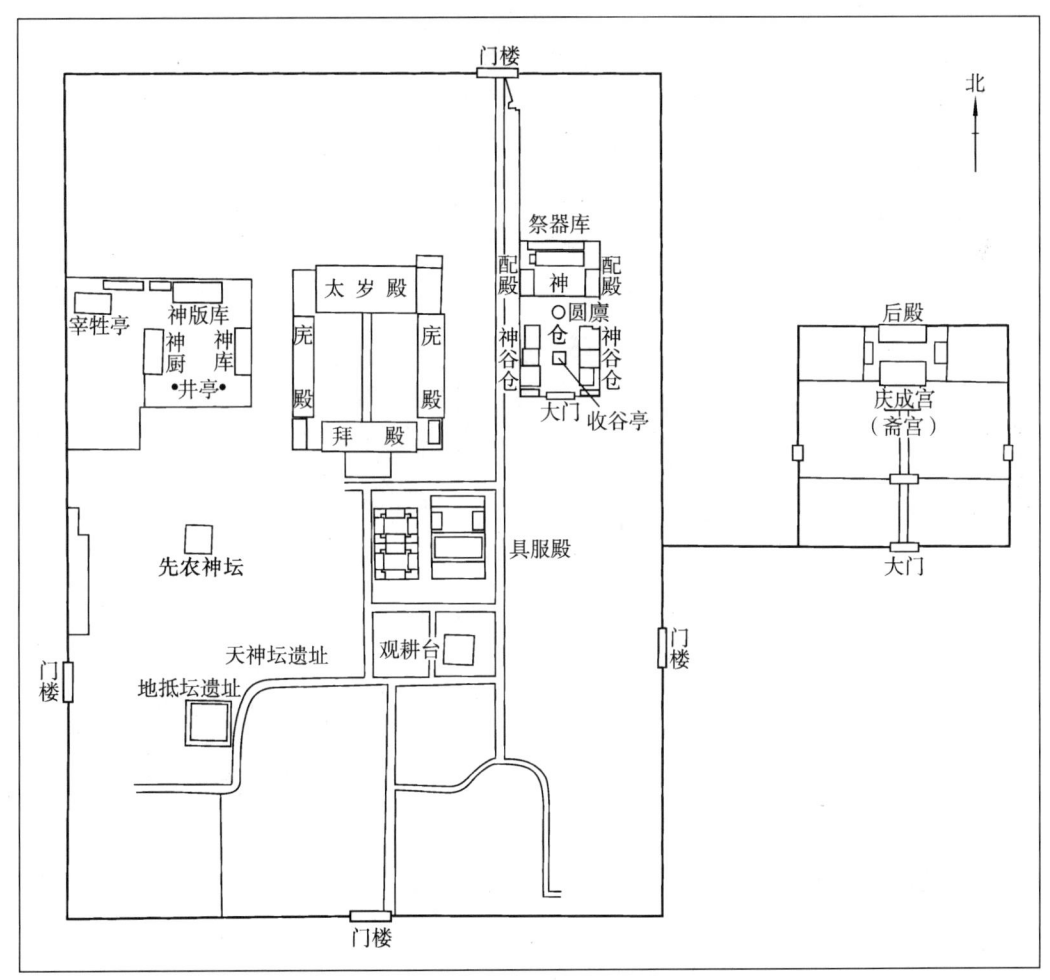

图 9-43 北京先农坛平面示意图
(引自国家文物局主编《中国文物地图集·北京分册》，略有改动)

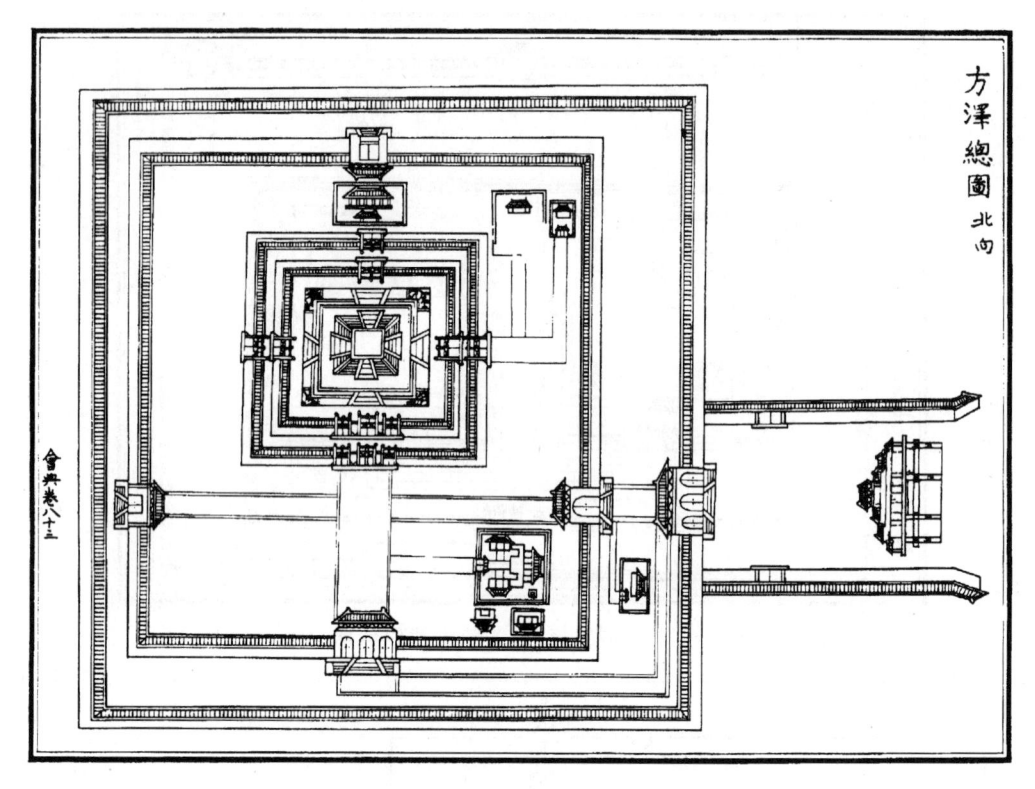

570 宋代至清代都城形制布局研究

图 9-44 《大明会典》载嘉靖"方泽总图"

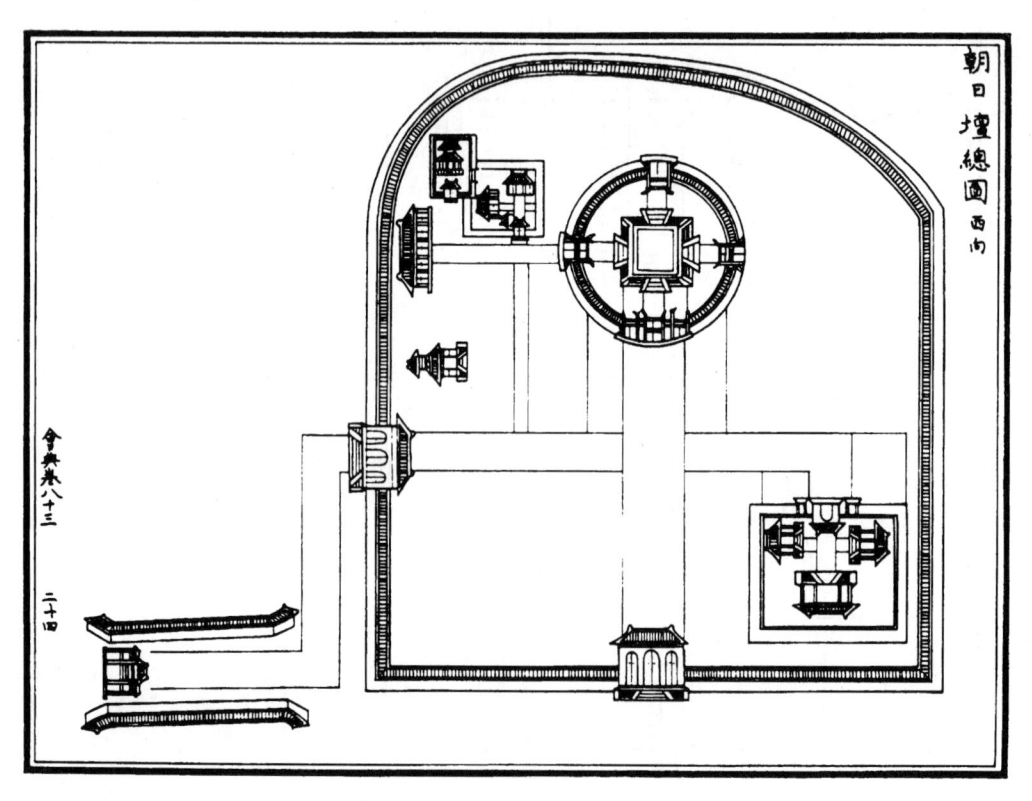

图 9-45 《大明会典》载"朝日坛总图"

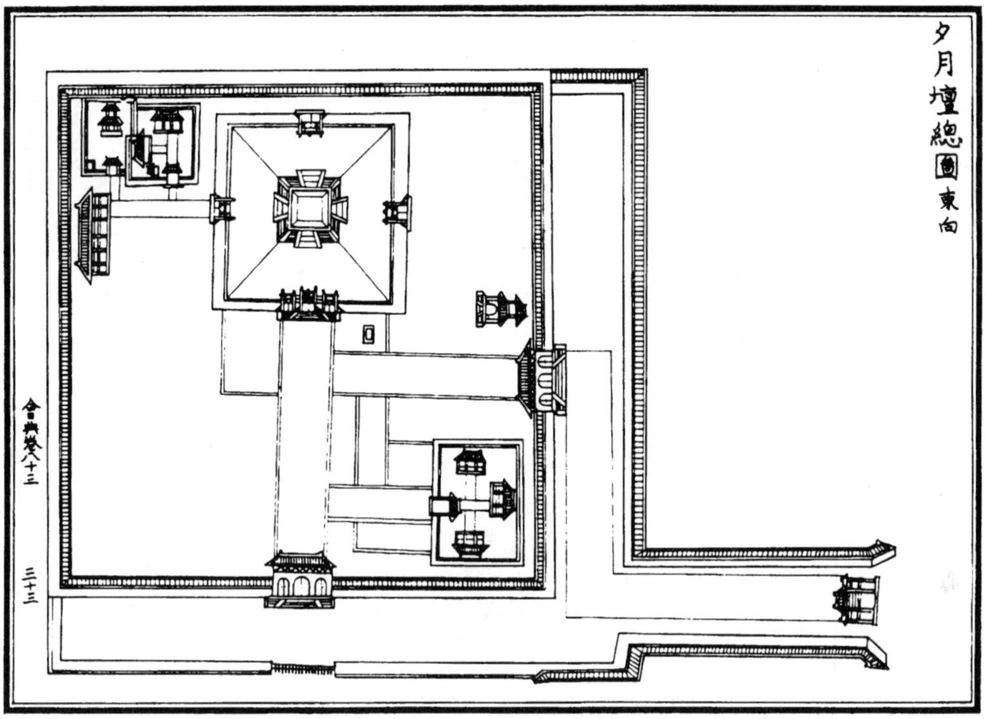

图 9-46　《大明会典》载"夕月坛总图"

在崇教坊国子监东，今国子监胡同路北，即元文宣王庙，明永乐九年重新整活，宣德四年（1429 年）修大成殿，嘉靖九年改大成殿为先师庙，大成门为庙门，现存孔庙为清代建筑（图 9-47）。顺天府文庙在教忠坊府学胡同（今府学胡同），永乐元年，宣德三年重修，正统十一年再修。文丞相（文天祥）祠在教忠坊府学胡同，洪武九年建，宣德四年扩建，正统间重修。于少保祠（忠节祠）在明时坊裱褙胡同（今西裱褙胡同路北），万历间建。北极真武庙在昭回靖恭坊海子桥东北，今帽儿胡同，永乐十三年建，成化十三年修，正德二年改为灵明显佑宫[1]。灵济宫在安富坊宣城伯后墙街路北，今灵境胡同，永乐十五年建，成化二十二年重建，崇祯间渐废（该宫祀徐知证及其弟知谔）[2]。白马关帝庙在

---

[1]《京师坊巷志稿》（北京古籍出版社 1982 年版）第 161 页："京师所祭者九庙。真武庙永乐十三年建，以祀北极佑圣真君。正德二年改为灵明显佑宫，在海子桥之东。"程敬琪等《北京传统街坊的保护刍议——南锣鼓巷四合院街坊》（《建筑历史研究》第二辑，中国建筑科学研究院建筑情报研究所出版）中说：在"乾隆京城图"上，显佑宫的布局情况较为完整清晰。即"宫之平面为长方形，东西宽约 65 米，南北长约 110 米，庙门前置三间四柱七楼式牌楼一座，庙门为歇山顶三间券门，院墙上庙门东西各设便门一座。入庙门后，东西雁翅门各一座，又东西设钟鼓楼各一座。显佑门为五间设台基，东西有八字墙。入内有前殿五间，至正中有正殿五间，重檐歇山，崇基石栏，三出陛，中九级，东西七级，配殿五间，殿前各设碑亭一座，至后有歇山顶五间后殿一座。宫门与正殿系黑琉璃瓦顶，余屋为灰瓦、红柱、彩画。宫中供奉真武。西邻为真人府。"旧时传说有块汉白玉，石上隐刻有梅枝，梢上有眉月，故居民习惯称之为"梅梢月"，是建庙时的旧物。"现此处已建住宅楼，仍有石狮一对，弃于路旁。"显佑宫"雍正九年重修"。

[2]《日下旧闻考》（二）卷四四第 691～693 页"灵济宫"条。

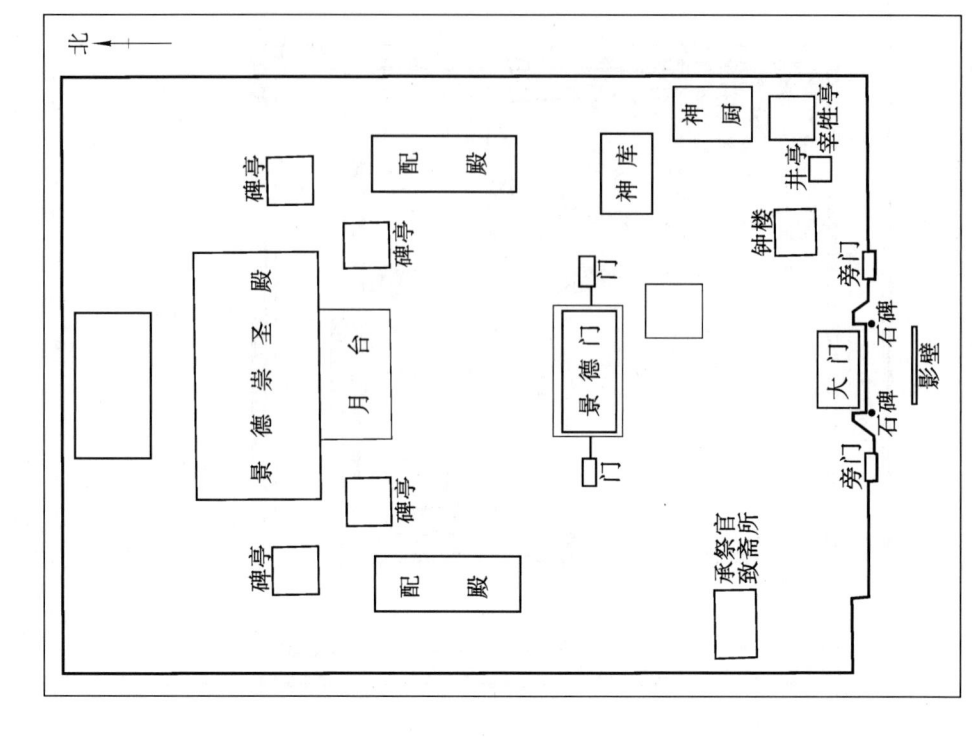

图 9-48 北京历代帝王庙平面示意图
（引自《中国文物地图集·北京分册》，略有改动）

图 9-47 北京孔庙平面示意图
（引自《中国文物地图集·北京分册》，略有改动）

积庆坊皇墙北大街路北，今地安门西大街，洪武间建，成化十三年修（又称汉寿亭侯庙）。历代帝王庙在鸣玉坊阜成门大街马市桥东，今阜成门内大街路 171 号，明嘉靖九年建，十年建成。清康熙四年（1665 年）、雍正七年（1729 年）和乾隆二十九年（1764 年）重修（图 9-48）。都城隍庙在金城坊鹫峰寺街北，今成方街北，元建，明永乐间重修，正统十二年重建，嘉靖二十七年毁于火，重建；万历三年重修。元世祖庙在金城坊，洪武十年建[1]。此外，还有三忠祠（祀张铨、高邦佐、何廷魁三人），在南城宣北坊西斜街，今上斜街东口路北，天启四年建[2]。除上所述，还有京师太仓庙，先牧神祠（朝阳门外还有东岳庙，元建，明重修）和姚广孝影堂像（参见后文大兴隆寺条）等。

二　鼓楼和钟楼

鼓楼在北京城中轴线北端（图 9-2），永乐十八年建，嘉靖十八年毁于雷火，二十年重建，以后历经修缮，保存至今。鼓楼构造近似城楼，下砌砖墩台，中间开门洞，台上建重檐歇山顶城楼，楼身面阔五间，进深三间十椽，四周加一圈回廊，构成下檐。由于墩台顶部未建垛口，而做出一圈腰檐和平坐，鼓楼外观遂成为二层三滴水的楼阁形式。鼓楼下层墩台，自下脚计，面宽 48.73 米，进深 29.19 米，墩台之高，自下脚计至上层砖铺地面为 19.19 米。鼓楼上层城楼面阔 42.61 米，进深 22.93 米。鼓楼上部楼身东西宽 38.11 米，进深 18.45 米，高度从上檐大额枋下皮距楼内地平为 9.78 米（图 9-49）。

钟楼在鼓楼之北约百米，前后相重，永乐十八年建，后毁于火。清乾隆十年重建，十二年建成。明代钟楼上部可能是木构建筑，乾隆重建时改为砖券结构。钟楼现存形制，平面方形，下为墩台。墩台上建重檐歇山屋顶钟楼楼身，形制近似于明清各陵的碑亭。墩台每面 31.36 米左右，正中各开一宽 6.08 米券顶门洞，在墩台内部形成一十字交叉的券顶通道。在二方向券道交叉处做成一方井，向上穿过墩台通到楼身地面（或供提升铜钟至楼上之用，或利用拱券增强钟声）。墩台之高，大约是墩台宽度的一半。墩台顶建楼身，平面正方形，下有高 3.30 米须弥座式台基。楼为砖砌拱券结构，墙身平面方 22.26 米，各面开一宽 4.81 米券洞门。门内为宽 6.10 米、高 7.68 米的筒壳，在中心十字相交处升高，形成高 14.40 米的东西向筒壳，其下建木架悬挂铜钟。楼身外轮廓，自地面至下檐檐口之高为 11.64 米；自此下檐檐口上至上檐正脊当沟瓦处高 11.31 米，二者共高（即自地面至屋顶正脊底部）22.95 米。由于钟楼是正方形，故其下的墩台和台上的楼身都由四个或八个立方体组成，设计巧妙（图 9-50）[3]。

---

[1]《日下旧闻考》（二）卷五〇第 791~792 页引《明一统志》："元世祖庙在金城坊，洪武十年建"；引《明会典》："元世祖庙，洪武初建。每岁二八月中旬，择日遣顺天府官祭，嘉靖二十四年罢。"

[2] 以上诸庙方位，参见徐苹芳《明北京城复原图建置资料表》（地图出版社 1986 年版）；诸庙情况参见《日下旧闻考》（二）有关各项记载。

[3] 鼓楼和钟楼的形制结构，见傅熹年《中国古代城市规划、建筑群布局及建筑设计方法研究》上册，中国建筑工业出版社 2001 年版，第 168~170 页。又张宁《关于北京城传统中轴线的历史考察》（《中国古都研究》第十三辑——中国古都学会第十三届年会论文集）一文，引王灿炽《元大都钟鼓楼考》的结论，他们都认为元大都的钟鼓楼的位置即今钟鼓楼所在地。这个意见尚未为学术界普遍接受，仅供参考。

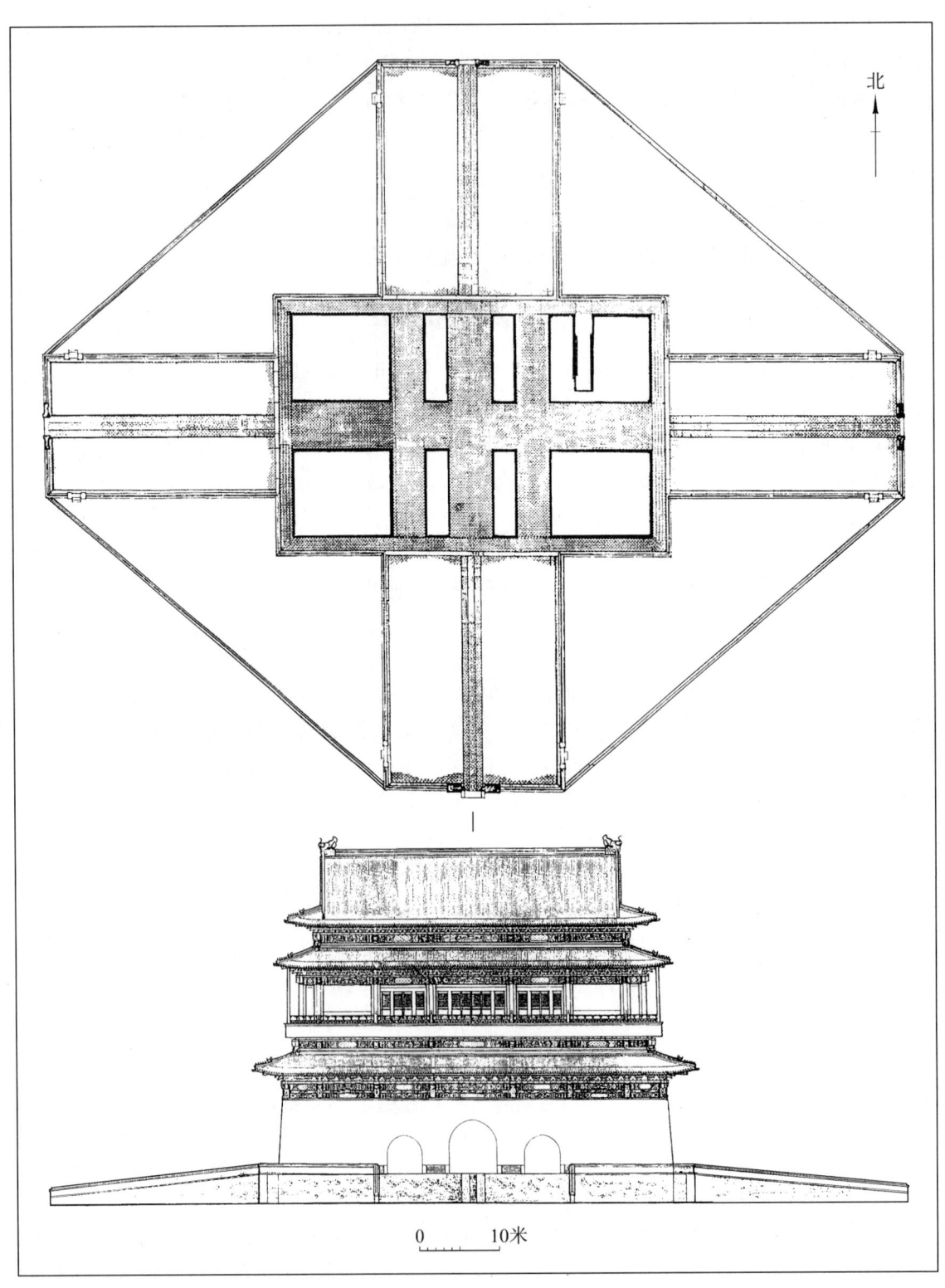

图 9-49 北京鼓楼平面、立面图
（引自傅熹年《中国古代城市规划、建筑群布局及建筑设计方法研究》，略有改动）

平面图

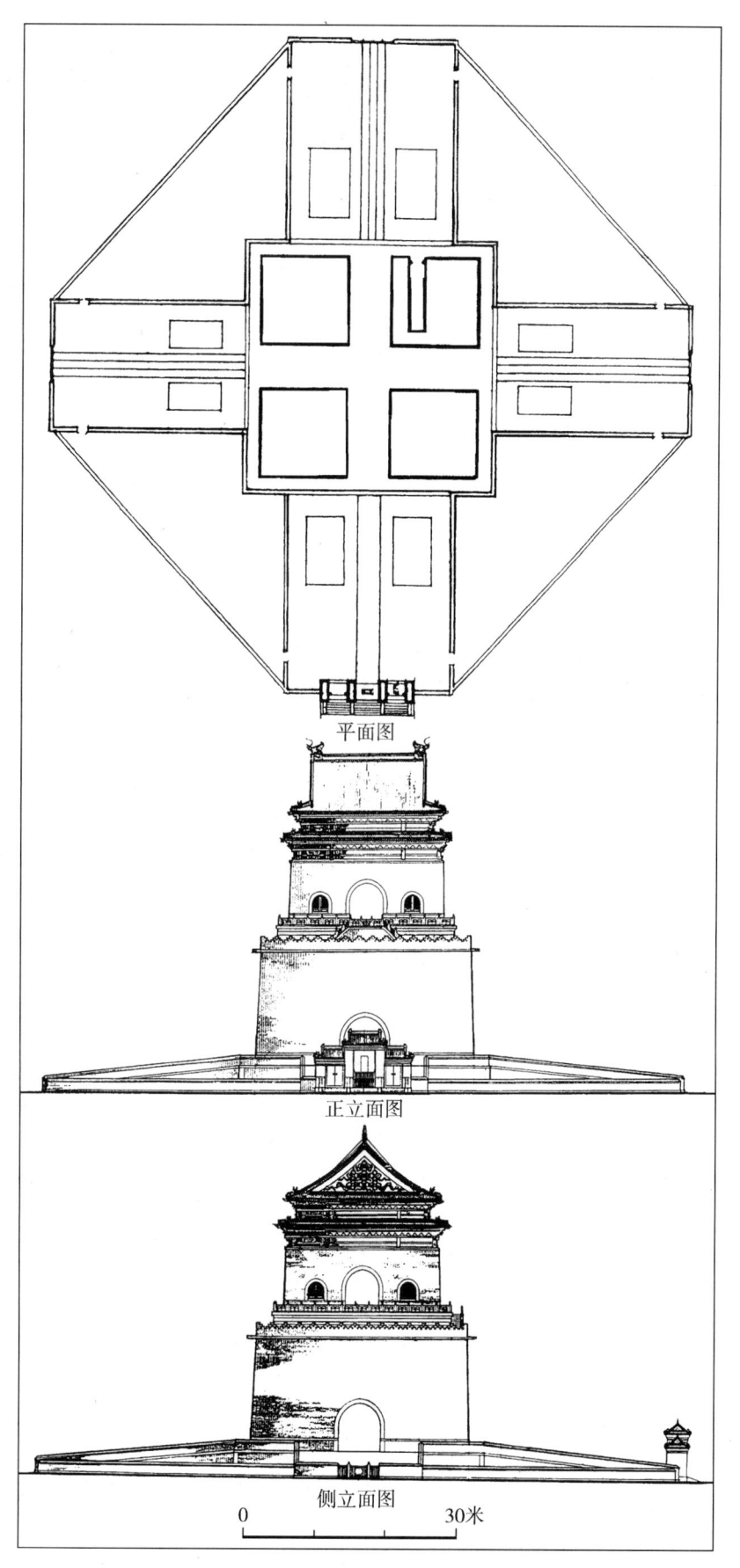

正立面图

0　　30米

侧立面图

图 9-50 北京钟楼平面、立面图

（引自傅熹年《中国古代城市规划建筑群布局及设计方法研究》，略有改动）

三　寺观

　　明初至宣德间对寺观有所限制[1]，故这个阶段新建寺观较少，明北京城内寺观以前代留存者为主。正统以后，除部分皇家兴建的大寺观外，宦官和达官显贵私建寺观逐渐增多[2]，到成化中"京城内外敕赐寺观已至六百三十九所"，仅西山就有三百七十寺[3]。西山寺数是否在639所寺观数目之中尚不清楚，加之明人修缮或改建寺观多更名[4]，文献所记寺观有限，故难窥明北京城寺观全豹。在这种情况下，拟求其次，仅以手头可收集到的351所寺观为基数（此数超过639所之半，若639所含西山370寺，则351所应基本是明北京城内寺观数）[5]，依其所在方位，以示明北京五城诸坊寺观分布概况。

　　中城九坊，中城东部五坊中南薰坊观庙2、澄清坊寺观庙3、保大坊寺庙庵5[6]、明照坊寺庙2、仁寿坊寺3所[7]。中城西部四坊，大时雍坊庙2、天主堂1[8]，小时雍坊寺

---

[1]《国朝典汇》卷一三四"释教"条记载：洪武六年"令府州县只存大寺观所，并其徒而处之，择有戒行者领其事，若请给度牒，必须考试精通经典者，方许。又以民家多以女子为尼姑女冠，自今四十以上者听，未及者不许"。《菽园杂记》卷五记载：永乐十五年，"近有不务祖风者，仍于僻处私建庵观，僧尼混处，屡犯宪章"，故"命礼部榜示天下，俾守清规，违者必诛"。宣德年间，再次重申上述两次政令。

[2]《日下旧闻考》（二）卷四五第710页引《明典汇》："自正统至天顺，京城内外建寺二百余区。"

[3]《日下旧闻考》（二）卷六〇第986～987页："（朱彝尊原按）都城自辽金以后，至于元，靡岁不建佛寺，明则大珰无人不建佛寺。梵宫之盛倍于建章万户千门。成化中，京城内外敕赐寺观已至六百三十九所，见周尚书洪谟奏疏中。王宫保廷相诗云，西山三百七十寺，正德年中内臣作。则所建可类推矣。迨万历初，孝定皇太后营造愈众，而一经修建，寺额辄更，如悯忠、静宁相去甚迩，同更曰崇福，后人之考证实难。"

[4] 见前注[3]。

[5] 本书所收351所寺观，以徐苹芳《明北京城复原图建置资料表》（地图出版社1986年版）第81～108页寺观项所收248所寺观为主，兼及《日下旧闻考》（二）卷四三至六一"城市"条，张爵撰《京师五城坊巷胡同集》（北京古籍出版社2001年版）、朱一新撰《京师坊巷志稿》（北京古籍出版社1982年版）所记248所以外寺观。

[6] 保大坊有舍饭幡竿寺，在明代弓弦胡同，今双辇胡同。《日下旧闻考》（二）卷四三第676～677页引《明武宗实录》："幡竿寺本永乐年建，日给光禄粟米三石，后府属卫月办柴薪万二千五百斤，煮饭施贫民"；又引《明世宗实录》："嘉靖元年正月，四川道监察御史郑本公请出钱赈济京师冻饿穷民。户部议，朝廷旧设养济院，穷民各有记籍，无籍者收养蜡烛、幡竿二寺，衣布薪米厨料约岁费万金，所存活甚众。""明代施赈，止蜡烛，幡竿二寺"，清代康熙三十二年重建，改名兴福禅林。《京师坊巷志稿》（北京古籍出版社1982年版）第79页引《芜史》："东西舍饭寺，各有烧香内官数十员，或年老有病退居于此，给柴米冬衣靴料，以终残年。"

[7] 仁寿坊有隆福寺，即今东四人民市场所在地。《日下旧闻考》（二）卷四五第710页引《菽园杂记》："京师巨刹，大兴隆、大隆福二寺为朝廷香火院，余皆中官所建"；引《明景帝实录》："景泰三年六月，命建大隆福寺，役夫万人"，"四年三月工成"。清代重修。

[8] 大时雍坊有天主堂，今宣武门内东顺城街。天主堂为来华耶稣会士利玛窦于万历二十八年所建，即后来的南堂。清顺治十四年，康熙五十一年重修，乾隆四十年毁于火，四十一年重建。

庙2[1]，安富坊寺庙庵宫堂9，积庆坊寺庙祠5所。以上中城东部五坊寺观等合计15所，西部四坊合计19所，共34所。

东城五坊，明时坊寺观庙庵宫堂等10，黄华坊寺庙庵等6[2]，思诚坊寺宫5[3]，南居贤坊寺观庙10，北居贤坊寺观庙8所[4]，以上合计39所。

西城七坊，阜财坊寺庙庵10[5]；金城坊寺庙庵16，礼拜寺1；咸宜坊寺庙庵宫塔7、朝天宫西坊寺观庙庵宫13[6]、河槽西坊寺10、鸣玉坊寺庙庵10、日中坊寺观庵11所，合计78所。

---

[1] 小时雍坊有著名的大兴隆寺，在今北安里。《日下旧闻考》（二）卷四三第683~684页引《明成祖实录》："姚广孝住北平庆寿寺，事上藩邸"；引《燕都游览志》："庆寿寺亦名大慈恩寺，在禁墙西，俗呼曰演象所。初，文皇欲为姚广孝建第，广孝固辞，竟居庆寿寺中，后退居天宁寺。百官遂于庆寿寺习仪"；引《明英宗实录》："正统十三年二月，修大兴隆寺。寺初名庆寿，在禁城西。金章宗时所创。太监王振言其朽敝，上命役军民万人重修，费至巨万，既成，壮丽甲于京都诸寺。改赐今额，树牌楼，号第一丛林，上躬临幸焉。十三年十月，工完"。引《明嘉靖祀典》：大兴隆寺有广孝影堂像"，"祀于大兴隆寺祠内"；引《明典汇》：正统"十四年四月，大兴隆寺灾"，"嘉靖十五年五月，谕改大兴隆寺为讲武堂"；引《涌幢小品》："嘉靖初废大慈恩寺"，"即其地改为射所"，后"射所旧地改为演象所"。

[2] 黄华坊武学东有智化寺（今禄米仓武学胡同东），明正统八年太监王振私庙。王振挟英宗新征瓦剌，兵败土木堡、英宗被俘，王振被杀。英宗复辟后，"天顺元年四月，诏复王振官。刻木为振形，招魂以葬，塑像智化寺北祠之，敕赐祠曰旌忠"（见《明典汇》）。潘谷西主编《中国古代建筑史》第四卷（中国建筑工业出版社2001年版）"元明建筑"第314~318页"智化寺"条说：智化寺是当时北京一座重要佛寺，属禅宗的临济宗。寺的布局在明代佛寺中有典型性，《明史》卷三〇四《王振传》记载"建智化寺，穷极土木"，今存殿内佛像、天花、藻井、轮藏等雕镂精致，色彩富丽，彩画金碧辉煌，极尽装饰之能事。其中尤以万佛阁（四壁木制佛龛内有小佛像九千余个）的藻井和天花彩画，可称明代遗物中的代表（20世纪30年代被盗卖，现藏美国纳尔逊博物馆）。藻井中的七字真言、八宝（轮、螺、伞、罐、花、盖、鱼、长）、金翅鸟与龙女（蛇）等是喇嘛教的题材，可见元代喇嘛教艺术对明北京影响很深，以致明代禅宗寺院也使用之（图9-51、图9-52）。

[3] 思诚坊有延福宫（今朝内大街北），《日下旧闻考》（二）卷四八第767~768页引《顺天府志》："大慈延福宫、延寿观俱在思诚坊，有敕建碑"；引《寄园寄所寄录》："大慈延福宫在思诚坊，成化十七年建，以奉天地水府三元之神"，故称三官庙。庙有正德十一年封延福宫住持严大容真人制碑、嘉靖乙酉徐阶撰重修碑文，清乾隆三十六年奉敕重修。

[4] 北居贤坊有柏林寺（今柏林寺胡同），元建，明洪熙元年重建，正统十二年重修；清康熙五十二年，乾隆二十二年重修。清代"京师名刹不胜记，而柏林寺以附近雍和宫特著"。

[5] 阜财坊有舍饭蜡烛寺（今民丰胡同），又称法光寺，明正德元年建。《日下旧闻考》（二）卷五〇第800页说舍饭蜡烛寺日给穷人粟米，病者有医，死者与棺。

[6] 朝天宫西坊井儿胡同东有朝天宫，《日下旧闻考》（二）卷五二第837~838页引《春明梦余录》："朝天宫在皇城西北，元之天师府也"；"宣宗章皇帝仿南都之制，建朝天宫于皇城西北"，引《帝京景物略》："宫成于宣德八年闰八月，御制诗文勒碑纪事。宪宗纯皇帝成化十七年六月重修，亦御制诗文勒碑纪事。至天启六年六月二十夜，十三殿齐灾"；引《长安客话》："凡大朝会，百官先期习仪二日，国初或在庆寿寺，或在灵济宫，宣德间建朝天宫于阜成门内白塔寺西，始为定所"。按语中说："朝天宫本元代旧址，盛于明嘉靖时，斋醮之及无虚日"。

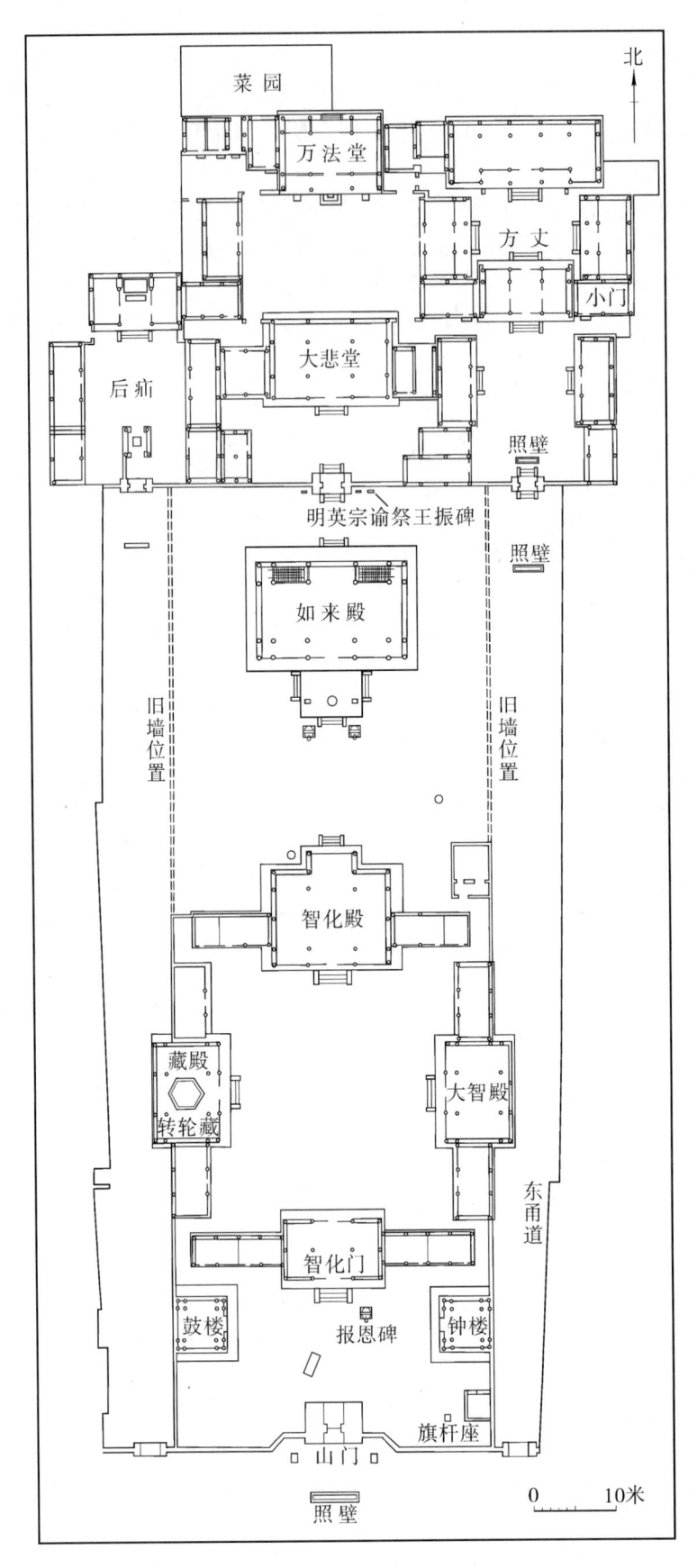

图 9-51 北京智化寺总平面图
（引自《中国古代建筑史》第四卷，略有改动）

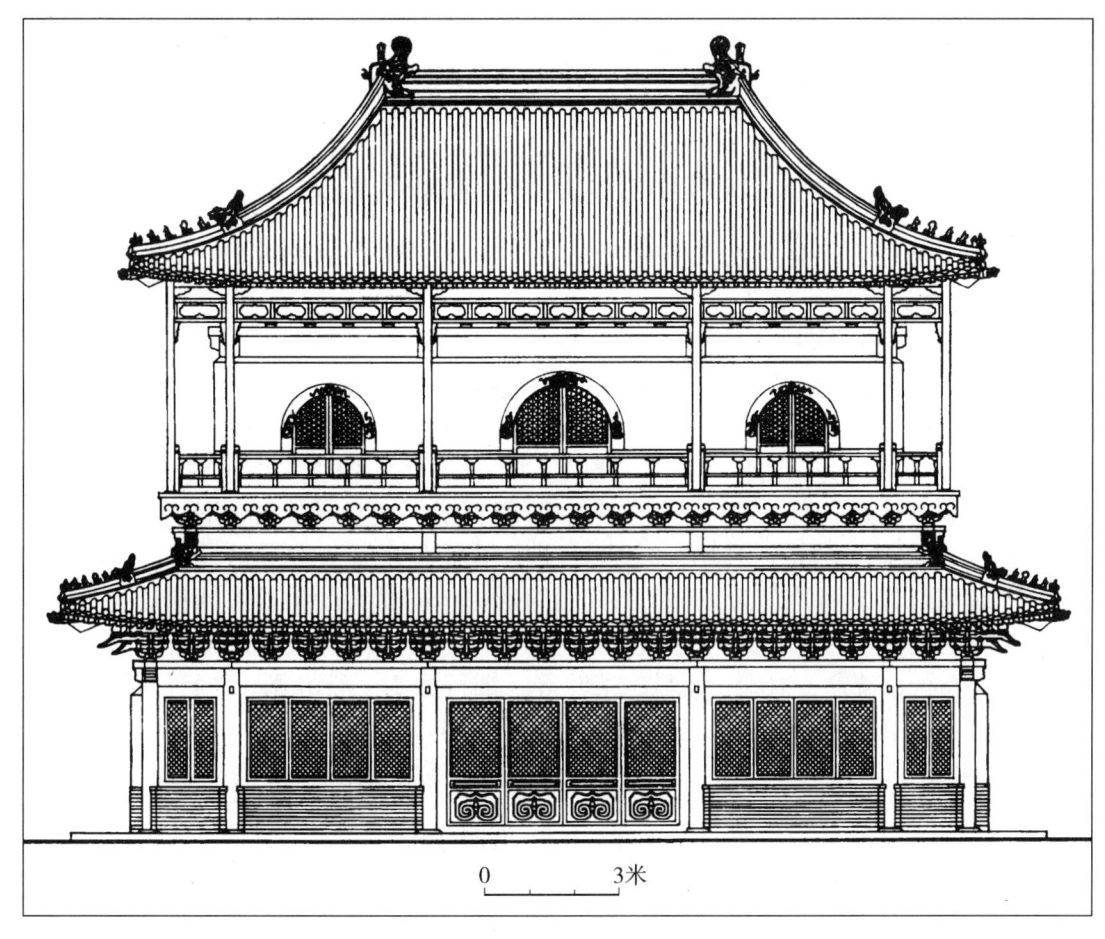

图 9-52　北京智化寺万佛阁立面图
(引自傅熹年《中国古代城市规划建筑群布局及设计方法研究》，略有改动)

北城七坊，昭回靖恭坊寺宫 7 座、崇教坊寺庵庙 7 座、教忠坊庙 2 座、灵椿坊寺 2 座、金台坊寺庙 6 座、日忠坊寺庙庵观 28 座、发祥坊寺 4 所[1]，合计 56 所。

南城八坊，正西坊寺观庙庵 12 座、正东坊寺观庙庵宫堂 20 座、正南坊寺庙庵宫 20 座、崇北坊寺观庙庵宫 20 座、崇南坊寺庙庵堂 14 座、宣北坊寺观庙庵堂 28 座、白纸坊寺庙宫 13、清真寺 1 座[2]、宣南坊寺观庙宫 16 所，合计 144 所。

---

[1] 发祥坊有大隆善护国寺（今新街口南大街），元建，称崇国寺，明宣德四年重修，改名大隆善寺。成化八年重修，名大隆善护国寺。清康熙六十一年重修。程敬琪等在《北京传统街坊的保护刍议——南锣鼓巷四合院街坊》（《建筑历史研究》第二辑，中国建筑科学研究院建筑情报研究所出版）中指出，"乾隆京城图"上，明昭回靖恭坊内有寺庙 20 余座。

[2] 侯仁之主编《北京城市历史地理》（北京燕山出版社 2000 年版）第 203 页：明朝京师设有回教四大官寺，即牛街礼拜寺，一说为辽圣宗统和十三年（995 年）创建，另一说建于元朝初年；东四牌楼清真寺，一说始建于元至正六年（1346 年），另一说为明正统十二年（1447 年）由后军都督同知陈友捐资创建；锦什坊街普寿寺；安定门内二条法明寺。此外，花市清真寺，明永乐十三年（1415 年）创建。

第八节　商市和手工业作坊配置概况

一　明代中叶之后北京商业的繁荣

明初正当战乱之后，北京人口锐减，漕运断绝，百废待举，故是时"商贾未集，市廛尚疏"，商业萧条。定都北京之后，为改变这种状况，政府在皇城四门之外、钟鼓楼、东四和西四牌楼及各城门附近，修建几千间民房和店房（廊房）[1]，以充实居民、招揽客商、繁荣经济。以后随着运河的沟通，"帝都所在，万国梯航，鳞次毕集"[2]，于是客店和塌房（存商货的货栈）业也发展起来。明代中叶随着国力的恢复和发展，北京的商品生产和商业则日渐活跃。至弘治年间，北京已是"生齿益繁，物货益满，城市人迹，殆无所容"[3]，市场走向繁荣。列市贸易不仅有各种日用百货，而且"器具充栋与珍玩盈箱，贵极昆玉、琼珠、滇金、越翠，凡山海宝藏，非中国所有，而远方异域之人，不避间关险阻，而鳞次辐辏，以故畜聚为天下饶"[4]，因而形成全国最大的消费市场和商业中心。

明北京城店铺林立，分一百三十余行（少数是手工业作坊）。较大的铺行有绸缎、珠宝、玉器、生药、布行、茶食、冠帽、颜料、茶叶等。铺行分为三行九则，"上三则，人户多系富商，资本数千；中三则，也不下三五百金；独下三则，委系资本不一"，万历时全城店铺约万户[5]。现据《宛署杂记》，制作明代北京城各城区诸坊店铺统计（表9-3），以资参考。

二　商市分布概况

表9-3是我们现在分析明北京城各坊店铺分布概况和主要商业区分布态势的重要参数。首先，从中可以看出，除个别坊缺乏资料外，其余诸坊均有店铺。保大坊和发祥坊较特殊，仅有70余户店铺[6]，余者都在百户店铺以上，分布基本均衡。其次，还可以看出两个特点，一是各城门附近位于入城大街两侧的坊，中等以上店铺相对较多。二是店铺数量多，上等店铺比例大，分布密度高，资金较雄厚的坊主要分布在皇城的周围，并在皇城四门之外形成主要商业区。以这些主要商业区为核心，向周边辐射或延伸，又形成若干次要商业区。下面拟略述各商业区的概况（图9-2）。

---

[1] A.《宛署杂记》卷七。

　　B. 陈宗藩《燕都丛考》（北京古籍出版社1991年版）第496页引《人海记》："永乐初，北京四门、钟鼓楼等处，各盖铺房店房，召民居住、召商居货，总谓之廊房。视冲僻分三等，纳钞若干贯……"本书商市一节，参阅侯仁之主编《北京城市历史地理》，北京燕山出版社2000年版，第224～232页。

[2] 《北京城市历史地理》（北京燕山出版社2000年版）第224页引谢肇〔淛〕《五杂俎》卷三。

[3] 侯仁之主编《北京城市历史地理》（北京燕山出版社2000年版）第224页引吴宽《匏翁家藏集》卷四五。

[4] 侯仁之主编《北京城市历史地理》（北京燕山出版社2000年版）第245页引张瀚《松窗梦语》卷四。

[5] 《宛署杂记》卷一三。

[6] 保大坊主要为诸卫驻防、内官署区，且邻灯市商业区；发祥坊北邻日忠坊商业区，西北邻鸣玉坊和西市商业区。上述情况可能是导致两坊店铺较少的主要原因之一。

表 9-3　　　　　　　　　　　　明北京城各坊店铺统计表

城区		坊名	银（两）	等级							面积（平方里）	密度（户/平方里）
				上上（户）	上中（户）	上下（户）	中上（户）	中中（户）	中下（户）	合计（户）		
中城	东区	南薰坊	260.8	87	53	14	28	16	222	420	5.576	83
		澄清坊	153.2	34	32	15	24	33	146	284	2.584	110
		仁寿坊	81.4	15	12	5	10	32	93	167	2.816	59
		明照坊	57.1	17	5	2	12	16	56	108	1.376	78
		保大坊	32.2	4	4	3	2	25	34	72	2.092	34
		合计	584.7	157	106	39	76	122	551	1051		
	西区	大时雍坊	378.3	99	33	29	49	107	417	734	4.844	152
		安富坊	128.7	14	10	21	27	56	160	288	1.452	198
		小时雍坊	56.8	1	3	4	15	21	83	127	2.424	52
		积庆坊	50.3	2	4	3	9	14	85	117	3.036	38
		合计	614.1	116	50	57	100	198	745	1266		
		中城合计	1198.8	273	156	96	176	320	1296	2317		
东城		明时坊	261.8	50	39	20	31	84	289	513	7	73
		黄华坊	170.3	43	24	10	17	52	183	329	5.6	59
		思诚坊	122.1	16	11	13	14	42	164	260	5.18	50
		南居贤坊	148.5	9	8	13	27	71	196	324	4.876	67
		北居贤坊	150.8	22	28	8	22	54	166	300	5.74	52
		合计	853.5	140	110	64	111	303	998	1726		
西城		阜财坊	99.2	12	16	5	21	27	130	211	7.264	29
		金城坊	196.8	17	22	15	35	56	278	423	4.544	91
		朝天·日中坊	83.7	7	6	6	15	46	128	208	7.224	29
		鸣玉坊	167.5	20	24	19	30	54	198	345	3.444	102
		河漕西坊	91.3	16	16	13	19	32	85	181	3.252	56
		咸宜坊										
		合计	638.5	72	84	58	120	215	819	1368		
北城		昭回靖恭坊	198	22	10	16	25	64	294	431	3.548	118.5
		崇教坊	88	12	10	6	30	26	95	179	2.612	69
		金台坊	60.3	6	3	3	10	16	95	133	2.624	57
		教忠坊	101	8	27	18	21	38	67	179	2.392	75
		日忠坊	147.8	29	21	16	38	57	229	390	6.976	56
		发祥坊	33.9	8	1	4	8	11	39	71	3.076	23
		灵椿坊	54.6	6	7	7	7	25	63	115	1.664	69
		合计	683.6	91	79	70	139	230	882	1498		

续表

城区	坊名	银（两）	等级							面积（平方里）	密度（户/平方里）
			上上（户）	上中（户）	上下（户）	中上（户）	中中（户）	中下（户）	合计（户）		
南城	正东坊	367.2	73	34	59	115	120	267	668	9.536	70
	正西坊	236.6	39	46	70	61	55	139	410	4.612	89
	宣北坊	328.2	49	57	120	58	85	197	566	10.352	55
	崇北坊	233.5	38	41	39	72	46	186	422	5.628	57
	崇南坊	130.1	11	30	34	37	34	77	223	4.628	57
	正南坊	103.4	12	16	19	32	33	79	191	3.98	48
	宣南坊	118.4	15	11	29	37	38	88	218	4.532	48
	白纸坊										
	合计	1517.4	237	235	370	412	411	1033	2698		
	总计	4891.8	813	664	658	958			9607		
	朝阳关	55.8	5	5	6	14	19	65	114		
	阜城关	58.1	2	8	7	38	18	52	125		
	安定关	6.7			1	1	2	12	16		
	关外坊	120.9	5	21	3	20	23	185	257		

说　　明：本表据侯仁之主编《北京城市历史地理》（北京燕山出版社 2000 年版）一书第 227 页"明北京城各坊店铺统计表"略加改制。

原表说明：① 资料来源：《宛署杂记》卷一三，铺行。
② 各坊面积据《北京历史地图集》明京师图量算。
③ 大时雍、南薰、思城三坊已扣除衙署、仓库面积。
④ 正东、正南、崇北、崇南、宣北、宣南、日中七坊已扣除部分明显非居住面积。

（一）以棋盘街为中心的朝前市

皇城千步廊南部大明门至内城正阳门之间的东西横街称"棋盘天街"，俗名"棋盘街"。这里"四围列肆"（《宸垣识略》）、"百货云集"，称"朝前市"。是时"天下士民工贾各以牒至，云集于斯，肩摩毂击，竟日喧嚣"，足见国门之繁荣[1]。

棋盘街东属南薰坊，坊东至崇文门；西属大时雍坊，坊西至宣武门。两坊中间千步廊两侧配置主要中央衙署，这是该商业区主要服务对象之一，因而两坊店铺，特别是上等店铺应主要集中于此或其附近一带。

从表 9-3 来看，两坊店铺共 1154 户（南薰坊 420 户，大时雍坊 734 户），约占全城中

---

[1] A.《日下旧闻考》（二）卷四三第 674 页引《穀城山房笔尘》："大明门前棋盘天街，百货云集，乃向离之景也"；引《长安客话》"棋盘街府部对列街之左右，天下士民工贾各以牒至，云集集于斯，肩摩毂击，竟日喧嚣。此亦见国家（门）丰豫之景"。
B.《京师坊巷志稿》（北京古籍出版社 1982 年版）第 52 页引《宸垣识略》："棋盘街四围列肆，长廊百货云集。"又《帝京景物略》卷四记载："朝前市者，大明门之左右，日日市，古民贾是也。"

等以上店铺总数（9607户）的12%，占内城中等以上店铺总数（6909户）的16.7%。两坊上等店铺共315户（南薰坊154户，大时雍坊161户），约占全城上等店铺（2135户）的14.8%，占内城上等店铺（1293户）的24.3%。两坊上上等店铺共186户（南薰坊87户，大时雍坊99户），约占全城上上等店铺（813户）的22.8%，占内城上上等店铺（576户）的32.3%。其中大时雍坊上上等店铺数全城第一，密度全城第二；南薰坊上上等店铺数全城第二。上述情况表明，以棋盘街为中心的朝前市，无疑是内城最重要的商业区。此外，"朝前市"还是著名的图书市场[1]。

除上所述，东城的明时坊与南薰坊隔崇文门里街相邻。从表9-3来看，该坊店铺513户，在内城仅次于大时雍坊，在全城占第4位。其上等店铺119户，在内城占第3位（次于大时雍坊和南薰坊）。明时坊紧邻京城重要门户崇文门（参见崇北区情况），是中央官署、厂场、所局、观象台、园林、邸宅与寺观的集中区，其消费需求和水平较高，故中等以上店铺很多。此外，由于明时坊与南薰坊相邻，两者性质相近，且有棋盘街东街东江米巷相连，所以可将其视为朝前市的东延部分。也就是说，朝前市的主体在大明门与正阳门之间，其宏观范围向东过崇文门里街将明时坊包括在内，向西则抵宣武门里街。

（二）东安门外的皇店、灯市和内市

皇店在戎政府街（今灯市口大街），所谓皇店系指皇帝所开宝和、和远、顺宁、福德、福吉、宝延六店，"商贩杂货"，所攫取的利润专供皇室和官府消费所需[2]。

---

[1] A.《少室山房笔丛》卷四："燕中书肆，多在大明门右及礼部门外，拱宸门（即公生门）西。每会试举子，则书肆列于场前"；"燕中刻本自希，然海内舟车辐辏，筐篚走趋，巨贾所携，故家之蓄错出其间，故特盛于他处"。
B. 转引自《京师坊巷志稿》，北京古籍出版社1982年版，第54页。
C. 侯仁之主编《北京城市历史地理》，北京燕山出版社2000年版，第230页。

[2]《京师坊巷志稿》（北京古籍出版社1982年版）第111～112页引《芜史》："宝和等店，管商贩杂货，岁征银数万两，除正项进御外，余皆提督内臣公用。店有六，曰宝和、和远、顺宁、福德、福吉、宝延，俱在戎政府街。传云起自嘉靖年间，裕邸差官征收，神庙时，属慈宁宫李太后收用。天启时，逆贤攘为已有。"引《武宗外纪》："尝游宝和店，令内侍出所储摊门，身衣估人衣，首戴瓜拉。自宝和至宝延凡六店，历与贸易持簿算，喧詾不相下，别令作市政调和之。"又加"案"说"西河诗话载甬东叶天乐宫词云：宝和六店裕军储，鳬凤烹龙日所须。谓武宗扮商贾与六店贸易，既罢，就宿廊下"；又说"今佟府夹道有明碑一，列大珰刘瑾名，结衔称钦差提督宝和店。又武宗尝游之，则非始自嘉靖也"。万历间的《酌中志》木集记载，六店"经营各处客商贩来杂货"，"每年贩来貂皮一万余张，狐皮约六万余张，平机布约八十万匹，粗布约四十万匹，棉花约六千包，定油、河油约四万五千篓，烧酒四万篓（京师之自烧者，不在此数也），芝麻三万石，草油约二千篓，南丝约五百驮，榆皮约三千驮，供各香铺作香所用也。北丝约三万斤，串布约十万筒，江米约三万五千石，夏布约二十万匹，瓜子约一万石，腌肉约二百车，绍兴茶约一万箱，松萝茶约二千驮，杂皮约三万余张，大曲约五十万块……玉约五千斤，猪约五十万口，羊约三十万只，俱各有税，而马牛骡驴不与也。如滇粤之宝石、金珠、铅铜、砂汞、犀象、药材、吴楚闽粤山陕之币帛绒货又不与也"。

灯市与宝和等六店同在戎政府街，即今灯市口大街。"灯市在东华门王府街东，崇文街西，亘二里许。南北两廛，凡珠玉宝器，以逮日用微物，无不悉具。衢中列市棋置，数行相对，俱高楼。楼设氍毹帘幕，为宴饮地。一楼每日赁直至有数百缗者。夜则燃灯于上，望如星衢。市自正月初八日起，至十八日始罢。鳌灯在市西南，有冰灯，细剪百綵，浇水成之。"[1]"灯市者，朝逮夕市而夕逮朝灯也"；"市之日，省直之商旅、夷蛮闽貊之珍异，三代八朝之骨董，五等四民之服用物，皆集。衢三行，市四列，市楼南北相向"[2]。灯市除元宵节灯市外，平日也做交易，并于每月初五、初十、二十有定期集市[3]。此外，"又有内市者，东华门内，月三日市，今移灯市张矣，犹称内市也"[4]。

灯市所在的戎政府街在明照坊与澄清坊之间，西接南薰坊和保大坊之间的奶子街，东通黄华坊。从前述灯市"衢三行"，"东华门外市三条"，"九微灯影六街连"等情况看，以戎政府街为中心的灯市，似关联上述诸坊。南薰坊的店铺除主要集中于朝前市一带外，可能有相当部分在北部临灯市区。而在戎政府街两侧的明照坊和澄清坊的店铺亦应大都向戎政府街靠拢。东部的黄华坊是禄米仓、宝源局、武学所在地，宅第园林和寺庵（有著名的智化寺）较多，该坊有中等以上店铺329户，似与上述情况有关。但是，更主要的恐怕是毗邻灯市所致。戎政府街东通黄华坊勾栏胡同妓院区[5]，黄华坊上等店铺77户，在内城诸坊上等店铺中占第4位，这种情况显然是与灯市相辅配套而设的。总之，上述诸坊应属灯市外延部分，同属灯市商业区范畴。

除上所述，从表9-3来看，灯市之北的东四牌楼一带；再北，南、北居贤坊，教忠坊，崇教坊四坊相接的今北新桥一带，也是较重要的商业区。

（三）西市和安富坊商业区

西市在西四牌楼，元代为羊角市，亦称西市。西市正当安富坊、积庆坊、鸣玉坊和咸宜坊交接之处，永乐时宛平县所盖十六间半"召商居住"的廊房，均在西四牌楼[6]。此

---

[1]《日下旧闻考》（二）卷四五第707页引《燕都游览志》。

[2]《日下旧闻考》（二）卷四五第708页引《帝京景物略》，在"市楼南北相向"之后，介绍了各色灯的奇妙和热闹场面。后云："永乐七年，令元宵节赐百官假十日。今市十日，赐百官假五日。内臣自秉笔篆近侍，朝臣自阁部正，外臣自计吏，不得过市，犹古罚帚幕盖帷意。其他例得与吏士军民等过市。"又引范景文诗"文贝珊瑚看不尽，东华门外市三条"；第709页引贺世寿灯市诗"九微灯影六街连"。

[3] 侯仁之主编《北京城市历史地理》（北京燕山出版社2000年版）第230页引花村看行侍者《谈往》。

[4] A.《京师坊巷志稿》（北京古籍出版社1982年版）第111页引《帝京景物略》。

B.《天府广记》第56页卷五"后市"条说："宫阙之制，前朝后市。在玄武门外，每月逢四则开市，听商贸易，谓之内市"；"若奇珍异宝进入尚方者，咸于内市萃之。至内造如宣德之铜器，成化之窑器，永乐果园厂之髹器、景泰御前作坊之珐琅，精巧远迈前古，四方好事者亦于内市重价购之"。

[5]《日下旧闻考》（二）卷四八第762~763页引《燕都游览志》，"东院在总铺胡同东城畔，昔时歌舞地"；引《析京日记》，"京师黄华坊有东院，有本司胡同。本司者，教坊司也。又有勾栏胡同、演乐胡同……"

[6]《宛署杂记》卷七。

外靠近皇城西安门,地处交道要冲,元代以来就有商业基础。从正德八年毁积庆、鸣玉二坊民居造皇店酒肆来看[1],其地位略似于灯市。加之这一带是仓厂、宛平县署和第宅区(积庆坊),又是西城兵马司(咸宜坊)、帝王庙(鸣玉坊)所在地,寺庙较多,因而成为皇城之西最重要的商业区。从表9-3来看,三坊(咸宜坊资料缺)店铺总数、上等店铺总数均较高。特别是安富坊在皇城西安门之外,其店铺分布密度为全城之冠(198户/平方里),显然与服务皇城有较大关系。安富坊之西咸宜坊有西院勾栏胡同[2],这种情况与灯市和东院勾栏胡同的关系也很相似。北与安富坊斜对的鸣玉坊,其中等以上店铺数(345户)和分布密宽(102户/平方里)在内城西部均占第3位。

(四)鼓楼下大街商业区

从表9-3来看,围绕鼓楼的日忠坊、金台坊和昭回靖恭坊中等以上店铺共954户,夹鼓楼下大街两侧的日忠坊和昭回靖恭坊中等以上店铺为821户,在内城仅次于朝前市商业区。昭回靖恭坊是元大都昭回、靖恭(在西)二坊的合称,《宛署杂记》分记二坊店铺数,其中临鼓楼下大街的靖恭坊上上等店铺7、中上7、上下13、中上17、中中42、中下189,共275户,分布密度为138户/平方里[3],其店铺分布密度在全城占第三位。日忠坊西部为积水潭和什刹海,园林寺庙所占面积很大,故其店铺应主要靠近鼓楼下大街一线。日忠、昭回靖恭二坊中等以上店铺共821户,约占全城中等以上铺户总数的11.8%。这个比例说明,入明之后元大都邻积水潭的斜街和钟楼一带的全城商业中心虽然衰落,但明北京城北城的商业中心仍与之靠近,并转移到鼓楼下大街及其附近一带。这既与元大都旧有的商业基础有关,又与其在皇城北安门之北不远,并位于全城中轴线上密不可分。

(五)城隍庙庙市商业区

位于金城坊的城隍庙庙市,是明北京城最大的庙会市场。该庙市"西至庙,东至刑部街止,亘三里许","每月以初一、十五、二十五开市","其市肆大略与灯市同",但"较灯市多一日"[4]。庙市"陈设甚夥,人生日用所需,精粗毕备,羁旅之客,但持阿堵入

---

[1] A.《京师坊巷志稿》(北京古籍出版社1982年版)第141页引《明史·佞幸传》:"正德八年毁积庆、鸣玉二坊民居,造皇店酒肆,建义子府。"
B.《日下旧闻考》(二)卷五〇第803页引《明武宗实录》:"正德十一年十一月,刑科给事中齐之鸾上言:迩者京师西角头新设花酒店房,或云车驾将幸其间,或云朝廷实收其利。"《明史》卷二〇八《齐之鸾传》所记与之相近。

[2]《京师五城坊巷胡同集》,北京古籍出版社2001年版,第11页。

[3] A.侯仁之主编《北京城市历史地理》,北京燕山出版社2000年版,第228页"明北京城各坊店铺统计表"。
B.程敬琪等《北京传统街坊的保护刍议——南锣鼓巷四合院街坊》(《建筑历史研究》第二缉,中国建筑科学研究院建筑情报研究所出版)指出,靖恭坊北和西北部靠近鼓楼大街商肆区,胡同排列较杂乱。这个现象反映了该坊的店铺主要应临鼓楼下大街及其附近一带。

[4]《日下旧闻考》(二)卷五〇第796页引《燕都游览志》。

市，顷刻富有完美"[1]。市内各种书画、骨（古）董、珠宝珍玩、绫缎等，无不尽有[2]。其"集市族族，行而观者六，贸迁者三，谒乎庙者一"[3]。参加庙会者，还有"碧眼胡商，漂洋番客，腰缠百万，列肆高谈"[4]，庙市之盛况非同寻常。

城隍庙在金城坊，该坊是地方官署、厂和寺庙集中区，又借庙市东风，故其中等以上店铺很多（423户），在内城中占第4位，分布密度（91户/平方里）在全城占第6位。庙市向东还涉及阜财坊，故以城隍庙庙市为中心，在金城坊及阜财坊西部又形成了一个较大的商业区。

（六）南城商业区

从表9-3来看，南城七坊（缺白纸坊资料）有中等以上店铺2698户以上，占全城中等店铺总数（9607户）的28%。七坊上等店铺842户，占全城上等店铺总数的39.4%。位于前三门外的正东、正西、宣北、崇北四坊店铺最多，达2066户，占全城中等以上店铺总数21.3%；上等店铺共665户，占全城上等店铺总数的31.2%。上述情况表明，南城无疑是明北京最大的商业中心。其中特别是位于前三门外的四坊更是中心的中心，四坊中以正东坊店铺总数最多（668户），宣北坊次之（566户）；而正西坊则上等店铺最多（226户），店铺分布密度最高（89户/平方里）。上述四坊与朝前市隔内城南城墙，有正阳门、崇文门和宣武门相通。明嘉靖末到万历初的《皇都积胜图》[5]，形象地描绘了从大明门前到正阳门外大街两侧各处店铺林立，布棚高张，商货从衣裳布匹、刀剪陶瓷、纸花玩物，到珠宝古董、绸缎皮货、字画笔砚等，一应俱全，生动地反映了这一带商业的繁荣景象。由此可见，朝前市与正阳门外大街两侧正东、正西坊的商业是连为一体的，它们共同构成了明北京城最大、档次最高的商业中心区。而内城的东城明明坊、外城的宣北坊和崇北坊又是与其紧密相连的外延部分，所以亦应属于这个商业中心区范畴。

在该商业区中，正阳门前"搭盖棚房，居之为肆"，"布棚摊子满前门"[6]。正阳门大街两侧市较多，并以市为地名，有些还流传至今。如正阳门外大街东侧的鲜鱼巷（今鲜鱼口街）、打磨厂（刀剪铺及各种铜铁棕制杂货）、大街之西正西坊有廊房胡同（以永乐时所修廊房为名）、煤市口（今煤市街）、正阳门大街中心有猪市口（今珠市口），崇北坊有小市口等。正阳门外北四坊繁盛，南面几坊较荒僻，但具有商业色彩的地名也不少。比如，

---

[1]《日下旧闻考》（二）卷五〇第796~797页引《野获篇》。
[2]《日下旧闻考》（二）卷五〇第796~797页引《帝京景物略》《少室山房笔丛》及《野获篇》。
[3]《帝京景物略》。
[4] 侯仁之主编《北京城市历史地理》（北京燕山出版社2000年版）第232页引花村看行侍者《谈往》。
[5] 王宏钧《反映明代北京社会生活的〈皇都积胜图〉》，《历史教学》1962年第7期。
[6] A.《日下旧闻考》（二）卷五五第886~887页引《鸿一亭笔记》："北京正阳门前搭盖棚房，居之为肆，其来久矣。崇祯七年，成国公朱纯臣家灯夕被火，于是司城毁民居之侵占官街造棚房拥塞衢路者。"又加按语："今正阳门前棚房比栉，百货云集，较前代尤盛。"
B.《京师坊巷志稿》（北京古籍出版社1982年版）第184页引明末清初吴伟业《读史偶述诗》："布棚摊子满前门。"

崇南坊北部有米市口（今细米巷）和柴市口（今幸福大街）；宣北坊和宣南坊间有菜市大街（今广安门大街西段）、骡马市街（今骡马市大街），其南又有米市口（今米市胡同）和果子巷（今果子巷）等。上述地名在明代都是重要行市和集市所在地。此外，南城也有庙市，如宣武门外西斜街土地庙，每月逢三开市，称外市[1]，主要贩卖日常生活用品；天坛东北药王庙每月初一、十五开庙市，有花市[2]。崇北坊火神庙和灶君庙有庙市[3]。如此等等，不再数举。

三 手工业作坊

明北京城的官府手工业主要置于内城，以东城居多，如工部五小厂有四厂在东城，东城又以明时坊较集中。工部五小厂中有三厂（营缮所、文思院、皮作局）在明时坊，此外还有盔甲厂等。工部五小厂中的宝源局在东城黄华坊。其次，中城也较多，如工部五大厂之一的台基厂在南薰坊[4]，保大坊有惠民药局，积庆坊有红罗厂、战车厂等。北城有兵仗局外厂（昭回靖恭坊）、宝泉局（教忠坊）、酒醋局外厂和枪局（金台坊）。西城有王恭厂（工部五小厂之一，阜财坊），后改安民厂移到朝天宫西坊。南城有工部五大厂中的琉璃厂（正西、宣北坊间）和黑窑厂（正南坊）[5]。以上情况参见前述厂场配置部分的介绍。

明代中叶以后，北京城的民营手工业也有较大的发展，酒坊、磨坊、染坊、铜铁作坊、油坊、酱坊、糖坊、纸坊等小作坊很多。其中特别是酒业较为突出，"京师之市酒者，不减万家"[6]。各种民营手工业作坊散置，且往往手工业作坊与商肆交错，难以明确界定手工业区。总的来看，民营手工业作坊大都在南城[7]，南城中又以宣北坊所占的比重较大[8]，白纸坊则以造纸业为主[9]。内城民营手工业则以东城居多，北城日忠坊也较多（参见前述配置情况）。

---

[1] 《春明梦余录》卷六。
[2] A. 《京师坊巷志稿》（北京古籍出版社1982年版）第214页：药王庙"朔望有庙市"。
　　B. 《日下旧闻考》（四）卷一四九第2383页引《六街花事》荷包牡丹："药王庙，花市恒有之。"
[3] 《京师坊巷志稿》（北京古籍出版社1982年版）第199页"花儿市大街"条："火神庙，明隆庆二年建"，"旬四日有市"；"灶君庙，明建"，"岁八月朔至三日有庙市"。
[4] 于倬云《紫禁城始建经略与明代建筑考》（《故宫博物院院刊》1990年第3期）文中认为："台基厂是为了木构件的预制加工而设的……做出广阔平整的台基，作为木构件加工的场地"，"大规模营建后，台基厂曾作为'堆放柴薪及芦苇之处'"。
[5] 于倬云《紫禁城始建经略与明代建筑考》，《故宫博物院院刊》1990年第3期。
[6] 《北京城市历史地理》（北京燕山出版社2000年版）第224页引吕坤《坤吟语》卷六、《广喻》。
[7] 陈宗藩《燕都丛考》（北京古籍出版社1991年版）第535页引《燕京访古录》："前门外粮食店北口路西有酱菜馆曰六必居者，此匾额则为严嵩所书。"
[8] A. 贺业钜《中国古代城市规划史》第639页。
　　B. 陈宗藩《燕都丛考》（北京古籍出版社1991年版）第535页引《燕京访古录》："宣武门外骡马市大街铁门南口迤西，有明代所设之西鹤年堂，其榜额相传为严世蕃所书。"
[9] 《日下旧闻考》（二）卷六〇第990页按语："白纸坊居民今尚以造纸为业，此坊所由名也。"

第九节 明北京城形制布局的特点

明北京城的紫禁城和皇城，本书已另章论述，故在此不涉及紫禁城和皇城形制布局的特点。关于明北京城形制布局的特点，诸家已多有评述，在此基础上，本书拟再重点谈五个问题。

一 内城三城环套，外城南面冠套的平面形制

紫禁城位于内城中南部，在皇城内略偏东南，平面呈南北竖长方形。紫禁城外套皇城，皇城在内城中间略偏西南，平面略呈南北竖长方形（西南缺一角）。皇城之外的内城平面东西略长，南北稍短，呈西北抹角的横长方形。因此，明北京城的内城是"择中立宫"，比较标准的三城环套的平面形制（图9-2）。

明嘉靖时期增筑外城，原计划环套内城，因财力不足等原因，改为只"包京城南一面，转抱东西角楼止"。故外城平面呈东西长、南北短的"凹"字形（东南抹角），形似内城之帽套于内城南端（故又称南城），因而俗称"帽子城"。外城北城墙除两翼外，余者即是内城南城墙，据此若将外城作为一个完整的建筑单元来看，其平面则呈东西横长的长条形（东西长7950米，南北宽3100米，两者之比为2.6∶1）。内外城结合起来从南向北看，北京城的总平面遂呈"凸"字形，并且内城西北抹角与外城东南抹角遥遥斜对（图9-2）。明北京城上述四城的结合形式及其所呈现的平面形制，在中国历代都城中是独一无二的。

二 完美的中轴线布局艺术

明北京城择中立宫，以贯穿奉天殿宝座正中子午线为紫禁城的中轴线，并向南延长至永定门，向北延伸至钟鼓楼，全长约8公里（或说7.5公里、7.8公里）。修外城后，内外城的几何中心点从万岁山移到午门，因而该中轴线则成为全城的中轴线（图9-53）。在这条中轴线上配置了体量巨大的各种建筑，紫禁城内象征国家最高权力的主体建筑均置于中轴线上，并以万岁山为内城的中心点，以万岁山之巅为内城的制高点，又使之成为全城完整的政治礼仪轴线。在这条中轴线上的建筑，依其位置、性质和功能的不同，有节奏地、有等差地安排各建筑群的体量和空间（图9-54、图9-55）。因而中轴线上建筑的体量、形体轮廓、结构和装饰各异，不同建筑群间的高低、疏密、不同空间的转换，开合收放有序，形成了抑扬顿挫的鲜明节奏与和谐统一的艺术效果，凸显出神韵之美。

明北京城的中轴线，集全城最主要的建筑形成大纵深的线形空间中心景观序列，以此为本，"辨方正位"，使之成为紫禁城和内城规划、设计和布局的主脊和基准。明北京城正是以中轴线为准，分成东西对称的两大部分，并将紫禁城、皇城、内城和外城纵贯串联起来，使之形成了有机结合的整体。明北京内城主要大街、诸坊和重要建筑配置等，亦以中轴线为准，在对元大都原有布局进行调整基础上，重新进行规划设计，才形成规整、均衡和规律性的布局模式。总之，明北京城的中轴线，对规划统领全城建筑布局起到了至为重

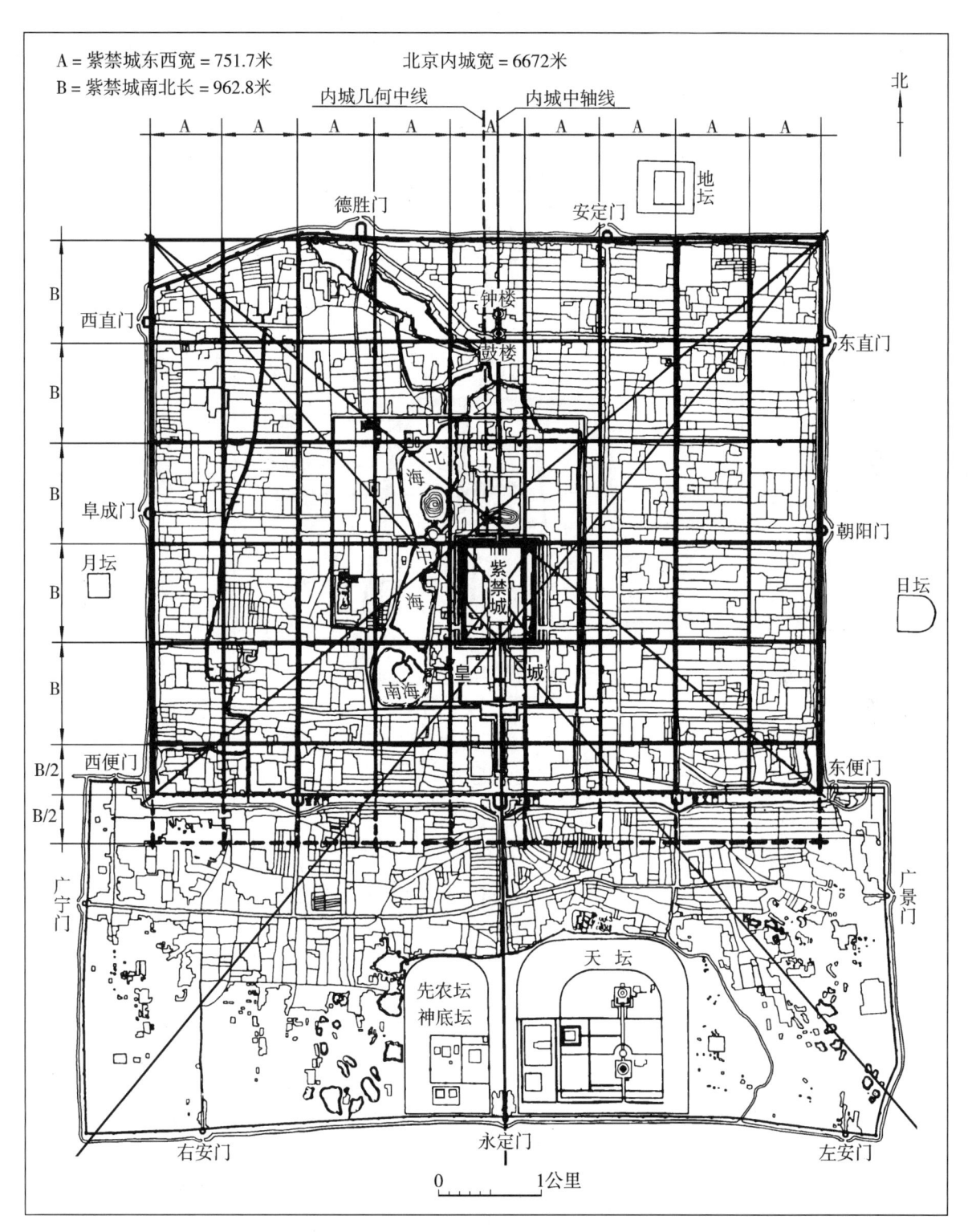

图 9-53 明清北京城中轴线、中心点位置图

(引自傅熹年《中国古代城市规划、建筑群布局及建筑设计方法研究》，略有改动)

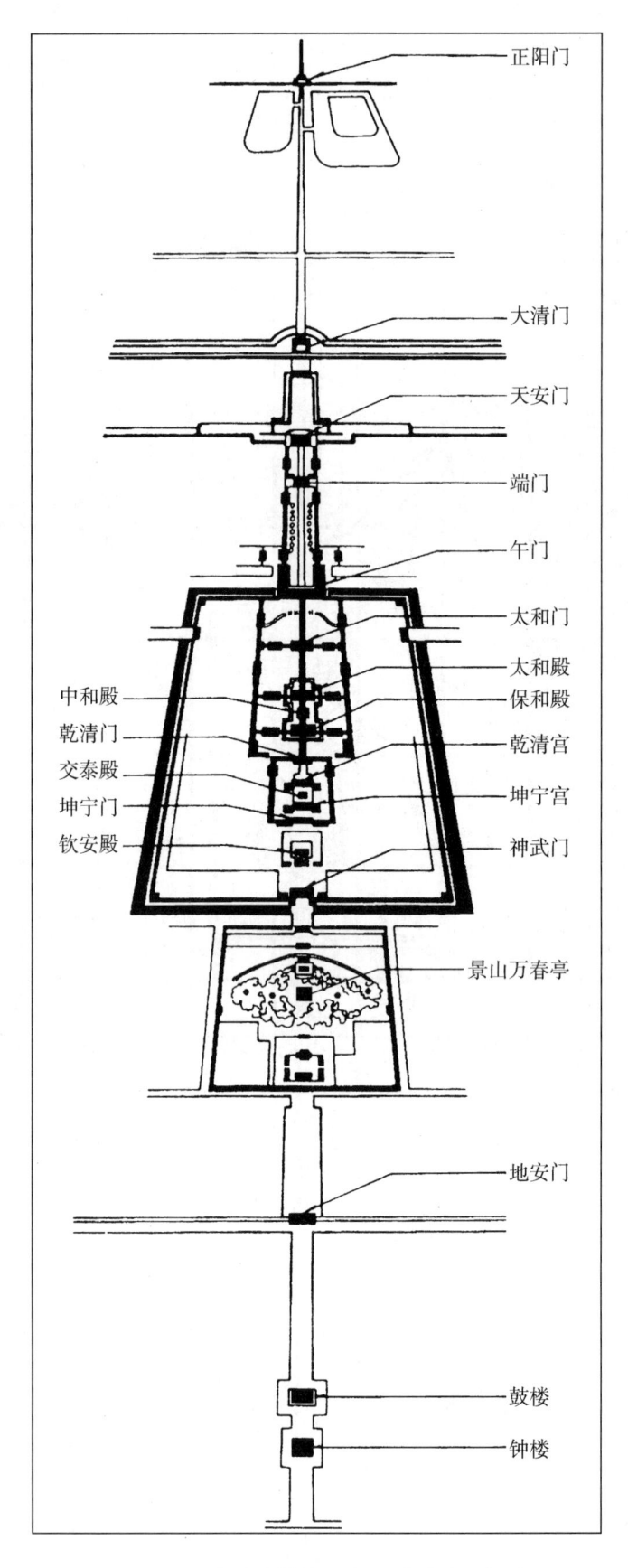

图 9-54 北京城中轴线上主要建筑位置示意图
(引自于倬云《中国宫殿建筑论文集》，略有改动)

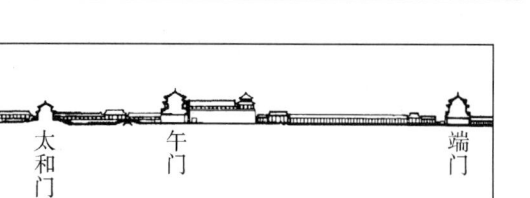

图 9-55 北京紫禁城中轴线建筑剖面示意图
(引自于倬云《中国宫殿建筑论文集》，略有改动)

要的关键作用。

都城的中轴线，自邺城和北魏洛阳城以来，一直是都城设计者孜孜以求的重要规划目标，并在长期的探索实践中不断发展。到了明代北京城，其中轴线继承传统，全面创新。宫城、内城、外城中轴线合一，纵贯全城。这条中轴线之长，各种配置之多、规格之高、结构之完整、鸟瞰效果之强、气势之雄伟，与全城形制布局关系之密切，均堪称历代都城中轴线之最。这条中轴线，将所要表达的理念渗透到建筑形体和诸建筑间的关系之中，将严格的礼制秩序、严谨的布局逻辑、高超的布局艺术融为一体，充分地体现出皇权至上的最高境界，达到了前所未有的完美地步，从而成为中国古代都城中轴线布局艺术的终结模式。

三 水面成为制约内城形制布局的关键要素之一

元大都时积水潭之北尚约有全城 1/3 的面积，水面在全城中所占比例较小，到明代北京城时，由于较元大都城内缩五里，又扩中海，新凿南海，所以积水潭等水面几乎纵贯全城（图 9-1）。这个变化遂导致积水潭等水面对明北京内城形制布局的影响远胜于元大都。但是，鉴于元大都时积水潭等水面对该城形制布局的影响，到明北京城时仍大都存在，故下面拟仅谈两者有别之处。

首先，积水潭等水面直接影响北京内城北城墙和南城墙的位置。明北京新筑的北城墙选定在积水潭北岸，并截去原积水潭西部上游河段，北城墙西端顺河势抹角接西城墙（图 9-1），这样又影响明北京内城西城墙的长度。明初扩中海凿南海，南海南岸已临近元大都南城墙（今东西长安街一带，图 9-1）。在这种情况下，为使内城南部具备应有的空间，就成为永乐十七年外扩南城墙的主要原因之一。由此可见，积水潭等水面直接影响明北京内城北、南城墙的位置、西城墙的长度和北城墙形成抹角的形状，所以明北京内城平面形制的形成与积水潭等水面是密不可分的。

其次，积水潭从德胜门之西向东偏南斜流接什刹海至海子桥后，又略西折而南直下至南海，其南北直线流程约占内城北南城墙（指南扩后的南城墙）间距的 86%（图 9-53）。什刹海海子桥附近水面邻近内城中分线，其南水面大体与城内中轴线并行，可以说水面之主体基本位于城内东西之间中部偏西（图 9-53）。这样水面与前述的中轴线及中轴线上主要建筑紫禁城、万岁山、海子桥、鼓楼和钟楼等就形成了相辅相成之势，共同成为内城平面构图的中心。因而在都城传统的中轴线布局之西，又增加了一条水面辅轴。使中轴线的凝重、稳定和庄严，寓于秀水温柔敦厚氛围的衬托之中。从而拓宽了内城中部空间组织的控制要素，丰富了内城中心的景观艺术，达到了"天人合一"、情景交融的美学意境。

此外，总体上南北纵长的水体，对内城东西横长也起到了重要的中和作用，使内城平面构图趋于均衡，取得了良好的视觉效果。同时水面还是美化内城景观的重要手段。这条位于内城西北和中南部的水面，碧波荡漾，形状如带，岸线弯、直、宽、窄多变，岸边绿树成荫，南部皇城因它而增辉，内城西北部因它而形成片片园林，内城规整的布局也因它而有了灵秀之气。这些颇具园林化的特色，以及由此所形成的和谐之美，是明北京内城布局艺术的点睛之笔和独到之处。

如前所述，明北京内城的水面除失去漕运功能外，其总体态势远胜于元大都。这些水面从内城北城墙西部几乎直抵南城墙，主要水体大致位于内城东西向的中间，其位置之显要，流程之长，形状之多变，沿岸景色之秀美均寓于水体一系之中。此种状况，在中国古代都城中是绝无仅有的孤例。明北京城正是利用元大都旧有的水面条件，又匠心独运重新规划，将水面作为控制内城形制布局的关键要素之一，使之与内城的规划布局融为一体，创造出新的意境。从而将中国古代都城形制布局与城内水面的关系提高到一个新的发展阶段。

四　首次在皇城之外形成较完整的层级空间结构的布局模式

明代北京的内城在紫禁城和皇城之外，其行政区划分为中城、东城、西城和北城。内城的总体布局即大体以上述四城为准而略有交叉，四城诸坊依其与皇城位置近或远，分别配置重要性有差、性质不同的官方机构和权贵邸宅等，据此，形成以紫禁城皇城为核心，对皇城层层相护的格局。其情况大致如下。下面依据前述皇城之外的主要配置概况，对此略作分析（图9-2）。

皇城之外的中城，南、东、西三面包围皇城，中城东部纵列双坊。中城诸坊置中央衙署区，内官署和部分地方官署、戎政府、诸卫、厂场、王府和权贵邸宅（权贵邸宅在中城不仅有就近上朝之便，而且在客观上对皇城也有一定的保护作用），以及皇家大兴隆寺和少量其他寺庙等。在皇城大明门、东安门和西安门外置内城三个最主要的商市（重在服务于皇室贵族和中央衙署区等权贵）。皇城东墙北部之外的保大坊，西墙外西北角的积庆坊置内官署、仓、厂场和诸卫等，实际上就是皇城东北和西北部配置的外延。上述情况表明，中城在四城之中与皇城关系最为密切，并与皇城有内在联系，因而在皇城之外形成第一道重要的保护圈。

皇城北安门外临什刹海，故中城北安门外仅积庆坊向东延伸一段，使中城北部未能闭合。但是，在行政区划上属于北城的日忠坊，其范围从北安门外之西直到德胜门内之西，坊内除水面外，主要为权贵园林、宅第、内官署和寺观等占据。该坊控扼从皇城北至明十三陵的通道和出入口（德胜门），并对保护皇城三海上源德胜门西水关、积水潭和什刹海水面之安全至关重要。北安门外之东的昭回靖恭坊有北城兵马司、兵仗局外厂、显佑宫[1]和部分宅第。该坊与日忠坊夹鼓楼下大街东西对峙，在北安门

---

[1]《日下旧闻考》（二）卷五四第864～865页引《御制重修显佑宫碑记》："京师显佑宫建自明永乐十三年，以祀佑圣真君"；"按成化碑记备详洪武及靖难间行阵呵护之应"，"惟是神宫，地当坎位。禀元冥之令，符天一之行。佑国佑人，昭格融显"。

外共同形成皇城四门外四大商市之一，并对保卫该段中轴线和鼓楼的安全有重要作用。因此，上述二坊的位置、配置状况和功能与中城诸坊有近似之处，应算作皇城之北第一层保护屏障。

西城靠内侧（东）的阜财坊、咸宜坊和鸣玉坊的位置，与中城东部外侧（东）的澄清、明照和仁寿坊近似。阜财坊为三法司和地方衙署区，有王恭厂、象房和诸卫等；咸宜坊有西城兵马司，鸣玉坊有帝王庙等。在咸宜、鸣玉、安富、积庆四坊之间的西四，于西安门外形成与皇室关系密切的西市，为皇城四门外的商市之一。所以上述三坊与中城东部外侧三坊的作用近似，应为皇城西部第二层保护屏障。

北城东部的教忠坊有大兴县署、顺天府学、文丞相祠、宝泉局和园林宅第等，其位置和作用可看作仁寿坊向北、昭回靖恭向东的延伸。同样，北城西部发祥坊（坊内有大隆善护国寺等）的位置和作用，亦可看作积庆坊向北、日忠坊向西南、鸣玉坊向东的延伸。上述二坊在位置和作用上具有过渡性质，教忠坊似可算作皇城东部第二层保护屏障，发祥坊则为皇城北部第二层保护屏障。

东城南部明时、黄华二坊官署、厂场、园林等宅和卫等较多；北部思诚、南居贤坊和北居贤坊以诸仓和诸卫为主，为内城东部城墙内侧屏障。西城外侧（西）诸坊寺庙等很多，南部金城坊有地方官署、厂、都城隍庙和庙市；北部朝天、日中与河槽三坊则以仓场为主，为内城西部城墙内侧屏障。北城金台坊（有钟鼓楼和厂）、灵椿坊（有顺天府署和厂）、崇教坊（有国子监），则在安定门内两侧形成保护屏障。

上述情况表明，内城四城行政区划和诸坊的配置情况，是与内城总体布局密切相关的。四城和诸坊以紫禁城和皇城为核心，向外形成层层相护的保护屏障。即第一，皇城之外第一道保护屏障为中城西部诸坊、东部内侧诸坊（大时雍、南薰二坊同时保护皇城南部）、北城日忠和昭回靖恭坊。第二，皇城外第二道保护屏障，中城东部外侧（东）诸坊和北城教忠坊，西城内侧（东）诸坊和北城发祥坊。第三，皇城外第三道保护屏障，也是城墙内侧保护屏障，即东西城墙内侧诸坊。而沿内城北城墙内侧，则由东城北居贤坊与北城崇教、灵椿、金台、日忠坊及西城日中坊共同形成保护屏障。上述布局状况，实际上乃是以皇权和权力结构作为组织空间次序的主导思想，所形成的层级空间结构（权力之表现从皇城向外层层减弱）。这种层级空间结构既是封建礼制秩序和皇权至上思想的物化形态，又突出了内城空间布局艺术的层次，并在功能上将从外向内层层保护皇城的作用发挥到极致。这是中国古代都城布局中，首次较完整地出现这种层级空间结构的布局模式。

五 内城主要配置点状集中，功能区划分片聚合，小区化

据前面皇城之外主要配置概况一节的介绍，可知内城各种主要配置散布于各坊。其中除千步廊两侧的中央衙署区、内城北部的文教区，以及内城东西侧的仓库区外，基本上无较大面积的、彼此分工明确而专一的功能区划。但是，由于内城散布于各处的主要配置，在不同部位大体是以一种配置为主呈点状集中，有一定的规律，故内城又形成分片聚合、相互交叉的各种功能小区。有鉴于此，下面择其要者，将各功能小区和相关配置的分布规

律和特点略作介绍（图9-2）。

第一，中央衙署区，在中城千步廊两侧。

第二，中央衙署（三法司）和地方衙署混合区，以西城阜财坊为主，并延伸至毗邻的金城坊。

该区可看作中央衙署区向西的延伸。此外，在中城和东城还有一些散置的中央官署机构，其中东城明时坊相对较多，亦可看作中央衙署向东之延伸。

第三，仓库区和草场的分布态势。

仓库区主要在东城的南居贤坊和思诚坊，向南延伸至黄华坊。西城朝天宫西坊与河槽西坊次之（积庆坊太平仓与之靠近）。以上两个仓库区基本东西对应。

草场主要散置于西、中、东三城（北城未见草场资料）。分布于西城阜财坊、金城坊、朝天宫西坊和日中坊的草场，在内城西城墙内侧大体南北错位相对。分布于中城保大坊和积庆坊的草场，大体东西相对。东城的草场主要在明时坊。

第四，官府手工业区。

以诸厂、局、所为主的官府手工业区主要在东城的明时坊，并向北延伸至黄华坊（宝源局等），向西延伸至南薰坊东部（台基厂，初为木构件厂）。所以内城东南角一带是主要的官府手工业区。其次，在中城积庆坊，西城朝天宫西坊和河槽西坊，北城日忠、金台、灵椿、昭回靖恭和教忠坊，也有散置（有的相对集中）的官府手工业，因而或可将内城西北和北部视为另一个官府手工业区。上述两个官府手工业区，大体略呈东南—西北向斜对。

第五，诸卫及相关机构的分布。

诸卫主要在中城，围绕皇城，约占诸卫数的1/3[1]，其中以南薰坊、大时雍坊、保大坊和积庆坊较多。剩余诸卫散置于内城各处，以仓场等重要机构附近较多。就西、东城城墙和北城来看，东、西城的京卫数大体相差不多，北城相对较少。但是，位于东城最北的北居贤坊（内城东北角）诸卫较多，可补北城之不足。此外，中城东部还有戎政府（明照坊）、外东厂（保大坊）和内东巡捕厅等（澄清坊）。

第六，地方衙署和文教区。

地方衙署除前述在三法司附近者外，均散置，个别坊相对集中。顺天府署在北城灵椿坊，大兴县署在教忠坊，并置有顺天府学和顺天府文庙；以上二坊斜向相连。宛平县署在积庆坊北部之东，东与大兴县署斜对。从宏观布局来看，顺天府署、大兴和宛平县署均在内城北部中间，三者的位置略呈斜向鼎足之势。此外，国子监和文庙在崇教坊，南与教忠坊又形成文教区。

兵马司除西城兵马司外（在咸宜坊），北城兵马司（昭回靖恭坊）、中城兵马司（仁寿坊）、东城兵马司（思诚坊）所在三坊斜向相邻，三兵马司相距很近，形成兵马司小区，似有联防护卫皇城之势。

---

[1] 侯仁之主编《北京城市历史地理》，北京燕山出版社2000年版，第149页。

第七，宅第园林区及其分布态势。

王府和大宅第主要散置于中城区，并有部分较重要的园林。此外，最重要的园林宅第区在北城日忠坊，其次是东城明时坊，两坊共同的特点是环绕或沿水面（日忠坊在积水潭周围，并延伸至什刹海一带；明时坊在泡子河沿岸）建宅第园林。上述二坊略呈城西北角—东南角斜对，而在二坊之间的昭回靖恭坊、教忠坊、仁寿坊和黄华坊也散置园林宅第，从而又将日忠、明时二坊斜向相连起来。也就是说，宅第园林队除中城外，从内城西北角的日忠坊向东偏南经前述诸坊到内城东南角的明时坊，又形成一个斜向的园林宅第分布带。此外，宣武门一带也是官僚宅第较集中之地。

第八，寺观庙庵宫等的分布态势。

内城寺观庙等散置，未形成大的寺观区。据前面主要配置概况一节的介绍，内城寺观庙等的分布也有一定的规律和特点。比如：第一，沿内城西和北城墙内侧诸坊寺观庙等较多和集中。第二，内城四隅城角的坊寺观庙等数量多，如北城日忠坊 28 所（依前述主要配置一节的统计，下同），在内城诸坊中名列第一。其西相邻的日中坊 11 所，两者之和近 40 所，或可称为寺院小区。第三，四城之中寺观等数量排序为西城（78 所）、北城（56 所）、东城（39 所）、中城（34 所）。第四，佛教之外的天主堂（大时雍坊）和清真寺（金城坊），均在内城西部。第五，重要的庙宫，如城隍庙（金城坊）、帝王庙（鸣玉坊）、朝天宫（朝天宫西坊）均在西城，其位置大体南北错位相对。第六，皇家重要的大寺，隆福寺（仁寿坊）、大兴隆寺（小时雍坊）均在中城，且东北—西南斜对。另一大寺护国寺（发祥坊）在北城，上述三大寺的位置略呈鼎足之势。第七，两座舍饭寺，即旛竿寺（保大坊）和蜡烛寺（阜财坊）亦东北—西南斜对。第八，寺院与主要园林宅第相结合，如最大的园林宅第区日忠坊，同时也是内城寺观庙等最多的寺院区。东城的明时坊是东城的园林宅第区，其寺观庙等在东城也属最多之例。

第九，主要商市的分布态势和规律。

内城的主要大商市分布于皇城四门之外。其中大明门外朝前市，北安门外海子桥北鼓楼下大街商市，两者在内城中轴线南北相对。东安门外东北的灯市，西安门外西北的西市，两市隔皇城东西相对。上述内城四大商市均环皇城而置，只有金城坊城隍庙商业区远离皇城（较小的商业区不计）。

总之，明北京内城的功能区划以分片聚合的功能小区为主。各功能区划除中央衙署区和环皇城的商市外，余者大都近北、西、东城墙的附近诸坊，内城四城功能小区和相关机构与设施的分布，总的来看大体还算均衡，并与前述的层级空间结构布局模式有一定的对应关系。其中有些功能小区，显然也是以皇权至上和权力结构为中心进行配置的（如中央衙署区和环皇城的四大商市等）。

除上所述，后建的南城情况较为特殊。如所周知，南城兴建之后，基本承袭前代遗留下来的现状，未进行规划。除永定门内大街两侧新建的天坛和先农坛外，前三门外四坊主要商业区，宣北坊的寺庙、手工业，以及其他各坊的情况，均是在前代基础上，自发地发展起来的。其中前三门是内外城有机结合的枢纽，前三门外四坊主要商业区与内城朝前市连为一体，是明北京城最大的商业中心区。与此相关的其他具体情况，参见前面主要配置一节的介绍。

第十节 明北京城的形制布局承前绝后，古都形制定型收结

一 明北京城的形制布局以元大都为基础，推陈出新

(一) 明北京内城形制布局以元大都为基础的主要表现

明北京内城以元大都为基础，东、西城墙的位置和东、西城墙南面二门的位置未变；北城墙和南城墙北缩南扩，城墙和城门较元大都北，南城墙和城门平行南移。皇城紫禁城的总体方位未变（亦南移），宫城中轴线未变，积水潭等水面位置未变。城内主要干道和胡同配置格局基本未变，城内各种主要配置的方位大多与元大都有一定的承袭演变关系（图9-1）。上述情况表明，制约北京内城形制布局的基本要素，均源于元大都，故明北京内城形制布局的总体框架仍为元大都之旧。

(二) 明北京内城以元大都为基础推陈出新的主要表现

1. 改变了内城的平面形制

明北京内城较元大都北缩南扩，重新确定了内城北和南城墙的位置，新凿南海，将积水潭西北部截于城外，面积比元大都大为缩减。因而明北京内城的平面几何形状，从元大都的南北竖长方形变为西北抹角的东西横长方形，城内构图框架也随之发生了相应的变化（加筑外城后，总平面则呈"凸"字形）。

2. 重新确定全城规划中轴线

本书第六章、第七章已经论证，元大都以东西中分线为全城规划中轴线，南北中分线与东西中分线相交处建鼓楼为全城的几何中心点。其全城规划中轴线除以鼓楼和钟楼为标志外，余者均呈隐形特征。元大都宫城的中轴线在全城东西中分线之东129米，向北向南分别延伸至中心台和丽正门，仅位于南半城，对元大都全城起不到规划中轴线的作用，故这条显性存在的宫城中轴线不是元大都全城的规划中轴线[1]。

明北京城则不然，其内城较元大都城北缩南扩后，平面几何形状较元大都发生根本改变，导致内城东西中分线与宫城中轴线几乎组合（较元大都东西中分线即其全城中轴线平行东移129米），全城几何中心点和制高点也随之移到万岁山（今景山山体，元大都全城制高点在万寿山，即今北海白塔山）。从此元大都全城几何中心点和东西中分线则失去作用，作为全城规划中轴线主要标志的鼓楼和钟楼也被取消而改建于今北京的钟鼓楼位置。

明北京宫城中轴线与元大都宫城中轴线相重[2]，宫城中轴线向北延伸至临北城墙处，在端点分建鼓楼和钟楼。修筑外城后中轴线又向南延伸至永定门，内外城的几何中心点则移到宫城的午门，中轴线全长约8公里，成为内外城共同的中轴线。第九章第九节

---

[1] 孟凡人《元大都的城建规划与元大都和明北京城的中轴线问题》（《故宫学刊》2006年总第三辑）。
[2] 徐苹芳《元大都的勘查和发掘》，《中国历史考古学论丛》，台湾久里文化实业股份有限公司1996年版。此为前已发表同名简稿报的修改。

"二　完美的中轴线布局艺术"中，已对这条中轴线就是明北京全城的规划中轴线进行论述。明北京城正是以这条中轴线作为全城规划中轴线，对元大都原有布局进行调查或重新进行规划设计，才使明北京城在元大都城的基础上推陈出新，旧貌换新颜。

综上所述，应当指出，明北京城只是宫城中轴线与元大都宫城中轴线重合。明北京宫城中轴线也是全城规划中轴线，其较元大都全城规划中轴线平行东移，两者不相重合。因此，现在流行的明北京和元大都二城中轴线即全城规划中轴线重合说[1]，是不符合实际情况的。

3. 明北京紫禁城之宽是内城宽的模数，深不是内城深的模数

前面第六章、第七章已论证元大都宫城之宽深是大都城宽深的模数，明北京内城较元大都北缩南扩后，其城宽同元大都，明北京紫禁城建于元宫城旧址，紫禁城东西宫墙较元宫城东西宫墙略平行外移，二宫城中轴线重合（详见紫禁城部分）[2]，故紫禁城之宽仍大体为明北京内城宽的模数（紫禁城宽大体是内城宽的9倍，同元大都），模数关系基本未变（图9-53）[3]。但是，当明北京内城和紫禁城分别较元大都及其宫城北缩南扩后，北京内城之深已不是紫禁城深的整倍数，所以紫禁城之深不是明北京内城的模数[4]。

4. 明北京内城在元大都基础上的其他变化

除上所述，明北京内城与元大都相比较，还有其他一些较大的变化，下面略举数例。

第一，中轴线直对钟鼓楼。

元大都宫城中轴线直对万宁寺，规划中轴线直对钟鼓楼。明北京宫城中轴线与规划中轴线合一后，直对钟鼓楼。

第二，无横贯东西的大街。

元大都在光熙门与肃清门间有横贯东西的大街（图9-1）。明北京城较元大都内缩后

---

[1] A. 侯仁之《元大都城与明清北京城》，《故宫博物院院刊》1979年第3期。
   B. 杨宽《中国古代都城制度史研究》（上海古籍出版社1993年版）第464页。
   C. 傅熹年《中国古代城市规划、建筑群布局及建筑设计方法研究》（中国建筑工业出版社2001年版）上册第11页。
   D. 徐苹芳《元大都的勘查和发掘》，《中国历史考古学论丛》，台湾久里文化实业股份有限公司1996年版。此为前已发表同名简稿报的修改。

[2] 见本书第十章。

[3] 本书第十章论证明北京紫禁城东西宽749.4626米，若明北京内城宽仍按元大都东西宽6730米计算，内城宽为紫禁城宽的8.979倍，近似于9倍（6730÷749.4626=8.979）。若按前述明内城南城墙6680米计算，亦大体为9倍（6680÷749.4625=8.91）。

[4] 本书第十章论证明北京紫禁城南北深961.2603米，明北京内缩南扩后，西城墙长4964.22米，是紫禁城深之5.16倍（4984.22÷961.2603=5.164）。东城墙长5669.92米，是宫城深5.89倍（5669.92÷961.2603=5.898）。若按喜龙仁数据西城墙长4910米，为5.1倍（4910÷961.2603=5.1），只有按前述喜龙仁东城墙长5330米（5330÷961.2603=5.54），概言南北深5350米（5350÷961.2603=5.56）才大体与5.5倍接近。但是5330米和5350米均短于明北京内城的实际长度。所以明北京紫禁城之深不是内城深的模数。因此，《傅熹年建筑史论集》（文物出版社1998年版）第359页说：紫禁城的长度是据规划方案中确定下来的北京城的长宽按比例缩减的，即为东西宽的1/9，南北长的1/5.5（图10-7之6），其中1/5.5是值得商榷的。

则无横贯东西的大街，因明北京皇城基本位于内城中间，其阻碍内城东西交通的缺点较元大都更为明显。

第三，水面发生变化。

明代积水潭等水面在内城中的位置，与内城的比例关系及其与内城布局的关系，均较元大都发生明显变化。此外，明代积水潭的面积较元代缩小，形状有变，并扩中海，新凿南海，也是重要的变化。

第四，内城主要配置和布局变化为主，相因为辅。

明北京内城以紫禁城皇城为核心，向外层层相护的总体布局，改变了元大都城内的总体布局模式。明北京内城在皇城之外的主要配置较元大都多，其主要配置的方位、特点和规律较元大都大多发生变化，并集中体现在城内的功能区划方面。元大都的城内功能区划略呈自然区片化，明北京内城功能区划则各种相关配置略呈点状集中，功能区划分片聚合，有的形成大片的功能区划，如千步廊两侧的中央衙署区，但多数功能区划形成小区化。其中有些功能小区在位置上与元大都有相因关系，如元大都路总管府明代改为顺天府，元代的国子监和文庙明代因之，元代在明时坊设太史院和司天台，明代在此设贡院和观象台。此外，下文所述商市也有类似情况。

第五，商市中心南移。

元大都的商业中心区在斜街钟楼一带，入明以后漕运废止，因而商业中心区移到棋盘街和前三门四坊之地。同时，元代一些规模不大或较小的市，到明代演变成为环皇城的大市。如元代海子桥一带市的规模较小，明代逐步变成夹鼓楼下大街规模较大的商市。元代的羊角市较繁荣，到明代发展为规模较大并与皇室有关的西市。元代枢密院角市，明代在其附近形成皇家直接介入的大规模的灯市商业区。此外，明代还以西城都城隍庙庙市为主形成较大的商业区。

第六，坛庙制度和配置方位变化。

元代对传统的礼制建筑不甚重视，并无日、月坛和地坛（合祀于南郊圜丘）。明代北京规范了历代以来的诸坛配置方位和规制，以后遂成定制。这是中国历代都城中诸坛规制和配置上划时代的重要变革。此外，明北京还革除了元继承宋代以来的传统而建的原庙和太乙神坛与云仙台等。

第七，寺观庙等多承袭元代。

明北京基本上承袭了元大都旧有的寺观，同样集中于西城。明北京所修大寺明显少于元大都，元大都盛行的藏传佛教，明北京时则呈衰落之势。

总之，上述情况表明，明北京城既以元大都城为基础，又有很大的变革。在一定程度上可以说，明北京城对元大都城进行了成功的、脱胎换骨的改造。所以明北京城虽然与元大都城相因，但却形成了不同于元大都的全新的形制布局。

二 明北京城形制布局与明中都和明南京城的关系

明中都和明南京城对明北京城形制布局的影响，主要表现在中都和南京的皇城紫禁城对明北京皇城紫禁城的影响上。由于新建的中都所处的自然环境和地貌状况，以及在六朝、南唐、宋元旧城基础上改造增筑而成的南京城与明北京城之间，在自然环境、人文地理、城市历史背景和原有基础等方面存在很大的差异，明北京城可效法者寡，所以明中都和南京城对明北京城形制布局的影响有限。

明中都对明北京城形制布局的影响主要有三：一是九门之制源于中都，但明北京内城九门配置情况与中都略有差异（中都西墙一门、东墙三门）。二是明中都以万岁山主峰为全城的制高点和中心点（中心点与皇城中轴线相错），明北京仿中都人工堆垒万岁山，同样以万岁山为内城的几何中心和制高点。三是本书第八章明中都部分论述，在洪武八年罢建中都之前，明中都原规划宫城皇城在外城中间偏南，宫城和外城中轴线合一。明北京基本上承袭了这个传统。同时，明中都城外之南置圜丘，城外之北置方丘；城内东南独山置观象台，对明北京天坛、地坛和观象台位置的选择或有影响。此外，明中都权贵邸第环绕皇陵，这个现象也可能对明北京邸第多环皇城配置有某种影响。

明南京城四城环套，明北京计划筑外城时拟仿南京之制四面筑外城[1]，但后来发生变化，仅在南面筑外城，其有外城、内城、皇城和紫禁城四城情况仍如南京。明南京城千步廊两侧置中央衙署区，三法司另置他处；承天门前置长安街，洪武门与正阳门间置东西横街（明北京称棋盘街）等，均为明北京所承袭。明南京主要坛庙配置的方位直接影响明北京城，在此基础上明北京城坛庙制度和配置方位更加完善和规范起来。此外，明北京还仿明南京建历代帝王庙、朝天宫、关羽庙、真武庙以及忠臣祠（如文天祥祠）等，但两者的配置方位多不相同。明南京权贵邸第在不同方位围绕皇城配置，南城十里秦淮和城隅多园林等，明北京亦变通相因。至于明南京和北京繁荣的商业中心区和手工业区均主要在南城，既与两城商业中心区形成的历史背景近似有关，又是一种巧合。

三 明北京城形制布局是中国古都的终结模式

综上所述，明北京城的形制布局以元大都城为基础，推陈出新；同时又吸收了明中都和南京城形制布局中可借鉴之处。此外，从明北京城的形制布局之中，亦可窥见自北魏洛阳城以来，历代都城在规划都城布局时对都城中轴线、城内中心点和制高点、中央衙署区配置的形式和方位及其与皇城的关系，坛庙制度和配置方位，都城功能区划的模式，各种不同布局艺术手法的组合或相辅相成形式等方面的处理，及其前后演变和发展过程中的一些因素，对明北京城的形制布局也有某种潜移默化的影响。因此，在一定程度上可以说，明北京城的形制布局乃是此前历代都城经验的总结，并集其大成。在此基础上，进而又将前述形制布局中的一些理念、设想和探索化为现实，重新规划。因此，明北京城的规模宏伟，形制布局严谨，配置规范、功能完备，充分显增示出明代大一统封建帝国的气势，达到了体现皇权至上和封建礼制，以及传统布局艺术的最高境界，形成了中国古代都城中完整的、全新的布局模式。这种模式入清以后基本未大变，明北京城的形制结构几乎被完全承袭下来。所以明北京城作为中国古代最后建成的一座都城，其形制布局也是承前绝后，定型收结，以中国古代都城形制布局的最终定式而载入史册。

---

[1] A.《日下旧闻考》（二）卷三八第 608～609 页引《明宪宗实录》《明世宗实录》。
B. 参见第九章第三节外城部分。

第十章　明北京皇城和紫禁城

明代北京的皇城和紫禁城，是我国时代最晚（其形制清代末大变）和唯一遗存下来的皇城与紫禁城；也是我国现存规模最大、规制最多、人文信息最丰富、科技含量最多、保存最完整，并在世界同类性质的建筑中独步天下的古建筑群。该建筑群集历代宫城规制、规划、设计、建筑技术和艺术之大成；以封建社会儒家的天命观和礼制秩序为灵魂，以传统美学为标准，以劳动人民的血汗为代价，倾当时全国之力，营建琼楼玉宇，其宫殿之宏伟、辉煌和壮丽无与伦比。该建筑群上承几千年的文化积淀，凝聚着先人智慧的精髓，继承和发扬了此前历代的精神文化和物质文化成果，海纳百川，开拓创新，内涵无比丰富。该建筑群是中华民族的瑰宝，是全人类的重要文化宝库，因而在全国重点文物保护单位之中名列前茅，并被列入世界文化遗产名录，成为举世瞩目的旅游文化资源和学者们的重要学术舞台。在这种情况下，明北京皇城和紫禁城的形制布局作为上述诸方面的主要载体，其进一步的深入研究亟待提到日程上来。有鉴于此，本章拟在已有研究成果的基础上，首先对明北京皇城和紫禁城的形制布局略作概括介绍，然后再做些探讨和研究。

第一节　皇城和紫禁城的营建

一　燕王府和西宫的营建与位置

（一）北平燕王府的营建与位置

明洪武元年（1368年）八月壬午，"诏改大都路为北平府"；二年十二月丁卯，以赵耀"为北平行省参政"，"守护王府宫室"，"耀因奏进工部尚书张允文所取北平宫室图。上览之，令依元旧皇城基改造王府"。洪武三年四月乙丑，"册封诸皇子为王"，"第四子棣为燕王"；洪武三年七月，辛卯"诏建诸王府"，"燕用元旧内殿"，"命以明年次第营之"。洪武十二年十一月甲寅"燕府营造讫工"，洪武十三年三月壬寅"燕王棣之国北平"[1]。据上所述，燕王邸似始建于洪武四年或其后不久，卒于洪武七年的华云龙曾"建燕邸"[2]，说明此前燕邸已经动工营建（后文有说）。但是，为什么到洪武十二年才完工呢？这个情况可能与洪武十一年以前王府规制一直未最终全部确定有关，待到洪武七年

---

[1]《明太祖实录》卷三四、五一、五四、一二七；《明史》卷二《太祖二》。
[2]《明史》卷一三〇《华云龙传》："建燕邸，增筑北平城，皆其经画。"

和洪武九年王府规制确定之后[1]，燕王府也随之进行了改作[2]。此外，燕王当时仅十一二岁，尚不能就国，不急于速建，可能亦是原因之一。所以到洪武十二年燕王府才完工[3]。

那么，燕王府建于何处呢？前引《实录》已点明"令依元旧皇城基改造王府"，"燕用元旧内殿"。洪武二十八年九月所颁"皇明祖训"又说"燕因元之旧有"[4]。所谓"元旧皇城"即元之宫城，据此一些学者已较详细论证了燕王府址在元宫城[5]。但是，由于明清一些文人将拆毁元宫城问题与建燕王府搅在一起，遂引起燕王府位置之争。比如，洪武二十九年吴节为萧洵《故宫遗录》作序，说萧洵"奉命随大臣至北平毁元旧都"，万历四十四年（1616年）赵琦美为《故宫遗录》写序则说"洪武元年灭元，命大臣毁元氏宫殿"（指徐达经理元故都）。到清初孙承泽《春明梦余录》时又变成"大将军徐达遣指挥张奂计度元皇城……将宫殿拆毁"，进而《春明梦余录》又提出"初燕邸因元故宫，即今之西苑"。乾隆年间编修的《日下旧闻考》断言"明初燕邸仍西宫之旧，当即元之隆福、兴圣诸宫遗址，在太液池西"。此后迄今，该说甚为盛行[6]。

---

[1]《明太祖实录》卷六〇：洪武四年正月戊子条记载，"命中书定议亲王宫室制度"，同年正月丙申，"命中书省定王国宗庙及社稷坛壝之制"。《明太祖实录》卷八七洪武七年正月乙亥，"定亲王国中所居前殿曰承运、中曰圆殿、后曰存心，四城门南曰端礼、北曰广智、东曰体仁、西曰遵义"。《明太祖实录》卷一〇三，洪武九年正月己未，诏礼部："亲王宫殿、门、庑及城门楼，皆覆以青色琉璃瓦如东宫之制。"《明太祖实录》卷一一九洪武十一年七月乙酉，"工部奏：'诸王国宫城，纵横未有定制，请以晋府为准，周围三里三百九步五寸，东西一百五十丈二寸五分，南北一百九十七丈二寸五分。'制曰：可"。可见王府规制是逐渐完备起来的。

[2] 王璞子《燕王府与紫禁城》（《故宫博物院院刊》1979年第1期）引朱启钤《歧阳世家文物考述》载洪武九年八月，燕王致李文忠手书一通，原文为"燕王令旨，今遣承奉吴祥赍手书致表兄曹国公：为营造事，所有宫殿相度可存者存，若无用者拆去，须要停当……"李文忠当时兵驻北平兼督王府工事，故有是书。

[3]《明太祖实录》卷一二七洪武十二年十一月甲寅条记载："燕府营造讫工，绘图以进。其制：社稷、山川二坛，在王城南之右。王城四门：东曰体仁、西曰遵义、南曰端礼、北曰广智。门楼、廊庑，二百七十二间。中曰承运殿，十一间；后为圆殿，次曰存心殿，各九间。承运殿之两庑为左、右二殿。自存心、承运周回两庑至承运门，为屋百三十八间。殿之后为前、中、后三宫，各九间。宫门两厢等室九十九间。王城之外周垣，四门，其南曰灵星，余三门同王城名。周垣之内，堂、库等室一百三十八间。凡为宫殿室屋八百一十一间。"

[4] 载于《洪武御制全书》（黄山书社1995年版）的《皇明祖训》"营缮"云："凡诸王宫室，并依已定格式起盖，不许犯分。燕因元之旧有。若王子、王孙繁盛，小院宫室，任从起盖。"收在张德倍等主编《洪武御制全书》，黄山书社1995年版。

[5] 王剑英等《论从元大都到明北京宫阙的演变》（《中国紫禁城学会论文集》第一辑，紫禁城出版社1997年版）一文引《明太祖实录》载燕王于建文元年上书自陈"谓臣宫室僭侈，过于各府。此盖皇考所赐……'燕因元之旧有'，非臣敢僭越"。此言与《皇明祖训》相同。王璞子《燕王府与紫禁城》（《故宫博物院院刊》1979年第1期）一文，对燕王府址在元宫城进行了较翔实的论证，并对元皇城即元宫作了考证，可资参考。又《明史》卷一四五《姚广孝传》："燕邸，故元宫也。"

[6] 王璞子《燕王府与紫禁城》（《故宫博物院院刊》1979年第1期）："据《南村辍耕录》，元隆福宫'初为太子府'。所说太子即忽必烈长子真金，中统三年封燕王（《元史·裕宗传》）。或者燕王、燕邸，元明混同，日久传闻失实，因而造成误会。"元隆福宫燕王府说，现代学者以朱偰为首，他在《明清两代宫苑建置沿革图考》（商务印书馆1947年初版，北京古籍出版社1990年再版）中说："按燕府所因元旧内，即元隆福宫。在太液池西岸"，"明初毁元故宫……而大明宫为大内正殿，亦必先遭摧毁。故元代遗产，留存于明者，厥为太液池之广寒殿、仪天殿，及西岸之兴圣宫、隆福宫、西御苑而已"。此说影响很大，多从之。近些年如姜舜源《元明之际北京宫殿沿革考》（《故宫博物院院刊》1991年第4期）等，仍持此说。

所以现在燕王府的位置仍有较大争论，莫衷一是。

我们认为，燕王府建于元宫城。文献记载，永乐七年（1409年）正月壬子，明成祖在靖难后将首次返回北京，"礼部言：'皇上将巡狩北京，旧藩府宫殿及门宜正名号'，从之"[1]。于是将王城四门改为午门、东华门、西华门、玄武门，诸殿分别改为奉天、华盖、谨身殿和乾清与坤宁宫。永乐七年三月壬戌、八年七月壬午，十二年八月辛丑、十三年正月永乐帝多次御奉天殿受朝贺[2]，此奉天殿即原燕王府诸殿改名后的奉天殿。

（二）北京西宫的营建及其位置

《明太宗实录》卷一七九记载，永乐十四年八月丁亥，"作西宫。初，上至北京，仍御旧宫。及是将撤而新之，乃命工部作西宫为视朝之所"。文中所谓"仍御旧宫"指燕王府，"及是将撤而新之"指拆燕王府旧宫，腾空之后建新宫；"为视朝之所"即按视朝规制建西宫。永乐十五年四月癸未，"西宫成。其制：中为奉天殿，殿之侧为左、右二殿。奉天殿之南为奉天门，左、右为东、西角门。奉天门之南为午门，午门之南为承天门。奉天殿之北为后殿、凉殿、暖殿，及仁寿、景福、仁和、万春、永寿、长春等宫。凡为屋千六百三十余楹"[3]。永乐十五年五月丙戌朔（即西宫建成后的第四天），明成祖"御奉天殿受朝贺"[4]，即在西宫的奉天殿。

西宫的位置，在太液池西元代隆福宫和西御苑范围，该宫至永乐十九的元旦成祖在紫禁城"御新殿受朝"后即完成了历史使命。此后嘉靖十年又修整一新，将"文祖之御"改为西苑（世宗说："西苑宫室，是朕文祖之御"）嘉靖二十一年世宗移居西苑，号永寿宫（原为西苑后宫之一）。

（三）元宫城拆毁问题

元宫城何时拆毁，是一个长期议而未决的问题。因元宫城的拆毁与燕王府纠缠在一起，故一并进行讨论。

徐达克元大都后，很快"封其府库及图籍宝物等；又封故宫殿门，令指挥张焕以兵千人守之"[5]，对元宫城严加保护。洪武二年九月建都之议说"北平元之宫室完备"[6]，同年十二月命赵耀为北平行省参政，"俾守王府宫室"，耀进"北平宫室图"，上令"依元旧皇城基改造王府"。洪武三年四月"册封诸皇子为王"，封朱棣为燕王，以"元旧内殿"建燕王府。上述情况表明，洪武三年以前元宫城未拆毁[7]，而是被保护起来。

洪武三年四月"诏建诸王府"，"命以明年次第营之"。但是，《明太祖实录》卷三六

---

[1]《明太宗实录》卷八七。
[2]《明太宗实录》；《明史》卷六《成祖二》，卷七《成祖三》。
[3]《明太宗实录》卷一八七。
[4]《明太宗实录》卷一八八。
[5]《明太祖实录》卷三四，洪武元年八月庚午条。
[6]《明太祖实录》卷四五。
[7] 萧洵到北平的时间，据考证在洪武二年末或三年初，参见姜舜源的《元明之际北京宫殿沿革考》（《故宫博物院院刊》1991年第4期）。因此，萧洵《故宫遗录》也是明朝洪武三年以前元宫城未拆毁的明证。

所记洪武四年十月二十八日，"作诸王宫殿于太原等府"，其中未提到燕王府。洪武五年翰林学士宋纳到北平，写了不少与元宫城有关的诗，诗中描绘了元宫城的衰败景象，以及成卒驻守情况，同时也提到"九华宫殿燕王府"[1]。对宋纳诗的分析历来仁智各见[2]，其实诗中所写元宫城的衰败景象，恰恰说明元宫城尚存在，诗中描述的驻军情况则正是前述派兵守护的反映。以此推之，燕王府当时尚未正式营建，所谓"九华宫殿燕王府"只是确指元宫城已定为燕王府址而已。除上所述，据文献记载，洪武六年三月令"王府公厅造作可暂停罢"，是时燕王府由于"社稷、山川坛望殿未覆，王城门未甓，恐为风雨所坏"，遂命工匠为之，并甓王城门[3]。此种情况表明，当时燕王府尚处于营建初期，这件事恰在宋纳到北平之后，洪武七年六月营"建燕邸"的华云龙死之前，所以燕王府始建似在洪武五年秋至六年初或其后不久。待洪武七年、九年王府规制最后确定之后，燕王府则进行改作，于是燕王指示燕王府营造时"所有宫殿相度可存者存，若无用者拆去"（见前述情况）。因此，在燕王府营建时期，元宫城似已被部分拆毁[4]。而元宫城正式拆毁，则应在永乐十四年八月拆燕王府旧宫，"撤而新之"至永乐十五年六月兴工建紫禁城之际[5]。

二　永乐时期奠定北京宫殿基本格局

（一）紫禁城始建的年代

永乐四年（1406年）闰七月，遣工部尚书宋礼等分赴各地督民采木，烧造砖瓦，并征发各地工匠、军士、民丁，"以期明年五月俱赴北京听役"[6]，"诏以明年五月建北京宫殿"[7]。但工程并未明确记载如期开工，究其原因有二：其一为皇后徐氏营建昌平山陵（永乐五年七月乙卯，徐氏病亡）。永乐七年五月乙卯至十一年正月"天寿山陵成，命名'长陵'"[8]，永乐十一年正月至十四年三月长陵殿成，前后七年大兴土木[9]，无力顾及营建

---

[1] 明·《西隐文集》载《壬子秋过故宫十九首》诗《客北平闻行人之语感而成诗四首》。与元宫城有关的诗句，学者多引用"九重门阙人骑马""戍兵骑马出萧墙""九华宫殿燕王府，百辟门庭戍卒家"；"行人千步廊前过，犹指宫墙说大都"，大明殿"劈正无官玉斧沈"（大明殿有"劈正斧"），"朝会宝灯沈转漏"；"延春阁上秋风早，散作哀音泣播迁"，又感叹"郁葱佳气散无踪，宫外行人认九重"等。

[2] A. 李燮平《明初徐达筑城与元大内宫殿的拆毁》，《故宫博物院院刊》1997年第2期。
　　B. 姜舜源《元明之际北京宫殿沿革考》，《故宫博物院院刊》1991年第4期。

[3] 《明太祖实录》卷八〇。

[4] 王璞子《燕王府与紫禁城》（《故宫博物院院刊》1979年第1期）论述了建燕王府与拆毁元宫问题。文中还说："燕府建筑所以进行迟缓，予为南京、凤阳输材让路，动工推迟，或者中途因故停顿，都是有可能的。朱棣此信晚在洪武九年提出拆存问题，与此也有很大关系。叮嘱文忠着意所在，尤其明显，是为保存部分宫殿，留给将来使用。"

[5] 姜舜源《元明之际北京宫殿沿革考》（《故宫博物院院刊》1991年第4期）、王璞子《燕王府与紫禁城》（《故宫博物院院刊》1979年第1期）、王剑英等《论从元大都到明北京宫阙的演变》（《中国紫禁城学会论文集》第一辑，紫禁城出版社1997年版）。

[6] 《明太祖实录》卷五七《营建北京诏》。

[7] 《明史》卷六《成祖二》，永乐四年闰七月壬戌条。

[8] 《明太宗实录》卷一三六。

[9] 《明太宗实录》卷一〇一、一三六、一三七。

紫禁城。其二，自永乐四年秋七月先后发近百万大军征安南；永乐八年成祖亲帅五十万大军征鞑靼，永乐十二年又亲征瓦剌[1]，连年征伐军费开支很大，也影响到如期营建紫禁城。此外，加之"靖难"后社会生产造成严重破坏，通惠河淤塞日久，漕运困难等等原因，故使营建宫城受到影响。但实际上，营建工程却未停止，只是未大规模展开，仅营建前期基础工程而已[2]。

上述事件处理完毕，营建宫城正式提到日程上来。永乐十四年八月命"作西宫"，为建紫禁城作前期准备，拉开紫禁城正式营建的序幕。永乐十四年十一月"复诏群臣议营建北京"，十五年二月"命泰宁侯陈珪董建北京，柳升、王通副之"，"永乐十五年六月兴工"，永乐十八年十二月建成[3]。这就是现在对永乐时期营建紫禁城年代的一般看法。但是，"以工程量计之，亦非永乐十五年到十八年仅三年时间即能完成"，所以一些学者对其始建于十五年产生怀疑。有的学者认为《明太宗实录》回避紫禁城始建时间有难言之隐，经对有关史实分析后断言"北京宫殿的正式动工，开始于永乐五年五月这一'诏'定的时间"[4]。总之，紫禁城始建的年代学术界历来说法不一[5]，目前仍在探讨之中，尚无定论。

（二）永乐时期奠定紫禁城的基本格局

永乐时期营建紫禁城工程浩大，"以百万之众，终岁在官供役"[6]，为确保施工进度，还采用场外加工办法设五大厂（即神木厂、大木厂、台基厂、黑窑厂和琉璃厂）[7]。至永

---

[1]《明史》卷一五四《张辅传》、卷三二七《鞑靼传》。
[2] 李燮平《永乐营建北京宫殿探实》（《紫禁城建筑研究与保护：故宫博物院建院70周年回顾》，紫禁城出版社1995年版）引用了单士元以工程量计之，三年时间不可能完成的论述，并详细论述了永乐五年五月动工的理由。按，实际上永乐十四年前已暗做迁都准备，永乐十五年前北京宫殿前期基础工程大体完工，永乐十五年至十八年则奠定了北京宫殿的基本格局。
[3]《明太宗实录》卷一八二、二三二。
[4] 李燮平《永乐营建北京宫殿探实》，《紫禁城建筑研究与保护：故宫博物院建院70周年回顾》，紫禁城出版社1995年版。
[5] 关于紫禁城始建的年代历来说法不一，有永乐四年说，如朱国桢《皇明大政记》《资治通鉴纲目三编》《明史》卷四〇《地理一》"京师顺天府"等。有永乐四年、十五年两次营建说，如谭希思《明大政纂要》，谈迁《国榷》《明史》卷一四六《陈珪传》《明通鉴》等。
[6] 见于倬云《紫禁城始建经略与明代建筑考》（《故宫博物院院刊》1990年第3期），邹缉《奉天殿灾疏》，《明经世文编》卷二一《邹庶子奏疏》。《明史》卷一六四《邹缉传》有删节。
[7] 于倬云《紫禁城始建经略与明代建筑考》（《故宫博物院院刊》1990年第3期），介绍了五大厂的简况。神木厂在今崇文门外，为存放四川等地特大木材之所，占地面积很大，今广渠门外东边尚有皇木厂地名。大木厂设在朝阳门外，兼收苇席。此外，还有大木仓（今西单北大木仓胡同），存放山西等地木材。台基厂，今仍名台基厂，为木构件预制加工而设。黑窑厂在今陶然亭和窑台一带，为工部设置的烧制青瓦的窑厂。琉璃厂是烧制琉璃瓦的地方，在今正阳门与宣武门之间的南郊，今和平门外尚有琉璃厂与厂西门的地名。烧窑所用大量柴草堆放在宣武门外以西的草厂（今草厂胡同一带）。此外，还有采石场，如顺义县牛栏山与门头沟马鞍山，开采青砂石，白虎涧等处开采豆渣石，房山县大石窝与门头沟开采青白石，曲阳县开采花岗石等。在城内设有预制石料的场地，有大石作、小石作（在今景山公园之西）。

乐十八年紫禁城墙、左祖右社、中轴线上所有主体建筑（包括文华殿、武英殿）均已建成（此外还有十王府、皇太孙府、五府六部、钟鼓楼等）。"凡庙社、郊祀、坛场、宫殿、门阙，规制悉如南京，而高敞壮丽过之"[1]，从而奠定了明北京紫禁城宫殿的基本格局。但此后不久，永乐十九年四月"奉天、华盖、谨身三殿灾"[2]，次年乾清宫亦灾[3]。永乐二十一、二十二年成祖北征，二十二年归途中死于榆木川（今内蒙古多伦西北）[4]。

三　永乐之后紫禁城的营建概况

（一）洪熙至正德时期

明成祖之后，相继为仁宗（洪熙一年）、宣宗（宣德十年）、英宗（正统十四年）。正统十四年"土木堡之变"英宗被瓦剌俘获，代宗即位（景泰七年）。景泰元年英宗被放回，景泰七年英宗策划"夺门之变"复辟，改年号天顺（八年）。此后又相继为宪宗（成化二十三年）、孝宗（弘治十八年）和武宗（正德十六年）。上述诸帝营建紫禁城的活动略述如下。

洪熙元年（1425年）建弘文阁[5]。宣德七年（1432年）移东华门于玉河之东，迁居民于灰厂西之隙地[6]；宣德十年置六科文书所于承天门外[7]。正统元年（1436年）作公生门于长安左右门外之南[8]；正统五年重建外朝三殿后廷两宫，次年建成[9]。正统十四年文渊阁灾，藏书悉化为灰烬[10]。景泰六年（1455年）增建御花园[11]，天顺元年（1457年）承天门灾[12]，

---

[1]《明太宗实录》卷二三二，永乐十八年十二月癸亥条。
[2]《明太宗实录》卷二三六，永乐十九年四月庚子条。
[3]《明太宗实录》卷二五四，永乐二十年闰十二月戊寅条。《明史》卷七《成祖本纪》。
[4]《国榷》卷一七。
[5]《明史》卷八《仁宗八》。
[6]《春明梦余录》。
[7]《日下旧闻考》（二）卷六三引《明宣宗实录》。
[8]《古今图书集成·职方典》引《明英宗实录》。
[9]《明英宗实录》卷六五，正统五年三月戊申条。卷八三，正统六年九月甲午条。《日下旧闻考》（一）卷三四第516页引《明英宗实录》："正统五年三月（戊申），建奉天、华盖、谨身三殿，乾清、坤宁二宫。初，太宗皇帝营建宫阙，尚多未备。三殿成而复灾，以奉天门为正朝。至是修造之，发现役工匠操练官军七万人兴工。六年九月（甲午），三殿两宫成。"李燮平《从明代的几次重建看三大殿的变化》（《紫禁城建筑研究与保护：故宫博物院建院70周年回顾》，紫禁城出版社1995年版）引《世庙识余录》："三殿规制，自宣德再建，诸将作皆莫省其归，而匠官徐杲能以意料量，比落成，竟不失尺寸。"据此作者论证宣德时确有重建三殿计划，并已备料。"宣德时天下工匠数倍祖宗之世"，因此具备重建条件。但是，因"诸将作皆莫省其归"，想建而未建起来。正统时借助永乐时所遗留下的旧人的经验和能力，虽然建起来，却不是与原来完全相同的样子。这是因为三殿烧毁出现失制情况，故正统所建三殿"有所权变"。
[10]《山樵暇语》。
[11]《古今图书集成·职方典》。
[12]《明史》卷一二《英宗后记》。

天顺三年建南内（后文有说），天顺四年营建西苑[1]，至此紫禁城宫殿及御苑基本完备。此后营建规模较小，成化元年（1465年）造承天门[2]，成化十年乾清门灾[3]。弘治三年（1491年）缮南海子垣墙[4]，弘治十一年清宁宫灾，次年重建[5]；弘治十二年后廷两宫灾[6]。正德四年（1509年）西苑文渊阁灾[7]，正德九年乾清宫灾[8]，正德九年十二月重建后廷两宫[9]，正德十年重修太素殿[10]，正德十六年重建乾清宫成[11]。此期的营建以英宗正统、天顺时期为主。

（二）嘉靖时期

世宗嘉靖一朝是明代重建、扩建和创建宫苑的盛期（包括皇城），其中创建者近二十处，重建扩建者十余处[12]。现择其要者略述如下。属创建的有：嘉靖三年（1524年）作观德殿（嘉靖为祀其父而建）于奉天殿西[13]，嘉靖四年作玉德殿景福、安喜二宫[14]并且其后又改建奉先殿[15]，嘉靖十三年建皇史宬于重华殿西[16]，嘉靖十五年在西苑建金海神祠[17]，嘉靖十五年建慈庆宫与慈宁宫（嘉靖为生母建造）[18]，嘉靖十五年建献帝庙于太庙之巽隅[19]，嘉

---

[1] 《日下旧闻考》（一）卷三六第571页引《明英宗实录》："天顺四年九月，新作西苑殿宇轩馆成，苑中旧有太液池，池上有蓬莱山，山巅有广寒殿，金所筑也。西南有小山，亦建殿于其上，规制尤巧，元所筑也。上命即太液池东西作行殿三，池东向西者曰凝和，池西向东对蓬莱山者曰迎翠，池西南向者以草缮之而饰以垩曰太素（今五龙亭北）。其门各如殿名。有亭六，曰飞香、拥翠、澄波、岁寒、会景、映辉，轩一曰远趣，馆一曰保和。"

[2] 《日下旧闻考》（一）卷三三第497页引《明宪宗实录》。

[3] 《明史》卷一三《宪宗一》。

[4] 《明史》卷一六八《刘吉传》。

[5] 《明史》卷一五《孝宗》。

[6] 《万历野获编》。

[7] 《山樵暇语》。

[8] 《日下旧闻考》（一）卷三四第523页引《明武宗实录》。

[9] 《古今图书集成·职方典》引《明武宗实录》。

[10] 《古今图书集成·职方典》引《明武宗实录》。

[11] 《明史》卷一七《世宗一》。

[12] 朱偰《明清两代宫苑建置沿革图考》，商务印书馆1947年初版，北京古籍出版社1990年再版，第20～27页。

[13] 《明世宗实录》卷三九，嘉靖三年五月壬申条；卷六六，嘉靖五年七月庚子条。《明史》卷一一五《睿宗献皇帝传》。

[14] 《明史》卷一七《世宗一》。

[15] 《明世宗实录》卷七四，嘉靖六年三月壬午条。

[16] 《日下旧闻考》（一）卷四〇第631页引《大政纪》、第632页引《春明梦余录》。

[17] 《日下旧闻考》（一）卷三六第570页引《明典汇》。

[18] 《明世宗实录》卷一八六，嘉靖十五年四月癸巳条。《国朝典汇》卷一八六："嘉靖十五年四月，作寿宫修七陵及建慈庆、慈宁二宫。"二宫分别建成嘉靖十七年和十九年。《明史》卷一七《世宗一》，《春明梦余录》卷六，记载撤大善殿建慈宁宫。

[19] 《万历野获编》。

靖十七年作圣济殿于文华殿后[1]。嘉靖二十一年建大高玄殿[2]，嘉靖二十二年建佑国康民雷殿于太液池西[3]、新建雷霆洪应殿[4]，嘉靖二十六年作圆明阁阳雷轩[5]，嘉靖三十六年建大光明殿[6]，嘉靖四十四年建万法宝殿[7]、建玉芝宫[8]，嘉靖四十五年作御憩殿朝元馆[9]、建真庆乾光等殿[10]。属重建扩建的有：嘉靖元年修建文华殿[11]，嘉靖四年重建仁寿宫（四年三月灾，八月重建，十九年诏修仁寿宫）[12]，嘉靖十年修建西苑宫殿[13]，嘉靖十一年建清馥殿前丹馨门锦芳、翠芳二亭[14]，嘉靖十四年建乾清宫左右小殿，左曰端凝、右曰懋勤[15]，嘉靖十四年改十二宫制（后文有说），嘉靖十六年拓文渊阁制[16]，嘉靖十九年修仁寿宫[17]，嘉靖三十六年四月外朝火灾使"三殿两楼十五门俱灾"[18]，嘉靖三十七年重建奉天门、更名大朝门[19]，嘉靖三十八重建三殿（嘉靖三十六年三殿灾），嘉靖四十一年三殿成，三殿分别改称皇极、中极和建极，左右阁改曰文昭、武成，左右东西角门改曰会极、归极、左右阁改曰弘政宣治[20]，嘉靖四十一年重作万寿宫（四十年灾）[21]，嘉靖四十三年重建惠熙、承华等殿[22]。

（三）隆庆至崇祯时期

嘉靖之后的穆宗（隆庆）、神宗（万历）、光宗（泰昌）、熹宗（天启）、思宗（崇祯）之世，明朝日渐衰落，大规模的营建不多[23]。其中以万历朝的营建活动较重要，如万历

---

[1]《日下旧闻考》（一）卷三五，540页引《明典汇》。
[2]《明史》卷一七《世宗一》。嘉靖朝所建坛庙最多。
[3]《明史》卷二〇九《刘魁传》。
[4]《日下旧闻考》（一）卷三六第570页引《明世宗实录》。
[5]《日下旧闻考》（二）卷四一第638页引《明世宗实录》。
[6]《日下旧闻考》（二）卷四二第665页引《明世宗实录》。
[7]《日下旧闻考》（二）卷四一第638页引《明世宗实录》。
[8]《明史》卷一八《世宗二》。
[9]《日下旧闻考》（二）卷四二第668页引《明世宗实录》，《明宫殿额名》。
[10]《万历野获编》。
[11]《古今图书集成·职方典》引《明典汇》。
[12]《明史》卷一七《世宗一》。
[13]《明史》卷一七《世宗一》。
[14]《古今图书集成·职方典》引《宫殿额名》。
[15]《日下旧闻考》（一）卷三四第525页引《明典汇》。
[16]《明世宗实录》卷一九九，嘉靖十六年四月癸亥条。《古今图书集成·考工典》。
[17]《明史》卷一七《世宗一》。嘉靖帝醉酒后放烟火引起火灾，西宫几乎烧光。
[18]《明世宗实录》卷四四六，嘉靖三十六年四月丙申条。
[19]《日下旧闻考》（一）卷三四第517页引《明典汇》。
[20]《明世宗实录》卷五一三，嘉靖四十一年九月甲申条。
[21]《明史》卷一八《世宗二》。
[22]《万历野获编》。
[23] 隆庆至崇祯时期的营建活动，见朱偰《明清两代宫苑建置沿革图考》（商务印书馆1947年初版，北京古籍出版社1990年再版）第28～32页。

五年（1577年）重修乾清等宫[1]，万历十三年重建慈宁宫[2]，万历二十五年重建乾清、坤宁二宫（万历二十四年灾），次年建成，并建交泰殿、暖房、披房、斜廊、乾清、日精、月华、景和、隆福等门及廊庑一百一十间，以及神霄殿、东裕库、芳玉轩等，至此内廷形制和配置已臻完备[3]。又万历二十五年三殿灾，万历四十三年开始重建，至天启七年（1627年）才建成[4]。此外，还有少量其他营建活动，兹不赘述[5]。

第二节 皇城的形制布局

一 皇城位置、周长、诸门和平面形制

明初沿南京之制，将宫城和禁垣统称"皇城"，正统以后始分"内皇城"（宫城）和"外皇城"（禁垣），万历朝重修《大明会典》时才将宫城称"紫禁城"，禁垣称皇城[6]。文献记载"皇城在京城之中"，实则在内城中间略偏西南。皇城较元大都的萧墙略外扩，其南墙在今东、西长安街北侧，北墙在今地安门东西大街南侧（北皇城根），东墙在今东皇城根，西墙在今西皇城根[7]。皇城西南因有元代大慈恩寺，东为灰厂，中有夹道，"故

---

[1] 见贺中轼《两宫鼎建记》，《丛书集成》新编本（台北新文丰出版股份有限公司1985年版）。

[2] 《明史》卷二〇《神宗一》。《明神宗实录》卷一四四，万历十一年十二月庚午条："夜一更，慈宁宫火，圣母移居乾清宫"，十三年六月辛丑，慈宁宫复建成

[3] 《明史》卷二〇《神宗一》《日下旧闻考》（一）卷三四，第524页引《冬官纪事》。

[4] 《明神宗实录》卷二九五，万历二十四年三月乙亥，"火发坤宁宫延及乾清宫"，《明神宗实录》卷三三一，万历二十五年六月戊寅，"三殿灾"，"火起归极门，延至皇极等殿，文昭、武成二阁，周围廊房一时俱烬。"又《两宫鼎建记》也记载了乾清、坤宁两宫的复建情况。《日下旧闻考》（一）卷三四，第519页引《明神宗实录》。

[5] 《酌中志》以及《春明梦余录》中保存了明末紫禁城的详细情况，可参考。

[6] 万历《大明会典》卷一八一记载："自午门至玄武门，俱宫城门"，承天、大明等"六门俱皇城门"；又说："内'紫禁城'，起午门，历东华、西华、玄武三门。"《明史》卷四〇《地理一》修于清初，亦说宫城又称紫禁城，宫城之外为皇城。

[7] A. 皇城东西墙在东、西皇城根，是宣德朝外扩的结果。即汉王高煦谋反，拘于西苑，故拓展西部皇墙。又宣德七年"上以东安门外缘河居人，逼近皇墙，喧嚣之声彻于大内，命行在工部改筑皇墙于河东"。参见李燮平等《明清官修书籍中的皇城记载与明初皇城周长》，《北京文博》2000年第2期。

B. 2001年3月，北京市文物研究所对皇城东墙遗址进行勘探和发掘。皇城东墙在南起晨光街南口，北至平安大道南口，与今东皇城根北街平行，墙基础基本连续，局部残存砖砌墙体。墙基砌筑方法，为开截面呈倒梯形基槽，槽口宽4.3～4.8米，深1.～1.5米，槽内填筑密实夯土。然后又在基槽夯土基础上再槽，槽口宽2.5米，槽内砌砖放脚（砖砌基础），其上砖砌墙体。东安门大街两侧墙体保存稍好，砖基础砌砖5层，高0.72米，其上内收0.14米开始砌主墙体。砖的规格为0.48米×0.24米×0.12米，一竖一丁垒砌，墙体外表平整，逐渐收分。东安门遗址跨今东安门大街南北两侧，东接皇城东墙基础，发现砖砌磉墩5个，磉墩平面呈方形，边长1.5米，用砖规格同前。磉墩南北间距约3.9米，东西间距约2.6米，南北两端的磉墩间距约39米，东西两端磉墩间距约（转后页）

*皇城西南一角独缺"[8]。皇城诸门和周长，文献先后记载略有差异。皇城和宫城清承明制，明清关于皇城周长的记载大体可分前后两组。第一组，万历《大明会典》卷一八七记载："皇城起大明门，长安左右门，历东安、西安、北安三门。周围三千二百二十五丈九尺四寸。"3225.94 丈约合 17.92 明里（3225.94 丈×3.173 米÷571.14 米＝17.92 明里）。撰于清顺治、于刊行乾隆四年的《明史》卷四〇《地理一》载："宫城之外为皇城，周一十八里有奇。门六，正南曰大明，东曰东安，西曰西安，北曰北安，大明门东转曰长安左门，西转曰长安右门。"康熙《大清会典》卷一三一，雍正《大清会典》卷一九七所记周长同万历《大明会典》（六门中仅大明门改大清门，北安门改地安门），其前后记载有承袭关系。第二组，修于乾隆七年、三十四年告成的《国朝宫史》卷一一载："皇城外围墙三千三百四丈三尺九寸，有天安、东安、西安、地安四门。又，天安门外东、西、南三面围墙四百七十一丈三尺六寸，正南榜曰大清门。"文中明确记载 3304 丈 3 尺 9 寸是天安、东安、西安、地安四门间的周长，约合 18.45 明里（清初一丈约合 3.19 米，3304.39 丈×3.19 米＝105741 米，105741 米÷571.14 米＝18.45 明里）。又记 471.36 丈是天安门至大清门（包括长安左、右门）间的周长，约合 2.63 明里（471.36 丈×3.19 米＝1503.63 米，1503.63÷571.14 米＝2.63 明里）。天安门及其两侧墙垣长约 364 米[9]，约合 114.71 丈（364 米÷3.173 米）。因此，大清门，长安左、右门，东安、北安、西安六门间周长为 3661.04 丈（3304.39 丈－114.71 丈＝3189.68 丈，3189.68 丈＋471.36 丈＝3661.04 丈），约合 20.4 明里（3661.04 丈×3.19 米＝11678.71 米，11678.71 米÷571.14 米＝20.44 明里）。此外，成书于乾隆二十五年的《大清会典》卷七〇记载："正阳门内为大清门"，大清门"东接长安左门，西接长安右门"，"两门之中南向者天安门，为皇城正门。皇城之制广袤三千六百五十六丈五尺"，"城四门，南即天安、北曰地安、东曰东安、西曰西安"[10]。文中首次明确天安门为皇城正门，并说大清三门与天安四门间周长为 3656.5 丈，约合 11664.2 米，合 20.42 明里（11664.2 米÷571.14 米＝20.42 明里）。该周长减去前述大清门三门间周长 471.36 丈之差为 3185.14 丈，加上天安门及其两侧墙垣长 113.75 丈之和 3299.85 丈为天安等四门间的周长，约合 18.43 明里（3299.85×3.19 米＝10526.52 米，10526.52 米÷571.14 米＝18.43 明里）。上述结果与前述《国朝宫史》所记大清等六门及天安等四门间的周长是吻合的。又现代实测天安等四门间的距离南北为 2750

---

* （接前页）13.6 米。由磉墩的柱网结构可大致推断出东安门的四至范围和开间，进深情况。在东安门大街南北两侧发掘区内，还各发现一段望恩桥燕翅残迹。上述发掘遗迹，现辟为明皇城遗址公园展示。以上见宋大川编《北京考古发现与研究》（科学出版社 2009 年版）下册第 398 页。

此外，1998 年改建平安大道时，在北海中学前发现一段明皇城北墙基础。皇城北墙现已成为展宽的平安大街的一部分。

[8]《天府广记》卷五《宫殿》第 51 页。

[9] 李燮平等《明清官修书籍中的皇城记载与明初皇城周长》，《北京文博》2000 年第 2 期。

[10] 乾隆《大清会典》卷七〇，嘉庆《大清会典》卷四五等记载，皇城墙"高一丈八尺，下广六尺五寸，甃以砖，涂朱，覆黄琉璃瓦"。记皇城墙"上广五尺三寸"。光绪《顺天府志·京师志二·宫禁上》记大清门"门三阙"，左右长安门"门各三阙"。

米，东西为 2500 米[1]，周长为 10500 米，约合 18.38 里。从民国《北平实测图》上计量，北城墙长约 2506 米，东城墙长约 2756 米，西城墙总长度（曲折较多）约 3274 米，南城墙（未计两长安门内所夹天安门及其两侧墙垣长度）约 1701 米，合计 10237 米[2]，约合 17.92 明里。加上两长安门内所夹天安门及其两侧墙垣长 364 米为 10601 米（图 10-1），约合 18.56 明里，亦与前述清代文献记载大体相合。

据上所述，可指出四点。第一，前述资料互证，可知万历《会典》所记皇城周长虽然以大明门等六门为起止，实则为天安等四门间的周长。第二，皇城周长有以承天（天安）等四门和大明（大清）等六门两种计算方法，但清代文献总结概括明清两代的情况，已明确天安门为皇城正门，皇城有天安门等四门，故皇城周长一般应以该四门间周长为准。又《明史》完成于乾隆四年，所记皇城周十八里有奇，约合 10358.28 米（清前期一里合 575.46 米），合 18.13 明里（10358.28 米÷571.14 米），亦合于 18 明里有奇。以此结合前述换算结果，可概言皇城天安等四门间周长为十八里有奇。第三，现代对皇城天安门等四门间周长的实测，或据实测图的计量，其周长与清代《国朝宫史》、乾隆《大清会典》所记基本相合。以《国朝宫史》所记 3304.39 丈为准，则比万历《会典》记载多出 78.45 丈。其原因是万历《会典》记载的为宣德朝拓展皇城前的尺度，而《国朝宫史》和乾隆《会典》记载的是清代继承皇城拓展后的尺度[3]。第四，承天门在建筑结构和功能上均属皇城正门，同时又是出入紫禁城的八门之一[4]。位于承天门南"T"字形宫廷广场前封闭长廊南端的大明门，虽常时不启，但也是重典时出入皇城的南大门，故明清文献均将其作为皇城六门之一[5]。因此，皇城的主体在天安等四门之间，其平面略呈南北竖长方形，而西南缺一角。大明门与长安左、右门围成的"T"字形宫廷广场，则是皇城主体的附属结构（或称为皇城之"外郭"），所以在总体上亦应视为皇城的有机构成之一。也就是说，

---

[1] A. 叶骁军《中国都城历史图录》第三集第 106 页。
B.《傅熹年建筑史论文集》（文物出版社 1998 年版）第 388 页《北京古代建筑概述》。

[2] 见李燮平等《明清官修书籍中的皇城记载与明初皇城周长》《北京文博》2000 年第 2 期。

[3] 李燮平等《明清官修书籍中的皇城记载与明初皇城周长》（《北京文博》2000 年第 2 期）文中有关于宣德朝拓展皇城东西墙的介绍。文中介绍了万历《会典》修纂据"两朝旧本"（即《弘治会典》《嘉靖会典》）校订补辑而成。《会典》中的"京城"则辑录于《工部志》。由于皇城拓展后未重新测量，故万历《会典》仍取录较早案牍。文中又说《国朝宫史》采用对皇城进行新测度的尺寸，"故清代官修书籍中，比较清楚反映皇城各部尺度关系的著作实际只有《国朝宫史》一部；比较准确记录皇城外围总长的著作为《乾隆会典》"。

[4] 杨宽《中国古代都城制度史研究》，上海古籍出版社 1993 年版，第 539 页。

[5] 李燮平等《明清官修书籍中的皇城记载与明初皇城周长》（《北京文博》2000 年第 2 期）："《万历会典》虽然是以'大明'六门记载皇城周长，实际规制则是'承天门为皇城正门'，大明门为皇城外禁门。前者为进出皇城的交通正途和宣读诏书、发布政令的所在；后者非重典而不行，常时不启。故无论《弘治会典》还是《万历会典》，除皇帝'祭天''纳后''亲征'以及帝后'梓宫发引'等极少数吉、丧大典是经大明门出入而制有仪注外，其他《典例》皆围绕'承天'四门制订，不涉大明门名。包括皇帝'视学''阅武'等均从长安门出入，守卫制度中的'夜巡铜铃'也是由南至北，'每更初自长安右门发铃，传递至长安左门止。次日纳铃于长安右门第一铺，夜递如初'，并不从大明门前通过。这也是作为皇城出入口标志的'华表'为什么置于承天门两侧，而不是大明门左右的原因。"

皇城是由北部主体结构和南部附属结构共同组成的[1]。

二 皇城主要内府诸衙等的配置方位

皇城外设红铺七十二座，有官军环城巡警[2]；承天门外置"T"字形宫廷广场。皇城承天等四门之内配置较多，其中紫禁城和西苑配置下文有说，在此仅略介绍内府诸衙和服务机构所在位置。皇城东北部和东部，即北安门内至万岁山北中门大道两侧，万岁山和紫禁城之东，东安门内大道之北。这一带是内府诸监、司、局、库、房、厂、场等主要集中区。此外，安乐堂（内官有疾者徙此）在北安门内街东，光禄寺在东上中门（今北池子与东安门大街之交）之北偏东，河边直房沿紫禁城东护城河。皇城西北部，即西苑北部之西至皇城西墙，西安门内大道之北。该区域内有玉熙宫[3]、内安乐堂[4]、承华殿、清馥殿[5]，沿皇城西墙内侧有甲字等十库，西安门内大道北，东西向排列有西酒房、西花房、藏经库、洗帛厂、果园厂、司钥库、鸽子房等，中间有大藏经厂（司礼监之经厂，贮经书典籍及释藏诸经），以及羊房（今养蜂夹道）、牲口房、虎房等。万岁山西，西苑北部之东有万法宝殿（万法殿、万福殿）、大高玄殿（学习道经内官之所居）、石作和圆明阁等。紫禁城之西，西苑中、南部之东，这一带为内府部分监、司、局、库、房，灵台和庙（关帝庙、真武庙）等所在地，沿紫禁城西护城河北置秉笔直房（图10-1）。

三 "T"字形宫廷广场与中央衙署的配置

（一）"T"字形宫廷广场

在皇城承天门[6]前辟"T"字形宫廷广场（图10-2）。承天门前横街称"天街"[7]，

---

[1] 参见李燮平等《明清官修书籍中的皇城记载与明初皇城周长》，《北京文博》2000年第2期。

[2] 《日下旧闻考》（一）卷三九第613页引《明武宗实录》："旧制，皇城外红铺七十二座，铺设官军十人，夜巡铜铃七十有八，贮长安右门。初更，遣军人一一摇振，环城巡警……"

[3] 朱偰《明清两代宫苑建置沿革图考》（商务印书馆1947年初版，北京古籍出版社1990年再版）第65页引《金鳌退食笔记》："玉熙宫在西安门里，金鳌玉蝀之西，明世宗嘉靖四十年十一月辛亥，万寿宫灾，暂御玉熙宫。神宗时，选近侍三百余名，于玉熙宫学习宫戏……"

[4] A. 朱偰《明清两代宫苑建置沿革图考》（商务印书馆1947年初版，北京古籍出版社1990年再版）第76页引《酌中志》卷一六："内安乐堂在金鳌玉蝀桥西羊房夹道"，"凡宫人病老或有罪，先发此处，待年久再发外浣衣局也"。

B.《日下旧闻考》（一）第615页说："又按羊房夹道亦有安乐堂，乃明宗诞生之地，明史谓之西内。"

[5] 朱偰《明清两代宫苑建置沿革图考》（商务印书馆1947年初版，北京古籍出版社1990年再版）第65页引《金鳌退食笔记》："清馥殿，度金鳌玉蝀桥转北，明世宗所建，常奉兴献太后来游。"

[6] 承天门，清顺治八年重建，改称天安门。《日下旧闻考》（一）卷九第128～129页说："凡宣布覃恩庆典诏书，于（天安）门楼上设金凤衔而下焉。"引《大清会典》："天安门前环御河跨石梁七，即外金水桥"，"外金水桥前立华表二"。天安门"五阙，上覆重楼九间，彤扉三十有六，为皇城正门"。在京法司审录重囚，在承天门东西进行。

[7] 《日下旧闻考》（一）卷三三第497页引蒋一葵《长安客话》卷一"进大明门，次为承天之门，天街横亘承天门之前"。

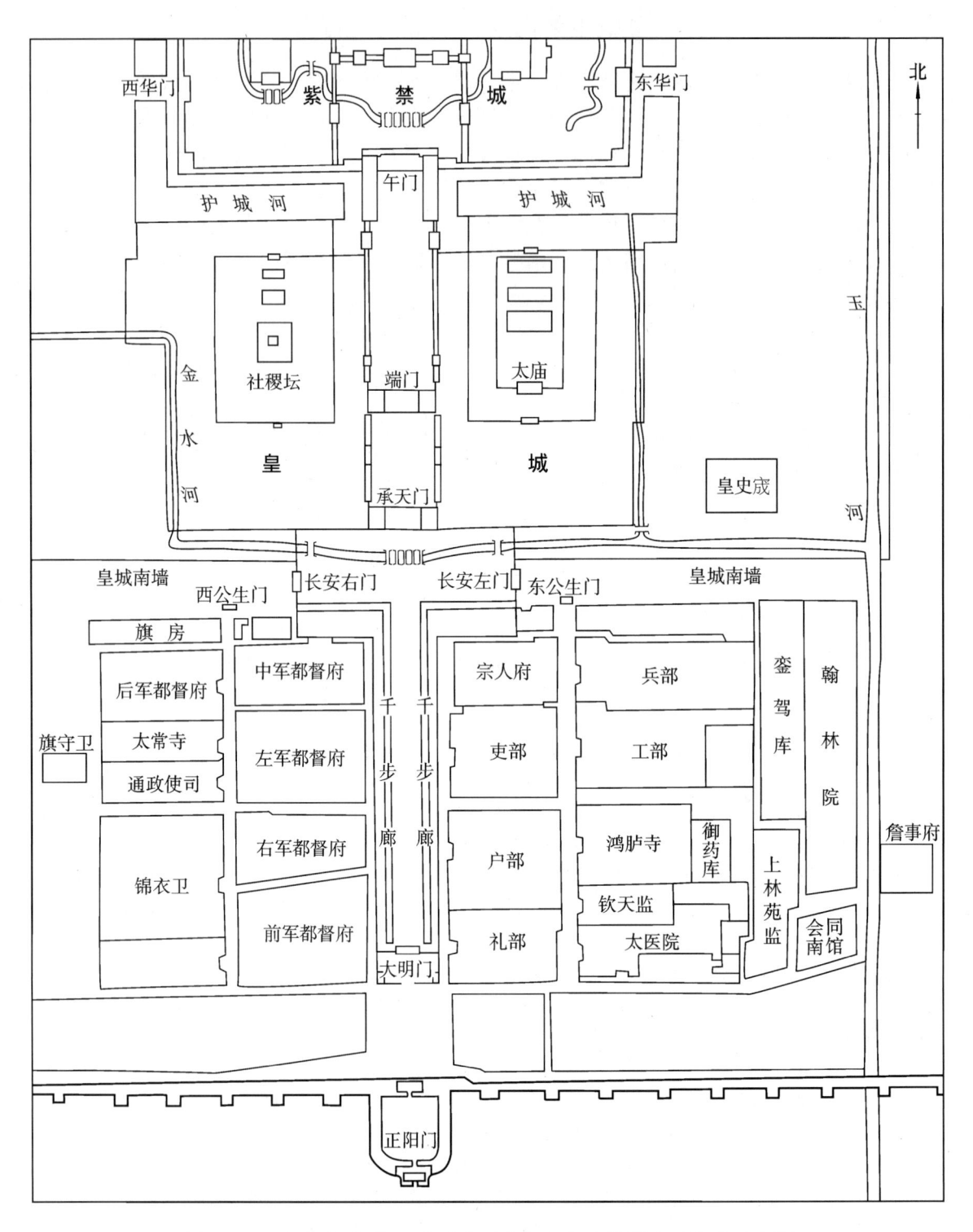

612 宋代至清代都城形制布局研究

图 10-2 北京皇城"T"字形宫廷广场与中央衙署配置方位示意图
(引自杨宽《中国古代都城制度史研究》,略有改动)

承天门前东西长安门间宽约 356 米[1]，外建宫墙，东西各建长安左门和右门[2]。"天街"向南凸出部分止于"大明门"[3]，门内两侧建宫墙，北端东西折分别接长安左、右门。大明门内有石板御路直抵承天门，长约 672 米[4]。御路两旁沿宫墙内侧建联檐通脊东西向廊庑，南北长一百一十间，北端又分转东、西外侧各长三十四间，俗称"千步廊"（千步廊背向御路，在御路上只能看到它的后檐墙）[5]。承天门前"T"字形广场即皇城之"外郛"[6]，所围宫墙长四百七十一丈三尺六寸[7]。上述情况表明，大明门可视为皇城的南大门[8]。

（二）中央衙署的配置

千步廊两侧置主要中央衙署（图 10-2）。"明永乐时，吏、户、兵、工四部及鸿胪寺、钦天监、太医院诸署皆仍旧官舍为之，散处无序。正统七年，始各以行列方位，次第改建。"[9] 其实最早在千步廊外侧置衙署始于宣德朝，宣德元年四月建鸿胪寺于千步廊之东[10]，宣德五年二月又在千步廊东侧外建礼部[11]。正统七年在三大殿和两宫重建工程完成之后，遂按南京之制在千步廊外两侧置主要中央衙署。千步廊东侧外自南向北分置礼

---

[1]《傅熹年建筑史论文集》（文物出版社 1998 年版）第 363 页。

[2]《日下旧闻考》（一）卷三三第 497 页引《长安客话》："每日百官奏进，俱从二长安门入，守者常数十百人，皆禁军也。"同书第 128 页："乾隆十九年，于东西长安门外增筑围墙，各设三座门，规模尤为宏整。"因明清时"殿试"完毕"金殿传胪"须出长安左门将黄榜题名进士张挂在临时搭起的"龙棚"里，故长安左门又称"龙门"。明清时"秋审""朝审"，犯人被带入长安右门后，如入虎口，故俗称长安右门为"虎口"。

[3] 大明门，清代改称"大清门"。《日下旧闻考》（一）卷九第 127 页引《大清会典》，大清门"三阙，上为飞檐崇脊，门前地正方，绕以石阑，左右石狮各一，下马石牌各一"。

[4]《傅熹年建筑史论文集》（文物出版社 1998 年版）第 363 页说："自天安门墩南面至大明门北面之距为 672 米。"傅熹年《中国古代城市规划、建筑群布局及建筑设计方法研究》（中国建筑工业出版社 2001 年版）上册第 24 页："自天安门墩南壁南至大明门北千步廊之南山墙约 660 米。"

[5]《日下旧闻考》（一）卷九第 128 页引《大清会典》："大清门之内，千步廊东西向，各百有十间，又折而北向各三十四间，皆联檐通脊。"又说："凡吏兵两部月选官掣签，刑部秋审，礼部乡会试磨勘，俱集于廊房之左右。"

[6] 见前注引傅熹年著作。

[7] 乾隆《国朝宫史》（北京古籍出版社 1987 年版）卷一记载："天安门外东、西、南三面围墙四百七十一丈三尺六寸。正南榜曰大清门。"嘉靖《会典事例》卷六六二记为"东西南三面垣周四百七十二丈三尺六寸"。

[8] 万历《大明会典》卷一八七云："皇城起大明门。"刘若愚《酌中志》卷一七说："皇城外展向南者曰大明门。"

[9]《日下旧闻考》（二）卷六三第 1026 页按语。

[10]《日下旧闻考》（二）卷六五第 1085 页引《春明梦余录》："鸿胪寺在阙东工部之南，西向。宣德元年四月建。"

[11]《日下旧闻考》（二）卷六三第 1032 页引《明典汇》："宣德五年，北京五府六部皆未建。上以礼部所典者天地宗庙社稷之重，及四方万国朝觐会同，皆有事于此，遂首建之。"

部、户部、吏部、宗人府，其东（后排）自南而北为太医院、钦天监、鸿胪寺、工部、兵部。又建翰林院于后排之东，临玉河西堤[1]。此外，永乐六年改顺天府燕台驿为会同馆（今王府井大街东三条胡同西口），正统六年以该馆（澄清坊大街东）改建为北会同馆，又在"东江米巷玉河桥西街北"建南会同馆（今东交民巷北正义路南口）[2]。正统七年起建詹事府于衙署区之东玉河东堤处（今御河桥东）[3]。上林苑监在"东江米巷"，或言"在文德坊玉河桥西"[4]。

正统八年又建五府、通政司、锦衣卫（锦衣亲军都指挥使司）于千步廊外西侧[5]。前排自南面北为前、右、左、中四军都督府，后排（其西）自南而北为锦衣卫、通政使司、太常寺、后军都督府。旗手卫迁到通政司之西[6]。在东西长安门外，又辟东、西公生门，分别通向千步廊两侧衙署区[7]。两门通向衙署区之道，分别是千步廊两侧衙署区前后排的分界。又登闻鼓院在长安右门外[8]。

四　承天门与午门间的配置

（一）承天门与午门间御道两侧的配置

承天门内东庑辟太庙街门，西庑辟社稷街门。承天门北有南向的端门（仪门），形制同承天门。端门内有东西庑，东庑辟西向的太庙右门，其北辟阙左门，"阙左门外西向者为太庙西北门"；西庑辟东向的社稷左门，北为阙右门，"阙右门外东向者为社稷东北门"。端门内东、西庑

---

[1]《日下旧闻考》（二）卷六二第 1011 页引《明英宗实录》："正统七年四月，建宗人府、吏部、兵部、户部、工部、鸿胪寺、钦天监、太医院于大明门之东，翰林院于长安左门之东。"同书卷六四第 1054 页引《春明梦余录》："翰林院在东长安门外，北向，其西则銮驾库，东则玉河桥。"

[2]《日下旧闻考》（二）卷六三第 1036 页引《明成祖实录》："永乐六年八月，设北京会同馆，改顺天府燕台驿为之"，引《明英宗实录》："正统六年九月，命于玉河西堤建房一百五十间以馆迤北使臣。七年二月，造会同馆。"引《明会典》："正统六年，定为南北二馆，北馆六所，南馆三所"，引《兵例》："北会同馆在澄清坊大街东"，"南会同馆在东江米巷玉河桥西街北"，引《大清一统志》："会同馆在大兴县东王府街，明永乐六年改顺天府燕台驿为之。"

[3]《日下旧闻考》（二）卷六四第 1069 页引《明英宗实录》："正统七年十一月，建詹事府于玉河东堤。"

[4]《日下旧闻考》（二）卷七一第 1195 页引《春明梦余录》："上林苑监在皇城东，东江米巷，南向"；引《明一统志》："上林苑监在文德坊玉河桥西。"

[5]《天府广记》卷二一第 277 页记载：正统"八年，建五府、通政司、锦衣卫于大明门之西，其地为旗手卫公署、迁于通政司之后"。

[6]《天府广记》卷二一第 277 页。

[7]《日下旧闻考》（一）卷三九第 613 页引《明英宗实录》："正统元年六月，作公生门于长安左右门外之南"；又引《菽园杂记》："东西长安门通五府各部总门"，"本名公生门"。

[8]《日下旧闻考》（二）卷六三第 1049 页引《春明梦余录》："登闻鼓院在西长安门，小厅三间东向，旁一小楼悬鼓，俾冤民击之"，"具状通政司"。

设六科直房，东西相向，西庑六科直房北有尚宝司和中书科直房[1]。午门东西两阙亭下墩台外皮至承天门墩台北面之距为453.8米，两侧垣墙间距约125米[2]。端门与午门间的平面尺度纵深为350米，街宽110米，形成1∶3的窄长形御街（图10-1）[3]。

（二）承天门与午门间两侧的左祖右社

承天门至午门间御道两侧东西庑之外，按南京之制配置左祖右社（图10-1）。太庙位于御道东庑之东，始建于永乐十八年。初只建前殿和寝殿，寝殿即现存之中殿，殿内前半连通，后半隔成九室，"同堂异室"存放木主。宪宗死后"九室"已满，于是弘治四年增建后殿（祧庙），以安置祧迁的木主。嘉靖十一年改从古礼，"祖宗各建专庙"，嘉靖十五年建成九庙。嘉靖二十年四月太庙毁于雷火，嘉靖二十四年重建，恢复"同堂异室"之制。改建后建筑"间座丈尺宽广俱同旧，但台基培土加高，在祧庙与寝殿间加砌隔墙"。清乾隆元年至四年大修，除前殿九间改为十一间外，余者基本无变动。现存的戟门、前殿、中殿等仍为明代建筑。

太庙平面呈南北长方形，内外两重墙。外墙东西宽206.87米，南北深271.60米[4]，红墙黄琉璃瓦顶宫墙，南墙正中有三间琉璃砖门，两侧各有一侧门；北墙正中开有三个门洞墙门，无侧门。内重墙东西宽114.56米，南北深270.45米[5]，南墙正中开戟门（因门

---

[1]《天府广记》卷一〇第118～127页："六科直房在午门外，东西相向。初在披门内之西，与内阁相对，所谓六科廊是也。以灾移外直房。洪武初，统设给事中，六年，始分为六科"；"吏、户、礼、兵、刑、工科各都给事中一人"。"尚宝司在午门外西兵科之上。初设符玺郎，后改今名。设卿、少卿、丞、职在禁庭，守宝玺符牌印章，而辨其所用，有事请于内，既事而藏之。""中书科直房在午门外之西。"乾隆《皇朝通志》卷三二记载：天安门为皇城正门，"天安门之内东庑为太庙街门，西庑之中为社稷街门；正中南向者为端门。端门内东西庑，西向者为太庙右门，又北为阙左门，西庑东向者为社稷左门，又北为阙右门，阙左门外西向为太庙西北门，阙右门外东向者为社稷东北门"。《日下旧闻考》（一）卷一〇第141页引《大清会典》："天安门内两庑之北，正中南向者为端门，门制与天安门同。门之内东西两庑各五间，其北东有太庙右门，西有社稷左门，迤北两庑各四十二间，均联檐通脊，为六科垣舍及部院府寺监朝房。""朝房北东出者为阙左门，西出者为阙右门。门北东西庑各三间，为王公朝集之所。"

[2]《傅熹年建筑史论文集》（文物出版社1998年版）第362～363页说："自午门东西两阙亭下墩台南外皮至天安门墩台北面之距为453.8米，其间包括端门及其南北侧的东、西朝房，其东西朝房南北两端外皮之距（包括端门在内）为438.6米"，"东西朝房之间的距离如以前檐柱柱列中线计为108.2米"。第394页说："午门前有一个长约520米，宽约125米的狭长的前庭，南端即是皇城的正门天安门。"前引傅熹年《中国古代城市规划、建筑群布局及建筑设计方法研究》（中国建筑工业出版社2001年版）下册第23页图Ⅱ，标明天安门前至午门宫墙间距为575.6米。

[3] 于倬云《紫禁城始建经略与明代建筑考》，《故宫博物院院刊》1990年第3期。

[4] A. 傅熹年《中国古代城市规划、建筑群布局及建筑设计方法研究》上册，中国建筑工业出版社2001年版，第55页。
    B.《傅熹年建筑史论文集》（文物出版社1998年版）第365页："现太庙的外重墙东西宽205.1米，南北长269.5米。"

[5] A. 傅熹年《中国古代城市规划、建筑群布局及建筑设计方法研究》上册，中国建筑工业出版社2001年版，第55页。
    B.《傅熹年建筑史论文集》（文物出版社1998年版）第365页云："太庙内重墙东西宽113.2米，南北长204.5米。"

前立棨戟，故名），面阔五间；北墙与后殿北墙在一条线上，仅在后殿东西外侧各开一侧门。戟门前有金水河与七座石桥，东西侧有"神库""神厨"和两个八角井亭。戟门内二重庭院，在中轴线上建前、中、后三殿。前、中殿位于第一重庭院，共建于巨大的工字形台基上（汉白玉台基，高三层，各层都有石雕栏杆）。前殿是祭殿（明代九间，清代改十一间），殿前有月台和宽广的庭院，两侧建东西庑各十五间（其内原设有功臣牌位）。其后为中殿，面阔九间，殿内后半隔成九室，是放帝后木主的寝殿。中殿后有隔墙，中间辟门，门内台基上建后殿，为存放亲尽祧庙的各帝后木主之所（后殿明始建时五间，万历时改为九间），后殿和中殿左右各有配殿（图10-3）[1]。太庙现为劳动人民文化宫，天安门东侧的南门是民国以后开辟的。

社稷坛在承天门至午门御道西庑之西，与太庙左右相对。始建于永乐十八年，弘治、万历时曾修缮，乾隆二十一年大修，仅享殿为永乐时遗构。有内外两重墙，外面的坛墙东西207.21米，南北268.23米（外皮尺寸，墙厚1.6米），周长950.88米[2]。四面正中各开一门，北门是正门，三个门洞，余三门一个门洞。内重墙称壝墙，为高仅四尺的琉璃砖墙，四面按五行方色用青、红、白、黑四色琉璃砖瓦砌成。壝墙四面等长，围成正方形，每面61.55米[3]，四面各辟一棂星门。墙内正中筑方形土坛，即社稷坛。坛高三重。顶宽15.92米，底宽17.64米[4]。坛石砌边缘，中心依五行方位东、西、南、北、中用青、白、赤、黑、黄五色土壤填筑，俗称"五色土"。明清史料记载，社稷坛高二重，现状三重出现很晚[5]。在壝墙北门与坛墙北门之间建拜殿和祭殿（供雨天行礼之用），祭殿在南，又称享殿（今中山堂）。祭殿和拜殿均面阔五间，宽34.75米（图10-4）[6]。社稷坛现为中心公园。

---

[1]《日下旧闻考》（一）卷九第129～130页关于太庙的记载。

[2] A.傅熹年《中国古代城市规划、建筑群布局及建筑设计方法研究》上册，中国建筑工业出版社2001年版，第53页。

B.《傅熹年建筑史论文集》（文物出版社1998年版）第366页云：社稷坛"外重墙称垣墙，东西宽206.7米，南北长267.9米"。

[3] A.《傅熹年建筑史论文集》（文物出版社1998年版）第366页。

B.傅熹年《中国古代城市规划、建筑群布局及建筑设计方法研究》（中国建筑工业出版社2001年版）上册第53页云：壝墙"方62.4米，（外皮尺寸，墙中到中为61.55米，墙厚0.85米）"。

[4] A.《傅熹年建筑史论文集》（文物出版社1998年版）第366页。

B.傅熹年《中国古代城市规划、建筑群布局及建筑设计方法研究》（中国建筑工业出版社2001年版）上册第53页：坛"方形，高三重，上重方15.92米，下重方17.8米"。"明、清各文献均记社稷坛上层方5丈，下层方5丈3尺，高4尺。"

[5] 傅熹年《中国古代城市规划、建筑群布局及建筑设计方法研究》（中国建筑工业出版社2001年版）上册第53页："据明清史料记载，社稷坛均为高二重，晚至光绪重增之《大清会典》仍然如此，现状之三重何时所加俟考。"

[6] 见《傅熹年建筑史论文集》（文物出版社1998年版）第366页。社稷坛的形制，《日下旧闻考》（一）卷一〇第136页关于社稷坛的记述。本书关于太庙、社稷坛的撰写，主要是参照前引傅熹年的著作。在傅熹年的论文中，关于太庙和社稷坛的尺寸，是依据20世纪40年代的实测图。

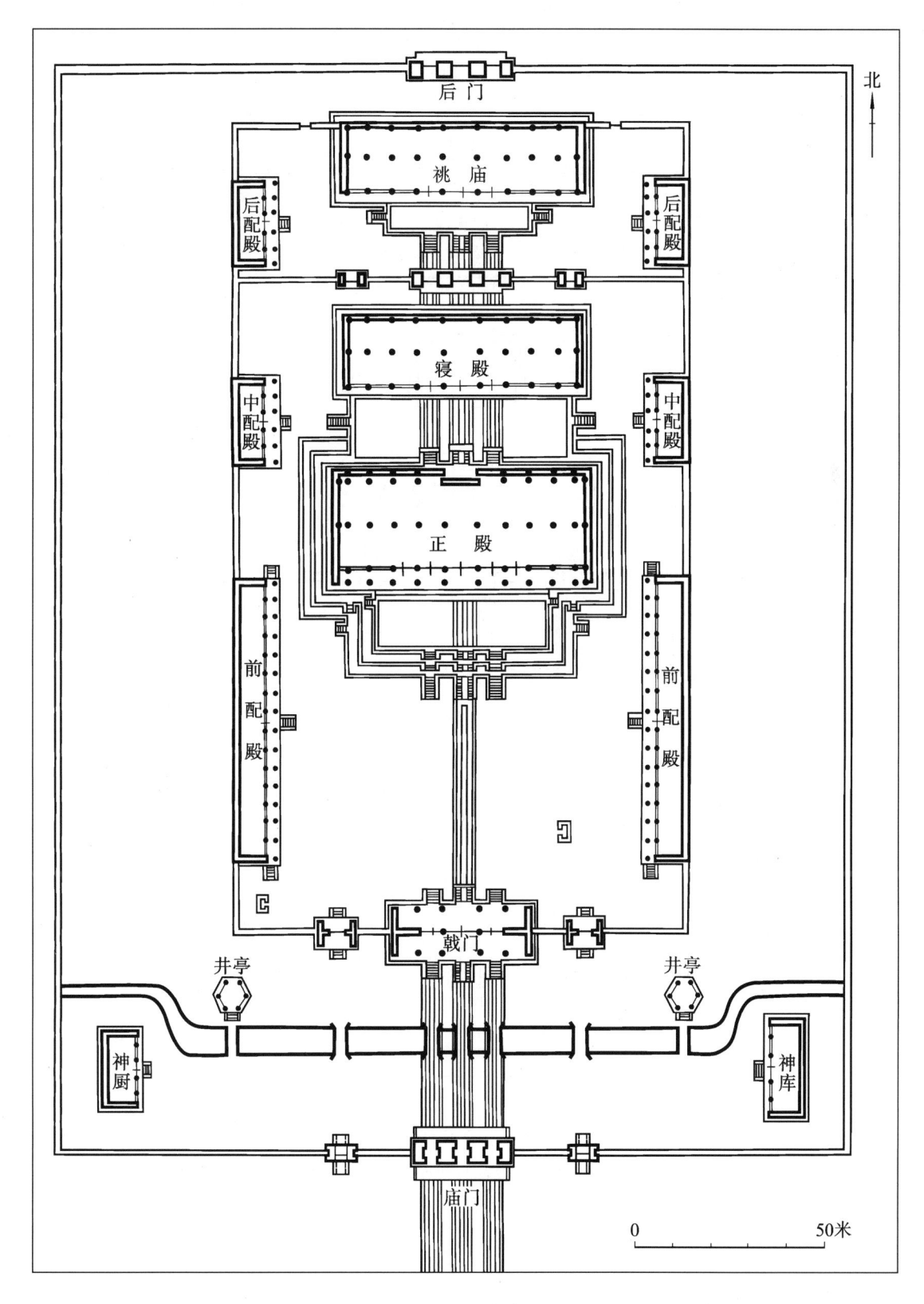

图 10-3 北京太庙平面图

（引自潘谷西主编《中国古代建筑史》第四卷"元明建筑"，略有改动）

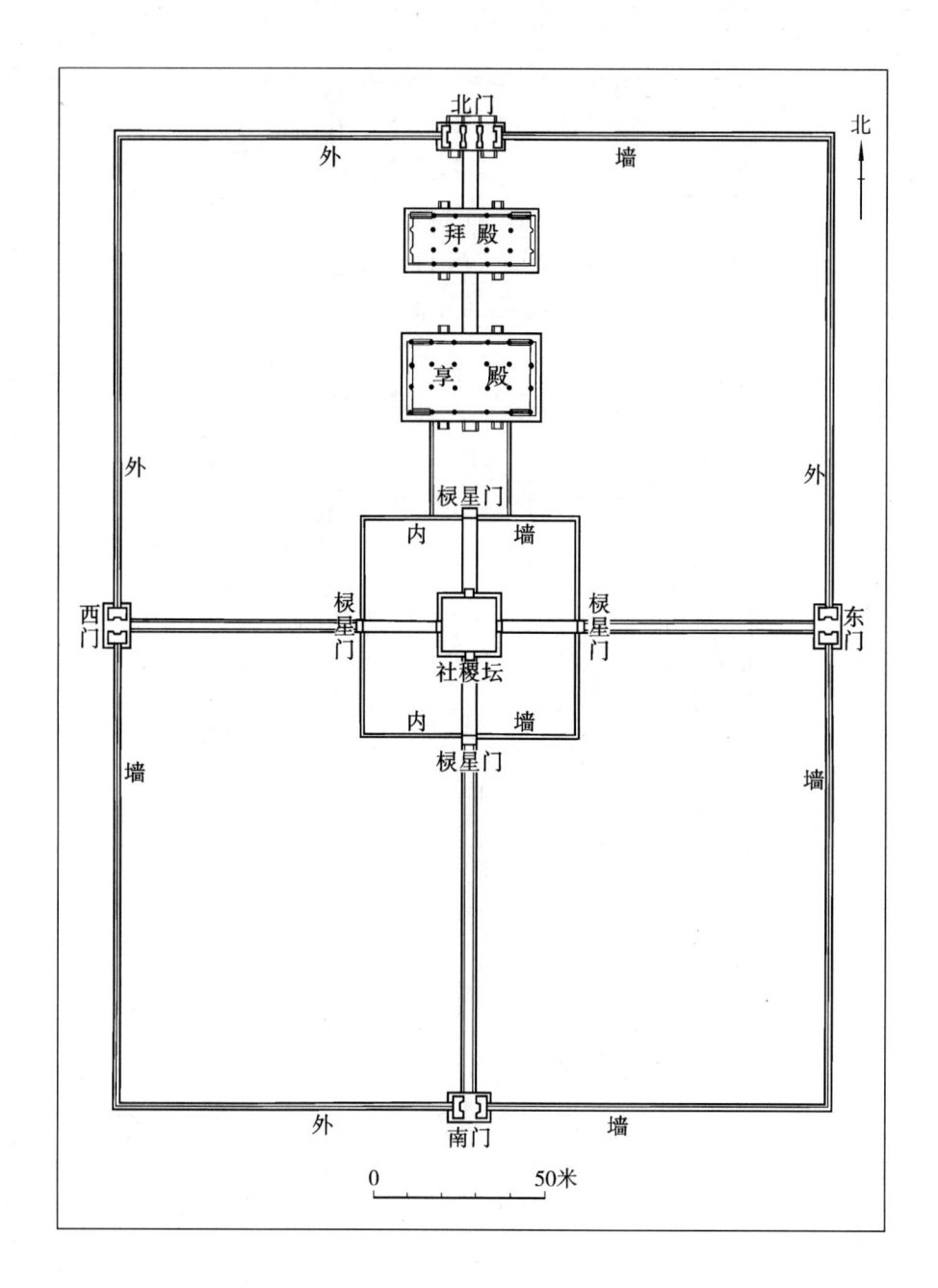

图 10-4 北京社稷坛平面图
(引自傅熹年《中国古代城市规划、建筑群布局及建筑设计方法研究》，略有改动)

五 万岁山、西苑和东苑

(一) 万岁山

万岁山位于紫禁城玄武门外之北的中轴线上，为明成祖营建北京时将拆元宫瓦砾渣土堆在元大内延春阁旧址而成[1]。山高十四丈七尺[2]，周回二里许[3]，为大内之镇山，名万岁山[4]，俗称煤山[5]，清顺治十二年改称景山（图 10-1）。

万岁山山体是内城的几何中心，万岁山之巅是全城的制高点[6]。山上嘉树郁葱，鹤鹿成群，沿"土成蹬道"登上山顶，极目九城。山之后（北）有北果园（百果园），山北两侧有山左里门和山右里门，主要建筑在山左里门与北中门（今地安门大街南口）之间东侧。北中门（万岁山北门）之南，万岁山后东北有寿皇殿（万历十三年建），附近有亭、堂、馆、阁和室[7]。寿皇殿东南有观德殿（万历二十八年建。"山左宽旷，为射箭所，故名观德"，"崇祯帝尝召对诸臣于此"），"殿之东曰永寿殿、曰观花殿，植牡丹、芍药甚多"[8]。又寿皇殿近旁

---

[1] 万岁山《日下旧闻考》（一）卷三五第 548~550 页，有关于万岁山的记载。参见王红《景山史迹考》（《中国紫禁城学会论文集》第二辑，紫禁城出版社 2002 年版）。

[2] 《日下旧闻考》（一）卷三五第 550 页引明《宫殿额名考》。14.7 丈约合 46.64 米。清《国朝宫史》卷一四《景山》条说："中峰高十一丈六尺"，约合 36.8 米。较明时低，似修亭时削平山顶所致。今实测山高 43 米。以上高度差异，或应与测量基点不同和测量误差有关系。

[3] 《日下旧闻考》（一）卷三五第 550 页引《西元集》。郑连章《万岁山的设置与紫禁城位置考》（《故宫博物院院刊》1990 年第 3 期）一文中说，万岁山东西宽 540 米，南北长 530 米，略近方形。

[4] 万历三十八年始名万岁山，此前则称"大内之镇山""内苑""后苑"，俗称"宫后煤山""后园子山"等。见王红《景山史迹考》（《中国紫禁城学会论文集》第二辑，紫禁城出版社 2002 年版）所述万岁山名称问题。

[5] 《酌中志》宫殿规制中说："万岁山，俗所谓煤山也。故老云：土渣堆筑而成"，"崇祯己巳冬，大京兆刘宗周疏亦误指为真有煤"。考古钻探证明，景山山体内均为砖石瓦砾和渣土。

[6] 乾隆十六年在景山上建五亭，中万春，左观妙、周赏，右辑芳、富览。一般认为万春亭即内城几何中心和全城的制高点。

[7] A. 万岁山之建筑配置，见《日下旧闻考》（一）卷三五第 548~550 页；王红《景山史迹考》（《中国紫禁城学会论文集》第二辑，紫禁城出版社 2002 年版）。按文献所记各建筑相对位置和相互关系较混乱，故只能概言之。王红《景山史迹考》（《中国紫禁城学会论文集》第二辑，紫禁城出版社 2002 年版）引缪荃孙《明故宫考》："过北中门之南曰寿皇殿。左曰毓秀馆，右曰育芳亭，后曰万福阁，其上曰臻福堂，曰永禧阁，其下曰聚仙室，曰延宁阁，曰集仙室，均万历十三年建。"

B. 《日下旧闻考》（一）卷三五第 550 页引明《宫殿额名》所述，与《明故宫考》略有出入。寿皇殿，清乾隆十四年仿太庙规制重建。《国朝宫史》卷一四《景山》记载："山后为寿皇殿，殿旧为室三，居景山东北。乾隆十四年，上命所司重建，南临景山中峰。"《宸垣识略》卷三，寿皇"殿后东北曰集祥阁，西北曰兴庆阁，殿东永思殿，又东观德殿，仍明旧也"。

C. 王红《景山史迹考》（《中国紫禁城学会论文集》第二辑，紫禁城出版社 2002 年版）认为，永思殿可能是明寿皇殿旧址，指出清寿皇殿现改为北京市少年宫，观德殿改为少年儿童图书馆。

[8] 王红《景山史迹考》（《中国紫禁城学会论文集》第二辑，紫禁城出版社 2002 年版）引《明宫史》。《日下旧闻考》（一）卷三五第 549 页引《悫书》："永寿殿在观德殿东南相近，内多牡丹芍药，旁有大石壁立，色甚古。"

有万福阁,"万福阁西曰永安亭、永安门,乾祐阁下曰嘉禾馆、乾祐门,兴庆阁下曰景明馆,外为山左里门、山右里门"[1]。"山左里门之东即御马监",观德殿"与御马监西门相对",这一带有"杆子房、北膳房、暖阁厂,皆西向也"[2]。此外,还有毓秀、寿春、长春、玩景、集芳和会景诸亭(方位不明)[3],以及寿明洞等[4]。万岁山之南有万岁门(清改景山门),再南是北上门(清景山前门,已拆除),南对玄武门,其东西有北上东门和北上西门(清亡后拆除)。

(二) 西苑和西内

西苑在紫禁城之西,是明初在元大内太液池、琼华岛、圆坻基础上,又扩中海、凿南海修建而成。金鳌玉𬱖桥北称北海,桥南为中海,其南新开凿者称南海,三海统称太液池,太液池与相关建筑合称西苑(图10-1)。

西苑主要景区在北海,建筑大体仍元之旧。明天顺年间在北海东岸建凝和殿,西岸建迎翠殿,西北岸建太素殿,三殿均面向北海,并附临水亭榭,形成以北海为中心的互为对景的建筑群。嘉靖时期,在太素殿前建五龙亭[5],中为龙泽亭,左为澄祥、滋香亭,右为涌瑞、浮翠亭;五龙亭之北,有内教场,其东又建雷霆洪应殿(今北海后门之西)等。北海南部的琼华岛,周围约二百七十余丈,岛上的建筑群以元代修建的广寒殿为中心,该殿万历七年坍塌[6]。北海南端的"圆坻",明重建仪天殿,改称承光殿,周围砌有雉堞的砖城,俗称团城。弘治三年将团城西之木桥改建为石桥,称玉河桥,桥两端立牌坊,西曰金鳌,东曰玉𬱖,故名金鳌玉𬱖桥。桥南是水面较窄长的中海,中海北部东岸内凹部分有崇智殿和芭蕉园等;其对岸即中海北部西岸的紫光阁。明代扩建的南海水位低于北海和中海,东岸建乐成殿和诸亭,有石虎、石堆。西过小桥至南台(趯陂台,清称瀛台),建昭和殿和澄渊亭等。

中海之西有万寿宫建筑群,原为永乐十四年建的西宫,后改名永寿宫。嘉靖四十年失火焚毁,重建后称万寿宫,是嘉靖晚年常居之所,亦称西内。西内之西即元代西前苑,明代称兔园山或兔儿山,有大光明殿和旋磨台等[7]。

(三) 东苑、南内和皇史宬

东苑在今东华门外之东南,永乐时为"观击球射柳"之所[8],宣宗时建为斋居别馆[9]。

---

[1]《日下旧闻考》(一)卷三五第550页引明《宫殿额名》。
[2]《日下旧闻考》(一)卷三五第548~549页。
[3]《日下旧闻考》(一)卷三五第548~549页。
[4]《日下旧闻考》(一)卷三五第549页引《春明梦余录》。
[5]《金鳌退食笔记》说:"五龙亭旧为太素殿。"因此,或认为太素殿后改为五龙亭。
[6]《春明梦余录》卷六记载:"西苑广寒殿万历七年五月初四坍塌,六月初六日拆去。"
[7] A. 王剑英等《论从元大都到明北京宫阙的演变》(《中国紫禁城学会论文集》第一辑,紫禁城出版社1997年版)文中详细论证了永寿宫即为永乐十四年建的西宫。
    B. 朱偰《明清两代宫苑建置沿革图考》(商务印书馆1947年初版,北京古籍出版社1990年再版)第62~65页,详细介绍了永寿宫、万寿宫演变和建筑群的情况。
[8]《日下旧闻考》(一)卷四〇第625页引《大政记》《明典汇》。
[9]《日下旧闻考》(一)卷四〇第626页引《翰林记》。

景泰间"英宗北狩还",居旧东苑之地的崇质宫（俗云黑瓦殿），称小南城[1]。英宗复辟后大事扩建，形成中、东、西三路宫殿和众多亭馆，主要集中于今南池子以西太庙以东之地，南有龙德殿、飞虹桥，北有观心殿和玉芝宫等（图10-1），这就是文献所记的南内[2]。

除上所述，过皇城"东上南门之东曰重华宫，犹乾清宫之制，有两长街。西则有宜春等宫。重华宫之东曰洪庆宫，供番佛之所也。又东则内承运库，再东则崇质宫"，"再南则皇史宬"[3]。其中皇史宬较重要，兹略作介绍。

皇史宬[4]，在南内南部偏西，今南池子大街南口路东。建于嘉靖十三年七月至十五年七月。该建筑仿古代"金匮石室"，"不用木植，专用砖石垒砌"的防火档案库[5]，在此贮明代历朝皇帝的《实录》《宝训》正本，以后又藏有《永乐大典》的副本[6]。清代移走明代的《实录》等，用来储存清代的《实录》《圣训》《玉牒》等。清嘉庆十二年曾重修（其规模和主体建筑基本未动）。1982年被定为全国重点文物保护单位（现仍为档案馆）。

皇史宬是一座四合院建筑（面积达2000余平方米），二进院落，有南北中轴线。前院为狭长的通道，院内中央北面为正门，门内是一横长方形庭院，北面正中建皇史宬。皇史宬全部砖石建成，筑于高1.42米的石造须弥座上，前有月台（正侧三面有台阶，台基四周环以精雕的石栏杆、望柱和螭首，在现存的无梁殿中，此殿台基等级最高）。殿面阔九间，进深五间，单檐庑殿顶，黄琉璃筒瓦，戗脊用琉璃走兽九件（等级很高）。檐下大小阑额之上的飞椽、檐椽、斗拱、阑额、柱子等构件均砖石仿木结构，饰青绿点金斗拱额枋彩画。墙身由灰色水磨砖砌成，墙裙部分是汉白玉造的须弥座，山墙各面开一个采光的方窗。殿正面开大小相同拱门五个，中间三间各开一门，然后隔间再对称开门。砖门券上贴水磨砖板，各门均两层，外层石门，内层木门。殿内为一横向半圆形大筒拱，跨度9米，

---

[1] 《日下旧闻考》（一）卷四〇第626页引《芜史》：内承运库之东"则崇质宫，俗云黑瓦殿是也，景泰间英庙所居"。第627页引《野获编》："南内在禁垣内之巽隅，亦有首门、二门以及两掖门，即景泰时锢英宗处，所称小南城者是也。二门内亦有前后两殿，具体而微，旁有两庑，所以奉太上者止此矣。其他离宫以及圆殿石桥，皆复辟后天顺间所增饰者，非初制者。"

[2] 《日下旧闻考》（一）卷四〇第629~630页引《明英宗实录》："初，上在南内，悦其幽静，既复位，数幸焉。因增置殿宇，其正殿曰龙德，左右曰崇仁，曰广智"，"正殿之后，凿石为桥。桥南北表以牌楼，曰飞虹，曰戴鳌。""其后垒石为山，曰秀巘，山上平中为圆殿，曰乾运。""其后殿曰永明……又其后为圆殿一（或曰圆亭），引水环之，曰环碧。""天顺三年十一日工成，杂植四方所贡奇花异木于其中。每春暖花开，命中贵陪内阁儒臣赏宴。"第630页引吴伯与《内南城纪略》："自东华门进至丽春门，凡里许，经宏庆殿，历皇史宬门，至龙德殿，隙地皆种瓜蔬，注水贠瓮，宛若村舍。"又据《酌中志》卷一七所述，在龙德殿之北有观心殿，永明殿后圆殿（环碧）"再北曰玉芝馆，即睿宗献皇帝庙也"。

[3] 《日下旧闻考》（一）卷四〇第626页引《芜史》。

[4] 《日下旧闻考》（一）卷四〇第632页引《燕都游览志》："皇史宬，藏宝训实录处也。按宬与盛同义，庄子以匡宬矢。说文曰：宬，屋所容受也。然殿宇命名，于斯仅见耳。"第632页引《春明梦余录》：皇史宬"皆上自制字而手书也。中贮列朝实录及宝训，每一帝开局，纂修告成，正本贮此。实录中诸可传诵宣布者曰宝训。宬中四周上下俱用石甃，中具二十台，永陵、定陵各占二台"。永乐大典"永乐五年十一月告成"，其"副本贮皇史宬"。第631页引《大政记》："嘉靖十三年秋七月，命建皇史宬于重华殿西，欲置金匮石室其中也。"

[5] 《明孝宗实录》卷六三。

[6] 见《日下旧闻考》（一）卷四〇。

拱顶距地面约 12 米，前后檐墙作为受力墙，厚达 6 米（图 10-5）。明末文献记载，殿内有二十个石台，上贮金匮（到清代乾隆时改为两个大台子，现为一个大台子，是清末改建的）。金匮是用錾云龙的鎏金包铜皮的木箱制成（自明代累积至清末，现存一百五十二具）。

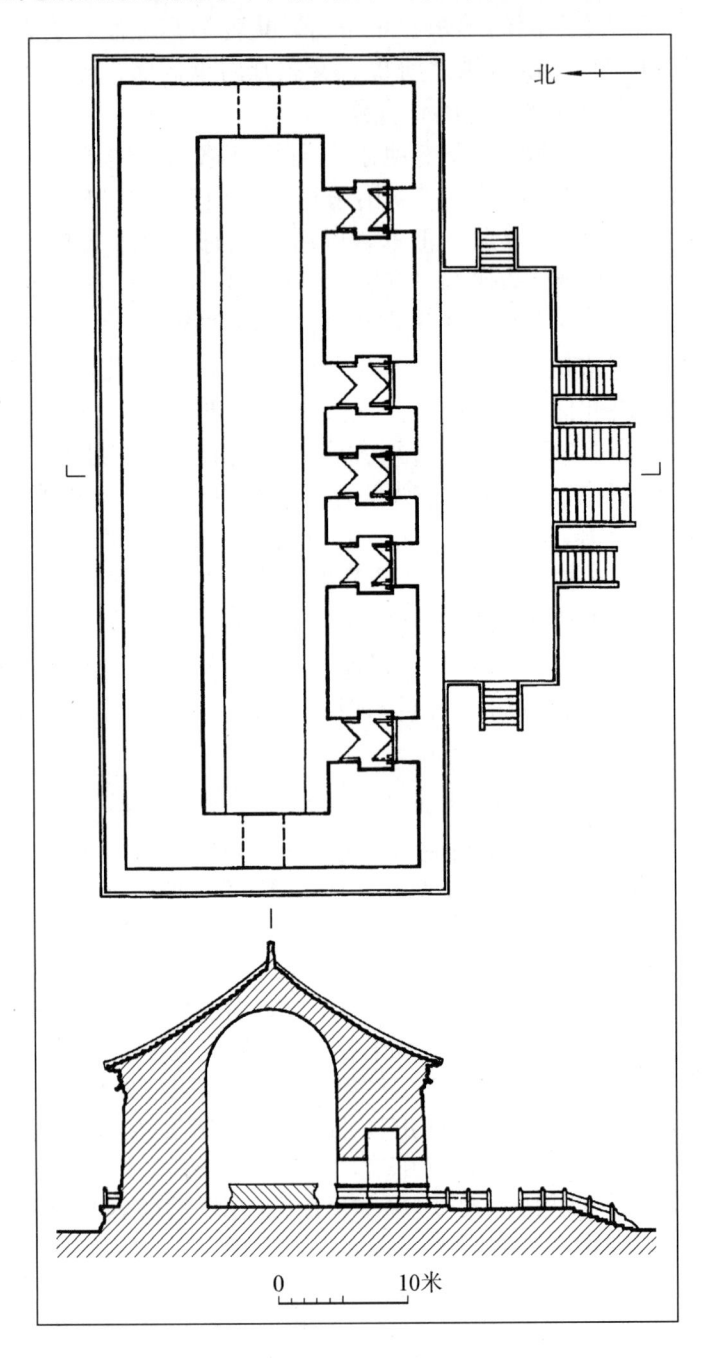

图 10-5　北京皇史宬平面图、剖视图
引自潘谷西主编《中国古代建筑史》第四卷"元明建筑"，略有改动）

皇史宬左右有配殿，外观与皇史宬一致，但内部则不是无梁殿而是木构架房屋[1]。皇史宬是现存明代无梁殿建筑的重要标本之一。

第三节 紫禁城形制布局概说

一 紫禁城的位置、周长和平面形制

（一）位置

紫禁城北墙外皮至内城北城墙内皮 2904 米，紫禁城南墙外皮至内城南城墙内皮 1448.9 米[2]；紫禁城在内城的东西位置略偏东，大致位于内城中南部。若将外城考虑在内，则位于内外城的中部偏北。紫禁城外朝内廷主体建筑位于紫禁城中轴线上，该中轴线与全城中轴线相合。因此，紫禁城基本符合"择国之中而立宫"的传统[3]。紫禁城在皇城中的位置略偏东南，其中紫禁城南墙与皇城南墙间距宽于紫禁城东墙与皇城东墙的间距，紫禁城西墙与皇城西墙的间距宽于紫禁城北墙与皇城北墙的间距（图 10-1）。

（二）周长和平面形制

万历《大明会典》卷一七八记载："紫禁城，起午门，历东华、西华、玄武三门。南北各长二百三十六丈二尺，东西各三百二丈九尺五寸。城高三丈，垛口四尺五寸五分，基厚二丈五尺，顶收一尺二寸五分。"2362 尺合 749.4626 米（2362 尺×0.3173 米），3029.5 尺合 961.2603 米（3029.5 尺×0.3173 米），分别合 1.3122 明里（749.4626 米÷571.14 米）和 1.683 明里（961.2603 米÷571.14 米），宫城周长为（1.3122 明里＋1.683 明里）×2＝5.99 明里。《春明梦余录》指出，2362 尺和 3029.5 尺为紫禁城内围墙之长，故紫禁城城墙外皮周长应加上基厚 25 尺。城墙基厚 25 尺合 7.93 米（25 尺×0.3173 米），宫城墙内皮长加墙基厚即加 50 尺（25 尺＋25 尺，合 15.865 米），这样南北宫墙外皮长为 765.327 米（15.865 米＋749.4626 米），东西城墙外皮长为 977.1253 米（15.865 米＋961.2603 米），其周长为（765.327 米＋977.1253 米）×2÷571.14 米＝6.10 明里。0.10 明里合 36 步（0.10 明里×360 步），即明紫禁城外皮周长为 6 里 36 步。

《明史》卷四○《地理一》记载："宫城周六里一十六步"，《明史》修于清顺治时期，乾隆四年完成，清前期一尺合 0.319 米[4]，是一步合 1.5985 米，一里合 575.46 米。6 清里合 3452.76 米（6 清里×575.46 米），16 步合 25.576 米（16 步×1.5985 米），6 清里 16 步合 3478.336 米，合 6.09 明里（3478.336 米÷571.14 米）。0.09 明里合 32.4 步（0.09 明里×360 步），即 6 明里 32.4 步，与《大明会典》所记仅差 3.6 步。又，清《国朝宫史》

---

[1] A. 潘谷西主编《中国古代建筑史》"元明建筑"，中国建筑工业出版社 2001 年版，第 465 页。
　　B.《傅熹年建筑史论文集》（文物出版社 1998 年版）第 403 页。
[2]《傅熹年建筑史论文集》（文物出版社 1998 年版）第 358 页。
[3]《吕氏春秋·慎势篇》云："择天下之中而立国，择国之中而立宫"，"王者必居天下之中，礼也"。
[4] 傅熹年《中国古代城市规划、建筑群布局及建筑设计方法研究》上册（中国建筑工业出版社 2001 年版）附表记载，清前期 1 尺＝0.319 米。

卷——记载，紫禁城内围墙周长10683.2尺，合3415.4190米（10683尺×0.3197米），合5.98明里（3415.4190米÷571.14米）。《明史》卷四〇《地理一》和《国朝宫史》所载宫城周长，分别与《大明会典》记载的宫城外墙皮周长和内墙皮周长基本相同。据上所述，明紫禁城的平面呈南北竖长方形。

二　紫禁城城墙、城门、角楼与护城河

（一）城墙和城门

紫禁城四周筑高9.5米（30尺×0.3173米）的城墙，墙基用灰土和碎砖层层夯实[1]，基厚7.9米，墙身有夯土心，内外磨砖对缝包砌"细泥澄浆砖"，砖乾摆灌浆黏固。墙顶夯筑一层灰土，上面海墁城砖，其外缘砌品字形垛口，内侧砌女墙。城墙下宽上窄，断面呈梯形。

紫禁城四面各开一门，南正中称午门，北正中称玄武门（门上置夜间更鼓。清改神武门）；东、西分称东、西华门，各开于紫禁城东、西墙南部（图10-6）。城门均有扩大人工地基，采用砖层与夯土层石层作为地基垫层。在近地表1～2米，砖层厚度不很大，多为0.2～0.5米的数层；在一定的深度垫入厚近1米的砖层。如午门内扩大基础宽约3.5米，午门外的扩大基础宽约2.8米。砖层基础深约3.5米，其中在2～3米间垫厚砖层。玄武门内扩大基础宽约2.8米，门外约2～2.5米。砖层基础深3.5米左右，厚砖层在深2～3.5米间，厚约1.5米。东华门内扩大基础宽约2米，门外扩大基础2～2.5米，南北两侧宽，中间窄；基础深达5～5.3米，厚砖层在深3.8～5.2米之间，厚达1.5米[2]。四门均为红色城台，下肩白石须弥座，玄武门和东、西华门下开三门，上建五间重檐庑殿顶城楼。位于南墙的午门是正门，规制最高，形制与前述诸门不同。

（二）午门和角楼的形制及护城河概况

1. 午门的形制

午门是紫禁城南面正门[3]，始建于永乐十八年（1420年），嘉靖三十七年（1558年）重建，清顺治四年（1647年）再次重建。该门在紫禁城中轴线上，居中向阳，位当子午，故称午门。午门高37.95米（自城台地平到脊吻），午门城台为倒"凹"字形，砖砌墩台，高约13米[4]，正面

---

[1] 石志敏《故宫地基基础综合勘察》（《紫禁城建筑研究与保护：故宫博物院建院70周年回顾》，紫禁城出版社1995年版）指出：用物探法探测东华门和西华门北城墙根，均发现其下有砖层，南城墙一些地方墙根曾挖过沟坑，未见砖层。

[2] 石志敏《故宫地基基础综合勘察》，《紫禁城建筑研究与保护：故宫博物院建院70周年回顾》，紫禁城出版社1995年版。

[3] 午门，百官待朝于此，门外架棚，覆以松叶，以免百官立风露下，大臣廷杖及行献俘也在午门进行。

[4] 傅熹年《中国古代城市规划、建筑群布局及建筑设计方法研究》（中国建筑工业出版社2001年版）上册第143页记载，午门墩台北面东西宽126.92米（下脚尺度，下同，约合明初400尺）、南面东西突出二翼各宽25.55米（约合80明尺）、中间空档宽75.82米（约合240明尺），总宽仍为126.92米。墩台南北总深115.18米（约合360明尺），东西翼内侧长78.71米（约合248明尺）。墩台之高计至女墙头为14.10米，自女墙顶至门楼室外地坪为1.12米，即自地面至门楼地面高15.22米，门楼台基高2.25米，故墩台顶距台下地面高为12.97米（约合40明尺）。可见城台是以墩台高40尺为模数。午门高度尺寸，见王其亨《紫禁城风水形势简析》（《紫禁城建筑研究与保护：故宫博物院建院70周年回顾》，紫禁城出版社1995年版）。

墩台下中部开三门，两翼内转角处在东、西墙上各开一掖门（门明三暗五）。墩台为明初建筑，其上建筑是清代重建的。正面墩台上正中建面阔九间、进深五间，重檐庑殿黄琉璃瓦顶的城楼[1]。门楼东西挟明廊各三间，在墩台转角处建方形重檐攒尖顶的钟亭、鼓亭。前伸的两翼南端建方形重檐攒尖顶的东西两观（与钟鼓亭形式相同），两观与钟鼓亭之间连以长13间的阁道。鉴于上述情况，又将午门俗称为"五凤楼"或"雁翅楼"（图10-7）。午门高峻雄伟、主次分明、左右映带、错落起伏、轮廓多变、气势威严，其形制是我国古代门阙制度演变的最终形态，同时也是这种制度最晚、保存最完整的唯一遗例[2]。

除上所述，紫禁城四座城门中，除东华门外，余者每扇大门都是九路门钉（门钉铜铸、鎏金），每路九颗，共八十一颗。东华门及左右侧门，午门的左右掖门每扇门钉只有八路，每路九颗，共七十二颗。这种差异的原因，专家多有探讨[3]。其中以门钉减刹与明宫规制、等第、门的功用相关说，较为合适[4]。

2. 角楼的形制

紫禁城"四维"的四角城墙顶上各建一座角楼，形制相同，始建于永乐十八年，以后虽历经修缮，但无重建的记录。角楼平面十字形，四面分别出深浅不同的抱厦，面向城外两面抱厦较浅，顺城身的两面较深，故其平面大轮廓又略呈曲尺形。其上的角楼为三重檐十字脊（正中安鎏金宝顶）四面歇山四面抱厦，曲折多角形。角楼每一角出现上下各三个并列的翼角，加上主体顶层四个屋角，在每一角上都上下攒聚七个翼角，总数为二十八个翼角，充分展现了中国古代木构建筑翼角翚飞之美。此外，角楼有七十二条脊，其构造中线与空间组合中线不在一个角度，十字脊为子午酉卯正方位的垂直交叉，对称的轴线则为城墙转角的分角线，以凸显"四维"的特点。角楼的门窗采用三交六椀菱花装饰，檐下施青绿点金彩画，更衬托出角楼的玲珑、精巧和典雅。这是中国古代角阙演变为金元宫城角楼后的重大发展，展现出极具特色的全新形象（图10-8）[5]。

---

[1] 于倬云《中国宫殿建筑论文集》（紫禁城出版社2002年版）第252页认为午门高35.6米。

[2] A. 傅熹年《中国古代城市规划、建筑群布局及建筑设计方法研究》，中国建筑工业出版社2001年版，第143～144页。
B. 于倬云主编《紫禁城建筑研究与保护：故宫博物院建院70周年回顾》，紫禁城出版社1995年版。有关论述。

[3] A. 黄希明《故宫墙和门的艺术》，《紫禁城建筑研究与保护：故宫博物院建院70周年回顾》，紫禁城出版社1995年版。
B. 李燮平《"五门三朝"与明代宫殿规划的若干问题》，《中国紫禁城学会论文集》第二辑，紫禁城出版社2002年版。

[4] 李燮平《"五门三朝"与明代宫殿规划的若干问题》，《中国紫禁城学会论文集》第二辑，紫禁城出版社2002年版。

[5] A. 傅熹年《中国古代城市规划、建筑群布局及建筑设计方法研究》上册，中国建筑工业出版社2001年版，第135～137页。
B. 于倬云《中国宫殿建筑论文集》，紫禁城出版社2002年版，第252页。

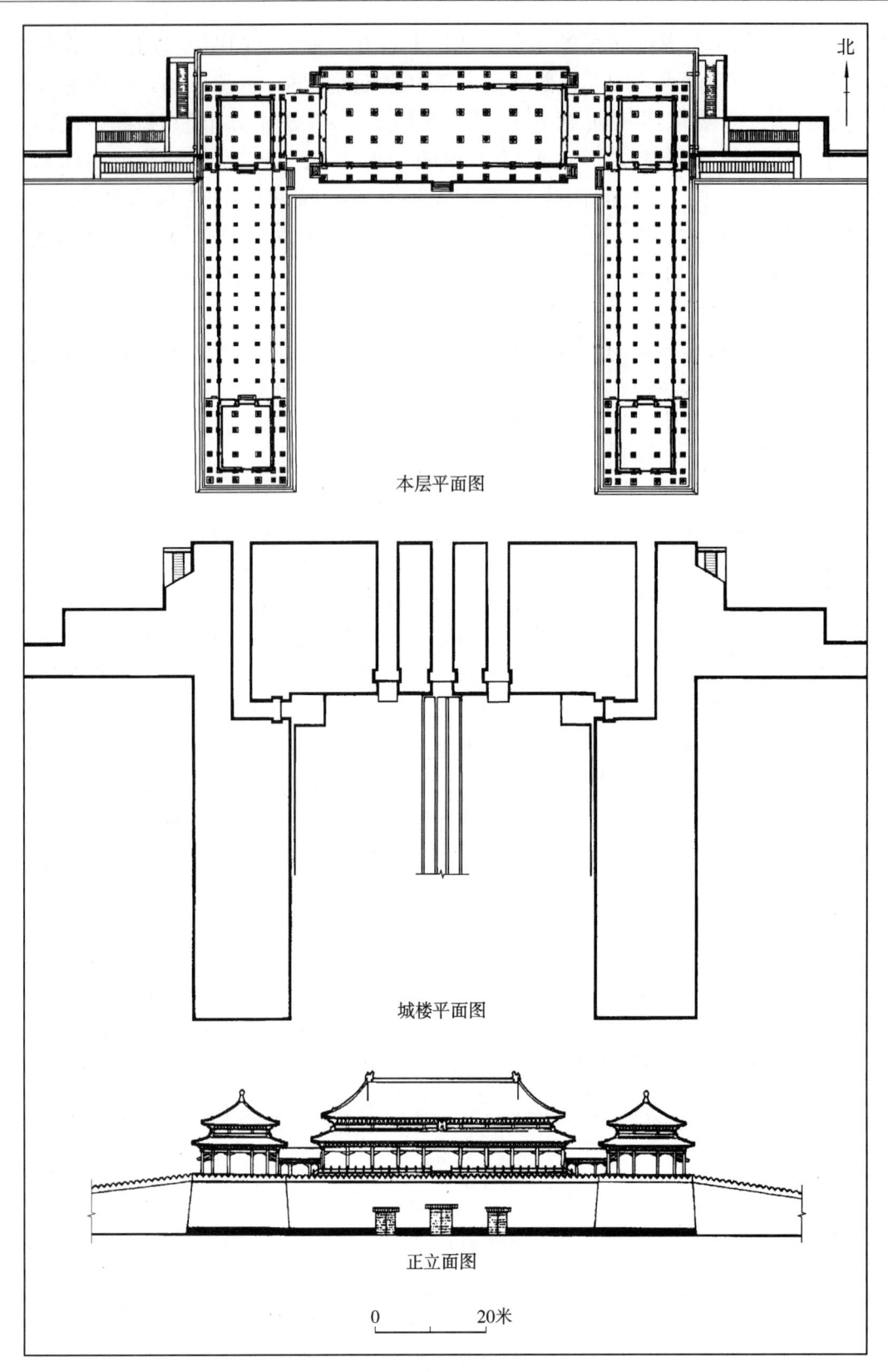

图 10-7 北京紫禁城午门平面、立面图
（引自潘谷西主编《中国古代建筑史》第四卷"元明建筑"，略有改动）

本层平面图

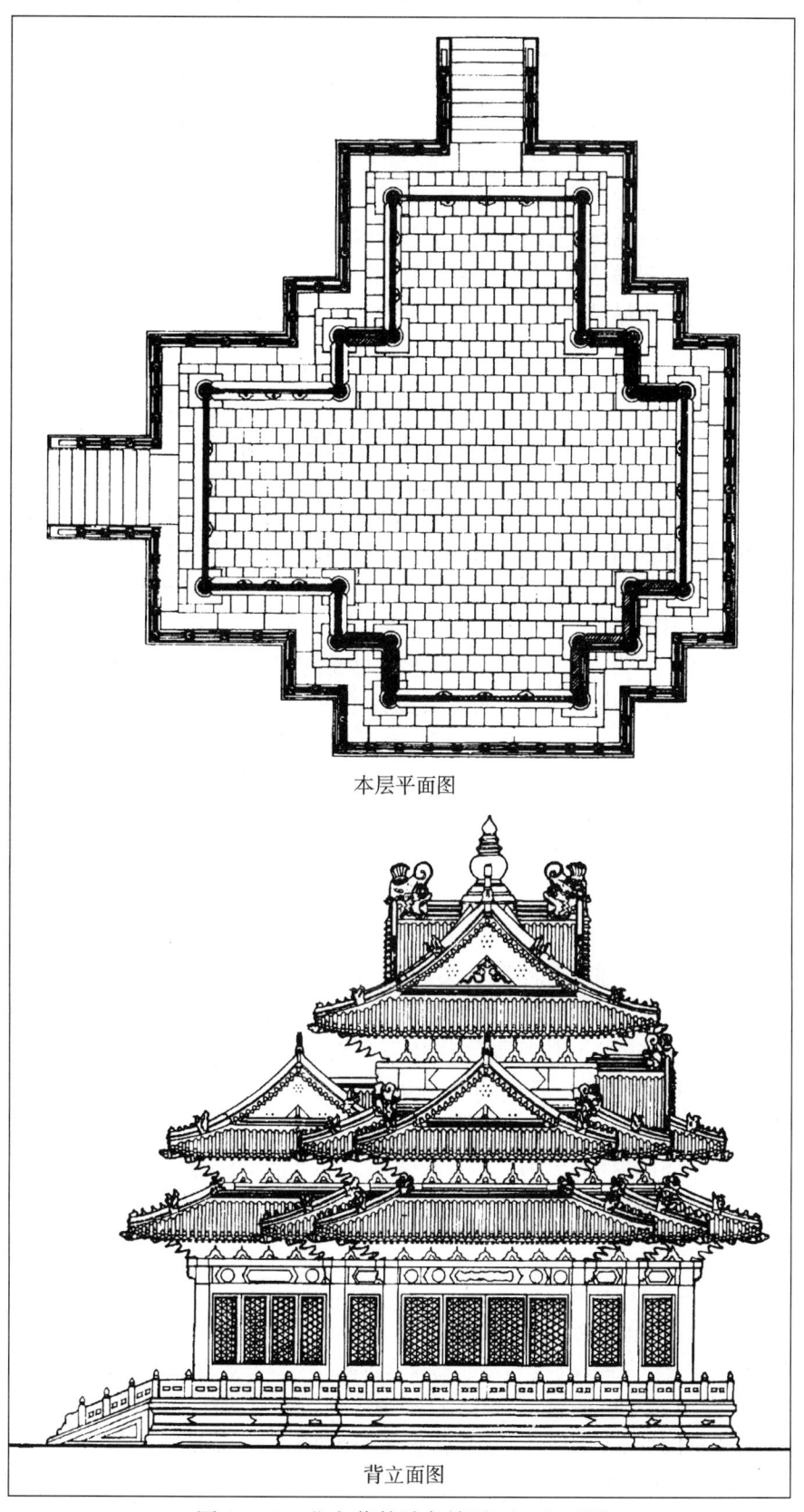

背立面图

图 10-8 北京紫禁城角楼平面、立面图
（引自潘谷西主编《中国古代建筑史》第四卷"元明建筑"，略有改动）

3. 护城河概况

紫禁城墙外有护城河一周，俗称筒子河。护城河距城墙 20 米，河宽 52 米，周长 3840 米，水深 5 米，平均蓄水量 542880 立方米。河底夯筑灰土，两边用长 1.2～2 米米的花岗岩条石灌白灰浆砌陡直的泊岸。其后金刚墙宽 1.5 米，用长 44 厘米、宽 22 厘米、厚 11 厘米的城砖砌筑，岸上有护河矮墙，平均高 1.5 米，宽 0.5 米，用前述同样城砖，采用糙淌白十字缝做法砌筑。根据现场勘察结合文献记载，可知护城河除东北、西北角外侧泊岸有下河口并筑有澡马用礓磜及石栅外，其余泊岸均立有矮河墙，河墙兀脊压砖，顶上扣琉璃脊瓦。明代在护城河与城墙之间，沿紫禁城四周设红铺 36 处（守卫值房，清代改为围房或称连房）。河面自明天启年间至清嘉庆之时种荷花[1]。护城河是紫禁城外的主要防御工事，其他功能及护城河的进水和泄水口，与金水河的关系等，后文有说。

三 紫禁城内的地基基础

紫禁城内建筑物下的基础是建筑施工的重要组成部分，具体到紫禁城的建筑基础则又是明代建筑考古学的研究对象。紫禁城内的地基基础，"均属满堂红夯土基，深一般达二米多，古代之三合土夯基，其坚硬经镐锹亦难削其平"[2]。下面根据对故宫地基基础的勘探与调查资料[3]，略作介绍。

今故宫内的地面标高为 44.46～46.50 米，地形平坦，地层土质较好，属对抗地震有利地段。故宫内最高水位标高 29.62 米，最低水位标高 27.4 米，水位自西北向东南逐渐降低，地下水总体流向自西北向东南流动，地下水动态变化较稳定，水量较大，水质较好，可作为供水水源。因此，故宫之内为一良好的建筑场地。

故宫内普遍分布人工构筑的地基垫层，即紫禁城是建筑在一个完整的人工地基垫层之上，垫层最浅处 3～3.5 米，最深达 8～8.5 米。三大殿及其周围垫层较厚，其他地段相对较薄。垫层底面不完全平整，个别地段有一定起伏。人工垫层为多层结构，大层中可分若干小层，不同部位夯层多少不一，重要部位夯筑精细，故薄夯层多。夯土层分块夯筑衔接，各夯层连续性较差，一般仅能延续 30～50 米。月台基础下的垫层，为砖层与夯土层交互构筑，砖层填入深度与月台高度相对应（如三大殿月台下 11 米多深有 20 余层砖层，乾清宫月台下有 10 余层砖层，其范围往往超出月台之外）。总的来看，故宫内的地基基础可分两大类。一是《营造法式》所记的换土法，即将基础部位软弱老土挖出，换填无侵蚀性、低压缩性的散土（以粉质黏土为主），上面用黏性土、砖灰渣土等交互夯筑，使之成为稳定性和承载力安全可靠的持力层。故宫建筑之下大面积的碎砖黏土层，实质上就是换土。这种换土不是独立柱下换土，而是满堂换土。二是对软弱土层、流沙层采用木桩加固

---

[1] 石志敏等《紫禁城护城河及围房沿革考》，《紫禁城建筑研究与保护：故宫博物院建院 70 周年回顾》，紫禁城出版社 1995 年版。

[2] 李燮平《永乐营建北京宫殿探实》（《紫禁城建筑研究与保护：故宫博物院建院 70 周年回顾》，紫禁城出版社 1995 年版）中引单士元《故宫扎记》语。

[3] 本书根据以下资料撰写：石志敏《故宫地基基础综合勘察》（《紫禁城建筑研究与保护：故宫博物院建院 70 周年回顾》，紫禁城出版社 1995 年版），白丽娟等《故宫建筑基础的调查研究》（《紫禁城建筑研究与保护：故宫博物院建院 70 周年回顾》，紫禁城出版社 1995 年版），白丽娟等《北京故宫建筑基础》（《中国紫禁城学会论文集》第一集，紫禁城出版社 1997 年版）。

法。以木桩挤压密实土层，为防止高大建筑产生不均匀沉降，还使用了木筏，即木承台。

故宫内所见地基基础，较重要者有三种类型。第一，碎砖黏土基础。故宫内所见明代和部分元代建筑基础均属此类，分布很广。如东华门内徽音门遗址、南三所大门下原建筑遗址，保和殿东庑下的基础层，其砖层厚8~10厘米（合营造尺2.5~3寸），黏土层厚10~12厘米（合营造尺3~4寸）。东一长街顶管中见到的碎砖层厚5~6厘米，黏土层厚13厘米。永康左门外一座小型三开间建筑遗址，碎砖层厚4~5厘米，黏土层厚13~14厘米。上驷院西南部碎砖层厚仅2~3厘米，黏土层厚8~10厘米。上述碎砖层厚度变化，或是建筑施工时代不同的反映。目前所见碎砖层与黏土层厚度之比有1:4、1:3、1:2、1:1、1:1.2等数种（《营造法式》中碎砖层与黏土层实厚度之比为1:2），从中可看出徽音门、保和殿东庑等明代建筑基础的碎砖层加厚，骨料增多的变化。第二，灰土基础。出现于明代中叶以后，如景运门外以南所见灰土层在地面灰土层下，灰土层呈白色（白灰含量大），厚薄不匀，厚度自上向下分别为10厘米、15厘米、18厘米、40厘米，每层灰土层的面层上还有2厘米厚呈灰白色（较主体灰层略暗）的灰浆层（主要成分是白灰，间有胶黏土、沙、碎砖等颗粒）。该灰浆层细腻，有弹性，硬度大，与灰土黏结紧密，整体性和防水非常好。很可能属泼洒江米汁做法，其时代属明代还是清代，尚不清楚。第三，桩基和承台基础。故宫内实例较多，在城墙下、墩台下和雨水沟帮下均有木桩。如箭亭西侧一南北向雨水沟，其东沟帮条石砌筑，下有木桩（为五六尺短桩，又称"地丁"）。此外，粗大桩木多与排木筏即承台基础同时出现，如东华门墩台和西华门墩台等，均为明代做法。

故宫内建筑物下的基础实例也多有发现。比如：第一，城墙基础，由碎砖黏土层与木桩共同构成，"黏土层每层厚12~15厘米，碎砖瓦片层厚5~8厘米，总计27层。往下见到木桩，桩长不清楚，都是柏木的"（这样木桩在西城墙内亦有发现）[1]。第二，三台基础，由碎砖黏土相隔分层夯筑，在地面灰土下为黄黏土层—碎砖层—黄黏土层—卵石层—黄黏土层—碎砖层—黄黏土层—卵石层。卵石层与碎砖层隔层使用（即用卵石代替了一层碎砖），三台下所见卵石层在灰土地面下1.1米，若以三台平面起算其深度为9.17米，三台的底部也有卵石层。三台基槽边缘，距三台边约7米。第三，保和殿东庑基础，在东庑2米多高的砖台下，其基础总深度也2米有余，由碎砖黏土分层夯筑。第四，北上门建筑基础（景山南门），基槽内全部碎砖黏土分层夯筑。柱基内夯层29、27、26层，房厢中明间夯筑18层，次间夯筑15层，梢房夯筑12层。凡柱位处在夯土层上用城砖砌磉墩，其上置柱顶石。

除上所述，故宫的地面、庭院、通道地面砖层下为墁砖灰泥层，再下为垫砖层（1~2层居多，个别的3层），最底部垫层砖的灰泥下有一层灰土（其下为夯筑素土，重要庭院或甬路下也夯筑碎砖黏土层）。这层灰土有规律地分布于地面下约50厘米，在地下时灰土呈深黄褐色（潮湿黄土色），很坚硬。挖出见空气后呈白色泛白霜，自然干燥后呈不规则的土层，黄白相间，酥散。经观察其黄色部分为黄胶泥土，间有细小的碎砖渣和石渣；白色者为白灰层，很薄并包在土块外面。从挖出的灰土观察，其厚度10厘米、15厘米、21厘米、23厘米、30厘米不等，其下面是黄土夯层，黄土层上再筑这种灰土。研究结果表

―――――――――

[1] 白丽娟《浅谈故宫建筑基础》，《故宫博物院院刊》1993年第3期。

明，此类灰土不是白灰与土的掺和，而是泼洒的白灰浆。这种灰土层是紫禁城内地面构造中不可或缺的一层，它起到地面下隔水层和加固层的作用。故宫历经沧桑、地面不下沉、不变形，并保存完好，与这层灰土的作用是分不开的。

四 紫禁城给排水系统及防火采暖设施

（一）给水系统

紫禁城给水系统，一是前已介绍的护城河，二是金水河，两者相通，水源相同。护城河之水源来自西郊玉泉山，流入积水潭和什刹海后经今北海入濠涧，"自北闸口分流，经内官监、白石桥、大高玄殿之东，北上西门之外半边石半边桥入（沿今景山西墙外南流）"护城河（从紫禁城北墙西北角附近入护城河，参见图 10-1）。然后，从紫禁城西北角附近护城河再经城墙下地沟流入紫禁城内，是为内金水河（图 10-1）。其流向走势，《芜史》记载："紫禁城内之河，则自玄武门之西从地沟入，至廊下，南过长庚桥里马房桥，由仁智殿西，御酒房东，武英殿前，思善门外，归极门外，皇极门前，会极门北，文华殿西，而北而东，自慈庆宫前之徽音门外，蜿蜒而南，过东华门里古今通集库南，从紫禁城墙下地沟，亦自巽方出，归护城河，或显或隐，总一脉也"，然后经太庙之东流入御河（图 10-6）。

外金水河，从太液池南端的南海引水向东，沿皇城西南角曲折而流，又经皇城南墙过天安门前东流入御河（图 10-1）[1]。护城河与内金水河是宫内主要给水系统。此外，宫内饮水与日常生活用水，皇帝和后妃用水从城外玉泉山运来，其他人员则使用宫城内的井水（约有 80 口井）[2]。

（二）排水系统

紫禁城内金水河是宫内的最大排水渠[3]，宫内地势北高南低[4]，形成自然坡降，为排水创造了条件。紫禁城内排水系统是营建规划的重要组成部分，有完整的体系（图 10-9），排水以雨水为主[5]。排水暗沟有直入内金水河的干沟，直入干沟的支沟，直

---

[1] 石志敏等《紫禁城护城河及围房沿革考》（《紫禁城建筑研究与保护：故宫博物院建院 70 周年回顾》，紫禁城出版社 1995 年版）介绍清代又修一泄水口："乾隆时期在'午门前做过水暗沟七十丈九尺九寸……并西阙门外进水闸等项工程'。这条暗沟由午门西燕翅楼西侧护城河经阙门至阙在门外，循太庙右墙外西侧南流，折向东注入太庙戟门外筒子河，东南入御河。""目前这一暗渠道已淤塞废弃。"

[2] 潘谷西主编《中国古代建筑史》"元明建筑"，中国建筑工业出版社 2001 年版，第 111 页。

[3] 潘谷西主编《中国古代建筑史》（中国建筑工业出版社 2001 年版）"元明建筑"第 111 页说，紫禁城有河道 12000 米。

[4] 石志敏等《紫禁城护城河及围房沿革考》（《紫禁城建筑研究与保护：故宫博物院建院 70 周年回顾》，紫禁城出版社 1995 年版）："紫禁城的地平面北高南低，相差 1.22 米，平均落差为 1‰。"蒋博光《紫禁城排水与北京城沟渠述略》（《中国紫禁城学会论文集》第一辑，紫禁城出版社 1997 年版）："紫禁城北门神武门地平标高 46.05 米，南门午门地平标高 44.28 米，竖向地平高差约 2 米。"

[5] 明·刘若愚《明宫史》云："（内金水河）凡内廷暗沟出水，皆汇此河。"宫内粪便用车推出，不排入暗沟。食物等亦不准排入暗沟，可排倒生活弃水。

入支沟的次支沟，直入次支沟的二次支沟；又可分为直线型双向排水暗沟，折线型双向排水暗沟（外东路排水分支系统始建时应为双向系统）。雨水沟之间的交结点有二向、三向和四向几种。紫禁城地下排水系统可分东西两部分，排水方向主要沿紫禁城的经纬方向布置，与地球经纬线夹角357°49′57″，其中东、西两部分的经线和一些纬线暗沟存在映射关系，另有些纬线暗沟起联系东西的作用。后宫暗沟布局大致呈对称形式，排水方向有规律性（以东西六宫和乾东西五所最明显），历次改建后有变更，其中东半区基本延续了明代始建时的布局。这些暗沟东西向者向西排水，流向内金水河；南北向暗沟多采用双向排水，南北分流入干沟。据研究干沟和支沟坡度可分为正常坡度段和陡降坡度段，陡降坡度段出现在暗沟排水入上级暗沟或内金水河的出口附近。其入河口标高自上游至下游升高趋势的目的，是消除排水系统的倒灌隐患[1]。此外，排水系统干沟间还有明沟、涵洞、流水沟眼等，纵横交错，主次分明。雨水总的走向是将东西方向的雨水汇入南北干沟内，然后流入金水河。

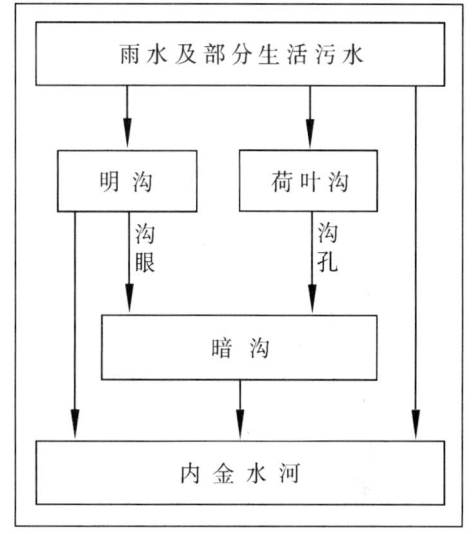

图10-9 北京紫禁城排水系统示意图
（引自《中国紫禁城学会论文集》第二辑）

除上所述，具体情况可举六例：第一，三台排水，以螭首为主要排水管，地面有泛水坡度，北高南低，三台四周散水有石槽明沟，台阶下开一石券涵洞接通干沟排水。第二，玄武门内东西向砖沟，内宽0.35米、深1.8～2.9米，门内广场石板道下为砖拱，余为方砖沟，盖石板沟盖，沟盖隔一定间距凿泄水小孔。水自东向西流至西端入城隍庙以东的内金水河，终点为暗沟。东部经东北城角往南，通过十三排纳入清史馆附近的内金水河。第三，东筒子砖沟，宽0.5米，深0.65米左右。蹈和门以北者北流，流入玄武门（神武门）前干沟内。蹈和门以南向南流，流入东西向砖沟（蹈和门南、北中间约60米处干沟）。再往西沿御茶膳房东墙外，向东入文华殿东面的内金水河。东筒子南墙又一支线向西穿过奉先殿南群房，从西南墙角穿出，沿东庑外经文华殿西墙流入内金水河。第四，后三宫乾清宫至坤宁宫两侧及东西长街，路边均有纵向暗沟，接纳各宫院排水，再汇入东西沟内，然后入干沟。第五，自乾清宫院内西南角穿出，横过内右门入养心殿南库，又穿出经隆宗门往南至武英殿东边的断虹桥入内金水河。第六，明代紫禁城墙内，沿城墙四周均砖砌暗沟，因清代沿墙建筑及改建，多有淤塞[2]。上述排水系统明清大体相因，但若精确区分明、清及明清不同时代的排水沟，尚待今后的调查研究。

（三）防火与取暖设施

《明宫史》记载："是河也（指内金水河），非谓鱼泳在藻，以姿游赏；又非为曲折，

---

[1] 刘畅等《紫禁城地下排水系统研究》，《中国紫禁城学会论文集》第二辑，紫禁城出版社2002年版。
[2] 蒋博光《紫禁城排水与北京城沟渠述略》，《中国紫禁城学会论文集》第一辑，紫禁城出版社1997年版。

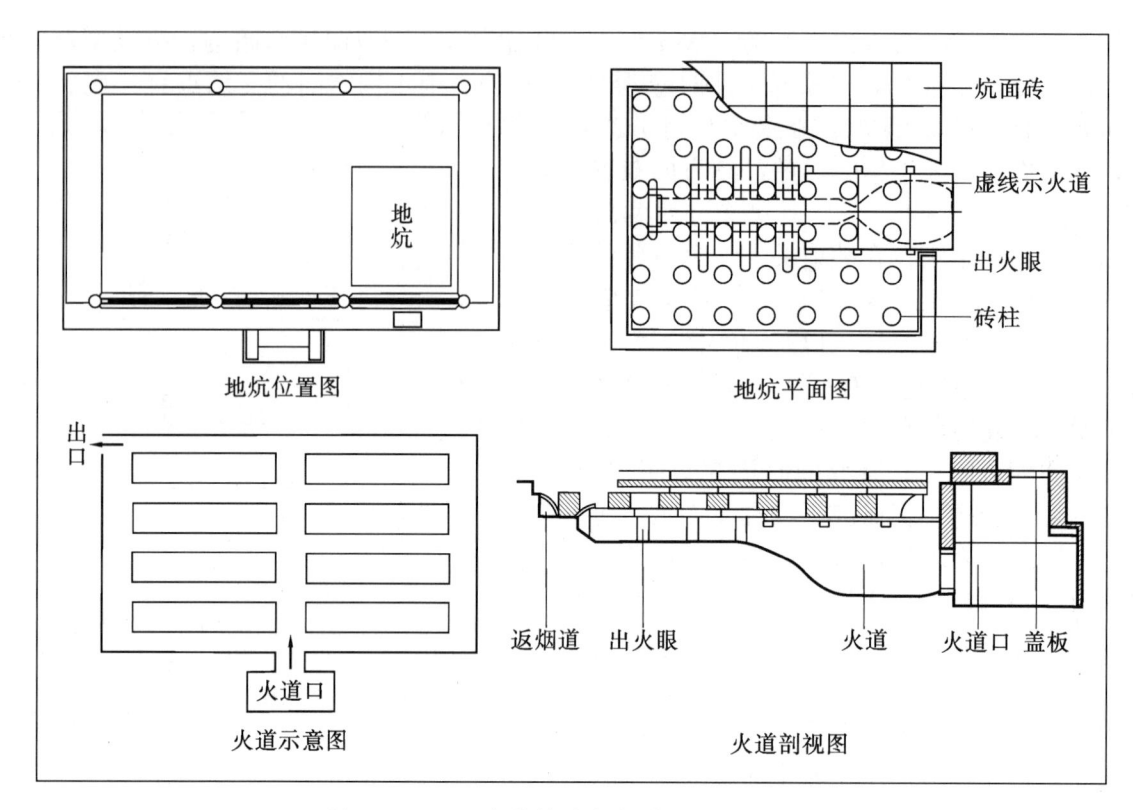

图 10-10　北京紫禁城寝宫采暖火道示意图
(引自周苏琴《紫禁城建筑》)

以耗物料，盖恐有意外火灾，则此水赖焉。天启四年六科廊灾，六年武英殿西油漆作灾，皆得此水之济。"由此可见，内金水河还是宫内消防的主要水源，另外辅以井水和宫内各处蓄水铜缸。在建筑方面，廊庑每若干间设砖防火墙，屋顶用锡背；内廷东西六宫的长街和高墙等也有防火减灾的作用[1]。但是，三殿两宫均采用穿堂连属布局，并用斜廊将主殿和两庑连接，形成连片的建筑组群，故一旦起火很难迅速扑灭，这是明紫禁城屡次发生大火灾，损失惨重的主要原因之一。

采暖方面，以现存情况而论，多数寝宫设有地炕。其方法是在地下砌火道，在室外台基边开口设焚炭处，火道由外口处逐渐上坡，左右有分道。热气进入分火道，使室内地面升温，火道尽头左右有回气孔，仍由台基下排出，灰烟不大（图10-10）[2]。

五　紫禁城内的主要配置

紫禁城内的中轴线上，前为外朝三大殿，其左右配置文华殿和武英殿两组建筑群。外朝之后为内廷，在中轴线上置三宫和御花园，其东西路分置东、西六宫和乾东、西五所，东、西六宫之南略偏分置奉先殿和养心殿。外东路有端本宫（慈庆宫）、仁寿宫建筑群；外西路有慈宁宫、隆德宫、咸安宫、英华殿等建筑群。沿宫墙内侧配置有廊下家和内监诸

---

[1] 潘谷西主编《中国古代建筑史》"元明建筑"，中国建筑工业出版社2001年版，第111页。
[2] 潘谷西主编《中国古代建筑史》"元明建筑"，中国建筑工业出版社2001年版，第112页。

房库等[1]。紫禁城内占地72万平方米，现存院落上百座，建筑980余座（其中90余座基本保持明初的风格），房屋8700余间，建筑面积163000平方米[2]，是我国现存规模最大、保存最完好的古建筑群，也是我国硕果仅存的统一王朝的宫城（图10-6）[3]。

第四节　外朝的形制和主要配置

外朝位于紫禁城南部中轴线上，由三大殿建筑群及其前庭构成。三大殿建筑群占地面积约85000平方米，约占紫禁城内总面积的12%，是紫禁城内最大的庭院。其前庭在奉天门外午门之内，占地面积约36000平方米。以上两者合计共120000平方米，约占紫禁城内总面积的1/6[4]。这个占地比例，凸显出外朝在紫禁城规划中的重要地位，而三大殿建筑群则又是其中的重中之重。此外，在三大殿的东西两翼，还配置文华殿和武英殿建筑群。

一　外朝前庭的形制和配置

外朝前庭系指午门和奉天门（皇极门，大朝门，清改太和门）之间位于紫禁城中轴线上的第一进庭院，该庭院是从午门至三大殿建筑群的过渡空间，四通八达（门多），属奉天殿院的外院。午门和奉天门直对，奉天门东西两侧有东角门（弘政门，清改昭德门）和

---

[1] 北京市文物研究所编著《北京皇家建筑遗址发掘报告》（科学出版社2009年版）所收《故宫西河沿遗址》一文记载，2007年10月发掘了故宫长庚门段内金水河西侧，南邻中国第一历史档案馆，西以紫禁城西墙为界地段。发掘区东部主要遗迹为F7和F8二座排房建筑遗迹。F7为大型排房遗迹，破坏严重，位于发掘区东部，仅剩前檐墙、隔断墙和礓磋。F8南北走向，发现前檐墙，后檐墙、隔断墙，残长14米，进深4米。F7和F8是西河沿遗址中年代最早的房屋建筑，结构简单，规格较低。据出土遗物判断，F7、F8为明代建筑。
　　《明宫史》卷一记载："自北而南过长庚桥至御酒房后墙曰长连，可三十一门。再前层曰短连，可三门。并神武门东计之通共五十四门，总曰廊下家，具答应、长随所住，各有佛堂以供香火，三时钟磬，宛如梵宫。"（图10-6）又《日下旧闻考》卷一四九记载："御酒房后墙有街曰长连，又一街曰短连，总曰廊下家。答应、长随多住此卖酒，京师称廊下内酒家。相传明武宗曾遣宫人杂扮垆妇，亲赍酒歇宿即此。"书中称"廊下家"为街，故此段朗下家应由南北向两排房屋组成，中间有夹道。F7和F8位于遗址东部，靠近内金水河，为廊下家东边排房，其西排房已毁无存。从F7和F8位置和形制结构，以及F7北段有一6米长的基础，砖砌结构较特殊，每块砖上均戳印佛教"卍"字纹符号来看，与《明宫史》所记廊下家相吻合。推测廊下家或毁于明末李自成起义军的战火。

[2] 于倬云《古代建筑六题》之一"故宫条"，《中国宫殿建筑论文集》（紫禁城出版社2002年版）第250页。

[3] 1925年10月10日紫禁城改为故宫博物院，1961年被定为全国重点文物保护单位，1987年被联合国教科文组织列入世界文化遗产保护名录。

[4] 于倬云《中国宫殿建筑论文集》，紫禁城出版社2002年版，第20页。

西角门（宣治门，清改贞度门）。院内东西侧配置廊庑[1]，两庑中间东有左顺门（会极门，清改协和门），西有右顺门（归极门，清改熙和门），庭院中间有内金水河与金水桥（图10-6，也可参见后面的图10-30）[2]。

外朝前庭庭院深130米，宽200米，平面略呈东西横长方形。庭院长宽之比为：130:200＝0.65，是面积中最美的比值（与近代所用的黄金分割率十分接近）[3]。奉天门是外朝三大殿院落的正门，规格高（后文有说）。前庭院内两庑台基高2.43米，房屋脊高10.71米，为庭院宽度的5.4%，这个尺度既不使两点的对景过于低矮不衬，又不超过主体和太和门（按清代重修标准）的尺度，恰到好处[4]。两庑建筑高度与房屋间距之比约1:19，这样不仅突出了奉天门建筑，而且还使庭院显得非常广阔[5]。庭院中部偏南横贯内金水河，两岸有白石栏杆，河中段向南弧出较宽部分（占庭院宽度的1/3）铺展五座白石桥（内金水桥）。内金水河横如玉带，五座飞虹拱桥镶嵌在玉带上，既极富艺术魅力，又加大了庭院（又称广场）的横长之感。总之，上述运用数学比例和几何形状的变化，独具匠心的艺术处理手法，达到了增强院内宽阔疏朗、丰富庭院主体建筑立面效果的目的。使从端门午门间狭长的御街进入午门之后顿感空间突变，豁然开朗，在威严雄壮的氛围之中将人们的目光自然导向三大殿建筑群。这是步移景迁美学原理的具体体现。

二 外朝形制和主要配置概况

外朝是礼仪和行政办公之区，其范围指以三大殿为核心的诸建筑群所形成的南北深437米（南起故宫太和门前檐柱，北至乾清门前檐柱），东西宽234米（以东、西崇楼外皮计算）[6]，形成紫禁城内最大的、平面呈南北长方形的宫院（图10-6），其建筑组合可分两大部分。即前面（南）是外朝的主体，以三大殿为核心，三大殿之外四周由四崇楼，廊庑，文、武楼，奉天门和诸侧门围成南北348米（以南北崇楼外墙皮计算），东西234米封闭的三大殿庭院[7]。其后（北）为东西狭长的乾清门外院（约占三大殿庭院的1/5，整个外朝宫廷的1/6）。三大殿庭院有26座建筑（即三大殿及其台基，奉天门和两侧东、西

---

[1]《日下旧闻考》（一）卷三四第515页引《悫书》："皇极门外两庑四十八间，除旷八间，实四十间。东二十间为实录、玉牒、起居诸馆，及东阁会坐，公辑在焉。西二十间，上十间为诸王馆，下十间则会典诸馆也。定王书堂在西第六间，为读书处，第五间悬先师孔子画像，四配侍侧，盖摹吴道子笔也。及永王出阁，因移定王第四间，而永王在第六间。"入清后太和门前东西庑进深改小，间数增多，协和门，熙和门南北各十三间。

[2] 内金水河将外朝前庭划分南北两个广场，北广场的奉天门是"御门听政"和举行常朝典礼的地方；河南广场左右顺门是举行午、晚朝之所。此外，明代梓宫发引，行至午门内举行遣奠仪在金水桥南广场，因事需横穿广场的人，一律绕道桥南广场偏南行走。所以内金水河乃是捭划内外、严肃礼制的界河。

[3] 于倬云《中国宫殿建筑论文集》，紫禁城出版社2002年版，第16页。

[4] 于倬云《中国宫殿建筑论文集》，紫禁城出版社2002年版，第16页。

[5] 于倬云《中国宫殿建筑论文集》，紫禁城出版社2002年版，第89页。按文中所说比例，均以现状为准。

[6] 傅熹年《中国古代城市规划、建筑群布局及建筑设计方法研究》上册，中国建筑工业出版社2001年版，第24页。

[7]《傅熹年建筑史论文集》（文物出版社1998年版）第359页。

角门，奉天殿的两厢和两侧的中左、中右门，谨身殿两侧的后左、右门，文武楼及其北的左、右翼门，奉天殿的南庑和东西庑，谨身殿的东西庑，四隅四崇楼)，可分为九个等级[1]。该庭院从平面布局来看，实际上是两进四合院的变体。南为广阔的奉天殿庭院[2]，北为谨身殿庭院，两院以中左、右门连通。前院雄伟的奉天殿耸立于三台之上，三台前面的庭院中央用巨石板铺墁甬道，左右磨砖对缝海墁砖地，四周廊庑，文武楼和诸门等辅助建筑与奉天殿形成恰到好处的权衡比例，节奏和谐，烘托出至高无上的大朝氛围。后院前有华盖殿立于三台的中腰，后有谨身殿，两侧的东西庑与前院相连。由于两院严格掌握并灵活运用一正两厢合为一院的原则，再加上地跨两院的三台承托连续配置的三大殿主体建筑，使三殿形体大小高低错落，中心地位十分突出，故两院既各有特点，又相互统一，在视觉上毫无两进四合院变体之感，取得了完美的效果[3]。最北部东西狭长封闭的乾清门外院，东西分别有景运门和隆宗门，又有后左、右门与谨身殿庭院相通。这座庭院是外朝与内廷紧密相连的过渡空间，谨身殿后三台御路则起到了意境上的联系纽带作用，使外朝与内廷之间达到和谐统一的效果（图10-11）。

外朝三大殿及其附屋建筑建成后，历经嘉靖、万历和天启诸朝多次重建，入清后又大修或重建。因而外朝诸建筑绝大部分已非明初原物，现在的遗存主要是清代的遗迹。但是，外朝的占地范围，三大殿下的工字形台基，四周廊庑、体仁和弘义二阁，四崇楼、太和门和诸侧门的基础仍为明代之旧。故据此尚可窥见明代外朝的形制布局。

三　奉天门及其他诸门的形制

奉天门是外朝的正门，嘉靖三十六年灾后重建更名大朝门，嘉靖四十一年改皇极门，清顺治二年定为太和门[4]。该门明末大毁，清初沿用，顺治三年修，光绪十四年灾，十五年重建[5]。

现存太和门的形制仅比太和殿低一级，该门面阔九间，进深四间，重檐歇山顶。门的台基高3.44米，为白石须弥座，台上勾栏环立，用高等级云头望柱，螭首挑出，台基前后陛各三出，左右陛各一出。门全高23.8米[6]，有28级台阶，门前铜狮一对，高约4.36米[7]。奉天门两侧有东角门（嘉庆四十一年更名弘政门，清顺治二年改称昭德门）和西

---

[1] 于倬云《中国宫殿建筑论文集》(紫禁城出版社2002年版)第21～29页中所述九个等级序列为：第一，太和殿；第二，保和殿和太和门；第三，中和殿；第四，四崇楼；第五，体仁、弘义阁（文武楼）；第六，太和门之外的六门；第七，太和殿南庑，东西庑，中左、中右门相邻小厢房，保和殿东、西庑；第八，崇祯十五年在文昭、武成阁南增建的东西直房；第九，左、右翼门比其他旁门略低一级。

[2] 傅熹年《中国古代城市规划、建筑群布局及建筑设计方法研究》上册（中国建筑工业出版社2001年版）第25页指出：太和殿下大台基南缘至太和门左右昭德，贞度二门台基北缘深40丈；太和殿前东西相对的体仁、弘义二阁台基前缘间宽60丈。

[3] 于倬云《中国宫殿建筑论文集》，紫禁城出版社2002年版，第16、21、40、47页。

[4] 奉天门为常朝之所，设御座称"金台"。每年冬天颁赐来历日于此，仪典比于大朝会。文武群臣朝见亲王于奉天门东廊。清代为颁诏、受贺、赐宴之所。

[5] 孙大章主编《中国古代建筑史》第五卷"清代建筑"，中国建筑工业出版社2002年版，第46页。

[6] 王其亨《紫禁城风水形势简析》，《紫禁城建筑研究与保护：故宫博物院建院70周年回顾》，紫禁城出版社1995年版。

[7] 于倬云《中国宫殿建筑论文集》，紫禁城出版社2002年版，第24、40、53、86页。

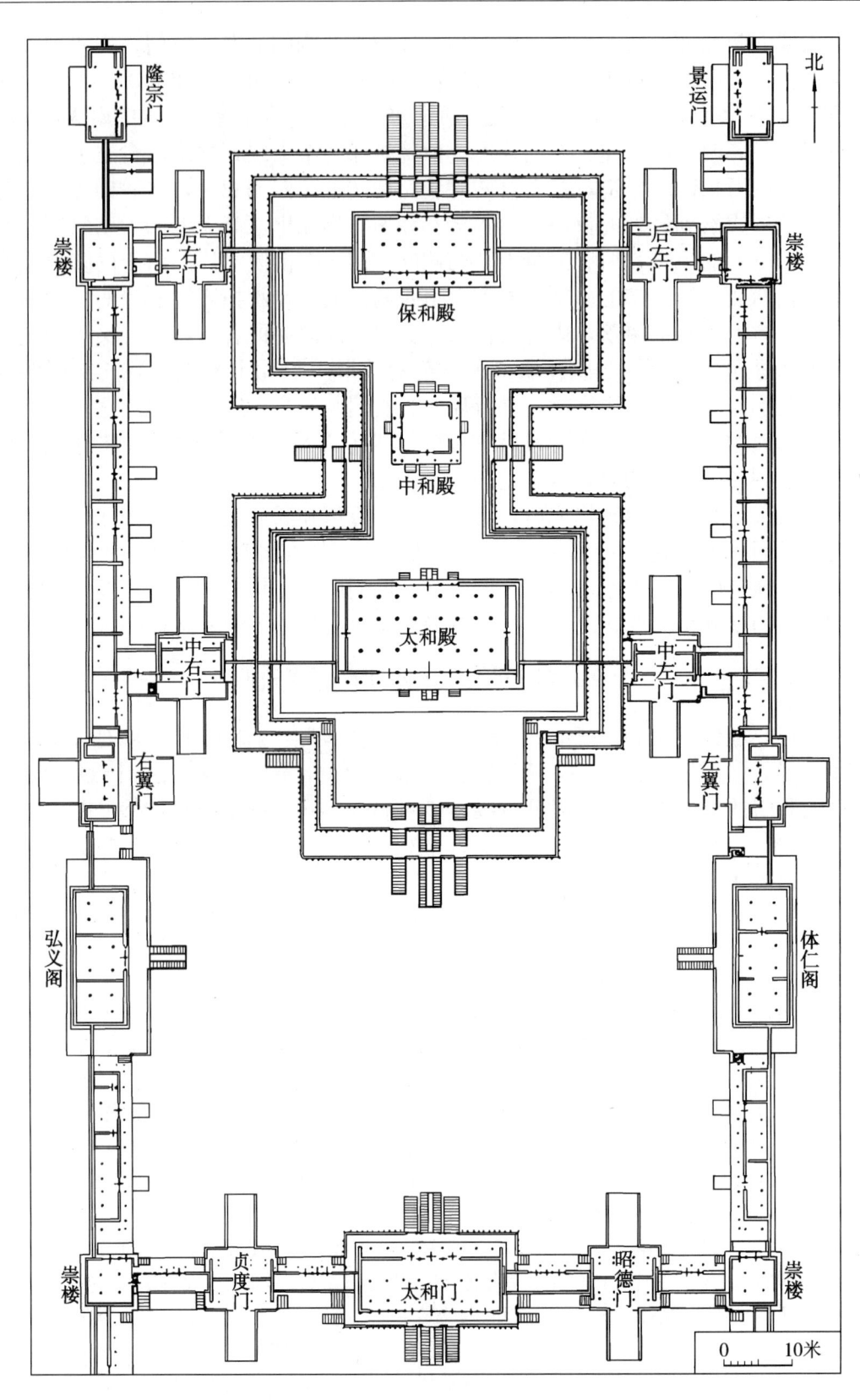

图 10-11 北京紫禁城三大殿平面图
（引自于倬云《中国宫殿建筑论文集》，略有改动）

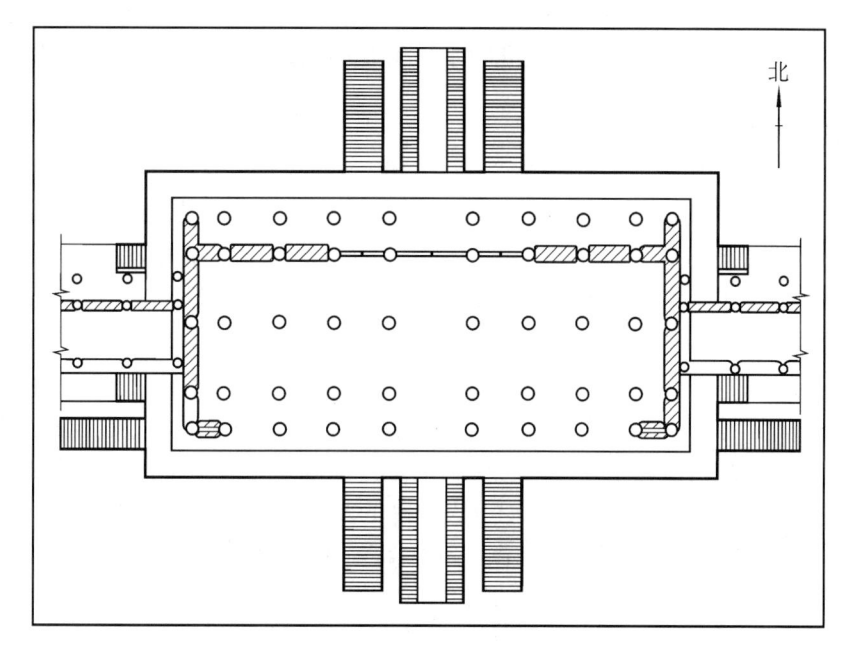

图 10-12　北京紫禁城太和门（奉天门）平面示意图
（引自于倬云《中国宫殿建筑论文集》，略有改动）

角门（嘉庆四十一年更名宣治门，清顺治二年改称贞度门），三门用"倒座"式的南庑连接，使外广场与门内庭院有机连为一体。上述两座角门五开间（即殿身三间周围回廊式的大宫门），歇山顶，有石栏，二十四气望柱布置在门的前后和礓磜两侧，形成殿前三门之制（图 10-11、图 10-12）[1]。上述三门的形制和配置，充分体现出朝门的宏伟气魄。

除上所述，在奉天殿两侧有中左、右门，将三大殿隔成前后两院；谨身殿两侧有后左、右门，为外朝的后门，其形制与东、西角门相同。又在文、武楼之北分别开左、右翼门，形制与东、西角门相仿，但略低一级（用三踩斗拱）。上述诸门的特点是崇基（青砖台基，尺度较高），大礓磜，石栏柱头为二十四气，歇山顶，门的两山设顺山炕或门房（供守备人员值班用）[2]。此外，《明宫史》还提到云台门，并有"十五门"之说[3]。总之，外朝现存殿宇式大门 9 座，其数量之多，形制之高，堪称古代建筑中的孤例[4]。

---

[1]《傅熹年建筑史论文集》（文物出版社 1998 年版）第 22 页："就院落而言，全宫只前三殿，后两宫二组四面开门，但二组中又只有前三殿南面并列开三门，表现出外朝、内廷主建筑群的差异。"第 394 页说"太和门是宫内最大的一座门"。

[2] 于倬云《中国宫殿建筑论文集》，紫禁城出版社 2002 年版，第 22、28 页。

[3] 于倬云《中国宫殿建筑论文集》（紫禁城出版社 2002 年版）第 28 页中说："看来云台门系嘉靖四十一年在三台上保和殿后增建的石牌坊"，"万历二十五年火灾后，于万历三十一年清理地基时予以清除"。十五门，即前述九门，加上景运、隆宗门，东、西牌楼门（太和门外东、西庑南端与宫城之间的牌楼门早已无存，但城墙上有痕迹），左、右顺门。此十五门中无云台门。孙大章主编《中国古代建筑史》第五卷（中国建筑工业出版社 2002 年版）"清代建筑"第 49 页说："明代三大殿在建极殿（保和殿）后尚有一座重要宫门——云台门。云台门左右称云台左、右门，其地亦称平台，明代朝对阁臣等官常于平台处，该门坐落在三层台基之上。"

[4] 于倬云《中国宫殿建筑论文集》，紫禁城出版社 2002 年版，第 27 页。

四 三台的形制与三大殿的形制和时代

(一) 三台的形制

三台即三大殿所在的台基，明代修建（图 10-6、图 10-11）。三台地基垫层在紫禁城中最厚，如今太和殿、保和殿三台人工夯层深达 16~16.5 米；从太和殿南丹墀地面算起，其底界达 8~8.5 米（8.5 米深见卵石，11 米深见地下水。保和殿深 9.8 米时见地下水）；太和殿前台丹墀北半部，夯层底深 6.5~7 米，太和殿南丹墀其余部分深为 5.4~6 米。三台人工垫层采用碎砖层和黄土层交互夯筑方法，如太和殿、保和殿三台表面以下 11 米多深有 20 余层砖层，台基下基础中垫砖层深达丹墀地面下 5 米多，太和殿南紧靠月台处砖垫层深近 7 米。三台丹墀夯层薄层多，夯筑精细。三台附近地面的灰土之下是黄黏土层、碎砖层、黄黏土层、卵石层、黄黏土层、碎砖层、黄黏土层、卵石层相互叠压。地面下最高一层碎砖层边缘距三台边 7 米，由此可见三台的基槽很宽[1]。

地基之上，三台台边距地平 7.12 米，台心高 8.13 米[2]，三台基底东西宽 130 米（南端），南北长 227.7 米（不计踏步，中轴线处量的数据）[3]。三台本身平面呈"工"字形，若加上南部月台，平面则呈"土"字形[4]。台由三层重叠的白石须弥座构成，故俗称"三台"。三台每层做法均按习惯法式分为：圭脚、下枋、下枭、束腰、上枭、上枋六部分。唯下层须弥座高大，上下枋各边出一层线条，圭脚的下面一层又加出像《营造法式》中的"单混肚砖"。在上枋上放勾栏的地栿，上立望柱，柱头雕云龙和云凤。望柱间安栏板，每段栏板中间地栿下面刻出小沟为辅助排水口。在望柱下刻槽伸出龙头"螭首"，每当雨天，三台千龙喷水（龙头上下唇间有排水孔），蔚为壮观[5]。

(二) 奉天殿的形制和时代

奉天殿永乐十八年（1420 年）底建成，十九年四月火灾；正统五年（1440 年）重修，六年修成。嘉靖三十六年（1557 年）灾，四十一年重建竣工，更名皇极殿。万历二十五年（1597 年）灾，四十三年重建，至天启七年（1627 年）完工。入清以后，顺治二年（1645 年）修奉天殿，并改称太和殿。康熙八年（1669 年）重建太和殿，康熙十八年灾，三十四年重建太和殿，三十七建成（即现在的太和殿），乾隆三十年（1765 年）又进行大修[6]。

今太和殿位于"工"字形三台的前端，下有长 63.96 米、宽 37.17 米、高 0.98 米的

---

[1] 见石志敏《故宫地基基础综合勘察》（《紫禁城建筑研究与保护：故宫博物院建院 70 周年回顾》，紫禁城出版社 1995 年版，第 273 页）、白丽娟等《故宫建筑基础的调查研究》（《紫禁城建筑研究与保护：故宫博物院建院 70 周年回顾》，紫禁城出版社 1995 年版，第 286 页）。

[2] 于倬云《中国宫殿建筑论文集》，紫禁城出版社 2002 年版，第 53 页。

[3] 《傅熹年建筑史论文集》，文物出版社 1998 年版，第 364 页。

[4] 于倬云《中国宫殿建筑论文集》，紫禁城出版社 2002 年版，第 32~34、42 页。

[5] 于倬云《中国宫殿建筑论文集》，紫禁城出版社 2002 年版，第 40~42 页。

[6] 奉天殿（皇极殿）是行大朝会及策士等重典之处，殿前广庭为文武大臣序班次以及陈列仪仗之处。清代太和殿为元旦、冬至、万寿三大节庆典，大朝会，燕飨，出师，策士，除授谢恩之所。太和殿后东西二庑为内库。

须弥座台基（图10-6、图10-11）。殿面阔11间，通面宽60.01（米）；深5间，通进深33.33米；重檐庑殿顶，从庭院地平到正脊高35.05米，加上鸱吻卷尾通高37.44米（比正阳门城楼高1米多）。殿身共72根柱子（柱高12.7米，径1.06米，参见图10-13），按四柱间计共55间（前檐有进深一间的前廊，殿内东西端有墙隔开的夹室各一间）。明间六柱沥粉金漆蟠龙，环绕中间的镂空透雕宝座，其上为八角蟠龙藻井，下垂宝珠。殿内柱网三环布局（古代最高等级结构类型），地面用64厘米见方的金砖铺墁。下部槛墙用琉璃镶砌；门窗隔扇都是三交六椀的棂花格，绦环，裙板突起金龙，边梃与抹头接榫处采用金扉、金锁窗，装饰彩画用金龙和玺（最高等级），极为精美。殿之下檐用单翘重昂七踩鎏金斗拱，上檐用单翘三昂九踩鎏金斗拱。殿顶用三样黄琉璃瓦，正脊和正吻为二样，檐角走兽10个（一般走兽成单，最多9个），即龙、凤、狮子、海马、天马、押鱼、狻猊、獬豸、斗牛（吼）、行什（猴），其中用"行什"，太和殿是个孤例。太和殿前露台宽广，三台南丹陛通深33米，台上层南边阶条至太和殿通深29米，太和殿台明通深35米。露台上陈列铜鼎18座，铜龟、铜鹤各一对，日圭和嘉量各一。总之，太和殿不仅是紫禁城内，而且也是我国现存规格最高、规模最大的木构建筑[1]。

上述太和殿的形制和规模，乃是清康熙三十四年重建后的情况。此次重建，将明代皇极殿两侧的斜廊改为阶梯状封火墙，将殿的面阔九间改为十一间。至于明初奉天殿的形制，则不闻其详。据有关研究称，嘉靖之前奉天殿"原旧广三十丈，深十五丈"[2]，即面阔95.4米，进深47.7米。嘉靖朝重建奉天殿时帝言："我思旧制固不可违，因变少减，亦不害事。"[3] 当时严嵩力主"基址（指台基）深广似合仍旧，若木石围圆，比旧量减或可"[4]，加之"三殿规制，自宣德再建，诸将作皆莫省其旧"[5]，嘉靖朝重建三殿时三台按原来基础修复，奉天殿则"比旧量减"而变小了[6]。至天启时修皇极殿又再度"简

---

[1] A. 于倬云《中国宫殿建筑论文集》（紫禁城出版社2002年版）所收《故宫三大殿》《故宫太和殿》《古代建筑六题》三文。
　　B.《傅熹年建筑史论文集》，文物出版社1998年版，第394页。
　　C. 王其亨《紫禁城风水形势简析》，《紫禁城建筑研究与保护：故宫博物院建院70周年回顾》，紫禁城出版社1995年版。
[2]《明世宗实录》卷四七〇记载，嘉靖皇帝对当时的内阁言："我思旧制固不可违，因变少减，亦不害事。原旧广三十丈，深十五丈云。"
[3]《明世宗实录》卷四七〇。
[4]《明世宗实录》卷四七〇记载：严嵩说："旧制因变减少，固不为害，但臣伏思，作室，筑基为难，其数倍于木石等，若旧基丈尺稍一移动，则一动百动，从新更改俱用筑打，重费财力，久稽岁月，完愈难矣。臣愚谓，基址深广似合仍旧，若木石围圆，比旧量减或可，臣询之于众，皆同此论，俟圣裁。"
[5]《日下旧闻考》（一）卷三四第518页引嘉靖《世庙识余录》："三殿规制，自宣德再建后，诸将作皆莫省其旧，而匠官徐杲能以意料量，比落成，竟不失尺寸。"
[6] 李燮平《从明代的几次重建看三大殿的变化》，《紫禁城建筑研究与保护：故宫博物院建院70周年回顾》，紫禁城出版社1995年版。

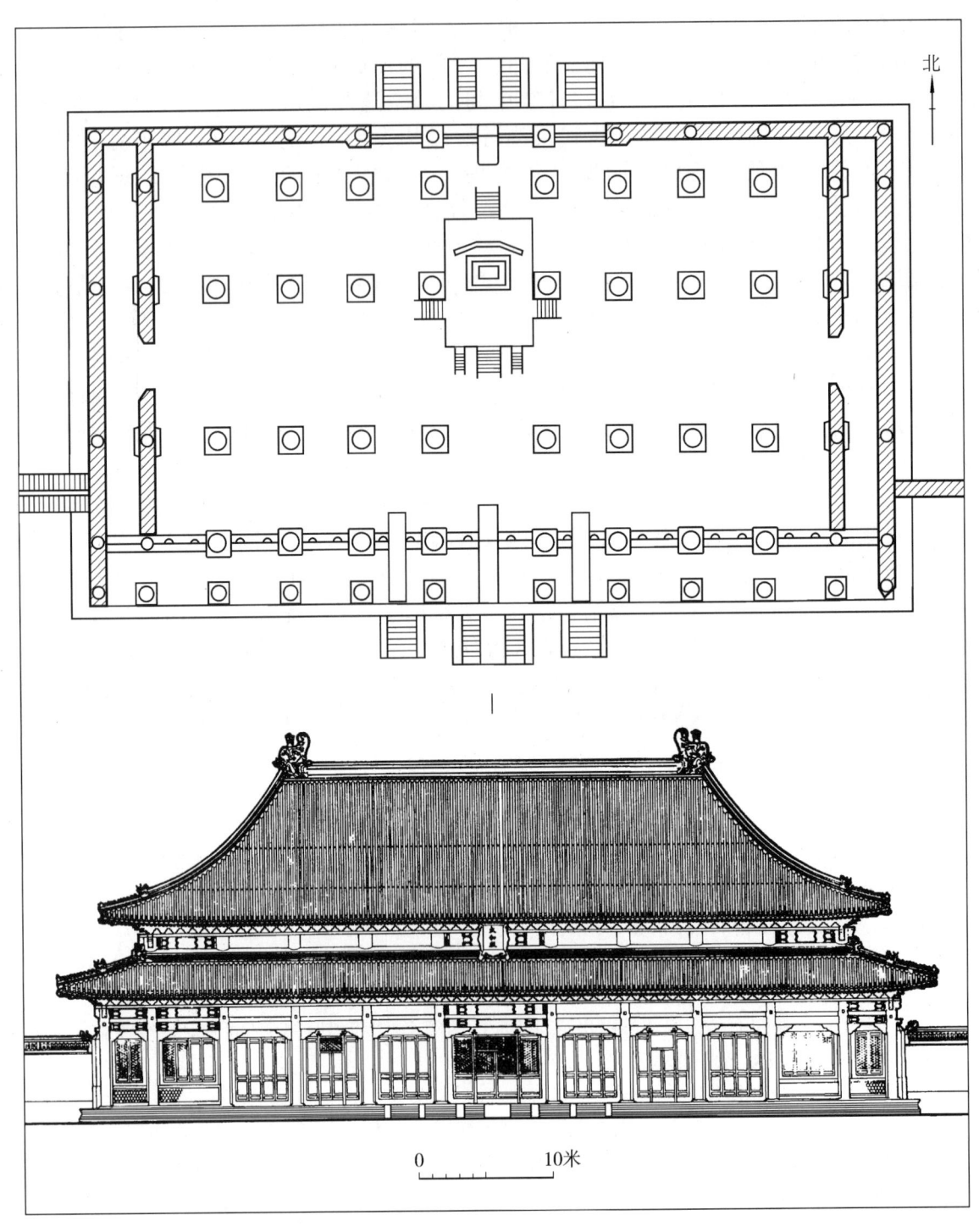

图 10-13　北京紫禁城太和殿平面、立面图
（引自孙大章主编《中国古代建筑史》第五卷"清代建筑"，略有改动）

约"[1]，所以奉天殿自永乐初建被毁后，经正统到天启几次重建，不仅其风格和规制有变，而且材料等第和建筑体量也变小了[2]。到清代康熙三十四年重建太和殿，一般认为将面阔九间改为十一间（因缺良材巨木，故改面阔十一间，以缩短桁条的跨度）。但有的研究者认，重建的太和殿仍为九间，东西两边各一间不在正身间数。重建太和殿利用明代旧基，就原有地盘而起，基本沿袭明代规模，是明天启所建皇极殿的旧有规制又一次翻新而已[3]。所变主要是拆斜廊[4]改封火墙[5]，以及殿内金柱径比原来加大，并以松木代替楠木[6]。

除上所述，奉天殿前两侧的文武楼（嘉靖四十一年更名文昭阁、武成阁，清顺治二年称体仁阁、弘义阁）等，入清后也有变化。清康熙三十四年重建太和殿时，将太和殿前东西联庑在加封火墙的同时，又将左、右翼门，体仁阁和弘义阁等门阁独立出来，两侧联庑

---

[1] 李燮平《从明代的几次重建看三大殿的变化》，《紫禁城建筑研究与保护：故宫博物院建院70周年回顾》，紫禁城出版社1995年版。

[2] 李燮平《从明代的几次重建看三大殿的变化》（《紫禁城建筑研究与保护：故宫博物院建院70周年回顾》，紫禁城出版社1995年版）一文，较详细地论证了永乐后几次重建奉天殿的变化。并指出："明代三殿在第二次烧毁以后，由于嘉靖朝重建时对建筑采取了缩制处理，使现在的三大殿，除了三台的大小没有改动以外，柱础和柱径（'木石围圆'）都被缩小，这不仅成了今天这种三台大而建筑本身小的变化原因，也改变了建筑与台座之间的旧有布局"。明初大木"长者至六七丈，围有一丈六七尺"，嘉靖时大木难寻，"不得不采用'中心一根，外镶八瓣共成一柱，明梁或三镶，四镶为一根'的包镶做法，以求得外表的一致。而且'以杉木代楠木'用于'金柱'的做法，也是从嘉靖开始的"。

[3] 王璞子《清初太和殿重建工程》引《太和殿纪事》："太和殿一座，九间，东西两边各一间；内明间……次间八……"据此王璞子指出："太和殿被大火后，大木骨架焚毁，基础并未全部破坏，间架结构就原有地盘而起，间数、深广、柱高，上至屋顶中高各部主要数据，都是依准康熙八年修理殿工的尺寸，考订旧案，《会典》而来，实际也就是明天启所建皇极殿的旧有规制又一次翻新而已。"又说："《纪事》所称殿制九间，原本康熙八年修理殿工制度（明皇极殿制度），东西两边小间各一间，不在正身间数，称呼上原有分别。""《清会典》称太和殿砖制为十一间，太和门为九间，多出于文笔谀美浮夸所造成的误会。建筑开间方法，历史记载一般都是以建筑物迎面间数为准，间或以楹（柱子）数计，都是本于'两楹之间'为'间'和'两架为间'的说法。""太和殿开间方法，当中明间开间最大，左右八次间，间距均等，与《工程做法》递次减小方法不同。两山明次间，明间大于次间，也不是匀分三停。各间斗科拱档都大于11斗口之规定，有明代建筑普遍具有的特点，可见当时开间分档还不是按斗科拱宽（或空档）11斗口为定分依据……"

[4] 于倬云《中国宫殿建筑论文集》（紫禁城出版社2002年版）第14页认为"文献中所载的斜廊，是指高程上的倾斜，并非是平面布局的倾斜"。但从孙大章主编《中国古代建筑史》第五卷（中国建筑工业出版社2002年版）"清代建筑"第43页所载康熙十八年紫禁城图来看，此说似值得商榷。

[5] 王璞子《清初太和殿重建工程》（《紫禁城建筑研究与保护：故宫博物院建院70周年回顾》第255页）中说"康熙十八年紫禁城图"仍绘有斜廊，但在《太和殿纪事》所绘重建后的太和殿图，殿身两侧则改为两道大墙，当为重建时所改。

[6] 王璞子《清初太和殿重建工程》（《紫禁城建筑研究与保护：故宫博物院建院70周年回顾》第255页）说："太和殿大木结构与明代原制，明显变化是金柱围径比原来加大了，原制金柱直径三尺，大概是为了壮观，要求加大二寸，改为三尺二寸（1.024米），檐柱未改"，"全部檐、金柱合计七十二根，经初步勘察大部使用松木。"于倬云《中国宫殿建筑论文集》（紫禁城出版社2002年版）第58页说："明代大殿多喜用楠木，清改建后的太和殿用老黄松，使用铁活较多，柱子都缠铁箍。"

至此中断，改为厚墙连接[1]。体仁、弘义二阁清代重建[2]。二阁青砖台基，石栏用二十四气望柱，御路为云雕饰，楼阁形式，单檐庑殿顶，阁高23.8米[3]。

（三）华盖殿与谨身殿的形制和时代

嘉靖三十六年前，三大殿中、后二殿分别称华盖殿和谨身殿，嘉靖四十一年改称中极殿和建极殿，清顺治二年改中和殿和保和殿。

现存中和殿位于工字形三台中腰中后部（图10-11、图10-15)[4]，太和殿北丹陛至中和殿丹陛31米，中和殿台明通深23米，中和殿北至保和殿南台明33.8米[5]。中和殿平面方形，殿身纵横各三间；算四周出廊，深广各五间。四面无墙，满设格扇（图10-14)，单檐四角攒尖顶，铜质镂花鎏金圆宝顶，殿中设宝座。台基边长24.15米，前后石阶三出，左右各一出，踏跺、垂带均浅刻花纹，殿高27米[6]。

现存保和殿位于三台后台基的中后部（图10-15)[7]，是外朝最后一座大殿。该殿面阔九间，46.41米；进深五间，21.25米[8]。重檐歇山顶（比太和殿低一级），殿高29.5米（从庭院地平到屋脊，比太和殿低5.55米），殿中设雕镂金漆宝座。殿下台座长49.68米，宽24.97米。保和殿台明通深25米，

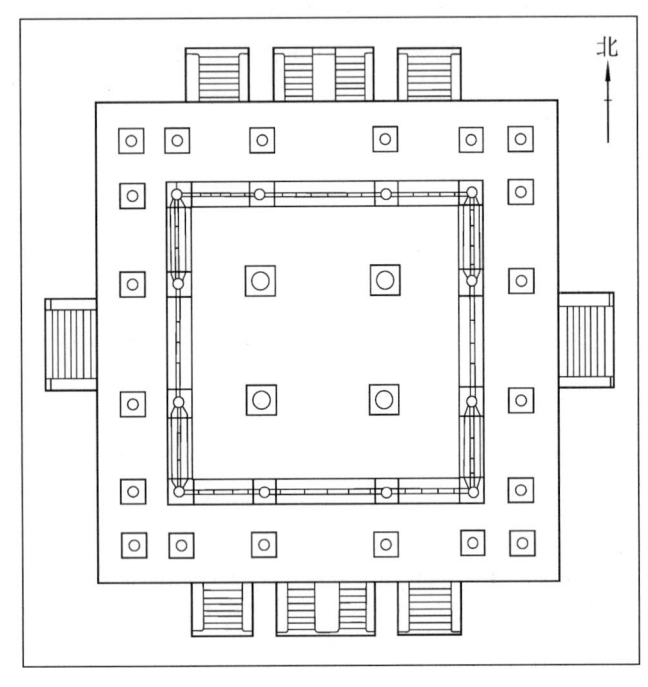

图10-14　北京紫禁城中和殿平面示意图
（引自于倬云《中国宫殿建筑论文集》，略有改动）

---

[1] 孙大章主编《中国古代建筑史》第五卷"清代建筑"，中国建筑工业出版社2002年版，第48页。
[2] 孙大章主编《中国古代建筑史》第五卷（中国建筑工业出版社2002年版）"清代建筑"第46页：体仁阁顺治三年重建，乾隆四十八年灾，依式重建。弘义阁，顺治三年重建。
[3] 于倬云《中国宫殿建筑论文集》，紫禁城出版社2002年版，第26～27页。
[4] 华盖殿（中极殿），是皇帝到太和殿上朝时小憩之所，也是召见群臣，赐宴亲王和召对之处，并在此与内阁大学士商定一、二、三甲进士名榜等，又相当于前后两殿间的过厅，原有穿堂联系三殿。清代中和殿，为大朝时准备，宫内耕耤之礼，阅玉牒等处。
[5] 王其亨《紫禁城风水形势简析》，《紫禁城建筑研究与保护：故宫博物院建院70周年回顾》，紫禁城出版社1995年版。
[6] 于倬云《中国宫殿建筑论文集》，紫禁城出版社2002年版，第25、45、253页。
[7] 谨身殿（建极殿），是明代皇帝大朝时在此更衣，做准备之处。清代为赐宴外藩、经筵大典、御试博学宏词科、殿试大考之所。清初曾为寝宫，改称位育宫，有左、右配殿，康熙八年才拆毁配殿。
[8] 傅熹年《中国古代城市规划、建筑群布局及建筑设计方法研究》上册，中国建筑工业出版社2001年版，第150页。文中所记米制折合明尺面阔为146尺，进深为67尺，"这应是明天启重建时的设计尺寸"。

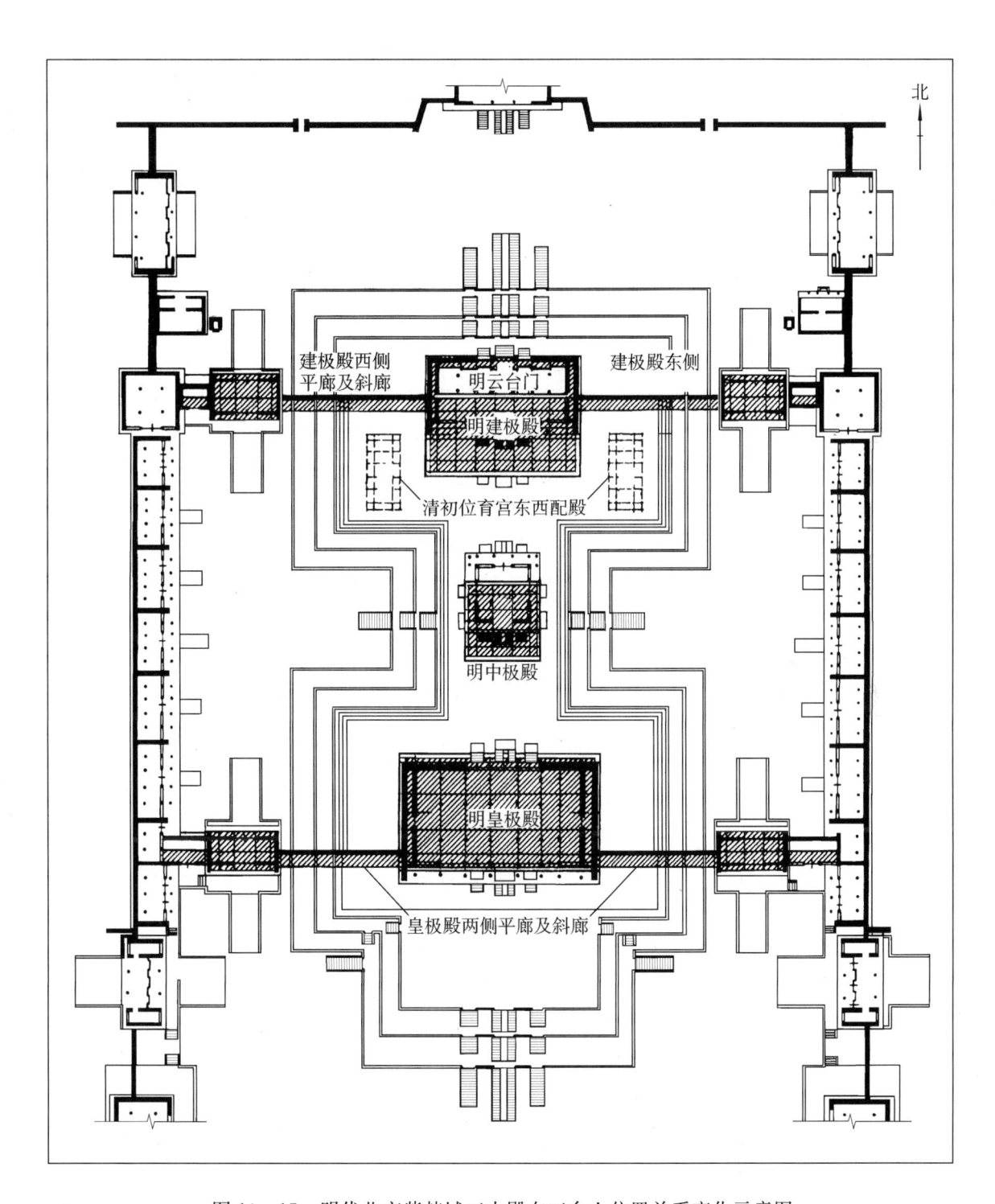

图 10-15 明代北京紫禁城三大殿在三台上位置关系变化示意图
（引自孙大章主编《中国古代建筑史》第五卷"清代建筑"，略有改动）

北面丹陛通深 30 米。殿后下台基的御路，中间为一整块艾叶青石，长 16.57 米，宽 3.07 米，厚 1.7 米，重 200 余吨，是宫内最大的石材。石上雕云龙等图案，该石选质之佳，用材之巨，雕刻之精、图案之生动，艺术处理之妙，堪称国宝[1]。

中和与保和二殿，过去多认为是"清顺治二年重建"，实际上清代重建时主要是将保和殿两侧的斜廊改为阶梯状封火墙，又将保和殿前东西庑中加设封火山墙七道，将联庑分割成六段（图 10-11）[2]，中和及保和二殿的主体梁架仍为明代建筑。中和殿有"中极殿桐（童）柱"题记，保和殿有"建极殿左一缝桐柱""建极殿右二缝桐柱"等题记[3]。二殿梁架大都是楠木，梁架结构也是明代特点，保和殿是万历四十三年（1615 年）重建而成，中和殿直至天启七年（1627 年）最后建成[4]。

（四）三大殿在三台上位置关系的变化

现在故宫三大殿与三台的比例失调，台大殿小，殿与台面位置不对称。具体言之，三台上层最宽处 108 米，今太和殿面阔不仅远小于三台前突出的露台宽度（66 米），而且还小于丹陛的宽度。今中和殿位于工字形台基中腰中线之北，殿两侧与台基踏步中心不对中。明建极殿后台基上原有云台门（见前述），今保和殿后已无可置此门的位置，殿前的实际空间比用于"大礼"的正朝丹陛还大。所以主张三殿清朝重建者认为，这种改动三殿平面构图严整性的变化，应发生在清康熙三十四年重建之时[5]。实际上前已说明三殿的变化在嘉靖"比旧量减"和天启再度"简约"之后，后两殿是明万历至天启间重建，太和殿清代比明皇极殿而重建，所以上述三殿体量变小，位移，其平面配置与三台关系的变化，应在明嘉靖重建之后（图 10-15）[6]。

---

[1] A. 于倬云《中国宫殿建筑论文集》，紫禁城出版社 2002 年版，第 24、43、45、253 页。
　　B. 王其亨《紫禁城风水形势简析》，《紫禁城建筑研究与保护：故宫博物院建院 70 周年回顾》，紫禁城出版社 1995 年版。
[2] 孙大章主编《中国古代建筑史》第五卷"清代建筑"，中国建筑工业出版社 2002 年版，第 48 页。
[3] 于倬云《中国宫殿建筑论文集》，紫禁城出版社 2002 年版，第 11、47 页。
[4] 于倬云《中国宫殿建筑论文集》，紫禁城出版社 2002 年版，第 11、12、24、45～50 页，文中较详细地论证了中和、保和二殿梁架结构的明代特征，及其最后建成的年代。
[5] 孙大章主编《中国古代建筑史》第五卷（中国建筑工业出版社 2002 年版）"清代建筑"第 49 页的论述认为，三台平面配置及其与三台关系的变化在清康熙三十四年重建三殿之时。
[6] 李燮平《从明代的几次重建看三大殿的变化》（《紫禁城建筑研究与保护：故宫博物院建院 70 周年回顾》，紫禁城出版社 1995 年版）一文对嘉靖至天启年间三殿重建所发生的风格、规制、材料等第、建筑体量等方面的变化有较详细的论证。又于倬云《中国宫殿建筑论文集》（紫禁城出版社 2002 年版）第 28 页认为，"云台门系嘉靖四十一年在三台上保和殿后增建的石牌坊。由于这座牌坊既无实用价值，又使布局过于拥挤，因此万历二十五年火灾后，于万历三十一年清理地基时予以清除"。傅熹年《中国古代城市规划、建筑群布局及建筑设计方法研究》（中国建筑工业出版社 2001 年版）上册第 25～26 页根据尺度研究，亦认为"三大殿尺度在明嘉靖重修时曾加以调整"。

五　外朝东西翼的文华殿和武英殿建筑群

外朝奉天门外东、西两侧分置文华殿[1]和武英殿建筑群[2]，有左、右顺门[3]与奉天门庭院相通（图10-6）。二殿均始建于明永乐年间，文华殿清康熙二十二年重建，武英殿无重建记载（晚清曾修缮）。两殿是外朝的辅助殿宇，文华殿东西宽约18丈，南北深约27丈；武英殿东西宽约21丈，南北深约30丈[4]。两组建筑群对称配置，布局大致相同（图10-16、图10-17）。两组建筑的主殿都是前后两座，坐落在"工"字形台基上，中连穿廊，殿面阔五间，单檐歇山顶（文华、武英均为前殿名称）。台基南向突出月台，殿两侧有配殿，围成矩形院落，宫门位于南面正中[5]。此外，在文华殿院落之南，沿午门东紫禁城南宫墙内侧还有内阁（内阁辅臣办事之处）、佑国

---

[1] 文华殿，《日下旧闻考》（一）卷三四第533页引《水南翰记》："文华殿在奉天门之东，比诸殿制稍减而特精雅，用绿色疏琉璃瓦，左右为两春坊，上之便殿新常御者也。今用为经筵之所。中设御座，龙屏南向。又设御案于御座之东稍南，设讲案于御座之南稍东。"第532页引《芜史》："会极门东向南者，文华殿也"，"有精一堂、恭默室、九五斋，殿之后曰玉食馆。西北曰省愆居"，"殿之西曰崇本门，殿之后曰刻漏房"。第533页引《明英宗实录》："正统三年五月，书天下文武方面官姓名于文华殿。"第540页引《明典汇》："嘉靖十七年，作圣济殿于文华殿后以祀先医。"（清改为文渊阁）按：文华殿是"东宫视事之所"，宣德，景泰时改为皇帝便殿，但太子幼时出阁读书也在此殿。第537页引《明天顺日录》：天顺二年，皇太子出阁读书，上召李贤谓曰："东宫讲读向在文华殿，朕欲避居武英，但早晚朝太后不便，姑以左廊居太子。"第537页引《野获编》："故事，太子出阁，设座于文华殿，自嘉靖十五年改易黄瓦，仍为主上经筵之所。"清代文华殿为经筵、使臣上国书之所。乾隆三十九年在殿后仿宁波天一阁建文渊阁，藏四库金书。又文华殿南还有一组建筑，《日下旧闻考》（一）卷三四第532页引《芜史》："出会极门之下曰佑国殿，供玄武像。其东则内承运库，再东曰香库。稍北有石碑曰古今通集库，以贮古今君臣画像，符券、典籍，岁六月六日曝之。"（以上参见图10-6）

[2] 《日下旧闻考》（一）卷三三第507页引《春明梦余录》："皇极门之西曰归极门，门西曰武英殿，殿西曰大庖，曰尚膳监，东北曰思善门，曰仁智殿，西南曰御酒房，又北曰慈宁门。"卷三五第542页引《春明梦余录》："武英殿在右顺门之西，规制如文华。凡斋居及召见大臣于其中。后以文华殿近慈宁宫，故历朝多居之，而武英殿遂不复御。崇祯五年三月，皇后千秋，命妇例当朝贺。"第543～544页引《芜史》："思善门外桥西为武英殿，命妇朝贺中宫于此殿也。""仁智殿在武英殿后，俗所谓白虎殿是也。凡大行皇帝梓宫停于此。"引《四友斋丛说》："仁智殿以处画士"，引《芜史》："南薰殿，凡遇徽号册封大典，阁臣率中书篆写金宝金册。"（南薰殿在武英殿南）李自成在武英殿称帝。清初多尔衮在武英殿办事，清代该殿又以编修印刷官方典籍著称，即著名的殿本。

[3] 朱偰《明清两代宫苑建置沿革图考》（商务印书馆1947年初版，北京古籍出版社1990年再版）第42～43页载：左顺门（会极门），凡京官上本接本俱于此，各项本奉旨发抄，亦必由此。向东南入曰内阁。右顺门（归极门），门外向西南入六科廊，东南两房掌司所居，精微科及章疏在焉。

[4] A. 傅熹年《中国古代城市规划、建筑群布局及建筑设计方法研究》上册，中国建筑工业出版社2001年版，第28页。

　　B. 郑连章《文华殿一区建筑沿革考》（《中国紫禁城学会论文集》第二辑，紫禁城出版社2002年版，第79页）说现存文华殿一区，南北长140米，东西宽88米，东北缺一角（图10-17）。文中又说文华殿一区建筑明末已毁。

[5] 于倬云主编《中国宫殿建筑论文集》，紫禁城出版社2002年版，第148、253页。

殿（供玄武大帝）、古今通集库（贮藏古今君臣画像及典籍）等。武英殿院落之南有南薰殿（今存，殿内彩画为明代原物），该殿是徽号册封大典时，内阁大臣率官员在此篆写金宝、金册之处。

第五节 内廷的形制和主要配置

内廷是皇帝处理日常政务及帝后和眷属的居住区，位于紫禁城外朝之后，分五路配置。即位于中轴线上的中路为后两宫和御花园，东路为东六宫和乾东五所，西路为西六宫和乾西五所，再外为外东、西路。其中后两宫是内廷的主体（图10-6、图10-18）。

一 后三宫的形制和配置

后三宫位于中轴线上，在前三殿之后，以一门三殿为主体建筑（明代中叶又在乾、坤二宫之间建交泰殿，成为三宫）[1]，四周以廊庑围成纵长矩形院落（图10-18）。院落南北深218米（由乾清门前檐柱列至北端坤宁门后檐柱列），东西宽118米（以东西庑后檐墙计算）[2]，现存建筑均为清代重建[3]。乾清门为南面正门，门坐落在白石雕须弥座上，前面围以白石雕栏杆，门面阔五间，单檐歇山顶，门前有云龙御路，旁置一对鎏金铜狮，门左右有八字形琉璃影壁[4]。乾清门内接高甬道直达乾清宫前露台（月台），三宫南北依次建于高2.5米的工字形台基上（算前面的月台，台基平台呈"土"字形）。乾清宫建于工字形台基前部，殿面阔九间，进深五间，重檐庑殿顶，有前后檐廊，东西梢间是过道。明代殿两旁有斜廊与两庑相接，后有穿堂连接交泰殿[5]。乾清宫是内廷正殿[6]，中间设宝座，明代殿悬"敬天法祖"四字匾，[7] 清代悬"正大光明"匾。乾清宫廷院较广，

---

[1] 明代称《后两宫》，清代又称"后三宫"，俗称中路。

[2] 傅熹年《中国古代城市规划、建筑群布局及建筑设计方法研究》，中国建筑工业出版社2001年版，第24页。

[3] 乾清门，清顺治十二年重建。乾清宫，顺治元年敕建乾清宫，顺治十二年重建，嘉庆二年灾，嘉庆三年建成。交泰殿，顺治十二年重建，嘉庆二年灾，嘉庆三年建成。坤宁宫，顺治十二年重建，东西暖殿康熙三十六年建。重建时将乾清宫、坤宁宫两侧斜廊取消，改为封火墙。

[4] 清康熙至咸丰六朝在乾清门"御门听政"，乾清门外安排有外奏事处、大臣值班处、侍卫值房、内务府值房等。

[5] 潘谷西主编《中国古代建筑史》第四卷（中国建筑工业出版社2001年版）"元明建筑"第109页：明代乾清宫后部设暖阁，隔为九间，分上下两层，有天桥（楼梯），共设床27张，可供皇帝随意寝居。

[6] 乾清宫在明代是皇帝正寝和处理日常政务之处。清代康熙以乾清宫为内廷理事之所（雍正以后改在养心殿），故在乾清门内四周庑房安排上书房（皇子及近支王公读书处）。南书房（皇帝文学侍从之书房），敬事房、内奏事处、批本处、祀孔处、御药房、御茶房、端凝殿（有冠袍衣物）、懋勤殿（皇帝书房）等办公用房。乾清宫及东西暖阁为听政、受贺、赐宴、召对群臣之常朝所在。乾清宫是清宫内的政治、起居中心，康熙六十一年在乾清宫广庭设千叟宴，乾隆五十年再设千叟宴。

[7] 朱偰《明清两代宫苑建置沿革图考》（商务印书馆1947年初版，北京古籍出版社1990年再版）第44页。

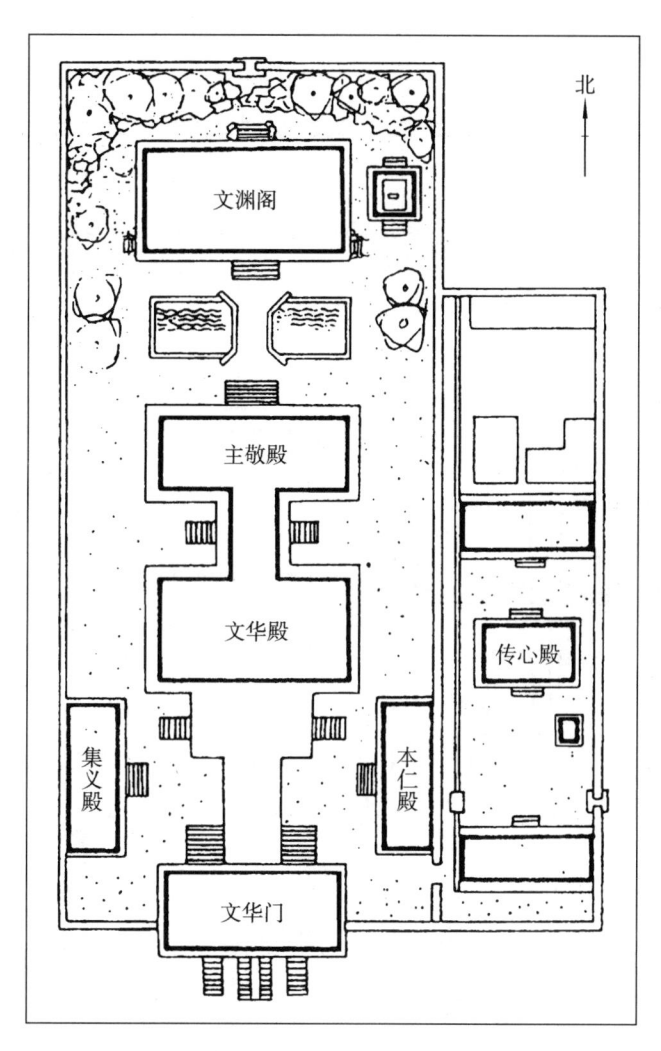

图 10-16　明代紫禁城北京文华殿建筑平面示意图
(引自《中国紫禁城学会论文集》第二辑，略有改动)

东、西庑南部分辟日精门和月华门，二门之北，东有端宁（凝）殿（明代尚冠等近侍所司御服衮冕圭玉带钱粮贮此），西有懋勤殿（天启帝创地炕于此，恒临御之）。二殿之北，东小门曰龙光，西小门曰凤彩。乾清宫东廊后有昭仁殿，西廊后有弘德殿。宫后披檐，东曰思政轩，西曰养德轩，再北穿堂至交泰殿。交泰殿位于工字形台基的中腰，现存形制为面阔三间单檐攒尖顶的方殿[1]，明代为圆形，"渗金圆顶"（形制如中极殿）。故又称"中圆殿"[2]。

---

[1]　交泰殿是清代授皇后册、宝和举行皇后诞辰礼的场所，乾隆十三年25宝玺收藏于此。
[2]　A. 李燮平《从明代的几次重建看三大殿的变化》，《紫禁城建筑研究与保护：故宫博物院建院70周年回顾》，紫禁城出版社1995年版。
　　B. 朱偰《明清两代宫苑建置沿革图考》，商务印书馆1947年初版，北京古籍出版社1990年再版，第44页。
　　C. 潘谷西主编《中国古代建筑史》》第四卷（中国建筑工业出版社2001年版）"元明建筑"第109页：明代交泰殿"皇后所居，形制如穿堂，中有圆顶"。

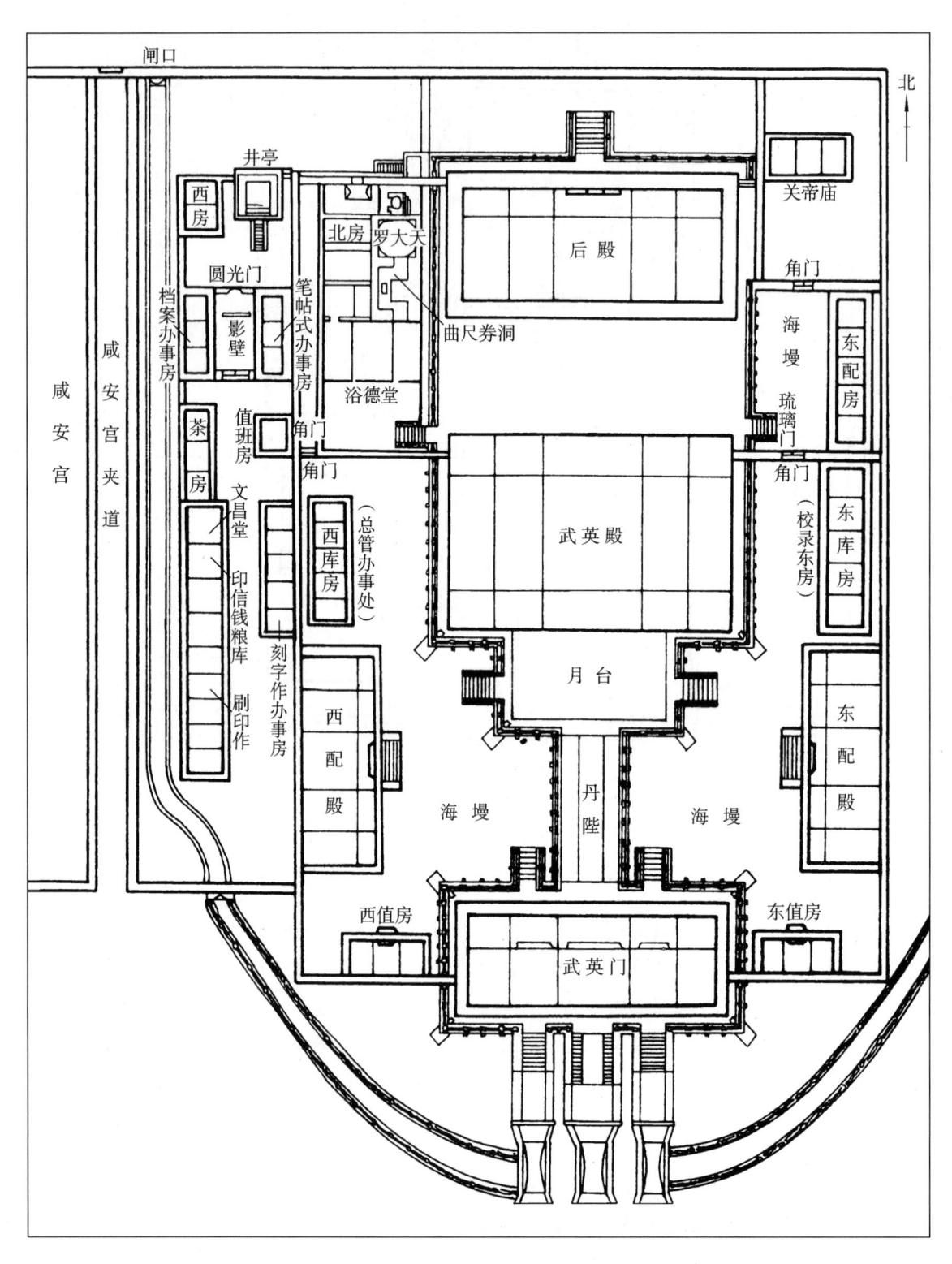

图 10-17 北京紫禁城晚清武英殿平面示意图
（引自《中国紫禁城学会论文集》第一辑，略有改动）

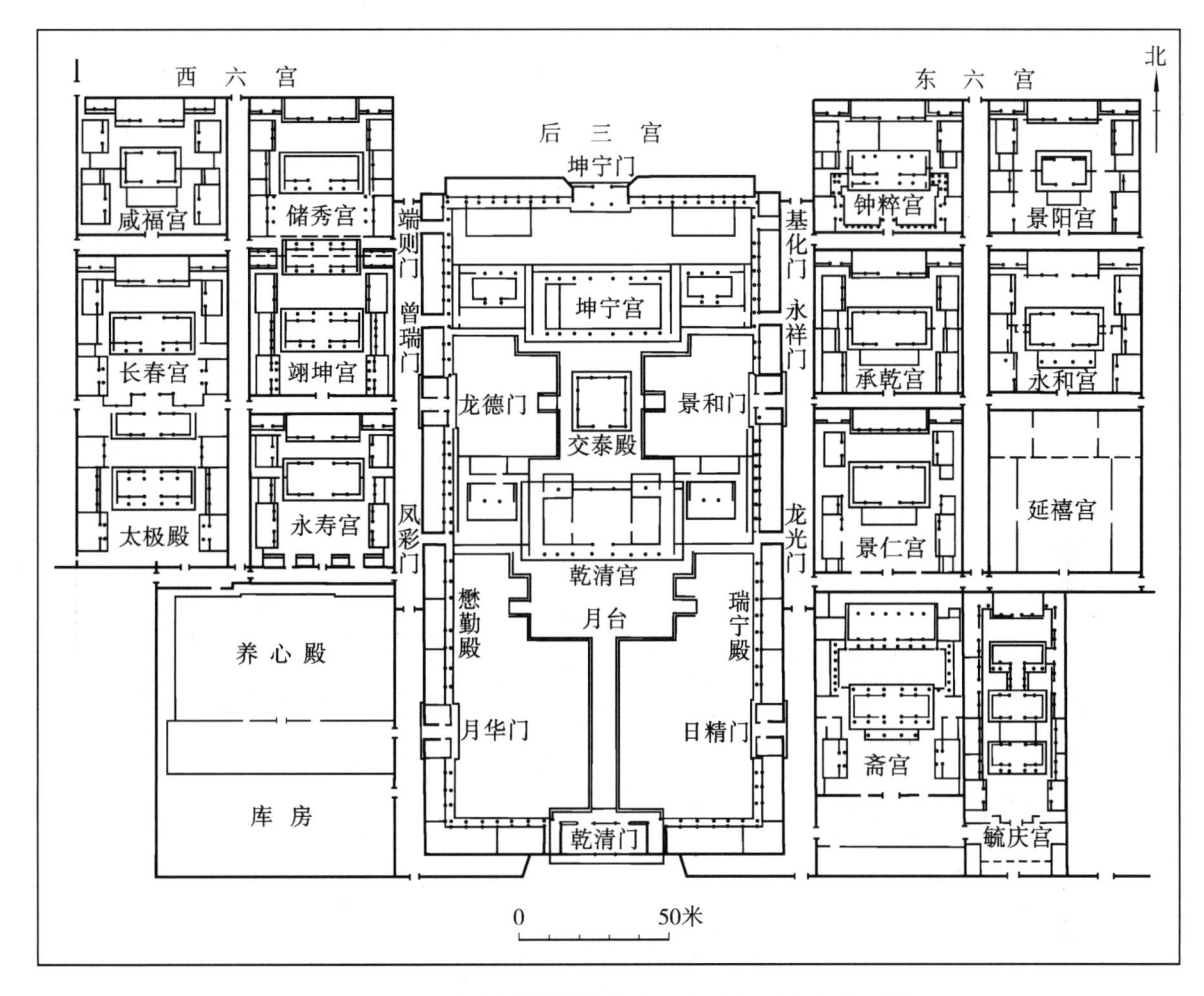

图 10-18 北京明代紫禁城后三宫及东西六宫平面图
（引自《紫禁城建筑研究与保护：故宫博物院建院 70 周年回顾》，略有改动）

坤宁宫位于之工字形台基后部，环设斋轩：东安德斋，清暇居，西养正斋，北游艺斋[1]。现存坤宁宫清代改建，面阔九间，进深五间，重檐庑殿顶，其使用功能较明代有很大变化[2]。坤宁宫庭院东、西庑南部东辟景和门，西辟龙德门，二门之后（北）分别有永祥门

---

[1] 潘谷西主编《中国古代建筑史》第四卷（中国建筑工业出版社 2001 年版）"元明建筑"第 109 页。朱偰《明清两代宫苑建置沿革图考》（商务印书馆 1947 年初版，北京古籍出版社 1990 年再版）第 44 页：坤宁宫东披簷曰清暇居，北回廊曰游艺斋，崇祯五年十月二十三日悬安者也。坤宁宫皇后所居。

[2] 孙大章主编《中国古代建筑史》第五卷（中国建筑工业出版社 2002 年版）"清代建筑"第 49～51 页：清顺治十二年建坤宁宫，依奉天行宫清宁宫旧制，将其改为祀神、皇帝大婚的处所。坤宁宫平面为七开间带周围廊，呈不对称布置，东尽两间的东暖阁为皇帝喜房，西尽间为夹屋，中部四间为神堂。大门开在东次间，改槅扇门为木板门。神堂内按满族习俗，沿北西南三面设万字炕，俗称"口袋居"。北墙东侧设煮祭肉的大锅和肉案，窗户亦改为吊搭窗。宫前月台东侧立 4 米高的祭神杆。除满族信奉的萨满教天神外，后来又容纳了各类神祇，皆有神位列于宫内北、西面的炕上。

和增瑞门（俱万历二十五年添额）。宫两侧有斜廊和东、西暖殿。宫后东庑开基化门，西庑开端则门，宫北宫墙正中有广运门，嘉靖十四年（1535年）改称坤宁门[1]（图10-18）。总之，"后三宫"的形制布局与前三殿相似，只是规模、台基尺度和建筑体量缩小而已。

二 御花园的形制布局

御花园又称宫后苑，在坤宁宫之北（图10-6），建于明初，建筑多属嘉靖、万历时期，清代仅略有改作。御花园是宫内最大的宫廷园林，东西130余米，南北90余米，占地12000平方米（约占紫禁城属面积的1.7%）。园内建筑分三路配置（图10-19），中路建在中轴线上，自南而北有坤宁门、天一门、钦安殿、承光门和顺贞门。钦安殿在中轴线上正中偏北，面阔五间，楠木四抹毯纹格扇、重檐盝顶，正中设鎏金宝顶，殿内供玄天上帝（道教真武大帝）。台基为汉白玉须弥座，雕刻极为精美（图10-20、图10-21）。殿周环方整的矮围墙，南面正中为天一门（两挟有黄琉璃影壁，镶嵌白色云鹤图案，颇生动）。

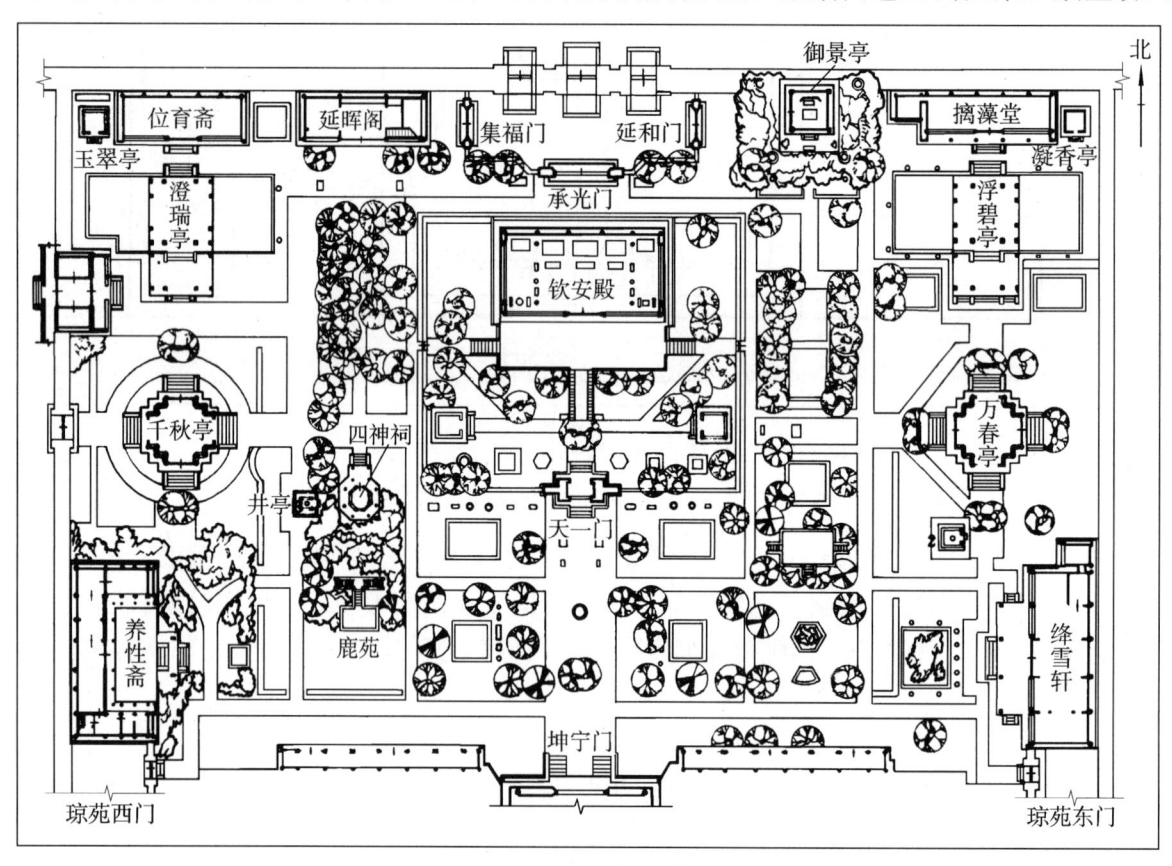

图10-19 北京紫禁城御花园平面示意图
（引自于倬云主编《紫禁城建筑研究与保护：故宫博物院建院70周年回顾》，略有改动）

---

[1] 于倬云《中国宫殿建筑论文集》，紫禁城出版社2002年版，第12～13页说：嘉靖十四年七月初二将广运门改为坤宁门，但从法式和构造上分析，广运门非始建时所设，嘉靖十四年前的广运门也不是殿宇式。带琉璃八字照壁的宫门，应是坤宁宫后的北围房（《明宫史》称北围廊）。看来广运门改建前，由坤宁宫去御花园仍需经端则门或基化门，出琼苑左、右门。

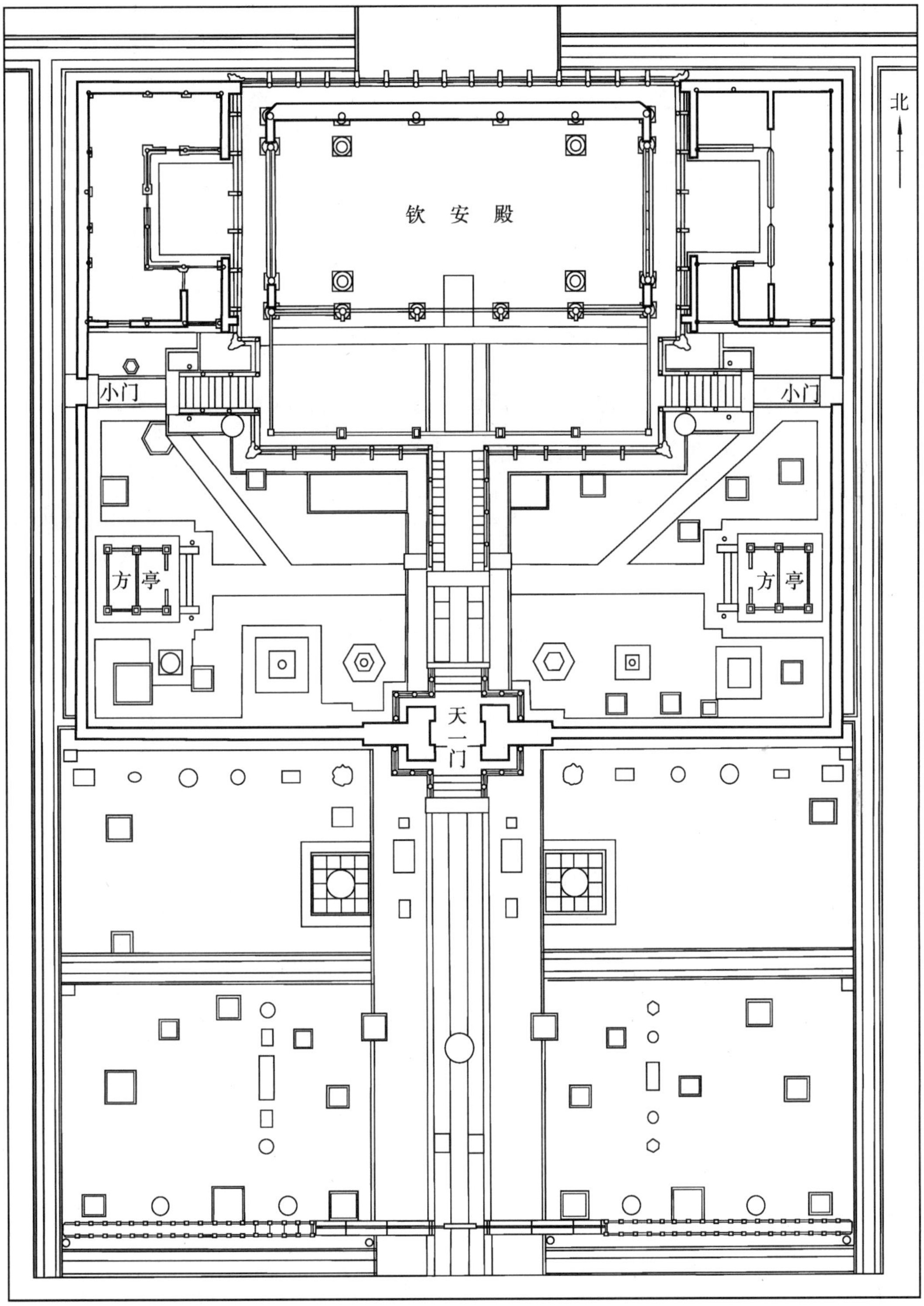

图 10-20　北京紫禁城钦安殿平面示意图
（引自潘谷西主编《中国古代建筑史》第四卷"元明建筑"，略有改动）

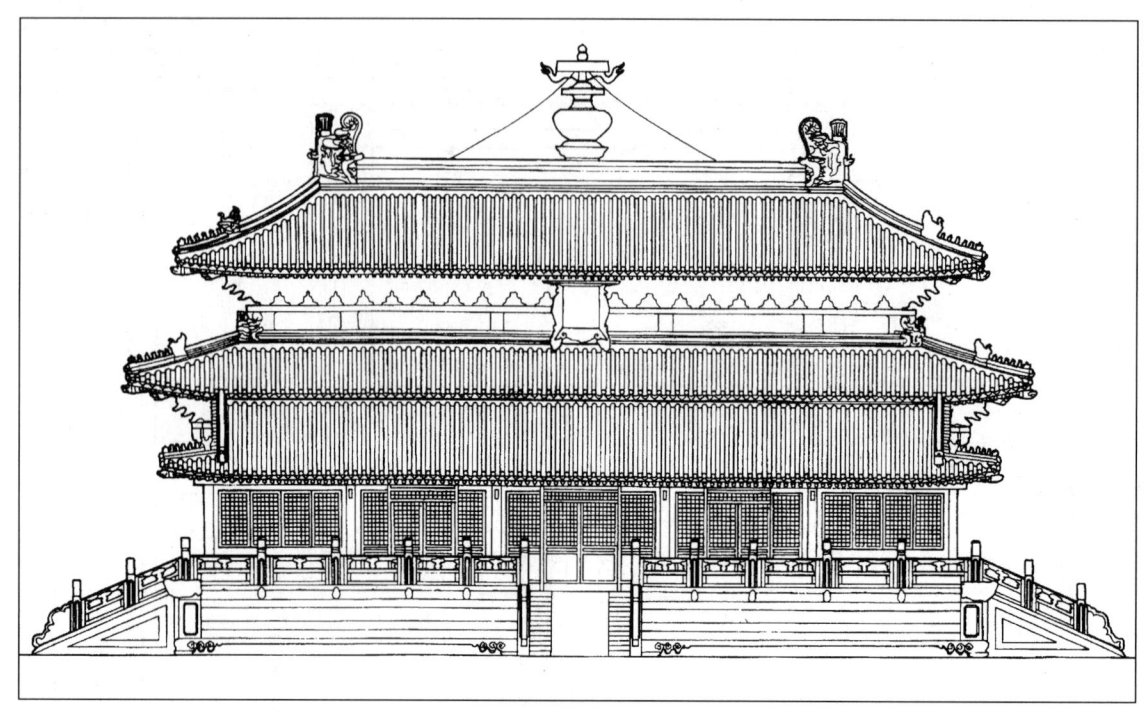

图 10-21　北京紫禁城钦安殿正立面图
(引自潘谷西主编《中国古代建筑史》第四卷"元明建筑")

左右有随墙小门，天一门内左、右各有一方亭。殿后中间为承光门，左右为延和门与集福门。承光门北为顺贞门（并列三座琉璃门，嘉靖十四年称坤宁门）。御花园东西两路建筑对称配置，东路自北而南，承光门东沿后宫墙为堆秀山（观花殿旧址，万历间改堆成山），太湖石堆叠，山顶有御景亭，为园内制高点，重阳节在此登高，山前设有水法。其东有摛藻堂（堂内清曾藏《四库全书荟要》），再东是金香亭（今凝香亭）。堂前（南）为一长方形水池，池中横架单孔石桥，桥上建浮碧亭（亭内天花板为五彩百花图案，极为美观）。其南为万春亭，亭平台十字形，上圆下方，四面出厦，重檐，基座四面出陛。万春亭前有小井亭，四柱方亭，八角盝顶，构造新奇。园内东南隅有绛雪轩，装修朴素雅致，堂前砌方形五色琉璃花池，上堆玲珑湖石，其间植花卉，俨然一座灿烂绚丽的大型盆景。轩南向东的琉璃间就是琼苑东门（通东六宫）。西路承光门之西沿北宫墙为清望阁（今延晖阁），东与堆秀山御景亭对峙。其西为对育轩（今位育斋），再西玉翠亭。对育轩南为澄瑞亭，形制与东面的浮碧亭相仿。其南为千秋亭，形制同万春亭。亭南行稍左为四神祠（前面带敞轩的八角亭），北对延晖阁。祠侧有井亭，祠后叠山，山前有方石台（可登台眺望）。园内西南隅为乐志斋（今养性斋），楼阁式建筑，楼前点缀假山，环障如庭。其南为琼苑西门，通西六宫。

御花园的建筑极富变化，平面有方形（御景亭、井亭、浮碧、澄瑞和天一门内左、右亭等）、平面长方形（钦安殿、延晖阁、摛藻殿、位育斋、绛雪轩和琉璃门、牌楼门等）、十字形（万春、千秋二亭）、八角形（四神祠）、口字形（养性斋）。此外还有一些变形，如钦安殿和绛雪轩的前轩呈"凸"字形，四神祠接前面的方轩呈"凸"字的变形，浮碧澄瑞二亭前接方轩变成南北长方形，有的加一耳后又变成新的平面（如摛藻堂、承光等三门和天一门）。水池平面则有圆形、扇面形、长方形三种。屋顶有庑殿顶（养性）、歇山顶（天一）、悬山（摛藻）、硬山（位育）、圆顶（千秋、万春）、卷棚和盝顶（钦安、井亭）。卷棚又分悬山、歇山、硬山；盝顶也分四面坡和八角形等。基座有平台式（养性、绛雪等）、须弥座式（钦安）；有正面出阶、三面出阶、四面出阶（千秋、万春）、正面出重阶（养性）。基座栏杆的有无，望柱和栏板雕刻，柱额檐头彩画（甚至门窗的漆色）也各有不同。琉璃瓦以黄色为主，亭子则用绿色，以黄瓦镶边（御景亭）或黄、绿色相间（凝香、玉翠亭），吻兽件烧成黄绿二色（故宫少见）。门窗装修、纹样变化多端。建筑体量从一间到十五间不等，并以多少不同的耳、厦、轩突出各种建筑体量的变化。建筑是宫廷园林的主体，故建筑是营造宫廷园林的主要手段。在布局上强调轴线，主次相辅，左右对称，在此前提下，又以各个建筑物大小高低，方圆欹斜、横竖坐向，平面和立面各异的造型，建筑配置的疏密，以及前述的诸种变化均寓于规整之中，从而使建筑本身就是景，构成御花园的主要景观。在此基础上，又叠石造山，凿池蓄水，架桥建亭，铺设不同线路和路面（五色石子路、砖雕、瓦条纹路，以及花卉、鸟兽、人物路面等）的甬道，栽种花草树木加强绿化，并使之与各种不同建筑或建筑单元有机地结合起来。总的来看，御花园营造出所需的不同空间和景深层次，形成灵活多变、动静结合、对景、借景、对比烘托、曲折环带、小中见大和抑扬顿挫的艺术效果。使御花园既有自然情趣的园林秀色，又有严整、富丽、含蓄、幽雅、深邃的宫廷园林的意境。因此，可以说御花园乃是宫廷园林中匠心独具的杰作。

三 东西六宫和乾东西五所

东、西六宫位于乾清宫、坤宁宫之东西两侧，中隔东一长街和西一长街，占地 30000 余平方米（图 10-6）。东、西六宫布局相同，对称配置[1]。其平面均呈南北长方形，中间分别为东二长街和西二长街。东二长街南北端分开麟趾门和千婴门，西二长街南北端分开螽斯门和百子门。东二和西二长街两侧南北向三宫重复纵列，隔长街两宫横向并列，各宫间以巷道分隔。十二宫院各占地 2500 平方米，平面方形，边长约 50 米，周围高墙，正面辟琉璃砖门。门内前为殿（除永寿宫外，殿均位于院落中心），后为室（后室两侧有耳房），两侧各有配殿，形成三合院式二进院落。十二宫的前殿，除咸福、景阳二宫三开间外，余者均五开间，歇山式黄琉璃瓦屋顶。东宫长街之西，从南向北为长宁宫，永宁宫和咸阳宫，长、永二宫间开广和左门、永、咸二宫间开大成左门，二门西通东一长街。东宫长街之东从南向北为长寿宫、永安宫和长阳宫。西宫长街之东从南向北为长乐宫、万安宫和寿昌宫，长、万二宫间开广和右门，万、寿二宫间开大成右门，二门东通西一长街。西宫长街之西，从南向北为未央宫、长春宫和寿安宫。嘉靖十四年尽改十二宫名，即长宁改景仁、永宁改承乾、咸阳改钟粹（崇祯为太子时所居，改称兴龙宫，参见图 10-17）、长寿改延祺、永安改永和、长阳改景阳、长乐改毓德、万安改翊坤、寿昌改储秀、未央改启

---

[1] 明代东西六宫妃嫔所居。其中承乾宫为东宫贵妃所居，钟粹宫曾是皇太子所居，后改为龙兴宫。翊坤宫为西宫贵妃所居。

祥（因嘉靖生父朱祐杬生于此宫）、长春改永宁、寿安改咸福宫（后又将延祺改延禧、毓德改永寿，永宁改长寿、又改长春，启祥改太极殿）（图10-18）。自此十二宫名东西对称，直至清初一直沿用。清顺治十二年修理景仁、承乾、钟粹、永寿、翊坤、储秀六宫，"以居妃嫔"。康熙二十二年修整西宫的太极殿、长春宫和咸福宫；二十五年又修复东宫的延禧、永和、景阳三宫[1]。清代晚期直到清末对东西六宫进行了改建，西六宫增建体元殿与体和殿[2]，东六宫在原延禧宫基础上建水晶宫[3]。现存西六宫改变了明和清初的格局，东六宫则基本保持了明代的布局。

东、西六宫北隔一东西向巷道，各建五所并排的院落，每院内各建前后三重殿堂，各有厢房，供皇子、皇孙居住，分称为乾清宫东房五所，乾清宫西房五所（图10-6）[4]。东、西六宫规整地对称配置于内廷三宫两侧，乾东、西五所置于东、西六宫之后，统称为内廷的东西路。自东西六宫南墙外皮至北面乾东、西五所后墙，总深为216米；东西向自后两宫东西庑后墙至

---

[1] 清代钟粹宫居太后，咸丰时居皇太妃，同治时慈安皇太后居此。承乾宫居后妃，顺治时董鄂妃、咸丰时琳贵太妃居此。景仁宫居太后，乾隆时居皇太后，道光时居皇太后，光绪时珍妃居此。延禧宫原居后妃，康熙帝妃、道光帝妃居此，宣统时改为水晶宫。永和宫居后妃，雍正时居皇太后，光绪时瑾妃居此。景阳宫为储藏书画之所。储秀宫居后妃，嘉庆后、咸丰懿妃、光绪慈禧皇太后居此。翊坤宫居后妃，永寿宫居后妃，顺治时恪妃、嘉庆时如妃、乾隆时皇太后居此。咸福宫居后妃，长春宫居后妃，雍正帝皇后、同治时慈安、慈禧同居此宫，光绪时慈禧皇太后居此。启祥宫居后妃。于倬云《中国宫殿建筑论文集》（紫禁城出版社2002年版）第11页论证了钟粹宫、储秀宫。太极殿虽经清代重修，但仍为明代建筑。郑连章《紫禁城钟粹宫建造年代考实》（《紫禁城建筑研究与保护：故宫博物院建院70周年回顾》）详细论证了该宫为明代早期的官式建筑，清代晚期仅对院内游廊、垂花门及外檐油饰彩画装修等有所改变。文中对该宫有较详细介绍，对了解东西六宫有重要参考价值，兹略叙于后。钟粹宫南北47.38米，东西47.90米，前后两进院。前院正殿钟粹宫坐北向南，地面至屋顶（正脊上皮）高11.12米，面阔五间（23.86米，其中明间5.62米，东西次间5.32米，东西梢间3.80米），通进深三间（10.14米，面阔与进深之比为5：3）。前出廊，单檐歇山顶。前后檐明间辟门，前后檐左右次间沿槛墙上设步步锦的支摘窗，两山砌厚墙，下肩是磨砖对缝干摆，上部刷红土墙面。室内明次间各缝有花罩，后檐明间金柱间置四扇屏门，地面二尺金砖铺地。正殿基座高0.62米，东西长27.40米，南北宽13.80米。台基砖砌，磨砖对缝干摆贴面。台明四周外口置条石，宽0.72米，厚0.18米，宫出檐2米。东西配殿各三间，前出廊，单檐硬山顶，正殿左右转角廊与配殿前廊相连。正门钟粹门，坐北向南，为有斗拱的单檐歇山顶琉璃门，左右嵌有琉璃花饰照壁。门内有悬山卷棚顶倒座式垂花门，垂莲柱下置四扇屏门，门两侧依南墙有游廊，与垂花门及东西配殿前廊相通，形成三合院带四周回廊的格局。第二进院，中有南北向甬路，高出地面，与前后殿相通。后殿也是一正两厢式三合院，规模比前院小，屋顶是等级较低的硬山式。后殿两侧有低矮的东西耳房，前有卡墙，自成小区。院内右侧有井亭一座（图10-22）。

[2] 约嘉庆时拆长春门，将长春门改建为体元殿。殿面阔五间，殿北出抱厦三间，作为长春宫院内的一个室外小戏台。约嘉庆时拆储秀门，改建为体和殿，殿面阔五间，前后带廊。体元、体和二殿均倒座，都有游廊与主座相连。

[3] 宣统元年将延禧宫改为游憩之所，建筑水晶宫（成水殿），仿西洋建筑，未建成。

[4] 永乐十八年时为东西七所，杨荣《皇都大一统赋》云："六宫备陈，七所在列。"嘉靖八年西七所火灾，此后才形成乾清宫东西五所。

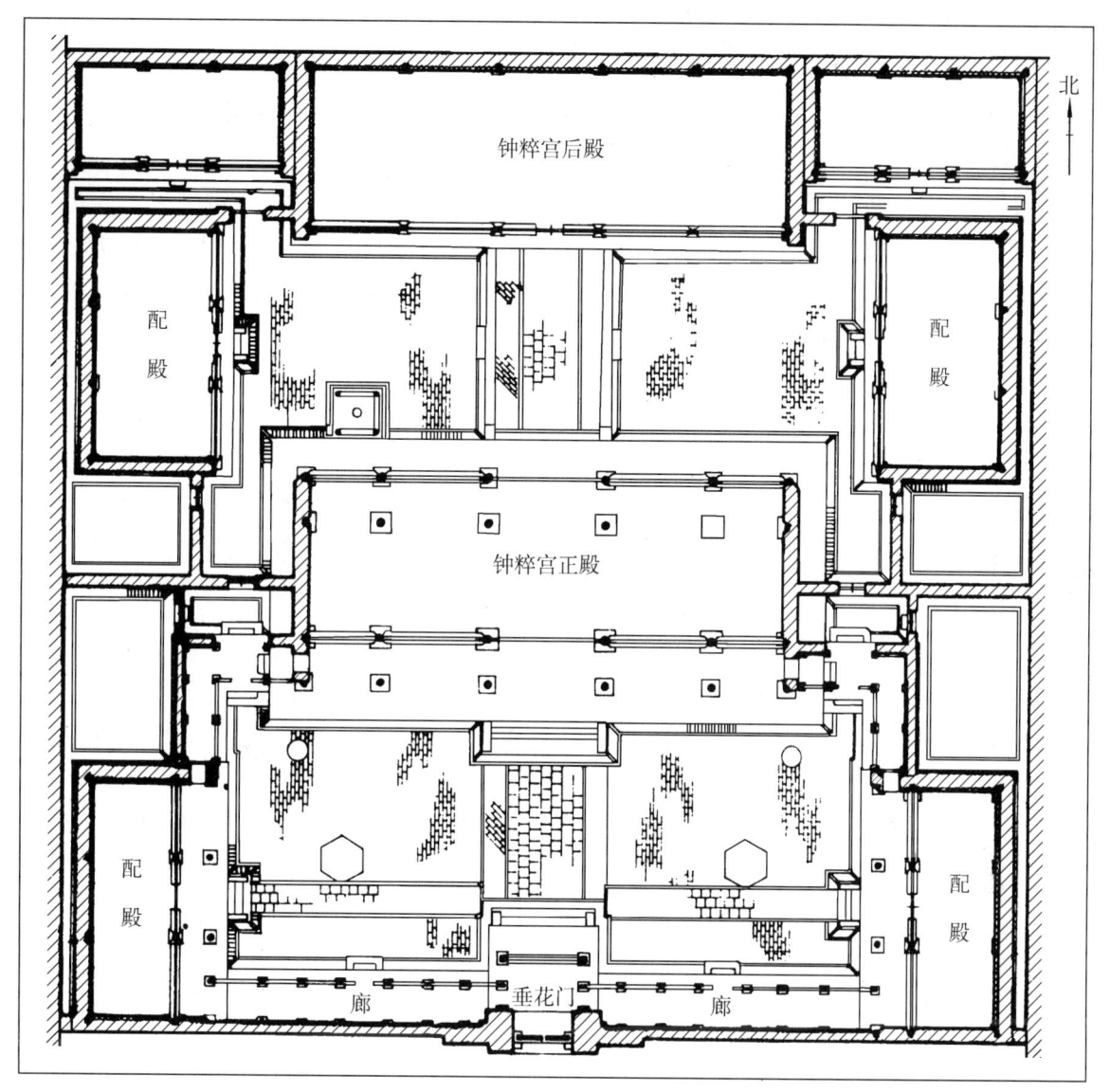

图 10-22 北京紫禁城钟粹宫平面示意图
（引自于倬云主编《紫禁城建筑研究与保护：故宫博物院建院 70 周年回顾》，略有改动）

东西六宫外侧的外墙，共宽 119 米[1]。乾东、西五所，清代变化较大[2]。

---

[1] 傅熹年《中国古代城市规划、建筑群布局及建筑设计方法研究》上册，中国建筑工业出版社 2001 年版，第 24 页。

[2] 孙大章主编《中国古代建筑史》第五卷（中国建筑工业出版社 2002 年版）"清代建筑"第 47、53 页记载，康熙时乾东五所只头所完整，二所仅有配房，三、四、五所均未建。乾西五所只头所完整，二所仅有配房，三、四、五所另成一区，用地狭长，已不是明代规制。乾隆十五年的《京城全图》所示，乾东五所已完全建成，如今日规制。乾东五所清代为皇子、皇孙住所，嘉庆为太子时曾住过。其中头所、三所至嘉庆十四年时尚为皇子居处。此后使用性质改变，分别为如意馆、寿药房、敬事房、四执库、古董房等。如意馆为宫中画院，原在西路慈宁花园东侧造办处内，慈禧太后时移到乾东头所。乾西五所，约在康熙二十二年改建头、二、三所。乾隆为太子时居乾（转后页）

四　内东、西路南部宫殿

*内东路南部宫殿，系指东六宫之南以奉先殿为主的建筑群。概言之，"日精门之东，曰崇仁门，门内稍南曰内东裕库，曰宏（弘）孝殿、神霄殿，即崇先殿也。再东曰奉先殿，即内太庙也。殿外西与景运门相对者，曰隆祀门，其内则外东裕库也"[3]。奉先殿在东院，殿九室如庙寝制，始建于永乐三十五年（图10-6）[4]。清顺治十四年重建，主殿为工字殿，周围以宫墙，南墙开五门，通横街，西行出西门[5]。嘉靖六年三月，移建观德殿于奉先殿之左，改称崇先殿[6]。据研究奉先殿始建时，其东和南面留有余地，以后才建诸殿[7]。奉先殿之西另为一院，院内有弘孝殿、神霄殿、奉慈殿[8]和内东裕库（图10-23）。清代将此院诸殿改为斋宫和毓庆宫[9]。

内西路南部宫殿，指西六宫之南养心殿一组建筑群。"过月华门之西曰遵义门，向南者养心殿也。向北则司礼监掌印秉笔之直房。祖制，宫中膳房原在隆道阁后，魏忠贤移于怡神殿，而以其房为直房。养心殿之西南曰祥宁宫，宫前向北者曰无梁殿，世庙炼丹药之

---

* （接前页）西二所，在此举行大婚礼，即位后改为重华宫。将一所改为漱芳斋和戏台，西三所改为御膳房。西四、五所合改为建福宫及静怡轩、延春阁敬胜斋等一组建筑，后称福建宫花园，俗称西花园，1922年焚毁。于倬云《中国宫殿建筑论文集》（紫禁城出版社2002年版）第108页说："为了营建建福宫花园，不仅拆除乾西五所的西端两所建筑，而且把西宫墙北侧的宫墙推出，改变了东西五所对称布局。"关于该宫的情况，参见前引《紫禁城建筑研究与保护：故宫博物院建院70周年回顾》一书所收《建福宫花园遗址》。

[3] 朱偰《明清两代宫苑建置沿革图考》，商务印书馆1947年初版，北京古籍出版社1990年再版，第47页。
[4] 《日下旧闻考》（一）卷三三第501页引《春明梦余录》说："奉先殿在神霄殿之东，殿九室如庙寝制。国有太庙，以象外朝，有奉先殿以象内朝。每室一帝一后，如太庙寝殿，其祔祧迭迁之礼亦如之。凡祀方丘、朝日、夕月、册封、告祭及忌辰在焉，余皆于太庙行之。永乐三十五年始作。"又加按语说："明洪武间，以太庙时享未足以展孝思，复建奉先殿于宫门内之东。成祖迁都北京，建如制。"（见《明史》卷五一《礼五》）
[5] 奉先殿，一说顺治十三年重建。清康熙十八年又重建，将七楹改为九楹。祭清室列圣列后，为宫内太庙。
[6] 《日下旧闻考》（一）卷三三第503页引《明世宗实录》："嘉靖六年三月，移建观德殿于奉先殿之左，改称崇先殿，奉安恭穆献皇帝神主。"又引《明史·礼志》加按语说："嘉靖二年，葺奉慈殿为观德殿。五年，以观德殿窄隘，欲别建于奉化殿左。尚书赵璜谓不可，不听，乃建于奉先殿之东曰奉先殿。"
[7] 于倬云《中国宫殿建筑论文集》，紫禁城出版社2002年版，第13~14页及附图。
[8] 《日下旧闻考》（一）卷三三第503页引《春明梦余录》："孝肃纪皇后薨，礼不得祔庙，乃于奉天殿右特建奉慈殿别祀之。嘉靖十五年，并祭于奉先殿，罢奉慈享荐。"同书卷三四第528页引《芜史》："过日精门之东曰崇仁门，稍南曰内东裕库，曰弘孝殿、曰神霄殿。日精门往北曰顺德左门。"引《明穆宗实录》："隆庆元年三月，更名景云殿曰弘孝殿。"引《春明梦余录》："弘孝、神霄二殿奉安孝烈皇后，孝恪皇太后，万历三年，徙神位于肃皇帝室，罢弘孝、神霄之祀。"
[9] 孙大章主编《中国古代建筑史》第五卷清代建筑"，中国建筑工业出版社2002年版，"第47页。

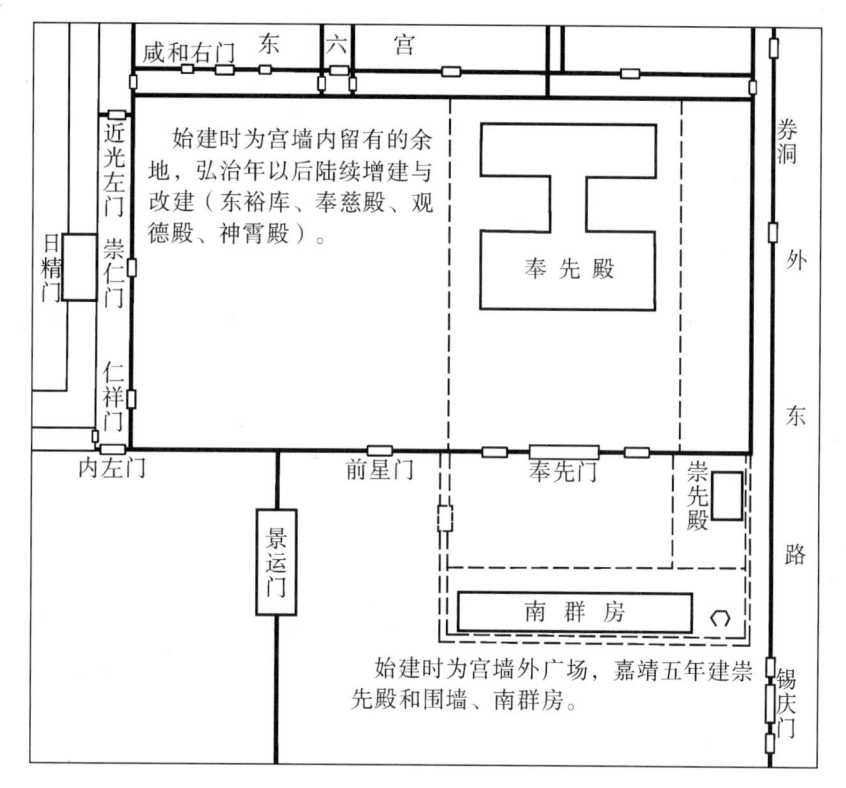

图 10-23　北京明紫禁城始建时内东路南部留有余地平面示意图
(引自《中国紫禁城学会论文集》第二辑)

所也。月华门西南岿然者，隆道阁也。"（图 10-6）[1] 清代雍正时将内廷中心从乾清宫移到养心殿以后，进行了一些改建，变化较大[2]。

---

[1] A.《日下旧闻考》（一）卷三四第 529 页引《芜史》。

B. 朱偰《明清两代宫苑建置沿革图考》（商务印书馆 1947 年初版，北京古籍出版社 1990 年再版）第 50 页："隆道阁原名皇极阁，后更道心阁。左曰仁荡门，右曰义平门，此二门原名归极、会极，嘉靖时改之。阁之下曰仁德堂，即旧精一堂，亦隆庆四年所更；前曰仁德门，万历二十四年两宫灾后，开此门出入，至神庙晚年移居乾清宫，始闭不恒开。阁之东曰忠义室，室三间，黄琉璃瓦绿琉璃龟背腰墙，其藻井梭叶皆龙凤文。阁之西南，过义平门，是慈宁宫矣。"

[2] 清雍正时在明祥宁宫旧址增建御膳房及南库，在内右门西设军机处，军机章京值房等，以养心殿的布置变化最大。养心殿工字殿，外面有精致的琉璃门，门内前殿七间（另一说五间，前面加三间抱厦），后殿五间，中间以穿廊连接。前殿明间设宝座，北墙设书格，为听政之所。左右各二间是东西暖阁，东暖阁为皇帝起居和召见亲近大臣的地方，室内装修精美。前檐有木炕，东端向西设玉座，北半部用格扇隔为二室，东为皇帝寝室；西为"随安室"，同治、光绪年间两宫皇太后垂帘听政即在此处。西暖阁是皇帝机要办公之处，窗外加防窥视、窃听的木围屏，即古代"木围"遗制。西梢间窗下隔出一小室，即著名的三希堂，装饰精雅，以乾隆帝珍藏的王羲之《快雪时晴帖》、王献之《中秋帖》和王珣《伯远帖》得名。后殿是皇后居室，东西朵殿各三间，前面东西配殿各五间，后殿内有精美的花罩和装修。见孙大章主编《中国古代建筑史》第五卷（中国建筑工业出版社 2002 年版）"清代建筑"第 51 页；《傅熹年建筑史论文集》（文物出版社 1998 年版）第 396 页。

五　外东西路宫殿

外东西路宫殿，是紫禁城主体建筑完成后陆续形成的。外东路南有慈庆宫，北有仁寿宫（图10-6）。慈庆宫在奉先殿之南，文华殿、圣济殿之北；仁寿宫在奉先殿之东，二宫东邻紫禁城东墙。[1] 慈庆宫[2]、仁寿宫[3]，在明清时期先后变化较大。

外西路为慈宁宫，位于武英殿北，西六宫之西。前已说明慈宁宫初称仁寿宫，嘉靖四年三

---

[1] 慈庆宫和仁寿宫复原图，在细部上诸家略有不同，图10-6只是其中的一种。

[2] 慈庆宫，《日下旧闻考》（一）卷三五第541页引《悫书》说："端本宫在东华门内，即端敬殿之东，前庭甚旷，长数十丈。左为东华门，右为文华门，光宗皇帝青宫时所居也。天启末，懿安张皇后移居于此，名慈庆宫。其外为徽音门。壬午（崇祯十五年）八月，懿安移入居仁寿殿（即嘉靖所建慈庆宫，下文有说），因改为端本宫，以待东宫（崇祯太子朱慈烺）大婚。宫门前三石桥，盖大内西海子之水蜿蜒从此出焉。皇太子原居大内钟粹宫，在坤宁宫之左。既渐长，当移居，上以慈庆为皇考旧居，其后勖勤宫即上旧居也，因以居东宫。奉迁懿安皇后于仁寿殿。前门徽音改前星，门内关雎左右门改为麟祥、燕翼，第二门麟趾改为重晖，第三门慈庆改为端本，纯禧左右门改为养正、体元。再入为端本宫，中设皇太子座，画屏金碧。座左右二大镜屏，高五尺余，镜方而长。左右各有连房七间，门上各堆纱画忠孝廉节故事。左七间即寝宫，内有二雕床，余皆空洞。右七间有瑚红宝座及奥室，其内有弘仁殿，规制曲折，与左不同矣。又后为穿殿，两庑翼然，有清正二轩，又后则聚宁门，今改为凝宁门。端本宫至此止矣。此后为龙圌门，又后为奉辰宫，其后有承华门。入后则左为勖勤宫，右为昭俭宫，又后为丽园门。"

据姜舜源《明清东朝东宫对紫禁城建筑的影响》（《中国紫禁城学会论文集》第一辑，紫禁城出版社1997年版）一文研究，明代诸皇子成年前居乾清宫东西五所，至12～15岁行冠礼，成年后太子移居东宫，诸王"之国"，"就藩"；太子东宫即文华殿后的青宫（后称端本宫）。正统、弘治、正德三朝太皇太后与太后两代并存，其时或东宫无太子或太子未成年，故将青宫改为太皇太后居所清宁宫。嘉靖十五年将清宁宫之后作为太后宫，定名慈庆。慈庆宫除主座外，建一号殿本恩殿、二号殿哕鸾宫、三号殿喈凤宫。天启帝死后，其皇后张氏无居所，崇祯帝又将其送到太子东宫，改称慈庆宫，前述之慈庆宫则改名仁寿宫。崇祯十五年复迁张皇后于仁寿宫，又将所其居慈庆宫改称为端本宫（参见下注）。此前，熹宗朱由校为太子时居东宫，其五子朱由检（崇祯）居勖勤宫。万历四十三年张差梃击案即发生在此处。入清后，乾隆十一年将明端本宫改建为皇子所居的"南三所"（端本门即南三所正门）。

[3] 仁寿宫，据姜舜源《明清东朝东宫对紫禁城建筑的影响》（《中国紫禁城学会论文集》第一辑，紫禁城出版社1997年版）一文研究，仁寿宫本为洪武时后寝六宫之一，永乐帝做西宫时仁寿宫为后寝六宫之首。营建紫禁城后，仍有仁寿宫，旧址在今慈宁宫本宫区（不含宫西路寿康宫和慈宁花园），嘉靖帝称仁寿宫"统于乾清宫，非母后之宫"。但是，自宣德朝权宜将仁寿宫作为太后宫之后，则延续下去，以后又使太皇太后居清宁宫（见前注）。嘉靖四年三月壬辰"夜仁寿宫灾"，嘉靖十五年诏修两宫，即前注所说慈庆、慈宁两宫，创一代典制。崇祯十五年又将前述慈庆宫改为仁寿宫。入清后，康熙二十八年重建，改为宁寿宫（清代打破明代太皇太后居外东路、太后居外西路的界限，而是一代东朝居慈宁，下一代东朝则居宁寿，依次交替）。乾隆三十七年大规模改建宁寿宫，以备晚年做太上皇宫。改建后将宁寿宫后部景福宫改为三路，中路为乐寿堂，东为畅音阁，西为宁寿宫花园（即著名的乾隆花园，长160米，宽37米），宁寿宫东西宽120米，南北长395米。原嘉靖所营慈庆宫与宁寿宫大致对应关系如下：慈庆宫即今皇极殿位置，本恩殿约在今养性殿，二号和三号殿约在今乐寿堂、颐和轩。皇极殿后的宁寿宫（原慈庆宫后殿），基本保持嘉靖规制。

月仁寿宫灾,十五年重建,十七年七月完工,改称慈宁宫。其位置和配置情况参见图10-6[1]。

除上所述,紫禁城内其他辅助设施,如宫正司及六尚局(乾清宫东六宫之东),沿紫禁城北宫墙和西宫墙内的廊下家,沿紫禁城周边地带的内监诸房、库等的位置,参见图10-6。

第六节 明北京紫禁城规划设计理念和方法及其布局艺术

明清北京紫禁城(今故宫)迄今是客观存在的实体,近百年来诸家对其进行了全方位的研究,成绩卓著。但是,其中对明清北京紫禁城的规划设计和布局艺术之研究则起步较晚,主要论述大都散见于20世纪80年代以后的有关期刊和论著之中,尚未形成较完整的成果。有鉴于此,本书拟综合诸家之言,对其略作初步整合,并结合笔者的理解和认识,归纳概述如下。

一 规划设计理念

中国古代建筑讲究创造境界(意境),境界属意识形态范畴,是凝聚于建筑实体内的精神内涵。所以建筑的境界,是借助于建筑形象与布局或命名的启迪和诱发,而形成的某种思想意境和形象思维。也就是说,这种"识中之境"是在规划设计理念的指导下,靠有关的各种规划设计手段和方法,以形成特定的规划设计模式之有序组合来实现的。就秦汉以后的宫城而言,虽然都各有自身的规划设计理念和由此形成的规划设计模式,但是在历代宫城的传承、发展和演变规律之中,如何更好更准确地表现象天立宫和风水格局,体现儒家天命观和封建礼制秩序,则是宫城不变的规划设计理念。这种理念在明代营建北京紫

---

[1] 姜舜源《明清东朝东宫对紫禁城建筑的影响》(《中国紫禁城学会论文集》第一辑,紫禁城出版社1997年版)一文介绍了慈宁宫的建置沿革:"仁寿宫旧址应相当于今慈宁宫本中区,不含慈宁宫西路寿康宫和慈宁花园","今外西路慈宁宫一区建筑,其纵横也为九宫之地(每宫格约50米见方),当时仁寿宫和大善殿也不过进深各占两宫格之地,而且如东西六宫格式,宫外侧建佛堂。嘉靖时以仁寿宫故址并撤大善殿建慈宁宫,其实在平面上,东西是给了慈宁宫一个半宫格位置即75米,南北给了二宫格位置即100米。现在慈宁宫东山外地下开方,能见到原建筑基址,应是大善殿遗址,仁寿宫应在其东侧。而今寿康宫一带所占南北三宫格地方,在永乐建西宫时还是空着的"。又说嘉靖十七年完工,慈庆宫连同花园共300米,占6个宫格,其中慈宁宫主座占3个宫格,花园占3个宫格。

朱偰《明清两代宫苑建置沿革图考》(商务印书馆1947年初版,北京古籍出版社1990年再版)说:慈宁宫"宫制诸书不详,前有园,曰慈宁宫花园,有亭,曰咸若亭,前有池,池上有亭曰临溪亭《春明梦录》"。"西六宫之西,为中正殿,英华殿,祀释道之处,曰咸安宫,亦太后辈所居。启祥宫之西,其两廧竿插云,向南建者,隆德殿也。旧名立极宝殿,亦名玄极宫(明宫史),隆庆元年,更名隆德殿,供三清上帝诸神。万历四十四年冬年被灾",天启七年修建,崇祯六年更名中正殿。"再西北曰英华殿,即隆禧殿,供西番佛像"。入清后仍名慈宁宫,慈宁宫顺治十年重建,乾隆三十四年改建。慈宁宫花园,清初就明代规划修整,乾隆三十四年改建较多。关于慈宁宫花园具体情况,参见茹竞华、郑连章《慈宁宫花园》(《紫禁城建筑研究与保护:故宫博物院建院70周年回顾》,紫禁城出版社1995年版)一文。又,入清后,乾隆五年将西四、五所改为建福宫花园,位于中正殿之北,1922年毁于火。建福宫情况参见傅连兴、白丽娟《建福宫花园遗址》(《紫禁城建筑研究与保护:故宫博物院建院70周年回顾》,紫禁城出版社1995年版)。

禁城的过程中，更发展、升华到极致。下面拟就此略作介绍。

（一）象天立宫的宇宙图式，是宫城规划设计理念的最高境界

皇帝自称"受命于天"，并被尊为天子，故自秦汉以来天子多择国之中象天立宫[1]。这种传统在明代营建北京紫禁城时，则发展到淋漓尽致。据文献记载永乐之时，"皇上受天明命"肇建北京"实当天地之中"[2]，"上应北辰以象天极"（"营此北京，象彼北极"）[3]，于是"北平易名以顺天（顺天府），旋坤轴以正乾"[4]。他们认为北极星"独居天轴"，"独为天下之枢纽"[5]，而北京则是与之对应为"地轴"[6]。"地轴"贯穿南北的中央子午线，即为明北京城和宫城的中轴线，宫城位于轴心，犹如天上的紫微大帝居住于天的中心紫微垣一样[7]，故将宫城称为紫禁城[8]。

---

[1] A.《史记》卷六《秦始皇本纪》三十五年条记载：始皇"乃营作朝宫渭南上林苑中，先作前殿……为复道，自阿房渡渭，属之咸阳，以象天极阁道绝汉抵营室也"。又《三辅黄图》记载：始皇"筑咸阳宫，因北陵营殿，端门四达，以则紫宫，象帝居。渭水贯都，以象天汉；渭桥南渡，以法牵牛"。以上"天极""阁道""营室""端门""紫宫""天汉""牵牛"均是天象星宿名称。参见后面紫禁城注释。

B. 郑孝燮《紫禁城布局规划浅探》（《中国紫禁城学会论文集》第一辑，紫禁城出版社1997年版，第25页）引《左传·昭公二十五年》：天子营"其宫室也，体象乎天，经纬乎阴阳，民之所生也"。

C.《日下旧闻考》（一）卷九第127页卷头臣等谨按云：建阙廷之制以"象辰极，抚寰区"，即"象天法地"之意。

D. 李燮平《"五门三朝"与明代宫殿规划的若干问题》（《中国紫禁城学会论文集》第二辑，紫禁城出版社2002年版）引《玉藻》云："盖天有三垣，天子象之。正朝象太微也，外朝象天市也；内朝相紫微也，自古然矣。"

[2] 明·杨荣《圣德瑞应颂》，《中国明朝档案总汇》（广西师范大学出版社2001年版）（一）。

[3] A.《日下旧闻考》（一）卷五第83页引明《治平略》。

B.《钦定古今图书集成·方舆汇编职方典》第7746页引明邓林《皇都大一统颂》："洪惟圣皇，与天合德。营此北京，象彼北极。维北有极，环拱众星。维北有京，包举八瀛。"

[4]《钦定古今图书集成·方舆汇编职方典》第7743页引明黄佐《北京赋》。

[5] 南宋·黎靖德《朱子语类》（中华书局1988年版）记载：唯北极星（天钮星），"独居天轴，四面如轮盘环绕旋转，此独为天之枢纽是也"。

[6]《钦定古今图书集成·方舆汇编职方典》第7757页引明陶望龄《帝京篇》："地轴幽燕壮，星辰北极尊。向明开帝服，面势敞天门。"

[7] 北京位于星象分野的东北方，属艮位。"天之象以北为极，地之势以东北为极"，故北京"体乎天极之尊"，上应天时，下得地势，中得人和。又《日下旧闻考》（一）卷三八第608页引陈政《正疏（统）癸亥管建纪成诗》中说：紫禁城三殿二宫"日月光三殿，乾坤辟两宫"，"帝业垂天极，人心仰建中"。表明紫禁城与天极即天轴对应，是人心仰望的地方。

[8] 在秦汉时，宫城一般称禁中，如《史记》卷六记秦二世不坐朝廷见大臣，"于是二世常居禁中"。《后汉书》卷四八《霍谞传》称宫城为"紫宫"，唐代李贤注云："天有紫微宫，是上帝之所居也"，"王者立宫，象而为之"。禁中有时亦称禁城，如南朝颜延年有诗云："凤御严清制，朝驾守禁城。""紫"与"禁"连用，最晚始自唐代。如初唐骆宾王诗中有"紫禁终难叫，朱门不易排"，晚唐白居易诗中有"朝从紫禁归，暮出青门去"。唐大明宫内朝有含光殿、宣政殿、紫宸殿，"紫宸"即紫微。

在天空中，环绕北极和比较靠近头顶天空的星象，中国古代天文学将其定名为紫微、太微、天市三垣[1]。明代营建北京宫城，将其九门（正阳门、大明门、承天门、端门、午门、奉天门、乾清门、玄武门、北安门）比之于天之九重和九门[2]，将宫城比拟于三垣。如内廷乾清宫、坤宁宫取《易》乾坤之文，乾之象为天，坤之象为地，故乾清宫与坤宁宫法象天地为紫微正中（乾隆《重华宫记》说"宫殿之制，乾清、坤宁为紫微正中"），符合紫微垣"天子之常居也，主命主度也"。又乾清宫东门称日精门，西门称月华门，后两宫左右东西六宫象征十二星辰。后来在两宫之间增建交泰殿，使之与东西六宫合于紫微垣十五星之数。而东西六宫与其后的乾东、西五所[3]，又合于天干地支之数。这样内廷如同以天、地、日、月为中心，左右则众星拱卫[4]。另外，以外朝象征太微垣（太微垣"天子之正朝也，帝听政则居焉"），三大殿象征太微垣"明堂三星"（天子布政之宫）[5]，三大殿下之三层台基象征太微垣下的"三台"星。以太微垣南藩二星间的端门，东藩二星间的东华门，左执法之东的左掖门，右执法之西的右掖门，分别命名紫禁城的端门、东华门和左右掖门。承天门、奉天门之命名均系于天，进午门后在奉天门前有内金水河和内金水桥，将其比作银汉[6]。又三大殿以奉天殿（奉天承运）为首，中轴线从殿内宝座中心穿过，以比帝星。华盖殿亦源于星名，《晋书》卷一一《天文上》说："大帝上九星曰华盖，所以覆蔽大帝之座也。"此外，以宫城之北比作天市垣，紫禁城神武门外设后市，明朝每月逢四开市，听商贸易，称"内市"。除上所述，后文还将介绍紫禁城又处于以四象

---

[1] 三垣是环绕着北极和比较靠近头顶天空的星象，分紫微、太微、天市三区，又称三垣。

紫微垣，又称中宫、紫垣、紫宫。《晋书》卷一一《天文上》："北极五星、钩陈六星，皆在紫宫中"，"紫微垣十五星，其西藩七、东藩八，在北斗北。一曰紫微，大帝之座也，天子之常居也，主命主度也"。紫微宫是皇宫的意思。

太微垣，《晋书》卷一一《天文上》记载："太微，天子庭也，五帝之座也，十二诸侯府也，其外蕃九卿也。"

《钦定古今图书集成·历象汇编第55卷》引张衡《灵宪》云："紫宫为皇极之居，太微为五帝之廷。"同书《历象汇编第44卷》引《管窥辑要》云：地上宫殿效法天上的三垣。"盖中垣紫微，天子之大内也，帝常居焉。上垣太微，天子之正朝也，帝听政则居焉。下垣天市，天子畿内之市也，每一岁帝一临焉，凡建国，中为王宫，前朝而后市，盖取诸三垣也。"

[2] 古人认为天有九重，有九门。《山海经·海内西经》《文渊阁四库全书·子部348》（台湾商务印书馆影印1986年版）云："海内昆仑之虚，在西北，帝之下都。昆仑之虚方八百里，高万仞，上有木禾，长五寻，以玉为槛，面有九门。"屈原《天问》："圜则九重，孰营度之。"杨荣《皇都大一统赋》："尔乃九门洞开，三殿攸建。"

[3] 王子林《紫禁城风水》（紫禁城出版社2005年版）第212、265页说："永乐时为乾东、西七所象征北方七宿，即玄武星象。永乐之后改为五所。"

[4] 亢亮、亢羽《风水与城市》（百花文艺出版社2001年版）第38页："乾清门至丹阶间，两侧盘龙六个列柱，象征天上河神星至紫微宫之间的阁道六星。"

[5] 王子林《紫禁城风水》（紫禁城出版社2005年版）第117页：前朝三殿取象于太微垣的"明堂三星"，明堂三星为天子布政之宫。

[6] 王三聘《古今事物考》（《国学基本丛书》，商务印书馆）："帝王阙置金水河，表天河银汉之意，自周有之。"

为代表的二十八宿的围合之中。这样，上述诸种情况相结合，则使紫禁城宛若天宫。

总之，紫禁城的外朝和内廷的布局，以命名和象征性的手法，按"体象乎天"，"方位在天"，"象天法地"，"象天立宫"而配置，精心安排了中轴线上核心主体建筑的架构，形成了"象天立宫"的宇宙图式。同时又使紫禁城中轴线与天轴、地轴合一，并在紫禁城中轴线上布置五门取象于人[1]。从而使紫禁城体现了天、地、人三才齐备，实现了"天人合一"，突出了皇权和神权合一，君权神授，达到了"皇权至上""唯我独尊"的最高境界。[2]

（二）礼制是宫城规划设计理念的核心和基石

宫城是国家政权和皇权的象征，是国家的权力中心。所以必须采取规划设计手段，使宫城的建筑和布局最充分、最集中地体现出封建社会的礼制秩序，以达到最大限度地突出皇帝至高无上绝对权威的目的。历代宫城均按当时的情况为此而尽心竭力，到了明代的紫禁城则发展到最高峰。

"礼序也"，"礼别异，卑尊有分，上下有等，谓之礼"。风水理论则将宅居宫室视为"礼之具也"，具体而微地将社会居住秩序的礼制伦常观念同建筑实践结合起来，使之有浓郁的礼制伦理色彩[3]。其中特别是宫室，由于"礼"乃是"国之干也"，"国之纪也"[4]，故明北京紫禁城将封建社会的礼序（礼制秩序以下简称礼序）思想作为规划设计理念的核心和基石，以统率其规划设计。在此基础上，以各类建筑的不同形象并结合象征的手法，使紫禁城的建筑和布局反映出封建社会的天命观和等级森严的贵贱尊卑之分，从而营造出皇权至上的最高境界。关于天命观，最主要的是体现于前述的象天立宫方面。以"方位在天"，表现"君权神授""天人合一"，影射皇帝乃是"受命于天"的天子，使之成为礼序的最高体现。但是，作为人间君主居住的宫城，仅止于此显然不行，还必须将"方位在天"与"礼序从人"紧密结合起来，在两者相辅相成的基础上，以"礼序从人"为核心规划设计紫禁城有关部位的具体安排。只有这样才能使紫禁城最完整、最有效、最大限度形象化地显示出皇帝"君临天下"的威严。为此，紫禁城的规划设计颇费匠心，因而其礼序效果在历代宫城中独占鳌头。

所谓礼制秩序，主要是指自周代以来形成的君权至上，以皇帝为中心的"大一统论"，"三纲五常"，区分尊卑贵贱的森严等第制度等，其表现于紫禁城，主要是以礼序思想统率规划设计，使各个建筑（包括建筑群和其中的单体建筑）和空间形成不同的等差，在按功能和需要有机组合的过程中，又使之形成所需的主从、衬托和拱卫等关系，借此营造出各种必需的氛围，从而创造出以天子为尊的礼序境界，关于这些问题，大都寓于前面的具体介绍之中，下面仅以最具典型的中轴线上的配置情况，简略指出以下三点。

---

[1] 亢亮、亢羽《风水与城市》（百花文艺出版社 1999 年版）第 38 页。
[2] 象天立宫的规划设计理念，目前研究尚不够充分和具体，诸家所言也不尽相同，故本书仅略作介绍，以供读者参考。
[3] 王其亨等《风水理论研究》，天津大学出版社 2005 年版，第 12 页。
[4] 《国语·晋语》，商务印书馆 1958 年版。

第一，继承传统，完备紫禁城建筑布局的礼制体系。明北京紫禁城继承《周礼》以来的宫城礼仪传统。在承天门内中轴线两侧配置左祖右社，在中轴线上沿纵深方向配置五门三朝，前朝后寝，内廷两侧配置东西六宫。这是中国古代最接近《周礼》《礼纪》《仪礼》所记的宫城礼仪制度的布局，同时又与象天立宫相结合，稽古创制，有新的发展，具有时代特征，使紫禁城成为中国古代宫城礼仪制度最为完备者[1]。

第二，根据礼制需要，从大明门至外朝间的规划重在突出皇权和相关的礼制，并划分出不同的礼制界限。比如，大明门是皇城前门，非最高祀典，纳后和发引等吉丧大礼不开

---

[1] A. 五门三朝，据《周礼》《礼记》《仪礼》《左传》等记载，周天子的宫室为"五门三朝"。即皋门，此处为外朝，明紫禁城承天门相当于皋门和外朝。库门，明皇城端门相当于库门；左祖右社之庙街门和社街门在端门外，与在库门外者同。雉门，明紫禁城午门当之，为宫城正门。奉天门制同应门，门内为治朝，乾清门制若路门，路门内为内朝或称寝朝，但明紫禁城无内朝。上述情况表明，明紫禁城五门大致与古制合，而三朝与古制略异。

B. 前朝后寝，左祖右社，亦源于《周礼》，但明紫禁城左祖右社为历代配置最规范，最符合《周礼》的布局。

C. 明紫禁城无内朝（寝朝、燕朝），但《陈祥道礼书》云："路门之内，燕朝也，大仆正其位，掌摈相，而族人朝焉"，其武英殿"行家人礼"则与"族人朝焉"若合，《玉藻》云："而朝独缺，然非缺也，华盖、谨身、武英等殿岂非内朝之遗制乎"，"常朝之外，即文华、武英，仿古内朝之意"。《殿阁词林记》著述《朝参》云："圣祖时御华盖、谨身、武英等殿筵宴、奏事，则内朝也。""臣愚谓，欲于常朝之外，于便殿之侧仿古内朝之法……"上述情况表明，明紫禁城虽未设内朝，但以华盖、谨身、武英等殿仿古内朝之法，则是明紫禁城与时俱进的变通、变化和发展。

以上为李燮平《"五门三朝"与明代宫殿规划的若干问题》(《中国紫禁城学会论文集》第二辑，紫禁城出版社2002年版）中的论述。

D. 东西六宫，周苏琴《试析紫禁城东西六宫的平面布局》(《紫禁城建筑研究与保护：故宫博物院建院70周年回顾》，紫禁城出版社1995年版）认为：明东西六宫既遵礼制又有变化。文中引《周礼·天官·宫人》："掌王之六寝之修"，《内宰》云"以阴礼教六宫"，郑玄释曰："六寝者，路寝一，小寝五。"路寝以治事，小寝以时燕息，"六宫，谓后也，妇人称寝曰宫，宫隐蔽之言，后象王立六宫而居之，亦正寝一，燕寝五"。由此可知，六寝是作为皇帝处理日常政务和生活之处。六宫则是由皇后掌管，为后妃常居之所，无论六寝还是六宫均有一与五之别，皆有一座是作为主体建筑存的。明初遵循礼制，采取六宫六寝之制，在规划中严格区分一与五之别，把作为主体建筑的寝宫从六宫六寝中分出来，沿中轴线纵向排列在三大殿之后，为内廷之中心，这样既符合"王者必居其中"的思想，又突出了帝后所居之处在内廷中的重要地位。由此可知，乾清宫为《周礼》王居之路寝，坤宁宫则为后掌之正寝。虽然如此，但礼制不能违背，所以在分立的同时仍将六寝六宫的形式完整保留下来，只是未在中轴线上排列，而是居于两侧。在完整保留六寝六宫形式时，又在寝、宫各改一宫的规制与其他五宫不同，以在小范围内仍保持路寝一，小寝五；正寝一，燕寝五的形制。文中又说，明代以乾清、坤宁二宫为后宫正位，保留了《周礼》的轴线定位，二宫已成正位，故六寝六宫从形式上就不存在正位之说了。所以采用传统的布局方式，形成东西六宫的布局。其中六寝已改变了含义，不再是皇帝日常生活的场所，而成为后妃们的居住之地。按，据上所述，明紫禁城东西六宫乃是由《周礼》六寝六宫发展变化而来，并形成新的布局形式。总之，明北京紫禁城外朝内廷、左祖右社、东西六宫的布局，明显是继承传统，稽古创制，而形成新的最完备的宫城礼仪制度。

启，仅具礼制地位和意义。承天门是皇城正门，是发布政令、举行庆典和颁诏仪的外朝之所，是皇权的象征，所以承天门不仅高大，而且其面阔和进深之比体现"九五"之尊（参见后文），彩绘采用金龙和玺图案，五个门洞有御门、王门、品级门之别，等差严格。承天门前的外金水桥，亦有御桥、王桥和品级桥之别，其中御桥桥身最长，用雕龙望柱，王桥和品级桥桥身依次递减，使用"二十四气"望柱。御桥栏板跨河九块，两岸各出五块，恰为"九五"之数。金水桥前后，南北四只蹲狮正当"三门"和"三桥"两侧之外，突出了居中门禁的崇高地位，充分体现出其与承天门间的礼制关系。而左右王桥外侧望柱高于里侧望柱，并与华表、石狮位置，当中三门、三桥相对应，严格区别外侧两门和两桥的等级划分，共同组成了一条特殊的制度线。这条制度线还同时与大明门的三阙、两狮以及午门的正中三门形成统一的制度等级。上述情况表明，承天门和外金水桥的设置，不仅继承了前代宫城的传统规划，而且门与桥的礼制关系也是历史上最强的。此外，由于承天门是外朝重地，其前面"T"字形宫廷广场的设置，同样也具有鲜明的政治特征和礼制意义。

承天门后的端门相当于古代的库门，是宫城的前门，为宫城与外禁垣的分界线，庙街门和社街门在端门之南，符合古制。端门后的午门是宫城正门，地位崇高，采用庑殿顶，翼以两观，城台上的门楼，面阔、进深之比为"九五"之制，门洞明三暗五，中间三门，正中御门，两侧王门；两掖门在观与墩台夹角处，供官员入朝和出宫行走，门钉较中央三门各少一路，等差严格。由于午门只是宫城正门和朝臣"待漏"之所，故午门、午门广场与承天门及其广场不同。入午门在午门与奉天门之间为外朝前庭，中间偏南为形如弓的内金水河与桥（同样分为御桥、王桥、品级桥）。以内金水河与桥为界，将外朝前庭分为南北两个广场。奉天门是紫禁城内规模最大、最雄伟、规格最高的宫门，为"御门听政""常朝御门"之所，故又称大朝门，常朝典礼则在内金水桥北广场举行。午朝和晚朝的地点，在内金水桥南广场左顺门或右顺门举行。所以内金水河与桥乃是划分常朝与午朝、晚朝区域的界河，由于有事须横穿广场者必须绕道桥南广场，故内金水河与桥也是捭划内外、严肃礼制的分界。内金水河自武英殿前流经奉天门前广场河道变宽，使用汉白玉栏板，穿过广场后河道变窄且不使用汉白玉栏板，上述情况与内金水河在奉天门前的礼制作用是密不可分的[1]。

第三，外朝和内廷的主体建筑群，在等第次低的文华殿、武英殿和东西六宫的强烈衬托下，形成很大的等差。因而外朝和内廷的主体建筑在紫禁城内形成非常突出的中脊，地位之高无与伦比。又以后两宫长宽为模数，使外朝面积为后两宫的四倍，充分体现出"化家为国"（后两宫是家族皇权的象征）的家天下思想和皇权至大的地位。而以后两宫为模数规划其他相关建筑群，又体现出紫禁城中皇权的统属关系和化生关系[2]。进而采用数

---

[1] 李燮平《"五门三朝"与明代宫殿规划的若干问题》，《中国紫禁城学会论文集》第二辑，紫禁城出版社2002年版。
[2] 傅熹年《中国古代城市规划、建筑群布局及建筑设计方法研究》上册，中国建筑工业出版社2001年版，第17、19、24页。

学比例，以象征性手法使三殿两宫和相关建筑群在体量和空间上形成所需的等差和比例关系。比如，中轴线上的午门正楼、奉天殿、乾清宫均为九五之尊的大殿。在外朝宫院长宽与三台的比例上，连续使用了两个9∶5；后两宫宫院长宽之比，其与台基之比均为9∶5（以上后文有说）。显然，外朝和内廷是在刻意突出天子九五之尊的至高无上的地位。至于三大殿建筑群，由于三大殿是紫禁城的核心，是皇权和国家的象征，因而成为紫禁城内最精心规划设计之区。外朝三大殿以奉天殿为首，这座"以高为贵""以大为贵"（《礼记》）的九五之尊的大殿，全部采用最高等级的工程做法、最高等级的装修和装饰，是我国现存最高大的木构建筑。在三大殿宫院内共有26座建筑（符合《礼记》"以多为贵"之说），分九个等级，是紫禁城诸建筑群中规模最大、建筑最多、等级最多的。26座建筑九个等级[1]，形成了完整的主从、衬托、拱卫的关系序列，将天子之堂烘托到至高无上的地步，使三台承托的三大殿及其宫院本身就形成了一个以天子为尊的礼序境界。

除上所述，紫禁城内表现礼序的手法还有很多种。比如，每座宫院的主体建筑一般都布置在院落地盘的几何中心，以强调主从关系，突出主体建筑的重要性[2]。在各建筑和建筑群及空间上，以建筑大小高低（在体量上位于中轴线上的大、两旁小，各院落内正殿大、配殿小），建筑的不同面阔和进深，不同屋顶和吻兽，不同的彩画和装修，建筑群的各种不同的组合形式，利用不同建筑和建筑群间的衬托和对比关系；以及门（门贯穿于整体序列之中，起着空间限定、转换上渗透作用，门的形制包括门钉数量也是体现等差的标志）和墙等的不同形制和结构；左辅右弼对称部位的不同配置方法等，来明确等差，区分主从和尊卑。此外，在尊祖孝亲（如奉先殿、慈宁宫、慈庆宫的配置情况）、夫妇之位（如内廷和东西六宫）、长幼之序（如文华殿和乾、东西五所）等方面，也均按礼序配置有定[3]。凡此种种情况，都是将礼制规范寓于建筑的规划设计之中，采用建筑语言和象征手法构成与寓意相关的建筑形式和空间，将礼序与紫禁城建筑的形制布局融为一体，使人自然意会到其中的礼序内涵，从而达到其预期之目的。

（三）风水格局是宫城规划设计理念的重要构成要素

风水又称堪舆（东汉许慎云，"堪天道；舆地道"，即天地之道），是古代堪天舆地而特别关注人—建筑—环境的一种实用的学问（去掉其中的迷信成分）。中国传统哲学的"道"（规律）、"气"、阴阳、五行、八卦等，共同构成了风水的理论体系，并贯穿于风水的实践之中。凡此，均成为明北京紫禁城规划设计理念的重要构成要素。下面拟择要略作介绍[4]。

1. 枕山襟水，负阴抱阳

一般认为万岁山压在元代延春阁之上，是镇元之镇山；金水河从西入紫禁城，西方属

---

[1] 参见前面外朝三大殿庭院的形制和配置的注释。
[2] 傅熹年《中国古代城市规划、建筑群布局及建筑设计方法研究》上册，中国建筑工业出版社2001年版，第19、24页。
[3] 参见前面正文的有关论述。
[4] 王子林《紫禁城风水》（紫禁城出版社2005年版）第四章"枕山襟水，负阴抱阳"的论述。

金，故称金水河，表天河银汉之意[1]。其实万岁山和金水河亦重在风水（风水的外在表现是山水，本质是气），古人认为将宅、村和城镇建于负阴抱阳、背山面水之中是风水的基本原则和基本格局，所以明代紫禁城才人工堆垒万岁山，人工开凿金水河。

风水认为山凝结宇宙之元气，所以建城必靠山，故在紫禁城之北堆垒万岁山。这样万岁山既禀赋宇宙之生气，又与明代龙脉天寿山相呼应，不仅可引龙脉入宫，而且还可使万岁山与天上的元气相通（天寿山与昆仑山相通，昆仑山又与天上元气相通[2]，所以万岁山则与天上元气相通），使宇宙之生气贯注于紫禁城，所以将万岁山视为承担国家命运的起运之龙脉和镇山。明北京城仿明中都万岁山，人工堆垒万岁山，同样都是为了"国都启运"，"绵国祚于万世"（《中都志》）。此外，万岁山为紫禁城北部的主山（风水又称来龙或镇山）和屏障，又有阻挡北风，坚固背气（古人云"北风穿堂、家被人亡"，故玄武门正北必建山以为屏障）等不可替代的重要风水作用。从万岁山的形状来看，也符合风水"玄武垂头"以受纳和护佑紫禁城的原则（明代万岁山上无建筑）。

"风水之法，得水为上"，水由气而生，是气之载体，气之来必借水而导之，气之止必有水以界之。"水随山而行，山界水而止"，"水无山则气散而不附，山无水则气塞而不理"[3]，山与水必相辅相成，缺一不可，故紫禁城开凿内金水河除实用价值外，也有风水意义。内金水河从紫禁城西北入宫，西北为八卦之乾位即亥位，为天门。气原为宇宙之本，存在于天上，水从西北天门引入，即将天上的生气引入紫禁城。其次，内金水河源自积水潭，积水潭之水又源自天寿山瓮山泊诸水，所以内金水河乃与天寿山地脉相连。内金水河西北入、东南出，东南为八卦之巽位即地户，西北为天为阳，东南为地为阴，是内金水河暗含阴阳相交之意。又从紫禁城望内金水河，既不见源流也不见去处，成为典型的风水闭气法[4]，使从天门引入之生气永留大内之中。此外，内金水河在奉天门前形如弓，呈"金城环抱"之势，外金水河横流于承天门前，形成风水学中的大吉大利的"冠带水"和"眠弓水"。

古人云"天地初间只是阴阳之气"[5]，"万物负阴而抱阳，冲气以为和"[6]。万岁山属阴为阴气，静止不动，阴气凝结；金水河属阳为阳气，河水流动，阳气充沛。由此万岁山和金水河构成了紫禁城的气局，山归成龙，水归成穴[7]，元气停驻于二者之中，形成了

---

[1] 外金水河为元代金水河一段故道，故道上有牛郎桥和织女桥，仿天上牛郎、织女二星，将金水河比作银河。
[2] 《钦定古今图书集成·方舆汇编·山川典第1卷》所收《河图纬·括地象》："昆仑山为柱，气上通天。"
[3] 《钦定古今图书集成·博物汇编第658卷》所收《管氏地理指蒙·头陀纳子论》。
[4] 王子林《紫禁城风水》（紫禁城出版社2005年版）第141页引《入地眼图说·水口》卷七："凡水来处谓之天门，若不见源流谓之天门开，水去处谓之地户，不见水去谓之地户闭。"
[5] 《朱子语类》。
[6] 任继愈《老子新译》（上海古籍出版社1985年版）第152页。
[7] 《四库术数类丛书（六）》（上海古籍出版社1991年版）所收南唐·何涛《灵城精义》"山归成龙，水归成穴，正以堂之聚处为水所归耳"。

"来山凝结，其气积而不散，止水融会，其情聚而不流"的局势，这就是风水上的所谓"负阴抱阳"，"阴阳交济，山水冲和"的境地。紫禁城就建在这种枕山襟水的完美的格局之中。

2. "穴位"、四象和中轴线

"穴位"是城镇和帝陵规划的基点，是风水中的核心问题，与其相关的说法甚多，在此姑且不论。就明北京紫禁城的"穴位"而言，目前尚无定论，有的研究者认为"穴位"在交泰殿[1]，但学术界普遍认为交泰殿在永乐时是不存在的，所以在永乐规划紫禁城之初就确定交泰殿为"穴位"难以成立。我们认为紫禁城的"穴位"似在乾清宫，按照风水说"夫山止气聚，名之曰穴"，"穴者，山水相交，阴阳融凝，情之所钟处也"。即"穴位"应距万岁山尽端不远，且在"阴阳融凝"之处。乾清宫出自乾卦（图10-24），《易传·彖传》云："大哉乾元，万物资始。乃统天"；坤宁宫出自坤卦（图10-25），《易传·彖传》云："至哉坤元，万物资生，乃顺承天。""地势坤，君子以厚德载物"（《易传·象传》），"乾，天也，故称为父；坤，地也，故称为母"（《易传·说卦传》）。乾为天为阳，坤为地为阴，故内廷在天地交通、阴阳交会之处，同时又正位于万岁山"山止气聚"之地，所以紫禁城的"穴位"必在内廷。而乾清宫则处于内廷院落的几何中心（详见后文。穴，一般居中处正），

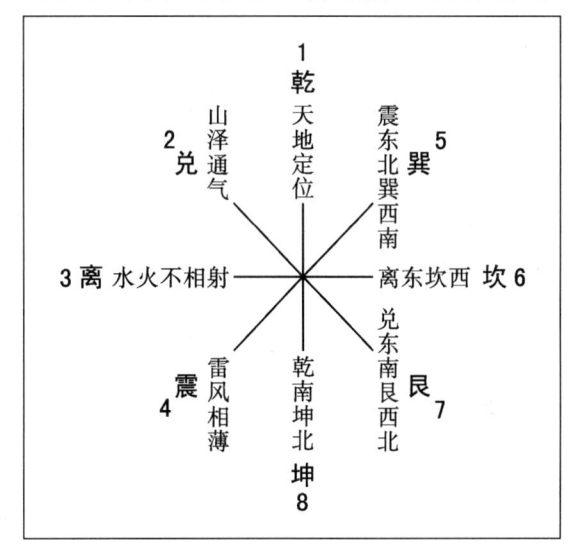

图10-24　先天八卦方位图
（引自王子林《紫禁城风水》，略有改动）

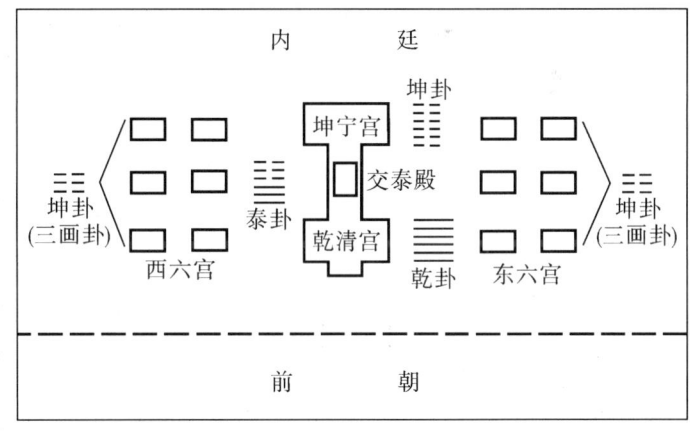

图10-25　明清北京紫禁城内廷后三宫和东西六宫八卦图
（引自王子林《紫禁城风水》，略有改动）

---

[1] 王子林《紫禁城风水》（紫禁城出版社2005年版）第78～93页论证了交泰殿是穴位所在。其重要理由：一是乾清宫、坤宁宫合起来就是一个泰卦（"天地交泰"），二是阴阳交会之地，交泰殿隐含"交媾"之意（认为交泰殿是皇帝、皇后交媾之所）。同书第72页说："穴，为女性生殖器的象征。"第75页又说："为阴阳交媾之所，方可受穴。"第82页说："交泰殿名称始出现于嘉靖十四年，随后据明南京省躬殿推论永乐时不可能不于乾清、坤宁二宫之间不建退朝燕息之殿的。"但最后又说：若永乐时确有此殿的话，"这将是我国建筑史上的一个奇迹"。按，学术界普遍认为永乐时未建交泰殿。

是内廷正殿（一般以朝殿为正穴[1]），为皇帝寝宫（明清帝陵地宫穴位在皇帝棺椁之下），以乾清宫为首的内廷院落之长宽又是规划外朝三殿等主要建筑群的模数（详见后文），且后依玄武（玄武门），前对朱雀（午门），故乾清宫应为紫禁城的穴位。

前述的万岁山，按其方位风水又称玄武，其南即紫禁城玄武门，南面的午门，称凤门，可比作风水中的朱雀（唐长安宫城南门称朱雀门）。外朝西侧的武英殿，明代又称白虎殿，可比作风水中的白虎。外朝东侧的文华殿在东方，属青（参见后文），其西与白虎殿对称，故可将它比作风水中的青龙。上述之北玄武、南朱雀、东青龙、西白虎，即为四象[2]。四象象征四方，其又代表二十八宿[3]，它与"三垣"相结合，是隋唐以后划分天区的标准。紫禁城在四象围合之中，不仅处于四方之中，而且也显示在天垣之中，因而成为风水格局和象天立宫的重要表现形式之一。

中轴线是紫禁城规划设计的基准。按照风水理论，万岁山的来向与乾清宫穴位间的连线，即是紫禁城的方向。循此方向从内廷院落几何中心点向北连接玄武门和万岁山中心点，向南通过外朝三殿院落几何中心点和午门中心点的连线，就是紫禁城的中轴线。前已说明这条中轴线乃是与天轴对应的地轴，所以中轴线是按照象天立宫和风水理论来确定的，但是应当指出，这条中轴线的确立，同时又是对紫禁城的四至、五门、外朝三殿、内廷两宫和万岁山的位置及其与中轴线的关系，在事先规划设计、精准测量的基础上才能实现的。

综上所述，万岁山、内金水河、穴位、四象和中轴线共同构成了明北京紫禁城的基本风水格局，从而成为紫禁城主体架构的重要组成部分之一。

3. 阴阳

阴阳是传统哲学最核心的范畴之一，用来探求世界本原及其变化机理，认为阴阳是宇宙的根本规律和最高原则，形成了中国古代较完整、系统的世界观。风水理论吸收其哲学理论思维，将其科学和美学成分作为建筑的规划理念之一，具体而微地贯彻于建筑选址、规划设计和营造之中。以显现一种阴阳和合、意象深永的"宇宙图案"性质之美，达到很高的艺术境界。与此同时，又结合"天人感应"说，并将其比附社会现象，引申为上下、君臣、君民、夫妻、贵贱、尊卑关系，等等。

《黄帝宅经》说："夫宅者，乃阴阳之枢纽，人伦之轨模。"从紫禁城来看，除前述以万岁山（阴）和内金水河（阳）作为阴阳二气的象征之外，总体而言，紫禁城基本坐落于"阴阳冲和"的环境之中。首先，在紫禁城有两条阴阳分界线，一条是南北向的中轴线，中轴线之东属阳，主春、生、文、仁，故设文楼（清改称体仁阁）、文华殿、万春亭、仁祥门（内城有崇文门）等建筑。中轴线之西属阴，主秋、收、武、义，故设武楼（清改称

---

[1] 王其亨等《风水理论研究》，天津大学出版社2005年版，第74页。
[2] 在紫禁城御花园中又立"四神祠"，奉祀青龙、白虎、朱雀、玄武四象。
[3] 二十八宿，即东方苍龙七宿：角、亢、氐、房、心、尾、箕。北方玄武七宿：斗、牛、女、虚、危、室、壁。西方白虎七宿：奎、娄、胃、昴、毕、觜、参。南方朱雀七宿：井、鬼、柳、星、张、翼、轸。

弘义阁)、武英殿、千秋亭、遵义门（内城设宣武门）等建筑。在承天门外的"T"字形宫廷广场的中央衙署，亦以中轴线为界，轴线之东设吏、户、礼、兵部及翰林院等，主文属阳。轴线之西设中、左、右、前、后五军都督府、刑部、太常寺、锦衣卫等，主武属阴。另一条分界线是隆宗门和景运门间的横向广场，以此为界分为外朝和内廷（前朝、后寝）。外朝在这条分界线之南，是皇帝朝政之区，属阳。故外朝布局疏朗，在居中的奉天殿两侧有文楼、文华殿与武楼、武英殿左辅右弼，充溢阳刚之气，充分显示出皇权的神圣与至高无上。在偶阴奇阳的数理上，外朝用奇数，所以外朝无论纵向或横向均用奇数三，纵向为奉天、华盖、谨身三大殿，三大殿位于三重须弥座之上（三台）；横向为武英、奉天、文华三殿。奉天殿前设五道门阙，午门又称五凤楼，五也是外朝喜用的奇数。又，九是十进制奇数中最高的阳数（阳爻），五是奇数中的中央数字，以这两个数字（面阔九间、进深五间）组合的大殿，为帝王之位，称"九五之尊"（据《易·乾》九五，飞龙在天），外朝正殿即为"九五之尊"的大殿。至于外朝其他各殿的面阔和进深，外朝的踏跺数、台基、坎墙的砖皮层数也用奇数。内廷在隆景分界线之北，属阴，用偶数。内廷建筑布局与外朝相比，较为严谨，内檐装修纤巧精美，富有生活气息，内廷左右各用六宫五所（共十二宫十所）象征星辰拱卫。东西各五所，五为奇数，是阴中求阳，东西共十所仍为偶数。内廷中的坎墙、台明、山墙、檐墙和宫墙下肩，踏跺的级数多用偶数。此外，在阴阳学说中，还有阳中之阳、阳中之阴、阴中之阳和阴中之阴。午门和奉天殿为阳中之阳，乾清宫和各宫室前殿为阴中之阳，前述乾东西五所亦为阴中之阳。阳中之阳和阴中之阳虽有共同点（如乾清宫重檐庑殿顶，殿前御路、丹墀上设日晷、嘉量、室内天花藻井等与奉天殿基本相同），但又有区别。如乾清宫前半部台基为须弥座和白石勾栏，北部则为青砖台基，台基不用勾栏而用琉璃灯笼砖。一座大殿前后使用前述两种不同装饰，形成"阴阳合德"的和合形式，为阴中之阳的艺术处理方法之一。

总之，上述情况表明，中轴线与隆景线相交，形成了东西与南北阴阳两极格局，中轴线和隆景线则构成了紫禁城的阴阳坐标[1]。紫禁城阴阳的种种表现与前述之礼序相结合，更能体察出"宅者，阴阳之枢纽，人伦之轨模"的含义。

4. 五行

五行也是传统哲学最重要的范畴之一，认为阴阳二气从元气中分出，阳气形成天，阴气形成地，阴阳相交生五行。即阴阳是气，五行是质，阴阳二气表现为金木水火土五大元素，并将金木水火土视为万物构成的基本物质元素[2]。进而又从这五种物质的不同特性

---

[1] A. 王子林《紫禁城风水》，紫禁城出版社2005年版，第147～150页。
    B. 于倬云《中国宫殿建筑论文集》，紫禁城出版社2002年版，第35页。

[2] A. 董仲舒《春秋繁露》（中华书局1975年版）："天地之气，合而为一，分为阴阳，判为四时，列为五行。"
    B. 明·刘宗周《圣学宗要》（清道光刻本《刘子全书》卷五）："太极之妙，生生不息而已矣。生阳生阴，而生水、火、木、金、土，而生万物，皆一气自然之变化。"
    C.《朱子语类》："阴阳是气，五行是质。有这质，所以做得物事出来，五行虽是质，他又有五行之气做这物方碍。然却是阴阳二气截做这五个，不是阴阳外别有五行。"

抽象归纳出一切事物的分类方法，以及事物间的相互联系和变化，形成了与阴阳说相辅相成的五行说。五行说的基本原理是"相胜"和"相生"，即相生相克关系。概言之，这种关系为木生火、火生土、土生金、金生水、水生木；金克木、木克土、土克水、水克火、火克金。木居左（东），主春，神青龙，色青；金居右（西），主秋，神白虎，色白；火居前（南），主夏，神朱雀，色火红；水居后（北），主冬，神玄武，色水黑；土居中央，主春夏秋冬四季，色土黄。风水理论认为，紫禁城的东、南、西、北、中五个方位即由上述五大元素构成，并由建筑名称、色调和河水等予以暗示。

在紫禁城北方有玄武门，在紫禁城北建钦安殿奉祀玄武大帝。北方属水，色黑，故玄武门内的东大房和西大房房顶为黑色，钦安殿前垣门名"天一门"（"天一生水，地六成之"），钦安殿北面正中栏板用水波纹（其余栏板用穿花雕饰）。紫禁城南方建午门，又称凤门，即朱雀。南方属火，色红，故午门高大，以红色为主，午门内之内金水桥雕火焰望柱。西方属金，从秋，生化过程为收（煞），故将武英殿（主武）设在西华门内，太后慈宁宫（主收）置于西侧；金能生水，以内金水河为代表。东方属木，从春，色青（即蓝色或绿色），生化过程为生，主文，所以将太子读书的文华殿等设在东华门内，屋顶用绿琉璃瓦。中央属土，色黄，故将外朝内廷的台基设计呈"土"字形，屋顶用黄琉璃瓦。

依五行相生关系，北方属水，水生木，因而在乾坤二宫之北配置以木为主的宫后苑。火生土，生化过程属长，色赤，为此大面积地将墙壁、油饰做成赤色，以便紫禁城中央的"土"循环生化。依五行相克关系，木克土[1]，外朝中轴线上遂少用绿色油饰，也不种树（防木克中央土）。此外，文渊阁用黑瓦、黑墙，黑为水，可克火，利于藏书。文渊阁上层通间为一大间，下层分隔为六间，则体现"天一生水，地六成之"的《易经》思想[2]。

总之，紫禁城北水南火，东木西金，土中，并各如方色，使紫禁城呈现出天地之位。

5. 八卦

先天八卦（即对《周易》八卦系统及生成数理推演的成果，又称伏羲八卦。"文王八卦"称"后天八卦"）建立在阴阳观念基础上，亦被纳入风水范畴，同样成为紫禁城的规划设计理念之一（图10-24）。

（1）阴阳坐标卦象

前已介绍中轴线和隆景线相交，形成紫禁城的阴阳坐标。古人认为天为阳、地为阴；日为阳、月为阴，火为阳、水为阴；东、南为阳，西、北为阴；春、夏为阳，秋、冬为阴。从先天八卦的阴阳卦爻排列来看，八个初爻左边为阳爻，右边为阴爻（从震卦左行至乾，阳爻从少到多；从巽卦右行至坤卦，阳爻逐渐减少，阴爻逐渐增多），这是一个左阳

---

[1] 王子林《紫禁城风水》（紫禁城出版社2005年版）第9页：东方属木，木克中央土，东方不能开门。但据天干方位与正五行方位系统相配合原则，东言甲乙木，甲木属阳，木为森林之木，乙木属阴，木为花草之木，甲木克土，乙木不克土。又据河图象数法则，三八东方木，即"天三生木，地八成之"，"东方木"相应的"地数"或"阴数"正好是八，所以东华门门钉为八路，每路九钉共72钉，为偶数，偶数属阴，以象阴木，阴木不克土，解决了在东方开门的问题。

[2] A. 王子林《紫禁城风水》，紫禁城出版社2005年版，第154～160页。
B. 于倬云《中国宫殿建筑论文集》，紫禁城出版社2002年版，第5～7页。

右阴、春秋交替的过程。紫禁城中轴线之东是太阳升起的地方，为春属阳；中轴线之西是太阳落下的地方，为秋属阴，与上述情况相符。先天八卦的中爻组成，南半部兑、乾、巽、坎四卦的中爻为阳爻，北半部的艮、坤、震、离四卦的中爻为阴爻。这是一个前阳后阴、暑寒交替的过程，与紫禁城前朝后廷（外朝、内廷）和前朝属阳，后廷属阴相符，上述情况表明，紫禁城阴阳坐标的规划理念与先天八卦的阴阳卦爻的排列是一致的[1]。

（2）内廷的乾坤卦象

前已说明乾清宫出自乾卦，坤宁宫出自坤卦，乾为天、为阳，坤为地、为阴，天地之道即阴阳之道，二宫法天象地。交泰殿出自乾卦和坤卦相合的泰卦，天地交泰，交泰殿为阳阴二气交会处。内廷乾清宫在南为天为阳，坤宁宫在北为地为阴；东日精门为离，日为火为阳；西月华门为坎，月为水为阴。这样内廷就形成了一个阴阳相对的先天八卦环境[2]。

（3）东西六宫"六六大顺"卦象

东、西六宫各六座院落，各分前后三排，每排又被东、西二长街分为东、西两座院落，从而呈现出两个三画卦的坤卦（图10-25）形式。这两个三画卦共由六个阴爻所组成，阴爻又称"六"，六个阴爻含有"六六"之数，即"六六大顺"，表示顺天承乾之坤德。东西六宫的坤卦象属阴，是妃嫔居住区。总的来看，内廷和东西六宫是天地、阴阳卦象的象征，实际上表现的却是"夫为妻纲"的伦理关系。东西六宫四个宫门命名为"百子门""千婴门""螽斯门""麟趾门"（"螽斯""麟趾"出自《诗经》，指蝗虫和麒麟，喻子孙繁盛之意）。可见内廷和东西六宫的卦象背后体现的是阴阳之道即繁衍后代之道（图10-25）[3]。

综上所述，紫禁城的规划设计理念，在集古代宫城规划设计理念之大成的基础上，已发展到完备之至。其所涉及的象天立宫、礼制秩序、风水、阴阳、五行、四象、八卦等规划设计理念，既各自独立，又相互渗透，相辅相成，互证互补，形成了不可分割的整体。如此，紫禁城象天立宫的"宇宙图式"，不仅以风水、阴阳、五行、四象、八卦等所布置的方位架构为承托，以其寓意进一步强化和完善了紫禁城的"宇宙图式"，而且还以礼制秩序为核心和主轴，突出"礼序从人"，皇权至上，并将上述所有规划设计理念贯穿连接为完整的体系。使紫禁城成为"天、地、人三才"齐备，天道人道相通，"天人合一"，和谐而统一的皇权理想境界。

二　规划设计方法

（一）风水形势说是规划设计宫城外部空间的理论基础和重要方法[4]

风水形势说之形，有形式、形状、形象之意，是指近观的、小的、个体性的、局部性的、细节性的空间构成及其视觉感受效果。势有姿态、态势等意，指远观的、大的、群体

---

[1] 王子林《紫禁城风水》，紫禁城出版社2005年版，第150页。
[2] 王子林《紫禁城风水》，紫禁城出版社2005年版，第151~152页。
[3] 王子林《紫禁城风水》，紫禁城出版社2005年版，第152~154页。
[4] 王其亨等《风水理论研究》（天津大学出版社2005年版）《第七章　风水形势说和古代中国建筑外部空间设计探析》。

性的、总体性的、轮廓性的空间构成及其视觉感受效果。形与势的关系，风水要籍记载："远为势、近为形；势言其大者、形言其小者"；"势可远观，形须近察"；"形者势之积、势者形之崇"；"驻远势以环形，聚巧形而展势"；"势为形之大者，形为势之小者"[1]。由此可见，形势说的核心，是建立在远近两极的视觉感受及景观处理上，同时形与势又相辅相成，可以互相转化。形与势空间构成的平面（进深和面阔）、立面（高度）及观赏视距等的基本控制尺度是"千尺为势，百尺为形"；但"千尺为势，非数里以外之势"，"百尺为形，非昆虫草木之形"[2]。这是建筑外部空间构成的尺度权衡基准，即"外部空间模数"。"百尺为形"，据从周尺到康熙朝的量地官尺折算，为 23～35 米。这与现代建筑理论以看清人的面目表情和细节动作为标准的近观视距限制基准若合契符。其对单体性的空间构成具有体量尺度的制约意义，如建筑单体或建筑局部空间划分，面阔、进深和高度一般应以百尺为限。使之体量不失之于"尺度超人的夸张"而富于人情味的合宜尺度。"千尺为势"，依上述尺度折算，合 230～350 米。这是远以观人，虽然面目及动作细节无以辨认，却可由人的轮廓、动态特征而加以识别的远观视距值，这个远观视距限制值，现代研究证明是符合科学尺度规定的。在建筑外部空间的总体布局上，将各单体性的百尺之形，控制其空间围合尺度及远观视距不逾于千尺（350 米），是十分关键的。只有这样，才可避免各单体性空间构成的百尺之形在大范围的空间围合和远观时失之于空旷和疏远感，而仍能具有宜人的空间艺术效果。在空间围合尺度及远观视距逾出千尺限外时，风水形势说则强调"积形成势"，"聚巧形而展势"的空间处理手法。即一般不着眼于增高加大单体性空间形体的尺度，以免近观时失之超人的夸张，而仍以尺度宜人的百尺之形，通过巧妙地空间组合，使之在远景上积而成势，展而成势，加以妥善解决。以上就是风水形势说之建筑外部空间设计理论的梗概，这个理论与现代建筑视线设计原则是一致的，其贯彻于中国古代建筑实践中，就是下面将要介绍的模数网格的设计方法。

明代北京紫禁城建筑的整体立意和外部空间序列设计同样遵循上述原则。紫禁城极为重视"千尺为势，百尺为形"的整体立意，按照这个模数标准，对紫禁城建筑群外部空间进行设计，使其群体性空间布局序列展现出连续性并富于戏剧性的变化，从而使其规模恢弘的建筑群产生了震撼人心的气势和魄力，达到了预期的"非壮丽无以重威"的不同凡响的艺术效果。而这种气势和魄力所展现的绝妙艺术效果，也只有在远观中才能充分地表现出来。

在视距控制方面，紫禁城的庭院、广场、月台等空间围合的平面尺度限定着观赏视距。建筑纵横轴线的交会点，道路、流水、门洞、桥座、月台、踏跺以至墙垣等的起止点、转折点或交会点，也构成了若干重要观赏点，限定着观赏视距。其近观和远观视距，无不以"千尺为势，百尺为形"的尺度加以划分、组织和控制。在近观视距方面，如东、西六宫的绝大多数内庭院，通面阔、通进深都在 35 米限内。宏伟的三大殿，自三台以南至北端，从东向西，进深和面阔逐段划分，也均在此限。其中三台南丹陛通深 33 米，台

---

[1] 王其亨等《风水理论研究》（天津大学出版社 2005 年版）所引《管氏地理指蒙》、郭璞《古本葬经·内篇》等。
[2] 王其亨等《风水理论研究》（天津大学出版社 2005 年版）所引《管氏地理指蒙》等。

上层南边阶条至太和殿通深29米；太和殿台明通深33米；太和殿北丹陛至中和殿丹陛间距31米；中和殿台明通进深23米；中和殿以北至保和殿台明南边共深33.8米；保和殿台明通深25米；北面丹陛通深30米；丹陛北至乾清门台明34.8米；等等，无不严格遵循了"百尺为形"的尺度控制原则。在远观视距构成上，紫禁城的整体平面布局，除城东北、西北外角各至东华门、西华门距离过大，为仅有的特例外，其余所有广场、街巷，或相邻单体建筑间距，以及城台、城墙各段落之长，最大也只在350米左右，均以"千尺为势"而限定。

紫禁城的各单体建筑，外部空间的基本尺度同样遵循"百尺为形"原则，即以23～35米为率控制各单体建筑的平面和竖向尺度。以高度而论，紫禁城最高的单体建筑是午门，自地平到脊吻高37.95米，午门以北的太和殿通高23.8米，九五之尊的太和殿连同三层台基通高35.05米，紫禁城其余单体建筑之高均在35米限下。各单体建筑的进深以太和殿最大，通进深为33.33米，其余各单体建筑皆在此限以下。各单体建筑的面阔，在中轴线上的午门、太和门、太和殿、神武门等，在横轴上的东华门、西华门、体仁阁、弘义阁等，承袭历代大型宫殿建筑的尺度构成传统，以其对称性而言，通面阔则都是按轴线两侧各控制在百尺之内而确定的。如午门正楼、太和殿面阔皆为2米×30米左右，体仁阁、弘义阁皆为2米×23米（以上均为清代名称），等等。除上所述，紫禁城其他单体建筑面阔，悉以百尺为形进行控制。

由于紫禁城各单体建筑的平面尺度按百尺为形控制，近观视距亦以百尺为形限定，远观视距控制在千尺为势的限界之内，其间行程又遵循以百尺为形划分千尺之势的空间构成原则，因而保证了近观、远观以及移行其间在形与势的时空转换中获得最佳视觉感受效果[1]。

（二）规划设计模数化和方格网化

1. 模数化

据学者们研究，紫禁城的规划设计普遍采用模数化的方法。

（1）中轴线上各主要区段以后两宫之深为模数

紫禁城后两宫平面尺寸，东西向以东西庑后墙外皮计为118米，南北向以南北庑外墙外皮计为218米，呈118米×218米的南北长的矩形宫院，其长宽比为11∶6。中轴线上自万岁山北墙至大明门处皇城外郭南墙之距为2828米，是后两宫南北长218米的12.92倍，考虑到测量误差，可认为是13倍。承天门门墩南面至大明门北面之距为672米，比后两宫南北长218米的三倍（654米）长出18米，若计至原千步廊南端则为660米，是其三倍（参见后文）。承天门和午门间、端门及其南北侧的东西朝房之南北两端山墙外皮的距离为

---

[1] 以上均见王其亨《风水形势说和古代中国建筑外部空间设计探析》（《风水理论研究》，天津大学出版社2005年版）。该文中所记各单体建筑尺寸，多为概数，其具体尺寸，参见本书前面的介绍。

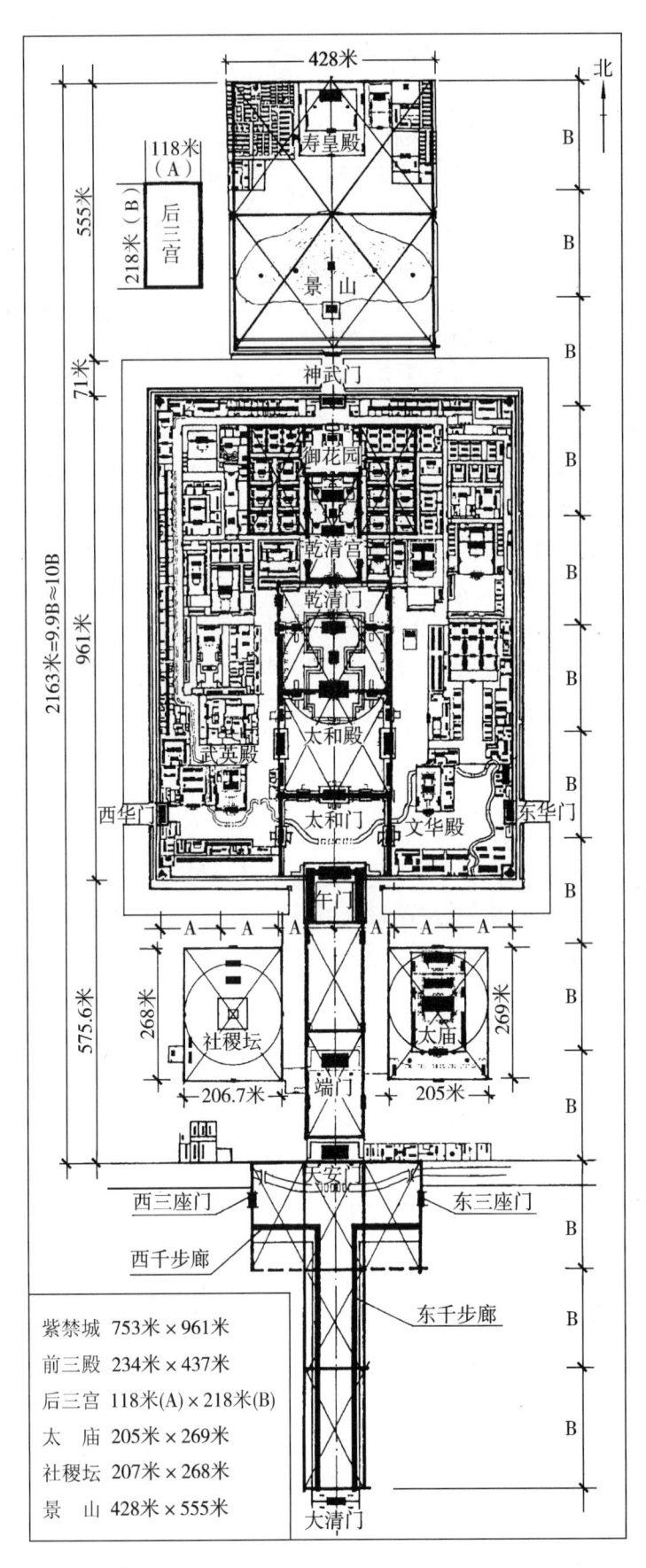

图 10-26 明清北京紫禁城以后三宫宽、深为模数分析示意图
（引自傅熹年《中国古代城市规划建筑群布局及建筑设计方法研究》，略有改动）

438.6米，较两宫南北长218米的二倍多2.6米，如果考虑当时使用丈绳进行测量定线的产生的误差，可认为是其二倍。自奉天门前檐柱列中线至乾清门前檐柱列中线之距为437米，是后两宫南北长218米的二倍（图10-26）[1]。

(2) 后两宫之宽深为规划主要建筑群体占地面积的模数

前三殿院落东西宽234米（以东西角库的东西外墙皮计,）为后两宫宽118米的二倍。奉天门前檐柱至乾清门前檐柱之距437米为三殿完整院落之长，亦为后两宫深的二倍。据此可知，前三殿面积是后两宫面积的四倍。东西六宫南墙外皮至北面乾东、西五所后墙总深为216米，东西向自后两宫东西院的后墙至东西六宫外侧的外墙共宽119米，与后两宫218米×118米基本相同[2]，紫禁城正南的"外郭"，自承天门门墩南壁至大明门北千步廊的南山墙约660米，为后两宫之深218米的三倍。东、西三座门间的距离为356米，是后两宫东西宽118米的三倍。即"外郭"之宽深都是后两宫的三倍。上述情况表明，在规划紫禁城宫殿时，其主要部分之长宽都是后两宫之宽深的倍数。后两宫宽深各增至一倍即为"前三殿"，它的宽度增至三倍即为天安门外"外郭"之宽，它的深度增至三倍则为"外郭"之深；东西六宫与乾东西五所合起来又与它的面积相等（图10-26）。因而后两宫之长宽，即是规划设计紫禁城宫殿时使其各部之间保持一定关系所采用的模数。后两宫是皇帝的家宅，代表一姓皇权，前三殿代表国家政权，后两宫扩大四倍即为前三殿，就是用建筑手法表现一姓皇权、"化家为国""君临天下"的意思。故这种手法是有一定象征意义的[3]。

模数是紫禁城控制规划设计的主要手段之一，以使紫禁城各主要部位之间在规模、体量和比例上有明显或有一定的关系，这样不仅利于表现建筑组群、建筑物的个性，而且还可达到统一协调、浑然一体的整体效果。此外，使用模数也有简化规划设计过程，加快规划设计的作用[4]。在规划设计中采用模数出现较早，唐宋时已较普遍，至明代则达完备和娴熟阶段[5]。

2. 方格网化

紫禁城各建筑群采用方格网作为面积的模数，但因各建筑群（单元）规模大小不一，不能共用一个模数，故以10丈、5丈和3丈方格网为基准，分别规划设计不同规模和等级（10丈、5丈、3丈为三个等级）建筑群院落内各座房屋的相对位置和尺度关系（图10-27）。

---

[1] 中轴线上各主要区段以后两宫之深为模数，见《傅熹年建筑史论文集》（文物出版社1998年版）第359～364页。

[2] 《傅熹年建筑史论文集》（文物出版社1998年版）第362页说：东六宫自后两宫东庑外墙皮起，至东面一行三宫以东巷道的东墙外皮之距为119米，比后两宫之宽118米只多1米。这表明规划东西六宫时，也是受后两宫的轮廓尺寸影响的。

[3] 傅熹年《中国古代城市规划、建筑群布局及建筑设计方法研究》上册，中国建筑工业出版社2001年版，第24页。

[4] 傅熹年《中国古代城市规划、建筑群布局及建筑设计方法研究》上册，中国建筑工业出版社2001年版，前言第8页。

[5] 傅熹年《中国古代城市规划、建筑群布局及建筑设计方法研究》（中国建筑工业出版社2001年版）上册第5页说：中国至少自南北朝末年（6世纪中叶）起，在房屋设计中除用材为模数外，还使用柱高为扩大模数。正文第19页：至迟自隋唐开始，其宫殿已开始以不同大小的方格网为布置基准。

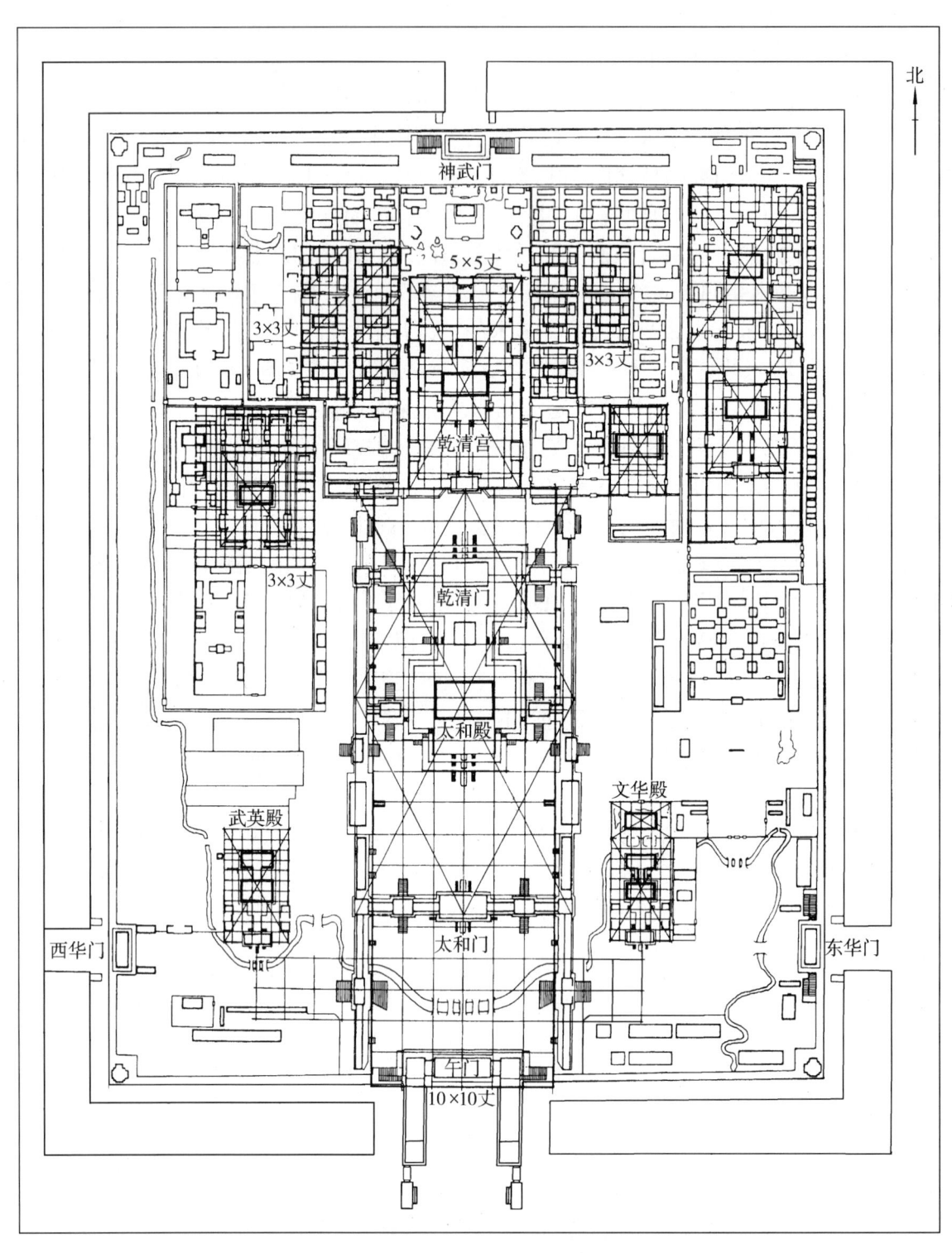

676 宋代至清代都城形制布局研究

图 10-27 明清北京紫禁城平面 10、5、3 丈网格分析示意图
（引自傅熹年《中国古代城市规划、建筑群布局及建筑设计方法研究》，略有改动）

(1) 外金水桥至乾清门中轴线上全部采用10丈网格

图10-27显示，太和殿位于外朝宫院的几何中心，自今太和殿下大台基南缘至今太和门（按名称以下按今故宫清代称呼）左右昭德、贞度二门台基北缘容4格，即深40丈。自殿前东两相对的体仁、弘义二阁台基前缘间容6格，宽60丈。可知太和殿前殿庭宽60丈，深40丈。南起昭德、贞度二门台基北缘，北至保和殿东西的后左、后右二门前檐柱列宽10格，即三殿范围的庭院总深100丈。此外，太和殿本身台基东西宽2格，即20丈；太和殿下工字形大台基东西宽4格，即40丈。昭德、贞度二门之中线东西相距4格，中间为太和门之中线，即三门之中线相距均2格（图10-28）。上述情况表明，10丈网格是为控制宫院内部关系而设（前三殿宫院外轮廓尺寸是以后两宫之长为模数各增加一倍而确定的，故不可能同时满是10丈网格）。此10丈网格是以明嘉靖建太庙时尺长为准（尺＝0.3187米）设计的，可知三大殿尺度在明嘉靖重修时曾加以调整。

自后左、后右门前檐柱列向北排3格恰至乾清门东西庑台基前缘；自昭德、贞度二门台基北缘向南排6格至午门正楼墩台之南壁。又太和门南协和、熙和二门中线之连线恰与一条东西向网线相重，内金水桥恰位于一排方格网之间，五桥东西总宽占2格（图10-29、图10-30）。上述情况表明，南起午门正楼下墩台南壁，北至内延乾清门前檐柱列共宽19格，即整个外朝部分总深190丈[1]。

自午门正楼南壁向南排12格至端门下墩台南壁，从此又向南排7格至外金水桥中心，二者共深19格，即190丈。午门墩台东西外壁及御道两侧街门的后檐间占4格，即宽40丈（图10-29）。

上述情况表明，以午门正楼下墩台南壁为界，自此向北到乾清门前，包括整个外朝部分共深190丈。自此向南至外金水桥中心（包括天安门至紫禁城正门间御道全部），总深亦190丈，二者深度完全相同。说明紫禁城的外朝部分和宫前御道，全部是以10丈网格为基准安排的。

(2) 后两宫和太庙与社稷坛采用5丈方格网

图10-27显示后两宫，东西宽7格，为35丈，南北深13格，65丈。乾清宫在内廷宫院几何中心，其宽以山墙计基本占3格，即宽15丈。殿前广庭，东西宽6格，南北深（月台至南庑北阶）3.5格；东西侧之日精、月华二门基本占1格。交泰殿及东西庑上与之相对的景和、隆福二门的中线与东西向网线重合。此外，太庙和社稷坛也采用5丈网格。

(3) 其他宫院采用3丈网格

东西六宫，若自各宫墙之四角画对角线，除西侧永寿宫外，各主殿均位于院落中心；东西六宫布局亦用5丈网格。文华殿与武英殿用3丈网格（图10-27）。文华殿院落东西宽6格，18丈；南北深14格，42丈；其中新增的文渊阁院落深5格，15丈，则文华殿院深9格，27丈。武英殿院落东西宽7格，21丈；南北深如以武英门台基前沿与后殿后沿计为10格，30丈。正殿前殿庭宽5格，15丈；殿门宽3格，9丈；配殿各占一格，深3丈。

慈宁宫与奉先殿用3丈网格（图10-31）。慈宁宫东西总宽13格，39丈，南北总深17格，51丈。其最南之横街长13格，宽2格，即长39丈，宽6丈。主院深10格，后院及其巷共5格。前院殿庭东西宽6格，南北深（自南庑北阶计至正殿东西外侧小门南阶）

---

[1] 10丈网格安排至乾清门前表明，前述三大殿完整宫院至乾清门前是正确的。

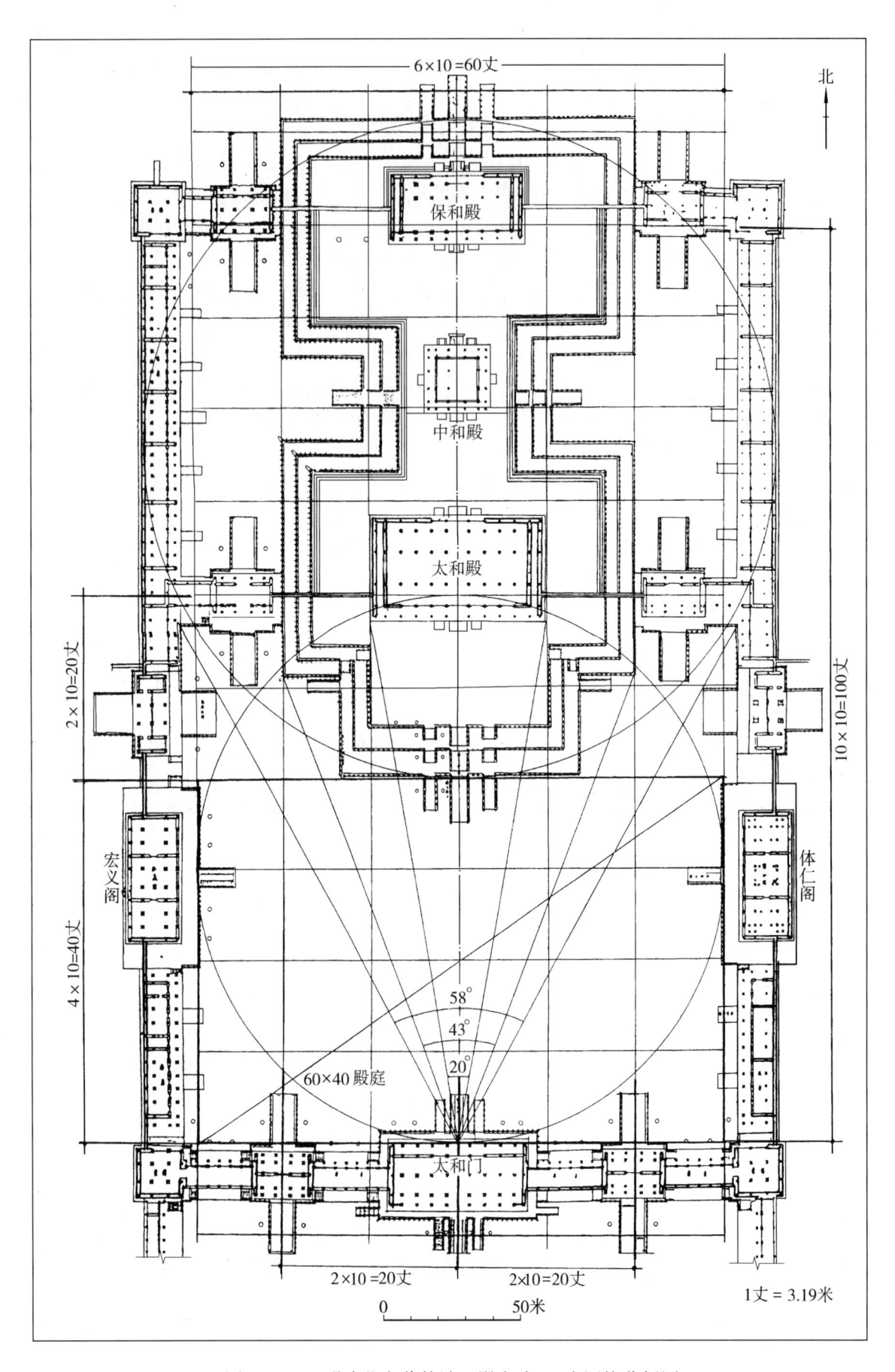

图 10-28 明清北京紫禁城三殿庭院 10 丈网格分析图
（引自傅熹年《中国古代城市规划建筑群布局及建筑设计方法研究》，略有改动）

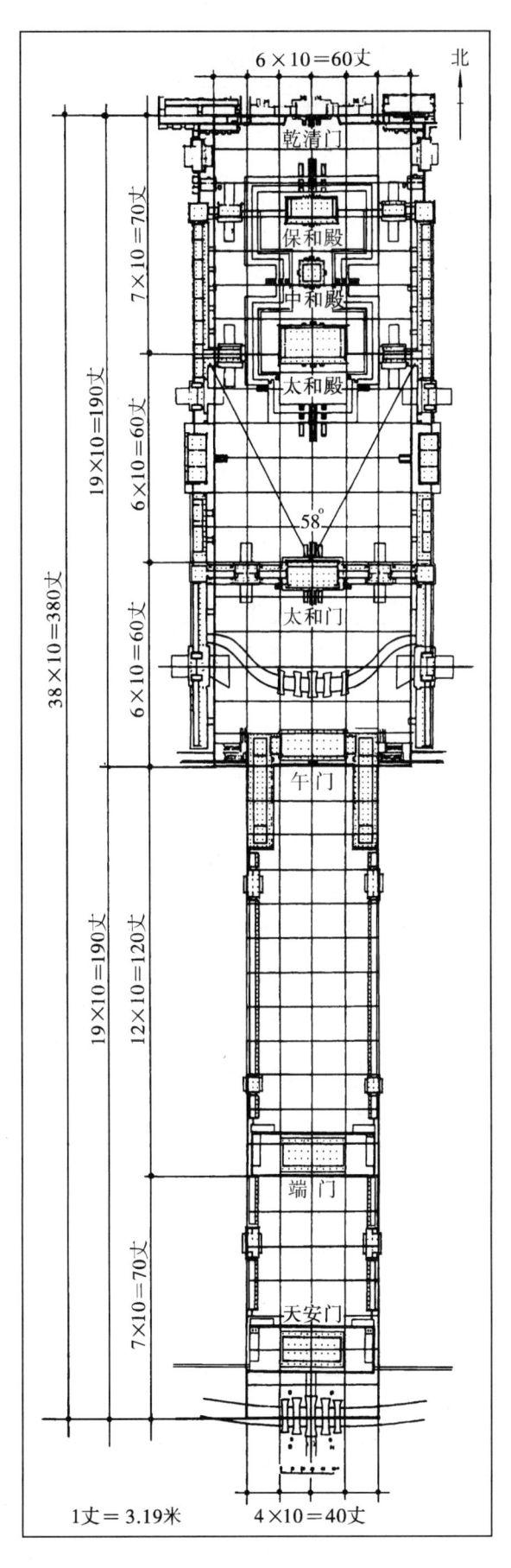

图 10-29 明清北京紫禁城乾清门至天安门 10 丈网格分析图
（引自傅熹年《中国古代城市规划建筑群布局及建筑设计方法研究》，略有改动）

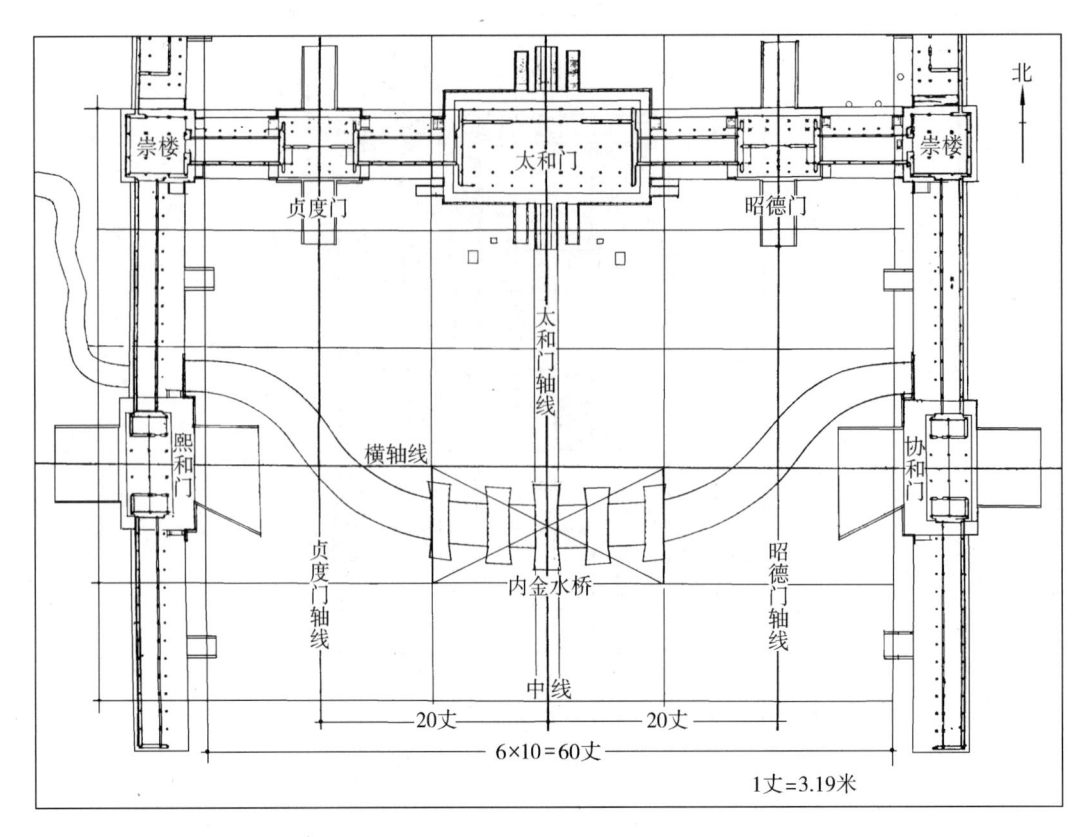

图 10-30 明清北京紫禁城太和门（奉天门）庭院 10 丈网格分析示意图
（引自傅熹年《中国古代城市规划建筑群布局及建筑设计方法研究》，略有改动）

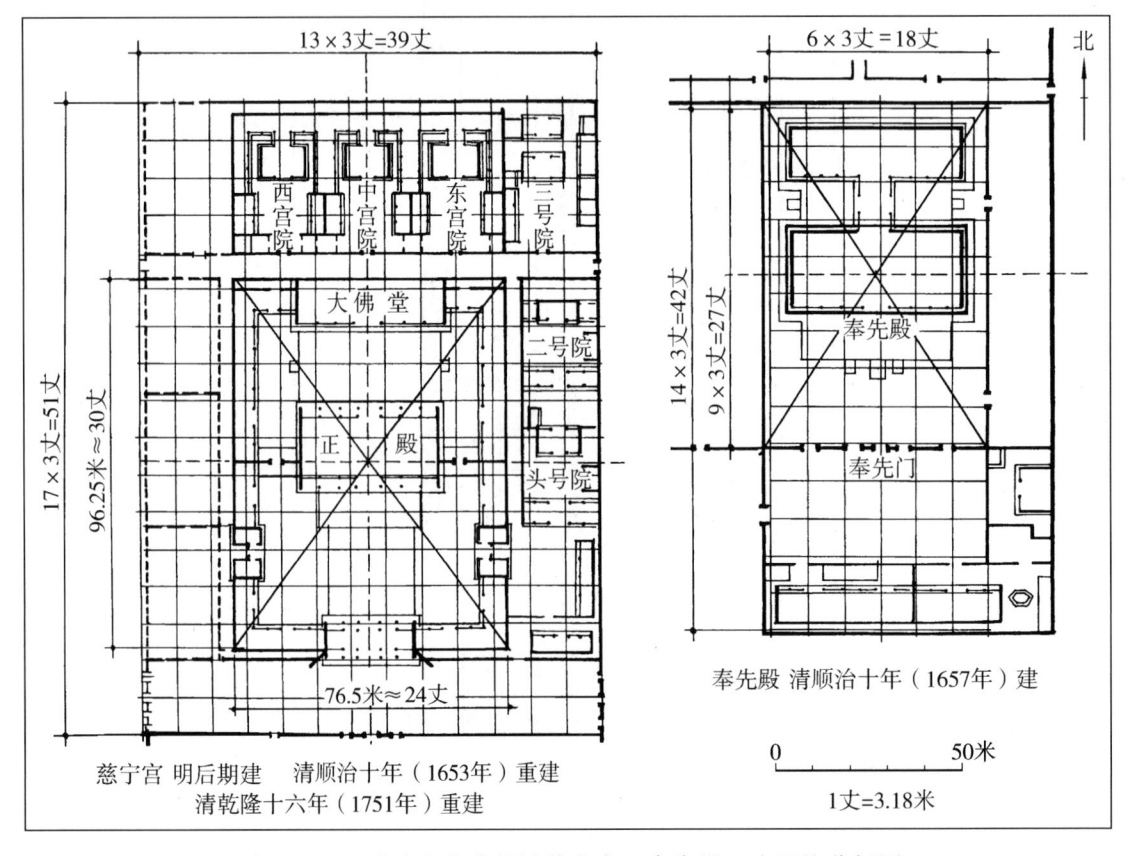

图 10-31 明清北京紫禁城慈宁宫、奉先殿 3 丈网格分析图
（引自傅熹年《中国古代城市规划建筑群布局及建筑设计方法研究》，略有改动）

4格，即宽18丈，深12丈。北院东西二院中轴线相距5格，15丈。奉先殿东西宽6格，18丈；南北深19格，27丈；门前横街深3格，9丈。

除上所述，紫禁城内东北角明代哕鸾宫等，清乾隆时改建为宁寿宫，因是供太上皇退位后使用的宫殿，故采用5丈网格（不能高于外朝）。图10-32显示，自南向北，横街南北深2格，10丈；宁寿门前广庭深4格，20丈；外朝部分深8格，40丈；内廷部分深10格，50丈。四个部分的分界线都与网线重合，皇极殿左右小门也在分界线上（与太和殿两侧横墙在网线上的情况全同），乐寿堂的南北中分线也基本与网线相重。这样，宁寿宫南北总深24格，120丈。其中外朝深40丈，内廷深50丈，合90丈。出现九这个数字。可能和中轴线上建九重建筑有同一用意[1]。宁寿宫上述情况表明，清与明同样采用方格网，且办法相同。

上述各种网格，近似选用大小不同的比例尺，是我国古代建筑组群布局使用最具特色、最有效的方法。这样就使院落内各建筑及他们之间所形成的庭院空间有一个共同参照的尺度标准，利于控制建筑物的尺度，体量和庭院空间和关系；同时也有控制不同建筑群之间关系的作用。所以采用各种不同的方格网，无论在局部还是整体上，对控制紫禁城大量建筑组群间的关系，使大量各种建筑物规整有序，主次分明，各安其分，相互衬托，比例适当，协调统一，形成完整一体的布局有极其重要的作用。网格法至迟隋时开始使用，到明代紫禁城则发展至用多种不同网格作模数的阶段。

（三）娴熟运用数学比例规划设计宫城建筑的体量和空间

建筑三维空间尺度和各部分的比例，以及各建筑组合相互配合的空间尺度，都是以数学比例为基础的，这是建筑规划设计和建筑美学内涵的基本要素之一。具体到紫禁城，通过分析研究，可以看出紫禁城正是在前述的模数和方格网的控制下，并辅以其他手法，娴熟地运用数学比例手段，来规划设计建筑的体量和空间的。即采用适当比例，控制同一院落内的建筑尺度、体量和庭院的空间关系，使之互相对比，相互衬托，突出主体建筑，并在整体上达到和谐与统一。同时又对不同院落用不同的比例，使各院落之间从建筑尺度、体量和空间上拉开档次，形成反差和对比，在更大的范围内相互衬托，突出主体，以求宏观上的和谐统一，营造出应有的美学意境，下面略举四例。

1. 午门前庭院

午门端门间进深350米，街宽110米，形成3∶1的窄长御街。端门前庭院与午门前庭院同宽，但午门前庭院的长度是端门前庭院之长的三倍（图10-29），从而使午门前庭更加深邃，以此结合午门三面围合的空间，成功地突出了午门的森严气势[2]。

2. 奉天门庭院

奉天门庭院进深130米，宽约200米，形成宽阔的扁方形平面（图10-30）。其庭院

---

[1] 傅熹年《中国古代城市规划、建筑群布局及建筑设计方法研究》上册，中国建筑工业出版社2001年版，第27页。

[2] A. 于倬云《中国宫殿建筑论文集》，紫禁城出版社2002年版，第16页。

B. 郑连章《紫禁城宫殿总体布局的继承与发展》，《中国紫禁城学会论文集》第一辑，紫禁城出版社1997年版。

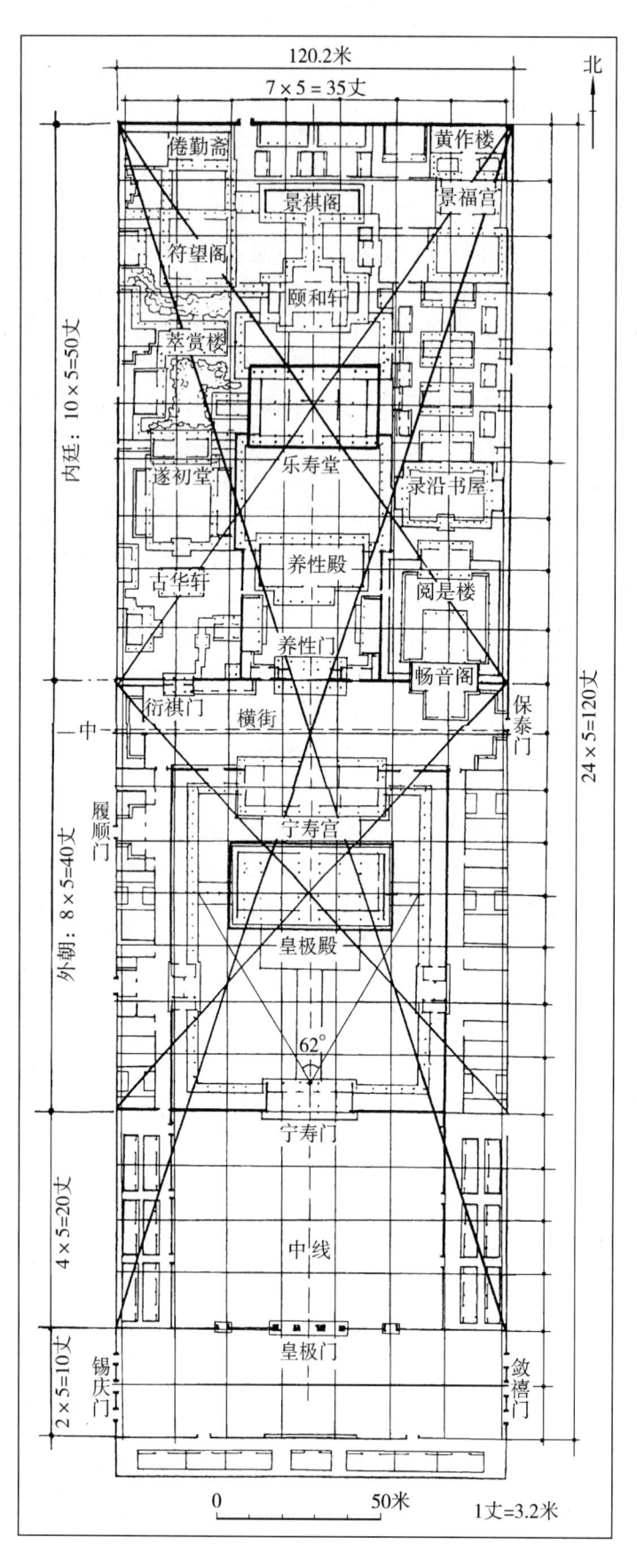

图 10-32 清北京紫禁城宁寿宫、皇极殿、乐寿堂庭院 5 丈网格分析图
（引自傅熹年《中国古代城市规划建筑群布局及建筑设计方法研究》，略有改动）

长宽之比为 130∶200＝0.65，是面积中最美的比值（很接近现代所用的黄金分割率）。为显示庭院疏朗宽阔，又不使两庑过于低矮，则将两庑的台基相应地增高为 2.43 米，使脊高程达到 10.71 米，为庭院宽度的 5.4％；将东西两侧建筑高度与房屋间距之比定为 1∶19。这个巧而得体的尺度，既不使两点的对景过于低矮不衬，又不超过主体承天门的尺度，取得了庭院广阔疏朗的效果。这样，该庭院与午门前庭院就形成了鲜明的对比，所以从午门前狭长的空间一过午门，进入紫禁城后便达到了豁然开朗的效果（图 10-29）[1]。

3. 外朝三殿宫院

外朝三殿宫院所采用的各种比例最多。三殿宫院东西宽 234 米，南北 353 米（以墙外皮计），两者之比为 2∶3.02，考虑施工误差，可认为原设计为 3 与 2 之比。三台东西宽 129 米，南北长 195 米（不计南面月台），两者之比为 1∶1.5，与宫院比例相同。宫院宽 234 米与三台宽 129 米之比为 9∶5 （234∶129＝1.81∶1＝9.05∶5≈9∶5）[2]。三台自中轴线处测量，南北为 227.7 米（不计南北踏步），其长与宫院之宽基本相同，可认为设计时是以宫院总宽为三台南北之长。由于三台南北长与宫院宽基本相同，所以台基长宽之比亦是 9∶5（图 10-28）[3]。上述两个 9∶85，均为"九五之尊"之意。

奉天殿庭院，是中轴线上最重要的布局部位，所以其规划设计与中轴线密切相关。中轴线从大明门至万岁山长 2.5 公里，大明门到奉天殿庭院中心 1.5045 公里，两者比值为 0.6181，正与现代黄金分割线（最理想的分割线）比值相同，可见当时在建筑中运用数学的娴熟和巧妙。又奉天殿庭院内，两厢文楼和武楼用庑殿顶，其高度与庭院宽度比值为 23.8∶200≈12％。但它的高度比太和殿通高还低 11.25 米，只相当于太和殿高度的 68％。从而衬托出太和殿宏伟壮丽的大朝气氛，其艺术上的奥妙即在于数学渗透在建筑艺术之中，形成了优美的权衡比例[4]。此外，在庭院内太和殿殿宽与院宽和院深之比均为 2∶6。殿宽与院宽之比决定庭院空间开阔的程度，殿宽与庭院深之比决定着看正殿的视角[5]。上述比例，使过奉天门后，从一个扁方的空间进入到非常开阔的空间，更加衬托出奉天殿（太和殿）的崇高地位。

4. 内廷宫院

内廷宫院东西宽 118 米（以东西庑后墙皮计），南北长 218 米（南北庑外墙皮计），长宽之比为 1.84∶1（218÷118＝1.84）近似于 9∶5（9÷5＝1.8），形成南北长的矩形院落。后两宫工字形台基长为 97 米（不计前面月台）宽 56 米，长宽之比亦近似于 9∶5（97÷56＝

---

[1] 于倬云《中国宫殿建筑论文集》，紫禁城出版社 2002 年版，第 16、89 页。
[2] 傅熹年《中国古代城市规划、建筑群布局及建筑设计方法研究》上册，中国建筑工业出版社 2001 年版，第 25 页。《傅熹年建筑史论文集》（文物出版社 1998 年版）第 359 页指出："三殿建筑群南北向以南北角库的南北外墙外皮计为 348 米。"第 364 页指出："三台台基底层的东西宽自南端处量得为 130 米。"按：上述诸尺寸，因不同作者依据的基点不同而略有差异，同一作者在不同文章中因依据的基点和测量部位不同也互有差异。凡此，在本章中均存在。
[3] 《傅熹年建筑史论文集》，文物出版社 1998 年版，第 364 页。
[4] 于倬云《中国宫殿建筑论文集》，紫禁城出版社 2002 年版，第 17 页。
[5] 傅熹年《中国古代城市规划、建筑群布局及建筑设计方法研究》上册，中国建筑工业出版社 2001 年版，第 17 页。

1.73）[1]。乾清宫廷院，乾清宫宽与院宽之比为3∶6，宫院宽与院深之比为3∶5（图10-26、图10-27）[2]。紫禁城诸院落长宽与主体建筑长宽均有一定比例。这种比例表明，主殿宽与院落宽深的比值与其重要性成反比，即越重要其比值越小，宫院越开阔。同时也表明，这种比例乃是规划设计和改变各相关院落几何形状的重要手段，使各殿平面和空间形式呈现明显的差异。这种差异既有礼序意义，也是布局上区分主次和等第的重要标志之一。

综上所述，紫禁城的规划设计方法是以其规划设计理念依托的。规划设计方法重在突出表现礼制秩序规划设计理念，并使之具体化和形象化。

三　布局艺术

前述紫禁城规划设计理念，规划设计方法，是紫禁城布局艺术的基础。紫禁城的布局艺术，几乎囊括了中国古代所有建筑布局艺术的表现形式，而前面在对明紫禁城建筑和形制布局的介绍及所述紫禁城规划设计理念，规划设计方法之中，实际上已经涉及紫禁城布局艺术的许多问题，涵盖面较广。有鉴于此，下面拟仅略述其布局艺术中最突出、最具特色的中轴线和院落布局艺术问题。

（一）形成完美的中轴线规划设计布局艺术

《吕氏春秋·慎势》说："古之王者，择天下之中而立国，择国之中而立宫"，这是中国古代规划都城和宫城的主导思想和传统。但是，在历史上真正将其表现得尽善尽美、淋漓尽致者，则是纵穿明北京和紫禁城中间的中轴线。这条中轴线从大明门向北经承天门、端门、午门、奉天门，穿过奉天殿宝座中心点，又北直到万岁山长5公里；万岁山再北过北安门达钟鼓楼；大明门向南达正阳门，修外城后直抵永定门（图9-53），全长约8公里（或说7.5公里、7.8公里）。这条中轴线之长，几乎纵贯全城，紫禁城和北京城中轴线完全相合，宫城（紫禁城）基本居中，均为中国古代都城所仅见（在历史上只有唐长安城与之相似，但其中轴线未纵贯全城，宫城在北部中间，中轴线短于明北京中轴线）。

紫禁城中轴线的布局艺术富于韵律和节奏，从皇城紫禁城段中轴线来看，当人们沿中轴线漫步观赏时，从低沉旋律的大明门到外金水桥豁然开朗，此段犹如宫殿建筑的序曲，从承天门到午门则成为高昂旋律的第一乐章；从内金水桥到三大殿是乐典旋律的第二乐章；从乾清门至御花园是乐曲的第三乐章；从玄武门到万岁山则为乐曲的尾声（图10-1）。这条中轴线将序幕、外朝、内廷和后屏组成一体，在步移景迁的过程中，体现出抑扬顿挫、错落起伏、富于变化的韵律美，宛若一曲凝固的音乐。其高超的布局艺术，是古代建筑师们深厚美学造诣的结晶[3]。

中轴线是宫城和都城"辨方正位"之本，更是宫城（紫禁城）规划设计与布局的主脊

---

[1]《傅熹年建筑史论文集》，文物出版社1998年版，第364页。

[2] 傅熹年《中国古代城市规划、建筑群布局及建筑设计方法研究》上册，中国建筑工业出版社2001年版，第17页。同页还记述：在殿宽与院宽之比上，慈宁宫为4∶6，武英殿为3∶5。在殿宽与院深之比上，慈宁宫为3.5∶3.5，武英殿为3∶3等。

[3] 于倬云《中国宫殿建筑论文集》，紫禁城出版社2002年版，第16页，并参见同书第2~3页的论述。

和基准。因而宫城中象征最高权力的主体建筑和标志性建筑均安排在这条轴线上，如五门（大明门、承天门、端门、午门、奉天门）、外朝三殿、内廷二宫一殿等（图9-54）。从前面介绍的情况可以清楚地看出，在这条中轴线上的建筑，依位置、性质和功能的不同有节奏有等差地安排建筑群的体量和空间，对不同建筑的体量、形体轮廓、结构和装饰等方面也采取了不同的处理手法。总的来看，自正阳门以北，中轴线建筑的体量和疏密起伏的变化逐渐加大，其不同空间的转换、收放、开合有序，形成抑扬顿挫的鲜明节奏与和谐统一的艺术效果，体现出无与伦比的美学意境。如此完美的中轴线布局艺术，以及其在紫禁城布局中的主导作用，代表了中国古代宫城中轴线规划设计和布局的最高水平。

（二）众多庞大院落纵横有机组合，形成严格对称配置布局艺术的典范

紫禁城以中轴线为主脊，形成中路建筑群。中轴线上外朝三殿两侧，在与中轴线平行的短辅轴上，分置文华、武英两殿建筑群，形成外朝两侧东、西路左辅右弼的格局。中轴线上内廷二宫一殿两侧，东西六宫以与中轴线平行的短轴线为准横向双路展列，其后分置乾东、西五所，形成内东、西路拱卫内廷之势。东西六宫外侧之南，向南延伸至文华、武英两殿之北，以与中轴线平行的轴线方式，分置慈庆宫、仁寿宫和慈宁宫等，形成紫禁城内建筑左右两翼的外东、西路（图10-6）。上述态势，就是紫禁城内总体的宏观布局。这种布局乃是明代以前的宫城逐渐出现二路或三路布局以来的发展和升华，并一举形成最完整的模式。而此种体现封建统治阶级最高营造法式的完成，则正是以各种不同院落巧妙地有机组合为基础的。

中国古代建筑，间为基本建筑单位，数间为座，数座为院，数院构成建筑组群；各种建筑小自住宅、大到寺庙、衙署和宫殿都是由院落构成的。其间的差异，主要表现在院落的形制、规模、多少及其组合方式上。具体到紫禁城其宏大而严密的布局就是由上百所大小不一的院落，经精心规划，巧妙有机组合起来的。

如前所述，紫禁城中轴线上外朝三殿，内廷二宫一殿等纵深排列的诸院落所构成的中路建筑群，是紫禁城内建筑的主体。其外侧的建筑群，则以中路建筑群为基准，诸院落分路纵深排列，横向展开，严格对称配列。在其组合过程中，又按其性质和使用功能分区，依其位置、用途和重要程度的不同，有等差、有节奏地安排所需院落建筑群的体量和空间形式，并由此呈现出各种差异和变化。

紫禁城内的每座院落，其建筑都有主有从，以从衬主；建筑"取正"，主体建筑均坐落在院内几何中心点上，次于主体建筑的主要建筑也布置在中轴线上，其他建筑则以中轴线为准对称布局。院内空间的形式和大小，以及建筑的高矮和体量之间比例十分讲究，并照顾到与人视觉间的适度关系。在院落和建筑组群有机组合的过程中，墙和门对其所形成的空间序列和韵律有特殊的作用。墙是围合出不同封闭空间的主要手段，又是不同建筑单元之间的分隔体。院落之间以院墙分割，主要建筑组群的院落间以宫墙分隔，从而在宫城内形成各种不同的院落，以及各种分布有致的夹道、"更道"和长街等通道，构成宫城内不同区域的交通线（在防火上也有重要作用）。门既是院落内不同部位建筑相互串通的手段，又是连通各个封闭空间，完成紫禁城内的空间转换，构成空间层次，形成空间变化韵律的主要手段。可以说紫禁城的规划设计，正是利用不同形制的墙和门，分割出不同的院落，组合成不同的建筑组群；区划出大小、横竖、宽窄不等，有收有放、高低错落的变化空间。正是利用墙和门，并辅以廊庑，将相关的各个院落紧密相连，鳞次栉比，形成结构严谨的整体。正是利用各种墙和门的特点，运用"欲扬先抑""隔则深，畅则浅"等传统布局方法，左右人的视线，加强了紫禁城建筑组群在整体上的纵深感和神秘感，营造出紫禁城各种所需的应有氛围。

总之，中国古代建筑就是在平面上纵深配置、横向展开所形成的建筑群与庭院空间变化的艺术。对此的形成和发展，明代以前历代宫城均作出了各自的重要贡献。明北京紫禁城正是在前代的基础上，对宫城的院落组合进行了新的探索，并有重大发展。因而明北京紫禁城在院落有机组合方面，就成为现存规模最宏伟、气势最磅礴、对称布局结构最完整、组合方式最讲究、空间变化最丰富、营造水平最高、整体性最强、最能代表院落式布局特点的杰作。所以明北京紫禁城，乃是集中国古代宫城院落式布局之大成，带有总结性，并加以发展和完善的典型文化遗产。

第七节　明北京紫禁城继承传统、稽古创新

一　明北京紫禁城形制布局与明南京、明中都宫城一脉相承

明中都和明南京紫禁城形制布局间的互相承袭演变关系，前面第八章已做介绍。下面主要介绍明北京紫禁城形制布局与明南京和明中都紫禁城间的承袭演变关系，以此结合前述情况，清楚可见明代三都紫禁城的形制布局是一脉相承的。

（一）明北京紫禁城形制布局以明南京宫城为范本

《明太宗实录》记载："初，营建北京，凡庙社、郊祀、坛场、宫殿、门阙，规制悉如南京，而高敞壮丽过之"；《明会典》记载："营建北京，宫殿门阙悉如洪武初旧制"。具体言之，明北京紫禁城与明南京宫城以相同的礼序和规制统率宫城布局，故两宫在中轴线上的五门三朝、前朝后寝（包括奉天门前左右的文武楼，其外侧的文华殿和武英殿）、诸殿的配置方位和名称；门制和名称（明南京洪武门后改大明门）；午门前左祖右社的配置；承天门前"T"字形宫廷广场，千步廊及其两侧中央衙署配置情况（按明北京紫禁城中央衙署配置于千步廊两侧，主要完成于正统时期）；乾清宫前左右设"日精门""月华门"；东、西华门的位置；宫城围护城河，有内外金水河和桥；等等，均几乎毫无二致。明北京紫禁城"规制悉如南京"言之凿凿。此外，明北京紫禁城与皇城的关系，紫禁城中轴线的态势，堆万岁山以象富贵山（明南京宫城北山）以及大明门与正阳门间置东西横街的情况等，与明南京宫城也极为相似。所以明北京紫禁城的形制布局乃是以明南京宫城为范本的。

明北京紫禁城与明南京宫城相比"高敞壮丽过之"，情况的确如此。比如：第一，南京宫城位于内城东隅，在钟山西趾之阳，填湖建宫殿，宫城诸殿结合自然，顺应地势布置。由于宫城地处褊狭局促之地，周围的环境使之很难展现出应有的气势。明北京紫禁城则不然，紫禁城基本上在全城中间（偏南），位于全城中轴线上，宫城建于开敞的平地，背依万岁山，前有金水河，西连西苑，在周围环境和景观的强力衬托下，气势恢弘壮观，其总体景观效果远胜于明南京宫城。第二，南京宫城中轴线较短，仅是明南京城规划的主

轴线之一（还有其他辅轴线）[1]。明北京紫禁城中轴线与全城中轴线相重，几乎纵贯全城，总长约8公里。中轴线上的万岁山是内城的制高点和几何中心，紫禁城中轴线上高大的主体建筑群形成全城的中脊，其雄伟壮丽之势远非南京宫城可比。第三，据考古调查，南京宫城城壕内侧，东西相距约859米，自午门内侧至北壕南北相距约807米。明北京紫禁城前已论证，南北宫墙长约765.327米，东西宫墙长约977.125米（以宫墙外皮计）。明南京宫城若减去城墙与城壕间的隙地，其宽度与北京紫禁城约略相当[2]，而深度则少170余米，明北京紫禁城规模较明南京宫城略大，平面形状较明南京宫城严整。第四，据前述明北京紫禁城的规划设计理念和规划设计方法来看，明北京紫禁城在强化礼制秩序、突出皇权和建筑规范化方面也胜于明南京宫城[3]。第五，明北京紫禁城建筑数量较多，上百所院落有机结合，外朝三路配置，内廷五路配置，布局严谨有序，凡此都是明南京宫城所不及的。第六，明北京紫禁城内建筑高大宏伟（见前述情况），装饰绚丽多姿。明南京宫城筑于明建国初期，财力有限，故要求宫城"但求安固，不事华丽，凡雕饰奇巧一切不用。惟朴素坚壮，可传久矣"[4]。因此，明南京宫城与明北京紫禁城相比，则相形见绌。比如，明南京宫城午门遗址城台东西长93.70米，明北京紫禁城午门长126.90米，两者尺度约为3:4[5]。明南京承天门和端门门楼均五间，北京紫禁城承天门和端门门楼则为九间[6]，由此可见一斑。第七，北京紫禁城承天门至大明门间"T"字形宫廷广场和千步廊较南京宫廷广场和千步廊加长加宽。又明南京宫城承天门前长安街因地势与河流限制，西长安街斜向西南，东长安街则很短，与北京紫禁城长安街横贯的直街不可比拟。此外，北京紫禁城从大明门至奉天门在建筑和布局艺术上营造出抑扬顿挫变化旋律（见前述情况），形成三个高潮，其建筑美学效果也远在明南京宫城之上。第八，明北京紫禁城出现御花园、西苑和慈宁宫花园，旁有太液池大片水面，其与各种建筑相辅相成，使紫禁城于庄严肃穆之中又增加了生活情趣和秀色之美，凡此都是明南京宫城所欠缺的。总之，上述情况清楚地表明，明北京紫禁城确实是"规制悉如南京，而高敞壮丽过之"。

（二）明中都宫城是明北京紫禁城形制布局的蓝本之一

明成祖朱棣少年时代曾两次去凤阳祭祀皇陵，看到营建中都的工程。青年时代在洪武八年至十三年，奉命与诸王驻凤阳城讲武练兵，住在罢建的宫城内。永乐七年和永乐十一年，又两次到中都谒皇陵。上述情况表明，明成祖对中都宫城的情况是很熟悉的。此外，

---

[1] 参见本书第八章 明中都和明南京，第二节 明南京城的形制布局之五明南京城形制布局的特点。
[2] 明南京宫城调查资料和论述，见潘谷西、陈薇《明代南京宫殿与北京宫殿的形制关系》，《中国紫禁城学会论文集》第一辑，紫禁城出版社1997年版。
[3] 李燮平《"五门三朝"与明代宫殿规划的若干问题》，《中国紫禁城学会论文集》第二辑，紫禁城出版社2002年版。
[4] 《明太祖实录》卷一〇一。
[5] 潘谷西、陈薇《明代南京宫殿与北京宫殿的形制关系》，《中国紫禁城学会论文集》第一辑，紫禁城出版社1997年版。
[6] 李燮平《"五门三朝"与明代宫殿规划的若干问题》，《中国紫禁城学会论文集》第二辑，紫禁城出版社2002年版。

洪武八年四月"诏罢中都役作",同年九月辛酉下诏"改建(南京)大内宫殿"。这次改建,均准中都宫城样式(在此基础上仅略有变化和发展)。所以明北京紫禁城"规制悉如南京",实际上是明中都宫城翻版的再版,追本溯源,根在明中都宫城(明北京紫禁城在文华殿、武英殿北,外朝两侧分置慈庆宫和慈宁宫建筑群,完全按明中都宫城模式配置,明南京城无。这也是根在明中都宫城的标志之一)[1]。因此,有学者总结说:明"中都宫殿是将几千年来奴隶社会和封建社会帝王宫殿规模,作了概括的总结,制定出一套完备的封建帝王宫殿的蓝本。从此,我们可以说营建中都是为洪武十年改建南京都城宫城和永乐年间修建北京都城宫殿绘制了蓝图,制作了样板模式"。又说:"北京宫殿布局和中都相同,如午门、紫禁城四角楼,三大殿、东西六宫,左祖右社,内外金水河,都比拟临濠(中都)[2]。凤阳宫殿在万岁山之南,北京则在宫殿之后筑一土山以为紫禁城屏障,亦取名万岁山(按,万历三十八年命名)。凤阳宫殿左右有日精峰、月华峰,北京紫禁城左右虽无日精峰、月华峰,但在宫殿中则有日精门、月华门以象征之(按,亦受元大都宫城两门名的影响)。所以中都宫殿应是北京紫禁城最早的蓝本,南京宫殿是一座不完整的中都宫殿的摹本。"[3] 这个总结已将明北京紫禁城与明中都宫城形制布局的关系讲得较明确,故无须再赘言。

二 明北京紫禁城形制布局与元大都、金中都宫城的承袭关系

(一) 明北京紫禁城形制布局与元大都宫城相因而变异

明代拆除元宫城,在元宫城旧址上建紫禁城。明北京紫禁城较元大都宫城北缩约500米,南扩约400米[4]。经考古勘察可知,元大都宫城南门崇天门,约在今故宫太和殿位置,北门厚载门约在今景山公园少年宫前(已发现夯土台基)。东、西两垣约在今故宫的东、西垣附近[5]。但据明清文献记载紫禁城的尺度换算,可知明紫禁城南北宫墙(宽)较元宫城南北宫墙长22.76米;明紫禁城东西宫墙(深)较元宫城东西宫墙长约25.72

---

[1] 王剑英等《论从元大都到明北京宫阙的演变》(《中国紫禁城学会论文集》第一辑,紫禁城出版社1997年版)中说:明北京宫殿门阙规制悉如南京,"其实,除了照南京后来改建的大内金水桥,增建的端门、午门楼各五间和长安东、西两门以外,其余全部都和凤阳中都的宫殿门阙一样"。"因此,北京的宫殿门阙是凤阳中都宫殿门阙南京翻版的再翻版,都是沿用了明中都的规划制度。"

[2] 明北京城内金水河的流向和明中都金水河极其相似。

[3] 单士元为王剑英《明中都》(中华书局1992年版)一书撰写的序言。

[4] A. 侯仁之《元大都城与明清北京城》,《故宫博物院院刊》1979年第3期。

B. 王剑英等《论从元大都到明北京宫阙的演变》(《中国紫禁城学会论文集》第一辑,紫禁城出版社1997年版)中记述:"明宫城北门玄武门比元宫城厚载门南移约400米,明宫城午门比元宫城崇天门南移约300米。"按:据侯仁之主编《北京历史地图集》(北京出版社1988年版)所收明、清皇城图比例,1厘米=90米,量图,明紫禁城午门约较元宫城崇天门南扩约370米,明紫禁城玄武门较元宫城厚载门南移约540米。

[5] 徐苹芳《元大都的勘查和发掘》,《中国历史考古学论丛》,台湾久晨文化实业股份有限公司1996年版。此为前已发表同名简报的修改稿。

米；元宫城周长较明紫禁城周长少 97 米[1]。虽然如此，但明北京紫禁城之周长仍与元大都宫城周长九里三十步大体相合（北宋宫城、金中都宫城周长亦九里三十步）[2]。上述情况表明，明紫禁城的规模较元大都宫城略大，元大都宫城东西垣应在明紫禁城东西垣的内侧。也就是说，明北京紫禁城东西垣较元大都东西垣各平行外移约 11.38 米，因而二宫城中轴线相重[3]。此外，明北京皇城较元大都皇城（萧墙）略外扩，皇城环套紫禁城，同元大都。

明紫禁城和元宫城中轴线相重，两宫城朝寝主要建筑均在中轴线上沿纵深方向配置。其对应关系，一般认为午门约相当于棂星门位置（前者属明紫禁城，后者为元大都宫城，下同），内金水桥相当于周桥，其后奉天门、外朝三殿相当于崇天门至大明门位置，内廷两宫约在大明殿旧址上，万岁山下压延春阁旧址[4]。从性质上看，外朝三殿约相当于元大明殿，内廷两宫约相当于元延春阁。如果将明建于"工"字形大台基（与元相同[5]）上的外朝三殿分解，奉天殿约相当于大明殿，谨身殿约相当于大明殿后的寝殿，华盖殿则相当于大明殿后的柱廊（柱廊又称穿堂，《明宫史》说华盖殿"南北连属穿堂"，可证其由工字殿柱廊演变而来），取消大明殿之后两侧的文思殿和紫檀殿。前三殿东、西庑上建文昭阁（文楼）、武成阁（武楼），其位置、形制、名称均与元宫城大明殿东西庑上的楼阁全同。上述情况表明，前三殿的基本形制、布局是从元大明殿演变而来的（谨身殿用途改变，故左右无东西夹室和香阁）[6]。甚至皇极殿的面阔、进深、高度也与大明殿极为接

---

[1] 前面已论证，明北京紫禁城按宫城内皮计，宫城东西宽 749.4626 米，南北长 961.2603 米；按宫墙外皮计，宫城东西宽 765.327 米，南北长 977.1253 米。前面第六章、第七章已说明元大都宫城周长为（742.56 米＋951.4 米）×2＝3387.92 米，合 9.128 元里（3387.92 米÷371.42 米）。0.128 元里合 30.72 步（0.128 元里×240 步），与文献记载的元宫城九里三十步相合。以上明北京紫禁城宫墙按内皮计，周长较元宫城多 33.5 米〔（961.2603 米＋749.4626 米）×2－3387.92 米＝33.52 米〕。按宫墙外皮计，南北宫墙较元大都宫城南北宫墙长 22.76 米（765.327 米－742.56 米）；东西宫墙较元大都宫城东西宫墙长 25.72 米（977.1253 米－951.4 米），周长则较元大都宫城长 97 米〔（977.125 米＋765.327 米）×2－3387.92 米＝96.98 米〕。

[2] 据前换算，明北京紫禁城宫城内墙皮周长 3421.4458 米，合 9.21 元里（3421.4458 米÷371.42 米＝9.21 元里），宫墙外皮周长 3484.90 米合 9.38 元里（3484.90 米÷371.42 米＝9.38 元里）。0.21 元里合元 50.4 步（0.21 元里×240 步＝50.4 步），0.38 元里合元 91.2 步（0.38 元里×240 步＝91.2 步）。上述结果与元宫城九里相同，步数略多。

[3] 徐苹芳《元大都的勘查和发掘》说："在景山以北发现的一段南北向的道路遗迹，宽达 28 公尺，即大都中轴线上的大道的一部分。"证实二宫城中轴线相沿未变。明紫禁城南北宫墙较元大都南北宫城长 22.76 米，是明北京紫禁城东西垣较元大都东西垣各平行外移约 11.38 米（22.76 米÷2）。

[4] 侯仁之《元大都城与明清北京城》，《故宫博物院院刊》1979 年第 3 期。文中还说："崇天门相当于今太和殿位置。"

[5] 姜舜源《论北京元明清三朝宫殿的继承与发展》（《紫禁城建筑研究与保护：故宫博物院建院 70 周年回顾》，紫禁城出版社 1995 年版）说：正殿建在三台上，最晚在唐代已出现，这从唐代命名三台星座可以得到证实。从文献记载看，元、明、清三代三台是相同的，元代即"殿基高可十尺，前为殿陛，纳为三级，绕以龙凤白石阑，阑下每楯压以鳌头，虚出阑外，四绕于殿"。按，所谓"三台相同"不是指位置，而是形制基本相同。

[6] 《傅熹年建筑史论文集》，文物出版社 1998 年版，第 356 页。

近，乾清宫的面阔和进深亦与延春阁略同（内廷二宫一殿与延春阁、寝殿、柱廊的对应关系同前）[1]。午门和角楼的建筑形式，则与元宫城崇天门和角楼大体相近[2]。从整体上看，紫禁城和元宫城的平面形制及尺度，宫墙的高度均十分接近[3]，紫禁城与内城、皇城和苑的关系，基本上是从元宫城承袭而来。此外，两宫城在廊庑的使用和形制（主体建筑周围均用庑房环绕）上，以及延春阁、日精门、月华门之类名称的沿用等局部问题上，也多有相同之处[4]。总之，明北京紫禁城的形制布局在很多方面都打上了元宫城的烙印。

除上所述，应当指出，元宫城乃是蒙古人以其草原文化和生活习俗为底蕴，又结合"汉法"的产物，因而与明北京紫禁城又有很大差异。试略举七例：第一，明紫禁城中轴线与元大都宫城中轴线相同，但明紫禁城中轴线与全城规划中轴线相合，并纵贯全城，则不同于元大都宫城中轴线。第二，在象天立宫问题上，元大都以钟楼之西的中书省居紫微垣，六部置于中书省周围为紫微垣众星。元宫城在钟楼之西，地当太微垣，以崇天门东南的御史台对应太微垣正门天门南端的左右执法，故可将元宫城称为"太微城"[5]。明紫禁城则以外朝三殿象征太微垣，以内廷二宫象征紫微垣。第三，从朝寝相混到朝寝严格区分，布局从松散走向严谨，面积从朝小寝大到朝大寝小。元代大明殿称"大内前位"，延春阁称"大内后位"，两者之间有东、西华门间横街相隔。虽然如此，但前朝后寝仍相混。

---

[1] 姜舜源《论北京元明清三朝宫殿的继承与发展》（《紫禁城建筑研究与保护：故宫博物院建院 70 周年回顾》，紫禁城出版社 1995 年版中指出：元代的一些宫殿在面阔、进深、高度上，均与明代及清代的吻合。如大明殿"东西二百尺，深一百二十尺，高九十尺"，分别合 62 米、37.2 米、27.9 米，与太和殿分别为 62 米、34 米、27.37 米的数字基本相同。延春阁的面阔、进深，也基本与乾清宫相同。文中认为明代宫殿和布局与元宫城相同或近似，其原因之一，是明南京、中都建宫城时将《北平宫室图》作为样本，并有《故宫遗录》作参考（按，建明北京紫禁城之前，元宫城仍存在），二是自宋《营造法式》以来，建材的材分制度已形成相当稳定的"模数制"，明继承了宋元的材分制度的"模数"，故宫殿尺寸基本一致。

[2] 姜舜源《论北京元明清三朝宫殿的继承与发展》（《紫禁城建筑研究与保护：故宫博物院建院 70 周年回顾》，紫禁城出版社 1995 年版文中指出：明代宫殿建筑形式也多与元代相同或相近。如崇天门，正楼"左右垛楼二，垛楼登门两斜庑十门，阙上两观皆三垛楼"，与明代午门正楼两观及两翼前峰建重楼是一样的。阙前，"连垛楼东西庑各五间"，这简直与明代午门毫无二致。再如，"角楼四，据（踞）宫城之四隅，皆三趓楼，琉璃瓦饰檐脊"。三趓楼即三重檐楼，与明代的一样。

[3] 姜舜源《论北京元明清三朝宫殿的继承和发展》（《故宫博物院院刊》1992 年第 3 期）认为：在平面尺度上，明代与元代是一致的。《辍耕录·宫阙制度》载："宫城周回九里三十步，东西四百八十步，南北六百十五步。"元代一步合 1.55 米，一里为二百四十步，合今 372 米，则大内周长为 3394.5 米，东西宽 744 米，南北长 953.25 米。明紫禁城周长 3428 米，东西宽 753 米，南北长 961 米。二者几乎是相同的。明代城墙高度与元代基本一致。《南村辍耕录》卷二十一"宫阙制度"："（城）高三十五尺。"元代一尺合今 0.31 米，则城高 10.85 米，明代城墙也多在 10 米左右。按上述元、明尺度合米制，以及明紫禁城长度与本书略有出入，仅供参考。

[4] 姜舜源《论北京元明清三朝宫殿的继承和发展》（《故宫博物院院刊》1992 年第 3 期）一文的有关论述。

[5] 姜舜源《论北京元明清三朝宫殿的继承和发展》（《故宫博物院院刊》1992 年第 3 期）文中论证了元宫城相当于太微垣。又说：元宫城的情况，当与元代皇帝受喇嘛教影响，崇尚日月和光明，向往的不是天帝之居而是日月之明有关。

元代帝后并尊，同御大明殿并坐受朝贺，大明殿周围有帝后妃嫔寝宫，大明殿周庑共120间。在延春阁寝宫区皇帝也理政，大内前后位（朝寝）区别不大，但延春阁一区周庑172间，较前朝多出52间，反映出延春阁更重于大明殿一区建筑[1]。明北京紫禁城则不然，其特点是严格按照礼序区分外朝和内廷。外朝三殿（相当于大明殿一组）和内廷两宫（相当于延春阁一组）之间既有扁条形的乾清门外庭院相隔，成为前朝后寝之间一条不可逾越的界限，同时在布局上又以乾清门为门户使外朝内廷连为一体，形成严谨、和谐统一的布局。此外，在面积上外朝是内廷的四倍（见前述情况），朝远大于寝，这是重在突出外朝代表国家的皇权至上权威的必然结果。第四，宫殿从环水散置到以礼制为统率的集中配置。元宫城与隆福、兴圣二宫散置于太液池东西两侧，这与蒙古人逐水游牧、擅长建离宫作为夏季游猎休息场所的习俗有关（元上都亦环水配置建筑）。此种布局的特点是疏散、开阔、豁达，开放性强防守性差。到明代恢复重礼制的传统，以礼序为核心营建紫禁城，将诸宫殿集中于紫禁城内，突出中轴线上的配置和布局，形成结构紧凑，布局严整，防守性很强的格局。第五，明紫禁城东、西华门较元宫城南移至距南城墙二角楼约100米处，远离内廷。这样既加强了内廷的严密性和隐秘性，强化了宫廷整体布局的统一、协调和严整性，利于宫城防卫，又便于大臣入宫直趋外朝。第六，明北京城较元大都北缩五里，为使紫禁城在中轴线上占据中心位置，以及开护城河（元宫城西北距太液池太近，无法开护城河）、凿南海和内外金水河的需要而将元宫城和元大都原南城墙南移。护城河、内金水河与桥和南海为元宫城和萧墙内所无，其在紫禁城布局，以及防卫、给水排水、防火等方面有重要意义，这也是明紫禁城有别于元大都宫城布局的特色之一。第七，明紫禁城前区较元宫城变化大。元宫城前区空间有限，明紫禁城扩大了前区空间，增建了端门和承天门，将左祖右社纳于宫城总体规划，置于午门前之左右（元左祖右社远离宫城，散置）。承天门前外金水桥五座，较元周桥（三座）多出两座。其前面的"T"字形宫廷广场较元代加大，千步廊加长，且两侧置中央衙署（元千步廊两侧不集中配置中央衙署），并在大明门与正阳门间辟东西向棋盘街以为东西通道（元"T"字形宫廷广场前无通道，断绝交通）。由此可见，元明宫城前区的形制布局同中有异，差别明显。

总之，上述情况表明，明北京紫禁城因元大都宫城故址，其规模、紫禁城与苑和皇城的位置关系、午门和角楼的形制、外朝三殿内廷三宫的形制布局等，均与元大都宫城有一定的相因关系。但同时两者之间的形制布局又有很大区别，故言明北京紫禁城与元大都宫城相因而变异。

（二）明北京紫禁城主体框架因金中都宫城而变化

前面介绍了元大都宫城形制布局与明北京紫禁城的关系，以及两者间的主要差异。其实从宫城规制来看，位于明北京南面近旁的金中都宫城之形制布局，对明北京紫禁城的影

---

[1] 郑连章《紫禁城宫殿总体布局的继承与发展》，《中国紫禁城学会论文集》第一辑，紫禁城出版社1997年版。

响比元大都更为关键。对此，下面略指出六点[1]。

第一，中轴线。金中都宫城中轴线向北延伸到外城北城墙通玄门，向南延伸至外城丰宜门，中轴线不居皇城和外城之中。明北京紫禁城中轴线几乎纵贯全城，同金中都。其变化是明紫禁城中轴线与全城规划中轴线相合，从而成为中国古代都城和宫城最完整最理想的中轴线。

第二，三路配置。金中都宫城内按中、东、西三路配置宫殿和其他主要建筑。明北京紫禁城外朝按中、东、西三路配置，内廷按中、内东、西路、外东、西路五路配置。上述情况，应是金中都宫城三路配置的延续和发展。

第三，金中都在中路大安殿大安后门与仁政殿前宣明门之间有封闭性的东西狭长小院相隔（小院东西墙设门）。明紫禁城在外朝谨身殿（建极殿）之后与内廷乾清门之间亦有东西狭长小院相隔，院东西墙设门，情况同于金中都。

第四，内廷和东路。金中都宫城仁政殿后为后宫（内有皇帝正位和皇后正位），后宫之西即西路北部为妃嫔所居之十六位。明紫禁城内廷及东西六宫的配置形式，或从此演变而来。又金中都东路南部为东宫（太子宫），其北为太后所居之寿康宫。明紫禁城外朝东路文华殿和其北太后所居之慈庆宫的态势，同于金中都宫城。

第五，宫廷广场和千步廊。前已介绍金中都在宫城应天门与皇城宣阳门间形成真正的"T"字形宫廷广场和千步廊，并将尚书省、六部、太庙、会同馆、来宁馆等整齐配置于千步廊两侧，同时又将宣阳门南辟为街市。明北京紫禁城宫廷广场位置在皇城承天门南同元大都在萧墙棂星门南，南部至皇城大明门同金中都至皇城宣阳门。千步廊形态略如金中都和元大都，千步廊两侧置中央衙署则是金中都千步廊两侧配置的延续和发展。又明北京紫禁城在大明门与正阳门间辟棋盘街为东西通道并形成街市（元大都千步廊至丽正门封闭），亦源于金中都宣阳门至丰宜门间的情况。

第六，金中都宫城周长9里30步，元大都宫城周长亦9里30步，大体以北宋皇城总周长9里13步为基准而略有变化。前已说明，明北京紫禁城周长合元9里，仅步数略多。由此可见，北宋、金、元、明宫城周长是一脉相承的。

在上述六点中，前五点直接影响到明北京紫禁城和宫廷广场形制布局的主体框架结构，以此结合金中都宫城对元大都宫城的一些影响又传导至明紫禁城来看，可以说金中都宫城对明北京紫禁城形制布局的影响较重于元大都宫城。

三　明紫禁城形制布局集前代宫城之大成，稽古创新

如前所述，元大都宫城的形制布局是以蒙古人草原文化和生活习俗为底蕴，并结合"汉法"而规划设计的，故其总体形制布局和很多具体配置与汉族宫城传统相悖，与汉族宫城规划设计理念也不甚相合。因此，明灭元后，营建宫城非改变元大都的宫城模式不可。在这种情况下，明初营建宫城，除参照元大都宫城外还必须参照以前历代主要宫城的形制布局。事实上，早在朱元璋攻下金陵之时，建都之议就已提到日程上来，今天的南京、开封（北宋都城）、北京（元大都）、西安（唐代都城）、洛阳（唐代东都）均是当时

---

[1] 金中都皇城宫城情况，见本书第四章　金上京和金中都，并参见于杰等《金中都》（北京出版社1989年版）中的介绍及其金中都皇城宫城复原示意图。

建都的后备地点，这些城市的宫城遂成为主要的考察对象[1]。

本书第一章介绍了北宋开封宫城改变了唐代宫城的模式，开一代新制。第四章介绍了金中都宫城"依汴京制度"，阐述了金中都宫城形制布局与北宋宫城的承袭关系及其变化和发展。第六章介绍了元大都宫城与金中都宫城的承袭演变关系，以及元大都宫城形制布局的主要特点。据此可以较清楚地看出，自北宋开封宫城开一代新制以后，直接影响到辽金宫城的形制布局（辽代宫城形制布局参见本书第三章），并间接影响到元大都宫城的形制布局。可以说南宋临安宫城、辽代宫城、金中都宫城、元大都宫城的形制布局，均是沿着北宋开封宫城新制的轨迹而发展和变化的。就明代三都宫城来看，本书第八章介绍了明初营建宫城便已参考了"北平宫室图"（即元大都宫室图），介绍了明南京明中都宫城的相互承袭关系。本节之二介绍了明北京紫禁城与金中都和元大都宫城间的承袭关系。本节之一又明确了明代三都宫城的形制布局是一脉相承的。上述情况表明，明北京紫禁城的形制布局除可直接参考位于当地的金中都和元大都的宫城之外，更主要的则是通过明中都明南京宫城的传导作用而感受到金中都和元大都宫城的影响。由此可见，明代欲改变元宫城的模式，首先是建立在继承的基础之上。通过这种继承关系，以金中都和元大都宫城为中介，明北京紫禁城形制布局之源则可上溯至北宋宫城新制。而北宋宫城新制，前面有关章节已指出其与北魏洛阳、隋唐长安和洛阳宫城也存在一定的承袭演变关系。这样就使金中都、元大都宫城直到明北京紫禁城的形制布局也与北魏洛阳宫城以后的宫城演变序列搭上了关系。因此，明代紫禁城形制布局的形成和发展绝不是无本之木、无源之水，而是有着深厚的渊源基础的。这种深厚的渊源基础，即植根于明代以前历代宫城形制布局发展规律和演变轨迹之中，并以宋至元代宫城最为重要。

从本书前面各章节所述北宋至元代宫城形制布局发展规律和演变轨迹来看，其间的发展和变化主要是围绕以下诸方面进行的：第一，如何更好地解决宫城居中问题。第二，如何确定宫城、皇城、外城之间的位置关系，以及皇城功能问题。第三，如何确定宫城中轴线及其与全城规划中轴线的关系问题。第四，宫城规模和规范宫城框架结构。第五，宫城正门和主要门制，东西华门的位置和功能。第六，宫城前朝后寝的配置和形制布局。第七，宫城内的配置分几路布局。第八，内廷妃嫔宫室，太后、皇太子及诸皇子宫室的配置。第九，宫城内的主要附属建筑、苑和宗教设施如何配置。第十，如何安排宫内给水排水系统。第十一，祖社的配置方位。第十二，宫廷广场和千步廊的位置与形制，以及中央衙署的配置方位等。上述诸点，正是明初营建紫禁城时为改变元大都宫城模式所要解决的主要问题。但是，解决这些问题乃是一项难度很大的系统工程。为此，明初经历了三都三次营建宫城的过程。即先以明南京洪武元年新宫为试验场作为营建明中都宫城的原型，又以经过改进的明中都宫城为试验场改建明南京宫城，再以明中都和明南京宫城积累起来的较成熟的经验和模式，进一步规划明北京紫禁城。这种按照当时当地的实际情况和需要，经过实践再实践的不断改进和完善宫城形制布局的过程（此过程在中国古代宫城营建史中是独一无二的），虽然不是事先设定的，但客观上却达到了在总结发扬明代以前历代宫城

---

[1] 徐达攻下元大都后，即上"北平宫室图"供御览和研究，当时在元大都南面近在咫尺的金中都宫城遗址尚存。此外，朱元璋曾亲自到开封考察，后又派太子考察长安和洛阳。可见汉唐以来的主要都城和宫城均在其考察范围之内。

形制布局成功经验的基础上，如何更好地继承传统，结合实际情况取其所需，以使明代紫禁城的形制布局逐次改进，逐步升华，不断创新和完善的目的。这样到明北京紫禁城时则水到渠成，以集中国古代宫城形制布局之大成的大手笔，稽古创制。从而完成了此前历代宫城形制布局发展演变的进程，形成了中国古代宫城中最符合传统规划设计理念和最完备的形制布局。自此明北京紫禁城就作为中国古代宫城终结模式的一座丰碑，而屹立于中国的大地上。

第十一章　清代北京城和紫禁城在明代基础上的主要变化

第一节　清北京城在明北京城基础上的主要变化

清代北京城承袭明北京城的形制，对明北京城格局仅有局部的调整、充实、更动和改造。其主要变化，首先，是将内城定为满城，在明北京城基础上，重新确定了城内功能区划和主要配置的方位，将汉人和回民等移居外城（称汉城），因而促进了外城的繁荣。其次，是开发西郊，营建离宫苑囿，形成皇家园林区。下面拟对清北京内外城的主要变化略作介绍[1]。

一　清将明北京内城改为满城

（一）取消明皇城与满城八旗驻地的配置

清将明北京内城改为满城，系指居民构成和行政区划而言，下面行文仍按城的形制结构称内城。

清代取消了明代的皇城[2]，皇城东北部大都改为庙宇或民居；太液池以西除保留西什库和大光明殿外均改为胡同民居；皇城东南角明朝南内旧址清初仅保留了皇史宬、缎库

---

[1] 清北京内城又称北城，外城也称南城，本书以内、外城称之。
[2] 清取消明皇城，但明皇城墙仍存在，并曾重建和增筑皇城墙。据《国朝宫史》记载："皇城重建于乾隆十九年，至二十五年工竣。又增筑长安左门外围墙一百五十五丈，长安右门外围墙一百六十七丈五尺一寸，各设三座门。"前面第十章皇城东墙遗址注释中，在明东皇城墙夯土基础上开槽所砌砖基础，可能就是乾隆十九年至二十五年重建皇城墙的基础，即所发现东皇城墙墙体为清代重建部分。
据陈宗藩《燕都丛考》（北京古籍出版社1991年版）第一编第二章"城池"记载："皇城四面，历年逐渐拆毁。长安左右门民国元年即拆去，仅余门阙，俗所称三座门者是也。乾隆时所增筑之围墙，亦于是年改修。东安门于民国十三年拆去……西皇城根如灵清宫一带，民国六年拆去……东皇城根则向南一段，拆于十三四年，向北一段，拆于十五六年。"又记"皇城南面东西两端与皇城之天安门成一平线，民国初元，于东侧辟南池子门，于西侧辟南长街门，又西侧辟灰厂墙门；"其皇城东面，则辟翠花胡同一门，以通马神庙大学堂之路，北面则辟宛平县署一门，以通德胜门之路。至民国十六年，则城垣尽拆，翠花胡同，宛平县署之新门，亦无余迹；"皇城（宫）东、西、北三面之外，旧有护宫营房凡数百间，倚濠面而墙，藉资宿卫。民国十八年，北面一带均行拆卸，于东北西北两隅，建屋各五楹……"

和嘛哈噶喇庙，余地亦改为民居。此外，天安门千步廊西侧明五军都督府旧址，东城诸粮仓中除海运仓、南新仓、禄米仓保留外，皆改为民居。其他诸如明智坊草场、红罗厂、安民厂、王恭厂、盔甲厂、山西大木厂、柴炭厂等都拆改为民居用地（图11-1、图11-2）。上述措施扩大了内城民居用地。

1644年清军占领北京后，"下令移城，以南北二城与居民，而尽圈中东西三城为营地"[1]。顺治五年（1648年）八月再次下令移城，规定"寺院庙宇中居住僧道勿动"，"除八旗投充汉人不令迁移外，凡汉官及商民人等，尽徙南城居住"（图11-1）[2]。同时规定，汉人可出入内城，但不得夜宿；八旗官员兵丁不许在京城外居住。从此清京师城内行政区划改为满城（北城）和汉城（南城）二城制度。

"八旗兵丁乃国家之根本"，"世祖定鼎燕京，分置满、蒙、汉八旗于京城"[3]。八旗兵（满洲八旗、蒙古八旗、汉军八旗）近半数驻扎京城，拱卫皇宫，宿卫禁城。按满族围猎传统：两黄围底（方位居北）、两红右围（方位居西）、两白左围（方位居东）、两蓝围端（方位居南），以此配置八旗在内城驻扎地区。据《八旗通志》记载："镶黄满洲、蒙古、汉军三旗，各按参领，自鼓楼向东至新桥，自新桥大街北口城根向南至府学胡同东口，系与正白旗接界。正白满洲、蒙古、汉军三旗与镶黄旗接界之处，系自府学胡同东口向南，各按参领，至四牌楼豹房胡同东口。与镶白旗接界之处由皇城根至东大城根。镶白满洲、蒙古、汉军三旗与正白旗接界之处，系自豹房胡同向南至单牌楼。与正蓝旗接界之处由皇城根向东至大城根。正蓝满洲、蒙古、汉军三旗与镶白旗接界之处，系自单牌楼至崇文门，由金水楼向东至大城根。正黄满洲、蒙古、汉军三旗自鼓楼向西，至新街口大街北口城根向南，至马状元胡同西口与正红旗接。正红满洲、蒙古、汉军三旗与正黄旗接界之处，系自马状元胡同东口与镶红旗接界之处，由皇城根西至大城根。镶红满洲、蒙古、汉军三旗与正红旗接界之处，系自羊肉胡同向南至单牌楼，与镶蓝旗接界之处，由皇城根向西至大城根。镶蓝满洲、蒙古、汉军三旗与镶红旗接界之处，系自单牌楼胡同至宣武门由金水桥向西至大城根。[4]"满、蒙、汉八旗分别在划定的各自区域内，不相混淆。满洲八旗的八个居住区紧靠皇城四周，皇帝亲统的正黄、镶黄、正白上三旗（余下称下五旗）人口最多，配置于皇城之北。汉军八旗的八个居住区配置于远离皇城，靠近四面城墙的边缘，蒙古八旗的八个居住区插在满洲和汉军八旗居住区之间（图11-1）。上述八旗按民族和地位所形成的

---

[1] 侯仁之主编《北京城市历史地理》（北京燕山出版社2000年版）第233页引明·遗民《闻续笔》卷一。

[2] 《清世祖实录》卷四〇顺治五年八月条。

[3] 《清史稿》卷一三〇《兵一》。

[4] A. 《日下旧闻考》卷三七第578~585页引《八旗通志》。

  B. 《日下旧闻考》（一）卷三七第578页引《八旗通志》："顺治元年，世祖章皇帝定鼎燕京，分别八旗，拱卫皇居。镶黄居安定门内，正黄居德胜门内，并在北方。正白居东直门内，镶白居朝阳门内，并在东方。正红居西直门内，镶红居阜成门内，并在西方。正蓝居崇文门内，镶蓝居宣武门内，并在南方。盖八旗方位相胜之意，以之行师，则整齐纪律，以此建国，则巩固屏藩，诚振古以来所未有者也。"

北

安定门

德胜门

亲疏关系，在紫禁城四周构筑起内、中、外三层护卫体系，"以寓制胜之意"[1]。

据估算，清入关时八旗兵丁约172000人，顺治四年八旗兵丁约181300人，顺治十四年八旗兵丁约190300人，康熙二十年（1689年）京师八旗兵丁约169100人，康熙五十年八旗兵丁约193900人，乾隆四十六年（1781年）约205400人。清军入关前，八旗总人口约580000人。顺治十四年京师（包括城属近郊）八旗人口约430000人[2]，居住内城者约300000人[3]。所有八旗官兵皆按标准配给公房[4]，大量低级官吏和八旗士兵只分给一至三间。所谓公房即汉人撤走后遗留的原明北京城的宅院，上述住房分配制度既保留了明北京城的四合院，又使贫民小院也派上用场。康熙三十四年至乾隆时期，旗丁日增，内城人口压力很大，于是向四郊和外城疏散旗人[5]。雍正以后，八旗由聚族而居趋向散居，各旗居址界限混淆。道光以后民族隔离政策逐渐松弛，旗界渐渐走向瓦解。清代后期，尤其光绪变法之后，满汉畛域日渐消除，移居内城的汉人才有明显增加。

（二）满城环布新建诸王公府第

清代宗室封爵参照明代，并吸取明代封藩引起内乱的教训，所封诸王"不赐土"，"不加郡国"，均置于京城之内。因此，清代在京城内大建诸王公府第，这是清代京城有别于明代和历代京城的一个重要特点（图11-1、图11-3）。清代皇族凡显祖（努尔哈赤之父）本支称宗室，旁系子孙称觉罗。宗室觉罗封爵，皇太极崇德元年分九等[6]，顺治六年改

---

[1] 《大清会典事例》卷一一一二。八旗在京城内分置于北方、东方、西方、南方，"以寓制胜之意"。按这种配置既是满族围猎传统，也是其军队作战驻扎时围护布防情况的反映。

[2] 侯仁之主编《北京城市历史地理》（北京燕山出版社2000年版）"第六节 清北京城市人口规模"。文中又记述，康熙二十年与五十年京师八旗总人口分别为540000人和680000人。乾隆四十六年，在疏散旗人和兵丁后，京师八旗兵丁保持160000人左右，总人口约650000人，加以旗人家内佣50000人，合计700000人。光绪初年，京师八旗人口约670000人，又家内仆役与内城汉人约35000人。宣统中京师八旗共118738户（丁），约496000人，其中内城234000人，外城12000人，城属250600人，内城汉人约210000人。

[3] 孙大章主编《中国古代建筑史》第五卷"清代建筑"，中国建筑工业出版社2002年版，第21页。

[4] A.《大清会典事例》卷一一二〇，顺治五年规定"一品官给房二十间，拨什库（领催）、护军、披甲（骁骑、步甲）二间"，顺治十六年又议准"拨什库、护军各二间，披甲人各一间"。又康熙十四年再次颁布谕令，按官位品级分配住房或建造宅院的标准：一品14间，二品12间，三品10间，四品8间，五品6间，六至七品4间，八至九品3间。

B. 孙大章主编《中国古代建筑史》第五卷（中国建筑工业出版社2002年版）"清代建筑"第14页说：按旗划分，使城内原本脆弱的里坊制彻底瓦解。为了加强城内治安，除设立巡察岗哨、堆拨房外，又在胡同出口处设立栅栏。栅栏顶部写明街道胡同名目，入夜后栅栏即行关闭，实际为宵禁措施。有些胡同往往以栅栏为名，前门外大栅栏即为一例。

[5] 侯仁之主编《北京城市历史地理》，北京燕山出版社2000年版，第320～324页。

[6] 皇太极崇德元年九等爵为和硕亲王、多罗郡王、多罗贝勒、固山贝子、镇国公、辅国公、镇国将军、辅国将军、奉国将军。

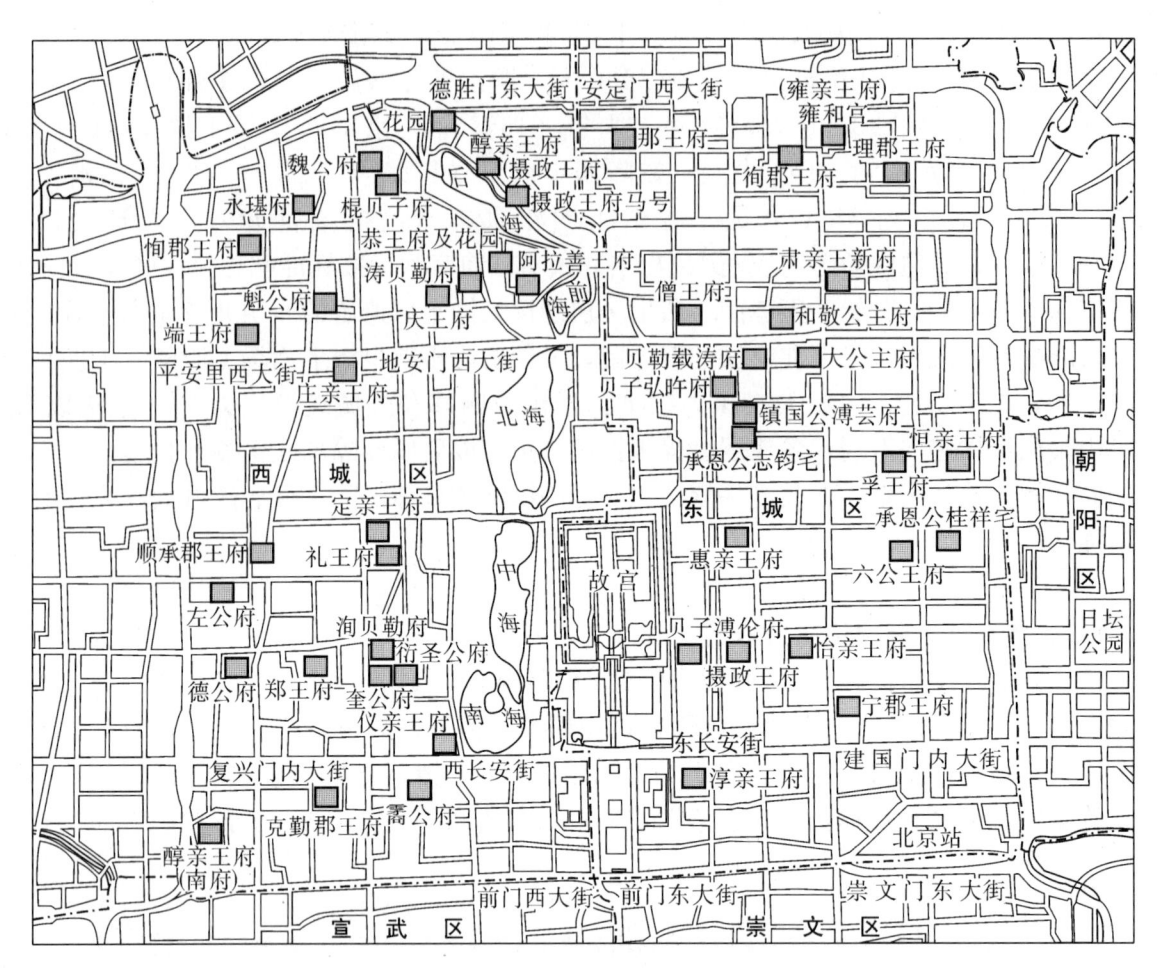

图 11-3　清北京城王府分布示意图
(引自国家文物局主编《中国文物地图集·北京分册》，略有改动)

为十二等，即和硕亲王、多罗郡王、多罗贝勒、固山贝子、奉恩镇国公、奉恩辅国公、不入八分镇国公、不入八分辅国将军、镇国将军、辅国将军、奉国将军、奉恩将军（此外，康熙二十三年又将世子加在和硕亲王下，长子加在多罗郡王下，变为十四等）。封爵有恩封（因皇室而受封，清中后期占主导地位）、功爵（因功授爵，清前期较多）、考封（考试授爵）之别，又有"铁帽王"[1]和普通王公之分。铁帽王世代延袭罔替，若获罪只罪其人不废其爵，故这些王公府第位置和世爵大都未发生变化，只是在名称上有所改变。如乾隆四十三年（1778年），简亲王府复号郡亲王府，康亲王府复号礼亲王府等。普通王公一般降一等承袭，后又规定亲王后代降袭至镇国公后为世袭，郡王后代降袭至辅国公后世

---

[1] 清初八大铁帽子王为礼亲王代善、睿亲王多尔衮、郑亲王济尔哈朗、豫亲王多铎、肃亲王豪格、庄亲王硕塞、克勤郡王岳托、顺承郡王勒克德军。乾隆时加怡亲王允祥，同治、光绪年间加恭亲王奕䜣、醇亲王奕譞、庆亲王奕劻，有清一代共有十二位铁帽子王。

袭，这一类王公府第的爵号大都发生变化[1]。对于12等级王公府第建筑规制、标准、用材等都有严格规定。如，最高等级的亲王府第，正门5间、启门3间，缭以重垣。正殿7间，翼楼各9间，后殿5间。后寝7间，后楼7间。其屋共五重，基高、石栏、覆瓦、脊饰、门钉、漆色均有定制。郡王府以下规模标准递减[2]。由于清代王府规模较大，因而从空间上不同程度地打破了元大都和明北京城比较严整的街道胡同的格局。

顺治时期奠定了王公府第的基本格局，此时除"身膺大政"的睿亲王多尔衮府"在明南宫，今为缎疋库"（今缎疋胡同，后改为嘛哈噶喇庙），其同母兄长武英亲王阿济格王府在东华门，今为光禄寺（今东华门大街），位于明皇城内之外[3]，其余王府均在明皇城以外，分布于下五旗（即镶白、正红、镶红、正蓝、镶蓝旗）居址范围内，并且王府几乎都不在本旗地界[4]。诸王府的分布大分散小集中，小集中多依王族世系聚合[5]，各王府以改建明代旧宅为主。此外，郑亲王府建在明大木仓旧址，庄亲王府建于明太平仓旧址，这个阶段王府建于明仓库旧址者较少。

首先，自康熙中叶至道光初年，府第激增，府第选址与分布较前阶段复杂。康熙皇子二十余人均受封爵，雍正即位后因政治斗争，其一些兄弟被革爵或被杀，府第废[6]。其

---

[1]《清史稿》卷一六一《皇子世表一》记载："自周室众建同姓，穆属维城；炎汉以降，帝王之子，靡不锡以王爵。考帝系者，于以见亲亲之谊也。清初封爵之制，未尝釐定，武功、慧哲、宣献诸王，皆以功绩而获崇封。崇德元年，定九等爵。顺治六年，复定为亲、郡王至奉恩将军凡十二等，有功封，有恩封，有考封。惟睿、礼、郑、豫、肃、庄、克勤、顺承八王，以佐命殊勋，世袭罔替。其他亲、郡王，则世降一等，有至镇国公、辅国公而仍延世者。若以旁支分封，则降至奉恩将军，迨世次已尽，不复承袭。盖自景祖以上子孙谓之'觉罗'，与显祖以下子孙谓之'宗室'者，亲疏攸别，爵秩亦殊，数传而后，仅得子、男。原夫锡爵之本意，酬庸为上，展亲次之，故有皇子而仅封贝勒、贝子、公者。揆诸前襟，至谨极严。雍正后，惟怡贤亲王以公忠体国，恭忠亲王以赞襄大政，醇贤亲王以德宗本生考，皆世袭罔替。至末年，而庆亲王奕劻乃亦膺兹懋赏矣。"
[2]《大清会典》卷五八。
[3] 李鹏年《摄政王载沣府第修建始末》(《故宫博物院建院六十周年纪念特刊》，紫禁城出版社1985年版) 记述光绪三十四年(1908年)十一月初十日，御史蔡金台上奏酌拟《摄政体制纲要》，第四条称："臣谨案：国初诸王府第，独睿亲王在东华门外，以身膺大政，出入最便，卫护最周也。"顺治八年，多尔衮死后，被追削王爵，黜宗室，同年英亲王阿济格被赐自尽，其后人被黜宗室。此后，明皇城内不再建王府，只有公主府。
[4] 侯仁之主编《北京城市历史地理》(北京燕山出版社2000年版) 第161~166页所记显祖三子舒尔哈齐世系诸府第的位置。此外，第161页表中还记有其他府第位置，其中果亲王允礼属正红旗，王府在官园正红旗地界，多罗豫郡王多铎属正蓝旗，府第在正蓝旗东交民巷，此二府第在本旗地界为特例。
[5] 参见前注舒尔哈齐世系诸府第的位置。
[6] 雍正时消失的王府，如圣祖三子诚亲王允祉，府第在官园。圣祖八子廉亲王允禩，府第在台基厂(后改昭忠祠)。圣祖九子贝子允禟宅(在铁狮子胡同)。圣祖十子敦郡王允䄉，府第在关防口。圣祖十二子履郡王允祹，府第在东直门北小街针线胡同。圣祖十四子恂郡王允禵，府第在西直门大街半壁街。

次，这个阶段按照袭爵降等制度，也带来了府第主人和形制标准的变化[1]。再次，该阶段将明代的草料场、火药厂、统炮厂、仓库裁撤东移，重要的仓库全部安置在东城靠近城墙的明海运仓、旧太仓旧址。东城某些不靠近城墙的仓厂，如台基厂亦废弃。同时在东直门至东便门间的东城墙外新建万安仓和太平仓（图11-1）。上述裁撤仓厂后的空地，建新王府[2]。除上所述，还有利用明代勋贵宅院改建的王府[3]，利用收回或购回王公无嗣或获罪的"空府"，重新分给新封王作为王府[4]，利用没收房产改建的王府[5]。总的来看，该阶段府主频繁更迭而王府位置和分布都基本固定，到乾隆时期内城的亲王、郡王、贝勒、贝子、镇国公、辅国公等府第，已达40余处，这些府第均分布在明代皇城外的周围[6]。

道光、咸丰之际至清末，按旗分地居住的八旗制度松弛，统治衰落，帝国主义势力侵入北京，东交民巷一带王府被迫迁出[7]。此时新王府大都利用改建旧王府[8]，或利用私人房产改建王府[9]。光绪二十五（1899年）年统计，京城内尚有王府50座[10]，有清一

---

[1] 如东铁匠胡同的敬谨亲王府，由敬谨亲王降至贝勒、镇国公、辅国公后以镇国公爵世袭，该府始终为敬谨亲王后代所有。而诚亲王府，诚亲王允祉—诚郡王弘畅—贝勒永珠—贝子绵勋世袭递降。英藏道光年间彩绘北京内城图标宽街诚亲王府址为一大贝子府与一小府合用。同治八年该府第赏给荣寿公主，绵勋则迁出另择新府址。

[2] 如在明西城坊草场建慎郡王府，明阜成竹木厂建果亲王府，明天师庵草场建諴亲王府（今宽街取灯胡同北），明台基厂建裕亲王府等。

[3] 如积水潭明定园改建为固山贝子弘曔宅，东三条明诸王府改建为信郡王府，明十王府改建为怡亲王府（后改为贤良寺）。

[4] 侯仁之主编《北京城市历史地理》（北京燕山出版社2000年版）第175页引《乾隆四十七年三月十二日内务府奏销档》记载："前经奏明，购买得原贝勒常阿岱等旧府四处，按例给价，拟建王公府第四座。"其情况大致是：所购西长街王府一座即六部口之仪亲王府，原府主不详，乾隆四十四年封赏第八子永璇为仪郡王。所购西四牌坊王府一座，原为礼亲王代善王府，后改巽亲王府，即贝勒常阿岱旧府；乾隆时改封长子永璜之二子绵恩为定亲王府，位于缸瓦市路东。所购太平湖王府一座，原为喀尔楚浑宅，改建为乾隆五子荣亲王永琪之袭绵乙为荣郡王府。所购石虎胡同公府一座，赏给乾隆长孙贝子绵德为宅。此外，利用旧府改建王府的还有诚亲王府利用官园的慎郡王府，和亲王府利用铁狮子胡同贝勒允䄉宅等。

[5] 利用没收房产改建的王府，如位于后海北岸的原大学士明珠宅被没收后，改为乾隆十一子永瑆成亲王府，位于明供应厂旧址的和珅宅，其被抄家后，改为庆亲王永璘府等。

[6] 图11-1、图11-3王府位置图，可参见本书注释所提到的王府方位。

[7] 从东交民巷一带迁出另建府宅的有辅国公纯堪宅，位于东交民巷，府主为太祖孙饶余郡王，府址建法国使馆，原府迁至地安门外西皇城根拐角。肃清王府，府址御河桥东，府址建日本正金银行、日本使馆、日本兵营，原府迁至船板胡同。镇国公荣毓宅，位于台基厂，建奥国兵营和使馆。镇国公奕梁宅，位于御河桥西，建英国使馆，原府迁至砖塔胡同。

[8] 如奕𫍽道光三十年封醇郡王，咸丰七年分府时府第在宣内太平湖，该府原为乾隆时荣亲王府，当时府主为其后人镇国公载楣，被迁至大佛寺北。同治十一年奕𫍽加封亲王，后其子载湉即帝位（光绪帝），于是醇亲王又迁到后海北岸贝子毓棣府第，棣贝子被迁到西直门内半壁街空府中居住。此外，类似情况还有淳亲王绵恺府第（朝阳门内烧酒胡同）、瑞亲王绵忻府第（草厂胡同）、恭亲王奕䜣第（三座桥北）、钟郡王奕詥府第（龙头井柳阴街等）。

[9] 庆亲王新府（奕劻宅）利用琦善宅等。

[10] 孙大章主编《中国古代建筑史》第五卷"清代建筑"，中国建筑工业出版社2002年版，第12页。

代王府成为北京内城重要的建筑内容和配置特色。

二　清将明北京外城改为汉城

清将明北京外城改称汉城，乃指居民构成和行政区划而言，下面行文仍按城的形制结构称外城。

（一）外城五城制和户口数

清代北京外城，套用明代五城制度，但具体区划不同。清代外城之东城，在崇文门外大街、娘娘庙街、天坛东墙以东至外城东城墙。西城，宣武门外大街、南北半截胡同、官菜园街以西至外城西城墙。南城，天坛以北，崇文门外大街以西与草场头条、天桥大街所夹之区。北城，宣武门外大街至官菜园街以东，与石头胡同、先农坛之间。中城，正阳门街两侧，与南、北二城界之间（图11-1）。

据《大清会典》记载，外城五城下设坊，坊下设铺（仿明代城坊制度），清初五城各坊共置35铺，铺设总甲是清代外城户口编制和户籍管理的基本社区单位。清初在城乡推行保甲制度，十户立一牌头，十牌立一甲头，十甲立一保长[1]，铺相当于保，35铺即35保，合35000户，约144000人（每户4.2口）。雍正十一年（1733年），外城五城增加到42铺[2]，居民达42000户，约210000口，宣统中外城共52226户，316472口[3]。

（二）外城居民构成状况

汉人和回民均迁至外城，此外康熙与雍正中还有派驻崇文、宣武门外两蓝旗营房的旗兵和眷属（包括少量散居旗人，参见图11-1），到清末外城共有旗人2004户，11900人[4]。外城居民状况，大体言之，外城中部和东部为商业聚居区（详见后文市场），宣武门外为士人聚居区。《旧京琐记》记载："旧日，汉官非大臣者有赐第或值枢廷者皆居外城，多在宣武门外，土著富室则多在崇文门外，故有东富西贵之说。士人题咏率属'宣南'，以此也"[5]，宣南遂成为全国士人和汉人官宦的最大聚集地，成为清代北京城的商业（包括手工业）、文化和学术中心，服务和娱乐性的中心，凡此之具体情况，请参见后文的会馆、宣南文化和商业市场等部分。

---

[1] 《清朝文献通考》卷一九"户口考一"记载：顺治元年规定："凡保甲之法，州县城乡十户立一牌头，十牌立一甲头，十甲立一保长，户给印牌，书其姓名丁口。"顺治四年诏天下编审人丁，"以百有十户为里，推丁多者十人为长，余百户为十甲，城中曰坊，近城曰厢，在乡曰里，各有长"。

[2] 侯仁之主编《北京城市历史地理》（北京燕山出版社2000年版）第288页引《大清会典则例》（《四库全书·史部政书类》）卷一五〇"都察院"，按在58个铺中有16个设在四郊，故在外城置42铺。

[3] 侯仁之主编《北京城市历史地理》，北京燕山出版社2000年版，第287～289页。载民国元年内政部统计科《内务统计，京师人口之部》，记述了关于清代北京外城户口情况。

[4] 侯仁之主编《北京城市历史地理》（北京燕山出版社2000年版）第282页据《京师内外城巡警厅统计书》。第286页据《皇朝文献通考》卷二五"户口"，宣统元年《京师内外城巡警厅统计书》，国档一馆《民政部汇造第二次查报户数清册》，认为宣统中旗人12000人。

[5] 夏仁虎《旧京琐记》（北京古籍出版社1986年版）卷八"城厢"。

三 衙署、礼制和宗教建筑的配置

(一) 衙署

1. 中央衙署

清代仍将主要中央衙署置于千步廊两侧，千步廊以东衙署的配置大体如明之旧，千步廊以西废明代五军都督府和锦衣卫，在锦衣卫旧址自南向北配置大理寺、刑部和都察院（自宣内旧刑部街迁来），其北置太常寺和銮仪卫（其东原明代前至中军都督府旧址改民居）。隶属于都察院的京畿道御史衙、五城巡城御史、纂修法律的律例馆迁至正阳门内，靠近刑部诸机构。理藩院置东长安街北，明皇城东南角墙外。内阁公署、六科直房、军机处等置于紫禁城内。国子监、贡院、宝泉局等，仍明署旧址不变。

清代较晚设置的衙署，如总理各国通商衙门，咸丰十年（1860年）先借宛平县署东之嘉兴寺为办理交涉事务之所，后移至东城豹房胡同法华寺，1861年签订《北京条约》后，将东城东堂子胡同铁钱局公所改建为新址，称"总理各国事务衙门"（民国初年改为外交部）。同治二年（1863年），总税务司署由上海迁京，置于东城台基厂柴火栏（法国公使馆后身，今北京市政府所在地）。总的来看，清代中央衙署多置于东城，这是与平时进出紫禁城均走东华门密切相关的（图11-1）。

2. 地方衙署

主管京师地方行政事务的顺天府衙（交道口）、顺天府儒学署（府学胡同）、京城税关（崇文门外），以及大兴、宛平县署，均在明衙署旧址。康熙十三年设负责全城警卫任务的"提督九门巡捕五营步军统领"，简称九门提督，初无专署。雍正十二年（1734年），"以宣武门内京畿道胡同内务府官房为之。乾隆二十一年（1756年）管步军统领事傅恒以衙署偏在西南，奏请与地安门外帽儿胡同礼部会同馆互易"[1]。嘉庆以后，内、外城断狱、门禁、编查保甲、缉捕、巡夜等职全归步军统领，分五绿营警卫南城（汉城）。此后，东、南、西、北四营只管城外关厢，衙署亦移出城外；南城统由中营管理，中营参将署设在崇文门外大街路东。五城察院，满汉各一员充巡城御史，中城、南城二巡城御史衙门均在正阳门西，下隶五城兵马司。设正、副指挥，吏目各一人，分置衙署。乾隆三十一年，东、南、西、北城副指挥亦移驻朝阳、阜城、永定、德胜四门外关厢，外城仅存南城正指挥署，设在清化寺街（图11-1）。

3. 内城掌管八旗的机构

满城内八旗掌管机构为都统衙门、护军统领衙门以及各佐领官厅，达几十处之多。都统衙门临近大街或就在街中，不受所属旗居址限制。清初八旗都统无公所衙门，雍正元年"将官房内选择八处，立为管旗大臣公所"[2]，满洲、蒙古、汉军都统衙门在同一廨宇，后来渐次分建，另择新址分处。护军统领衙门及各佐领官厅，皆在其所属旗分地统辖居址内选建，不越界。

---

[1]《日下旧闻考》（二）卷七三第1217页"臣等谨按"语。
[2] 侯仁之主编《北京城市历史地理》（北京燕山出版社2000年版）第153页引《清会典事例》卷一一四四。

除上所述，清代外省派驻京师的官员，隶兵部捷报处，称提塘，光绪末年改隶邮传部。15省提塘除广东提塘置于前门大街鲜鱼口豆腐巷路东外，余者皆在宣南[1]。

（二）礼制和宗教建筑的配置

清北京礼制建筑承袭明代，城外诸坛在明代基础上进行了改建（如天坛等）。雍正时在紫禁城东西侧添建了宣仁庙（风神庙）、凝和庙（云神庙）、昭显庙（雷神庙），以补山川坛之缺。清代特殊的神庙，是供奉萨满教天神的"堂子"，顺治初年建于长安左门外御河桥东，清末移至南河沿。

佛道寺观大体依明代分布格局，寺庙毁坏重修亦多在旧址（图11-4）。清代推崇藏传佛教，主要建于城外，内城较少，新建的藏传佛寺除西苑琼华岛上建永安寺和白塔外，雍正十二年将明皇城内怡亲王府改为贤良寺，乾隆九年将城东北角的雍亲王府改为雍和宫，并成为清政府管理全国藏传佛教事务的中心寺院。

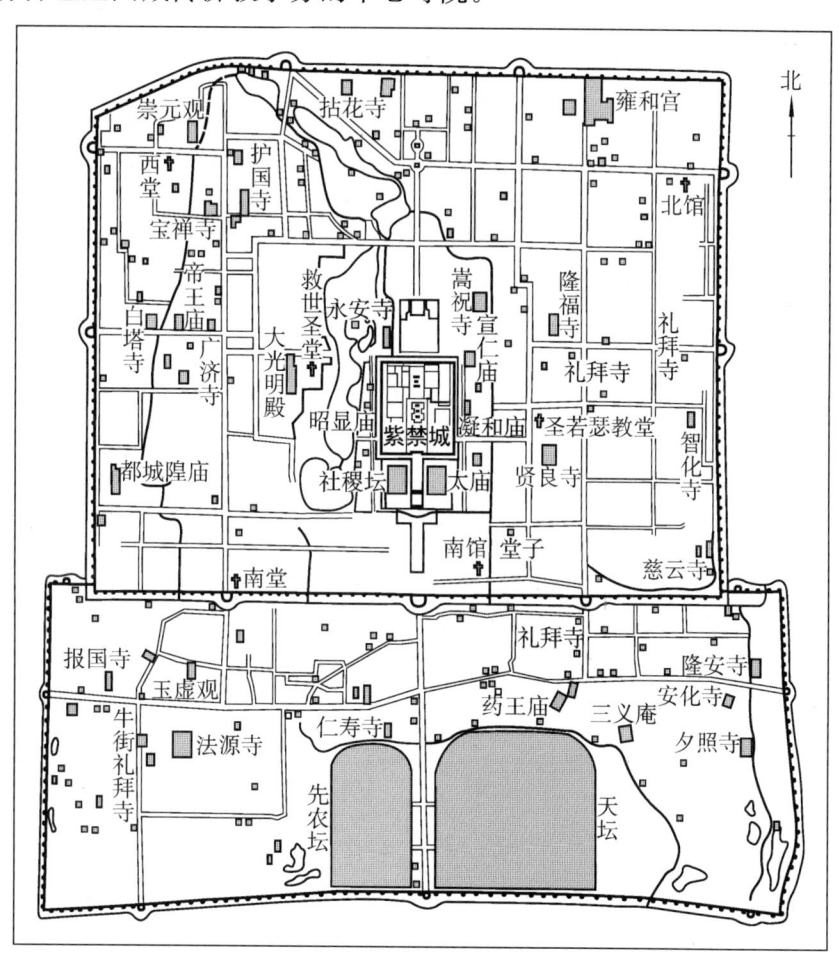

图11-4 清北京城主要庙宇分布示意图
（引自侯仁之主编《北京城市历史地理》，略有改动）

---

[1] 侯仁之主编《北京城市历史地理》，北京燕山出版社2000年版，第154页。

主要的清真寺（礼拜寺）多依明代之旧，新建者有限。京城内回民主要聚居于广内牛街、崇外花市、阜内锦什坊街、朝内南北小街至城根，清真寺主要集中分布在这些地区。

西方教堂出现较多，俄罗斯东正教"北馆"在东直门内（原为关帝庙），建于康熙年间；雍正十年在东江米巷（今东交民巷）俄罗斯馆建"奉献节堂"，又称"南馆"。天主教堂，顺治七年赐地重建宣武门南堂，顺治十二年赐地在王府井大街干雨胡同建圣若瑟教堂，康熙三十二年赐地西安门内蚕池口改建救世圣堂，雍正初意大利传教士德里格购得西直门大街路南建天主教西堂，这就是北京著名的天主教南、北、东、西四教堂。光绪十三年北堂迁往西安门西什库，1910年建南岗子天主教堂，是外城占地最广的天主教堂（图11-4）。基督教堂分布较广，不赘述。

四　主要商业市场的分布

清初内外城旗民分治，"凡汉官及商民人等，尽徙南城居住"，商业区和主要市场均在南城，直到道光咸丰以后内城的商业市场才得到恢复发展和繁荣。总的来看，清代北京城内外城商业市场的分布态势和格局，大体仍明代北京城之旧，只是在新的历史条件下又形成了一些新的特点而已（图11-5）。

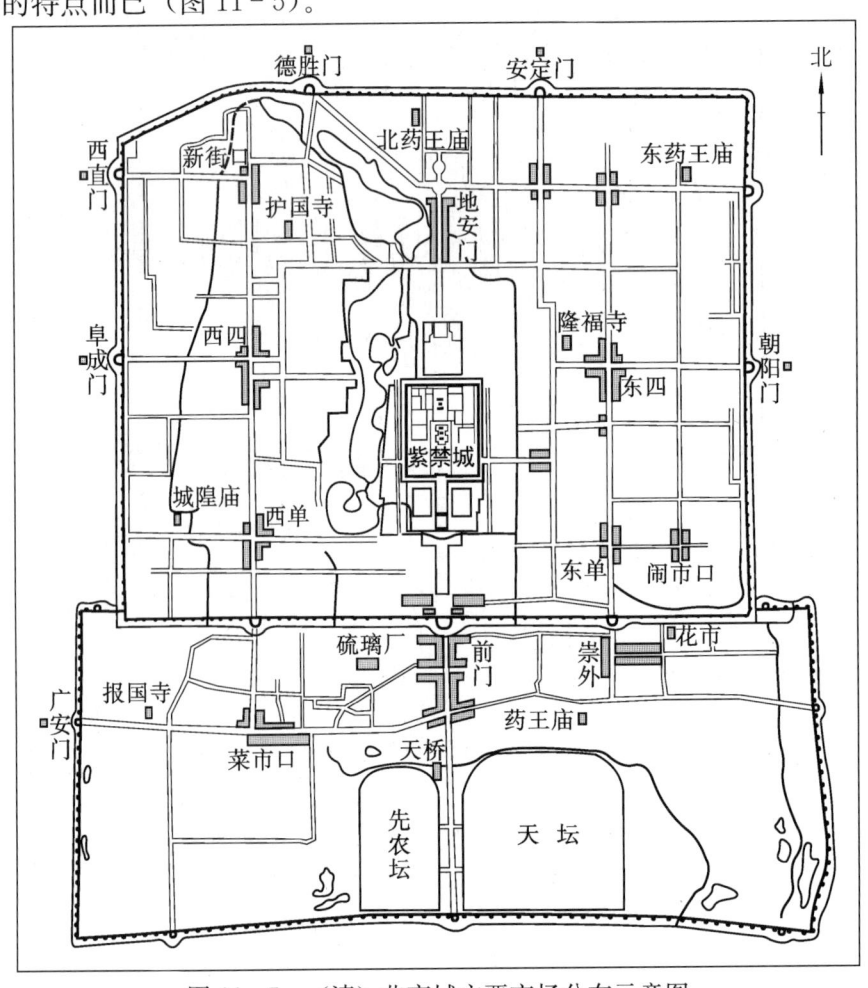

图11-5　（清）北京城主要市场分布示意图
(引自侯仁之主编《北京城市历史地理》，略有改动)

(一) 外城的商业市场[1]

1. 前门外的全城中心商业区

在明代已形成以棋盘街"朝前市"(大明门左右,延伸至前门外大街两侧)为主的全城商业中心,清代则在此基础上将商市重心略南移,形成北起大清门(明代称大明门)前棋盘街左右,南达珠市口,东抵长巷二条,西尽煤市街,"前后左右计二、三里"的全城商业中心区。其特点有三:第一,全城的金融中心。聚集全城许多银号、钱庄、炉房、汇号、当铺等金融性商号,如光绪时李虹若《朝市丛载》记载的19号汇号(票庄)中,前门一带就有14家,占总数的76%。第二,全城餐饮业和娱乐中心。《朝市丛载》记当时全城著名的50家饭馆、16家戏园、101家旅店中,这里分别占38家饭馆(76%)、9家戏园(56.2%)、71家旅店(70%)。第三,集中了全城最多、最热闹的街市。除前门大街外,以大栅栏综合性商业街最重要,这里聚集了许多资本雄厚的著名商店(如同仁堂药店、六必居酱园、滋兰斋点心店、清末开设的瑞蚨祥绸布店等)、饭庄(如东升堂、西域楼、"四大兴"中的福兴居、万兴居、同兴居等)和戏园(如庆乐、庆和、三庆等)。其他各种商业也门类齐全,"画楼林立望重重,金碧辉煌瑞气浓",成为前门市场的缩影。此外,还有"貂裘狐腋,江米街头;珊瑚珍珠,廊房巷口";"辽阳口货,市归振武坊(西江米巷)头;闽海杂庄,店在打磨厂里";珠宝市"金珠、貂皮、人参、银如山集";"万方货物纵横列"的荷包巷;"高楼一带酒帘挑"的肉市;西河沿银楼、旅店密布;鲜鱼口靴帽、百货云集等。总之,该商业中心区各种店铺在两千家以上[2],"凡天下各国,中华各省,金银珠宝、古玩玉器、绸缎估衣、钟表玩物、饭庄饭馆、烟馆戏园,无不毕集其中。京师之精华,尽在于此,热闹繁华,亦莫过于此"[3],其发展的程度远在明代前门商业区之上。

2. 崇外市场

自明代起就在崇文门外设税关,统管全城各门进京商旅税收。清代仍之,《清会典》记载,有清一代税银定额均在十万二千两以上,"五方物产、九土财货,莫不聚集于斯"[4]。为纳税方便,外地商贾和本地富室主要居住在崇外一带[5],形成外城东部主要商

---

[1] 本节主要依据侯仁之主编《北京城市历史地理》(北京燕山出版社2000年版)第七章第三节"清北京城市场"撰写。

[2] 侯仁之主编《北京城市历史地理》(北京燕山出版社2000年版)第247页。文中引《庚子纪事》,1900年义和团烧大栅栏德记药房,大火蔓延,"按地面官保甲牌,延烧铺户一千八百余家"。前门大街东店铺尚在此外。又引佐原笃介等辑《拳乱纪闻》说,此次大火延烧"共计店铺四千余家"。

[3] 侯仁之主编《北京城市历史地理》(北京燕山出版社2000年版)引仲芳氏《庚子纪事》。

[4] 侯仁之主编《北京城市历史地理》(北京燕山出版社2000年版)第242、248页引《明清以来北京工商会馆碑刻选编》所收《崇文门税关德政碑》。

[5] 侯仁之主编《北京城市历史地理》(北京燕山出版社2000年版)第242、248页引《天咫偶闻》卷六。

业中心。崇外一带又为酒行集中地[1]，花市大街为通草花和绢花集中产销地[2]，钱庄、汇号等金融行业也较多（主要分布在巾帽胡同等处），此外还有药店、茶叶店、绒线铺、荷包店、麻店、南锡铺；戏园、民间说唱、杂耍等[3]。

3. 菜市口市场

菜市口市场与汉官、行贾、士人多寓居于此有关。这里饭馆（如首创烤鸭的便宜坊，专为宣南士大夫设的广和居等）、戏园和旅馆（如设有戏园的财神会馆和文昌会馆等）较多。庚子（1900）年间菜市口骡马市大街曾有"饭馆酒肆数百家，赌厂宝局数十处"[4]，菜市口一带有西鹤年堂药店、刘铉丹药店、王麻子刀剪铺、五代双十字厨刀铺等著名店铺。此外，还有许多食品店、绸布店，以及菜市、骡马市、米市、小市等集市。

4. 琉璃厂以书市为主的文化产业街

清初，城内灯市先移于灵佑宫，后又移于"正阳门外及花儿市、琉璃厂、猪市、菜市诸处，而琉璃厂为尤胜"[5]。"每于新正元旦至十六日，百货云集，灯屏琉璃，万盏棚悬，玉轴牙签，千门联络，图书充栋，宝玩填街"[6]。到乾隆三十四年，琉璃厂文化街已初具规模，据当时李文藻的调查，以琉璃厂东、西门中间厂桥为界，桥东有书肆二十四家，桥西七家；"桥以东，街狭，多参以卖眼镜、烟筒、日用杂货者。桥以西，街阔，书肆外，惟古董店及卖法帖、裱字画、雕印章、包写书禀、刻板镌碑耳。近桥左右……遇廷试，进场之具，如试笔、卷纸、墨壶、镇纸、弓棚、迭褥备列焉"[7]。

5. 庙会市场

明代内城最大庙会市场为"城隍庙市"，清初庙市移到广安门大街路北的慈仁寺（报国寺），直到康熙时都是全城最大的庙市[8]。其次，顺治十一年冬增开灵佑宫市（先农坛北）[9]，又随着琉璃厂文化街的兴盛，一年一度的厂甸庙会也很有特色；天桥市场亦逐渐

---

[1] 侯仁之主编《北京城市历史地理》（北京燕山出版社2000年版）第242、248页引《旧京琐记》卷九：崇外一带酒行，"向来为二十家，皆领有商帖者，凡京东烧锅所出之酒，皆集于是"。

[2] 侯仁之主编《北京城市历史地理》（北京燕山出版社2000年版）第240页记述：花市大街本为火神庙会，"每月逢四日，自庙前至西口开市"（引自《宸垣识略》卷九）。因这一带通草花、绢花等铺坊极多，"以通草为妇人头上之花，买卖皆集于此，故名"（《都门记略》卷三）。"花有通草、绫绢、绰枝、摔头之类，颇能混真。花市之外亦有鸽市。"（引《燕京岁时记》）"日用及农器为多，来者多乡人。"（引自《天咫偶闻》卷六）

[3] 侯仁之主编《北京城市历史地理》（北京燕山出版社2000年版）第242页引褚维垲《燕京杂咏》："海岱门前傍两衢，布棚连接小行庐；游人到此围环坐，听唱盲词说大书。"

[4] 侯仁之主编《北京城市历史地理》（北京燕山出版社2000年版）第242页引《庚子纪事》。

[5] 侯仁之主编《北京城市历史地理》（北京燕山出版社2000年版）第241页引《宸垣识略》卷一〇。

[6] 侯仁之主编《北京城市历史地理》（北京燕山出版社2000年版）第241页引《帝京岁时纪胜》。

[7] 侯仁之主编《北京城市历史地理》（北京燕山出版社2000年版）第241页引李文藻《琉璃厂书肆记》，《琉璃厂书肆记》还记书贾中，有的"每年购书于苏州，载船而来"；有的"积数十年，蓄数十万卷"；学者购书有"亦费数千金"者。

[8] 雍正时期，内城隆福寺、护国寺庙市兴起，慈仁寺距城远，地震后最终废止。

[9] 侯仁之主编《北京城市历史地理》（北京燕山出版社2000年版）第234页引谈迁《北游录》：灵佑宫市，每月八日开市；第239页又引王士禛《香祖笔记》卷三说，灵佑宫初亦为灯市，并稍列书摊，后因火灾而废。

发展起来。另外还有明代时已有的土地庙市[1]、天坛东北的东、北、南药王庙市[2]，以及火神庙会等。

除上所述，还有朝阳门、安定门、德胜门、西直门、阜成门、广安门等各门的关厢市场。其中以朝阳门外商业最盛，这里有东岳庙会，"除朔望外，每至三月，自十五日起开庙半月，士女云集"[3]。

（二）内城的商业市场

康熙雍正时期内城商业开始恢复，乾嘉时期内城已有许多店铺，道光咸丰以后商业市场发展起来。

1. 东四和东单牌楼市场

东四牌楼是内城东部最主要的商业中心，康熙时已是商贩集中，"生意最盛"[4]，乾嘉时则步入盛期。这里有恒兴、恒利、恒和、恒源四家钱铺（"四大恒"），为"京师货殖之总会"[5]。这里有首饰店、缎靴店（如内兴隆靴店专做文武朝靴和战靴）、帽店、估衣店、茶叶店、食品店（如致美斋糕点铺）和饭馆等。有内城最早开设的戏园（乾嘉时有景泰园、泰华园二处），还有猪市、羊市、马市、雀儿市等集市。

东单牌楼市场，清中叶以后发展起来。出现药店、鞋店、香料店、刀铺、糕点铺、饭馆等诸多店铺。东单北大街有全城著名的米市。东单临近贡院，每逢春秋二试之年，生意兴隆。

2. 西四和西单牌楼市场

西四牌楼市场，是西城最主要的商业中心，乾隆时已开设不少店铺，嘉庆时则步入盛期[6]。著名的店铺有桔井堂药店、和顺居白肉馆（后改砂锅居）、同和居饭庄等著名店铺，四牌楼附近开有戏园和妓院。此外，还有羊市、马市、猪市、鸡鸭市等集市。

西单牌楼市场，清中叶时，"西单东四画棚全"，二地并称"极热闹"。乾隆时米市发达，"米谷积千仓，市在瞻云坊外"[7]。道光咸丰前后，饮食娱乐业兴盛，如金兰斋、天福号的食品，广顺园戏园等。光绪年间西单牌楼一带"摆摊做买卖者及书馆戏场，茶房酒肆，均拥挤不堪，极其热闹"[8]。

3. 地安门外市场

《天咫偶闻》记载："地安门外大街最为骈阗。北至鼓楼凡二里余，每日中为市，攘往

---

[1] 土地庙在下斜街，以鲜花交易著名，此外还有日常用品和农具。
[2] 南药王庙市以妇女零用之物和花市为主。
[3] 侯仁之主编《北京城市历史地理》（北京燕山出版社2000年版）第240页引《燕京岁时记》。
[4] 侯仁之主编《北京城市历史地理》（北京燕山出版社2000年版）第243页引《水曹清暇录》卷三。
[5] 侯仁之主编《北京城市历史地理》（北京燕山出版社2000年版）第243页引李慈铭《越缦堂日记》卷四一。
[6] 侯仁之主编《北京城市历史地理》（北京燕山出版社2000年版）第243页引冈田玉山等编《唐土名胜图会》卷二、三记述：西安门外和四牌楼一带，店铺稠密，招牌高挂，人来车往，非常热闹。
[7] 侯仁之主编《北京城市历史地理》（北京燕山出版社2000年版）第244页引《帝京岁时纪胜》。
[8] 侯仁之主编《北京城市历史地理》（北京燕山出版社2000年版）第244页引《庚子纪事》。

熙来，无物不有。"[1] 乾嘉时鼓楼前有"常以名班演剧"的万年茶园，后来又有乐春芳戏园。道光咸丰前后有伟仪斋帽店、陈一帖药铺、桂英糕点铺、庆和堂饭庄等著名店铺。地安门外市场与内城最大的什刹海风景区相结合，独具特色。沿湖有乾嘉时的天香楼、道咸以后的会贤堂、庆云楼和被称为"都中酒楼第一家"的一曲湖楼等许多酒楼饭庄。

除上所述，新街口、北新桥、交道口、东安门等大街也是内城的重要市场区。

4. 庙会市场

雍正初年，隆福寺和护国寺两大庙市兴起，称为东西庙[2]。隆福寺在东四西北（今隆福寺街），护国寺在西四西北（今护国寺街）。隆福寺"每月之九、十日有庙市，百货骈阗，为诸市冠"[3]；护国寺每月逢七、八有庙市。二庙是北京最大的两个综合性庙市，二庙"开庙之日，百货云集，凡珠玉、绫罗、衣服、饮食、古玩、字画、花鸟、虫鱼以及寻常日用之物，星卜、杂技之流，无所不有。乃都城内一大市会也"[4]。隆福寺还有内城唯一的书肆，"遇会期，多有卖书者，谓之赶庙"[5]。有三槐堂、同立堂、宝书堂、天绘阁四家书店[6]。

五 外城会馆与宣南文化区

（一）外城会馆林立

会馆是流寓他乡的同乡人士进行互助和联谊的社会组织，北京是会馆的发源地，肇始于明代[7]，盛于清朝乾隆、嘉庆时期。由于清代实行旗、民分居制度，故清北京城会馆均设于外城。会馆的兴盛是与京城商业手工业的发展和科举考试制度密不可分的，会馆按其性质大致可分为三个类型。一是同乡会馆，二是工商会馆（包括行业会馆），三是以士人举子为主的试馆，此外也有同乡和工商兼而有之的会馆[8]。其中以士人会馆数量最多，

---

[1] 侯仁之主编《北京城市历史地理》（北京燕山出版社 2000 年版）244 页引《天咫偶闻》卷四、卷六。

[2] 侯仁之主编《北京城市历史地理》（北京燕山出版社 2000 年版）第 239 页引王士禛《居易录》：隆福寺、护国寺"称之为东西庙，贸易甚盛，慈仁、土地、药王三市，则无人至矣"。

[3] 侯仁之主编《北京城市历史地理》（北京燕山出版社 2000 年版）第 239 页引吴长元《宸垣识略》卷六。

[4] 侯仁之主编《北京城市历史地理》（北京燕山出版社 2000 年版）第 239 页引富察敦崇《燕京岁时记》。又引《都门记略》卷三《竹枝词》云："东西两庙货真全，一日能消百万钱；多少贵人闲至此，衣香犹带御炉烟。"

[5] 侯仁之主编《北京城市历史地理》（北京燕山出版社 2000 年版）第 240 页引李文藻《琉璃厂书肆记》。

[6] 侯仁之主编《北京城市历史地理》第 243 页引《天咫偶闻》卷七。

[7] 侯仁之主编《北京城市历史地理》，北京燕山出版社 2000 年版，第 493~494 页。文中引明人刘侗《帝京景物略》："尝考会馆设于都中，古未有也，始嘉隆间"，即明嘉靖、隆庆年间出现会馆。引乾隆《浮梁县志》卷七："北京正阳门外东河沿街，背南面北，其一在右，明永乐间邑人吏员金宗舜鼎建，曰浮梁会馆。"引《北京会馆档案史料》所载同治七年《重修广东旧义园记》：广东会馆"故明时会馆，永乐间王大宗伯忠铭黎铨部岱与杨版曹胪山所倡建，颜其堂曰嘉会。"引民国《芜湖县志》卷一三，亦认为前门外长巷三条的芜湖会馆建于明永乐年间。又引王日根《乡土之链——明清会馆与社会变迁》，认为明代初年至中期的会馆，其特征主要是官绅阶层的聚乐场所。

[8] 同乡会馆：各省府州县的官吏士绅按照乡籍在京设立的憩息之所。工商会馆（又称行业会馆）：由商人、手工业者在京城依乡籍或行业差别而修建的居所。试馆：以接待赶考贡生为目的的会馆。

同乡会馆次之，纯工商会馆较其中少。北京南城会馆最多时曾达400余所[1]，1949年北京市会馆调查约386座或391座[2]，其中各省会馆数量序次为山西38座，广东和湖北各36座，安徽29座，江苏25座，浙江和陕西各24座，福建22座，湖南21座，河南18座，河北、四川各12座，其余省份不到10座。有20座以上会馆的省份，主要是因为府、县会馆发达。如湖北省36座会馆中省馆1座、府馆9座、县馆26座；广东省馆2座、府馆11座、县馆23座等[3]。会馆房产数量和面积排序是广东有房74处，2479.5间；浙江有房77处，2468间；安徽省有房89处，2278.5间；山西有房50处，2067.5间；江苏有房54处，1829.5间；湖南有房46处，1213间；湖北有房40处，1071间；福建有房38处，1014间；陕西有房30处，935间；河南有房25处，670.5间。其余各省会馆房屋不及20处，房间不及千间[4]。上述处于前五位的各省，都是经济、文化的发达地区，也是在京士人和商人最多的省份。

明代商人和士人大都经运河进京，故会馆多分布于内、外城的东部。清代会馆仅置于外城，由于商人和货物大都从大运河运来，经通州、广渠门进崇文门，所以外城东部以商业会馆居多。应试举子和陆运货物多入广安门至宣武门，因而外城西部以士人会馆为主，商人会馆次之。总的来看，会馆主要集中于天坛、先农坛以北，前门、崇文门和宣武门外大街两侧地段，其中宣南地区约占七成[5]。在上述地域内，有些街道会馆密集，如清光绪年间宣外大街有会馆22所，珠市口大街17所，广内大街9所，米市胡同12所，贾家胡同11所

---

[1] A. 清乾隆时外城约有会馆182座。孙大章主编《中国古代建筑史》第五卷（中国建筑工业出版社2002年版）"清代建筑"第24页引《宸垣识略》记载：清乾隆时"东城会馆之著者，东河沿曰奉新、浮梁、句容，打磨厂曰粤东、临汾、宁浦……"共有82座。"西城会馆之著者，西河沿排子胡同曰江夏，三眼井曰婺源，延寿寺街曰潮州，长元、吴柴儿胡同曰鄱阳……"等100座。
   B. 孙大章主编《中国古代建筑史》第五卷（中国建筑工业出版社2002年版）"清代建筑"第24页引《清稗类钞》记载：会馆"或省设一所、或府设一所，大都视各地京官之多寡贫富而建造之，大小凡四百余所"。
   C. 汤锦程《北京的会馆》（中国经济出版社1994年版）附录所列会馆达457所。
   D. 侯仁之主编《北京城市历史地理》（北京燕山出版社2000年版）第188页记载：旧北京南城有会馆460余座。
[2] 侯仁之主编《北京城市历史地理》（北京燕山出版社2000年版）第494页引王世仁《会馆烟云》指出：据1949年北京市民政局的调查，北京有会馆391座。第495页又说1949年北京市会馆调查为386座，参见下注。
[3] 侯仁之主编《北京城市历史地理》（北京燕山出版社2000年版）第496页引白鹤群《北京的会馆》。据该文记述，北京会馆调查有386座。又《北京城市历史地理》（北京燕山出版社2000年版）第191页记述：北京的会馆以江西为最多，明代已有14所，清光绪年间达65所，占了全部会馆的七分之一；其次是浙江41所，安徽、山西、广东、湖北、江苏都超过30所，就连新疆也有1所（哈密馆）。
[4] 侯仁之主编《北京城市历史地理》（北京燕山出版社2000年版）第496页。
[5] A. 侯仁之主编《北京城市历史地理》（北京燕山出版社2000年版）第494页引王世仁主编《宣南鸿雪图志》指出：在外城会馆中，宣南地区占有十分之七，共280多座（总数391座）。
   B. 国家文物局主编《中国文物地图集·北京分册》（上）第92页"北京市历代会馆图"。

等[1]。著名的同乡会馆有全浙会馆、江西会馆、湖广会馆、四川会馆、安徽会馆、阳平会馆等，其中以湖北、四川、安徽会馆规模较大，设施齐全；属工商会馆的有长春会馆（玉行）、延邵会馆（纸行）、晋冀会馆（布行）、临汾会馆（杂货行）、颜料行会馆和银号会馆等[2]。

会馆建筑大都采用四合院形式，会馆供奉本乡神祇，多有戏楼，以祭祀和娱乐作为联谊和维系乡情的重要纽带[3]。会馆是清代北京外城的重要特色之一（参见下文宣南文化区的形成和发展）。

（二）宣南文化区的形成、发展和终结[4]

早在明代宣武门内就是官员聚居区之一，宣外也有不少官宦宅院和别墅[5]。入清以后，北京内外城旗民分治，外城中部和东部是商业区，加之住在外城的汉官以住在宣南去西郊御苑朝见皇帝最为方便，而进京应试的举子多从北京之南入广安门，故大都落脚于宣南。鉴于上述情况，宣南就成为清朝在京汉族士人的聚居地。在清朝庞大的官僚队伍中，京城汉族官吏除极个别被准许居于内城者外[6]，余者均住在外城且多集中于宣南地区（包括来京述职和等待外放的官员，以及依附于这些大官员的幕僚和书吏等）。此外，顺天

---

[1] 孙大章主编《中国古代建筑史》第五卷"清代建筑"，中国建筑工业出版社2002年版，第24页。按：关于清代南城会馆，不同资料所记总数，各省、府、县会馆数量、规模、排序等互有差异，仅供参考。
[2] 孙大章主编《中国古代建筑史》第五卷"清代建筑"，中国建筑工业出版社2002年版，第24页。
[3] A. 会馆均尊奉本乡本土神祇和乡贤，如江西尊奉先贤许真人，福建尊奉天妃，山陕尊奉关帝，湖广尊奉大禹，两广尊奉关圣，各县也往往各有所尊。为适应文人活动，有的会馆辟吟诗作赋的文聚堂，有的建魁星楼供奉文昌帝君（司科名之得失。如四川会馆、安徽会馆等），各行则供保护神（如钱庄供财神、药业供神农、缫丝业供嫘祖等）。由于会馆供神祇、乡贤，故布局多似祠堂庙宇，有的会馆更以祠堂做会馆名称，如前门外西河沿正乙祠系浙江银号会馆，宣武门外土地庙斜街三忠祠系山西省馆，达智桥岳忠武王祠系河南会馆，前门外打磨厂萧公堂系江西南昌乡祠会馆，鲜鱼口二忠祠系江西吉安会馆。此外，一些会馆设戏楼，观戏成为会馆聚会的重要内容。如虎坊桥湖广会馆，后孙公园安徽会馆戏楼很有名，西珠市口浙绍乡祠几乎天天都有堂会戏。这是徽班进京以后，京戏能在北京植根的重要条件。

B. 会馆建筑情况，试举二例。其一，宣外储库营路北四川新馆，该馆创建于清朝中叶，占地6000平方米，正中偏东开门，内分三路，中路主体建筑为戏楼、客厅、佛堂组成，东西路为宿舍院和服务房间。东南角设两层带平台的魁星楼一座。戏楼宽七间深五间、二层，屋顶双卷勾联搭，前后加廊坡，楼内有周圈走马廊以为观戏处，楼内池院偏南设戏台，戏台无顶。

其二虎坊桥湖广会馆，现存建筑约建于嘉庆年间，占地近8000平方米，入口设在东部。全馆分三路，中路自南至北安排戏楼、客楼、正厅、东西侧有行廊联络三座建筑。东西路分若干跨院，作为宿舍及服务房间。戏楼东偏有小跨院，有门通向东街，使戏楼的演出可单独对外开放。戏楼坐北面南，南北九间，东西六间，其结构与四川会馆相同，但雕饰较多，且戏台上部建构有仙楼及天井，可演出上下呼应的戏剧。

其三，太乙祠戏楼、构造精美，戏台上下有通口，下有通道，可设升降机关等。

以上见孙大章主编《中国古代建筑史》第五卷"清代建筑"，中国建筑工业出版社2002年版，第25页。
[4] 本节主要依据侯仁之主编《北京城市历史地理》（北京燕山出版社2000年版）"第十一章 清代宣南的士人文化"撰写。
[5] 史玄《旧京遗事》（北京古籍出版社1986年版）记载：明代内城"勋戚邸第在东华门外，中官在西安门外，其余卿、寺、台、省诸郎曹在宣武门"，宣武门的铁匠、手帕等胡同"皆诸曹邸寓"。
[6] 清代旗民分治，只有皇帝近臣获赐宅内城者，及受聘于王公、旗人而少数居其邸中者才能居于内城。

乡试和全国会试一般每三年分别在京举行一次，参加人数在数千人至万余人之间（此外，还有非常规的开恩科考试或制科考试），其中绝大多数居住在宣南会馆或散居于宣南地区。汉族官员、士人和应试的举子来自全国各地，以东南经济文化发达地区来的最多[1]。这些外来的文人，地域不同，师承有别，使其聚居的宣南地区自然成为全国各地域间文化交流的中心，并进而成为京师的文化中心和全国的文化中心。这个文化中心，由于宣南士人群体的客居性，其构成不断变动、流转，川流不息，文人精英荟萃，故其文化交流势头始终强劲，学术成就和学术思想不断更新递进，新作和力作层出不穷，因而宣南文化具有很强的生命力。由于纂修《明史》，编纂《四库全书》等巨著者大都居住在宣南，其周围会聚了大量的各种人才，使宣南成为名副其实的全国学术中心，对宣南文化区的形成和发展起到了巨大的推动作用。而宣南大量会馆的存在，则为漂泊的士人提供住所，为其学术和文化活动搭建平台，并成为士人相互联络的纽带。此外，还有北京全国图书流通中心琉璃厂书市作为士人的资料宝库，凡此均为宣南文化的形成和发展起到了重要的保障作用。上述诸方面相互作用，互相促进，遂使宣南成为著名的文化区，从清初到清末这个文化区在全国的学术、文化乃至政治方面始终发挥着重要的作用（后文有说），这是清代北京城独有的重要特征之一。

宣南文化区的具体范围和界限，限于资料尚难确指。从目前已知的当时士人居住情况来看，大致主要集中于三个区域。第一，北以广安门内大街、菜市口、骡马市大街为界，南抵南横街一线，东至粉房琉璃街，西到教子胡同，这个范围是士人居住最集中之处，从清初至清末久盛不衰。其中绳匠胡同（丞相胡同）、半截胡同为士人核心居住区，延伸至二胡同两旁的烂缦胡同和米市胡同一带为士人居住的中心区[2]。第二，宣武门外大街以西的上下斜街一带，是康熙前期士人重要聚居区，康熙中期以后逐渐衰落[3]。第三，清中期许多士人聚居于琉璃厂以南至虎坊桥一带，主要分布在以杨梅竹斜街等三条斜街为代表的东北至西南的斜线上，其中以虎坊桥和前后孙公园一带最为集中[4]。上述情况表明，

---

[1] 侯仁之主编《北京城市历史地理》（北京燕山出版社 2000 年版）第 484 页记述：据统计，在清代进士中，江苏第一、浙江第二、河北第三、山东第四。若从受定额影响稍小的鼎甲士人的分布来看，依次是江苏、浙江、安徽，占其总数的 65%（旗人不计）。如再加上江西则达到 69%～78%。康熙、乾隆朝博学鸿词科，也以浙、苏、皖诸省最多，占总数的 65%。

[2] 侯仁之主编《北京城市历史地理》（北京燕山出版社 2000 年版）第 486 页记述：该区域主要士人宅园有：教子胡同赵吉士寄园，烂缦胡同汤右曾接叶亭，南半截胡同王熙怡园，绳匠胡同徐乾学碧山堂。清末维新士人康有为、梁启超、谭嗣同、刘光第、杨锐等都曾在此区域居住。第 487 页又记，官菜园上街有钱大昕寓所。

[3] 侯仁之主编《北京城市历史地理》（北京燕山出版社 2000 年版）第 486 页记述，该区域主要有赵吉士寄园，后捐作全浙会馆；有冯溥、王士祯、朱彝尊和查慎行等人寓所，朱筠、翁方纲、赵翼等也曾在此居住。附近有乔莱的一峰草堂、顾嗣立的"小秀野"寓所等。该区东南部松筠庵，位于炸子桥东，为明代杨忠愍故居，也是士人寓居觞咏之所。文中引震钧《天咫偶闻》说，此处为光绪年间仍"恒寓名流"。

[4] 侯仁之主编《北京城市历史地理》（北京燕山出版社 2000 年版）第 486、487 页记述：乾隆年间士人在此聚集与《四库全书》等书籍的编纂及琉璃厂书市的兴盛有关。琉璃厂有王士祯、程晋芳、孙星衍、洪亮吉、吴玉纶等众多著名士人寓所。琉璃厂旁的魏染胡同有查慎行枣东书屋，吴襄的"兰藻"宅，汤右曾、祝德麟等亦曾寓此。李铁拐斜街有朱筠故居，中有椒华吟舫。孙公园有孙承泽别业，后改作安徽会馆。虎坊桥有纪昀阅微草堂杨梅竹斜街有梁诗正清勤堂，韩家潭有韩菼故居，（转后页）

＊士人主要居住于宣武门外大街两侧附近一带；广安门大街与下斜街相接处之南牛街以东，骡马市大街与虎坊桥相接点之南向西，南面大致以南横街一线为限的地区。基本上占据了清北京外城西北中心地带、北城中部以东和南部靠西边地区，大体连片分布[5]。

宣南文化区在康熙朝已成为全国学术中心，有清一代，形成两次学术高潮，达到清代学术的高峰。第一次学术高潮和高峰在康熙时期。康熙二十一年年1682年），徐乾学（字原一，号健庵，江南昆山人，康熙九年进士）奉命纂修《明史》，充总裁官。康熙二十四年（1685年）直南书房，擢内阁学士，充《大清会典》《一统志》副总裁；又奉命撰《鉴古辑览》《古文渊鉴》两书。于是徐乾学以其位于绳匠胡同的碧山堂为中心[6]，建立了清代第一个学人幕府，府中聚集了胡渭、万斯同、阎若璩、顾祖禹、王原、王源、黄仪、黄百家、黄虞稷、徐善、刘献庭、冯宗仪等一批著名学者。其中阎若璩和胡渭是经学大师，阎若璩（1636～1704年）撰写有《古文尚书疏正》，被认为是清代考据学的开创者，"乾嘉学派之先声"，梁启超说他是"近三百年学术解放之第一功臣"[7]。胡渭（1633～1714年）与阎若璩共同切磋《禹贡》，帮助他完成《禹贡锥指》，开拓了研究地理沿革的专门学问。顾祖禹（1631～1692年）是舆地学者，著《读史方舆纪要》，曾参与修《清一统志》。万斯同（1638～1702年），对编修《明史》贡献最大，并将讲会搬进京师，在宣南讲学，盛况空前[8]。由于请李塨讲学，使颜李之学扬名于京师[9]。

第二次学术高潮出现于乾隆中期，以《四库全书》修纂工程为中心，重要的核心人物是朱筠。乾隆三十七年（1772年），朱筠任安徽学政时建议辑校《永乐大典》，为开四库之发端。《四库全书》的编纂始于乾隆三十八年，完成于乾隆四十七年。为编纂《四库全书》，清政府召集360余名有关专家参加编纂。主要著述者有彭元瑞、庄存与、谢墉、朱珪、纪昀、陆锡熊、李潢、任大椿、邵晋涵、周永年、戴震、姚鼐、翁方纲、朱筠、王太岳、陈际新、金榜、曾燠、洪梧、赵怀玉、王念孙等，这些人都是住在宣南的有名的士人。《四库全书》

＊（接前页）西珠市口有李光第青藤馆，青厂有孙星衍宅。此外，海波寺街有朱彝尊的古藤书屋，朱之前有金之俊、龚宗伯、何元英在此居住；朱之后有章翰翔、黄俞邰、周青士、蒋景祁、孙致弥、王云冈、施朝干等在此居住。清中叶"大第已析为三四宅"，仍有士人居住其中。古藤书屋后改为顺德会馆。

[5] 侯仁之主编《北京城市历史地理》（北京燕山出版社2000年版）第487页记述：寺庙和祠堂是宣南士人的重要游憩场所。长椿寺、善果寺、报恩寺、崇效寺、法源寺、黑龙潭，以及位于广安门外的天宁寺、白云观等，是士人经常喜游之处，是宣南士人重要活动场所。上述诸处，屡见于士人诗文集中。

[6] 清·戴璐《藤阴杂记》（北京古籍出版社1982年版）记载："考碧山堂在绳匠胡同，今改作休宁会馆。屋宇轩敞，为京师会馆之最。其南其北，昔为秦文恭、姜度香司寇、刘司农宅。当日合而为一宅，故能容满堂珠履。"又引韩炎《资政大夫经筵讲官刑部尚书徐公乾学形状》（《有怀堂文集》卷十八）说：徐乾学的"京师邸第，客至恒满不能容，侈就另院以居之，登公门者甚众"。

[7] 梁启超《中国近三百年学术史》，《梁启超论清史学二种》（复旦大学出版社1985年版）。

[8] 侯仁之主编《北京城市历史地理》（北京燕山出版社2000年版）第507页记述：讲会是明清学人布道传经、切磋学术的一种方式，康熙初年，黄宗羲在绍兴讲于证人书院，于鄞城开讲经会，宣讲儒经。万斯同参加了讲经会，他来京后将这一风气带到北京，在宣南讲学，盛况空前（参见原文）。

[9] 侯仁之主编《北京城市历史地理》（北京燕山出版社2000年版）第507、508页记述：颜李之说创于颜元，发扬有赖于李塨。万斯同请李塨会讲于绍宁会馆，温益修请李塨于秦中会馆论学，冉永光、窦克勤召集同人共为讲会，请李塨讲学，遂使颜李学派扬名京师。

编纂工程影响到学风的转变，使士人由重诗文而重经史，经学研究成为显学，逐渐形成乾嘉考据学，促进了乾嘉学派的发展。在上述学者中，朱筠（1729～1781年，字竹君，一字美叔，号笥河，大兴人，乾隆十九年进士）居宣南，他善于发现人才，聚集其周围的学者有五六百人，许多人后来都在四库馆任职，并成为一方面的名家，故后人称朱筠为"乾嘉朴学的开国元勋""领袖"和"祖师"。戴震（1724～1777年，字慎修，一字东原，号杲谿，安徽休宁人），曾寓居宣南歙县会馆，并在纪昀家任过塾师，段玉裁弟子。此人通天文、历算、史地、音韵、训诂、考据等，著有《原善》《孟子字义疏正》《勾股割圆记》《声韵考》《方言注疏证》《屈原赋注》等，对清代儒学理论贡献颇大。王念孙（1744～1832年，字怀祖号石目瞿、石渠，江苏高邮人），入朱筠幕，曾馆于朱筠寓所，并在四库馆任职，著有《读书杂志》《广雅疏证》，受命编纂《河源纪略》等。此外，著名的宣南学者还有钱大昕，此人为乾嘉学派巨子，在史学和音韵学方面贡献很大。章学诚（1738～1801年，字实斋，号少岩，浙江会稽人，乾隆四十三年进士），著有《文史通义》等，在史学方面卓有成就。

宣南士人在文学上也很活跃，主要表现在诗、词和戏曲三个方面。康熙时期转入盛世，士人大批进京，被称为诗坛领袖的"国初六家"施闰章、宋琬、朱彝尊、王士禛、赵执信、查慎行相继来到京师[1]，住在宣南。此后在诗歌方面，又有所谓"燕台七子""海内八家""辇下十子"和"一品会"等称[2]，形成了壮观的盛世诗学潮流。嘉庆年间文网松弛，诗社兴起，以嘉庆九年（1804年）创建的宣南诗社最著名（初名"消寒会"，又称"宣南吟社""宣南诗会"），至道光十二年（1832年）的28年中可考集会有60余次。诗社成员较多，首批成员有陶澍、朱琦、吴椿、洪占铨、夏修恕、顾莼6人。林则徐、黄爵滋、龚自珍、魏源等也曾参加诗社活动。诗社成员多住宣南一带，如米市街、保安街、兴隆街、椿树胡同、虎坊桥、宣武门大街、烂缦胡同、上下斜街等处都有诗社成员寓所，诗

---

[1] 据侯仁之主编《北京城市历史地理》（北京燕山出版社2000年版）第513～515页介绍，施闰章（1618～1683年），字尚白，一字屺云，号愚山，又号蠖斋，晚号矩斋，江西宣城人，顺治六年进士，曾与修《明史》。宋琬（1614～1674年），字玉叔，号荔裳，山东莱阳人，顺治十四年进士。上述二人被称为"南施北宋"，王士禛说："康熙以来诗人，无出南施北宋之右。"朱彝尊（1629～1709年），字锡鬯，号竹垞，浙江秀水人。博通经史，擅长诗词散文，诗以博雅见长，词为浙西派创始人，该派首领词坛150余年。文章推崇唐宋古文，著有《日下旧闻考》等书。朱先生在诗学上的地位仅次于王士禛。王士禛（1634～1711年），字子真，一字贻上，号阮亭，别号渔洋山人，山东新城（今桓台）人，顺治十二年进士。他崇尚唐诗，主"神韵"说，居诗坛盟主达五十年。赵执信（1662～1744年），字伸符，号秋谷，晚号饴山老人，山东益都人，康熙十八年进士。查慎行是浙江诗人中的大家，他的诗以白描擅长，将诗比画。

[2] "燕台七子"为施闰章、宋琬、张谯明、周釜山、严颢亭、赵锦帆、丁澎。"海内八家"，清人陈康祺《郎潜纪闻初笔》（中华书局1990年版）卷一四记载："西樵、渔阳兄弟，官辇下时，与宋荔裳、施愚山、汪苕文、沈绎堂、曹顾庵、程周量，连日夜为文酒欢，称海内八家。""辇下十子"，陈康祺《郎潜纪闻四笔》（中华书局1990年版）卷六记载："辇下十子者，颜修来郎中居其首，其九人则德州田雯山、商邱宋荦牧仲、阳王又旦幼华、江阴曹禾颂嘉、安邱曹贞吉升六、德州谢重辉方山、仁和丁澎药园、黄冈叶封井叔、江都汪懋麟蛟门也……十子者，皆掇科名，隶仕籍，且有任连帅六卿者……或曰燕台十子中，有施愚山侍读，盖续入诗社者。""一品会"，为王士禛、朱彝尊等举办，诗酒流连，抒发情怀。

社常在士人寓所中活动[1]。词学领袖人物也集中于宣南，除前述创建浙西派的朱彝尊外，还有陈维崧代表的阳羡派[2]，浙西派的影响在阳羡派之上。在戏曲方面，由于清代内城禁设戏园，外城遂成为戏剧发展中心。士人的戏曲创作，以洪升于康熙二十八年（1689 年）创作的《长生殿》传奇、孔尚任于康熙三十九年（1700 年）创作的《桃花扇》传奇最著名，两部昆曲轰动京城。

除上所述，甲午战争以后，宣南又成为维新运动活动的中心。其代表人物康有为、梁启超等一批著名士人均住在宣南[3]。清末，1901 年清廷下令停止武科科举考试，改设武备学堂，同年又将原有书院改为大、中、小学堂。1905 年 9 月清廷下令停止一切科举考试，动摇了京城士人存在的根基。辛亥革命之后，内城旗民社会衰败，内、外城界限被打破，大量文化、教育设施转入内城，知识阶层也随之迁入内城，宣南文化区遂告终结。

第二节　清紫禁城形制布局是明北京紫禁城的流变

清朝入关之前，明代紫禁城的部分建筑曾被李自成起义军焚烧[4]。《日下旧闻考》卷九臣等谨按云：清朝入关后，认为"从来立国者必首隆庙社之规，崇建阙廷之制。所以象辰极，抚寰区，昭诚敬而敷化理，典綦矩也"洪惟"世祖章皇帝（顺治）定鼎燕京，顺治元年（1644 年）肇定大清门名额，有若殿庙宫阙制度，皆丕振鸿谟，因胜国（明朝）之旧，而斟酌损益之"[5]。从而基本承袭了明紫禁城的规制，对明紫禁城内的建筑破旧、焚

---

[1] 侯仁之主编《北京城市历史地理》（北京燕山出版社 2000 年版）第 519 页记述，诗社嘉庆年间先后在董国华花西寓圃、陶澍印光书屋、朱珔小万卷斋、谢阶树未信斋、胡承珙瘦藤书屋、陈用光太乙舟、钱仪吉衍石斋、吴嵩梁寓所等处集会。此外，也在万柳堂、崇效寺、丰台等地聚会。

[2] 陈维崧（1626～1682 年），字其年，号迦陵，阳羡（今属江苏宜兴）人。康熙十八年举博学鸿儒，工骈文，尤善词，著有《陈迦陵文集》《湖海楼诗集》《迦陵词》等。

[3] 侯仁之主编《北京城市历史地理》（北京燕山出版社 2000 年版）第 528 页记述，与维新人物住处和活动有关的，现在仅知 20 余处。如上斜街康有为、徐致靖故居，四川会馆蜀学会旧址，储库营林旭故居，嵩云草堂强学会，保国会旧址，发动公车上书的松筠庵及谏草堂，闻喜会馆杨深秀故居，福建会馆闽学会旧址，菜市口六君子遇难处，南海会馆康有为、康广仁故居，浏阳会馆谭嗣同故居，粤东新馆保国会旧址，绳匠胡同杨锐故居，绳匠胡同刘光第故居，云南会馆保滇会、滇学会旧址，贾家胡同夏曾佑故居，新会会馆梁启超故居……

[4] 《明史》卷三〇九《李自成传》：崇祯十七年四月"二十九日丙戌僭帝号于武英殿，追尊七代皆为帝后，立妻高氏为皇后，自成被冠冕，列仗受朝，金星代行郊天礼。是夕，焚宫殿及九门城楼。诘旦，挟太子、二王西走……"按，受《明史》《流寇传》《烈皇小识》《明季遗闻》等记载的影响，人们误以为明紫禁城宫殿大都被李自成焚毁，有的甚至认为"明宫阙十不存一，尽成瓦砾"（见孙大章主编《中国古代建筑史》第五卷"清代建筑"，中国建筑工业出版社 2002 年版，第 42 页。但经专业人员实地勘察，情况并非如此，在清代进行的也主要是主座建筑和附属建筑的修建工程，完全新建者很少。

[5] 《日下旧闻考》（一）卷九第 127 页"臣等谨按"语。

毁者进行修缮、重建或改建（以中轴线之外建筑为主），新建者较少（以外东路为主）；紫禁城内的总体布局仍明之旧（仅有局部变化）。与此同时，明紫禁城内诸建筑的名称大都更名，其使用情况也多有变化。

一 清在明北京紫禁城基础上的修缮、重建和改建概况

清对明北京紫禁城的修缮、修复、重建和改建的情况，请参见本书第十章明北京紫禁城部分已作的介绍和附图，下面拟分三个阶段再进行简单的归纳[1]。

第一阶段，顺治时期。顺治二年至四年，集中力量修复和重建中轴线上三大殿建筑群。如午门（明午门，墩台明之旧，上部顺治四年重建）、太和门（明皇极门，未大毁，顺治三年修复）、太和殿（明皇极殿，顺治二年修复）、中和殿（明中极殿遗构，顺治二年修复）、保和殿（明建极殿遗构，顺治二年修复，按该殿清初改称位育宫、清宁宫，直至康熙八年）、体仁阁（明文昭阁，顺治三年重建）、弘义阁（明武成阁，顺治三年重建）、协和门（明会极门，顺治三年重建）、熙和门（明归极门，顺治三年重建）。此外，顺治八年重建天安门（明承天门），并在顺治四年于外朝东院墙外建箭亭（与中和殿大体相对）等。顺治十二年集中力量重建或修复内廷寝宫，如乾清门、景运门、隆宗门、乾清宫、交泰殿、坤宁宫；东六宫的钟粹宫（明遗构，修复）、承乾宫、景仁宫，西六宫的储秀宫（明遗构，修复）、翊坤宫、永泰宫。此外，清初在紫禁城设立内务府公署（明仁智殿旧址）[2]，顺治十年重建慈宁宫，顺治十三年重建奉先殿（图11-6，表现顺治、康熙之际紫禁城状况）。

第二阶段，康熙时期，开始大规模复建工程。如重建太和殿（康熙十八年灾，康熙三十四年重建），建坤宁宫东西暖阁（康熙三十六年建），重建奉先殿（康熙十八年重建，将七楹改为九楹）；康熙二十二年重建西六宫的咸福宫、长春宫、启祥宫；康熙二十五年重建东六宫的景阳宫、永和宫、延禧宫（明延祺宫）；康熙二十二年重建文华殿，康熙二十

---

[1] 除正文所述三个阶段外，今故宫西河沿清代遗址曾进行发掘。2007年在故宫长庚门段内金水河西侧，原明代廊下家范围内进行发掘，共发现清代房址10处，特殊遗迹1处。房址均破坏严重，各房址仅余南北向断续分布的墙基础，仅F2和F6发现有前、后檐墙和隔断墙，其内均有冬季取暖的灶坑。其中F6残长19.3米，进深5.6米，附属于F6的灶坑共21个。以F6和F2为代表的长排连间房屋，地基粗糙，房屋结构简单，布局单调，推测是下人们居住区。F6据出土遗物推断，年代下限在清同治时期。特殊遗迹TS1在发掘区东部，南北走向，全长40.4米，宽7.6～8.4米。中部有11道隔断墙，呈南北向平行分布。有条石路面10道，呈南北向平行分布，相互间距1.7米。条石散水在西侧，西距紫禁城城墙4米。发掘者认为TS1似为一段废弃的城墙，TS1的结构和形制似为军士轮值的"避风洞"的残迹。发掘者指出，西河沿东南方的咸安宫，东北方的英华殿分别重建于康熙二十二年（1682年）和二十八年（1689年）。据此，西河沿遗址中以TS1和F10为代表的一组排房，亦可能在此期间重建。见宋大川编《北京考古发现与研究》（科学出版社2009年版）第455～458页。

[2] 清初精简机构，成立内务府衙门统管内府诸事。顺治十三年至十八年间，一度分置十三衙门，后又撤销，并为七司三院，撤明皇城二十四衙门用地，在外朝西路仁智殿旧址建内务府分署，所属司院官署设在宫城内或西华门外南北长街。大量内府诸库皆移在宫城之内。

四年建传心殿（明文华殿神祠旧址）；康熙十八年建毓庆宫[1]，康熙二十八年重建宁寿宫（明外东路仁寿殿、哕鸾宫、喈凤宫旧址）。康熙时重修乾东五所头所，约在康熙二十二年改建乾西五所的头、二、三所，康熙三十年建造办处（明南北司房、外膳房旧址）[2]，康熙三十六年再次重建永寿宫。此外，康熙时还建上驷院（养御马）等。至此，基本恢复到前明时期紫禁城的规制（图11-7）。康熙之后，雍正时期对紫禁城的修建活动很少，主要是雍正九年建斋宫（明内东裕库宏孝殿旧址）。此外，雍正时期养心殿进行内装修，在明祥宁宫旧址增建御膳房、南库，在内右门西设军机处、军机章京值房，在紫禁城西北隅建城隍庙等（雍正四年建）。

第三阶段，乾隆时期，主要在紫禁城内进行添建和改造工程（图11-8）。第一，乾西五所改建为重华宫和建福宫花园[3]。乾隆帝为皇子时居乾西二所，即帝位后改为重华宫[4]。乾隆三年开始，将乾西一所改为漱芳斋，并在庭院中面对正殿建戏台；西三所改为御膳房。乾隆七年始将乾西四、五所合改为建福宫（占用英华殿东厢一部分），这是一座兼有宴赏、集会和园林性质的宫室，又称西花园或建福宫花园（图11-9）[5]。第二，改建宁寿宫。乾隆三十七年（1772年）进行清紫禁城内规模最大的改建宁寿宫工程。第三，建文渊阁。乾隆三十九年至四十一年建成（1774~1776年），阁仿宁波天一阁，

---

[1] 毓庆宫，清康熙十八年（1679年）为皇太子允礽特建的皇太子宫，原为明代奉慈殿等旧址。乾隆五十九年（1794年）重建并添置，嘉庆六年（1801年）再次续添建。康熙六十一年弘历入居此宫（时年12岁），17岁成婚迁居乾西二所。嘉庆帝5岁时曾与兄弟子侄等居此宫，后迁往撷芳殿。乾隆六十年（1795年）嘉庆帝即位后，在乾隆皇帝训政三年期间，亦曾在此居住。同治、光绪两朝，此宫曾为皇帝读书处，光绪帝亦曾在此居住。逊帝溥仪英文教师庄士敦（1874~1938年）在宫中授课也在毓庆宫。

[2] 承办内务府器物、陈设、装饰用品的造办处原在养心殿。康熙三十年（1691年）移至外东路，以慈宁宫茶饭房150间改作造办处。

[3] 乾隆皇帝12岁入居毓庆宫，17岁纳孝贤皇后，迁居西二所。即位后，西二所遂成为潜邸，升为宫，取名重华宫，并予改建。西二所潜邸改建工程，包括整个西五所，形成重华宫、漱芳斋、建福宫花园三大部分有机相连，集办公和游乐等多种功能于一体的新宫殿区。弘历《重华宫记》（《御制文集》卷一四，《钦定四库全书·集部·别集类》，台湾商务印书馆1986年影印本）说：重华宫"少而居之，长而习之，四十余年之政皆由是而出之"，成为乾隆听政办公之所。是乾隆一生最重要的活动场所。也是清代对明紫禁城最重要的改建工程之一。

[4] 重华宫在原西二所三进院落基础上改建，正门名重华门，第一进院落有正殿崇敬殿和东西配殿，第二进院落有正殿重华宫，东配殿葆中殿，西配殿浴德殿。第三进院落有正殿翠云馆和东西配殿。重华宫改建于乾隆元年，主体工程完工后，装修拖的时间较长。

[5] 建福宫东半部前置抚辰殿和建福宫，以回廊连接成院，宫后为三间见方的惠风亭，亭后为寝宫静怡轩，这是一座三卷勾连搭式建筑，再后为慧曜楼。西半部主体建筑称延春阁，为七间带周围廊两层的方形大阁。阁前叠石为山，岩洞磴道，幽邃曲折。假山西南侧有一静室小楼，供大士像。延春阁北有敬胜斋五间，斋西为碧琳馆，斋东有两层的吉云楼，与慧曜楼相接。延春阁之西有凝晖堂。建福宫各建筑间皆以回廊相连，曲径通达，宫内俗称西花园。乾隆原拟在此守制，并有逊位后居此养老之意。民国十二年（1923年）毁于火灾，仅余大假山一座。

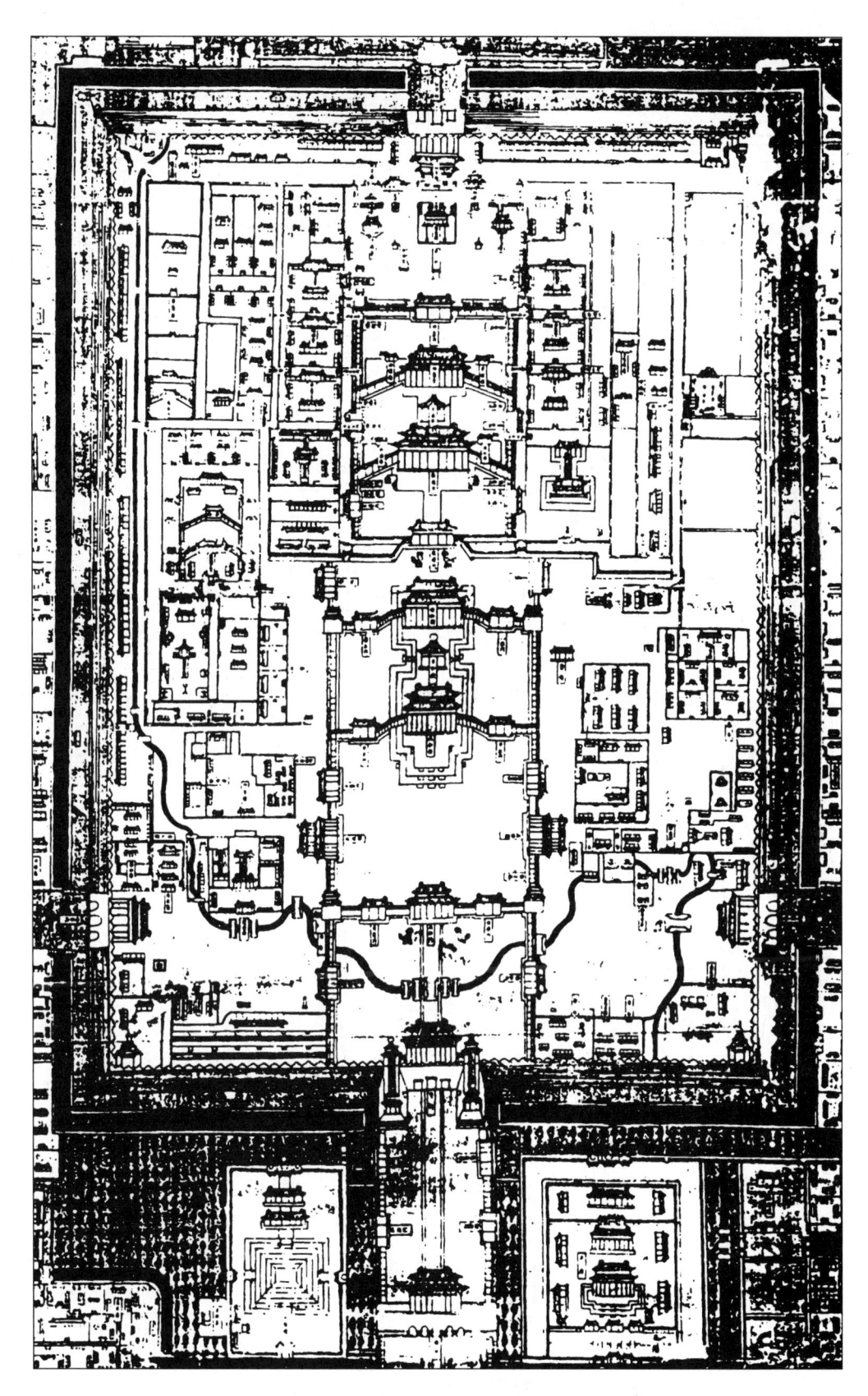

图 11-6 清代《皇城宫殿衙署图》中的紫禁城部分（康熙十八年）
（引自孙大章主编《中国古代建筑史》第五卷《清代建筑》）

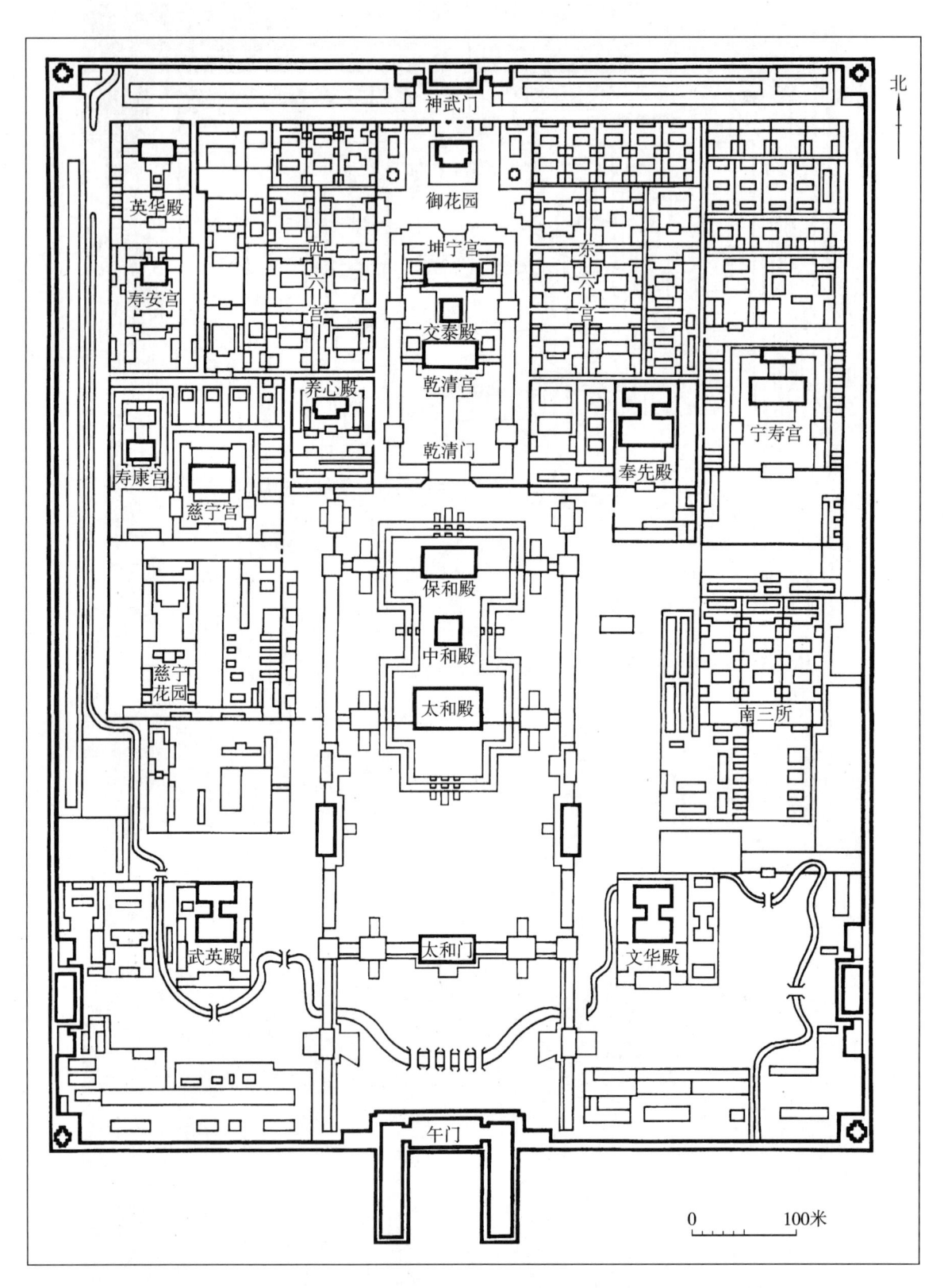

图 11-7 清代紫禁城总平面图（乾隆初年）

（引自孙大章主编《中国古代建筑史》第五卷《清代建筑》，略有改动）

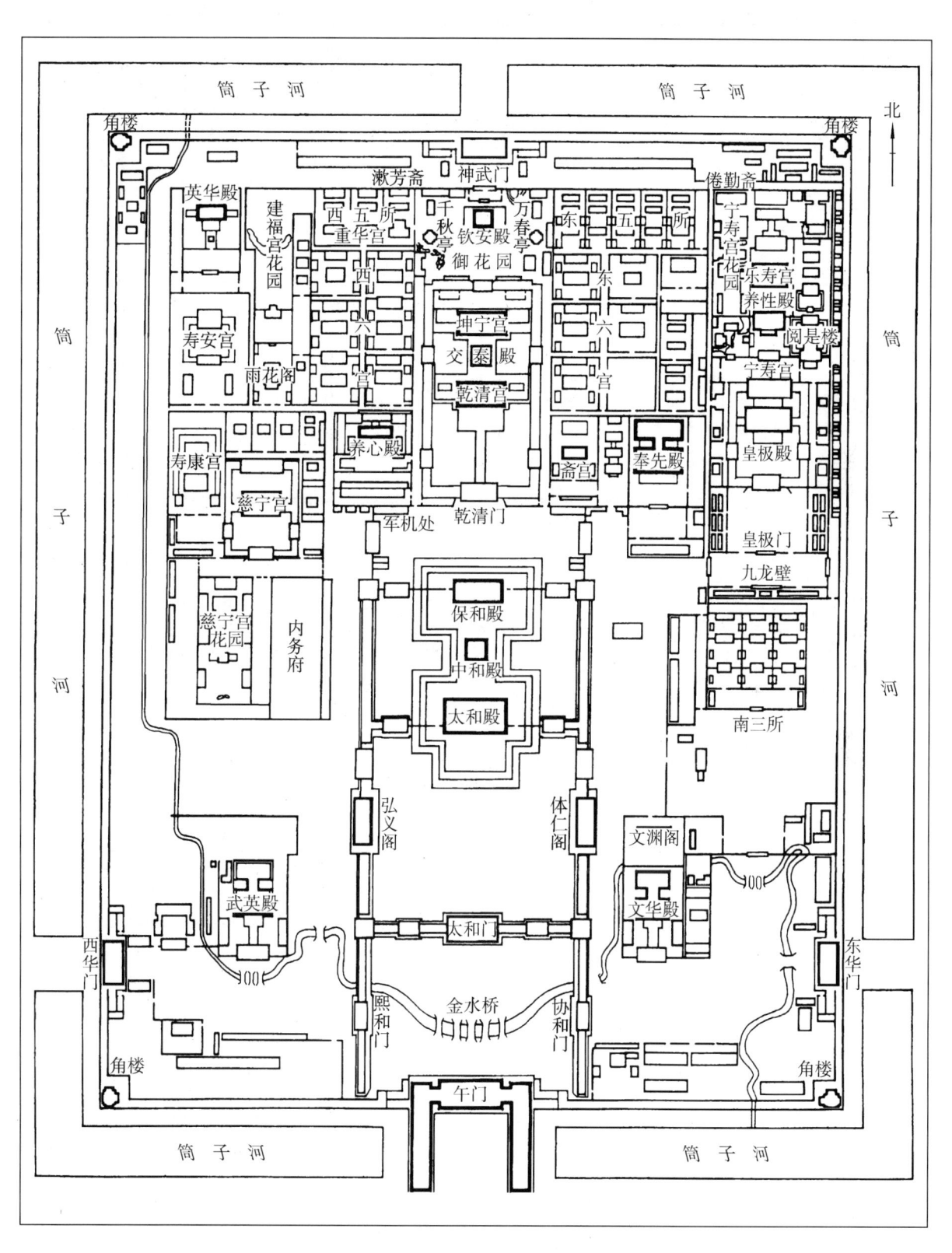

图 11-8 清代北京紫禁城平面图（乾隆末年）
（引自孙大章主编《中国古代建筑史》第五卷《清代建筑》，略有改动）

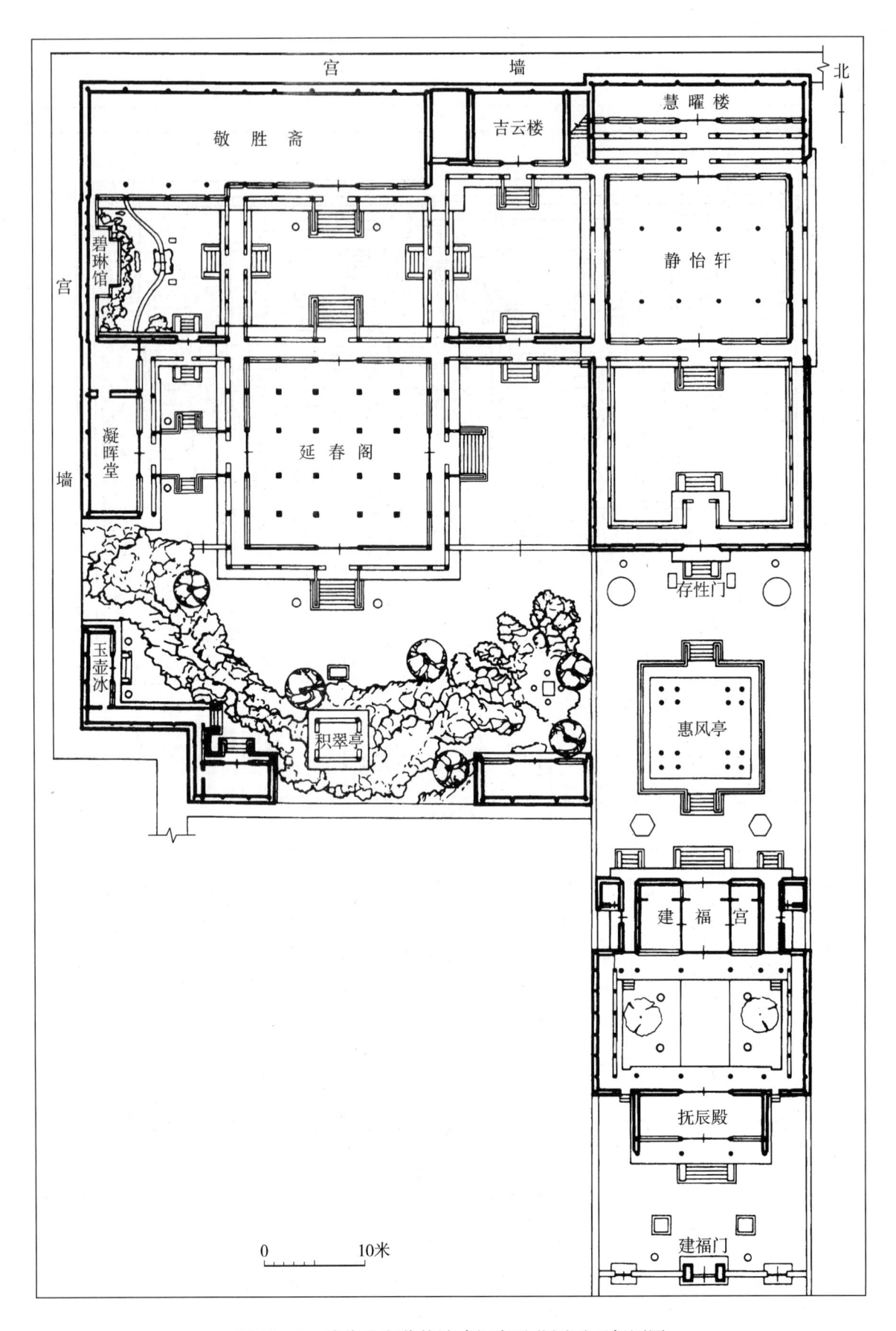

图 11-9 清代北京紫禁城建福宫及花园平面复原图
（引自孙大章主编《中国古代建筑史》第五卷《清代建筑》，略有改动）

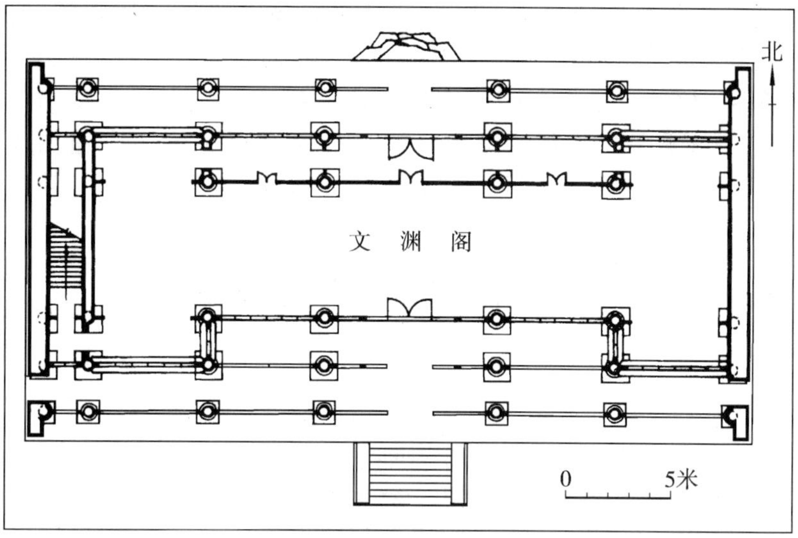

图 11-10　清代北京紫禁城文渊阁平面图
(引自孙大章主编《中国古代建筑史》第五卷"清代建筑",略有改动)

建于文华殿、主敬殿之北(图11-10、图11-11)[1]。第四,建南三所。乾隆十一年,将明代慈庆宫(端本宫)改建为皇子所居的南三所。第五,乾隆元年在慈宁宫西侧建寿康宫(皇太后居所),乾隆十六年在慈宁宫北将明代咸安宫改建为寿安宫(皇太后六旬、七旬大寿祝寿之所),并在寿安宫前后殿广庭中央建三层的大戏台(宫中最早的戏台,嘉庆四年拆除)。第六,乾隆三十四年改建慈宁宫大殿(改建为重檐、挪盖后殿、拆盖宫门、取消大殿两侧斜廊),在慈宁宫花园添建佛事建筑等。第七,建雨花阁建筑群(正南主体称雨花阁,阁后昭福门,门内宝华殿、殿后秀云亭、中正殿均供奉藏传佛教西天梵像)。该建筑群位于西路延庆殿与寿安宫之间,雨花阁建于乾隆十四年,建筑精美。此外,还有乾隆三十一年建国史馆(明马神庙旧址),乾隆八年左右建咸安宫(明太庖厨、尚善监旧址,民国三年改建宝蕴楼),乾隆四十八年重建体仁阁等(参见图11-7、图11-11)。

乾隆之后,紫禁城内无大规模的营建活动,但有小规模的改建(如嘉庆时将翊坤宫与储秀宫开通,储秀门改建为体和殿;将启祥宫与长春宫开通,长春门改建为体元殿)。重建(如嘉庆年间重建交泰殿、乾清宫,光绪时重建太和门等)和维修(光绪时期维修工程较多,以宁寿宫的维修和改造工程最大)活动一直持续到清末。由于这些营建活动,除体和殿、体元殿之类的局部改变外,多不涉及紫禁城内布局变化问题,故不再一一表述。

---

[1] 文渊阁面阔六间,西尽间为楼梯间,两层楼中有夹层,黑琉璃瓦绿剪边歇山顶,下层前后出廊。总面阔33米,进深14.77米。内檐的平面配置,下层中三间为广厅,中央置宝座,是经筵礼毕赐茶之处。两侧以书橱隔为东西暖室,室内列书橱。东暖室之南窗下设榻,似为观书之处。中层呈门形平面,中空部分为下层广厅之上部。层内全列书橱,东稍间南窗下设榻。上层全部列书橱,只明间正中设书槅,书橱两面置御榻。文渊阁内藏《四库全书》《四库荟要》《四库全书总目》《四库全书考证》《古今图书集成》。

综上所述，清代在明紫禁城基础上的营建活动，既承袭了明代紫禁城的规制和格局，又在重建和改建过程中，使一些建筑群或建筑的形制和布局发生变化或创新（主要在中轴线之外，尤以外东路为甚）。这些在明代主要建筑基础上重建者，大都重新命名，其中一些建筑的使用性质也发生变化；有的建筑（群）形制布局和用途亦随之改变（如宁寿宫等）。关于清代在明紫禁城基础上改建增筑情况，下面针对变化较大的外东西路再作些介绍和增补。

二　清代在外东路添建改建概况

（一）营建南三所

清承明制，但外东路变化较大。主要变化之一，是将明代端本宫、端敬殿改建为南三所（图11-8）。清代除康熙朝一度立太子外，各朝均不设太子，因而明代的太子东宫端本宫失去作用。所以在乾隆十一年（1746年）三月兴工，将明代端本宫改建为南三所（又称"阿哥所""东三所"等），嘉庆时称撷芳殿[1]，皇子成婚后从乾东五所移居南三所。乾隆四十年（1775年），颙琰（嘉庆帝）移居中所，其子旻宁（道光帝）生于中所，道光二十八年（1848年），奕詝（咸丰帝）移居三所。南三所建置和形制较明代端本宫发生较大变化。

南三所在东华门内三座门之北（东华门内以北有琉璃门三座），内金水河从门前流过，上跨石桥三座。门内有琉璃影壁一座，再前宫门一座三间，门内有东西并列三座殿宇即南三所。

南三所形制相同，均前后三进院落，前有琉璃门一座（图11-8、图11-11）。三所共有前院正殿三座，各三间；中院正殿三座各五间；后院正殿三座各五间。各院东西配殿共十八座，各三间；顺山房六座，各二间。每所中院有井亭一座，以及值房、膳房、净房等总计房屋二百余间[2]。乾隆十九年（1754年）又添盖后罩房三座。宫门、前院正殿为绿琉璃瓦单檐歇山顶，金龙枋心旋子彩画。中院、后院正殿绿琉璃瓦硬山顶，龙锦枋心旋子彩画。余则为黑布瓦卷棚顶，不绘彩画[3]。

除上所述，在南三所之西还有箭亭[4]、御茶膳房[5]、上驷院[6]；在南三所之东有御

---

[1] 单士元《故宫南三所考》（《紫禁城建筑研究与保护：故宫博物院建院70周年回顾》，紫禁城出版社1995年版）指出乾隆时所修之书，皆不着"撷芳"之名，咸以"三所"称。嘉庆时所修之书皆曰"撷芳殿"，即嘉庆时三所始以撷芳殿为三所之总名。又指出明代已有撷芳殿，为慈庆宫之一部。清南三所为明撷芳殿旧址，"嘉庆赐以'撷芳'之名，有由来矣"。按，明懿安张皇后居住时称慈庆宫，懿安移居仁寿殿后，改为端本宫。

[2] 南三所乾隆十一年兴建，二十六年皇子移出，三十一年修缮。单士元《故宫南三所考》（《紫禁城建筑研究与保护：故宫博物院建院70周年回顾》，紫禁城出版社1995年版）一文中引乾隆三十一年内务府奏销档记一条云：南三所"又因阿哥等于二十六年移出后，其外围茶饭值房等项房屋，俱改为各处值房。今遵旨修理……"

[3] 《北京志·故宫志》（北京出版社2005年版）第37页"撷芳斋"。

[4] 箭亭，在左翼门之北，顺治时初建称射殿，现存建筑建于雍正年间，面阔五间进深三间，周围出廊，黄琉璃瓦歇山顶。箭亭正中设宝座，箭亭前广场，为殿试武进士技勇之地。

[5] 御茶膳房，在箭亭之东、南三所西侧。

[6] 上驷院，在文渊阁东北，西对左翼门。顺治十年设，名御马监，康熙十六年改称上驷院。康熙时曾在此拘禁允礽。

药库[1]，在南三所前星门内两侧有会典馆和国史馆等（图11-11）[2]。

（二）宁寿宫改建后的形制布局

外东路主要变化之二，是将明代仁寿宫改称宁寿宫，并进行了较大的改建工程。清代打破了明代太皇太后居外东路，太后居外西路的界限，规定太皇太后、皇太后居慈宁宫、宁寿宫，太妃、太嫔等位随居。一般是一代东朝居慈宁，下一代东朝居宁寿，依次交替。从实际情况看，太宗皇太极所遗东朝居慈宁，世祖东朝居宁寿，圣祖东朝仍居宁寿，世宗东朝居慈宁，此后均居慈宁宫。乾隆三十三年温惠皇贵太妃在宁寿宫去世，康熙朝妃嫔在宁寿宫最终消失。于是乾隆三十六年至四十一年大规模改建宁寿宫，使之成为乾隆"称太上皇后颐养地"，其性质和形制较明代仁寿宫发生很大变化。

宁寿宫在紫禁城东北隅，东西宽约120米，南北长约395米（图11-7、图11-8、图11-11）。此处原为明代外东裕库、仁寿殿旧址，北部为哕鸾宫和喈凤宫旧址。清初此地建筑毁坏，康熙二十八年改建为宁寿宫，"比旧更加弘敞辉煌"[3]，作为太皇太后、皇太后寝宫。此后乾隆三十七年至四十一年，再次大规模改建宁寿宫[4]。由于该宫在清代初期宫廷建筑中占有重要地位，故下面略作介绍。

1. 宁寿宫前区

乾隆改建的宁寿宫分前后两大区，前区以康熙时改建的旧宁寿宫为基础，又将宫门外移60余米，建红墙一道，中间建随墙三间七楼垂花门式牌楼门，称皇极门。门前有东西狭长小广场，广场南墙与门相对处有五色琉璃九龙壁[5]。广场西侧有锡庆门，东侧有钦禧门。皇极门内对宁寿门，二门之间与东西两侧群房围合成约5000余平方米的庭院，东

---

[1] 太医院御药库，在南三所外东侧。

[2] 会典馆，在东华门内三座门以北东侧，国史馆后改称清史馆。

[3] A.《国朝宫史》卷一三记载：康熙二十八年改建的宁寿"宫正殿二重，前为宁寿门，列金狮二，门内东为凝祺门，西为昌泽门，再西为履顺门，门外即夹道直街也"。宁寿宫之后"为景福宫，前为景福门，门内正殿二重……宫西有花园，门榜曰'衍祺门'。又西为蹈和门，门外即夹道直街也……景福宫之后为兆祥所，今为皇子所居"。

B. 孙大章主编《中国古代建筑史》第五卷（中国建筑工业出版社2002年版）"清代建筑"第55页记述：《乾隆京城全图》所示，可知其布局状况。前半部为宁寿宫，前、后两殿，前七间，后五间，廊院周回，殿前为宁寿门，门外一大片广庭。宁寿宫北并列两区，东为景福宫区，亦正殿二重，各五间，东西配殿各五间，前为景福门。西区为一座花园，门称衍祺门，花园布局规整，中为歇山顶花厅三间，东西各有一花墙分隔的独立小院，院内有休闲建筑，西北角有一座高基座亭阁，东北角不详，正北有假山一座，杂植花木。总之，该花园尚未脱明代宫廷御园对称严谨之风格，空间变化少，没有形成特定含义的景观。在景福宫和花园之北并列三座小宫室，皆一正两厢，标示东宫、中宫（图中缺漏）、西宫。再北并列四座小院，每院三排房屋，可能是皇子住的兆祥所。

[4] 宁寿宫工程分前后两个阶段，后三路殿宇于三十七年开工，工程预算为76万余两白银；前路宁寿宫改造工程三十八年开工，预算53万余两白银，总计达130万两。

[5] 九龙壁为依宫墙单面琉璃影壁，乾隆三十六年烧造，通高3.5米，宽29.4米，厚0.45米。下为汉白玉须弥座，中间琉璃壁面由270个琉璃块拼合而成，地饰蓝、绿两色山崖海水纹，壁面九条巨龙，黄龙居中，左右四龙依蓝、白、紫、黄各色排列；上为庑殿式黄琉璃瓦顶，正脊饰九条龙。

西群房各辟随墙板门三阔，门内为南北向狭长院落，各有三组青瓦小房。宁寿门为康熙时改建之门，乾隆时又依乾清门制度改建[1]。自宁寿门两侧建庑房，连檐通脊，东西转折而北直抵宁寿宫，围成宁寿宫院落。东西庑房各有宫门一座（东西庑各9间，均于南数第3、6间开门），东曰凝祺门，西曰昌泽门。庑房外为宁寿宫宫墙，两者之间夹道内有数个小院，院内建守卫值房。

(1) 皇极殿

宁寿门内中轴线上有皇极殿和宁寿宫，该组建筑单元以明慈庆宫—仁寿宫，清康熙时的宁寿宫为基础进行改建。乾隆四十一年将原宁寿宫（明时为慈庆宫、仁寿宫位置）改建为皇极殿，殿内楣间正中悬乾隆御笔"建极康宁"匾，联曰："惟以永年，敷锡厥庶民，向用五福；慎乃在位，佑启我后人，抚绥万方"[2]，将其作为太上皇临朝受贺之所。皇极殿坐落在单层台基之上，面阔九间，进深五间，黄琉璃瓦重檐庑殿顶，地平至正脊通高19米，吻高2.6米，十一拼。上层檐七踩单翘重昂斗栱，下层檐单翘重昂五彩鎏金斗栱。前檐出廊，金里装修。檐柱与额枋相交处为透雕云龙浑金雀替，梁枋饰金龙和玺彩画。上下檐飞椽油饰青地，彩绘沥粉片金灵芝；老檐椽油饰绿地，彩绘片金西番莲卷草纹。明、次间为门，三交六椀槅扇门各四扇；梢间、尽间为槛窗，三交六椀槅扇窗，梢间各4扇，尽间各2扇。槅窗绦环板、群板雕刻云龙。后檐明、次间为门，装修与前檐同，北与宁寿宫相对。殿前出月台，青白石须弥座。周以汉白玉栏杆，前出御路接甬道与宁寿门相连，甬道两侧及月台左右各设台阶。月台上两侧安设日晷、嘉量、铜龟、铜鹤各1对，鼎炉2对。御道各有六方须弥座1个，座上置重檐六角亭，亭身每面镌篆体寿字各3。石座中心有铸铁胆，每年腊月二十三至正月十五日，则改立灯杆于其中，今仅存其座。殿两侧设垂花门、看墙接东西庑，将院隔为前后两进。殿内明间四根沥粉贴金蟠龙柱，顶置八角浑金蟠龙藻井，双龙戏珠天花。正中设宝座，东设铜壶滴漏，西设大自鸣钟。

关于皇极殿的规制，乾隆三十八年（1773年）档案中记数："皇极殿仿保和殿一座，计九间，前后廊溜金斗科，重檐庑殿成造。前月台一座，丹陛一道，安砌青白石须弥座，汉白玉栏板、柱子、出水龙头。墙垣下肩外皮细城砖干摆，上身糙砌抹饰红泥，里皮下肩并槛墙摆砌黄绿色龟纹砖。头停黄色琉璃瓦。"[3] 又成出于嘉庆十一年（1806年）的《国朝宫史续编》中，则明确记载皇极殿"仿乾清宫制"。但实际上，皇极殿重檐庑殿顶，墙垣干摆细城砖和摆砌黄绿色琉璃龟纹砖的工程做法同于太和殿（保和殿重檐歇山顶，在紫禁城内只有太和殿和皇极殿里皮下肩及槛墙摆砌黄绿色琉璃纹砖。同为重檐庑殿顶的乾清宫、坤宁宫、奉先殿都是干摆细城砖）。另外，皇极殿内中心以髹金漆柱围绕宝座，与太和殿相同，其雕龙藻井也与太和殿相似（保和殿和乾清宫顶棚满饰天花）。皇极殿内中心

---

[1] 宁寿门殿宇式，下有汉白玉台基，周以白石栏板。门面阔五间，进深三间，黄琉璃瓦歇山顶。明、次间为门，后檐金里装饰，前檐梢间为槛窗，金龙和玺彩画。门前出三阶，中设丹陛，左右鎏金铜狮一对。门两侧山墙接八字琉璃影壁。门内甬路高1.6米，长30米，宽6米，与皇极殿前月台相连。

[2] 庆桂等编纂《国朝宫史续编》（北京古籍出版社1994年版）卷五九第479页。

[3] 福隆安等《奏为修建宁寿宫殿宇房座估需工料银两事折》，乾隆三十八年十一月十九日。中国第一历史档案馆藏，卷宗号320-072-1。

陈设的屏风宝座均"照太和殿屏风、宝座成做"[1]。乾隆四十二年三月，遵旨在"皇极殿内添设小地平一分"[2]，系在硕大的七阶高台地平之上另设小型地平，其上安置金漆蟠龙宝座及金漆屏风，这些细部特征完全同于今太和殿内的陈设（紫禁城内其他殿宇无）。前述皇极殿外檐槅扇装饰也与太和殿及乾清宫的等级相同（保和殿群板仅装饰简单的如意纹）。此外，太和殿明代称皇极殿，皇极出自《尚书·洪范》："皇建其有极。"宁寿宫皇极殿则采用太和殿旧称，匾曰"建极康宁"。就连皇极门与宁寿门间不建宫殿而形成宽阔院落，也很像太和门广场。至于皇极殿与保和殿，两者仅整体开间布局和前后檐槅扇数目相同。皇极殿与乾清宫，除前述都分相同者外，还有皇极殿月台上可列铜鹤、铜龟、嘉量、日晷的布局与乾清宫基本相同，以及乾隆五十一年（1786年）遵谕旨："宁寿宫皇极殿前照乾清宫殿前安竖天灯二座，万寿灯二座"等[3]。总之，上述情况表明，皇极殿的规制应主要仿太和殿，并同时参照采用了保和殿和乾清宫的部分形制。可以说皇极殿乃是集太和殿，以及保和殿和乾清宫部分形制于一身，进行再创造的、规制仅低于太和殿的一座新殿宇[4]。

(2) 宁寿宫

乾隆年间改建时将宁寿宫匾改悬于后殿，后殿宁寿宫仿坤宁宫规制。面阔七间，进深三间，单檐歇山顶，檐宇四周擎檐廊安花枋雀替。前檐东次间开门，光面板门两扇，其余各间为直棂吊搭窗，每间双交四椀菱花横披窗各三扇。后檐明、次间为门，双交四椀菱花槅扇门各四扇。内明间、次间，两梢间通，室内蝙蝠圆寿字天花。迎门一间后檐设灶间，安槅扇，金漆毗卢帽，内安煮肉锅灶。西三间依墙安木榻通炕，为满族萨满祭神场所[5]。东两间相连为暖阁，后檐设仙楼，东山辟门可通宁寿宫东庑。宫前月台两侧摆砌黄绿色灯笼砖琉璃槛窗，左右连宁寿宫北庑。乾隆四十年添安后檐并两山擎檐廊十七间及周围廉栊枋，透雕龙凤纹华板，云龙纹浑金雀替。宫后东西两侧各添做烟筒一座。四面包砌细城

---

[1] 中国第一历史档案馆、香港中文大学文物馆合编《清宫内务府造办处档案总汇》第39册第439页，乾隆四十一年九月初二日记事录。

[2] 中国第一历史档案馆、香港中文大学文物馆合编《清宫内务府造办处档案总汇》第41册第128页，乾隆四十二年八月二十三日行文。

[3] 和珅等《奏为建造天灯派员估需银两事》，乾隆五十一年二月十六日，中国第一历史档案馆藏，卷宗号5-400-26。

[4] 皇极殿规制，参阅了林姝《皇极殿考略》一文（未刊）。

[5] 《日下旧闻考》（一）卷一八第240～241页引乾隆帝《宁寿宫铭》："殿称皇极，重簷建前。宫仍其旧，为后室焉。"其下自注："我朝规制，宁寿宫、慈宁宫为奉养东朝之所，是以前殿即以宫名，并皆不施重簷，有深意义也。恭遇圣母八旬万寿，朕始于慈宁宫增加前殿重簷，以崇尊养。兹新葺宁寿宫，待予归政后居处，则为太上皇临御之所，宜有前殿受贺。因题额曰皇极殿，制用重簷。而宁寿宫之榜则移后殿云。"《宁寿宫铭》又记："执承敬神，我朝旧制。异日迁居，礼弗敢废。清宁坤宁、祖宗所奉。"其下自注："盛京大政殿后曰清宁宫，祖宗时祀神之所"，"国初定鼎燕京，则于乾清宫后殿坤宁宫行祀神礼，一如清宁宫之制。至今遵循旧章。余将来归政时，自当移坤宁宫所奉之神位神竿于宁寿宫，仍依现祀神之礼"。但实际上乾隆帝退位后，一直住在养心殿，直至嘉庆四年去世也未曾在宁寿宫居住过。

砖，上安铜顶，为宁寿宫灶房及室内烟所用[1]。上述情况，保留了满族建筑的特点。

2. 宁寿宫后区中路

宁寿宫后有一东西狭长小广场，东出为保泰门，广场北侧正中南向与宁寿门相对者为养性门，门内即后区中路。养性门乾隆三十七年建，门前出三阶，中设丹陛，两侧置鎏金铜狮一对。养性门内中轴线上依次建养性殿、乐寿堂，再后为颐和轩和景祺阁，两建筑间以穿廊相连呈"工"字形（图11-12）。

养性殿是后区中路正殿和后区主体建筑[2]，乾隆三十七年建，嘉庆七年修，光绪十七年（1891年）重修。殿面阔三间，每间以方柱支撑，隔为九间，内明间设宝座。黄琉璃瓦歇山顶，前檐出抱厦。殿之规制仿养心殿，如东次间为暖阁，隔为前后二层空间，前曰明窗，后曰随安室，后层有仙楼，有随安室等小室数间。西次间亦为暖阁，隔为数间小室，南室称长春书屋，北室为佛堂，尽间为墨云室（仿养心殿三希堂）。殿内多用楠木、紫檀木包镶门口、栏杆、供柜、夹纱格窗等，内檐装修十分精美。殿西山墙接耳室一间，额曰"香雪堂"[3]，仿养心殿梅坞建。养性殿前东西各有配殿五间。

养性殿后为乐寿堂[4]，乾隆三十七年建，嘉庆七年修，光绪十七年重修。殿面阔七间，进深三间，周围廊，黄琉璃瓦歇山顶。平面规制仿圆明园长春园淳化轩，乾隆帝以其为退位后的寝宫，御题"座右图书娱画景"，故亦称宁寿宫读书堂。明间开门，次、梢间为窗，明间陈《大禹治水》玉山一座[5]。堂内明间、次间有仙楼，槅扇装修多以楠木、紫檀木为之，楠木井口天花与室内装修浑然一体，表现出乾隆时代的建筑装饰风格，是清宫廷内精美的室内装饰实例之一。堂西山墙辟窗，西与三友轩东窗相望（亦可观察花园景物）。乐寿堂西有三友轩，乾隆三十九年建，为三开间式小殿，坐北面南，黄琉璃瓦顶，西为歇山式，东为硬山式，为宫中所仅有。明间开门，两次间为窗。轩内以松、竹、梅题材装修分隔，喻岁寒三友。西次间西墙辟窗，以松、竹、梅纹为窗棂，透过西窗可观察窗外堆山、翠竹、松柏。轩东次间辟窗，可与乐寿堂西次间相望。乐寿堂前广庭，左右接转

---

[1] 乾隆六十年，以明岁元旦举行授受大典，改元嘉庆，于嘉庆元年正月初四在皇极殿举行盛大的千叟宴。光绪二十年在皇极殿行慈禧60寿辰贺礼，慈禧死后，曾在此停灵、治丧。嘉庆七年、光绪十年（1884年）先后修葺，现为珍宝陈列馆。

[2] "养性"取《孟子·尽心》："存其心，养其性，所以事天也。"是乾隆帝退位后准备接见大臣、赐宴外藩之所。乾隆四十六年曾在此赐宴。光绪时慈禧太后居乐寿堂时，在养性殿东暖阁进早、晚膳。光绪二十九年慈禧太后与光绪皇帝在此接见过外国使臣。宣统元年十一月，隆裕皇太后上徽号，王公大臣在养性殿行礼。养性殿原为和玺彩画，光绪十七年重修时改绘苏式彩画。现为文物陈列室。

[3] 香雪堂面南开窗，西山开小窗，可望花园一隅，内以白石依墙堆砌山景。室内西、北、东三面依山墙至顶为壁画，东开一小门，与养性殿相通。

[4] 乐寿堂额曰"乐寿"，取《论语·雍也》："知（智）者乐，仁者寿。"光绪二十年，慈禧太后在此居住时，以西暖阁为寝室。今为文物陈列室。

[5] 《大禹治水》玉山，高2.4米，重5000公斤。产自和田密勒塔山。乾隆四十六年发往扬州，五十二年雕成，五十三年乾隆帝钦定安放在乐寿堂，至今从未移动。

角游廊，廊间墙壁嵌《敬胜斋帖》刻石366块，均为乾隆帝所书[1]。堂后为颐和轩，有高台甬道相连。

颐和轩（"颐养和气"之意），乾隆三十七年建，嘉庆七年、光绪十七年重修。轩面阔七间，进深二间，黄琉璃瓦单檐歇山顶。前檐出抱厦五间，后檐接抱厦三间，明间接后穿廊，北至景祺阁。穿廊明间东西向开门，通轩北东西两小院。轩东西山面廊南北封装，设小门。西廊外小院建"如亭"，亭二层，上层为小戏台。轩前月台两侧设阶，台上左侧设日晷，甬路两侧各设琉璃花坛一座，通高1.25米。轩两侧有游廊接乐寿堂，廊壁镶嵌《敬胜斋帖》刻石。该轩现为文物陈列室。

景祺阁在颐和轩后，乾隆三十六年建，嘉庆七年、光绪十七年修缮。阁面阔七间，进深三间，二层楼阁式建筑，黄琉璃瓦歇山顶。底层四面出廊，前檐明间开门，接穿廊直抵颐和轩后檐。室内西次间设小戏台，东梢间有楼梯通二层，一二层间设平座。阁前西侧小院有回廊与乾隆花园符望阁相通，东侧有敞厅三间与景福宫相邻。紧贴景祺阁东侧有假山一座（山顶原有翠环亭，道光年间拆除），山顶平台与景祺阁二层之间飞架汉白玉小石桥一座，山下有洞名曰"云窦"。景祺阁后小院有房屋遗址，光绪帝之珍妃曾幽禁于此，小院西墙外即为珍妃井，井北侧贞顺门内之怀远堂东间，为珍妃姐瑾妃为之所设小灵堂。

3. 宁寿宫后区东路[2]

后区东路最南为畅音阁，是一座五间三层戏台（宫城内最大戏台）。其北阅是楼，是帝后观戏处，周围有转角楼32间围护，为群臣看戏房，阁与楼组成独立院落。阅是楼后为一组南北四层院落，每院一正两厢，以游廊相连。南面正门设垂花门，门内第一进院正殿额曰"寻沿书屋"，屋前回廊环抱，其西配殿有过道可至乐寿堂前院。第二进院落正殿额曰"庆寿堂"，东路最后部为景福宫和藏传佛堂梵华楼与佛日楼。景福宫位于东北部，因乾隆四十九年乾隆帝得玄孙，五世同堂，故又称五福五代堂，主要用于娱老，并陈设西洋天文仪器。梵华楼仿静怡轩后慧曜楼，背倚宁寿宫北墙，南与景福宫相隔仅数米，楼二层，黄琉璃瓦卷棚硬山顶，楼内陈设为"六品佛楼"形式。佛日楼仿建福宫花园的吉云楼，北倚宁寿宫北墙，楼二层，东有石梯与梵华楼相连（图11-12）。

4. 宁寿宫后区西路（宁寿宫花园）

宁寿宫花园，又称乾隆花园，是乾隆三十七年改建宁寿宫时添建的，花园南北长160余米，东西宽约37米，平面呈南北狭长形（图11-12）。故其总体布局采用庭院纵向串联式，自南向北安排四进院落。院落间似分似隔，又互为因借，空间渗透。进南门衍祺门后为第一进院落，门内以左右夹峙的假山构成影壁山，正北是主体建筑五开间卷棚歇山顶的古华轩，轩西南为仿曲水流觞修禊故事的禊赏亭（由晋人王羲之《兰亭序》中"曲水流

---

[1] 敬胜斋在建福宫花园，为乾隆帝读书习字场所之一。乾隆帝在此临帖墨迹称《敬胜斋帖》。

[2] A. 后区东路的形制、布局、结构等，见《北京志·故宫志》（北京出版社2005年版）第131～135页。

  B. 在宁寿宫前后区之间，出东面保泰门，依紫禁城东城墙，南北各建有青砖瓦房十三座，俗称南十三排，北十三排。其建筑形式和布局相同，即每两座一正房、一倒座，南北相向组成一个小院。十三排始建时间不详，清乾隆三十七年《京城图》尚无此建筑。

觞，修禊赏乐"故事而来）。轩东南一组建筑以曲廊转折相连，即东南角叠石为山之上有攒尖顶方亭撷芳亭，其北有硬山式的抑斋，抑斋之西有攒尖方亭矩亭（亭内编织纹天花为宫中仅有）；轩前东侧山上有承露台；轩西北山上有三开间卷棚歇山式的旭辉亭。全院以轩、亭、斋、廊相间，共同构成一南向的封闭幽深小院，其间以假山花木，将空间以大化小，平面灵活自有，园林意境以"幽"为题。

古华轩北是一磨砖细砌的清水墙面，下面有彩色石片镶贴的冰纹台明，正中有垂花门。门内第二进院落主体建筑是五开间，带前后廊、卷棚歇山顶的正房遂初堂，左右抄手游廊与东西配房和垂花门连接构成三合院。院内仅石盆景一座及少量花木，空间通敞，视野开阔，气氛宁静，是一处以"敞"为意境的生活空间。

第三进院落布满假山，庭院中央峰峦叠起，建筑环山布置。院中主峰上建耸秀亭，居高临下，挺拔秀丽，是院中立体建筑。其北有卷棚歇山顶、五开间，二层的萃赏楼，西与延趣楼以转角游廊相接。东南角山石环抱之中有三友轩（屋顶东部紧临乐寿堂西廊，作悬山式，西部为歇山式）。该院落空间从平面向立体发展，巧妙叠石造山，经由曲折的山洞、山涧、磴道将各处建筑连为一体。形成忽宽忽窄，忽明忽暗，在不大的面积内，延伸成无尽的游览路线，达到园林中"变"的意境。

第四进院落以中间崇高华丽、五间两层的符望阁为主体建筑。符望阁的形制仿建福宫延春阁，阁之北以九间的倦勤斋为结束（可看做符望阁的后罩房），倦勤斋仿建福宫敬胜斋，上述二建筑间连以围廊。符望阁前山屏主峰上有平面呈五瓣梅花形的碧螺亭，亭南石桥飞架，通萃赏楼。符望阁之西有三开间歇山顶玉粹轩，轩北在弓形围墙包围的假山上有竹香馆。该院主体建筑符望阁下层用各类落地罩、格扇门窗、板墙等纵横间隔成许多房间，并且地面标高不同，设有夹层，各房之间交通穿插复杂，故有迷楼之称。上层为三开间见方的大统间，中设宝座，登临周围外廊，可北望景山诸亭，西望北海琼岛，南望紫禁城殿阁，晨昏四季，景色不同，是观景胜地，突出其以"雄"为特色的园林意境（图11-12）。

总的来看，四进院落景色贯穿连通，其幽、敞、变、雄的意境一气呵成。在布局上于统一协调之中刻意求变，相映成趣，巧夺天工，完全摆脱了明代御园对称工整的呆板构图，转而注重对丰富有趣的风景环境的创造上，这是清代宫廷园林营造上的重要转变。

综上所述，宁寿宫的改建吸取了清初百余年宫殿、园林建设的经验，借鉴了太和殿、保和殿、乾清宫、养心殿、坤宁宫、长春园淳化轩，以及建福宫等处的优点。宁寿宫许多殿堂设计的构思和命名多取自这些已建成的建筑，所以在一定程度上可以说宁寿宫的改建乃是清初宫廷建筑的总结。其次，宁寿宫在有限的面积内，朝、寝、宫、苑和各类服务用房齐备，宛若一座小型的紫禁城。其规划设计在维持前朝后寝、中轴对称的传统模式之中，重点突出了前区临御受贺的皇极殿和祀神的宁寿宫。同时还非常注重改造内廷，其中路为居住、文化休闲、颐养情性之所；东路为听戏、读书、侍亲、茶宴、供佛之处；西路建成具有画意的园林游赏之处。凡此，充分反映出乾隆皇帝对宫城建筑规划布局的新创意。

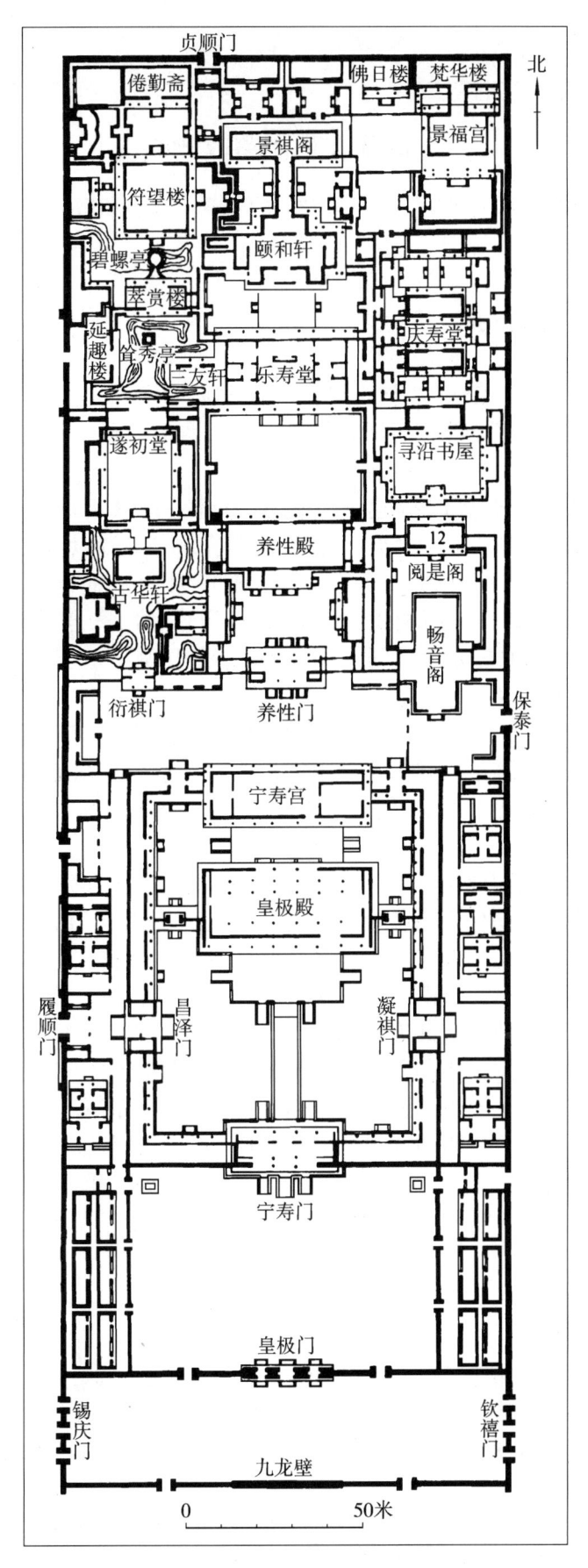

图 11-12 清代北京紫禁城宁寿宫平面图
（引自孙大章主编《中国古代建筑史》第五卷《清代建筑》，略有改动）

三 清代在外西路改建概况

外西路慈宁宫及其后区建筑，入清后进行了修缮、添建和改建，但其性质和形制较明代变化有限。

(一) 慈宁宫与慈宁宫花园

1. 慈宁宫

清顺治十年修慈宁宫，康熙二十八年和乾隆十六年修葺[1]。乾隆三十四年兴工，将慈宁宫大殿由单檐改为重檐，挪盖后殿，拆盖宫门，取消大殿两侧斜廊等，进行了较大的修理工程，始定今之形制。

慈宁宫正门慈宁门，乾隆时拆建，其门额为满、蒙（后妃中多蒙古人）、汉（篆体）三种文字，在紫禁城内较为罕见。正殿慈宁宫在清代为太后的礼殿，其改建后为黄琉璃瓦重檐歇山顶，前后出廊，面阔七间。殿前月台正面出三阶，左右各出一阶，台上陈月晷及鎏金铜香炉。东西两山设卡墙，各开垂花门，通后院。其后殿后移，改建为大佛堂，堂面阔七间，进深三间，黄琉璃瓦歇山顶[2]。慈宁宫整体形制布局大体仍明之旧。

此外，在慈宁宫之北有东西长巷，长巷西墙辟门通寿康宫，东有慈祥门通慈宁宫外。长巷之北有东西横向排列的院落，称东宫、中宫、西宫，慈宁宫东侧南北排列三个院落称头所、二所、三所，均为太妃、太嫔们的住所（图11-7、图11-8、图11-11）。

2. 慈宁宫花园

慈宁宫花园为紫禁城四座花园之一，位于慈宁宫南，东西宽约50米，南北长约130米（图11-11）。园始建于明代，清乾隆时增建，现有大小建筑11座（约占全园面积1/5），其中明代建筑咸若馆、临溪亭尚存，余者多经清代改建，但花园总体布局仍明之旧。园内按轴线设计，左右对称，布局疏朗，环境优美。花园以咸若馆、临溪亭间横向通道分为南北两部分，北部为佛事重地，南部为花园。

花园入口揽胜门，在园东墙中部，进门北望即北部建筑群。建筑群以咸若馆为中心，北有慈荫楼，东为宝相楼，西为吉云楼，东南有含清斋，西南有延寿堂。咸若馆位于花园北部中央，是园内主体建筑，明初称咸若亭，万历十一年更名咸若馆，清乾隆年间先后大修、改建。咸若馆平面呈"T"字形，正殿五间，黄琉璃歇山顶，前接抱厦三间，黄琉璃瓦卷棚歇山顶，四周出廊。室内龙凤和玺彩画，顶部海漫花卉天花，内间明柱按藏式佛殿

---

[1] 《清圣祖实录》卷一三二记载：康熙二十六年十二月孝庄文皇后病逝后，圣祖玄烨下旨称："慈宁宫之东，新建宫五间，太皇太后在日，屡曾向朕称善，及未及久居，遽而遐升。今于孝陵近地，择吉修建暂安奉殿，即将此宫拆运所择吉处，毋致缺损。"可见在康熙二十六年前于慈宁宫仍有修建。

[2] 大佛堂七间皆开门，殿前月台与慈宁宫相接，台上陈香炉、香筒、殿内装修考究，佛龛、供案、佛塔、佛像、经卷、法物、供器等陈设很多。佛像传为元代塑制，其中干漆夹纻三世佛与十八罗汉像为传世精品。大佛堂东庑设小佛堂。

装饰，馆内为佛堂[1]，明间悬挂乾隆帝御书"寿国香台"匾。慈荫楼，乾隆三十年建，为宫内藏经楼。楼上下二层，各面阔五间，卷棚歇山顶，绿琉璃瓦黄剪边。下层东梢间为过道，前后设门，可通慈宁宫，西墙开门通室内。上层明间开门，西梢间设楼梯，北壁设通壁供经龛[2]。宝相楼和吉云楼，原为明咸若馆东、西配殿，乾隆三十年改建为二层楼式建筑，为清代皇太后、太妃礼佛之所[3]。含清斋和延寿堂，分别位于宝相楼和吉云楼之南，各为一个小院，乾隆三十年建[4]，曾为乾隆皇帝侍奉太后和守制之所。

慈宁宫花园南部地势平坦开阔，莳花种树，叠石凿池，建筑亭台，呈花园式布局。临溪亭北与咸若馆相对，是南部主体建筑。亭建于明万历六年（1578年），称临溪馆，万历十一年更名临溪亭。亭建在矩形水池当中之券孔石桥之上，亭平面方形，进深、面阔各三间，四角攒尖顶，黄琉璃瓦绿剪边，檐下施斗栱。四面皆明间开门，斜方格槅扇门各四扇，临水两侧门前设木护栏，两侧为斜方格槛窗。窗下槛墙贴饰黄绿琉璃花砖。室内花卉海漫天花，当心绘蟠龙藻井。亭南北出阶，池水养鱼植莲，池畔环以汉白玉望柱栏板。亭南北各有一高约1米，6.5平方米见方的砖砌花坛。亭东西两侧在明代有翠芳亭、绿云亭，现为面阔五间庑房各一座，明代端化亭位置不明。花园东南隅和西南隅原各有井亭一座，绿云亭内流杯渠之水即从东南隅井内引出，光绪年间倒塌，流杯渠遗址亦不存。临溪亭南花坛南为湖石叠山，绕过叠山即花园南入口（图11-13）。

慈宁宫花园之东，与慈宁宫花园相对为造办处。

---

[1] 馆内佛堂，东、北、西三面墙壁通连式金漆毗卢帽式大佛龛；乾隆三十六年添造挂龛24座。龛内皆有涂金佛像。

[2] 供经龛，正中佛龛，供奉释迦牟尼佛等金铜像多尊。龛前有长供案，陈佛塔、供器。乾隆三十六年后曾将《甘珠尔》经一部108部（夹）收藏于此。

[3] 宝相楼卷棚歇山顶，绿琉璃瓦黄剪边。上下两层，面阔7间，前檐出廊，明间开门。下层南北墙各辟1小门，门内为楼梯间。上下层均隔为既连通又独立成室的7间佛堂，除明间外，其余6间均于下层天花处开天井，使上下两层因天井而贯通，上层环天井设紫檀木围栏。楼下明间原供释迦佛立像，其余6间分置"大清乾隆壬寅年敬造"款掐丝珐琅大佛塔6座，塔顶直达天井口。塔周围三面墙壁上均挂通壁大唐卡，共画护法神像54尊。楼上明间原供木雕金漆宗喀巴像，三面墙壁挂释迦传、宗喀巴画传唐卡。其余6间正面设供案，供显宗、密宗主尊像，每室9尊，共54尊，与楼下6室所供54尊护法神像相对应。两侧面设壁嵌式千佛龛，每间供小铜像122尊，6室共计732尊。千佛龛下为壁隔式紫檀木经柜，藏贮各种佛经。宝相楼除明间外，其余6室依显宗、密宗、事部、行部、瑜伽、无上瑜伽部父续、无上瑜伽部母续分别配供佛像、唐卡、供器，集显宗、密宗为一体，体现了藏传佛教格鲁派显密兼修的修持特色，成为清宫佛堂的一种重要模式，清宫称之为"六品佛楼"。
吉云楼上下层均供有大尊佛像。佛像两侧各有一个长方形底座及多层台阶的金字塔式供台，供台顶部是一道长墙式的佛龛。供台上层层摆放五彩描金擦擦（模制小型泥造像）佛母像。四壁、屋梁各处满做千佛龛。楼内有擦擦一万余尊，为宫内万佛楼。

[4] 含清斋，延寿堂建筑形制相同。主体建筑以天井分前后两部分，前房面阔3间，进深3间，平面略呈方形，三卷勾连搭式卷棚硬山顶，灰瓦。后房面阔3间，进深1间，卷棚硬山顶，灰瓦。前后房之西次间当中有穿廊相通。前后房之西山墙以院墙连为一体，成独立的小院。整座建筑灰瓦、青砖，不施斗栱、彩画，装饰朴素，色彩淡雅，颇具江南建筑的情趣。

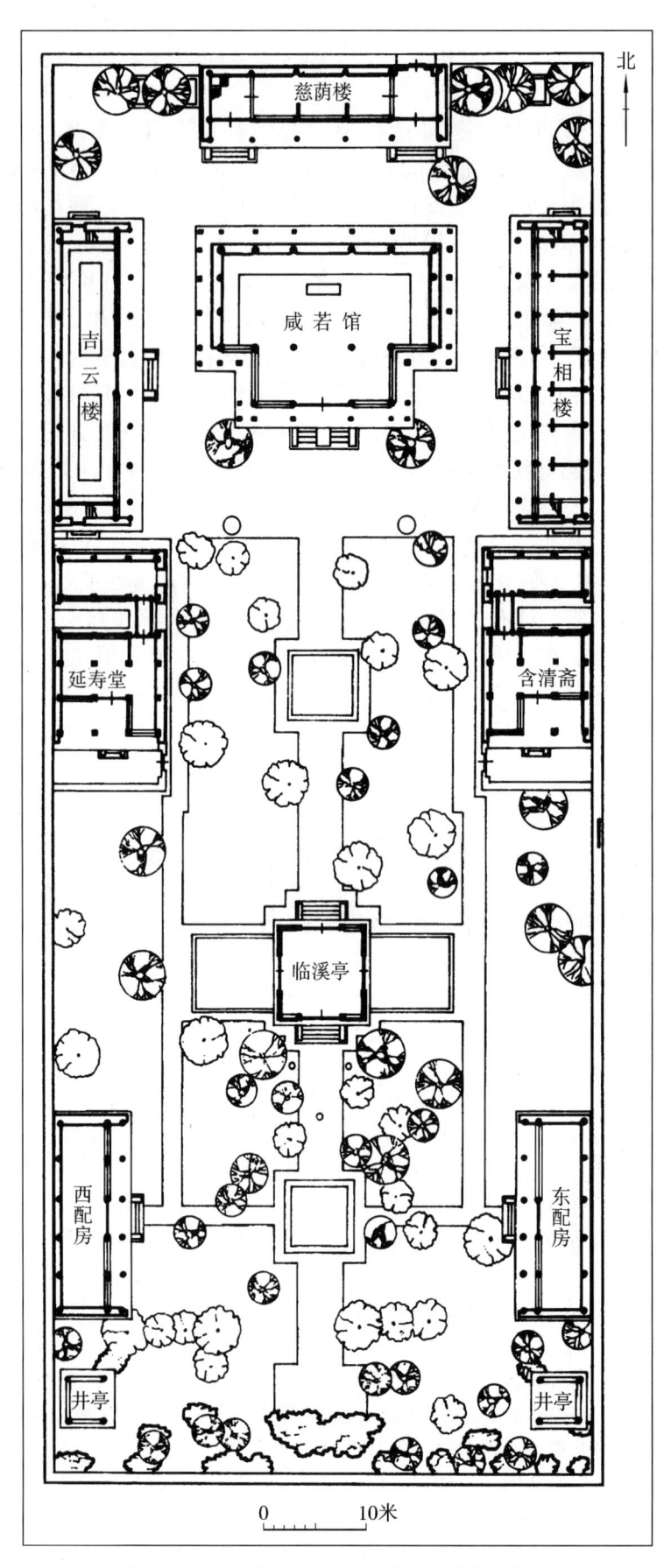

图 11-13 清代北京紫禁城慈宁宫花园平面图
(引自《紫禁城建筑研究与保护》,略有改动)

(二) 寿康宫与寿安宫和英华殿

1. 寿康宫

寿康宫在慈宁宫西侧（图11-11），清雍正十三年始建，乾隆元年建成，嘉庆二十五年、光绪十六年重修。寿康宫南北三进院，院墙外东、西、北三面均有夹道，西夹道外有房数间。院南端正门称寿康门，门前有一封闭小广场，南为南群房，有西房七间。广场东侧是徽音右门，通慈宁宫前院。院东北角有北向小门，北通东夹院，可至西三所。

寿康门内正殿寿康宫面阔五间，进深三间，黄琉璃瓦歇山顶，前出廊。殿内悬乾隆皇帝御书"慈寿凝禧"匾额，东西梢间为暖阁，东暖阁是皇太后日常礼佛的佛堂。殿前出月台，台前出三阶，中设御路石，月台左右亦各出一阶。寿康宫东西配殿各五间，前出廊，黄琉璃瓦硬山顶。两配殿南设耳房，北为连檐通脊庑房，与后罩房相接。

第二进院内后殿为寝殿，额曰"长乐敷华"，有甬道与寿康宫相连。后殿面阔五间，进深三间，黄琉璃瓦歇山顶。前檐出廊，后檐明间开槅扇门，接叠落式穿堂，与后罩房相连，为工字形殿。寿康宫建成后一直是清代皇太后的居所。

2. 寿安宫

寿安宫在寿康宫之北，英华殿之南，雨花阁之西，西界宫墙（图11-11）[1]。寿安宫明始建称咸熙宫，嘉靖十一年改称咸安宫，为皇太后、太妃、太嫔居所。清初闲置，康熙二十一年改称宁寿宫，康熙二十七年复称咸安宫，康熙帝曾两次将废太子允礽拘禁于此。雍正六年在此设咸安官学，称咸安宫官学，乾隆十六年为崇庆皇太后举办六十万寿庆典，将官学迁出，改建后称寿安宫。乾隆二十五年为给皇太后七十万寿庆典，在寿安宫院内添建戏台[2]，崇庆皇太后逝世后，戏台荒废，嘉庆四年将戏台拆除，扮戏楼改建为春禧殿后卷殿。

寿安宫南北长107米，东西宽78.5米，三进院落。正门寿安门为随墙琉璃门，门内第一进院正殿春禧殿，该殿被毁时间不详，现有建筑为1989年重建。殿前东西各有配殿五间，配殿后小院有房数间。春禧殿两侧接倒座，中辟穿堂门通第二进院。

第二进正殿寿安宫，面阔五间，进深三间，黄琉璃瓦歇山顶。殿前东西有转角楼（二层），南北分别与春禧殿后倒座楼（原为寿安宫扮戏楼）东西山相接形成圈楼，两转角下层中一间为穿堂门，以出入寿安宫院。宫之东西各有跨院，有房数间。

寿安宫后第三进院有东西小殿，称福宜斋和萱寿堂。殿形制相同，左右对称，壶天之

---

[1] 寿安宫门前东西巷之西街门长庚门，明代已建，凡工匠修造及淘沟，或年老有病、宫人病故，皆由此门出入。门西出有长庚桥，过桥至西连房，即各宫太监值房、厨房等处，是内廷西路西出之重要门户。

[2] 《北京志·故宫志》（北京出版社2005年版）第116页引《万寿盛典成案》乾隆二十五年八月十一日的奏折："寿安宫添建三层戏楼一座，四面各显三间。扮戏楼一座，计五间。东西转角楼二座，计三十二间。东配殿后倒座值房一座，计三间。配殿两座，计四间。粘修大殿一座，计五间。拆挪后配殿两座，计十间……"次年告竣。

地游廊曲折，叠石为山，间植花木，为寿安宫后院小花园，清后期太妃、太嫔等在此居住。寿安宫现为故宫图书馆。

3. 英华殿

英华殿在寿安宫之北，位于紫禁城西北隅，南北长 80 米，东西宽约 60 米，两进院落，建筑疏朗，环境幽静，为明清两代皇太后、太妃、太嫔礼佛之处（图 11-11）。该殿明初称隆禧殿，明隆庆元年（1567 年）更名英华殿（明代每年万寿节、元旦于此做佛事）。清乾隆三十六年重修，东西原各有一跨院，东跨院及内诸旗房于乾隆八年拆除，改为西筒子，路较窄于北段。

英华殿院落，南院正中为院第一道门，门内正北对英华门。门外小广场，南为寿安宫后院宫墙，东西墙各辟一门，西出为英华殿西跨院，东出为内廷西筒子路，是出入英华殿之随墙门。门内为宽敞的庭院。

英华门内为第二进院，门两侧琉璃影壁中心饰琉璃仙鹤，为明代遗物。门内正北为碑亭及英华殿。英华门东西随墙各开一小门。

英华殿面阔五间，黄琉璃瓦庑殿顶。殿内设佛龛 7 座，供西番佛像。殿前月台中设香炉 1 座，前高台甬路与英华门相接。甬路两侧植菩提树两株，为明神宗生母圣慈李太后亲手所植。清乾隆年间，在殿前甬路中央添建碑亭一座，亭中石碑上刻乾隆御制英华殿菩提树歌、菩提树诗。殿左右有耳殿（朵殿）各三间，殿后宫墙西北隅辟门，可出至神武门内西横街。清代将明英华殿汉佛堂形式保留下来。

（三）雨花阁建筑群

雨花阁建筑群位于建福宫花园与寿安宫之间，南北长约 150 米，东西宽约 30 米，南北二进院（图 11-11）。南院正门春华门[1]，门内以雨花阁为中心，前有东西配殿，阁后西北角有梵宗楼。雨花阁后昭福门内第二进院，有宝华殿，后有香云亭，亭后中正殿，左右有东西配殿，中正殿后为面阔十一间的澹远楼。在轴线上的三座主建筑雨花阁、宝华殿、中正殿均面阔三间，主座两侧的配殿或配楼则随南北进深，东西相对规整有序。1923 年建福宫花园大火延烧至此，香云亭、中正殿及东西配殿、澹远楼俱焚于火，现仅存遗址。

雨花阁建于乾隆十四年，平面呈南北纵长矩形，仿西藏阿里古格的托林寺坛城殿[2]，是宫中唯一汉藏形式结合的建筑，也是我国现存最完整、严格按照藏密四部（事部、行部、瑜伽部、无上瑜伽部）设计的神殿。雨花阁三层，下层四面出抱厦，中层为歇山顶黄

---

[1] 刘若愚《明宫史》载：万历时"每遇八月中旬，神庙万寿节，番经厂虽在英华殿做佛事，然地方狭隘，须于隆德殿大门之内跳步吒"。隆德殿大门称景福门，即清之春华门，见《金鳌退食笔记》（《明宫史》，北京出版社 1963 年版）。

[2] A. 乾隆十四年，乾隆皇帝采纳蒙古三世章嘉（清代黄教四大活佛之一）国师胡土克图的建议，仿照西藏阿里古格的托林寺坛城殿建造，托林寺建于 11 世纪，是阿里地区最古老的寺院。

B. 刘盛《雨花阁与桑耶寺比较研究》（《中国紫禁城学会论文集》第二辑，紫禁城出版社 2002 年版）认为雨花阁非仿托林寺而建，当与桑耶寺有渊源关系。

琉璃瓦蓝剪边，上层改为正方形平面的四角攒尖顶，用镀金铜瓦，四条垂脊各饰以铜鎏金龙，以铜鎏金宝塔结顶[1]。

雨花阁外观三层，一、二层之间靠北有暗层，为"明三暗四"的格局。一层称智行层，供奉无量寿佛，内有乾隆十九年制掐丝珐琅立体坛城三座。二层（夹层）为德行层，供奉阿弥陀佛道场。三层称瑜珈层，供瑜珈部五尊佛像。四层称无上层，供奉瑜伽部主尊密集金刚，以及大威德金刚和上乐金刚，为双身的"欢喜佛"，青铜铸造，是佛像中之精品[2]。雨花阁前东西有乾隆年建的面阔五间高二层的配楼，供奉三世章嘉和六世班禅影像。雨花阁西北有乾隆三十一年建的梵宗楼，楼二层，三开间，卷棚歇山顶。一层供奉文殊菩萨青铜坐像，高1.1米，座宽0.7米。二层供奉文殊菩萨的化身大威德怖畏金刚青铜像，像高1.72米，座宽1.35米，是宫中最大的青铜佛像。同时乾隆皇帝还将自己使用的盔甲、衣冠、兵器供奉在像前，所以该楼在宫中具有特殊的地位。

宝华殿在昭福门内，面阔三间，进深一间，黄琉璃瓦歇山顶。清宫大型佛事多在这里举行。中正殿为明代旧殿，供奉道教诸神。清代改为佛殿，康熙三十六年（1697年）在此设"中正殿念经处"，乾隆时殿内供奉无量寿佛，为皇帝做佛事的佛殿，地位很高。香云亭在中正殿前，亭内置大小金塔七座，金佛五尊，又称金塔殿，甚为精美。

四　清紫禁城有别于明紫禁城的主要特色

（一）紫禁城无皇城环套

清代仅保留紫禁城南面的明皇城部分，东、西、北三面废，允民居住。同时还撤销明皇城东北部的二十四衙，将内务府和造办处迁入紫禁城内。至此皇城已"名存实亡"，这是明清大内的不同的特点和主要差异之一，也是唐代及其以后主要都城的宫城中唯一实际上无皇城者。此现象当是清入关前盛京皇宫无皇城的反映和延续。

（二）通过改建和增筑，景山与紫禁城形成二位一体的格局

清代将寿皇殿改建于景山后部宫城中轴线的延长线上，扩大规模，殿前添建品字形配置的三座木牌坊，刻意突出寿皇殿的重要地位。景山上建五亭，中峰万春亭位于全城最高点，正处全城几何中心，并以三层黄琉璃瓦攒尖顶（此种顶在清代官式建筑中是唯一的孤例）强调其中心位置。使之成为前俯宫城，后瞻鼓楼，纵观北京城中轴线和纵览全城风光的最佳之处。万春亭左右各辅以二亭，既强调了景山东西向横长的态势，又加强了景山作为宫城北部屏障的效果。其次，清代景山改建后，将绮望楼、万春亭、木牌坊和寿皇殿置

---

[1] 龙和宝塔于乾隆四十四年（1779年）重铸，龙长一丈一尺五寸，重180斤，塔高九尺六寸，重265斤。此外，顶部柱头近枋处还突出12只龙头，具有典型西藏建筑特色。

[2] 雨花阁又称都刚楼座，"都刚"藏语，义为大殿，其建筑有特定的模式。清代每年二月及八月初八日，宫中派喇嘛10名在瑜伽层诵毗卢佛坛城经。四月初八日，派喇嘛5名在无上层诵大布畏坛城经。三月及六月初八，九月及十二月十五日，各派喇嘛15名在智行层诵释迦坛城经。每月初六，在德行层安放乌卜藏经。光绪二十六年（1900年），八国联军在宫中抢劫了雨花阁佛堂的文物。

于中轴线上，使景山与宫城的内在联系更加紧密，并将景山与宫城在结构上连为一体。同时，这个变化也更加突出了这条中轴线在北京全城的地位和作用。因而上述变化，乃是清代在明代的基础上，进一步规划和凸显北京中轴线的作用，进一步规划和加强景山与宫城内在紧密关系方面的重要发展。此外，明代万岁山为镇山（"压胜前朝"），以山为主景，是帝后游幸之所。清代改建后，除游幸功能外，乾隆朝以后又成为存放帝后影像（古代"神御殿"之遗制），祭祀祖先和停梓宫之所，其性质和功能较明代有很大变化。这个变化，使之在功能上又成为宫城不可分割的重要组成部分之一。也就是说，清代的景山在结构上和功能上均与宫城连为一体，因而成为宫城必不可少的外延部分，这也是清代较明代的重要发展和变化。

（三）常朝理政中心移至内廷

清初曾以建极殿（保和殿）为寝宫，康熙时才移回乾清宫，并以乾清宫为常朝理政之所，御门听政改在乾清门。于是乾清门外安排一整套与理政相关的机构和设施，乾清宫一组建筑遂成为紫禁城内的政治和起居中心，这种状况一直持续到康熙末年。雍正帝即位后，常朝理政中心移到西路养心殿，养心殿的配置和内装修也作相应的改造。此后，养心殿一直是清代诸帝的理政和生活中心。上述情况表明，清代紫禁城的前朝实际上已变成礼制象征性场所，内阁也成为象征性机构（真正的中枢机构移到乾清门西的军机处）。这种变化当与清朝统治者受礼制和礼仪束缚不深，较注重实用和方便有关。其次，清代将理政中心移到内廷，恐怕与北宋常朝在内廷垂拱殿、金中都常朝在内廷仁政殿、元大都常朝在内廷延春阁的情况亦不无关系。此外，清紫禁城的重华宫和宁寿宫也有一定的理政职能。

（四）功能分区较明代更集中更明确

清紫禁城除中轴线上前朝后寝和东西六宫外，在外朝东路形成皇子居住区（南三所），其南以文渊阁为主形成藏书区，南三所北的外东路北部为太上皇居住区（宁寿宫）。外朝西路武英殿及其附近为刊刻和学馆区，其北原明代仁智殿旧址设内务府和造办处等。外西路中间为太后居住区（慈宁宫），其北位于紫禁城西北隅为佛殿区。如此等等，其功能分区既大体承袭明代紫禁城的传统，又突破了明代讲求对称的方式。因此，清代紫禁城的功能分区较自由同时也比明代紫禁城和历代宫城功能区划更集中更明确，功能化更强。

（五）中轴线之外的建筑群注重生活化和实用性与娱乐性

清紫禁城除中轴线上的主体建筑外，许多建筑体量较小，外形精致。为追求生活舒适，养心殿、乐寿堂、倦勤斋等建筑，将宫、寝、书斋和鉴赏合为一体，内部相互分隔勾连；有的拆改合并为一区（如储秀宫、翊坤宫）。重华宫和宁寿宫建筑群与花园相结合，出现园林意境的宫室空间。重华宫改建后出现戏台、假山、自然花木，连卷勾连搭式殿堂和大阁等。听戏是清代宫廷内的主要娱乐活动，每逢节日都演戏，有时连续演几天。宫内大型戏台或称戏楼，如畅音阁戏楼、寿安宫戏楼，中型的如重华宫内戏台，小者如体元殿戏台。此外，还有室内的小戏台，如重华宫内的"风雅存"等。在宫城内广建戏台，是中国古代宫城中的创举。除上所述，宫内还经常举行宴会、灯会，年节挂门神、门对，室内贴福字和年画。如此等等，表明清代紫禁城较明代和历代宫城更注重实用性，注重生活化和娱乐性。

（六）紫禁城内均衡配置多处园林

清代除整修明紫禁城内原有的宫后苑（御花园）、慈宁宫花园外，又新建建福宫花园和宁寿宫花园（乾隆花园）。使紫禁城内中路、东路和西路都有花园，花园配置较均衡，并与紫禁城内布局有机结合，成为历代宫城花园比重最大，造园艺术最高者。

（七）具有浓厚的书卷氛围

清紫禁城内以新建的文渊阁为主要藏书之地，其他兼有藏书功能者则星罗棋布。如武英殿，集刻书、贮书于一体，刻书称"殿版"（又称聚珍版）和"殿本"。昭仁殿，收藏宋、辽、金、元、明版和影宋抄本集，是宫内善本书库，匾额"天禄琳琅"，又有《五经萃室》等。橘藻堂，专贮《四库全书荟要》（"小四库"）等。养心殿，专贮《四库全书》未收之书，称《宛委别藏》。内阁东面的内阁大库是一座书籍库（红本库和实录库）。其他散存书籍之所更多，如内廷中路上的上书房、南书房、端凝殿、懋勤殿、乾清宫、弘德殿、钦安殿、延晖阁、位充斋。东六宫的景阳宫、钟粹宫；西六宫的长春宫、体元殿。内东路的毓庆宫、惇本殿；外东路的宁寿宫、景福宫、颐和轩、萃赏楼、景祺阁、阅是楼、乐寿堂。内西路的重华宫；外西路的寿安宫；以及南库、清史馆、国史馆、方略馆、实录馆、会典馆、南三所、内务府、缎库、斋宫、玄穹宝殿、古董房，等等。总之，清紫禁城内不同方位和重要区域均有藏书之所，所藏书籍各有特色。其藏书量之大，藏书种类之全、质量之高，藏书场所之集中和分布之广，均前所未见。此外，在武英殿周围还形成学堂区。其与大量藏书相得益彰，更加突出了清紫禁城浓厚书卷气的氛围，这种情况也是此前历代宫城所不及的。

（八）增建藏传佛殿

明北京紫禁城建有佛殿和道宫，并有少量藏传佛堂。清代崇奉藏传佛教，奉喇嘛教的黄教为国教，因而在紫禁城内增建藏传佛殿，如雨花阁、中正殿、佛日楼、梵华楼、慈宁宫后的大佛堂等。其中雨花阁、中正殿在明代隆德殿建筑群旧址上改建而成。隆德殿是明紫禁城内的道宫，供奉三清上帝诸尊神。清代将其改为紫禁城内的藏传佛教中心，反映出明清两代佛、道之消长与帝王倡导之变化。宫城内建藏传佛殿，虽然元明皆有，但均逊于清代。这种情况除信仰外，也是清代实行的民族政策和所奉行的统治战略决策之必然结果。

（九）紫禁城内呈现清代建筑风格

今故宫现存的建筑，明代遗构很少，绝大部分都是清代重建、改建或新建的[1]，因而其建筑技术、建筑形制和装修等凸显清代建筑风格。比如，清代官式建筑为抬梁式结构（叠梁式），梁枋柱檩直接接榫，绝大部分建筑构架内檐取消斗拱，注意采用标准化、规格化、整体安排的平稳均衡的构架，柱网设置整齐划一（一般不做减柱排列），以发挥全架联合作用。由于梁枋搭接简单自由，便于形成多种变化的屋面和形体，故多种屋顶重叠和各类形式的亭子就成为清代单体建筑的特色之一[2]。建筑所用巨材用拼合别攒方法组成，因而又为建造多层楼阁创造了条件。其次，建筑彩画，清代形成和玺彩画、旋子彩画（明代以旋子彩画为主，清代又有较大变化）、苏式彩画以及包袱式彩画（沈阳清故宫使用过）、"反搭包袱"彩画（由三宝珠及卷草纹组成）、海墁彩画等（在椽望、上下架大木所有构件上遍涂纹饰）。在彩画题材上，除原有的龙、凤、宋锦流云、西番莲等外，又加入卷草、吉祥草、三宝珠、缠枝花，以及佛教的八宝、六字真言等。在建筑装饰上，乾隆以后引入净片玻璃，使用鎏金铜瓦，借鉴"周制"家具的镶嵌技术等，又为建筑装饰增色不少。此外，在单体建筑造型、台基栏杆等不同建筑部位，建筑装修和内外檐木装饰（如门、窗、隔断、藻井、天花）等方面，则较明代更丰富、华丽、精美和辉煌，亦独具特色，自成一系[3]。上述诸种情况，反映在清紫禁城建筑上，使之与明紫禁城建筑形成明显的差别。由于现存故宫内的建筑均经清代修复、修缮、重建或改建，因而呈现出的是一派清式建筑风格。

（十）紫禁城内寝居呈现满族特色

满族信奉萨满教，在紫禁城外供奉萨满天神的处所称堂子[4]，在紫禁城内供奉的神堂在坤宁宫和宁寿宫。坤宁宫在明代为皇后正宫，清顺治十二年依奉天行宫（即入关前的盛京皇宫）清宁宫旧制，将其改为祀神和皇帝大婚之所。坤宁宫七开间，周围廊，东尽两

---

[1] 于倬云《古代建筑六题》（《中国宫殿建筑论文集》，紫禁城出版社2002年版）之一"故宫"中说：故宫"现存建筑980余座"，其中"现存明代建筑90余座，基本保持了明初原有的格局"。
[2] 除前所述，南三所屋顶用琉璃瓦，规制同明。而文渊阁覆黑心绿剪边琉璃瓦，宫殿和殿门匾额均为满汉文合璧书写等，则为清代不同于明代的特点。
[3] 清代建筑工程技术、建筑艺术，参见孙大章主编《中国古代建筑史》第五卷（中国建筑工业出版社2002年版）"清代建筑""第八章　工程技术""第九章　建筑艺术"的有关记述。
[4] 堂子，祭祀的主神是妞欢台吉和武笃本贝子，后来又容纳各种神祇，如穆哩罕神、蒙古神、释迦牟尼、观世音、关圣帝君等。乾隆初年修订的《满洲祭神祭天典礼》，将满洲各部族的祭神活动中大同小异的祭祀礼仪统一为每年春、秋立竿大祭，四月初八浴佛祭、马神祭及坤宁宫朝祭、夕祭、求福还愿祭等。所祭诸神有定位，即朝祭在西大炕，寅时开始，释迦牟尼像置髹漆亭内，观世音菩萨、关圣帝君画像轴挂墙上；夕祭在北炕，申时致祭，所祭之神自西按序奉安穆哩罕（牌位）、画像神（画像）、蒙古神（绸布缝制）、满族女神（纳丹岱珲画像神）。至此，清代宫廷祭神以法定形式固定下来，成为维护宫廷秩序和皇家利益的绝对权威。

间的东暖阁为皇帝喜房，西尽间为夹屋，中部四间为神堂。神堂内按满族风俗，沿北西南三面设万字坑（俗称"口袋居"），北墙东侧设煮祭肉的大锅和肉案，窗户改为吊搭窗（窗户纸糊在外）。宫前月台东侧立有四公尺高的祭神杆[1]。乾隆时改建的宁寿宫，其神堂的设置、装修、布局、陈设如坤宁宫[2]。紫禁城内其他寝居建筑，如南三所、永寿宫后殿东西配殿、启祥宫（体元殿）后殿东西配殿、长春宫后殿东西配殿等，清初都按满族生活习惯改建为"口袋房"（"万字坑"），"吊搭窗"形式[3]。除上所述，清紫禁城内还祭马神[4]，建箭亭[5]，每年腊（月）八日为皇帝祓除不详，又在宝华殿后设小金殿（黄毡圆帐房也。这是游牧民族圆帐在宫中的体现）。凡此，均具有浓厚的满族特色，余者兹不备举。

五 清紫禁城形制布局是明北京紫禁城的流变

综上所述，仅就清紫禁城与明紫禁的关系，简略归纳指出以下七点。

第一，清紫禁城在全面承袭明紫禁城的规制和形制布局的前提下，保留了明紫禁城的总体形制布局，主要建筑群的配置模式，以及中轴线上主体建筑的梁架结构。

第二，清紫禁城在明紫禁城基础上，进行了全面的修复、修缮、重建和改建。但是，

---

[1] 阎崇年《清宫建筑的满洲特色》（《满学研究》第三辑，民族出版社1996年版）记述清初坤宁宫改建情况如下："坤宁宫由明代皇后正宫，变为清朝皇后正宫兼作满洲内廷祭神祭天之所。宫为重檐，东西九间，进深三间，其正门由明代居中而改在偏东一间，此间东北隅出一小间，内设灶台，台上安设大锅三口，以煮祭肉；外设包锡大桌二张，以备宰猪、切肉；并设做供品打糕之具等。其后门依旧居中，避而不开。正门迤西三间，南、西、北有连通长炕，朝祭在西炕，夕祭在北炕。祭毕，帝后召满洲王公大臣在南炕食胙肉，再西一间为存放神器之处，正门迤东二间即东暖阁，为皇帝大婚之喜房。东头和西头各一间均为通道。宫前东南向设立祭天神杆，宫后墙西北角矗立烟囱，以作宫内祭祀煮肉时走烟之用。"

[2] 阎崇年《清宫建筑的满洲特色》（《满学研究》第三辑，民族出版社1996年版）记述："宁寿宫，为单檐歇山顶，东西七间，进深三间。其正门改在偏东一间，此间东北角隔出一小间，内设灶台，上置大锅，以煮祭肉。再东二间，建为暖阁——东间为坐炕，西间为卧房；其上是仙楼，供奉着神像。窗纸亦糊在窗外。其正门迤西四间，规制亦仿坤宁宫，为三面连通长炕。宫门外居中处，有原石筑甬道。宫前东南方，现亦未见插神杆石座。宫外东北西北，各矗立烟囱一座，位置于宫后墙基延长线上，各离宫东、西山墙约10米。"烟囱为铜制。文中又说，按宁寿宫无神杆和神位，但乾隆在《宁寿宫记》（按：见于《日下旧闻考》（一）第240~241页，乾隆帝御制《宁寿宫铭》自注）中说："盛京大政殿后曰清宁宫，祖宗时祀神之所。祭毕召王公大臣进内食祭肉。国初定鼎燕京，则于乾清宫后殿坤宁宫行祀神礼，一如清宁宫之制。至今遵循旧章。余将来归政时，自当移坤宁宫所奉之神位、神杆于宁寿宫，仍依现在祀神之礼。"上述情况表明，神杆代表神权，神权跟着政权走，太上皇权力高于皇帝，宁寿宫为何未见神杆，情况不明。所谓神杆又称索伦竿，原是满族先祖入山挖棒槌（人参）时的工具。因挖人参时常受到神的庇护，遂演变为立竿祭神风俗。

[3] 阎崇年《清宫建筑的满洲特色》（《满学研究》第三辑，民族出版社1996年版）。

[4] 清宫城内西北隅城隍庙之东，设祀马神之所。每年春、秋二季，祭祀马神。由萨满叩头诵念，祭毕，将祀神红绸拴系于御马。

[5] 为"恐后世子孙忘旧制，废骑射，以效汉俗"故设箭亭，以保持"骑射为本"之传统。顺治四年在左翼门外建射殿，雍正十年改殿为箭亭。

这种重建和改建绝不是简单的复制和翻版，而是一种创新。

第三，所谓创新，系指以清代官式建筑理念、建筑技术和建筑装饰艺术，结合满族文化特点，吸收江南（如苏式彩画、建筑装饰）和塞北（如毡房式小金殿等）的相关因素，将其融为一体，对明紫禁城原有的建筑进行修复、修缮、重建和改建。从而为原有的明紫禁城注入了新的内涵，在较大程度上改变了建筑的外在形象，使之旧貌换新颜。

第四，清代在对明紫禁城的重建和改建过程中，局部形制有所改变，有的建筑如宁寿宫完全是一座崭新的清式建筑群。此外，一些重建和改建的明代宫殿和建筑，大都更改名称，有的还改变了用途。所以说清代在承袭明紫禁城形制布局的前提下，其变化和发展是全方位的。

第五，今故宫现存明代建筑有限，并经清代重建或改建，所以故宫内的建筑呈现的完全是清式建筑风格。因此，现在的故宫乃是一座植根于明紫禁城又不同于明紫禁城的清代宫城，两者既有密不可分的内在关联，又有很大区别。

第六，前面已经指出，明紫禁城是中国古代宫城形制布局的终结模式。这是因为清紫禁城承袭了明紫禁城，其形制布局基本未变。清紫禁城的所有变化，均是在明紫禁城形制布局的总体框架下进行的，故清紫禁城实际上是明紫禁城形制布局的流变。

第七，如前所述，清紫禁城在明紫禁城形制布局总体框架下的变化和发展是全方位的，与明紫禁城相比又独具特色。而今故宫现存的形制布局和几乎所有的建筑，则正是这种独具特色的结果。从而成为中国王朝体系结束后，唯一遗留的完整的宫城模式的样本。据此，可以说是明代紫禁城（包括明代三都紫禁城）开创了中国古代宫城形制布局的终结模式，清代则在这种形制布局模式下最后全方位的完成了中国古代宫城的终结模式。也就是说，是明清两代共同创造了中国古代宫城的终结模式。在这个过程中，应特别指出，清代在驾驭大一统的形势下，荟萃和总结中华民族文化优秀传统，与时俱进，进行再创造，对中国古代宫城发展理念和实践作出重大贡献，取得了辉煌的成就，功不可没。

第三节　清北京西北郊"三山五园"是紫禁城外延的御园和理政中心

所谓"三山五园"[1]，系指畅春园、圆明园、香山静宜园、玉泉山静明园和万寿山清

---

[1] 北京市文物研究所对"三山五园"的部分遗址进行了发掘。
   A. 圆明园长春园含经堂遗址，2001年4月至2003年12月发掘。该遗址位于圆明园东部长春园中央大岛上，北邻西洋楼大水法遗址，东接玉玲珑馆遗址，南连长春桥和澹怀堂遗址，建于乾隆十年至三十五年（1745～1770年），是长春园中心区规模最大的一组建筑景群。发掘清理出广场、宫门、含经堂院落、淳化轩及殿前假山、蕴真斋、北院门、得胜概敞厅、渊映斋、扮戏楼、戏台、看戏殿、买卖街、涵光室、三友轩、静莲斋、理心楼、待月楼、澄波夕照敞厅、宫墙、值房、库房、井亭和云容水态敞厅等遗迹，这些遗迹普遍存在被大火焚毁痕迹。发掘搞清了含经堂宫苑建筑景群建筑布局、规模、结构特点，该建筑代表了清代盛期皇家园林建筑设计和营造的最高水平。遗址位置参见图11-18。（转后页）

*漪园（颐和园）。前已说明清代北京紫禁城的形制基本依明北京紫禁城之旧，只有小范围的局部改建、重修和增筑。有清一代，主要是尽全力营建城西北郊的皇家的"三山五园"。其营建时间之长（主要集中于康熙、雍正、乾隆三朝的130余年间，并一直延续至清末），投入财力之巨，营建园林地域之集中、数量之多、规模之大（指有效面积）及其奢华的程度，均超过历代王朝。"三山五园"（图11-14）集古典园林、当时的南北造园艺术、人工与自然结合的造园艺术之大成，达到我国古代园林艺术的巅峰。"三山五园"具有皇帝游憩和理朝政的双重功能（咸丰以前主要在圆明园，其后主要在颐和园理政），由于皇帝在此居住理政时间甚长，朝臣为随班之需要亦多在西郊购置房产和私园，拱卫诸园的八旗军校也环布四周设置营房，所以使之成为紫禁城外的第二个政治中心[2]。因而这些苑囿与政治职能是二位一体的、同时在政治上又是与紫禁城不可分割的。此外，还应指出为营建"三山五园"和解决北京城的供水问题，还大力整治西山水系，使"三山五园"和水系与北京城形成有机的内在联系。上述情况，是清北京城有别于历代都城独有的特点。因此，有必要对"三山五园"略作简介，至于"三山五园"造园艺术和形制布局艺术与清北京城的形制无关，故简述之。

一 畅春园

北京城西北郊的园林建设早有历史基础，畅春园是康熙二十三年，在明代皇亲武清侯李伟清华园旧址上修建的（在今北京大学西墙外）[3]，占地约60公顷（已废毁）。畅春园

---

* （接前页）B. 长春宫门区遗址（2001年8月～2004年11月发掘）。揭露出宫门、宫墙及其附属建筑遗迹（左门、右门和值房）、广场上建筑（东朝房、西朝房、影壁、甬路、地下排水道）、早期房址、牌楼门及其附属建筑遗迹（牌楼门院墙、角门及甬路）、澹怀堂庭院遗迹（澹怀堂、东和西配殿、回廊及甬路）、众乐亭及澹怀堂庭院东西侧的地下排水道等遗迹。遗址中保存火烧遗迹。该组建筑始建年代不晚于乾隆十年（1745年），竣工在乾隆二十年（1747年）。遗址位置参见图11-18。

C. 圆明园藻园遗址（1994年9～12月发掘）。藻园偏于圆明园西南隅，为圆明园西南角出入的园门，不在"圆明园四十景"之列，属圆明园后续营建的景点之一，始建不晚于乾隆二十四年（1759年），1860年毁于英法联军大火，同治十二年（1873年）局部重建。发掘揭露遗址西部和东部建筑各一部分，即林渊锦镜、贮清书屋、自远轩、履吉斋、精藻楼、船坞、湛清华、夕佳书屋、凝眺楼、湛碧轩局部、溜琴亭局部、临众芳、水池等。

D. 绮春园正觉寺天王殿遗址（图11-18）、圆明园夹墙、圆明园水闸遗址等。

E. 畅春园大宫门及西花园石桥遗址，位置参见图11-15。

F. 香山静宜园来清轩遗址，位置参见图11-16。

以上发掘遗址具体情况，见宋大川编《北京考古发现与研究》（科学出版社2009年版）下册第435～454页。

[2] 侯仁之主编《北京城市历史地理》（北京燕山出版社2000年版）第123页指出："清代发生的许多重大历史事件都与这一带的园林有密切关系。人称清代北京是一南一北的'双城'制，可谓不无道理。"按，南北似应为东西。本章主要依据孙大章主编《中国古代建筑史》第五卷（中国建筑工业出版社2002年版）"清代建筑""第四章 园林"撰写。

[3] 李伟是明朝万历皇帝的外祖父，封武清侯，所修清华园周围约10里。与清华园齐名的勺园，是明朝著名书法家米万钟修建的，二园又称"李园"和"米园"。李园故址在今北京大学西墙以外，米园故址亦在北京大学校园西墙以外，今公路从两园中间穿过。

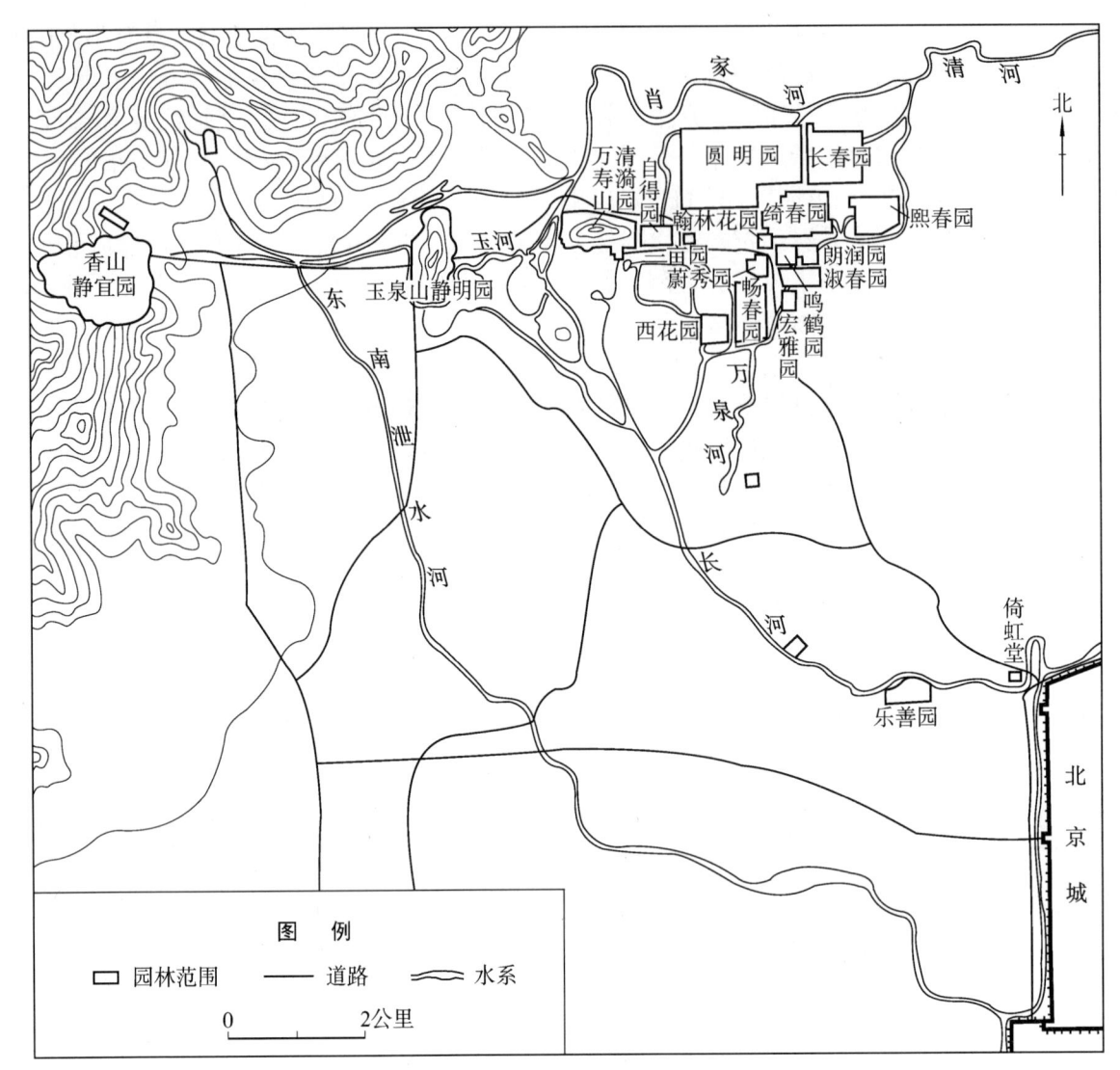

图 11-14 清代乾隆时期北京西郊园林分布图
（引自孙大章主编《中国古代建筑史》第五卷"清代建筑"，略有改动）

是离宫式园林，所以必须有宫廷建筑，以为理政之用（图 11-14）。宫廷建筑受礼制影响，布局规整，严肃端庄，为朝觐之便，宫廷建筑置于南部入口处，其后与风景区有较大距离，这种宫苑既分置又结合形制是清代各离宫苑囿的通行做法。

畅春园主体部分略呈纵长方形平面，南部宫廷区前朝后寝，纵轴排列，外朝两进院落，即大宫门、九经三事殿、二宫门；内庭后寝亦两进院落，即春晖堂、寿萱春永殿、后照殿。宫廷区之后为前湖和后湖水景园区，分中、东、西三路（图 11-15）。中路是宫廷区之延续，后照殿北为倒座式院落云涯馆，其后以假山障景，山后为前湖。湖中岛上有瑞景轩、林香山翠、延爽楼三组主要建筑，楼后水中建鸢飞鱼跃水亭。延爽楼九间三层，登楼南瞻朝寝，北瞰碧波，是周览全园景色的制高点，也是中部主轴的终结。前湖东有丁香堤（遍植丁香），西有芝兰、桃花二堤；前湖之北的后湖，湖面开阔，建筑疏朗。东路最南一组建筑称澹宁居，靠近外朝，为皇帝听政和引见臣工之所（类似紫禁城养心殿）。

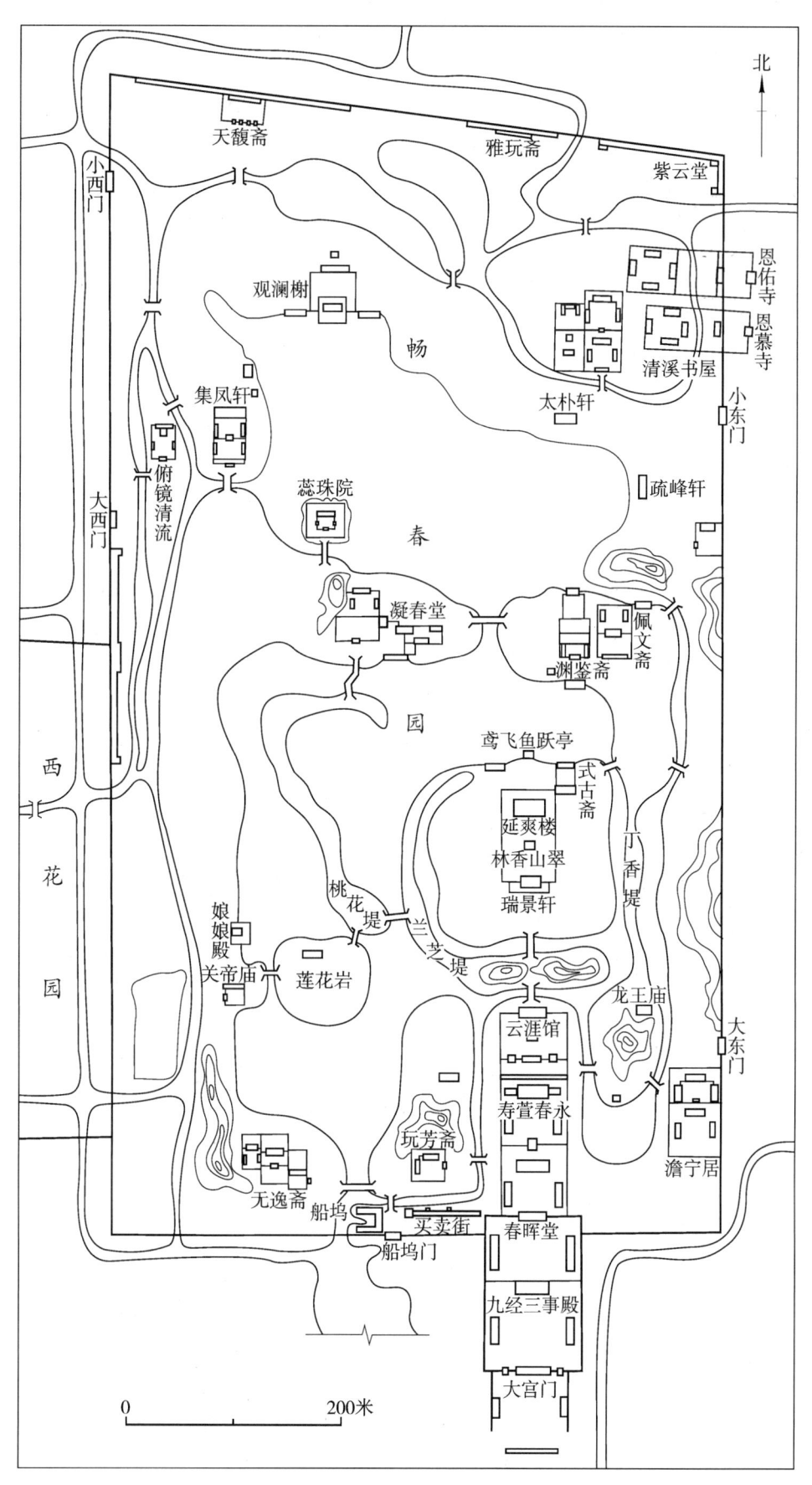

图 11-15 清代北京畅春园想象平面复原图
（引自孙大章主编《中国古代建筑史》第五卷《清代建筑》，略有改动）

其北为龙王庙、剑山、渊鉴斋，最北环水为清溪书屋建筑群，是康熙帝静养休息之所。西路南部有玩芳斋、无逸斋两组建筑（皇帝或皇子读书之所），其北经韵松轩、关帝庙达凝春堂。凝春堂水景佳妙，曾做乾隆母亲寝所，其东与渊鉴斋相对，成为畅春园中部的观赏重点。西路北部有水中亭阁蕊珠院和临水的观澜榭等。畅春园西边附园称西花园。乾隆时奉皇太后居住畅春园，常在此听政。畅春园建成后，康熙帝大部分时间居此理政，开清代皇帝园居之先例。

二　静宜园

康熙十六年，在原香山金代行宫基础上建香山行宫，乾隆十年又在此基础上进行改建和扩建为静宜园，次年完成，共二十八景（图11-14、图11-16）。全园依地势环境，分为内垣、外垣和别垣三区。内垣在东南部半山坡及山麓地带，是主要景点和建筑会聚之区，内又分宫廷区和寺庙区。宫廷区在园东，背依香山，面朝玉泉山和万寿山。主殿称勤政殿，殿后轴线上一组建筑称横云馆、鹂瞩楼，为内廷。勤政殿之北致远斋，是皇帝接见群臣之所；勤政殿之南有"中宫"，为皇帝短期居留之地。古寺区有古刹香山寺和洪光寺，香山寺位于南部半山坡上，登寺旁之来青轩可远眺京师。寺西北为洪（宏）光寺，过洪光寺后山可登香山绝顶。香山西南坡即著名的红叶景区。外垣即静宜园的高山区，别垣位于

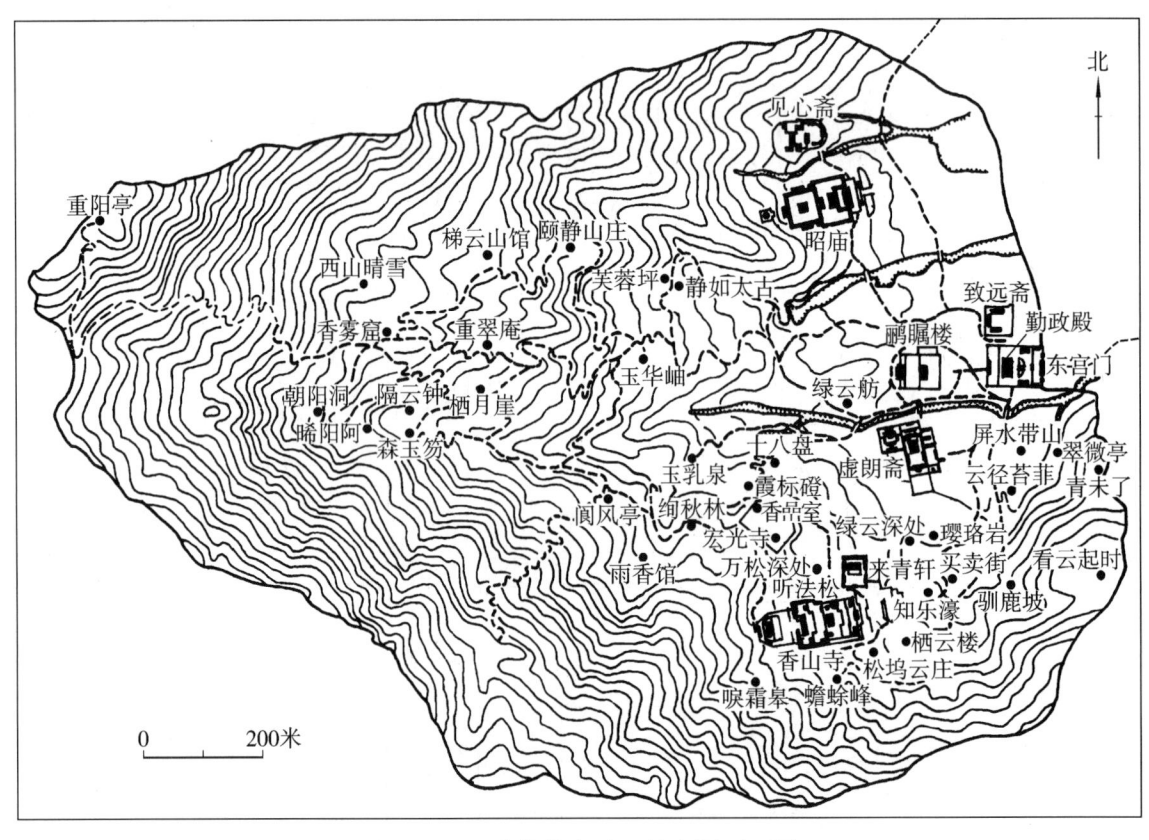

图11-16　清代北京香山静宜园平面图

（引自孙大章主编《中国古代建筑史》第五卷"清建筑"，略有改动）

园内北部坡地，主要有建于乾隆四十七年（1782年）的昭庙和正凝堂。

三 静明园

康熙十九年在玉泉山南坡建"澄心园"行宫[1]，后改名静明园（图 11-17）。乾隆十五年大规模扩建，至十八年完工，经乾隆正式命名景点十六处。玉泉山山体南北走向，纵长约1300米，东西南三面有宝珠、镜影、裂帛、玉泉、含漪五湖，是一座以山景为主兼有局部水景的自然山水园。

全园可分为三个景区。南山景区包括玉泉山南坡，西侧峰高地，坡下的玉泉湖和裂帛湖。该区背山面水，是全园主要景区。玉泉湖南为南宫门，门内为廓然大公一组宫廷建筑，其后轴线上乐成阁在玉泉湖中。玉泉湖近方形，湖中三岛呈"一池三山"格局。湖北有华滋馆一组小园林，再东裂帛湖畔有含辉堂等，均水景小园。西部侧峰散点式布置玉泉趵突、圣因综绘、华藏海、水月庵等小建筑，以华藏塔为西部制高点。园西南角濒临河道湖滨，辟为水田，称"溪田课耕"。南山之巅建香岩寺，寺后八角七层琉璃塔是静明园的标志性建筑，也是清漪园的最佳远借景观。

东山景区在玉泉山东麓，主要景色围绕镜影湖展开，沿湖楼阁错落，植物以竹丛为盛，是一处十分清雅的水景园。其北宝珠湖小园有码头，玉泉山北峰有妙高寺和金刚宝座式喇嘛塔。该塔与玉峰塔（香岩寺塔）、华藏塔分峙北、中、南三峰，为静明园重要景点建筑。西山景区在玉泉山南麓，地势平坦，建三座寺观。中为四进院落东岳庙，是园内最大建筑群。庙南为佛教圣缘寺，庙北邻清凉禅窟，周围有楼台亭榭、曲廊平台，是一组园林化寺庙群。全园以"深山藏古刹"立意，景点追求山水林木之画意，加强深山幽谷的环境感，状拟峨眉秀，意仿五台雄，将自然风光与信仰建筑合为一体，构成带有社会性格的园林风景。咸丰十年英法联军之役，静明园被焚，大部分建筑破坏殆尽。

四 圆明三园

园明、长春、绮春三园称圆明三园，简称圆明园（三园同属圆明园总管大臣管辖）。三园遗址在今北京大学校园正北，清华大学校园西北，三园外围周长20里，面积5000余亩（图11-14、图11-18）[2]。圆明园在西部，面积最大；其东一墙相隔为长春园，

---

[1] A. 侯仁之主编《北京城市历史地理》（北京燕山出版社2000年版）第123页记述：早在金朝，玉泉山上便有金章宗的行宫"芙蓉殿"。玉泉山以南的山前低地一代的开发，则在13～14世纪之间，即元朝兴建大都城之后。

B. 孙大章主编《中国古代建筑史》第五卷（中国建筑工业出版社2002年版）"清代建筑"第72页记述：辽、金时代即建有香山行宫、玉泉行宫等。

[2] A. 孙大章主编《中国古代建筑史》第五卷（中国建筑工业出版社2002年版）"清代建筑"第94页记述：圆明三园共占地350余公顷。

B. 侯仁之主编《北京城市历史地理》（北京燕山出版社2000年版）第126页记述：在绮春园之南和东、西还有一些宗室大臣的赐园，赐园中最著名的是和珅的淑园，在今北京大学未名湖周围，附近毗连的还有镜春园、鸣鹤园、朗润园、蔚秀园和承泽园等，均在今北京大学校园内。近春园、熙春园在今清华大学校园内。环绕诸园周围，有八旗营房以及包衣三旗。

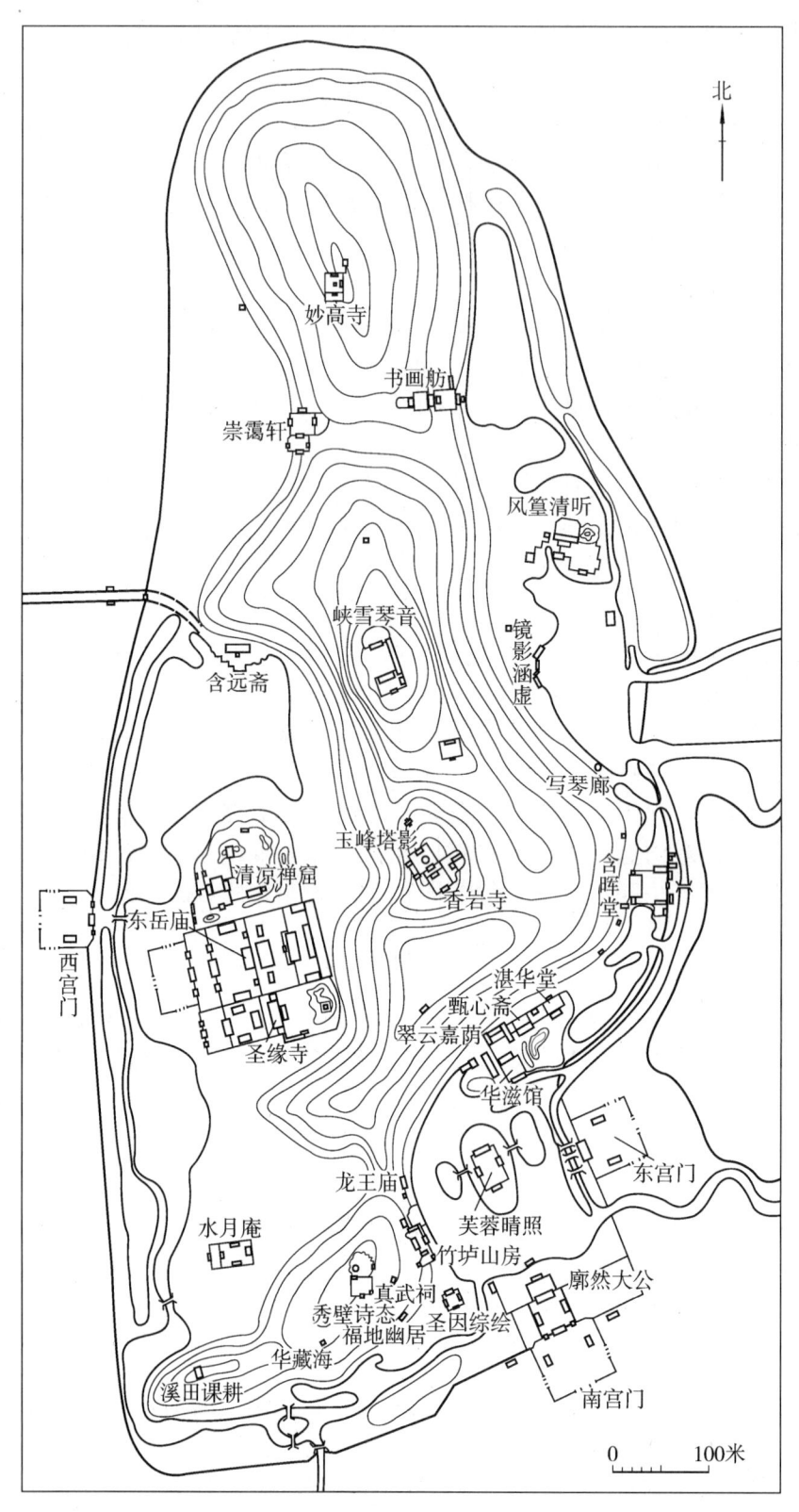

图 11-17 清代北京玉泉山静明园平面图
（引自孙大章主编《中国古代建筑史》第五卷"清代建筑"，略有改动）

圆明、长春二园连接部位之南为万春园，三园总平面呈倒"品"字形。圆明三园造园艺术和内涵之丰富为三山五园之冠，乾隆将其誉为"天宝地灵之区，帝王豫游之地，无以逾此"[1]，被称为"万园之园"[2]。三园可分为圆明园宫廷区、九"州"景区、福海景区、西北景区、北部景区、长春园景区、西洋楼景区、绮春园景区，共八大景区。

（一）圆明园

圆明园是雍正为皇子时的赐园，雍正即帝位后自雍正三年至终雍正之世进行扩建，开凿福海，建造入口宫廷区，改造北东西三面河渠水网，形成以"九洲清宴"为中心，前后湖共二十八景的大型离宫御苑。乾隆二年至九年再次扩建，共形成四十景[3]。雍正、乾隆、嘉庆、道光曾长期在园中居住，在此设朝署值衙，举行朝政、宴会等重大活动，成为仅次于紫禁城的政治活动中心。

1. 宫廷区

宫廷区在圆明园南部正中，轴线突出园外，包括环河、大照壁、大宫门、出入贤良门（二宫门），门内为正大光明殿建筑群（听政之殿）。大宫门外左右两侧置朝房及六部、各司、寺、监、府等衙门值房，严格按轴线对称配置。正大光明殿之东有勤政亲贤、保和太和两组建筑（皇帝召见臣工议事及休息处），殿西有长春仙馆（皇太后颐养居所），殿后以大假山和前湖水面与苑林区相隔（图11-16、图11-19）。

2. 九洲景区

九洲景区是园内最主要的景区，以后湖为中心（面积约4公顷），环湖九岛各建一景，即缕月开云、天然图画、碧桐书院、慈云普护、上下天光、杏花春馆、坦坦荡荡、茹古涵今，加上南面大岛上的九洲清宴，共九处，体现"一统九洲，天下升平"之意[4]。九洲清宴为最大一组建筑群，中部圆明园殿、奉三无私、九洲清宴三殿（处理政务之所），与前部宫廷区置于同一轴线上，其两侧排列许多小院落（后妃寝宫和皇帝书斋等）。环湖八景可分别赏花、观鱼、读书、祀祖、赏景，功能各不相同。各岛山环水绕，岛中有池榭、

---

[1]《日下旧闻考》（二）卷八〇第1323页引《圆明园册》"皇上御制圆明园后记"。

[2] 侯仁之主编《北京城市历史地理》（北京燕山出版社2000年版）第134页记述：当时欧洲有关的文献盛赞它是"万园之园"。

[3] A. 雍正时圆明园二十八景：正大光明、勤政亲贤、九洲清宴、缕月开云、天然图画、碧桐书院、慈云普护、上下天光、杏花春馆、坦坦荡荡、茹古涵今、长春仙馆、万方安和、武陵春色、汇芳书院、日天琳宇、澹泊宁静、多稼如云、濂溪乐处、鱼跃鸢飞、西峰秀色、四宜书屋、平湖秋月、蓬岛瑶台、接秀山房、夹镜鸣琴、廓然大公、洞天深处。
乾隆时期建成十二景（共四十景）：麯院风荷、坐石临流、北远山村、映水兰香、山木明瑟、鸿慈永佑、月地云居、山高水长、澡身浴德、别有洞天、涵虚朗鉴、方壶胜境。侯仁之主编《北京城市历史地理》（北京燕山出版社2000年版）第135页说："圆明园有40景，后又增加8景。"

B. 侯仁之主编《北京城市历史地理》（北京燕山出版社2000年版）第134、135页记述：圆明园创建于清康熙年间（始于康熙四十八年，即1709年），自此以后150多年间，几乎是年年续有兴建。甚至太平天国起义已席卷半个中国，咸丰皇帝还照样在圆明园内大兴土木。

[4]《日下旧闻考》（二）卷八〇第1333页引乾隆九年《御制九洲清宴诗》："前临巨湖，渟泓演漾，周围支汊，纵横旁达。诸胜仿佛浔阳九派，骈衍谓神周环为九洲者九……"

跨水成桥，充分发挥水的作用；各景点以低矮土冈相隔、隔而不断，共同构成了和谐相配、浑然一体的风景长卷。

3. 福海景区

福海景区在圆明园东部，中间为辽阔的水面（约 20 公顷以上）称福海，水体中央有三座小岛，构成蓬莱岛瑶台一景（立意东海三仙山典故，求仙求寿）[1]。水体四周及外围水道萦回，有许多小岛，有二十处景点。其中三潭印月、平湖秋月、南屏晚钟、麯院风荷仿杭州西湖同名景点。接秀山房沿湖建筑组群可远眺西山晴雪；夹镜鸣琴、别有洞天在封闭的小池中构筑景色；廓然大公是山、池、殿堂相对应的小园。东北角的方壶胜境取意于道家，以雄伟的层台峻阁及架设于水上的五座亭台构成恢弘气势取胜，整组建筑高低错落，对称均齐，水中倒影上下掩映，宛若仙宫琼楼玉宇（图 11-18、图 11-19）。

4. 西北景区

西北景区在圆明园的北部和西部，区内湖泊罗布，港汊交错，园林散点式配列，景点

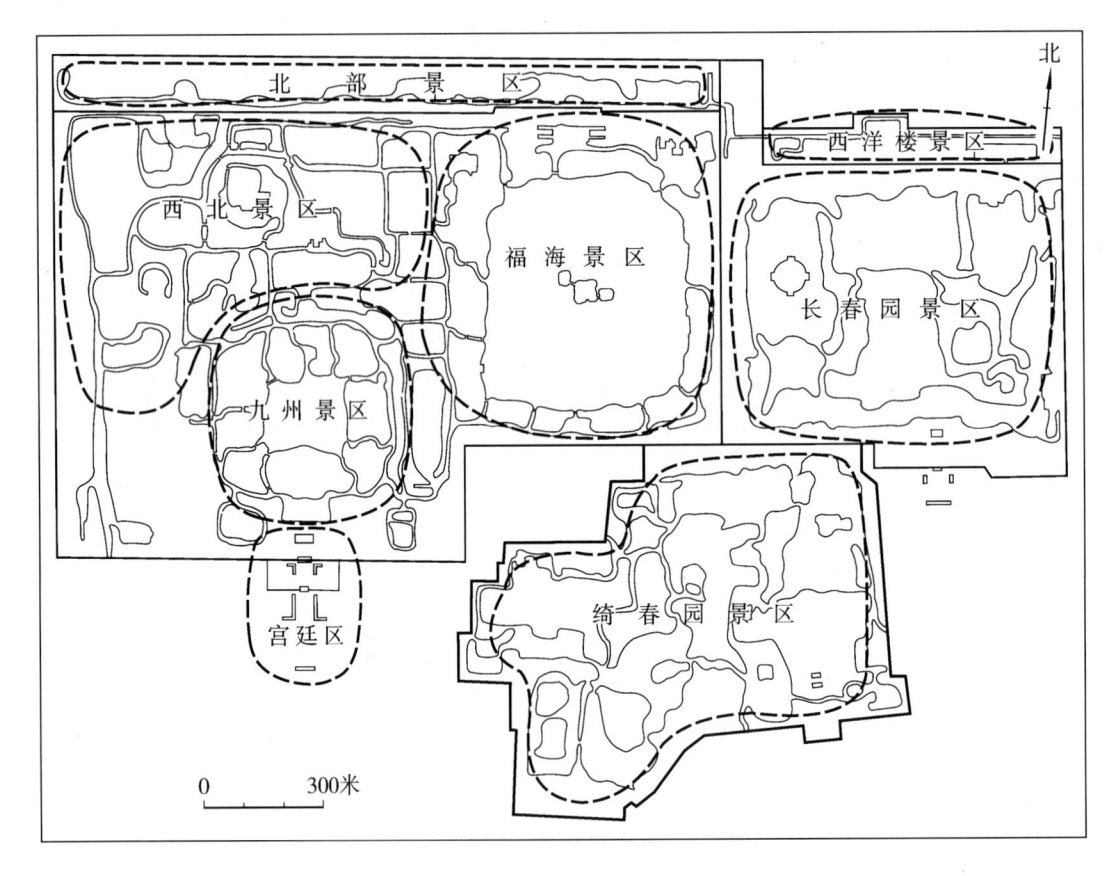

图 11-19　清代北京圆明园景区分布图
（引自孙大章主编《中国古代建筑史》第五卷"清代建筑"，略有改动）

---

[1]《日下旧闻考》（三）卷八二第 1371 页引《御制蓬岛瑶台诗》："福海中作大小三岛，仿李思训画意，为仙山楼阁之状，岩岩亭亭，望之若金堂五所，玉楼十二也。真妄一如，小大一如，能知此是三壶方丈，便可半升铛内煮江山。"

内容多样纷呈。如象征市肆的买卖街，城堡式佛寺舍卫城规模巨大（326 间殿宇和游廊，供奉 10 万余尊佛像），宗庙建筑安佑宫、藏书（《四库全书》）的文渊阁，听戏娱乐的同乐园，观烟火的山高水长楼，供奉佛道神像的日天琳宇，万字形平面的万方安和，以及独立成景的武陵春色、濂溪乐处、坐石临流、西峰秀色等。该区的特点是自由配置，生活实用与游览观赏并重（图 11-18、图 11-19）。

5. 北部景区

北部景区在圆明园最北部，以围墙隔出东西长约 1500 米，南北约 100 余米的狭长地带。一条河道自东向西蜿蜒流过，沿河建有若帆之阁、北远山村、鱼跃鸢飞、多稼如云、紫碧山房等十余组临水建筑，重在表现水村野居风光（图 11-18、图 11-19）[1]。

（二）长春园

乾隆十年在圆明园之东邻建长春园（图 11-18、图 11-19），准备退位归政时养老之用，乾隆十六年完成，乾隆二十五年又在长春园北部建独立的西洋楼景区，长春园共 30 景。

1. 长春园景区

长春园宫门在南围墙偏东，门内正殿称澹怀堂，共两进院落。其北苑林以水面为主，岛堤分割成三片湖泊，湖中各有一岛（暗指三仙山之意）。中央大岛上建全园主体建筑淳化轩建筑群，共三路四进。主殿两廊壁间嵌刻淳化阁宋帖刻石 144 块，故以此命名主殿。其左右二岛，分建玉玲珑馆和思永斋。长春园水体北岸横列狮子林（仿苏州狮子林）、泽兰堂等五组建筑。长春园南部沿宫墙建茜园、如园、鉴园，三者为园中之园，自成规模。西部湖区中央有两层圆形石台，上建金阁，名海岳开襟，该水中宫殿隔岸观之宛若海市蜃楼。总的来看，长春园规划整齐，布局主次分明，建筑疏朗，区划明确，尺度得体，总体构思精审，为造园艺术成功之作。

2. 西洋楼景区

西洋楼景区在长春园之北，东西长约 1800 米，南北宽约 70 米，以长墙与长春园隔开，自成一区。西洋楼由外国人设计[2]，有谐奇趣、蓄水楼、养雀楼、方外观、海晏堂、远瀛观等建筑，大水法及海晏堂前水法、谐奇趣前水法三座，万花阵（迷宫）、线法山、线法墙、线法桥等游乐建筑多座。所有建筑均为欧洲 18 世纪中叶盛行的巴洛克风格（Baroque Style）宫殿式样，建筑为墙体承重结构，外檐用汉白玉石柱及装饰雕刻，墙身嵌贴五色琉璃花砖或抹粉红色石灰，屋顶为坡顶，不起翘、不出檐的琉璃瓦顶。建筑平面、立面柱饰、门窗、栏杆都是西式做法，但在西洋雕刻中夹杂着中国传统花饰。植物

---

[1] 孙大章主编《中国古代建筑史》第五卷（中国建筑工业出版社 2002 年版）"清代建筑"第 95 页说：可能是乾隆巡视江南，欣赏扬州保障湖一带景色，而将瘦西湖园林化的水景风光移植于此。

[2] A. 孙大章主编《中国古代建筑史》第五卷（中国建筑工业出版社 2002 年版）"清代建筑"第 96 页记述：乾隆时欧洲工艺品和建筑式样引起皇帝兴趣，尤其对利用水头压力的喷泉方法（当时中国称之为水法）感到奇特。于是乾隆十年（1754 年）弘历命外国传教士蒋发仁（Michael Benoist 法国人）负责水法设计；郎世宁（Joseph Castiglione 意大利人）、王致诚（Jean Denis Attiret 法国人）负责建筑设计；艾启蒙（Lgnace Sichelbarth 波西米亚人）负责庭园设计，在长春园北起造西洋楼。工程中还有如意馆中的中国画师及中国建筑工匠参加。（转后页）

* 配置多为修剪整齐成行列的欧式园林手法。这是中国苑囿中首次引进西方建筑文化的尝试。

(三) 绮春园 (万春园)

乾隆三十七年在长春园之南建绮春园（图 11-18、图 11-19），该园由若干小园林组成，规划布局较零散。嘉庆六年在绮春园内添建敷春堂，展诗应律两组建筑；嘉庆十四年时又将庄敬和硕公主的赐园含晖园、西爽村成亲王的寓园和大学士傅恒的赐园并入绮春园西路，共同组成三十景，道光时改名万春园，是皇太后的居所[3]。绮春园宫廷区在东南角，由迎（凝）晖殿、中和堂、敷春堂、后殿组成，纵深 300 余米。苑林区在西部和北部，布局自由灵活，具有山村自然情调，其水系回环，无过大湖面，水面洲岛 16 座，各岛均有建筑形成组景。

(四) 圆明三园的造园艺术

综上所述，圆明三园以水体作为造园骨架（三园水面占全园面积一半以上），大中小水面相互穿插，形成完整的水系，因水成景的立意十分丰富。为适合水域变化的特点，圆明园建筑组合采用集锦式布局，即以山、水、建筑、花木组成独立小环境的景点，若干景点组成有内在联系的景区，由各景区形成全园。各景点的布局充分发挥亭、廊、桥、榭的变化，及其与建筑、湖池、花木之间的组合关系；注意障景（各湖泊间多以土阜、假山和浓郁的树木与建筑相分隔，起到障景作用，使之成为独立的视觉环境和水域景色）、对景（园内水面两岸的景点都有对景作用，互为因借），与岛屿成景的作用（园内众多的岛屿上均有建筑群，既增添了湖面景色，又增加了湖面景观的层次，形成平远的画面）。园内的建筑除个别纪念性建筑外，体量均小巧玲珑，与山体水面相协调；同时在造型上也突破了官式建筑规范的束缚，博采民间建筑形式，大都不施彩绘，建筑外观素雅，千姿百态，不拘一格。在圆明园的总体布局中，以路、桥构成陆路观赏系统，同时河湖水系又形成了舟行水路的游览观赏系统，两个系统并行、穿插、跨越，相辅相成，既增加了景观层面的变

---

* （接前页）B. 侯仁之主编《北京城市历史地理》（北京燕山出版社 2000 年版）第 137、138 页记述：西洋楼建于乾隆十二年。据法国人格罗西（M. L 'abbe' Grosier）记载："圆明园（指三园而言）中，有一特别区域，其中建筑宫殿，尽为欧式，乃先清帝依意大利教士及名画家郎世宁之计划所建者。神父蒋友仁施展才能，制造抽水机关，即为点缀此等宫殿，及其邻近之地面……藉蒋氏指导，制成之无数喷水机关中，吾人可见象"兽战"之形者，林中猎狗逐鹿之情景及水制之时钟。上文已述及中国一日为十二时辰，双倍我国之小时，华人并以十二种不同之动物表现之。神父蒋友仁异想天开，思欲聚此十二动物，于一欧式宫殿之前，位于一广阔三角形地之两边，形成一继续不断之时钟。此灵机特出之意念，竟得完成。此等兽类，轮流值班，口中喷水两小时，表现全日时间之区分。此喷出之水，按抛物线式，复注入池之中心"（M. L 'abbe' Grosier, De La China, Tome V1, pp. 340-353, 译文见《北平图书馆馆刊》第七卷第三、四号第 46 页）。

[3] 道光时畅春园已逐渐破败，故皇太后移居绮春园。

化，又展现出圆明园虽平地造园，却能形成山复水转，层层叠叠变化无穷的自然空间；突出各水景园中连续展开的毫无平淡雷同之感的各类景观意境，从而体现出传统建筑在组织空间方面的巨大生命力与无穷的艺术魅力。总之，圆明三园是我国古代园林艺术的精华，是北方水景园中集大成的杰作，是当时世界上规模最宏伟，造园艺术水平最高，并独树一帜的大型园林[1]；同时也是人类历史上收藏最丰富（难以计数的各种古玩艺术珍品，以及大量各种财富）的艺术博物馆。然而，就是这样一座世界上无与伦比的园林奇观，却在第二次鸦片战争和八国联军之役中被洗劫和焚毁[2]，令国人无不痛心疾首。此后清廷虽曾力图复建[3]，终因国势贫弱，财力不足而作罢。由此可见，圆明三园（包括三山五园在内）的创建、发展、兴盛和最后的毁灭，是与清朝的社会、政治、经济的发展状况，与中国从封建社会逐步沦为半封建半殖民地过程息息相关。圆明三园等的毁灭，是帝国主义列强侵略罪行的铁证。

五　清漪园（颐和园）

（一）整治城西北部水系和扩建瓮山泊

为彻底解决京城宫廷用水和解决通惠河水源问题[4]；防止西山山洪水涝之灾，发展西部水稻生产；适应海淀附近园林发展的需要，乾隆时期对城西北部水系进行了较大规模的整治工程。

整治工程主要有三，一是乾隆三十二年疏浚万泉庄以南泉宗庙附近泉眼（共28眼之多），经人疏导将泉水引入畅春园、绮春园等园中，园林之间辟为稻田。二为扩大瓮山泊水源，将西山碧云寺和卧佛寺附近泉水经石槽导引至玉泉湖[5]，在玉泉湖之侧开高山湖

---

[1] 孙大章主编《中国古代建筑史》第五卷（中国建筑工业出版社2002年版）"清代建筑"第100页记载：圆明园的造园成就通过西欧传教士介绍到欧洲以后，引起很大的反响，对当时盛行于欧洲的完全几何式构图的法国路易十四式园林及完全因袭自然风景的英国式园林产生了冲击。一些建筑师也试图按中国风格的人工创造画意的自然山水园方式建造园林。如钱伯斯（Chambers）为英国肯特公爵建造的庄园（Kew Garden），就是欧洲第一座中国式园林，以后并影响到欧洲大陆上的法国和德国。

[2] 咸丰十年第二次鸦片战争，英法联军十月五日占领海淀，六日占领圆明园，大肆抢劫，又于十月十八日、十九日派马队纵火焚烧圆明园，并延及附近诸园，以及万寿山清漪园、玉泉山静明园和香山静宜园。同治十二年冬查勘，劫后的圆明园只余13处景点。光绪二十六年，八国联军侵入北京，圆明园再遭洗劫，并进行毁灭性的破坏，最终导致荒废。

[3] 同治十二年，以奉养两宫皇太后名义，下诏修复圆明园，原拟修复工程22项，将修复重点放在绮春园，但工程只进行了正大光明殿、天地一家春（将敷春堂旧址改名天地一家春）等六项，即因国库空虚，廷臣力谏而终止。

[4] 金建中都，首次开凿瓮山泊南通高梁河上游的人工渠道，将瓮山泊水引入积水潭；元建大都城，又引昌平白浮泉水汇入瓮山泊，导入积水潭，以济漕运。终明一代，白浮泉断流，因而影响到北京城宫廷用水和通惠河水量问题。

[5] 玉泉山水为裂隙泉，由于水压很大，从岩石裂缝中喷涌而出，"鸣若杂珮，色若素练"，在金代"玉泉垂虹"被列为燕京八景之一。玉泉山水东流二里汇入瓮山泊。

和养水湖，再导入瓮山泊[1]。三是扩建瓮山泊，为重点整治工程。在明代园静寺（今排云殿位置）前一直向南有一大堤，大堤经今龙王庙直趋蓝靛厂，堤旁水渠将瓮山泊水引向北京城（即今长河的前身）。大堤北头之西是瓮山泊，以东水田棋布（与今日昆明湖情况不同）[2]。扩建工程主要是向东扩展瓮山泊东岸，加筑东堤。东堤三合土夯筑，加石条护岸，形成拦水大坝，拦蓄玉泉山东流之水，大大扩展了瓮山泊水面面积。同时在新扩展的瓮山泊东岸和南北两端各建水闸，堤南闸经长河（同时整治长河沿途闸坎）可输水入城，堤东闸可供给海淀附近园林（沟通圆明园水系）和稻田用水，堤北闸可排洪水入清河。这样瓮山泊就成为可蓄可调，圆满解决前述问题的人工大水库，从而为清漪园的修建创造了良好的条件。

（二）清漪园的形制布局

瓮山泊扩建工程完毕，乾隆皇帝以皇太后纽祜禄氏六十寿辰祝寿为名，在园静寺旧址建大报恩延寿寺，改瓮山为万寿山，西湖（瓮山泊）改称昆明湖，乾隆十六年正式命名为清漪园，光绪十四年改名颐和园（图11-14、图11-20、图11-21、图11-22）。清漪园从乾隆十五年至二十九年，共29年建成，是三山五园中最后建成的一座行宫御园。乾隆皇帝和皇后经常在此避暑理政。

清漪园以瓮山和西湖为造园骨架，全园占地约295公顷，万寿山东西长千余米，山南昆明湖长1930米，宽1600米，是清代皇家诸园中水面最大者。其中山地约占1/3，水面约占2/3，是一座山水结合，以水为主的自然风景园。园内建筑景点百余处，从文昌阁城关绕北宫墙至西部的宿云簷城关筑围墙，前湖周围皆不建墙，与周围农村阡陌景色连为一体。由于清漪园的建成，使三山五园真正形成了御苑群体[3]。清漪园可分为宫廷区、前山前湖景区和后山后湖景区。前后山景区以万寿山山脊划分，前山前湖景区约占全园面积的88%，背山面湖，是园内主景区；后山后湖景区约占全园面积的12%。

宫廷区位于前山东南部，东向直对圆明园御路，由东宫门、二宫门、勤政殿组成，殿西绕过大假山即望见昆明湖。前山景区，万寿山前坡中央为大报恩延寿寺（建于明园静寺旧址），从下而上按轴线依次排列为天王殿、大雄宝殿、多宝殿、佛香阁、智慧海、无梁殿。佛香阁建于高大石台之上（高达38米），阁身三层，其绝对高度远超过万寿山山峰，形成全园构图中心，起到加强中央轴线和统率各处景点的重要作用。延寿寺东侧沿山坡置慈福楼和转轮藏，西侧置罗汉堂和宝云阁（铜亭子），分别形成两条辅轴，其与延寿寺一起形成大面积的建筑群体覆压在山体上，加强了中央轴线的气势。前山东部山脚下置乐寿

---

[1] 瓮山泊又称西湖或西湖景，当初周围只有7里，故又称七里泊。最早泊水顺天然地势，一直流向东北入清河。明代已是都下游览胜地，称此地"环湖十里为一郡之胜观"。明弘治七年（1494年）在瓮山泊之阳，背山面水建园静寺，辟置"好山园"，此外还建有功德寺。

[2] 清初以前京城游人去瓮山泊，若出西直门，多沿长河经今高粱河、白石桥、万寿寺，然后上堤，过龙王庙到瓮山下园静寺前。

[3] 由于清漪园的建成，将玉泉山静明园与圆明园、畅春园连为一体，沿长河、玉河水路可达各园，真正形成御园群体。

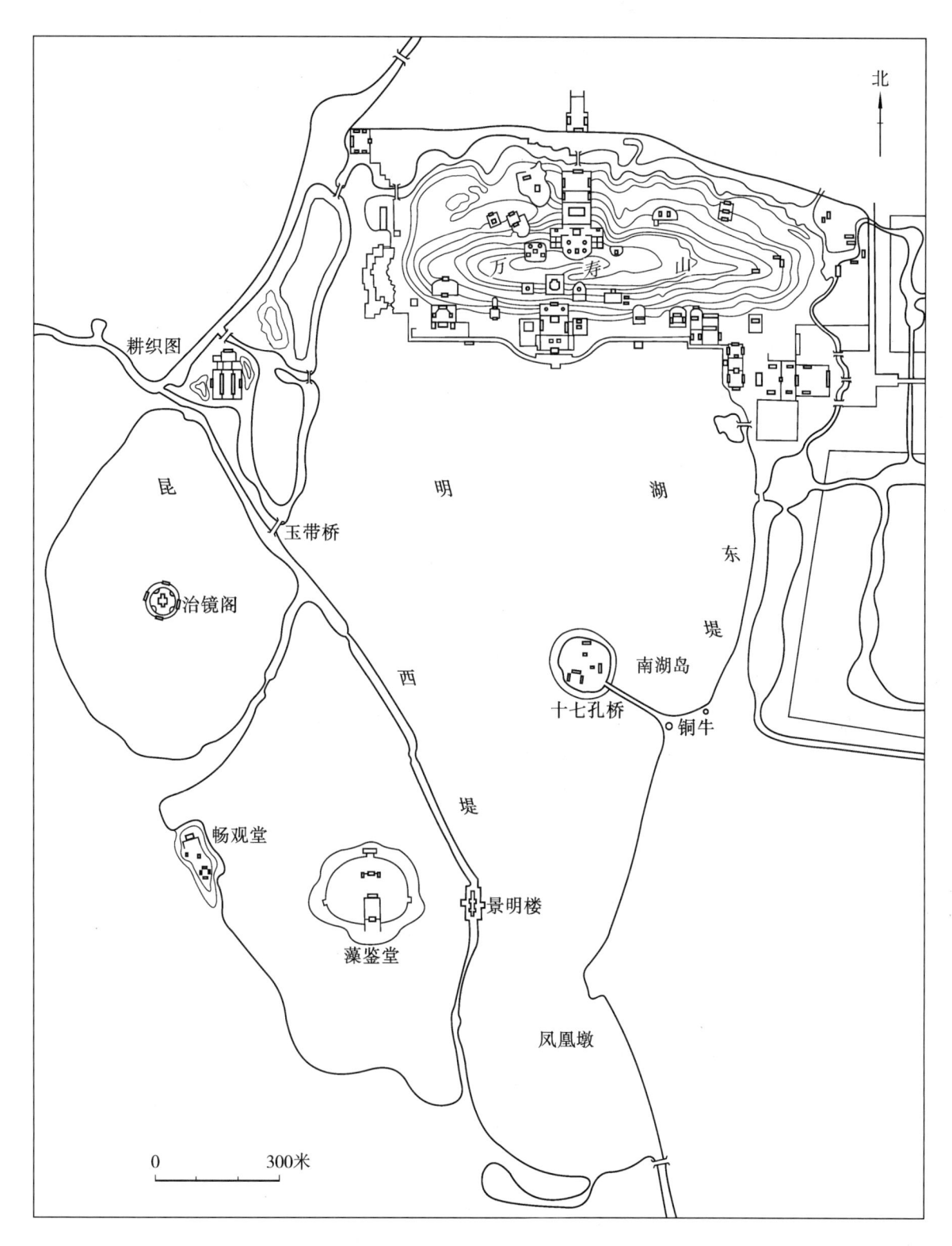

图 11-20 清代北京清漪园平面图

（引自孙大章主编《中国古代建筑史》第五卷"清代建筑"，略有改动）

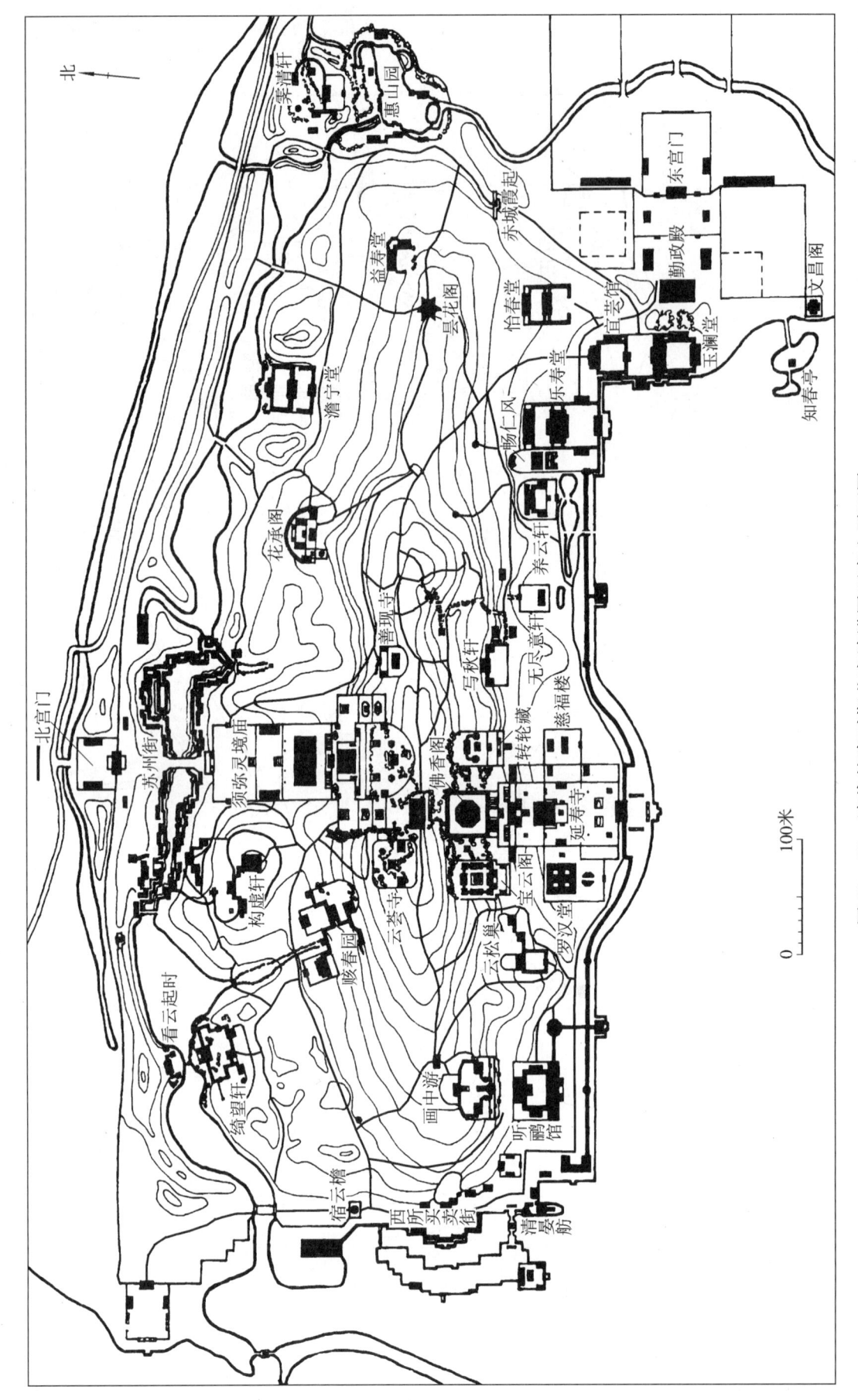

图 11-21 清代乾隆时期北京清漪园万寿山平面图
（引自《中国古代建筑史》第五卷《清代建筑》，略有改动）

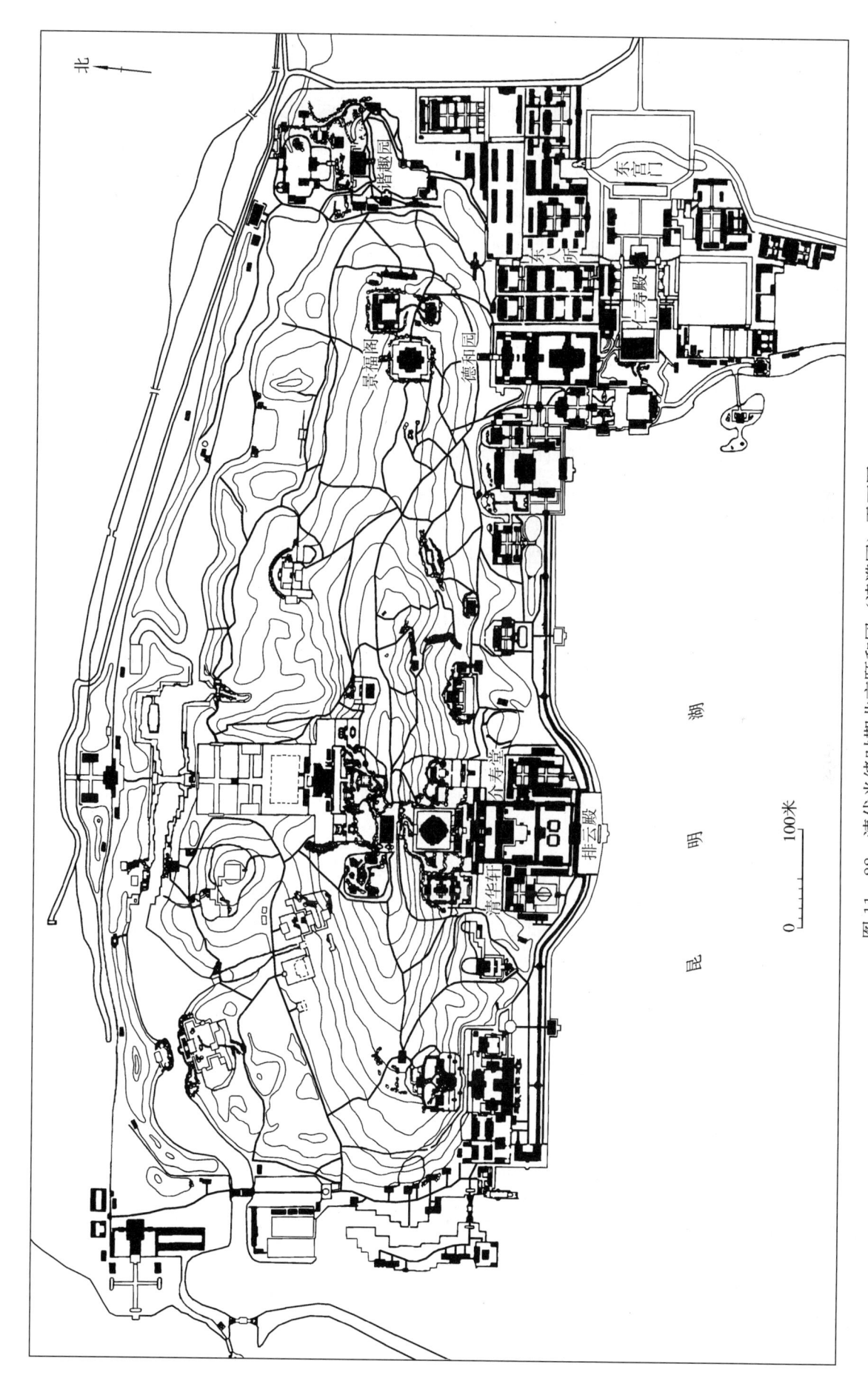

图 11-22 清代光绪时期北京颐和园（清漪园）平面图
（引自国家文物局主编《中国古代建筑史》第五卷《清代建筑》，略有改动）

堂、养云轩、玉澜堂、宜芸馆等建筑；东部山上建六角形两层昙花阁，可远望西郊诸园及京畿烟霭，是重要的景点建筑。前山西部山脚下置听鹂馆、画中游等游赏建筑；山上建"湖山真意"亭榭，可观玉泉山和高山湖及养水湖之美景。在万寿山西端（长廊西尽头）湖中建清晏舫石舫（明代园静寺放生台旧址，光绪十九年石舫上加盖一层西洋式舱楼）。其北仿江南河街形式建西所买卖街。又东起邀月门，西止石丈亭，建长廊将上述主要建筑连缀在一起，每个长廊又似一幅幅画框[1]，长长的画廊将平直的湖岸构成动态的观赏线。前山之南为前湖景区，广阔的昆明湖水面由西堤[2]和支堤划分三块水面，湖中各有一岛（一池三山的仙境模式）。其中东湖最大，近东岸处南湖岛有十七孔连拱券长桥（全长150米）与东岸相连，桥头建大型重檐八角"廓如亭"（岸边置铜牛）；岛上建龙王庙、鉴远堂，岛北建三层望蟾阁，与昆明湖北岸佛香阁遥相呼应。湖内南端，开拓瓮山泊时仿无锡惠山下黄埠墩形势修一小岛称凤凰墩，其上建凤凰楼（今只存残迹）。西面两块水域中心各有一岛，分建圆形城堡式的治镜阁和临水的藻鉴堂。西堤上仿杭州西湖苏堤六桥建界湖桥、豳风桥、玉带桥、镜桥、练桥、抑桥六座不同形式的石桥。此外，昆明湖东岸还有文昌阁、知春亭、铜牛；西岸有畅观堂、景明楼、耕织图、蚕神庙等。总的来看，前山前湖景区以"旷"为主，四周形成环闭围合的景点群，四视有景，中列堤岛，北屏寿山，远处西山群峰，麦垄稻畦，形成层次丰富、远近入画的景色。后山后湖景区，地势陡峻，河湖狭窄，布局适应地形特点，北向为主。后山中央是须弥灵境庙藏传佛寺，自下而上为广场、山门、大雄宝殿、大红台，台中心布置香岩宗印之阁，环阁安排四大部洲殿、八小部洲殿、日光殿、月光殿、四色塔等（按佛经所述世界构成模式建造）。须弥灵境庙前有三孔石桥跨后溪河，直对北宫门，该庙中轴线是后山景区全部建筑的构图中心。后溪河中段两岸仿江南河街市肆建苏州街，街两旁置店铺。后山西部布置了云会寺、贼春园、味闲斋、绮望轩、看云起时等建筑。东半部有花承阁、澹宁堂等。后山东部尽头建仿无锡寄畅园意境的惠山园和霁清轩（嘉庆十五年改名谐趣园，又称"园中园"）。总的来看，后山后湖景区以"奥"为主，景观幽闭，视距狭小，以山间溪谷景色特征为造景意匠，不求远观，重在内视，随地高下，布置封闭小园林，与前山前湖景区形成强烈的对比效果。

咸丰十年该园被英法联军焚烧[3]，光绪十二年慈禧太后从海军经费中挪用两千万两修复此园，光绪十四年完成，基本保持了清漪园的格局，改名颐和园（图11-22）。光绪

---

[1] 长廊共273间，屋架梁枋上绘制大小14000余幅风景、故事、花卉为题的彩画，美轮美奂，无一雷同。
[2] 侯仁之主编《北京城市历史地理》（北京燕山出版社2000年版）第133页提出：西堤，基本上是以前瓮山泊东岸的位置。
[3] 侯仁之主编《北京城市历史地理》（北京燕山出版社2000年版）第131页记述：1860年英法联军派马队焚烧了万寿山的大报恩延寿寺、田字殿、五百罗汉堂，后山苏州街的店铺、智慧海也受到摧残，园中4万多件珍贵陈设被抢掠一空。

二十六年，再遭八国联军破坏，1903年修复（后山建筑一直未复旧貌）[1]。光绪年间，慈禧和光绪皇帝每年大部分时间在颐和园理政，故宫廷区较乾隆时期也有些变化[2]。

（三）清漪园的造园艺术

综上所述，清漪园以宏大的延寿寺建筑群为建筑主体，高度与体量均居全园之首，气魄雄伟，它不仅是前山前湖景区的构图中心，也是全园的构图中心；后山景区则以须弥灵境庙建筑群为主体和构图中心。上述情况以神权喻君权，充分反映出皇权神圣至上，君临一切的主导思想。其次，园内构图采用轴线对称布局，前后山景区各有主轴线，次要建筑群体也有轴线关系，处处表现皇权统驭环宇，唯我独尊的气势。园内建筑装修及其他方面的装饰，雍容华贵，五彩斑斓，美轮美奂，瑰丽多姿，气度非凡。总之，清漪园凸显出皇家气派。

清漪园的营建有完备而明确的整体规划，统一设计，一次完成，构图精审。全园和各景区都有主体景色和建筑作为造园骨骼，其间主次分明、对比协调，各景点和景色内在联系密切，景观紧凑，聚而不散。造景"旷奥兼备"，北实南虚；收放交替，开合有序；节奏抑扬顿挫，各成系列；同时又运用象征含义，处处成景。在布局上严整与自由配置相结合，主体建筑和各景点的主要建筑与山石、廊亭、花木、曲径、溪池等园林手段巧妙配合，人工自然浑然一体，充分显示出以人文精神为内核的主导作用。因此，清漪园内的各种景观意境，令人心旷神怡，浮想联翩。

清漪园造园艺术的重要特点，是引进江南民间园林胜景。如清漪园整体构图仿杭州西湖（园中山水关系，前湖和后湖，西堤分割等均近似西湖），西堤六桥仿杭州西湖苏堤六桥，大报恩寺即相当于孤山行宫，西岸畅观堂睇佳榭仿西湖蕉石鸣琴，万寿山西麓长岛小西冷仿杭州的西冷桥[3]。此外，南部凤凰墩仿无锡大运河中的小岛"黄埠墩"，南湖岛上望蟾阁仿武昌黄鹤楼，西堤上景明楼仿洞庭湖畔岳阳楼，东麓惠山园仿无锡寄畅园……凡此，均"师其意，不师其法"，在清漪园的特定环境下进行模拟创造而出新意。这种造园艺术的重大发展，对此后中国的园林艺术产生了深远的影响。

清漪园另一个重要特点，是游览导线明确而具有景观特色。陆路游览导线有三条，其一，万寿山前山为前路，以长廊为主干，左右观赏山景水态，以开敞景色取胜。其二，沿

---

[1] 光绪年间重修清漪园，较乾隆时期有不少改动（图11-22）。当时集中财力修复前山，放弃后山、西堤以西及耕知图等地域。前山延寿寺改为排云殿，慈福楼、罗汉堂改为介寿堂、清华轩。山脊昙花阁改建为三卷勾连搭式的景福阁。南湖岛望蟾阁改为涵虚堂。重修谐趣园，改建清晏舫。增建德和园及大戏台。扩建西四所及万寿山东麓的供应用房。改建后大量增加了生活用房，宗教气氛减弱，建筑密度增加，使颐和园由行宫变为离宫。

[2] 在东宫门和万寿山东部辟出以仁寿殿为中心的政治活动区，包括理政的仁寿殿，殿前两侧南北配殿，仁寿门外南北九卿房以及东宫门外的南北朝房。园内乐寿堂是慈禧住所，德和园和大戏楼为帝后看戏之所，乐寿堂与昆明湖仅一墙之隔。乐寿堂、德和园、玉澜堂、宜芸院等成为帝后居住玩乐的生活区。当年光绪皇帝即被软禁在玉澜堂内。

[3] 孙大章主编《中国古代建筑史》第五卷（中国建筑工业出版社2002年版）"清代建筑"第107页认为：在乾隆"万寿山即事"诗中提到，"背山面水地，明湖仿浙西，琳琅三竺宇，花柳六桥堤"，即已言明仿西湖之意。

万寿山山脊而行为中路，昙花阁、智慧海、湖山真意为重点，以远眺景色见长。其三，沿后山后溪而行为后路，须弥灵境及买卖街为高潮，以浑山密林、曲径幽谷为景区特色。水路游赏可分数段，其一，自南端绣绮桥过南湖岛至水木自亲，是观赏湖光山色自然风光的佳境。其二，从水木自亲过云辉玉宇坊至石丈亭，主要是欣赏仙宫琼宇、蓬岛瑶宫景色，如临人间仙境。其三，自石舫沿后溪河至霁清轩，行驶在两山夹一水的幽谷中，可欣赏山间溪谷景观。其四，由石丈亭沿西堤，穿玉带桥至耕织图一带，表现出河湖纵横、农舍稻田的江南水乡风光。不同水域不同情怀，各有不同的视觉感受，其乐无穷。

附　南　苑

南苑在北京南部，永定门外20里，东西长约34里，南北宽约24里（面积约210平方公里）。这里地处永定河冲积扇前缘，地势低洼，多古河道，泉源密布，水质优良，或潴以为湖，或流注成河，昔日草木丰茂，野生禽兽多栖息其间[1]。

南苑为元、明、清三代皇家苑囿，早在辽金时期统治者即常来此游猎，元代正式命名为"下放飞放泊"，始建苑囿。明永乐十二年（1414年），四周筑土垣，长达60公里，置北红门、南红门、西红门、东红门，又先后建衙署、寺庙、桥涵、御道等，派海户千人驻守，明中期以后苑事荒废（图11-23）[2]。

清初重修，始称南苑，又称南海子。在旧海子垣墙上新辟黄村门、镇国寺门、小红门、双桥门、回城门、改北红门为大红门。乾隆年间改砌砖墙，增开高米店等十三座角门。苑内建或重修旧衙门行宫（小红门西南，明宫，顺治十五年重修）、南宫门行宫（南红门内，康熙五十二年建）、新衙门行宫（镇国寺门内，明宫，乾隆时重修）、团河行宫（黄村门内，乾隆四十二年建），又建德寿寺庙宇数处[3]。其中以团河行宫规模最大（图11-24），占地33万平方米，曾有殿宇603间。四周宫墙长四里余，以大小两个团泊为中心，周围造山植树。宫内建筑分东西两部分，西部为湖泊，东部为宫殿区，二进院落，布置议事建筑及后妃寝宫等。宫殿区后为东湖，湖边有钓鱼台、群玉山房等。康熙二十三年以后，南苑归奉宸苑管理，派海户一千五百余人饲养苑中禽兽（麋鹿、黄羊、四不像、雉兔等放养其间）[4]，帝王经常在此行围狩猎，有时还举行阅兵仪式[5]。1900年八国联军侵入北京，南苑遭严重破坏。光绪二十八年（1902）成立南苑督办垦务局，准许招佃开垦苑内旷闲土地。此后南苑逐渐荒废并出现大批新村。

---

[1] 侯仁之主编《北京历史地图集》（北京出版社1988年版）图38之说明。
[2] 孙大章主编《中国古代建筑史》第五卷（中国建筑工业出版社2002年版）"清代建筑"第15页记述：明永乐时"缭以周垣百六十里，育养禽兽，又设二十四园以供花果"，有汉代上林苑的作用。
[3] 除德寿寺外，还有元灵宫、永佑庙、永慕寺、关帝庙、宁佑庙等佛道寺观。
[4] 孙大章主编《中国古代建筑史》第五卷（中国建筑工业出版社2002年版）"清代建筑"第15页说：园内置海户1600人守护。
[5] 南苑是清代操练兵马场所，有西红门内杀虎台和南红门内晾鹰台二处主要阅兵场。咸丰十一年增设神机营，驻旧宫之北，建营盘数十座，房屋数千间，有垣墙壕沟围绕。

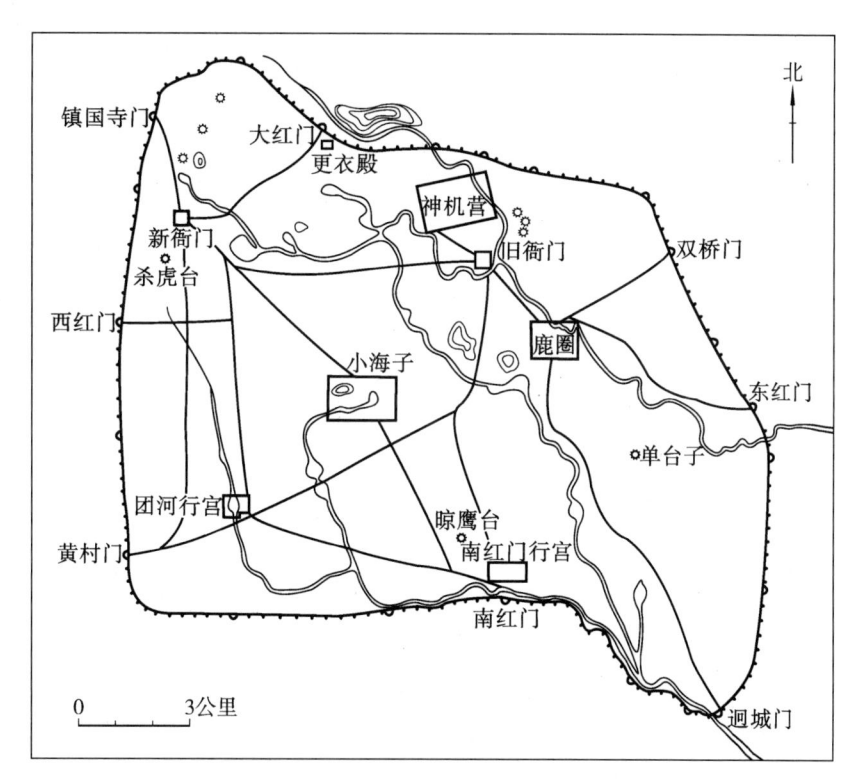

图 11-23 清代北京南苑平面图

(引自孙大章主编《中国古代建筑史》第五卷，略有改动)

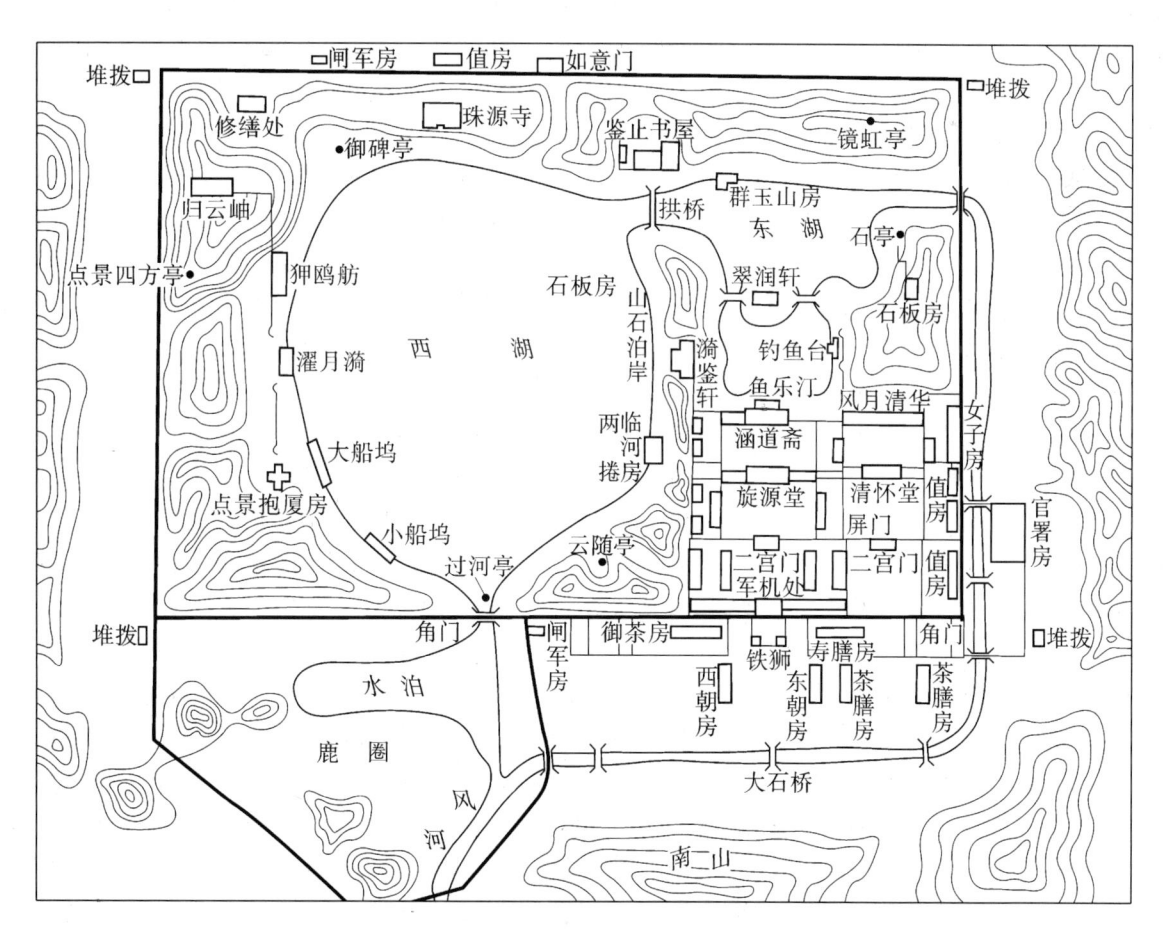

图 11-24 清代北京团河行宫遗址平面复原示意图

(引自《中国文物地图集·北京分册》，略有改动)

后 记

我在接受主编《中国考古学·宋辽金元明卷》任务后，鉴于都城是本卷重中之重，故首先着手前期准备工作。在收集整理资料并准备撰写过程中，感到困难很大，主要原因有四。其一，资料有限。该阶段都城考古资料匮乏，缺环和空白点较多。同时在大量的文献资料中，可直接为本卷都城部分所用者较少。其二，无可直接借鉴的成果。本卷都城部分属考古学范畴，都城考古学重在阐述都城形制布局。但是，迄今宋至明代都城形制布局的研究，却恰恰是中国都城考古学中最薄弱的环节之一。目前未见以考古资料为主体，或以文献资料为主体全面系统研究该阶段都城形制布局的论著（按，都城规划史和制度史研究，不等于都城形制布局研究），或具体深入研究该阶段某座都城形制布局的论著。其三，相关学科都城研究，各行其是，缺乏应有的配合。如考古学、史学和古建筑学均程度不等地涉及该阶段都城形制布局，其有关部分的研究大都"各自为战"，各有侧重、各有特点，相互之间缺乏应有的配合进行综合研究，因而影响到该阶段都城形制布局研究的力度和进程。其四，存在问题较多。总观已刊布的有关该阶段都城形制布局的论著，大多限于泛论和概述，或限于局部问题，或蜻蜓点水，一笔带过。少数较全面的论述，也未构建都城形制布局较完整的框架，不同作者对都城形制布局各取所需的论述，几乎均缺乏足够的考古资料和史料的有力支撑。在这些论著中，未涉及该阶段都城形制布局的源流及其前后演变关系，有的漏掉了都城形制布局的重要问题，某些被一再反复引用的主流意见也大可商榷。在这些论著中，有的论述仁智各见，有的论述似误，有的论述存在问题，个别的论述甚至令人困惑不解，凡此莫衷一是的论述，我当时几乎难以作出准确判断，找出答案。总之，鉴于上述诸方面的问题，最初打算以现有的研究成果为基础撰写宋至明代都城形制布局，显然已无可能。在这种情况下，不得已才决定另起炉灶，重新对宋至明代都城形制布局进行个案和综合研究。在研究过程中，针对上述存在的问题，拟紧扣都城形制布局，除筛选吸收已有成果外，重在将有限的考古资料与相关的文献资料有机结合，以构建都城形制布局基本框架；将考古学、史学和古建筑学对都城形制布局研究融会贯通，进行综合研究，攻克难点；在都城个案研究基础上，将宋至明代都城形制布局作为整体进行全面系统研究和比较研究；进而探讨各个都城形制布局的源流及其间的内在关联和发展演变规律。只有这样，才能综合研究有关资料大致程度不等地勾画出各个都城形制布局的基本框架，阐述其相关的内涵，释疑解惑。只有这样，才能将宋至明代都城形制布局连为一体，形成较完整的体系。只有这样，经过上述诸方面相互验证的研究成果，才能成为撰写《中国考古学·宋辽金元明卷》都城部分的基础。在上述方针和研究方法确定之后，随即展开相关研究，经过不断地践行和摸索，终有所获，日积月累遂成此书，这就是本书撰写的原委。

除上所述，本书在撰写过程中得到中国社会科学院老年科研基金资助，在出版阶段又得到中国社会科学院离退休人员出版资助，得到国家社科基金后期资助。书稿送到中国社会科学出版社后，先由张静女士和张晓颐女士初步文字加工，后由责任编辑郭鹏先生编辑书稿，先后提出许多宝贵而有见地的修改意见。在编辑过程中，中国社会科学院考古研究所科技考古中心李淼先生为本书精心设计图版，韩慧君、刘方和王苹先生不辞辛劳，为本书绘制了大量的线图。此外，又承蒙唐晓峰先生大力协助，侯仁之主编《北京历史地图集》（北京出版社1988年版）的编者慨允本书参考其中部分彩色地图。对上述诸方面和各位先生的大力支持和帮助，一并表示衷心的感谢。

最后应当指出，本书只是在有限时间内阶段性的初步研究成果，限于水平，书中不当乃至疏漏错讹之处，在所难免。因此，敬希方家教正。

孟凡人
2012年2月27日

主要征引书目

一 古籍

宋·薛居正撰：《旧五代史》，中华书局点校本。
元·脱脱撰：《宋史》，中华书局点校本。
元·脱脱撰：《辽史》，中华书局点校本。
元·脱脱撰：《金史》，中华书局点校本。
明·李濂撰：《元史》，中华书局点校本。
清·张廷玉撰：《明史》，中华书局点校本。
《明实录》，"中央研究院"历史语言研究所校印本，上海书店1983年版。
《清实录》，中华书局1987年版。
赵尔巽等撰：《清史稿》，中华书局点校本。
北宋·司马光撰，元·胡三省音注：《资治通鉴》，中华书局1996年版。
宋·李焘撰：《续资治通鉴长编》，中华书局1993年版。
清·毕沅撰：《续资治通鉴》，中华书局1999年版。
清乾隆四十年敕撰：《御定资治通鉴纲目三编》，《四库全书·史部编年类》。
宋·王溥撰：《五代会要》，中华书局1998年版。
清·徐松辑：《宋会要辑稿》，中华书局1957年版。
明·申时行等修：《明会典》（万历朝重修本），中华书局1989年版。
明·李贤等撰：《大明一统志》，三秦出版社1990年版。
明·陈循等修：《寰宇通志》，《玄览堂丛书续集》，影印景泰七年未颁原刊本，江苏广陵古籍刻印社1986年版。
清·昆冈等奉敕撰：《清会典》，中华书局1991年版。
清·昆冈等奉敕撰：《清会典事例》，中华书局1991年版。
清·穆彰阿等重修：《嘉庆重修大清一统志》，《四部丛刊续编》影印清史馆进呈本，上海书店出版社1985～1989年版。
清·阮元校刻：《十三经注疏》，中华书局影印本，2009年。
战国·吕不韦撰：《吕氏春秋》，《四部丛刊》本，上海书店出版社1992年版。
汉·佚名：《三辅黄图》，三秦出版社1995年版。
《管氏地理指蒙》，中华书局，巴蜀书社影印，1985年。
北魏·郦道元撰：《水经注》，商务印书馆1958年版。
宋·王钦若等撰：《册府元龟》，中华书局1991年版。

宋·王应麟撰：《玉海》，上海书店1987年版。
宋·曾公亮撰：《武经总要》，上海古籍出版社1990年版。
《永乐大典》，中华书局1986年版。
明·陈子龙等选辑：《明经世文编》，中华书局1997年版。
明·顾祖禹撰：《读史方舆纪要》，中华书局1995年版。
清·刘锦藻撰：《清朝续文献通考》，商务印书馆《万有文库》本。
《钦定古今图书集成》，中华书局，巴蜀书社影印，1985年。
清·于敏中等编纂：《日下旧闻考》，北京古籍出版社2001年版。
清·顾炎武撰：《天下郡国利病书》，《四部丛刊》本，上海书店出版社1985～1989年版。
清·顾炎武撰：《历代宅京记》，中华书局1984年版。
宋·范垌·林禹撰：《吴越备史》，上海书店1984年版。
宋·叶隆礼撰：《契丹国志》，上海古籍出版社1985年版。
宋·宇文懋昭撰：《大金国志》，中华书局1986年版。（见崔文印《大金国志校正》，中华书局1986年版）。
宋·徐梦莘撰：《三朝北盟汇编》，江苏广陵古籍刻印社1987年版。
宋·李心传撰：《建炎以来系年要录》，中华书局1988年版。
宋·孟元老撰、邓之诚注：《东京梦华录》，中华书局1982年版。
明·李濂撰：《汴京遗迹志》，中华书局1999年版。
清·周诚撰：《宋东京考》，中华书局1988年版。
宋·叶梦得撰：《石林燕语》，中华书局1984年版。
宋·岳珂撰：《桯史》，中华书局1981年版。
宋·王巩撰：《闻见近录》，上海古籍出版社1993年版。
宋·彭乘撰：《墨客挥犀》，中华书局，2002年版。
宋·袁褧撰：《枫窗小牍》，《历史小说集成》本，河北教育出版社1995年版。
宋·蔡绦撰：《铁围山丛谈》，中华书局1997年版。
宋·司马光撰：《涑水记闻》，中华书局1989年版。
宋·王明清撰：《挥尘录》，中华书局上海编辑所1961年版。
宋·高承撰：《事物纪原》，中华书局1984年版。
宋·吴自牧，周密撰，傅林祥注：《梦粱录·武林旧事》，山东友谊出版社2001年版。
宋·周淙撰：乾道《临安志》，浙江人民出版社1983年版。
宋·施谔撰：淳祐《临安志》，浙江人民出版社1983年（与乾道《临安志》合集）。
宋·潜说友纂：咸淳《临安志》，江苏广陵古籍刻印社，据道光庚寅钱塘振绮堂汪氏仿宋重雕刊本。
宋·周密撰：《癸辛杂识》，中华书局1988年版。
宋·周密撰：《齐东野语》，中华书局1997年版。
宋·耐得翁撰：《都城纪胜》，《武林掌故丛编》本，江苏广陵古籍刻印社1985年版。
宋·黎靖德撰：《朱子语类》，中华书局1988年版。
宋·王曾撰：《上契丹事》，收在贾敬颜《五代宋金元人边疆行纪十三种疏证稿》，中华书局 2004 年版。

宋·路振撰：《乘轺录》，收在贾敬颜《五代宋金元人边疆行纪十三种疏证稿》，中华书局 2004 年版。

宋·许亢宗撰：《许亢宗行程录》，收在贾敬颜《五代宋金元人边疆行纪十三种疏证稿》，中华书局 2004 年版。

宋·范成大撰：《揽辔录》，中华书局 2000 年版。

宋·陈元靓撰：《事林广记》，中华书局 1999 年版。

宋·楼钥撰：《北行日录》，《知不足斋》本，中华书局 1999 年版。

元·周伯琦：《扈从诗前后序》、张德辉：《纪行》，收在贾敬颜《五代宋金元人边疆行纪十三种疏证稿》，中华书局 2004 年版。

元·陶宗仪撰：《南村辍耕录》，中华书局 1997 年版。

元·熊梦祥撰，北京图书馆善本组辑：《析津志辑佚》，北京古籍出版社 2001 年版。

元·虞集撰《道园学古录》，《四部丛刊·初编集部》，上海书店出版社 1985～1989 年版。

元·欧阳玄撰：《圭斋文集》，《四部丛刊·初编集部》，上海书店出版社 1985～1989 年版。

元·苏天爵撰：《元文类》，吉林人民出版社 1998 年版。

清·魏源撰：《元史新编》，江苏广陵古籍刻印社 1990 年版。

明《高皇帝御制文集》，收在张德信《洪武御制全书》，黄山书社 1995 年版。

明《皇明祖训》，收在张德信《洪武御制全书》，黄山书社 1995 年版。

明·谈迁《国榷》，中华书局 1988 年版。

明·郎瑛撰：《七修类稿》，上海古籍出版社 2001 年版。

明·柳瑛撰：《中都志》，台北成文出版社有限公司 1985 年版。

明·曾惟诚撰：《帝乡纪略》，台北成文出版社有限公司 1985 年版。

明·袁文新、柯仲炯修：《凤阳新书》，北京图书馆藏重印本。

唐·许嵩撰：《建康实录》上海古籍出版社 1987 年版。

宋·周应合撰：《景定建康志》，文渊阁四库全书，台湾商务印书馆本。

明·陈沂撰：《金陵古今图考》，南京文献·第四号，南京市通志馆，1947 年。

明《洪武京城图志》，南京市通志馆，民国 36 年版。

明·徐学聚撰：《国朝典汇》，齐鲁书社 1995 年版。

明·陆容撰：《菽园杂记》，中华书局 1985 年版。

明·俞弁撰：《山樵暇语》，《涵芬楼秘笈》，北京图书馆出版社 2000 年版。

明·沈德符撰：《万历野获编》，中华书局 1997 年版。

明·刘若愚撰：《酌中志》，北京古籍出版社 2001 年版。

明·刘若愚撰：《明宫史》，北京古籍出版社 1980 年版。

明·萧洵撰：《故宫遗录》，北京出版社 1963 年版。

明·沈榜撰：《宛署杂记》，北京古籍出版社 1983 年版。

明·顾起元撰：《客座赘语》，中华书局 1987 年版。

明·刘侗、于奕正撰，孙小力校注：《帝京景物略》，上海古籍出版社 2001 年版。

明·胡应麟撰：《少室山房笔丛》，上海书店出版社2001年版。
明·宋纳：《西隐文集》，台北文海出版社《明人文集丛刊》本。
清·孙承泽撰：《春明梦余录》，北京古籍出版社1981年版。
清·孙承泽撰：《天府广记》，北京古籍出版社2001年版。
清·鄂尔泰、张廷玉等编撰：《国朝宫史》，北京古籍出版社2001年版。
清·高士奇撰：《金鳌退食笔记》，北京古籍出版社1982年版。
清·张爵撰：《京师五城坊巷胡同集》，北京古籍出版社1982年版。
清·朱一新撰：《京师坊巷志稿》，北京古籍出版1982年版。

二 专著

贺业钜：《中国古代城市规划史》，中国建筑工业出版社1996年版。
杨宽：《中国古代都城制度史研究》，上海古籍出版社1993年版。
傅熹年主编：《中国古代建筑史》第二卷，中国建筑工业出版社2001年版。
郭黛姮主编：《中国古代建筑史》第三卷，中国建筑工业出版社2003年版。
潘谷西主编：《中国古代建筑史》第四卷，中国建筑工业出版社2001年版。
孙大章主编：《中国古代建筑史》第五卷，中国建筑工业出版社2002年版。
陈桥驿主编：《中国七大古都》，中国青年出版社1991年版。
（杨秀敏等）工程兵工程学院中国筑城史研究课题组《中国筑城史》，军事谊文出版社1999年版，军事谊文出版社1999年。
王兆春：《中国科学技术史·军事技术卷》，科学出版社1998年版。
傅熹年：《傅熹年建筑史论文集》，文物出版社1998年版。
傅熹年：《中国古代城市规划、建筑群布局及建筑设计方法研究》（上、下册），中国建筑工业出版社2001年版。
《中国大百科全书·考古卷》，中国大百科全书出版社1986年版。
中国社会科学院考古研究所编：《新中国的考古发现和研究》，文物出版社1984年版。
徐苹芳：《中国历史考古学论丛》，台湾久晨文化实业股份有限出版公司1996年版。
于倬云：《中国宫殿建筑论文集》，紫禁城出版社2002年版。
叶晓军：《中国都城历史图集》第三集，兰州大学出版社1987年版。
李文儒主编：《中国十年百大考古新发现（1990～1999）》，文物出版社2002年版。
冯承钧译，党宝海新注：《马可·波罗行纪》，河北人民出版社1999年版。
吴承洛：《中国度量衡史》，商务印书馆1993年版。
河南省文物研究所编：《河南考古四十年》，河南人民出版社1994年版。
开封市文物工作队编：《开封考古发现与研究》，中州古籍出版社1998年版。
刘春迎：《北宋东京城研究》，科学出版社2004年版。
周宝珠：《宋代东京研究》，河南大学出版社1992年版。
杭州市文物考古研究所编：《南宋太庙遗址》，文物出版社2007年版。
阙维民：《杭州城暨西湖历史图说》，浙江人民出版社2000年版。
项春松：《辽代历史与考古》，内蒙古人民出版社1996年版。
政协巴林左旗委员会编：《临潢史迹》，内蒙古人民出版社1999年版。

中国历史博物馆遥感与航空摄影考古中心、内蒙古自治区文物考古研究所编：《内蒙古东南部航空摄影考古报告》，科学出版社2002年版。

日·田村实造：《上京城城址の実測と考古学的調查》，《庆陵调查纪行》，日本东京都，平凡社1994年版。

朱国忱：《金源故都》，北方文物杂志社编辑部1991年版。

谭英杰、孙秀仁、赵虹光、干志耿：《黑龙江区域考古学》，中国社会科学出版社1991年版。

于杰、于光度：《金中都》，北京出版社1989年版。

北京辽金城垣博物馆编：《金中都水关遗址考览》，北京燕山出版社2001年版。

日·原田淑人等：《上都》，东亚考古学会编，1941年。

叶新民：《元上都研究》，内蒙古大学出版社1998年版。

陈高华：《元大都》，北京出版社1982年版。

朱偰：《元大都宫殿图考》，商务印书馆1936年版。

河北省文物研究所《元中都》（上、下），文物出版社2012年版。

王剑英：《明中都研究》，中国青年出版社2005年版。

夏玉润：《朱元璋与凤阳》，黄山出版社2008年版。

杨之水等编：《南京》，《中国历史文化名城丛书》，中国建筑工业出版社1989年版。

朱偰：《金陵古迹图考》，商务印刷馆1936年初版，中华书局2006年再版。

蒋赞初：《南京史话》（上），南京出版社1995年版。

杨新华等主编：《南京明清建筑》，南京大学出版社2000年版。

杨国庆：《南京明代城墙》，南京出版社2002年版。

王克昌、韦立平、杨献文编著：《明南京城墙砖文图录》，南京出版社1999年版。

南京市博物馆：《宝船厂遗址·南京明宝船厂六作塘考古报告》，文物出版社2006年版。

北京市文物研究所编：《北京考古四十年》，北京燕山出版社1990年版。

陈宗藩：《燕都丛考》，北京古籍出版社2001年版。

侯仁之主编：《北京城市历史地理》，北京燕山出版社2000年版。

侯仁之主编：《北京历史地图集》，北京出版社1988年版。

侯仁之：《历史地理学的理论与实践》，上海人民出版社1979年版。

徐苹芳：《明北京地图》及《明北京城复原图建置资料表》，地图出版社1986年版。

李燮平：《明代北京都城营建丛考》，紫禁城出版社2006年版。

张先得：《明清北京城垣和城门》，河北教育出版社2003年版。

瑞典·奥斯伍尔德·喜龙仁著，许永全译：《北京的城墙和城门》，北京燕山出版社1985年版。

国家文物局主编：《中国文物地图集·北京分册》（上），科学出版社2008年版。

宋大川编：《北京考古发现与研究》，科学出版社2009年版。

于倬云主编：《紫禁城建筑研究与保护：故宫博物院建院70周年回顾》，紫禁城出版社1995年版。

北京市地方志编纂委员会：《北京志·故宫志》，北京出版社2005年版。

朱偰：《明清两代宫苑建置沿革图考》，商务印书馆1947年初版，北京古籍出版社

1990年再版。

王其亨等：《风水理论研究》，天津大学出版社2005年版。

王子林：《紫禁城风水》，紫禁城出版社2005年版。

三 论文与考古资料

丘刚：《开封文物考古工作的回顾与展望》，开封市文物工作队编《开封考古发现与研究》，中州古籍出版社1998年版。

刘顺安：《开封历史上的别名、城（遗）址及其特征》，开封市文物工作队编《开封考古发现与研究》，中州古籍出版社1998年版。

孙新民：《略谈北宋东京外城的兴废》，开封市文物工作队编《开封考古发现与研究》，中州古籍出版社1998年版。

丘刚、孙新民：《北宋东京外城的初步勘探与试掘》，《文物》1992年第12期。

丘刚：《北宋东京外城的城墙和城门》，《中原文物》1986年第4期。

丘刚：《北宋东京三城的营建和发展》，《中原文物》1990年第4期。

丘刚：《北宋东京内城的初步勘探与测试》，《文物》1996年第5期。

丘刚、董祥：《北宋东京皇城的初步勘探与试掘》，开封市文物工作队编《开封考古发现与研究》，中州古籍出版社1998年版。

丘刚：《北宋东京皇城沿革考略》，《史学月刊》1989年第4期。

李合群：《北宋东京皇宫二城考略》，《中原文物》1996年第3期。

李克修、董祥：《开封古州桥勘探试掘简报》，《中原文物》1996年第3期。

刘春迎：《宋东京城遗址内蔡河故道的初步勘探》，科学出版社2004年版。

李合群：《北宋东京金明池的营建布局与初步勘探》，开封市文物工作队编《开封考古发现与研究》，中州古籍出版社1998年版。

田凯：《北宋东京皇宫考辨》，《中原文物》1990年第4期。

郭湖生：《北宋东京》，《建筑师》第71期，1992年4月。

徐伯勇：《北宋东京宣德楼及御街建制布局考说》，《中国古都研究》第五、六合辑，北京古籍出版社1993年版。

开封市文物工作队：《河南开封市东京城内汴河故道的初步勘探与试掘》，《考古》1999年第3期。

临安城考古工作队：《杭州南宋临安城皇城考古新收获》，《2004年中国重要考古发现》，文物出版社2005年版。

杭州市文物考古研究所：《杭州市南宋临安城考察》，《中国考古学年鉴·1985年》，文物出版社1985年版。

《南宋临安城遗址》，《中国考古学年鉴·1986年》，文物出版社1988年版。

《南宋临安城皇城遗址》，《中国考古学年鉴·1993年》，文物出版社1995年版。

唐俊杰：《南宋皇城南城墙考》，《浙江学刊》1998年第5期。

杭州市文物考古所：《杭州南宋临安府衙署遗址》，《文物》2002年第10期。

国家文物局：《杭州吴庄发现南宋恭圣仁烈皇后宅遗址》，《2001年中国重要考古发现》，文物出版社2002年版。

《杭州南宋恭圣仁烈皇后宅遗址》,《中国考古学年鉴·2002年》,文物出版社2003年版。

徐吉军：《论汴京对临安都市文化的影响》,《中国古都研究》第五、六合辑,北京古籍出版社1993年版。

内蒙古文物考古研究所：《辽上京城址勘查报告》,《内蒙古文物考古文集》,中国大百科全书出版社1994年版。

李作智：《论辽上京城的形制》,《中国考古学会第五次年会论文集》,文物出版社1988年版。

张郁：《辽上京城址勘查琐议》,《内蒙古文物考古文集》第二辑,中国大百科全书出版社1997年版。

项春松：《辽国城镇聚落形态研究》,《中国北方古代文化国际学术研讨会论文集》,中国文史出版社1995年版。

辽中京发掘委员会：《辽中京遗址发掘的重要收获》,《文物》1961年第9期。

《黑龙江阿城金上京刘秀屯建筑遗址》,国家文物局主编：《2002年中国重要考古发现》,文物出版社2003年版。

阎文儒：《金中都》,《文物》1959年第9期。

齐心：《近年来金中都考古的重大发现与研究》,《北京文物与考古》第四辑,1994年。

北京市文物研究所：《北京西厢道路工程考古发掘简报》,《北京文物与考古》第四辑,1994年。

《金中都水系复原的坐标——金中都水关遗址》,李文儒主编《中国十年百大考古新发现(1990~1999)》下册,文物出版社2002年版。

贾州杰：《元上都调查报告》,《文物》1977年第5期。

魏坚：《元上都及周围地区考古发现与研究》,《内蒙古文物考古》1999年第2期。

陆思贤：《关于元上都宫城北墙中段的阙式建筑台基》,《内蒙古文物考古》1999年第2期。

李逸友：《明开平卫及其附近遗迹的考察》,《内蒙古文物考古》1999年第2期。

陈高华：《元中都的兴废》,《文物春秋》1998年第3期。

董向英：《元中都概述》,《文物春秋》1998年第3期。

陈应祺：《略谈元中都皇城建筑遗址平面布局》,《文物春秋》1998年第3期。

贺勇、李惠生、马逵：《元中都遗址认定及其历史考古价值》,《文物春秋》1998年第3期。

史卫民：《元代都城制度的研究与中都地区的历史地位》,《文物春秋》1998年第3期。

叶新民、宝音德力根、赵琦、白晓霞：《元代的兴和路与中都》,《文物春秋》1998年第3期。

周良霄：《三朝夏宫杂考》,《文物春秋》1998年第期。

张春长：《关于元中都布局与建筑的几个问题》,《河北省考古文集(三)》,科学出版社2007年版。

徐苹芳：《元大都的勘查和发掘》,发表于《考古》1972年第1期,后刊载于《中国历史考古学论丛》,台湾久晨文化实业股份有限公司1996年版,此为前已发表同名简报的修改稿。

徐苹芳：《元大都在中国古代都城史上的地位》，《北京社会科学》1988年第1期。
徐苹芳：《古代北京的城市规划》，《环境变迁研究》第一辑，海洋出版社1984年版。
徐苹芳：《元大都御史台址考》，《中国考古学论丛》，科学出版社1993年版。
徐苹芳：《元大都枢密院址考》，《庆祝苏秉琦考古五十年论文集》，文物出版社1989年版。
徐苹芳：《元大都也里可温十字寺考》，《中国考古学研究——夏鼐先生考古五十年纪念论文集》，文物出版社1986年版。
徐苹芳：《中国古代城市考古与古史研究》，《中国考古学历史学之整合研究》下，台北1997年版。
赵正之：《元大都平面规划复原的研究》，《科技史文集》第二辑，上海科学出版社1979年版。
王璞子：《元大都城平面规划述略》，《故宫博物院院刊》1960年第0期。
王灿炽：《谈元大都的城墙和城门》，《故宫博物院院刊》1984年第4期。
傅熹年：《元大都大内宫殿的复原研究》，《考古学报》1993年第1期。
侯仁之：《元大都城与明清北京城》，《故宫博物院院刊》1979年第3期。
侯仁之：《北京都市发展过程中的水源问题》，《北京大学学报》1955年第1期。
蒋忠义：《北京观象台的考察》，《考古》1983年第6期。
伊世同：《北京观象台的考察与研究》，《文物》1983年第8期。
中国科学院考古研究所、北京市文物管理处元大都考古队：《北京后英房元代居住遗址》，《考古》1972年第6期。
中国科学院考古研究所，北京市文物管理处《北京西绦胡同和后桃园的元代居住遗址》，《考古》1973年第5期。
程敬琪、杨玲玉：《北京传统街坊的保护刍议——南锣鼓巷四合院街坊》，《建筑历史研究》第二辑，中国建筑科学研究院建筑情报研究所出版。
于光度：《北京的官仓》，《北京文物与考古》第一辑，1983年。
潘谷西：《元大都规划并非复古之作》，《中国紫禁城学会论文集》第二辑，紫禁城出版社2002年版。
夏玉润：《朱元璋的出生地及少年行踪考略》，《洪武六百年祭》，南方出版社2001年版。
张泉：《明初南京城的规划与建设》，《中国古都研究》第二辑，浙江人民出版社1986年版。
杨国庆：《明都南京城墙营建、布局及内瓮城综述》，《明代文化研究·南京专辑》编委会《明代文化研究·南京专辑》，中国文史出版社2003年版。
王少华：《南京明代城墙的建造》，《东南文化》1997年第3期。
季士家：《明都南京城垣略论》，《故宫博物院院刊》1984年第2期。
潘谷西、陈薇：《明代南京宫殿与北京宫殿的形制关系》，《中国紫禁城学会论文集》第一辑，紫禁城出版社1997年版。
傅公钺：《明代的北京城垣》，《北京文物考古》1983年第一辑。
孔庆普：《北京明清城墙、城楼修缮与拆除纪实》，《北京文博》2002年第3期。
北京市文物研究所编：《明代北京城垣建筑结构》，《北京考古四十年》，北京燕山出版社1990年版。

张宁：《关于北京城传统中轴线的历史考察》，《中国古都研究》第十三辑——中国古都学会第十三届年会论文集。

崔石竹：《北京古观象台》，《北京文博》1997年第4期。

王璞子：《燕王府与紫禁城》，《故宫博物院院刊》1979年第1期。

王璞子：《清初太和殿重建工程》，《紫禁城建筑研究与保护：故宫博物院建院70周年回顾》，紫禁城出版社1995年版。

王剑英、王红：《论从元大都到明北京宫阙的演变》，《中国紫禁城学会论文集》第一辑，紫禁城出版社1997年版。

姜舜源：《元明之际北京宫殿沿革考》，《故宫博物院院刊》1991年第4期。

姜舜源：《论北京元明清三朝宫殿的继承与发展》，《紫禁城建筑研究与保护：故宫博物院建院70周年回顾》，紫禁城出版社1995年版。

姜舜源：《明清东朝东宫对紫禁城建筑的影响》，《中国紫禁城学会论文集》第一辑，紫禁城出版社1997年版。

于倬云：《紫禁城始建经略与明代建筑考》，《故宫博物院院刊》1990年第3期。

郑连章：《紫禁城宫殿总体布局的继承与发展》，《中国紫禁城学会论文集》第一辑，紫禁城出版社1997年版。

李燮平：《明初徐达筑城与元大内宫殿的拆毁》，《故宫博物院院刊》1997年第2期。

李燮平：《永乐营建北京宫殿探实》，《紫禁城建筑研究与保护：故宫博物院建院70周年回顾》，紫禁城出版社1995年版。

李燮平、常欣：《明清官修书籍中的皇城记载与明初皇城周长》，《北京文博》2000年第2期。

李燮平：《"五门三朝"与明代宫殿规划的若干问题》，《中国紫禁城学会论文集》第二辑，紫禁城出版社2002年版。

李燮平：《从明代的几次重建看三大殿的变化》，《紫禁城建筑研究与保护：故宫博物院建院70周年回顾》，紫禁城出版社1995年版。

周志琴：《试析紫禁城东西六宫的平面布局》，《紫禁城建筑研究与保护：故宫博物院建院70周年回顾》，紫禁城出版社1995年版。

单士元：《故宫南三所考》，《紫禁城建筑研究与保护：故宫博物院建院70周年回顾》，紫禁城出版社1995年版。

黄希明：《故宫墙和门的艺术》，《紫禁城建筑研究与保护：故宫博物院建院70周年回顾》，紫禁城出版社1995年版。

阎崇年：《清宫建筑的满洲特色》（《满学研究》第三辑，民族出版社1996年版。

石志敏：《故宫地基基础综合勘察》，《紫禁城建筑研究与保护：故宫博物院建院70周年回顾》，紫禁城出版社1995年版。

白丽娟、王景福：《故宫建筑基础的调查研究》，《紫禁城建筑研究与保护：故宫博物院建院70周年回顾》，紫禁城出版社1995年版。

白丽娟、王景福：《北京故宫建筑基础》，《中国紫禁城学会论文集》第一集，紫禁城出版社1997年版。

白丽娟：《浅谈故宫建筑基础》，《故宫博物院院刊》1993年第3期。

王其亨：《紫禁城风水形势简析》，《紫禁城建筑研究与保护：故宫博物院建院70周年回顾》，紫禁城出版社1995年版。

石志敏、陈英华：《紫禁城护城河及围房沿革考》，《中国紫禁城学会论文集》第一辑，紫禁城出版社1997年版。

刘畅、赵仲华：《紫禁城地下排水系统研究》，《中国紫禁城学会论文集》第二辑，紫禁城出版社2002年版。

蒋博光：《紫禁城排水与北京城沟渠述略》，《中国紫禁城学会论文集》第一辑，紫禁城出版社1997年版。

王红：《景山史迹考》，《中国紫禁城学会论文集》第二辑，紫禁城出版社2002年版。